Bruce Lansky

LE GUIDE DES
100 000
prénoms

MARABOUT

Sommaire

Introduction

Trouver le prénom « parfait » pour votre enfant est une décision importante. Nous avons conçu cette nouvelle édition de *100 000 prénoms* afin de vous donner toutes les informations dont vous aurez besoin pour bien choisir. Ce dictionnaire de prénoms est le plus exhaustif, utile et actualisé qui existe. Et il est agréable à lire !

Un dictionnaire exhaustif

Vous trouverez plus de 100 000 prénoms, accompagnés de leur origine, leur signification, leurs variantes, d'anecdotes fascinantes et d'homonymes célèbres. Nous avons rassemblé des prénoms issus de différents groupes ethniques, nationalités et langues d'origine, notamment des prénoms anglais (19 000 prénoms), latins (11 000), grecs (11 000), américains (11 000), hébreux (9 000), hispaniques (9 000), français (8 000), irlandais (7 000) et allemands (6 000), ainsi que des milliers de prénoms écossais, gallois, italiens, russes, japonais, chinois, scandinaves, polonais, amérindiens, hawaïens, coréens, thaïlandais, vietnamiens, australiens et aborigènes, africains et hindous. Et en outre, des prénoms et variations populaires que vous ne trouverez dans aucun autre livre ou site internet.

Un livre utile

• Apprenez à choisir un prénom que vous et votre enfant aimerez.
• Trouvez des astuces afin de bien choisir des prénoms pour une fratrie ou des enfants multiples.
• Découvrez les impressions que renvoient les prénoms, au-delà de leur signification littérale.
• Dénichez des prénoms mixtes que vous pourrez utiliser aussi bien pour votre fils que pour votre fille.
• Jetez un œil aux douze critères à examiner avant de choisir un prénom.
• Utilisez la page prévue à cet effet pour noter les prénoms qui vous attirent et prendre votre décision finale.

Des listes mises à jour régulièrement

• Découvrez les dernières tendances : ce qui est *in*, ce qui est *out*.
• Découvrez les noms qui progressent et ceux qui régressent.
• Chaque année, nous ajoutons de nouveaux prénoms et variations récemment devenus populaires.
• Apprenez quels prénoms mixtes sont utilisés plutôt pour les garçons, plutôt pour les filles ou à peu près autant pour les deux sexes.
• Jetez un œil aux prénoms les plus extravagants ou géniaux choisis par les célébrités pour leurs enfants.
• Parcourez des listes actualisées de noms de personnages de livres, de films ou de séries en vogue ; les noms d'athlètes et de musiciens tendance ; les noms d'auteurs, de journalistes et de scientifiques populaires.

Un ouvrage agréable à lire

• Découvrez les prénoms que les gens associent à des personnalités plutôt intello, sexy, pleurnichardes, drôles, bizarres ou intelligentes.
• Amusez-vous avec notre liste d'anecdotes fascinantes sur les prénoms.
• Laissez-vous surprendre par les prénoms étranges ou merveilleux dont la courbe de popularité augmente ou s'effondre.
• Découvrez les vrais noms de Tina Fey, Lady Gaga, Jay-Z et bien d'autres célébrités !

À vos marques, prêts, choisissez !

Comment choisir le prénom parfait

La première édition de cet ouvrage, que j'ai rédigée en 1978, comportait environ 10 000 prénoms et 120 pages. Si bien que l'on pouvait lire les pages d'introduction sur les « 15 choses à considérer lorsqu'on nomme son enfant » et parcourir entièrement les listes principales, seul ou à deux (et même s'arrêter pour lire les origines, les significations et les variantes des prénoms les plus intéressants), en quelques heures.

100 000 prénoms contient plus de 100 000 prénoms sur 576 pages. Je ne sais pas combien de temps cela vous prendrait, à vous et à votre partenaire, de parcourir toutes les listes et de vous arrêter pour en savoir plus sur vos prénoms préférés, mais cela peut être d'avance assez décourageant. Si vous aimez ce genre de défi, allez-y ! Vous trouverez sans doute vos prénoms préférés et en découvrirez de nouveaux.

Mais si l'idée de patauger dans un océan de 100 000 prénoms vous fait peur, je vous propose une autre méthode. Je vous suggère de créer la liste des prénoms que vous et votre partenaire appréciez et de la réduire ensuite en fonction des prénoms qui iront le mieux à votre enfant. C'est une manière ludique et simple de trouver un prénom réaliste, mais qui a une signification spéciale. C'est parti !

Étape 1 : Faire une liste des prénoms qui ont une signification particulière

Faites une liste des prénoms que vous envisagez en notant vos réponses aux questions ci-dessous. (Vous devez faire une liste chacun.) Ces questions sont fondées sur les listes que vous trouverez à partir de la page 10. Parcourez ces listes pour vous aider à répondre aux questions et pour réfléchir à d'autres questions propres à votre histoire personnelle, vos préférences et vos expériences.

Prénoms populaires (p. 10 à 28)

Quels sont vos prénoms préférés dans les listes les plus récentes du Top 100 ?
Quels sont vos prénoms préférés dans les listes des prénoms les plus populaires des 100 dernières années ?
Si le prénom de certains membres de votre famille apparaît dans les listes de popularité des générations précédentes, lesquels préférez-vous ?

Prénoms du monde (p. 16 à 19)

De quel pays sont vos parents ou grands-parents ? De quel pays venez-vous respectivement, votre partenaire et vous ?
Si le prénom de certains membres de votre famille apparaît dans les listes de prénoms internationaux, lesquels préférez-vous ?
Quels sont les prénoms actuellement populaires dans d'autres pays que vous appréciez particulièrement ?
Quelle(s) langue(s) parlez-vous ?
Où êtes-vous allés pour votre lune de miel ?
Où aimez-vous passer vos vacances ?
Où avez-vous conçu votre enfant ?

Images que donnent les prénoms (p. 29 à 30)

Quelle personnalité pensez-vous que pourra avoir votre enfant ?
À quoi ressemblera-t-il physiquement ?
Quelle image voudriez-vous que le prénom de votre enfant renvoie de lui ?

Prénoms inspirés par des personnes, des lieux et des choses (p. 31 à 53)

Quels sont vos personnages de littérature préférés ?
Quelles sont vos figures historiques préférées ?
Quels sont vos personnages religieux ou mythologiques préférés ?
Quels sont vos personnages de films et de télévision préférés ?
Quels sont vos musiciens préférés ? Quelles sont vos chansons préférées ?
Quels sont vos athlètes préférés ?
Quels sont vos lieux et éléments naturels préférés ?
Quels sont vos métiers préférés ?
Que préférez-vous dans la culture pop ?
Quelles « autres idées » appréciez-vous particulièrement pour les prénoms : patronymes utilisés comme prénoms, prénoms qui reviennent à la mode, etc. ?

Lorsque vous aurez répondu à ces questions, allez aux sections Filles et Garçons pour trouver des orthographes ou variantes intéressantes des noms que vous avez choisis. En feuilletant le livre, vous tomberez peut-être sur quelques noms qui attireront également votre attention. Cela vous donnera une longue liste de prénoms à étudier à l'étape suivante.

Étape 2 : Réduire la liste en fonction de ce qui ira le mieux à votre enfant

Maintenant que vous avez chacun créé une liste fondée sur des considérations personnelles, il est temps de les réduire en se basant sur des considérations pratiques. De cette manière, vous choisirez un prénom qui vous convient et qui conviendra à votre enfant. Vous aimez peut-être un prénom en particulier, mais s'il ne tient pas la route face aux critères basiques mentionnés ci-dessous, votre enfant ne l'appréciera probablement pas. Il peut être difficile de vivre avec un prénom qui, pour une raison ou pour une autre, ne nous convient pas.

Recopiez le tableau de la page suivante en autant d'exemplaires qu'il n'y a de prénoms sur votre liste. Demandez à votre partenaire de faire de même. Évaluez chaque prénom selon les douze critères. Par exemple, étudiez la popularité du prénom Jacob : si vous pensez qu'il pourrait y avoir trop de Jacob dans l'école de votre enfant, cochez « trop populaire ». Pensez aux surnoms : si vous aimez Jack, cochez « charmant ». Autre exemple : réfléchissez à comment Raphaël sonne à votre oreille ; si ce prénom vous semble mélodieux, cochez « agréable ». Étudiez l'harmonie du prénom avec votre patronyme : si vous pensez que Raphaël ne va pas avec Legrand, cochez « ne va pas ».

Lorsque vous aurez complété le tableau, calculez le score en donnant trois points pour les cases cochées dans la colonne « Positif », deux pour la colonne « Neutre » et un pour la colonne « Négatif ». Attribuer des points à chaque prénom peut vous aider à rendre le processus de sélection plus objectif.

(N.B. : si vous êtes à court de temps, complétez le tableau mentalement pour chaque prénom, en gardant en tête leur score approximatif. Le plus important est de réduire la liste à vos cinq prénoms préférés.)

Prénom :_____

Critères	Positif	Neutre	Négatif
1. Orthographe	❏ facile	❏ moyenne	❏ difficile
2. Prononciation	❏ facile	❏ moyenne	❏ difficile
3. Son	❏ agréable	❏ moyen	❏ désagréable
4. Patronyme	❏ va bien	❏ va plutôt bien	❏ ne va pas
5. Sexe	❏ clair	❏ neutre	❏ confus
6. Surnoms	❏ charmants	❏ moyens	❏ déplaisants
7. Popularité	❏ pas trop populaire	❏ populaire	❏ trop populaire
8. Caractère unique	❏ pas trop unique	❏ unique	❏ trop unique
9. Impression	❏ positive	❏ moyenne	❏ négative
10. Homonymes	❏ positifs	❏ moyens	❏ négatifs
11. Initiales	❏ agréables	❏ moyennes	❏ désagréables
12. Signification	❏ positive	❏ moyenne	❏ négative

Score final :_____

Étape 3 : Prendre la décision finale

Faites la liste de vos cinq prénoms préférés dans le schéma ci-dessous et demandez à votre partenaire de faire de même. À présent, il est temps de partager les prénoms. Si vous avez des prénoms en commun, comparez les scores ; vous pouvez en faire la moyenne.
Si les prénoms de vos deux listes sont différents, échangez-les avec votre partenaire et évaluez-les en utilisant le même tableau.
À la fin, il devrait vous rester une poignée de prénoms qui vous conviennent, à vous, à votre partenaire et à votre enfant à naître. Maintenant, tout ce qu'il vous reste à faire, c'est de prendre la décision finale ! Bonne chance !

Les 5 prénoms préférés de Maman

1._____ Score de Maman : _____ Score de Papa : _____

2._____ Score de Maman : _____ Score de Papa : _____

3._____ Score de Maman : _____ Score de Papa : _____

4._____ Score de Maman : _____ Score de Papa : _____

5._____ Score de Maman : _____ Score de Papa : _____

Les 5 prénoms préférés de Papa

1._____ Score de Maman : _____ Score de Papa : _____

2._____ Score de Maman : _____ Score de Papa : _____

3._____ Score de Maman : _____ Score de Papa : _____

4._____ Score de Maman : _____ Score de Papa : _____

5._____ Score de Maman : _____ Score de Papa : _____

In et *out* :
les dernières tendances

Tous les ans, l'Insee nous fournit les listes officielles des prénoms donnés l'année précédente.
Voici ce qu'il en ressort.

1. Top 10
Filles : pas de grande surprise, les indétrônables et incontournables Louise et Emma restent en tête de liste !
Et il n'y a pas de nouvelle arrivée dans ce Top 10.
Garçons : chez nos p'tits gars, Raphaël a fait son entrée, et Nolan sa sortie. Et les prénoms qui étaient en tête de liste
le restent.

2. Top 20
Filles : si Mila fait une entrée fracassante dans ce Top 20, Rose se fait plus discrète. En revanche, Ambre et Éva
ont perdu du terrain.
Garçons : chez les garçons, il n'y a pas de grands changements… Si Théo est entré dans ce classement, Mathis
en est sorti. Les tendances n'ont pas beaucoup évolué.

3. Top 100
Filles : les grandes gagnantes sont Mia et Mya, qui ont gagné 20 places, Nour, qui a gagné 17 places et Lyna, qui
en a gagné 15. Il y a également de grosses pertes… Charlie (– 35), Énora (– 29), puis Lisa, Célia et Laura, (– 15).
Notons que les prénoms finissant en « a » ne laissent pas indifférents.
Garçons : les vainqueurs sont Imrân, Youssef et Milo, qui ont gagné 22 places ! Lyam les suit de près, avec 21 places
de plus dans le classement, puis vient Rafaël (+ 16). En revanche, les classiques Quentin (– 20) et Pierre (– 15)
ont perdu quelques points.

4. Avertissements
• Donner le nom de jeunes et séduisantes stars de la musique ou du sport à ses enfants présente un risque.
En effet, lorsque leur star préférée passe du stade adolescent mignon à celui d'adulte un peu bizarre,
la plupart des parents ne voient plus l'intérêt de donner son nom à leur enfant. Quiconque a suivi la carrière
de Britney Spears ou de Lindsay Lohan sait que les célébrités les plus douces et adorables font souvent parler
d'elles à un moment ou à un autre, ne serait-ce que parce qu'à 20 ans, elles ont plus d'argent à disposition
que vous n'en avez jamais eu au même âge. C'est pourquoi il est plus sûr de s'en tenir aux figures historiques,
avec lesquelles on a rarement de mauvaises surprises.
• Les prénoms qui renvoient une image de perfection ou d'excellence auront sûrement des conséquences
inattendues, notamment des commentaires médisants dans le dos de votre enfant. Certains des prénoms
de garçons qui gagnent en popularité le plus rapidement, comme Royal, pourraient être décrits avec justesse
comme des « titres pompeux ». Si vous n'êtes ni le duc, ni la duchesse de Cambridge, votre enfant n'est pas royal.
Vous noterez également, dans la section « enfants de star », que Kanye West et Kim Kardashian ont nommé
leur fils Saint. Aucun enfant ne se comporte comme un saint : même un enfant dont c'est le prénom.

Les prénoms les plus populaires

Filles – Top 100 en 2015

2015 Rang	Nom	2014 Rang	Écart rang	2015 Rang	Nom	2014 Rang	Écart rang	2015 Rang	Nom	2014 Rang	Écart rang
1	Louise	2	+ 1	35	Léonie	37	+ 2	69	Lise	75	+ 6
2	Emma	3	+ 1	36	Mia	56	+ 20	70	Victoire	77	+ 7
3	Jade	1	- 2	37	Elsa	38	+ 1	71	Gabrielle	79	+ 8
4	Chloé	4	–	38	Lana	31	- 7	72	Apolline	82	+ 10
5	Manon	5	–	39	Clémence	36	- 3	73	Alix	74	+ 1
6	Alice	9	+ 3	40	Anaïs	32	- 8	74	Élisa	65	- 9
7	Lina	8	+ 1	41	Sofia	43	+ 2	75	Mélina	80	+ 5
8	Léa	6	- 2	42	Olivia	49	+ 7	76	Laura	61	- 15
9	Lola	7	- 2	43	Mathilde	42	- 1	77	Faustine	71	- 6
10	Camille	10	–	44	Adèle	48	+ 4	78	Sara	68	- 10
11	Inès	11	–	45	Alicia	41	- 4	79	Justine	69	- 10
12	Sarah	13	+ 1	46	Margot	45	- 1	80	Romy	94	+ 14
13	Anna	19	+ 6	47	Éléna	58	+ 11	81	Océane	67	- 14
14	Zoé	12	- 2	48	Giulia	52	+ 4	82	Éden	90	+ 8
15	Lucie	15	–	49	Capucine	47	- 2	83	Julie	70	- 13
16	Mila	27	+ 11	50	Aya	54	- 4	84	Emmy	83	- 1
17	Juliette	16	- 1	51	Victoria	59	+ 8	85	Maya	85	–
18	Julia	17	- 1	52	Yasmine	50	- 2	86	Livia	81	- 5
19	Léna	14	- 5	53	Lily	51	- 2	87	Lila	89	+ 2
20	Rose	21	+ 1	54	Pauline	44	- 10	88	Maryam	95	+ 7
21	Ambre	18	- 3	55	Lisa	40	- 15	89	Roxane	100	+ 11
22	Louna	22	–	56	Léana	57	+ 1	90	Léane	91	+ 1
23	Romane	25	+ 2	57	Luna	63	+ 6	91	Constance	92	+ 1
24	Éva	20	- 4	58	Élisé	55	- 3	92	Salomé	97	+ 5
25	Jeanne	26	+ 1	59	Marie	46	- 13	93	Énora	64	- 29
26	Clara	24	- 2	60	Assia	62	+ 2	94	Manël	96	+ 2
27	Nina	28	+ 1	61	Valentine	72	+ 11	95	Charlie	60	- 35
28	Louane	34	+ 6	62	Lya	76	+ 14	96	Émilie	87	- 9
29	Lou	29	–	63	Lyna	78	+ 15	97	Kenza	88	- 9
30	Lilou	23	- 7	64	Emy	73	+ 9	98	Héloïse	108	+ 10
31	Inaya	35	+ 4	65	Soline	66	+ 1	99	Élina	99	–
32	Margaux	30	- 2	66	Mya	36	+ 20	100	Maria	103	+ 3
33	Charlotte	33	–	67	Nour	84	+ 17				
34	Agathe	39	+ 5	68	Célia	53	- 15				

Garçons – Top 100 en 2015

2015 Rang	Nom	2014 Rang	Écart rang	2015 Rang	Nom	2014 Rang	Écart rang	2015 Rang	Nom	2014 Rang	Écart rang
1	Gabriel	2	+ 1	35	Valentin	36	+ 1	69	Kenzo	70	+ 1
2	Jules	5	+ 3	36	Robin	35	- 1	70	Amine	61	- 9
3	Lucas	1	- 2	37	Maxence	33	- 4	71	Antonin	65	- 6
4	Louis	3	- 1	38	Evan	34	- 4	72	Oscar	72	–
5	Adam	6	+ 1	39	Alexandre	40	+ 1	73	Kylian	64	- 9
6	Hugo	4	- 2	40	Mathéo	37	- 3	74	William	77	+ 3
7	Léo	8	+ 1	41	Marius	46	+ 5	75	Louka	63	- 12
8	Raphaël	12	+ 4	42	Éden	41	- 1	76	Quentin	56	- 20
9	Ethan	7	- 2	43	Lenny	45	+ 2	77	Milàn	84	+ 7
10	Nathan	9	- 1	44	Simon	44	–	78	Diego	86	+ 8
11	Arthur	11	–	45	Alexis	43	- 2	79	Ruben	66	- 13
12	Paul	14	+ 2	46	Samuel	42	- 4	80	Amir	73	- 7
13	Nolan	10	- 3	47	Tiago	47	–	81	Jean	82	+ 1
14	Liam	18	+ 4	48	Augustin	52	+ 4	82	Bastien	79	- 3
15	Enzo	13	- 2	49	Gaspard	51	+ 2	83	Rafaël	99	+ 16
16	Sacha	15	- 1	50	Léon	59	+ 9	84	Joseph	95	+ 11
17	Tom	17	–	51	Eliott	55	+ 4	85	Soan	74	- 9
18	Timéo	16	- 2	52	Lorenzo	50	- 2	86	Pierre	71	- 15
19	Théo	21	+ 2	53	Nino	60	+ 7	87	Thibault	80	- 7
20	Noah	20	–	54	Esteban	62	+ 8	88	David	91	+ 3
21	Gabin	23	+ 2	55	Noa	49	- 6	89	Marceau	101	+ 12
22	Mohamed	22	–	56	Mathys	48	- 8	90	Wassim	104	+ 14
23	Mathis	19	- 4	57	Lyam	78	+ 21	91	Noham	94	+ 3
24	Axel	26	+ 2	58	Ibrahim	69	+ 11	92	Younès	87	- 5
25	Maxime	24	- 1	59	Imrân	81	+ 22	93	Adem	90	- 3
26	Baptiste	28	+ 2	60	Camille	67	+ 7	94	Milo	116	+ 22
27	Clément	25	- 2	61	Malo	57	+ 4	95	Charles	98	+ 3
28	Aaron	32	+ 4	62	Ilyès	58	- 4	96	Sohan	107	+ 11
29	Martin	39	+ 10	63	Youssef	85	+ 22	97	Owen	100	+ 3
30	Antoine	27	- 3	64	Benjamin	54	- 10	98	Romain	88	- 10
31	Victor	31	–	65	Noâm	68	+ 3	99	Sasha	102	+ 3
32	Yanis	29	- 3	66	Isaac	76	+ 10	100	Mathias	93	- 7
33	Rayan	38	+ 5	67	Adrien	53	- 14				
34	Thomas	30	- 4	68	Ayoub	75	+ 7				

Changements dans le Top 100 de 2015 à 2016

Gros gains

Filles		Garçons	
Mia	+ 20	Imrân	+ 22
Mya	+ 20	Milo	+ 22
Nour	+ 17	Youssef	+ 22
Lyna	+ 15	Lyam	+ 21
Lya	+ 14	Rafael	+ 16
Romy	+ 14	Wassim	+ 14
Mila	+ 11	Marceau	+ 12
Elena	+ 11	Ibrahim	+ 11
Valentine	+ 11	Joseph	+ 11
Roxane	+ 11	Sohan	+ 11
Apolline	+ 10	Isaac	+ 10
Héloïse	+ 10	Martin	+ 10

Grosses pertes

Filles		Garçons	
Charlie	- 35	Quentin	- 20
Enora	- 29	Pierre	- 15
Célia	- 15	Adrien	- 14
Laura	- 15	Ruben	- 13
Lisa	- 15	Louka	- 12
Océane	- 14	Benjamin	- 10
Marie	- 13	Romain	- 10
Julie	- 13		
Pauline	- 10		
Sara	- 10		
Justine	- 10		

Nouveaux dans le Top 100

Filles		Garçons	
Héloïse	+ 10	Marceau	+ 12
Maria	+ 3	Milo	+ 22
		Wassim	+ 14
		Sasha	+ 3
		Sohan	+ 11

Sorties du Top 100

Filles		Garçons	
Mélissa	- 21	Charly	- 62
Lylou	- 15	Loan	- 12
		Charlie	- 96
		Tristan	- 25
		Mehdi	- 15

Prénoms les plus populaires
à travers les décennies

Prénoms de filles 2010-

Rang en 2010	Prénom	Rang en 2000	Écart rang
1	Emma	5	+ 4
2	Manon	2	–
3	Lola	53	+ 50
4	Jade	37	+ 33
5	Camille	3	- 2
6	Sarah	8	+ 2
7	Louise	27	+ 20
8	Lilou	161	+ 153
9	Léa	1	- 8
10	Clara	17	+ 7

Prénoms de garçons 2010-

Rang en 2010	Prénom	Rang en 2000	Écart rang
1	Nathan	31	+ 30
2	Lucas	2	–
3	Enzo	21	+ 18
4	Louis	16	+ 12
5	Hugo	4	- 1
6	Gabriel	58	+ 52
7	Ethan	248	+ 241
8	Mathis	37	+ 29
9	Jules	46	+ 37
10	Arthur	28	+ 18

Prénoms de filles 2000-2009

Rang en 2000	Prénom	Rang en 1990	Écart rang
1	Léa	43	+ 42
2	Manon	33	+ 31
3	Camille	9	+ 6
4	Chloé	37	+ 33
5	Emma	151	+ 146
6	Marie	5	- 1
7	Océane	90	+ 83
8	Sarah	13	+ 5
9	Laura	2	- 7
10	Mathilde	19	+ 9

Prénoms de garçons 2000-2009

Rang en 2000	Prénom	Rang en 1990	Écart rang
1	Thomas	2	+ 1
2	Lucas	74	+ 72
3	Théo	106	+ 103
4	Hugo	61	+ 57
5	Maxime	7	+ 2
6	Nicolas	4	- 2
7	Quentin	21	+ 14
8	Alexandre	5	- 3
9	Antoine	20	+ 11
10	Clément	17	+ 7

Prénoms de filles 1990-1999

Rang en 1990	Prénom	Rang en 1980	Écart rang
1	Élodie	19	+ 18
2	Laura	120	+ 118
3	Julie	14	+ 11
4	Marine	119	+ 115
5	Marie	7	+ 2
6	Marion	47	+ 41
7	Pauline	94	+ 87
8	Aurélie	3	- 5
9	Camille	78	+ 69
10	Mélanie	18	+ 8

Prénoms de garçons 1990-1999

Rang en 1990	Prénom	Rang en 1980	Écart rang
1	Kevin	73	+ 72
2	Thomas	16	+ 14
3	Julien	3	–
4	Nicolas	1	- 3
5	Alexandre	12	+ 7
6	Anthony	21	+ 15
7	Maxime	56	+ 49
8	Jérémy	43	+ 35
9	Romain	33	+ 24
10	Guillaume	8	- 2

Prénoms de filles 1980-1989

Rang en 1980	Prénom	Rang en 1970	Écart rang
1	Céline	21	+ 20
2	Émilie	250	+ 248
3	Aurélie	145	+ 142
4	Virginie	23	+ 19
5	Stéphanie	19	+ 14
6	Laëtitia	58	+ 52
7	Marie	17	+ 10
8	Sabrina	72	+ 64
9	Audrey	201	+ 192
10	Sandrine	3	- 7

Prénoms de garçons 1980-1989

Rang en 1980	Prénom	Rang en 1970	Écart rang
1	Nicolas	20	+ 19
2	Sébastien	16	+ 14
3	Julien	114	+ 111
4	David	4	–
5	Christophe	1	- 4
6	Frédéric	6	–
7	Cédric	77	+ 70
8	Guillaume	50	+ 42
9	Jérôme	24	+ 15
10	Olivier	5	- 5

Prénoms de filles 1970-1979

Rang en 1970	Prénom	Rang en 1960	Écart rang
1	Nathalie	34	+ 33
2	Valérie	64	+ 62
3	Sandrine	131	+ 128
4	Isabelle	10	+ 6
5	Sylvie	2	- 3
6	Sophie	45	+ 39
7	Laurence	22	+ 15
8	Christelle	233	+ 225
9	Catherine	1	- 8
10	Véronique	9	- 1

Prénoms de garçons 1970-1979

Rang en 1970	Prénom	Rang en 1960	Écart rang
1	Christophe	39	+ 38
2	Stéphane	43	+ 41
3	Laurent	31	+ 28
4	David	106	+ 102
5	Olivier	37	+ 32
6	Frédéric	30	+ 24
7	Philippe	1	- 6
8	Éric	7	- 1
9	Franck	54	+ 45
10	Thierry	8	- 2

Prénoms de filles 1960-1969

Rang en 1960	Prénom	Rang en 1950	Écart rang
1	Catherine	16	+ 15
2	Sylvie	51	+ 49
3	Christine	34	+ 31
4	Marie	1	- 3
5	Brigitte	21	+ 16
6	Martine	2	- 4
7	Patricia	54	+ 47
8	Françoise	3	- 5
9	Véronique	93	+ 84
10	Isabelle	90	+ 80

Prénoms de garçons 1960-1969

Rang en 1960	Prénom	Rang en 1950	Écart rang
1	Philippe	16	+ 15
2	Patrick	9	+ 7
3	Jean	1	- 2
4	Pascal	59	+ 55
5	Alain	3	- 2
6	Michel	2	- 4
7	Éric	69	+ 62
8	Thierry	61	+ 53
9	Christian	7	- 2
10	Didier	34	+ 24

Prénoms de filles 1950-1959

Rang en 1950	Prénom	Rang en 1940	Écart rang
1	Marie	1	–
2	Martine	104	+ 102
3	Françoise	5	+ 2
4	Monique	2	- 2
5	Nicole	3	- 2
6	Chantal	56	+ 50
7	Annie	25	+ 18
8	Christiane	6	- 2
9	Jacqueline	4	- 5
10	Michèle	12	+ 2

Prénoms de garçons 1960-1969

Rang en 1950	Prénom	Rang en 1940	Écart rang
1	Jean	1	–
2	Michel	2	–
3	Alain	16	+ 13
4	Gérard	8	+ 4
5	Bernard	7	+ 2
6	Daniel	9	+ 3
7	Christian	24	+ 17
8	Jacques	6	- 2
9	Patrick	79	+ 70
10	Claude	3	- 7

Prénoms de filles 1940-1949

Rang en 1940	Prénom	Rang en 1930	Écart rang
1	Marie	1	–
2	Monique	8	+ 6
3	Nicole	46	+ 43
4	Jacqueline	2	- 2
5	Françoise	32	+ 27
6	Christiane	18	+ 12
7	Jeannine	3	- 4
8	Colette	19	+ 11
9	Josette	24	+ 15
10	Yvette	6	- 4

Prénoms de garçons 1940-1949

Rang en 1940	Prénom	Rang en 1930	Écart rang
1	Jean	1	–
2	Michel	5	+ 3
3	Claude	10	+ 7
4	André	2	- 2
5	Pierre	3	- 2
6	Jacques	7	- 1
7	Bernard	18	+ 11
8	Gérard	25	+ 17
9	Daniel	30	+ 21
10	René	4	- 6

Prénoms de filles 1930-1939

Rang en 1930	Prénom	Rang en 1920	Écart rang
1	Marie	1	–
2	Jacqueline	18	+ 16
3	Jeannine	39	+ 36
4	Jeanne	2	- 2
5	Denise	9	+ 4
6	Yvette	22	+ 16
7	Paulette	8	+ 1
8	Monique	95	+ 87
9	Simone	10	+ 1
10	Ginette	81	+ 71

Prénoms de garçons 1930-1939

Rang en 1930	Prénom	Rang en 1920	Écart rang
1	Jean	1	–
2	André	2	–
3	Pierre	3	–
4	René	4	–
5	Michel	25	+ 20
6	Roger	6	–
7	Jacques	17	+ 10
8	Robert	10	+ 2
9	Marcel	5	- 4
10	Claude	43	+ 33

Prénoms de filles 1920-1929

Rang en 1930	Prénom	Rang en 1920	Écart rang
1	Marie	1	–
2	Jeanne	2	–
3	Madeleine	4	+ 1
4	Suzanne	7	+ 3
5	Yvonne	6	+ 1
6	Marcelle	9	+ 3
7	Marguerite	3	- 4
8	Paulette	29	+ 21
9	Denise	22	+ 13
10	Simone	17	+ 7

Prénoms de garçons 1920-1929

Rang en 1930	Prénom	Rang en 1920	Écart rang
1	Jean	1	–
2	André	2	–
3	Pierre	4	+ 1
4	René	7	+ 3
5	Marcel	5	–
6	Roger	11	+ 5
7	Louis	3	- 4
8	Henri	6	- 2
9	Georges	9	–
10	Robert	13	+ 3

Prénoms de filles 1910-1919

Rang en 1910	Prénom	Rang en 1900	Écart rang
1	Marie	1	–
2	Jeanne	2	–
3	Marguerite	3	–
4	Madeleine	7	+ 3
5	Germaine	4	- 1
6	Yvonne	6	–
7	Suzanne	8	+ 1
8	Louise	5	- 3
9	Marcelle	10	+ 1
10	Lucienne	21	+ 11

Prénoms de garçons 1910-1919

Rang en 1910	Prénom	Rang en 1900	Écart rang
1	Jean	1	–
2	André	8	+ 6
3	Louis	2	- 1
4	Pierre	3	- 1
5	Marcel	6	+ 1
6	Henri	5	- 1
7	René	10	+ 3
8	Joseph	4	- 4
9	Georges	7	- 2
10	Maurice	14	+ 4

Prénoms de filles 1900-1909

Rang en 1910	Prénom
1	Marie
2	Jeanne
3	Marguerite
4	Germaine
5	Louise
6	Yvonne
7	Madeleine
8	Suzanne
9	Marthe
10	Marcelle

Prénoms de garçons 1900-1909

Rang en 1910	Prénom
1	Jean
2	Louis
3	Pierre
4	Joseph
5	Henri
6	Marcel
7	Georges
8	André
9	Paul
10	René

Prénoms les plus populaires dans le monde

Envie de suivre les tendances de popularité autour du globe ? Envie de donner à votre enfant un prénom qui reflète votre héritage, votre langue maternelle ou votre destination de voyage préférée ? Les tableaux qui suivent sont des listes de prénoms aux sonorités internationales. Vous découvrirez les prénoms les plus donnés aux petites filles et aux petits garçons dans plusieurs pays.

De même que les listes concernant la France proviennent de données collectées par l'Insee, celles qui suivent sont issues de statistiques produites par des organisations similaires tout autour du monde. À partir de la page 18, vous trouverez également un échantillon de prénoms intéressants provenant de différentes origines culturelles.

Utilisez ces listes pour commencer à réfléchir, mais n'oubliez pas qu'il y a des milliers d'autres prénoms issus de l'origine qui vous tient à cœur dans les sections Filles et Garçons.

Allemagne

Filles	Garçons
Mia	Ben
Emma	Leon
Hannah	Lucas
Anna	Finn
Lea	Jonas
Leonie	Maximilian
Lina	Luis
Marie	Paul
Sophia	Felix
Lena	Luca

Autriche

Filles	Garçons
Lena	Maximilian
Anna	Lukas
Sophie	Tobias
Leonie	Alexander
Lea	David
Hannah	Julian
Marie	Jonas
Emma	Moritz
Lara	Fabian
Sarah	Paul

Canada, Québec

Filles	Garçons
Emma	William
Lea	Nathan
Olivia	Olivier
Florence	Alexis
Alice	Samuel
Zoe	Gabriel
Rosalie	Thomas
Juliette	Jacob
Camille	Felix
Mia	Raphael

Angleterre

Filles	Garçons
Amelia	Harry
Lily	Jack
Emily	Oliver
Sophia	Charlie
Isabelle	James
Sophie	George
Olivia	Thomas
Jessica	Ethan
Chloe	Jacob
Mia	William

Belgique

Filles	Garçons
Elise	Lucas
Emma	Mathis
Louise	Noah
Elena	Finn
Fleur	Mats
Hanne	Thomas
Lotte	Tuur
Marie	Wout
Laura	Lars
Mila	Leon

Chili

Filles	Garçons
Martina	Benjamín
Sofía	Vicente
Florencia	Martín
Valentina	Matías
Isidora	Joaquín
Antonella	Agustín
Antonia	Maximiliano
Emilia	Cristóbal
Catalina	Sebastián
Fernanda	Tomás

Australie

Filles	Garçons
Amelia	Oliver
Lily	Lucas
Isabella	Ethan
Emily	Thomas
Chloe	Noah
Charlotte	Cooper
Zoe	James
Isabelle	Jackson
Olivia	Liam
Sophie	Xavier

Canada, Colombie-Britannique

Filles	Garçons
Olivia	Ethan
Emma	Liam
Sophia	Lucas
Emily	Mason
Ava	Logan
Ella	Noah
Chloe	Alexander
Isabella	Benjamin
Avery	Jacob
Hannah	Jack

Danemark

Filles	Garçons
Emma	Victor
Sofia	William
Freja	Noah
Ida	Frederik
Maja	Lucas
Sofie	Liam
Isabella	Emil
Laura	Oscar
Clara	Magnus
Josefine	Oliver

Écosse

Filles	Garçons
Sophie	Jack
Emily	Lewis
Olivia	Riley
Ava	James
Lucy	Logan
Isla	Daniel
Lily	Ethan
Jessica	Harry
Amelia	Alexander
Mia	Oliver

Espagne

Filles	Garçons
Lucía	Daniel
Paula	Alejandro
María	Pablo
Daniela	Hugo
Sara	Álvaro
Carla	Adrián
Claudia	David
Sofía	Javier
Alba	Diego
Irene	Mario

France

Filles	Garçons
Emma	Nathan
Jade	Lucas
Zoé	Jules
Chloé	Enzo
Léa	Gabriel
Manon	Louis
Inès	Arthur
Maëlys	Raphaël
Louise	Mathis
Lilou	Ethan

Hongrie

Filles	Garçons
Jázmin	Áron
Katalin	Botond
Míra	Noel
Julianna	Richárd
Kata	Zoltán
Csenge	Kristóf
Klaudia	Zsombor
Zoé	Gábor
Fanni	Zsolt
Kíra	Zalán

Inde

Filles	Garçons
Saanvi	Aarav
Angel	Vivaan
Pari	Aadi
Diya	Vihaan
Ananya	Atharv
Aadhya	Sai
Pihu	Krishna
Khushi	Mohammed
Kavya	Aryan
Avni	Arjun

Irlande

Filles	Garçons
Emily	Jack
Sophie	James
Emma	Seán
Grace	Daniel
Lily	Conor
Sarah	Ryan
Lucy	Adam
Ava	Harry
Chloe	Michael
Katie	Alex

Japon

Filles	Garçons
Yui	Haruto
Rio	Yuto
Yuna	Sota
Hina	Yuki
Koharu	Hayato
Mei	Haruki
Mio	Ryusei
Saki	Koki
Miyu	Sora
Misaki	Sosuke

Mexique

Filles	Garçons
Sofía	Santiago
Ximena	Diego
Camila	Sebastián
Isabella	Leonardo
Valentina	Emiliano
Renata	Mateo
Regina	Alejandro
Valeria	Matías
Victoria	Nicolás
Romina	Iker

Norvège

Filles	Garçons
Emma	Lucas
Sofie	Emil
Linnea	Mathias
Sara	Jonas
Emilie	Alexander
Ingrid	William
Thea	Oskar
Leah	Magnus
Sofia	Markus
Julie	Oliver

Pays-Bas

Filles	Garçons
Emma	Daan
Sophie	Bram
Julia	Sem
Anna	Lucas
Lisa	Milan
Isa	Levi
Eva	Luuk
Saar	Thijs
Lotte	Jayden
Tess	Tim

Porto Rico

Filles	Garçons
Mia	Sebastian
Kamila	Ian
Camila	Luis
Alondra	Angel
Amanda	Adrian
Andrea	Jayden
Victoria	Dylan
Isabella	Diego
Valeria	Jose
Sofia	Carlos

Suède

Filles	Garçons
Alice	William
Elsa	Oscar
Julia	Lucas
Ella	Hugo
Maja	Elias
Ebba	Alexander
Emma	Liam
Linnea	Charlie
Molly	Oliver
Alva	Filip

Prénoms classiques dans le monde

Africains

Filles	Garçons
Ama	Akili
Femi	Bello
Halla	Jabari
Imena	Kosey
Kameke	Kwasi
Kamilah	Liu
Pita	Ogun
Poni	Ottah
Randa	Ulan
Zina	Enzi

Amérindiens

Filles	Garçons
Aiyana	Anoki
Dena	Bly
Halona	Elan
Kachina	Hakan
Kanda	Lenno
Kiona	Mingan
Leotie	Motega
Nuna	Nodin
Tala	Songan
Yenene	Wingi

Chinois

Filles	Garçons
Bo	Chen
Jun	Chung
Lian	Dewei
Lin	Jin
Ling	Kong
Ping	Lei
Tao	Liang
Tu	Park
Yang	Shing
Yen	Wing

Afro-américains

Filles	Garçons
Janita	Dantay
Jaquana	Deshaun
Keneisha	Deandre
Laquisha	Jalen
Latoya	Jamarcus
Makayla	Jamarquis
Rayleen	Laquentin
Roneisha	Mychal
Shaneika	Rashawn
Shaquita	Treyvon

Anglais

Filles	Garçons
Ashley	Alistair
Brittany	Cedric
Chelsea	Clive
Cicely	Edwin
Evelyn	Elton
Felicity	Geoffrey
Millie	Graham
Maggie	Hugh
Paige	Jeremy
Sabrina	Winston

Écossais

Filles	Garçons
Ainsley	Angus
Blair	Bret
Davonna	Cameron
Greer	Duncan
Kelsea	Gregor
Lesley	Ian
Maisie	Lennox
Marjie	Malcolm
Mckenzie	Morgan
Roslyn	Douglas

Allemands

Filles	Garçons
Elka	Ernst
Gisella	Franz
Greta	Friedrich
Heidi	Gustav
Katrina	Heinrich
Käthe	Johann
Leni	Kurt
Lotte	Klaus
Margret	Otto
Monika	Wilhelm

Arabes

Filles	Garçons
Akeelah	Abdul
Aleah	Ahmad
Fatima	Habib
Jamila	Hakim
Laela	Hassan
Maja	Ismael
Nalia	Jamaal
Rasha	Mohamed
Samira	Nadim
Qadira	Omar

Espagnols

Filles	Garçons
Ana	Carlos
Alejandra	Enrique
Felicia	Felipe
Isabel	Fernando
Lolita	José
Luciana	Jorge
Marisol	Juan
Rosalía	Luis
Soledad	Miguel
Ynez	Ramón

Français

Filles	Garçons
Amélie	Alain
Camille	André
Colette	François
Gabrielle	Guillaume
Michèle	Jules
Nathalie	Marcel
Séverine	Philippe
Simone	Pierre
Valéric	René
Virginie	Yves

Gallois

Filles	Garçons
Glynnis	Bevan
Gwyneth	Bryce
Isolde	Dylan
Linette	Gavin
Meredith	Howell
Rhiannon	Llewellyn
Rhonda	Lloyd
Rowena	Rhett
Teagan	Rhys
Wynne	Tristan

Grecs

Filles	Garçons
Alexandra	Alexis
Anastasia	Darius
Callista	Demetrius
Daphne	Kristopher
Delia	Nicholas
Kassandra	Paris
Ophelia	Petros
Phoebe	Sebastian
Rhea	Stefanos
Selena	Xander

Irlandais

Filles	Garçons
Carmel	Brendan
Darcy	Dermot
Dierdre	Dónal
Fiona	Eamonn
Fionnula	Kieran
Kerry	Liam
Maeve	Mick
Moira	Paddy
Sinéad	Séamus
Siobhan	Seán

Israéliens

Filles	Garçons
Gila	Avrahom
Golda	Dov
Hanna	Eliahu
Rivka	Haim
Ronit	Meir
Sabra	Mordechai
Shoshana	Moshe
Tova	Shlomo
Tzipi	Yehudah
Yael	Yosef

Italiens

Filles	Garçons
Christiana	Allesandro
Francesca	Biaggio
Gina	Giancarlo
Giovanna	Giacomo
Paola	Giovanni
Raffaella	Leonardo
Silvana	Marcello
Téa	Paolo
Tosca	Roberto
Vittoria	Vittorio

Japonais

Filles	Garçons
Aiko	Akira
Dai	Hiroshi
Hoshi	Joji
Jin	Kentaro
Keiko	Michio
Mai	Raiden
Mariko	Rei
Raku	Takeo
Tazu	Yoshi
Yoko	Yuki

Latino-américains

Filles	Garçons
Allegra	Antony
Aurora	Austin
Beatrice	Benedict
Cecily	Bennett
Celeste	Cecil
Felicia	Griffin
Josalyn	Jerome
Olivia	Jude
Regina	Oliver
Sabrina	Roman

Russes

Filles	Garçons
Galina	Alexi
Irina	Dimitri
Natasha	Fyodor
Nikita	Leonid
Raisa	Michail
Sasha	Pavel
Svetlana	Pyotr
Tanya	Sacha
Yekaterina	Sergei
Yelena	Vladimir

Scandinaves

Filles	Garçons
Birgitte	Anders
Freya	Björn
Gunda	Bo
Ingrid	Gustaf
Karin	Ingmar
Maija	Lars
Masculinsna	Lasse
Rika	Lennart
Signe	Nils
Sigrid	Stefan

Vietnamiens

Filles	Garçons
Bian	Antoan
Cai	Binh
Cam	Duc
Hong	Dinh
Kim	Hai
Mai	Minh
Ping	Nam
Tam	Nguyen
Tao	Tai
Thanh	Tuyen

Prénoms les plus donnés par département en France

01 – Ain

Filles	Garçons
Jade	Lucas
Emma	Paul
Chloé	Hugo
Lola	Jules
Louise	Tom
Nina	Nolan
Mila	Gabriel
Julia	Ethan
Lina	Enzo
Elsa	Léo

02 – Aisne

Filles	Garçons
Emma	Jules
Jade	Léo
Lola	Lucas
Manon	Hugo
Lina	Timéo
Louise	Louis
Lilou	Nathan
Louane	Nolan
Léa	Raphaël
Ambre	Arthur

03 – Allier

Filles	Garçons
Louise	Lucas
Lucie	Louis
Emma	Gabriel
Lilou	Jules
Manon	Léo
Lola	Hugo
Léa	Ethan
Léna	Nathan
Chloé	Timéo
Jade	Paul

04 – Alpes-de-Haute-Provence

Filles	Garçons
Léna	Gabriel
Emma	Jules
Léa	Louis
Louna	Léo
Lina	Nolan
Lola	Lucas
Zoé	Timéo
Manon	Gabin
Lucie	Tom
Laura	Marius

05 – Hautes-Alpes

Filles	Garçons
Chloé	Liam
Lola	Léo
Emma	Nathan
Louise	Lucas
Lina	Tom
Léa	Hugo
Anna	Louis
Lana	Gabin
Camille	Nolan
Alice	Maxime

06 – Alpes-Maritimes

Filles	Garçons
Emma	Adam
Lina	Gabriel
Louise	Raphaël
Chloé	Louis
Jade	Jules
Giulia	Lucas
Anna	Nolan
Mila	Liam
Alice	Léo
Victoria	Ethan

07 – Ardèche

Filles	Garçons
Emma	Jules
Camille	Louis
Louise	Gabriel
Julia	Hugo
Jade	Paul
Anna	Arthur
Juliette	Timéo
Mila	Théo
Alice	Mathis
Manon	Lucas

08 – Ardennes

Filles	Garçons
Emma	Jules
Jade	Timéo
Lilou	Hugo
Léa	Gabriel
Zoé	Léo
Inès	Paul
Louna	Gabin
Lola	Tom
Chloé	Raphaël
Rose	Axel

09 – Ariège

Filles	Garçons
Jade	Jules
Louise	Nolan
Louna	Louis
Lola	Hugo
Léa	Nathan
Lucie	Ethan
Manon	Noah
Anaïs	Raphaël
Mila	Théo
Alice	Mathys

10 – Aube

Filles	Garçons
Louise	Nolan
Jade	Léo
Léa	Gabriel
Camille	Jules
Emma	Lucas
Ambre	Ethan
Chloé	Adam
Inaya	Timéo
Lina	Arthur
Rose	Nathan

11 – Aude

Filles	Garçons
Chloé	Jules
Sarah	Enzo
Lola	Lucas
Jade	Gabriel
Emma	Liam
Louise	Ethan
Lucie	Nathan
Léa	Hugo
Manon	Louis
Ambre	Léo

12 – Aveyron

Filles	Garçons
Léa	Jules
Léna	Enzo
Emma	Louis
Inès	Timéo
Chloé	Gabin
Jade	Léo
Louise	Hugo
Manon	Ethan
Julia	Baptiste
Lola	Raphaël

13 – Bouches-du-Rhône

Filles	Garçons
Lina	Gabriel
Emma	Adam
Jade	Mohamed
Giulia	Liam
Mila	Jules
Louise	Louis
Manon	Nolan
Anna	Hugo
Lola	Lucas
Elena	Baptiste

14 – Calvados

Filles	Garçons
Louise	Raphaël
Emma	Léo
Zoé	Jules
Lola	Paul
Jade	Gabriel
Ambre	Lucas
Rose	Sacha
Alice	Louis
Manon	Hugo
Chloé	Tom

15 – Cantal

Filles	Garçons
Jade	Louis
Louise	Lucas
Chloé	Léo
Léa	Baptiste
Juliette	Raphaël
Manon	Enzo
Lola	Yanis
Julia	Gabin
Louane	Ethan
Emma	Nathan

16 – Charente

Filles	Garçons
Jade	Jules
Emma	Arthur
Louna	Gabriel
Lola	Louis
Louise	Nathan
Alice	Lucas
Clara	Gabin
Margaux	Nolan
Mila	Enzo
Léa	Hugo

17 – Charente-Maritime

Filles	Garçons
Jade	Lucas
Louise	Arthur
Emma	Louis
Chloé	Léo
Lola	Gabriel
Ambre	Tom
Manon	Jules
Rose	Raphaël
Zoé	Hugo
Anna	Timéo

18 – Cher

Filles	Garçons
Manon	Jules
Louise	Louis
Emma	Paul
Louane	Lucas
Jade	Gabriel
Ambre	Léo
Juliette	Tom
Alice	Hugo
Clara	Liam
Julia	Ethan

19 – Corrèze

Filles	Garçons
Louise	Léo
Lucie	Lucas
Alice	Louis
Zoé	Jules
Emma	Gabin
Manon	Gabriel
Louane	Ethan
Léna	Sacha
Jade	Hugo
Lilou	Timéo

20 – Corse

Filles	Garçons
Emma	Lisandru
Léa	Lucas
Chloé	Raphaël
Léna	Baptiste
Chjara	Enzo
Carla	Thomas
Sarah	Gabriel
Lisa	Antoine
Serena	Mohamed
Luna	Anthony

21 – Côte-d'Or

Filles	Garçons
Louise	Jules
Emma	Louis
Alice	Gabriel
Manon	Hugo
Chloé	Arthur
Jeanne	Lucas
Léna	Paul
Anna	Léo
Romane	Adam
Ambre	Nathan

22 – Côtes-d'Armor

Filles	Garçons
Louise	Nathan
Manon	Raphaël
Alice	Léo
Lola	Hugo
Inès	Sacha
Chloé	Lucas
Emma	Mathis
Zoé	Jules
Adèle	Gabriel
Léa	Arthur

23 – Creuse

Filles	Garçons
Lola	Louis
Léa	Ethan
Zoé	Nathan
Léonie	Mathis
Louane	Lucas
Clémence	Hugo
Lucie	Gabin
Manon	Timéo
Chloé	Jules
Valentine	Paul

24 – Dordogne

Filles	Garçons
Louise	Léo
Louane	Lucas
Jade	Raphaël
Ambre	Tom
Lola	Louis
Emma	Gabriel
Julia	Enzo
Manon	Hugo
Léna	Jules
Anna	Nolan

25 – Doubs

Filles	Garçons
Emma	Jules
Louise	Léo
Jade	Louis
Lina	Lucas
Manon	Paul
Lola	Hugo
Chloé	Adam
Léa	Tom
Camille	Nolan
Margaux	Nathan

26 – Drôme

Filles	Garçons
Emma	Gabriel
Louise	Lucas
Lina	Liam
Jade	Jules
Manon	Louis
Lola	Nathan
Sarah	Adam
Lucie	Mohamed
Clara	Paul
Juliette	Aaron

27 – Eure

Filles	Garçons
Jade	Nolan
Chloé	Lucas
Léa	Hugo
Manon	Jules
Louise	Tom
Emma	Gabin
Lola	Théo
Eva	Gabriel
Alice	Timéo
Clara	Nathan

28 – Eure-et-Loir

Filles	Garçons
Lola	Jules
Emma	Ethan
Manon	Adam
Louane	Nathan
Ambre	Gabriel
Rose	Paul
Louna	Lucas
Jade	Enzo
Louise	Liam
Camille	Nolan

29 – Finistère

Filles	Garçons
Louise	Léo
Chloé	Lucas
Manon	Louis
Jade	Gabriel
Alice	Raphaël
Emma	Hugo
Léa	Jules
Louane	Paul
Ambre	Tom
Jeanne	Théo

30 – Gard

Filles	Garçons
Lina	Adam
Chloé	Ethan
Emma	Mohamed
Jade	Gabriel
Louise	Nolan
Inès	Lucas
Julia	Jules
Léa	Louis
Sarah	Liam
Louna	Enzo

31 – Haute-Garonne

Filles	Garçons
Louise	Jules
Manon	Adam
Emma	Gabriel
Juliette	Lucas
Jade	Louis
Alice	Hugo
Mila	Paul
Anna	Arthur
Lina	Ethan
Lucie	Enzo

32 – Gers

Filles	Garçons
Emma	Jules
Louise	Lucas
Louna	Théo
Mila	Louis
Lilou	Raphaël
Juliette	Paul
Charlotte	Clément
Lucie	Gabin
Lana	Arthur
Manon	Nathan

33 – Gironde

Filles	Garçons
Louise	Gabriel
Jade	Louis
Alice	Jules
Manon	Raphaël
Anna	Paul
Emma	Léo
Chloé	Lucas
Lina	Ethan
Zoé	Hugo
Lola	Arthur

34 – Hérault

Filles	Garçons
Jade	Jules
Louise	Adam
Emma	Raphaël
Lina	Léo
Chloé	Gabriel
Lola	Mohamed
Léa	Théo
Mila	Lucas
Alice	Louis
Lou	Hugo

35 – Ille-et-Vilaine

Filles	Garçons
Louise	Raphaël
Emma	Jules
Chloé	Gabriel
Manon	Arthur
Jade	Léo
Camille	Louis
Inès	Lucas
Alice	Paul
Léna	Malo
Léa	Sacha

36 – Indre

Filles	Garçons
Louise	Lucas
Léa	Jules
Manon	Hugo
Lola	Gabriel
Jade	Léo
Inès	Louis
Chloé	Maxime
Louna	Gabin
Ambre	Nolan
Zoé	Enzo

37 – Indre-et-Loire

Filles	Garçons
Louise	Gabriel
Jade	Jules
Alice	Louis
Chloé	Lucas
Inès	Arthur
Léa	Ethan
Adèle	Léo
Lola	Sacha
Emma	Paul
Camille	Raphaël

38 – Isère

Filles	Garçons
Emma	Jules
Louise	Lucas
Alice	Ethan
Lola	Liam
Jade	Nolan
Lina	Gabriel
Manon	Hugo
Sarah	Adam
Lucie	Louis
Camille	Léo

39 – Jura

Filles	Garçons
Lina	Hugo
Lola	Léo
Manon	Lucas
Louise	Théo
Alice	Tom
Chloé	Nolan
Juliette	Timéo
Camille	Jules
Jeanne	Nathan
Inès	Sacha

40 – Landes

Filles	Garçons
Jade	Jules
Louise	Lucas
Zoé	Timéo
Chloé	Léo
Manon	Louis
Camille	Gabriel
Ambre	Paul
Emma	Raphaël
Louna	Nolan
Mia	Enzo

41 – Loir-et-Cher

Filles	Garçons
Louise	Léo
Lola	Lucas
Emma	Paul
Jade	Enzo
Camille	Jules
Juliette	Gabin
Louane	Timéo
Manon	Nathan
Clara	Arthur
Agathe	Raphaël

42 – Loire

Filles	Garçons
Jade	Nolan
Emma	Jules
Louise	Léo
Lola	Gabriel
Camille	Louis
Lina	Hugo
Manon	Timéo
Chloé	Lucas
Léa	Liam
Léna	Ethan

43 – Haute-Loire

Filles	Garçons
Louane	Tom
Emma	Nathan
Manon	Enzo
Mila	Léo
Louise	Jules
Lou	Théo
Elisé	Nolan
Lola	Timéo
Julia	Hugo
Léa	Ethan

44 – Loire-Atlantique

Filles	Garçons
Louise	Gabriel
Emma	Lucas
Manon	Louis
Alice	Jules
Rose	Paul
Jade	Hugo
Camille	Arthur
Juliette	Sacha
Lola	Ethan
Mila	Liam

45 – Loiret

Filles	Garçons
Lola	Hugo
Louise	Jules
Manon	Gabriel
Jade	Adam
Lucie	Enzo
Emma	Louis
Camille	Ethan
Lina	Lucas
Alice	Nathan
Louane	Arthur

46 – Lot

Filles	Garçons
Julia	Lucas
Léa	Louis
Camille	Gabin
Manon	Jules
Louna	Marius
Emma	Timéo
Lucie	Baptiste
Valentine	Nolan
Pauline	Clément
Jade	Hugo

47 – Lot-et-Garonne

Filles	Garçons
Louise	Jules
Chloé	Lucas
Emma	Léo
Manon	Ethan
Alice	Gabriel
Jade	Louis
Anna	Paul
Inès	Hugo
Lina	Théo
Louna	Enzo

48 – Lozère

Filles	Garçons
Emma	Jules
Jade	Nathan
Louise	Lucas
Lilou	Nolan
Chloé	Gabin
Léa	Diego
Lucie	Nino
Alicia	Martin
Louna	Timéo
Nina	Loïc

49 – Maine-et-Loire

Filles	Garçons
Louise	Jules
Chloé	Louis
Camille	Gabriel
Jade	Lucas
Manon	Léo
Zoé	Hugo
Lola	Raphaël
Alice	Arthur
Léa	Gabin
Emma	Timéo

50 – Manche

Filles	Garçons
Lola	Raphaël
Emma	Timéo
Manon	Louis
Chloé	Gabriel
Léa	Jules
Alice	Lucas
Louise	Enzo
Jade	Paul
Romane	Gabin
Zoé	Nathan

51 – Marne

Filles	Garçons
Louise	Jules
Emma	Gabriel
Jade	Louis
Rose	Hugo
Manon	Lucas
Alice	Paul
Julia	Sacha
Camille	Ethan
Lola	Nolan
Ambre	Adam

52 – Haute-Marne

Filles	Garçons
Chloé	Lucas
Zoé	Jules
Lina	Timéo
Louna	Gabriel
Emma	Ethan
Manon	Léo
Lola	Paul
Jade	Enzo
Léonie	Tom
Louane	Hugo

53 – Mayenne

Filles	Garçons
Jade	Nathan
Manon	Jules
Emma	Lucas
Inès	Louis
Léa	Gabriel
Lola	Ethan
Zoé	Sacha
Alice	Tom
Chloé	Malo
Romane	Enzo

54 – Meurthe-et-Moselle

Filles	Garçons
Lina	Louis
Chloé	Léo
Emma	Jules
Jade	Hugo
Louise	Gabriel
Inès	Raphaël
Julia	Paul
Léa	Lucas
Sarah	Arthur
Louna	Théo

55 – Meuse

Filles	Garçons
Camille	Léo
Louna	Lucas
Lucie	Gabriel
Eva	Timéo
Louise	Hugo
Alice	Jules
Inès	Louis
Louane	Tom
Julia	Nathan
Nina	Arthur

56 – Morbihan

Filles	Garçons
Louise	Ethan
Emma	Louis
Manon	Raphaël
Jade	Gabriel
Chloé	Hugo
Lola	Liam
Lucie	Lucas
Zoé	Paul
Léa	Gabin
Romane	Léo

57 – Moselle

Filles	Garçons
Emma	Léo
Chloé	Jules
Jade	Ethan
Manon	Gabriel
Lina	Nolan
Eva	Nathan
Anna	Adam
Alice	Liam
Louise	Lucas
Mila	Raphaël

58 – Nièvre

Filles	Garçons
Jade	Gabriel
Louise	Louis
Emma	Timéo
Camille	Jules
Alice	Mathéo
Louna	Hugo
Zoé	Maxence
Rose	Théo
Louane	Arthur
Léna	Victor

59 – Nord

Filles	Garçons
Jade	Léo
Louise	Louis
Emma	Jules
Chloé	Hugo
Léa	Gabriel
Zoé	Raphaël
Alice	Adam
Camille	Timéo
Lina	Arthur
Louna	Lucas

60 – Oise

Filles	Garçons
Louise	Gabriel
Emma	Ethan
Jade	Hugo
Lola	Louis
Manon	Lucas
Julia	Nolan
Ambre	Jules
Elena	Adam
Louane	Nathan
Alice	Maël

61 – Orne

Filles	Garçons
Chloé	Louis
Manon	Lucas
Emma	Raphaël
Julia	Ethan
Jade	Léo
Inès	Timéo
Lola	Gabin
Léa	Jules
Louane	Enzo
Léna	Arthur

62 – Pas-de-Calais

Filles	Garçons
Jade	Hugo
Emma	Léo
Louise	Louis
Léa	Nathan
Lola	Jules
Chloé	Raphaël
Manon	Timéo
Zoé	Lucas
Alice	Tom
Léna	Sacha

63 – Puy-de-Dôme

Filles	Garçons
Louise	Raphaël
Jade	Gabriel
Chloé	Lucas
Emma	Jules
Léa	Léo
Manon	Louis
Zoé	Nathan
Clémence	Ethan
Alice	Nolan
Lola	Arthur

64 – Pyrénées-Atlantiques

Filles	Garçons
Emma	Jules
Jade	Lucas
Manon	Raphaël
Louise	Gabriel
Chloé	Louis
Mila	Hugo
Lola	Léo
Inès	Mathis
Charlotte	Paul
Camille	Ethan

65 – Hautes-Pyrénées

Filles	Garçons
Jade	Gabriel
Léna	Raphaël
Emma	Nathan
Inès	Ethan
Chloé	Baptiste
Léa	Paul
Anna	Nolan
Inaya	Enzo
Zoé	Hugo
Lou	Gabin

66 – Pyrénées-Orientales

Filles	Garçons
Louise	Ethan
Chloé	Gabriel
Manon	Nathan
Jade	Hugo
Lola	Léo
Inès	Enzo
Sarah	Jules
Léna	Timéo
Camille	Liam
Lou	Théo

67 – Bas-Rhin

Filles	Garçons
Lucie	Jules
Chloé	Lucas
Alice	Arthur
Louise	Léo
Manon	Louis
Léa	Nathan
Anna	Hugo
Mathilde	Gabriel
Camille	Adam
Sarah	Nolan

68 – Haut-Rhin

Filles	Garçons
Louise	Lucas
Lina	Léo
Emma	Hugo
Sarah	Adam
Jade	Louis
Lucie	Gabriel
Alice	Jules
Anna	Nathan
Camille	Arthur
Chloé	Liam

69 – Rhône

Filles	Garçons
Lina	Adam
Emma	Gabriel
Louise	Lucas
Jade	Mohamed
Chloé	Jules
Manon	Léo
Alice	Arthur
Sarah	Raphaël
Léa	Hugo
Camille	Louis

70 – Haute-Saône

Filles	Garçons
Louna	Louis
Chloé	Nolan
Manon	Enzo
Zoé	Lucas
Jeanne	Nathan
Emma	Evan
Lilou	Léo
Lola	Jules
Louise	Lilian
Nina	Théo

71 – Saône-et-Loire

Filles	Garçons
Jade	Jules
Lola	Nathan
Emma	Gabriel
Julia	Ethan
Léa	Hugo
Louise	Lucas
Lina	Louis
Alice	Arthur
Chloé	Adam
Camille	Nolan

72 – Sarthe

Filles	Garçons
Louise	Jules
Emma	Louis
Léa	Léo
Alice	Hugo
Chloé	Arthur
Jade	Raphaël
Camille	Ethan
Zoé	Nathan
Manon	Gabriel
Louna	Lucas

73 – Savoie

Filles	Garçons
Emma	Gabriel
Chloé	Hugo
Louise	Jules
Lucie	Louis
Manon	Lucas
Zoé	Nathan
Lola	Léo
Lina	Enzo
Julia	Raphaël
Jade	Sacha

74 – Haute-Savoie

Filles	Garçons
Emma	Gabriel
Jade	Lucas
Louise	Jules
Alice	Léo
Léa	Hugo
Lola	Liam
Zoé	Louis
Manon	Théo
Chloé	Nathan
Lina	Arthur

75 – Paris

Filles	Garçons
Louise	Adam
Alice	Gabriel
Emma	Paul
Sarah	Louis
Jeanne	Arthur
Anna	Alexandre
Eva	Victor
Camille	Jules
Juliette	Raphaël
Lina	Mohamed

76 – Seine-Maritime

Filles	Garçons
Louise	Raphaël
Jade	Jules
Alice	Léo
Chloé	Louis
Manon	Hugo
Emma	Gabriel
Lola	Tom
Inès	Lucas
Léa	Ethan
Zoé	Paul

77 – Seine-et-Marne

Filles	Garçons
Emma	Gabriel
Chloé	Ethan
Jade	Lucas
Louise	Raphaël
Camille	Liam
Manon	Léo
Inès	Hugo
Léna	Nathan
Léa	Nolan
Sarah	Adam

78 – Yvelines

Filles	Garçons
Chloé	Gabriel
Louise	Raphaël
Inès	Adam
Léa	Lucas
Jade	Louis
Emma	Jules
Alice	Hugo
Sarah	Nathan
Lucie	Clément
Camille	Mohamed

79 – Deux-Sèvres

Filles	Garçons
Louise	Jules
Jade	Lucas
Lola	Hugo
Manon	Louis
Camille	Tom
Louna	Nolan
Juliette	Axel
Emma	Arthur
Mila	Léo
Léa	Gabriel

80 – Somme

Filles	Garçons
Louise	Louis
Emma	Jules
Lola	Hugo
Jade	Gabriel
Jeanne	Léo
Zoé	Raphaël
Chloé	Lucas
Ambre	Arthur
Alice	Ethan
Inès	Nathan

81 – Tarn

Filles	Garçons
Jade	Raphaël
Emma	Louis
Louise	Gabriel
Lola	Lucas
Léna	Léo
Chloé	Jules
Léa	Enzo
Manon	Aaron
Alice	Hugo
Lilou	Ethan

82 – Tarn-et-Garonne

Filles	Garçons
Mila	Gabriel
Jade	Jules
Zoé	Léo
Alice	Enzo
Lola	Nolan
Inès	Ethan
Chloé	Hugo
Emma	Louis
Anna	Théo
Manon	Raphaël

83 – Var

Filles	Garçons
Chloé	Gabriel
Lina	Jules
Emma	Léo
Louise	Louis
Jade	Raphaël
Lola	Ethan
Léa	Nathan
Giulia	Lucas
Mila	Aaron
Manon	Tom

84 – Vaucluse

Filles	Garçons
Lina	Adam
Louise	Jules
Inès	Gabriel
Jade	Nathan
Emma	Louis
Léa	Ethan
Lola	Mohamed
Sarah	Hugo
Anna	Lucas
Chloé	Léo

85 – Vendée

Filles	Garçons
Louise	Jules
Jade	Louis
Manon	Gabriel
Chloé	Hugo
Léa	Léo
Camille	Ethan
Lola	Théo
Emma	Paul
Inès	Nathan
Ambre	Tom

86 – Vienne

Filles	Garçons
Camille	Louis
Louise	Nathan
Emma	Théo
Léa	Jules
Chloé	Paul
Jade	Léo
Alice	Hugo
Inès	Lucas
Juliette	Arthur
Rose	Raphaël

87 – Haute-Vienne

Filles	Garçons
Louise	Louis
Lucie	Lucas
Manon	Gabriel
Chloé	Paul
Alice	Léo
Jade	Théo
Camille	Jules
Lola	Nathan
Emma	Hugo
Agathe	Enzo

88 – Vosges

Filles	Garçons
Louise	Jules
Jade	Lucas
Lola	Timéo
Emma	Louis
Léna	Nolan
Lucie	Théo
Léonie	Paul
Chloé	Ethan
Manon	Hugo
Camille	Léo

89 – Yonne

Filles	Garçons
Zoé	Ethan
Manon	Lucas
Lola	Louis
Jade	Hugo
Chloé	Paul
Louise	Nathan
Emma	Adam
Inès	Gabriel
Julia	Léo
Ambre	Raphaël

90 – Territoire de Belfort

Filles	Garçons
Chloé	Adam
Lola	Aaron
Lina	Timéo
Léa	Lucas
Jade	Nathan
Lucie	Ethan
Camille	Arthur
Alice	Hugo
Luna	Léo
Mia	Louis

91 – Essonne

Filles	Garçons
Emma	Lucas
Chloé	Adam
Jade	Gabriel
Lina	Ethan
Léa	Liam
Manon	Raphaël
Sarah	Léo
Louise	Rayan
Inès	Noah
Inaya	Nathan

92 – Hauts-de-Seine

Filles	Garçons
Louise	Adam
Lina	Gabriel
Alice	Raphaël
Chloé	Arthur
Sarah	Lucas
Emma	Paul
Camille	Louis
Léa	Alexandre
Inès	Mohamed
Manon	Hugo

93 – Seine-Saint-Denis

Filles	Garçons
Lina	Adam
Sarah	Mohamed
Inaya	Rayan
Aya	Ibrahim
Inès	Gabriel
Yasmine	Lucas
Nour	Imrân
Assia	Yanis
Maryam	Ayoub
Jade	Liam

94 – Val-de-Marne

Filles	Garçons
Lina	Adam
Jade	Gabriel
Chloé	Lucas
Sarah	Mohamed
Emma	Liam
Léa	Ethan
Louise	Raphaël
Inès	Nathan
Eva	Léo
Sofia	Ibrahim

95 – Val-d'Oise

Filles	Garçons
Lina	Adam
Jade	Gabriel
Emma	Lucas
Chloé	Raphaël
Sarah	Mohamed
Inès	Liam
Léa	Nolan
Inaya	Ethan
Julia	Léo
Aya	Rayan

Dom-Tom

Filles	Garçons
Jade	Ethan
Marie	Nolan
Emma	Noah
Maëlys	Lucas
Léa	Mathis
Éva	Enzo
Chloé	Nathan
Noémie	Gabriel
Alicia	Maël
Manon	Mathys

Les images que renvoient les prénoms

Que cela soit conscient ou pas, nous associons tous des images subjectives à certains prénoms. Ces images proviennent d'expériences personnelles aussi bien que des médias et peuvent ainsi s'opposer de manière intéressante. Ainsi, de nombreuses personnes associent le prénom Charlton à un môme pleurnichard, efféminé et passif, jusqu'à ce qu'ils pensent à Charlton Heston. Certes Marilyn personnifie la féminité voluptueuse... jusqu'à ce que vous pensiez à Marilyn, votre voisine en robe de chambre miteuse, bigoudis sur la tête et cigarette au bec.

Les chercheurs sont depuis longtemps fascinés par cette question de la « vraie » signification des prénoms et de leurs effets. Lorsque l'on demande aux gens de classer les prénoms de manière stéréotypée par âge, capacité à la loyauté, attrait, sociabilité, gentillesse, agressivité, popularité, masculinité/féminité, degré de dynamisme ou de passivité, etc., ils tombent souvent d'accord sur les caractéristiques de chaque prénom.

Si les gens considèrent les Alice comme mignonnes et sympathiques, cela pousse-t-il une petite fille appelée Alice à devenir mignonne et sympathique ? Les experts sont d'accord pour dire que les prénoms ne garantissent pas le succès immédiat, ni ne condamnent les gens à certains échecs, mais ils influencent l'image de soi, la relation aux autres et le succès (ou l'échec) au travail et dans les études.

Le panel d'opinion internationale du Sinrod Marketing Group a enquêté auprès de plus de 100 000 parents pour connaître leur opinion sur les prénoms. Les résultats de ce sondage sont présentés dans *The Baby Name Survey Book* de Bruce Lansky et Barry Sinod. Leur livre contient les prénoms que les gens associent le plus souvent à des traits de personnalité comme l'intelligence, le fait d'être sportif, le charme, la gentillesse, mais aussi la stupidité, la maladresse, la laideur et la méchanceté. Il comporte également le profil de plus 1 700 prénoms communs ou inhabituels de filles et de garçons et inclut les homonymes réels ou fictionnels qui ont pu influer sur la perception de chaque prénom.

Les auteurs se sont rendu compte que la plupart des prénoms étaient associés à des images très nettes ; certains ont même plusieurs connotations. Vous trouverez ci-dessous les listes de prénoms de filles et de garçons qui sont associés, outre-Atlantique, à des images particulières.

Athlétique

Filles	Garçons
Billie	Ali
Casey	Bart
Chris	Brian
Jackie	Chuck
Jill	Derek
Jody	Jake
Katie	Kevin
Kelsey	Kirby
Mia	Rod
Steffi	Terry

Blond(e)

Filles	Garçons
Barbie	Bjorn
Daisy	Chick
Dolly	Colin
Heidi	Dane
Jillian	Dennis
Madonna	Eric
Olivia	Keith
Shannon	Kyle
Tracy	Lars
Vanna	Sven

Amical(e)

Filles	Garçons
Bonnie	Bennie
Elaine	Dan
Joy	Denny
Marcie	Fred
Millie	Gary
Nancy	Jerry
Nikki	Jim
Sandy	Tony
Vivian	Vinny
Wendy	Wally

Belle/Beau

Filles	Garçons
Aurora	Alonzo
Bonita	Beau
Carmen	Blake
Danielle	Clint
Farrah	Denzel
Jasmine	Douglas
Kiera	Grant
Marisa	Jude
Scarlett	Kiefer
Whitney	Vance

Mignon(ne)

Filles	Garçons
Annie	Andrew
Cheryl	Antonio
Christy	Danny
Debbie	Eric
Emily	Jon
Jennifer	Matthew
Mallory	Mike
Megan	Robbie
Peggy	Stevie
Tammy	Timothy

Drôle

Filles	Garçons
Ellen	Archie
Erma	Bobby
Fanny	Carson
Lucy	Dudley
Maud	Eddie
Mickey	Grady
Rosie	Roscoe
Roxanne	Sid
Sally	Vinny
Sunny	Woody

Hippie

Filles	Garçons
Baby	Angel
Crystal	Breezy
Dawn	Forest
Harmony	Field
Luna	Lucky
Misty	Moon
Rainbow	Moss
Serenity	Sprout
Skye	Starr
Summer	Stone

Intelligent(e)

Filles	Garçons
Abigail	Alexander
Agatha	Clifford
Barbara	David
Dana	Edward
Eleanor	Kenneth
Helen	Merlin
Leah	Nelson
Marcella	Samuel
Meredith	Sebastian
Vanessa	Virgil

Geek

Garçons
Clarence
Clifford
Dexter
Egbert
Mortimer
Myron
Newt
Seymour
Sheldon
Waldo

Vieux-jeu

Filles	Garçons
Adelle	Amos
Bea	Bertrand
Clementine	Clarence
Dinah	Cyril
Edith	Erasmus
Esther	Ezekiel
Ida	Herbert
Mildred	Herschel
Thelma	Stanley
Wilma	Wilfred

Silencieux(se)

Filles	Garçons
Bernice	Adrian
Chloe	Angel
Faith	Bryce
Fawn	Curtis
Jocelyn	Gerald
Lydia	Jermaine
Tessa	Robin
Ursula	Spencer
Violet	Vaughn
Yoko	Virgil

Riche

Filles	Garçons
Alexis	Burke
Blair	Cameron
Chantal	Claybourne
Christina	Colby
Jewel	Geoffrey
Madison	Hamilton
Meredith	Montgomery
Porsha	Sterling
Tiffany	Winslow
Zsa Zsa	Winthrop

Gentil(le)

Filles	Garçons
Bea	Alejandro
Diedre	Brady
Donna	Brendan
Ginny	Craig
Janice	Dale
Jill	Joe
Judy	Joel
Kendra	Kenny
Sandy	Rob
Sydney	Todd

Du Sud

Filles	Garçons
Belle	Ashley
Carolina	Beau
Charlotte	Bobby
Dixie	Dale
Dolly	Jackson
Georgia	Jeb
LeeAnn	Jefferson
Patsy	Luke
Scarlet	Rhett
Tara	Roscoe

Fort

Garçons	Froussard
	Garçons
Ben	Antoine
Brock	Archibald
Bronson	Bernard
Bruce	Cecil
Clint	Horton
Duke	Percival
Kurt	Rupert
Sampson	Wesley
Thor	Winslow
Vince	Yale

Doux(ce)

Filles
Alyssa
Angela
Betsy
Cheryl
Cindy
Elise
Kara
Laura
Melissa
Rose

Branché(e)

Filles	Garçons
Alexia	Adrian
Chanel	Bradley
Gwyneth	Connor
Isabella	Davis
Lane	Harley
Macy	Harper
Madison	Levi
Olivia	Liam
Paris	Parker
Taylor	Pierce

Bizarre

Filles	Garçons
Aida	Cosmo
Belicia	Ferris
Dianthe	Gaylord
Elvira	Jules
Garland	Maynard
Hestia	Neville
Kyrene	Siegfried
Poppy	Sylvester
Twyla	Thaddeus
Velvet	Tristan

Prénoms inspirés par des personnes, des lieux et des choses

Qu'est-ce qu'il y a dans un prénom ? Certains parents choisissent des prénoms qui ont une signification spéciale. Il y a des fans de sport qui donnent à leur enfant le nom d'athlètes légendaires, des rats de bibliothèque qui choisissent le nom de leurs personnages préférés et des amoureux de la nature qui prénomment leurs enfants en fonction des panoramas qu'ils apprécient le plus. Et puis, il y a aussi des parents qui choisissent des prénoms sans signification personnelle, mais simplement parce qu'ils en tombent amoureux. Ils ne sont ni fans de sport, ni rats de bibliothèque, ni amoureux de la nature, mais ils choisissent quand même des prénoms comme Tony, Amélie et Églantine.

Quelle que soit votre approche, voici plusieurs listes de prénoms de filles et de garçons inspirés par des personnes, des lieux et des choses. (Pour en apprendre plus sur la meilleure manière de choisir des prénoms avec une signification particulière, jetez un coup d'œil à « Comment choisir le prénom parfait » page 6.)

LITTÉRATURE ET THÉÂTRE

Auteurs classiques

Féminins	Masculins
Charlotte (Brontë)	Charles (Baudelaire)
Colette	Ernest (Hemingway)
Emily (Dickinson)	George (Orwell)
Jane (Austen)	Homère
Louisa (May Alcott)	Jean (Racine)
Marguerite (Duras)	Lewis (Carroll)
Mary (Shelley)	Nicolas (Boileau)
Nathalie (Sarraute)	Oscar (Wilde)
Simone (de Beauvoir)	Scott (Fitzgerald)
Virginia (Woolf)	Tennessee (Williams)

Auteurs contemporains

Féminins	Masculins
Alix (Saint-André)	Alexandre (Jardin)
Amélie (Nothomb)	Amin (Maalouf)
Anna (Gavalda)	Didier (Van Cauvelaert)
Eliette (Abecassis)	Eric Emmanuel (Schmitt)
Françoise (Bourdin)	Erik (Orsenna)
Katherine (Pancol)	Frédéric (Beigbeder)
Laure (Adler)	Gonzague (Saint-Bris)
Tatiana (de Rosnay)	Guillaume (Musso)
Virginie (Despentes)	Yann (Queffelec)
Yasmina (Reza)	Yves (Bonnefoy)

Auteurs pour enfants

Féminins	Masculins
Agnès (Desarthe)	Gary (Paulsen)
Astrid (Lindgren)	Jack (London)
Beverly (Cleary)	Jerry (Spinelli)
Judy (Blume)	Louis (Sachar)
Katherine (Paterson)	Maurice (Sendak)
Lois (Lowry)	Michel (Tournier)
Madeleine (L'Engle)	Philip (Pullman)
Marie (Desplechin)	Robert (McCloskey)
Marie-Aude (Murail)	Roald (Dahl)
Paula (Danziger)	Shel (Silverstein)

Auteurs de nouvelles

Féminins	Masculins
Annie (Proulx)	Ambrose (Bierce)
Charlotte (Perkins Gilman)	Arthur (Conan Doyle)
Eudora (Welty)	Dashiell (Hammett)
Flannery (O'Connor)	Edgar (Allen Poe)
Isak (Dinesen)	Isaac (Asimov)
Kate (Chopin)	Mark (Twain)
Katherine (Mansfield)	Raymond (Carver)
Sarah (Orne Jewett)	Rudyard (Kipling)
Willa (Cather)	Sherwood (Anderson)
Zora (Neale Hurston)	Sinclair (Lewis)

Poètes

Masculins	Masculins
Anna (de Noailles)	Charles (Baudelaire)
Christina (Rossetti)	Dante (Alighieri)
Denise (Levertov)	Théophile (Gautier)
Dorothy (Parker)	Guillaume (Apollinaire)
Elizabeth (Barrett Browning)	Louis (Aragon)
Emily (Dickinson)	Pablo (Neruda)
Louise (Labbé)	Paul (Verlaine)
Marceline (Desbordes-Valmore)	Pierre (de Ronsard)
Maya (Angelou)	Victor Hugo (Whitman)
Sharon (Olds)	William (Butler Yeats)

Personnages de fiction

Féminins	Masculins
Anna (Karénine)	Atticus (Finch)
Ántonia (Shimerda)	Boo (Radley)
Bridget (Jones)	Ethan (Frome)
Daisy (Buchanan)	Holden (Caulfield)
Hester (Prynne)	Huck (Finn)
Isabelle (Archer)	Jay (Gatsby)
Jane (Eyre)	John (Proctor)
Junie (B. Jones)	Owen (Meany)
Fifi (Brindacier)	Robinson (Crusoé)
Scout (Finch)	Victor (Frankenstein)

Personnages de livres d'images

Féminins	Masculins
Alice	Arthur
Charlotte	Clifford
Cendrillon	Babar
Eloise	Ferdinand
Frances	George
Imogene	Harold
Lilly	Horton
Madeline	Max
Nancy	Ping
Olivia	Winnie

Personnages de comics

Féminins	Masculins
Blondie (Bumstead)	Calvin
Brenda (Starr)	Charlie (Brown)
Cathy	Dagwood (Bumstead)
Dolly	Denis (Mitchell)
Elly (Patterson)	Garfield
Florrie (Capp)	George (Wilson)
Helga	Hägar (Dünor)
Lois (Flagston)	Michael (Doonesbury)
Lucy (van Pelt)	Rex (Morgan)
Sally (Forth)	Ziggy

Personnages des légendes arthuriennes

Féminins	Masculins
Anna	Arthur
Emmeline	Bohort
Guenièvre	Antor
Ygraine	Galaad
Iseut	Gareth
Isolde	Gauvain
Lynette	Lancelot
Morgane (la Fée)	Merlin
Morgause	Perceval
Ygraine	Tristan

Personnages de J. R. R. Tolkien

Féminins	Masculins
Artanis	Aragorn
Arwen	Bilbo
Elanor	Boromir
Éowyn	Frodon
Freda	Gandalf
Galadriel	Gollum
Morwen	Legolas
Nessa	Sam
Nienna	Thorin
Rosie	Tom

Personnages de *Game of Thrones*

Féminins	Masculins
Arya (Stark)	Bran (Stark)
Brienne	Bronn
Catelyn (Stark)	Jaime (Lannister)
Cersei (Lannister)	Jon (Snow)
Daenerys (Targaryen)	Jorah (Mormont)
Margaery (Tyrell)	Ned (Stark)
Melisandre	Petyr (Baelish)
Sansa (Stark)	Robb (Stark)
Shae	Samwell (Tarly)
Ygritte	Tyrion (Lannister)

Personnages de Jane Austen

Féminins	Masculins
Anna (Karénine)	Charles (Bingley)
Ántonia (Shimerda)	Edmund (Bertram)
Bridget (Jones)	Edward (Ferrars)
Daisy (Buchanan)	Fitzwilliam (Darcy)
Hester (Prynne)	Frederick (Tilney)
Isabelle (Archer)	George (Knightley)
Jane (Eyre)	Henry (Crawford)
Junie (B. Jones)	John (Willoughby)
Fifi (Brindacier)	Thomas (Bertram)
Scout (Finch)	Walter (Elliot)

Identités des super-héros de comics

Féminins	Masculins
Barbara (Gordon, « Bat Girl »)	Arthur (Curry, « Aquaman »)
Diana (Prince, « Wonder Woman »)	Ben (Grimm, « La Chose »)
Emma (Frost, « La Reine Blanche »)	Bruce (Wayne, « Batman »)
Janet (van Dyne, « La Guêpe »)	Clark (Kent, « Superman »)
Jean (Grey, « Phénix »)	Dick (Grayson, « Robin »)
Kara (Zor-L, « Power Girl »)	Logan (« Wolverine »)
May (Parker, « Spider Girl »)	Peter (Parker, « Spider-Man »)
Selina (Kyle, « Catwoman »)	Steve (Rogers, « Captain America »)
Jane (Richards, « La Femme Invisible »)	Tony (Stark, « Iron Man »)
Wanda (Maximoff, « La Sorcière Rouge »)	Wally (West, « Flash »)

Personnages de Victor Hugo

Féminins et masculins
Fantine
Esméralda
Déa
Jean
Cosette
Albin
Marius
Léopold
Josiane
Éponine

Personnages de *Harry Potter*

Féminins	Masculins
Bellatrix (Lestrange)	Albus (Dumbledore)
Fleur (Delacour)	Cedric (Diggory)
Ginny (Weasley)	Draco (Malfoy)
Hermione (Granger)	Harry (Potter)
Lavende (Brown)	Kingsley (Shacklebolt)
Luna (Lovegood)	Neville (Londubat)
Minerva (McGonagall)	Percy (Weasley)
Narcissa (Malefoy)	Ron (Weasley)
Pompom (Pomfresh)	Severus (Rogue)
Sibylle (Trelawney)	Sirius (Black)

Noms de magazines

Féminins et masculins
Edgar
Elle
Harper
Jet
Lucky
Marianne
Marie Claire
Marie-France
Maxim

Personnages de Shakespeare

Féminins	Masculins
Cléopâtre	Antoine
Héléna	Duncan
Isabella	Hamlet
Juliette	Iago
Miranda	Jules (César)
Olivia	Obéron
Ophélie	Orlando
Rosalinde	Othello
Titania	Puck
Viola	Roméo

Dramaturges

Féminins	Masculins
Anna (Deavere Smith)	Arthur (Miller)
Beth (Henley)	Eugene (O'Neill)
Caryl (Churchill)	Georges (Feydeau)
Lillian (Hellman)	Henrik (Ibsen)
Margaret (Edson)	Jean (Anouilh)
Paula (Vogel)	Oscar (Wilde)
Susan (Glaspell)	Pierre (Corneille)
Wendy (Wasserstein)	Samuel (Beckett)
Winter (Miller)	Tennessee (Williams)
Yasmina (Reza)	William (Shakespeare)

Personnages de théâtre et de cinéma

Féminins	Masculins
Abigail (Williams)	Algernon (« Algy » Moncrieff)
Bella (Kurnitz)	Edmund (Tyrone)
Blanche (DuBois)	George (Gibbs)
Christine (Daaé)	Henry (Higgins)
Cosette (Valjean)	Jean (Valjean)
Eliza (Doolittle)	John (Proctor)
Gwendolen (Fairfax)	Roméo (Montagu)
Juliette (Capulet)	Stanley (Kowalski)
Linda (Loman)	Vladimir
Stella (Kowalski)	Willy (Loman)

Prénoms tirés de comédies musicales

Féminins	Masculins
Anna Anita	Bernardo
Annie	Billy (Flynn)
Charity (Hope Valentine)	Conrad (Birdie)
Effie (White)	Danny (Zuko)
Irma (la Douce)	Harold (Hill)
Maria	Kenickie
Millie (Dillmount)	Riff
Roxie (Hart)	Sweeney (Todd)
Sandy (Olsson)	Tevye
Velma (Kelly)	Tony

Histoire

Présidents de la République

Masculins

Emmanuel (Macron)
Nicolas (Sarkozy)
Jacques (Chirac)
François (Mitterand)
Valéry (Giscard d'Estaing)
Georges (Pompidou)
Charles (de Gaulle)
René (Coty)
Vincent (Auriol)

Premières Dames

Féminins

Brigitte (Macron)
Carla (Bruni-Sarkozy)
Bernadette (Chirac)
Danièle (Mitterand)
Anne-Aymone (Giscard d'Estaing)
Claude (Pompidou)
Yvonne (de Gaulle)
Germaine (Coty)
Michelle (Auriol)

Reines / Rois

Féminins	Masculins
Anna	Arthur
Beatrix	Knut
Elizabeth	Charles
Esther	David
Isabelle	Ferdinand
Juliana	George
Marie	Henri
Silvia	Jacques
Sophie	Louis
Victoria	Richard

Membres de la famille royale britannique

Féminins	Masculins
Alexandra	Alexander
Anne	Andrew
Beatrice	Charles
Camilla	Edward
Diana	George
Elizabeth	Henry (Harry)
Eugenie	Michael
Kate	Peter
Margaret	Philip
Mary	William

Personnages militaires

Féminins et masculins

Charles (de Gaulle)
Che (Guevara)
Douglas (MacArthur)
Jeanne (d'Arc)
Norman (Schwarzkopf)
Robert (E. Lee)
Ulysses (S. Grant)
Colin (Powell)
George (S. Patton)
Dwight (D. Eisenhower)

Explorateurs

Féminins	Masculins
Amelia (Earhart)	Amerigo (Vespucci)
Ann (Bancroft)	Christophe (Colomb)
Barbara (Hilary)	Ferdinand (Magellan)
Gertrude (Bell)	Henry (Hudson)
Harriet (Chalmers Adams)	Jacques (Cousteau)
Helen (Thayer)	Juan (Ponce de León)
Jane (Griffin)	Leif (Ericsson)
Margaret (Bourke-White)	Marco (Polo)
Margaretha (Heijkensköld)	Neil (Armstrong)
Marie-Anne (Gaboury)	Thor (Heyerdahl)

Militants

Féminins	Masculins
Agnes (« Mère Teresa » Gonxha Bojaxhiu)	Albert (Schweitzer)
Dorothy (Day)	César (Chávez)
Elizabeth (Cady Stanton)	Che (Guevara)
Gloria (Steinem)	Desmond (Tutu)
Harriet (Tubman)	Frederick (Douglass)
Lucy (Stone)	Mahatma (Gandhi)
Margaret (Sanger)	Malcolm (X)
Mary (Wollstonecraft)	Martin (Luther King)
Rosa (Parks)	Nelson (Mandela)
Susan (B. Anthony)	William (« W. E. B. » Du Bois)

Lauréats du prix Nobel

Féminins	Masculins
Agnes (« Mère Teresa » Gonxha Bojaxhiu)	Albert (Einstein)
Barbara (McClintock)	Desmond (Tutu)
Doris (Lessing)	Elie (Wiesel)
Linda (Buck)	Günter (Grass)
Marie (Curie)	Ivan (Pavlov)
Nadine (Gordimer)	Kofi (Annan)
Pearl (Buck)	Milton (Friedman)
Toni (Morrison)	Niels (Bohr)
Wangari (Maathai)	Octavio (Paz)
Wislawa (Szymborska)	Seamus (Heaney)

Figures du Grand Ouest américain

Féminins	Masculins
Annie (Oakley)	Bat (Masterson)
Belle (Starr)	Butch (Cassidy)
Fannie (Porter)	Doc (Holliday)
Kitty (Leroy)	Harry (« Sundance Kid »
Lottie (Deno)	Longabaugh)
Martha Jane (« Calamity	James (« Wild Bill » Hickok)
Jane » Canary)	Jesse (James)
Nellie (Cashman)	Kit (Carson)
Pearl (Hart)	Sam (Houston)
Sally (Skull)	William (« Buffalo Bill » Cody)
Zerelda (James)	Wyatt (Earp)

RELIGION

Papes

Masculins
Alexandre
Benoît
Boniface
Clément
Corneille
François
Grégoire
Jean-Paul
Léon
Pierre

Saints

Féminins	Masculins
Bernadette	Augustin
Candide	Christophe
Cécile	François
Claire	Grégoire
Geneviève	Jean
Ingrid	Jude
Louise	Paul
Lydie	Pierre
Reine	Thomas
Rose	Valentin

Prénoms célestes et angéliques

Féminins	Masculins
Angela	Angel
Angellica	Angelo
Gaia	Gabriel
Séléna	Michael
Céleste	Ange
Astrée	Raphael
Estelle	Seraphin
Gloria	Azur
	Sirius

Figures de la religion juive

Féminins	Masculins
Anna	Aaron
Déborah	Abraham
Esther	Akiva
Leah	Daniel
Miriam	Isaac
Rachel	Jacob
Rébecca	Joseph
Ruth	Mordechai
Sarah	Moïse
Yaël	Rachi

Figures de l'Ancien Testament

Masculins
Abraham
Adam
Daniel
David
Isaac
Jacob
Joshua
Moïse
Noé
Salomon

Figures du Nouveau Testament

Masculins
Hérode
Jésus
Jean
Joseph
Judas
Luc
Marc
Matthieu
Paul
Pierre

Femmes bibliques

Féminins
Bethsabée
Dalila
Esther
Ève
Léa
Marie
Miriam
Rachel
Ruth
Sarah

Prénoms sur le thème de Noël

Féminins et masculins
Amelia (Earhart)
Angela
Melchior
Balthasar
Gloria
Gaspard
Guy
Marie
Noëlle
Jésus
Joseph

Figures de la religion musulmane

Masculins
Amelia (Earhart)
Al-Yasa (Élisée)
Ayoub
Haroun
Ibrahim
Ismaël
Mahomet
Chou'ayb
Yaqub (Jacob)
Yusuf (Joseph)
Zakariya

Figures de la religion hindoue

Féminins	Masculins
Bali	Arjuna
Devi	Brahma
Dharma	Ganesha
Kali	Krishna
Parvati	Rama
Sati	Ravi
Shiva	Shiva
Sita	Surya
Uma	Vishnu
Ushas	Yama

MYTHOLOGIE

Figures de la mythologie grecque

Féminins	Masculins
Aphrodite	Achille
Athéna	Adonis
Calypso	Apollon
Chloé	Dionysos
Daphné	Hector
Hélène	Hercule
Méduse	Jason
Niké	Ulysse
Pandore	Prométhée
Pénélope	Zeus

Figures de la mythologie romaine

Féminins	Masculins
Aurore	Énée
Concorde	Bacchus
Diane	Janus
Félicité	Iuppiter
Flore	Jupiter
Junon	Mars
Luna	Mercure
Minerve	Neptune
Vénus	Romulus
Victoria	Ulysse

Figures de la mythologie égyptienne

Féminins	Masculins
Anouke	Aker
Bastet	Anubis
Hathor	Atoum
Isis	Geb
Maât	Osiris
Neith	Ptah
Nout	Rê
Sekhmet	Set
Tefnout	Shou
Ouadjet	Thot

Figures de la mythologie nordique

Féminins	Masculins
Astrild	Aegir
Atla	Baldr
Freyja	Bragi
Frigg	Forseti
Járnsaxa	Freyr
Jord	Loki
Rinda	Njörd
Sif	Odin
Skadi	Thor
Thrud	Ull

Figures de la mythologie africaine

Féminins	Masculins
Abuk	Agé
Aja	Astar
Edinkira	Bukulu
Enekpe	Deng
Inkosazana	Eshu
Mawu	Mugasa
Olokun	Shango
Oshun	Tamuno
Oya	Wele
Yemaja	Xamaba

Figures de la mythologie japonaise

Féminins	Masculins
Amaterasu	Amida
Benten	Bishamon
Inari	Daikoku
Izanami	Ebisu
Kaminari	Fujin
Kishijoten	Hiruko
Marisha-Ten	Jimmu
Seiobo	Raiden
Sengen	Susanowa
Uzume	Tsuki-Yumi

FILMS ET TÉLÉVISION

Vedettes de cinéma

Féminins	Masculins
Adèle (Exarchopoulos)	Dany (Boon)
Audrey (Tautou)	Denis (Podalydès)
Bérénice (Bejo)	Gad (Elmaleh)
Karine (Viard)	Jamel (Debbouze)
Léa (Seydoux)	Jean (Dujardin)
Leïla (Bekhti)	Kev (Adams)
Marion (Cotillard)	Omar (Sy)
Mélanie (Laurent)	Pierre (Niney)
Sophie (Marceau)	Samuel (Le Bihan)
Virginie (Ledoyen)	Vincent (Cassel)

Lauréats des oscars

Féminins	Masculins
Elizabeth (Taylor)	Christoph (Waltz)
Halle (Berry)	Colin (Firth)
Hilary (Swank)	Daniel (Day Lewis)
Jennifer (Lawrence)	Denzel (Washington)
Jessica (Lange)	Eddie (Redmayne)
Jodie (Foster)	Jared (Leto)
Julianne (Moore)	Jonathan 'J.K.' (Simmons)
Kate (Winslet)	Matthew (McConaughey)
Meryl (Streep)	Sean (Penn)
Reese (Witherspoon)	Tom (Hanks)

Lauréats des César

Féminins	Masculins
Adèle (Haenel)	Benoît (Magimel)
Bérénice (Béjo)	Éric (Elmosnino)
Carmen (Maura)	Gaspard (Ulliel)
Catherine (Frot)	Guillaume (Gallienne)
Emmanuelle (Riva)	Jean-Louis (Trintignant)
Isabelle (Huppert)	Michel (Blanc)
Leïla (Bekhti)	Niels (Arestrup)
Sandrine (Kiberlain)	Omar (Sy)
Sara (Forestier)	Pierre (Niney)
Valérie (Benguigui)	Vincent (Lindon)

Grandes stars du cinéma américain

Féminins	Masculins
Audrey (Hepburn)	Cary (Grant)
Ava (Gardner)	Clark (Gable)
Ginger (Rogers)	Frank (Sinatra)
Grace (Kelly)	Fred (Astaire)
Ingrid (Bergman)	Gene (Kelly)
Judy (Garland)	Humphrey (Bogart)
Katharine (Hepburn)	James (Dean)
Lauren (Bacall)	John (Wayne)
Marilyn (Monroe)	Marlon (Brando)
Veronica (Lake)	Spencer (Tracy)

Réalisateurs

Féminins	Masculins
Agnès (Varda)	Alfred (Hitchcock)
Amy (Heckerling)	Francis (Ford Coppola)
Catherine (Hardwicke)	George (Lucas)
Claire (Denis)	Luc (Besson)
Jane (Campion)	Martin (Scorsese)
Lisa (Cholodenko)	Michel (Hazanavicius)
Maïwenn (Le Besco)	Olivier (Assayas)
Nora (Ephron)	Quentin (Tarantino)
Sofia (Coppola)	Steven (Spielberg)
Tonie (Marshall)	Woody (Allen)

Humoristes

Féminins	Masculins
Anne (Roumanoff)	Arnaud (Tsamere)
Audrey (Lamy)	Élie (Semoun)
Axelle (Laffont)	Fabrice (Éboué)
Chantal (Ladesou)	Gad (Elmaleh)
Florence (Foresti)	Jean-Marie (Bigard)
Julie (Ferier)	Laurent (Gerra)
Michèle (Bernier)	Max (Boublil)
Nicole (Ferroni)	Pierre (Palmade)
Shirley (Souagnon)	Stéphane (Guillon)
Sylvie (Joly)	Thomas (N'Gijol)

Personnages de films

Féminins	Masculins
Annie (Hall)	Benjamin (Braddock)
Bonnie (Parker)	Charles (Foster Kane)
Bridget (Jones)	Forrest (Gump)
Dorothée (Gale)	George (Bailey)
Eliza (Doolittle)	Jeffrey (« Le Duc » Lebowski)
Erin (Brockovich)	Jerry (Maguire)
Holly (Golightly)	Napoleon (Dynamite)
Ilsa (Lund)	Rocky (Balboa)
Maria (von Trapp)	Tyler (Durden)
Mary (Poppins)	Vito (Corleone)

Personnages de *Star Wars*

Féminins	Masculins
Ahsoka (Tano)	Anakin (Skywalker)
Aurra (Sing)	Boba (Fett)
Beru (Lars)	Finn
Breha (Antilles Organa)	Han (Solo)
Jyn (Erso)	Kylo (Ren)
Leia (Organa)	Leto (Calrissian)
Mon (Mothma)	Luke (Skywalker)
Padmé (Amidala)	Mace (Windu)
Rey	Obi-Wan (Kenobi)
Shmi (Skywalker)	Poe (Dameron)

Personnages de *Autant en emporte le vent*

Féminins	Masculins
Belle (Watling)	Ashley (Wilkes)
Bonnie (Butler)	Beau (Wilkes)
Carreen (O'Hara)	Brent (Tarleton)
Ellen (O'Hara)	Charles (Hamilton)
India (Wilkes)	Frank (Kennedy)
Melanie (Hamilton)	Gerald (O'Hara)
Pittypat (Hamilton)	John (Wilkes)
Prissy	Jonas (Wilkerson)
Scarlett (O'Hara)	Rhett (Butler)
Suellen (O'Hara)	Stuart (Tarleton)

Personnages de *Pirates des Caraïbes*

Féminins et masculins
Anamaria
Angelica
Davy (Jones)
Elizabeth (Swann)
Hector (Barbossa)
Jack (Sparrow)
James (Norrington)
Tia (Dalma)
Weatherby (Swann)
Will (Turner)

Prénoms tirés des films de James Bond

Féminins	Masculins
Anya (Amasova)	Anatol (Gogol)
Camille (Montes)	Auric (Goldfinger)
Eve (Moneypenny)	Bill (Tanner)
Honey (Ryder)	Dominic (Green)
Melina (Havelock)	Ernst (Stavro Blofeld)
Solitaire	Felix (Leiter)
Tatiana (Romanova)	James (Bond)
Tiffany (Case)	Julius (No)
Vesper (Lynd)	Raoul (Silva)
Wai (Lin)	René (Mathis)

Personnages d'action

Féminins	Masculins
Buffy (Summers)	Indiana (Jones)
Ellen (Ripley)	Jack (Bauer)
Katniss (Everdeen)	Jason (Bourne)
Lara (Croft)	John (McClane)
Nikita	Martin (Riggs)
Sarah (Connor)	Max (Rockatansky)
Selene	Néo
Sydney (Bristow)	Roger (Murtaugh)
Trinity	Snake (Plissken)
Xena	Xander (Cage)

Interprètes de personnages d'action

Féminins	Masculins
Angelina (Jolie)	Arnold (Schwarzenegger)
Carrie-Anne (Moss)	Bruce (Willis)
Halle (Berry)	Jackie (Chan)
Jennifer (Garner)	Mel (Gibson)
Kate (Beckinsale)	Nicolas (Cage)
Linda (Hamilton)	Steve (McQueen)
Lucy (Lawless)	Steven (Segal)
Milla (Jovovich)	Sylvester (Stallone)
Sarah Michelle (Gellar)	Vin (Diesel)
Sigourney (Weaver)	Wesley (Snipes)

Personnages de *Star Trek*

Féminins	Masculins
BB'Elanna (Torres)	Data
Beverly (Crusher)	Hikaru (Sulu)
Christine (Chapel)	Jean-Luc (Picard)
Deanna (Troi)	James (T. Kirk)
Jadzia (Dax)	Leonard (« Bones » McCoy)
Kathryn (Janeway)	Miles (O'Brien)
Kes	Neelix
Seven of Nine	Pavel (Chekov)
T'Pol	Montgomery (« Scottie » Scott)
Nyota (Uhura)	Spock

Personnages de Disney

Féminins	Masculins
Blanche	Aladdin
Cendrillon	Buzz (l'Éclair)
Clarabelle	Jean-Christophe
Daisy	Tac
Jasmine	Gaston
Minnie	Ichabod (Crane)
Mulan	Mickey
Pocahontas	Peter (Pan)
Raiponce	Robin (des Bois)
Vaiana	Simba

Princesses Disney

Féminins
Alice
Anna
Ariel
Aurore
Belle
Elsa
Esméralda
Jasmine
Mérida
Tiana

Personnages de dessins animés

Féminins	Masculins
Angelica (Cornichon)	Arthur
Betty (Laroche)	Barney (Laroche)
Daria (Morgendorffer)	Charlie (Brown)
Dora (l'Exploratrice)	Donald (Duck)
Jane (Jetson)	Fred (Pierrafeu)
Judy (Jetson)	Garfield
Kim (Possible)	Jimmy (Neutron)
Petunia (Pig)	Linus (Van Pelt)
Sally (Brown)	Pépé (Le Putois)
Wilma (Pierrafeu)	Woody (Woodpecker)

Personnages des *Simpsons*

Féminins	Masculins
Agnes (Skinner)	Apu (Nahasapeemapetilon)
Edna (Krabappel)	Barney (Gumble)
Lisa (Simpson)	Bart (Simpson)
Luann (Van Houten)	Homer (Simpson)
Lurleen (Lumpkin)	Milhouse (Van Houten)
Maggie (Simpson)	Moe (Szyslak)
Marge (Simpson)	Ned (Flanders)
Maude (Flanders)	Nelson (Muntz)
Patty (Bouvier)	Otto (Bus)
Selma (Bouvier)	Ralph (Wiggum)

Personnages de *Grey's Anatomy*

Féminins	Masculins
April (Kepner)	Alex (Karev)
Amelia (Shepherd)	Ben (Warren)
Arizona (Robbins)	Derek (Shepherd, « DrMamour »)
Callie (Torres)	Jackson (Avery)
Jo (Wilson)	Mark (Sloan, « Dr Glamour »)
Leah (Murphy)	Owen (Hunt)
Maggie (Pierce)	Preston (Burke)
Meredith (Grey)	Richard (Webber)
Miranda (Bailey)	Shane (Ross)
Stephanie (Edwards)	Thatcher (Grey)

Personnages de *Sex and the City*

Féminins	Masculins
Bunny (MacDougal)	Aidan (Shaw)
Carrie (Bradshaw)	Aleksandr (Petrovsky)
Charlotte (York)	Anthony (Marantino)
Courtney (Masterson)	Harry (Goldenblatt)
Enid (Mead)	John (« Mr. Big » Preston)
Magda	Richard (Wright)
Miranda (Hobbes)	Smith (Jerrod)
Natasha	Stanford (Blatch)
Samantha (Jones)	Steve (Brady)
Susan Sharon	Trey (MacDougal)

Personnages de *Friends*

Féminins	Masculins
Carol (Willick)	Barry (Farber)
Charlie (Wheeler)	Chandler (Bing)
Emily (Waltham)	Gunther
Janice (Litman)	Joey (Tribbiani)
Judy (Geller)	Mark (Robinson)
Monica (Geller)	Mike (Hannigan)
Phoebe (Buffay)	Paolo
Rachel (Green)	Richard (Burke)
Susan (Bunch)	Ross (Geller)
Ursula (Buffay)	Tag (Jones)

Personnages de *Plus belle la vie*

Féminins	Masculins
Cécile (Martely)	Martial (Hébrard)
Céline (Frémont)	Roland (Marci)
Élise (Carmin)	Thomas (Marci)
Luna (Torres)	Vincent (Chaumette)
Margaux (Lieber)	
Mélanie (Rinato)	

Personnages de *Engrenages*

Féminins et masculins
François (Roban)
Gilles (Escoffier)
Joséphine (Karlsson)
Laure (Berthaud)
Luc (Fromentin)
Pierre (Clément)

Personnages de *Nos chers voisins*

Féminins	Masculins
Amélie (Dubernet-Carton)	Alexandre (Volange)
Chloé (Varenko)	Aymeric (Dubernet-Carton)
Fleur (Becker)	Issa (Leguennec)
Karine (Becker)	Jean-Pierre (Lambert)
Ludivine (Dubernet-Carton)	Léo (Becker)

Personnages de *House of Cards*

Féminins	Masculins
Ayla (Sayyad)	Doug (Stamper)
Cathy (Durant)	Edward (Meechum)
Christina (Gallagher)	Frank (Underwood)
Claire (Underwood)	Freddy (Hayes)
Heather (Dunbar)	Garrett (Walker)
Jackie (Sharp)	Gavin (Orsay)
Janine (Skorsky)	Hector (Mendoza)
Linda (Vasquez)	Lucas (Goodwin)
Rachel (Posner)	Remy (Danton)
Zoe (Barnes)	Seth (Grayson)

Personnages de *Downton Abbey*

Féminins	Masculins
Anna (Bates)	Alfred (Nugent)
Cora (Crawley)	Anthony (Gillingham)
Daisy (Mason)	Charles (Carson)
Edith (Crawley)	Jimmy (Kent)
Isobel (Crawley)	John (Bates)
Mary (Crawley)	Joseph (Molesley)
Rose (MacClare)	Matthew (Crawley)
Sarah (O'Brien)	Robert (Crawley)
Sybil (Crawley)	Thomas (Barrow)
Violet (Crawley)	William (Mason)

Personnages de *Mad Men*

Féminins	Masculins
Betty (Francis)	Bertram (Cooper)
Bobbie (Barrett)	Don (Draper)
Dawn (Chambers)	Harry (Crane)
Francine (Hanson)	Henry (Francis)
Joan (Harris)	Ken (Cosgrove)
Megan (Draper)	Paul (Kinsey)
Peggy (Olson)	Pete (Campbell)
Rachel (Katz)	Roger (Sterling)
Sally (Draper)	Stan (Rizzo)
Trudy (Campbell)	Ted (Chaough)

Personnages de séries Netflix

Féminins	Masculins
Eleven	Arnold
Jessica (Jones)	Beau (Bennett)
Kimmy (Schmidt)	Clay (Jensen)
Mickey (Dobbs)	Dev
Misty (Knight)	Gus (Cruikshank)
Piper (Chapman)	Jim (Hopper)
Ruth (Wilder)	John (Rayburn)
Sheila (Hammond)	Jonah (Heston)
Tasha (« Taystee » Jefferson)	Luke (Cage)
Trish (Walker)	Mike (Wheeler)

Personnages de *The Walking Dead*

Féminins	Masculins
Andrea (Harrison)	Carl (Grimes)
Beth (Greene)	Dale (Horvath)
Carol (Peletier)	Daryl (Dixon)
Judith (Grimes)	Glenn (Rhee)
Lori (Grimes)	Hershel (Greene)
Maggie (Greene)	Merle (Dixon)
Michonne	Morgan (Jones)
Sasha (Williams)	Rick (Grimes)
Sophia (Peletier)	Theodore (« T-Dog » Douglas)
Tara (Chambler)	Tyreese (Williams)

Personnages de *Breaking Bad*

Féminins et masculins

Andrea (Cantillo)
Hank (Schrader)
Jane (Margolis)
Jesse (Pinkman)
Lydia (Rodarte-Quayle)
Marie (Schrader)
Mike (Ehrmantraut)
Saul (Goodman)
Skyler (White)
Walter (White)

Personnages de *Modern Family*

Féminins et masculins

Alex (Dunphy)
Cameron (Tucker)
Claire (Dunphy)
Fulgencio Joseph « Joe » (Pritchett)
Gloria (Delgado-Pritchett)
Haley (Dunphy)
Jay (Pritchett)
Lily (Tucker-Pritchett)
Luke (Dunphy)
Manny (Delgado)
Mitchell (Pritchett)
Phil (Dunphy)

Personnages de *Big Bang Theory*

Féminins et masculins

Amy (Farrah Fowler)
Bernadette (Rostenkowski)
Debbie (Wolowitz)
Howard (Wolowitz)
Leonard (Hofstadter)
Penny
Priya (Koothrappali)
Raj (Koothrappali)
Sheldon (Cooper)
Stuart (Bloom)

MUSIQUE

Artistes pop

Féminins	Masculins
Adele	Adam (Levine)
Alicia (Keys)	Benjamin (Biolay)
Ariana (Grande)	Bruno (Mars)
Christina (Aguilera)	Chris (Martin)
Gwen (Stefani)	Ed (Sheeran)
Katy (Perry)	Elton (John)
Mylène (Farmer)	Julien (Doré)
Taylor (Swift)	Justin (Timberlake)
Vanessa (Paradis)	Kendji (Girac)
Zaz	Prince

Artistes R'n'B/soul

Féminins	Masculins
Aretha (Franklin)	Bill (Withers)
Diana (Ross)	James (Brown)
Erykah (Badu)	Lee (Fields)
India (Arie)	Lou (Rawls)
Mariah (Carey)	Luther (Vandross)
Mary (J. Blige)	Marvin (Gaye)
Patti (LaBelle)	Otis (Redding)
Sade	Ray (Charles)
Sharon (Jones)	Stevie (Wonder)
Whitney (Houston)	Usher (Raymond)

Artistes rock cultes

Féminins	Masculins
Carly (Simon)	Alain (Baschung)
Carole (King)	Brian (Wilson)
Christine (McVie)	Eddy (Mitchell)
Debbie (Harry)	Jimi (Hendrix)
Grace (Slick)	John (Lennon)
Janis (Joplin)	Johnny (Halliday)
Janis (Joplin)	Keith (Richards)
Linda (Ronstadt)	Louis (Bertignac)
Marianne (Faithfull)	Mick (Jagger)
Stevie (Nicks)	Paul (McCartney)

Artistes de blues

Féminins	Masculins
Bessie (Smith)	B.B. (King)
Clara (Smith)	Bo (Diddley)
Dinah (Washington)	Chester (« Howlin' Wolf » Burnett)
Edith (Wilson)	Eric (Clapton)
Ethel (Waters)	Huddie (« Leadbelly » Ledbetter)
Florence (Mills)	John (Lee Hooker)
Gertrude (« Ma » Rainey)	Muddy (Waters)
Ida (Cox)	Sam (« Lightnin' » Hopkins)
Josephine (Baker)	Stevie Ray (Vaughn)
Susan (Tedeschi)	Tab (Benoit)

Artistes jazz

Féminins	Masculins
Billie (Holiday)	Charlie (Parker)
Cassandra (Wilson)	David (Sanborn)
Diana (Krall)	Dizzy (Gillespie)
Etta (James)	Duke (Ellington)
Lena (Horne)	Harry (Connick, Jr.)
Nina (Simone)	Herbie (Mann)
Peggy (Lee)	Louis (Armstrong)
Rosemary (Clooney)	Miles (Davis)
Sarah (Vaughn)	Stevie (Hawkins)
Shirley (Horn)	Wynton (Marsalis)

Artistes de musique country

Féminins	Masculins
Carrie (Underwood)	Blake (Shelton)
Dolly (Parton)	Charley (Pride)
Faith (Hill)	Clint (Black)
Miranda (Lambert)	Garth (Brooks)
Natalie (Maines)	Johnny (Cash)
Patsy (Cline)	Keith (Urban)
Reba (McEntire)	Tim (McGraw)
Shania (Twain)	Vince (Gill)
Tammy (Wynette)	Waylon (Jennings)
Taylor (Swift)	Willie (Nelson)

Artistes rap/hip-hop

Féminins	Masculins
Dana (« Queen Latifah » Owens)	Andre (« Dr. Dre » Young)
Eve (« Eve » Jeffers)	Calvin (« Snoop Dogg » Broadus)
Inga (« Foxy Brown » Marchet)	Curtis (« 50 Cent » Jackson)
Katrina (« Trina » Taylor)	Dwayne (« Lil Wayne » Michael Carter, Jr.)
Lana (« MC Lyte » Moorer)	James (« LL Cool J » Todd Smith)
Lauryn (Hill)	Kanye (West)
Mathangi (« M.I.A. » Arulpragasam)	Marshall (« Eminem » Mathers)
Melissa (« Missy » Elliot)	Sean (« P Diddy » Combs)
Neneh (« Neneh Cherry » Karlsson)	Shawn (« Jay-Z » Carter)
Onika (« Nicki » Minaj)	Tupac (« 2Pac » Shakur)

Artistes new wave

Féminins	Masculins
Aimee (Mann)	Adam (Ant)
Cindy (Wilson)	Billy (Idol)
Debbie (Harry)	David (Byrne)
Josie (Cotton)	Elvis (Costello)
Kate (Pierson)	Ian (McCulloch)
Kim (Wilde)	Michael (Hutchence)
Nina (Hagen)	Neil (Tennant)
Terri (Nunn)	Nick (Rhodes)
Toni (Basil)	Ric (Ocasek)
Tracey (Thorn)	Simon (Le Bon)

Artistes classiques

Féminins et Masculins
Andrea (Bocelli)
Enrico (Caruso)
Joan (Sutherland)
José (Carreras)
Jussi (Björling)
Luciano (Pavarotti)
Maria (Callas)
Plácido (Domingo)
Renata (Scotto)
Yo-Yo (Ma)

Artistes punk

Féminins	Masculins
Annie (Holoien)	G.G. (Allin)
Ari (Up)	Iggy (Pop)
Fay (Fife)	Jello (Biafra)
Gaye (Advert)	Joey (Ramone)
Laura (Logic)	Johnny (Rotten)
Patti (Smith)	Lux (Interior)
Pauline (Murray)	Mick (Jones)
Poly (Styrene)	Paul (Weller)
Tessa (Pollitt)	Richard (Hell)
Wendy (O. Williams)	Sid (Vicious)

Compositeurs de musique classique

Masculins
Camille (Saint-Saëns)
Claude (Debussy)
Franz (Schubert)
Giuseppe (Verdi)
Igor (Stravinsky)
Leonard (Bernstein)
Ludwig (van Beethoven)
Nikolay (Rimsky-Korsakov)
Pyotr (Tchaikovsky)
Wolfgang (Mozart)

Crooners

Féminins	Masculins
Anita (Baker)	Andy (Williams)
Barbra (Streisand)	Barry (Manilow)
Dinah (Washington)	Bing (Crosby)
Ella (Fitzgerald)	Dean (Martin)
Lisa (Ekdahl)	Frank (Sinatra)
Mariah (Carey)	Mel (Tormé)
Natalie (Cole)	Nat ("King" Cole)
Norah (Jones)	Perry (Como)
Peggy (Lee)	Robert (Goulet)
Roberta (Flack)	Tony (Bennett)

Batteurs célèbres

Féminins	Masculins
Debbi (Peterson)	Bill (Berry)
Demetra (Plakas)	Charlie (Watts)
Gina (Schock)	Dave (Grohl)
Janet (Weiss)	John (Bonham)
Kate (Schellenbach)	Keith (Moon)
Meg (White)	Larry (Mullen, Jr.)
Patty (Schemel)	Ringo (Starr)
Samantha (Maloney)	Stewart (Copeland)
Sandy (West)	Tony (Allen)
Torry (Castellano)	Topper (Headon)

Titres de chansons qui contiennent un prénom

Féminins	Masculins
Aline (Christophe)	*Adam et Yves* (Zazie)
Caroline (MC Solaar)	*Ali et Félix* (Bénabar)
Élisa (Serge Gainsbourg)	*Arthur* (Michel Jonasz)
Félicie (Fernandel)	*Diego* (Johnny Halliday)
Gabrielle (Johnny Halliday)	*Étienne* (Guesh Patti)
Laura (Johnny Halliday)	*Jack* (Louis Bertignac)
Léa (Louise Attaque)	*Joe le taxi* (Vanessa Paradis)
Osez Joséphine (Alain Baschung)	*Mathieu* (Thomas Fersen)
Petite Marie (Francis Cabrel)	*Oscar* (Renaud)
Roxanne (The Police)	*Sacha* (Les Rita Mitsouko)

Guitaristes célèbres

Féminins	Masculins
Bonnie (Raitt)	Carlos (Santana)
Chrissie (Hynde)	Eddie (Van Halen)
Courtney (Love)	Eric (Clapton)
Joan (Jett)	George (Harrison)
Joni (Mitchell)	Jimi (Hendrix)
Kim (Deal)	Jimmy (Page)
Liz (Phair)	Keith (Richards)
Nancy (Wilson)	Louis (Bertignac)
Polly Jean (Harvey)	Matthieu (Chédid)
Tanya (Donelly)	Robert (Johnson)

Termes musicaux

Féminins et masculins
Aria
Carmen
Octave
Diva
Symphonie
Harmonie
Mélodie
Viola (alto)

SPORTS ET LOISIRS

Joueurs de base-ball

Masculins
Andrew (McCutchen)
Bryce (Harper)
Chris (Sale)
Clayton (Kershaw)
Daniel (Murphy)
Giancarlo (Stanton)
Jose (Altuve)
Miguel (Sanó)
Mike (Trout)
Paul (Goldschmidt)

Les plus grands champions de base-ball

Masculins
Babe (Ruth)
Duke (Snyder)
Hank (Aaron)
Jackie (Robinson)
Joe (DiMaggio)
Sandy (Koufax)
Stan (Musial)
Ted (Williams)
Willie (Mays)
Yogi (Berra)

Joueurs de basket-ball

Féminins	Masculins
BonAngel (McCoughtry)	Blake (Griffin)
Becky (Griner)	Carmelo (Anthony)
Candace (Parker)	Chris (Paul)
Diana (Taurasi)	Dwight (Howard)
Elena (Delle Donne)	James (Harden)
Lauren (Jackson)	Kevin (Durant)
Lindsay (Whalen)	Kyrie (Irving)
Maya (Moore)	LeBron (James)
Nneka (Ogwumike)	Russell (Westbrook)
Seimone (Augustus)	Stephan (Curry)

Les plus grands champions de basket-ball

Masculins
Bill (Russell)
Ervin (« Magic » Johnson)
Jerry (West)
Kareem (Abdul-Jabar)
Karl (Malone)
Larry (Bird)
Michael (Jordan)
Oscar (Robertson)
Pete (Maravich)
Wilt (Chamberlain)

Joueurs de football américain

Masculins
A.J. (Green)
Aaron (Rogers)
Drew (Brees)
Ezekiel (Elliott)
Julio (Jones)
Khalil (Mack)
Le'Veon (Bell)
Luke (Kuechly)
Tom (Brady)
Von (Miller)

Les plus grands champions de football américain

Masculins
Archie (Manning)
Fran (Tarkenton)
Jerry (Rice)
Jim (Brown)
Joe (Montana)
John (Elway)
Lawrence (Taylor)
Paul (Hornung)
Reggie (White)
Walter (Payton)

Joueurs de hockey

Masculins
Alexander (Ovechkin)
Corey (Perry)
Evegeni (Malkin)
Jaime (Benn)
John (Tavares)
Nicklas (Backstrom)
P. K. (Subban)
Patrick (Kane)
Sidney (Crosby)
Steven (Stamkos)

Les plus grands champions de hockey

Masculins
Bobby (Hull)
Gordy (Howe)
Jacques (Plante)
Mario (Lemieux)
Mark (Messier)
Maurice (Richard)
Patrick (Roy)
Phil (Esposito)
Ray (Bourque)
Wayne (Gretzky)

Joueurs de golf

Féminins	**Masculins**
Angela (Stanford)	Bubba (Watson)
Annika (Sorenstam)	Eldrick (« Tiger » Woods)
Brittany (Lincicome)	Ernie (Els)
Christie (Kerr)	Hunter (Mahan)
Jessica (Korda)	Jason (Dufner)
Katherine (Hull)	Jim (Furyk)
Karrie (Webb)	Keegan (Bradley)
Laura (Diaz)	Matt (Kuchar)
Paula (Creamer)	Phil (Mickelson)
Stacy (Lewis)	Zach (Johnson)

Joueurs de golf cultes

Féminins	**Masculins**
Babe (Didrikson Zaharias)	Arnold (Palmer)
Betsy (King)	Ben (Hogan)
JoAnne (Carner)	Chi-Chi (Rodriguez)
Kathy (Whitworth)	Gary (Player)
(Mae) Louise (Suggs)	Greg (Norman)
Mickey (Mary Kathryn Wright)	Harvey (Penick)
Nancy (Lopez)	Jack (Nicklaus)
Pat (Bradley)	Lee (Trevino)
Patty (Berg)	Sam (Snead)
Sandra (Haynie)	Tommy (Bolt)

Les plus grands champions de tennis

Féminins	**Masculins**
Anna (Kournikova)	Andy (Murray)
Billie Jean (King)	Arthur (Ashe)
Chris (Evert)	Björn (Borg)
Jelena (Jankovic)	David (Ferrer)
Maria (Sharapova)	John (McEnroe)
Martina (Navratilova)	Lleyton (Hewitt)
Serena (Williams)	Novak (Djokovic)
Simona (Halep)	Pete (Sampras)
Steffi (Graf)	Rafael (Nadal)
Venus (Williams)	Roger (Federer)

Joueurs de football

Féminins	**Masculins**
Abby (Wambach)	Andrés (Iniesta)
Alex (Morgan)	Arjen (Robben)
Ali (Krieger)	Bastian (Schweinsteiger)
Carli (Lloyd)	Cristiano (Ronaldo)
Hope (Solo)	Gareth (Bale)
Lotta (Schelin)	Lionel (Messi)
Marta	Manuel (Neuer)
Morgan (Rapinoe)	Neymar
Sydney (Leroux)	Thomas (Müller)
Tobin (Heath)	Zlatan (Ibrahimovic)

Cyclistes

Masculins
Bernard (Hinault)
Christopher (Froome)
Eddy (Merckx)
Fausto (Copi)
Greg (LeMond)
Jacques (Anquetil)
Louison (Bobet)
Miguel (Indurein)

Skieurs

Féminins	**Masculins**
Anja (Pärson)	Benjamin (Raich)
Carole (Merle)	Bill (Koch)
Janica (Kosteli)	Bode (Miller)
Jillian (Vogtli)	Jean-Claude (Killy)
Julia (Mancuso)	Jeremy (Bloom)
Kelly (Hillman)	Jonny (Mosely)
Kirsten (Clark)	Kjetil (André Aamodt)
Lindsey (Vonn)	Rainer (Schönfelder)
Michaela (Dorfmeister)	Ted (Ligety)
Picabo (Street)	Tommy (Moe)

Nageurs

Féminins	Masculins
Amanda (Beard)	Alain (Bernard)
Dara (Torres)	Camille (Lacourt)
Janet (Evans)	Florent (Manaudou)
Katie (Hoff)	Ian (Thorpe)
Kirsty (Coventry)	Jason (Lezak)
Laure (Manaudou)	Mark (Spitz)
Margaret (Hoelzer)	Matt (Biondi)
Natalie (Coughlin)	Michael (Phelps)
Rebecca (Soni)	Peter (Veterkaay)
Summer (Sanders)	Ryan (Lochte)

Patineurs artistiques

Féminins	Masculins
Ashley (Wagner)	Alexei (Yagudin)
Irina (Slutskaya)	Brian (Boitano)
Katarina (Witt)	Elvis (Stojko)
Kristi (Yamaguchi)	Evgeni (Plushenko)
Michelle (Kwan)	Jeffrey (Buttle)
Nancy (Kerrigan)	Jeremy (Wagner)
Oksana (Baiul)	Lloyd (Eisler)
Sarah (Hughes)	Scott (Hamilton)
Sasha (Cohen)	Stéphane (Lambiel)
Tara (Lipinski)	Timothy (Goebel)

Gymnastes

Féminins	Masculins
Carly (Patterson)	Alexei (Nemov)
Chellsie (Memmel)	Benoît (Caranobe)
Dominique (Dawes)	Danell (Leyva)
Jordyn (Wieber)	Joe (Hagerty)
Kerri (Strug)	Jonathan (Horton)
Nastia (Liukin)	Justin (Spring)
Shannon (Miller)	Morgan (Hamm)
Shawn (Johnson)	Paul (Hamm)
Svetlana (Khorkina)	Raj (Bhavsar)
Yang (Yilin)	Yang (Wei)

Athlètes

Féminins	Masculins
Deena (Castor)	Al (Joyner)
Florence (Griffith-Joyner)	Bruce (Jenner)
Gail (Devers)	Carl (Lewis)
Gwen (Torrence)	Donovan (Bailey)
Irina (Privalova)	Edwin (Moses)
Jackie (Joyner-Kersee)	Jesse (Owens)
Marie-Jo (Perec)	LaShawn (Merritt)
Marion (Jones)	Mac (Wilkins)
Sheena (Tosta)	Michael (Johnson)
Wilma (Rudolph)	Usain (Bolt)

Boxeurs

Féminins	Masculins
Ann (Wolfe)	Amir (Khan)
Christy (Martin)	Brahim (Aslum)
Astelle (Mossely)	George (Foreman)
Freeda (Foreman)	Lennox (Lewis)
Jackie (Frazier-Lyde)	Marcel (Cerdan)
Laila (Ali)	Mike (Tyson)
Monica (Nunez)	Muhammad (Ali)
Natasha (Ragosina)	Oscar (De La Hoya)
Valerie (Mahfood)	Rocky (Marciano)
Vonda (Ward)	Roy (Jones, Jr.)

Sportifs de l'extrême

Féminins	Masculins
Dallas (Friday)	Carey (Hart)
Elissa (Steamer)	Brian (Deegan)
Gretchen (Bleiler)	Danny (Kass)
Hannah (Teter)	Dave (Mirra)
Holly (Beck)	Joel (Parkinson)
Kelly (Clark)	Ryan (Nyquist)
Martina (Svobodova)	Shaun (White)
Shannon (Dunn-Downing)	Steve (Fisher)
Tara (Dakides)	Tony (Hawk)
Tricia (Byrnes)	Travis (Pastrana)

Sportifs olympiques

Féminins	Masculins
Bonnie (Blair)	Bode (Miller)
Florence (Griffith-Joyner)	Brian (Boitano)
Irina (Slutskaya)	Carl (Lewis)
Jackie (Joyner-Kersee)	Elvis (Stojko)
Katarina (Witt)	Gary (Hall, Jr.)
Kerri (Strug)	Greg (Louganis)
Kristi (Yamaguchi)	Michael (Phelps)
Lindsey (Vonn)	Paul (Hamm)
Picabo (Street)	Sean (White)
Summer (Sanders)	Usain (Bolt)

Coureurs automobiles

Féminins	Masculins
Ashley (Force)	A. J. (Foyt)
Danica (Patrick)	Alain (Prost)
Erin (Crocker)	Carl (Edwards)
Janet (Guthrie)	Dale (Earnhardt)
Leilani (Munter)	Jacques (Villeneuve)
Louise (Smith)	Jean (Alesi)
Melanie (Troxel)	Kyle (Busch)
Milka (Duno)	Mario (Andretti)
Patty (Moise)	Pierre (Gasly)
Sarah (Fisher)	Romain (Grosjean)

Entraîneurs

Masculins
Aimé (Jacquet)
Didier (Deschamps)
Franck (Chambily)
Guy (Forget)
Laurent (Blanc)
Loïc (Courteau)
Luis (Fernandez)
Michel (Platini)
Philippe (Lucas)
Zinedine (Zidane)

Journalistes sportifs

Féminins	**Masculins**
Alex (Flanagan)	Bob (Costas)
Andrea (Kremer)	Chris (Berman)
Bonnie (Bernstein)	Gérard (Holtz)
Estelle (Denis)	Greg (Gumbel)
Hannah (Storm)	Jack (Buck)
Isabelle (Ithurburu)	Jean-Michel (Larqué)
Lesley (Visser)	Jim (Nantz)
Linda (Cohn)	John (Madden)
Lisa (Guerrero)	Pierre (Ménès)
Michele (Tafoya)	Thierry (Gilardi)

NATURE ET LIEUX

Fleurs

Féminins
Angélique
Capucine
Églantine
Hortense
Marjolaine
Marguerite
Iris
Jasmine
Rose
Violette

Rochers, pierres, minéraux

Féminins
Corail
Crystal
Esméralda
Agathe
Jade
Opaline
Ruby
Saphir

Éléments naturels

Féminins et masculins
Alizée
Ambre
Coline
Flore
Guy
Jacinthe
Olivier
Pierre
Rosalie
Sylvestre

Termes célestes

Féminins et masculins
Andromède
Aurore
Azur
Cassiopée
Céleste
Célestine
Luna
Pollux
Stella
Vénus

Prénoms sur le thème de l'eau

Féminins et masculins
Delphine
Marin
Marina
Marine
Moana
Nausicaa
Noé
Océane
Ondine
Ulysse

PROFESSIONS

Inventeurs

Féminins	**Masculins**
Ann (Tsukamoto)	Alexander (Graham Bell)
Bette (Nesmith Graham)	Alfred (Nobel)
Hedy (Lamarr)	Benjamin (Franklin)
Marie (Curie)	Bill (Gates)
Marion (Donovan)	Eli (Whitney)
Mary (Anderson)	Henry (Ford)
Patsy (Sherman)	Johannes (Gutenberg)
Ruth (Handler)	Levi (Strauss)
Stephanie (Kwolek)	Steve (Jobs)
Virginia (Apgar)	Thomas (Edison)

Docteurs et infirmières

Féminins	Masculins
Alice (Hamilton)	Benjamin (Spock)
Anna (Howard Shaw)	Bill (Frist)
Barbara (McClintock)	C. Everett (Koop)
Clara (Barton)	Edward (Jenner)
Dorothea (Dix)	Howard (Dean)
Elisabeth (Kübler-Ross)	Jack (Kevorkian)
Elizabeth (Blackwell)	Jonas (Salk)
Florence (Nightingale)	Louis (Pasteur)
Mary (Edwards Walker)	Sanjay (Gupta)
Ruth (Westheimer)	William (Mayo)

Scientifiques et mathématiciens

Féminins	Masculins
Anna (Freud)	Abraham (Maslow)
Dian (Fossey)	Albert (Einstein)
Emmy (Noether)	Charles (Darwin)
Grace (Hopper)	Edward (Jenner)
Jane (Goodall)	Jacques (Cousteau)
Margaret (Mead)	Jean (Piaget)
Marie (Curie)	Jonas (Salk)
Mary (Leakey)	Niels (Bohr)
Rachel (Carson)	Robert (Oppenheimer)
Sally (Ride)	Stephen (Hawking)

Peintres

Féminins	Masculins
Alice (Neel)	Claude (Monet)
Artemisia (Gentileschi)	Edgar (Degas)
Berthe (Morisot)	Henri (Matisse)
Frida (Kahlo)	Jackson (Pollock)
Georgia (O'Keeffe)	Marc (Chagall)
Helen (Frankenthaler)	Pablo (Picasso)
Judith (Leyster)	Paul (Cézanne)
Lee (Krasner)	Roy (Lichtenstein)
Leonora (Carrington)	Salvador (Dalì)
Mary (Cassatt)	Vincent (van Gogh)

Sculpteurs

Féminins et masculins

Alexander (Calder)
Auguste (Rodin)
Camille (Claudel)
Claes (Oldenburg)
George (Segal)
Henry (Moore)
Jean (Dubuffet)
Louise (Bourgeois)
Michel-Ange
Pablo (Picasso)

Photographes

Féminins	Masculins
Anne (Geddes)	Ansel (Adams)
Annie (Leibovitz)	Baron (Wolman)
Berenice (Abbott)	Edward (Weston)
Cindy (Sherman)	Helmut (Newton)
Diane (Arbus)	Henri (Cartier-Bresson)
Dorothea (Lange)	Herb (Ritts)
Fay (Godwin)	Irving (Penn)
Julia (Margaret Cameron)	Joe (Rosenthal)
Margaret (Bourke-White)	Richard (Avedon)
Masumi (Hayashi)	Robert (Mapplethorpe)

Danseurs et chorégraphes

Féminins	Masculins
Agnes (de Mille)	Alvin (Ailey)
Anna (Pavlova)	George (Balanchine)
Ginger (Rogers)	Bob (Fosse)
Elizabeth (Tallchief)	Fred (Astaire)
Gwen (Verdon)	Gene (Kelly)
Isadora (Duncan)	Gower (Champion)
Margot (Fonteyn)	Gregory (Hines)
Maria (Tallchief)	Mikhail (Baryshnikov)
Martha (Graham)	Rudolf (Nureyev)
Twyla (Tharp)	Tommy (Tune)

Grands couturiers

Féminins	Masculins
Betsey (Johnson)	Calvin (Klein)
Catherine (Malandrino)	Christian (Dior)
Coco (Chanel)	Emilio, (Pucci)
Cynthia (Rowley)	Gianni (Versace)
Diane (von Furstenberg)	Giorgio (Armani)
Donna (Karan)	Jimmy (Choo)
Lilly (Pulitzer)	Louis (Vuitton)
Miuccia (Prada)	Michael (Kors)
Stella (McCartney)	Ralph (Lauren)
Vera (Wang)	Tommy (Hilfiger)

Mannequins

Féminins	Masculins
Cheryl (Tiegs)	Alex (Lundqvist)
Christy (Turlington)	Antonio (Sabato, Jr.)
Cindy (Crawford)	Brad (Kroenig)
Claudia (Schiffer)	David (Gety)
Gisele (Bundchen)	Jamie (Dornan)
Heidi (Klum)	Jason (Shaw)
Kate (Moss)	Marcus (Schenkenberg)
Miranda (Kerr)	Mark (Vanderloo)
Naomi (Campbell)	Michael (Bergin)
Tyra (Banks)	Tyson (Beckford)

Chefs cuisiniers

Féminins	Masculins
Alice (Waters)	Alain (Ducasse)
Amandine (Chaignot)	Cyril (Lignac)
Anne-Sophie (Pic)	Daniel (Boulud)
Christina (Tosi)	Georges (Blanc)
Ghislaine (Arabian)	Jean-François (Piège)
Hélène (Darroze)	Joël (Robuchon)
Julia (Child)	Paul (Bocuse)
Martha (Stewart)	Philippe (Etchebest)
Nancy (Silverton)	Pierre (Gagnaire)
Stéphanie (Le Quellec)	Yannick (Alléno)

Personnages qui luttent contre le crime

Féminins	Masculins
Dana (Scully)	Allan (Pinkerton)
Jane (« Miss » Marple)	Andy (Sipowicz)
Jill (Munroe)	Elliot (Ness)
Kelly (Garrett)	Fox (Mulder)
Kinsey (Millhone)	Harry (« Dirty Harry » Callahan)
Mary Beth (Lacey)	Hercule (Poirot)
Nancy (Drew)	Joe (Friday)
Precious (Ramotswe)	Jules (Maigret)
Sabrina (Duncan)	Sam (Spade)
Stephanie (Plum)	Sherlock (Holmes)

Personnalités fortunées

Féminins	Masculins
Coco (Chanel)	Bill (Gates)
Debbi (Fields)	Elon (Musk)
Estée (Lauder)	Henry (Ford)
Kathy (Ireland)	Howard (Hughes)
Martha (Stewart)	Jeff (Bezos)
Mary Kay (Ash)	John (Rockefeller)
Meg (Whitman)	Sam (Walton)
Oprah (Winfrey)	Steve (Jobs)
Rachel (Ray)	Ted (Turner)
Teresa (Heinz Kerry)	Warren (Buffet)

Astronautes

Féminins et masculins

Cheryl (Tiegs)
ChAlan (Bean)
Buzz (Aldrin)
Christa (McAuliffe)
Eugene (Cernan)
Frank (Borman)
James (Lovell, Jr.)
John (Glenn)
Mae (Jemison)
Neil (Armstrong)
Sally (Ride)

Journalistes célèbres

Féminins	Masculins
Anna (Quindlen)	Bob (Woodward)
Anne-Sophie (Lapix)	Brian (Williams)
Barbara (Walters)	Carl (Bernstein)
Claire (Chazal)	Christian (Chesnot)
Diane (Sawyer)	Dan (Rather)
Élise (Lucet)	David (Pujadas)
Florence (Aubenas)	Patrick (Poivre d'Arvor)
Jane (Pauley)	Peter (Jennings)
Katie (Couric)	Tom (Brokaw)
Leslie (Stahl)	Walter (Cronkite)

Personnalités radiophoniques

Féminins	Masculins
Diane (Rehm)	Arthur
Énora (Malagré)	Cyril (Hanouna)
Flavie (Flamand)	Howard (Stern)
Laura (Schlessinger)	Laurent (Ruquier)
Melissa (Block)	Marc-Olivier (Fogiel)
Michele (Norris)	Nicolas (Demorand)
Nicole (Ferroni)	Paul (Harvey)
Pascale (Clark)	Robert (Siegal)
Rachel (Maddow)	Sébastien (Cauet)
Ruth (Elkrief)	Yves (Calvi)

POP CULTURE

Roux célèbres

Féminins	Masculins
Amy (Adams)	Art (Garfunkel)
Ann-Margaret	Conan (O'Brien)
Debra (Messing)	Danny (Bonaduce)
Gillian (Anderson)	David (Caruso)
Julianne (Moore)	Eric (Stoltz)
Lindsay (Lohan)	Josh (Homme)
Lucille (Ball)	Ron (Howard)
Madeline (Kahn)	Rupert (Grint)
Nicole (Kidman)	Seth (Green)
Shirley (McClaine)	Timothy (Busfield)

AUTRES IDÉES DE PRÉNOMS

Artistes connus par leur seul prénom

Féminins	Masculins
Björk	Bono
Cher	Fabio
Dido	Liberace
Jewel	Moby
Madonna	Nelly
Roseanne	Pelé
Sade	Prince
Shakira	Seal
Twiggy	Sinbad
	Yanni

Noms de marques

Féminins et masculins
Aubert
Célio
Chanel
Cora
Grazia
Kenzo
Sandro
Séphora
Zara

Modèles de voitures

Féminins et masculins
Adam
Clio
Giuletta
Giulia
Karl
Léon
Mégane
Mercedes
Roméo
Zoé

Noms de fruits

Féminins et masculins
Pomme
Prune
Myrtille
Clémentine
Cerise
Olive

Prénoms gourmands

Féminins et masculins
Alexandra
Amandine
Caroline
Charlotte
Florentin
Hélène
Honoré
Madeleine
Suzette

Herbes et épices

Féminins et masculins
Cannelle
Marjolaine
Mélisse
Anis
Basile

Noms de jeux vidéo

Féminins	Masculins
Aela	Cloud
Chun-Li	Crash
Clémentine	Duke
Ellie	Gordon
Jill	Jean
Lara	Kratos
Mileena	Link
Samus	Mario
Triss	Ryu
Zelda	Snake

Noms de couleurs

Féminins
Ambre
Blanche
Brune
Candide
Jade
Olive
Rose
Violette

Prénoms composés du monde entier

Féminins	Masculins
Anne-Marie	Giancarlo
Billie-Jean	Jean-Claude
Bobbi-Jo	Jean-Paul
Brooklyn	Jimmyjo
Clarabelle	Joseluis
Leeann	Juancarlos
Marie-Claire	Kendarius
Marylou	Keyshawn
Roseanne	Michaelangelo
Saralyn	Tedrick

Prénoms que l'on peut facilement abréger

Féminins	Masculins
Abigail	Benjamin
Barbara	Christophe
Déborah	Édouard
Elizabeth	Frédéric
Jacqueline	Jonathan
Liliane	Léonard
Margaret	Nicolas
Pamela	Robert
Samantha	Samuel
Suzanne	Timothée

Prénoms anagrammes

Féminins	Masculins
Alice, Célia	Alex, Axel
Aline, Elina	Aidan, Jaiden
Amy, Mya	Basile, Blaise
Anaël, Léana	Byron, Robyn
Blaise, Isabel	Enzo, Zeno
Caroline, Coraline	Jason, Jonas
Cloé, Cléo	Léon, Noël
Diana, Nadia	Lionel, Nelio
Léonie, Noélie	Lukas, Klaus
Romane, Morane	Théotime, Timothée

Prénoms qui riment

Féminins	Masculins
Capucine, Clémentine	Alban, Armand
Chloé, Zoé	Benjamin, Damien
Émilie, Magalie	Gabin, Justin
Isabelle, Gabrielle	Gaston, Léon
Marine, Karine	Gustave, Octave
Marion, Manon	Henri, Amaury
Salomé, Siloé	Louis, Alexis
Sarah, Emma	Maxime, Théotime
Solène, Ségolène	Raphaël, Gabriel
Vanessa, Mélissa	Thomas, Lucas

Patronymes utilisés comme prénoms

Féminins	Masculins
Addison	Anderson
Bailey	Carter
Blair	Douglas
Esther	Harris
Kelly	Harvey
Kennedy	Jackson
Leigh	Johnson
Mackenzie	Parker
Madison	Ramsey
Taylor	Walker

Prénoms ultra-féminins

Féminins
Camille
Cassandra
Céline
Julie
Laura
Marie
Marine
Marion
Mélanie
Tatiana

Prénoms ultra-masculins

Masculins
Achille
Alexandre
Auguste
Balthazar
César
Hector
Martial
Roch
Tugdual
Virgile

Prénoms unisexes plutôt pour garçons

Féminins et masculins
Ange
Éden
Élie
Loïs
Mahé
Marley
Maxence
Morgan
Noa
Sacha

Prénoms unisexes 50/50

Féminins et masculins
Addison
Charlie
Chris
Claude
Jessie
Louison
Phoenix
Sage
Sasha
Yaël

Prénoms unisexes plutôt pour filles

Féminins et masculins
Alex
Alix
Andréa
Cameron
Camille
Dominique
Kelly
Kim
Lou
Shannon

Basés sur des nombres

Féminins	Masculins
Dixie	Decimus
None	Deuce
Octavia	Primo
Quartilla	Quentin
Quintana	Quincy
Reva	Tan
Tertia	Tertius
Triana	Trent
Trinity	Trey
Una	Uno

Noms de vertus

Féminins	Masculins
Céleste	Aimable
Clémence	Clément
Constance	Constant
Destinée	Fidèle
Espérance	Firmin
Félicité	Modeste
Grâce	Parfait
Prudence	
Trinité	

Prénoms avec ponctuation

Féminins	Masculins
'Aulani	D'quan
Bre-Anne	Da'shawn
D'Arcy	Dan'l
D'onna	D'eande
Ja'lisa	Da-Ron
Ja'nae	Ja'von
Jac-E	O'neil
Jo-Anna	O'Shea
Mahi'ai	Ra'shawn

Prénoms palindromes

Féminins	Masculins
Ada	Ara
Anna	Asa
Ava	Bob
Aviva	Davad
Elle	Idi
Eve	Iggi
Hannah	Natan
Lil	Olo
Nan	Otto
Viv	Pip

Prénoms qui reviennent à la mode

Féminins	Masculins
Apolline	Armand
Camille	Charles
Éva	Émile
Jeanne	Eugène
Joséphine	Gaston
Léonie	Henri
Louise	Jean
Madeleine	Léon
Margaux	Paul
Rose	Victor

Drôles de surnoms

Féminins	Masculins
Babs	Binky
Birdie	Chaz
Bunny	Fonzie
Coco	Jimbo
Gigi	Joop
Hattie	Kit
Kiki	Mango
Kitty	Paco
Madge	Pinky
Trixie	Ziggy

Prénoms monosyllabiques

Féminins	Masculins
Aude	Fred
Claire	Luc
Ève	Jean
Jade	Loup
Jeanne	Sam
Kim	Max
Lou	Paul
May	Guy
Rose	Tom
Tess	Yann

Prénoms à deux syllabes

Féminins	Masculins
Alix	Abel
Anna	Axel
Chloé	Enzo
Elsa	Lenny
Lisa	Lucas
Luna	Lyam
Maya	Nino
Nora	Noam
Romy	Romain
Sarah	Théo

Prénoms à trois syllabes

Féminins	Masculins
Alexia	Adrien
Alicia	Alexis
Giulia	Augustin
Héloïse	Benjamin
Ilona	Dimitri
Noémie	Joachim
Olivia	Mathéo
Paloma	Maxime
Salomé	Mohamed
Vanessa	Nicolas

Prénoms à quatre syllabes

Féminins	Masculins
Abigaël	Abdelkader
Alexandra	Adriano
Anastasia	Alessandro
Angelina	Appolinaire
Elizabeth	Barthélemy
Éléanore	Emmanuel
Emmanuelle	Ezéchiel
Gabriella	Léonardo
Isabella	Maximilien
Tatiana	Nathanaël

Prénoms de couples célèbres

Féminins et masculins

Adam et Ève
Bonnie et Clyde
Dick et Jane
Donny et Marie
Hansel et Gretel
Jack et Jill
Lancelot et Guenièvre
Roméo et Juliette
Samson et Delilah
Sonny et Cher

Prénoms se terminant par « a » ou [a]

Féminins	Masculins
Alexandra	Garcia
Amanda	Indiana
Barbara	Issa
Cassandra	Joshua
Déborah	Lucas
Emma	Nicolas
Gabriella	Noa
Pamela	Sasha
Sarah	Thomas
Sonia	Volodia

Prénoms se terminant par « e »

Féminins	Masculins
Agathe	Achille
Camille	Antoine
Capucine	Aristide
Garance	Baptiste
Jasmine	Basile
Jeanne	Guillaume
Justine	Maxence
Madeleine	Philippe
Pauline	Pierre
Violette	Ulysse

Prénoms se terminant par « l » ou [l]

Féminins	Masculins
Angèle	Abel
Armelle	Daniel
Emmanuelle	Gabriel
Gaëlle	Lionel
Gisèle	Maël
Isabelle	Manuel
Noëlle	Marcel
Rachel	Michaël
Raphaële	Michel
Yaël	Samuel

Prénoms se terminant par « n »

Féminins	Masculins
Allison	Alain
Éden	Gaëtan
Lison	Gaston
Lou-Ann	Nathan
Manon	Quentin
Marion	Romain
Ninon	Simon
Nolwenn	Titouan
Shannon	Tristan
Suzon	Valentin

Prénoms se terminant par « o »

Féminins	Masculins
Calypso	Alessandro
Clio	Angelo
Coco	Bruno
Indigo	Diego
Juno	Eduardo
Kameko	Enzo
Mariko	Léo
Marlo	Mathéo
Tamiko	Paco
Yoko	Théo

Prénoms se terminant par « r » ou [r]

Féminins	Masculins
Aliénor	Amir
Bérengère	Balthazar
Eléanor	Edgar
Élinor	Édouard
Esther	Gaspard
Fleur	Hector
Jennifer	Omar
Leonor	Oscar
Taylor	Proper
Xavière	Victor

Prénoms se terminant par « s »

Féminins	Masculins
Agnès	Alexis
Anaïs	Charles
Gwladys	Chris
Inès	Jacques
Iris	Jules
Lilas	Louis
Maellys	Lucas
Mercedes	Marius
Paris	Mathis
Tess	Nils

Prénoms se terminant par « t » ou [t]

Féminins	Masculins
Antoinette	Albert
Bridget	Benoît
Colette	Clément
Iseult	Constant
Juliette	Elliot
Mahaut	Ernest
Margaret	Florent
Margot	Laurent
Scarlett	Thibaut
Violette	Vincent

Prénoms se terminant par [i]

Féminins	Masculins
Amélie	Alexis
Émilie	Anthony
Eugénie	Denis
Fanny	Dimitri
Julie	Guy
Lucie	Jérémie
Marie	Lenny
Mélanie	Louis
Noémie	Rémi
Ophélie	Zachary

Variantes de « Anne »

Féminins
Anezka
Anita
Anna
Annabelle
Ann
Annika
Hannah
Nancy
Nanette
Nina

Variantes de « Élisabeth »

Féminins
Bess
Beth
Betsy
Betty
Elise
Libby
Liesel
Lisa
Liz
Liza

Variantes de « Jacques »

Masculins
Diego
Giacomo
Iago
Jacob
Jaime
Jake
James
Kobe
Yasha
Yoakim

Variantes de « Jeanne »

Féminins
Giovanna
Jane
Jana
Janelle
Janessa
Janet
Janice
Jean
Juana
Shana

Variantes de « Jean »

Masculins
Evan
Hans
Ivan
Jack
Jens
Johann
John
Jonathan
Juan
Sean

Variantes de « Joseph »

Masculins
Beppe
Che
Giuseppe
Jody
Joe
Joey
Joop
José
Pepe
Yosef

Variantes de « Catherine »

Féminins
Caitlin
Cassie
Cat
Cathy
Katalina
Kate
Kathleen
Katherine
Katie
Katrina

Variantes de « Marguerite »

Féminins
Greta
Maggie
Margarita
Margo
Margaret
Marjorie
Meg
Megan
Peg
Peggy

Variantes de « Marie »

Féminins
Mara
Maren
Maria
Marian
Mary
Marika
Marjorie
Miriam
Molly
Muriel

Variantes de « Michel »

Masculins
Micha
Michael
Mick
Mickey
Miguel
Mike
Mikhail
Miles
Misha
Mitchell

Variantes de « Nicole »

Féminins
Colette
Colie
Cosette
Lacole
Nicky
Nicola
Nicolette
Nika
Nikita
Nikki

Variantes de « Pierre »	Variantes de « Robert »	Variantes de « Guillaume »
Masculins	**Masculins**	**Masculins**
Ferris	Bob	Bill
Pedro	Bobby	Billy
Peers	Bobek	William
Per	Dob	Guillermo
Perry	Lopaka	Liam
Pete	Rob	Wilhelm
Petr	Robby	Will
Pier	Roberto	Willie
Peter	Robin	Wilson
Pieter	Ruberto	Wyli

Enfants de stars
Les noms que donnent les célébrités à leurs enfants

Ace Knute
fils de Jessica Simpson

Adelaide Rose
fille de Rachel Griffiths et Andrew Taylor

Ahmet Emuukha Rodan
fils de Frank et Gail Zappa

Aidan Rose
fille de Faith Daniels

Alabama Gypsy Rose
fille de Drea de Matteo et Shooter Jennings

Alabama Luella
fille de Travis Barker et Shanna Moakler
Barker

Alastair Wallace
fils de Rod Stewart et Penny Lancaster

Aleph
fils de Natalie Portman et Benjamin
Millepied

Alexander Pete
fils de Naomi Watts et Liev Schreiber

Alijah Mary
fille de Kendra Wilkinson et Hank Bassett

Allegra
fille de John Leguizamo et Justine Maurer

Allie Colleen
fille de Garth Brooks et Sandy Mahl

Amadeus Benedict Edley Luis
fils de Boris Becker

Anacã
fils de Candice Swanepoel et Hermann
Nicoli

Angel Iris
fille de Melanie "Scary Spice" Brown
et Eddie Murphy

Apollo Bowie Flynn
fils de Gwen Stefani et Gavin Rossdale

Apple Blythe Alison
fille de Gwyneth Paltrow et Chris Martin

Arabella
fille de Ivanka Trump

Archibald "Archie" William Emerson
fils de Amy Poehler et Will Arnett

Armie Heartly
fille de Cam Gigandet et Dominique
Geisendorff

Arpad Flynn
fils de Elle Macpherson et Arpad Busson

Arrow Rhodes
fille de Jensen Ackles et Danneel Harris

Atticus James
fils de Jennifer Love Hewitt et Brian
Hallisay

Audio Science
fils de Shannyn Sossamon et Dallas Clayton

August Anna
fille de Garth Brooks et Sandy Mahl

August Miklos Friedrich
fils de Mariska Hargitay et Peter Hermann

Aurelius Cy Andre
fils de Elle Macpherson et Arpad Busson

Avri Roel
fille de Robert Downey Jr.

Axel
fils de Will Ferrell et Viveca Paulin

Ryder Russel
fils de Fergie et Josh Duhamel

Bailey Jean
fille de Melissa Etheridge et Julie Cypher

Banjo Patrick
fils de Rachel Griffiths et Andrew Taylor

Bari Najma
fille de Mahershala Ali et Amatus-Sami
Karim

Barron William
fils de Donald et Melania Trump

Bastian Kick
fils de Jeremy Sisto

Bear Blu
fils de Alicia Silverstone

Bechet
fille de Woody Allen et Soon-Yi Previn

Billie Beatrice
fille de Rebecca Gayheart et Eric Dane

Bingham
fils de Kate Hudson et Matthew Bellamy

Birdie Leigh
fille de Busy Philipps et Marc Silverstein

Blue Ivy
fille de Beyoncé et Jay-Z

Bluebell Madonna
fille de Geri Halliwell

Bodhi Ransom
fils de Megan Fox et Brian Austin Green

Booker Jombe
fils de Thandie Newton

Bowie
fils de Zoe Saldana

Braison Chance
fils de Billy Ray et Tish Cyrus

Brawley King
fils de Nick Nolte et Rebecca Linger

Braydon Hart
fils de Melissa Joan Hart et Mark Wilkerson

Briar Rose
fille de Rachel Bilson et Hayden Christensen

Brody Jo
fille de Gabrielle Reece et Laird Hamilton

Broncs Weston
fils de Mackenzie McKee et Josh McKee

Bronx Mowgli
fils de Ashlee Simpson et Pete Wentz

Brooklyn Joseph
fils de Victoria "Posh Spice"Adams
et David Beckham

Brooks Alan
fils de Molly Simms

Buddy Bear Maurice
fils de Jamie et Jools Oliver

Cai Myanna
fille de Shanola Hampton

Callen Christian
fils de Drew Brees

Cannon Edward
fils de Larry King et Shawn Southwick-King

Carys
fille de Catherine Zeta-Jones et Michael
Douglas

Cash Anthony
fils de Saul "Slash" et Perla Hudson

Cashel Blake
fils de Daniel Day-Lewis et Rebecca Miller

Caspar Matthew
fils de Claudia Schiffer et Matthew Vaughn

Chanel Nicole
fille de Coco Austin et Ice-T

Chaplin Haddow
fille de Ever Dawn Carradine

Charlie Tamara Tulip
fille de Rebecca Romijn et Jerry O'Connell

Charlotte Elizabeth Diana
fille de the Duke et Duchess of Cambridge

Chosen Sebastian
fils de Cam Newton et Kia Proctor

Ciel
fille de Niki Taylor et Burney Lamar

Clementine Grace
fille de Rachel Griffiths et
Andrew Taylor

Coco Riley
fille de Courteney Cox Arquette et David
Arquette

Cosimo Violet
fille de Claudia Schiffer

Cree
fils de Tia Mowry

Cricket Pearl
fille de Busy Philipps

Cruz
fils de Victoria "Posh Spice"Adams et David
Beckham

Cyrus Michael
fils de Claire Danes

D'Lila Star
fille de Kim Porter et Sean "Diddy" Combs

Daenerys Josephine
fille de Gina Glocksen

Daisy True
fille de Meg Ryan

Daisy-Boo
fille de Jamie et Jools Oliver

Dandelion
fille de Keith Richards et Anita Pallenberg

Dannielynn Hope
fille de Anna Nicole Smith et Larry
Birkhead

Daxel Vaughn
fils de Lisa D'Amato

Deacon Reese
fils de Reese Witherspoon et Ryan Phillippe

Declyn Wallace
fils de Cyndi Lauper et David Thornton

Delilah
fille de Kimberly Stewart

Delta
fille de Kristen Bell et Dax Shepard

Denim
fils de Toni Braxton et Keri Lewis

Destry Allyn
fille de Kate Capshaw et Steven Spielberg

Devereaux Octavian Basil
fils de Mick Jagger et Melanie Hamrick

Dexter Dean
fille de Diane Keaton

Diezel
fils de Toni Braxton et Keri Lewis

Diva Muffin
fille de Frank et Gail Zappa

Dolly Rebecca Rose
fille de Rebecca Romijn et Jerry O'Connell

Draco
fils de Danica McKellar

Dream Sarae
fille de Ginuwine et Sole

Dree Louise
fille de Mariel Hemingway et Stephen
Crisman

Duncan Zowie Heywood
fils de David Bowie et Mary Angela Barnett

Dusti Rain
fille de Rob "Vanilla Ice" et Laura Van
Winkle

Dusty Rose
fille de Behati Prinsloo et Adam Levine

Dweezil
fils de Frank et Gail Zappa

Dylan Frances
fille de Sean et Robin Wright Penn

Egypt Daoud
fils de Alicia Keys

Eissa
fils de Janet Jackson et Wissam Al Mana

Elijah Bob Patricious Guggi Q
fils de Alison Stewart et Bono

Eliot Pauline
fille de Sting et Trudie Styler

Elsie Otter
fille de Zooey Deschanel et Jacob Pechenik

Emerson Rose
fille de Teri Hatcher et Jon Tenney

Emet Kuli
fils de Lisa Loeb

Emme
fille de Jennifer Lopez et Mark Anthony

Enzo
fils de Patricia Arquette et Paul Rossi

Esmeralda Amada
fille de Eva Mendes et Ryan Gosling

Ever Gabo
fille de Milla Jovovich et Paul Anderson

Ever Lee Wild
fille de Nicholas et Kelsea Gonzalez

Everly
fille de Channing Tatum

Fianna Francis
fille de Bijou Phillips

Fifi Trixiebelle
fille de Paula Yates et Bob Geldof

Finley
fille de Lisa Marie Presley et Michael
Lockwood

Finn Davey
fils de Tori Spelling et Dean McDermott

Flynn
fils de Orlando Bloom et Miranda Kerr

Frances Bean
fille de Kurt Cobain et Courtney Love

Frankie
fille de Drew Barrymore

Freedom
fille de Ving Rhames et Deborah Reed

Fushcia Katherine
fille de Sting et Frances Tomelty

Future Zahir
fils de Ciara et Future

Gaia
fille de Emma Thompson et Greg Wise

Genesis Ali
fils de Alicia Keys et Swizz Beats

Gia Zavala
fille de Matt et Luciana Damon

Gianna Maria-Onore
fille de Kobe et Vanessa Bryant

Gideon Scott
fils de Neil Patrick Harris

Gloria Ray
fille de Maggie Gyllenhaal et Peter Sarsgaard

God'iss Love
fille de Lil' Mo et Al Stone

Golden "Sagon"
fils de Nick Cannon et Brittany Bell

Grier Hammond
fille de Brooke Shields et Chris Henchy

Gulliver Flynn
fils de Gary Oldman et Donya Fiorentino

Gytta Lubov
fille de Vera Farmiga

Harlow Winter Kate
fille de Nicole Richie et Joel Madden

Harper Seven
fille de Victoria "Posh Spice"Adams et David
Beckham

Hattie
fille de Tori Spelling et Dean McDermott

Haven
fille de Jessica Alba et Cash Warren

Hawkins
fils de Tony Romo

Hazel Patricia
fille de Julia Roberts et Danny Moder

Heaven Rain
fille de Brooke Burke et David Charvet

Heavenly Hirani Tiger Lily
fille de Paula Yates et Michael Hutchence

**Henry Günther Ademola Dashtu
Samuel**
fils de Heidi Klum et Seal

Homer James Jigme
fils de Richard Gere et Carey Lowell

Honor Marie
fille de Jessica Alba et Cash Warren

Hopper
fils de Sean Penn et Robin Wright Penn

Ignatius Martin
fils de Cate Blanchett et Andrew Upton

Indiana
fille de Ethan Hawke

Indio
fils de Deborah Falconer et Robert Downey,
Jr.

Ireland Eliesse
fille de Kim Basinger et Alec Baldwin

Isabella Jane
fille de Nicole Kidman et Tom Cruise

Isabelle Amarachi
fille de Kerry Washington et Nnamdi
Asomugha

Isadora
fille de Björk et Matthew Barney

Isaiah Michael
fils de Carrie Underwood et Mike Fisher

Izzy Oona
fille de Eddie Murphy et Paige Butcher

Jack
fils de Maya Rudolph

Jackson
fils de Charlize Theron

James
fille de Ryan Reynolds et Blake Lively

James Padraig
fils de Colin Farrell et Kim Bordenave

Jasper Warren
fils de Brad Paisley et Kimberly Williams-
Paisley

Jaxon Wyatt
fils de Kristin Cavallari et Jay Cutler

Jaya
fille de Ben Harper et Laura Dern

Jayden James
fils de Britney Spears et Kevin Federline

Jelani Asar
fils de Wesley et April Snipes

Jesse James
fils de Jon et Dorothea Bon Jovi

Jessie James
fille de Kim Porter et Sean "Diddy" Combs

Jett
fille de Lisa Ling

Joaquin
fils de Kelly Ripa et Mark Consuelos

Johan Riley Fyodor Taiwo Samuel
fils de Heidi Klum et Seal

Kaiis Steven
fils de Geena Davis et Reza Jarrahy

Kal-El
fils de Nicholas Cage et Alice Kim

Karsen
fille de Ray Liotta et Michelle Grace

Kase
fils de Jewel et Ty Murray

Keelee Breeze
fille de Rob "Vanilla Ice" et Laura Van
Winkle

Keeva Jane
fille de Alyson Hannigan et Alexis Denisof

Kian William
fils de Geena Davis et Reza Jarrahy

Kingston James McGregor
fils de Gwen Stefani et Gavin Rossdale

Kirra Max
fille de Andrina Patridge et Corey Bohan

Knox Leon
fils de Angelina Jolie et Brad Pitt

Kodah Dash
fils de Rob et Bryanna Dyrdek

Krishna Thea
fille de Padma Lakshmi

Kross
fils de Lauren London et Nipsy Hussle

Kyd Miller
fils de David Duchovny et Tea Leoni

Langley Fox
fille de Mariel Hemingway et Stephen
Crisman

Lea de Seine
fille de Bradley Cooper et Irinia Shayk

Lennon
fils de Patsy Kensit et Liam Gallagher

Leo
fils de Penelope Cruz et Javier Bardem

Levi
fils de Matthew McConaughey et Camila
Alves

Liberty Grace
fille de Joey Lawrence

Lily-Rose Melody
fille de Johnny Depp et Vanessa Paradis

Lincoln
fille de Kristen Bell et Dax Shepard

Locklyn
fille de Vince Vaughn

Loewy
fils de John Malkovich et Nicoletta Peyran

Lola Rose
fille de Charlie Sheen et Denise Richards

London Rose
fille de Carson Daly

Lorenzo Dominic
fils de Nicole "Snooki" Polizzi

Lourdes Maria Ciccone
fille de Madonna et Carlos Leon

Luca Cruz
fils de Hilary Duff

Lyric Sonny Roads
fils de Soleil Moon Frye

Mabel
fille de Russell Bret et Laura Gallacher

Maceo
fils de Halle Berry

Maddox
fils de Angelina Jolie et Brad Pitt

Madeleine West
fille de David Duchovny et Tea Leoni

Maggie Rose
fille de Jon et Tracy Stewart

Magnus
fils de Elizabeth Banks

Makani Ravello
fille de Woody Harrelson et Laura Louie

Makena'lei
fille de Helen Hunt et Matthew Carnahan

Malachy
fils de Cillian et Yvonne Murphy

Malu Valentine
fille de David Byrne et Adelle Lutz

Manzie Tio
fille de Woody Allen et Soon-Yi Previn

Maple Sylvie
fille de Jason Bateman et Amanda Anka

Marcelo
fils de Ali Letry

Marchesa Anna
fille de Lauren Manzo et Vito Scalia

Margaret Laura 'Mila'
fille de Jenna Bush Hager

Marlowe
fille de Sienna Miller

Mars
fille de Erykah Badu

Matalin Mary
fille de Mary Matalin et James Carville

Mateo Bravery
fils de Benjamin Bratt et Talisa Soto

Matilda Rose
fille de Heath Ledger et Michelle Williams

Mattea Angel
fille de Mira Sorvino et Chris Backus

Matthias
fils de Will Ferrell et Viveca Paulin

Maven Sonae
fille de Tracy Morgan

Maxwell Drew
fille de Jessica Simpson

Me'arah Sanaa
fille de Shaquille et Shaunie O'Neal

Megaa Omari
fils de Omarion

Memphis Eve
fille de Alison Stewart et Bono

Milan Piqué
fils de Shakira

Milo William
fils de Liv Tyler et Royston Langdon

Mingus Lucien
fils de Helena Christensen et Norman
Reedus

Molly June
fille de Amanda Peet

Monroe
fille de Mariah Carey et Nick Cannon

Moon Unit
fille de Frank et Gail Zappa

Moroccan
fils de Mariah Carey et Nick Cannon

Morocco
fils de Mike Tyson

Moses
fils de Gwyneth Paltrow et Chris Martin

Moxie CrimeFighter
fille de Penn et Emily Jillette

Nahla Ariela
fille de Halle Berry et Gabriel Aubry

Najee
fils de James "LL Cool J" et Simone Smith

Nakoa-Wolf Manakauapo Namakeaha
fils de Lisa Bonet et Jason Momoa

Nala
fille de Keenan Ivory Wayans et Daphne
Polk

Natashya Lorien
fille de Tori Amos et Mark Hawley

Nayib
fils de Gloria et Emilio Estefan

Neve
fille de Conan O'Brien et Liza Powell
O'Brien

North
fille de Kim Kardashian et Kanye West

Ocean Alexander
fils de Forest Whitaker

Odin Reign
fils de Nick Carter et Lauren Kitt Carter

Olive
fille de Drew Barrymore

Onyx Solace
fille de Alanis Morrissette et Mario
"Souleye" Treadway

Ophelia Saint
fille de Dave Grohl

Orion Christopher
fils de Chris Noth et Tara Wilson

Otis Tobias
fils de Tobey Maguire et Jennifer Meyer

Pax Thien
fils de Angelina Jolie et Brad Pitt

Penelope Scotland
fille de Kourtney Kardashian et Scott Disick

Pemma Mae
fille de David Krumholtz

Petal Blossom Rainbow
fille de Jamie et Jools Oliver

Phinnaeus Walter
fils de Julia Roberts et Danny Moder

Phoenix Chi
fille de Melanie "Scary Spice" Brown
et Jimmy Gulzar

Pilot Inspektor
fils de Jason Lee et Beth Riesgraf

Piper Maru
fille de Gillian Anderson et Clyde Klotz

Pirate Howsmon
fils de Deven et Jonathan Davis

Pixie
fille de Paula Yates et Bob Geldof

Poppy-Honey
fille de Jamie et Jools Oliver

Poppy Louise
fille de Jenna Bush Hager et Henry Hager

Praise Mary Ella
fille de Earl "DMX" et Tishera Simmons

Presley Tanita
fille de Tanya Tucker et Jerry Laseter

Presley Walker
fils de Cindy Crawford et Rande Gerber

Prince Michael
fils de Michael Jackson et Debbie Rowe

Prince Michael II
fils de Michael Jackson

Puma
fille de Erykah Badu

Quinlin Dempsey
fils de Ben Stiller et Christine Taylor

Rainbow Aurora
fille de Holly Madison

Ramona
fille de Maggie Gyllenhaal et Peter Sarsgaard

Reignbeau
fille de Ving Rhames et Deborah Reed

Rekker Radley
fils de Cam Gigandet

Rhythm Myer
fille de Whitney Whatley

Rio Kelly
fils de Sean Young et Robert Lujan

Ripley
fille de Thandie Newton et Oliver Parker

River Joe
fils de Jeff Goldblum et Emilie Livingston

River Rose
fille de Kelly Clarkson

Roan
fils de Sharon Stone et Phil Bronstein

Rocco
fils de Madonna et Guy Ritchie

Rockwell Lloyd
fils de Lucy Liu

Roman Robert
fils de Cate Blanchett et Andrew Upton

Romeo
fils de Victoria "Posh Spice" Adams
et David Beckham

Ronan Cal
fils de Daniel Day-Lewis et Rebeca Miller

Rosalind Arusha Arkadina Altalune
'Luna' Florence
fille de Uma Thurman

Rowan
fille de Brooke Shields et Chris Henchy

Royal Reign
fille de Lil' Kim

Ruby Sweetheart
fille de Tobey Maguire et Jennifer Meyer

Rumer Glenn
fille de Demi Moore et Bruce Willis

Ryan Elizabeth
fille de Rodney et Holly Robinson Peete

Ryder Russel
fils de Kate Hudson et Chris Robinson

Rykker Mobley
fils de Lee Brice

Sage Florence
fille de Toni Collette et Dave Galafassi

Saint
fils de Kim Kardashian et Kanye West

Sam J.
fille de Charlie Sheen et Denise Richards

Sasha Piqué
fils de Shakira et Gerard Piqué

Satchel Lewis
fille de Spike Lee et Tonya Linette Lewis

Satyana
fille de Alyson Hannigan et Alexis Denisof

Saylor James
fille de Jay Cutler et Kristin Cavallari

Schuyler Frances
fille de Tracy Pollan et Michael J. Fox

Scout Margery
fille de Kerry Walsh Jennings

Seraphina Rose Elizabeth
fille de Jennifer Garner et Ben Affleck

Seven Sirius
fils de Andre 3000 et Erykah Badu

Shaya
fils de Brooke Burke et David Charvet

Shiloh Nouvel
fille de Angelina Jolie et Brad Pitt

Silas Randall
fils de Jessica Biel et Justin Timberlake

Sindri
fils de Bjork et Thor Eldon

Sistine Rose
fille de Jennifer Flavin et Sylvester Stallone

Sky Cole
fils de Elizabeth Berkley

Sloane Ava Simone
fille de Macklemore et Tricia Davis

Sonnet Noel
fille de Forest et Keisha Whitaker

Sosie Ruth
fille de Kyra Sedgwick et Kevin Bacon

Sovereign Dior Cambella
fille de Cam Newton et Kia Proctor

Speck Wildhorse
fils de John et Elaine Mellencamp

Spike
fils de Mike Myers

Stellan
fils de Jennifer Connelly et Paul Bettany

Story
fille de Ginuwine et Sole

Summer Rain
fille de Christina Aguilera

Sunday Rose
fille de Nicole Kidman et Keith Urban

Sunny Bebop
fille de Michael "Flea" Balzary et Frankie Rayder

Suri
fille de Tom Cruise et Katie Holmes

Sy'Rai
fille de Brandy Norwood et Robert Smith

Tabitha Hodge
fille de Sarah Jessica Parker et Matthew Broderick

Tali
fille de Annie Lennox et Uri Fruchtman

Tallulah Belle
fille de Demi Moore et Bruce Willis

Taylor Mayne Pearl
fille de Garth Brooks et Sandy Mahl

Tennessee James
fils de Reese Witherspoon

Tennyson Spencer
fils de Russell Crowe et Danielle Spencer

Thatcher Bray
fils de Megyn Kelly

Titan Jewel
fils de Kelly Rowland

Tu Simone
fille de Rob Morrow et Debbon Ayre

Una
fille de Jason Schwartzman

Valentina Paloma
fille de Salma Hayek et Francois Henri Pinault

Valor
fils de Emile Hirsch

Vernon Lindsay
fils de Vince Vaughn

Vida
fille de Matthew McConaughey

Violet Anne
fille de Jennifer Garner et Ben Affleck

Vivienne Marcheline
fille de Angelina Jolie et Brad Pitt

Waylon
fils de Drea de Matteo et Shooter Jennings

Weston
fils de Jenna Fischer

William Huckleberry
fils de Brad Paisley et Kimberly Williams-Paisley

Winnie Rose
fille de Jummy Fallon

Wolfgang William
fils de Eddie Van Halen et Valerie Bertinelli

Wyatt Isabelle
fille de Mila Kunis et Ashton Kutcher

Xander
fils de January Jones

Xano William
fils de Jason Gann

York
fils de Tyra Banks et Erik Asla

Zachary Jackson Levon
fils de Sir Elton John

Zahara Marley
fille de Angelina Jolie

Zelda
fille de Robin Williams et Marsha Garces Williams

Zen
fils de Zoe Saldana et Marco Perego

Zephyr
fils de Karla De Vito et Robby Benson

Zeppelin Bram
fils de Jensen Ackles et Danneel Harris

Zhuri Nova
fille de LeBron James

Zolten Penn
fils de Penn et Emily Jillette

Zuma Nesta Rock
fils de Gwen Stefani et Gavin Rossdale

Zyla Moon Oluwakemi
fille de Wale et Claudia Alexis Jourdan

Identités rétablies

Personnalités du monde du divertissement

Pseudonyme	Nom original
Eddie Albert	Edward Albert Heimberger
Alan Alda	Alphonse D'Abruzzo
Jane Alexander	Jane Quigley
Jason Alexander	Jay Scott Greenspan
Tim Allen	Tim Allen Dick
Woody Allen	Allen Konigsberg
Don Ameche	Dominic Felix Amici
Tori Amos	Myra Ellen Amos
Julie Andrews	Julia Vernon
Ann-Margret	Ann-Margret Olsson
Beatrice Arthur	Bernice Frankel
Ed Asner	Yitzak Edward Asner
Fred Astaire	Frederick Austerlitz
Lauren Bacall	Betty Joan Perske
Anne Bancroft	Anne Italiano
John Barrymore	John Blythe
Warren Beatty	Henry Warren Beaty
Beck	Beck Hansen
Bonnie Bedelia	Bonnie Culkin
Pat Benetar	Patricia Andrejewski
Tony Bennett	Anthony Dominick Benedetto
Jack Benny	Joseph Kubelsky
Robbie Benson	Robert Segal
Ingmar Bergman	Ernst Ingmar Bergman
Milton Berle	Milton Berlinger
Irving Berlin	Israel Baline
Joey Bishop	Joseph Abraham Gottlieb
Bjork	Björk Gudmundsdottir
Robert Blake	Michael James Vijencio Gubitosi
Blondie	Deborah Harry
Michael Bolton	Michael Bolotin
Jon Bon Jovi	John Bonjiovi
Bono	Paul Hewson
Sonny Bono	Salvatore Bono
Pat Boone	Charles Eugene Boone
Victor Borge	Borge Rosenbaum
Bow Wow	Shad Moss
David Bowie	David Hayward-Jones
Max Bret	Gerald Kenneth Tierney
Brandy	Brandy Norwood
Beau Bridges	Lloyd Vernet Bridges III
Charles Bronson	Charles Buchinsky
Albert Brooks	Albert Einstein
Garth Brooks	Troyal Garth Brooks
Mel Brooks	Melvin Kaminsky
Yul Brynner	Taidje Kahn, Jr.
George Burns	Nathan Birnbaum
Ellen Burstyn	Edna Rae Gillooly
Richard Burton	Richard Jenkins
Nicolas Cage	Nicholas Coppola
Michael Caine	Maurice Joseph Micklewhite
Maria Callas	Maria Anna Sophia Cecilia Kalogeropoulos
Dyan Cannon	Samile Diane Friesen
Kate Capshaw	Kathleen Sue Nail

Pseudonyme	Nom original
Vikki Carr	Florencia Bisenta de Casillas Martinez Cardona
Diahann Carroll	Carol Diahann Johnson
Johnny Cash	J. R. Cash
Stockard Channing	Susan Antonia Williams Stockard
Ray Charles	Ray Charles Robinson
Charo	Maria Rosaria Pilar Martinez Molina Baeza
J. C. Chasez	Joshua Scott Chasez
Chevy Chase	Cornelius Crane Chase
Chubby Checker	Ernest Evans
Cher	Cherilyn Sarkisian LaPierre
Chyna	Joanie Laurer
Eric Clapton	Eric Clapp
Patsy Cline	Virginia Patterson Hensley
Lee J. Cobb	Leo Jacob
Perry Como	Pierino Como
Bert Convy	Bernard Whalen Patrick Convy
Alice Cooper	Vincent Damon Furnier
David Copperfield	David Kotkin
Howard Cosell	Howard William Cohen
Bob Costas	Robert Quinlan Costas
Elvis Costello	Declan Patrick McManus
Joan Crawford	Lucille Le Sueur
Bing Crosby	Harry Lillis Crosby
Tom Cruise	Thomas Cruise Mapother IV
Tony Curtis	Bernard Schwartz
Miley Cyrus	Destiny Hope Cyrus
Willem Dafoe	William Dafoe
D'Angelo	Michael D'Angelo Archer
Rodney Dangerfield	Jacob Cohen
Dawn	Joyce Elaine Vincent
Doris Day	Doris Kappelhoff
Lil Debbie	Jordan Capozzi
Sandra Dee	Alexandra Zuck
John Denver	Henry John Deutschendorf, Jr.
Bo Derek	Mary Cathleen Collins
Portia de Rossi	Amanda Rogers
Danny DeVito	Daniel Michaeli
Susan Dey	Susan Smith
Vin Diesel	Mark Sinclair Vincent
Marlene Dietrich	Maria von Losch
Phyllis Diller	Phyllis Driver
Kirk Douglas	Issur Danielovitch Demsky
Mike Douglas	Michael Delaney Dowd, Jr.
Drake	Aubrey Drake Graham
Patty Duke	Anna Marie Duke
Faye Dunaway	Dorothy Faye Dunaway
Bob Dylan	Robert Zimmerman
Sheena Easton	Sheena Shirley Orr
Buddy Ebsen	Christian Ebsen, Jr.
Barbara Eden	Barbara Huffman
The Edge	David Evans
Carmen Electra	Tara Leigh Patrick
Jenna Elfman	Jenna Butala

Pseudonyme	Nom original
Mama Cass Elliot	Ellen Naomi Cohen
Missy Elliott	Melissa Elliott
Elvira	Cassandra Peterson
Eminem	Marshall Mathers III
Werner Erhard	Jack Rosenberg
Dale Evans	Francis Octavia Smith
Chad Everett	Raymond Lee Cramton
Douglas Fairbanks	Julius Ullman
Morgan Fairchild	Patsy Ann McClenny
Mia Farrow	Maria de Lourdes Villiers Farrow
Farrah Fawcett	Mary Farrah Fawcett
Will Ferrell	John William Ferrell
Tina Fey	Elizabeth Stamatina Fey
Sally Field	Sally Mahoney
W. C. Fields	William Claude Dukenfield
Dame Margot Fonteyn	Margaret Hookham
Glenn Ford	Gwllyn Samuel Newton Ford
John Forsythe	John Freund
Jodie Foster	Alicia Christian Foster
Michael Fox	Michael Andrew Fox
Jamie Foxx	Eric Bishop
Redd Foxx	John Elroy Sanford
Anthony Franciosa	Anthony Papaleo
Connie Francis	Concetta Franconero
Carlton Fredericks	Harold Casper Frederick Kaplan
Greta Garbo	Greta Gustafson
Andy Garcia	Andres Arturo Garcia-Menendez
Judy Garland	Frances Gumm
James Garner	James Baumgarner
Crystal Gayle	Brenda Gail Webb Gatzimos
Boy George	George Alan O'Dowd
Barry Gibb	Douglas Gibb
Kathie Lee Gifford	Kathie Epstein
Goldberg	Bill Goldberg
Whoopi Goldberg	Caryn Johnson
Cary Grant	Archibald Leach
Lee Grant	Lyova Haskell Rosenthal
Peter Graves	Peter Arness
Macy Gray	Natalie McIntyre
Joel Grey	Joel Katz
Charles Grodin	Charles Grodinsky
Robert Guillaume	Robert Williams
Buddy Hackett	Leonard Hacker
Geri Halliwell	Geraldine Estolle Halliwell
Halston	Roy Halston Frowick
Hammer	Stanley Kirk Hacker Burrell
Woody Harrelson	Woodrow Tracy Harrelson
Rex Harrison	Reginald Cary
Laurence Harvey	Lavrushka Skikne
Helen Hayes	Helen Brown
Marg Helgenberger	Mary Margaret Helgenberger
Margaux Hemingway	Margot Hemmingway
Audrey Hepburn	Audrey Hepburn-Ruston
Pee Wee Herman	Paul Rubenfeld
Barbara Hershey	Barbara Herzstine
William Holden	William Beedle
Billie Holiday	Eleanora Fagan
Bob Hope	Leslie Townes Hope
Harry Houdini	Ehrich Weiss
Rock Hudson	Roy Scherer, Jr.

Pseudonyme	Nom original
D. L. Hughley	Darryl Lynn Hughley
Engelbert Humperdinck	Arnold Dorsey
Mary Beth Hurt	Mary Supinger
Lauren Hutton	Mary Laurence Hutton
Ice Cube	O'Shea Jackson
Billy Idol	William Broad
Don Imus	John Donald Imus, Jr.
Wolfman Jack	Robert Smith
Wyclef Jean	Nelust Wyclef Jean
Jewel	Jewel Kilcher
Elton John	Reginald Kenneth Dwight
Don Johnson	Donald Wayne
Al Jolson	Asa Yoelson
Tom Jones	Thomas Jones Woodward
Louis Jourdan	Louis Gendre
Donna Karan	Donna Faske
Boris Karloff	William Henry Pratt
Danny Kaye	David Kaminsky
Diane Keaton	Diane Hall
Michael Keaton	Michael Douglas
Alicia Keys	Alicia Augello-Cook
Chaka Khan	Yvette Stevens
Kid Rock	Robert James Ritchie
Larry King	Larry Zeiger
Ben Kingsley	Krishna Banji
Nastassia Kinski	Nastassja Naksynznki
Calvin Klein	Richard Klein
Ted Knight	Tadeus Wladyslaw Konopka
Johnny Knoxville	Phillip John Clapp
Kreskin	George Joseph Kresge Jr.
Ashton Kutcher	Christopher Ashton Kutcher
Cheryl Ladd	Cheryl Stoppelmoor
Bert Lahr	Irving Lahrheim
Michael Landon	Eugene Michael Orowitz
Nathan Lane	Joseph Lane
K. D. Lang	Katherine Dawn Lang
Stan Laurel	Arthur Stanley Jefferson Laurel
Ralph Lauren	Ralph Lifshitz
Piper Laurie	Rosetta Jacobs
Jude Law	David Jude Law
Steve Lawrence	Sidney Leibowitz
Heath Ledger	Heathcliff Andrew Ledger
Bruce Lee	Lee Yuen Kam
Gypsy Rose Lee	Louise Hovick
Peggy Lee	Norma Egstrom
Spike Lee	Shelton Jackson Lee
Jay Leno	James Leno
Téa Leoni	Elizabeth Téa Pantaleoni
Huey Lewis	Hugh Cregg
Jerry Lewis	Joseph Levitch
Shari Lewis	Shari Hurwitz
Jet Li	Li Lian Jie
Liberace	Wladziu Valentino Liberace
Hal Linden	Hal Lipshitz
Meat Loaf	Marvin Lee Aday
Jack Lord	J. J. Ryan
Sophia Loren	Sophia Villani Scicolone
Peter Lorre	Laszlo Loewenstein
Courtney Love	Love Michelle Harrison
Myrna Loy	Myrna Williams

Pseudonyme	Nom original
Bela Lugosi	Bela Ferenc Blasko
Loretta Lynn	Loretta Webb
Bernie Mac	Bernard Jeffery McCullough
Andie MacDowell	Rosalie Anderson MacDowell
Shirley MacLaine	Shirley Beaty
Elle Macpherson	Eleanor Gow
Madonna	Madonna Louise Veronica Ciccone
Lady Gaga	Stefani Germanotta
Lee Majors	Harvey Lee Yeary II
Karl Malden	Mladen Sekulovich
Camryn Manheim	Debra Manheim
Jayne Mansfield	Vera Jane Palmer
Marilyn Manson	Brian Hugh Warner
Fredric March	Frederick Bickel
Bruno Mars	Peter Gene Hernandez
Penny Marshall	Carole Penny Marshall
Dean Martin	Dino Crocetti
Ricky Martin	Enrique José Martin Morales
Chico Marx	Leonard Marx
Groucho Marx	Julius Henry Marx
Harpo Marx	Arthur Marx
Zeppo Marx	Herbert Marx
Master P	Percy Miller
Natalie Portman	Natalie Hershlag
Walter Matthau	Walter Matuschanskayasky
Ethel Merman	Ethel Zimmermann
Paul McCartney	James Paul McCartney
A. J. McLean	Alexander James McLean
Steve McQueen	Terence Stephen McQueen
George Michael	Georgios Pandayiotou
Nicki Minaj	Onika Tanya Maraj
Joni Mitchell	Roberta Joan Anderson Mitchell
Jay Mohr	Jon Ferguson Mohr
Marilyn Monroe	Norma Jean Baker
Yves Montand	Ivo Livi
Demi Moore	Demetria Gene Guynes
Julianne Moore	Julie Anne Smith
Rita Moreno	Rosita Dolores Alverio
Pat Morita	Noriyuki Morita
Van Morrison	George Ivan Morrison
Zero Mostel	Samuel Joel Mostel
Ricky Nelson	Eric Hilliard Nelson
Randy Newman	Randall Stuart Newman
Thandie Newton	Thetiwe Newton
Mike Nichols	Michael Igor Peschkowsky
Stevie Nicks	Stephanie Nicks
Chuck Norris	Carlos Ray Norris
Kim Novak	Marilyn Pauline Novak
Hugh O'Brian	Hugh J. Krampe
Tony Orlando	Michael Anthony Orlando Cassavitis
Suze Orman	Suzie Orman
Ozzy Osbourne	John Michael Osbourne
Marie Osmond	Olive Marie Osmond
Peter O'Toole	Seamus O'Toole
Al Pacino	Alfredo James Pacino
Jack Palance	Walter Jack Palanuik
Jane Pauley	Margaret Jane Pauley
Minnie Pearl	Sarah Ophelia Colley Cannon
Gregory Peck	Eldred Gregory Peck

Pseudonyme	Nom original
Katy Perry	Katheryn Elizabeth Hudson
Bernadette Peters	Bernadette Lazzara
Joaquin Phoenix	Joaquin Raphael Bottom
Pitbull	Armando Christian Perez
Brad Pitt	William Bradley Pitt
Stephanie Powers	Stefania Federkiewicz
Paula Prentiss	Paula Ragusa
Priscilla Presley	Pricilla Wagner Beaulieu
Prince	Prince Rogers Nelson
William Proxmire	Edward William Proxmire
Tony Randall	Leonard Rosenberg
Robert Redford	Charles Robert Redford
Donna Reed	Donna Belle Mullenger
Della Reese	Delloreese Patricia Early
Judge Reinhold	Edward Ernest Reinhold, Jr.
Lee Remick	Ann Remick
Debbie Reynolds	Mary Frances Reynolds
Busta Rhymes	Trevor Smith
Andy Richter	Paul Andrew Richter
Rihanna	Robyn Rihanna Fenty
Edward G. Robinson	Emanuel Goldenberg
The Rock	Dwayne Douglas Johnson
Ginger Rogers	Virginia McMath
Roy Rogers	Leonard Slye
Mickey Rooney	Joe Yule, Jr.
Diana Ross	Diane Ernestine Ross
Jeri Ryan	Jeri Lynn Zimmerman
Meg Ryan	Margaret Hyra
Winona Ryder	Winona Laura Horowitz
Buffy Sainte-Marie	Beverly Sainte-Marie
Susan Saint James	Susan Miller
Soupy Sales	Milton Supman
Susan Sarandon	Susan Tomalin
Leo Sayer	Gerald Sayer
John Saxon	Carmen Orrico
Jane Seymour	Joyce Frankenberg
Shaggy	Orville Richard Burrell
Shakira	Shakira Isabel Mebarak Ripoll
Omar Sharif	Michael Shalhouz
Artie Shaw	Arthur Arshowsky
Charlie Sheen	Carlos Irwin Estevez
Martin Sheen	Ramon G. Estevez
Brooke Shields	Christa Brooke Shields
Talia Shire	Talia Coppola
Dinah Shore	Frances "Fanny" Rose Shore
Sia	Sia Kate Isobelle Furler
Beverly Sills	Belle "Bubbles" Silverman
Neil Simon	Marvin Neil Simon
Sinbad	David Adkins
Sisqo	Mark Andrews
Ione Skye	Ione Skye Leitch
Christian Slater	Christian Hawkins
Snoop Dogg	Calvin Cordozar Broadus
Phoebe Snow	Phoebe Loeb
Leelee Sobieski	Liliane Rudabet Gloria Elsveta Sobieski
Suzanne Somers	Suzanne Mahoney
Elke Sommer	Elke Schletz
Sissy Spacek	Mary Elizabeth Spacek
Robert Stack	Robert Modini

Pseudonyme	Nom original
Sylvester Stallone	Michael Sylvester Stallone
Jean Stapleton	Jeanne Murray
Ringo Starr	Richard Starkey
Cat Stevens	(Yusuf Islam) Steven Georgiou
Connie Stevens	Concetta Anne Ingolia
Jon Stewart	Jon Stuart Liebowitz
Sting	Gordon Matthew Sumner
Sly Stone	Sylvester Stone
Meryl Streep	Mary Louise Streep
Barbra Streisand	Barbara Streisand
Donna Summer	LaDonna Gaines
Max von Sydow	Carl Adolph von Sydow
Mr. T	Lawrence Tureaud
Rip Taylor	Charles Elmer, Jr.
Robert Taylor	Spangler Brugh
Danny Thomas	Amos Jacobs
Jonathan Taylor Thomas	Jonathan Weiss
Tiny Tim	Herbert Buckingham Khaury
Lily Tomlin	Mary Jean Tomlin
Rip Torn	Elmore Rual Torn, Jr.
Randy Travis	Randy Traywick
Ted Turner	Robert Edward Turner III
Tina Turner	Anna Mae Bullock
Shania Twain	Eileen Regina Twain
Twiggy	Leslie Hornby
Steven Tyler	Steven Tallarico
Rudolph Valentino	Rudolpho Alphonzo Raffaelo Pierre Filibut Guglielmo di Valentina D'Antonguolla
Rudy Vallee	Hubert Prior Vallée
Abigail Van Buren	Pauline Phillips
Christopher Walken	Ronald Walken
Nancy Walker	Ann Myrtle Swoyer
Mike Wallace	Myron Wallace
Andy Warhol	Andrew Warhola
Muddy Waters	McKinley Morganfield
John Wayne	Marion Michael Morrison
Lil Wayne	Dwanye Michael Carter, Jr.
Sigourney Weaver	Susan Weaver
Raquel Welch	Raquel Tejada
Tuesday Weld	Susan Kerr Weld
Jack White	John Anthony Gillis
Gene Wilder	Jerome Silberman
Bruce Willis	Walter Bruce Willis
Flip Wilson	Clerow Wilson
Debra Winger	Mary Debra Winger
Shelley Winters	Shirley Schrift
Reese Witherspoon	Laura Jeanne Reese Witherspoon
Stevie Wonder	Stevelet Morris Hardaway
Natalie Wood	Natasha Gurdin
Jane Wyman	Sarah Jane Fulks
Tammy Wynette	Wynette Pugh
Wynonna	Christina Claire Ciminella
Ed Wynn	Isaiah Edwin Leopold
Loretta Young	Gretchen Young
Sean Young	Mary Sean Young
Jay-Z	Shawn Corey Carter

Personnalités historiques ou politiques

Pseudonyme	Nom original
Johnny Appleseed	John Chapman
Sitting Bull	Tatanka Iyotake
Calamity Jane	Martha Jane Burke
Butch Cassidy	Robert LeRoy Parker
Gerald Ford	Leslie Lynch King, Jr.
Mata Hari	Margareth Geertruide Zelle
Gary Hart	Gary Hartpence
Crazy Horse	Tashuna-Uitco
Sundance Kid	Harry Longbaugh
Nancy Reagan	Anne Frances Robbins
Leon Trotsky	Lev Davydovich Bronstein
Woodrow Wilson	Thomas Woodrow Wilson
Malcolm X	Malcolm Little

Personnalités du monde de la littérature

Pseudonyme	Nom original
Maya Angelou	Marguerite Annie Johnson
Pearl Buck	Pearl Comfort Sydenstricker
Truman Capote	Truman Steckfus Pearsons
Lewis Carroll	Charles Lutwidge Dodgeson
Michael Crichton	John Michael Crichton
Agatha Christie	Agatha Mary Clarissa Miller
Isak Dinesen	Baroness Karen Blixen
Victoria Holt	Eleanot Burford Hibbert
Judith Krantz	Judith Tarcher
Ann Leters	Esther Pauline Lederer
John le Carre	John Moore Carnwell
Toni Morrison	Chloe Anthony Wofford
George Orwell	Eric Arthur Blair
Satchel Paige	Leroy Robert Paige
Anne Rice	Howard Allen O'Brien
Harold Robbins	Francis Kane
J. K. Rowling	Joanne Kathleen Rowling
Mickey Spillane	Frank Morrison
Danielle Steel	Danielle Schuelein-Steel
R. L. Stine	Robert Lawrence Stine
Dr. Seuss	Theodore Seuss Geisel
J. R. R. Tolkien	John Ronald Reuel Tolkien
Mark Twain	Samuel Clemens
Gore Vidal	Eugene Luther Vidal
Nathaniel West	Nathaniel Wallenstein Weinstein
Tennessee Williams	Thomas Lanier Williams
August Wilson	Frederick August Kittel

Personnalités du monde du sport

Pseudonyme	Nom original
Kareem Abdul-Jabbar	Ferdinand Lewis Alcindor, Jr.
Muhammad Ali	Cassius Marcellus Clay
Andre the Giant	Andre Roussinoff
Yogi Berra	Lawrence Peter Berra
Hulk Hogan	Terry Bodello
Magic Johnson	Earvin Johnson
Pelé	Edson Arantes do Nascimento
Ahmad Rashad	Bobby Moore
Tom Seaver	George Thomas Seaver
Gene Tunney	James Joseph Tunney
Tiger Woods	Eldrick Woods
Cy Young	Denton True Young

Comment choisir des prénoms pour une fratrie ou des enfants multiples

Pour nommer votre premier enfant, c'est simple : choisissez des prénoms que vous et votre partenaire appréciez tous les deux, décidez de ceux qui pourront aller à votre enfant toute sa vie, puis prenez le meilleur.

Cependant, lorsque vous choisissez un prénom pour votre deuxième enfant, il y a une autre étape : décider si ce prénom « va bien » avec celui de votre premier enfant.

Les prénoms qui « vont bien ensemble » créent une forme d'unité et de nombreux parents de fratries semblent adopter des stratégies qui vont dans ce sens lorsqu'ils prénomment leurs enfants. C'est particulièrement le cas pour des jumeaux, mais ces astuces peuvent être facilement utilisées par des parents d'enfants d'âges différents.

1. Utiliser des prénoms qui commencent par la même lettre

J'ai donné à mon fils et à ma fille des prénoms qui commencent par la même lettre afin qu'ils puissent se créer une identité commune comme fratrie au sein de notre famille.

2. Utiliser des prénoms qui contiennent des sons similaires

De nombreuses personnes trouvent les prénoms qui riment (comme Juliette et Violette) désagréables. Mais donner à une fratrie des prénoms qui contiennent des sons similaires peut créer une forme d'unité tout en préservant l'individualité de chacun. Vous pouvez, par exemple, choisir des prénoms qui commencent par le même son, comme Basile et Bastien ou Garance et Gabrielle. Vous pouvez également choisir des prénoms qui se terminent par le même son, comme Manon et Ninon ou Olivia et Sophia. Ou bien des prénoms qui ont un son commun mais à une position différente, comme Emma et William. La chose à éviter : les prénoms trop proches, comme Alex et Axel. Ils peuvent donner la même impression désagréable que les prénoms qui riment.

3. Utiliser des prénoms ayant la même origine

Jacob et Jessica, par exemple, sont d'origine hébraïque et sont deux figures importantes de l'Ancien Testament. Killian et Erin ont des origines irlandaises. Ainhoa et Amaya sont basques. Ces prénoms vont bien ensemble parce qu'ils ont une origine commune. À l'inverse, Jack, Mario, Gustave et Horacio ont tous des origines différentes. Aucun de ces prénoms ne semble former une association harmonieuse avec les autres.

4. Utiliser des prénoms avec un thème commun

Par exemple, Clément et Céleste sont deux noms inspirants. Ava et Sophia ont des homonymes célèbres. Autres couples thématiques : Harry et Hermione (personnages de *Harry Potter*), Jason et Junon (mythologie), Rose et Capucine (fleurs), Sienna et Sydney (villes), Karim et Antoine (joueurs de football), Edward et Bella (personnages de *Twilight*). Associer des prénoms par thème peut être amusant, mais faites attention : il est facile d'aller trop loin et de se retrouver avec des couples un peu trop « célèbres » comme Ben et Jerry, Bonnie et Clyde, Roméo et Juliette ou Hélène et Nicolas.

5. Utiliser des prénoms dont le genre est clair

Vanessa est un prénom clairement donné aux filles, mais Charlie est utilisé pour les filles et les garçons. Lorsque les gens entendront le prénom des deux enfants, beaucoup se demanderont si Jordan est une fille ou un garçon.

C'est pourquoi il est logique de donner à des enfants de la même fratrie des prénoms dont le genre est clair. Évitez d'utiliser des prénoms unisexes comme Alex, Ange et Sasha.

6. Utiliser des prénoms de la même époque

Auguste, Célestine, Rose et Octave étaient tous populaires dans la première moitié du xxe siècle et ils ne sonnent pas très bien avec des prénoms contemporains comme Mathis, Nolan, Timéo et Lilou.

Ces stratégies participent du style ou de « l'image » que renvoient les prénoms. Elles ne sont certes pas obligatoires, mais des différences stylistiques entre les prénoms d'une même fratrie peuvent soulever des questions ou attirer l'attention sur les enfants dont les prénoms détonnent.

Imaginez une famille où les prénoms des enfants sont Louis, Jules, Élise et... Abdel. Toute sa vie, Abdel (et ses parents) devra probablement expliquer pourquoi son prénom n'a pas la même origine que ceux de ses frères et sœur. Est-ce si grave ? Probablement pas. Mais cela peut devenir pénible, surtout si Abdel n'aime pas attirer l'attention.

Droits et devoirs concernant le choix du prénom de l'enfant

Le ou les prénoms de l'enfant sont choisis par ses parents. Le choix du prénom est libre, mais doit respecter certaines règles, notamment au nom de l'intérêt de l'enfant. Il se fait auprès de l'officier de l'état civil.

Choix du prénom

Les parents choisissent librement le ou les prénoms de l'enfant. Le choix du prénom est effectué lors de la déclaration de naissance. L'officier d'état civil peut alors rédiger l'acte de naissance.

Il n'existe pas de liste de prénoms autorisés. Les prénoms connus étrangers ou certains diminutifs peuvent ainsi être choisis.

Le nombre de prénoms qui peuvent être attribués par les parents à un même enfant n'est pas fixé par la loi.

Si l'enfant porte le nom d'un seul de ses parents, il ne peut pas avoir comme prénom le nom de l'autre parent. Par exemple, un enfant qui a pour parents M. Dupont et Mme Martin et qui porte seulement Dupont comme nom de famille ne peut pas avoir Martin comme prénom.

En cas de désaccord entre les parents sur le choix du prénom à donner à l'enfant, le juge aux affaires familiales est compétent pour trancher le litige.

Attention : l'alphabet utilisé doit être celui qui sert à l'écriture du français. Les caractères alphabétiques qui ne sont pas utilisés dans la langue française ne sont donc pas autorisés (par exemple le « ñ »).

Contrôle du choix des prénoms

• Saisine du procureur

L'officier d'état civil contrôle le (ou les) prénoms choisi(s) par les parents au moment de la déclaration de naissance. Il avertit le procureur de la République s'il estime que :
– le prénom nuit à l'intérêt de l'enfant (exemple : prénom ridicule ou grossier) ;
– le prénom méconnaît le droit d'un tiers à voir protéger son nom de famille (exemple : un parent ne peut choisir comme prénom le nom de famille d'une autre personne dont l'usage constituerait une usurpation).

• Décision du juge

Le procureur peut ensuite saisir le juge aux affaires familiales, qui peut demander la suppression du prénom sur les registres de l'état civil. En l'absence d'un nouveau choix de prénom par les parents conforme à l'intérêt de l'enfant, le juge attribue un autre prénom.

Rédaction des prénoms

La rédaction des prénoms choisis doit être précisée au moment de la déclaration de naissance. Le parent déclarant doit indiquer si parmi les prénoms choisis, il existe un prénom composé.

• Pour des prénoms simples

Chaque prénom est enserré entre des virgules, ceux-ci constituant des prénoms simples.

• Pour un prénom composé

En présence d'un prénom composé, le parent déclarant doit indiquer à l'officier de l'état civil s'il souhaite que les vocables le composant soient séparés par un tiret ou par un simple espace.

• Rectification du prénom en cas d'erreur matérielle

Il est possible de rectifier l'acte lorsqu'une erreur ou omission matérielle quant au prénom est commise sur l'acte d'état civil par l'officier de l'état civil ou le déclarant (exemple : orthographe).

• Choix du prénom usuel

Tout prénom inscrit dans l'acte de naissance peut être choisi comme prénom usuel.

(Source : www.service-public.fr)

Le saviez-vous?
Anecdotes fascinantes sur les prénoms

Nouvelle ère des prénoms japonais

Les tendances de choix de prénoms évoluent dans le monde entier. L'un des pays où les changements sont particulièrement importants est le Japon. Traditionnellement, le kanji « ko », qui signifie « enfant », était utilisé comme suffixe pour la plupart des prénoms de filles. Désormais, on ne trouve plus que quatre prénoms se terminant par « ko » dans le Top 100 des prénoms de filles populaires au Japon. Des suffixes comme « ka » ou « na » ont plus de succès auprès de la nouvelle génération et sont désormais présents dans plus de 25 % des prénoms du Top 100.

Sirènes et assassins

De nombreux prénoms connaissent des gains de popularité grâce à des films. Madison, le troisième prénom de filles le plus populaire, n'est apparu dans les classements qu'après que Daryl Hannah a interprété la belle sirène Madison dans *Splash*, en 1984. Mais les prénoms s'inspirent parfois de personnages moins positifs. Prenez Samara, le prénom de l'enfant malfaisante et tueuse du film d'horreur *Le Cercle*. Avant la première du film, en 2002, Samara était à peine dans le Top 1000. Deux ans plus tard, la popularité du prénom avait triplé.

Mais qui est donc Alan Smithee?

Alan Smithee est un réalisateur hollywoodien prolifique dont le nom a été associé à des dizaines de films et de séries télévisées. Il est né en 1969, année où il a également réalisé *Une poignée de plombs*. Vous vous demandez comment c'est possible? « Alan Smithee » est un pseudonyme très souvent utilisé par les réalisateurs qui ont l'impression d'avoir perdu le contrôle de leur film sur un plan créatif et cherchent à prendre de la distance. (Vous connaissez peut-être aussi le « cousin » d'Alan, George Spelvin, dont le nom apparaît sur de nombreux programmes de théâtre.)

Incognito à l'international

« John Doe » est le nom utilisé pour une personne anonyme et générique aux États-Unis, mais il a de nombreux équivalents dans le monde : Fred Nurk (Australie), Tartempion (France), Jan Modaal (Pays-Bas), Chan Siu Ming (Hong Kong), Gyula Kovacs (Hongrie), Jón Jónsson (Islande), Mario Rossi (Italie), Juan dela Cruz (Philippines), Jan Kowalski (Pologne), Juan del Pueblo (Porto Rico), Jos Bleau (Québec), Vasya Pupkin (Russie), Janez Novak (Slovénie), Koos van der Merwe (Afrique du Sud) et Joe Bloggs (Royaume-Uni).

C'est ce qu'« on » dit

En anglais, *they* est un pronom qui peut être traduit par un « on » général dans certains cas. Mais c'est aussi le prénom d'un inventeur du Missouri à l'humour particulier. En 2004, Andrew Wilson a décidé d'incarner l'entité vague que désigne ce pronom le jour où il a légalement changé son prénom en « They ». Ses amis lui disent souvent que si n'importe qui d'autre avait fait le même choix, *on* l'aurait pris pour un fou.

Charlize chérie

Charlize Theron, l'une des actrices les plus belles et talentueuses de Hollywood, a suscité un très fort engouement pour son prénom dans son pays natal, l'Afrique du Sud. Aux États-Unis, le prénom Charlize a connu une légère hausse de popularité, le plaçant en 625e position du classement de l'administration de la Sécurité sociale, mais l'actrice, lauréate d'un oscar, a récemment découvert que son nom était extrêmement populaire dans son pays. Elle a déclaré : « Quelqu'un m'a dit que désormais une petite fille sur trois qui naît en Afrique du Sud est nommée Charlize. »

Bubba

Raymond Allen Gray, Jr., de Springfield, dans l'Illinois aux États-Unis, s'est toujours fait appeler « Bubba ». À l'âge de 39 ans, il décide d'adopter complètement son surnom et change légalement son prénom en Bubba. Il change aussi son deuxième prénom en Bubba. Et il change également son patronyme en, tenez-vous bien, Bubba.
Bubba Bubba Bubba embrasse ainsi son nouveau nom sans se démonter, en déclarant : « C'est un truc un peu stupide juste pour rire. »

C'est un oiseau, c'est un avion, que dis-je, c'est un bébé !

En 2003, l'administration a refusé la demande d'un couple suédois d'appeler leur fils tout juste né Superman. Pour ce couple, c'était le prénom parfait puisque leur enfant était né avec un bras tendu, comme Superman en plein vol.

Cependant l'administration n'a pas accepté le prénom, en expliquant que l'enfant serait tourné en ridicule toute sa vie. (Impossible de savoir si cette même administration aurait été d'accord avec le choix de Nicolas Cage de nommer son fils Kal-El, nom de « naissance » de Superman.)

Cyber-noms

La technologie joue un rôle dans presque tous les aspects de la vie humaine, il n'est donc pas surprenant qu'elle inspire aussi des idées de prénoms. Jon Blake Cusack et sa femme Jamie, dans le Michigan, ont ainsi appelé leur fils Jon Blake Cusack Version 2.0, ajoutant une petite touche high-tech au traditionnel « Junior ». En Chine, un homme qui voulait prénommer son fils « @ » n'en a pas eu l'autorisation, car ce prénom ne peut être traduit en mandarin, ce qui est dans ce pays une obligation légale. Karin Robertson, 23 ans, vivant en Virginie, aux États-Unis, a changé son nom en Goveg.Com, en soutien à un site web américain populaire consacré au végétarisme. Il y a aussi GoldenPalaceDotCom Silverman, dont les parents ont reçu 15 000 dollars pour la vente de leur droit à choisir un prénom au casino en ligne du même nom. En réalité, GoldenPalaceDotCom n'est pas un nom aussi rare que l'on pourrait le penser : le casino a également donné 15 199 dollars à Terri Illigan, de Tennessee, lorsqu'elle a changé son nom en GoldenPalace.com afin de subvenir aux besoins de ses cinq enfants.

Noms de lendemain de soirée

Après une soirée post-match bien arrosée, deux fans de football britanniques se sont réveillés non seulement avec la migraine, mais aussi avec de nouveaux prénoms. Sous l'emprise de l'alcool, Jeremy Brown et son ami ont légalement changé leurs noms en Crazy Horse Invincible (« cheval fou invincible ») et Spaceman Africa (« astronaute Afrique »). Ils ont choisi ensuite de garder ces noms, ce qui leur a causé quelques problèmes : Crazy Horse a eu du mal à acheter un billet d'avion pour Prague, car les agents de la compagnie aérienne ont jugé que quelqu'un portant un tel nom « mijotait un mauvais coup ». (Spaceman Africa n'a eu apparemment aucun mal à réserver une place sur le même vol.)

Laissons les enfants décider

Lorsque Jayne et Daniel Peate, de Shropshire, en Angleterre, ont annoncé qu'ils attendaient un sixième enfant, le benjamin de la fratrie s'est senti exclu par cette arrivée. Pour éviter une rivalité entre frères et sœurs, Jayne et Daniel ont laissé leurs enfants décider du deuxième nom de leur nouveau petit frère. Ils ont ainsi nommé leur fils Rafferty Bob Ash Chewbacca Peate ; ses « autres » prénoms s'inspirent respectivement de Bob le Bricoleur, d'un personnage de Pokémon (Sasha dans la version française) et du célèbre wookie de *Star Wars*. (Chewbacca a remplacé Jar Jar Binks quand la famille a appris que chaque prénom ne pouvait contenir qu'un mot.) Le bébé est surnommé affectueusement « Chewy ».

On s'arrête à combien ?

Donner à ses enfants des prénoms qui commencent par la même lettre est une pratique populaire. La plupart des gens n'ont à réfléchir qu'à deux ou trois prénoms, mais quand on a une grande famille, trouver plus de dix noms commence à devenir difficile. En Caroline du Nord, la famille Cox a donné à ses onze enfants des prénoms commençant par « z » : Zadie, Zadoc, Zeber, Zylphia, Zenobia, Zeronial, Zeslie, Zeola, Zero, Zula et Zelbert. En Arkansas, Jim Bob et Michelle Duggar ont utilisé des prénoms en « j » pour leurs seize enfants : Joshua, John David, Janna, Jill, Jessa, Jinger, Joseph, Josiah, Joy-Anna, Jeremiah, Jedidiah, Jason, James, Justin, Jackson et Johannah.

Si petit et déjà fan

Nick et Sarah Arena, de Toledo, dans l'Ohio, n'arrivaient pas à trouver de nom pour leur enfant. Après plusieurs heures de réflexion infructueuse, ils firent une pause pour regarder jouer leur équipe de hockey préférée, les Detroit Red Wings. Tout à coup, ils surent quel nom ils allaient donner à leur fils. Le 6 juin 2002 naquit Joe Louis Arena, en hommage au stade où jouent les Red Wings.

L'union fait la force (mais pas toujours)

Tout seul, Mary est un prénom tout ce qu'il y a de plus inoffensif, normal et beau. Mais accompagné d'autres noms, il peut former de drôles de combinaisons, comme Mary Chris Smith (dont la prononciation se rapproche de l'expression anglaise pour « Joyeux Noël », Merry Christmas). D'autres rapprochements malheureux sont à déplorer : Shanda Lear (proche de « chandelier » en anglais ; c'est le nom de la fille de Bill et Moya Lear des Jets Lear), Tu Morrow (qui forme le mot anglais « demain », tomorrow ; c'est la fille de l'acteur Rob Morrow) et Ima Hogg (littéralement, « je suis un cochon » ; elle n'a en revanche pas de sœur appelée Ura Hogg, ou « tu es un cochon »).

Prénoms lourds de sens

Dans certaines tribus, les enfants ne sont considérés comme nés que lorsqu'on leur a donné un nom. Le prénom de l'enfant consiste généralement en une phrase. En effet, plutôt que d'avoir un répertoire de prénoms, comme c'est le cas dans la culture occidentale, dans ces sociétés, les parents choisissent une expression qui décrit les conditions de la naissance de l'enfant, les activités de la famille, etc. Une fois traduits, ces noms donnent des phrases telles que « Nous sommes contents d'avoir déménagé à Memphis », ou « Enfin une fille », ou encore « Pas assez de pluie ».

Études bibliques

On estime que la majorité des gens en Occident portent un prénom provenant de la Bible. C'est plus souvent vrai pour les femmes que pour les hommes, même s'il y a 3 037 prénoms masculins dans la Bible contre seulement 181 féminins. Le Nouveau Testament est par ailleurs davantage utilisé comme source d'inspiration que l'Ancien Testament.

Changement d'habitudes

Les papes choisissent généralement leur nouveau prénom lorsqu'ils sont élus par le Collège des cardinaux. Cette pratique commença en 844 de notre ère, quand un prêtre dont le vrai nom était Boca de Porco (« bouche de porc ») fut élu. Il changea son nom en Serge II.

Saint qui ?

Aux États-Unis, les noms de saints sont une source d'inspiration très commune pour les prénoms. Mais les saints populaires dans d'autres pays donnent des prénoms très inhabituels, et même imprononçables, aux enfants nés aux États-Unis ; par exemple, Tamjesdegerd, Borhedbesheba et Jafkeranaegzia.

Allô, Dieu ?

On peut trouver Terril William Clark dans l'annuaire sous son nouveau nom : God (Dieu). Il cherche désormais quelqu'un qui publiera le livre qu'il a écrit. « Soyons réalistes, aurait-il dit, le dernier livre sur lequel il y avait mon nom a été un best-seller. »

Le statu quo

Les prénoms les plus donnés dans les pays de langue anglaise depuis 1750 environ à nos jours sont tirés d'une liste de 179 noms seulement (sans compter les variations d'orthographe). Quand il s'agit de choisir un prénom, les gens suivent donc les mêmes traditions depuis le XVIe siècle, même si l'ajout d'un deuxième prénom est devenu de plus en plus habituel au fil des années.

Liens de sang

Une étude récente a montré qu'aux États-Unis, les deux tiers de la population environ sont prénommés en l'honneur de quelqu'un. Environ 60 % de ces personnes portent le nom d'un parent, et 40 % de quelqu'un extérieur au cercle familial.

Une bonne fois pour toutes

Ann Landers a écrit un article sur un couple dont les six enfants s'appelaient tous Eugene Jerome Dupuis, Junior. Les enfants répondaient respectivement aux noms de Un, Deux, Trois, Quatre, Cinq et Six. Imaginez ce que l'administration concernée aurait à dire aux Dupuis !

C'est grave, docteur ?

Les frères et sœurs de Tonsilitis (« angine ») Jackson s'appellent respectivement Meningitis (« méningite »), Appendicitis (« appendicite ») et Peritonitis (« péritonite »).

Le prestige de l'uniforme

Un couple en Louisiane a donné à ses enfants le nom d'universités américaines : Stanford, Duke, T'Lane, Harvard, Princeton, Auburn et Cornell. Le nom des parents ? Stanford, Sr. et Loyola, le nom de deux autres universités.

La paix à tout prix

Harry S. Truman doit son deuxième prénom, la lettre S, à un compromis auquel ses parents sont arrivés. En utilisant seulement l'initiale, ils ont réussi à faire plaisir aux deux grands-pères, Shippe et Solomon.

Surnoms

Les surnoms que les enfants se donnent entre eux appartiennent généralement à l'une des quatre catégories suivantes : ceux qui naissent de l'apparence physique de l'enfant, ceux qui sont basés sur des traits mentaux réels ou imaginaires (intelligence ou idiotie), ceux qui sont tirés du rang ou d'autres relations sociales et, enfin, ceux qui jouent sur le prénom de l'enfant. Les enfants qui ne se conforment pas aux valeurs ou à l'apparence de leurs pairs se verront plus souvent attribuer des surnoms que les autres. En ce sens, les surnoms fonctionnent souvent comme des instruments de contrôle social.

Prénoms témoins de leur époque

Les célébrités et les événements sont souvent des sources d'inspiration pour les parents lorsqu'ils choisissent les prénoms de leurs enfants. De nombreuses personnes peuvent maintenant être « datées » de la Seconde Guerre mondiale grâce à leur prénom, comme Pearl (Harbor), Douglas (McArthur), Dwight (Eisenhower ; sa mère le prénoma Dwight David pour éviter tout surnom, mais tout le monde l'appelait « Ike » !) et Franklin (Roosevelt). Les films et les vedettes de cinéma ont aussi leur part de responsabilité dans le choix de prénoms : Scarlett O'Hara et Rhett Butler ont d'innombrables homonymes dont les parents sont tombés en pâmoison devant *Autant en emporte le vent*. Madonna, Elvis, Prince et la plupart des autres grandes stars ont également leurs propres homonymes.

La famille ONU

Un couple a pris le concept de prénoms témoins d'une époque très au sérieux et a nommé ses triplés, nés le 5 avril 1979, Carter, Begin et Sadat, en honneur du président des États-Unis Jimmy Carter, du Premier ministre israélien Menachem Begin et du président égyptien Anwar el-Sadate, les trois principaux signataires du traité de paix ratifié à Washington en mars 1979.

Ça bulle ?

En 1979, les autorités sanitaires de Pennsylvanie, aux États-Unis, ont trouvé les deux prénoms suivants parmi les 159 000 actes de naissance délivrés cette année-là : Pepsi et Cola.

Garçons vs Filles

Des chercheurs ont découvert que les garçons avec des prénoms particuliers étaient plus susceptibles d'avoir des problèmes mentaux que les autres ; aucune corrélation de ce type n'a été mise en lumière pour les filles.

Coin, coin

Lors d'un contrôle du programme informatique du gouvernement américain, des chercheurs ont déniché un certain Donald Duck. Des programmeurs auraient en fait utilisé son nom pour créer un faux soldat afin de vérifier les dossiers, avant de se rendre compte qu'il existait vraiment un militaire de ce nom-là. À la suite de cette découverte, l'ingénieur devint célèbre et gagna le droit d'aller voir une émission de télévision américaine, le *Johnny Carson Show*.

Trop, c'est trop

Beaucoup de gens n'aiment pas leur propre prénom. Les raisons les plus souvent invoquées sont que ces prénoms « ne sonnent pas bien », qu'ils sont démodés, trop difficiles à prononcer, trop communs, trop peu communs, trop longs, à la consonance trop étrangère, trop susceptibles d'être tournés en ridicule, qu'ils sont trop efféminés (pour les hommes) ou trop masculins (pour les femmes).

Que font donc les parents ?

Cela lui a peut-être semblé drôle à l'époque, mais M. Homer Frost (« gel ») a-t-il envisagé l'avenir de ses enfants lorsqu'il les a prénommés Winter Night (« nuit d'hiver »), Jack White (« Jack blanc »), Snow (« neige »), Dew (« rosée »), Hail (« grêle ») et Cold (« froid ») ? Et à quoi M. Wind (« vent ») a-t-il bien pu penser quand il a nommé ses quatre enfants North, South, East et West (« nord, sud, est, ouest ») ?

Drôles d'oiseaux

A. Bird (« oiseau ») était le nom d'un directeur adjoint de la Société royale britannique de protection des oiseaux. Parmi les membres de son personnel, on pouvait également trouver Barbara Buzzard (« buse »), John Partridge (« perdrix »), Celia et Helen Peacock (« paon ») et Dorothy Rook (« freux »).

Ironie de l'histoire

Le 30 juillet 1980, l'émission télévisée *Good Morning America* annonce qu'un certain Richard Nixon a arrêté un homme nommé Jimmy Carter à Detroit, aux États-Unis

Hula Hoop

Un juge néo-zélandais a décidé d'interdire à un couple d'appeler leur enfant Talula Does the Hula (littéralement « Talula danse le hula »). Dans le texte de son jugement, il écrit : « La cour s'inquiète profondément du manque de jugement dont les parents de cette enfant ont fait preuve en choisissant ce prénom. Il ridiculise l'enfant et la met dans une position de handicap social, sans raison. »

Apparemment, le prénom embarrassait tellement l'enfant qu'elle n'osait même pas le dire à ses amis les plus proches. (Elle se faisait appeler « K ».)

Plus aucune intimité

M. et Mme Bra, dont le nom signifie en français « soutien-gorge », ont nommé leurs deux filles Iona et Anita, les noms de deux collections de lingerie anglo-saxonnes.

Le pouvoir de Disney

Aladdin, film populaire de Walt Disney, est sorti en 1992. Aladdin tombe amoureux d'une princesse prénommée Jasmine. En 1995, aux États-Unis, Jasmine se plaçait au 21e rang des prénoms les plus donnés aux filles toutes origines confondues, au 12e rang pour les filles d'origine hispanique et au 2e rang pour les filles afro-américaines.

Dernier, mais pas tout à fait

Zachary Zzzzra a été mentionné dans le Livre Guinness des Records comme la personne ayant fait « la tentative la plus déterminée pour être le dernier nom de l'annuaire local » à San Francisco. Mais c'était avant que sa place dans le fameux livre soit remise en question par un certain Vladimir Zzzzzzabakov. Zzzzra raconte qu'il a appelé Zzzzzzabakov et a exigé de connaître son vrai nom. (Zzzzraa affirme que son propre nom est véritable.) Zzzzzzabakov lui a répondu que ça ne le regardait absolument pas. Quoi qu'il en soit, Zzzzra a changé son nom pour gagner de nouveau sa position... de dernier. Lorsque le nouvel annuaire a été publié, il a été soulagé de voir qu'il avait retrouvé sa place de dernier, sous le nom de Zachary Zzzzzzzzzra. Son rival, Zzzzzzabakov, a entre-temps disparu.

Fin

Une famille ayant eu des difficultés pour limiter sa propre expansion a une ribambelle d'enfants appelés respectivement Finis, Addenda, Appendix, Supplement et, pour finir, Errata.

Filles

'Aolani (hawaïen) nuage céleste.
Aolanee, Aolaney, Aolania, Aolaniah, Aolanie, Aolany, Aolanya

'Aulani (hawaïen) messagère royale.
Aulanee, Aulaney, Aulania, Aulanie, Aulany, Aulanya, Aulanyah, Lani, Lanie

A'lexus (américain) variante d'Alexis.

Aaleyah (hébreu) variante d'Aliya.
Aalayah, Aalayaha, Aalea, Aaleah, Aaleaha, Aaleeyah, Aaleyiah, Aaleyyah

Aaliah (hébreu) variante d'Aliya.
Aaliaya, Aaliayah

Aalisha (grec) variante d'Alisha
Aaleasha, Aaliesha

Aaliya (hébreu) variante d'Aliya.
Aahliyah, Aailiyah, Aailyah, Aalaiya, Aalia, Aalieyha, Aaliyaha, Aaliyha, Aalliah, Aalliyah

Aaliyah (hébreu) variante d'Aliya.

Aalyiah (hébreu) variante d'Aliya.
Aalyah

Aaron 🄲🄵 (hébreu) éclairé; (arabe) messager. Bible: frère de Moïse et premier grand prêtre. Voir aussi Arin, Erin.

Aarti (hébreu, hindi) variante d'Arti.

Aasta (norrois) amour.
Aastah, Asta, Astah

Aba (fanti, twi) née un jeudi.

Abagael, Abagail, Abbagail (hébreu) variantes d'Abigail.
Abagaile, Abagale, Abagayle, Abageal, Abagil, Abbagael, Abbagale, Abbagayle

Abauro (grec) teinte du ciel au lever du soleil.

Abbey 🄵🄲 (hébreu) variante populaire d'Abigail.
Aabbee, Abbe, Abbea, Abbee, Abbeigh, Abbye, Abea, Abee, Abeey, Abey, Abi, Abia, Abie, Aby

Abbi, Abbie, Abby (hébreu) variantes populaires d'Abigail.

Abbigail, Abbigale, Abbigayle, Abigael, Abigayle (hébreu) variantes d'Abigail.
Abbigael, Abbigal, Abbigayl

Abbygail, Abygail (hébreu) variantes d'Abigail.
Abbygael, Abbygale, Abbygayl, Abbygayle, Abygael, Abygaile, Abygale, Abygayl, Abygayle

Abeer (hébreu) diminutif d'Abira.
Abeir, Abiir, Abir

Abegail (hébreu) variante d'Abigail.
Abegael, Abegaile, Abegale, Abegayle

Abelarda (arabe) servante d'Allah.

Abelina (américain) combinaison d'Abbey et de Lina.
Abilana, Abilene

Abeliñe (basque) variante d'Abelina.

Abena (akan) née un mardi.
Abenah, Abeni, Abina, Abinah, Abyna, Abynah

Aberfa (gallois) celle qui vient de l'embouchure du fleuve.

Abertha (gallois) sacrifier.

Abia (arabe) grande.
Abbia, Abbiah, Abiah, Abya

Abiann, Abianne (américain) combinaisons d'Abbey et d'Ann.
Abian

Abida (arabe) croyante.
Abedah, Abidah

Abidán (hébreu) mon père est juge.

Abiel (hébreu) Dieu est mon père.

Abigail (hébreu) joie du père. Bible: l'une des femmes du roi David. Voir aussi Gail.
Abaigael, Abaigeal, Abbegaele, Abbegail, Abbegale, Abbegayle, Abbeygale, Abbiegail, Abbiegayle, Abgail, Abgale, Abgayle, Abigaël, Abigaile, Abigaill, Abigal, Abigale, Abigayil, Abigayl, Abigel, Abigial, Abugail, Avigail

Abigaíl (espagnol) variante d'Abigail.

Abinaya (américain) variante d'Abiann.
Abenaa, Abenaya, Abinaa, Abinaiya, Abinayan

Abira (hébreu) ma force.
Abbira, Abeerah, Abera, Aberah, Abhira, Abirah, Abyra, Abyrah

Abiram (hébreu) mon père est grand.

Abra (hébreu) mère de nombreuses nations.
Abrah, Abree, Abri

Abria (hébreu) variante d'Abra.
Abrea, Abréa, Abreia, Abriah, Abriéa, Abrya, Abryah

Abrial (français) ouverte; sûre, protégée.
Abrail, Abreal, Abreale, Abriale

Abriana, Abrianna (italien) variantes d'Abra.
Abbrienna, Abbryana, Abranna, Abrannah, Abreana,
Abreanna, Abreanne, Abreeana, Abreona, Abreonia,
Abrianah, Abriania, Abrianiah, Abriann, Abriannah,
Abrieana, Abrien, Abrienna, Abrienne, Abrietta, Abrion,
Abrionée, Abrionne, Abriunna, Abryan, Abryana, Abryanah,
Abryann, Abryanna, Abryannah, Abryanne, Abryona

Abrielle (français) variante d'Abrial.
Aabriella, Abriel, Abriela, Abriell, Abryele, Abryell, Abryella,
Abryelle

Abrienda (espagnol) ouverture.

Abril (français) variante d'Abrial.
Abrilla, Abrille

Abundia (latin) abondance.

Acacia (grec) épineux. Mythologie: l'acacia
symbolise l'immortalité et la résurrection.
Voir aussi Casey.
Acaciah, Acacya, Acacyah, Acasha, Acatia, Accassia, Acey,
Acie, Akacia, Cacia, Caciah, Cacya, Cacyah, Casia, Kasia

Acacitlu (nahuatl) lapin de l'eau.

Acalia (latin) Mythologie: autre nom d'Acca
Larentia, mère adoptive de Romulus et Remus.

Achcauhtli (nahuatl) chef.

Achilla (grec) variante d'Achille (voir les prénoms
de garçons).
Achila, Achilah, Achillah, Achyla, Achylah, Achylla, Achyllah

Acima (illyrien) louée par Dieu.
Acimah, Acyma, Acymah

Acindina (grec) en sécurité.

Acquilina (grec) variante d'Aquilla.

Ada (allemand) diminutif d'Adélaïde; (anglais)
prospère; heureuse; (hébreu) variante d'Adah.
Adabelle, Adan, Adaya, Adda, Auda

Adabella (espagnol) combinaison d'Ada
et de Bella.

Adah (hébreu) ornement; (allemand, anglais)
variante d'Ada.
Addah

Adair FG (grec) variante d'Adara.
Adaire, Adare, Adayr, Adayre

Adalcira (espagnol) combinaison d'Ada
et d'Alcira.

Adalene (espagnol) variante d'Adalia.
Adalane, Adalena, Adalin, Adalina, Adaline, Adalinn,
Adalyn, Adalynn, Adalynne, Addalyn, Addalynn

Adalgisa (allemand) otage noble.

Adalia (allemand, espagnol) noble.
Adal, Adala, Adalah, Adalea, Adaleah, Adalee, Adalene,
Adali, Adaliah, Adalie, Adall, Adalla, Adalle, Adallia,
Adalliah, Adallya, Adallyah, Adaly, Adalya, Adalyah, Addal,
Addala, Addaly

Adalsinda (allemand) force noble.

Adaluz (espagnol) combinaison d'Ada et de Luz.

Adama (phénicien, hébreu) variante d'Adam
(voir les prénoms de garçons).
Adamah, Adamia, Adamiah, Adamina, Adaminah, Adamya,
Adamyah, Adamyna, Adamynah, Adamyne

Adamma (igbo) enfant de la beauté.

Adán (espagnol) variante d'Adam
(voir les prénoms de garçons).

Adana (espagnol) variante d'Adama.
Adanah, Adania, Adaniah, Adanya

Adanna (nigérien) fille de son père.

Adar FG (syrien) dirigeant; (hébreu) noble;
exalté.
Adare, Adayr

Adara (grec) beauté; (arabe) vierge.
Adaira, Adairah, Adaora, Adar, Adarah, Adare, Adaria,
Adarra, Adasha, Adauré, Adayra, Adayrah

Adawna (latin) beau lever de soleil.
Adawnah

Adaya (américain) variante d'Ada.
Adaija, Adaijah, Adaja, Adajah, Adayah, Adayja, Adayjah,
Addiah, Adejah

Addie (grec, allemand) variante populaire
d'Adélaïde, d'Adrienne.
Aday, Adde, Addee, Addey, Addi, Addia, Ade, Adee, Adei,
Adey, Adeye, Adi, Adie, Ady, Atti, Attie, Atty

Addison U (anglais) enfant d'Adam.
Addis, Addisen, Addisson

Addolorata (italien) variante de Dolorès.

Addy FG (grec, allemand) variante populaire
d'Adélaïde, d'Adrienne.

Addyson, Adyson (anglais) variantes d'Addison.
Adysen

Adéla (anglais) diminutif d'Adélaïde.
Adelae, Adelah, Adelista, Adella, Adelya, Adelyah

Adélaïda (allemand) variante d'Adelaïde.
Adelayda, Adelaydah, Adelka

Adélaïde (allemand) noble et sereine.
Voir aussi Ada, Adéla, Adeline, Adèle, Ailis,
Delia, Della, Ela, Elke, Heidi.
Adalaid, Adalaide, Adalayd, Adalayde, Adelade, Adélaïd,
Adélaïs, Adelayd, Adelayde, Adelei, Adelheid, Adeliade,
Aley, Edelaid, Edelaide, Laidey, Laidy

Adélaïs (français) variante d'Adélaïde.

Adélaïsa (italien) variante d'Adélaïda.

Adèle **TOP**.100., **Adelle** (anglais) diminutifs d'Adélaïde, d'Adeline.
Adel, Adélie, Adell, Adile

Adelia (espagnol) variante d'Adélaïde.
Adeliah

Adelina (anglais) variante d'Adeline.
Adalina, Adeleana, Adelena, Adeliana, Adellena, Adellyna, Adileena, Adlena

Adelinda (teuton) noble; serpent.
Adelindah, Adelynda, Adelyndah

Adeline (anglais) variante d'Adélaïde.
Adaline, Adelaine, Adeleine, Adelin, Adelind, Adelita, Adeliya, Adelyn, Adelyne, Adelynn, Adelynne, Adlin, Adline, Adlyn, Adlynn

Adelma (teuton) protectrice des nécessiteux.

Adelmira (arabe) exaltée.

Adelpha (grec) sœur.
Adelfa, Adelfah, Adelfe, Adelfia, Adelphah, Adelphe, Adelphia, Adelphya, Adelphyah

Adeltruda (allemand) forte et noble.

Adelvina (allemand) ennoblie par la victoire.

Adena (hébreu) noble; ornée.
Adeana, Adeanah, Adeane, Adeen, Adeena, Adeenah, Adeene, Aden, Adenah, Adene, Adenia, Adenna

Adhara (arabe) jeune fille. Astronomie: étoile dans la constellation du Grand Chien.

Adia (swahili) cadeau.
Addia, Adea, Adéa, Adiah

Adiel (hébreu) ornement du Seigneur; (africain) chèvre.
Adiela, Adielah, Adiele, Adiell, Adiella, Adielle, Adyel, Adyela, Adyelah, Adyele, Adyell, Adyella, Adyellah, Adyelle

Adien (gallois) belle.

Adila (arabe) égale.
Adeala, Adeela, Adeola, Adilah, Adileh, Adilia, Adyla

Adilene (anglais) variante d'Adeline.
Adilen, Adileni, Adilenne, Adlen, Adlene

Adina (hébreu) variante d'Adena.
Voir aussi Dina
Adeana, Adiana, Adiena, Adinah, Adine, Adinna, Adyna, Adynah, Adyne

Adira (hébreu) forte.
Ader, Adera, Aderah, Aderra, Adhira, Adirah, Adirana, Adyra, Adyrah

Adison Ⓤ (anglais) variante d'Addison.
Adis, Adisa, Adisen, Adisynne

Aditi (hindi) non liée. Religion: mère des dieux du Soleil hindous.
Aditee, Adithi, Aditie, Aditti, Adity, Adytee, Adytey, Adyti, Adytie, Adyty

Adleigh (hébreu) mon ornement.
Adla, Adleni

Adolfa (arabe) exaltée.

Adoncia (espagnol) douce.

Adonia (espagnol) belle.
Adoniah, Adonica, Adonis, Adonna, Adonnica, Adonya, Adonyah

Adora (latin) chérie. Voir aussi Dora.
Adorah, Adore, Adoree, Adoria, Adoriah, Adorya, Adoryah

Adoración (latin) action de vénérer les dieux magiques.

Adra (arabe) vierge.

Adreana, Adreanna (latin) variantes d'Adrienne.
Adrean, Adreanah, Adreane, Adreann, Adreannah, Adreanne, Adreauna, Adreeanna, Adreen, Adreena, Adreenah, Adreene, Adreeyana, Adrena, Adrene, Adrenea, Adréona, Adreonia, Adreonna

Adrenilda (allemand) mère du guerrier.

Adria (anglais) diminutif d'Adriana, d'Adrienne.
Adrea, Adreah, Adriah, Adriani, Adrya

Adriadna (grec) celle qui est très sainte, qui ne cède pas.

Adrian ⒼⒻ (anglais) variante d'Adrienne.
Addrian, Adranne, Adriann

Adrián (hispanique) de la mer Adriatique.

Adriana, Adrianna (italien) variantes d'Adrienne.
Addrianna, Addriyanna, Adreiana, Adreinna, Adrianah, Adriannah, Adriannea, Adriannia, Adrionna

Adriane, Adrianne, Adrien, Adriene (anglais) variantes d'Adrienne.

Adrielle (hébreu) l'un des fidèles de Dieu
Adriel, Adrielli, Adryelle

Adrien ⒼⒻ (grec, latin) variante d'Adrienne.

Adrienna (italien) variante d'Adrienne.
Voir aussi Edrianna.
Adrieanna, Adrieaunna, Adriena, Adrienah, Adrienia, Adriennah, Adrieunna, Adriyanna

Adrienne (grec) riche; (latin) sombre.
Voir aussi Hadriane.
Adreinne, Adriayon, Adrie, Adrieanne, Adrienn, Adrion

Adrina (anglais) diminutif d'Adriana.
Adrinah, Adrine, Adrinne

Adriyanna (américain) variante d'Adrienne.
Adrieyana, Adriyana, Adryan, Adryana, Adryanah, Adryane, Adryann, Adryanna, Adryannah, Adryanne

Adya (hindi) dimanche.
Adia

Aelwyd (gallois) qui vient de la cheminée.

Aerial, Aeriel (hébreu) variantes d'Ariel.
Aeriale, Aeriela, Aerielah, Aeriell, Aeriella, Aeriellah, Aerielle, Aeril, Aerile, Aeryal

Aerin (hébreu, arabe) variante d'Aaron, d'Arin.

Aerona (gallois) baie.
Aeronah, Aeronna, Aeronnah

Afi (africain) née un vendredi.
Affi, Afia, Efi, Efia

Afilia (germanique) de noble lignée.

Afina (hébreu) jeune biche.
Afinah, Afynah, Aphina, Aphinah, Aphyna, Aphynah

Afra (hébreu) jeune biche ; (arabe) couleur de la terre. Voir aussi Aphra.
Affery, Affrah, Affrey, Affrie, Afraa, Afrah, Afria, Afriah, Afrya, Afryah

Africa (latin, grec) ensoleillé ; pas froid. Géographie : l'Afrique, l'un des sept continents.
Affreeca, Affreecah, Affrica, Affricah, Affricka, Affryca, Affrycah, Afreeca, Afreecah, Afric, Africah, Africaya, Africia, Africiana, Afryca, Afrycah, Afrycka, Afryckah, Aifric

África (espagnol) variante d'Africa.

Afrika (irlandais) variante d'Africa.
Affreeka, Affreekah, Affryka, Affrykah, Afreeka, Afreekah, Afrikah, Afryka, Afrykah

Afrodite (grec) variante d'Aphrodite.
Afrodita

Afton FC (anglais) du village anglais d'Afton.
Aftan, Aftine, Aftinn, Aftona, Aftonah, Aftone, Aftonia, Aftoniah, Aftonie, Aftony, Aftonya, Aftonyah, Aftonye, Aftyn

Agalia (espagnol) éclatante ; joie.

Aganetha (grec) variante d'Agnès.

Ágape (latin) amour.

Agapita (grec) celle qui est chérie et voulue.

Agar (hébreu) celle qui a fui.

Ágata (grec) aimable avec tous.

Agate (anglais) nom d'une pierre semi-précieuse.

Agatha (grec) sage, gentille. Littérature : Agatha Christie est une écrivaine britannique qui a publié plus de soixante-dix romans policiers. Voir aussi Gasha.
Agace, Agacia, Agafa, Agafia, Agaisha, Agasha, Agata, Agatah, Agathia, Agathiah, Agathya, Agathyah, Agatka, Agetha, Aggie, Agota, Ágotha, Agueda, Agytha, Atka

Agathe TOP -100- (grec) variante d'Agatha.
Agathi, Agathie, Agathy

Agdta (espagnol) variante d'Ágata.

Aggie (grec) diminutif d'Agatha, d'Agnès.
Ag, Aggy, Agi

Agilberta (allemand) célèbre épée de combat.

Aglaia (grec) belle.
Aglaé, Aglaiah, Aglaya, Aglayah, Aglaye

Agnella (grec) variante d'Agnès.
Agnela, Agnelah, Agnèle, Agnelia, Agneliah, Agnélie, Agnellah, Agnelle, Agnellia, Agnelliah, Agnellie, Agnellya, Agnellyah

Agnès (grec) pure. Voir aussi Aneesa, Anice, Anisha, Ina, Inès, Necha, Nessa, Nessie, Neza, Nyusha, Una, Ynez.
Agna, Agne, Agneis, Agnés, Agnesa, Agnesca, Agnese, Agnesina, Agness, Agnessa, Agnesse, Agneta, Agnete, Agnetha, Agneti, Agnetis, Agnetta, Agnette, Agnies, Agniya, Agnola, Agnus, Aignéis, Aneska

Agnieszka (grec) variante d'Agnès.

Agrippina (latin) née les pieds en premier.
Agripa, Agripah, Agripina, Agripinah, Agripine, Agrippah, Agrippinah, Agrippine, Agrypina, Agrypinah, Agrypine, Agryppina, Agryppinah, Agryppine, Agryppyna, Agryppynah, Agryppyne

Aguas Vivas (espagnol) eaux vives.

Agüeda (grec) qui a de nombreuses vertus.

Águeda (espagnol) variante d'Ágata.

Ahava (hébreu) chérie.
Ahavah, Ahivia, Ahuva, Ahuvah

Ahlam (arabe) spirituelle ; qui fait des rêves agréables.

Ahliya (hébreu) variante d'Aliya.
Ahlai, Ahlaia, Ahlaya, Ahleah, Ahleeyah, Ahley, Ahleya, Ahlia, Ahliah, Ahliyah

Ahuiliztli (nahuatl) joie.

Ahulani (hawaïen) sanctuaire céleste.
Ahulanee, Ahulaney, Ahulania, Ahulaniah, Ahulanie, Ahulany, Ahulanya, Ahulanyah

Ai (japonais) amour ; bleu indigo.

Aida (latin) utile ; (anglais) variante d'Ada.
Aidah, Aidee, Ayda, Aydah

Aída (latin) variante d'Aida.

Aidan 🔳 (latin) variante d'Aida.
*Adan, Aden, Adene, Aidana, Aidanah, Aidane, Aidann,
Aidanna, Aidannah, Aidanne, Aydan, Aydana, Aydanah,
Aydane, Aydann, Aydanna, Aydannah, Aydanne*

Aide (latin, anglais) diminutif d'Aida.

Aidé (grec) variante d'Haidee.

Aiden 🔳 (latin) variante d'Aida.

Aidia (espagnol) variante d'Aida.

Aiesha (swahili, arabe) variante d'Aisha.
Aieshah, Aieshia

Aiko (japonais) chérie.

Ailani (hawaïen) chef.
Aelani, Ailana

Aileen (écossais) porteuse de lumière; (irlandais)
variante de Helen. Voir aussi Eileen.
*Ailean, Aileana, Aileanah, Aileane, Aileena, Ailein, Aileina,
Ailen, Ailena, Ailenah, Ailene, Aileyn, Aileyna, Aileynah,
Ailin, Ailina, Ailinn, Aillen, Ailyn, Ailyna, Alean, Aleana,
Aleanah, Aleane, Aylean, Ayleana, Ayleen, Ayleena, Aylein,
Ayleina, Ayleyn, Ayleyna, Aylin, Aylina, Aylyn, Aylyna*

Ailén (mapuche) charbon ardent.

Aili (écossais) variante d'Alice; (finnois)
variante de Helen.
Aila, Ailee, Ailey, Ailie, Aily

Ailín, Aillén (mapuche) transparente, très claire.

Ailis (irlandais) variante d'Adélaïde.
Ailesh, Ailish, Ailyse, Eilis

Ailsa (écossais) habitante d'une île. Géographie:
Ailsa Craig est une île en Écosse.
Ailsah, Ailsha, Aylsa, Aylsah

Ailya (hébreu) variante d'Aliya.
Ailiyah

Aime, Aimie (latin, français) variantes d'Aimée.

Aimée (latin) variante d'Amy. (français) aimée.
Aimee, Aimey, Aimi, Aimia, Aimy, Aimya

Aina (hébreu) variante d'Anna.

Ainara (basque) hirondelle.

Ainhoa (basque) allusion à la Vierge Marie.

Ainoa (basque) celle qui a une terre fertile.

Ainona (hébreu) variante d'Aina.

Ainsley 🔳🔳 (écossais) ma propre prairie.
*Ainslea, Ainsleah, Ainslee, Ainslei, Ainsleigh, Ainsly, Aynslea,
Aynsleah, Aynslee, Aynslei, Aynsleigh, Aynsley, Aynsli,
Aynslie, Aynsly*

Ainslie (écossais) variante d'Ainsley.
Ainsli

Aintzane (espagnol) glorieux.

Airiana (anglais) variante d'Ariana.
*Airana, Airanna, Aireana, Aireanah, Aireanna, Aireona,
Aireonna, Aireyonna, Airianna, Airianne, Airiona, Airriana,
Airrion, Airryon, Airyana, Airyanna*

Airiél (hébreu) variante d'Ariel.
*Aieral, Aierel, Aiiryel, Aire, Aireal, Aireale, Aireel, Airel,
Airele, Airelle, Airi, Airial, Airiale, Airrel*

Airleas (irlandais) promesse.
*Airlea, Airleah, Airlee, Airlei, Airleigh, Airley, Airli, Airlie,
Airly, Aylie, Ayrlea, Ayrleas, Ayrlee, Ayrlei, Ayrleigh, Ayrley,
Ayrli, Ayrly*

Aisha (swahili) vie; (arabe) femme. Voir aussi
Asha, Asia, Iesha, Isha, Keisha, Leisha, Yiesha.
*Aaisha, Aaishah, Aeisha, Aesha, Aeshah, Aeshia, Aheesha,
Aiasha, Aieysha, Aiiesha, Aisa, Aischa, Aish, Aishah, Aisheh,
Aiyesha, Aiysha, Aysa, Ayse, Aytza*

Aishia (swahili, arabe) variante d'Aisha.
Aishiah

Aisling (irlandais) variante d'Aislinn.

Aislinn, Aislynn (irlandais) variantes d'Ashlyn.
*Aishellyn, Aishlinn, Aislee, Aisley, Aislin, Aislyn, Aislynne,
Ayslin, Ayslinn, Ayslyn, Ayslynn*

Aisone (basque) variante d'Asunción.

Aixa (latin, allemand) variante d'Axelle.

Aiyana (amérindien) éternellement florissante.
Aiyanah, Aiyhana, Aiyona, Aiyonia

Aiyanna (amérindien) variante d'Aiyana;
(hindi) variante d'Ayanna.
Aianna, Aiyannah, Aiyonna, Aiyunna

Aja (hindi) chèvre.
*Ahjah, Aija, Aijah, Ajá, Ajada, Ajara, Ajaran, Ajare, Ajaree,
Ajha, Ajya, Ajyah*

Ajah (hindi) variante d'Aja.

Ajanae (américain) combinaison de la lettre A
et de Janae.
*Ajahnae, Ajahne, Ajana, Ajanaé, Ajane, Ajané, Ajanee,
Ajanique, Ajena, Ajenae, Ajené*

Ajee, Ajée (pendjabi, américain) variantes d'Ajay
(voir les prénoms de garçons).

Ajia (hindi) variante d'Aja.
Aijia, Ajhia, Aji, Ajiah, Ajjia

Akasha (américain) variante d'Akeisha.
Akasia

Akayla (américain) combinaison de la lettre A
et de Kayla.
Akaela, Akaelia, Akaila, Akailah, Akala, Akaylah, Akaylia

Akeisha (américain) combinaison de la lettre A
et de Keisha.
Akaesha, Akaisha, Akeecia, Akeesha, Akeishia, Akeshia,
Akisha

Akela (hawaïen) noble.
Ahkayla, Ahkeelah, Akeia, Akeiah, Akelah, Akelia, Akeliah,
Akeya, Akeyah

Akeria (américain) variante d'Akira.
Akera, Akerah, Akeri, Akerra

Akeyla (hawaïen) variante d'Akela.
Akeylah

Aki (japonais) née en automne.
Akee, Akeeye, Akei, Akey, Akie, Aky

Akia (américain) combinaison de la lettre A
et de Kia.
Akaja, Akeia, Akeiah, Akeya, Akeyah, Akiá, Akiah, Akiane,
Akiaya, Akiea, Akiya, Akiyah, Akya, Akyan, Akyia, Akyiah

Akiko (japonais) lumière vive.
Akyko

Akila (arabe) variante d'Akilah.

Akilah (arabe) intelligente.
Aikiela, Aikilah, Akeela, Akeelah, Akeila, Akeilah, Akeiyla,
Akiela, Akielah, Akilaih, Akilia, Akilka, Akilkah, Akillah,
Akkila, Akyla, Akylah

Akili GF (tanzanien) sagesse.
Akilea, Akileah, Akilee, Akilei, Akileigh, Akiliah, Akilie, Akily,
Akylee, Akyli, Akylie

Akilina (grec) variante d'Aquilla.

Akina (japonais) fleur de printemps.

Akira FG (américain) combinaison de la lettre A
et de Kira.
Akiera, Akierra, Akirah, Akire, Akiria, Akirrah, Akyra

Alaa FG (arabe) variante d'Aladdin
(voir les prénoms de garçons).
Ala

Alaia (basque) heureux, de bonne humeur.

Alaina (irlandais) variante d'Alana.
Alain, Alainah, Alaine, Alainna, Alainnah, Allaina, Allainah,
Allaine

Alair (français) variante d'Hilary.
Alaira, Allaire

Alamea (hawaïen) mûre; précieuse.
Alameah, Alameya, Alameyah, Alamia, Alamiah, Almya,
Almyah

Alameda (espagnol) peuplier.
Alamedah

Alana (irlandais) attirante; paisible; (hawaïen)
offrande. Voir aussi Lana.
Aalaina, Alaana, Alanae, Alane, Alanea, Alania, Alawna,
Aleine, Alleyna, Alleynah, Alleyne

Alanah (irlandais, hawaïen) variante d'Alana.

Alandra (espagnol) variante d'Alexandra,
d'Alexandria.
Alantra, Aleandra

Alandria (espagnol) variante d'Alexandra,
d'Alexandria.
Alandrea, Aleandrea

Alani (hawaïen) oranger; (irlandais)
variante d'Alana.
Alaini, Alainie, Alanea, Alanee, Alaney, Alania,
Alaniah, Alanie, Alannie, Alany, Alanya, Alanyah

Alanis (irlandais) belle; rayonnante.
Alanisa, Alanisah, Alanise, Alaniss, Alanissa, Alanissah,
Alanisse, Alannis, Alannisa, Alannisah, Alannise, Alannys,
Alannysa, Alannyse, Alanys, Alanysa, Alanysah, Alanyse,
Alanyss, Alanyssa, Alanyssah, Alanysse

Alanna, Alannah (irlandais) variantes
d'Alana.

Alanza (espagnol) noble et passionnée.

Alarice (allemand) souverain de tous.
Alarica, Alaricah, Alaricia, Alarisa, Alarisah, Alarise,
Allaryca, Allaryce, Alrica, Alricah, Alryca, Alrycah,
Alryqua, Alryque

Alastrina (écossais) défenseuse de l'humanité.
Alastriana, Alastrianah, Alastriane, Alastrianna,
Alastriannah, Alastrianne, Alastrinah, Alastrine, Alastryan,
Alastryana, Alastryanah, Alastryane, Alastryann,
Alastryanna, Alastryannah, Alastryanne, Alastryn,
Alastryna, Alastrynah, Alastryne, Alastrynia, Alastryniah,
Alastrynya, Alastrynyah

Alatea (espagnol, grec) vérité.

Alaura (américain) variante d'Alora.

Alaya (hébreu) variante d'Aliya.
Alayah

Alayna (irlandais) variante d'Alana.
Alaynah, Alayne, Alaynna, Alaynnah

Alaysha, Alaysia (américain) variantes d'Alicia.
Alaysh, Alayshia

Alazne (espagnol) miracle.

Alba (latin) d'Alba Longa, cité antique
près de Rome, en Italie.
Albah, Albana, Albani, Albania, Albanie, Albany, Albeni,
Albina, Albinah, Albine, Albinia, Albinka, Albyna, Albynah,
Albyne, Aubina, Aubinah, Aubine, Aubyna, Aubynah,
Aubyne, Elba

Alberte (allemand, français) noble et rayonnante.
Voir aussi Auberte, Bertha, Elberta.
Alberta, Albertina, Albertinah, Albertine, Albertyna,
Albertyne, Albirta, Albirtina, Albirtine, Albirtyna, Albrette,
Alburta, Alburtah, Alburtina, Alburtinah, Alburtine,
Alburtyna, Alburtynah, Alburtyne, Albyrta, Albyrtah,
Albyrtina, Albyrtine, Albyrtyna, Albyrtynah, Albyrtyne,
Alverta, Alvertah, Alvertina, Alvertine

Alborada (latin) aube ambrée.

Albreanna (américain) combinaison d'Alberta
et de Breanna (voir Breana).
Albré, Albrea, Albreona, Albreonna, Albreyon

Alcina (grec) résolue.
Alceena, Alcie, Alcinah, Alcine, Alcinia, Alciniah, Alcyna,
Alcynah, Alcyne, Alseena, Alsina, Alsinah, Alsine, Alsinia,
Alsyn, Alsyna, Alsynah, Alsyne, Alzina, Alzinah, Alzine,
Alzyna, Alzynah, Alzyne

Alcira (allemand) décoration de noblesse.

Alda (allemand) âgée; aînée.
Aldah, Aldina, Aldine

Aldana (espagnol) combinaison d'Alda et d'Ana.

Aldegunda (allemand) célèbre chef.

Alden 🔲 (anglais) âgée; sage protectrice.
Aldan, Aldon, Aldyn

Aldetruda (allemand) chef puissant.

Aldina, Aldine (hébreu) variantes d'Alda.
Aldeana, Aldene, Aldona, Aldyna, Aldyne

Aldonsa, Aldonza (espagnol) gentille.

Aldora (anglais) cadeau; supérieure.
Aldorah

Alea, Aleah (arabe) élevée, exaltée; (persan)
créature de Dieu.
Aileah, Allea, Alleah, Alleea, Alleeah

Aleaha (arabe, persan) variante d'Alea.

Aleasha (grec) variante d'Alisha.
Aleashae, Aleashea, Aleashia, Aleasia, Aleassa

Alecia (grec) variante d'Alicia.
Aalecia, Ahlasia, Aleacia, Aleacya, Aleasia, Alecea, Aleceea,
Aleceia, Aleciya, Aleciyah, Alecy, Alecya, Aleicia, Allecia

Aleea (arabe, persan) variante d'Alea; (hébreu)
variante d'Aliya.
Aleeah

Aleecia (grec) variante d'Alicia.
Aleeceia, Aleeciah, Aleesia, Aleesiya, Alleecia

Aleela (swahili) elle pleure.
Aleala, Alealah, Aleelah, Aleighla, Aleighlah, Aleila, Aleilah,
Aleyla, Aleylah, Alila, Alile, Alyla, Alylah

Aleena (néerlandais) variante d'Aleene.
Ahleena, Aleana, Aleanah, Aleeanna, Aleenah, Aleighna,
Aleighnah, Aleina, Aleinah

Aleene (néerlandais) seule. Voir aussi Allene.
Aleane, Aleighn, Aleighne, Aleine, Alyn, Alyne

Aleesa (grec) variante d'Alice, d'Alyssa.
Voir aussi Alisa.
Aleessa

Aleesha (grec) variante d'Alisha.
Aleeshah, Aleeshia, Aleeshya

Aleeya (hébreu) variante d'Aliya.
Alee, Aleeyah, Aleiya, Aleiyah

Aleeza (hébreu) variante d'Aliza.
Voir aussi Leeza.
Aleaza, Aleazah, Aleezah, Aleiza, Aleizah, Aleyza,
Aleyzah

Alegía, Alegría, Allegría (espagnol)
variantes d'Allegra.

Alegria (espagnol) enjouée.
Aleggra, Alegra

Aleia, Aleigha (arabe, persan) variantes
d'Alea.
Alei, Aleiah

Aleisha (grec) variante d'Alicia, d'Alisha.
Aleisa

Aleja (espagnol) variante d'Alejandra.

Alejandra (espagnol) variante d'Alexandra.
Aleiandra, Alejanda, Alejandr, Alejandrea, Alejandria,
Alejandro

Alejandrina (espagnol) variante d'Alejandra.

Aleka (hawaïen) variante d'Alice.
Aleaka, Aleakah, Aleeka, Aleekah, Aleika, Aleikah, Alekah,
Aleyka, Aleykah

Aleksa (grec) variante d'Alexa.
Aleksha

Aleksandra (grec) variante d'Alexandra.
Alecsandra, Alecxandra, Alecxandrah, Aleczandra,
Aleczandrah, Aleksandrija, Aleksandriya, Aleksasha

Alena (russe) variante de Helen.
Aleana, Aleanah, Aleina, Alenah, Alene, Alenea, Aleni,
Alenia, Alenka, Alenna, Alennah, Alenya, Aliena

Aleria (latin) aigle.
Alearia, Aleariah, Alearya, Alearyah, Aleriah, Alerya,
Aleryah

Alesha (grec) variante d'Alicia, d'Alisha.
Alesa, Alesah

Aleshia (grec) variante d'Alicia, d'Alisha.
Aleshya

Alesia, Alessia (grec) variantes d'Alice, d'Alicia, d'Alisha.
Alesiah, Alessea, Alessiah, Alesya, Alesyah, Allesia

Alessa (grec) variante d'Alice.
Alessi, Allessa

Alessandra (italien) variante d'Alexandra.
Alesandra, Alesandrea, Alessandria, Alessandriah, Alessandrie, Alessandryn, Alessandryna, Alessandryne, Alissandra, Alissondra, Allesand, Allessandra

Aleta (grec) variante d'Alida. Voir aussi Leta.
Aleata, Aleatah, Aleeta, Aleetah, Aleighta, Aleita, Aleitah, Aletah, Aletta, Alettah, Alette, Aleyta, Aleytah, Alletta

Aleth (grec) variante d'Alethea.

Aletha (grec) diminutif d'Alethea.

Alethea (grec) vérité.
Alathea, Alatheah, Alathia, Alathiah, Aleathia, Aleathiah, Aleathya, Aleathyah, Aleethea, Aleetheah, Aleethia, Aleethiah, Aleethya, Aleethyah, Aleighthea, Aleighthia, Aleighthya, Aleithea, Aleitheah, Aleithia, Aleithiah, Aleithya, Aleithyah, Aletea, Aletheah, Aletheia, Aletheiah, Alethia, Alethiah, Aletia, Alithea, Alitheah, Alithia, Alithiah, Allethea, Alythea, Alytheah, Alythia, Alythiah, Alythya, Alythyah

Alette (latin) aile.
Aletta, Alettah

Alex GF (grec) diminutif d'Alexander, d'Alexandra.
Aleix, Aleks, Alexx, Allex, Allexx

Alex Ann, Alex Anne, Alexane, Alexanne (américain) combinaisons d'Alex et d'Ann.
Alex-Ann, Alex-Anne, Alexan, Alexann, Alexanna, Alexian, Alexiana, Alexina, Alexinah, Alexine, Alexyna, Alexynah, Alexyne

Alexa (grec) diminutif d'Alexandra.
Aleixa, Alekia, Aleksi, Alexah, Alexxa, Allexa, Alyxa

Alexander GF (grec) défenseur de l'humanité. Histoire: Alexandre le Grand conquit l'Empire grec.
Al, Alec, Alecander, Alecsandar, Alecsander, Alecxander, Alejándro, Alek, Alekos, Aleksandar, Aleksander, Aleksei, Alekzander, Alessander, Alessandro, Alexandar, Alexandor, Alexandr, Alexandro, Alexandros, Alexxander, Alezxander, Alic, Alick, Alisander, Alixander

Alexanderia (grec) variante d'Alexandria.

Alexandra (grec) variante d'Alexander. Histoire: dernière tsarine de Russie. Voir aussi Lexi, Lexia, Olesia, Ritsa, Sandra, Sandrine, Sasha, Shura, Sondra, Xandra, Zandra.
Alaxandra, Alexande, Alexandera, Alexina, Alexine, Alexxandra, Alexxandrah, Alixsandra, Aljexi, Alla, Lexandra

Alexandre GF (grec) variante d'Alexandra.

Alexandrea (grec) variante d'Alexandria.
Alexanndrea

Alexandria (grec) variante d'Alexandra. Voir aussi Xandra, Zandra.
Alaxandria, Alecsandria, Alecxandria, Alecxandriah, Alecxandrya, Alecxandryah, Aleczandria, Aleczandriah, Aleczandrya, Aleczandryah, Alexandreia, Alexandriah, Alexandrie, Alexandriea, Alexandrieah, Alexandrya, Alexandryah, Alexanndria, Alexanndrya, Alexendria, Alexxandria, Alexxandriah, Alexxandrya, Alexxandryah, Alixandrea, Alixzandria

Alexandrine (grec) variante d'Alexandra. Voir aussi Drina.
Alecsandrina, Alejandrine, Alejandryn, Alejandryna, Alejandryne, Aleksandrina, Aleksandryne, Alexandreana, Alexandrena, Alexandrina, Alexandrinah, Alexendrine, Alexzandrina, Alexzandrinah, Alexzandrine, Alexzandryna, Alexzandrynah

Alexas, Alexes, Alexiss, Alexsis, Alexus, Alexxis, Alexxus, Alexys, Allexis, Allexus (grec) variantes d'Alexis.
Alexess, Alexuss, Alexyss, Allexys

Alexcia (grec) variante d'Alexia.

Alexe (grec) variante d'Alex.

Alexi GF (grec) diminutif d'Alexandra.
Aleksey, Aleksi, Alexey, Alexy

Alexia (grec) diminutif d'Alexandria. Voir aussi Lexia.
Aleksia, Aleksiah, Aleksya, Aleksyah, Aleska, Alexea, Alexiah, Alexsia, Alexsiya, Allexia, Alyxia

Alexie (grec) diminutif d'Alexandra.

Alexis GF (grec) diminutif d'Alexandra.
Aalexis, Aalexus, Aalexxus, Aelexus, Ahlexis, Ahlexus, Alaxis, Alecsis, Alecsus, Alecxis, Aleexis, Aleksis, Aleksys, Alexias, Alexiou, Alexiz, Alexsus, Alexsys, Alexxiz, Alexyes, Alexyis, Alixis, Alixus, Elexis, Elexus, Lexis, Lexus

Alexius (grec) variante d'Alexis.
Allexius

Alexsa (grec) variante d'Alexa.
Alexssa

Alexsandra (grec) variante d'Alexandra.
Alexsandria, Alexsandro

Alexzandra (grec) variante d'Alexandra.
Alexzand, Alexzandrah

Alexzandria (grec) variante d'Alexandria.
Alexzandrea, Alexzandriah, Alexzandrya

Aleya, Aleyah (hébreu) variantes d'Aliya.
Aleayah, Aléyah, Aleyia, Aleyiah

Aleyda (grec) celle qui ressemble à Athéna.

Alfie GF (anglais) variante populaire d'Alfreda.
Alfi, Alfy

Alfida (allemand) celle qui aide les elfes.

Alfonsa (allemand) noble et passionnée.
Alfonsia, Alfonsina, Alfonsine, Alfonsyna, Alfonsyne

Alfreda (anglais) conseillère d'elfes ; sage conseillère.Voir aussi Effie, Elfrida, Freda, Frederica.
Alfredah, Alfredda, Alfredia, Alfreeda, Alfreida, Alfrida, Alfridah, Alfrieda, Alfryda, Alfrydah, Alfrydda, Alfryddah

Alhertina (espagnol) noble.

Ali **GF** (grec) variante populaire d'Alice, d'Alicia, d'Alisha, d'Alison.
Alee, Alei, Aleigh, Aley, Allea, Allee, Allei, Alleigh

Alia, Aliah, Allia, Alliah (hébreu) variantes d'Aliya.Voir aussi Aaliya, Alea.
Aelia, Allea, Alleah, Alya

Alice .TOP.100. (grec) qui dit la vérité ; (allemand) noble. Voir aussi Aili, Aleka, Ali, Alisa, Alison, Alyce, Alysa, Elke.
Adelice, Aleece, Aleese, Alicie, Alics, Aliece, Aliese, Alla, Alleece, Alles, Allesse, Allice

Alicen, Alicyn, Alisyn, Allisyn (anglais) variantes d'Alison.

Alicia .TOP.100. (anglais) variante d'Alice. Voir aussi Elicia, Licia.
Adelicia, Aelicia, Aleacia, Aleaciah, Alecea, Aleicia, Aleiciah, Aleighcia, Aleighsia, Aleighsya, Aleisia, Aleisiah, Aleisya, Aleisyah, Alicea, Alicha, Alichia, Aliciah, Alician, Alicija, Aliecia, Allicea, Ilysa

Alicja (anglais) variante d'Alice.
Alicya

Alida (latin) petit et ailé ; (espagnol) noble. Voir aussi Aleta, Lida, Oleda.
Adelita, Aleda, Aledah, Aleida, Alidah, Alidia, Alidiah, Alleda, Alledah, Allida, Allidah, Alyda, Alydia, Elida, Elidia

Álida (hébreu) variante d'Hélida.

Alie, Alley, Alli, Allie, Ally, Aly (grec) variantes populaires d'Alice, d'Alicia, d'Alisha, d'Alison.

Aliesha (grec) variante d'Alisha.
Alieshai, Alieshia, Alliesha

Alika (hawaïen) qui dit la vérité ; (swahili) très belle.
Aleka, Alica, Alikah, Alike, Alikee, Aliki, Aliqua, Aliquah, Alique, Alyka, Alykah, Alyqua, Alyquah

Alima (arabe) jeune fille de la mer ; musicale.
Alimah, Alyma, Alymah

Alina (slave) rayonnante ; (écossais) juste ; (anglais) diminutif d'Adeline. Voir aussi Alena.
Aleana, Aleanah, Aleina, Aleinah, Aliana, Alianna, Alinah, Alinna

Aline (écossais) variante d'Aileen, d'Alina.
Alianne, Alline

Alisa, Allisa (grec) variantes d'Alice, d'Alyssa. Voir aussi Elisa, Ilisa.
Aaliysah, Alisah, Alisea, Aliysa

Alise, Allise (grec) variantes d'Alice.
Alis, Aliss, Alisse, Allis, Alliss, Allisse

Alisha (grec) qui dit la vérité ; (allemand) noble ; (anglais) variante d'Alicia. Voir aussi Elisha, Ilisha, Lisha.
Aliscia, Alisea, Alishah, Alishay, Alishaye, Alishya, Alissya, Alisyia, Alitsha, Allissia, Alyssaya

Alishia (anglais) variante d'Alisha.
Alishea, Alisheia, Alishiana

Alisia, Alissia (anglais) variantes d'Alisha.

Alison (anglais) variante d'Alice. Voir aussi Lissie.
Aleason, Aleeson, Aleighson, Aleison, Alisan, Alisann, Alisanne, Alisen, Alisenne, Alisin, Alision, Alisonn, Alisson, Alissun, Alissyn, Alisun, Alles, Allesse, Alleyson, Allisan, Allisen, Allisin, Allisine, Allisone, Allisson, Allisun, Allsun, Alson, Alsone, Alysine, Elisan, Elisen, Elisin, Elison, Elisun, Elisyn

Alissa, Allissa (grec) variantes d'Alice, d'Alyssa.
Aalissah, Alissah, Alisza, Allisah, Allissah

Alita (espagnol) variante d'Alida.
Alitah, Allita, Allitah, Allitta, Allittah, Allyta, Allytah, Alyta, Alytah

Alivia (latin) variante d'Olivia.
Alivah

Alix .TOP.100. **FG** (grec) diminutif d'Alexandra, d'Alice.
Alixe, Alixia, Allix, Alyx

Alixandra (grec) variante d'Alexandra.
Alixandrah, Alixzandra, Alixzandrah, Allixandra

Alixandria (grec) variante d'Alexandria.
Alixandriah, Alixandrina, Alixandrinah, Alixandrine, Alixandriya, Alixzandria, Alixzandriah, Alixzandrina, Alixzandryna, Alixzandrynah, Alixzandryne, Allixandria, Allixandrya

Aliya (hébreu) celle qui s'élève.
Aeliyah, Alieya, Alieyah, Aliyiah, Alliyha, Alliyia

Aliyah, Alliyah (hébreu) variantes d'Aliya.
Aliyyah, Alliya, Aliyyah

Aliye (arabe) noble.
Aliyeh

Aliza (hébreu) joyeuse. Voir aussi Aleeza, Eliza.
Alieza, Aliezah, Alitza, Alitzah, Alizah, Alizee, Alyza, Alyzah

Alizabeth (hébreu) variante d'Elizabeth.
Alyzabeth

Alizé (grec, allemand) variante d'Alice ;
(hébreu) diminutif d'Aliza.
Aliz

Allana, Allanah (irlandais) variantes d'Alana.
Allanie, Allanna, Allannah, Allanne, Allauna

Allegra (latin) joyeuse.
Allegrah, Allegria, Legra

Allena (irlandais) variante d'Alana.
Alleyna, Alleynah

Allene (néerlandais) variante d'Aleene ; (écossais)
variante d'Aline.
Alene, Alleen

Allethea (grec) variante d'Alethea.
*Allathea, Allatheah, Allathia, Allathiah, Alletheah, Allethia,
Allethiah, Allethya, Allethyah, Allythea, Allytheah, Allythia,
Allythiah, Allythya, Allythyah*

Allicia (anglais) variante d'Alicia.

Allisha (grec, allemand, anglais) variante
d'Alisha.

Allison FG (anglais) variante d'Alison.

Allyn (écossais) variante d'Aileen, d'Alina.
Voir aussi Aline.
Allyne, Alyne, Alynne

Allysa, Allyssa (grec) variantes d'Alyssa.
Allyisa, Allysah, Allyssah

Allysen, Allyson, Alyson (anglais) variantes
d'Alison.
*Allysonn, Allysson, Allysun, Allysyn, Allysyne, Alysan, Alysen,
Alysene, Alysin, Alysine, Alysone, Alysun, Alysyn, Alysyne,
Alyzane, Alyzen, Alyzene, Alyzin, Alyzine, Alyzyn, Alyzyne*

Allysha, Alycia, Alysha, Alysia (anglais)
variantes d'Alicia.
Alyssha, Lycia

Alma (arabe) intellectuelle ; (latin) âme.
Almah, Almar, Almarah

Almeda (arabe) ambitieuse.
*Allmeda, Allmedah, Allmeta, Almea, Almedah, Almeta,
Almetah, Almetta, Almettah, Almida, Almidah, Almyda,
Almydah*

Almira (arabe) aristocrate, princesse ; exaltée ;
(espagnol) d'Almeíra, en Espagne.
Voir aussi Elmira, Mira.
*Allmeera, Allmera, Allmerah, Allmeria, Allmira, Allmirah,
Almeera, Almeeria, Almeira, Almera, Almeria, Almeriah,
Almirah, Almire, Almyra, Almyrah*

Almita (latin) bienveillante.
Allmita, Almitah, Almyta, Almytah

Almodis (allemand) femme très heureuse
et animée.

Almudena (espagnol) la ville.

Almunda (espagnol) référence à la Vierge Marie.

Almundena, Almundina (espagnol) variantes
d'Almunda.

Alodía (basque) terre libre.

Alodie (anglais) riche. Voir aussi Élodie.
*Alodea, Alodee, Alodey, Alodi, Alodia, Alody, Alodya,
Alodyah, Alodye*

Aloha (hawaïen) aimante, charitable,
au bon cœur.
Alohah, Alohi

Aloisa (allemand) célèbre guerrière.
Aloisia, Aloysa, Aloysia

Aloise (espagnol) variante d'Aloisa.

Aloma (latin) diminutif de Paloma.

Alonda (espagnol) variante d'Alexandra.

Alondra (espagnol) variante d'Alexandra.
Allandra

Alonna (irlandais) variante d'Alana.
Allona, Allonah, Alona, Alonah, Alonnah, Alonya, Alonyah

Alonsa (anglais) variante d'Alonza.

Alonza GF (anglais) noble et passionnée.

Alora (américain) combinaison de la lettre A
et de Lora.
Alorah, Alorha, Alorie, Aloura, Alouria

Alpha (grec) premier né. Linguistique : première
lettre de l'alphabet grec.
*Alfa, Alfah, Alfia, Alfiah, Alfya, Alfyah, Alphah, Alphia,
Alphiah, Alphya, Alphyah*

Alta (latin) élevée ; grande.
Allta, Altah, Altana, Altanna, Altea, Alto

Altagracia (espagnol) référence à la haute
grâce de la Vierge Marie.

Altair GF (grec) étoile ; (arabe) aigle volant.
Altaira, Altaire, Altayr, Altayra, Altayrah, Altayre

Altamira (espagnol) lieu avec une belle vue.

Althea (grec) saine ; guérisseuse. Histoire :
Althea Gibson fut la première Afro-
Américaine à gagner un des titres principaux
en tennis. Voir aussi Thea.
*Altha, Altheah, Altheda, Althedah, Altheya, Althia,
Althiah, Althya, Althyah, Elthea, Eltheya, Elthia*

Aluminé (mapuche) celle qui brille.

Alva U (latin, espagnol) blanche ; à la peau pâle.
Voir aussi Elva.
Alvah, Alvana, Alvanna, Alvannah

Alvarita (espagnol) diseuse de vérité.

Alvera (latin) honnête.
Alverah, Alveria, Alveriah, Alverya, Alvira,
Alvirah, Alvyra, Alvyrah

Alvina (anglais) amie de tous; noble amie;
amie des elfes. Voir aussi Elva, Vina.
Alveana, Alveanah, Alveane, Alveanea, Alveen, Alveena,
Alveenah, Alveene, Alveenia, Alvena, Alvenah, Alvenea, Alvie,
Alvinae, Alvinah, Alvincia, Alvine, Alvinea, Alvinesha, Alvinia,
Alvinna, Alvinnah, Alvita, Alvona, Alvyna, Alvynah, Alvyne,
Alwin, Alwina, Alwyn

Alyah (hébreu) variante d'Aliya.
Allya, Allyah, Alya, Alyya, Alyyah

Alyce, Alyse, Alysse (grec) variantes d'Alice.
Allyce, Allys, Allyse, Allyss, Alys, Alyss

Alyiah (hébreu) variante d'Aliya.
Alyia

Alyna (néerlandais) variante d'Aleene;
(slave, écossais, anglais) variante d'Alina.
Alynah, Alyona

Alysa (grec) variante d'Alyssa.
Alysah

Alyshia (anglais) variante d'Alicia.

Alyssa (grec) raisonnable. Botanique: l'alysse
est une plante qui fleurit. Voir aussi Alice,
Alisa, Elissa.
Ahlyssa, Alyesa, Alyessa, Alyissa, Alyssah, Ilyssa, Lyssa,
Lyssah

Alyssia (grec) variante d'Alyssa.

Alyx (grec) variante d'Alex.

Alyxandra (grec) variante d'Alexandra.
Alyxandrah, Alyxzandra, Alyxzandrah

Alyxandria (grec) variante d'Alexandria.
Alyxandrea, Alyxandriah, Alyxandrya, Alyxandryah,
Alyxzandria, Alyxzandriah, Alyxzandrya, Alyxzandryah

Alyxis (grec) variante d'Alexis.

Alzena (arabe) femme.
Alsena, Alsenah, Alxena, Alxenah, Alxina, Alxinah, Alxyna,
Alxynah, Alzenah, Alzina, Alzinah, Alzyna, Alzynah

Am (vietnamien) lunaire; féminine.

Ama (africain) née un samedi.
Amah

Amabel (latin) adorable. Voir aussi Bel, Mabel.
Amabela, Amabelah, Amabele, Amabell, Amabella,
Amabellah, Amabelle, Ambela, Ambelah, Ambele, Ambell,
Ambella, Ambellah, Amebelle, Amibel, Amibela, Amibelah,
Amibele, Amibell, Amibella, Amibellah, Amibelle, Amybel,
Amybell, Amybella, Amybelle

Amada (espagnol) aimée.
Amadee, Amadey, Amadi, Amadie, Amadita, Amady,
Amata

Amadea (latin) qui aime Dieu.
Amadeah, Amadeya, Amadeyah, Amadia, Amadiah,
Amadya, Amadyah

Amadis (latin) le grand amour, la mieux aimée.

Amairani, Amairany (grec) variantes d'Amara.
Amairaine, Amairane, Amairanie

Amal F C (hébreu) travailleuse; (arabe)
pleine d'espoir.
Amala, Amalah, Amalla, Amallah

Amalberta (allemand) travail formidable.

Amalia (allemand) variante d'Amélia.
Ahmalia, Amalea, Amaleah, Amaleta, Amaliah, Amalija,
Amalisa, Amalita, Amalitah, Amaliya, Amalya, Amalyah,
Amalyn

Amalie (allemand) variante d'Amélia.
Amalee, Amalei, Amaleigh, Amaley, Amali, Amaly

Amaline (allemand) variante d'Amélia.
Amalean, Amaleana, Amaleane, Amaleen, Amaleena,
Amaleene, Amalin, Amalina, Amalyn, Amalyna, Amalyne,
Amalynn, Amelina, Ameline, Amilina, Amiline, Amilyn,
Amilynn, Amilynna, Amilynne, Ammalyn, Ammalynn,
Ammalynne, Ammilina, Ammiline

Amalsinda (allemand) la personne indiquée
par Dieu.

Amalur, Amalure (espagnol) patrie.

Aman C F (arabe) diminutif d'Amani.
Amane

Amanada (latin) variante d'Amanda.

Amancai, Amancái, Amancay (quechua)
fleur jaune rayée de rouge.

Amancia (latin) amante.

Amanda F C (latin) adorable. Voir aussi Manda,
Mandy.
Amandah, Amandalee, Amandalyn, Amande, Amandea,
Amandee, Amandey, Amandi, Amandia, Amandiah,
Amandie, Amandina, Amandine, Amandy, Amandya,
Amandyah

Amandeep U (pendjabi) lumière paisible.

Amani F C (arabe) variante d'Imani.
Aamani, Ahmani, Amanee, Amaney, Amanie, Ammanu

Amania (hébreu) artiste de Dieu.

Amanjot (pendjabi) variante d'Amandeep.

Amanpreet U (pendjabi) variante d'Amandeep.

Amapola (arabe) coquelicot.

Amara (grec) éternellement belle.
Voir aussi Mara.
Amaira, Amar, Amarah, Amaria, Amariah, Amarya,
Amaryah

Amaranta (espagnol) une fleur qui ne fane jamais.
Amaranth, Amarantha, Amaranthe

Amari U (grec) variante d'Amara.
Amaree, Amarie, Amarii, Amarri

Amarilia, Amarilla, Amarinda (grec) celle qui brille.

Amarina (australien) pluie.
Amarin, Amarinah, Amarine, Amaryn, Amarynah, Amaryne

Amaris (hébreu) promise par Dieu.
Amaarisah, Amarisa, Amariss, Amarissa, Amarys, Amarysa, Amarysah, Amaryss, Amaryssa, Amaryssah, Maris

Amarú (quechua) serpent, boa.

Amaryllis (grec) fraîche ; fleur.
Amarilis, Amarillis, Amaryl, Amaryla, Amarylah, Amarylis, Amarylla, Amaryllah

Amatista (grec) pleine de vin.

Amaui (hawaïen) grive.

Amaya (japonais) pluie nocturne.
Amaia, Amaiah, Amayah

Amazona (grec) Mythologie : les Amazones étaient une tribu de guerrières.

Ambar FG (français) variante d'Amber.

Ámbar (arabe) l'arôme d'un parfum exotique.

Amber FG (français) ambre.
Aamber, Ahmber, Amberia, Amberise, Ambur, Ammber, Ember

Amber-Lynn, Amberlyn, Amberlynn (américain) combinaisons d'Amber et de Lynn.
Ambarlina, Ambarline, Amber Lynn, Amber Lynne, Amber-Lynne, Amberlin, Amberlina, Amberline, Amberlyne, Amberlynne, Amburlina, Amburline

Amberlee, Amberley, Amberly (américain) variantes populaires d'Amber.
Ambarlea, Ambarlee, Ambarlei, Ambarleigh, Ambarley, Ambarli, Ambarlie, Amberlea, Amberlei, Amberleigh, Amberli, Amberlia, Amberliah, Amberlie, Amberlly, Amberlyah, Amberlye, Amburlea, Amburlee, Amburlei, Amburleigh, Amburley, Amburli, Amburlia, Amburlie, Amburly, Amburlya

Ambra (américain) variante d'Amber.

Ambre TOP.100 (français) variante d'Amber.

Ambria (américain) variante d'Amber.
Ambrea, Ambriah

Ambrosia (grec) immortelle.
Ambrosa, Ambrosah, Ambrosiah, Ambrosina, Ambrosine, Ambrosyn, Ambrosyna, Ambrosyne, Ambrozin, Ambrozinah, Ambrozine, Ambrozyn, Ambrozyna, Ambrozyne

Ambyr (français) variante d'Amber.
Ambyre

Amedia (espagnol) variante d'Amy.

Amee, Ami, Amie, Amiee (français) variantes d'Amy.
Amii, Amiiee, Ammee, Ammie, Ammiee

Ameena (arabe) variante d'Amina.
Ameenah

Ameera (arabe) variante d'Amira.
Ameerah

Amelberga (allemand) travail protégé.

Amelia (allemand) travailleuse ; (latin) variante d'Emily. Histoire : Amelia Earhart, aviatrice américaine, fut la première femme à traverser l'océan Atlantique en avion en solitaire.
Voir aussi Ima, Melia, Millie, Nuela, Yamelia.
Aemilia, Aimilia, Amalie, Amaline, Amaliya, Ameila, Ameilia, Amelisa, Amelita, Amella, Amylia, Amyliah, Amylya, Amylyah

Amélia (portugais) variante d'Amelia.

Amélie, Amély (français) variantes d'Amelia.
Amélee, Ameleigh, Ameley

Amelinda (américain) combinaison d'Amelia et de Linda.
Amalinda, Amalindah, Amalynda, Amalyndah, Amelindah, Amerlindah, Amilinda, Amilindah, Amilynda, Amilyndah

America (teuton) assidue.
Amarica, Amaricah, Amaricka, Amarickah, Amarika, Amarikah, Americah, Americana, Americka, Amerika, Amerikah, Ameriqua, Ameriquah, Amerique, Ameryca, Amerycah, Amerycka, Ameryckah, Ameryka, Amerykah, Ameryqua, Ameryque

América (teuton) variante d'America.

Amethyst (grec) vin ; l'améthyste, pierre précieuse violette. Histoire : dans le monde antique, on pensait que la pierre d'améthyste protégeait de l'ivresse.
Amathist, Amathista, Amathiste, Amathysta, Amathyste, Amethist, Amethista, Amethiste, Amethistia, Amethysta, Amethyste, Amethystia, Amethystya, Amethystyah

Amia (hébreu) variante d'Amy.
Amio

Amiana (latin) variante d'Amina.

Amilia (latin, allemand) variante d'Amelia.
Amiliah, Amilisa, Amilita, Amillia, Amilya

Amilie (latin, allemand) variante d'Amelia.
Amilee, Amili, Amily

Amina (arabe) digne de confiance, fidèle. Histoire : la mère du prophète Mahomet.
Aamena, Aamina, Aminda, Amindah, Aminta, Amintah

Aminah (arabe) variante d'Amina.
Aaminah

Amira (hébreu) discours; déclaration; (arabe) princesse. Voir aussi Mira.
Amyra, Amyrah

Amirah (hébreu, arabe) variante d'Amira.

Amiram (hébreu) ma main est levée.

Amissa (hébreu) vérité.
Amisa, Amisah, Amise, Amisia, Amisiah, Amissah, Amiza, Amizah, Amysa, Amysah, Amysia, Amysiah, Amysya, Amysyah, Amyza, Amyzah

Amita (hébreu) vérité.
Ameeta, Ameetah, Amitah, Amitha, Amyta, Amytah

Amity (latin) amitié.
Amitee, Amitey, Amiti, Amitie, Amytee, Amytey, Amyti, Amytie, Amyty

Amlika (hindi) mère.
Amlikah, Amylka, Amylkah

Amma (hindi) mère.

Amor, Amora (espagnol) amour.

Amorette (latin) aimée; aimante.
Amoreta, Amoretah, Amorete, Amorett, Amoretta, Amorettah, Amorit, Amorita, Amoritah, Amoritt, Amoritta, Amoritte, Amoryt, Amoryta, Amorytah, Amoryte, Amorytt, Amorytta, Amoryttah, Amorytte

Amorie (allemand) chef assidue.

Amorina (espagnol) celle qui tombe amoureuse facilement.

Amoxtli (nahuatl) livre.

Amparo (espagnol) protégée.

Amrit Ⓤ (sanscrit) nectar.

Amrita (espagnol) variante d'Amorette.
Amritah, Amritta, Amritte, Amryta, Amrytah, Amryte, Amrytta, Amryttah, Amrytte

Amser (gallois) temps.

Amuillan (mapuche) utile, efficace.

Amunet (égyptien) Mythologie: Amaunet est une déesse gardienne des pharaons.

Amy (latin) chérie. Voir aussi Aimée, Emma, Esmé.
Aami, Amata, Amatah, Ame, Amei, Amey, Ammy, Amye, Amylyn

An ⒼⒻ (chinois) paisible.

Ana (hawaïen, espagnol) variante de Hannah.

Anaba (amérindien) elle revient du combat.
Anabah

Anabel, Annabelle, Annabell (anglais) variantes d'Annabel.
Anabela, Anabele, Anabell, Anna-Bell, Annahbell, Annahbelle, Annebell, Annebelle, Annibell, Annibelle, Annybell, Annybelle

Anaclara (espagnol) une combinaison d'Ana et de Carla.

Anacleta (grec) celle qui a été appelée; la réclamée.

Anahi, Anahy (persan) diminutifs d'Anahita.
Anahai

Anahí, Anahid (guarani) allusion à la fleur du ceiba.

Anahit (persan) diminutif d'Anahita.

Anahita (persan) l'immaculée. Mythologie: une déesse de l'Eau.

Anai (hawaïen, espagnol) variante d'Ana.
Anaia

Anaïs **TOP** **.100.** (hébreu) bienveillante.
Anais, Anaise, Anaïse, Anaiss, Anays, Anayss

Anaís (hébreu) Dieu est miséricordieux.

Anakaren (anglais) combinaison d'Ana et de Karen.
Annakaren

Anala (hindi) fine.
Analah

Analaura (anglais) combinaison d'Ana et de Laura.
Annalaura

Analena (espagnol) variante d'Ana.

Anali (hindi, indien) feu, enflammée.

Analía (espagnol) combinaison d'Ana et de Lía.

Analicia (anglais) variante d'Analisa.
Analisha, Analisia

Analiria (espagnol) née à Almería, en Espagne.

Analisa, Annalisa (anglais) combinaisons d'Anna et de Lisa.
Analice, Analissa, Annaliesa, Annalissa, Annalyca, Annalyce, Annalysa

Analise, Annalise (anglais) variantes d'Analisa.
Analis, Annalisse, Annalys, Annalyse

Anamaria (anglais) combinaison d'Ana et de Maria.
Anamarie, Anamary

Anan, Anán, Anani (hébreu) nuageux.

Ananda (hindi) bienheureuse.
Anandah

Anarosa (anglais) combinaison d'Ana
et de Rosa.

Anastacia, Anastazia, Annastasia (grec)
variantes d'Anastasia.
Anastace, Anastaciah, Anastacie, Anastacya, Anastacyah, Anastaziah, Anastazya

Anastasia (grec) résurrection. Voir aussi Assia,
Nastasia, Stacey, Stacia, Stasya.
Anastascia, Anastase, Anastasee, Anastasha, Anastashia, Anastasie, Anastasija, Anastassia, Anastassya, Anastasya, Anastatia, Anastaysia, Anastice, Anestasia, Annastasija, Annastaysia, Annastazia, Annestasia, Annestassia, Annstás, Anstace, Anstice

Anat (égyptien) Mythologie : une épouse
de Seth.

Anatola (grec) venant de l'Est.
Anatolah, Anatolia, Anatoliah, Anatolya, Anatolyah, Annatola, Annatolah, Annatolia, Annatoliah, Annatolya, Annatolyah

Ancarla (espagnol) combinaison d'Ana
et de Carla.

Ancelín (latin) femme célibataire.

Anci (hongrois) variante de Hannah.
Annus, Annushka

Andeana (espagnol) qui part.

Andee, Andi, Andie (américain) diminutifs
d'Andrea, de Fernanda.
Ande, Andea, Andy

Andere (grec) variante d'Andrea.

Andra FG (grec, latin) diminutif d'Andrea.
Andrah

Andrea FG (grec) forte ; courageuse.
Voir aussi Ondrea.
Aindrea, Andera, Anderea, Andraia, Andraya, Andreah, Andreaka, Andreea, Andreja, Andreka, Andrel, Andrell, Andrelle, Andreo, Andressa, Andrette, Andriea, Andrieka, Andrietta, Andris, Andrya, Andryah

Andréa (français) variante d'Andrea.
Andrée

Andreana, Andreanna (grec) variantes
d'Andrea.
Ahndrianna, Andreanah, Andreannah, Andreeana, Andreeanah, Andrena, Andreyana, Andreyonna

**Andreane, Andreanne, Andree Ann, Andree
Anne** (grec) combinaisons d'Andrea et d'Ann.
Andrean, Andreann, Andreean, Andreeane, Andreeanne, Andrene, Andrian, Andriann, Andrianne, Andrienne, Andryane, Andryann, Andryanne

Andree (grec) diminutif d'Andrea.
Andri

Andreia (grec) variante d'Andrea.

Andréia (portugais) variante d'Andrea.

Andreina (grec) variante d'Andrea.

Andreína (espagnol) variante d'Andrea.

Andresa (espagnol) variante d'Andrea.

Andreya (grec) variante d'Andrea.

Andria (grec) variante d'Andrea.
Andriah

Andriana, Andrianna (grec) variantes d'Andrea.
Andrianah, Andriannah, Andrina, Andrinah, Andriona, Andrionna, Andryana, Andryanah, Andryanna, Andryannah

**Andromaca, Andrómana, Andrónica,
Andrómaca** (grec) celle qui vainc les hommes.

Andromeda (grec) Mythologie : fille de Céphée
et Cassiopée.

Anechka (russe) grâce.

Aneesa (grec) variante d'Agnès.
Anee, Aneesah, Aneese, Aneisa

Aneesha (grec) variante d'Agnès.
Aneeshah, Aneesia, Aneisha

Aneko (japonais) sœur aînée.

Anel (hawaïen) diminutif d'Anela.
Anelle

Anela (hawaïen) ange.
Anelah, Anella, Anellah

Anelida (espagnol) une combinaison d'Ana
et d'Élida.

Anelina (espagnol) une combinaison d'Ana
et de Lina.

Anémona (grec) celle qui vainc les hommes.

Anesha (grec) variante d'Agnès.
Ahnesha

Aneshia (grec) variante d'Agnès.
Ahnesshia

Anesia (grec) variante d'Agnès.
Ahnesia, Anessia

Anessa, Annessa (grec) variantes d'Agnès.

Aneta (espagnol) variante d'Anita ; (français)
variante d'Annette.
Anetah

Anetra (américain) variante d'Annette.
Anetrah

Anezka (tchèque) variante de Hannah.

Anfitrita (grec) vent, brise.

Angel 🄶🄵 (grec) diminutif d'Angéla.
Angèle, Angil, Anjel, Anjelle

Angéla (grec) ange; messagère. Voir aussi Engel.
Angala, Anganita, Angelanell, Angelanette, Angelo, Angiola, Anglea, Anjella, Anjellah

Ángela (espagnol) variante d'Angéla.

Angele, Angell, Angelle (grec) diminutifs d'Angéla.

Angelea, Angelie (grec) variantes d'Angéla.
Angelee, Angeleigh, Angeli

Angelena (russe) variante d'Angéla.
Angalena, Angalina, Angeleana

Angeles (espagnol) variante d'Angéla.

Ángeles (catalan) variante d'Angeles.

Angelia (grec) variante d'Angéla.
Angeleah

Angelic (russe) diminutif d'Angélica.
Angalic

Angélica, Angelika, Angellica (grec) variantes d'Angéla. Voir aussi Anjelica, Engelica.
Angelici, Angelike, Angeliki, Angilica

Angélica (espagnol) variante d'Angélica.

Angelicia (russe) variante d'Angélica.

Angélina (russe) variante d'Angéla.
Angeliana, Angelinah, Angellina, Angelyna, Anhelina, Anjelina

Angeline, Angelyn (russe) variantes d'Angéla.
Angeleen, Angelene, Angelin, Angelyne, Angelynn, Angelynne

Angélique (français) variante d'Angéla.
Angeliqua, Angeliquah, Angelique, Angilique, Anjelique

Angélisa (américain) combinaison d'Angéla et de Lisa.

Angelita (espagnol) variante d'Angéla.
Angellita

Angella (grec) variante d'Angéla.
Angellah

Angeni (amérindien) esprit.
Angeenee, Angeeni, Angeenie, Angeeny, Angenia, Anjeenee, Anjeeney, Anjeeni, Anjeenia, Anjeenie, Anjeeny, Anjenee, Anjeney, Anjenie, Anjeny

Angie (grec) variante populaire d'Angéla.
Ange, Angee, Angey, Angi, Angy, Anjee

Angustias (latin) celle qui souffre de chagrin ou de peine.

Anh 🄵🄶 (vietnamien) paix; sécurité.

Ani (hawaïen) belle.
Aany, Aanye, Anee, Aney, Anie, Any

Ania (polonais) variante de Hannah.
Ahnia, Aniah

Anica, Anika (tchèque) variantes populaires d'Anna.
Aanika, Anaka, Aneeky, Aneka, Anekah, Anicah, Anicka, Anikah, Anikka, Aniko, Annaka, Anniki, Annikki, Anyca, Anycah, Anyka, Anykah, Anyqua, Anyquah

Anice, Anise (anglais) variantes d'Agnès.
Anesse, Anis, Annes, Annice, Annis, Annise, Anniss, Annisse, Annus, Annys, Annyse, Annyss, Annysse, Anys

Aniceta (espagnol) celle qui est invincible grâce à sa grande force.

Aniela (polonais) variante d'Anna.
Anielah, Aniella, Aniellah, Anielle, Anniela, Annielah, Anniella, Anniellah, Annielle, Anyel, Anyela, Anyele, Anyella, Anyellah, Anyelle

Anik (tchèque) diminutif d'Anica.
Anike, Anikke

Anila (hindi) Religion: un serviteur du dieu hindou Vishnou.
Anilah, Anilla, Anillah, Anyla, Anylah, Anylla, Anyllah

Anillang (mapuche) autel stable; déterminée et courageusement noble.

Anippe (égyptien) fille du Nil.

Aniqua (tchèque) variante d'Anica.
Aniquah

Anisa, Anisah (arabe) amicale. Voir aussi Anissa.

Anisha, Annisha (anglais) variantes d'Agnès, d'Ann.
Aanisha, Aeniesha

Anisia (grec) celle qui remplit ses obligations.

Anissa (anglais) variante d'Agnès, d'Ann. (arabe) variante d'Anisa.
Anissah

Anita (espagnol) variante d'Ann, d'Anna. Voir aussi Nita.
Aneeta, Aneetah, Aneethah, Anetha, Anitha, Anithah, Anitia, Anitta, Anittah, Anitte, Annita, Annitah, Annite, Annitta, Annittah, Annitte, Annyta, Annytah, Annytta, Annyttah, Annytte, Anyta, Anytah

Anitchka (russe) variante d'Anna.

Anitra (espagnol) variante d'Anita.

Aniya (russe) variante d'Anya.
Aaniyah, Anaya, Aneya, Aneyah, Aniyah

Anja (russe) variante d'Anya.
Anje

Anjali (hindi) qui offre avec ses deux mains;
(indien) qui offre avec dévotion.

Anjela (grec) variante d'Angéla.
Anjelah

Anjelica (grec) variante d'Angéla.
Voir aussi Angélica.
Anjelika

Anjélica (espagnol) variante d'Angélica.

Anjelita (espagnol) variante d'Angéla.

Anka FC (polonais) variante populaire
de Hannah.
Anke

Ann, Anne (anglais) bienveillante.
Ane, Annchen, Annze, Anouche

Ann Catherine, Anne Catherine (américain)
combinaisons d'Ann et de Catherine.
Ann-Catherine, Anncatherine, Anne-Catherine,
Annecatherine

Ann Julie, Anne Julie (américain) combinaisons
d'Ann et de Julie.
Ann-Julie, Anne-Julie, Annejulie, Annjulie

Ann Marie, Ann-Marie, Anne Marie, Anne-
Marie, Annemarie, Annmarie (anglais)
combinaisons d'Ann et de Marie.
Anmaree, Anmari, Anmarie, Anmary, Anmarya, Anmaryah,
Annmaree, Annmari, Annmary

Ann Sophie, Anne Sophie, Anne-Sophie
(américain) combinaisons d'Ann et de Sophie.
Ann-Sophie

Anna TOP.100. (allemand, italien, tchèque, suédois)
bienveillante. Culture: Anna Pavlova est
une célèbre ballerine russe. Voir aussi Anica,
Anissa, Nina.
Ahna, Anah, Aniela, Annice, Annina, Annora, Anona,
Anyu, Aska

Anna Maria, Annamaria (anglais) combinaisons
d'Anna et de Maria.
Anna-Maria

Anna Marie, Anna-Marie, Annamarie (anglais)
combinaisons d'Anna et de Marie.

Annabel (anglais) combinaison d'Anna
et de Bel.
Anabele, Annabal, Annahbel, Annebel, Annebele, Annibel,
Annibele, Annybel, Annybele

Annabella (anglais) variante d'Annabel.
Anabela, Anabella, Annabelah, Annabellah, Annahbella,
Annebela, Annebelah, Annebella, Annebellah, Annibela,
Annibelah, Annibella, Annibellah, Annybela, Annybelah,
Annybella, Annybellah

Annabelle (anglais) variante d'Annabel.

Annah (allemand, italien, tchèque, suédois)
variante d'Anna.
Annalee (finnois) variante d'Annalie.

Annalie (finnois) variante de Hannah.
Analee, Annalea, Annaleah, Annaleigh, Annaleigha,
Annali, Anneli, Annelie

Annaliese (anglais) variante d'Analisa.

Anneka (suédois) variante de Hannah.
Annaka, Annekah

Anneke (tchèque) variante d'Anik; (suédois)
variante d'Anneka.

Anneliese, Annelise, Anne-Lise (anglais)
variantes d'Annelisa.
Analiese, Anelise, Annelyse

Annelisa (anglais) combinaison d'Ann
et de Lisa.
Anelisa, Annelys, Annelysa

Annette (français) variante d'Ann.
Voir aussi Anetra, Nettie.
Anet, Anete, Anett, Anetta, Anette, Annet, Anneta, Annetah,
Annete, Anneth, Annett, Annetta, Annettah

Annick, Annik (russe) diminutifs d'Annika.
Annike

Annie, Anny (anglais) variantes populaires
d'Ann.
Annee, Anney, Anni

Annie Claude (américain) combinaison d'Annie
et de Claude.
Annie-Claude

Annie Kim (américain) combinaison d'Annie
et de Kim.
Annie-Kim

Annie Pier (américain) combinaison d'Annie
et de Pier.
Annie-Pier

Annika (russe) variante d'Ann; (suédois)
variante d'Anneka.
Annicka, Anniki, Annikka, Annikki, Anninka, Annushka,
Anouska, Anuska

Annina (hébreu) gracieuse.
Anina, Aninah, Anninah, Annyna, Annynah, Anyna, Anynah

Annisa, Annissa (arabe) variantes d'Anisa;
(anglais) variante d'Anissa.
Annisah, Annissah

Annjanette (américain) combinaison d'Ann
et de Janette (voir Janett).
Angen, Angenett, Angenette, Anjane, Anjanetta, Anjani

Annmaria (américain) combinaison d'Ann
et de Maria.
Anmaria, Anmariah, Annmariah, Annmarya, Annmaryah

Annora (latin) honneur.
*Annorah, Annore, Annoria, Annoriah, Annorya, Annoryah,
Anora, Anorah, Anoria, Anoriah, Anorya, Anoryah*

Anona (anglais) ananas.
*Annona, Annonah, Annonia, Annoniah, Annonya,
Annonyah, Anonah*

Anouhea (hawaïen) parfum frais et doux.

Anouk (néerlandais) variante populaire d'Anna.

Anselma (allemand) protectrice divine.
Anselmah, Anzelma, Anzelmah, Selma, Zelma

Ansleigh (écossais) variante d'Ainsley.
Anslea, Ansleah, Anslee, Anslei, Ansleigh, Ansli, Anslie, Ansly

Ansley **FC** (écossais) variante d'Ainsley.

Antania (grec, latin) variante d'Antonia.

Antea (grec) variante d'Anthea.

Anthea (grec) fleur.
*Antha, Anthe, Antheah, Anthia, Anthiah, Anthya, Anthyah,
Thia*

Anthony **GF** (latin) digne d'éloges ; (grec)
qui fleurit.

Antía (galicien) variante d'Antonia.

Antífona (grec) contraire à sa race.

Antígona (grec) distinguée par ses frères.

Antigua (espagnol) âgée.

Antionette (français) variante d'Antonia.
Anntionett, Antionet, Antionett

Antoinette (français) variante d'Antonia.
Voir aussi Nettie, Toinette, Toni.
*Anta, Antanette, Antoinella, Antoinet, Antonice,
Antonieta, Antonietta*

Antolina (espagnol) variante d'Antonia.

Antonella (français) variante d'Antoinette.

Antonette (français) variante d'Antoinette.
Antonett, Antonetta

Antonia (grec) qui fleurit ; (latin) digne d'éloges.
Voir aussi Toni, Tonya, Tosha.
*Ansonia, Ansonya, Antinia, Antona, Antonee,
Antoney, Antoni, Antoñía, Antoniah, Antonice, Antonie,
Antoniya, Antonnea, Antonnia, Antonniah, Antonya,
Antonyah*

Antónia (portugais) variante d'Antonia.

Antonice (latin) variante d'Antonia.
Antanise, Antonias, Antonica, Antonicah, Antonise

Antonina (grec, latin) variante d'Antonia.
Antonine

Antoniña (latin) celle qui affronte ou qui est
l'adversaire.

Antonique (français) variante d'Antoinette.

Antonisha (latin) variante d'Antonice.
Antanisha, Antonesha, Antoneshia

Anuncia (latin) messagère, qui annonce.

Anunciación (espagnol) annonciation.

Anunciada, Anunciata (espagnol) variantes
d'Anunciación.

Anya (russe) variante d'Anna.
Annya, Annyah, Anyah

Anyssa (anglais) variante d'Anissa.
*Annysa, Annysah, Annyssa, Anysa, Anysah, Anysha,
Anyssah*

Anzia (italien) manchote.

Aparecida (latin) apparence.

Aparicia (latin) fantôme.

Aphra (hébreu) jeune biche. Voir aussi Afra.
Aphrah

Aphrodite (grec) Mythologie : déesse
de l'Amour et de la Beauté.
Aphrodita, Aphrodyta, Aphrodytah, Aphrodyte

Apia (latin) femme pieuse.

Apolinaria, Apolinia (espagnol) variantes
d'Appollonia.

Apolline **TOP .100.** (grec) variante d'Appollonia.
*Apolina, Apoline, Apollina, Apollinah, Apollyn, Apollyna,
Apollynah, Apollyne, Appolina, Appolinah, Appoline,
Appollina, Appollinah, Appolline, Appollyn, Appollyna,
Appollynah, Appollyne*

Appollonia (grec) variante d'Apollo
(voir les prénoms de garçons).
*Apollonia, Apolloniah, Apollonya, Apollonyah, Apolonia,
Apoloniah, Apolonie, Apolonya, Apolonyah, Appolloniah,
Appollonya, Appollonyah*

April (latin) ouverture. Voir aussi Avril.
*Aprel, Aprela, Aprele, Aprella, Aprelle, Apriell, Aprielle,
Aprila, Aprilah, Aprile, Aprilett, Apriletta, Aprilette, Aprili,
Aprill, Aprilla, Aprillah, Aprille*

Apryl (latin) variante d'April.
Apryla, Aprylah, Apryle, Aprylla, Aprylle

Apuleya (latin) femme impulsive.

Aquene (amérindien) paisible.
Aqueen, Aqueena, Aqueene

Aquila FG (latin, espagnol) aigle.
Acquilla, Aquil, Aquilas, Aquileo, Aquiles, Aquilino, Aquill, Aquille, Aquillino, Aquyl, Aquyla, Aquyll, Aquylla

Aquilina (latin) variante d'Aquilla.

Aquiline (grec) variante d'Aquilla.

Aquilinia (espagnol) variante d'Aquilla.

Aquilla (latin, espagnol) variante d'Aquila.

Ara GF (arabe) qui a des opinions arrêtées.
Ahraya, Aira, Arae, Arah

Arabella (latin) bel autel. Voir aussi Belle, Orabella.
Arabel, Arabela, Arabelah, Arabele, Arabell, Arabellah, Arabelle

Araceli, Aracely (latin) autel céleste.
Aracele, Aracelia, Aracelli

Aracelis (espagnol) variante d'Araceli.

Arama (espagnol) référence à la Vierge Marie.

Arán (catalan) vierge pleine de contradictions.

Arantxa (basque) variante d'Arantzazu.

Arantzazu, Aránzazu (basque) «Es-tu parmi les épines?»

Aranzuru (espagnol) variante d'Arantzazu.

Araseli (latin) variante d'Araceli.
Arasely

Araya (arabe) variante d'Ara.
Arayah

Arbogasta (grec) la femme riche.

Arcadia, Arcadía (grec) venant d'Arcadie, région grecque.

Arcángela (grec) archange.

Arcelia (latin) variante d'Araceli.
Arceli

Archibalda (allemand) née libre.

Arcilla (latin) variante d'Araceli.

Ardelle (latin) chaleureuse; enthousiaste.
Ardel, Ardela, Ardelah, Ardele, Ardelia, Ardeliah, Ardelis, Ardell, Ardella, Ardellah

Arden FG (anglais) vallée de l'aigle. Littérature: dans Shakespeare, un refuge romantique.
Adeana, Ardan, Ardana, Ardane, Ardean, Ardeane, Ardeen, Ardeena, Ardeenah, Ardeene, Ardena, Ardenah, Ardene, Ardenia, Ardin, Ardina, Ardinah, Ardine, Ardun, Ardyn, Ardyna, Ardynah, Ardyne

Ardi (hébreu) diminutif d'Arden, d'Ardice, d'Ardith.
Ardie

Ardice (hébreu) variante d'Ardith.
Ardis, Ardisa, Ardisah, Ardise, Ardiss, Ardissa, Ardisse, Ardyce, Ardys, Ardyse, Ardyss, Ardyssa, Ardysse

Ardith (hébreu) champ en fleurs.
Ardath, Ardyth, Ardythe

Arebela (latin) variante d'Arabella.

Areil (américain) variante d'Areli.
Areile

Areli, Arely (américain) variantes d'Oralee.
Arelee, Arelis, Arelli, Arellia, Arelly

Arella (hébreu) ange, messagère.
Arela, Arelah, Arellah, Arelle, Orella, Orelle

Aretha (grec) vertueuse. Voir aussi Oretha, Retha.
Areata, Areatah, Areatha, Areathah, Areathia, Areathiah, Areeta, Areetah, Areetha, Areethah, Areethia, Areta, Aretah, Arethea, Aretheah, Arethia, Arethiah, Aretina, Aretta, Arettah, Arette, Arita, Aritha, Arithah, Arytha, Arythah, Arythia, Arythiah, Arythya, Arythyah

Aretusa (grec) Mythologie: Aréthuse était l'une des Néréides.

Argel (gallois) refuge.

Argelia (latin) boîtes à bijoux pleines de trésors.

Argenea (latin) celle qui a des cheveux couleur platine.

Argenis (latin) variante d'Argenea.

Argentina (latin) celle qui brille comme l'or. Géographie: l'Argentine, pays d'Amérique du Sud.

Argimon (allemand) armée de défense.

Argraff (gallois) impression.

Ari GF (hébreu) diminutif d'Ariel.

Aria (hébreu) variante d'Ariel.
Ariea, Arya, Aryah, Aryia

Ariadna (grec) variante d'Ariadne.
Ariadnah, Aryadna, Aryadnah

Ariadne (grec) sacrée. Mythologie: Ariane, fille du roi Minos de Crète.

Ariah (hébreu) variante d'Aria.

Arial (hébreu) variante d'Ariel.
Ariale

Arian GF (français) variante d'Ariana.
Aerian, Aerion, Arianie, Arien, Ariene, Arieon

Ariana (grec) sacrée.
Aeriana, Aerianna, Aerionna, Ahreanna, Ahriana, Ahrianna, Airiana, Arianah, Ariannah, Ariena, Arienah, Arienna, Ariennah, Arihana

Ariane (français) variante d'Ariana.

Arianna (grec) variante d'Ariana.

Arianne (anglais) variante d'Ariana.
*Aeriann, Aerionne, Airiann, Ariann, Ariannie, Arieann,
Arienne, Arionne*

Arica, Arika (scandinave) variantes d'Érica.
*Aerica, Aericka, Aeryka, Aricah, Aricca, Ariccah, Aricka,
Arickah, Arikah, Arike, Arikka, Arikkah, Ariqua, Aryca,
Arycah, Arycca, Aryccah, Arycka, Aryckah, Aryka, Arykah,
Arykka, Arykkah, Aryqua*

Aricela (latin) variante d'Araceli.

Arie U (hébreu) diminutif d'Ariel.

Arieanna (grec) variante d'Ariana.
Arieana

Ariel FC (hébreu) lionne de Dieu.
Ahriel, Aire, Aireal, Airial, Arieal, Arrieal

Ariela, Ariella (hébreu) variantes d'Ariel.
Arielah, Ariellah, Aryela, Aryelah, Aryella, Aryellah

Ariele, Ariell, Arielle, Arriel (français)
variantes d'Ariel.
Arriele, Arriell, Arrielle

Aries FC (latin) bélier; (grec) Mythologie:
Arès était le dieu grec de la Guerre.
Arees, Ares, Arie, Ariez, Aryes

Arietta (italien) air court, mélodie.
*Ariet, Arieta, Arietah, Ariete, Ariett, Ariettah, Ariette, Aryet,
Aryeta, Aryetah, Aryete, Aryett, Aryetta, Aryettah, Aryette*

Arin U (hébreu, arabe) variante d'Aaron.
Voir aussi Erin.
Arinn, Arrin

Ariona, Arionna (grec) variantes d'Ariana.

Arissa (grec) variante d'Arista.

Arista (grec) mieux.
Aris, Aristana, Aristen

Arla (allemand) variante de Carla.

Arlais (gallois) ce qui vient du temple.

Arleen (irlandais) variante d'Arlene.
Arleene

Arleigh (anglais) variante de Harley.
Arlea, Arleah, Arlee, Arley, Arlie, Arly

Arlena (irlandais) variante d'Arlene.
*Arlana, Arlanah, Arleena, Arleina, Arlenah, Arliena,
Arlienah, Arlina, Arlinah, Arlinda*

Arlene (irlandais) promesse. Voir aussi Erline,
Lena, Lina.
*Airlen, Arlein, Arleine, Arlen, Arlenis, Arleyne, Arlien,
Arliene, Arlin, Arline, Arlis*

Arlette (anglais) variante d'Arlene.
Arleta, Arletah, Arlete, Arletta, Arlettah, Arletty

Arlynn (américain) combinaison d'Arlene
et de Lynn.
Arlyn, Arlyne, Arlynna, Arlynne

Armada, Armida (espagnol) variantes
d'Armide.

Armanda (latin) noble.

Armandina (français) variante d'Armide.

Armani GF (persan) désir, but.
Armahni, Arman, Armanee, Armanii

Armentaria (latin) pasteur d'animaux âgés.

Armide (latin) guerrière armée.
*Armid, Armidea, Armidee, Armidia, Armidiah, Armydea,
Armydee, Armydia, Armydiah, Armydya*

Arminda (allemand) variante d'Armide.

Armine (latin) noble; (allemand) soldat;
(français) variante de Herman (voir les prénoms
de garçons).
*Armina, Arminah, Arminee, Arminel, Arminey, Armini,
Arminie, Armyn, Armyna, Armynah, Armyne*

Armonía (espagnol) équilibre, harmonie.

Arnalda (espagnol) forte comme un aigle.

Arnelle (allemand) aigle.
Arnel, Arnela, Arnelah, Arnele, Arnell, Arnella, Arnellah

Arnette U (anglais) petit aigle.
Arnet, Arneta, Arnett, Arnetta, Arnettah

Arnina (hébreu) éclairée; (arabe) variante
d'Aaron.
*Aarnina, Arninah, Arnine, Arnona, Arnonah, Arnyna,
Arnynah*

Arnulfa (allemand) aigle-loup.

Aroa (allemand) bonne personne.

Arriana (grec) variante d'Ariana.
Arrianna

Artaith (gallois) tempête.

Artémia (grec) variante d'Artémis.

Artémis (grec) Mythologie: déesse de la Chasse
et de la Lune.
*Artema, Artemah, Artemisa, Artemise, Artemisia, Artemys,
Artemysia, Artemysya*

Artha (hindi) riche, prospère.
Arthah, Arthea, Arthi

Arti (hébreu) variante d'Ardi; (hindi) variante
familière d'Artha.
Artie

Artis GF (irlandais) noble ; haute colline ;
(écossais) ours ; (anglais) rocher ; (islandais)
disciple de Thor.
Arthelia, Arthene, Arthette, Arthurette, Arthurina, Arthurine,
Artice, Artina, Artine, Artisa, Artise, Artyna, Artynah,
Artyne, Artys, Artysa, Artyse

Artura (celte) noble.

Aryana, Aryanna (italien) variantes d'Ariana.
Aryan, Aryanah, Aryane, Aryann, Aryannah, Aryanne,
Aryonna

Aryel, Aryelle (hébreu) variantes d'Ariel.
Aryele, Aryell

Aryn FG (hébreu) variante d'Aaron.
Aryne, Arynn, Arynne

Aryssa (grec) variante d'Arissa.

Asa GF (japonais) né le matin.
Asah

Ascención (espagnol) ascension.

Asela (latin) petit âne.

Asenka (russe) grâce.

Asgre (gallois) cœur.

Asha (arabe, swahili) variante d'Aisha, d'Ashia.

Ashante, Ashanté (swahili) variantes
d'Ashanti.

Ashanti FG (swahili) venant d'une tribu
d'Afrique de l'Ouest.
Achante, Achanti, Asante, Ashanta, Ashantae, Ashantah,
Ashantee, Ashantey, Ashantia, Ashantie, Ashaunta,
Ashauntae, Ashauntee, Ashaunti, Ashauntia, Ashauntiah,
Ashaunty, Ashauntya, Ashuntae, Ashunti, Ashuntie

Asheley, Ashely (anglais) variantes d'Ashley.
Ashelee, Ashelei, Asheleigh, Ashelie, Ashelley, Ashelly

Ashia (arabe) vie.
Ayshia

Ashira (hébreu) riche.
Ashirah, Ashyra, Ashyrah

Ashlan, Ashlen, Ashlin (anglais) variantes
d'Ashlyn.
Ashliann, Ashlianne, Ashline

Ashle, Ashlea, Ashlee, Ashlei, Ashleigh, Ashli,
Ashlie, Ashliegh, Ashly (anglais) variantes
d'Ashley.
Ashleah, Ashleeh, Ashliee, Ashlye

Ashleen (irlandais) variante d'Ashlyn.
Ashlean, Ashleann, Ashleene, Ashlena, Ashlenah, Ashlene,
Ashlina, Ashlinah, Ashlyna

Ashley FG (anglais) champ de frênes.
Voir aussi Lee.
Ahslee, Ahsleigh, Aishlee, Ashala, Ashalee, Ashalei, Ashaley,
Ashla, Ashlay, Ashleay, Ashleigh, Ashleye, Ashlia, Ashliah,
Ashlya, Ashlyah

Ashlyn, Ashlynn, Ashlynne (anglais) étang
bordé de frênes ; (irlandais) vision, rêve.
Ashling, Ashlyne

Ashonti (swahili) variante d'Ashanti.

Ashten FG (anglais) variante d'Ashton.
Ashtine, Ashtynne

Ashtin FG (anglais) variante d'Ashton.

Ashton U (anglais) plantation de frênes.

Ashtyn (anglais) variante d'Ashton.

Ashya (arabe) variante d'Ashia.
Ashyah, Ashyia

Asia (grec) résurrection ; (anglais) lever du soleil
à l'est ; (swahili) variante d'Aisha.
Ahsia, Aisia, Aisian, Asian, Asianae, Ayzia, Esia, Esiah,
Esya, Esyah

Asiah (grec, anglais, swahili) variante d'Asia.

Asiya (arabe) qui s'occupe des faibles, qui guérit.

Asja (américain) variante d'Asia.

Asma (arabe) excellente ; précieuse.

Aspacia, Aspasia (grec) bienvenue.

Aspen FG (anglais) tremble.
Aspin, Aspina, Aspine

Aspyn (anglais) variante d'Aspen.
Aspyna, Aspyne

Assia TOP.100. (russe) diminutif d'Anastasia.

Assumpta (catalan) variante d'Asunción.

Assunção (portugais) variante d'Asunción.

Astarte (égyptien) Mythologie : une des épouses
de Seth.

Aster (anglais) variante d'Astra.
Astar, Astera, Asteria, Astir, Astor, Astyr

Astra (grec) étoile.
Asta, Astara, Astiah, Astraea, Astrah, Astrea, Astreah,
Astrée, Astrey, Astria, Astrya, Astryah

Astrid (scandinave) force divine.
Astrad, Astread, Astred, Astreed, Astri, Astrida, Astrik,
Astrod, Astrud, Astryd, Atti, Estrid

Astriz (allemand) variante d'Astra.

Asunción (espagnol) assomption.

Asunta (espagnol) s'élever.

Asya (grec, anglais, swahili) variante d'Asia.
Asyah

Atala, Atalia (grec) jeune.

Atalante (grec) chasseuse puissante.
Mythologie : Atalante, jeune femme athlétique
qui refusa d'épouser tout homme incapable
de la battre à la course à pied.
Voir aussi Lani.
Atalantah, Atalaya, Atlee

Atalía (espagnol) tour des gardes.

Atanasia (espagnol) qui renaîtra ; immortelle.

Atara (hébreu) couronne.
*Atarah, Ataree, Ataria, Atariah, Atarya, Ataryah, Ateara,
Atearah, Atera, Aterah*

Aténéa (grec) variante d'Athéna.

Atgas (gallois) haine.

Athalia (hébreu) le Seigneur est puissant.
*Atali, Atalie, Athalea, Athaleah, Athalee, Athalei, Athaleigh,
Athaley, Athali, Athaliah, Athalie, Athaly, Athalya, Athalyah*

Athéna (grec) sage. Mythologie : déesse de la
Sagesse.
Athéana, Athéanah, Athénah, Athénaïs, Athène, Athénéa

Athina (grec) variante d'Athéna.
Atina

Ática (grec) ville d'Athènes.

Atilia (latin) femme qui a du mal à marcher.

Atira (hébreu) prière.
Atirah, Atyra, Atyrah

Atiya (arabe) cadeau.

Atl (nahuatl) eau.

Atlanta (grec) variante d'Atalante.
Atlantah, Atlante, Atlantia, Atlantiah, Atlantya, Atlantyah

Atocha (arabe) alfa.

Auberte (français) variante d'Alberta.
*Auberta, Aubertah, Aubertha, Auberthe, Aubertina,
Aubertine, Aubine, Aubirta, Aubirtah, Aubirte, Auburta,
Auburte, Aubyrta, Aubyrtah, Aubyrte*

Aubree (français) variante d'Aubrey.
Auberi, Aubre, Aubrei, Aubreigh, Aubria, Aubriah

Aubrey **FG** (allemand) noble ; comme un ours ;
(français) dirigeant blond ; chef des elfes.
*Aubary, Aubery, Aubray, Aubrea, Aubreah, Aubrette,
Aubrya, Aubryah, Aubury*

Aubri, Aubrie, Aubry (français) variantes
d'Aubrey.

Aubriana, Aubrianna (anglais) combinaisons
d'Aubrey et d'Anna.
*Aubreyana, Aubreyanna, Aubreyanne, Aubreyena, Aubrian,
Aubrianah, Aubriane, Aubriann, Aubriannah, Aubrianne,
Aubryan, Aubryana, Aubryanah, Aubryane, Aubryann,
Aubryanna, Aubryannah, Aubryanne*

Aubrielle (français) variante d'Aubrey.

Auburn **FG** (latin) marron-roux.
*Abern, Aberne, Abirn, Abirne, Aburn, Aburne, Abyrn,
Abyrne, Aubern, Auberne, Aubin, Aubirn, Aubirne, Aubun,
Auburne, Aubyrn, Aubyrne*

Aude, Audey (anglais) variantes populaires
d'Audrey.
Audi, Audie

Audelina (allemand) variante d'Audrey.

Audra (français) variante d'Audrey.
Audrah

Audréa (français) variante d'Audrey.
Audria, Audriah, Audriea, Audrya, Audryah

Audreanne, Audrey Ann, Audrey Anne
(anglais) combinaisons d'Audrey et d'Ann.
Audreen, Audrey-Ann, Audrey-Anne, Audrianne, Audrienne

Audree, Audrie, Audry (anglais) variantes
d'Audrey.
Audre, Audri

Audrey (anglais) force noble.
Adrey, Audey, Audray, Audrin, Audriya, Audrye

Audrey Maud, Audrey Maude (anglais)
combinaisons d'Audrey et de Maud.
Audrey-Maud, Audrey-Maude, Audreymaud, Audreymaude

Audriana, Audrianna (anglais) combinaisons
d'Aubrey et d'Anna.
Audreanna, Audrienna, Audryana, Audryanna

Audrina (anglais) variante d'Audriana.

Audris (allemand) chanceuse, riche.
Audrys

August **GF** (latin) née le huitième mois.
Diminutif d'Augustine.
Auguste

Augusta (latin) diminutif d'Augustine.
Voir aussi Gusta.
Agusta, Augustah, Augustia, Augustus, Austina

Augustine (latin) majestueuse. Religion :
saint Augustin fut le premier archevêque
de Canterbury. Voir aussi Tina.
*Agostina, Agostine, Agostyna, Agostyne, Agustina,
Augusteen, Augusteena, Augusteene, Augustina, Augustinah,
Augustyna, Augustyne*

Aundréa (grec) variante d'Andréa.
Aundreah

Aura (grec) douce brise ; (latin) dorée.
Voir aussi Ora.
Aurah, Aurea, Aureah, Auri, Auria, Auriah, Aurya, Auryah

Aúrea (latin) celle qui a des cheveux blonds.

Aurélia (latin) dorée. Voir aussi Oralia.
Auraléa, Auraléah, Auralia, Auréa, Auréah, Auréal, Aurel, Auréla, Aurélah, Aurèle, Auréléa, Auréliana, Aurella, Aurellah, Auria, Auriah, Aurie, Aurilia, Auriola, Auriolah, Auriolla, Auriollah, Aurita

Aurélie (latin) variante d'Aurélia.
Auralee, Auralei, Auraleigh, Auraley, Aurali, Auraliah, Auraly, Aurélee, Aurélei, Auréli, Aurell, Aurelle, Auriol, Aurioll, Auriolle

Auriel (hébreu) variante d'Ariel.
Aurielle

Auristela (latin) étoile dorée.

Aurora (latin) aube. Mythologie : déesse de l'Aube.
Aurorah, Aurore, Aurure, Ora, Ori, Orie, Rora

Aurquena, Aurquene (espagnol) présent.

Auset (égyptien) Mythologie : Aset est un autre nom d'Isis.

Austen GF (latin) diminutif d'Augustine.
Austina, Austinah, Austyna, Austynah, Austyne, Austynn

Austin GF (latin) diminutif d'Augustine.

Austyn GF (latin) diminutif d'Augustine.

Autum (américain) variante d'Autumn.

Autumn (latin) automne.
Autom

Auxiliadora (latin) celle qui aide et protège.

Ava (grec) variante d'Éva.
Avada, Avae, Avah, Ave, Aveen

Avaline (anglais) variante d'Évelyne.
Avalean, Avaleana, Avaleanah, Avaleen, Avaleenah, Avaleene, Avalina, Avalinah, Avalyn, Avalyna, Avalynah, Avalyne, Avelean, Aveleana, Aveleanah, Aveleen, Aveleena, Aveleenah, Aveleene, Avelina, Avelinah, Avelyn, Avelyna, Avelynah, Avelyne

Avalon (latin) île.
Avallon, Avalona, Avalonah, Avaloni, Avalonia, Avaloniah, Avalonie, Avalony, Avalonya, Avalonyah

Averi, Averie (anglais) variantes d'Aubrey.
Aivree, Avaree, Avarey, Avari, Avarie, Avary, Averee, Averey, Avry

Avery GF (anglais) variante d'Aubrey.

Aviana (latin) variante d'Avis.
Avianca, Avianna

Avis (latin) oiseau.
Avais, Aveis, Aves, Avi, Avia, Aviance, Avice, Avicia, Avise, Avyce, Avys, Avyse

Aviva (hébreu) printemps. Voir aussi Viva.
Aviv, Avivah, Avivi, Avivice, Avivie, Avivit, Avni, Avnit, Avri, Avrit, Avy, Avyva, Avyvah

Avneet (hébreu) variante d'Avner (voir les prénoms de garçons).

Avril (français) variante d'April.
Avaril, Avarila, Avarile, Avarill, Avarilla, Avarille, Averil, Averila, Averilah, Averill, Averilla, Averille, Averyl, Averyla, Averyle, Averyll, Averylla, Averylle, Avra, Avri, Avrilett, Avriletta, Avrilette, Avrilia, Avrill, Avrille, Avrillia, Avryl, Avryla, Avrylah, Avryle, Avryll, Avrylla, Avryllah, Avrylle, Avryllett, Avrylletta, Avryllette, Avy

Awel (gallois) brise légère.

Axelle (latin) hache. (allemand) petit chêne ; source de vie.

Aya TOP .100. (hébreu) oiseau ; voler rapidement.
Aia, Aiah, Aiya, Aiyah

Ayah (hébreu) variante d'Aya.

Ayalga (asturien) trésor.

Ayan (hindi) diminutif d'Ayanna.

Ayana (amérindien) variante d'Aiyana ; (hindi) variante d'Ayanna.

Ayanna (hindi) innocent.
Ahyana, Ayana, Ayania, Ayaniah, Ayannah, Ayannica, Ayna

Ayat (islamique) signe, révélation.

Ayelen, Aylén (mapuche) joie.

Ayelén (araucanien) variante d'Ayelen.

Ayesha (persan) variante d'Aisha.
Ayasha, Ayeshah, Ayeshia, Ayeshiah, Ayessa, Ayisha, Ayishah, Ayshea, Ayshia, Ayshiah, Ayshya, Ayshyah

Ayinhual (mapuche) aimée, chérie ; généreuse.

Ayinleo (mapuche) amour inépuisable.

Ayiqueo (mapuche) à la voix douce ; plaisante.

Ayita (cherokee) première dans la danse.
Aitah

Ayla (hébreu) chêne.
Aylah, Aylana, Aylanah, Aylanna, Aylannah, Aylea, Aylee, Ayleen, Ayleena, Aylena, Aylene, Aylie, Aylin

Aymara (espagnol) peuple et langue du sud des Andes.

Ayme (mapuche) significative.

Aynkan (indigène) sœur aînée.

Aysha (persan) variante d'Aisha.
Ayshah, Ayshe

Aysia (anglais) variante d'Asia ; (persan)
variante d'Aisha.
Aysiah, Aysian

Aza (arabe) confort.
Aiza, Aizha

Azaléa (grec) sèche. Botanique : l'azalée,
un arbuste qui pousse dans un terrain sec,
aux fleurs colorées et voyantes.
*Azaléah, Azalée, Azalei, Azaleigh, Azaley, Azali, Azalia,
Azaliah, Azalie, Azaly, Azalya, Azalyah, Azéléa, Azéléah,
Azélia, Azéliah, Azélya, Azélyah*

Azaria (hébreu) variante d'Azuriah
(voir les prénoms de garçons).
Azariah

Azia (arabe) variante d'Aza.
Aizia

Aziza (swahili) précieuse.
Azizah, Azize

Azucena (arabe) mère admirable.

Azul (arabe) couleur du ciel sans nuage.

Azura (persan) l'azur ou lapis-lazuli, pierre
semi-précieuse bleue.
*Azora, Azorah, Azurah, Azurina, Azurine, Azuryn, Azuryna,
Azurynah, Azuryne*

Azure (persan) variante d'Azura.

B

Baba (africain) née un jeudi.
Aba, Abah, Babah

Babe (latin) variante populaire de Barbara ;
(américain) variante de Baby.

Babesne (arabe) variante d'Amparo.

Babette (français, allemand) variante populaire
de Barbara.
*Babet, Babeta, Babetah, Babett, Babetta, Babettah,
Babita, Babitta, Babitte, Barbet, Barbett, Barbetta,
Barbette, Barbita*

Babs (américain) variante populaire de Barbara.
Bab

Baby (américain) bébé.
*Babby, Babe, Babea, Babee, Babey, Babi, Babie, Bebe,
Bebea, Bebee, Bebey, Bebi, Bebia, Bebie, Beby, Bebya*

Badia (arabe) élégante.
Badiah

Bahiti (égyptien) chance.

Bailee, Baileigh, Baili, Bailie, Baillie, Baily
(anglais) variantes de Bailey.
Bailea, Baileah, Bailei, Bailia, Baillie, Bailley, Bailli, Bailly

Bailey ⒻⒼ (anglais) intendant.
Baelee, Baeleigh, Baeley, Baeli, Bali, Balley

Baka (hindi) grue.
Bakah

Bakana (australien) gardienne.
Bakanah, Bakanna, Bakannah

Bakari ⒼⒻ (swahili) promesse noble.
Bakarie, Bakary

Bakarne (basque) solitude.

Bakula (hindi) fleur.
Bakulah

Balbina (latin) bègue.
Balbinah, Balbine, Balbyna, Balbynah, Balbyne

Baldomera (espagnol) audacieuse ; célèbre.

Balduina (allemand) amie courageuse.

Baleigh (anglais) variante de Bailey.

Bambi (italien) enfant.
*Bambea, Bambee, Bambia, Bambiah, Bambie, Bamby,
Bambya*

Ban (arabe) qui s'est révélée ; qui est apparue.

Bandi Ⓤ (pendjabi) prisonnier.
*Banda, Bandah, Bandee, Bandey, Bandia, Bandiah, Bandie,
Bandy, Bandya, Bandyah*

Banon (gallois) reine.

Bao ⒻⒼ (chinois) trésor.

Baptista (latin) baptiste.
*Baptisa, Baptissa, Baptisse, Baptiste, Baptysa, Baptysah,
Baptyse, Baptyssa, Baptysta, Batista, Battista, Bautista*

Bara, Barra (hébreu) choisie.
Bára, Barah, Barra, Barrah

Barb (latin) diminutif de Barbara.
Barba, Barbe

Barbada (arabe) bénédiction.

Barbara (latin) inconnue, étrangère.
Voir aussi Bebe, Varvara, Wava.
*Babara, Babb, Babbie, Babe, Babette, Babina, Babs,
Barbara-Ann, Barbarina, Barbarit, Barbarita, Barbary,
Barbeeleen, Barbel, Barbera, Barbica, Barbora, Barborah,
Barborka, Barbraann, Barbro, Barùska, Basha*

Bárbara (grec) variante de Barbara.

Barbie (américain) variante populaire
de Barbara.
Barbea, Barbee, Barbey, Barbi, Barby, Baubie

Barbra (américain) variante de Barbara.
Barbraa, Barbro

Bardon (hispanique) chevelu.

Bari (irlandais) variante de Barrie.

Barika (swahili) succès.
Barikah, Baryka, Barykah

Barran (irlandais) sommet d'une petite colline;
(russe) bélier.
*Baran, Barana, Baranah, Barean, Bareana, Bareane,
Bareen, Bareena, Bareenah, Bareene, Barein, Bareina,
Bareinah, Bareine, Bareyba, Bareyn, Bareynah, Bareyne,
Barin, Barina, Barinah, Barine, Barreen, Barreena,
Barreenah, Barreene, Barrin, Barrina, Barrinah, Barrine,
Barryn, Barryna, Barrynah, Barryne*

Barrett GF (allemand) fort comme un ours.

Barie (irlandais) lance; tireuse.
*Barea, Baree, Barey, Barri, Barria, Barriah, Barrya,
Barryah, Barya, Baryah, Berri, Berrie, Berry*

Bartola, Bartolina (araméen) celle qui laboure
la terre.

Bartolomea (espagnol) enfant de Talmaí

Basemat (hébreu) baume.

Basia (hébreu) fille de Dieu.
*Bashiah, Bashya, Bashyah, Basiah, Basya, Basyah, Bathia,
Batia, Batya, Bithia, Bitya*

Basiana (espagnol) jugement perspicace.

Basillia (grec, latin) royale; de reine.
*Basilia, Basiliah, Basilie, Basilla, Basillah, Basillie, Basyla,
Basylah, Basyle, Basyll, Basylla, Basyllah, Basylle, Bazila,
Bazilah, Bazile, Bazilie, Bazill, Bazilla, Bazillah, Bazille,
Bazillia, Bazilliah, Bazillie, Bazyla, Bazylah, Bazyle, Bazyll,
Bazylla, Bazyllah, Bazylle*

Bastet (égyptien) Mythologie: déesse à tête
de chat.

Bathany (araméen) variante de Bethany.
*Bathanea, Bathaneah, Bathanee, Bathaney, Bathani,
Bathania, Bathaniah, Bathanie, Bathannee, Bathanney,
Bathanni, Bathannia, Bathanniah, Bathannie, Bathanny,
Bathanya, Bathenee, Batheney, Batheni, Bathenia,
Batheniah, Bathenie, Batheny*

Bathilda (allemand) guerrière.
Bathildah, Bathilde, Bathylda, Bathyldah, Bathylde

Bathsheba (hébreu) fille du serment; septième
fille. Bible: Bethsabée, l'une des femmes du roi
David. Voir aussi Sheba.
*Bathshua, Batsheva, Batshevah, Bersaba, Bethsabee,
Bethsheba*

Batilde (allemand) variante de Bathilda.

Batini (swahili) pensées intérieures.

Batoul (arabe) vierge.

Baudilia (teuton) audacieuse et courageuse.

Baylea, Bayleigh, Bayli, Baylie (anglais)
variantes de Bailey.
*Bayla, Bayle, Bayleah, Baylei, Baylia, Bayliah, Bayliee,
Bayliegh, Bayly*

Baylee FG (anglais) variante de Bailey.

Bayley FG (anglais) variante de Bailey.

Bayo (yoruba) la joie est trouvée.
Baio

Béa (américain) diminutif de Béatrice.

Béata (latin) diminutif de Béatrice.
Béatah, Béatta, Beeta, Beetah, Beita, Beitah, Beyta, Beytah

Béatrice (latin) bénie; heureuse; porteuse
de joie. Voir aussi Trish, Trixie.
*Béa, Béata, Béatrica, Beatrice, Béatricia, Béatriks, Béatrisa,
Béatrise, Béatrissa, Béatrix, Béatryx, Béattie, Béatty, Bébé,
Bee, Beitris, Trice*

Béatris, Béatriz (latin) variantes de Béatrice.
Béatriss, Béatryz

Bebe U (espagnol) variante de Barbara,
de Béatrice.
BB, Beebee, Bibi

Becca (hébreu) diminutif de Rébecca.
Beca, Becah, Beccah, Beka, Bekah, Bekka

Becka (hébreu) variante de Becca.
Beckah

Becky (américain) variante populaire de Rébecca.
Beckey, Becki, Beckie, Beki, Bekie, Beky

Bedelia (irlandais) variante de Bridget.
Bedeelia, Bedeliah, Bedelya, Bedelyah, Biddy, Bidelia

Bee GF (américain) diminutif de Béatrice.

Bega (germanique) illustre; brillant.

Begoña (basque) l'emplacement de la colline
la plus haute.

Bégonia (espagnol) bégonia.

Bel (hindi) bois sacré de pommiers.
Diminutif d'Amabel, de Bélinda, d'Isabel.
Voir aussi Belle.
Bell

Bela Ⓤ (tchèque) blanc; (hongrois) éclatant.
Belah, Belau, Belia, Beliah, Biela

Bélarmina (espagnol) belle armure.

Bélen ⒻⒼ (grec) flèche; (espagnol) Bethléem.
Bélina

Belicia (espagnol) dédiée à Dieu.
Beli, Belica, Beliciah, Belicya, Belicyah, Belysia, Belysiah, Belysya, Belysyah

Bélinda (espagnol) belle. Littérature: nom
inventé par le poète anglais Alexander Pope
dans *La Boucle de cheveux enlevée*.
Voir aussi Blinda, Linda.
Balina, Balinah, Balinda, Balindah, Balinde, Baline, Ballinda, Ballindah, Ballinde, Bélina, Bélinah, Bélindah, Bélinde, Bélindra, Bellinda, Bellindah, Bellinde, Bellynda, Bellyndah, Bellynde, Bélynda

Bélisa (latin) la plus svelte.

Bélisaria (grec) archer droitier; celle qui tire
des flèches avec adresse.

Bella (latin) belle.
Bellah, Bellau

Belle (français) belle. Diminutif d'Arabella,
de Bélinda, d'Isabelle. Voir aussi Bel, Billie.
Bélita, Bell, Belli, Bellina

Belva (latin) belle vue.
Belvia, Belviah, Belvya, Belvyah

Bena (amérindien) faisan. Voir aussi Bina.
Benah, Benea, Benna, Bennah

Bénate (basque) variante de Bernadette.

Bénécia (latin) diminutif de Benedicta.
Beneciah, Benecya, Benecyah, Beneisha, Benicia, Benish, Benisha, Benishia, Bennicia, Benniciah, Bennicie, Bennicya, Bennycia, Bennyciah, Bennycya, Bennycyah

Benedicta (latin) bénie.
Bendite, Benedetta, Benedettah, Benedictina, Benedikta, Benedycta, Benedykta, Bengta, Benna, Bennicia, Benoîte, Binney

Bénédicte (latin) diminutif de Benedicta.
Bendite, Benedette, Benedictine

Benedicto (latin) variante de Benedicta.

Benedita (portugais) variante de Benedicta.

Benicio (espagnol) personne pleine de bonté.

Benigna (espagnol) bienveillante.

Benilda (allemand) celle qui se bat avec des ours.

Benilde (espagnol) variante de Benilda.

Benita (espagnol) variante de Benedicta.
Beneta, Benetta, Benite, Benitta, Bennita, Benyta, Benytah, Benyte, Neeta

Benjamina (espagnol) variante de Benjamin
(voir les prénoms de garçons).

Bennett ⒼⒻ (latin) enfant béni.
Bennet, Bennetta

Benni (latin) variante populaire de Benedicta.
Bennie, Binni, Binnie, Binny

Bennu (égyptien) aigle.

Bente (latin) bénie.

Berdine (allemand) glorieuse; lumière intérieure.
Berdina, Berdinah, Berdyn, Berdyna, Berdynah, Berdyne, Birdeen, Birdeena, Birdeene, Birdena, Birdene, Birdenie, Birdina, Byrdeena, Byrdeenah, Byrdeene, Byrdina, Byrdinah, Byrdine, Byrdyna, Byrdynah, Byrdyne

Berengaria (allemand) fort comme un ours.

Bérénice, Bérénise (grec) variantes de Bernice.
Berenisse, Bereniz, Berenize

Berget (irlandais) variante de Bridget.
Bergette, Bergit

Berit (allemand) glorieuse.
Beret, Bereta, Berete, Berett, Beretta, Berette, Biret, Bireta, Birete, Birett, Biretta, Birette, Byret, Byreta, Byrete, Byrett, Byretta, Byrette

Berkley Ⓤ (écossais, anglais) champ de bouleaux.
Berkeley, Berkly

Berlynn (anglais) combinaison de Bertha
et de Lynn.
Berla, Berlin, Berlinda, Berline, Berling, Berlyn, Berlyne, Berlynne

Bernabela, Bernabella (hébreu) enfant
de la prophétie.

Bernadette (français) variante de Bernadine.
Voir aussi Nadette.
Bera, Beradette, Berna, Bernadet, Bernadeta, Bernadetah, Bernadete, Bernadett, Bernadetta, Bernadettah, Bernadit, Bernadita, Bernaditah, Bernadite, Bernadyta, Bernadytah, Bernadyte, Bernarda, Bernardette, Bernedet, Bernedette, Bernessa, Berneta

Bernadine (anglais, allemand) aussi courageuse
qu'un ours.
Bernadeen, Bernadeena, Bernadeenah, Bernadeene, Bernaden, Bernadena, Bernadenah, Bernadene, Bernadin, Bernadina, Bernadinah, Bernadyn, Bernadyna, Bernadynah, Bernadyne, Bernardina, Bernardine, Berni

Berneta (français) diminutif de Bernadette.
Bernatta, Bernetah, Bernete, Bernetta, Bernettah, Bernette, Bernit, Bernita, Bernitah, Bernite, Bernyt, Bernyta, Bernytah, Bernyte

Berni (anglais) variante populaire de Bernadine, de Bernice.
Bernie, Berny

Bernice (grec) qui apporte la victoire.
Voir aussi Bunny, Vernice.
Berenike, Bernece, Berneece, Berneese, Bernese, Bernessa, Bernica, Bernicah, Bernicia, Bernicka, Bernika, Bernikah, Bernise, Bernyc, Bernyce, Bernyse, Nixie

Berry GF (anglais) baie. Diminutif de Bernice.
Beree, Berey, Beri, Berie, Berree, Berrey, Berri, Berrie, Bery

Berta (allemand) variante de Berit, Bertha.

Bertha (allemand) éclatante ; illustre ; dirigeante brillante. Diminutif d'Alberta. Voir aussi Birdie, Peke.
Barta, Bartha, Berth, Berthe, Bertille, Bertita, Bertrona, Bertus, Birtha, Birthe, Byrth, Byrtha, Byrthah

Berti (allemand, anglais) variante populaire de Gilberte, Bertina.
Berte, Bertie, Berty

Bertila, Bertilia (allemand) variantes de Bertilda.

Bertilda (allemand) celle qui se bat ; personne qui se distingue.

Bertille (français) variante de Bertha.
Bertilla

Bertina (anglais) brillante, rayonnante.
Berteana, Berteanah, Berteena, Berteenah, Berteene, Bertinah, Bertine, Bertyna, Bertynah, Bertyne, Birteana, Birteanah, Birteena, Birteenah, Birteene, Birtinah, Birtine, Birtyna, Birtynah, Birtyne, Byrteana, Byrteanah, Byrteena, Byrteenah, Byrteene, Byrtinah, Byrtine, Byrtyna, Byrtynah, Byrtyne

Bertoaria (allemand) ville ou armée brillante.

Bertolda (allemand) variante de Bertha.

Berwyn U (gallois) tête blanche.
Berwin, Berwina, Berwinah, Berwine, Berwyna, Berwynah, Berwyne, Berwynn, Berwynna, Berwynnah, Berwynne

Beryl (grec) bijou vert d'eau.
Beral, Beril, Berila, Berile, Berill, Berille, Beryle, Berylla, Berylle

Bess (hébreu) diminutif de Bessie.

Bessie (hébreu) variante populaire d'Elizabeth.
Besee, Besey, Besi, Besie, Bessee, Bessey, Bessi, Bessy, Besy

Betania (hébreu) variante de Bethany.

Beth (hébreu, araméen) maison de Dieu. Diminutif de Bethany, d'Elizabeth.
Betha, Bethe, Bethia

Bethani, Bethanie (araméen) variantes de Bethany.
Bethanee, Bethania, Bethaniah, Bethannee, Bethannie, Bethenee, Bethenni, Bethennie, Bethni, Bethnie

Bethann (anglais) combinaison de Beth et d'Ann.
Bathana, Beth-Ann, Beth-Anne, Bethan, Bethanah, Bethane, Bethanna, Bethannah, Bethanne, Bethena, Bethina, Bethinah, Bethine, Bethyn, Bethyna, Bethynah, Bethyne

Bethany (araméen) maison des figues. Bible : Béthanie, site de la résurrection de Lazare.
Bathanny, Bethaney, Bethanney, Bethanny, Betheney, Bethenney, Bethenny, Betheny, Bethia, Bethina, Bethney, Bethny, Betthany

Bethel (hébreu) de la maison de Dieu.
Bethal, Bethall, Bethell, Bethil, Bethill, Bethol, Betholl, Bethyl, Bethyll

Betiñe (basque) variante de Perpétua.

Betsabe, Betsabé (hébreu) fille d'un serment ou d'un pacte.

Betsy (américain) variante populaire d'Elizabeth.
Betsee, Betsey, Betsi, Betsia, Betsie, Betsya, Betsyah, Betsye

Bette (français) variante de Betty.
Beta, Betah, Bete, Betea, Betia, Betka, Bett, Betta, Bettah

Bettina (américain) combinaison de Beth et de Tina.
Betina, Betinah, Betine, Betti, Bettinah, Bettine, Bettyna, Bettynah, Bettyne, Betyna, Betynah, Betyne

Betty (hébreu) consacrée à Dieu ; (anglais) variante populaire d'Elizabeth.
Betee, Betey, Beti, Betie, Betite, Bettey, Betti, Bettie, Betty-Jean, Betty-Jo, Betty-Lou, Bettye, Bettyjean, Bettyjo, Bettylou, Bety, Boski, Bözsi

Betula (hébreu) fille, vierge.
Betulah, Betulla, Betullah

Betulia (hébreu) jardin de bouleaux.

Beulah (hébreu) mariée. Bible : Beulah est un nom donné à Israël dans le Livre d'Esaïe.
Beula, Beulla, Beullah

Bev (anglais) diminutif de Beverly.

Bevanne (gallois) enfant d'Evan.
Bevan, Bevann, Bevany, Bevin, Bevina, Bevine, Bevinnah, Bevyn, Bevyna, Bevyne

Beverley (anglais) variante de Beverly.
Beverle, Beverlea, Beverleah, Beverlee, Beverlei, Beverleigh

Beverly FG (anglais) champ de castors. Voir aussi Buffy.
Bevalee, Beverlie, Beverlly, Bevlea, Bevlee, Bevlei, Bevleigh, Bevley, Bevli, Bevlie, Bevly, Bevlyn, Bevlynn, Bevlynne, Bevvy, Verly

Beverlyann (américain) combinaison de Beverly
et d'Ann.
Beverliann, Beverlianne, Beverlyanne

Bian (vietnamien) cachée; secrète.
Biane, Biann, Bianne, Byan, Byane, Byann, Byanne

Bianca (italien) blanche. Voir aussi Blanca,
Vianca.
*Biancca, Biancha, Biancia, Bianco, Bianey, Bianica,
Biannca, Biannqua, Binney, Byanca, Byancah, Byanqua*

Bianka (italien) variante de Bianca.
*Beyanka, Biankah, Biannka, Byancka, Byanckah, Byanka,
Byankah*

Bibi (latin) diminutif de Bibiana; (arabe) dame;
(espagnol) variante de Bebe.
BeBe, Beebee, Byby

Bibiana (latin) vive.
*Bibianah, Bibiane, Bibiann, Bibianna, Bibiannah, Bibianne,
Bibyan, Bibyana, Bibyanah, Bibyann, Bibyanna, Bibyannah,
Bibyanne, Bybian, Bybiana, Bybianah, Bybiane, Bybiann,
Bybianna, Bybiannah, Bybianne, Bybyan, Bybyana,
Bybyanah, Bybyane, Bybyann, Bybyanna, Bybyannah,
Bybyanne*

Bibiñe (basque) variante de Viviana.

Biblis (latin) hirondelle.

Biddy (irlandais) variante populaire de Bedelia.
Biddie

Bienvenida (espagnol) bienvenue.

Bilal (basque) née pendant l'été.

Billi (anglais) variante de Billie.
Biley, Bili, Billey, Billye, Bily, Byley, Byli, Bylli, Bylly, Byly

Billie 🄵🄶 (anglais) résolue; (allemand, français)
variante populaire de Belle, de Wilhelmina.
*Bilea, Bileah, Bilee, Bilei, Bileigh, Bilie, Billea, Billee, Bylea,
Byleah, Bylee, Bylei, Byleigh, Bylie, Byllea, Byllee, Byllei,
Bylleigh, Byllie*

Billie-Jean (américain) combinaison de Billie
et de Jean.
Billiejean, Billy-Jean, Billyjean

Billie-Jo (américain) combinaison de Billie
et de Jo.
Billiejo, Billy-Jo, Billyjo

Billy 🄶🄵 (anglais) variante de Billie.

Bina (hébreu) sage; compréhensive; (swahili)
danseuse; (latin) diminutif de Sabina.
Voir aussi Bena.
Binah, Binney, Binta, Bintah, Byna, Bynah

Binney (anglais) variante populaire de Benedicta,
de Bianca, de Bina.
Binnee, Binni, Binnie, Binny

Bionca (italien) variante de Bianca.
*Beonca, Beyonca, Beyonka, Bioncha, Bionica, Bionka,
Bionnca*

Birdie (anglais) oiseau; (allemand) variante
populaire de Bertha.
*Bird, Birde, Birdea, Birdee, Birdella, Birdena, Birdey, Birdi,
Birdy, Byrd, Byrda, Byrde, Byrdey, Byrdie, Byrdy*

Birgitte (suédois) variante de Bridget.
Berget, Bergeta, Birgit, Birgita, Birgitt, Birgitta

Birkide (basque) variante de Bridget.

Bitilda (allemand) variante de Bathilda.

Bjorg (scandinave) salut.
Bjorga

Bladina (latin) amicale.
*Bladea, Bladeana, Bladeanah, Bladeane, Bladeen,
Bladeena, Bladeene, Bladene, Bladine, Bladyn, Bladyna,
Bladyne*

Blaine 🄶🄵 (irlandais) mince.
Blain, Blane

Blair 🅄 (écossais) habitant de la plaine.
Blare, Blayr, Blayre

Blaire (écossais) variante de Blair.

Blaise 🄶🄵 (français) qui bégaie.
*Blais, Blaisia, Blaiz, Blaize, Blasha, Blasia, Blayse, Blayz,
Blayze, Blaza, Blaze, Blazena, Blazia*

Blake 🄶🄵 (anglais) sombre.
Blaik, Blaike, Blaque, Blayk, Blayke

Blakely 🅄 (anglais) prairie sombre.
*Blaiklea, Blaiklee, Blaiklei, Blaikleigh, Blaikley, Blaikli,
Blaiklie, Blaikly, Blakelea, Blakeleah, Blakelee, Blakelei,
Blakeleigh, Blakeley, Blakeli, Blakelie, Blakelyn, Blakelynn,
Blakesley, Blakley, Blakli, Blayklea, Blaykleah, Blayklee,
Blayklei, Blaykleigh, Blaykli, Blayklie, Blaykly*

Blanca (italien) variante de Bianca.
*Belanca, Belancah, Belancka, Belanckah, Belanka,
Belankah, Bellanca, Bellancah, Bellancka, Bellanckah,
Bellanka, Bellankah, Blancah, Blancka, Blanka, Blankah,
Blannca, Blanncah, Blannka, Blannkah, Blanqua*

Blanche (français) variante de Bianca.
Blanch, Blancha, Blinney

Blanda (latin) délicate; douce.

Blandina (latin) flatteuse.

Blasa (français) variante de Blaise.

Blasina, Blasona (latin) variantes de Blaise.

Blayne 🄶🄵 (irlandais) variante de Blaine.
Blayn

Blenda (allemand) blanche; brillante.

Blesila (celte) brandon.

Blinda (américain) diminutif de Belinda.
Blynda

Bliss [FG] (anglais) bienheureuse, joyeuse.
Blis, Blisa, Blissa, Blisse, Blys, Blysa, Blyss, Blyssa, Blysse

Blodwyn (gallois) fleur. Voir aussi Wynne.
Blodwen, Blodwin, Blodwina, Blodwinah, Blodwine, Blodwyna, Blodwynah, Blodwyne, Blodwynn, Blodwynna, Blodwynnah, Blodwynne, Blodyn

Blondelle (français) blonde, aux cheveux pâles.
Blondel, Blondele, Blondelia, Blondeliah, Blondell, Blondella, Blondelya, Blondelyah

Blondie (américain) variante populaire de Blondelle.
Blondea, Blondee, Blondey, Blondi, Blondia, Blondiah, Blondy, Blondya

Blossom (anglais) fleur.

Blum (yiddish) fleur.
Bluma, Blumah

Blythe (anglais) joyeuse, enjouée.
Blithe, Blyss, Blyth

Bo [GF] (chinois) précieux.
Beau, Bow

Boacha (hébreu) bénie.

Bobbette (américain) variante populaire de Roberta.
Bobbet, Bobbetta, Bobinetta, Bobinette

Bobbi (américain) variante populaire de Barbara, de Roberta.
Baubie, Bobbe, Bobbea, Bobbee, Bobbey, Bobbie-Jean, Bobbie-Lynn, Bobbie-Sue, Bobbisue, Bobby, Bobbye, Bobea, Bobee, Bobey, Bobi, Bobie, Bobina, Bobine, Boby

Bobbi-Ann, Bobbie-Ann (américain) combinaisons de Bobbi et d'Ann.
Bobbi-Anne, Bobbiann, Bobbianne, Bobbie-Anne, Bobby-Ann, Bobby-Anne, Bobbyann, Bobbyanne

Bobbi-Jo, Bobbie-Jo (américain) combinaisons de Bobbi et de Jo.
Bobbiejo, Bobbijo, Bobby-Jo, Bobijo

Bobbi-Lee (américain) combinaison de Bobbi et de Lee.
Bobbie-Lee, Bobbilee, Bobby-Leigh, Bobbylee, Bobile

Bobbie [FG] (américain) variante populaire de Barbara, de Roberta.

Bodana, Bohdana (russe) présent de Dieu.

Bodil [U] (norvégien) dirigeant puissant.
Bodila, Bodilah, Bodyl, Bodyla, Bodylah

Bolivia (espagnol) Géographie: la Bolivie est un pays d'Amérique du Sud.

Bolona (allemand) amie.

Bolonia (italien) Géographie: variante du nom de la ville de Bologne, en Italie.

Bonajunta (latin) sage; unie.

Bonfila, Bonfilia (italien) bonne fille.

Bonifacia (italien) bienfaitrice.

Bonita (espagnol) jolie.
Bonesha, Bonetta, Bonitah, Bonitta, Bonittah, Bonnetta, Bonnita, Bonnitah, Bonnitta, Bonnyta, Bonnytta, Bonyta, Bonytta

Bonnie, Bonny (anglais, écossais) belle, jolie; (espagnol) variantes populaires de Bonita.
Bonea, Bonee, Boney, Boni, Bonia, Boniah, Bonie, Bonne, Bonnea, Bonnee, Bonnell, Bonney, Bonni, Bonnia, Bonniah, Bonnin

Bonnie-Bell (américain) combinaison de Bonnie et de Belle.
Bonnebell, Bonnebelle, Bonnibela, Bonnibelah, Bonnibele, Bonnibell, Bonnibella, Bonnibellah, Bonnibelle, Bonniebell, Bonniebelle, Bonnybell, Bonnybelle

Bonosa (espagnol) bien volontiers; avec gentillesse.

Bova (allemand) courageuse; illustre.

Bracken (anglais) fougères.
Brackin, Brackyn, Braken, Brakin, Brakyn

Bradley [GF] (anglais) large prairie.
Bradlea, Bradleah, Bradlee, Bradlei, Bradleigh, Bradli, Bradlia, Bradliah, Bradlie, Bradly, Bradlya

Brady [GF] (irlandais) plein d'entrain.
Bradee, Bradey, Bradi, Bradie, Braedi, Braidee, Braidey, Braidi, Braidie, Braidy, Braydee

Braeden [GF] (anglais) large colline.
Bradyn, Bradynn, Braedan, Braedean, Braedyn, Braidan, Braiden, Braidyn, Brayden, Braydn, Braydon

Braelyn (américain) combinaison de Braeden et de Lynn.
Braelee, Braeleigh, Braelin, Braelle, Braelon, Braelynn, Braelynne, Brailee, Brailenn, Brailey, Braili, Brailyn, Braylee, Brayley, Braylin, Braylon, Braylyn, Braylynn

Braith (gallois) tache de rousseur.

Branca (portugais) blanche.

Branda (hébreu) bénédiction.

Brande, Brandee, Brandi, Brandie (néerlandais) variantes de Brandy.
Brandea, Brandeece, Brandeese, Brandei, Brandia, Brandice, Brandiee, Brandii, Brandily, Brandin, Brandina, Brani, Branndie, Brendee, Brendi

Branden [GF] (anglais) vallée lumineuse
Brandan, Brandine, Brandyn

Brandis (néerlandais) variante de Brandy.
Brandise, Brandiss, Brandisse

Brandon 🄶🄵 (anglais) variante de Branden.

Brandy (néerlandais) un digestif fait à partir
de vin distillé.
*Bradys, Brand, Brandace, Brandaise, Brandala, Brandeli,
Brandell, Brandy-Lee, Brandy-Leigh, Brandye, Brandylee,
Brandysa, Brandyse, Brandyss, Brandyssa, Brandysse,
Brann, Brantley, Branyell, Brendy*

Brandy-Lynn (américain) combinaison
de Brandy et de Lynn.
*Brandalyn, Brandalynn, Brandelyn, Brandelynn,
Brandelynne, Brandilyn, Brandilynn, Brandilynne, Brandlin,
Brandlyn, Brandlynn, Brandlynne, Brandolyn, Brandolynn,
Brandolynne, Brandy-Lyn, Brandy-Lynne, Brandylyn,
Brandylynne*

Braulia (teutonique) étincelante.

Braulio (allemand) ardente; qui brûle.

Braxton 🄶🄵 (anglais) ville de Brock
Braxten, Braxtyn

Bre (irlandais, anglais) variante de Bree.

Brea, Breah (irlandais) diminutifs de Breana,
de Briana.
Breea, Breeah

Breahna (irlandais) variante de Breana,
de Briana.

Breana, Bréana, Breanna, Bréanna (irlandais)
variantes de Briana.
*Bre-Anna, Breanah, Breanda, Breannah, Breannea,
Breannia, Breasha, Breawna, Breila*

Breann, Breanne (irlandais) diminutifs
de Briana.
*Bre-Ann, Bre-Anne, Breane, Breaunne, Breiann, Breighann,
Breyenne, Brieon*

Breasha (russe) variante populaire de Breana.

**Breauna, Breaunna, Breunna, Briauna,
Briaunna** (irlandais) variantes de Briana.
Breeauna, Breuna

Breck 🅄 (irlandais) qui a des taches de rousseur.
*Brec, Breca, Brecah, Brecka, Breckah, Brecken, Brek, Breka,
Brekah*

Bree (anglais) bouillon; (irlandais) diminutif
de Breann. Voir aussi Brie.
Breay, Brey

Breean (irlandais) diminutif de Briana.
Breeane, Breeann, Breeanne, Breelyn, Breeon

Breeana, Breeanna (irlandais) variantes
de Briana.
Breeanah, Breeannah

Breena (irlandais) palais féerique.
Variante de Brina.
Breenah, Breene, Breenea, Breenia, Breeniah, Breina, Breinah

Breeze (anglais) vent léger; insouciante.
*Brease, Breaz, Breaze, Brees, Breese, Breez, Briez, Brieze,
Bryez, Bryeze, Bryze*

Bregus (gallois) fragile.

Breiana, Breianna (irlandais) variantes
de Briana.
Breian, Breianah, Breiane, Breiann, Breiannah, Breianne

Breigh (irlandais) variante de Bree.
Brei

Brena, Brenna (irlandais) variantes de Brenda.
*Bren, Brenah, Brenie, Brenin, Brenn, Brennah, Brennaugh,
Brenne*

Brenda (irlandais) petit corbeau; (anglais) épée.
*Brandah, Brandea, Brendah, Brendell, Brendelle, Brendette,
Brendie, Brendyl, Brennda, Brenndah, Brinda, Brindah,
Brinnda, Brinndah, Brynda, Bryndah, Brynnda, Brynndah*

Brenda-Lee (américain) combinaison de Brenda
et de Lee.
*Brendalee, Brendaleigh, Brendali, Brendaly, Brendalys,
Brenlee, Brenley*

Brennan 🄶🄵 (anglais) variante de Brendan
(voir les prénoms de garçons).
Brennea, Brennen, Brennon, Brennyn

Breona, Bréona, Breonna, Bréonna (irlandais)
variantes de Briana.
*Breaona, Breaonah, Breeona, Breeonah, Breiona, Breionah,
Breionna, Breonah, Breonie, Breonne*

Breonia (irlandais) variante de Breona.

Bret 🄶🄵 (irlandais) diminutif de Britany.
Voir aussi Brita.
*Breat, Breatte, Breta, Bretah, Bretta, Brettah, Brettea,
Brettia, Brettin, Bretton*

Brett 🄶🄵 (irlandais) diminutif de Britany.

Brette (irlandais) diminutif de Britany.

Breyana, Breyann, Beyanna (irlandais)
variantes de Briana.
*Breyan, Breyane, Breyannah, Breyanne, Breyna,
Breynah*

Breyona, Breyonna (irlandais) variantes
de Briana.
Breyonah, Breyonia

Bria, Briah (irlandais) diminutifs de Briana.
Voir aussi Brea.
Brya, Bryah

Briahna (irlandais) variante de Briana.

Briana (irlandais) forte; vertueuse, honorable.
Bhrianna, Brana, Brianni, Briannon

Brianca (irlandais) variante de Briana.

Brianda (irlandais) variante de Briana.
Briand

Briann, Brianne (irlandais) diminutifs de Briana.
Briane

Brianna (irlandais) variante de Briana.

Briannah (irlandais) variante de Briana.
Brianah

Briar CF (français) bruyère.
Brear, Brier, Bryar

Brice CF (gallois) variante de Bryce.

Bricia (espagnol) variante de Bridget.

Bridey (irlandais) variante populaire de Bridget.
Bridea, Brideah, Bridee, Bridi, Bridie, Bridy, Brydea, Brydee, Brydey, Brydi, Brydie, Brydy

Bridget (irlandais) forte. Voir aussi Bedelia, Bryga, Gitta.
Berget, Birgitte, Bride, Bridey, Bridger, Bridgeta, Bridgetah, Bridgete, Bridgid, Bridgit, Bridgita, Bridgitah, Bridgite, Bridgot, Brietta, Brigada, Briget, Brydget, Brydgeta, Brydgetah, Brydgete

Bridgett, Bridgette (irlandais) variantes de Bridget.
Bridgetta, Bridgettah, Bridggett, Bridgitt, Bridgitta, Bridgittah, Bridgitte, Briggitte, Brigitta, Brydgett, Brydgetta, Brydgettah, Brydgette

Brie (français) type de fromage. Géographie : région française connue pour son fromage. Voir aussi Bree.
Bri, Briea, Briena, Brieon, Brietta, Briette, Bry, Brye

Brieana, Brieanna (américain) combinaisons de Brie et d'Anna. Voir aussi Briana.
Brieannah

Brieann, Brieanne (américain) combinaisons de Brie et d'Ann.
Brie-Ann, Brie-Anne

Briel, Brielle (français) variantes de Brie.
Breael, Breaele, Breaell, Breaelle, Breel, Breell, Breelle, Briela, Brielah, Briele, Briell, Briella, Bryel, Bryela, Bryelah, Bryele, Bryell, Bryella, Bryellah, Bryelle

Brienna (irlandais) variante de Briana.
Brieon, Brieona

Brienne (français) diminutif de Briana.
Briene, Brienn

Brieonna (irlandais) variante de Briana.

Brigette (français) variante de Bridget.
Briget, Brigett, Brigetta, Brigettee, Brigget

Brighton (anglais) ville lumineuse.
Breighton, Bright, Brightin, Bryton

Brigid (irlandais) variante de Bridget.
Brigida

Brígida, Brigidia (celte) variantes de Bridget.

Brigit, Brigitte (français) variantes de Bridget.
Briggitte, Brigita

Brillana (anglais) venant de la ville de Brill, en Angleterre.

Brina (latin) diminutif de Sabrina ; (irlandais) variante populaire de Briana.
Breina, Breinah, Brin, Brinah, Brinan, Brinda, Brindi, Brindy, Briney, Brinia, Brinlee, Brinly, Brinn, Brinna, Brinnah, Brinnan

Briona, Brionna (irlandais) variantes de Briana.
Brionah, Brione, Brionnah, Brionne, Briony, Briunna, Bryony

Brisa (espagnol) aimée. Mythologie : Briséis était le nom grec de la bien-aimée d'Achille.
Breza, Brisah, Brisha, Brishia, Brissa, Brysa, Brysah, Bryssa, Bryssah

Brisda (celte) variante de Bridget.

Briselda (espagnol) variante de Bridget.

Brisia, Briza (grec) variantes de Brisa.

Bristol (anglais) l'emplacement du pont ; de Bristol, en Angleterre.

Brita (irlandais) variante de Bridget ; (anglais) diminutif de Britany.
Breata, Breatah, Breatta, Breattah, Bretta, Briet, Brieta, Briete, Briett, Brietta, Briette, Brit, Bryt, Bryta, Brytah, Bryte, Brytia

Britaney, Britani, Britanie, Brittanee, Brittaney, Brittani, Brittanie (anglais) variantes de Britany.
Britana, Britanah, Britane, Britanee, Britania, Britanica, Britanii, Britanna, Britanni, Britannia, Britanny, Britatani, Brittanah, Brittane, Brittanni, Brittannia, Brittannie

Britany, Brittany (anglais) venant de Grande-Bretagne. Voir aussi Bret.
Briteny, Britkney, Britley, Britlyn, Brittainee, Brittainey, Brittainny, Brittainy, Brittamy, Brittana, Brittania, Brittanica, Brittany-Ann, Brittanyne, Brittell, Brittlin, Brittlynn

Britin, Brittin (anglais) venant de Grande-Bretagne.
Breatin, Breatina, Breatinah, Breatine, Breattin, Breattina, Breattinah, Breattine, Bretin, Bretina, Bretinah, Bretine, Bretyn, Bretyna, Bretynah, Bretyne, Britan, Britann, Britia, Britina, Britinah, Britine, Briton, Brittin, Brittina, Brittine, Bryttin, Bryttina, Bryttine

British (anglais) venant de Grande-Bretagne.

Britnee, Britney, Britni, Britnie, Britny, Brittnay, Brittnee, Brittney, Brittni, Brittnie, Brittny (anglais) variantes de Britany.
Bittney, Bridnee, Bridney, Britnay, Britne, Britnei, Britnye, Brittnaye, Brittne, Brittnea, Brittnei, Brittneigh, Brytnea, Brytni

Briton CF (anglais) variante de Britin.

Britt Ⓤ (suédois, latin) diminutif de Britta.
Briet, Brit, Britte, Brytte

Britta (suédois) forte; (latin) diminutif
de Britany.
Brita, Brittah, Brytta, Bryttah

Brittan Ⓤ (anglais) variante de Britin.
Diminutif de Britany.

Brittanny (anglais) variante de Britany.

Britten Ⓤ (anglais) variante de Britin.
Diminutif de Britany.

Britteny (anglais) variante de Britany.
Britenee, Briteney, Briteni, Britenie, Briteny, Brittenay,
Brittenee, Britteney, Britteni, Brittenie

Brittiany (anglais) variante de Britany.
Britianey, Brittiani, Brittianni

Brittin (anglais) variante de Britin.

Brittini, Brittiny (anglais) variantes de Britany.
Britini, Britinie, Brittinee, Brittiney, Brittinie

Britton ⒼⒻ (anglais) variante de Britin.

Brittony (anglais) variante de Britany.

Briyana, Briyanna (irlandais) variantes
de Briana.

Brodie ⒼⒻ (irlandais) fossé; constructeur
de canal.
Brodee, Brodi, Brody

Brogan ⒼⒻ (irlandais) chaussure pour
des travaux difficiles.
Brogen, Broghan, Broghen

Bronnie (gallois) variante populaire de Bronwyn.
Bron, Broney, Bronia, Broniah, Bronie, Bronnee, Bronney,
Bronny, Bronya

Bronte (grec) tonnerre; (gaélique) donneuse.
Littérature: Charlotte, Emily et Anne
Brontë étaient trois sœurs et écrivaines nées
en Angleterre.
Bronté, Brontë

Bronwen (gallois) variante de Bronwyn.

Bronwyn (gallois) à la poitrine blanche.
Voir aussi Rhonwyn.
Bronwin, Bronwina, Bronwinah, Bronwine, Bronwynn,
Bronwynna, Bronwynne

Brook (anglais) ruisseau, rivière.
Bhrooke, Brookee, Brookelle, Brookey, Brookia, Brookie,
Brooky

Brooke (anglais) ruisseau, rivière.

Brooke-Lynn, Brookelyn, Brookelynn
(américain) variantes de Brooklyn.
Brookelina, Brookeline, Brookellen, Brookellin, Brookellina,
Brookelline, Brookellyn, Brookellyna, Brookellyne, Brookelyn,
Brookelyna, Brookelyne, Brookelynn

Brooklin (américain) variante de Brooklyn.
Brooklina, Brookline

Brooklyn, Brooklyne, Brooklynn, Brooklynne
(américain) combinaisons de Brook et de Lynn.
Brooklen, Brooklyna

Brooks ⒼⒻ (anglais) variante de Brook.

Bruna (allemand) diminutif de Brunhilda.
Brona

Brunela (italien) variante de Brunhilda.

Brunhilda (allemand) guerrière armée.
Brinhild, Brinhilda, Brinhilde, Bruna, Brunhild, Brunhildah,
Brunhilde, Brunnhild, Brunnhilda, Brunnhildah, Brünnhilde,
Brynhild, Brynhilda, Brynhildah, Brynhilde, Brynhyld,
Brynhylda, Brynhyldah, Brynhylde, Hilda

Brunilda (allemand) variante de Brunhilda.

Bryana, Bryanna (irlandais) variantes de Briana.
Bryanah, Bryannah, Bryanni

Bryanne (irlandais) diminutif de Bryana.
Bryane, Bryann

Bryce ⒼⒻ (gallois) vigilant; ambitieux.

Bryga (polonais) variante de Bridget.
Brygid, Brygida, Brygitka

Brylee, Brylie (américain) combinaisons
de la lettre B et de Riley.
Brylei, Bryley, Bryli

Bryn ⒻⒼ (latin) venant de la frontière; (gallois)
monticule.
Brin, Brinn, Brynee

Bryna (latin, irlandais) variante de Brina.
Brinah, Brinan, Brinna, Brinnah, Brinnan, Brynah, Brynan,
Brynna, Brynnah, Brynnan

Brynn (latin) venant de la frontière; (gallois)
monticule.

Brynne (latin, gallois) variante de Bryn.

Bryona, Bryonna (irlandais) variantes de Briana.
Brionie, Bryonah, Bryone, Bryonee, Bryoney, Bryoni,
Bryonia, Bryony

Bryttani, Bryttany (anglais) variantes
de Britany.
Brytanee, Brytaney, Brytani, Brytania, Brytanie, Brytanny,
Brytany, Bryttanee, Bryttaney, Bryttania, Bryttanie, Bryttine

Bryttni (anglais) variante de Britany.
Brytnee, Brytney, Brytni, Brytnie, Brytny, Bryttnee, Bryttney,
Bryttnie, Bryttny, Brytton

Buena (espagnol) sage.

Buenaventura (castillan) bonne chance.

Buffy (américain) buffle ; venant des plaines.
Bufee, Bufey, Buffee, Buffey, Buffi, Buffie, Buffye, Bufi, Bufie, Bufy

Bunny (grec) variante populaire de Bernice ;
(anglais) petit lapin. Voir aussi Bonnie.
Bunee, Buney, Buni, Bunie, Bunnea, Bunnee, Bunney, Bunni, Bunnia, Bunnie, Buny

Burgundy (français) Géographie : Bourgogne,
région française réputée pour son vin.
Burgandee, Burgandey, Burgandi, Burgandie, Burgandy, Burgunde, Burgundee, Burgundey, Burgundi, Burgundie

Bushra (arabe) bon augure.

Byanna (irlandais) variante de Briana.
Biana, Bianah, Bianna, Byanah, Byannah

Cabeza (espagnol) tête.

Cache, Cachet (français) prestigieuse ; désireuse.
Cachae, Cachea, Cachee, Cachée

Cadence (latin) rythme.
Cadena, Cadenah, Cadenza, Kadena, Kadenah, Kadenza, Kadenzah

Cadie, Cady (anglais) variantes de Kady.
Cade, Cadea, Cadee, Cadey, Cadi, Cadia, Cadiah, Cadine, Cadya, Cadyah, Cadye

Cadwyn (gallois) chenal.

Cadyna (anglais) variante de Cadence.

Caecey (irlandais) variante de Casey.
Caecea, Caecee, Caeci, Caecia, Caeciah, Caecie, Caecy, Caesea, Caesee, Caesey, Caesi, Caesie, Caesy

Caela (hébreu) variante de Kayla.

Caeley (américain) variante de Kaylee, de Kelly.
Caelea, Caeleah, Caelee, Caelei, Caeleigh, Caeli, Caelia, Caelie, Caelly, Caely

Caelin, Caelyn (américain) variantes de Kaelyn.
Caelan, Caelean, Caeleana, Caeleanah, Caeleane, Caeleen, Caeleena, Caeleenah, Caeleene, Caelen, Caelena, Caelenah, Caelene, Caelina, Caelinah, Caeline, Caelinn, Caelyna, Caelynah, Caelyne, Caelynn

Caethes (gallois) esclave.

Cafleen (irlandais) variante de Cathleen.
Cafflean, Caffleana, Caffleanah, Caffleane, Caffleen, Caffleena, Caffleenah, Caffleene, Cafflein, Caffleina, Caffleinah, Caffleine, Cafflin, Cafflina, Cafflinah, Caffline, Cafflyn, Cafflyna, Cafflynah, Cafflyne, Caflean, Cafleana, Cafleanah, Cafleane, Cafleena, Cafleenah, Cafleene, Caflein, Cafleina, Cafleinah, Cafleine, Caflin, Caflina, Caflinah, Cafline, Caflyn, Caflyna, Caflynah, Caflyne

Cai GF (vietnamien) féminin.
Cae, Cay, Caye

Caicey (irlandais) variante de Casey.
Caicea, Caicee, Caici, Caicia, Caiciah, Caicie, Caicy, Caisea, Caisee, Caisey, Caisi, Caisia, Caisiah, Caisie, Caisy

Caila (hébreu) variante de Kayla.

Cailee, Caileigh, Cailey (américain) variantes
de Kaylee, de Kelly.
Cailea, Caileah, Caili, Cailia, Cailie, Cailley, Caillie, Caily

Cailida (espagnol) qui adore.
Caelida, Caelidah, Cailidah, Cailidora, Cailidorah, Callidora, Callidorah, Caylida, Caylidah, Kailida, Kailidah, Kaylida, Kaylidah

Cailin, Cailyn (américain) variantes de Caitlin.
Cailan, Caileen, Caileena, Caileenah, Caileene, Cailena, Cailenah, Cailene, Cailina, Cailine, Cailyna, Cailyne, Cailynn, Cailynne, Calen

Caitlan, Caitlen, Caitlyn, Caitlynn, Caitlynne
(irlandais) variantes de Caitlin, Kaitlan.
Caitlana, Caitland, Caitlandt, Caitlane, Caitlena, Caitlene, Caitlenn, Caitlyna, Caitlyne

Caitlin (irlandais) pure. Voir aussi Kaitlin,
Katalina.
Caetlan, Caetlana, Caetlane, Caetlen, Caetlena, Caetlene, Caetlin, Caetlina, Caetline, Caetlyn, Caetlyna, Caetlyne, Caitleen, Caitline, Caitlinn, Caitlon

Cala, Calla (arabe) château, forteresse.
Voir aussi Calie, Kala.
Calah, Calan, Calana, Calia, Caliah, Callah

Calala (espagnol) variante populaire
de Chandelaria.

Calamanda (latin) Géographie : région
du Mexique.

Calandra (grec) alouette.
Calan, Calandre, Calandrea, Calandria, Calandriah, Caleida, Calendra, Calendrah, Calendre, Caylandra, Caylandrea, Caylandria, Caylandriah, Kalandra, Kalandria

Calantha (grec) belle floraison.
Calanthah, Calanthia, Calanthiah, Calanthya, Calanthyah

Caledonia (latin) d'Écosse.
Caldona, Caldonah, Caldonia, Caldoniah, Caldonya, Caldonyah, Caledona, Caledoniah, Caledonya, Caledonyah

Calee, Caleigh, Calley (américain) variantes de Caeley.
Calea, Caleah, Calei, Calleigh

Calefagia (grec) plaisante.

Caley FG (américain) variante de Caeley.

Calfuray (mapuche) violette bleue.

Cali, Calli (grec) variantes de Calie. Voir aussi Kali.
Calia, Caliah

Calida (espagnol) chaude; ardente. Voir aussi Kalida.
Calina, Callida, Callyda, Callydah, Calyda, Calydah

Cálida (espagnol) variante de Calida.

Calie, Callie, Cally (grec, arabe) variantes populaires de Cala, de Calista. Voir aussi Kalli.
Cal, Callea, Calleah, Callee, Callei, Calli, Callia, Calliah, Caly

Calinda (hindi) variante de Kalinda.
Calindah, Calinde, Callinda, Calynd, Calynda, Calyndah, Calynde

Calínica (grec) celle qui remporte une grande victoire.

Calíope (grec) variante de Calliope.

Calirroe (grec) qui marche avec beauté.

Calista, Callista (grec) la plus belle. Voir aussi Kalista.
Calesta, Calestah, Calistah, Callesta, Callestah, Callistah, Callysta, Callystah, Calysta

Calistena, Calistenia (grec) belle force.

Calisto (espagnol, portugais) variante de Calista.

Calixta, Calixto (grec) variantes de Calista.

Callan FG (allemand) qui aime parler, bavard.
Callen, Callin, Callon, Callun, Callyn, Kallan, Kallen, Kallin, Kallon, Kallun, Kallyn

Callidora (grec) don de beauté.

Calliope (grec) belle voix. Mythologie: Calliope était la muse de l'épopée. Voir aussi Kalliope.
Calliopee

Callula (latin) beauté; lumière.
Callulah, Calula, Calulah, Kallula, Kallulah, Kalula, Kalulah

Caltha (latin) fleur jaune.

Calumina (irlandais) colombe.
Caluminah, Calumyna, Calumynah

Calvina (latin) chauve.
Calveana, Calveanah, Calveane, Calveania, Calveaniah, Calveena, Calveenah, Calveenia, Calveeniah, Calvinah, Calvine, Calvinetta, Calvinette, Calvyna, Calvynah, Calvyne

Calyca (grec) variante de Kalyca.
Calica, Calicah, Calicka, Calickah, Calika, Calikah, Calycah

Calyn (écossais) variante de Caelan (voir les prénoms de garçons); (américain) variante de Caelin; (allemand) variante de Callan (voir les prénoms de garçons).
Callyn, Caylan, Caylen, Cayley, Caylin, Caylon, Caylyn

Calypso (grec) dissimulatrice. Botanique: orchidée rose des régions du Nord. Mythologie: nymphe de la mer qui a retenu Ulysse prisonnier pendant sept ans.
Calipso, Caly, Lypsie, Lypsy

Cam GF (vietnamien) agrume doux.
Kam

Camara (américain) variante de Cameron.
Camira, Camry

Camarin (écossais) variante de Cameron.

Camberly (américain) variante de Kimberly.
Camber, Camberlee, Camberleigh

Cambria (latin) du pays de Galles. Voir aussi Kambria.
Camberry, Cambrea, Cambree, Cambreia, Cambriah, Cambrie, Cambrina, Cambry, Cambrya, Cambryah

Camden GF (écossais) vallée sinueuse.
Camdyn

Camélia, Camellia (italien) Botanique: un camélia est un arbre ou arbuste à feuilles persistantes avec des fleurs parfumées similaires aux roses. Voir aussi Kamélia.
Camala, Camalia, Camallia, Camela, Cameliah, Camelita, Camella, Camellita, Camelya, Camelyah, Camillia, Camilliah, Chamelea, Chameleah, Chamelia, Chameliah, Chamellia, Chamelliah, Chamelya, Chamelyah, Chamilia, Chamylia, Chamyliah

Caméo (latin) camée, pierre précieuse ou coquillage sur lequel un portrait a été sculpté.
Cami, Camio, Camyo, Kameo, Kamio, Kamyo

Camera (américain) variante de Cameron.
Cameri, Cameria

Cameron GF (écossais) nez crochu. Voir aussi Kameron.
Cameran, Camerana, Cameren, Cameria, Cameriah, Camerie, Camerin, Camerya, Cameryah, Cameryn, Camira, Camiran, Camiron

Camesha (américain) variante de Camisha.
Cameasha, Cameesha, Cameisha, Camesa, Cameshaa, Cameshia, Cameshiah, Camyeshia, Kamesha, Kameshia

Cami, Camie, Cammie, Cammy (français) diminutifs de Camille. Voir aussi Kami.
Camee, Camey, Camia, Camiah, Cammi, Cammye, Camy, Camya, Camyah

Camila (italien) variante de Camille.
Voir aussi Kamila, Mila.
Camilah, Camilia, Camillah, Camillia, Camilya, Cammila,
Cammilah, Cammilla, Cammyla, Cammylah, Cammylla,
Cammyllah, Chamika, Chamila, Chamilla, Chamylla,
Chamyllah

Camilla (italien) variante de Camille.

Camille .TOP. FG (français) jeune servant
de cérémonie. Voir aussi Millie.
Cami, Camiel, Camielle, Camil, Camile, Camill, Cammile,
Cammill, Cammille, Cammillie, Cammilyn, Cammyl,
Cammyle, Cammyll, Cammylle, Chamelee, Chamelei,
Chameley, Chamelie, Chamelle, Chamely, Chamille, Kamille

Camino, Camiño (espagnol) chemin.

Camisha (américain) combinaison de Cami
et d'Aisha.
Camiesha

Campbell GF (latin, français) beau champ;
(écossais) bouche tordue.
Cambel, Cambell, Camp, Campy, Kampbell

Camri, Camrie, Camry (américain) diminutifs
de Camryn. Voir aussi Kamri.
Camrea, Camree, Camrey

Camryn FG (américain) variante de Cameron.
Voir aussi Kamryn.
Camri, Camrin, Camron, Camrynn

Camylle (français) variante de Camille.
Cammyl, Cammyle, Cammyll, Camyle, Camyll

Cancia (espagnol) natif d'Anzio, en Italie.

Canciana, Cancianila (espagnol) variantes
de Cancia.

Canda (grec) variante de Candace; (espagnol)
diminutif de Chandelaria.

Candace (grec) blanc scintillant; luisante.
Histoire: titre des reines dans l'Éthiopie
antique. Voir aussi Dacey, Kandace.
Cace, Canace, Candas, Candece, Candelle, Candiace,
Candyce

Candela, Candelas (espagnol) bougie; feu.

Candelaria (espagnol) variante de Chandelaria.

Candi (américain) variante populaire
de Candace, de Candice, de Candida.
Voir aussi Candie, Kandi; (espagnol) variante
populaire de Chandelaria.

Candice, Candis (grec) variantes de Candace.
Candes, Candias, Candies, Candise, Candiss, Candus

Candida (latin) blanc éclatant.
Candeea, Candi, Candia, Candide, Candita

Cándida (latin) variante de Candida.

Candie, Candy (américain) variantes populaires
de Candace, de Candice, de Candida.
Voir aussi Candi, Kandi.
Candea, Candee, Candia, Candiah, Candya, Candyah

Candra (latin) luisante. Voir aussi Kandra.
Candrah, Candrea, Candria, Candriah, Candrya, Candryah

Candyce (grec) variante de Candace.
Candys, Candyse, Cyndyss

Canela (latin) cannelle.

Caniad (gallois) variante de Carmen.

Canita (hébreu, latin) variante de Carmen.

Cantara (arabe) petit croisement.
Cantarah

Cantrelle (français) chanson.
Cantrel, Cantrela, Cantrelah, Cantrele, Cantrella,
Cantrellah, Kantrel, Kantrella, Kantrelle

Canuta (allemand) d'une bonne origine.

Capitolina (latin) celle qui vit avec les dieux.

Capri (italien) diminutif de Caprice.
Géographie: île au large de la côte ouest
de l'Italie. Voir aussi Kapri.
Capree, Caprey, Capria, Capriah, Caprie, Capry, Caprya,
Capryah

Caprice (italien) capricieuse.
Cappi, Caprece, Caprecia, Capresha, Capricia, Capriese,
Caprina, Capris, Caprise, Caprisha, Capritta

Capucine .TOP. (latin) petit capuchon; capucine.

Cara, Carah (italien) chère; (irlandais) amie.
Voir aussi Karah.
Caira, Caragh, Caranda, Carrah

Caralampia (grec) rayonnante de bonheur.

Caralee (irlandais) variante de Cara.
Caralea, Caraleigh, Caralia, Caralie, Carely

Caralyn (anglais) variante de Caroline.
Caralan, Caralana, Caralanah, Caralane, Caralin,
Caralina, Caralinah, Caraline, Caralynn, Caralynna,
Caralynne, Carralean, Carraleana, Carraleanah,
Carraleane, Carraleen, Carraleena, Carraleenah,
Carraleene, Carralin, Carralina, Carralinah, Carraline,
Carralyn, Carralyna, Carralynah, Carralyne

Carelyn (anglais) variante de Caroline.
Carrelean, Carreleana, Carreleanah, Carreleane,
Carreleene, Carrelin, Carrelina, Carrelinah, Carreline,
Carrelyn, Carrelyna, Carrelynah, Carrelyne

Carem (espagnol) variante de Karen.

Caren (gallois) variante de Caron; (italien)
variante de Carina.

Carenza (irlandais) variante de Karenza.
Caranza, Caranzah, Caranzia, Caranziah, Carenzah,
Carenzia, Carenziah, Carenzya, Carenzyah

Caressa (français) variante de Carissa.
Carass, Carassa, Carassah, Caresa, Carese, Caresse,
Charessa, Charesse, Karessa

Carey Ⓤ (gallois) variante populaire de
Cara, de Caroline, de Karen, de Katherine.
Voir aussi Carrie, Kari.
Caree, Carrey

Cari, Carie (gallois) variantes de Carey, Kari.
Caria, Cariah

Caridad, Caridade (latin) amour; affection.

Carilyn (anglais) variante de Caroline.
Carilean, Carileana, Carileanah, Carileane, Carileen,
Carileena, Carileenah, Carileene, Carilene, Carilin, Cariline,
Carrileen, Carrileena, Carrileenah, Carrileene, Carrilin,
Carrilina, Carrilinah, Carriline

Carina (italien) chère petite; (grec) variante
populaire de Cora; (suédois) variante de Karen.
Carana, Caranah, Carena, Carenah, Carinah, Carinna,
Carrina, Carrinah, Carryna, Carrynah, Caryna, Carynah

Carine (italien) variante de Carina.
Carinne, Carrian, Carrine

Carisa, Carrisa, Carrissa (grec) variantes
de Carissa.
Caris, Carisah, Carise, Carisha, Carisia, Carysa,
Carysah, Charisa

Carisma (grec) variante de Karisma.
Carismah, Carismara, Carysma, Carysmah, Carysmara

Carissa (grec) chérie. Voir aussi Karisa.
Caressa, Cariss, Carissah, Carisse, Caryssa, Caryssah

Carita (latin) charitable.
Caritah, Caritta, Carittah, Caryta, Carytah, Carytta,
Caryttah, Karita, Karitah, Karitta, Karittah

Caritina (latin) grâce.

Carla (allemand) fermière; (anglais) forte; (latin)
variante de Carol, de Caroline.
Voir aussi Karla.
Carila, Carilah, Carilla, Carillah, Carlah, Carleta,
Carliqua, Carlique, Carliyle, Carlonda, Carlyjo, Carlyle,
Carlysle

Carlee, Carleigh, Carley, Carli, Carlie
(anglais) variantes de Carly. Voir aussi Karlee,
Karley.
Carle, Carlea, Carleah, Carleh, Carlei, Carlia, Carliah

Carleen, Carlene (anglais) variantes
de Caroline. Voir aussi Karleen.
Carlaen, Carlaena, Carlane, Carlean, Carleana, Carleanah,
Carleane, Carleena, Carleenah, Carleene, Carlein, Carleina,
Carleine, Carlen, Carlenah, Carlenna, Carleyn, Carleyna,
Carleyne, Carline, Carllen, Carlyne

Carlena (anglais) variante de Caroline.

Carlin Ⓤ (irlandais) petit champion; (latin)
diminutif de Caroline.
Carlan, Carlana, Carlandra, Carlinda, Carlindah, Carline,
Carllan, Carllin, Carlyn, Carrlin

Carlina (latin, irlandais) variante de Carlin.
Carlinah

Carling (latin, irlandais) variante de Carlin.

Carlisa (américain) variante de Carlissa.
Carilis, Carilise, Carilyse, Carletha, Carlethe, Carlis,
Carlisah, Carlise, Carlysa, Carlysah, Carlyse

Carlisha (américain) variante de Carlissa.
Carleasha, Carleashah, Carleesha, Carleesia, Carleesiah,
Carlesia, Carlesiah, Carlicia, Carlisia, Carlisiah

Carlissa (américain) combinaison de Carla
et de Lissa.
Carleeza, Carlisa, Carliss, Carlissah, Carlisse, Carlissia,
Carlissiah, Carlista, Carlyssa, Carlyssah

Carlita (italien) variante de Carlotta.
Carlitah

Carlotta (italien) variante de Charlotte.
Carleta, Carletah, Carlete, Carletta, Carlettah, Carlette,
Carlite, Carlot, Carlota, Carlotah, Carlote, Carlott,
Carlottah, Carlotte, Carolet, Caroleta, Carolete, Carolett,
Caroletta, Carolette

Carly (anglais) variante populaire de Caroline,
de Charlotte. Voir aussi Karley.
Carli, Carlie, Carlya, Carlyah, Carlye

Carlyle ⒼⒻ (anglais) île de Carla.
Carlyse, Carlysle

Carlyn, Carlynn (irlandais) variantes de Carlin.
Carllyn, Carllyna, Carllynah, Carllyne, Carlyna, Carlynah,
Carlynne

Carman (latin) variante de Carmen.

Carme (galicien) variante de Carmela.

Carmel ⒻⒼ (hébreu) diminutif de Carmela.
Carmal, Carmele, Carmelie, Carmell, Carmelle, Carmely,
Carmil, Carmile, Carmill, Carmille, Carmyle, Carmylle

Carmela, Carmella (hébreu) jardin; vignoble.
Bible: le mont Carmel en Israël est souvent
considéré comme le paradis. Voir aussi Karmel.
Carmala, Carmalah, Carmalina, Carmalinah, Carmaline,
Carmalla, Carmarit, Carmelah, Carmeli, Carmelia,
Carmeliah, Carmelina, Carmeline, Carmellah, Carmellia,
Carmelliah, Carmellina, Carmelya, Carmesa, Carmesha,
Carmi, Carmie, Carmiel, Carmila, Carmilla, Carmillia,
Carmilliah, Carmillya, Carmillyah, Carmisha, Carmyla,
Carmylah, Carmylla, Carmyllia, Carmylliah, Carmyllya,
Carmyllyah

Carmelit (hébreu) diminutif de Carmelita.
Carmalit, Carmellit

Carmelita (hébreu) variante de Carmela.
Carmaletta, Carmalita, Carmelitha, Carmelitia, Carmellita, Carmellitha, Carmellitia, Leeta, Lita

Carmelo (espagnol) variante de Carmela.

Carmen FG (latin) chanson. Religion: Nuestra Señora del Carmen (Notre-Dame du Mont-Carmen) est l'un des titres de la Vierge Marie. Voir aussi Karmen.
Carma, Carmain, Carmaina, Carmaine, Carmana, Carmanah, Carmane, Carmena, Carmencita, Carmene, Carmi, Carmia, Carmita, Carmon, Carmona

Carmina (latin) variante de Carmine.
Carminah, Carmyna, Carmynah, Karmina, Karminah

Carmiña, Carminda (espagnol) variantes de Carmen.

Carmine GF (latin) chanson; rouge.
Carmin, Carmyn, Carmyne, Carmynn, Karmine, Karmyne

Carmin (portugais) variante de Carmela.

Carnelian (latin) la cornaline, pierre claire et rougeâtre.
Carnelia, Carneliah, Carnelya, Carnelyah, Carnelyan

Carniela (grec) variante de Karniela.
Carniela, Carniele, Carniell, Carniella, Carnielle, Carnyel, Carnyela, Carnyella, Carnyelle

Carol (allemand) fermière; (français) chant de joie; (anglais) forte. Voir aussi Charlene, Kalle, Karol.
Caral, Carall, Carel, Carele, Carell, Carelle, Cariel, Caril, Carile, Carill, Caro, Carola, Carolenia, Carolinda, Caroll, Carral, Carrall, Carrel, Carrell, Carrelle, Carril, Carrill, Carrol, Carroll

Carol Ann, Carol Anne, Carolan, Carolane, Carolanne (américain) combinaisons de Carol et d'Ann. Variantes de Caroline.
Carolana, Carolanah, Carolann, Carolanna, Carole-Anne

Carole (anglais) variante de Carol.
Carolee, Karole, Karrole

Carolina (italien) variante de Caroline. Voir aussi Karolina.
Carilena, Carlena, Caroleana, Caroleanah, Caroleena, Caroleina, Carolena, Carolinah, Carroleena, Carroleenah, Carrolena, Carrolina, Carrolinah

Caroline (français) petite et forte. Voir aussi Carla, Carleen, Carlin, Karolina.
Caralyn, Carelyn, Carilyn, Carilynn, Carilynne, Caro, Carolean, Caroleane, Caroleen, Carolin, Carroleen, Carroleene, Carrolene, Carrolin, Carroline

Carolyn, Carolyne, Carolynn (anglais) variantes de Caroline. Voir aussi Karolyn.
Carolyna, Carolynah, Carolynne, Carrolyn, Carrolyna, Carrolynah, Carrolyne, Carrolynn, Carrolynna, Carrolynnah, Carrolynne

Caron (gallois) aimante, au bon cœur, charitable.
Caaran, Caaren, Caarin, Caaron, Caran, Carane, Carene, Carin, Carinn, Caronne, Carran, Carren, Carrin, Carron, Carrone, Carrun, Carun

Carona (espagnol) variante de Corona.

Carpófora (grec) qui porte des fruits.

Carra (irlandais) variante de Cara.
Carrah

Carrie (anglais) variante populaire de Carol, de Caroline. Voir aussi Carey, Kari, Karri.
Carree, Carrey, Carri, Carria, Carry, Cary

Carrigan (irlandais) variante de Corrigan (voir les prénoms de garçons).
Carrigen

Carrington GF (gallois) ville rocheuse.

Carrola (français) variante de Carol.

Carson GF (anglais) enfant de Carr.
Carsen, Carsyn

Carter GF (anglais) conducteur de char.

Cary GF (gallois) variante de Carey.
Carya, Caryah

Caryl (latin) variante de Carol.
Carryl, Carryle, Carryll, Carrylle, Caryle, Caryll, Carylle

Caryn (danois) variante de Karen.
Caaryn, Carryn, Carryna, Carrynah, Carryne, Caryna, Carynah, Caryne, Carynn

Carys (gallois) amour.
Caris, Caryse, Caryss, Carysse, Ceris, Cerys

Casandra (grec) variante de Cassandra.
Casandera, Casandre, Casandrea, Casandrey, Casandri, Casandria, Casandrina, Casandrine, Casanndra

Casey U (irlandais) courageux; (grec) variante populaire d'Acacia. Voir aussi Kasey.
Cacee, Cacy, Caecey, Caicey, Cascy, Casea, Casee, Casy, Cayse, Caysea, Caysee, Caysey, Caysy

Cashmere (slave) variante de Casimir.
Cash, Cashemere, Cashi, Cashmeire

Casi, Casie (irlandais) variantes de Casey.
Caci, Cacia, Cacie, Casci, Cascie, Casia, Cayci, Caycia, Cayciah, Caysi, Caysia, Caysiah, Caysie, Cazzi

Casiana (latin) vide; vaine.

Casidy, Cassidee, Cassidi, Cassidie (irlandais) variantes de Cassidy.
Casidee, Casidey, Casidi, Casidia, Casidiah, Casidie

Casiel (latin) mère de la terre.

Casilda (arabe) vierge porteuse de la lance.

Casimir (polonais) variante de Casimira.

Casimira (slave) pacificatrice.
Voir aussi Kasimira.
Casimiera, Casimirah, Casmira, Casmirah, Casmyra,
Casmyrah, Cazmira, Cazmirah, Cazmyra, Cazmyrah

Cass 🔲 (grec) diminutif de Cassandra.
Cas, Cassa, Kas, Kass

Cassady (irlandais) variante de Cassidy.
Casadea, Casadee, Casadey, Casadi, Casadia, Casadiah,
Casadie, Casady, Cassaday, Cassadea, Cassadee,
Cassadey, Cassadi, Cassadia, Cassadiah, Cassadie,
Cassadina

Cassandra (grec) aide des hommes. Mythologie:
prophétesse de la Grèce antique dont on ne
croyait pas les prophéties. Voir aussi Kasandra,
Krisandra, Sandra, Sandy, Zandra.
Cassander, Cassandera, Cassandri, Cassandry, Chrisandra,
Chrisandrah, Crisandra, Crisandrah, Crysandra,
Crysandrah

Cassandre (grec) variante de Cassandra.

Cassaundra (grec) variante de Cassandra.
Casaundra, Casaundre, Casaundri, Casaundria,
Cassaundre, Cassaundri, Cassundra, Cassundre, Cassundri,
Cassundria, Cassundrina, Cazzandra, Cazzandre,
Cazzandria

Cassey, Cassi, Cassy (grec) variantes populaires
de Cassandra, de Catherine. Voir aussi Kassi.
Casse, Cassee, Cassii, Cassye

Cassia (grec) épice ressemblant à la cannelle.
Voir aussi Kasia.
Casia, Casiah, Cass, Cassiah, Cassya, Cassyah, Casya,
Cazia, Caziah, Cazya, Cazyah, Cazzia, Cazziah, Cazzya,
Cazzyah

Cassidy 🔲🔲 (irlandais) intelligent.
Voir aussi Kassidy.
Casseday, Cassiddy, Cassidey, Cassidia, Cassity, Cassydi,
Cassydie, Cassydy, Casydi, Casydie, Casydy, Cazidy,
Cazzidy

Cassie (grec) variante populaire de Cassandra,
de Catherine.

Cassiopeia (grec) intelligente. Mythologie:
Cassiopée, femme du roi éthiopien Céphée;
mère d'Andromède.
Cassio

Cassondra (grec) variante de Cassandra.
Casondra, Casondre, Casondria, Casondriah, Cassondre,
Cassondri, Cassondria, Cazzondra, Cazzondre, Cazzondria

Casta (grec) pure.

Castalia (grec) fontaine de pureté.

Castel (espagnol) vers le château.

Castora (espagnol) brillante.

Cástula (grec) variante de Casta.

Catalín (espagnol) variante de Caitlin.

Catalina (espagnol) variante de Catherine.
Voir aussi Katalina.
Cataleen, Catalena, Catalene, Catalin, Catalinah,
Cataline, Catalyn, Catalyna, Catana, Catania, Catanya,
Cateline, Catelini

Catalonia (espagnol) la Catalogne, région
d'Espagne.

Catarina (allemand) variante de Catherine.
Catarena, Catarin, Catarine, Cattarina, Cattarinah,
Cattarine

Catelin, Catelyn, Catelynn (irlandais)
variantes de Caitlin.
Cateline, Catelyne

Caterina (allemand) variante de Catherine.
Catereana, Catereanah, Catereane, Catereena,
Catereenah, Catereene, Caterin, Caterinah, Caterine,
Cateryna, Caterynah, Cateryne

Catharine (grec) variante de Catherine.
Catharen, Catharin, Catharina, Catharinah, Catharyn

Catherine (grec) pure; (anglais) variante de
Katherine.
Cairena, Cairene, Cairina, Caitrin, Cat, Cate, Cathann,
Cathanne, Cathenne, Catheren, Catherene, Catheria,
Catherin, Catherina, Catherinah, Catlaina, Catreeka,
Catrelle, Catrice, Catricia, Catrika

Catheryn (grec, anglais) variante de Catherine.
Catheryne

Cathi (grec) variante de Cathy.
Cathie

Cathleen (irlandais) variante de Catherine.
Voir aussi Caitlin, Kathleen.
Caithlyn, Cathlean, Cathleana, Cathleanah,
Cathleane, Cathleen, Cathleena, Cathleenah,
Cathleene, Cathlen, Cathlena, Cathlenah, Cathlene,
Cathlin, Cathlina, Cathlinah, Cathline, Cathlyn,
Cathlyna, Cathlynah, Cathlyne, Catheleen, Catheleena,
Catheleenah, Catheleene, Cathelen, Cathelena, Cathelenah,
Cathelene, Cathelin, Cathelina, Cathelinah, Catheline,
Cathelyn, Cathelyna, Cathelynah, Cathelyne, Cathlean,
Cathleana, Cathleanah, Cathleane, Cathleena, Cathleenah,
Cathleene, Cathlein, Cathleina, Cathleinah, Cathleine,
Cathlen, Cathlena, Cathlenah, Cathlene, Cathleyn,
Cathlin, Cathlina, Cathlinah, Cathline, Cathlyn, Cathlyna,
Cathlynah, Cathlyne, Cathlynn

Cathrine, Cathryn (grec) variantes
de Catherine.
Cathrina, Cathrinah, Cathryna, Cathrynah, Cathryne,
Cathrynn, Catryn

Cathy (grec) variante populaire de Catherine,
de Cathleen. Voir aussi Kathi.
Catha, Cathe, Cathea, Cathee, Cathey

Catia (russe) variante de Katia.
Cattiah

Catie (anglais) variante de Katie.

Catina (anglais) variante de Katina.
Cateana, Cateanah, Cateena, Cateenah, Cateina, Cateinah, Cateyna, Cateynah, Catinah, Catine, Catyn, Catyna, Catynah, Catyne

Catlin FC (irlandais) variante de Caitlin.
Catlee, Catleen, Catleene, Catlina, Catline, Catlyn, Catlyna, Catlyne, Catlynn, Catlynne

Catriel (hébreu) variante de Katriel.
Catriela, Catrielah, Catriele, Catriell, Catriella, Catriellah, Catrielle

Catrina (slave) variante de Catherine, de Katrina.
Caetreana, Caetreanah, Caetreena, Caetreenah, Caetreina, Caetreinah, Caetreyna, Caetreynah, Caetrina, Caetrinah, Caetryna, Caetrynah, Caitreana, Caitreanah, Caitreena, Caitreenah, Caitreina, Caitreinah, Caitreyna, Caitreynah, Caitriana, Caitrina, Caitrinah, Caitriona, Caitryna, Caitrynah, Catreana, Catreanah, Catreane, Catreen, Catreena, Catreenah, Catreene, Catren, Catrena, Catrenah, Catrene, Catrenia, Catrin, Catrinah, Catrine, Catrinia, Catryn, Catryna, Catrynah, Catryne, Catrynia, Catrynya, Catya, Catyah, Caytreana, Caytreanah, Caytreena, Caytreenah, Caytreina, Caytreinah, Caytreyna, Caytreynah, Caytrina, Caytrinah, Caytryna, Caytrynah

Catriona (slave) variante de Catherine, de Katrina.
Catrionah, Catrione, Catroina

Cayce (grec, irlandais) variante de Casey.
Caycea, Caycee, Caycey, Caycy

Cayetana (espagnol) native de la ville de Gaeta, en Italie.

Cayfutray (mapuche) cascade céleste du paradis.

Cayla, Caylah (hébreu) variantes de Kayla.
Caylan, Caylana, Caylanah, Caylea, Cayleah, Caylia, Cayliah

Caylee, Cayleigh, Cayley, Cayli, Caylie (américain) variante de Kaylee, de Kelly.
Cayle, Caylea, Cayleah, Caylei, Caylia, Cayly

Caylen, Caylin (américain) variantes de Caitlin.
Caylean, Cayleana, Cayleanah, Cayleen, Cayleen, Cayleena, Cayleenah, Cayleene, Caylena, Caylenah, Caylene, Caylina, Cayline, Caylyn, Caylyna, Caylyne, Caylynne

Ceaira (irlandais) variante de Ciara.
Ceairah, Ceairra

Ceanna (italien) variante de Ciana.

Ceara, Cearra (irlandais) variantes de Ciara.
Cearaa, Cearah, Cearie, Seara, Searah

Cecelia (latin) variante de Cécilia. Voir aussi Sheila.
Cacelea, Caceleah, Cacelia, Cece, Ceceilia, Cecelyn, Cecette, Cescelia, Cescelie

Cécile (latin) variante de Cécilia.
Cecilla, Cecille

Cécilia (latin) aveugle. Voir aussi Cicely, Cissy, Secilia, Selia, Sissy.
Cacilia, Caciliah, Caecilia, Caeciliah, Cecil, Cecila, Cecilea, Ceciliah, Cecilija, Cecillia, Cecilya, Ceclia, Cecylia, Cecyliah, Cecylja, Cecylya, Cecylyah, Cee, Ceil, Ceila, Ceilagh, Ceileh, Ceileigh, Ceilena

Cecília (portugais) variante de Cécilia.

Cecily (latin) variante de Cécilia.
Cacelee, Cacelei, Caceleigh, Caceley, Caceli, Cacilie, Caecilie, Ceceli, Cecelie, Cecely, Cecilee, Ceciley, Cecilie, Cescily, Cilley

Cédar U (latin) espèce de conifère à feuilles persistantes.

Cédrica (anglais) chef de combat.
Cadryca, Cadrycah, Cedricah

Ceferina (allemand) caresses comme un vent doux.

Ceil (latin) diminutif de Cécilia.
Ceel, Ciel

Ceilidh (irlandais) danse folklorique.

Ceira, Ceirra (irlandais) variantes de Ciara.
Ceire

Célandine (latin) la chélidoine, plante aux fleurs jaunes ; (grec) hirondelle.
Célandina, Célandinah, Célandrina, Célandrinah, Célandrine, Célandryna, Célandrynah, Célandryne

Célédonia (allemand) variante de Célidonia.

Céléna (grec) variante de Séléna.
Caleena, Caléna, Céléana, Céleanah, Céleena, Céleenah, Célénia, Céna

Célène (grec) variante de Céléna.
Célean, Céléane, Céleen, Céleene, Célyne, Cylyne

Célérina (espagnol) rapide.

Célesta (latin) variante de Céleste.
Célestah

Céleste (latin) céleste.
Cele, Céleeste, Célense, Célès, Célesia, Célesley, Célest, Célestar, Célestelle, Célestia, Célestial, Cellest, Cellleste, Séleste

Célestina (latin) variante de Céleste.
Célestéana, Célestéanah, Célesteena, Célesteenah, Célestinah, Célestinia, Célestyna, Célestynah, Célestyne, Sélestina

Célestine (latin) variante de Céleste.
Célestéane, Célesteen, Célesteene, Célestin, Célestyn

Célia TOP .100. (latin) diminutif de Cécilia.
Céilia, Céléa, Céleah, Célee, Célei, Céleigh, Céley, Céli, Céliah, Célie, Cellia, Celliah, Cellya, Cellyah, Cely

Célidonia (grec) chélidoine.

Célina (grec) variante de Céléna. Voir aussi Sélina.
Calina, Céléana, Céléanah, Céleena, Céleenah, Célinah, Célinda, Célinia, Céliniah, Célinka, Célinna, Celka, Cellina, Célyna, Célynah, Cilina, Cilinah, Cillina, Cillinah, Cylina, Cylinah

Céline (grec) variante de Céléna.
Caline, Céléane, Céleene, Célin, Cellinn, Célyn, Célyne, Ciline, Cilline

Celmira (arabe) personne brillante.

Celosia (grec) sèche; brûlante.
Celosiah, Celosya, Celosyah, Selosia, Selosiah, Selosya, Selosyah

Celsa (latin) très spirituelle.

Celsey (scandinave, écossais, anglais) variante de Kelsey.

Cemelia (punique) elle a le cadeau de Dieu.

Cenobia (grec) étrangère.

Centehua (nahuatl) seule.

Centola (arabe) lumière de la connaissance.

Cera (français) diminutif de Cerise.
Cerea, Ceri, Ceria, Cerra

Cercira (grec) Géographie: native de Syrtis, nom antique du golfe de la mer Méditerranée.

Cerella (latin) printemps.
Cerela, Cerelah, Cerelia, Cereliah, Cerelisa, Cerellah, Cerelle, Cerelya, Cerelyah, Serelia, Sereliah, Serella Serelya, Serelyah

Ceres (latin) Mythologie: Cérès, déesse romaine de l'Agriculture. Astronomie: nom du premier astéroïde dont on a découvert qu'il avait une orbite entre Mars et Saturne.
Cerese, Ceress, Ceressa

Ceridwen (gallois) déesse poétique.

Cerise (français) cerise; rouge cerise.
Carisce, Carise, Carisse, Caryce, Caryse, Cerice, Cericia, Cerissa, Cerria, Cerrice, Cerrina, Cerrita, Cerryce, Ceryce, Ceryse, Sherise, Sheriss, Sherisse

Cesara, Cesaria, Cesira, Cesírea (latin) variantes de Cesare.

Cesare (latin) aux cheveux longs. Histoire: César, titre donné aux empereurs romains.

Cesarina (latin) variante de Cesare.

Cesilia (latin) variante de Cécilia.
Cesia, Cesya

Chabela (hébreu) variante d'Isabel.

Chabeli (français) variante de Chablis.
Chabelly, Chabely

Chablis (français) vin blanc sec. Géographie: région de France où l'on cultive des vignes à vin.
Chablea, Chableah, Chablee, Chabley, Chabli, Chablia, Chablie, Chabliss, Chably, Chablys, Chablyss

Chadee (français) du Tchad, pays d'Afrique centrale. Voir aussi Sade.
Chadae, Chadai, Chaday, Chaddae, Chaddai, Chadday, Chade, Chadea, Chadey, Chadi, Chadia, Chadiah, Chadie, Chady

Chahna (hindi, indien) amour; lumière, illumination.

Chai (hébreu) vie.
Chae, Chaela, Chaeli, Chaelia, Chaella, Chaelle, Chaena, Chaia, Chay

Chaka (sanscrit) variante de Chakra. Voir aussi Shaka.
Chakai, Chakia, Chakiah, Chakka, Chakkah, Chakya, Chakyah

Chakra (sanscrit) cercle d'énergie.
Chakara, Chakaria, Chakena, Chakina, Chakira, Chakrah, Chakria, Chakriya, Chakyra, Chakyrah, Shakra, Shakrah

Chalchiuitl (nahuatl) émeraude.

Chalice (français) gobelet, calice.
Chalace, Chalcia, Chalcie, Chalece, Chalicea, Chalie, Chaliece, Chaliese, Chalis, Chalisa, Chalise, Chalisk, Chalissa, Chalisse, Challa, Challis, Challisa, Challise, Challiss, Challissa, Challisse, Challyce, Challysa, Challyse, Challysse, Chalsey, Chalyce, Chalyn, Chalyse, Chalyssa, Chalysse

Chalina (espagnol) variante de Rose. Voir aussi Shalena.
Chalin, Chalinah, Chaline, Chalini, Challain, Challaina, Challaine, Chalyn, Chalyna, Chalynah, Chalyne

Chalonna (américain) combinaison du préfixe Cha et de Lona.
Chalon, Chalona, Chalonah, Chalonda, Chalone, Chalonee, Chalonn, Chalonnah, Chalonne, Chalonnee, Chalonte, Shalon

Chambray (français) tissu léger.
Chambrae, Chambrai, Chambre, Chambree, Chambrée, Chambrey, Chambria, Chambrie, Chambry, Shambrae, Shambrai, Shambre, Shambree, Shambrée, Shambrey, Shambria, Shambrie, Shambry

Chamique (américain) variante de Shamika.

Champagne (français) province de l'est de la France; vin fait dans cette région.

Chan **GF** (cambodgien) arbre à l'odeur douce.

Chana (hébreu) variante de Hannah.
Chanae, Chanah, Chanai, Chanay, Chanea, Chanie, Channa, Channah

Chance 🅶🅵 (anglais) variante de Chancey.

Chancey Ⓤ (anglais) chancelier; représentant de l'Église.
Chancee, Chancie, Chancy

Chanda (sanscrit) coléreuse. Religion: démon vaincu par la déesse hindoue Châmundâ. Voir aussi Shanda.
Chandah, Chandea, Chandee, Chandey, Chandi, Chandia, Chandiah, Chandie, Chandin, Chandy, Chandya

Chandani (hindi) clair de lune.
Chandanee, Chandaney, Chandania, Chandaniah, Chandany, Chandanya, Chandanyah

Chandelaria (espagnol) bougie.
Candeleria, Candeleva, Candelona, Candeloria, Candeluria, Kandelaria

Chandelle (français) chandelle.
Chandal, Chandala, Chandalah, Chandale, Chandel, Chandela, Chandelah, Chandele, Chandell, Chandella, Chandellah, Shandal, Shandel, Shandela, Shandelah, Shandele, Shandell, Shandella, Shandellah, Shandelle

Chandi (indien) clair de lune; (sanscrit) variante de Chanda.

Chandler 🅶🅵 (hindi) lune; (vieil anglais) cirier.
Chandlar, Chandlier, Chandlor, Chandlyr

Chandra (sanscrit) lune. Religion: le dieu hindou de la Lune. Voir aussi Shandra.
Chandrae, Chandrah, Chandray, Chandre, Chandrea, Chandrelle, Chandria, Chandrya

Chanel, Channel (anglais) chenal. Voir aussi Shanel.
Chanal, Chanall, Chanalla, Chanalle, Chaneel, Chaneil, Chanele, Channal

Chanell, Chanelle, Channelle (anglais) variantes de Chanel.
Chanella, Channell, Shanell

Chaney Ⓤ (français) chêne.
Chaynee, Cheaney, Cheney, Cheyne, Cheyney

Chanice, Chanise (américain) variantes de Shanice.
Chanisse, Chenice, Chenise

Channa (hindi) pois chiche.
Channah

Channing Ⓤ (anglais) sage; (français) chanoine; représentant de l'Église.
Chane, Chanin, Chaning, Chann, Channin, Channyn, Chanyn

Chantal, Chantale, Chantalle (français) chant.
Chandal, Chantaal, Chantael, Chantala, Chantalah, Chantall, Chantasia, Chanteau, Chantle, Chantoya, Chantrill

Chantara (américain) variante de Chantal.
Chantarah, Chantarai, Chantarra, Chantarrah, Chantarria, Chantarriah, Chantarrya, Chantarryah

Chante Ⓤ (français) diminutif de Chantal.
Chanta, Chantae, Chantai, Chantay, Chantaye, Chantéa, Chantee, Chanti, Chaunte, Chauntea, Chauntéa, Chauntee

Chanté (français) diminutif de Chantal.

Chantel, Chantele, Chantell, Chantelle (français) variantes de Chantal. Voir aussi Shantel.
Chanteese, Chantela, Chantelah, Chantella, Chantellah, Chanter, Chantey, Chantez, Chantrel, Chantrell, Chantrelle, Chatell, Chontel, Chontela, Chontelah, Chontele, Chontell, Chontella, Chontellah, Chontelle

Chantia (français) variante de Chante.

Chantile (français) variante de Chantal.
Chantil, Chantila, Chantile, Chantill, Chantilla, Chantille, Chantril, Chantrill, Chantrille

Chantilly (français) dentelle fine. Voir aussi Shantille.
Chantiel, Chantielle, Chantil, Chantila, Chantilea, Chantileah, Chantilée, Chantilei, Chantileigh, Chantiley, Chantili, Chantilia, Chantilie, Chantill, Chantilla, Chantille, Chantillea, Chantilleah, Chantillee, Chantillei, Chantilleigh, Chantilley, Chantilli, Chantillia, Chantillie, Chantily, Chantyly

Chantrea (cambodgien) lune; rayon de lune.
Chantra, Chantrey, Chantri, Chantria

Chantrice (français) chanteuse. Voir aussi Shantrice.
Chantreese, Chantress

Chardae, Charde (pendjabi) charitable; (français) diminutifs de Chardonnay. Voir aussi Shardae.
Charda, Chardai, Charday, Chardea, Chardee, Chardée, Chardese, Chardey, Chardie

Chardonnay (français) vin blanc sec.
Char, Chardnay, Chardney, Chardon, Chardona, Chardonae, Chardonai, Chardonay, Chardonaye, Chardonee, Chardonna, Chardonnae, Chardonnai, Chardonnee, Chardonnée, Chardonney, Shardonae, Shardonai, Shardonay, Shardonaye, Shardonnay

Charice (grec) variante de Charis.

Charis (grec) grâce; gentillesse.
Charece, Chareece, Chareeze, Charese, Chari, Charie, Charise, Charish, Chariss, Charris, Charriss, Charrys, Charryss, Charys, Charyse, Charyss, Charysse

Charisma (grec) don de meneuse.

Charissa (grec) variante de Charity.
Charesa, Charessa, Charisa, Charisah, Charisha, Chariss, Charissah, Charista, Charrisa, Charrisah, Charrissa, Charrissah, Charrysa, Charrysah, Charryssa, Charryssah, Charysa, Charysah, Charyssa, Charyssah

Charisse (grec) variante de Charity.
Charese, Charesse, Charise, Charissee, Charrise, Charrisse, Charryse, Charrysse, Charysse

Charity (latin) charité, gentillesse.
Chariety, Charista, Charita, Charitah, Charitas, Charitea, Charitee, Charitey, Chariti, Charitia, Charitiah, Charitie, Charitina, Charitine, Charityna, Charityne, Charytey, Charytia, Charytiah, Charyty, Charytya, Charytyah, Sharity

Charla (français, anglais) diminutif de Charlène, Charlotte.
Chalah, Char, Charlae, Charlai, Charlea

Charlaine (anglais) variante de Charlène.
Charlaina, Charlane, Charlanna, Charlayna, Charlayne, Charlein, Charleina, Charleine, Charleyn, Charleyna, Charleyne

Charlee, Charleigh, Charli (allemand, anglais) variantes de Charlie.
Charle, Charlea, Charleah, Charlei, Charlya

Charleen, Charline (anglais) variantes de Charlène.
Charleena, Charleene, Charlin, Charlina

Charlène (anglais) variante de Caroline. Voir aussi Carol, Karla, Sharlène.
Charlaine, Charlean, Charleana, Charleane, Charleesa, Charlein, Charleina, Charleine, Charlena, Charlenae, Charlenah, Charlesena, Charlyn, Charlyna, Charlyne, Charlynn, Charlynne, Charlzina, Charoline

Charley Ⓤ (allemand, anglais) variante de Charlie.

Charlie **TOP** ⒼⒻ (allemand, anglais) fort.
Charlia, Charliah, Charyl, Chatty, Sharli, Sharlie

Charlisa (français) variante de Charlotte.

Charlotte **TOP** (français) variante de Caroline. Littérature : Charlotte Brontë était une romancière et poète britannique, connue pour son roman *Jane Eyre*. Voir aussi Karlotte, Lotte, Sharlotte, Tottie.
Chara, Charil, Charl, Charlet, Charleta, Charletah, Charlete, Charlett, Charletta, Charlettah, Charlette, Charlita, Charlot, Charlota, Charlotah, Charlote, Charlott, Charlotta, Charlottah, Charlottie, Charlotty, Charolet, Charolette, Charolot, Charolotte

Charly Ⓤ (allemand, anglais) variante de Charlie.

Charmaine (français) variante de Carmen. Voir aussi Karmaine, Sharmaine.
Charamy, Charma, Charmae, Charmagne, Charmaigne, Charmain, Charmaina, Charmainah, Charmalique, Charmar, Charmara, Charmayane, Charmayn, Charmayna, Charmaynah, Charmayne, Charmeen, Charmeine, Charmene, Charmese, Charmian, Charmin, Charmine, Charmion, Charmisa, Charmon, Charmyn, Charmyne, Charmynne

Charmane (français) variante de Charmaine.
Charman

Charnette (américain) combinaison de Charo et d'Annette.
Charnetta, Charnita

Charnika (américain) combinaison de Charo et de Nika.
Charneka, Charniqua, Charnique

Charo (espagnol) variante populaire de Rosa.
Charoe, Charow

Charyanna (américain) combinaison de Charo et d'Anna.
Charian, Charyian, Cheryn

Chase ⒼⒻ (français) chasseur.
Chace, Chaise, Chasen, Chason, Chass, Chasse, Chastan, Chasten, Chastin, Chastinn, Chaston, Chasyn, Chayse

Chasidy, Chassidy (latin) variantes de Chastity.
Chasa Dee, Chasadie, Chasady, Chasidee, Chasidey, Chasidie, Chassedi, Chassidi, Chasydi

Chasity (latin) variante de Chastity.
Chasiti, Chasitie, Chasitty, Chassey, Chassie, Chassiti, Chassity, Chassy

Chastity (latin) pure.
Chasta, Chastady, Chastidy, Chastitea, Chastitee, Chastitey, Chastiti, Chastitie, Chastney, Chasty

Chauntel (français) variante de Chantal.
Chaunta, Chauntae, Chauntay, Chaunte, Chauntell, Chauntelle, Chawntel, Chawntell, Chawntelle, Chontelle

Chava (hébreu) vie; (yiddish) oiseau. Religion : nom original d'Ève.
Chabah, Chavae, Chavah, Chavala, Chavalah, Chavarra, Chavarria, Chave, Chavé, Chavetta, Chavette, Chaviva, Chavvis, Hava, Kaÿa

Chavella (espagnol) variante d'Isabel.
Chavel, Chavela, Chavelah, Chavele, Chaveli, Chavelia, Chavelie, Chavell, Chavellah, Chavelle, Chavely

Chavi (tsigane) fille. Chavali, Chavee, Chavey, Chavia, Chaviah, Chavie, Chavy, Chavya, Chavyah

Chavon (hébreu) variante de Jane.
Chavaughn, Chavaughna, Chavaughne, Chavawn, Chavawna, Chavawnah, Chavawne, Chavona, Chavonah, Chavonda, Chavondah, Chavondria, Chavondriah, Chavone, Chavonn, Chevaughn, Chevaughna, Chevaughne, Chevawn, Chevawna, Chevawnah, Chevawne, Chevon, Chevona, Chevonn, Shavon

Chavonne (hébreu) variante de Chavon; (américain) combinaison du préfixe Cha et d'Yvonne.
Chavondria, Chavonna, Chavonnah, Chevonna, Chevonnah, Chevonne

Chaya (hébreu) vie; vivante.
Chaia, Chaiah, Chaike, Chaye, Chayka, Chayra

Chayla (anglais) variante de Chaylea.
Chaylah

Chaylea (anglais) combinaison de Chaya
et de Lea.
Chailea, Chaileah, Chailee, Chailei, Chaileigh, Chailey,
Chaili, Chailia, Chailiah, Chailie, Chaily, Chayleah,
Chaylee, Chayleena, Chayleene, Chaylei, Chayleigh,
Chaylena, Chaylene, Chayley, Chayli, Chaylie, Chayly

Chela, Chelo (espagnol) variantes de Consuelo.

Chelby (anglais) variante de Shelby.

**Chelci, Chelcie, Chelsee, Chelsey, Chelsi,
Chelsie, Chelsy** (anglais) variantes de Chelsea.
Chelcia, Chelciah, Chellsie, Chelssey, Chelssie, Chelssy,
Chelsye

Chelley (anglais) variante de Shelley.
Chellea, Chelleah, Chellee, Chellei, Chelleigh, Chelli,
Chellie, Chelly

Chelsa (anglais) variante de Chelsea.
Chelsae, Chelsah

Chelse (anglais) variante de Chelsea.
Chelce

Chelsea (anglais) port maritime.
Voir aussi Kelsey, Shelsea.
Chelcea, Chelcee, Chelcey, Chelcy, Chelese, Chelesia, Chelli,
Chellie, Chellise, Chelsay, Chelseah, Chelsei, Chelseigh,
Chesea, Cheslee, Chesley, Cheslie, Chessea, Chessie

Chelsia (anglais) variante de Chelsea.

Chemarin (hébreu) fille en noir.
Chemarina, Chemarine, Chemaryn, Chemaryna,
Chemaryne

Chenelle (anglais) variante de Chanel.
Chenel, Chenell

Chenetta (français) chêne.
Chenet, Cheneta, Chenetah, Chenete, Chenett, Chenettah,
Chenette

Chenoa (amérindien) colombe blanche.
Chenee, Chenika, Chenita, Chenna, Chenoah

Chepa (hébreu) chaste.

Cher (français) cher, chéri ; (anglais) diminutif
de Cherilyn.
Chere, Sher, Shere, Sherr

Cherelle, Cherrell, Cherrelle (français)
variantes de Cheryl. Voir aussi Sherelle.
Charel, Charela, Charelah, Charele, Charell, Charella,
Charellah, Charelle, Cherel, Cherell, Cherella, Cherille,
Cherrel, Cherrela, Cherrila, Cherrile

Cherese (grec) variante de Cherish.
Chereese, Cheresa, Cheresse

Cheri, Cherie, Cherri (français) variantes
populaires de Cher.
Cheree, Chérie, Cheriee, Cherree, Cherrie

Cherice, Cherise, Cherisse (français) variantes
de Cherish. Voir aussi Sharice, Sherice.
Cherece, Chereece, Chereese, Cheriss, Cherissa, Cherrise,
Cherys, Cherysa, Cherysah, Cheryse

Cherilyn (anglais) combinaison de Cheryl
et de Lynn. Voir aussi Sherylyn.
Cheralyn, Chereen, Chereena, Cherilin, Cherilina,
Cherilinah, Cheriline, Cherilyna, Cherilynah, Cherilyne,
Cherilynn, Cherlyn, Cherlynn, Cherralyn, Cherrilyn,
Cherrylyn, Cheryl-Lyn, Cheryl-Lynn, Cheryl-Lynne,
Cherylene, Cherylin, Cheryline, Cherylyn, Cherylynn,
Cherylynne

Cherish (anglais) chérie, précieuse.
Charish, Charisha, Charishe, Charysha, Charyshah,
Cheerish, Cheerisha, Cherisha, Cherishah, Cherishe,
Cherrish, Cherrisha, Cherrishe, Cherysh, Cherysha,
Cheryshe, Sherish

Cherita (latin) variante de Charity.
Chereata, Chereatah, Chereeta, Chereetah, Cherida,
Cherita, Cheritah, Cherrita, Cheryta, Cherytah

Cherokee [FG] (amérindien) nom de tribu.
Cherika, Cherikia, Cherkita, Cherokei, Cherokey, Cheroki,
Cherokia, Cherokie, Cheroky, Cherrokee, Sherokee

Cherry (latin) variante populaire de Charity ;
(français) cerise ; rouge cerise.
Chere, Cherea, Cheree, Cherey, Cherr, Cherrea, Cherree,
Cherrey, Cherreye, Cherri, Cherriann, Cherrianna,
Cherrianne, Cherrie, Cherry-Ann, Cherry-Anne, Cherrye,
Chery, Cherye

Cheryl (français) chérie. Voir aussi Sheryl.
Charil, Charyl, Cheral, Cheril, Cherila, Cherrelle, Cherril,
Cheryl-Ann, Cheryl-Anne, Cheryl-Lee, Cheryle, Cherylee,
Cheryll, Cherylle

Chesarey (américain) variante de Desiree.
Chesarae

Chesna (slave) paisible.
Chesnah, Chessna, Chessnah, Chezna, Cheznah, Cheznia,
Chezniah, Cheznya, Cheznyah

Chesney (slave) variante de Chesna.
Chesnee, Chesnie, Chesny

Chessa (américain) diminutif de Chesarey.
Chessi, Chessie, Chessy

Chevelle (espagnol) variante de Chavella.
Chevie

Cheyann, Cheyanne (cheyenne) variantes
de Cheyenne.
Cheian, Cheiann, Cheianne, Cheyan, Cheyane, Cheyeanne

Cheyanna (cheyenne) variante de Cheyenne.
Cheyana

Cheyene (cheyenne) variante de Cheyenne.

Cheyenna (cheyenne) variante de Cheyenne.
Cheyeana, Cheyeanna, Cheyena

Cheyenne ⒻⒸ (cheyenne) nom de tribu.
Voir aussi Shaianne, Sheyanne, Shian, Shyan.
Cheyeene, Cheyenn, Chi-Anna, Chianne, Chie, Chyanne

Cheyla (américain) variante de Sheila.
Cheylan, Cheyleigh, Cheylo

Cheyna (américain) diminutif de Cheyenne.
Chey, Cheye, Cheyne, Cheynee, Cheyney, Cheynna

Chi Ⓤ (cheyenne) diminutif de Cheyenne.

Chiara (italien) variante de Clara.
Cheara, Chiarra, Chyara

Chicahua (nahuatl) forte.

Chika (japonais) proche et chère.
Chikah, Chikaka, Chikako, Chikara, Chikona, Chyka, Chykah

Chiku (swahili) bavarde.

Chila (grec) variante de Cécilia.

Chilali (amérindien) junco.
Chilalea, Chilaleah, Chilalee, Chilalei, Chilaleigh, Chilalie, Chilaly

China (chinois) porcelaine fine. Géographie :
pays d'Asie de l'Est. Voir aussi Ciana, Shina.
Chinaetta, Chinah, Chinasa, Chinda, Chine, Chinea, Chinesia, Chinita, Chinna, Chinwa, Chynna

Chinira (swahili) Dieu reçoit.
Chinara, Chinarah, Chinirah, Chynira, Chynirah

Chinue (igbo) bénédiction de Dieu même.

Chione (égyptien) fille du Nil.

Chipahua (nahuatl) propre.

Chiquita (espagnol) petite. Voir aussi Shiquita.
Chaqueta, Chaquita, Chica, Chickie, Chicky, Chikata, Chikita, Chiqueta, Chiquila, Chiquite, Chiquitha, Chiquithe, Chiquitia, Chiquitta

Chiyo (japonais) éternelle.
Chiya

Chloé **TOP.100.** (grec) bourgeonnante, verdoyante.
Mythologie : autre nom de Déméter,
déesse de l'Agriculture. Voir aussi Kloé.
Chloe, Chlöe, Chloea, Chloee, Chloey, Chloie, Cloe

Chloris (grec) pâle. Mythologie : seule fille
de Niobé qui échappe aux flèches vengeresses
d'Apollon et d'Artémis. Voir aussi Kloris,
Loris.
Chlorise, Chlorys, Chloryse, Cloris, Clorise, Clorys, Cloryse

Chlorissa (grec) variante de Chloris.
Chlorisa, Chlorysa, Clorisa, Clorysa

Cho (coréen) belle.
Choe

Cholena (amérindien) oiseau.
Choleana, Choleanah, Choleane, Choleena, Choleenah, Choleene, Choleina, Choleinah, Choleine, Cholenah, Cholene, Choleyna, Choleynah, Choleyne, Cholina, Cholinah, Choline, Cholyna, Cholynah, Cholyne

Chriki (swahili) bénédiction.

Chris ⒼⒻ (grec) diminutif de Christopher,
de Christina. Voir aussi Kris.
Chrys, Cris

Chrissa (grec) diminutif de Christina.
Voir aussi Khrissa.
Chrisea, Chrissea, Chrysa, Chryssa, Crissa, Cryssa

Chrissanth (grec) fleur d'or. Botanique :
les chrysanthèmes sont des fleurs ornementales
et voyantes.
Chrisanth, Chrisantha, Chrisanthia, Chrisanthiah, Chrisanthya, Chrisanthyah, Chrysantha, Chrysanthe, Chrysanthia, Chrysanthiah, Chryzanta, Chryzante, Chryzanthia, Chryzanthiah, Chryzanthya, Chryzanthyah

Chrissie, Chrissy (anglais) variantes populaires
de Christina.
Chrisee, Chrisi, Chrisie, Chrissee, Chrissey, Chrissi, Chrisy, Chryssi, Chryssie, Chryssy, Chrysy, Crissie, Khrissy

Christa (allemand) diminutif de Christina.
Voir aussi Krista.
Christah, Christar, Christara, Crysta

Christabel (latin, français) belle chrétienne.
Voir aussi Kristabel.
Christabeel, Christabela, Christabelah, Christabele, Christabell, Christabella, Christabellah, Christabelle, Christable, Christobel, Christobell, Christobella, Christobelle, Chrystabel, Chrystabela, Chrystabelah, Chrystabele, Chrystabell, Chrystabella, Chrystabellah, Chrystabelle, Chrystobel, Chrystobela, Chrystobelah, Chrystobelle, Chrystobell, Chrystobella, Chrystobellah, Cristabel, Cristabela, Cristabelah, Cristabele, Cristabell, Cristabella, Cristabellah, Cristabelle

Christain ⒼⒻ (grec) variante de Christina.
Christaina, Christainah, Christaine, Christane, Christayn, Christayna, Christaynah, Christayne

Christal (latin) variante de Crystal ; (écossais)
variante de Christina.
Christalene, Christalin, Christalina, Christaline, Christall, Christalle, Christalyn, Christle, Chrystal

Christan Ⓤ (grec) diminutif de Christina.
Voir aussi Kristen.
Christana, Christanah, Christann, Christanna, Christyne, Chrystan, Chrysten, Chrystin, Chryston, Chrystyn

Christel, Christelle, Chrystel (français)
variantes de Christal.
Christele, Christell, Chrystelle

Christen, Christin ⒻⒸ (grec) diminutifs
de Christina.

Christena (grec) variante de Christina.
Christeina, Christeinah, Christeinna, Christeinnah

Christene (grec) variante de Christina.
Christein, Christeine, Christeinn, Christeinne

Christi, Christie (grec) diminutifs de Christina, Christine. Voir aussi Christy, Cristi, Kristi, Kristy.
Christee, Christia, Chrystee, Chrysti, Chrystie

Christian GF (grec) variante de Christina. Voir aussi Kristian, Krystian.
Christi-Ann, Christi-Anne, Christiann, Christianni, Christiaun, Christiean, Christien, Christienne, Christinan, Christy-Ann, Christy-Anne, Chrystian, Chrystiane, Chrystiann, Chrystianne, Chrystyan, Chrystyane, Chrystyann, Chrystyanne, Crestian, Crestiane, Crestiann, Crestianne, Crestienne, Crestyane, Crestyann, Crestyanne, Cristyan, Cristyane, Cristyann, Cristyanne, Crystian, Crystiane, Crystiann, Crystianne, Crystyan, Crystyane, Crystyann, Crystyanne

Christiana, Christianna (grec) variantes de Christina.
Christianah, Christiannah, Christiannia, Christianniah, Christiena, Chrystiana, Chrystianah, Chrystianna, Chrystiannah, Chrystyana, Chrystyanah, Chrystyanna, Chrystyannah, Crestiana, Crestianah, Crestianna, Crestiannah, Crestyana, Crestyanah, Crestyanna, Crestyannah, Cristyana, Cristyanah, Cristyanna, Cristyannah, Crystiana, Crystianah, Crystyana, Crystyanah, Crystyanna, Crystyannah

Christiane, Christianne (grec) variantes de Christina.

Christina (grec) chrétienne ; bénie par l'onction. Voir aussi Khristina, Kristina, Stina, Tina.
Christeana, Christeanah, Christeena, Christeenah, Christeina, Christeinah, Christella, Christinaa, Christinah, Christinea, Christinia, Christinna, Christinnah, Christna, Christyna, Christynah, Christynna, Chrystena, Chrystina, Chrystyna, Chrystynah, Cristeena, Cristena

Christine (français, anglais) variante de Christina. Voir aussi Khristine, Kirsten, Kristen, Kristine.
Chrisa, Christean, Christeane, Christeen, Christeene, Christyne, Chrystyne, Cristeen, Cristene, Crystine

Christy (anglais) diminutif de Christina, de Christine. Voir aussi Christi.
Christey, Chrystey, Chrysty, Cristy

Christyn (grec) diminutif de Christina.

Chrys (anglais) variante de Chris.
Krys

Chrysta (allemand) diminutif de Christina.
Chrystah, Chrystar, Chrystara

Chrystal (latin) variante de Christal.
Chrystal-Lynn, Chrystale, Chrystalin, Chrystalina, Chrystaline, Chrystalla, Chrystallina, Chrystallynn

Chrystel (français) variante de Christal.
Chrystelle

Chu Hua (chinois) chrysanthème.

Chumani (lakota) gouttes de rosée.
Chumanee, Chumany

Chun GF (birman) renouveau de la nature.

Chyann, Chyanne (cheyenne) variantes de Cheyenne.
Chyan, Chyana, Chyane, Chyanna

Chyenne (cheyenne) variante de Cheyenne.
Chyeana, Chyen, Chyena, Chyene, Chyenn, Chyenna, Chyennee

Chyna, Chynna (chinois) variantes de China.
Chynah, Chynnah

Cian GF (irlandais) ancien.
Ciann, Cien

Ciana, Cianna (chinois) variantes de China ; (italien) variantes de Jane.
Cianah, Ciandra

Ciara, Ciarra (irlandais) noir. Voir aussi Sierra.
Ceara, Chiairah, Ciaara, Ciaera, Ciaira, Ciar, Ciarah, Ciaria, Ciarrah, Ciora, Ciorah, Cioria, Cyara, Cyarah, Cyarra, Cyarrah

Cibeles (grec) Mythologie : autre nom de la déesse Cybèle.

Cicely (anglais) variante de Cécilia. Voir aussi Sissy.
Cicelea, Ciceleah, Cicelee, Cicelei, Ciceleigh, Ciceley, Ciceli, Cicelia, Cicelie, Ciciley, Cicilia, Cicilie, Cicily, Cile, Cilka, Cilla, Cilli, Cillie, Cilly, Siselee, Siselei, Siseleigh, Siseli, Siselie, Sisely

Cidney (français) variante de Sydney.
Cidnee, Cidni, Cidnie

Ciearra (irlandais) variante de Ciara.
Cieara, Ciearria

Cielo (latin) celle qui est céleste.

Cienna (italien) variante de Ciana.

Ciera, Cierra (irlandais) variantes de Ciara.
Cierah, Ciere, Cieria, Cierrah, Cierre, Cierria, Cierro

Cihuaton (nahuatl) petite femme.

Cim (anglais) variante de Kim.

Cimberleigh (anglais) variante de Kimberly.

Cinderella (français, anglais) petite fille des cendres. Littérature : Cendrillon, héroïne d'un conte de fées.
Cendrillon, Cindella, Cinderel, Cinderela, Cinderelah, Cinderele, Cinderellah, Cinderelle, Cynderel, Cynderela, Cynderelah, Cynderele, Cynderell, Cynderella, Cynderellah, Cynderelle, Sinderel, Sinderela, Sinderele, Sinderell, Sinderella, Sinderelle, Synderell, Synderella, Synderelle

Cindi (grec) variante de Cindy.
Cindie

Cindy (grec) lune ; (latin) variante populaire de Cynthia. Voir aussi Sindy.
Cindea, Cindeah, Cindee, Cindey

Cinnamon (grec) cannelle, épice aromatique brun-roux.
Cinamon, Cynamon, Cynnamon, Sinamon, Sinnamon, Synamon, Synnamon

Cinnia (latin) aux cheveux bouclés.
Cinia, Ciniah, Cinniah, Sinia, Siniah, Sinnia, Sinniah

Cinta (espagnol) diminutif de Jacinta.

Cinthia, Cinthya (grec) variantes de Cynthia.
Cinthiah, Cinthiya, Cinthyah

Cintia (grec) variante de Cynthia.

Cíntia (portugais) variante de Cynthia.

Cipriana (italien) de l'île de Chypre.
Cipres, Cipress, Cipriane, Cipriann, Ciprianna, Ciprianne, Cyprian, Cypriana, Cypriane, Cyprienne

Cipriano (grec) né à Chypre.

Ciprina (espagnol) bénie par la déesse de l'Amour.

Cira (espagnol) variante de Cyrilla.
Cirah, Ciria, Ciriah, Cyra, Cyrah, Cyria, Cyriah, Cyrya, Cyryah, Siria, Syria, Syrya

Circe (grec) Mythologie : Circé, déesse qui tomba amoureuse d'Ulysse dans L'Odyssée d'Homère.

Cirenia, Cirinea (grec) native de Cyrène, en Libye.

Ciri (grec) distinguée.

Ciriaca, Ciríaca (grec) qui appartient à Dieu.

Ciro (espagnol) soleil.

Cissy (américain) variante populaire de Cécilia, de Cicely.
Cissey, Cissi, Cissie

Citlali (nahuatl) étoile.
Citlaly

Citlalmina (nahuatl) le plus grand de nos héros.

Clair (français) variante de Clara.
Claare, Klaire, Klarye

Claire (français) variante de Clair.

Clairissa (grec) variante de Clarissa.
Clairisa, Clairisse, Claraissa

Clancy Ⓤ (irlandais) combattant roux.
Clance, Clancee, Clancey, Clanci, Clancie, Claney, Clanse, Clansee, Clansey, Clansi, Clansie, Clansy

Clara **TOP .100.** (latin) claire ; brillante. Musique : Clara Schumann est une célèbre compositrice allemande du xixe siècle. Voir aussi Chiara, Klara.
Claara, Claarah, Claira, Clairah, Clarah, Claresta, Clarie, Clarina, Clarinda, Clarine

Clarabelle (latin) belle et lumineuse.
Clarabel, Clarabela, Clarabelah, Clarabele, Clarabell, Clarabella, Clarabellah, Clarobel, Clarobela, Clarobelah, Clarobele, Clarobell, Clarobella, Clarobellah, Clarobelle, Clarybel, Clarybela, Clarybelah, Clarybele, Clarybell, Clarybella, Clarybellah, Clarybelle

Clare Ⓕ Ⓒ (anglais) variante de Clara.
Clar

Clarenza (latin) claire ; victorieuse.
Clarensia, Clarensiah, Clarensya, Clarensyah, Clarenzia, Clarenziah, Clarenzya, Clarenzyah

Claribel (latin) variante de Clarabelle.
Claribela, Claribelah, Claribele, Claribell, Claribella, Claribellah, Claribelle

Clarice, Clarisse (italien) variantes de Clara.
Clareace, Clarease, Clareece, Clareese, Claris, Clarise, Clariss, Claryc, Claryce, Clarys, Claryse, Cleriese, Klarice, Klarise

Clarie (latin) variante populaire de Clara.
Clarey, Clari, Clary

Clarinda (latin, espagnol) lumineuse ; belle.
Clairinda, Clairynda, Clarindah, Clarynda, Claryndah

Clarise (grec) variante de Clarissa.
Claresa, Claris, Clarisa, Clarisah, Clarisia, Clarys, Clarysa, Clarysah, Claryse

Clarisse (grec) brillante ; (italien) variante de Clara. Voir aussi Klarisse.
Clarecia, Claressa, Claresta, Clariss, Clarissa, Clarissah, Clarissia, Claritza, Clarizza, Clarrisa, Clarrissa, Claryss, Claryssa, Claryssah, Clarysse, Clerissa

Clarita (espagnol) variante de Clara. Voir aussi Klarita.
Clairette, Clareata, Clareatah, Clareate, Clareeta, Clareetah, Clareete, Claret, Clareta, Claretah, Clarete, Clarett, Claretta, Clarettah, Clarette, Claritah, Clarite, Claritta, Clarittah, Claritte, Claritza, Claryt, Claryta, Clarytah, Claryte, Clarytt, Clarytta, Claryttah, Clarytte

Claude Ⓖ Ⓕ (latin, français) boiteux.
Claud, Claudio, Claudis, Claudius

Claudel (latin) variante de Claude, Claudia.
Claudell, Claudelle

Claudette (français) variante de Claudia.
*Clauddetta, Claudet, Claudeta, Claudetah, Claudete,
Claudett, Claudetta, Clawdet, Clawdeta, Clawdetah,
Clawdete, Clawdett, Clawdetta, Clawdettah, Clawdette*

Claudia (latin) variante de Claude.
Voir aussi Gladys, Klaudia.
Clauda, Claudah, Claudea, Claudex, Claudiah, Claudine

Claudía (latin) variante de Claudia.

Claudie (latin) variante de Claudia.
Claudee, Claudey, Claudi, Claudy

Claudine (français) variante de Claudia.
*Claudan, Claudanus, Claudeen, Claudian, Claudiana,
Claudiane, Claudianus, Claudie-Anne, Claudien, Claudin,
Claudina, Claudinah, Claudyn, Claudyna, Claudynah,
Claudyne*

Cléa (grec) variante de Cléo, de Clio.

Cléantha (anglais) gloire.

Clélia (latin) variante de Célia.

Clématis (grec) clématite. Botanique: plante
grimpante aux fleurs colorées ou aux grappes
de fruits décoratives.
*Clématisa, Clématise, Clématiss, Clématissa, Clématisse,
Clématys, Clématysa, Clématyse, Clématyss, Clématyssa,
Clématysse*

Clémence TOP .100. FG (latin) variante de Clémentine.

Clémentina (allemand) variante de Clémentine.
Clémentinah, Clémentyna, Clémentynah

Clémentine (latin) miséricordieuse.
Voir aussi Klémentine.
*Clémencia, Clémencie, Clémency, Clémente, Clémentia,
Clémentiah, Clémentina, Clémentyn, Clémentyne, Clémenza,
Clémette*

Clemira (arabe) brillante princesse.

Cléo U (grec) diminutif de Cléopâtre.
Chléo, Cléa, Kléo

Cléodora (grec) cadeau de Dieu.

Cléophée (grec) celle qui montre des signes
de gloire.

Cléone (grec) célèbre.
*Cleaona, Cleaonee, Cleaoney, Cleoni, Cleonie, Cleonna,
Cleony, Cliona*

Cléopâtre (grec) la renommée de son père.
Histoire: Cléopâtre, grande reine égyptienne.
Kléopâtre

Cleta (grec) illustre.
Cletah

Cleva (anglais) qui habite sur les falaises.

Clidia, Clidía (grec) agitée dans la mer.

Clímaca (nahuatl) étoile.

Climena, Climent (grec) exaltée par la gloire.

Clio (grec) proclamatrice; glorificatrice.
Mythologie: la Muse de l'histoire.
Klio

Clío (grec) variante de Clio.

Clitemnestre (grec) Mythologie: Clytemnestre
est la fille de Tyndare et de Léda.

Clitia (grec) celle qui aime être propre.

Clodomire (allemand) célèbre.

Clodovea, Clodoveo (espagnol) variantes
de Clovis.

Cloé (grec) variante de Chloé.
*Clo, Cloéa, Cloée, Cloei, Cloey, Cloi, Cloie, Clowee,
Clowey, Clowi, Clowie*

Cloélia (latin) variante de Célia.

Clorinda (grec) fraîche; vitale.

Closinda (allemand) célèbre, éminente.

Clotilde (allemand) héroïne.
Chlotilda, Chlotilde, Clotilda, Klothilda, Klothilde

Clovis (teuton) célèbre guerrière.

Coatlicue (grec) qui vient des jupes de serpents.

Coaxoch (nahuatl) fleur du serpent.

Cochiti (espagnol) oubliée.

Coco FG (espagnol) noix de coco.
Voir aussi Koko.

Codi U (anglais) coussin. Voir aussi Kodi.
Coady, Codea, Codee, Codey, Codia

Codie, Cody GF (anglais) coussin.

Coia (catalan) variante de Misericordia.

Cointa (égyptien) cinquième.

Colbi, Colbie (anglais) variantes de Colby.

Colby GF (anglais) ville de charbon.
Géographie: région d'Angleterre connue pour
sa production de fromage. Voir aussi Kolbi.
Colbea, Colbee, Colbey

Coleen (irlandais) variante de Colleen.
Colean, Coleane, Coleene, Colene

Colette, Collette (grec, français) variantes
populaires de Nicole. Voir aussi Kolette.
*Coe, Coetta, Colet, Coleta, Colete, Colett, Coletta,
Colettah, Collet, Collete, Collett, Colletta*

Colleen (irlandais) fille. Voir aussi Kolina.
Coel, Cole, Coley, Coline, Collean, Colleane, Colleene,
Collen, Collene, Collie, Collina, Colline, Colly, Collyn,
Collyne, Colyn, Colyne

Collina (irlandais) variante de Colleen.
Coleana, Coleena, Coleenah, Colena, Colina, Colinah,
Colinda, Colleana, Colleena, Colleenah, Collinah, Collyna,
Collynah, Colyna, Colynah

Collipal (mapuche) étoile colorée.

Colman, Colmana (latin) variantes de Colombe.

Coloma (espagnol) variante de Colombe.

Colombe (latin) colombe.
Colomba

Colombia (espagnol) Géographie : pays
d'Amérique du Sud.

Colombina (latin) variante de Colombe.

Columba Ⓤ (latin) colombe.
Colombe, Colombe, Columbia, Columbina, Columbinah,
Columbine, Columbyna, Columbynah, Columbyne

Concelia (espagnol) variante de Concepción.

Concepcion (espagnol) variante de Concepción.
Concepta, Conceptia

Concepción (espagnol) référence à l'Immaculée
Conception.

Concesa (latin) récompense.

Conceta, Concheta (espagnol) variantes
de Concetta.

Concetta (italien) pure.
Concettina, Conchetta

Conchita (espagnol) variante de Concepción.
Chita, Concha, Conciana, Concianah, Conciann,
Concianna, Conciannah, Concianne

Concordia (latin) harmonieuse. Mythologie :
Concorde, déesse gérant la paix après la guerre.
Con, Concorda, Concordah, Concordiah, Concordya,
Concordyah, Cordae, Cordaye

Concordía (latin) variante de Concordia.

Conner ⒼⒻ (écossais) sage ; (irlandais) loué ;
exalté.
Connar, Connery, Conor

Connie ⒻⒼ (latin) variante populaire
de Constance.
Con, Conee, Coney, Coni, Conie, Connee, Conney,
Conni, Conny, Cony, Konnie, Konny

Connor ⒼⒻ (écossais) sage ; (irlandais) loué ;
exalté.

Consejo (hispanique) variante de Consuelo.

Consolación (latin) consolation.

Consorcia (latin) association.

Constance **TOP .100.** (latin) constante ; ferme.
Voir aussi Konstance, Kosta.
Constancia, Constancy, Constanta, Constantia,
Constantina, Constantine, Constanza, Constynse

Constanza (espagnol) variante de Constance.
Constanz, Constanze

Consuela (espagnol) variante de Consuelo.
Consuella, Consula

Consuelo (espagnol) consolation. Religion :
Nuestra Señora del Consuelo (Notre-Dame
de la Consolation) est l'un des noms
de la Vierge Marie.
Consolata, Conzuelo, Konsuela, Konsuelo

Contessa (italien) comtesse italienne.

Cooper ⒼⒻ (anglais) fabricant de tonneaux.
Coop, Couper, Kooper, Kuepper

Cora (grec) jeune fille. Mythologie : Coré
est un autre nom de Perséphone, la déesse
du Monde souterrain. Voir aussi Kora.
Corah, Corra

Corabelle (américain) combinaison de Cora
et de Belle.
Corabel, Corabela, Corabelah, Corabele, Corabell,
Corabela, Corabellah, Korabel, Korabela, Korabelah,
Korabele, Korabell, Korabella, Korabellah

Coral (latin) corail. Voir aussi Koral.
Coraal, Corel, Corela, Corelah, Corele, Corell, Corella,
Corellah, Corelle, Coril, Corila, Corilah, Corill, Corilla,
Corillah, Corille, Corral, Coryl, Coryla, Corylah, Coryle,
Coryll, Corylla, Coryllah, Corylle

Coralee (américain) combinaison de Cora
et de Lee.
Cora-Lee, Coralea, Coraleah, Coralei, Coraleigh, Coralena,
Coralene, Coraley, Coraline, Coraly, Coralyn, Corella,
Corilee, Koralea, Koraleah, Koralei, Koraleigh, Korali,
Koralie, Koraly

Coralie (américain) variante de Coralee.
Corali, Coralia, Coraliah, Coralin, Coralina, Coralinah,
Coraline, Coralynn, Coralynne

Corazana (espagnol) variante de Corazon.

Corazon (espagnol) cœur.
Corazona

Corazón (espagnol) variante de Corazon.

Corbin ⒼⒻ (latin) corbeau.
Corbe, Corbi, Corby, Corbyn, Corbynn

Cordasha (américain) combinaison de Cora
et de Dasha.

Cordélia (latin) chaleureuse; (gallois) bijou maritime. Voir aussi Délia, Della, Kordélia.
Cordae, Cordélie, Cordellia, Cordellya, Cordett, Cordette, Cordi, Cordilia, Cordilla, Cordula, Cordulia

Cordella (français) cordelier.
Codela, Cordel, Cordelah, Cordele, Cordell, Cordellah, Cordelle

Cordi (gallois) diminutif de Cordélia.
Cordey, Cordia, Cordie, Cordy

Córdula (latin) celle qui n'a plus le temps.

Coreen (grec) variante de Corinne.
Coreene

Coreena (grec) variante de Corinne.
Coreenah

Coretta (grec) variante populaire de Cora. Voir aussi Koretta.
Coreta, Coretah, Corete, Corett, Corettah, Corette, Correta, Corretta, Corrette

Corey GF (irlandais) de la vallée; (grec) variante populaire de Cora. Voir aussi Korey.
Coree, Correy, Correye, Corry

Cori FG (irlandais) variante de Corey.

Coriann, Corianne (américain) combinaisons de Cori et d'Ann.
Corean, Coreane, Cori-Ann, Corian, Coriane, Corri-Ann, Corri-Anne, Corrianne, Corrie-Ann, Corrie-Anne

Corie FG (irlandais) variante de Corey.

Corin U (grec) variante de Corinne.
Corinn

Corina, Corinna, Corrina (grec) variantes de Corinne. Voir aussi Korina.
Coreana, Coreanah, Coriana, Corianna, Corinah, Corinda, Corinnah, Correana, Correanah, Correena, Correenah, Correna, Correnah, Corrinah, Corrinna, Corrinnah, Corryna, Corrynah, Coryna, Corynah

Corine (grec) variante de Corinne.

Corinne (grec) jeune fille.
Coren, Corinee

Corisande, Corisanda (espagnol) fleur du cœur.

Corissa (grec) variante populaire de Cora.
Coresa, Coressa, Corisa, Corisah, Corissah, Corysa, Corysah, Coryssa, Coryssah, Korissa

Corliss GF (anglais) enjouée; au bon cœur.
Corlis, Corlisa, Corlisah, Corlise, Corlissa, Corlissah, Corlisse, Corly, Corlys, Corlysa, Corlysah, Corlyse, Corlyss, Corlyssa, Corlyssah, Corlysse, Korliss

Cornélia (latin) couleur de corne. Voir aussi Kornélia, Nélia, Nellie.
Carna, Carniella, Corneilla, Cornela, Cornélie, Cornella, Cornelle, Cornelya, Cornie, Cornilear, Cornisha, Corny

Coro (espagnol) chœur.

Corona (latin) couronne.
Coronah, Coronna, Coronnah, Korona, Koronah, Koronna, Koronnah

Corrie (irlandais) variante de Corey.

Corrin FG (grec) variante de Corinne.
Correan, Correane, Correen, Correene, Corren, Correne, Corrinn, Corryn, Corryne

Corrine, Corrinne (grec) variante de Corinne.

Corsen (gallois) rouge.

Cortina (américain) variante de Kortina.
Cortinah, Cortine, Cortyn, Cortyna, Cortyne

Cortnee, Cortni, Cortnie (anglais) variantes de Courtney.
Cortnae, Cortnai, Cortnay, Cortne, Cortnea, Cortneia, Cortny, Cortnye, Corttney

Cortney FG (anglais) variante de Courtney.

Cory GF (irlandais) de la vallée; (grec) variante populaire de Cora.

Coryn, Corynn (grec) variantes de Corinne.
Coryne, Corynne

Cosette (français) variante populaire de Nicole.
Coset, Coseta, Cosetah, Cosete, Cosett, Cosetta, Cosettah, Cossetta, Cossette, Cozette

Cosima (grec) ordonnée; harmonieuse; univers.
Cosimah, Cosyma, Cosymah

Coszcatl (nahuatl) bijou.

Courtenay, Courteney (anglais) variantes de Courtney.
Courtaney, Courtany, Courtena, Courtene, Courteny

Courtline, Courtlyn (anglais) variantes de Courtney.
Courtlin, Courtlina, Courtlinah, Courtlyna, Courtlynah, Courtlyne, Courtlynn

Courtnee, Courtnei, Courtni, Courtnie, Courtny (anglais) variantes de Courtney. Voir aussi Kortnee, Kourtnee.
Courtne, Courtnée

Courtney FG (anglais) de la cour.
Courtnae, Courtnai, Courtnay, Courtneigh, Courtnii, Courtoni, Courtonie, Courtony

Covadonga (espagnol) caverne de la dame. Religion: vaste grotte qui abrite un autel dédié à la Vierge Marie.

Cozamalotl (nahuatl) arc-en-ciel.

Cragen (gallois) coquillage.

Cree (algonquin) tribu amérindienne et langue du centre de l'Amérique du Nord.

Crescencia (latin) croissance.

Crescenciana (espagnol) variante de Crescencia.

Crimilda (allemand) elle se bat avec un casque.

Crisana, Crisanta (espagnol) variantes de Crisantema.

Crisantema (grec) chrysanthème, fleur dorée.

Crisbell (américain) combinaison de Crista et de Belle.
Crisbel, Cristabel

Crispina (latin) aux cheveux bouclés.
Crispin, Crispine, Crispyn, Crispyna, Crispynah, Crispyne

Crispula (grec) variante de Crispina.

Crista (italien) variante de Christa.
Cristah

Cristal (latin) variante de Crystal.
Cristalie, Cristalle, Cristel, Cristela, Cristelia, Cristell, Cristella, Cristelle, Cristhie, Cristle

Cristan, Cristen, Cristin (grec) variantes de Christan. Voir aussi Kristin.
Cristana, Cristanah, Cristane, Criston, Cristyn, Crystan, Crysten, Crystin, Crystyn

Cristeta (grec) variante de Crista.

Cristi, Cristy (anglais) variantes populaires de Cristina. Variantes de Christy.
Voir aussi Christi, Kristi, Kristy.
Cristee, Cristey, Cristia, Cristie, Crystee, Crystey, Crysti, Crystia, Crystie, Crysty

Cristian 🔲 (grec) variante de Christian.
Cristiana, Cristianah, Cristiane, Cristiann, Cristianna, Cristiannah, Cristianne

Cristina (grec) variante de Christina.
Voir aussi Kristina.
Cristaina, Cristainah, Cristeana, Cristeanah, Cristeena, Cristeenah, Cristeina, Cristeinah, Cristena, Cristenah, Cristinah, Cristiona, Crystyna, Crystynah

Cristine (grec) variante de Christine.
Cristain, Cristaine, Cristean, Cristeane, Cristeen, Cristeene, Cristein, Cristeine, Cristene, Crystyn, Crystyne

Cruz (espagnol) croix.

Cruzita (espagnol) variante de Cruz.

Crysta (italien) variante de Christa.

Crystal (latin) verre clair et éclatant.
Voir aussi Kristal, Krystal.
Crystala, Crystale, Crystalee, Crystall, Crystalle, Crystaly, Crystela, Crystelia, Crysthelle, Crystl, Crystle, Crystol, Crystole, Crystyl

Crystalin (latin) bassin de cristal.
Voir aussi Krystalyn.
Cristalanna, Cristalin, Cristalina, Cristaline, Cristallina, Cristalyn, Cristalyna, Cristalyne, Cristilyn, Crystal-Lynn, Crystalina, Crystaline, Crystallynn, Crystallynne, Crystalyn, Crystalyna, Crystalyne, Crystalynn

Crystel (latin) variante de Crystal.
Crystell, Crystella, Crystelle

Crystina (grec) variante de Christina.
Crystin, Crystine, Crystyn, Crystyna, Crystyne

Cualli (natuatl) sage.

Cuartila (hispanique) variante de Quartilla.

Cucufata (espagnol) dame qui porte une cape.

Cuicatl (nahuatl) chanson.

Cunegunda (allemand) courageuse et célèbre.

Cuniberga (allemand) prudemment célèbre.

Curipán (mapuche) lionne courageuse ; montagne noire ; âme valeureuse.

Curran 🔲 (irlandais) héroïne.
Cura, Curin, Curina, Curinna

Custodia, Custodía (latin) ange gardien.

Cutburga (allemand) protectrice de la personne sage.

Cuthberta (anglais) brillante.
Cuthbertina, Cuthbirta, Cuthbirtina, Cuthburta, Cuthburtina, Cuthburtine, Cuthbyrta, Cuthbyrtina

Cuyen (mapuche) lune.

Cybèle (grec) variante de Sybil.
Cebel, Cebela, Cebele, Cibel, Cibela, Cibèle, Cibell, Cibella, Cibelle, Cybel, Cybela, Cybell, Cybella, Cybelle, Cybil, Cybill, Cybille, Cybyl, Cybyla, Cybyle, Cybyll, Cybylla, Cybylle

Cydnee, Cydney, Cydni (français) variantes de Sydney.
Cydne, Cydnei, Cydnie

Cyerra (irlandais) variante de Ciara.
Cyera, Cyerah, Cyerrah Cyerria, Cyra, Cyrah

Cym (gallois) variante de Kim.

Cymreiges (gallois) femme du pays de Galles.

Cynara (grec) chardon.
Cinara, Cinarah, Cynarah, Sinara, Sinarah, Synara, Synarah

Cyndee, Cyndi (grec) variantes de Cindy.
Cynda, Cyndal, Cyndale, Cyndall, Cyndel, Cyndey, Cyndia, Cyndie, Cyndle, Cyndy

Cynthia (grec) lune. Mythologie : autre
nom d'Artémis, la déesse de la Lune.
Voir aussi Hyacinth, Kynthia, Synthia.
*Cyneria, Cynethia, Cynithia, Cynthea, Cynthiah, Cynthiana,
Cynthiann, Cynthie, Cynthria, Cynthy, Cynthya, Cynthyah,
Cyntreia*

Cyntia (grec) variante de Cynthia.

Cypress (grec) le cyprès, un conifère.

Cyréna (grec) variante de Siréna.
*Ciren, Ciréna, Cirénah, Cirène, Cyren, Cyrénah, Cyrène,
Cyrénia, Cyréniah*

Cyrilla (grec) noble.
*Cerelia, Cerella, Cira, Cirah, Cirila, Cirilah, Cirilla,
Cirylla, Cyrah, Cyrella, Cyrelle, Cyrila, Cyrille, Cyryll,
Cyrylla, Cyrylle*

Cyteria (grec) Mythologie : Cythérée
est un autre nom d'Aphrodite.

Czarina (allemand) impératrice russe.
Tsarina

D

D'andra (américain) variante de Deandra.

D'andrea (américain) variante de Deandra.

D'asia (américain) variante de Dasia.

D'ericka (américain) variante de Derika.
D'erica, D'erika

D'onna (américain) variante de Donna.

Da'jah (américain) variante de Daja.

Dabria (latin) Religion : l'un des anges scribes.

Dacey FC (irlandais) du Sud ; (grec) variante
populaire de Candace.
*Dacee, Dacei, Daci, Dacie, Dacy, Daicee, Daici, Daicie,
Daicy, Daycee, Daycie, Daycy*

Dacia (irlandais) variante de Dacey.
Dacea, Daciah, Dacya, Dacyah

Dacil (aborigène) Histoire : princesse guanche
des îles Canaries.

Dae (anglais) jour. Voir aussi Dai.

Daeja (français) variante de Déja.
Daejah, Daejia

Daelynn (américain) combinaison de Dae
et de Lynn.
Daeleen, Daelena, Daelin, Daelyn, Daelynne

Daere, Dera (gallois) chêne.

Daesha (américain) variante de Dasha.

Daeshandra (américain) combinaison de Dae
et de Shandra.
*Daeshandria, Daeshaundra, Daeshaundria, Daeshawndra,
Daeshawndria, Daeshondra, Daeshondria*

Daeshawna (américain) combinaison de Dae
et de Shawna.
*Daeshan, Daeshaun, Daeshauna, Daeshavon, Daeshawn,
Daeshawntia, Daeshon, Daeshona, Daiseana, Daiseanah,
Daishaughn, Daishaughna, Daishaughnah, Daishaun,
Daishauna, Daishaunah, Daishawn, Daishawna,
Daishawnah, Daysean, Dayseana, Dayseanah,
Dayshaughna, Dayshaughnah, Dayshaun, Dayshauna,
Dayshaunah, Dayshawn, Dayshawna*

Daeshonda (américain) combinaison de Dae
et de Shonda.
Daeshanda, Daeshawnda

Dafny (américain) variante de Daphné.
*Dafany, Daffany, Daffie, Daffy, Dafna, Dafne, Dafney,
Dafnie*

Dagmar (allemand) glorieux.
*Dagmara, Dagmarah, Dagmaria, Dagmariah, Dagmarya,
Dagmaryah*

Dagny (scandinave) jour.
*Dagna, Dagnah, Dagnana, Dagnanna, Dagne, Dagnee,
Dagney, Dagnia, Dagniah, Dagnie*

Dagoberta (allemand) rayonnante comme
le jour.

Dahlia (scandinave) vallée. Botanique :
fleur vivace. Voir aussi Dalia.
Dahliah, Dahlya, Dahlyah, Dahlye

Dai FC (japonais) génial. Voir aussi Dae.
Day, Daye

Daija, Daijah (français) variantes de Déja.
Daijaah, Daijea, Daijha, Daijhah, Dayja

Daina (anglais) variante de Dana.
Dainah, Dainna

Daisey (anglais) variante de Daisy.

Daisha (américain) variante de Dasha.
Daishae, Daishia, Daishya

Daisia (américain) variante de Dasha.

Daisy (anglais) œil du jour. Botanique :
la marguerite, fleur jaune et blanche.
Daisee, Daisi, Daisie, Dasee, Dasey, Dasi, Dasie, Dasy

Daiya (polonais) cadeau.
Daia, Daiah, Daiyah, Daya, Dayah

Daja, Dajah (français) variantes de Déja.
Dajae, Dajai, Daje, Dajha, Dajia

Dakayla (américain) combinaison du préfixe Da et de Kayla.
Dakala, Dakila

Dakira (américain) combinaison du préfixe Da et de Kira.
Dakara, Dakaria, Dakarra, Dakirah, Dakyra

Dakoda 🄶🄵 (dakota) variante de Dakota.

Dakota 🄶🄵 (dakota) nom de tribu.
Dakkota, Dakotha, Dakotta, Dekoda, Dekodah, Dekota, Dekotah, Dekotha, Takota, Takotah

Dakotah 🄶🄵 (dakota) variante de Dakota.

Dale 🄶🄵 (anglais) vallée.
Dael, Daela, Dahl, Dail, Daila, Daile, Daleleana, Dalene, Dalina, Daline, Dayl

Dalena (anglais) variante de Dale.
Daleena, Dalenah, Dalenna, Dalennah

Dalia, Daliah (hébreu) branche.
Voir aussi Dahlia.
Daelia, Dailia, Daleah, Daleia, Dalialah, Daliyah

Dalila (swahili) douce.
Dalela, Dalida, Dalilah, Dalilia

Dalisha (américain) variante de Dallas.
Dalisa, Dalishea, Dalishia, Dalishya, Dalisia, Dalissia, Dalissiah, Dalyssa

Dallas 🄶🄵 (irlandais) sage.
Dallace, Dallus, Dallys, Dalyce, Dalys, Dalyss, Dalysse

Dallis 🅄 (irlandais) variante de Dallas.
Dalis, Dalise, Dalisse, Dallise

Dalma (espagnol) variante de Dalmacia.

Dalmacia (latin) Géographie : née en Dalmatie, région située sur la mer Adriatique.

Dalmira (teuton) illustre ; respectée pour sa noble ascendance.

Dalton 🄶🄵 (anglais) ville dans la vallée.
Dal, Dalaton, Dalltan, Dallten, Dalltin, Dallton, Dalltyn, Dalt, Daltan, Dalten, Daltin, Daltyn, Daulton, Delton

Damara (grec) variante de Damaris.

Damaris (grec) fille douce. Voir aussi Maris.
Dama, Damar, Damarius, Damary, Damarylis, Damarys, Damarysa, Damaryss, Damaryssa, Damarysse, Dameress, Dameressa, Dameris, Damiris, Dammaris, Dammeris, Damris, Damriss, Damrissa, Demara, Demaras, Demaris, Demariss, Demarissa, Demarys, Demarysa, Demarysah, Demaryse, Demaryss, Demaryssa, Demaryssah, Demarysse

Damasia (espagnol) variante de Dalmacia.

Damesha (espagnol) variante de Damita.
Dameshia, Damesia, Damesiah

Damia (grec) diminutif de Damiana.
Damiah, Damya, Damyah

Damiana (grec) qui dompte, apaisante.
Daimenia, Daimiona, Damianah, Damiane, Damiann, Damianna, Damiannae, Damiannah, Damianne, Damien, Damienne, Damiona, Damon, Damyana, Damyanah, Damyann, Damyanna, Damyannah, Damyanne, Demion

Damica (français) amicale.
Damee, Dameeca, Dameecah, Dameeka, Dameka, Damekah, Damicah, Damicia, Damicka, Damie, Damieka, Damika, Damikah, Damyka, Demeeca, Demeecah, Demeeka, Demeka, Demekah, Demica, Demicah, Demicka, Demika, Demikah, Demyca, Demycah, Demycka, Demyka, Demykah

Damira (hébreu) vive le monde.

Damita (espagnol) petite aristocrate.
Dameeta, Dameetah, Dametia, Dametiah, Dametra, Dametrah, Damitah, Damyta, Damytah

Damonica (américain) combinaison du préfixe Da et de Monica.
Damonec, Damoneke, Damonik, Damonika, Damonique

Damzel (français) dame, jeune fille.
Damzela, Damzele, Damzell, Damzella, Damzellah, Damzelle

Dana 🄵🄶 (anglais) du Danemark ; lumineuse comme le jour.
Daena, Daenah, Danaia, Danan, Danarra, Dane, Danean, Daneana

Danaé (grec) Mythologie : mère de Persée.
Danaë, Danai, Danay, Danayla, Danays, Danea, Danee, Dannae, Denee

Dánae (grec) variante de Danaé.

Danah (anglais) variante de Dana.

Danalyn (américain) combinaison de Dana et de Lynn.
Danalee, Donaleen

Danas (espagnol) variante de Dana.

Danasia (américain) variante de Danessa.

Daneil (hébreu) variante de Danielle.
Daneal, Daneala, Daneale, Daneel, Daneela, Daneila, Daneille

Daneisha (américain) variante de Danessa.

Danella (américain) variante de Danielle.
Danala, Danalah, Danayla, Danela, Danelia, Dannala, Dannalah, Donella, Donnella

Danelle (hébreu) variante de Danielle.
Danael, Danale, Danalle, Danel, Danele, Danell, Donelle, Donnelle

Danesha (américain) variante de Danessa.

Daneshia (américain) variante de Danessa.

Danessa (américain) combinaison de Danielle et de Vanessa. Voir aussi Donesha.
Danesa, Danesah, Danessah, Danessia, Daniesa, Danisa, Danisah, Danissa, Danissah, Danissia, Danissiah, Danysa, Danysah, Danyssa, Danyssah

Danessia (américain) variante de Danessa.
Danesia, Danieshia, Danisia, Danissia

Danette (américain) variante de Danielle.
Danetra, Danett, Danetta, Donnita, Donnite, Donnyta, Donnytta, Donnytte

Dani, Danni (hébreu) variantes populaires de Danielle.
Danee, Daney, Danie, Danne, Dannee, Danney, Dannie, Dannii, Danny, Dannye, Dany

Dania, Danya (hébreu) diminutifs de Danielle.
Daniah, Danja, Dannia, Danyae

Danica, Danika (slave) étoile du Berger ; (hébreu) variantes de Danielle.
Daneca, Daneeca, Daneecah, Daneeka, Daneekah, Danicah, Danicka, Danieka, Danikah, Danikia, Danikiah, Danikla, Danneeka, Donica, Donika, Donnaica, Donnica, Donnicka, Donnika, Donnike

Danice (américain) combinaison de Danielle et de Janice.
Danis, Danisa, Danisah, Danise, Daniss, Danissa, Danissah, Danisse, Danyce, Danys, Danysa, Danysah, Danyse, Donice

Daniel GF (hébreu, français) variante de Danielle.
Danniel, Danniele, Danniell

Daniela (italien) variante de Danielle.
Daniala, Danialla, Daniellah, Danijela, Dannilla, Danyela

Danielan (espagnol) variante de Danielle.

Danièle (hébreu, français) variante de Danielle.

Daniell, Dannielle (hébreu, français) variantes de Danielle.

Daniella (anglais) variante de Dana, Danielle.
Danka, Danniella, Danyella

Danielle (hébreu, français) Dieu est mon juge.
Daneen, Daneil, Daneille, Danial, Danialle, Danielan, Danielka, Danilka, Danille, Danniele, Donniella

Daniesha (américain) variante de Danessa.

Danille (américain) variante de Danielle.
Danila, Danile, Danilla, Dannille

Daniqua (hébreu, slave) variante de Danica.
Daniquah

Danisha (américain) variante de Danessa.
Danishia

Danit (hébreu) variante de Danielle.
Danett, Danis, Daniss, Danitra, Danitrea, Danitria, Danitza, Daniz

Danita (hébreu) variante de Danielle.

Danna, Dannah (américain) diminutifs de Danella ; (hébreu) variantes de Dana.

Dannica (hébreu, slave) variante de Danica.
Dannika, Dannikah

Danyale, Danyell, Danyelle (américain) variantes de Danielle.
Daniyel, Danyae, Danyail, Danyaile, Danyal, Danyea, Danyele, Danyiel, Danyielle, Danyle, Donnyale, Donnyell, Donyale, Donyell

Danyel FG (américain) variante de Danielle.

Danyka (américain) variante de Danica.
Danyca, Danycah, Danycka, Danykah, Danyqua, Danyquah

Daphné (grec) laurier.
Dafnee, Dafney, Dafni, Dafnie, Dafny, Daphane, Daphaney, Daphanie, Daphany, Dapheney, Daphna, Daphni, Daphnie, Daphnique, Daphnit, Daphny

Daphnée, Daphney (grec) variantes de Daphné.

Dara FG (hébreu) compatissant.
Dahra, Dahrah, Daira, Dairah, Daraka, Daralea, Daralee, Daraleigh, Daraley, Daralie, Daravie, Darda, Darja, Darra

Darah, Darrah (hébreu) variantes de Dara.

Daralis (anglais) chérie.
Daralisa, Daralisah, Daralise, Daralysa, Daralyse

Darbi (irlandais, scandinave) variante de Darby.
Darbia, Darbiah, Darbie

Darby FG (irlandais) libre ; (scandinave) domaine des cerfs.
Darb, Darbe, Darbea, Darbee, Darbra, Darbye

Darcelle (français) variante de Darcy.
Darcel, Darcela, Darcelah, Darcele, Darcell, Darcella, Darcellah, Darselle

Darci, Darcie (irlandais, français) variantes de Darcy.
Darcia, Darciah

Darcy FG (irlandais) sombre ; (français) forteresse.
Darcea, Darcee, Darcey, Darsea, Darsee, Darsey, Darsi, Darsie, Darsy

Daria (grec) riche.
Dari, Dariya, Darria, Darriah

Daría (grec) variante de Daria.

Dariah U (grec) variante de Daron.
Dariann, Dariyan, Dariyanne, Darriane, Darriann, Darrianne

Dariane, Darianne (grec) variantes de Daron.

Darianna (grec) variante de Daron.
Dariana, Darriana, Darrianna, Driana

Darice (persan) reine, dirigeante.
Dareece, Darees, Dareese, Daricia, Dariciah, Darisa, Darissa, Darycia, Darys, Darysa, Darysah, Daryse, Darysia, Darysiah, Darysya, Darysyah

Dariel U (français) variante de Daryl.
Dariela, Darielah, Dariele, Dariell, Dariella, Dariellah, Darriel, Daryel, Daryelah, Daryele, Daryell, Daryella, Daryellah, Daryelle

Darielle, Darrielle (français) variantes de Daryl.

Darien GF (grec) variante de Daron.
Dariene, Darriene

Darienne (grec) variante de Daron.

Darilynn (américain) variante de Darlène.
Daralin, Daralina, Daralinah, Daraline, Daralyn, Daralyna, Daralyne, Daralynn, Daralynne, Darelin, Darileana, Darileanah, Darileen, Darileena, Darileenah, Darilin, Darilina, Darilinah, Dariline, Darilyn, Darilyna, Darilynah, Darilyne, Darilynne, Darylin, Darylina, Darylinah, Daryline, Darylyn, Darylyna, Darylynah, Darylyne, Darylynn, Darylynne

Darion GF (irlandais) variante de Daron.
Dariona, Darione, Darionna, Darionne, Darriona, Darrionna

Darla (anglais) diminutif de Darlène.
Darlah, Darlecia, Darli, Darlice, Darlie, Darlis, Darly, Darlys

Darlène (français) petite chérie. Voir aussi Daryl.
Darlean, Darlee, Darleen, Darleena, Darleenah, Darleene, Darlen, Darlena, Darlenah, Darlenia, Darlenne, Darletha

Darlin, Darlyn (français) variantes de Darlène.
Darlina, Darlinah, Darline, Darling, Darlyna, Darlynah, Darlyne, Darlynn, Darlynne

Darnee (irlandais) variante populaire de Darnelle.

Darneisha (américain) variante de Darnelle.
Darneishia, Darniesha, Darrenisha

Darnelle GF (anglais) endroit caché.
Darnel, Darnela, Darnelah, Darnele, Darnell, Darnella, Darnellah, Darnetta, Darnette, Darnice, Darniece, Darnita, Darnyell, Darnyella, Darnyelle

Darnesha (américain) variante de Darnelle.
Darneshea, Darneshia, Darnesia

Darnisha (américain) variante de Darnelle.
Darnishia, Darnisia

Daron GF (irlandais) variante de Daryn.
Darona, Daronah, Darron

Daronica (américain) variante de Daron.
Daronicah, Daronice, Daronicka, Daronickah, Daronik, Daronika, Daronikah, Daroniqua, Daronique, Daronyca, Daronycah, Daronycka, Daronyckah, Daronyka, Daronykah, Daronyqua

Darrian U (grec) variante de Daron.

Darrien GF (grec) variante de Daron.

Darrion GF (irlandais) variante de Daron.

Darselle (français) variante de Darcelle.
Darsel, Darsell, Darsella

Daru (hindi) pin.
Daroo, Darua, Darue

Darya (grec) variante de Daria.
Darrya, Darryah, Daryah, Daryia

Daryan (grec, irlandais) variante de Daryn.

Daryl GF (anglais) adoré ; (français) diminutif de Darlène.
Darel, Darela, Darelah, Darell, Darellah, Darelle, Daril, Darila, Darile, Darill, Darilla, Darillah, Darille, Darilynn, Darrel, Darrell, Darrelle, Darreshia, Darril, Darrila, Darrilah, Darrile, Darrill, Darrilla, Darrille, Darryl, Darryla, Darryle, Darryll, Darrylla, Darrylle, Daryla, Daryle, Daryll, Darylla, Daryllah, Darylle

Daryn U (grec) cadeaux ; (irlandais) grand.
Darin, Darina, Darinah, Daryna, Darynah, Daryne, Darynn, Darynne

Dasha (russe) variante de Dorothy.
Dashae, Dashah, Dashenka

Dashawn GF (américain) diminutif de Dashawna.
Dasean, Dashaughn, Dashaun

Dashawna (américain) combinaison du préfixe Da et de Shawna.
Daseana, Daseanah, Dashaughna, Dashaughnah, Dashauna, Dashaunah, Dashawnah, Dashawnna, Dashell, Dayshana, Dayshawnna, Dayshona

Dashay (américain) variante populaire de Dashawna.

Dashia (russe) variante de Dorothy.
Dashiah

Dashiki (swahili) chemise ample portée en Afrique.
Dasheka, Dashi, Dashika, Dashka, Desheka, Deshiki

Dashonda (américain) combinaison du préfixe Da et de Shonda.
Dashawnda, Dishante

Dasia (russe) variante de Dasha.
Dasiah, Daysha

Davalinda (américain) combinaison de Davida et de Linda.
Davalindah, Davalinde, Davelinda, Davilinda, Davylinda

Davalynda (américain) variante de Davalinda.
Davelynda, Davilynda, Davylinda, Davylindah, Davylynda

Davalynn (américain) combinaison de Davida et de Lynn.
Davalin, Davalyn, Davalynne, Davelin, Davelyn, Davelynn, Davelynne, Davilin, Davilyn, Davilynn, Davilynne, Dayleen, Devlyn

David GF (hébreu) chérie. Bible : deuxième roi d'Israël.

Davida (hébreu) variante de David. Voir aussi Vida.
Daveda, Daveta, Davetta, Davette, Davika

Davina (écossais) variante de Davida. Voir aussi Vina.
Dava, Davannah, Davean, Davee, Daveen, Daveena, Davene, Daveon, Davey, Davi, Daviana, Davie, Davin, Davinder, Davine, Davineen, Davinia, Davinna, Davria, Devean, Deveen, Devene

Davisha (américain) combinaison du préfixe Da et d'Aisha.
Daveisha, Davesia, Davis, Davisa

Davita (écossais) variante de Davina.

Davon GF (écossais, anglais) diminutif de Davonna.
Davonne

Davonna (écossais, anglais) variante de Davina, Devonna.
Davion, Daviona, Davionna, Davona, Davonah, Davonda, Davondah, Davone, Davonia, Davonnah, Davonnia

Dawn (anglais) lever du soleil, aube.
Dawin, Dawina, Dawne, Dawnee, Dawnetta, Dawnisha, Dawnlin, Dawnlina, Dawnline, Dawnlyna, Dawnlyne, Dawnlynn, Dawnn, Dawnrae

Dawna (anglais) variante de Dawn.
Dawana, Dawanah, Dawandra, Dawandrea, Dawanna, Dawannah, Dawnah, Dawnna, Dawnnah, Dawnya

Dawnetta (américain) variante de Dawn.
Dawnet, Dawneta, Dawnete, Dawnett, Dawnette

Dawnisha (américain) variante de Dawn.
Dawnesha, Dawni, Dawniell, Dawnielle, Dawnishia, Dawnisia, Dawniss, Dawnita, Dawnnisha, Dawnysha, Dawnysia

Dawnyelle (américain) combinaison de Dawn et de Danielle.
Dawnele, Dawnell, Dawnella, Dawnelle, Dawnyel, Dawnyell, Dawnyella

Dayana, Dayanna (latin) variantes de Diana.
Dayanara, Dayani, Dayanne, Dayanni, Deyanaira, Dyani, Dyia

Dayanira, Deyanira (grec) elle attise de grandes passions.

Dayla (anglais) variante de Dale.
Daylea, Daylee

Daylan GF (anglais) variante de Dale.
Daylen, Daylon

Dayle (anglais) variante de Dale.

Daylin U (anglais) variante de Dale.

Dayna (scandinave) variante de Dana.
Daynah, Dayne, Daynna, Deyna

Daysha (américain) variante de Dasha.
Daysa, Dayshalie, Daysia, Deisha

Daysi (anglais) variante de Daisy.
Daysee, Daysey, Daysia, Daysie, Daysy

Dayton GF (anglais) ville du jour ; ville ensoleillée, lumineuse.
Daytonia

Daytona U (anglais) ville du jour ; ville ensoleillée, lumineuse.

De'ja, Deja, Dejá, Dejah, Déjah (français) variantes de Déja.
Deejay, Dejae, Dejai, Dejay, Dejaya

Deana (latin) divine ; (anglais) vallée.
Deahana, Deahanah, Deanah, Deane, Deaniel, Deaniela, Deanielah, Deaniele, Deaniell, Deaniellah, Deanielle, Deanisha, Deeana

Deandra FG (américain) combinaison de Dee et d'Andrea.
Dandrea, Deandrah, Deandre, Deandré, Deandree, Deanndra, Deeandra, Deyaneira, Diondria, Dyandra

Deandrea (américain) variante de Deandra.
Deandreia, Deandria, Deandriah, Deandrya, Deandryah

Deangela (italien) combinaison du préfixe De et d'Angela.
Deangala, Deangalique, Deangle

Deann, Deanne (latin) variantes de Diane.
Deahanne, Deane, Déanne, Dee-Ann, Deeann, Deeanne

Deanna, Déanna (latin) variantes de Deana, de Diana.
Deaana, Deahanna, Deahannah, Deannah, Deannia

Deasia, Déasia (américain) variantes de Dasia.

Deaundra (américain) variante de Deandra.
Deaundria

Debbie, Debby (hébreu) variantes populaires de Deborah.
Debbea, Debbee, Debbey, Debbi, Debea, Debee, Debey, Debi, Debie, Deby

Debora (hébreu) variante de Deborah.
Debbora

Débora, Dèbora (hébreu) variantes de Déborah.

Déborah (hébreu) abeille. Bible : grande prophétesse hébraïque.
Deb, Debbera, Debberah, Debborah, Debera, Deberah, Debor, Deboran, Deborha, Deborrah, Debrena, Debrina, Debroah, Dobra

Debra (américain) variante de Déborah.
Debbra, Debbrah, Debrah, Debrea, Debria

December (latin) né le douxième mois.

Decia (latin) dixième enfant.

Dedra (américain) variante de Deirdre.
Deadra, Deadrah, Dedrah

Dedriana (américain) combinaison de Dedra et d'Adriana.
Dedranae

Dee (gallois) noir, sombre.
De, Dea, Deah, Dede, Dedie, Dee Dee, Deea, Deedee, Didi

Deeanna (latin) variante de Deana, de Diana.

Deedra (américain) variante de Deirdre.
Deeddra, Deedrah, Deedrea, Deedri, Deedrie

Deena (américain) variante de Deana, de Dena, de Dinah.
Deenah, Deenna, Deennah

Deianeira (grec) Mythologie : Déjanire fut la femme du héro grec Héraclès.
Daeanaira, Daeanairah, Daeianeira, Daeianeirah, Daianaira, Daianairah, Dayanaira, Dayanairah, Deianaira, Deianairah, Deianeirah

Deidamia (grec) celle qui est patiente pendant la bataille.

Deidra, Deidre (irlandais) variantes de Deirdre.
Deidrah, Deidrea, Deidrie, Diedre, Dydree, Dydri, Dydrie, Dydry

Deifila, Deifilia (grec) du visage de Zeus ; aimée par Dieu.

Deina (espagnol) fête religieuse.

Deidre (irlandais) triste ; vagabonde.
Deerdra, Deerdrah, Deerdre, Deirdree, Didi, Dierdra, Dierdre, Diérdre, Dierdrie, Dyerdre

Deisy (anglais) variante de Daisy.
Deisi, Deissy

Deitra (grec) diminutif de Demetria.
Deatra, Deatrah, Deetra, Deetrah, Deitrah, Detria, Deytra, Deytrah

Déja (français) avant.

Dejanae (français) variante de Déja.
Dajahnae, Dajona, Dejana, Dejanah, Dejanai, Dejanay, Dejane, Dejanea, Dejanee, Dejanna, Dejannaye, Dejena, Dejonae

Dejanelle (français) variante de Déja.
Dejanel, Dejanela, Dejanelah, Dejanele, Dejanell, Dejanella, Dejanellah, Dejonelle

Dejanira (grec) destructrice d'hommes.

Dejon **GF** (français) variante de Déja.
Daijon, Dajan, Dejone, Dejonee, Dejonna

Deka (somalien) plaisante.
Dekah

Delacey, Delacy (américain) combinaisons du préfixe De et de Lacey.
Delaceya

Delaina (allemand) variante de Delana.
Delainah

Delaine (irlandais) diminutif de Delainey.

Delainey (irlandais) variante de Delaney.
Delainee, Delaini, Delainie, Delainy

Delana (allemand) noble protectrice.
Dalaina, Dalainah, Dalaine, Dalanah, Dalanna, Dalannah, Dalayna, Dalaynah, Dalina, Dalinah, Dalinda, Dalinna, Delanah, Delania, Delanna, Delannah, Delanya, Deleina, Deleinah, Delena, Delenya, Deleyna, Deleynah, Dellaina

Delaney **FG** (irlandais) descendant de l'adversaire ; (anglais) variante d'Adeline.
Dalanee, Dalaney, Dalania, Dalene, Daleney, Daline, Del, Delane, Delanee, Delany, Delayne, Delayney, Deleine, Deleyne, Dellanee, Dellaney, Dellany

Delanie (irlandais) variante de Delaney.
Delani, Delaynie, Deleani, Dellani, Dellanie

Delayna (allemand) variante de Delana.
Delaynah

Deleena (français) chère ; petite.
Deleana, Deleanah, Deleane, Deleenah, Deleene, Delyna, Delynah, Delyne

Delfia (espagnol) dauphin. Religion : référence à la sainte française Delphine du XIIIe siècle.

Delfina (espagnol) dauphin ; (grec) variante de Delphine.
Delfeena, Delfi, Delfie, Delfin, Delfinah, Delfine, Delfyn, Delfyna, Delfynah, Delfyne

Délia (grec) visible ; de Delos, en Grèce ; (allemand, gallois) diminutif d'Adélaïde, de Cordélia. Mythologie : festival d'Apollon qui avait lieu en Grèce antique.
Dehlia, Delea, Deleah, Deli, Deliah, Deliana, Delianne, Delinda, Dellia, Delliah, Dellya, Dellyah, Delya, Delyah

Dèlia (catalan) variante de Délia.

Delicia (anglais) charmante.
Delecia, Delesha, Delica, Delice, Delight, Delighta, Delisia, Delisiah, Deliz, Deliza, Delizah, Delize, Delizia, Delya, Delys, Delyse, Delysia, Delysiah, Delysya, Delysyah, Doleesha

Delicias (espagnol) délices.

Delilah (hébreu) qui broie du noir.
Bible: compagne de Samson.
Voir aussi Lila.
Dalialah, Daliliah, Delila, Delilia, Delilla, Delyla, Delylla

Délina (français) variante de Deleena.
Delinah, Deline

Delisa (anglais) variante de Delicia.
Delisah, Delise

Delisha (anglais) variante de Delicia.
Delishia

Della (anglais) diminutif d'Adélaïde,
de Cordélia, de Delaney.
Del, Dela, Dell, Delle, Delli, Dellie, Dells

Delmar [CF] (latin) mer.
Delma, Delmah, Delmara, Delmarah, Delmare, Delmaria, Delmariah, Delmarya, Delmaryah

Delmira (espagnol) variante de Dalmira.

Delorès, Deloris (espagnol) variantes
de Dolorès.
Delora, Delorah, Delore, Deloree, Delorey, Deloria, Deloriah, Delories, Deloriesa, Delorise, Deloriss, Delorissa, Delorissah, Delorisse, Delorita, Delorite, Deloritta, Delorys, Deloryse, Deloryss, Deloryta, Delorytta, Deloryttah, Delsie

Delphine (grec) de Delphes, en Grèce.
Voir aussi Delfina.
Delpha, Delphe, Delphi, Delphia, Delphiah, Delphie, Delphina, Delphinah, Delphinia, Delphiniah, Delphinie, Delphy, Delphyna, Delphynah, Delphyne, Delvina, Delvinah, Delvine, Delvinia, Delviniah, Delvyna, Delvynah, Delvyne, Delvynia, Delvyniah, Delvynya, Delvynyah, Dolphina, Dolphinah, Dolphine, Dolphyn, Dolphyna, Dolphynah, Dolphyne

Delsie (anglais) variante populaire
de Delorès.
Delcea, Delcee, Delsa, Delsea, Delsee, Delsey, Delsi, Delsia, Delsy, Delza

Delta (grec) porte. Linguistique: quatrième
lettre de l'alphabet grec. Géographie:
masse terrestre de forme triangulaire
à l'embouchure d'un fleuve.
Deltah, Deltar, Deltare, Deltaria, Deltarya, Deltaryah, Delte, Deltora, Deltoria, Deltra

Delwyn (anglais) amie fière; amie de la vallée.
Delwin

Demetra (grec) diminutif de Demetria.
Demetrah

Demetria (grec) couverture de la terre.
Mythologie: Déméter était la déesse grecque
de la Moisson.
Deitra, Demeetra, Demeetrah, Demeta, Demeteria, Demetriana, Demetrianna, Demetrias, Demetrice, Demetriona, Demetris, Demetrish, Demetrius, Dymeetra, Dymeetrah, Dymetra, Dymetrah, Dymitra, Dymitrah, Dymitria, Dymitriah, Dymytria, Dymytriah, Dymytrya, Dymytryah

Demi (français) moitié; (grec) diminutif de
Demetria.
Demee, Demey, Demia, Demiah, Demie, Demii, Demmee, Demmey, Demmi, Demmie, Demmy, Demy

Demitria (grec) diminutif de Demetria.
Demita, Demitah, Demitra, Demitrah

Demofila (grec) amie du village.

Dena (anglais, amérindien) vallée; (hébreu)
variante de Dinah. Voir aussi Deana.
Deane, Deeyn, Denah, Dene, Denea, Deney, Denna

Denae (hébreu) variante de Dena.
Denaé, Denai, Denay, Denee, Deneé

Deneisha (américain) variante de Denisha.
Deneichia, Deneishea

Denesha (américain) variante de Denisha.
Deneshia

Deni (français) diminutif de Denise.
Denee, Deney, Denie, Dennee, Denney, Denni, Dennie, Denny, Deny, Dinnie, Dinny

Denica, Denika (slave) variantes de Danica.
Denicah, Denikah, Denikia

Denice (français) variante de Denise.
Denicy

Denis [CF] (français) variante de Denise.

Denisa (espagnol) variante de Denise.

Denise (français) Mythologie: disciple de
Dionysos, dieu du Vin.
Danice, Danise, Denece, Denese, Deni, Deniece, Deniese, Denize, Denyce, Denys, Denyse, Dineece, Dineese, Dinice, Dinise, Dinyce, Dinyse, Dynice, Dynise, Dynyce, Dynyse

Denisha (américain) variante de Denise.
Deneesha, Deniesha, Denishia

Denisse (français) variante de Denise.
Denesse, Deniss, Denissa, Denyss

Denita (hébreu) variante de Danita.

Denver [CF] (anglais) vallée verte. Géographie:
capitale du Colorado, aux États-Unis.
Denvor

Deodata (latin) livrée à Dieu.

Deogracias (latin) née par la grâce de Dieu.

Deon 🄶🄵 (anglais) diminutif de Deona.

Deona, Deonna (anglais) variantes de Dena.
Deonah, Deonne

Deondra 🄵🄶 (américain, grec, anglais) variante de Deandra, de Deona, de Diona.

Deonilde (allemand) celle qui se bat.

Derfuta (latin) celle qui fuit.

Derian 🅄 (grec) variante de Daryn.
Derrian

Derica, Derrica, Derricka (allemand) variantes de Derika.
Dericah, Dericka, Derricah

Derifa (arabe) gracieuse.

Derika (allemand) chef du peuple.
Dereka, Derekah, Derekia, Derekiah, Derekya, Derekyah, Derikah, Deriqua, Deriquah, Derique, Derrika, Derrikah, Derriqua, Derryca, Derrycah, Derrycka, Derryka, Derryqua

Derry 🅄 (irlandais) roux.
Deree, Derey, Deri, Derie, Derree, Derrey, Derri, Derrie, Dery

Derwen (gallois) chêne.

Deryn (gallois) oiseau.
Deran, Derana, Deranah, Derane, Deren, Derena, Derenah, Derene, Derien, Derienne, Derin, Derina, Derinah, Derine, Derion, Deron, Derona, Deronah, Derone, Derran, Derrana, Derranah, Derrane, Derren, Derrin, Derrina, Derrinah, Derrine, Derrion, Derriona, Derryn, Derryna, Derrynah, Derryne, Deryna, Derynah, Deryne

Desarae, Desaray (français) variantes de Désirée.
Desara, Desarah, Desarai, Desaraie, Desare, Desaré, Desarea, Desaree, Desarey, Desaria, Desarie, Desary

Desdemona, Desdémona (grec) malchanceuse; malheureuse.

Deserae, Deseray, Deseree (français) variantes de Désirée.
Desera, Deserah, Deserai, Deseraia, Deseraie, Desere, Deseret, Deserey, Deseri, Deseria, Deserie, Deserrae, Deserrai, Deserray, Deserré, Dessirae

Desgracias (latin) variante de Deogracias.

Deshawn 🄶🄵 (américain) diminutif de Deshawna.
Deshan, Deshane, Deshaun

Deshawna (américain) combinaison du préfixe De et de Shawna.
Desheania, Deshona, Deshonna

Deshawnda (américain) combinaison du préfixe De et de Shawnda.
Deshanda, Deshandra, Deshaundra, Deshawndra, Deshonda

Deshay (américain) variante populaire de Deshawna.

Dési 🄶🄵 (français) diminutif de Désirée.
Desea, Desee, Desey, Desie, Désir, Desira, Desy, Dezi, Dezia, Dezzia, Dezzie

Desideria (français) variante de Desirae.

Desirae, Desiray, Desirea, Desireé, Desirée, Desiree' (français) variantes de Désirée.

Désire (français) variante de Désirée.

Désirée (français) désirée, attendue.
Desira, Desirah, Desirai, Desireah, Désirée, Desirey, Desiri, Desray, Desree, Dessie, Dessirae, Dessire, Dessiree, Desyrae, Desyrai, Desyray

Despina (grec) variante de Despoina.

Despoina (grec) maîtresse, dame.

Dessa (grec) vagabonde; (français) variante de Désirée.
Desa, Desah, Dessah

Desta (éthiopien) heureuse; (français) diminutif de Destiny.
Destah, Desti, Destie, Desty

Destanee, Destaney, Destani, Destanie, Destany (français) variantes de Destiny.
Destania, Destannee, Destanney, Destanni, Destannia, Destannie, Destanny

Desteny (français) variante de Destiny.
Destenee, Desteni, Destenia, Destenie

Destin 🄶🄵 (français) diminutif de Destiny.

Destina (espagnol) variante de Destiny.

Destine, Destinee, Destinée, Destiney, Destini, Destinie (français) variantes de Destiny.
Destiana, Destinnee, Destinni, Destinnia, Destinnie, Destnie

Destiny (français) destinée.
Desnine, Desta, Desteney, Destinia, Destiniah, Destinny, Destonie, Dezstany

Destyne, Destynee, Destyni (français) variantes de Destiny.
Desty, Destyn, Destynia, Destyniah, Destynie, Destyny, Destynya, Destynyah

Déva (hindi) divine.
Deava, Deavah, Deeva, Deevah, Devah, Diva, Divah, Dyva, Dyvah

Devan GF (irlandais) variante de Devin.
Devana, Devane, Devanee, Devaney, Devani, Devania, Devanie, Devann, Devanna, Devannae, Devanne, Devany

Devera (espagnol) tâche.

Devi (hindi) déesse. Religion : déesse hindoue du Pouvoir et de la Destruction.

Devika (sanscrit) petite déesse.

Devin GF (irlandais) poète.
Deaven, Deven, Devena, Devene, Devenja, Devenje, Deveny, Deveyn, Deveyna, Deveyne, Devyna, Devyne, Devynee, Devyney, Devyni, Devynia, Devyniah, Devyny, Devynya, Devynyah

Devina (écossais, irlandais, latin) variante de Davina, de Devin, de Divina.
Deveena, Devinae, Devinah, Devinia, Deviniah, Devinie, Devinna

Devinne (irlandais) variante de Devin.
Devine, Devinn, Devinna

Devon GF (anglais) diminutif de Devonna ; (irlandais) variante de Devin.
Devion, Devione, Devionne, Devone, Devoni, Devonn, Devonne

Devona (anglais) variante de Devonna.
Devonah, Devonda

Devonna (anglais) du Devon, en Angleterre.
Devondra, Devonia, Devonnah, Divona, Divonah, Divonna, Divonnah, Dyvona, Dyvonah, Dyvonna, Dyvonnah

Devora (hébreu) variante de Déborah.
Deva, Devorah, Devra, Devrah, Dyvora, Dyvorah

Devota (latin) dévouée à Dieu.

Devyn U (irlandais) variante de Devin.
Deveyn, Devyne, Devynne

Devynn (irlandais) variante de Devin.

Dextra (latin) adroite, habile.
Dekstra, Dextrah, Dextria

Deysi (anglais) variante de Daisy.
Deysia, Deysy

Dezarae, Dezaray, Dezaree (français) variantes de Désirée.
Dezaraee, Dezarai, Dezare, Dezarey, Dezerai, Dezeray, Dezere, Dezerea, Dezeree, Dezerie, Dezorae, Dezorai, Dezoray, Dezra, Dezrae, Dezrai, Dezray, Dezyrae, Dezzirae, Dezzrae, Dezzrai, Dezzray

Dezirae, Deziray, Deziree (française) variantes de Désirée.
Dezirea, Dezirée

Dhara (indien) terre.

Di (latin) diminutif de Diana, de Diane.
Dy

Dia (latin) diminutif de Diana, de Diane.

Día (espagnol) jour.

Díamantina (latin) invincible.

Diamon (latin) diminutif de Diamond.

Diamond FG (latin) le diamant, une pierre précieuse.
Diamantina, Diamantra, Diamonda, Diamondah, Diamonde, Diamonia, Diamonte, Diamontina, Dimond, Dimonda, Dimondah, Dimonde

Diamonique (américain, latin) variante de Damonica, de Diamond.
Diamoniqua

Diana (latin) divine. Mythologie : Diane, déesse de la Chasse, de la Lune et de la Fertilité. Voir aussi Deann, Deanna, Dyana.
Daiana, Daianna, Diaana, Diaanah, Dianah, Dianalyn, Dianarose, Dianatris, Dianca, Dianelis, Diania, Dianiah, Dianiella, Dianielle, Dianita, Dianya, Dianyah, Dianys, Didi, Dihana, Dihanah, Dihanna

Díana (grec) variante de Diana.

Diandra (américain, latin) variante de Deandra, de Diana.
Diandre, Diandrea

Diane, Dianne (latin) diminutifs de Diana.
Deane, Deeane, Deeanne, Diaan, Diaane, Diahann, Dian, Diani, Dianie, Diann, Dihan, Dihane, Dihann, Dihanne

Dianna (latin) variante de Diana.
Diahanna, Diannah

Dianora, Díanora (italien) variantes de Diana.

Diantha (grec) fleur divine.
Diandre, Dianthah, Dianthe, Dyantha, Dyanthah, Dyanthe, Dyanthia, Dyanthiah, Dyanthya, Dyanthyah

Dicra (gallois) lentement.

Diedra (irlandais) variante de Deirdre.
Didra, Diedre

Diega (espagnol) qui supplante.

Diella (latin) celle qui adore Dieu.

Difyr (gallois) amusante.

Digna (latin) digne.

Dil, Dill (gallois) sincère.

Dillan GF (irlandais) loyal, fidèle.
Dillon, Dillyn

Dillian GF (latin) adoré.
Dilliana, Dilliane, Dillianna, Dilliannah, Dillianne, Dylian, Dyliana, Dylianah, Dyliane, Dyllian, Dylliana, Dylliane, Dylliann, Dyllianna, Dylliannah, Dyllianne, Dylyan, Dylyana, Dylyanah, Dylyane, Dylyanna, Dylyannah, Dylyanne

Dilly (gallois) variante de Dil.

Dilys (gallois) parfaite; vraie. Voir aussi Dyllis.
Dilis, Dilisa, Dilisah, Dilise, Dillis, Dillisa, Dillisah, Dillise, Dillys, Dilysa, Dilysah, Dilyse, Dylys

Dimitra (grec) variante de Demetria.

Dimna (irlandais) commode.

Dina (hébreu) variante de Dinah.
Dinna

Dinah (hébreu) innocentée. Bible: fille de Jacob et de Léa.
Dinnah, Dyna, Dynah, Dynna, Dynnah

Dinesha (américain) variante de Danessa.

Dinka (swahili) peuple.
Dinkah, Dynka, Dynkah

Dinora (hébreu) vengée ou innocentée.

Dinorah (araméen) celle qui personnifie la lumière.

Diomira (espagnol) variante de Teodomira.

Diona, Dionna (grec) variantes de Dionne.
Deonia, Deonyia, Dionah, Dyona, Dyonah

Diondra (grec) variante de Dionne.
Diondrea

Dionis, Dionisa, Dionisia (espagnol) de Dionysos, dieu du Vin.

Dionne F🄶 (grec) reine divine. Mythologie: Dioné était la mère d'Aphrodite, la déesse de l'Amour.
Deonne, Dion, Dione, Dionee, Dioney, Dioni, Dionie, Dionis, Dionte, Diony, Dyon, Dyone, Dyonee, Dyoney, Dyoni, Dyonie, Dyony

Dior (français) doré.
Diora, Diorah, Diore, Diorra, Diorrah, Diorre, Dyor, Dyora, Dyorah, Dyorra, Dyorrah, Dyorre

Dirce (grec) fruit du pin.

Dita (espagnol) variante d'Édith.
Ditah, Ditka, Ditta, Dyta, Dytah

Divinia (latin) divine.
Diveena, Divina, Divinah, Divine, Diviniah, Diviniea, Dyveena, Dyvina, Dyvinah, Dyvinia, Dyvyna, Dyvynah, Dyvynia, Dyvyniah, Dyvynya

Divya (latin) variante de Divinia.

Dixie (français) dixième; (anglais) mur; digue. Géographie: surnom du sud des États-Unis.
Dix, Dixee, Dixey, Dixi, Dixy, Dyxee, Dyxey, Dyxi, Dyxie, Dyxy

Diya (hindi) personnalité éblouissante.

Diza (hébreu) joyeuse.
Ditza, Ditzah, Dizah, Dyza, Dyzah

Djanira (portugais) variante de Dayanira.

Doanne (anglais) collines basses et onduleuses.
Doan, Doana, Doanah, Doann, Doanna, Doannah, Doean, Doeana, Doeanah, Doeane, Doeann, Doeanna, Doeannah, Doeanne

Docila (latin) douce; docile.
Docilah, Docile, Docilla, Docillah, Docille, Docyl, Docyla, Docylah, Docyle, Docyll, Docylla, Docyllah, Docylle

Dodie (hébreu) chérie; (grec) variante populaire de Dorothy.
Doda, Dode, Dodea, Dodee, Dodey, Dodi, Dodia, Dodiah, Dody, Dodya, Dodyah

Dolly (américain) diminutif de Dolorès, de Dorothy.
Dol, Dolea, Doleah, Dolee, Dolei, Doleigh, Doley, Doli, Dolia, Doliah, Dolie, Doll, Dollea, Dolleah, Dollee, Dollei, Dolleigh, Dolley, Dolli, Dollie, Dollina, Doly

Dolorès (espagnol) affligée. Religion: Nuestra Señora de los Dolores (Notre-Dame des Douleurs) est l'un des noms de la Vierge Marie. Voir aussi Lola.
Deloria, Dolorcitas, Dolorita, Doloritas

Domana (latin) domestique, du foyer.

Domanique (français) variante de Dominica.

Domenica (français) variante de Dominica.
Domeneka, Domenicah, Domenicka, Domenika

Doménica, Domínica (latin) variantes de Dominica.

Domenique (français) variante de Dominica.
Domeneque, Domeniqua, Domeniquah

Domicia (grec) celle qui aime sa maison.

Domiciana (espagnol) variante de Domicia.

Domilia (latin) liée à la maison.

Dominica, Dominika (latin) qui appartient au Seigneur. Voir aussi Mika.
Domineca, Domineka, Dominga, Domini, Dominia, Dominiah, Dominicah, Dominick, Dominicka, Dominikah, Dominixe, Domino, Dominyika, Domka, Domnica, Domnicah, Domnicka, Domnika, Domonica, Domonice, Domonika

Dominique F🄶 (français) variante de Dominica.
Domineque, Dominiqua, Dominiquah, Domino, Dominoque, Dominuque, Domique

Domino (anglais) diminutif de Dominica.
Domina, Dominah, Domyna, Domynah, Domyno

Dominque 🅄 (français) diminutif de Dominique.

Domitila (latin) variante de Domicia.

Domnina (latin) seigneur, maître.

Domonique (français) variante de Dominique.
Domminique, Domoniqua, Domoniquah

Dona (anglais) dirigeante mondiale ; dirigeante
fière ; (italien) variante de Donna.
*Donae, Donah, Donalda, Donaldina, Donelda, Donellia,
Doni*

Doña (italien) variante de Donna.
Donail, Donalea, Donalisa, Donay

Donata (latin) cadeau.
*Donatha, Donathia, Donathiah, Donathya, Donathyah,
Donato, Donatta, Donetta, Donette, Donita, Donnette,
Donnita, Donte*

Donatila (latin) variante de Donata.

Doncia (espagnol) douce.

Dondi (américain) variante populaire de Donna.
Dondra, Dondrea, Dondria

Doneisha (américain) variante de Danessa.
Donasha, Donashay, Doneishia

Donesha (américain) variante de Danessa.

Doneshia (américain) variante de Danessa.
Donneshia

Donetsi (basque) variante de Benita.

Donia (italien) variante de Donna.
Doni, Donie, Donise, Donitrae

Donielle (américain) variante de Danielle.
*Doniel, Doniele, Doniell, Donniel, Donniela, Donniele,
Donniell, Donnielle, Donnyel, Donnyele, Donnyell,
Donnyelle, Donyel, Donyele, Donyell, Donyelle*

Donina (latin) variante de Dorothy.

Donisha, Donnisha (américain) variantes
de Danessa.
*Donisa, Donishia, Donnisa, Donnise, Donnissa,
Donnisse*

Donna (italien) dame.
*Dondi, Donnae, Donnah, Donnai, Donnalee, Donnalen,
Donnay, Donnaya, Donne, Donnell, Donni, Donnie,
Donny, Dontia*

Donniella (américain) variante de Danielle.
*Donella, Doniela, Doniella, Donnella, Donniellah,
Donnyela, Donnyella, Donyela, Donyelah, Donyella,
Donyellah*

Donosa (latin) celle qui a du charme
et de la grâce.

Donvina (latin) énergique.

Donya (italien) variante de Donna.

Dora (grec) cadeau. Diminutif d'Adora,
d'Eudora, de Pandora, de Théodora.
*Dorah, Doralia, Doraliah, Doralie, Doralisa, Doraly,
Doralynn, Doran, Dorana, Dorchen, Dorece, Doreece,
Dorelia, Dorella, Dorelle, Doresha, Doressa, Doretta,
Dorielle, Dorika, Doriley, Dorilis, Dorion, Dorita, Doro*

Dorabella (anglais) combinaison de Dora
et de Bella.
*Dorabel, Dorabela, Dorabelah, Dorabele, Dorabell,
Dorabellah, Dorabelle*

Doralynn (anglais) combinaison de Dora
et de Lynn.
*Doralin, Doralina, Doraline, Doralyn, Doralyna, Doralynah,
Doralyne, Doralynne, Dorlin*

Dorbeta (espagnol) référence à la Vierge Marie.

Dorcas (grec) gazelle. Bible : traduction
en anglais du nom Tabitha dans le Nouveau
Testament.

Doreen (irlandais) de mauvaise humeur,
maussade ; (français) dorée ; (grec) variante
de Dora.
*Doreana, Doreanah, Doreena, Doreenah, Doreene, Dorena,
Dorenah, Dorene, Dorin, Dorine, Doryn, Doryna, Dorynah,
Doryne*

Dores (portugais, galicien) variante de Dolorès.

Doretta (américain) variante de Dora, Dorothy.
*Doret, Doreta, Doretah, Dorete, Doretha, Dorett,
Dorettah, Dorette, Dorettie, Dorita, Doritah, Doritta,
Dorittah, Doryta, Dorytah, Dorytta, Doryttah*

Dori, Dory (américain) variantes populaires
de Dora, de Doria, de Doris, de Dorothy.
Dore, Dorey, Dorie, Dorree, Dorri, Dorrie, Dorry

Doria (grec) variante de Dorian.
Doriah, Dorria, Dorrya, Dorryah, Dorya, Doryah

Dorian GF (grec) de Doride, en Grèce.
*Dorean, Doreane, Doriana, Doriann, Dorianna, Dorina,
Dorinah, Dorriane*

Doriane, Dorianne (grec) de Doride, en Grèce.

Dorila (grec) variante de Téodora.

Dorinda (espagnol) variante de Dora.
Dorindah, Dorynda, Doryndah

Doris (grec) mer. Mythologie : femme de Nérée
et mère des Néréides ou nymphes marines.
*Doreece, Doreese, Dorice, Dorisa, Dorise, Dorreece,
Dorreese, Dorris, Dorrise, Dorrys, Dorryse, Dorys*

Doroteia (espagnol) variante de Dorothy.

Dorotéia (portugais) variante de Dorothy.

Dorothea (grec) variante de Dorothy.
Voir aussi Thea.
Dorathia, Dorathya, Dorethea, Dorofia, Dorotea,
Doroteya, Dorotha, Dorothia, Dorotthea, Dorottia,
Dorottya, Dorthea, Dorthia, Doryfia, Doryfya

Dorothée (grec) variante de Dorothy.

Dorothy (grec) cadeau de Dieu. Voir aussi
Dasha, Dodie, Lolotea, Theodora.
Dasya, Do, Doa, Doe, Doortje, Dorathee, Dorathey,
Dorathi, Dorathie, Dorathy, Dordei, Dordi, Dorefee,
Dorethie, Doretta, Dorifey, Dorika, Doritha, Dorka,
Dorle, Dorlisa, Doro, Dorofey, Dorolice, Dorosia, Dorota,
Dorothey, Dorothi, Dorothie, Dorottya, Dorte, Dortha,
Dorthy, Doryfey, Dosi, Dossie, Dosya

Dorrit (grec) demeure; (hébreu) génération.
Dorit, Dorita, Dorite, Doritt, Doritte, Dorrite, Doryt,
Doryte, Dorytt, Dorytte

Dottie, Dotty (grec) variantes populaires
de Dorothy.
Dot, Dotea, Dotee, Dotey, Doti, Dotie, Dott, Dottea,
Dottee, Dottey, Dotti, Doty

Dreama (anglais) rêveur.
Dreamah, Dreamar, Dreamara, Dreamare, Dreamaria,
Dreamariah, Dreamarya, Dreamaryah, Dreema, Dreemah,
Dreemar, Dreemara, Dreemarah, Dreemare, Dreemaria,
Dreemariah, Dreemarya, Dreemaryah

Drew GF (grec) courageuse; forte; (latin)
diminutif de Drusilla.
Drewa, Drewee, Drewia, Drewie, Drewy

Drina (espagnol) variante d'Alexandrine.
Dreena, Drena, Drinah, Drinka, Dryna, Drynah

Drucilla (latin) variante de Drusilla.
Drucela, Drucella, Drucill, Drucillah, Drucyla, Drucylah,
Drucyle, Drucylla, Drucyllah, Drucylle, Druscila

Drue U (grec) variante de Drew.
Dru

Drusi (latin) diminutif de Drusilla.
Drucey, Druci, Drucie, Drucy, Drusey, Drusie, Drusy

Drusilla (latin) descendant de Drusus, le fort.
Voir aussi Drew.
Drewcela, Drewcella, Drewcila, Drewcilla, Drewcyla,
Drewcylah, Drewcylla, Drewcyllah, Drewsila, Drewsilah,
Drewsilla, Drewsillah, Drewsyla, Drewsylah, Drewsylla,
Drewsyllah, Druscilla, Druscille, Drusila, Drusilah,
Drusillah, Drusille, Drusyla, Drusylah, Drusyle, Drusylla,
Drusyllah, Drusylle

Drysi (russe) qui vient de Déméter.

Duena (espagnol) chaperon.
Duenah, Duenna, Duennah

Duenã (espagnol) propriétaire.

Dula (grec) esclave.

Dulce (latin) douce.
Delcina, Delcine, Douce, Douci, Doucie, Dulcea, Dulcee,
Dulcey, Dulci, Dulcia, Dulciana, Dulciane, Dulciann,
Dulcianna, Dulcianne, Dulcibel, Dulcibela, Dulcibell,
Dulcibella, Dulcibelle, Dulcie, Dulcy, Dulse, Dulsea,
Dulsee, Dulsey, Dulsi, Dulsie, Dulsy

Dulcina, Dulcinia (espagnol) variantes
de Dulcinea.

Dulcinea (espagnol) douce. Littérature:
Dulcinée, objet de l'amour de Don Quichotte.
Dulcine, Dulcinea

Duna (allemand) colline.

Dunia (hébreu, arabe) vie.

Duquine, Duquinea (espagnol) variantes
de Dulcinea.

Durene (latin) tenace.
Durean, Dureana, Dureanah, Dureane, Dureen, Dureena,
Dureenah, Dureene, Durena, Durenah, Durin, Durina,
Durinah, Durine, Duryn, Duryna, Durynah, Duryne

Duscha (russe) âme; bien-aimée; mot doux.
Duschah, Dusha, Dushenka

Dusti (anglais) variante populaire de Dustin.
Dustea, Dustee, Dustey, Dustie

Dustin GF (allemand) vaillant combattant;
(anglais) carrière de rochers bruns.
Dust, Dustain, Dustan, Dusten, Dustion, Duston, Dustyn,
Dustynn

Dustine (allemand) variante de Dustin.
Dustean, Dusteana, Dusteanah, Dusteane, Dusteena,
Dusteenah, Dusteene, Dustina, Dustinah, Dustyna,
Dustynah, Dustyne

Dusty GF (anglais) variante populaire de Dustin.

Dyamond (latin) variante de Diamond.
Dyamin, Dyamon, Dyamonda, Dyamondah, Dyamonde,
Dyamone

Dyana, Dyanna (latin) variantes de Diana.
Dyaan, Dyaana, Dyaanah, Dyan, Dyanah, Dyane, Dyann,
Dyanne, Dyhan, Dyhana, Dyhane, Dyhann, Dyhanna,
Dyhanne

Dyani (amérindien) cerf.
Dianee, Dianey, Diani, Dianie, Diany, Dyanee, Dyaney,
Dyanie, Dyany

Dylan GF (gallois) mer.
Dylaan, Dylane, Dylanee, Dylanie, Dylann, Dylen, Dylin,
Dyllan, Dylynn

Dylana (gallois) variante de Dylan.
Dylaina, Dylanna

Dyllis (gallois) sincère. Voir aussi Dilys.
Dylis, Dylissa, Dylissah, Dyllys, Dyllysa, Dyllyse, Dylys,
Dylysa, Dylysah, Dylyse, Dylyss, Dylyssa, Dylyssah

Dymond (latin) variante de Diamond.
Dymin, Dymon, Dymonda, Dymondah, Dymonde, Dymone, Dymonn, Dymont, Dymonte

Dympna (irlandais) commode.

Dynasty (latin) dirigeante puissante.
Dynastee, Dynasti, Dynastie

Dyshawna (américain) combinaison du préfixe Dy et de Shawna.
Dyshanta, Dyshawn, Dyshonda, Dyshonna

E

Eadda (anglais) riche; prospère.
Eada, Eadah, Eaddah

Eadmund (anglais) variante d'Edmunda.

Eadwine (anglais) variante d'Edwina.

Earlene (irlandais) pacte; (anglais) aristocrate.
Earla, Earlean, Earlecia, Earleen, Earleena, Earlena, Earlina, Earlinah, Earlinda, Earline, Earlyn, Earlyna, Earlynah, Earlyne

Earna (anglais) aigle.

Earnestyna (anglais) variante d'Ernestina.

Eartha (anglais) de la Terre.
Earthah, Earthia, Earthiah, Earthya, Earthyah, Ertha, Erthah

Earwyn, Earwyna (anglais) variantes d'Erwina.

Easter (anglais) période de Pâques. Histoire: nom donné à un enfant né à Pâques.
Eastan, Eastera, Easterina, Easterine, Easteryn, Easteryna, Easteryne, Eastlyn, Easton

Eastre (germanique) variante d'Easter.

Eathelin, Eathelyn (anglais) noble cascade.

Eavan (irlandais) juste.
Eavana, Eavanah, Eavane

Ebe (grec) jeune comme une fleur.

Eber (allemand) sanglier.

Ebone, Eboné, Ebonee, Eboney, Eboni, Ebonie (grec) variantes d'Ebony.
Ebonne, Ebonnee, Ebonni, Ebonnie

Ebony (grec) l'ébène, bois dur et sombre.
Abonee, Abony, Eban, Ebanee, Ebanie, Ebany, Ebbony, Ebeni, Ebonea, Ebonique, Ebonisha, Ebonye, Ebonyi

Ebrill (gallois) née en avril.

Echidna (égyptien) sanglier.

Écho (grec) son répété. Mythologie: nymphe qui dépérit par amour pour Narcisse jusqu'à ce que ne lui reste que sa voix.
Echoe, Ecko, Eco, Ekko, Ekkoe

Eda (irlandais, anglais) diminutif d'Edana, d'Édith.
Edah

Edana (irlandais) ardent; flamme.
Edan, Edanah, Edanna

Edda (allemand) variante d'Hedda.
Eddah

Eddy C F (américain) variante populaire d'Edwina.
Eady, Eddee, Eddey, Eddi, Eddie, Edee, Edey, Edi, Edie, Edy

Edelburga, Edilburga (anglais) noble protectrice.

Edelia, Edilia (grec) qui reste jeune.

Edeline (anglais) noble; bienveillante.
Adeline, Edelin, Edelina, Edelinah, Edelyn, Edelyna, Edelynah, Edelyne, Ediline, Edilyne, Edolina, Edoline

Edelira (espagnol) variante d'Edelmira.

Edelma, Edilma (grec) variantes d'Edelia.

Edelmira (teuton) renommée pour son noble héritage.

Éden TOP.100. F C (babylonien) plaine; (hébreu) charmante. Bible: le paradis terrestre.
Eaden, Edan, Ede, Edena, Edene, Edenia, Edin, Edine, Edon, Edona, Edonah, Edone, Edyn, Edyne

Edén (hébreu) variante d'Éden.

Edesia (latin) festin.

Edeva (anglais) cadeau coûteux.
Eddeva, Eddevah, Eddeve, Edevah

Edgarda (teuton) qui défend sa patrie.

Edian (hébreu) décoration pour Dieu.
Edia, Edya, Edyah, Edyan

Edie (anglais) variante populaire d'Édith.
Eadie, Edi, Edy, Edye, Eyde, Eydie

Edilberta (allemand) celle qui vient d'une longue lignée.

Ediltrudis (allemand) forte; noble.

Edina (anglais) fort prospère.
Edena, Edenah, Edinah, Edyna, Edynah

Edisa (castillan) variante d'Esther.

Édith (anglais) riche cadeau. Voir aussi Dita.
Eadith, Eda, Ede, Edetta, Edette, Edie, Edit, Edita, Edite, Editha, Edithe, Editta, Ediva, Edyta, Edyth, Edytha, Edythe

Edlen (anglais) noble cascade.

Edlyn (anglais) prospère; noble.
Edlin, Edlina, Edline, Edlyna, Edlyne

Edmanda (anglais) variante d'Edmunda.

Edmunda (anglais) protectrice prospère.
Edmona, Edmonah, Edmonda, Edmondah, Edmondea, Edmondee, Edmondey, Edmuna, Edmunah, Edmundea, Edmundey

Edna (hébreu) rajeunissement. Religion: femme d'Hénoch, selon le Livre d'Hénoch.
Adna, Adnisha, Ednah, Edneisha, Edneshia, Ednisha, Ednita, Edona

Edrea (anglais) diminutif d'Edrice, d'Edrianna.
Edra, Edrah, Edreah, Edria, Edriah, Edrya, Edryah

Edrianna (grec) variante d'Adrienne.
Edrena, Edriana, Edrina

Edrice (anglais) dirigeante prospère.
Edrica, Edricah, Edricia, Edriciah, Edris, Edriss, Edrissa, Edrisse, Edryca, Edrycah, Edrycia, Edryciah, Edrycya, Edrycyah, Edrys, Edryss, Edryssa, Edrysse

Eduarda, Eduardo (anglais) variantes d'Edwardina.

Edurne (basque) neige.

Eduviges (teuton) femme combattante.

Eduvigis, Eduvijis (allemand) combattante victorieuse.

Eduvixes (allemand) bataille.

Edvina (allemand) variante d'Edwina.

Edwardina (anglais) gardienne prospère.
Edwardinah, Edwardine, Edwardyna, Edwardynah, Edwardyne

Edwina (anglais) amie prospère. Voir aussi Winnie.
Eddwina, Eddwinah, Eddwine, Eddwyn, Eddwyna, Eddwynah, Eddwyne, Eddy, Edween, Edweena, Edweenah, Edweene, Edwena, Edwinah, Edwine, Edwinna, Edwinnah, Edwinne, Edwyn, Edwyna, Edwynah, Edwyne, Edwynn

Effia (ghanéen) née un vendredi.

Effie (grec) appréciée; (anglais) diminutif d'Alfreda, d'Euphemia.
Efea, Efee, Effea, Effee, Effi, Effia, Effy, Efi, Efie, Efy, Ephie

Efigenia (grec) variante d'Eugenia.

Efigênia (portugais) variante d'Eugenia.

Efrata (hébreu) honorée.
Efratah

Efrona (hébreu) oiseau chanteur.
Efronah, Efronna, Efronnah

Egberta (anglais) épée scintillante.
Egbertah, Egberte, Egbirt, Egbirte, Egburt, Egburte, Egbyrt, Egbyrte

Egbertina, Egbertine, Egbertyne (anglais) variantes d'Egberta.

Egda (grec) porteuse de bouclier.

Egeria (grec) celle qui encourage.

Egida (espagnol) variante d'Eladia.

Egidia (grec) variante d'Eladía.

Églantine (français) rose sauvage.

Egle (grec) celle qui possède splendeur et éclat.

Eider (basque) belle.

Eileen (irlandais) variante d'Helen. Voir aussi Aileen, Ilene.
Eilean, Eileana, Eileane, Eileena, Eileenah, Eileene, Eilena, Eilene, Eiley, Eilie, Eilieh, Eilina, Eiline, Eilleen, Eillen, Eilyn, Eleane, Eleen, Eleene, Elene, Elin, Elyn, Elyna, Eylean, Eyleana, Eyleen, Eyleena, Eylein, Eyleina, Eyleyn, Eyleyna, Eylin, Eylina, Eylyn, Eylyna

Eira (gallois) neige.
Eir, Eirah, Eyr, Eyra, Eyrah

Eirene (grec) variante d'Irène.
Eereen, Eereena, Eereene, Eireen, Eireena, Eirena, Ereen, Ereena, Ereene, Erena, Eyren, Eyrena, Eyrene

Eiru (indigène) abeille.

Eirween (gallois) neige blanche.
Eirwena, Eirwenah, Eirwene, Eyrwen, Irwen, Irwena, Irwenah, Irwene

Ekaterina (russe) variante de Katherine.
Ekaterine, Ekaterini

Ela (polonais) variante d'Adélaïde.
Elah, Ellah

Eladia (grec) née en Élide, en Grèce.

Eladía (grec) guerrière avec un bouclier en peau de chèvre.

Elaina (français) variante d'Hélène.
Elainah, Elainea, Elainia, Elainna

Elaine (français) variante d'Hélène. Voir aussi Laine, Lainey.
Eilane, Elain, Elaini, Elane, Elani, Elanie, Elanit, Elauna, Elayn, Elayne, Ellaine

Elana (grec) diminutif d'Éléanor.
Voir aussi Ilana, Lana.
Elan, Elanah, Elanee, Elaney, Elania, Elanie, Elanna,
Elannah, Elanne, Elanni, Ellana, Ellanah, Ellann, Ellanna,
Ellannah

Elanora (australien) de la rive.
Elanorah, Elanore, Ellanora, Ellanorah, Ellanore, Ellanorra,
Ellanorrah, Ellanorre

Elata (latin) élevée.

Elayna (français) variante d'Elaina.
Elaynah, Elayne, Elayni

Elberta (anglais) variante d'Alberta.
Elbertah, Elberte, Elbertha, Elberthina, Elberthine,
Elbertina, Elbertine, Elbirta, Elbirtah, Elburta, Elburtah,
Elbyrta, Elbyrtah, Ellberta, Ellbertah, Ellberte, Ellbirta,
Ellbirtah, Ellburta, Ellburtah, Ellbyrta, Ellbyrtah

Elbertyna (grec) qui vient de Grèce.

Elcira (teuton) noble ornement.

Elda (allemand) celle qui lutte.

Eldora (espagnol) en or, doré.
Eldorah, Eldoree, Eldorey, Eldori, Eldoria, Eldorie, Eldory,
Elldora, Elldorah

Eldrida (anglais) sage conseillère.
Eldridah, Eldryda, Eldrydah, Eldryde

Eleadora (espagnol) variante d'Eleodora.

Eléanor (grec) lumière. Histoire : Anna
Eleanor Roosevelt fut déléguée des États-
Unis à l'ONU, écrivaine et trente-deuxième
Première Dame des États-Unis. Voir aussi
Elana, Ella, Ellen, Helen, Leanore, Lena,
Lenore, Leonor, Leora, Nellie, Nora, Noreen.
Alienor, Elanor, Elenor, Elenore, Eleonor, Eléonore, Elianore,
Elladine, Elleanor, Elleanore, Ellenor, Elliner, Ellynor,
Ellynore, Elna, Elnore, Elynor, Elynore

Eleanora (grec) variante d'Eléanor.
Voir aussi Lena.
Alienora, Elenora, Elenorah, Eleonora, Elianora, Elinora,
Elleanora, Ellenora, Ellenorah, Ellynora, Elyenora, Elynora,
Elynorah

Eléanore (grec) variante d'Eléanor.

Electa (grec) variante d'Electra.

Electra (grec) éclatante ; brillante. Mythologie :
Électre, fille d'Agamemnon, le chef des Grecs
lors de la guerre de Troie.
Electrah, Elektra, Elektrah

Eleebana (australien) belle.
Elebana, Elebanah, Elebanna, Elebannah, Eleebanna,
Eleebannah

Elena ^{TOP} (grec) variante d'Eléanor ; (italien)
variante d'Helen.
Eleana, Eleen, Eleena, Elen, Elenah, Elene, Elenitsa, Elenka,
Elenna, Elenoa, Elenola, Lena

Eleni (grec) variante populaire d'Eléanor.
Elenee, Elenie, Eleny

Eleodora, Eliodora (grec) celle qui est venue
du soleil.

Éléonore (grec) compassion ; (latin) apaiser
une souffrance.
Éléonor

Eleora (hébreu) le Seigneur est ma lumière.
Eleorah, Eliora, Eliorah, Elioria, Elioriah, Eliorya, Elioryah,
Elira, Elora

Elesha (grec, hébreu) variante d'Elisha.
Eleshia, Ellesha

Elethea, Elethia (anglais) guérisseuse.

Eletta (anglais) elfe ; malicieuse.
Eleta, Eletah, Elete, Elett, Elettah, Elette, Elletta, Ellette

Eleuia (nahuatl) souhait.

Eleusipa (grec) celle qui arrive à dos de cheval.

Eleuteria (grec) liberté.

Eleutería, Eleuterio (espagnol) variantes
d'Eleuteria.

Elexis, Elexus (grec) variantes d'Alexis.
Elexas, Elexes, Elexess, Elexeya, Elexia, Elexiah, Elexius,
Elexsus, Elexxus, Elexys

Élfega (allemand) luminosité dans les hauteurs.

Elfelda (espagnol) grande ; puissante.

Elfida, Élfida (grec) fille du vent.

Élfreda (grec) celle que les génies protègent.

Elfrida (allemand) paisible. Voir aussi Freda.
Elfrea, Elfreda, Elfredah, Elfredda, Elfrede, Elfreeda,
Elfreyda, Elfride, Elfrieda, Elfriede, Elfryda, Elfrydah

Elga (norvégien) pieuse ; (allemand) variante
d'Helga.
Elgah, Elgar, Elgara, Elgiva

Eli GF (hébreu) élevé spirituellement.
Voir aussi Elli.
Ele, Elee, Elei, Eleigh, Eley, Elie, Ely

Elia FG (hébreu) diminutif d'Eliana.
Eliah

Eliana (hébreu) mon Dieu m'a répondu.
Voir aussi Iliana.
Elianah, Elianna, Eliannah, Elliana, Ellianah, Ellianna,
Elliannah, Ellyana, Ellyanah, Elyana, Elyanah, Elyanna,
Elyannah, Liana, Liane

Éliane, Élianne (hébreu) variantes d'Eliana.
Elliane, Ellianne, Ellyane, Ellyanne, Elyanne

Elicia (hébreu) variante d'Elisha.
Voir aussi Alicia.
Elecia, Eleecia, Eleesia, Elica, Elicea, Eliceah, Elicet, Elichia, Eliciah, Eliscia, Ellecia, Elleecia, Elleeciah, Ellesia, Ellicia, Elliciah

Elida (latin) variante d'Alida.
Elidee, Elidia, Elidy

Élida (grec) Géographie: Élis, ville olympique en Grèce antique.

Elide (latin) variante d'Elida.

Eligia (italien, espagnol) l'élue.

Elijah GF (hébreu) le Seigneur est mon Dieu. Bible: Élie, grand prophète hébraïque.
Elia, Elian, Elija, Elijha, Elijiah, Elijio, Elijsha, Elijuah, Elijuo, Eliya, Eliyah, Ellija, Ellijah, Ellyjah

Elili (tamil) belle.

Elimena (latin) inconnue.

Elina **TOP .100.** (grec, italien) variante d'Elena; (anglais) variante d'Ellen.
Elinah, Elinda

Elinor (grec) variante d'Eléanor.
Elinore, Ellinor, Ellinore

Elionor (grec) variante d'Helen.

Élisa **TOP .100.** (espagnol, italien, anglais) diminutifs d'Elizabeth. Voir aussi Alisa, Ilisa, Lisa.
Elecea, Eleesa, Elesa, Elesia, Elisa, Elisah, Elisya, Elleesa, Ellisa, Ellissa, Ellissia, Ellissya, Ellisya

Elisabet (hébreu) variante d'Elizabeth.
Elisabeta, Elisabete, Elisabetta, Elisabette, Elisebet, Elisebeta, Elisebete, Elisebett, Elisebetta, Elisebette

Élisabeth (hébreu) variante d'Elizabeth.
Elisabethe, Elisabith, Elisebeth, Elisheba, Elishebah, Ellisabeth, Elsabeth, Elysabeth

Élise (français, anglais) diminutif d'Elizabeth, d'Elysia. Voir aussi Ilise, Liese, Liset, Lissie.
Eilis, Eilise, Eleese, Elese, Elice, Elis, Elise, Élisée, Elisie, Elisse, Elizé, Elleece, Elleese, Ellice, Ellise, Ellyce, Ellyse, Ellyze, Elyce, Elyci, Elyze

Elisé **TOP .100.** (français) diminutif d'Elizabeth.

Elisea (hébreu) Dieu est le salut; protège ma santé.

Elisenda (hébreu) variante d'Élisa.

Elisha U (hébreu) consacrée à Dieu; (grec) variante d'Alisha. Voir aussi Ilisha, Lisha.
Eleacia, Eleasha, Eleesha, Eleeshia, Eleisha, Eleticia, Elishah, Elishia, Elishiah, Elishua, Eliska, Ellisha, Ellishah, Ellishia, Ellishiah, Elsha

Elisheva (hébreu) variante d'Élisabeth.
Elishevah

Elisia (hébreu) variante d'Elisha.
Elissia

Elissa (grec, anglais) variante d'Elizabeth. Diminutif de Mélissa. Voir aussi Alissa, Alyssa, Lissa.
Elissah, Ellissa, Ilissa, Ilyssa

Elita (latin, français) choisie. Voir aussi Lida, Lita.
Eleata, Eleatah, Eleeta, Eleetah, Eleita, Eleitah, Elitah, Elitia, Elitie, Ellita, Ellitia, Ellitie, Ellyt, Ellyta, Ellytah, Ellyte, Elyt, Elyta, Elytah, Elyte, Ilida, Ilita, Litia

Eliza (hébreu) diminutif d'Elizabeth. Voir aussi Aliza.
Eliz, Elizah, Elizaida, Elizalina, Elize, Elizea, Elizeah, Elizza, Elizzah, Elliza, Ellizah, Ellizza, Ellizzah, Ellyza, Ellyzah, Elyza, Elyzah, Elyzza, Elyzzah

Elizabet (hébreu) variante d'Elizabeth.
Elizabeta, Elizabete, Elizabett, Elizabetta, Elizabette, Elizebeta, Elizebeta, Elizebete, Elizebett, Ellizebet, Ellizebeta, Ellizebete, Ellysabet, Ellysabeta, Ellysabete, Ellysabett, Ellysabetta, Ellysabette, Ellysebet, Ellysebeta, Ellysebete, Ellysebett, Ellysebetta, Ellysebette, Elsabet, Elsabete, Elsabett, Elysabet, Elysabeta, Elysabete, Elysabett

Elizabeth (hébreu) dédiée à Dieu. Bible: mère de saint Jean-Baptiste. Voir aussi Bess, Beth, Betsy, Betty, Elsa, Ilse, Libby, Liese, Liesel, Lisa, Lisbeth, Liset, Lissa, Lissie, Liz, Liza, Lizabeta, Lizabeth, Lizbeth, Lizina, Lizzie, Veta, Yelisabeta, Zizi.
Alizabeth, Eliabeth, Elizabea, Elizabee, Ellizabeth, Elschen, Elysabeth, Elzbieta, Elzsébet, Helsa, Ilizzabet, Lusa

Elizaveta (polonais, anglais) variante d'Elizabeth.
Elisavet, Elisaveta, Elisavetta, Elisveta, Elizavet, Elizavetta, Elizveta, Elsveta, Elzveta

Elizebeth (hébreu) variante d'Elizabeth.
Ellizebeth

Elka (polonais) variante d'Elizabeth.
Elkah, Ilka, Ilkah

Elke (allemand) variante d'Adélaïde, d'Alice.
Elkee, Elkey, Elki, Elkie, Elky, Ilki

Ella (anglais) délicate; belle femme féerique; (grec) diminutif d'Eléanor.
Ela, Elah, Ellah, Ellamae, Ellia

Elle (grec) diminutif d'Eléanor; (français) elle.
El, Ele, Ell

Ellen (anglais) variante d'Eléanor, d'Helen.
Elen, Elene, Elenee, Elenie, Eleny, Elin, Eline, Ellan, Ellene, Ellin, Ellon

Ellena (grec, italien) variante d'Elena; (anglais) variante d'Ellen.
Ellenah

Ellery U (anglais) île au sureau.
Elari, Elarie, Elery, Ellari, Ellarie, Ellary, Ellerey, Elleri, Ellerie

Ellfreda (allemand) variante d'Alfreda.

Elli, Elly (anglais) diminutifs d'Eléanor.

Ellie (anglais) diminutif d'Eléanor, d'Ella, d'Ellen. Voir aussi Eli.
Ellea, Elleah, Ellee, Ellei, Elleigh, Elley, Ellia, Elliah, Ellya

Ellice (anglais) variante d'Élise.
Ellecia, Ellyce, Elyce

Ellis GF (anglais) variante d'Elias (voir les prénoms de garçons).
Elis, Ellys, Elys

Ellison FG (anglais) enfant d'Ellis.
Elison, Ellson, Ellyson, Elson, Elyson

Ellyn (anglais) variante d'Ellen.
Ellyna, Ellynah, Ellyne, Ellynn, Ellynne, Elyn

Elma (turque) fruit doux.
Ellma, Ellmah, Ellmar, Elmah, Elmar

Elmina (anglais) noble.
Almina, Alminah, Almyna, Almynah, Elminah, Elmyna, Elmynah

Elmira (arabe, espagnol) variante d'Almira.
Ellmara, Ellmarah, Elmara, Elmarah, Elmear, Elmeara, Elmearah, Elmeera, Elmeerah, Elmeira, Elmeirah, Elmera, Elmerah, Elmeria, Elmirah, Elmiria, Elmiriah, Elmyra, Elmyrah, Elmyria, Elmyriah, Elmyrya, Elmyryah

Elnora (américain) combinaison d'Ella et de Nora.

Élodie (anglais) variante d'Alodie.
Elodea, Elodee, Elodey, Elodi, Elodia, Elodiah, Elody, Elodya, Elodyah, Elodye

Éloina (français) variante d'Éloisa.

Eloína (latin) prédestinée.

Éloisa (français) variante d'Éloïse.
Eloisia, Elouisa, Elouisah, Eloysa

Eloísa (espagnol) variante d'Éloïse.

Éloïse (français) variante de Louise.
Elois, Elouise

Elora (américain) diminutif d'Elnora.
Ellora, Elloree, Elorah, Elorie

Eloxochitl (nahuatl) magnolia.

Elpidia, Elpidía (grec) attend avec foi.

Elsa TOP.₁₀₀. (allemand) noble; (hébreu) diminutif d'Elizabeth. Voir aussi Ilse.
Elcea, Ellsa, Ellsah, Ellse, Ellsea, Ellsia, Elsah, Else, Elsia, Elsje

Elsbeth (allemand) variante d'Elizabeth.
Elsbet, Elsbeth, Elzbet, Elzbieta

Elsie (allemand) variante populaire d'Elsa, d'Helsa.
Elcee, Elcey, Ellcee, Ellcey, Ellci, Ellcia, Ellcie, Ellcy, Ellsee, Ellsey, Ellsi, Ellsia, Ellsie, Ellsy, Elsey, Elsi, Elsy

Elspeth (écossais) variante d'Elizabeth.
Elspet, Elspie

Elva (anglais) féerique. Voir aussi Alva, Alvina.
Elvah, Elvie

Elvera (latin, espagnol, allemand) variante d'Elvira.
Elverah

Elvia (anglais) variante d'Elva.
Elviah, Elvya, Elvyah

Elvie (anglais) variante d'Elva.
Elvea, Elvee, Elvey, Elvi, Elvy

Elvina (anglais) variante d'Alvina.
Elveana, Elveanah, Elvena, Elvenah, Elvenea, Elvinah, Elvine, Elvinea, Elvinia, Elvinna, Elvinnia, Elvyna, Elvynah, Elvynia, Elvyniah, Elvynie, Elvynna, Elvynnah, Elvyny, Elvynya, Elvynyah, Elvynye

Elvira (latin) blanche; blonde; (allemand) fermée; (espagnol) féerique. Géographie: ville d'Espagne qui accueillit un synode catholique en 300 ap. J.-C.
Elvara, Elvarah, Elvirah, Elvire, Elvyra, Elvyrah, Elwira, Elwirah, Elwyra, Elwyrah, Vira

Elvisa (teuton) variante d'Éloïse.

Elvita (espagnol) vérité.

Elycia (hébreu) variante d'Elisha.
Ellycia

Elysa (espagnol, italien, anglais) variante d'Élisa.
Ellysa, Elyssia, Elyssya, Elysya

Élyse (français, anglais) variante d'Élise; (latin) variante d'Elysia.
Ellyse, Elyce, Elys, Élysée, Elysse

Elysha (hébreu) variante d'Elisha.
Ellysha, Ellyshah, Ellyshia, Ellyshiah, Ellyshya, Ellyshyah, Elyshia

Elysia (grec) douce; bienheureuse. Mythologie: l'Élysée était la demeure des âmes heureuses.
Elishia, Ellysia, Ellysiah, Elysiah, Elysya, Elysyah, Ilysha, Ilysia

Elyssa (grec, anglais) variante d'Elissa; (latin) variante d'Elysia.
Ellyssa, Elyssah

Ema (allemand) variante d'Emma.
Emah

Emalee, Emaleigh, Emalie, Emaly (américain)
variantes d'Emily.
Emaili, Emaily, Emalea, Emali, Emalia

Eman Ⓤ (arabe) diminutif d'Emani.

Emani (arabe) variante d'Iman.
Emane, Emaneé, Emanie, Emann

Emanuelle (hébreu) variante d'Emmanuelle.
Emanual, Emanuel, Emanuela, Emanuele, Emanuell,
Emanuella, Emanuellah

Emari (allemand) variante d'Emery.
Emarri

Ember (français) variante d'Amber.
Emberlee, Emberly

Emélia (latin) variante d'Amélia.

Emelie, Emely (latin) variantes d'Émilie.
Emeli, Emelita, Emellie, Emelly

Emelinda (teuton) variante d'Émilie.

Émeline (français) variante d'Émilie.
Emelin, Emelina

Emeralda (espagnol) variante d'Émeraude.

Émeraude (français) l'émeraude, pierre précieuse
d'un vert éclatant.
Emelda, Emeldah, Emmarald, Emmerald

Emerenciana (latin) celle qui sera récompensée.

Emerita (latin) variante d'Emerenciana.

Emérita (latin) expérimentée ; en permission.

Emery ⒼⒻ (allemand) chef assidue.
Emeri, Emerie, Emerre

Emesta (espagnol) sérieuse.

Emeteria (grec) à demi lion.

Emie, Emmie (allemand) variantes d'Emmy.
Emi, Emiy, Emmi

Émile ⒼⒻ (anglais) variante d'Émilie.
Emilea, Emilei, Emilie, Emiliee, Emillee, Emillie, Emmélie,
Emmilee, Emmilei, Emmileigh, Emmiley, Emmili, Emmilie,
Emmilly, Emmilye

Emilee, Emileigh, Emiley, Emili, Emilly, Emily,
Emmily (anglais) variantes d'Émilie.
Voir aussi Amelia, Emma, Millie.

Emilia (italien) variante d'Amélia, d'Émilie.
Emila, Emilea, Emileah, Emiliah, Emilya, Emilyah, Emmilea,
Emmileah, Emmilia, Emmilya

Émilie **TOP** **.100.** (latin) flatteuse ; (allemand)
travailleuse.
Eimile, Emilis, Emilye, Emmaley, Emmaly, Emmélie,
Emyle

Emilse (allemand) combinaison d'Émilie
et d'Ilse.

Emilyann (américain) combinaison d'Emily
et d'Ann.
Emileane, Emileann, Emileanna, Emileanne, Emiliana,
Emiliann, Emilianna, Emilianne, Emillyane, Emillyann,
Emillyanna, Emillyanne, Emliana, Emliann, Emlianna,
Emlianne

Emilyn (américain) variante d'Emmalynn.
Emilynn, Emilynne

Emma **TOP** **.100.** (allemand) diminutif d'Émilie.
Voir aussi Amy.
Em, Emmah

Emmalee, Emmalie (américain) combinaisons
d'Emma et de Lee. Variantes d'Emily.
Emalea, Emalee, Emilee, Emmalea, Emmaleah, Emmalei,
Emmaleigh, Emmaley, Emmali, Emmalia, Emmaliah,
Emmaliese, Emmaly, Emmalya, Emmalye, Emmalyse

Emmaline (français) variante d'Émilie.
Emalin, Emalina, Emaline, Émilienne, Emilina, Emiline,
Emillin, Emillina, Emilline, Emmalene, Emmalin, Emmalina,
Emmelin, Emmilin, Emmilina, Emmiline, Emmilyn, Emmilyna,
Emmilyne, Emmylin, Emmylina, Emmyline, Emylin, Emylina,
Emyline

EmmaLynn (américain) combinaison d'Emma
et de Lynn.
Emalyn, Émalyna, Emalyne, Emelyn, Emelyna, Emelyne,
Emelynne, Emlyn, Emlynn, Emlynne, Emmalyn, Emmalynne,
Emylyn, Emylyna, Emylyne

Emmanuelle (hébreu) Dieu est avec nous.
Emmanuela, Emmanuele, Emmanuell, Emmanuella,
Emmanuellah

Emmeline (français) variante d'Emmaline.
Emmelina

Emmy, Emy **TOP** **.100.** (allemand) variantes populaires
d'Emma.
Emmey, Emmye

Emmylou (américain) combinaison d'Emmy
et de Lou.
Emiloo, Emilou, Emilu, Emlou, Emmalou, Emmelou, Emmiloo,
Emmilou, Emmilu, Emmyloo, Emmylu, Emylou, Emylu

Emna (teuton) variante d'Emma.

Emory ⒼⒻ (allemand) variante d'Emery.
Amory, Emmo, Emmori, Emmorie, Emmory, Emorye

Emperatriz (latin) impératrice.

Emylee (américain) variante d'Emily.

Ena, Enna (irlandais) variantes d'Helen.
Enah

Enara (basque) hirondelle.

Enat (irlandais) petite.

Encarna, Encarnita (espagnol) variantes d'Encarnación.

Encarnación (latin) incarnation de Jésus dans sa mère, Marie.

Enchantra (anglais) enchanteresse.
Enchantrah, Enchantria, Enchantrya, Enchantryah

Endora (hébreu) fontaine.
Endorah, Endorra, Endorrah

Enedina (grec) chaleureuse ; indulgente.

Engel (grec) variante d'Angel.
Engele, Engell, Engelle, Enjel, Enjele, Enjell, Enjelle

Engela (grec) variante d'Angela.
Engelah, Engella, Engellah, Enjela, Enjelah, Enjella

Engelica (grec) variante d'Angelica.
Engelika, Engeliqua, Engeliquah, Engelique, Engelyca, Engelycka, Enjelliqua, Enjellique, Enjellyca, Enjellycah, Enjellycka, Enjellyka, Enjellykah, Enjellyqua, Enjellyquah, Enjellyque

Engracia (espagnol) gracieuse.
Engrace, Engracee, Engraciah, Engracya, Engrasia, Engrasiah, Engrasya

Enid (gallois) vie ; esprit.
Enida, Ennid, Ennida, Ennyd, Ennyda, Enyd, Enyda, Enydah

Enimia (grec) bien habillée.

Ennata (grec) neuvième.

Énora TOP.100. (latin) variante d'Éléonore.

Enrica (espagnol) variante d'Henrietta. Voir aussi Rica.
Enricah, Enrichetta, Enricka, Enrickah, Enrieta, Enrietta, Enriette, Enrika, Enrikah, Enrikka, Enrikkah, Enrikke, Enriqua, Enrique, Enriqueta, Enriquetta, Enriquette, Enryca, Enrycah, Enryka, Enrykah

Enricua (espagnol) dirigeante.

Enya (écossais) bijou ; étincelant.
Enia, Eniah, Enyah

Enye (hébreu) grâce.

Epifana, Epifanía (espagnol) variantes d'Épiphanie.

Épiphanie (grec) manifestation. Religion : fête chrétienne commémorant la manifestation de la nature divine de Jésus aux Mages le 6 janvier. Voir aussi Théophanie.
Ephana, Epifanee, Epifaney, Epifani, Epifania, Épifanie, Epiphanee, Epiphaney, Epiphani, Epiphania, Epiphanie, Epyfanee, Epyfaney, Epyfani, Epyfania, Epyfanie, Epyfany, Epyphanee, Epyphaney, Epyphani, Epyphania, Epyphanie, Epyphany

Eppie (anglais) variante populaire d'Euphemia.
Eppy

Erasma (grec) adorable.
Erasmah

Ercilia, Ercilla (grec) délicate ; douce.

Erda (anglo-saxon) Mythologie : déesse de la Terre qui donne son nom à la planète Terre en anglais.

Erea (galicien) variante d'Irène.

Erela (hébreu) ange.
Elelah, Erell, Erella, Erellah

Erendira, Eréndira, Erendiria (espagnol) qui a le sourire.

Eres (gallois) belle.

Erica (scandinave) chef de tous ; (anglais) dirigeante courageuse. Voir aussi Arica, Rica, Ricki.
Ericah, Ericca, Ericha, Eriqua, Erique, Errica, Eryca, Erycah

Érica (allemand) variante d'Erica.

Ericka (scandinave) variante d'Erica.
Erickah, Erricka

Erika, Erikka (scandinave) variantes d'Erica.
Erikaa, Erikah, Errika, Eryka, Erykah, Erykka, Eyrika

Erin (irlandais) paix. Histoire : autre nom de l'Irlande. Voir aussi Arin.
Earin, Earrin, Eran, Erana, Eren, Erena, Erenah, Erene, Ereni, Erenia, Ereniah, Eri, Erian, Erina, Erine, Erinete, Erinett, Erinetta

Erinn, Errin (irlandais) variantes d'Erin.
Erinna, Erinnah, Erinne

Erline (irlandais) variante d'Arlène.
Erla, Erlana, Erlean, Erleana, Erleanah, Erleane, Erleen, Erleena, Erleene, Erlene, Erlenne, Erlin, Erlina, Erlinda, Erlisha, Erlyn, Erlyna, Erlynah, Erlyne

Erma (latin) diminutif d'Ermine, d'Hermina. Voir aussi Irma.
Ermelinda

Ermenburga (allemand) ville forte.

Ermengarda (allemand) endroit où demeure la force.

Ermengardis (allemand) jardin fort.

Ermenilda (allemand) guerrière puissante.

Ermerinda (latin) variante d'Erma.

Ermine (latin) variante d'Hermine.
Ermin, Ermina, Erminda, Erminia, Erminie

Ermitana (grec) endroit peu peuplé.

Erna (anglais) diminutif d'Ernestine.

Ernestina (anglais) variante d'Ernestine.
Ernesta, Ernesztina

Ernestine (anglais) sérieuse, sincère.
Erna, Ernaline, Ernesia

Ernesto (germanique) variante d'Ernestine.

Erosina (grec) femme érotique.

Erundina (latin) comme une hirondelle.

Erwina, Erwyna (anglais) ami maritime.

Eryn, Erynn (irlandais) variantes d'Erin.
Eiryn, Eryna, Eryne, Erynna, Erynnah, Erynne

Escama, Escame (espagnol) variantes d'Escarna.

Escarna, Escarne, Eskarne (espagnol) miséricordieuse.

Escolástica (latin) celle qui sait beaucoup et enseigne.

Eshe (swahili) vie.
Eisha, Esha, Eshah

Esmé (français) variante populaire d'Esméralda. Variante d'Amy.
Esma, Esmae, Esmah, Esmai, Esmay, Esme, Esmëe, Esmei, Esmey

Esmerada (latin) brillante; qui se distingue.

Esméralda (grec, espagnol) variante d'Émeraude.
Esmaralda, Esmerelda, Esmerilda, Esmiralda, Ezmerelda, Ezmirilda

Esperanza (espagnol) espoir.
Voir aussi Speranza.
Esparanza, Espe, Esperance, Esperans, Esperansa, Esperanta, Esperanz, Esperenza

Essence (latin) vie; existence.
Essa, Essenc, Essencee, Essences, Essenes, Essense, Essynce

Essie (anglais) diminutif d'Estelle, d'Esther.
Essa, Essey, Essy

Estaquia (espagnol) qui possède un épi de blé.

Estebana (espagnol) variante de Stéphanie.

Estee (anglais) diminutif d'Estelle, d'Esther.
Esta, Estée, Estey, Esti, Estie, Esty

Estefani, Estefany (espagnol) variantes de Stéphanie.
Estefane, Estefanie

Estefaní, Estéfani, Estéfany (espagnol) variantes de Stéphanie.

Estefania (espagnol) variante de Stéphanie.
Estafania, Estefana

Estefanía (grec) variante de Stéphanie.

Estela, Estella (français) variantes d'Estelle.
Estelah, Esteleta, Estelita, Estellah, Estellita, Esthella

Estelinda (teuton) celle qui est noble et protège le village.

Estelle (français) variante d'Esther.
Voir aussi Stella, Trella.
Estel, Estele, Esteley, Estelin, Estelina, Esteline, Estell, Estellin, Estellina, Estelline, Esthel, Esthela, Esthele, Esthell, Esthelle

Estephanie, Estephany (espagnol) variantes de Stéphanie.
Estephani, Estephania

Ester (persan) variante d'Esther.
Estera, Esterre

Éster, Ésther (espagnol) variantes d'Esther.

Esterina (grec) forte et vitale.

Estervina (allemand) amie de l'Est.

Esteva, Estevana (grec) variantes de Stéphanie.

Esther (persan) étoile. Bible: prisonnière juive qu'Assuérus prit pour reine. Voir aussi Hester.
Estar, Esthur, Eszter, Eszti

Estíbalitz (basque) douce comme le miel.

Estíbaliz (castillan) variante d'Estíbalitz.

Estila (latin) colonne.

Estrada (latin) route.

Estralita (espagnol) variante d'Estrella.

Estrella (français) étoile.
Estrela, Estrelah, Estrele, Estrelinha, Estrell, Estrelle, Estrelleta, Estrellita, Estrelyta, Estrelytah, Estrilita, Estrilyta, Estrylita, Estrylyta

Etaina (celte) celle qui brille.

Etapalli (nahuatl) aile.

Etel (espagnol) diminutif d'Etelvina.

Etelburga (anglais) variante d'Edelburga.

Etelinda (allemand) noble femme qui protège son village.

Etelreda (allemand) noble conseil.

Etelvina (allemand) amie loyale et noble.

Eteria (grec) air pur.

Eternity (latin) éternité.

Ethana (hébreu) forte; ferme.
Ethanah, Ethena, Ethenah

Ethel (anglais) noble.
Ethela, Ethelah, Ethelda, Ethelin, Ethelina, Etheline, Ethella,
Ethelle, Ethelyn, Ethelyna, Ethelyne, Ethelynn, Ethelynna,
Ethelynne, Ethyl

Étienna (anglais) variante de Stéphane
(voir les prénoms de garçons).
Étienne

Etilka (hébreu) noble.

Étoile (français) étoile.
Etoila, Etoilah, Etoyla, Etoylah, Etoyle

Etta (allemand) petite ; (anglais) diminutif
de Henrietta.
Etka, Etke, Ettah, Etti, Ettie, Etty, Ety, Itke, Itta

Euda (allemand) enfance.

Eudocia, Eudosia, Eudoxia (grec) célèbre ;
cultivée.

Eudora (grec) cadeau honoré. Voir aussi Dora.
Eudorah, Eudore

Eufonia (grec) celle qui a une belle voix.

Eufrasia (grec) celle qui est pleine de joie.

Eufrosina (grec) pensée joyeuse.

Eugena (grec) variante d'Eugenia.

Eugenia (grec) variante d'Eugénie.
Voir aussi Gina, Yevgenia.
Eugeena, Eugeenah, Eugeenia, Eugeeniah, Eugeniah,
Eugenina, Eugina, Eugyna, Eugynah, Eugynia, Eugyniah,
Eujania, Eujaniah, Eujanya, Eujanyah, Evgenia, Evgeniah,
Evgenya, Evgenyah

Eugênia (portugais) variante d'Eugénie.

Eugénie (grec) née dans la noblesse.
Eugeenee, Eugeeney, Eugeeni, Eugeenie, Eugenee, Eugeney,
Eugeni, Eugénie, Eugine, Eugynie, Eugyny, Eujanee, Eujaney,
Eujani, Eujanie, Eujany

Eulalie (grec) qui parle bien. Voir aussi Ula.
Eula, Eulah, Eulalea, Eulalee, Eulalie, Eulalya, Eulalyah,
Eulia, Euliah, Eulya, Eulyah

Eulália (portugais) variante d'Eulalie.

Eulampia (grec) brillante.

Eulogia (grec) variante d'Eulalie.

Eumelia (grec) celle qui chante bien.

Eun (coréen) argent.
Euna, Eunah

Eunice (grec) heureuse ; victorieuse.
Bible : mère de saint Timothée.
Voir aussi Unice.
Euna, Eunique, Eunise, Euniss, Eunisse, Eunys, Eunysa,
Eunysah, Eunyse

Eunomia (grec) bon ordre.

Euphémie (grec) appréciée, qui a bonne
réputation. Histoire : Euphémie, martyre
chrétienne du IVe siècle. Voir aussi Phémie.
Effam, Eppie, Eufemia, Eufemiah, Euphan, Euphemia,
Euphemy, Euphemya, Euphemyah, Euphie

Euporia (grec) celle qui a une belle voix.

Eurídice (grec) variante d'Eurydice.

Eurneid (russe) enfant de Clydno.

Eurosia (grec) éloquente.

Eurydice (grec) large, vaste. Mythologie :
femme d'Orphée.
Euridice, Euridyce, Eurydyce

Eusebia (grec) respectueuse ; pieuse.

Eustacia (grec) productive ; (latin) stable ; calme.
Voir aussi Stacey.
Eustaciah, Eustacya, Eustasia, Eustasiah, Eustasya,
Eustasyah

Eustaquia (grec) bien construite.

Eustolia (grec) agile.

Eustoquia (grec) bonne mère.

Eutalia (grec) abondante.

Euterpe (grec) qui marche avec grâce.

Eutimia (espagnol) bienveillante.

Eutiquia (grec) celle qui reçoit, divertit.

Eutropia (grec) bonne réputation.

Euxenia (grec) issue d'une bonne famille.

Éva TOP.100. (grec) diminutif d'Evangelina ; (hébreu)
variante d'Ève. Voir aussi Ava, Chava.
Eva, Evah, Evalea, Evaleah, Evalee, Evalei, Evaleigh, Evaley,
Evali, Evalia, Evalie, Evaly, Evike, Evva, Ewa, Ewah

Évaline (français) variante d'Évelyne.
Evalean, Evaleana, Evaleanah, Evaleane, Evaleen, Evaleena,
Evaleenah, Evaleene, Evalene, Evalin, Evalina, Evalyn,
Evalyna, Evalynah, Evalyne, Evalynn, Evalynne

Evan GF (irlandais) jeune guerrier ; (anglais)
variante de John (voir les prénoms de garçons).
Eoin, Ev, Evaine, Evann, Evans, Even, Evens, Evin, Evon,
Evun, Ewan, Ewen

Evangelina (grec) porteuse de bonnes nouvelles.
Evangeleana, Evangeleanah, Evangeleena, Evangelia,
Evangelica, Evangeliqua, Evangelique, Evangelista,
Evangelyna, Evangelynah

Évangeline (grec) variante d'Evangelina.
Evangeleane, Evangeleene, Evangelene, Evangelyn,
Evangelyne, Evangelynn

Evania (grec, irlandais) variante d'Evan.
Evana, Evanah, Evania, Evaniah, Evanja, Evanjah, Evanka, Evanna, Evannah, Evanne, Evannja, Evannjah, Evanny, Evannya, Evany, Evanya, Evanyah, Eveania, Evvanne, Evvunea, Evyan

Evanthe (grec) fleur.
Evantha

Evarista (grec) personne excellente.

Ève (hébreu) vie. Bible : première femme créée par Dieu ; (français) diminutif d'Évonne. Voir aussi Hava, Naeva, Vica, Yeva.
Eav, Eave, Evita, Evuska, Evyn

Ève Marie (anglais) combinaison d'Ève et de Marie.
Ève-Marie

Evelia (hébreu) variante d'Ève.

Evelin, Eveline, Evelyn (anglais) variantes d'Évelyne.
Evelean, Eveleane, Eveleen, Eveleene, Evelen, Evelene

Evelina (anglais) variante d'Évelyne.
Eveleanah, Eveleeana, Eveleena, Eveleenah, Evelena, Evelenah, Evelinah, Evelyna, Evelynah, Ewalina

Évelyne **FG** (anglais) noisette. Voir aussi Avaline.
Evaline, Eveleen, Evelene, Evelynn, Evelynne, Evline

Everett **GF** (allemand) courageux comme un sanglier.

Everilda (allemand) variante d'Everett.

Évette (français) variante d'Yvette. Variante populaire d'Évonne. Voir aussi Ivette.
Evet, Evete, Evett

Evie (hongrois) variante d'Ève.
Evee, Evey, Evi, Evicka, Evike, Evka, Evuska, Evvee, Evvey, Evvi, Evvia, Evvie, Evvy, Evvya, Evy, Ewa

Evita (espagnol) variante d'Ève.
Eveta, Evetah, Evetta, Evettah, Evitta, Evyta, Evytta

Evline (anglais) variante d'Évelyne.
Evleen, Evlene, Evlin, Evlina, Evlyn, Evlynn, Evlynne

Evodia (grec) celle qui souhaite un bon voyage aux autres.

Évonne (français) variante d'Yvette. Voir aussi Ivonne.
Evanne, Evenie, Evenne, Eveny, Evona, Evonah, Evone, Evoni, Evonn, Evonna, Evonnie, Evonny, Evony, Evyn, Evynn, Eyona, Eyvone

Exal (espagnol) diminutif d'Exaltación.

Exaltación (espagnol) exaltée, élevée spirituellement.

Expedita (grec) prête à se battre.

Expósita (latin) exposée.

Exuperancia (latin) abondante.

Exuperia (latin) variante d'Exuperancia.

Eyén (aborigène) point du jour.

Eyota **U** (amérindien) grand.
Eyotah

Ezmeralda (espagnol) variante d'Esméralda.

Ezrela (hébreu) foi qui se réaffirme.
Esrela, Esrelah, Esrele, Esrell, Esrella, Esrellah, Esrelle, Ezrelah, Ezrele, Ezrella, Ezrellah, Ezrelle

Ezri (hébreu) aide ; forte.
Ezra, Ezrah, Ezria, Ezriah, Ezrya, Ezryah

Eztli (nahuatl) sang.

Fabia (latin) productrice de haricots.
Fabiah, Fabra, Fabria, Fabya, Fabyah

Fabiana (latin) variante de Fabia.
Fabianah, Fabianna, Fabiannah, Fabienna, Fabiennah, Fabyana, Fabyanah, Fabyanna, Fabyannah

Fabienne (latin) variante de Fabia.
Fabian, Fabiann, Fabianne, Fabiene, Fabienn, Fabyan, Fabyane, Fabyann, Fabyanne

Fabiola (latin) variante de Fabia.
Fabiolah, Fabiole, Fabyola

Fabricia (latin) variante de Fabrizia.

Fabrienne (français) petite forgeronne ; apprentie.
Fabreanne, Fabrian, Fabriana, Fabrianah, Fabriann, Fabrianna, Fabriannah, Fabrianne, Fabrien, Fabriena, Fabrienah, Fabrienn, Fabrienna, Fabriennah, Fabryan, Fabryana, Fabryanah, Fabryane, Fabryann, Fabryanna, Fabryannah, Fabryanne, Fabryen, Fabryena, Fabryenah, Fabryene, Fabryenn, Fabryenna, Fabryennah, Fabryenne

Fabrizia (italien) artisane.
Fabriziah, Fabrizya, Fabrizyah, Fabryzia, Fabryziah, Fabryzya, Fabryzyah

Facunda (latin) oratrice éloquente.

Fadila (arabe) généreuse.
Fadilah, Fadyla, Fadylah

Faina (anglais) heureuse.
Fainah, Faine, Fayin, Fayina, Fayinah, Fayine, Fayna, Faynah, Fayne, Feana, Feanah, Fenna

Fairlee (anglais) vanant d'une prairie jaune.
Faileah, Fairlea, Fairlei, Fairleigh, Fairley, Fairli, Fairlia, Fairliah, Fairlie, Fairly, Fairlya, Fayrlea, Fayrleah, Fayrlee, Fayrlei, Fayrleigh, Fayrley, Fayrli, Fayrlia, Fayrliah, Fayrlie, Fayrly, Fayrlya

Faith (anglais) fidèle; fidélité. Voir aussi Faye, Fidelity.
Faeth, Faethe, Faithe

Faiza, Faizah (arabe) victorieuse.
Fayza, Fayzah

Falda (islandais) ailes repliées.
Faida, Faldah, Fayda, Faydah

Falicia (latin) variante de Félicia.
Falecia, Faleshia

Faline (latin) féline.
Falean, Faleana, Faleanah, Faleane, Faleen, Faleena, Faleenah, Faleene, Falena, Falene, Falin, Falina, Falinah, Falinia, Faliniah, Fallin, Fallina, Fallinah, Falline, Faylina, Fayline, Faylyn, Faylynn, Faylynne, Felenia, Felina, Felinah, Feline, Felinia, Feliniah, Felyn, Felyna, Felynah, Felyne

Falisha (latin) variante de Félicia.
Faleisha, Falesha, Falleshia

Fallon (irlandais) petit-enfant du dirigeant.
Fallan, Fallann, Fallanna, Fallannah, Fallanne, Fallen, Fallenn, Fallenna, Fallennah, Fallenne, Fallona, Fallonah, Fallone, Fallonia, Falloniah, Fallonne, Fallonya, Fallonyah

Falon (irlandais) variante de Fallon.
Falan, Falen, Phalon

Falviana (espagnol) variante de Flavia.

Falyn (irlandais) variante de Fallon.
Fallyn, Fallyne, Falyna, Falynah, Falyne, Falynn, Falynne

Fanchone (français) liberté.
Fanchon, Fanchona, Fanchonah

Fancy (français) fiancée; (anglais) fantasque; fantaisiste.
Fancee, Fanchette, Fanci, Fancia, Fancie

Fannie (américain) variante populaire de Frances.
Fan, Fani, Fania, Fannee, Fanney, Fanni, Fannia

Fanny (grec) diminutif de Stéphanie; (américain) variante de Frances.
Fanette, Fannette

Fantasia (grec) imagination.
Fantasy, Fantasya, Fantasia, Fantazia, Fiantasi

Fany (américain) variante de Fanny.
Fanya

Faqueza (espagnol) faiblesse.

Farah, Farrah (anglais) belle; plaisante.
Fara, Faria, Fariah, Farra, Farria, Farriah, Farrya, Farryah, Farya, Faryah, Fayre

Faren, Farren (anglais) vagabonde.
Faran, Farana, Farane, Fare, Farin, Farine, Faron, Faronah, Farrahn, Farran, Farrand, Farrin, Farron, Farryn, Faryn, Feran, Ferin, Feron, Ferran, Ferren, Ferrin, Ferron, Ferryn

Faría (hébreu) pharaon.

Farica (allemand) dirigeante paisible.
Faricah, Faricka, Farika, Farikah, Fariqua, Fariquah, Farique, Faryca, Farycah, Farycka, Faryka, Faryqua, Faryquah, Faryque

Farida (arabe) unique.

Fariha (musulman, arabe) heureuse, joyeuse, enjouée, contente.
Farihah

Fatema (arabe) variante de Fatima.

Fátim, Fátima (arabe) variantes de Fatima.

Fatima (arabe) fille du prophète. Histoire: fille de Mahomet.
Fathma, Fatime, Fattim, Fatyma, Fatymah

Fatimah (arabe) variante de Fatima.

Fatma, Fatme (arabe) diminutifs de Fatima.
Fatmah

Faustine ^{TOP}:100: (latin) heureuse, fortunée.
Fausta, Faustah, Faustean, Fausteana, Fausteanah, Fausteane, Fausteen, Fausteena, Fausteenah, Fausteene, Faustin, Faustina, Faustinah, Faustyn, Faustyna, Faustynah, Faustyne

Favia (latin) variante de Fabia.

Faviola (latin) variante de Fabia.
Faviana, Faviolha

Fawn (français) jeune cerf.
Faun, Faune, Fawne

Fawna (français) variante de Fawn.
Fauna, Faunah, Faunia, Fauniah, Fauny, Faunya, Faunyah, Fawnah, Fawnia, Fawniah, Fawnna, Fawny, Fawnya, Fawnyah

Faxon U (allemand) aux cheveux longs.
Faxan, Faxana, Faxanah, Faxane, Faxann, Faxanna, Faxannah, Faxanne, Faxen, Faxin, Faxina, Faxinah, Faxine, Faxyn, Faxyna, Faxynah, Faxyne

Fay (français, anglais) variante de Faye.

Fayana (français) variante de Faye.
Fayanah, Fayann, Fayanna, Fayannah, Fayanne

Faye (français) fée; elfe; (anglais) variante de Faith.
Fae, Fai, Faie, Faya, Fayah, Fayana, Fayette, Fei, Fey, Feya, Feyah, Feye

Fayette (français) variante de Faye.
Fayet, Fayett, Fayetta, Fayettah

Fayola (nigérien) chanceuse.
Faiola, Faiolah, Fayla, Fayolah, Feyla

Fayre (anglais) blonde; aux cheveux clairs.
Fair, Faira, Faire, Fairey, Fairy, Faree, Farey, Fari, Farie, Fary, Farye, Fayree, Fayrey, Fayri, Fayrie, Fayry

Fayruz (arabe) femme turque.

Faythe (anglais) variante de Faith.
Fayeth, Fayethe, Fayth

Fe (latin) confiance; croyance.

Febe (grec) variante de Phoebe.
Feba, Febo, Feebe, Feebea, Feebee, Fibee

Febronia (latin) sacrifice d'expiation.

Fedra (grec) splendide.

Feena (irlandais) petit faon.
Feana, Feanah, Feenah

Felberta (anglais) brillante.

Felecia (latin) variante de Félicia.
Flecia

Felecidade (portugais) variante de Félicité.

Felica (espagnol) diminutif de Félicia.
Falica, Falisa, Felisca, Felissa, Feliza

Félice (latin) diminutif de Félicia.
Felece, Felicie, Felis, Felise, Felize, Felyc, Felyce, Felycie, Felycye, Felys, Felyse, Felysie, Felysse, Felysye

Félicia (latin) chanceuse; heureuse.
Voir aussi Lecia, Phylicia.
Fela, Feliciah, Feliciana, Felicidad, Felicija, Felicitas, Felicya, Felisea, Felisia, Felisiah, Felissya, Felita, Felixia, Felizia, Felka, Fellcia, Felycia, Felyciah, Felycya, Felycyah, Felysia, Felysiah, Felyssia, Felysya, Felysyah, Filicia, Filiciah, Fleasia, Fleichia, Fleishia, Flichia

Feliciana (italien, espagnol) variante de Félicia.
Felicianna, Felicijanna, Feliciona, Felicyanna, Felicyanne, Felisiana

Felicidade (latin) variante de Félicité.

Felicísima (espagnol) variante de Félicité.

Felicitas (italien) variante de Félicia.
Felicita, Felicitah, Felicyta, Felicytah, Felicytas, Felisita, Felycita, Felycitah, Felycyta, Felycytah, Felycytas

Felícitas (espagnol) variante de Félicité.

Félicité (latin) le plus grand des bonheurs.
Falicitee, Falicitey, Faliciti, Falicitia, Falicitie, Falicity, Felicitee, Felicitey, Feliciti, Felicitia, Felicitie, Felicity, Felisity, Felycytee, Felycytey, Felycyti, Felycytie, Felycyty

Felícula (latin) minet.

Felisa (latin) variante de Félicia.

Felisha (latin) variante de Félicia.
Feleasha, Feleisha, Felesha, Felishia, Fellishia, Felysha, Flisha

Femi (français) femme; (nigérien) aime-moi.
Femia, Femiah, Femie, Femmi, Femmie, Femy, Femya, Femyah

Fenella (irlandais) variante de Fionnula.
Fenel, Fenell, Fenellah, Fenelle, Fennal, Fennall, Fennalla, Fennallah, Fennella, Fennelle, Finel, Finell, Finella, Finellah, Finelle, Finnal, Finnala, Finnall, Finnalla, Finnallah, Finnalle, Fynela, Fynelah, Fynele, Fynell, Fynella, Fynelle, Fynnela, Fynnelah, Fynnele, Fynnell, Fynnella, Fynnellah, Fynnelle

Fenna (irlandais) aux cheveux blonds.
Fena, Fenah, Fennah, Fina, Finah, Finna, Finnah, Fyna, Fynah, Fynna, Fynnah

Feodora (grec) cadeau de Dieu.
Fedora, Fedorah, Fedoria, Fedorra, Fedorrah

Fermina (espagnol) forte.

Fern (anglais) fougères; (allemand) diminutif de Fernanda.
Ferna, Fernah, Ferne, Ferni, Firn, Firne, Furn, Furne, Fyrn, Fyrne

Fernanda (allemand) audacieuse, aventurière.
Voir aussi Andee, Nan.
Ferdie, Ferdinanda, Ferdinandah, Ferdinande, Fernandah, Fernande, Fernandette, Fernandina, Fernandinah, Fernandine, Fernandyn, Fernandyna, Fernandyne, Nanda

Fernley (anglais) provenant du champ de fougères.
Ferlea, Fernleah, Fernlee, Fernlei, Fernleigh, Fernli, Fernlie, Fernly

Feronia (latin) Mythologie: Féronie, déesse de la Liberté.

Fiala (tchèque) violette.
Fialah, Fyala, Fyalah

Fidelia (latin) variante de Fidelity.
Fidea, Fideah, Fidel, Fidela, Fidelah, Fidele, Fideliah, Fidelina, Fidell, Fidella, Fidellah, Fidelle, Fydea, Fydeah, Fydel, Fydela, Fydelah, Fydele, Fydell, Fydella, Fydellah, Fydelle

Fidelity (latin) fidèle, sincère. Voir aussi Faith.
Fidelia, Fidelita, Fidelitee, Fidelitey, Fideliti, Fidelitie, Fydelitee, Fydelitey, Fydeliti, Fydelitie, Fydelity

Fidencia (latin) variante de Fidelity.

Fifi (français) variante populaire de Joséphine.
Fe-Fe, Fee-Fee, Feef, Feefee, Fefe, Fefi, Fefie, Fefy, Fiffi, Fiffy, Fifina, Fifinah, Fifine, Fy-Fy, Fyfy, Phiphi, Phyphy

Filadelfia (grec) variante de Filia.

Filandra (grec) celle qui aime l'humanité.

Filemone (grec) variante de Philomène.

Filia (grec) amie.
Filiah, Filya, Fylia, Fyliah, Fylya, Fylyah

Filiberta (grec) brillante.

Filippa (italien) variante de Philippa.
Felipa, Felipe, Felippa, Filipa, Filipina, Filippina, Filpina

Filis (grec) orné de feuilles.

Filma (allemand) voilée.
Filmah, Filmar, Filmaria, Filmarya, Fylma, Fylmah, Fylmara, Fylmaria, Fylmarya

Filomène (italien) variante de Philomène.
Fila, Filah, Filemon, Filomena, Filomenah, Filomina, Filominah, Filomyna, Filomyne, Fylomena, Fylomenah, Fylomina, Fylomine, Fylomyna, Fylomyne

Filotea (grec) celle qui aime Dieu.

Fiona (irlandais) blonde, blanche.
Feeona, Feeonah, Feeoni, Feeonie, Feeony, Feona, Feonah, Feonia, Feoniah, Fionah, Fionna, Fionnah, Fionne, Fionnea, Fionneah, Fionnee, Fionni, Fionnia, Fionniah, Fyona, Fyonah, Fyoni, Fyonia, Fyoniah, Fyonie, Fyony, Fyonya, Fyonyah, Phiona, Phionah, Phyona, Phyonah

Fionnula (irlandais) aux épaules blanches.
Voir aussi Nola, Nuala.
Fenella, Fenula, Finnula, Finnulah, Finnule, Finola, Finolah, Finonnula, Finula, Fionnuala, Fionnualah, Fionnulah, Fionula, Fynola, Fynolah

Fiorel (latin) variante de Flora.

Fiorela (italien) variante de Flora.

Fiorella (italien) petite fleur.
Fiorelle

Fira (anglais) fougueuse.
Firah, Fyra, Fyrah

Flair (anglais) style; verve.
Flaira, Flaire, Flare, Flayr, Flayra, Flayre

Flaminia (latin) qui appartient à un ordre religieux.

Flanna (irlandais) diminutif de Flannery.
Flan, Flana, Flanah, Flann, Flannah

Flannery (irlandais) rousse. Littérature: Flannery O'Connor était un célèbre écrivain américain.
Flanneree, Flannerey, Flanneri, Flannerie

Flavia (latin) blonde, aux cheveux dorés.
Flavere, Flaviah, Flavianna, Flavianne, Flaviar, Flavien, Flavienne, Flaviere, Flavio, Flavya, Flavyah, Flavyere, Flawia, Flawya, Flawyah, Fulvia

Flávia (portugais) variante de Flavia.

Flaviana (italien) variante de Flavia.

Flavie (latin) variante de Flavia.
Flavi

Flérida (grec) dame exubérante.

Fleta (anglais) rapide.
Fleata, Fleatah, Fleeta, Fleetah, Fletah, Flita, Flitah, Flyta, Flytah

Fleur (français) fleur.
Fleure, Fleuree

Fleurette (français) variante de Fleur.
Fleuret, Fleurett, Fleuretta, Fleurettah, Floretta, Florettah, Florette, Flouretta, Flourette

Fliora (irlandais) variante de Flora.
Fliorah

Flo (américain) diminutif de Florence.
Flow

Flor (latin) diminutif de Florence.
Flore

Flora (latin) fleur. Diminutif de Florence. Voir aussi Lore.
Fiora, Fiore, Fiorenza, Flaura, Flaurah, Flauria, Flauriah, Flaury, Flaurya, Flauryah, Fliora, Florah, Florelle, Florey, Floria, Florica

Floralia (grec) variante de Flora.

Floramaría (espagnol) fleur de Marie.

Floréal (français) fleurs. Histoire: Floréal, huitième mois de l'ancien calendrier républicain français.

Florelle (latin) variante de Flora.
Florel, Florell, Florella, Florellah

Florence (latin) fleurissant; fleuri; prospère. Histoire: Florence Nightingale, infirmière britannique, est considérée comme la fondatrice de la profession d'infirmière.
Fiorenza, Fiorenze, Flarance, Flarence, Florance, Florancia, Floranciah, Florancie, Floren, Florena, Florencia, Florenciah, Florencija, Florency, Florencya, Florendra, Florene, Florentia, Florentina, Florentyna, Florenza, Florina, Florine

Flores (espagnol) variante de Flora.

Floria (basque) variante de Flora.
Floriah, Florria, Florya, Floryah

Floriane (latin) fleurissant, fleuri.
Florann, Floren, Floriana, Florianna, Florianne, Florin, Florinah, Florine, Floryn, Floryna, Florynah, Floryne

Florida (espagnol) variante de Florence.
Floridah, Floridia, Floridiah, Florind, Florinda, Florindah, Florinde, Florita, Floryda, Florydah, Florynd, Florynda, Floryndah, Florynde

Florie (anglais) variante populaire de Florence.
Flore, Floree, Florey, Flori, Florri, Florrie, Florry, Flory

Florimel (grec) doux nectar.
Florimela, Florimele, Florimell, Florimella, Florimelle, Florymel, Florymela, Florymele, Florymell, Florymella, Florymelle

Florinia (latin) variante de Florence.

Floris (anglais) variante de Florence.
Florisa, Florisah, Florise, Floriss, Florissa, Florissah, Florisse, Florys, Florysa, Florysah, Floryse, Floryss, Floryssa, Floryssah, Florysse

Florisel (espagnol) variante de Flora.

Flossie (anglais) variante populaire de Florence.
Floss, Flossi, Flossy

Flyta (anglais) rapide.

Fola (yoruba) honorable.
Floah

Foluke 🅶🅵 (yoruba) donné à Dieu.
Foluc, Foluck, Foluk

Fonda (latin) fondation; (espagnol) auberge.
Fondah, Fondea, Fonta, Fontah

Fontanna (français) fontaine.
Fontain, Fontaina, Fontainah, Fontaine, Fontana, Fontanah, Fontane, Fontannah, Fontanne, Fontayn, Fontayna, Fontaynah, Fontayne

Forrest 🅶🅵 (français) forêt; forestier.
Forest, Forreste, Forrestt, Forrie

Fortuna (latin) chance; chanceuse.
Fortoona, Fortunah, Fortunata, Fortunate, Fortune, Fortunia, Fortuniah, Fortunya, Fortunyah

Fosette (français) à fossettes.
Foset, Foseta, Fosetah, Fosete, Fosett, Fosetta

Fotina (grec) lumière. Voir aussi Photina.
Fotin, Fotine, Fotinia, Fotiniah, Fotinya, Fotinyah, Fotyna, Fotyne, Fotynia, Fotyniah, Fotynya, Fotynyah

Fran 🅵🅶 (latin) diminutif de Frances.
Frain, Frann, Frayn

Frances (latin) libre; de France.
Voir aussi Paquita.
France, Francena, Francess, Francesta

Francesca, Franceska (italien) variantes de Frances.
Francessca, Francesta

Franchesca, Francheska (italien) variantes de Francesca.
Cheka, Chekka, Chesca, Cheska, Francheca, Francheka, Franchelle, Franchesa, Franchessca, Franchesska

Franchette (français) variante de Frances.
Franceta, Francetta, Francette, Francheta, Franchetah, Franchete, Franchett, Franchetta, Franchettah, Franzet, Franzeta, Franzetah, Franzete, Franzett, Franzetta, Franzettah, Franzette

Franci (hongrois) variante populaire de Francine.
Francee, Francey, Francia, Francie, Francy, Francya, Francye

Francine (français) variante de Frances.
Franceen, Franceine, Franceline, Francene, Francenia, Francin, Francina, Francyn, Francyna, Francyne, Fransin, Fransina, Fransinah, Fransine, Fransyn, Fransyna, Fransynah, Fransyne, Franzin, Franzina, Franzinah, Franzine, Franzyn, Franzyna, Franzynah, Franzyne

Francis 🅶🅵 (latin) variante de Frances.
Francise, Francys, Franis, Franise, Franiss, Franisse, Franncia, Frantis, Frantisa, Frantise, Frantiss, Frantissa, Frantisse

Francisca (italien) variante de Frances.
Franciska, Franciszka, Frantiska, Franziska, Franzyska

Francoise, Françoise (français) variante de Frances.

Franki (américain) variante populaire de Frances.
Franca, Francah, Francka, Francki, Franka, Frankah, Franke, Frankee, Frankey, Frankia, Frankiah, Franky, Frankyah, Frankye

Frankie 🅶🅵 (américain) variante populaire de Frances.

Frannie, Franny (anglais) variantes populaires de Frances.
Frani, Frania, Franney, Franni, Frany

Franqueira (allemand) espace ouvert.

Franzea (espagnol) variante de Frances.
Franzia, Franziah, Franzya, Franzyah, Frazea

Freda (allemand) diminutif d'Alfreda, d'Elfrida, de Frederica, de Sigfreda.
Fraida, Fraidah, Frayda, Frayde, Fraydina, Fraydine, Fraydyna, Fraydyne, Fredah, Fredda, Fredra, Freeda, Freedah, Freeha

Freddi (anglais) variante populaire de Frederica, de Winifred.
Fredda, Freddah, Freddee, Freddey, Freddia, Freddy, Fredee, Fredey, Fredi, Fredia, Frediah, Fredie, Fredy, Fredya, Fredyah, Frici

Freddie 🅶🅵 (anglais) variante populaire de Frederica, de Winifred.

Fredella (anglais) variante de Frederica.
Fredel, Fredela, Fredelah, Fredele, Fredell, Fredellah, Fredelle

Frederica (allemand) dirigeante pacifique.
Voir aussi Alfreda, Rica, Ricki.
Federica, Feriga, Fredalena, Fredaline, Frederina, Frederine, Fredith, Fredora, Fredreca, Fredrica, Fredricah, Fredricia, Fryderica

Frederika (allemand) variante de Frederica.
Fredericka, Frederickina, Fredreka, Fredrika, Fryderika, Fryderikah, Fryderyka

Frederike (allemand) variante de Frederica.
Fredericke, Frederyc, Frederyck, Frederyk, Fridrike, Friederike

Frédérique (français) variante de Frederica.
Frederiqua, Frederiquah, Frédérique, Fredriqua, Fredriquah, Fredrique, Frideryqua, Frideryquah, Frideryque, Fryderiqua, Fryderiquah, Fryderique, Rike

Fredesvinda (allemand) force du pays.

Fredricka (allemand) diminutif de Frederika.

Freedom (anglais) liberté.

Freida (allemand) variante de Frida.
Freia, Freiah, Freidah, Freide, Freyda, Freydah

Freira (espagnol) sœur.

Freja (scandinave) variante de Freya.
Fraja, Fray, Fraya, Frayah, Frehah, Freia, Freiah

Frescura (espagnol) fraîcheur.

Freya (scandinave) aristocrate. Mythologie :
Freyja, déesse nordique de l'Amour.
Frey, Freyah

Freyra (slave) variante de Freya.

Frida (allemand) diminutif d'Alfreda, d'Elfrida,
de Frederica, de Sigfreda.
Fridah, Frideborg, Frieda, Friedah, Fryda, Frydah, Frydda, Fryddah

Frine, Friné (grec) crapaud femelle.

Fritzi (allemand) variante populaire
de Frederica.
Friezi, Fritze, Fritzee, Fritzey, Fritzie, Fritzinn, Fritzline, Fritzy, Frytzee, Frytzey, Frytzi, Frytzie, Frytzy

Frodina (allemand) amie sage.
Frodinah, Frodine, Frodyn, Frodyna, Frodynah, Frodyne

Froilana (grec) rapide.

Fronde (latin) branche feuillue.

Fronya (latin) front.
Fronia, Froniah, Fronyah

Fructuosa (espagnol) fructueuse.

Fuensanta (espagnol) fontaine sacrée.

Fukayna (égyptien) intelligente.

Fulgencia (espagnol) celle qui brille
par sa grande gentillesse.

Fulla (allemand) pleine.
Fula, Fulah, Fullah

Fusca (latin) sombre.

Futura (latin) avenir.
Futurah, Future, Futuria, Futuriah, Futurya, Futuryah

Fynballa (irlandais) juste.
Finabala, Finbalah, Finballa, Finballah, Fynbala, Fynbalah, Fynballah

Gabele (français) diminutif de Gabrielle.
Gabal, Gabala, Gabalah, Gabale, Gaball, Gaballa, Gaballah, Gaballe, Gabel, Gabela, Gabelah, Gabell, Gabella, Gabellah, Gabelle, Gable

Gabina (latin) celle qui est née à Gabio,
ville antique près de Rome.

Gabor (hongrois) Dieu est ma force.
Gabora, Gaborah, Gabore

Gabriela (italien) variante de Gabrielle.
Gabriala, Gabrialla, Gabrielah, Gabrielia, Gabriellah, Gabriellia, Gabriello, Gabrila, Gabrilla, Gabryela, Gabryella, Gabryiela

Gabrièle FC (français) variante de Gabrielle.

Gabriell FC (français) variante de Gabrielle.

Gabriella (italien) variante de Gabriela.

Gabrielle **TOP** **.100.** (français) dévouée à Dieu.
Gabbrielle, Gabielle, Gabrealle, Gabriana, Gabrille, Gabrina, Gabriolett, Gabrioletta, Gabriolette, Gabryille, Gabryell, Gabryelle, Gavriella

Gaby (français) variante populaire
de Gabrielle.
Gabb, Gabbea, Gabbee, Gabbey, Gabbi, Gabbie, Gabby, Gabey, Gabi, Gabie, Gavi, Gavy

Gada (hébreu) chanceuse.
Gadah

Gaea (grec) planète Terre. Mythologie :
déesse grecque de la Terre.
Gaeah, Gaia, Gaiah, Gaiea, Gaya, Gayah

Gaetana (italien) de Gaeta. Géographie :
Gaeta est une ville du sud de l'Italie.
Gaetan, Gaetanah, Gaétane, Gaetanna, Gaetanne, Gaitana, Gaitanah, Gaitann, Gaitanna, Gaitanne, Gaytana, Gaytane, Gaytanna, Gaytanne

Gagandeep CF (sikh) lumière céleste.
Gagandip, Gagnadeep, Gagndeep

Gage CF (français) promesse.
Gaeg, Gaege, Gaig, Gaige, Gayg, Gayge

Gail (anglais) joyeuse, pleine d'entrain ; (hébreu) diminutif d'Abigail.
Gael, Gaela, Gaell, Gaella, Gaelle, Gaila, Gaile, Gale, Gaylia

Gailine (anglais) variante de Gail.
Gailean, Gaileana, Gaileane, Gaileena, Gailina, Gailyn, Gailyna, Gailyne, Gayleen, Gayleena, Gaylina, Gayline, Gaylyn, Gaylyna, Gaylynah, Gaylyne

Gala (norvégien) chanteuse.
Galah, Galla, Gallah

Galatée (grec) Mythologie : Galatée était la statue d'une très belle femme sculptée par Pygmalion, qui en tomba amoureux et persuada la déesse Aphrodite de lui donner vie.
Galanthe, Galanthea, Galatea, Galatey, Galati, Galatia, Galatiah, Galatie, Galaty, Galatya, Galatyah

Galaxy (latin) univers ; la Voie Lactée.
Galaxee, Galaxey, Galaxi, Galaxia, Galaxiah

Galen (grec) guérisseur ; calme ; (irlandais) petite et animée.
Gaelen, Gaellen, Galane, Galean, Galeane, Galeene, Galene, Gallane, Galleene, Gallen, Gallene, Galyn, Galyne, Gaylaine, Gayleen, Gaylen, Gaylene, Gaylyn

Galena (grec) guérisseuse ; calme.
Galana, Galanah, Galenah, Gallana, Gallanah, Gallena, Gallenah

Galenia (grec) variante de Galena.

Gali (hébreu) colline ; fontaine ; source.
Gailee, Galea, Galeah, Galee, Galei, Galeigh, Galey, Galice, Galie, Gallea, Galleah, Gallee, Gallei, Galleigh, Galley, Galli, Gallie, Gally, Galy

Galilah (hébreu) importante ; exaltée.

Galilea (hébreu) de Galilée.

Galina (russe) variante d'Helen.
Gailya, Galaina, Galainah, Galaine, Galayna, Galaynah, Galayne, Galeana, Galeena, Galeenah, Galenka, Galia, Galiah, Galiana, Galianah, Galiane, Galiena, Galinah, Galine, Galinka, Gallin, Gallina, Gallinah, Galline, Gallyn, Gallyna, Gallynah, Gallyne, Galochka, Galya, Galyah, Galyna, Galynah

Gamela (scandinave) aînée.
Gamala, Gamalah, Gamale, Gamelah, Gamele

Gamila (arabe) belle.

Ganesa (hindou) chanceuse. Religion : Ganesh était le dieu hindou de la Sagesse.
Ganesah, Ganessa, Ganessah

Ganya Ⓤ (hébreu) jardin du Seigneur ; (zulu) intelligent.
Gana, Gani, Gania, Ganiah, Ganice, Ganit, Ganyah

Garabina, Garabine, Garbina, Garbine (espagnol) purification.

Garaitz (basque) victoire.

García (latin) celle qui démontre son charme et sa grâce.

Gardénia (anglais) Botanique : le gardénia, fleur à l'odeur douce.
Deeni, Denia, Gardeen, Gardeena, Gardeene, Garden, Gardena, Gardene, Gardin, Gardina, Gardine, Gardinia, Gardyn, Gardyna, Gardyne

Garland 🇬🇫 (français) guirlande de fleurs.
Garlan, Garlana, Garlanah, Garlane, Garleen, Garleena, Garleenah, Garleene, Garlena, Garlenah, Garlene, Garlind, Garlinda, Garlindah, Garlinde, Garlyn, Garlynd, Garlynda, Garlyndah, Garlynde

Garnet 🇬🇫 (anglais) grenat, pierre précieuse rouge foncé.
Garneta, Garnetah, Garnete, Garnett, Garnetta, Garnettah, Garnette

Garoa (basque) fougère.

Garyn (anglais) porteur de lance.
Garan, Garana, Garane, Garen, Garin, Garina, Garine, Garra, Garran, Garrana, Garrane, Garrin, Garrina, Garrine, Garryn, Garyna, Garyne, Garynna, Garynne

Gasha (russe) variante populaire d'Agatha.
Gashah, Gashka

Gaspara (espagnol) trésor.

Gasparina (persan) trésor.

Gaudencia (espagnol) heureuse, contente.

Gavriella (hébreu) variante de Gabrielle.
Gavila, Gavilla, Gavra, Gavrel, Gavrela, Gavrelah, Gavrelia, Gavreliah, Gavrell, Gavrella, Gavrellah, Gavrelle, Gavrid, Gavrieela, Gavriela, Gavrielle, Gavrila, Gavrilla, Gavrille, Gavryl, Gavryla, Gavryle, Gavryll, Gavrylla, Gavrylle

Gay (français) joyeux.
Gae, Gai, Gaie, Gaye

Gayla (anglais) variante de Gail.

Gayle (anglais) variante de Gail.
Gayel, Gayell, Gayella, Gayelle, Gayl

Gaylia (anglais) variante de Gail.
Gaelia, Gaeliah, Gailia, Gailiah, Gayliah

Gayna (anglais) variante populaire de Guenièvre.
Gaena, Gaenah, Gaina, Gainah, Gaynah, Gayner, Gaynor

Gea (grec) variante de Gaea.

Geanna (italien) variante de Giana.
Geannah, Geona, Geonna

Gechina (basque) grâce.

Geela (hébreu) joyeuse.
Gela, Gila

Geena (américain) variante de Gena.
Geana, Geanah, Geania, Geeana, Geeanna, Geenia

Gelasia (grec) femme souriante.

Gelya (russe) angélique.

Gema, Gemma (latin, italien) bijou,
pierre précieuse. Voir aussi Jemma.
*Gem, Gemah, Gemee, Gemey, Gemia, Gemiah, Gemie,
Gemmah, Gemmee, Gemmey, Gemmi, Gemmia, Gemmiah,
Gemmie, Gemmy, Gemy*

Gemini (grec) jumelle.
Gemelle, Gemina, Geminia, Geminine, Gemmina

Geminiana (latin) variante de Gemini.

Gen (japonais) source. Diminutif des prénoms
commençant par « Gen ».
Genn

Gena (américain) variante de Gina. Diminutif
de Geneva, Geneviève, Iphigenia.
Genae, Genah, Genai, Genea, Geneja

Geneen (écossais) variante de Jeanine.
Geanine, Geannine, Genene, Genine, Gineen, Ginene

Genell (américain) variante de Jenell.

Generosa (espagnol) généreuse.

Genesis FG (latin) origine ; naissance.
*Genes, Genese, Genesha, Genesia, Genesiss, Genessa,
Genesse, Genessie, Genicis, Genises, Genysis, Yenesis*

Genessis (latin) variante de Genesis.

Geneva (français) genévrier. Diminutif
de Geneviève. Géographie : Genève,
ville suisse. Voir aussi Jeneva.
*Geneeva, Geneevah, Geneieve, Geneiva, Geneive, Genevah,
Geneve, Genevia, Geneviah, Genneeva, Genneevah,
Ginneeva, Ginneevah, Ginneva, Ginnevah, Gyniva, Gynniva,
Gynnivah, Gynnyva, Gynnyvah*

Geneviève (allemand, français) variante
de Guenièvre. Voir aussi Gwendolyn.
*Genaveeve, Genaveve, Genavie, Genavieve, Genavive,
Geneveve, Genevie, Genevieve, Genevievre, Ginevive,
Genivive, Genvieve, Ginevive, Ginnevive, Ginevive,
Guinevieve, Guinivive, Guynieve, Guyniviv, Guynivive,
Gwenevieve, Gwenivive, Gwiniviev, Gwinivieve, Gwynivive,
Gynevieve, Janavieve, Jenevieve, Jennavieve*

Genevra (français, gallois) variante
de Guenièvre.
Genever, Genevera, Genevrah, Genovera, Ginevra, Ginevrah

Genice (américain) variante de Janice.
Genece, Geneice, Genesa, Genesee, Genessia, Genis, Genise

Genie (français) variante populaire de Gena.
Geni, Genia

Genita (américain) variante de Janita.
Genet, Geneta

Genna (anglais) variante de Jenna.
Gennae, Gennai, Gennay, Genni, Gennie, Genny

Gennifer (américain) variante de Jennifer.
Genifer

Genoviève (français) variante de Geneviève.
Genoveva, Genoveve, Genovive, Genowica

Gentil (latin) gentil, bienveillant.

Gentry U (anglais) variante de Gent
(voir les prénoms de garçons).

Georgeann, Georgeanne (anglais) combinaison
de Georgia et d'Ann.
*Georgann, Georganne, Georgean, Georgiann, Georgianne,
Georgieann, Georgyan, Georgyann, Georgyanne*

Georgeanna (anglais) combinaison de Georgia
et d'Anna.
*Georgana, Georganna, Georgeana, Georgeannah,
Georgeannia, Georgyana, Georgyanah, Georgyanna,
Georgyannah, Giorgianna*

Georgene (anglais) variante populaire
de Georgia.
*Georgeene, Georgienne, Georgine, Georgyn, Georgyne,
Jeorgine, Jeorjine, Jeorjyne*

Georgette (français) variante de Georgia.
*Georget, Georgeta, Georgete, Georgett, Georgetta,
Georjetta*

Georgia (grec) fermière. Art : Georgia O'Keeffe
était une peintre américaine, surtout connue
pour ses tableaux floraux. Géographie :
Géorgie, État du sud des États-Unis ; pays
d'Europe de l'Est. Voir aussi Jirina, Jorja.
Giorgia

Georgiana, Georgianna (anglais) variantes
de Georgeanna.
Georgiannah, Georgionna

Georgie (anglais) variante populaire
de Georgeanne, de Georgia, de Georgiana.
Georgi, Georgy, Giorgi

Georgina (anglais) variante de Georgia.
*Georgeena, Georgeenah, Georgeina, Georgena, Georgenah,
Georgenia, Georgiena, Georgienna, Georginah, Georgine,
Georgyna, Georgynah, Giorgina, Jeorgina, Jeorginah,
Jeorjina, Jeorjinah, Jeorjyna, Jorgina*

Geovanna (italien) variante de Giovanna.
Geovana, Geovonna

Géralda (allemand) diminutif de Géraldine.
Giralda, Giraldah, Gyralda, Gyraldah

Géraldine (allemand) puissante avec une lance.
Voir aussi Dena, Jéraldine.
*Geralda, Geraldeen, Geraldeena, Geraldeenah, Geraldeene,
Geraldina, Geraldyna, Geraldyne, Gerhardine, Gerianna,
Gerianne, Gerlina, Gerlinda, Gerrianne, Gerrilee*

Geralyn (américain) combinaison de Géraldine et de Lynn.
Geralin, Geralina, Geraline, Geralisha, Geralyna, Geralyne, Geralynn, Gerilyn, Gerrilyn

Geranio (grec) elle est aussi belle qu'un géranium.

Gerarda (anglais) lancière courageuse.
Gerardine, Gerardo

Gerásima (grec) prix, récompense.

Gerda (norvégien) protectrice ; (allemand) variante populaire de Gertrude.
Gerdah, Gerta

Geri, Gerri (américain) variantes populaires de Géraldine. Voir aussi Jeri.
Geree, Gerey, Gerie, Gerree, Gerrey, Gerrie, Gerry, Gery

Germaine (français) d'Allemagne. Voir aussi Jermaine.
Germain, Germaina, Germainah, Germana, Germane, Germanee, Germani, Germanie, Germaya, Germayn, Germayna, Germaynah, Germayne, Germine, Germini, Germinie, Germyn, Germyna, Germyne

Gertie (allemand) variante populaire de Gertrude.
Gert, Gertey, Gerti, Gerty

Gertrude (allemand) guerrière bien-aimée. Voir aussi Trudy.
Geertrud, Geertruda, Geertrude, Geertrudi, Geertrudie, Geertrudy, Geitruda, Gerruda, Gerrudah, Gertina, Gertraud, Gertraude, Gertrud, Gertruda, Gertrudah, Gertrudia, Gertrudis, Gertruide, Gertruyd, Gertruyde, Girtrud, Girtruda, Girtrude, Gyrtrud, Gyrtruda, Gyrtrude

Gertrudes (espagnol) variante de Gertrude.

Gervaise U (français) qui manie la lance habilement.
Gervayse, Gervis

Gervasi (espagnol) variante de Gervaise.

Gervasia (allemand) variante de Gervaise.

Gessica (italien) variante de Jessica.
Gesica, Gesika, Gesikah, Gess, Gesse, Gessika, Gessikah, Gessy, Gessyca, Gessyka, Gesyca, Gesyka

Geva (hébreu) colline.
Gevah

Gezana, Gezane (espagnol) référence à l'incarnation de Jésus.

Ghada (arabe) jeune ; tendre.
Gada, Gadah, Ghadah

Ghita (italien) perlée.
Ghyta, Gyta

Gia F C (italien) diminutif de Giana.
Giah, Gya, Gyah

Giacinta (italien) variante de Hyacinthe.
Giacynta, Giacyntah, Gyacinta, Gyacynta

Giacobba (hébreu) qui évince, qui remplace.
Giacoba, Giacobah, Giacobbah, Gyacoba, Gyacobba, Gyacobbah

Giana (italien) diminutif de Giovanna. Voir aussi Jianna, Johana.
Gian, Gianah, Gianel, Gianela, Gianele, Gianell, Gianella, Gianelle, Gianet, Gianeta, Gianete, Gianett, Gianetta, Gianette, Gianina, Gianinna, Giannah, Gianne, Giannee, Giannella, Giannetta, Gianni, Giannie, Giannina, Gianny, Gianoula, Gyan, Gyana, Gyanah, Gyann, Gyanna, Gyannah

Gianira (grec) nymphe de la mer.

Gianna (italien) variante de Giana.

Gibitruda (allemand) celle qui donne de la force.

Gidget (anglais) étourdie.
Gydget

Gigi (français) variante populaire de Gilberte.
G.G., Geegee, Geygey, Giggi, Gygy, Jeejee, Jeyjey, Jiji

Gilana (hébreu) joyeuse.
Gila, Gilah, Gilanah, Gilane, Gilania, Gilanie, Gilena, Gilenia, Gyla, Gylah, Gylan, Gylana, Gylanah, Gylane

Gilberte (allemand) brillante ; pacte ; digne de confiance. Voir aussi Berti.
Gilberta, Gilbertia, Gilbertina, Gilbertine, Gilbertyna, Gilbertyne, Gilbirt, Gilbirta, Gilbirte, Gilbirtia, Gilbirtina, Gilbirtine, Gilburta, Gilburte, Gilburtia, Gilburtina, Gilburtine, Gilburtyna, Gilbyrta, Gilbyrte, Gilbyrtia, Gilbyrtina, Gilbyrtyna, Gylberta, Gylbertah, Gylberte, Gylbertina, Gylbertyna, Gylbirta, Gylbirte, Gylbirtia, Gylbirtina, Gylbirtine, Gylbirtyna, Gylburta, Gylburte, Gylburtia, Gylburtina, Gylburtyna, Gylbyrta, Gylbyrte, Gylbyrtia, Gylbyrtina, Gylbyrtyna

Gilda (anglais) couverte d'or.
Gildah, Gilde, Gildi, Gildie, Gildy, Guilda, Guildah, Guylda, Guyldah, Gylda, Gyldah

Gill (latin, allemand) diminutif de Gilberte, de Gillian.
Gili, Gilli, Gillie, Gilly, Gyl, Gyll

Gillian (latin) variante de Jillian.
Gilian, Giliana, Gilianah, Giliane, Gilleann, Gilleanna, Gilleanne, Gilliana, Gillianah, Gilliane, Gilliann, Gillianna, Gillianne, Gillien, Gillyan, Gillyana, Gillyanah, Gillyane, Gillyann, Gillyanna, Gillyannah, Gillyanne, Gylian, Gyliana, Gyliane, Gylian, Gyliana, Gylianna, Gyliannah, Gyliane, Gyllian, Gylliana, Gyllianah, Gylliane, Gylliann, Gyllianna, Gylliannah, Gyllianne, Gyllyan, Gyllyana, Gyllyanah, Gyllyane, Lian

Gimena (espagnol) variante de Jimena.

Gin (japonais) argent. Diminutif de prénoms commençant par « Gin ».
Gean, Geane, Geen, Gyn, Gynn

Gina (italien) diminutif d'Angelina, d'Eugenia, de Regina, de Virginia. Voir aussi Jina.
Geenah, Ginah, Ginai, Ginna, Gyna, Gynah

Ginebra (celte) blanche comme l'écume.

Gines (grec) celle qui crée la vie.

Ginesa (espagnol) blanche.

Ginette (anglais) variante de Geneviève.
Ginata, Ginatah, Ginett, Ginetta, Ginnetta, Ginnette

Ginger (latin) le gingembre, fleur et épice. Variante populaire de Virginia.
Ginja, Ginjah, Ginjar, Ginjer, Gynger, Gynjer

Ginia (latin) variante populaire de Virginia.
Ginea, Gineah, Giniah, Gynia, Gyniah, Gynya, Gynyah

Ginnifer (anglais) blanche ; lisse ; douce ; (gallois) variante de Jennifer.
Ginifer, Gynifer, Gyniffer

Ginny (anglais) variante populaire de Ginger, de Virginia. Voir aussi Jin, Jinny.
Gini, Ginnee, Ginney, Ginni, Ginnie, Giny, Gionni, Gionny, Gyni, Gynie, Gynni, Gynnie, Gynny

Gioconda (latin) celle qui crée la vie.

Giordana (italien) variante de Jordana.
Giadana, Giadanah, Giadanna, Giadannah, Giodana, Giodanah, Giodanna, Giodannah, Giordanah, Giordanna, Giordannah, Gyodana, Gyodanah, Gyodanna, Gyodannah, Gyordana, Gyordanah, Gyordanna, Gyordannah

Giorgianna (anglais) variante de Georgeanna.

Giorsala (écossais) gracieuse.
Giorsal, Giorsalah, Gyorsal, Gyorsala, Gyorsalah

Giovanna (italien) variante de Jane.
Giavana, Giavanah, Giavanna, Giavannah, Giavonna, Giovana, Giovanah, Giovannah, Giovanne, Giovannica, Giovona, Giovonah, Giovonna, Giovonnah, Givonnie, Gyovana, Gyovanah, Gyovanna, Gyovannah, Jeveny

Giovanni GF (italien) variante de Giovanna.

Gisa (hébreu) pierre sculptée.
Gazit, Gisah, Gissa, Gysa, Gysah

Gisal (gallois) variante de Giselle.

Gisel, Gisell, Giselle, Gissel, Gisselle (allemand) variantes de Gisèle. Voir aussi Jizelle.
Gisele, Gissele, Gissell

Gisela (allemand) variante de Gisèle.
Giselah, Giselda, Giselia, Gisella, Gisellah, Gissela, Gissella, Gysela, Gysella

Gisèle (allemand) pacte ; otage.
Geséle, Ghisele, Giseli, Gizela, Gysel, Gysele, Gysell, Gyselle

Gita (yiddish) sagr ; (polonais) diminutif de Margaret.
Gitah, Gitka, Gyta, Gytah

Gitana (espagnol) gitane ; vagabonde.
Gitanna, Gytana, Gytanna

Gitel (hébreu) sage.
Gitela, Gitelah, Gitele, Gitell, Gitella, Gitelle, Gytel, Gytell, Gytella, Gytellah, Gytelle

Githa (grec) sage ; (anglais) cadeau.
Githah, Gytha, Gythah

Gitta (irlandais) diminutif de Bridget.
Getta, Gittah

Giulana (italien) variante de Guilia.
Giulianna, Giulliana

Giulia TOP.100. (italien) variante de Julia.
Guila, Guiliana, Guilietta, Guiliette

Giunia (latin) celle qui est née en juin.

Giuseppina (italien) variante de Joséphine.

Giustina (italien) variante de Justine.
Giustine, Gustina, Gustinah, Gustine, Gustyn, Gustyna, Gustynah, Gustyne

Gizela (tchèque) variante de Gisèle.
Gizella, Gizi, Giziki, Gizus, Gyzela, Gyzelah, Gyzella

Gizelle (tchèque) variante de Gisèle.
Gizel, Gizele, Gizell, Gyzel, Gyzele, Gyzell, Gyzelle

Gladis (irlandais) variante de Gladys.
Gladi, Gladiz

Gladys (latin) petite épée ; (irlandais) princesse ; (gallois) variante de Claudia.
Glad, Gladdys, Gladness, Gladuse, Gladwys, Glady, Gladyss, Gleddis, Gleddys

Glafira (grec) fine, élégante.

Glauca (grec) verte.

Glaucia (portugais) cadeau courageux.

Gleda (anglais) heureuse.

Glenda (gallois) variante de Glenna.
Glanda, Glendah, Glennda, Glenndah, Glynda

Glenna (irlandais) vallée, vallon. Voir aussi Glynnis.
Glenetta, Glenina, Glenine, Glenn, Glenne, Glennesha, Glennia, Glennie, Glenora, Gleny, Glyn, Glynna

Glennesha (américain) variante de Glenna.
Gleneesha, Gleneisha, Glenesha, Glenicia, Glenisha, Glenneesha, Glennisha, Glennishia, Glynesha, Glynisha

Gliceria (grec) douce.

Gloria (latin) gloire. Histoire : Gloria Steinem, féministe américaine, fonda le magazine *Ms*.
Glorea, Gloresha, Gloriah, Gloribel, Gloriela, Gloriella, Glorielle, Gloris, Glorisha, Glorvina, Glorya, Gloryah

Gloriann, Glorianne (américain) combinaisons de Gloria et d'Ann.
Glorian, Gloriana, Gloriane, Glorianna, Glorien, Gloriena, Gloriene, Glori600, Glorienna, Glorienne, Gloryan, Gloryana, Gloryane, Gloryann, Gloryanna, Gloryanne, Gloryen, Gloryena, Gloryene, Gloryenn, Gloryenna, Gloryenne

Glory (latin) variante de Gloria.
Glore, Gloree, Glorey, Glori, Glorie, Glorye

Glosinda (allemand) douce gloire.

Glynnis (gallois) variante de Glenna.
Glenice, Glenis, Glenise, Glennis, Glennys, Glenwys, Glenys, Glenyse, Glenyss, Glinnis, Glinys, Glynice, Glynis, Glyniss, Glynitra, Glynnys, Glynys, Glynyss

Godalupe (espagnol) référence à la Vierge Marie.

Godgifu (anglais) variante de Godiva.

Godiva (anglais) cadeau de Dieu.
Godivah, Godyva, Godyvah

Godoberta (allemand) éclat de Dieu.

Golda (anglais) or. Histoire : Golda Meir était une femme politique née en Russie qui fut Premier ministre d'Israël.
Goldah, Goldarina, Goldia, Goldiah, Goldine, Goldya, Goldyah

Goldie (anglais) variante populaire de Golda.
Goldea, Goldee, Goldey, Goldi, Goldy

Goldine (anglais) variante de Golda.
Goldeena, Goldeene, Golden, Goldena, Goldene, Goldina, Goldinah, Goldyn, Goldyna, Goldynah, Goldyne

Goma (swahili) danse joyeuse.
Gomah

Gontilda (allemand) célèbre guerrière.

Gorane (espagnol) sainte croix.

Goratze (basque) variante d'Exaltación.

Gorawén (gallois) bonheur.

Gorgonia (grec) Mythologie : les Gorgones étaient des monstres qui transformaient les gens en pierre.

Gotzone (espagnol) ange.

Graça (portugais) variante de Grâce.

Grâce (latin) gracieuse.
Engracia, Graca, Gracelia, Gracella, Gracia, Gracinha, Graciosa, Graice, Graise, Grase, Gratia, Greice, Greyce, Greyse

Graceann, Graceanne (anglais) combinaisons de Grâce et d'Ann.
Graceanna, Graciana, Gracianna

Gracelyn, Gracelynn, Gracelynne (anglais) combinaisons de Grâce et de Lynn.
Gracelin, Gracelinn, Gracelinne, Gracelyne

Gracen, Gracyn (anglais) diminutifs de Graceanne.
Gracin

Gracia (espagnol) variante de Grâce.
Gracea, Graciah, Graicia, Graiciah, Graisia, Graisiah, Grasia, Grasiah, Graycia, Grayciah, Graysia, Graysiah, Grazia, Graziah

Gracie (anglais) variante populaire de Grâce.
Gracee, Gracey, Graci, Gracy, Graecie, Graysie

Graciela (espagnol) variante de Grâce.
Graciella, Gracielle

Gracilia (latin) gracieuse ; svelte.

Grant GF (anglais) grande ; généreuse.

Gratiana (hébreu) gracieuse.
Gratian, Gratiane, Gratiann, Gratianna, Gratianne, Gratyan, Gratyana, Gratyane, Gratyann, Gratyanna, Gratyanne

Grayce (latin) variante de Grâce.

Grayson GF (anglais) enfant d'intendant.
Graison, Graisyn, Grasien, Grasyn, Gray, Graysen

Graziella (italien) variante de Grâce.
Graziel, Graziela, Graziele, Graziell, Grazielle, Graziosa, Grazyna

Grecia (latin) variante de Grâce.

Greekria (espagnol) variante de Greekrina.

Greekriana (espagnol) variante de Greekria.

Greekrina (latin) gardien vigilant.

Greer (écossais) vigilante.
Grear, Grier, Gryer

Greta, Gretta (allemand) diminutifs de Gretchen, de Margaret.
Grata, Gratah, Greata, Greatah, Greeta, Greetah, Gretah, Grete, Gretha, Grethe, Grette, Grieta, Gryta, Grytta

Gretchen (allemand) variante de Margaret.
Gretchan, Gretchin, Gretchon, Gretchun, Gretchyn

Gretel (allemand) variante de Margaret.
Greatal, Greatel, Gretal, Gretall, Gretell, Grethal, Grethel, Gretil, Gretill, Grettal, Gretyl, Gretyll

Gricelda (allemand) variante de Griselda.
Gricelle

Grimalda (latin) bonheur.

Grise (gallois) variante de Griselda.

Grisel (allemand) diminutif de Griselda.
Grisell, Griselle, Grissel, Grissele, Grissell, Grizel, Grizella, Grizelle

Grisela (espagnol) variante de Griselda.

Griselda (allemand) guerrière grise.
Voir aussi Selda, Zelda.
Griseldis, Griseldys, Griselys, Grishild, Grishilda, Grishilde, Grisselda, Grissely, Grizelda, Gryselda, Gryzelda

Guadalupe (arabe) rivière de pierres noires.
Voir aussi Lupe.
Guadalup, Guadélupe, Guadlupe, Guadulupe, Gudalupe

Gualberta (allemand) pouvoir formidable.

Gualteria (allemand) variante de Walter
(voir les prénoms de garçons).

Gudelia, Gúdula (latin) Dieu.

Gudrun (scandinave) bagarreuse. Voir aussi Runa.
Gudren, Gudrin, Gudrina, Gudrine, Gudrinn, Gudrinna, Gudrinne, Gudruna

Güendolina (anglais) variante de Gwendolyn.

Guenièvre (français, gallois) vague blanche;
fantôme blanc. Littérature: Guenièvre, femme
du roi Arthur. Voir aussi Gayna, Genevra,
Jennifer, Winifred, Wynne.
Guenevere, Guenna, Guinevere, Guinievre, Guinivere, Guinna, Gwenevere, Gwenivere, Gwenora, Gwenore, Gwynivere, Gwynnevere

Guía (espagnol) guide.

Guillelmina (italien, espagnol) variante
de Guillermina.

Guillerma (espagnol) diminutif de Guillermina.
Guilla

Guillermina (espagnol) variante de Wilhelmina.

Guioma (espagnol) variante de Guiomar.

Guiomar (allemand) célèbre au combat.

Gunda (norvégien) femme guerrière.
Gundah, Gundala, Gunta

Gundelina (teuton) celle qui aide
lors de la bataille.

Gundelinda (allemand) qui est pieuse
lors de la bataille.

Gundenes (allemand) célèbre.

Gundenia (allemand) combattante.

Gurit (hébreu) bébé innocent.
Gurita, Gurite, Guryta, Guryte

Gurleen (sikh) disciple du gourou.

Gurley (australien) saule.
Gurlea, Gurleah, Gurlee, Gurlei, Gurleigh, Gurli, Gurlie, Gurly

Gurpreet U (pendjabi) religion.
Gurprit

Gusta (latin) diminutif d'Augusta.
Gus, Gussi, Gussie, Gussy

Gustava (scandinave) domestique des Goths.

Gustey (anglais) venteux.
Gustea, Gustee, Gusti, Gustie, Gusty

Gwen (gallois) diminutif de Guenièvre,
de Gwendolyn.
Gwenesha, Gweness, Gwenessa, Gweneta, Gwenetta, Gwenette, Gweni, Gwenisha, Gwenishia, Gwenita, Gwenite, Gwenitta, Gwenitte, Gwenn, Gwenna, Gwenneta, Gwennete, Gwennetta, Gwennette, Gwennie, Gwenny

Gwenda (gallois) variante populaire
de Gwendolyn.
Gwinda, Gwynda, Gwynedd

Gwendoline, Gwendolyn (gallois) vague
blanche; aux sourcils blancs; nouvelle lune.
Littérature: Gwendolyn était la femme
de Merlin l'enchanteur. Voir aussi Geneviève,
Gwyneth, Wendy.
Guendolen, Gwendalee, Gwendalin, Gwendaline, Gwendalyn, Gwendalynn, Gwendela, Gwendelyn, Gwendelynn, Gwendilyn, Gwendolen, Gwendolene, Gwendolin, Gwendolina, Gwendolyne, Gwendolynn, Gwendolynne, Gwendylan, Gwindolin, Gwindolina, Gwindoline, Gwindolyn, Gwindolyna, Gwindolyne, Gwyndolin, Gwyndolina, Gwyndoline, Gwyndolyn, Gwyndolyna, Gwyndolyne, Gwynndolen

Gwyn FG (gallois) diminutif de Gwyneth.
Gwin, Gwine, Gwineta, Gwinete, Gwinisha, Gwinita, Gwinite, Gwinitta, Gwinitte Gwinn, Gwinne, Gwynn, Gwynne

Gwyneth (gallois) variante de Gwendolyn.
Voir aussi Winnie, Wynne.
Gweneth, Gwenetta, Gwenette, Gwenith, Gwenneth, Gwennyth, Gwenyth, Gwineth, Gwinneth, Gwynaeth, Gwynneth

Gypsy (anglais) vagabonde.
Gipsea, Gipsee, Gipsey, Gipsi, Gipsie, Gipsy, Gypsea, Gypsee, Gypsey, Gypsi, Gypsie, Jipsi

H

Habiba (arabe) chérie.
Habibah, Habibeh

Hachi (japonais) huit; bonne chance;
(amérindien) rivière.
Hachee, Hachie, Hachiko, Hachiyo, Hachy

Hada, Hadda (hébreu) celle qui rayonne de joie.

Hadara (hébreu) ornée de beauté.
Hadarah, Hadaria, Hadariah, Hadarya, Hadaryah

Hadasa (hébreu) variante de Hadassah.

Hadassah (hébreu) myrte.
Hadas, Hadasah, Hadassa, Haddasa, Haddasah

Hadaza (guancho) distraite; perdue.

Hadeel (arabe) variante de Hadil.

Hadil (arabe) roucoulement des pigeons.

Hdiya (swahili) cadeau.
Hadaya, Hadia, Hadiyah, Hadiyyah, Hadya, Hadyea

Hadley F G (anglais) champ de bruyère.
Hadlea, Hadleah, Hadlee, Hadlei, Hadleigh, Hadli, Hadlie, Hadly

Hadriane (grec) variante d'Adrienne.
Hadriana, Hadrianna, Hadrianne, Hadriene, Hadrienne

Hae (coréen) océan.

Haeley (anglais) variante de Hayley.
Haelee, Haeleigh, Haeli, Haelie, Haelleigh, Haelli, Haellie, Haely

Hafsa (musulman) petit d'animal; jeune lionne.
Hafsah, Hafza

Hafwen (gallois) été plaisant.
Hafwena, Hafwenah, Hafwene, Hafwin, Hafwina, Hafwinah, Hafwine, Hafwyn, Hafwyna, Hafwynah, Hafwyne

Hágale (grec) belle.

Hagar F G (hébreu) abandonnée; étrangère.
Bible: Agar, servante de Sarah et mère
d'Ismaël.
Hagara, Hagarah, Hagaria, Hagariah, Hagarya, Hagaryah, Haggar

Haidee (grec) modeste.
Hady, Hadyee, Haide, Haidea, Haideah, Haidey, Haidi, Haidia, Haidy, Haydee, Haydey, Haydy

Haidée, Haydée (grec) variantes de Haidee.

Haiden G F (anglais) colline couverte de bruyère.
Haden, Hadyn, Haeden, Haidn, Haidyn

Haile, Hailee, Haileigh, Haili, Hailie, Haily
(anglais) variantes de Hayley.
Haiely, Hailea, Haileah, Hailei, Hailia, Haille, Haillee, Hailley, Hailli, Haillie, Hailly

Hailey (anglais) variante de Haile.

Haizea (basque) vent.

Hajar (hébreu) variante de Hagar.
Hajara, Hajarah, Hajaria, Hajariah, Hajarya, Hajaryah

Hala (africain) variante de Halla.
Halah, Halya, Halyah

Haldana (norvégien) à moitié danoise.
Haldanah, Haldania, Haldaniah, Haldanna, Haldannah, Haldannya, Haldannyah, Haldanya, Haldanyah

Halee, Haleigh, Halie, Hallee, Halli, Hallie
(scandinave) variantes de Haley.
Hale, Haleh, Halei, Haliegh, Hallea, Halleah, Hallei, Halleigh, Hallia, Halliah, Hally, Hallya, Hallyah, Hallye, Haly, Halye

Haley F G (scandinave) héroïne. Voir aussi
Hayley.

Hali F G (scandinave) variante de Haley.

Halia (hawaïen) à la mémoire de.
Halea, Haleaah, Haleah, Haleea, Haleeah, Haleia, Haleiah, Haliah, Halya, Halyah

Haliaka (hawaïen) chef.
Haliakah, Halyaka, Halyakah

Halima (arabe) variante de Halimah.
Halime

Halimah (arabe) douce; patiente.
Haleema, Haleemah, Halyma, Halymah

Halimeda (grec) aime la mer.
Halimedah, Halymeda, Halymedah

Halina (hawaïen) ressemblance; (russe) variante
d'Helen.
Haleen, Haleena, Halena, Halinah, Haline, Halinka, Halyn, Halyna, Halynah, Halyne

Halla (africain) cadeau inattendu.
Hallah, Hallia, Halliah, Hallya, Hallyah

Halle (africain) variante de Halla; (scandinave)
variante de Haley.

Halley F G (scandinave) variante de Haley.

Halona (amérindien) chanceuse.
Hallona, Hallonah, Halonah, Haloona, Haona

Halsey F G (anglais) île de Hall.
Halsea, Halsie

Hama (japonais) rive.

Hana, Hanah (japonais) fleur ; (arabe) bonheur ;
(slave) variantes de Hannah.
Hanae, Hanicka, Hanka

Hanako (japonais) enfant fleur.

Hanan FG (japonais, arabe, slave) variante
de Hana.
Hanin

Haneen (japonais, arabe, slave) variante
de Hana.

Hanele (hébreu) compatissante.
*Hanal, Hanall, Hanalla, Hanalle, Hanel, Hanela, Hanelah,
Hanell, Hanella, Hanelle, Hannel, Hannell, Hannella,
Hannelle*

Hania (hébreu) dernière demeure.
Haniah, Haniya, Hanja, Hannia, Hanniah, Hanya, Hanyah

Hanifa (arabe) vraie croyante.
Haneefa, Hanifa, Hanyfa, Hanyfah

Hanna (hébreu) variante de Hannah.
Honna

Hannah (hébreu) bienveillante. Bible : Anne,
mère de Samuel. Voir aussi Anci, Anezka,
Ania, Anka, Ann, Anna, Annalie, Anneka,
Chana, Nina, Nusi.
Hanneke, Hannele, Hannon, Honnah

Hanni (hébreu) variante populaire de Hannah.
Hani, Hanita, Hanitah, Hanne, Hannie, Hanny

Happy (anglais) heureuse.
Happea, Happee, Happey, Happi, Happie

Haquicah (égyptien) honnête.

Hara FG (hindi) fauve. Religion : autre nom
du dieu destructeur hindou Shiva.
Harah

Haralda (scandinave) commandant d'armée.
Harelda, Hareldah, Heralda, Heraldah

Harjot GF (sikh) lumière de Dieu.

Harlee, Harleigh, Harli, Harlie (anglais)
variantes de Harley.
Harlea, Harleah, Harlei

Harleen, Harlene (anglais) variantes de Harley.
*Harlean, Harleana, Harleanah, Harleane, Harleena,
Harleenah, Harleene, Harlein, Harleina, Harleinah,
Harleine, Harlena, Harlenah, Harleyn, Harleyna,
Harleynah, Harleyne, Harlin, Harlina, Harlinah, Harline,
Harlyn, Harlyna, Harlynah, Harlyne*

Harley U (anglais) prairie du lièvre.
Voir aussi Arleigh.
Harleey, Harlene, Harly

Harleyann (anglais) combinaison de Harley
et d'Ann.
*Harlann, Harlanna, Harlanne, Harleyanna, Harleyanne,
Harliann, Harlianna, Harlianne*

Harmonie (latin) harmonieuse.
*Harmene, Harmeni, Harmon, Harmone, Harmonee,
Harmonei, Harmoney, Harmoni, Harmonia, Harmoniah,
Harmony, Harmonya, Harmonyah*

Harper FG (anglais) joueur de harpe.
Harp, Harpo

Harpreet FG (pendjabi) dévouée à Dieu.
Harprit

Harriet (français) dirigeante de la maison ;
(anglais) variante d'Henrietta. Littérature :
Harriet Beecher Stowe était une écrivaine
américaine connue pour son roman *La Case
de l'oncle Tom*.
*Harietta, Hariette, Hariot, Hariott, Harri, Harrie, Harriett,
Harrietta, Harriette, Harriot, Harriott, Harryet, Harryeta,
Harryetah, Harryete, Harryett, Harryetta, Harryettah,
Harryette, Haryet, Haryeta, Haryetah, Haryete, Haryett,
Haryetta, Haryettah, Haryette*

Haru (japonais) source.

Hasana (swahili) elle est arrivée en premier.
Culture : prénom donné à la première-née
de deux jumelles. Voir aussi Huseina.
Hasanna, Hasna, Hassana, Hassna, Hassona

Hasia (hébreu) protégée par Dieu.
Hasiah, Hasya, Hasyah

Hasina (swahili) sage.
*Haseena, Hasena, Hasinah, Hassina, Hasyn, Hasyna,
Hasynah, Hasyne*

Hateya (miwok) empreintes de pas.
Hateia, Hateiah, Hateyah

Hathor (égyptien) déesse du Ciel.
Hathora, Hathorah, Hathore

Hattie (anglais) variante populaire de Harriet,
de Henrietta.
Hatti, Hatty, Hetti, Hettie, Hetty

Haukea (hawaïen) neige.
Haukia, Haukiah, Haukya, Haukyah

Hausu (miwok) comme un ours qui bâille
en se réveillant.

Hava (hébreu) variante de Chava. Voir aussi Ève.
Havah, Havvah

Haven FG (anglais) variante de Heaven.
Havan, Havana, Havanna, Havannah, Havyn

Haviva (hébreu) chérie.
Havalee, Havelah, Havi

Haya (arabe) humble, modeste.
Haia, Haiah, Hayah

Hayat (arabe) vie.

Hayden 🄶🄵 (anglais) variante de Haiden.
Hayde, Haydin, Haydn, Haydon

Hayfa (arabe) harmonieuse.
Haifa, Haifah, Hayfah

**Hayle, Haylea, Haylee, Hayleigh, Hayli,
Haylie** (anglais) variantes de Hayley.
Hayleah, Haylei, Haylia, Hayliah, Haylle, Hayllie

Hayley (anglais) champ de foin.
Voir aussi Haley.
Hayly

Hazel (anglais) noisetier; autorité
de commandant.
*Haize, Haizela, Haizelah, Haizell, Haizella, Haizellah,
Haizelle, Hayzal, Hayzala, Hayzalah, Hayzale, Hayzall,
Hayzalla, Hayzallah, Hayzalle, Hazal, Hazaline, Hazall,
Hazalla, Hazallah, Hazalle, Haze, Hazeline, Hazell,
Hazella, Hazelle, Hazen, Hazyl, Hazzal, Hazzel, Hazzell,
Hazzella, Hazzellah, Hazzelle, Heyzal, Heyzel*

Heather (anglais) bruyère en fleur.
Heath, Heathar, Heatherlee, Heatherly, Hethar, Hether

Heaven (anglais) paradis, endroit de beauté
et de bonheur. Bible: endroit où l'on dit
que Dieu et les anges demeurent.
Heavan, Heavin, Heavon, Heavyn, Hevean, Heven, Hevin

Heavenly (anglais) variante de Heaven.
*Heavenlea, Heavenleah, Heavenlee, Heavenlei, Heavenleigh,
Heavenley, Heavenli, Heavenlie*

Heba (grec) variante de Hebe.
Hebah

Hebe (grec) Mythologie: déesse grecque
de la Jeunesse et du Printemps.
Hebee, Hebey, Hebi, Hebia, Hebie, Heby

Hécube (grec) Mythologie: Hécube, femme
de Priam, le roi de Troie.

Hedda (allemand) bagarreuse.
Voir aussi Edda, Hedy.
Heda, Hedah, Hedaya, Heddah, Hedia, Hedu

Hedwig 🅄 (allemand) guerrier.
*Hedvick, Hedvig, Hedvige, Hedvika, Hedwiga, Hedwyg,
Hedwyga, Hendvig, Hendvyg, Jadviga*

Hedy (grec) charmante; douce; (allemand)
variante populaire de Hedda.
*Heddee, Heddey, Heddi, Heddie, Heddy, Hede, Hedee,
Hedey, Hedi, Hedie*

Heidi, Heidy (allemand) diminutifs d'Adélaïde.
*Heida, Heide, Heidea, Heidee, Heidey, Heidie, Heydy,
Hidea, Hidee, Hidey, Hidi, Hidie, Hidy, Hiede, Hiedi,
Hydi*

Helah (hébreu) rouille.

Helaina (grec) variante de Helena.
Halaina, Halainah, Helainah

Helaku 🅄 (amérindien) jour ensoleillé.
Helakoo

Helana (grec) variante de Helena.
Helanah, Helania

Helda (allemand) variante de Hedda.

Helen (américain) variante de Hélène. Voir aussi
Aileen, Aili, Alena, Eileen, Elaina, Elaine,
Eleanor, Ellen, Galina, Ila, Ilene, Ilona, Jelena,
Leanore, Leena, Lelya, Lenci, Lene, Liolya,
Nellie, Nitsa, Olena, Onella, Yalena, Yelena.
*Elana, Ena, Halina, Hela, Helan, Hele, Helean, Heleen,
Helin, Helon, Helyn, Holain*

Helena (grec) variante de Hélène.
Voir aussi Ilena.
*Halayna, Halaynah, Halena, Halina, Helayna, Helaynah,
Heleana, Heleanah, Heleena, Heleenah, Helenah, Helenia,
Helenka, Helenna, Helina, Helinah, Hellaina, Hellana,
Hellanah, Hellanna, Hellena, Hellenna, Helona, Helonna,
Helyna, Helynah*

Hélène (grec) lumière, chaleur.
*Halaine, Halayn, Halayne, Helain, Helaine, Helane,
Helanie, Helayn, Helayne, Heleen, Heleine, Hèléne, Helenor,
Heline, Hellain, Hellaine, Hellenor*

Helga (allemand) pieuse; (scandinave) variante
d'Olga. Voir aussi Elga.
Helgah

Heli (espagnol) diminutif de Heliane.

Helia, Heliena (grec) soleil.

Heliane (grec) celle qui s'offre à Dieu.

Helice (grec) spirale.
*Helicia, Heliciah, Helyce, Helycia, Helyciah, Helycya,
Helycyah*

Hélida (hébreu) de Dieu.

Heliodora (grec) cadeau du soleil.

Helki 🅄 (amérindien) touché.
Helkee, Helkey, Helkie, Helky

Hellen (grec) variante de Helen.
Hellan, Helle, Helli, Hellin, Hellon, Hellyn

Helma (allemand) diminutif de Wilhelmina.
*Halma, Halmah, Helmah, Helme, Helmi, Helmine, Hilma,
Hilmah, Hylma, Hylmah*

Heloísa (espagnol) variante de Héloïse.

Héloïse _{.100.}**TOP** (français) variante de Louise.
*Heloisa, Heloisah, Heloise, Heloysa, Heloysah, Heloyse,
Hlois*

Helsa (danois) variante d'Elizabeth.
*Helsah, Helse, Helsey, Helsi, Helsia, Helsiah, Helsie, Helsy,
Helsya, Helsyah*

Heltu (miwok) comme un ours qui tend la patte.
Heltoo

Helvecia (latin) amie heureuse. Histoire:
les Helvètes étaient des habitants de la Suisse.

Helvia (latin) cheveux blonds.

Henar (espagnol) champ de foin.

Hendrika (néerlandais) variante de Henrietta.
Hendrica, Hendrinka, Hendrinkah, Henrica, Henrika,
Henryka, Henrykah

Henedina (grec) indulgente.

Henimia (grec) bien habillée.

Henna (anglais) variante populaire de Henrietta.
Hena, Henaa, Henah, Heni, Henia, Henka, Hennah, Henny,
Henya

Henrietta (anglais) dirigeante de la maison.
Voir aussi Enrica, Etta, Yetta.
Heneretta, Hennrietta, Henretta, Henrie, Henrieta,
Henrique, Henriquetta, Henriquette, Henriquieta,
Henriquiette, Henryet, Henryeta, Henryetah, Henryete,
Henryett, Henryetta, Henryettah

Henriette (français) variante de Henrietta.
Hennriette, Henriete, Henryette

Henriqua (espagnol) variante de Henrietta.

Héra (grec) reine; jalouse. Mythologie:
Héra, reine du ciel et femme de Zeus.
Herah, Heria, Heriah, Herya, Heryah

Héraclia (grec) variante de Héra.

Herberta (allemand) soldat glorieux.
Herbertah, Herbertia, Herbertiah, Herbirta, Herbirtah,
Herbirtia, Herburta, Herburtah, Herburtia, Herbyrta,
Herbyrtah

Hercilia, Hersilia (grec) celle qui est délicate
et bienveillante.

Herculana (grec) variante d'Hercule
(voir les prénoms de garçons).

Herena, Herenia (grec) variantes d'Irène.

Heresvida (allemand) troupes nombreuses.

Heriberta (allemand) variante de Herberta.

Heriberto (espagnol) dirigeant.

Herlinda (allemand) plaisante, douce.

Hermelinda (allemand) bouclier de force.

Hermenegilda (espagnol) celle qui fait
des sacrifices à Dieu.

Hermenexilda (allemand) guerrière.

Hermia (grec) messagère.

Hermilda (allemand) bataille de force.

Hermine (latin) noble; (allemand) soldat.
Voir aussi Erma, Ermine, Irma.
Herma, Hermalina, Hermia, Hermina, Herminah, Herminna

Herminda (grec) variante de Hermia.

Herminia (latin, allemand) variante de Hermine.
Hermenia, Herminiah

Hermínia (portugais) variante de Hermione.

Hermione (grec) de la terre.
Hermion, Hermiona, Hermoine, Hermyon, Hermyona,
Hermyonah, Hermyone

Hermisenda (germanique) sentier de force.

Hermosa (espagnol) belle.
Hermosah

Hernanda (espagnol) navigatrice téméraire.

Hertha (anglais) enfant de la terre.
Heartha, Hearthah, Hearthea, Heartheah, Hearthia,
Hearthiah, Hearthya, Hearthyah, Herta, Hertah, Herthah,
Herthia, Herthiah, Herthya, Herthyah, Hirtha

Herundina (latin) comme une hirondelle.

Hester (néerlandais) variante d'Esther.
Hessi, Hessie, Hessye, Hestar, Hestarr, Hesther

Hestia (persan) étoile. Mythologie: déesse
grecque du Foyer et de la Maison.
Hestea, Hesti, Hestiah, Hestie, Hesty, Hestya, Hestyah

Heta (amérindien) coureuse.
Hetah

Hetta (allemand) variante de Hedda; (anglais)
variante populaire de Henrietta.

Hettie (allemand) variante populaire
de Henrietta, de Hester.
Hetti, Hetty

Hialeah (chérokée) prairie charmante.
Hialea, Hialee, Hialei, Hialeigh, Hiali, Hialie, Hialy,
Hyalea, Hyaleah, Hyalee, Hyalei, Hyaleigh, Hyali, Hyalie,
Hyaly

Hiawatha GF (iroquois) créateur de rivières.
Histoire: chef onondaga qui organisa
la Confédération iroquoise.
Hiawathah, Hyawatha, Hyawathah

Hiba (arabe) variante de Hibah.

Hibah FG (arabe) cadeau.
Hyba, Hybah

Hibernia (latin) qui vient d'Irlande.
Hibernina, Hiberninah, Hibernine, Hibernya, Hibernyah,
Hibernyna, Hybernyah, Hybernyne

Hibiscus (latin) Botanique : arbres ou arbustes tropicaux aux fleurs larges, voyantes et colorées.
Hibyscus, Hybyscus

Hidalgo (espagnol) noble personne.

Higinia (grec) celle qui jouit d'une bonne santé.

Hilary FG (grec) enjouée, joyeuse.
Voir aussi Alair.
Hilaire, Hilarea, Hilaree, Hilarey, Hilari, Hilaria, Hilarie, Hilery, Hiliary, Hillarea, Hillaree, Hillarey, Hillari, Hillarie, Hilleary, Hilleree, Hilleri, Hillerie, Hillery, Hillianne, Hilliary, Hillory, Hylarea, Hylaree, Hylarey, Hylari, Hylarie, Hylary, Hyllarea, Hyllaree, Hyllarey, Hyllari, Hyllarie, Hyllary

Hilda (allemand) diminutif de Brunhilda, de Hildegarde.
Hildah, Hilde, Hildee, Hildey, Hildi, Hildia, Hildie, Hildur, Hildy, Hillda, Hilldah, Hilldee, Hilldey, Hilldi, Hilldia, Hilldie, Hilldy, Hulda, Hylda, Hyldah, Hyldea, Hyldee, Hyldey, Hyldi, Hyldie, Hyldy, Hylldea, Hylldee, Hylldey, Hylldi, Hylldie, Hylldy

Hildebranda (allemand) épée de combat.

Hildegarda (allemand) variante de Hildegarde.

Hildegarde (allemand) forteresse.
Hildaagard, Hildaagarde, Hildagard, Hildagarde, Hildegard, Hildegaurd, Hildegaurda, Hildegaurde, Hildred, Hyldaagard, Hyldaagarde, Hyldaaguard, Hyldaaguarde, Hyldagard, Hyldagarde, Hyldegard, Hyldegarde, Hyldeguard, Hyldeguarde

Hildegunda (allemand) combattante héroïque.

Hildelita, Hildeliva (latin) guerrière.

Hildemarca (allemand) noble guerrière.

Hildemare (allemand) splendide.
Hildemar, Hildemara, Hyldemar, Hyldemara, Hyldemare

Hillary (grec) enjouée, joyeuse.

Hilma (allemand) protégée.
Hilmah, Hylma, Hylmah

Hilmer (allemand) célèbre guerrier.

Hiltruda, Hiltrudes, Hiltrudis (allemand) guerrier puissant.

Himana (grec) membrane.

Hinda (hébreu) biche.
Hindah, Hindey, Hindie, Hindy, Hynda, Hyndah

Hipatia (grec) mieux.

Hipólita (grec) cavalière.

Hiriko (japonais) généreuse.
Hiroko, Hiryko, Hyriko, Hyroko, Hyryko

Hisa (japonais) durable.
Hisae, Hisah, Hisako, Hisay, Hisayo, Hysa, Hysah

Hiti (esquimau) hyène.
Hitty

Hoa (vietnamien) fleur ; paix.
Ho, Hoah, Hoai

Hoda (musulman, arabe) variante de Huda.

Hogolina (teuton) grande intelligence.

Hola (hopi) tige remplie de graines
Holah, Holla, Hollah

Holain (grec) variante de Helen.
Holaina, Holainah, Holaine, Holana, Holanah, Holane, Holayn, Holayna, Holaynah, Holayne

Holda (hébreu) cachée.

Holland FG (français) Géographie : Hollande, nom populaire donné aux Pays-Bas.
Holand, Hollan

Hollee, Holley, Holli, Hollie (anglais) variantes de Holly.
Holle

Hollis U (anglais) près des buissons de houx.
Holice, Holisa, Holisah, Holise, Holiss, Holissa, Holissah, Holisse, Hollice, Hollise, Hollyce, Hollys, Hollysa, Hollysah, Hollyse, Hollyss, Hollyssa, Hollyssah, Hollysse, Holyce, Holys, Holysa, Holysah, Holyse, Holyss, Holyssa, Holyssah, Holysse

Holly (anglais) houx.
Holea, Holeah, Holee, Holei, Holeigh, Holey, Holi, Holie, Hollea, Holleah, Hollei, Holleigh, Hollye, Holy

Hollyann (anglais) combinaison de Holly et d'Ann.
Holliann, Hollianna, Hollianne, Hollyanne

Hollyn (anglais) diminutif d'Hollyann.
Holeena, Holin, Hollina, Hollynn

Hombelina, Humbelina (allemand) patron, chef.

Homera (allemand) femme qui ne peut pas voir.

Honbria (anglais) douce.

Honesta (latin) honnête.
Honest, Honestah, Honestia

Honesty (latin) honnêteté.
Honestee, Honestey, Honesti, Honestie

Honey (anglais) douce ; (latin) variante populaire de Honora.
Honalee, Honea, Honeah, Honee, Honi, Honia, Honiah, Honie, Honnea, Honnee, Honney, Honni, Honnie, Honny, Hony, Hunea, Hunee, Huney, Huni, Hunie, Hunnee, Hunney, Hunni, Hunnie, Hunny

Hong (vietnamien) rose.
Hoong

Honora (latin) honorable. Voir aussi Nora, Onora.
Honner, Honnor, Honnour, Honor, Honorah, Honorata, Honore, Honoree, Honori, Honoria, Honoriah, Honorie, Honorina, Honorine, Honour, Honoura, Honourah, Honoure, Honouria, Honouriah, Honoury, Honourya, Honouryah

Honoratas (espagnol) variante de Honora.

Honovi U (amérindien) forte.
Honovee, Honovey, Honovie, Honovy

Hope (anglais) espoir.

Hopi (hopi) paisible.
Hopee, Hopey, Hopie, Hopy

Horatia (latin) gardienne des heures.
Horacia, Horaciah, Horacya, Horacyah, Horatya, Horatyah

Hortense (latin) jardinier. Voir aussi Ortensia.
Hortencia, Hortensia, Hortensiah, Hortensya, Hortensyah

Hosanna (latin) exclamation de louange ou d'adoration dérivée de l'expression hébraïque : « Sauve maintenant ! »

Hoshi (japonais) étoile.
Hoshee, Hoshey, Hoshie, Hoshiko, Hoshiyo, Hoshy

Howi U (miwok) tourterelle.
Howee, Howey, Howie, Howy

Hua (chinois) fleur.

Huanquyi (mapuche) qui annonce, celle qui a crié.

Huata (miwok) porteuse de panier.
Huatah

Huberta (allemand) esprit brillant ; personnalité brillante.
Hubertah, Hubertia, Hubertiah, Hubertya, Hubertyah, Hughbirta, Hughbirtah, Hughbirtia, Hughbirtiah, Hughbirtya, Hughbirtyah, Hughburta, Hughburtah, Hughburtia, Hughburtiah, Hughburtya, Hughburtyah, Hughbyrta, Hughbyrtah, Hughbyrtia, Hughbyrtiah, Hughbyrtya, Hughbyrtyah

Huda (musulman, arabe) guider sur le droit chemin.

Huette (allemand) esprit brillant ; personnalité brillante.
Huet, Hueta, Huetah, Huete, Huett, Huetta, Huettah, Hugeta, Hugetah, Hugetta, Hughet, Hugheta, Hughetah, Hughete, Hughett, Hughetta, Hughettah, Hughette, Huguette, Huit, Huita, Huitah, Huitt, Huitta, Huittah, Huitte, Huyet, Huyeta, Huyetah, Huyete, Huyett, Huyeta, Huyette

Huilen, Huillen, Hullen (araucanien) source.

Humildad (latin) variante de Humilia.

Humilia (polonais) humble.
Humiliah, Humillia, Humilliah, Humylia, Humyliah, Humylya, Humylyah

Humiliana (italien) variante de Humilia.

Hunter ❚F (anglais) chasseuse.
Hunta, Huntah, Huntar, Huntter

Huong (vietnamien) fleur.

Huseina (swahili) variante de Hasana.

Hyacinthe (grec) Botanique : la jacinthe, une plante aux fleurs colorées et parfumées. Voir aussi Cynthia, Giacinta, Jacinda.
Hyacinth, Hyacintha, Hyacinthia, Hyacinthie, Hycinth, Hycynth

Hydi, Hydeia (allemand) variantes de Heidi.
Hyde, Hydea, Hydee, Hydey, Hydia, Hydie, Hydiea, Hydy

Hye (coréen) gracieuse.

I

Ia (grec) voix ; cri.

Iafa (hébreu) forte et belle.

Ian F❚ (hébreu) Dieu est bienveillant.
Iaian, Iain, Iana, Iann, Ianna, Iannel, Iyana

Ianina (hébreu) variante de Juana.

Ianira (grec) enchanteresse.
Ianirah, Ianyra, Ianyrah

Ianthe (grec) violette.
Iantha, Ianthia, Ianthina, Ianthine, Ianthya, Ianthyah, Ianthyna

Iara (tupi) femme.

Iberia (latin) celle qui est née en Ibérie.

Ibi (indigène) terre.

Icess (égyptien) variante d'Isis.
Ices, Icesis, Icesse, Icey, Icia, Icis, Icy

Ichtaca (nahuatl) secret.

Icía (galicien) variante de Cécilia.

Iciar (basque) nom de la Vierge Marie.

Icnoyotl (nahuatl) amitié.

Ida (allemand) travailleuse ; (anglais) prospère.
Idah, Idaia, Idaly, Idamae, Idania, Idarina, Idarine, Idaya, Idda, Ide, Idelle, Idetta, Idette, Idys, Iida, Iidda, Yda, Ydah

Idabelle (anglais) combinaison d'Ida et de Belle.
Idabel, Idabela, Idabelah, Idabele, Idabell, Idabella, Idabellah

Idalia (grec) soleil.
Idaliah, Idalya, Idalyah

Idalina (anglais) combinaison d'Ida et de Lina.
Idaleen, Idaleena, Idaleene, Idalena, Idalene, Idaline

Idalis (anglais) variante d'Ida.
Idalesse, Idalise, Idaliz, Idallas, Idallis, Idelis, Idelys, Idialis

Idara (latin) femme bien organisée.

Ideashia (américain) combinaison d'Ida et d'Iesha.
Idasha, Idaysha, Ideesha, Idesha

Idelgunda (allemand) combattive.

Idelia (allemand) noble.
Ideliah, Idelya, Idelyah

Idelina (allemand) variante d'Idelia.

Idelle (gallois) variante d'Ida.
Idela, Idelah, Idele, Idell, Idella, Idellah

Idil (gallois) variante d'Ida.
Idal

Idla (anglais) bataille.

Idoberga, Iduberga (allemand) femme ; abri.

Idoia (espagnol) référence à la Vierge Marie.

Idolina (latin) idole.

Idoya (espagnol) mare. Religion : lieu de culte de la Vierge Marie.

Idumea (latin) rouge.

Idurre (espagnol) référence à la Vierge Marie.

Ieasha (américain) variante d'Iesha.
Ieachia, Ieachya, Ieashe

Iedidá (hébreu) aimée.

Ieisha (américain) variante d'Iesha.
Ieishia

Iesha (américain) variante d'Aisha.
Iaisha, Ieaisha, Ieesha, Iescha, Ieshah, Ieshya, Ieshyah, Ieysha, Ieyshah, Iiesha, Iisha

Ieshia (américain) variante d'Iesha.
Ieeshia, Ieshea, Iesheia

Ife (égyptien) amour.

Ifigénie (grec) variante d'Iphigénie.

Ifiginia (espagnol) variante d'Iphigénie.

Ignacie (latin) féroce, ardente.
Ignaci, Ignaciah, Ignacie, Ignacya, Ignacyah, Ignasha, Ignashah, Ignashia, Ignashya, Ignashyah, Ignatia, Ignatya, Ignatyah, Ignatzia, Ignazia, Ignazya, Ignazyah, Ignezia, Ignezya, Ignezyah, Inignatia, Inignatiah, Inignatya, Inignatyah

Ignia (latin) diminutif d'Ignacie.
Igniah, Ignya, Ignyah

Igone (espagnol) ascension.

Igraine (irlandais) gracieuse.
Igraina, Igrainah, Igrayn, Igrayna, Igraynah, Igrayne

Ihuicatl (nahuatl) ciel.

Iiragarte (basque) variante d'Anunciación.

Ikerne (basque) variante de Visitación.

Ikia (hébreu) Dieu est mon salut ; (hawaïen) variante d'Isaiah (voir les prénoms de garçons).
Ikaisha, Ikea, Ikeea, Ikeesha, Ikeeshia, Ikeia, Ikeisha, Ikeishi, Ikeishia, Ikesha, Ikeshia, Ikeya, Ikeyia, Ikiah, Ikiea, Ikiia, Ikya, Ikyah

Ila (hongrois) variante de Helen.
Ilah

Ilaina (hébreu) variante d'Ilana.
Ilainah, Ilaine, Ilainee, Ilainey, Ilaini, Ilainia, Ilainie, Ileina, Ileinah, Ileinee, Ileiney, Ileini, Ileinie, Ileiny, Ileyna, Ileynah, Ileynee, Ileyney, Ileyni, Ileynie, Ileyny

Ilana (hébreu) arbre.
Ilanah, Ilane, Ilanee, Ilaney, Ilani, Ilania, Ilanie, Ilanit, Illana, Illanah, Illane, Illanee, Illaney, Illani, Illanie, Illanna, Illannah, Illanne

Ilchahueque (mapuche) jeune femme d'une pureté virginale.

Ilda (allemand) héroïne au combat.

Ilde (anglais) bataille.

Ildefonsa (allemand) prête pour la bataille.

Ildegunda (allemand) celle qui sait se battre.

Ileana (hébreu) variante d'Iliana.
Ilea, Ileah, Ileanah, Ileanee, Ileaney, Ileani, Ileanie, Ileanna, Ileannah, Ileanne, Ileany, Illeana, Illeanah

Ilena (grec) variante de Helena.
Ileena, Ileenah, Ileina, Ilina, Ilinah, Ilinee, Iliney, Ilini, Ilinie, Iliny, Ilyna, Ilynah, Ilynee, Ilyney, Ilyni, Ilynie, Ilyny

Ilene (irlandais) variante de Helen.
Voir aussi Aileen, Eileen.
Ilean, Ileane, Ileanne, Ileen, Ileene, Ileine, Ileyne, Iline, Illeane, Ilyne

Ilhuitl (nahuatl) jour.

Iliana (grec) de Troie.
Ili, Ilia, Ilian, Iliani, Iliania, Ilina, Ilinah, Illian, Illiana, Illianah, Illiane, Illiani, Illianna, Illiannah, Illianne, Illyana, Illyane, Illyanna, Illyanne

Ilima (hawaïen) fleur d'Oahu.
Ilimah, Ilyma, Ilymah

Ilisa (écossais, anglais) variante d'Alisa, d'Élisa.
Ilicia, Ilisah, Ilissa, Ilissah, Iliza, Illisa, Illisah, Illissa, Illissah

Ilise (allemand) variante d'Élise.
Ilese, Ilisse, Illyse, Illysse, Ilyce, Ilyse, Ilysse

Ilisha (hébreu) variante d'Alisha, d'Elisha.
Voir aussi Lisha.
Ileshia, Ilishia, Ilysha, Ilyshia

Ilka (hongrois) variante populaire d'Ilona.
Ilke, Ilki, Ilkie, Ilky, Milka, Milke

Ilona (hongrois) variante de Helen.
Illona, Illonia, Illonya, Ilone, Iloni, Ilonie, Ilonka, Ilyona

Ilsa (allemand) variante d'Ilse.

Ilse (allemand) variante d'Elizabeth.
Voir aussi Elsa.
Ilsey, Ilsie, Ilsy

Illuminada (espagnol) éclatante.
Ilumina, Iluminah, Ilumine, Ilumyna, Ilumynah, Ilumyne

Ilyssa (écossais, anglais) variante d'Ilisa.
Illysa, Illysah, Illyssa, Illyssah, Ilycia, Ilysa, Ilysah, Ilysia, Ilyssah, Ilyza

Ima (japonais) actuellement ; (allemand) variante populaire d'Amélia.
Imah

Imaculada (portugais) variante d'Inmaculada.

Imala (amérindien) résolue.
Imalah

Iman [FG] (arabe) croyant.
Aman, Imana, Imanah, Imane

Imani [FG] (arabe) variante d'Iman.
Imahni, Imanee, Imania, Imaniah, Imanie, Imanii, Imany

Imber (polonais) gingembre.
Imbera, Imberah, Imbere

Imelda (allemand) guerrière.
Imalda, Imeldah, Irmhilde, Melda

Imena (africain) rêve.
Imee, Imenah, Imene

Immaculada (espagnol) variante d'Inmaculada.
Religion : référence à l'Immaculée Conception.

Imogène (latin) image, ressemblance.
Emogen, Emogena, Emogene, Emojean, Emojeana, Imagena, Imagene, Imagina, Imajean, Imogeen, Imogeene, Imogen, Imogena, Imogene, Imogenia, Imogina, Imogine, Imogyn, Imogyne, Imojean, Imojeen

Imoni (arabe) variante d'Iman.
Imonee

Imperia, Imperio (latin) souverain impérial.

Ina (irlandais) variante d'Agnès.
Ena, Inanna, Inanne

Inalén (aborigène) être proche.

Inari (finnois) lac.
Inaree, Inarey, Inarie, Inary

Inaya [TOP.100.] (arabe) attention, soin ; sollicitude

Inca (espagnol) souverain. Histoire : peuple quechua des montagnes du Pérou qui établit un Empire allant du nord de l'Équateur au centre du Chili avant d'être conquis par les Espagnols.
Incah, Incan, Incana, Inka, Inkah

Indalecia (latin) femme compatissante.

Indamira, Indemira (arabe) invitée de la princesse.

India (sanscrit) rivière. Géographie : Inde, pays de l'Asie du Sud.
Indea, Indeah, Indee, Indeia, Indeya, Indi, Indiah, Indie, Indy

Indiana [GF] (américain) Géographie : État du centre nord des États-Unis.
Indeana, Indeanah, Indeanna, Indeannah, Indian, Indianah, Indiane, Indianna, Indiannah, Indianne, Indyana, Indyanah, Indyann, Indyanna, Indyannah, Indyanne

Indíana (américain) variante d'Indiana.

Indigo (latin) couleur bleu foncé.
Indego, Indiga, Indygo

Indira (hindi) splendide. Histoire : Indira Nehru Gandhi fut une femme politique et Premier ministre de l'Inde.
Indiara, Indirah, Indra, Indre, Indria, Indyra, Indyrah

Indya (sanscrit) variante d'India.
Indieya, Indiya

Inès (espagnol) variante d'Agnès.
Voir aussi Ynez.
Inés, Inesa, Inesita, Inésita, Inessa, Inez

Inês (portugais) variante d'Inès.

Inéz (espagnol) variante d'Inès.

Infantita (espagnol) enfant immaculée.

Infiniti (latin) variante d'Infinity.

Infinity (latin) infinité.

Inga (scandinave) diminutif d'Ingrid.
Ingaberg, Ingaborg, Ingah, Inge, Ingeberg, Ingeborg, Ingela

Ingrid (scandinave) fille de héros; belle fille.
Inger, Ingrede

Iniga (latin) féroce, ardente.
Ingatia, Inigah, Inyga, Inygah

Inmaculada (latin) immaculée.

Inoa (hawaïen) nom.
Inoah

Inocencia (espagnol) innocent.
Innocencia, Innocenciah, Innocencya, Innocencyah, Innocentia, Innocenzia, Innocenziah, Innocenzya, Innocenzyah, Inocenciah, Inocencya, Inocenzia, Inocenzya

Inoceneia, Inocenta (espagnol) variantes d'Inocencia.

Inti (quechua) lumière du soleil. Mythologie: dieu inca du Soleil.

Invención (latin) invention.

Ió, Ioes (grec) variantes d'Iola.

Ioana (roumain) variante de Joan.
Ioanah, Ioani, Ioanna, Ioannah, Ioanne

Iola (grec) aube; de couleur violette; (gallois) digne du Seigneur.
Iolah, Iole, Iolee, Iolia

Iolana (hawaïen) volant comme un faucon.
Iolanah, Iolane, Iolann, Iolanna, Iolannah, Iolanne

Iolanthe (anglais) variante de Yolanda. Voir aussi Jolanda.
Iolanda, Iolande, Iolantha

Iona (grec) violette.
Ione, Ionee, Ioney, Ioni, Ionia, Ioniah, Ionie, Iony, Iyona, Iyonna

Iosune (basque) variante de Jésus.

Iphigénie (grec) sacrifice. Mythologie: Iphigénie, fille du chef grec Agamemnon. Voir aussi Gena.
Iphgena, Iphigenia, Iphigeniah, Iphigenya, Iphigenyah

Ipi (mapuche) moissonneuse; prudente.

Iquerne (espagnol) visite.

Ira **GF** (hébreu) vigilant; (russe) diminutif d'Irina.
Irah

Iracema (tupi) de là d'où vient le miel.

Iragarzte (basque) Annonciation.

Iraida, Iraides, Iraís (grec) descendante de Héra.

Irakusne (basque) variante d'Estefania.

Irati (navarro) Géographie: une jungle de Navarre, en Espagne.

Iratze (basque) référence à la Vierge Marie.

Irena (russe) variante d'Irène.
Ireana, Ireanah, Ireena, Ireenah, Irenah, Irenea, Irenka

Irène (grec) paisible. Mythologie: déesse de la Paix. Voir aussi Éirene, Orina, Rena, Rene, Yarina.
Irean, Ireane, Ireen, Ireene, Irén, Irien, Irine, Iryn, Iryne, Jereni

Ireny (grec) variante populaire d'Irène.
Irenee, Ireney, Ireni, Irenie, Iryni, Irynie, Iryny

Iria (anglais) dame.

Iridia (latin) qui appartient à Iris.

Iriel (hébreu) Dieu est ma lumière.

Irimia (espagnol) Géographie: endroit où commence le fleuve Miño, en Espagne.

Irina (russe) variante d'Irène.
Eirena, Erena, Ira, Irana, Iranda, Iranna, Iriana, Irin, Irinah, Irinia, Irona, Iryna, Irynah, Rina

Iris (grec) arc-en-ciel. Mythologie: déesse de l'Arc-en-ciel et messagère des dieux.
Irisa, Irisha, Iriss, Irissa, Irisse, Irita, Irys, Irysa, Irysah, Iryse, Iryssa, Iryssah, Irysse

Irma (latin) variante d'Erma; (allemand) diminutif d'Irmgaard.
Irmah

Irmã (portugais) variante d'Irma.

Irma de la Paz (espagnol) Irma de la Paix.

Irmgaard (allemand) noble.
Irmguard, Irmi

Irmine (latin) noble.
Irmina, Irminah, Irminia, Irmyn, Irmynah, Irmyne

Irta (russe) variante de Rita.

Irune (basque) référence à la Sainte Trinité.

Irupe, Irupé (guarani) fleur d'irupé.

Irvette (irlandais) séduisante; (gallois) rivière blanche; (anglais) amie maritime.
Irvet, Irveta, Irvetah, Irvete, Irvett, Irvetta, Irvettah

Isa **U** (espagnol) diminutif d'Isabelle.
Isah, Issa, Issah

Isabeau (français) variante d'Isabelle.

Isabel (espagnol) variante d'Isabelle.
Isabal, Isabeal, Isabele, Isabeli, Isabelia, Isabelita, Isabello,
Isbel, Iseabal, Ishbel, Issabel, Issie, Izabel, Izabele

Isabela (italien) variante d'Isabelle.
Issabella

Isabelina (hébreu) variante d'Isabelle.

Isabella (italien) variante d'Isabelle.

Isabelle (français) consacrée à Dieu.
Voir aussi Bel, Belle, Chavella, Ysabel.
Isabel, bell, Issabelle

Isadora (latin) cadeau d'Isis.
Isadoria, Isadoriah, Isadorya, Isadoryah, Isidora, Izadora,
Izadorah, Izadore

Isaldina, Isolina (allemand) guerrière puissante.

Isamar (hébreu) variante d'Itamar.
Isamari, Isamaria

Isaure (grec) née en Isaurie, ancienne région
d'Asie Mineure.

Isberga (allemand) variante d'Ismelda.

Isel (écossais) diminutif d'Isela.

Isela (écossais) diminutif d'Isla.

Iselda (allemand) celle qui reste fidèle.

Iseult (gallois) Littérature: aussi appelée Isolde,
c'est une princesse dans les légendes du roi
Arthur; héroïne de romance médiévale.
Voir aussi Yseult.

Isha (américain) variante d'Aisha.
Ishae, Ishah, Ishana, Ishanaa, Ishanda, Ishanee, Ishaney,
Ishani, Ishanna, Ishaun, Ishawna, Ishaya, Ishenda, Ishia,
Iysha

Ishi (japonais) rocher.
Ishiko, Ishiyo, Shiko, Shiyo

Isi (espagnol) diminutif d'Isabelle.

Isibeal (irlandais) variante d'Isabelle.

Isis (égyptien) déesse suprême. Mythologie:
déesse de la Nature et de la Fertilité.
Ices, Icess, Isiss, Issis, Issisa, Issise, Issys, Isys

Isla (écossais) Géographie: rivière Isla en Écosse.
Islah

Isleta (espagnol) petite île.

Ismaela (hébreu) Dieu entendra.
Ismaila, Ismayla

Ismelda (allemand) celle qui se bat à l'épée.

Ismena (grec) sage.
Ismenah, Ismenia, Ismeniah, Ismenya, Ismenyah

Isobelle (espagnol) variante d'Isabelle.
Isobel, Isobell, Isobella, Isopel

Isoka (bénin) cadeau de Dieu.
Isokah, Soka

Isolde (gallois) belle dame. Littérature: aussi
connue sous le nom d'Iseult, c'est une princesse
dans les légendes du roi Arthur; héroïne
de romance médiévale.
Isault, Isolad, Isolda, Isolt, Izolde, Izolt

Isona (espagnol) variante d'Isabelle.

Isra (iranien) arc-en-ciel.

Issie (espagnol) diminutif d'Isabel.
Issi, Issy, Iza

Ita (irlandais) assoiffée.
Itah

Italia (italien) d'Italie.
Italea, Italeah, Italee, Italei, Italeigh, Itali, Italiah, Italie,
Italy, Italya, Italyah

Italina (italien) variante d'Italia.

Itamar (hébreu) île aux palmiers.
Ithamar, Ittamar

Itatay (guarani) clochette

Itati, Itatí (guarani) rocher blanc.

Itotia (nahuatl) danse.

Itsaso (basque) mer.

Itsel (espagnol) variante d'Itzel.
Itesel, Itssel

Itxaro (espagnol) espoir.

Itzal (basque) ombre.

Itzayana (espagnol) variante d'Itzel.

Itzel (espagnol) protégée.
Itcel, Itchel, Itza, Itzallana, Itzell, Ixchel

Itziar (basque) zone en hauteur recouverte
de pins et surplombant l'océan.

Iuitl (nahuatl) plume.

Iulene (basque) douce.

Iva (slave) diminutif d'Ivana.
Ivah

Ivana (slave) Dieu est bienveillant.
Voir aussi Yvanna.
Ivanah, Ivania, Ivaniah, Ivanka, Ivany, Ivanya, Ivanyah

Ivanna (slave) diminutif d'Ivana.
Ivannah, Ivannia, Ivanniah, Ivannya, Ivannyah

Iverem (tiv) bonne fortune; bénédiction.

Iverna (latin) d'Irlande.
Ivernah

Iveta (français) variante d'Yvette.

Ivette (français) variante d'Yvette.
Voir aussi Évette.
Ivet, Ivete, Iveth, Ivetha, Ivett, Ivetta

Ivey (anglais) variante d'Ivy.
Ivee

Ivon (français) variante d'Ivonne.
Ivona, Ivone

Ivón (espagnol) variante d'Ivonne.

Ivonne (français) variante d'Yvonne.
Voir aussi Évonne.
Ivonna, Iwona, Iwonka, Iwonna, Iwonne

Ivory FG (latin) fait d'ivoire.
Ivoory, Ivoree, Ivorey, Ivori, Ivorie, Ivorine, Ivree

Ivria (hébreu) de la patrie d'Abraham.
Ivriah, Ivrit

Ivy (anglais) lierre.
Ivi, Ivia, Iviann, Ivianna, Ivianne, Ivie, Ivye

Ixcatzin (nahuatl) comme du coton.

Ixtli (nahuatl) visage.

Iyabo (yoruba) mère est revenue.

Iyana, Iyanna (hébreu) variantes d'Ian.
Iyanah, Iyannah, Iyannia

Iyesha (américain) variante d'Iesha.

Izabella (espagnol) variante d'Isabelle.
Izabela, Izabell, Izabellah, Izabelle, Izobella

Izar, Izarra, Izarre (basque) étoile.

Izarbe (aragonais) Vierge Marie des Pyrénées.

Izaskum (basque) au-dessus de la vallée.

Izazcun, Izazkun (espagnol) référence
à la Vierge Marie.

Izel (nahuatl) unique.

Iziar (basque) nom de la Vierge Marie.

Izusa (amérindien) pierre blanche.
Izusah

Ja GF (coréen) séduisante; (hawaïen) féroce.
Jah

Ja'lisa (américain) variante de Jalisa.

Ja'nae (américain) variante de Janae.

Jaafar (arabe) petit ruisseau.

Jaamini (hindi) soir.
Jaaminee, Jaaminey, Jaaminie, Jaaminy

Jabel (hébreu) ruisseau qui coule.

Jabrea, Jabria (américain) combinaisons
du préfixe Ja et de Brea.
Jabreal, Jabree, Jabreea, Jabreena, Jabrelle, Jabreona, Jabri, Jabriah, Jabriana, Jabrie, Jabriel, Jabrielle, Jabrienna, Jabrina

Jacalyn (américain) variante de Jacqueline.
Jacalean, Jacaleana, Jacaleanah, Jacaleane, Jacaleen, Jacaleena, Jacaleenah, Jacaleene, Jacalein, Jacaleina, Jacaleinah, Jacaleine, Jacaleyn, Jacaleyna, Jacaleynah, Jacaleyne, Jacalin, Jacalina, Jacalinah, Jacaline, Jacalyna, Jacalynah, Jacalyne, Jacalynn

Jacarandá (tupi) fleur parfumée.

Jacee, Jaci, Jacie (grec) variantes de Jacey.
Jacci, Jacia, Jaciah, Jaciel, Jaciela, Jaciele

Jacelyn (américain) variante de Jocelyn.
Jacelean, Jaceleana, Jaceleanah, Jaceleane, Jaceleen, Jaceleena, Jaceleenah, Jaceleene, Jacelein, Jaceleina, Jaceleinah, Jaceleine, Jaceleyn, Jaceleyna, Jaceleynah, Jaceleyne, Jacelin, Jacelina, Jacelinah, Jaceline, Jacelyna, Jacelynah, Jacelyne, Jacelynn, Jacelynna, Jacelynnah, Jacelynne, Jacilin, Jacilina, Jacilinah, Jaciline, Jacilyn, Jacilyne, Jacilynn, Jacylin, Jacylina, Jacylinah, Jacyline, Jacylyn, Jacylyna, Jacylynah, Jacylyne, Jacylynn

Jacey FG (américain) combinaison des lettres J
et C; (grec) variante populaire de Jacinda.
Jac-E, Jace, Jacea, Jacya, Jacyah, Jaice, Jaicee, Jaici, Jaicie

Jacinda (grec) belle, séduisante; (espagnol)
variante de Hyacinthe.
Jacenda, Jacindah, Jacinde, Jacindea, Jacindee, Jacindey, Jacindi, Jacindia, Jacindie, Jacindy, Jacinna, Jacinnia, Jacyn, Jacynda, Jacyndah, Jacyndea, Jacyndee, Jacyndi, Jacyndia, Jacyndy, Jakinda, Jasinda, Jasindah, Jasinde, Jasindea, Jasindey, Jasindi, Jasindia, Jasindy, Jasynda, Jasyndah, Jasyndea, Jasyndee, Jasyndey, Jasyndi, Jasyndia, Jasyndie, Jasyndy, Jaxina, Jaxine, Jaxyn, Jaxyna, Jaxynah, Jaxyne, Jazinda, Jazindah, Jazindea, Jazindee, Jazindia, Jazindie, Jazindy

Jacinta (grec) variante de Jacinda.
Jacanta, Jacent, Jacenta, Jacentah, Jacente, Jacintah, Jacintia, Jacynta, Jacyntah, Jasinta, Jasintah, Jasinte, Jaxinta, Jaxintah, Jaxinte, Jazinta, Jazintah, Jazynte

Jacinthe (espagnol) variante de Jacinda.
Jacinte, Jacinth, Jacintha, Jacinthia, Jacinthy

Jackalyn (américain) variante de Jacqueline.
Jackalean, Jackaleana, Jackaleanah, Jackaleane, Jackaleen, Jackaleena, Jackaleenah, Jackaleene, Jackalein, Jackaleina, Jackaleinah, Jackaleine, Jackalene, Jackaleyn, Jackaleyna, Jackaleynah, Jackaleyne, Jackalin, Jackalina, Jackalinah, Jackaline, Jackalyna, Jackalynah, Jackalyne, Jackalynn, Jackalynne

Jackeline, Jackelyn (américain) variantes de Jacqueline.
Jackelin, Jackelline, Jackellyn, Jackelynn, Jackelynne, Jockeline

Jacki (américain) variante populaire de Jacqueline. Voir aussi Jacqui.
Jackea, Jackee, Jackey, Jackia, Jackiah, Jackielee, Jacky, Jackye

Jackie Ⓤ (américain) variante populaire de Jacqueline.

Jackilyn (américain) variante de Jacqueline.
Jackilean, Jackileana, Jackileanah, Jackileane, Jackileen, Jackileena, Jackileenah, Jackileene, Jackilein, Jackileina, Jackileinah, Jackileine, Jackileyn, Jackileyna, Jackileynah, Jackileyne, Jackilin, Jackilynn, Jackilynne

Jacklyn, Jacklynn (américain) diminutifs de Jacqueline.
Jacklin, Jackline, Jacklyne, Jacklynne

Jackolyn (américain) variante de Jacqueline.
Jackolin, Jackoline, Jackolynn, Jackolynne

Jackquel (français) diminutif de Jacqueline.

Jackquelyn (français) variante de Jacqueline.
Jackqueline, Jackquelyna, Jackquelynah, Jackquelyne, Jackquelynn, Jackquelynna, Jackquelynnah, Jackquelynne, Jackquetta, Jackquilin, Jackquiline, Jackquilyn, Jackquilynn, Jackquilynne

Jackson ⒼⒻ (anglais) enfant de Jack.
Jacksen, Jacksin, Jacson, Jakson, Jaxon

Jaclyn, Jaclynn (américain) diminutifs de Jacqueline.
Jacleen, Jaclin, Jacline, Jaclyne

Jacob ⒼⒻ (hébreu) qui évince, qui remplace. Bible: fils d'Isaac et frère d'Ésaü.

Jacobella (italien) variante de Jacobi.
Jacobela, Jacobell

Jacobi ⒼⒻ (hébreu) variante de Jacob.
Coby, Jacoba, Jacobah, Jacobea, Jacobee, Jacobella, Jacobette, Jacobia, Jacobiah, Jacobie, Jacobina, Jacobinah, Jacobine, Jacoby, Jacobya, Jacobyah, Jacobye, Jacolbi, Jacolbia, Jacolby, Jacovina, Jacovinah, Jacovine, Jacuba, Jakoba, Jakobea, Jakobee, Jakobey, Jakobi, Jakobia, Jakobiah, Jakobie, Jakoby, Jakobya, Jakubah, Jocoby, Jocolby, Jocovyn, Jocovyna, Jocovynah, Jocovyne

Jacolyn (américain) variante de Jacqueline.
Jacolean, Jacoleana, Jacoleanah, Jacoleane, Jacoleen, Jacoleena, Jacoleenah, Jacoleene, Jacolein, Jacoleina, Jacoleinah, Jacoleine, Jacolin, Jacolina, Jacolinah, Jacoline, Jacolyna, Jacolynah, Jacolyne, Jacolynn, Jacolynna, Jacolynnah, Jacolynne

Jacqualine (français) variante de Jacqueline.
Jacqualin, Jacqualine, Jacqualyn, Jacqualyne, Jacqualynn

Jacqueena (français) variante de Jacqueline.
Jacqueen, Jacqueenah, Jacqueene, Jacqueenia, Jacqueeniah, Jacqueenie, Jacqueine, Jacquine, Jaqueen, Jaqueena, Jaqueenah, Jaqueene, Jaqueenia, Jaqueeniah, Jaqueenie, Jaqueeny, Jaqueenya, Jaqueenyah

Jacquelin, Jacquelyn, Jacquelyne, Jacquelynn (français) variantes de Jacqueline.
Jacquelynne

Jacqueline (français) qui évince, qui remplace; petite Jacqui.
Jacquel, Jacquelean, Jacqueleana, Jacqueleanah, Jacqueleane, Jacqueleen, Jacqueleena, Jacqueleenah, Jacqueleene, Jacquelein, Jacqueleina, Jacqueleinah, Jacqueleine, Jacquelene, Jacqueleyn, Jacqueleyna, Jacqueleynah, Jacqueleyne, Jacquelina, Jacquelinah, Jacquena, Jacquene, Jacquenetta, Jacquenette, Jacquiline, Jocqueline

Jacquetta (français) variante de Jacqueline.
Jacquette

Jacqui (français) diminutif de Jacqueline. Voir aussi Jacki.
Jacquai, Jacquay, Jacqué, Jacquee, Jacqueta, Jacquete, Jacquey, Jacquie, Jacquise, Jacquita, Jakquee, Jakquei, Jakquey, Jakqui, Jakquie, Jakquy, Jaquai, Jaquay, Jaquee, Jaquei, Jaquey, Jaqui, Jaquie, Jaquiese, Jaquina, Jaquy

Jacquiline (français) variante de Jacqueline.
Jacquil, Jacquilin, Jacquilyn, Jacquilyne, Jacquilynn

Jacqulin, Jacquline, Jacqulyn (américain) variantes de Jacqueline.
Jacqul, Jacqulyne, Jacqulynn, Jacqulynne, Jacquoline

Jacy ⒻⒸ (américain) combinaison des lettres J et C; (grec) variante populaire de Jacinda.

Jacyline (français) variante de Jacqueline.
Jacylean, Jacyleana, Jacyleanah, Jacyleane, Jacyleen, Jacyleena, Jacyleenah, Jacyleene, Jacylein, Jacyleina, Jacyleinah, Jacyleine, Jacyleyn, Jacyleyna, Jacyleynah, Jacyleyne, Jacylin, Jacylina, Jacylinah, Jacylyn, Jacylyna, Jacylynah, Jacylyne, Jacylynn, Jacylynna, Jacylynnah, Jacylynne

Jacynthe (espagnol) variante de Jacinda.
Jacynta, Jacynth, Jacyntha, Jacyntheia, Jacynthia, Jacynthy

Jada (hébreu) sage ; (espagnol) variante de Jade.
Jadae, Jadah, Jadda, Jaddah, Jadea, Jadeah

Jade **TOP.100.** (espagnol) jade.
Jadeann, Jadee, Jadera, Jadienne, Jaed

Jadelyn (américain) combinaison de Jade
et de Lynn.
Jadalyn, Jadelaine, Jadeline, Jadelyne, Jadelynn, Jadielin,
Jadielyn

Jaden **GF** (espagnol) variante de Jade.
Jadeen, Jadeena, Jadena, Jadene, Jadeyn, Jadienna,
Jadienne, Jadin, Jadine, Jadynn, Jaeden, Jaedine

Jadie (espagnol) variante populaire de Jade.
Jadi

Jadyn **FG** (espagnol) variante de Jade.

Jadzia (espagnol) variante de Jade.
Jadziah

Jae **GF** (latin) geai ; (français) variante populaire
de Jacqueline.
Jaea, Jaey, Jaya

Jaeda (espagnol) variante de Jada.
Jaedah, Jaedra

Jaedyn (espagnol) variante de Jade.
Jaedynn

Jaël **FG** (hébreu) chèvre de montagne ;
grimpeuse. Voir aussi Yaël.
Jael, Jaele, Jaelea, Jaeleah, Jaelee, Jaelei, Jaeleigh, Jaeley,
Jaeli, Jaelia, Jaeliah, Jaelie, Jaell, Jaelle, Jaelly, Jaely, Jahla,
Jahlea, Jahlee, Jahlei, Jahleigh, Jahley, Jahli, Jahlia, Jahliah,
Jahlie, Jahly, Jahlya, Jahlyah, Jailea, Jaileah, Jailee, Jailei,
Jaileigh, Jailey, Jaili, Jailia, Jailiah, Jailie, Jaily

Jaëla (hébreu) variante de Jaël.
Jaelah, Jaella, Jaellah, Jaelya, Jaelyah

Jaelyn, Jaelynn (américain) combinaisons de Jae
et de Lynn.
Jaeleen, Jaeleena, Jaeleenah, Jaeleene, Jaelen, Jaelena,
Jaelenah, Jaelene, Jaelin, Jaeline, Jaelinn, Jaelyna, Jaelynah,
Jaelyne

Jaffa (hébreu) variante de Yaffa.
Jaffice, Jaffit, Jafit, Jafra

Jaha (swahili) digne.
Jahaida, Jahida, Jahira, Jahitza

Jahaira (swahili) variante de Jaha.
Jaharra, Jahayra

Jahna (américain) variante de Johna.
Jahnaia, Jahnaya

Jai **GF** (tai) cœur ; (latin) variante de Jaye.

Jaid, Jaide (espagnol) variantes de Jade.

Jaida (hébreu, espagnol) variante de Jada.
Jaidah

Jaiden **GF** (espagnol) variante de Jade.
Jaidan, Jaidey, Jaidi, Jaidin, Jaidon

Jaidyn (espagnol) variante de Jade.

Jaila (hébreu) variante de Jael.
Jailya, Jailyah

Jailene (américain) variante de Jaelyn.
Jaileen, Jaileena, Jaileenah, Jaileene, Jailen, Jailena, Jailenah

Jailyn (américain) variante de Jaelyn.
Jailin, Jailine, Jailyna, Jailynah, Jailyne

Jaime **GF** (français) j'aime.
Jaema, Jaemah, Jaemea, Jaemeah, Jahmea, Jaima, Jaimah,
Jaimini, Jaimme, Jaimy, Jamee

Jaimee, Jaimi, Jaimie (français) variantes
de Jaime.
Jaemee, Jaemey, Jaemi, Jaemia, Jaemiah, Jaemie, Jaemy,
Jaemya, Jaemyah, Jahmee, Jahmey, Jahmi, Jahmie, Jahmy,
Jaimea, Jaimeah, Jaimey, Jaimia, Jaimiah, Jaimmie, Jaimy,
Jaimya, Jaimyah

Jaimica (espagnol) variante de James.

Jaimilynn (anglais) combinaison de Jaime
et de Lynn.
Jaimielin, Jaimielina, Jaimielinah, Jaimieline, Jaimielyn,
Jaimielyna, Jaimielyne, Jaimielynn, Jaimielynne, Jaimilin,
Jaimilina, Jaimilinah, Jaimiline, Jaimilyn, Jaimilyna, Jaimilyne,
Jaimilynn, Jaimilynna, Jaimilynne, Jaymielin, Jaymielina,
Jaymielinah, Jaymieline, Jaymielyn, Jaymielyna, Jaymielyne,
Jaymielynn, Jaymielynne, Jaymilin, Jaymilina, Jaymilinah,
Jaymiline, Jaymilyn, Jaymilyna, Jaymilyne, Jaymilynn,
Jaymilynna, Jaymilynne

Jaina (hébreu, américain) variante de Janae.
Jainah

Jaione (espagnol) référence à la Nativité.

Jaira (espagnol) Jéhovah enseigne.
Jahra, Jahrah, Jairah, Jairy, Jayra, Jayrah

Jakalyn (américain) variante de Jacqueline.
Jakalean, Jakaleana, Jakaleanah, Jakaleane, Jakaleen,
Jakaleena, Jakaleenah, Jakaleene, Jakalein, Jakaleina,
Jakaleinah, Jakaleine, Jakaleyn, Jakaleyna, Jakaleynah,
Jakaleyne, Jakalin, Jakalina, Jakalinah, Jakaline, Jakalyna,
Jakalynah, Jakalyne, Jakalynn, Jakalynna, Jakalynnah,
Jakalynne

Jakeisha (américain) combinaison de Jakki
et d'Aisha.
Jacqeesha, Jacqueisha, Jacqueysha, Jakeesha, Jakeeshia,
Jakeishia, Jakeishiah, Jakeisia, Jakesha, Jakeshia, Jakeshiah,
Jakeysha, Jakeyshia, Jakeyshiah, Jakisha, Jakishia, Jakishiah,
Jaqueisha, Jaqueishia, Jaqueishiah, Jaqueysha, Jaquisha,
Jaquysha

Jakelin (américain) variante de Jacqueline.
Jakeline, Jakelyn, Jakelynn, Jakelynne

Jakeria (américain) variante de Jacki.

Jakia (américain) variante de Jacki.
Jakiah, Jakiya, Jakiyah, Jakkea, Jakkia, Jakkiah, Jakkya, Jakkyah

Jakinda (espagnol) variante de Jacinda.
Jackinda, Jackindra, Jakindah, Jakynda, Jakyndah, Jakyndra, Jakyndrah

Jakki (américain) variante de Jacki.
Jakala, Jakea, Jakee, Jakeela, Jakeida, Jakeita, Jakel, Jakela, Jakelah, Jakelia, Jakeliah, Jakell, Jakella, Jakelle, Jakena, Jakenah, Jaket, Jaketa, Jaketah, Jakete, Jaketta, Jakettah, Jakette, Jakeva, Jakevah, Jakevia, Jaki, Jakie, Jakita, Jakke, Jakkee, Jakkie, Jakky, Jaky

Jakolyn (américain) variante de Jacqueline.
Jakolean, Jakoleana, Jakoleanah, Jakoleane, Jakoleen, Jakoleena, Jakoleenah, Jakoleene, Jakolein, Jakoleina, Jakoleinah, Jakoleine, Jakoleyn, Jakoleyna, Jakoleynah, Jakoleyne, Jakolin, Jakolina, Jakolinah, Jakoline, Jakolyna, Jakolynah, Jakolyne, Jakolynn, Jakolynna, Jakolynnah, Jakolynne

Jakqueline (français) variante de Jacqueline.
Jakquelean, Jakqueleana, Jakqueleanah, Jakqueleane, Jakqueleen, Jakqueleena, Jakqueleenah, Jakqueleene, Jakquelein, Jakqueleina, Jakqueleinah, Jakqueleine, Jakqueleyn, Jakqueleyna, Jakqueleynah, Jakqueleyne, Jakquelin, Jakquelina, Jakquelinah, Jakquelyn, Jakquelyna, Jakquelynah, Jakquelyne, Jakquelynn, Jakquelynna, Jakquelynnah, Jakquelynne

Jakyra (américain) variante de Jacki.
Jakira

Jala (iranien) éclat; (arabe) clarté, élucidation.

Jalea, Jalia (américain) combinaisons de Jae et de Leah.
Jaleah, Jalee, Jaleea, Jaleeya, Jaleia, Jalitza

Jalecia (américain) variante de Jalisa.

Jaleesa (américain) variante de Jalisa.
Jaleasa, Jalece, Jalecea, Jaleesah, Jaleese, Jaleesia, Jaleisa, Jaleisha, Jaleisya

Jalen GF (américain) diminutif de Jalena.

Jalena (américain) combinaison de Jane et de Lena.
Jalaina, Jalainah, Jalaine, Jalana, Jalanah, Jalane, Jalani, Jalanie, Jalanna, Jalanne, Jalayna, Jalaynah, Jalayne, Jaleana, Jaleanah, Jaleena, Jaleenah, Jalenah, Jallena

Jalene U (américain) variante de Jalena.
Jalean, Jaleane, Jaleen, Jaleene

Jalesa, Jalessa (américain) variantes de Jalisa.
Jalese, Jalesha, Jaleshia, Jalesia

Jalicia, Jalisha (américain) variantes de Jalisa.
Jalisia

Jalila (arabe) grande.
Jalilah, Jalile, Jallila, Jallilah, Jallile, Jallyl, Jallyla, Jallyle

Jalinda (américain) combinaison de Jae et de Linda.
Jaelinda, Jaelindah, Jaelynda, Jaelyndah, Jailinda, Jailindah, Jailynda, Jailyndah, Jaylinda, Jaylindah, Jaylynda, Jaylyndah

Jalini (hindi) qui habite près de l'océan.
Jalinee, Jaliney, Jalinie, Jaliny

Jalisa, Jalissa (américain) combinaisons de Jae et de Lisa.
Jalise

Jaliya (américain) variante de Jalea.

Jalyn FG (américain) combinaison de Jae et de Lynn. Voir aussi Jaylyn.
Jalin, Jalina, Jalinah, Jaline, Jalyna, Jalynah, Jalyne, Jalynne

Jalynn (américain) combinaison de Jae et de Lynn.

Jalysa (américain) variante de Jalisa.
Jalyse, Jalyssa, Jalyssia

Jama (sanscrit) fille.
Jamah

Jamaica (espagnol) Géographie: la Jamaïque, île dans les Caraïbes.
Jamacia, Jameca, Jameica, Jamoka, Jemaica

Jamani (américain) variante de Jami.
Jamana

Jamara (américain) variante de Jamaria.

Jamaria (américain) combinaison de Jae et de Maria.
Jamar, Jamarea, Jamaree, Jamari, Jamarie, Jameira, Jamerial

Jamecia (espagnol) variante de Jamaica.

Jamee (français) variante de Jaime.
Jamea, Jameah, Jamei, Jammee

Jameela (arabe) variante de Jamila.
Jameelah, Jameele

Jameika (espagnol) variante de Jamaica.
Jamaika, Jamaka

Jameisha (américain) variante de Jami.
Jamiesha

Jameka (espagnol) variante de Jamaica.
Jamecka, Jamekka

Jamekia (espagnol) variante de Jamaica.

Jamelia (arabe) variante de Jamila.
Jahmelia, Jameelia, Jameeliah, Jameliah, Jamelya, Jamilya, Jamilyah

James GF (hébreu) qui évince, qui remplace; (anglais) variante de Jacob. Bible: Jacques le Majeur et Jacques le Mineur sont deux des douze apôtres.

Jamese (américain) variante de Jami.
Jamesse, Jamis, Jamise

Jamesha (américain) variante de Jami.
Jamesa, Jamesah, Jameshya, Jamesica, Jamesika, Jamesina, Jamesinah, Jamesine, Jamessa, Jameta, Jametta, Jamette, Jameysha, Jameyshya, Jameysina, Jameysinah, Jameysine, Jameysyna, Jameysynah, Jameysyne, Jammysha, Jamysha

Jameshia (américain) variante de Jami.
Jameshyia, Jameyshia, Jameyshiah, Jameyshyah

Jamesia (américain) variante de Jami.

Jamey F C (anglais) variante de Jami.
Jammey

Jami (hébreu, anglais) variante de James.
Jamani, Jamay, Jamii, Jamy, Jamye, Jamyee, Jaymie

Jamia (anglais) variante de Jami.
Jamea, Jamiah, Jamiea, Jamiia, Jammea, Jammia, Jammiah, Jammiia, Jammiiah, Jaymea, Jaymeah, Jaymia, Jaymmea, Jaymmeah, Jaymmia, Jaymmiah, Jaymmya, Jaymya, Jaymyea

Jamica, Jamika (espagnol) variantes de Jamaica.
Jamikah, Jamyka, Jamykah, Jemika, Jemyka

Jamie F C (hébreu, anglais) variante de James.

Jamie-Lee (américain) variante de Jamilee.
Jamielee

Jamie-Lynn (américain) variante de Jamilynn.
Jami-Lyn, Jami-Lynn, Jami-Lynne, Jamie-Lyn, Jamie-Lynne

Jamila (arabe) belle. Voir aussi Yamila.
Jahmeala, Jahmealah, Jahmeale, Jahmela, Jahmil, Jahmila, Jahmilah, Jahmill, Jahmilla, Jahmille, Jahmyla, Jahmylah, Jahmylla, Jahmyllah, Jahmylle, Jaimeala, Jaimealah, Jaimeale, Jaimila, Jaimilah, Jaimile, Jaimilla, Jaimillah, Jaimille, Jaimyla, Jaimylah, Jaimyle, Jaimylla, Jaimyllah, Jaimylle, Jameala, Jamealah, Jameale, Jameall, Jamealla, Jamealle, Jamela, Jamelah, Jamell, Jamella, Jamellah, Jamelle, Jamely, Jamiela, Jamyla, Jemila

Jamilah, Jamilla, Jamillah (arabe) variantes de Jamila.
Jamille

Jamilee (anglais) combinaison de Jami et de Lee.
Jahmilea, Jahmileah, Jahmilee, Jahmilei, Jahmileigh, Jahmili, Jahmilia, Jahmiliah, Jahmilie, Jahmily, Jaimilea, Jaimileah, Jaimilee, Jaimilei, Jaimileigh, Jaimily, Jaimili, Jaimilia, Jaimiliah, Jaimilie, Jaimily, Jamilea, Jamileah, Jamilei, Jamileigh, Jamiley, Jamili, Jamilie, Jamily, Jaymilea, Jaymileah, Jaymilee, Jaymilei, Jaymileigh, Jaymiley, Jaymili, Jaymilia, Jaymiliah, Jaymilie, Jaymily, Jaymyly

Jamilia (arabe) variante de Jamila.
Jamiliah, Jamillia, Jamilliah

Jamilynn (anglais) combinaison de Jami et de Lynn.
Jahmielin, Jahmielina, Jahmielinah, Jahmieline, Jahmielyn, Jahmielyna, Jahmielynah, Jahmielyne, Jahmielynn, Jahmielynne, Jahmilin, Jahmilina, Jahmilinah, Jahmiline, Jahmilyn, Jahmilyna, Jahmilyne, Jahmilynn, Jahmilynna, Jahmilynne, Jamielin, Jamielina, Jamielinah, Jamieline, Jamielyn, Jamielyna, Jamielyne, Jamielynn, Jamielynne, Jamilean, Jamileana, Jamileanah, Jamileane, Jamileen, Jamileena, Jamileenah, Jamileene, Jamilin, Jamilina, Jamilinah, Jamiline, Jamilyn, Jamilyna, Jamilynah, Jamilyne, Jamilynna, Jamilynne

Jamira (américain) variante de Jamaria.

Jamisha (américain) variante de Jami.
Jamisa, Jamisah, Jammesha, Jammisha

Jamison C F (anglais) enfant de James.
Jaemison, Jaemyson, Jaimison, Jaimyson, Jamiesen, Jamieson, Jamisen, Jamyson, Jaymison, Jaymyson

Jamiya (anglais) variante de Jami.
Jamiyah

Jammie (américain) variante de Jami.
Jammi, Jammice, Jammii, Jammiie, Jammise

Jamonica (américain) combinaison de Jami et de Monica.
Jamoni

Jamya (anglais) variante de Jami.
Jamyah

Jamylin (américain) variante de Jamilynn.
Jamylin, Jamyline, Jamylyn, Jamylyne, Jamylynn, Jamylynne, Jaymylin, Jaymyline, Jaymylyn, Jaymylyne, Jaymylynn, Jaymylynne

Jan C F (anglais) diminutif de Jane, de Janet, de Janice.
Jaan, Jandy, Jann, Janne

Jana (hébreu) bienveillante, miséricordieuse ; (slave) variante de Jane. Voir aussi Yana.
Jaana, Jaanah, Janah, Janalee, Janalisa, Janya, Janyah

Janae (américain) variante de Jane ; (hébreu) variante de Jana.
Jaeena, Jaena, Janaea, Janaeh, Janah, Jannae

Janaé (américain, hébreu) variante de Janae.

Janai (américain) variante de Janae.
Janaia, Janaiah, Janaira, Janaiya, Jannai, Jenai, Jenaia, Jennai

Janaki (hindi) mère.
Janakee, Janakey, Janakie, Janaky

Janalee (américain) combinaison de Jana et de Lee.
Janalea, Janaleah, Janalei, Janaleigh, Janaley, Janaly

Janalynn (américain) combinaison de Jana
et de Lynn.
*Janalin, Janalina, Janaline, Janalyn, Janalyna, Janalyne,
Janalynna, Janalynne*

Janan (arabe) cœur; âme.
*Jananee, Jananey, Janani, Janania, Jananiah, Jananie,
Janann, Jananni, Janany*

Janay, Janaye (américain) variantes de Jane;
(hébreu, arabe) variantes de Janna.
Jannay

Janaya (américain) variante de Jane; (hébreu,
arabe) variante de Janna.
Jananyah

Jane (hébreu) Dieu est bienveillant. Voir aussi
Chavon, Jean, Joan, Juanita, Seana, Shana,
Shawna, Sheena, Shona, Shunta, Sinead,
Zaneta, Zanna, Zhana.
*Jaane, Jaeen, Jaeene, Jaen, Jaene, Jahne, Jain, Jaine,
Janka, Jasia*

Janea, Janee (américain) variantes de Janae.
Janée

Janecia (hébreu, anglais) variante de Janice.
Janeciah

Janeen (français) variante de Janine.
Janeena, Janeene

Janeisha (américain) variante de Janessa.
Janiesha

Janel, Janell, Jannell, Jannelle (français)
variantes de Janelle.
*Jaenel, Jaenela, Jaenelah, Jaenell, Jainel, Jainela, Jainelah,
Jainell, Janela, Janiel, Jannel, Janyll, Jaynel, Jaynela,
Jaynelah, Jaynell*

Janelle (français) variante de Jane.
*Jaenele, Jaenella, Jaenellah, Jaenelle, Jainele, Jainella,
Jainelle, Janele, Janelis, Janella, Janellah, Janelys, Janielle,
Janille, Jannella, Jannellah, Jannellies, Jaynele, Jaynella,
Jaynelle*

Janelly, Janely (français) variantes de Janelle.
Janelli, Janellie

Janese (hébreu) variante de Janis; (anglais)
variante de Jane.
Janesey, Janess, Janesse

Janesha (américain) variante de Janessa.
*Janeshia, Janishia, Jannesha, Jannisha, Janysha, Jenesha,
Jenisha, Jennisha*

Janessa (américain) variante de Jane.
*Janeesa, Janesa, Janesea, Janesia, Janeska, Janessi,
Janessia, Janiesa, Janisa, Janisah, Janissa, Jannesa,
Jannessa, Jannisa, Jannisah, Jannissa, Jannysa, Jannysah,
Janysa, Janysah, Janyssa, Janyssah, Jenesa, Jenissa,
Jennisa, Jennissa*

Janet (anglais) variante de Jane. Voir aussi Jessie,
Yanet.
*Janata, Janeat, Janeata, Janeatah, Janeate, Janeet, Janeeta,
Janeetah, Janeete, Janeta, Janetah, Janete, Janneta, Jannite,
Janot, Janota, Janote, Janta, Jante, Janyt, Janyte, Jenet,
Jenete*

Janeth (anglais) variante de Janet.
Janetha, Janith, Janithe, Janneth

Janett, Janette, Jannet, Jannette (français)
variantes de Janet.
Janeatt, Janeatte, Jannett, Jannitte, Janytte

Janetta (français) variante de Janet.
Janeattah, Janettah, Jannetta

Janey, Jani, Janie, Jany (anglais) variantes
populaires de Jane.
Janiyh, Jaynee

Jania (hébreu) variante de Jana; (slave)
variante de Jane.
Janiah

Janica (hébreu) variante de Jane.
Janicka

Janice (hébreu) Dieu est bienveillant; (anglais)
variante populaire de Jane. Voir aussi Genice.
*Janece, Janizzette, Jannice, Jannyc, Jannyce, Janyce, Jhanice,
Jynice*

Janick (slave) diminutif de Janica.
Janyck

Janiece (hébreu, anglais) variante de Janice.
Janeace, Janeece, Janeice, Janneece, Janneice, Janniece

Janik (slave) diminutif de Janika.
Janike, Janikke, Jannik, Jannike, Janyk

Janika (slave) variante de Jane.
*Janaca, Janeca, Janecka, Janeeca, Janeeka, Janeika,
Janeka, Janieka, Janikka, Janka, Jankia, Jannica, Jannika,
Jannyca, Janyca, Janycah, Janycka, Janyka, Jonika*

Janina (français) variante de Jane.
*Janeana, Janena, Janinah, Jannina, Jannyna, Janyna,
Janynah, Jenina, Jenyna, Jenynah*

Janine (français) variante de Jane.
*Janean, Janeane, Janeann, Janeanne, Janene, Jannen,
Jannene, Jannine, Jannyne, Janyne, Jeneen, Jenyne*

Janiqua (français) variante de Jane.
*Janicqua, Janicquah, Janiquah, Janyqua, Janyquah, Jeniqua,
Jeniquah, Jenyqua, Jenyquah*

Janique (français) variante de Jane.
Janic, Janicque, Jannique, Janyque, Jenique, Jenyque

Janis F**G** (hébreu, anglais) variante de Janice.
*Janease, Janees, Janeese, Janeise, Janiese, Janisse, Jannis,
Jannise, Jannisse, Jannys, Jannyse, Janys, Janyse, Janyss,
Janysse, Jenesse, Jenis, Jennise, Jennisse*

Janise (hébreu, anglais) variante de Janice.

Janisha (américain) variante de Janessa.

Janita (américain) variante de Juanita.
Voir aussi Genita.
Janeata, Janeatah, Janeeta, Janeetah, Janeita, Janeitah, Janitah, Janitra, Janitza, Janneta, Jannita, Jannitah, Jannitta, Jannittah, Janyta, Janytah, Janytta, Janyttah, Jaynita, Jaynite, Jaynitta, Jaynitte, Jeneata, Jeneatah, Jeneeta, Jeneetah, Jenita, Jenitah, Jennita, Jennitah, Jennyta, Jenyta, Jenytah

Janna (arabe) moisson de fruit; (hébreu) diminutif de Johana.
Jannae, Jannai, Jannia, Janniah, Jannya, Jannyah

Jannah (hébreu, anglais) variante de Janna.

Jannali (australien) lune.
Janali, Janalia, Janaliah, Janalie, Jannalea, Jannaleah, Jannalee, Jannalei, Jannaleigh, Jannaley, Jannalia, Jannaliah, Jannalie, Jannaly, Jannalya, Jannalyah

Jannick (slave) variante de Janick.

Jannie (anglais) variante populaire de Jan, de Jane.
Janney, Janni, Janny

Japonica (latin) du Japon. Botanique: arbuste ornemental aux fleurs rouges originaire du Japon.
Japonicah, Japonicka, Japonika, Japonikah, Japonyca, Japonycah, Japonycka, Japonyka, Japonykah

Jaquana (américain) combinaison de Jacqueline et d'Anna.
Jaqua, Jaquai, Jaquanda, Jaquania, Jaquanna

Jaquelen, Jaquelin, Jaqueline, Jaquelyn (français) variantes de Jacqueline.
Jaquala, Jaqualin, Jaqualine, Jaquelean, Jaqueleana, Jaqueleanah, Jaqueleane, Jaqueleen, Jaqueleena, Jaqueleenah, Jaqueleene, Jaquelein, Jaqueleina, Jaqueleinah, Jaqueleine, Jaqueleyn, Jaqueleyna, Jaqueleynah, Jaqueleyne, Jaquelina, Jaquelinah, Jaquella, Jaquelyna, Jaquelynah, Jaquelyne, Jaquelynn, Jaquelynna, Jaquelynnah, Jaquelynne, Jaquera, Jaqulene, Jaquonna

Jaquetta (français) variante de Jacqui.

Jaquiline (français) variante de Jacqueline.
Jaquilean, Jaquileana, Jaquileanah, Jaquileane, Jaquileen, Jaquileena, Jaquileenah, Jaquileene, Jaquilein, Jaquileina, Jaquileinah, Jaquileine, Jaquileyn, Jaquileyna, Jaquileynah, Jaquileyne, Jaquilin, Jaquilina, Jaquilinah, Jaquilyn, Jaquilyna, Jaquilynah, Jaquilyne, Jaquilynn, Jaquilynna, Jaquilynnah, Jaquilynne

Jaquinda (espagnol) variante de Jacinda.

Jaquita (français) variante de Jacqui.

Jardena (français, espagnol) jardin; (hébreu) variante de Jordan.
Jardan, Jardana, Jardanah, Jardane, Jardania, Jarden, Jardene, Jardenia, Jardin, Jardina, Jardinah, Jardine, Jardyn, Jardyna, Jardyne, Jardynia

Jarian (américain) combinaison de Jane et de Marian.

Jarita (arabe) pichet d'eau en terre.
Jara, Jareata, Jareatah, Jareet, Jareeta, Jareetah, Jareita, Jareitah, Jaretta, Jari, Jaria, Jariah, Jarica, Jarida, Jarietta, Jariette, Jarika, Jarina, Jarinah, Jaritta, Jaritte, Jaritza, Jarixa, Jarnita, Jarnite, Jarrika, Jarrike, Jarrina, Jarrine, Jaryta, Jarytah, Jaryte, Jarytta, Jarytte

Jarmilla (slave) variante de Yarmilla.
Jarmila, Jarmilah, Jarmile, Jarmill, Jarmille, Jarmyla, Jarmylah, Jarmyle, Jarmyll, Jarmylla, Jarmyllah, Jarmylle

Jarnila (arabe) belle.
Jarnilah, Jarnile, Jarnill, Jarnilla, Jarnillah, Jarnille, Jarnyl, Jarnyla, Jarnylah, Jarnyle, Jarnyll, Jarnylla, Jarnyllah, Jarnylle

Jarvia (allemand) habile dans le maniement de la lance.
Jarviah, Jarvya, Jarvyah

Jarvinia (allemand) intelligente; fine comme une lance.
Jarviniah, Jarvinya, Jarvinyah, Jarvynya, Jarvynyah

Jas Ⓤ (américain) diminutif de Jasmine.
Jase, Jass, Jaz, Jazz, Jazze

Jasa (polonais) variante de Jane.
Jasyah, Jaysa

Jasey (polonais) variante de Jane.
Jasea

Jasia (polonais) variante de Jane.
Jaisha, Jasha, Jashae, Jashala, Jashona, Jashonte, Jazia, Jaziah, Jazya, Jazyah, Jazzia, Jazziah, Jazzya, Jazzyah

Jaskiran (sikh) variante de Jaskaran (voir les prénoms de garçons).

Jasleen (latin) variante de Jocelyne.
Jaslene, Jaslien, Jasline

Jaslyn (latin) variante de Jocelyne.
Jaslin, Jaslynn, Jaslynne

Jasma (persan) diminutif de Jasmine.

Jasmain, Jasmaine (persan) variantes de Jasmine.
Jasmane, Jassmain, Jassmaine

Jasman (persan) variante de Jasmine.

Jasmarie (américain) combinaison de Jasmine et de Marie.
Jasmari

Jasmeen (persan) variante de Jasmine.

Jasmeet U (persan) variante de Jasmine.
Jasmit, Jassmit

Jasmin (persan) variante de Jasmine.
Jasmynn, Jasmynne, Jassmin, Jassminn, Jassmyn

Jasmina (persan) variante de Jasmine.
Jasminah, Jasmyna, Jasmynah, Jassma, Jazmina, Jazminah,
Jazmyna, Jazmynah, Jazzmina, Jazzminah, Jazzmyna,
Jazzmynah, Jesmina, Jesminah, Jesmyna, Jesmynah, Jessmina,
Jessminah, Jessmyna, Jessmynah, Jezmina, Jezminah,
Jezzmina, Jezzminah, Jezzmyna, Jezzmynah

Jasmine (persan) fleur de jasmin.
Voir aussi Jessamine, Yasmin.
Jasimin, Jasmain, Jasme, Jasmen, Jasmene, Jasminne,
Jasmira, Jasmon, Jassmon, Jesmin, Jesmine, Jesmyn, Jesmyne,
Jessmin, Jessmine, Jessmyn, Jessmyne

Jasmyn, Jasmyne, Jassmine (persan) variantes
de Jasmine.

Jasone (basque) Assomption.

Jasper GF (français) le jaspe, une pierre
ornementale rouge, jaune ou marron.
Jaspa, Jaspah, Jaspar, Jaspera, Jaspere

Jaspreet U (pendjabi) vertueux.
Jasparit, Jasparita, Jasparite, Jasprit, Jasprita, Jasprite,
Jaspryta, Jasprytah, Jaspryte

Jassi (persan) variante populaire de Jasmine.
Jasee, Jasi, Jasie, Jassee, Jassey, Jassie, Jassy

Jatara (américain) combinaison de Jane
et de Tara.
Jatarah, Jataria, Jatariah, Jatarra, Jatarrah, Jatarria,
Jatori, Jatoria, Jatoriah, Jatorie, Jatory, Jatorya, Jatoryah

Javán (hébreu) de Grèce.

Javana (malais) de Java.
Javanah, Javanna, Javannah, Javanne, Javannia, Jawana,
Jawanna, Jawn

Javiera (espagnol) propriétaire d'une nouvelle
maison. Voir aussi Xaviera.
Javeera, Javeerah, Javierah, Javyra, Javyrah, Viera

Javon GF (malais) diminutif de Javana.

Javona, Javonna (malais) variantes de Javana.
Javonah, Javonda, Javone, Javoni, Javonia, Javonn,
Javonnah, Javonne, Javonni, Javonnia, Javonniah, Javonya,
Javonyah

Jaya (hindi) victoire.
Jaea, Jaia, Jaiah, Jayah

Jayanna (américain) combinaison de Jaye
et d'Anna.
Jay-Anna, Jaye-Anna, Jayeanna

Jayce GF (américain) diminutif de Jacey.
Jaycey, Jaycy

Jaycee, Jayci, Jaycie (américain) variantes
de Jacey.

Jayda (espagnol) variante de Jada.
Jaydah, Jeyda

Jade FG (espagnol) variante de Jade.
Jayd

Jaydee (américain) combinaison des lettres J
et D.
Jadee, Jadey, Jady, Jaydey, Jaydi, Jaydie, Jaydy

Jayden GF (espagnol) variante de Jade.
Jaydeen, Jaydene, Jaydin, Jaydn

Jaydon GF (espagnol) variante de Jayden.

Jaye GF (latin) geai.
Jae, Jah, Jay

Jayla (américain) diminutif de Jayleen.
Jaylaa, Jaylah, Jaylea, Jayleah, Jaylei, Jayleigh, Jayley,
Jayli, Jaylia, Jayliah, Jaylie, Jayly

Jaylee FG (américain) variante populaire
de Jaylyn.

Jayleen, Jaylene (américain) variantes de Jaylyn.
Jayelene, Jayleana, Jayleena, Jayleenah, Jayleene, Jaylena,
Jaylenne, Jayline

Jaylen GF (américain) variante de Jaylyn.
Jaylan, Jaylinn

Jaylin GF (américain) variante de Jaylyn.

Jaylyn U (américain) combinaison de Jaye
et de Lynn. Voir aussi Jalyn.
Jaylyna, Jaylynah, Jaylyne, Jaylynne

Jaylynn (américain) combinaison de Jaye et de Lynn.

Jayme FG (anglais) variante de Jami.
Jayma, Jaymey, Jaymine, Jaymini, Jaymma, Jaymmi, Jaymmie,
Jaymmy, Jaymy, Jaymye, Jaymyee

Jaymee, Jaymi, Jaymie (anglais) variantes de Jami.

Jayna (hébreu) variante de Jane.
Jaena, Jaenah, Jaina, Jainah, Jaynae, Jaynah, Jaynna,
Jaynnah

Jayne (hindi) victorieuse; (anglais) variante
de Jane.
Jayn, Jaynn, Jaynne

Jaynee, Jaynie (anglais) variantes populaires
de Jayne.
Jaynay, Jayni

Jazlyn, Jazlynn, Jazzlyn (américain)
combinaisons de Jazman et de Lynn.
Jazaline, Jazalyn, Jazlean, Jazleana, Jazleanah, Jazleane,
Jazleen, Jazleena, Jazleenah, Jazleene, Jazlene, Jazlin,
Jazlina, Jazlinah, Jazline, Jazlon, Jazlyna, Jazlynah, Jazlyne,
Jazlynna, Jazlynnah, Jazlynne, Jazzalyn, Jazzleen, Jazzleena,
Jazzleenah, Jazzleene, Jazzlene, Jazzlin, Jazzlina, Jazzlinah,
Jazzline, Jazzlyna, Jazzlynah, Jazzlyne, Jazzlynn, Jazzlynna,
Jazzlynnah, Jazzlynne

Jazman, Jazmen, Jazmin, Jazmine, Jazmyn, Jazmyne, Jazzmen, Jazzmin, Jazzmine, Jazzmyn, Jazzmyne (persan) variantes de Jasmine.
Jazmaine, Jazminn, Jazmon, Jazmynn, Jazmynne, Jazzman, Jazzmeen, Jazzmene, Jazzmenn, Jazzmon, Jezmin, Jezmine, Jezzmin, Jezzmine, Jezzmyn, Jezzmyne

Jazmín (arabe) variante de Jasmine.

Jazz Ⓤ (américain) jazz.
Jaz, Jazee, Jazey, Jazi, Jazie, Jazy, Jazzee, Jazzey, Jazzi, Jazzie, Jazzy

Jean ⒼⒻ (écossais) Dieu est bienveillant. Voir aussi Kini.
Jeanann, Jeancie, Jeane, Jeaneia, Jeaneva, Jeanice, Jeanmaria, Jeanmarie, Jeann, Jeanné, Jeantelle, Jeen, Jeene

Jeana, Jeanna (écossais) variantes de Jeanne.
Jeanae, Jeannae, Jeannah, Jeannia, Jeena, Jeenia

Jeanelle (américain) variante de Jenell.
Jeanell

Jeanetta (français) variante de Jeanne.
Jeanettah

Jeanette, Jeannett, Jeannette (français) variantes de Jeanne.
Jeanet, Jeaneta, Jeanetah, Jeanete, Jeanett, Jeanetton, Jeanita, Jeannete, Jeannetta, Jeannita, Jeannot, Jinet, Jineta, Jinetah, Jinete, Jinett, Jinetta, Jinettah, Jinette, Jonet, Joneta, Jonetah, Jonete, Jonett, Jonetta, Jonettah, Jonette, Jynet, Jyneta, Jynetah, Jynete, Jynett, Jynetta, Jynettah, Jynette

Jeanie, Jeannie (écossais) variantes populaires de Jeanne.
Jeanee, Jeani, Jeannee, Jeanney, Jeanny, Jeany

Jeanine, Jeannine, Jenine (écossais) variantes de Jeanne. Voir aussi Geneen.
Jeaneane, Jeaneen, Jeanene, Jeanina, Jeannina, Jennine

Jeanne **TOP .100.** (écossais) Dieu est bienveillant. Histoire : Jeanne d'Arc fut une héroïne française du xvᵉ siècle.

Jelani ⒼⒻ (russe) variante de Jelena.
Jelanni

Jelena (russe) variante de Helen. Voir aussi Yelena.
Jelaina, Jelainah, Jelaine, Jelana, Jelanah, Jelane, Jelayna, Jelaynah, Jelayne, Jelean, Jeleana, Jeleanah, Jeleane, Jeleen, Jeleena, Jeleenah, Jeleene, Jelenah, Jelene, Jelin, Jelina, Jelinah, Jeline, Jelyn, Jelyna, Jelynah, Jelyne

Jelisa (américain) combinaison de Jean et Lisa.
Jelesha, Jelise, Jellese, Jellice, Jelysa, Jillisa

Jelissa (américain) variante de Jelisa.
Jelessa, Jelyssa, Jillissa

Jem ⒻⒸ (hébreu) diminutif de Jemina.
Gem, Jemee, Jemey, Jemi, Jemie, Jemm, Jemy

Jemila (arabe) variante de Jamila.
Jemeala, Jemealah, Jemeela, Jemeelah, Jemeelia, Jemeeliah, Jemela, Jemelah, Jemelia, Jemeliah, Jemila, Jemilla, Jemillah, Jemille, Jemyl, Jemyla, Jemylah, Jemyle, Jemyll, Jemylla, Jemyllah, Jemylle

Jemina (hébreu) colombe.
Gemima, Gemimah, Jamim, Jamima, Jemimah, Jemyma, Jemymah

Jemina, Jenima (hébreu) variantes de Jemima.

Jemma (hébreu) diminutif de Jemima ; (anglais) variante de Gema.
Jema, Jemah, Jemia, Jemiah, Jemmah, Jemmee, Jemmey, Jemmi, Jemmia, Jemmiah, Jemmie, Jemmy, Jemmya, Jemmyah

Jena, Jennah (arabe) variantes de Jenna.
Jenah, Jenal, Jenya, Jenyah

Jenae, Jenay (américain, hébreu) variantes de Janae ; (arabe) variantes de Jenna.
Jenai, Jenea, Jennae, Jennay, Jennaye

Jenara (latin) dédiée au dieu Janus.

Jenaya (américain, hébreu) variante de Janae ; (arabe) variante de Jenna.
Jenia, Jeniah, Jennaya

Jendaya (zimbabwéen) reconnaissante.
Daya, Jandaiah, Jenda, Jendaia, Jendayah

Jendayi (égyptien) variante de Jendaya.

Jeneleah (américain) combinaison de Jenny et de Leah.
Jenalea, Jenaleah, Jenalia, Jenaliah, Jenelea, Jenelia, Jeneliah, Jenilea, Jenileah, Jenilia, Jeniliah, Jennalea, Jennaleah, Jennalia, Jennaliah, Jennelea, Jenneleah, Jennelia, Jenneliah, Jennilea, Jennileah, Jennilia, Jenniliah, Jennylea, Jennyleah, Jennylia, Jennyliah, Jenylea, Jenyleah, Jenylia, Jenyliah

Jenell, Jenelle, Jennelle (américain) combinaisons de Jenny et de Nell.
Genell, Jenall, Jenalle, Jenel, Jenela, Jenelah, Jenele, Jenella, Jenellah, Jenille, Jennel, Jennele, Jennell, Jennella, Jennielle, Jennille, Jinelle, Jinnell

Jenessa (américain) variante de Jenisa.
Jenesa, Jenese, Jenesia, Jenessia, Jennesa, Jennese, Jennessa, Jinessa

Jenette (français) variante de Jeanne.
Jeneta, Jenetah, Jenett, Jenetta, Jenettah, Jennet, Jennett, Jennetta, Jennette, Jennita

Jeneva (français) variante de Geneva.
Janeva, Jeaneva, Jenava, Jenavah, Jenevah, Jenevia, Jeneviah, Jenniva, Jennivah

Jeni, Jenni, Jennie (gallois) variantes populaires de Jennifer. Voir aussi Jenny.
Jenee, Jenie, Jenne, Jenné, Jennee, Jenney, Jennia, Jenniah, Jennier, Jennita, Jennora

Jenica, Jenika, Jennica, Jennicah (roumain) variantes de Jane.
Jeneca, Jenicah, Jenicka, Jenickah, Jenikah, Jenikka, Jeniqua, Jeniquah, Jenique, Jennicka, Jennickah, Jennika, Jennikah, Jenniqua, Jenniquah, Jennique, Jennyca, Jennycah, Jennycka, Jennyckah, Jennyka, Jennykah, Jennyqua, Jennyquah, Jenyca, Jenycah, Jenyka

Jenice, Jenise (hébreu) variantes de Janice.
Jenicee, Jenicy, Jennise, Jennyce, Jennyse

Jenifer, Jeniffer, Jenniffer (gallois) variantes de Jennifer.
Jenifar, Jenipher

Jenilee, Jennilee (américain) combinaisons de Jeni et de Lee. Voir aussi Jenny Lee.
Jenelee, Jenelei, Jeneleigh, Jeneley, Jeneli, Jenelie, Jenelly, Jenely, Jenilei, Jenileigh, Jeniley, Jenili, Jenilie, Jenily, Jennelee, Jennelei, Jenneleigh, Jennely, Jennielee, Jennilee, Jennilei, Jennileigh, Jenniley, Jennili, Jennilie, Jennily, Jinnalee

Jenisa (américain) combinaison de Jennifer et Nisa.
Jenisha, Jenissa, Jenisse, Jennisa, Jennise, Jennisha, Jennissa, Jennisse, Jennysa, Jennyssa, Jenysa, Jenyse, Jenyssa, Jenysse

Jenka (tchèque) variante de Jane.

Jenna (arabe) petit oiseau ; (gallois) diminutif de Jennifer. Voir aussi Gen.
Janah, Jennae, Jennai, Jennat, Jennay, Jennaya, Jennaye, Jhenna

Jenna-Lee, Jennalee (américain) combinaisons de Jenna et de Lee.
Jenalee, Jenalei, Jenaleigh, Jenaley, Jenali, Jenalie, Jenaly, Jenna-Leigh, Jennalei, Jennaleigh

Jennafer (gallois) variante de Jennifer.
Jenafar, Jenafer, Jennafar

Jennifer (gallois) vague blanche ; fantôme blanc. Variante de Guenièvre. Voir aussi Gennifer, Ginniger, Yenifer.
Jen, Jenefar, Jenefer, Jeneffar, Jeneffer, Jennefar, Jennefer, Jennifar, Jenniferanne, Jenniferlee, Jenniffe, Jenniffier, Jennifier, Jenniphe, Jennipher

Jennilyn, Jennilynn (américain) combinaisons de Jeni et de Lynn.
Jenalin, Jenalyn, Jenelyn, Jenilyn, Jennalin, Jennaline, Jennalyn, Jennalyne, Jennalynn, Jennalynne, Jennilin, Jenniline, Jennilyne, Jennilynne

Jenny (gallois) variante populaire de Jennifer. Voir aussi Jeni.
Jenney, Jennya, Jennyah, Jeny, Jenya, Jenyah

Jenny Lee (américain) combinaison de Jenny et de Lee. Voir aussi Jenilee.
Jennylee, Jennylei, Jennyleigh, Jennyley, Jennyli, Jennylie, Jennyly, Jenylee, Jenylei, Jenyleigh, Jenyley, Jenyli, Jenylie, Jenyly

Jennyfer (gallois) variante de Jennifer.
Jennyfar, Jenyfar, Jenyfer

Jensen 🅵🅶 (scandinave) variante de Janson (voir les prénoms de garçons).
Jensan, Jensin, Jenson, Jensyn

Jensine (gallois) variante de Jeni.

Jeraldine (anglais) variante de Géraldine.
Jeraldeen, Jeraldeena, Jeraldena, Jeraldene, Jeraldin, Jeraldina, Jeraldinah, Jeraldyn, Jeraldyna, Jeraldynah, Jeraldyne, Jeralee

Jeremia (hébreu) Dieu inspirera.
Jeramia, Jeramiah, Jeramya, Jeramyah, Jeremiah, Jeremya, Jeremyah

Jereni (russe) variante d'Irène.
Jerena, Jerenae, Jerenee, Jerenia, Jereniah, Jerenie, Jereny, Jerenya, Jerenyah, Jerina

Jeri, Jerri, Jerrie (américain) diminutifs de Jeraldine. Voir aussi Geri.
Jera, Jerae, JeRae, Jeree, Jerey, Jerie, Jeriel, Jerilee, Jerinda, Jerra, Jerrah, Jerrece, Jerree, Jerrey, Jerriann, Jerrilee, Jerrine, Jerry, Jerrylea, Jerrylee, Jerryne, Jery, Jerzy

Jerica, Jericka, Jerika, Jerrica, Jerrika (américain) combinaisons de Jeri et d'Erica.
Jereca, Jerecka, Jericah, Jerice, Jerikah, Jeriqua, Jeriquah, Jerreka, Jerricah, Jerricca, Jerrice, Jerricha, Jerricka, Jerrieka, Jeryca, Jerycah, Jerycka, Jeryka, Jerykah, Jeryqua, Jeryquah

Jerilyn (américain) combinaison de Jeri et de Lynn.
Jeralin, Jeralina, Jeralinah, Jeraline, Jeralyn, Jeralyna, Jeralynah, Jeralyne, Jeralynn, Jeralynne, Jerelin, Jereline, Jerelyn, Jerelyne, Jerelynn, Jerelynne, Jerilin, Jerilina, Jerilinah, Jeriline, Jerilyna, Jerilyne, Jerilynn, Jerilynna, Jerilynne, Jerrilin, Jerriline, Jerrilyn, Jerrilyne, Jerrilynn, Jerrilynne, Jerylin, Jerylina, Jerylinah, Jeryline, Jerylyn, Jerylyna, Jerylynah, Jerylyne

Jermaine 🅶🅵 (français) variante de Germaine.
Jerma, Jermain, Jermaina, Jermainah, Jerman, Jermanay, Jermanaye, Jermane, Jermanee, Jermani, Jermanique, Jermany, Jermayn, Jermayna, Jermaynah, Jermayne, Jermecia, Jermia, Jermice, Jermicia, Jermila

Jermeka (français) variante de Jermaine.
Jermika

Jeroma (latin) sacrée.
Geroma, Geromah, Jeromah, Jerometta, Jeromette, Jeromima, Jeromyma

Jerónima (grec) variante de Jeroma.

Jérusalem (hébreu) vision de paix. Géographie : Jérusalem est une ville sainte en Israël.

Jerusalén (espagnol) variante de Jerusalem.

Jerusha (hébreu) héritage.
Jerushah, Yerusha

Jesenia, Jessenia (arabe) fleur.
Jescenia, Jesceniah, Jescenya, Jescenyah, Jeseniah, Jesenya, Jesenyah, Jessennia, Jessenya

Jesi, Jessye (hébreu) variantes de Jessie.
Jese, Jessee

Jesica, Jesika, Jessicca, Jessika (hébreu) variantes de Jessica.
Jesicah, Jesicca, Jesikah, Jesikkah, Jessikah

Jésica (slave) variante de Jessica.

Jessa (américain) diminutif de Jessalyn, de Jessamine, de Jessica.
Jesa, Jesha, Jessah

Jessalyn (américain) combinaison de Jessica et de Lynn.
Jesalin, Jesaline, Jesalyn, Jesalyne, Jesalynn, Jesalynne, Jessalin, Jessalina, Jessalinah, Jessaline, Jessalyna, Jessalynah, Jessalyne, Jessalynn, Jessalynne, Jesselin, Jesseline, Jesselyn, Jesselyne, Jesselynn, Jesselynne

Jessamine (français) variante de Jasmine.
Jesamin, Jesamina, Jesaminah, Jesamine, Jesamon, Jesamona, Jesamone, Jesamyn, Jesamyna, Jesamynah, Jesamyne, Jessamin, Jessamina, Jessaminah, Jessamon, Jessamona, Jessamonah, Jessamone, Jessamy, Jessamya, Jessamyah, Jessamyn, Jessamyna, Jessamynah, Jessamyne, Jessemin, Jessemina, Jesseminah, Jessemine, Jessimin, Jessimine, Jessmin, Jessmina, Jessminah, Jessmine, Jessmon, Jessmona, Jessmonah, Jessmone, Jessmy, Jessmyn, Jessmyna, Jessmynah, Jessmyne

Jesse [GF] (hébreu) variante de Jessie.

Jesseca (hébreu) variante de Jessica.
Jessecah, Jesseeca, Jesseeka, Jesseka, Jessekah

Jessi [FG] (hébreu) variante de Jessie.

Jessica (hébreu) riche. Littérature: prénom peut-être inventé par Shakespeare pour l'un de ses personnages dans la pièce *Le Marchand de Venise*. Voir aussi Gessica, Yesica.
Jesicka, Jessaca, Jessca, Jesscia, Jessia, Jessicah, Jessicia, Jessicka, Jessieka, Jessiqua, Jessiquah, Jessique, Jezeca, Jezecah, Jezecka, Jezeka, Jezekah, Jezica, Jezicah, Jezicka, Jezika, Jezikah, Jeziqua, Jeziquah, Jezyca, Jezycah, Jezyka, Jezyca, Jisica, Jisicah, Jisicka, Jisika, Jisikah, Jisiqua, Jisiquah, Jysica, Jysicah, Jysicka, Jysika, Jyssica, Jyssicah, Jyssicka, Jyssika, Jyssikah, Jyssiqua, Jyssiquah, Jyssyca, Jyssycka, Jyssyka, Jyssykah, Jysyka, Jysykah, Jysyqua, Jysyquah

Jessica-Lynn (américain) combinaison de Jessica et de Lynn.
Jessica-Lyn, Jessica-Lynne, Jessicalyn, Jessicalynn, Jessicalynne

Jessie [U] (hébreu) diminutif de Jessica; (écossais) variante de Janet.
Jescie, Jesea, Jesee, Jesey, Jesie, Jess, Jessé, Jessea, Jessee, Jessey, Jessia, Jessiah, Jessiya, Jesy

Jessilyn (américain) variante de Jessalyn.
Jesilin, Jesiline, Jesilyn, Jesilyne, Jesilynn, Jesilynne, Jessilynn

Jesslyn (américain) variante de Jessalyn.
Jesslin, Jesslynn, Jesslynne

Jessy [GF] (hébreu) diminutif de Jessica; (écossais) variante de Janet.

Jessyca, Jessyka (hébreu) variantes de Jessica.
Jessycka, Jessyqua, Jessyquah

Jésus [GF] (hébreu) Dieu est mon salut. Variante de Joshua. Bible: Jésus, fils de Marie et de Joseph, considéré par les chrétiens comme le fils de Dieu.

Jesusa (espagnol) variante de Jésus.

Jésusa (espagnol) variante de Jésus.
Jesusita, Jesusyta

Jetta (anglais) minéral noir de jais; (américain) variante populaire de Jevette.
Jeta, Jetah, Jetia, Jetiah, Jetje, Jett, Jettah, Jette, Jetti, Jettia, Jettiah, Jettie, Jetty, Jettya, Jettyah

Jevette (américain) combinaison de Jean et d'Yvette.
Jeva, Jeveta, Jevetta

Jewel (français) pierre précieuse.
Jewal, Jewele, Jewelei, Jeweleigh, Jeweli, Jewelie, Jewely, Juel, Juela, Juele

Jewelana (américain) combinaison de Jewel et d'Anna.
Jewelanah, Jewelann, Jeweliana, Jeweliann, Juelana, Juelanah, Julana, Julanah

Jewell (français) variante de Jewel.
Jewella, Jewelle, Jewellea, Jewelleah, Jewellee, Jewellene, Jewellie

Jézabel (hébreu) peu exaltée; impure. Bible: Jézabel, femme du roi Achab.
Jesabel, Jesabela, Jesabelah, Jesabele, Jesabell, Jesabella, Jesabellah, Jesabelle, Jessabel, Jessabela, Jessabelah, Jessabele, Jessabell, Jessabella, Jessabellah, Jessabelle, Jezabela, Jezabelah, Jezabele, Jezabell, Jezabella, Jezabellah, Jezabelle

Jezebel (hébreu) variante de Jézabel.
Jesibel, Jessebel, Jessebela, Jessebelah, Jessebele, Jessebell, Jessebella, Jessebellah, Jessebelle, Jez, Jezebela, Jezebelah, Jezebele, Jezebell, Jezebella, Jezebellah, Jezebelle

Jianna (italien) variante de Giana.
Jiana, Jianah, Jianina, Jianine, Jiannah, Jianni, Jiannini, Jyana, Jyanah, Jyanna, Jyannah

Jibon (hindi) vie.
Jibona, Jibonah, Jibone, Jybon, Jybona, Jybonah, Jybone

Jill (anglais) diminutif de Jillian.
Jil, Jyl, Jyll

Jillaine (latin) variante de Jillian.
Jilain, Jilaina, Jilaine, Jilane, Jilayne, Jillain, Jillaina, Jillane, Jillayn, Jillayna, Jillayne, Jylain, Jylaina, Jylaine, Jylan, Jylane, Jyllain, Jyllaina, Jyllaine, Jyllane, Jyllanne, Jyllayn, Jyllayna, Jyllayne

Jillanna (latin) variante de Jillian.
Jilan, Jilana, Jillana, Jillann, Jillannah, Jillanne, Jylana, Jyllana, Jyllanah, Jyllann, Jyllanna, Jyllannah

Jilleen (irlandais) variante de Jillian.
Jileen, Jilene, Jiline, Jillene, Jillenne, Jilline, Jillyn

Jilli (australien) aujourd'hui.
Jilea, Jileah, Jilee, Jilei, Jileigh, Jili, Jilie, Jillea, Jilleah, Jillee, Jillei, Jilleigh, Jilley, Jillie, Jilly, Jily, Jylea, Jyleah, Jylee, Jylei, Jyleigh, Jyley, Jyli, Jylie, Jyllea, Jylleah, Jyllee, Jyllei, Jylleigh, Jylli, Jyllie, Jylly, Jyly

Jillian (latin) jeune. Voir aussi Gillian.
Jilian, Jiliana, Jilianah, Jiliane, Jiliann, Jilianna, Jiliannah, Jilianne, Jilienna, Jilienne, Jillaine, Jillanna, Jilleen, Jilliana, Jillianah, Jilliane, Jilliann, Jillianna, Jilliannah, Jillianne, Jillien, Jillienne, Jillion, Jilliyn, Jillyan, Jillyana, Jillyanah, Jillyane, Jillyann, Jillyanna, Jillyannah, Jillyanne, Jilyan, Jilyana, Jilyanah, Jilyane, Jilyann, Jilyanna, Jilyannah, Jilyanne, Jyllian

Jimena (hébreu, américain) variante de Jimi.

Jimi GF (hébreu) qui évince, qui remplace.
Jimae, Jimaria, Jimee, Jimella, Jimey, Jimia, Jimiah, Jimie, Jimiyah, Jimmee, Jimmeka, Jimmet, Jimmey, Jimmi, Jimmia, Jimmie, Jimmy, Jimy, Jymee, Jymey, Jymi, Jymie, Jymmee, Jymmey, Jymmi, Jymmie, Jymmy, Jymy

Jimisha (américain) combinaison de Jimi et d'Aisha.
Jimica, Jimicia, Jimmicia, Jimysha

Jin GF (japonais) tendre; (américain) diminutif de Ginny, de Jinny.
Jyn

Jina FG (swahili) bébé avec un nom; (italien) variante de Gina.
Jinae, Jinah, Jinan, Jinda, Jinna, Jinnae, Jinnah, Jyna, Jynah, Jynna, Jynnah

Jinny (écossais) variante populaire de Jenny; (américain) variante populaire de Virginia. Voir aussi Ginny.
Jinee, Jiney, Jini, Jinie, Jinnee, Jinney, Jinni, Jinnie, Jiny, Jynee, Jyney, Jyni, Jynie, Jynnee, Jynney, Jynni, Jynnie, Jynny, Jyny

Jira (africain) parente par le sang.

Jirakee (australien) chute d'eau, cascade.
Jirakei, Jirakey, Jiraki, Jirakie, Jiraky, Jyrakee, Jyrakei, Jyrakey, Jyraki, Jyrakie, Jyraky

Jirina (tchèque) variante de Georgia.
Jirah, Jireana, Jireanah, Jireena, Jireenah, Jireh, Jirinah, Jiryna, Jirynah, Jyreana, Jyreanah, Jyreena, Jyreenah, Jyrina, Jyrinah, Jyryna, Jyrynah

Jizelle (américain) variante de Giselle.
Jessel, Jezel, Jezela, Jezelah, Jezele, Jezell, Jezella, Jezellah, Jezelle, Jisel, Jisela, Jisele, Jisell, Jisella, Jiselle, Jissel, Jissell, Jissella, Jisselle, Jizel, Jizela, Jizele, Jizell, Jizella, Joselle, Jyzel, Jyzela, Jyzele, Jyzell, Jyzella, Jyzelle

Jo FG (américain) diminutif de Joana, de Jolene, de Joséphine.
Joangie, Joe, Joee, Joetta, Joette, Joh

Joan FG (hébreu) Dieu est bienveillant. Voir aussi Ioana, Jane, Jean, Juanita, Siobhan.
Joaneil, Joanmarie, Joannanette, Joayn, Joen, Joenn, Jonni

Joana, Joanna (anglais) variantes de Joan. Voir aussi Yoana.
Janka, Jhoana, Jo-Ana, Jo-Anie, Jo-Anna, Jo-Annie, Joahna, Joanah, Joananna, Joandra, Joanka, Joannah, Joayna, Joeana, Joeanah, Joeanna, Joeannah, Joena, Joenah, Joenna, Joennah

Joanie, Joannie, Joanny, Joany (hébreu) variantes populaires de Joan.
Joanee, Joaney, Joani, Joanney, Joanni, Joenie

Joann, Joanne (anglais) variantes de Joan.
Jo-Ann, Jo-Anne, Joanann, Joananne, Joane, Joayne, Joeane, Joeann, Joeanne, Joenn, Joenne

Joaquina (hébreu) Dieu établira.
Joaquinah, Joaquine, Joaquyn, Joaquyna, Joaquynah, Joaquyne

Joba (hébreu) variante de Joby.

Jobeth (anglais) combinaison de Jo et de Beth.
Jobetha, Jobethe, Joebeth, Joebetha, Joebethe, Johbeth, Johbetha, Johbethe

Jobina (hébreu) variante de Joby.
Jobeana, Jobeanah, Jobeena, Jobeenah, Jobin, Jobinah, Jobine, Jobyna, Jobynah, Jobyne

Joby GF (hébreu) affligé; (anglais) variante populaire de Jobeth.
Jobea, Jobee, Jobey, Jobi, Jobie, Jobina, Jobita, Jobitt, Jobitta, Jobitte, Jobrina, Jobya, Jobye

Jocacia (américain) combinaison de Joy et d'Acacia.

Jocelín, Joselín (latin) variantes de Jocelyne.

Jocelin, Joceline, Jocelyn, Jocelynn (latin) variantes de Jocelyne.
Jocalin, Jocalina, Jocaline, Jocalyn, Jocelle, Joci, Jocia, Jocilyn, Jocilynn, Jocinta, Joscelin, Josilin, Jossalin

Jocelyne (latin) joyeuse. Voir aussi Yocelin, Yoselin.
Jocelina, Jocelinah, Jocelinn, Jocelynne

Joclyn (latin) diminutif de Jocelyne.
Joclynn, Joclynne

Jocosa, Jocose (latin) épanouie.

Jodee, Jodi, Jodie (américain) variantes populaires de Judith.
Jode, Jodea, Jodele, Jodell, Jodelle, Jodevea, Jodey, Jodi-Lee, Jodi-Lynn, Jodia, Jodiee, Jodilee, Jodilynn, Jodee, Joedey, Joedi, Joedie, Joedy, Johdea, Johdee, Johdey, Johdi, Johdie, Johdy, Jowdee, Jowdey, Jowdi, Jowdie, Jowdy

Jodiann (américain) combinaison de Jodi
(voir Jodee) et d'Ann.
*Jodene, Jodi-Ann, Jodi-Anna, Jodi-Anne, Jodianna, Jodianne,
Jodine, Jody-Ann, Jody-Anna, Jody-Anne, Jodyann,
Jodyanna, Jodyanne, Jodyne*

Jody Ⓤ (américain) variante populaire
de Judith.

Joëlle (hébreu) il plaît à Dieu.
*Joela, Joelah, Joele, Joelee, Joeli, Joelia, Joelie, Joell, Joella,
Joellah, Joelle, Joelli, Joelly, Joely, Jowel, Jowela, Jowelah,
Jowele, Jowell, Jowella, Jowellah, Jowelle, Joyelle*

Joelynn (américain) combinaison de Joëlle
et de Lynn.
*Joelean, Joeleana, Joeleanah, Joeleane, Joeleen, Joeleena,
Joeleenah, Joeleena, Joelena, Joelenah, Joelene, Joelin,
Joelina, Joelinah, Joeline, Joellen, Joellena, Joellenah,
Joellene, Joellyn, Joelyn, Joelyne*

Joey ⒼⒻ (américain) variante populaire
de Jo.

Johana, Johanna, Johannah (allemand)
variantes de Joana. Voir aussi Giana.
*Johan, Johanah, Johanka, Johann, Johonna, Joyhanna,
Joyhannah*

Johanie, Johannie, Johanny (hébreu)
variantes de Joanie.
Johane, Johani, Johanni, Johany

Johanne (allemand) diminutif de Johana.
Variante de Joann.

Johna, Johnna (américain) variantes de Joana,
de Johana.
Jhona, Jhonna, Johnda, Joncie, Jonda, Jondrea, Jutta

Johnae (américain) variante de Janae.

Johnesha (américain) variante de Johnnessa.
Johnecia

Johnetta (américain) variante de Jonita.
Johnette, Jonetta, Jonette

Johnisha (américain) variante de Johnnessa.

Johnnessa (américain) combinaison de Johna
et de Nessa.
*Jahnessa, Johneatha, Johnetra, Johnishi, Johnnise,
Jonyssa*

Johnnie ⒼⒻ (hébreu) variante de Joanie.
Johni, Johnie, Johnni, Johnnie-Lynn, Johnnielynn, Johnny

Joi, Joie (latin) variantes de Joy.
Joia, Joiah

Jokia (swahili) belle robe.
Jokiah, Jokya, Jokyah

Jolan (hongrois) floraison de violette.
*Jola, Jolán, Jolana, Jolanah, Jolane, Jolanee, Jolaney, Jolani,
Jolania, Jolaniah, Jolanie, Jolany, Jolanya, Jolanyah*

Jolanda (grec) variante de Yolanda.
Voir aussi Iolanthe.
*Joland, Jolande, Jolander, Jolanka, Jolánta, Jolante,
Jolantha, Jolanthe*

Jolee (français) variante de Jolie.
*Jole, Jolea, Joleah, Jolei, Joleigh, Joley, Jollea, Jolleah, Jollee,
Jollei, Jolleigh*

Joleen, Joline (anglais) variantes de Jolene.
*Jolean, Joleane, Joleene, Jolin, Jolinn, Jolleen, Jolleene,
Jollene, Jollin, Jolline*

Jolena (hébreu) variante de Jolene.
*Jolaina, Jolana, Jolanna, Jolanta, Joleana, Joleanah, Joleena,
Joleenah, Jolenna, Jolina, Jolinah, Jolinda, Jolinna, Jolleena,
Jollina, Jollinah, Jollyna, Jollynah, Jolyana, Jolyanna,
Jolyannah, Jolyna, Jolynah*

Jolene (hébreu) Dieu ajoutera, Dieu
augmentera ; (anglais) variante de Joséphine.
*Jolaine, Jolane, Jolanne, Jolayne, Jole, Joléne, Jolenne,
Jolleane, Jollyn, Jollyne, Jolyne*

Jolie (français) jolie.
Joli, Jolibeth, Jolli, Jollie, Jolly, Joly, Jolye

Jolisa (américain) combinaison de Jo et de Lisa.
*Joleesa, Joleisha, Joleishia, Jolieasa, Jolise, Jolisha, Jolisia,
Jolissa, Jolysa, Jolyssa*

Jolyane (hébreu) variante de Jolene.
Jolyanne

Jolyn, Jolynn (américain) combinaisons de Jo
et de Lynn.
Jolyna, Jolynah, Jolyne, Jolynne

Jona (hébreu) diminutif de Jonina.
Jonah, Jonai, Jonia, Joniah, Jonnah

Jonae (américain, hébreu) variante de Janae.
Variante de Jona.

Jonatha (hébreu) variante de Jonathan.
Johnasha, Johnasia

Jonell, Jonelle (américain) combinaisons de Joan
et d'Elle.
*Jahnel, Jahnell, Jahnelle, Joanel, Joanela, Joanele, Joanelle,
Joannel, Johnel, Johnela, Johnele, Johnell, Johnella, Johnelle,
Jonel, Jonela, Jonelah, Jonele, Jonella, Jonilla, Jonille,
Jonyelle, Jynell, Jynelle*

Jonesha (américain) variante de Jonatha.
*Joneisha, Jonesa, Joneshia, Jonessa, Jonneisha, Jonnesha,
Jonnessia*

Joni (américain) variante populaire de Joan.
*Jonann, Joncee, Joncey, Jonci, Joncie, Jone, Jonee, Joney,
Joni-Lee, Jonice, Jonie, Jonilee, Jony*

Jonika (américain) variante de Janika.
*Johnica, Johnique, Johnnica, Johnnika, Johnquia, Joneeka,
Joneika, Jonica, Jonicah, Joniqua, Jonique*

Jonina (hébreu) colombe. Voir aussi Yonina.
*Jona, Joneen, Joneena, Joneene, Joninah, Jonine, Jonnina,
Jonyna, Jonynah*

Jonisha (américain) variante de Jonatha.
Jonis, Jonisa, Jonise, Jonishah, Jonishia

Jonita (hébreu) variante de Jonina.
Voir aussi Yonita.
Johnita, Johnittia, Jonatee, Jonatey, Jonati, Jonatia, Jonatie, Joneata, Joneatah, Joneeta, Joneetah, Jonit, Jonitae, Jonitah, Jonite, Jonnita, Jonyta, Jonytah

Jonna (américain) variante de Joana, de Johana.

Jonni, Jonnie (américain) variantes populaires de Joan.
Jonny

Jonquil (latin, anglais) Botanique: la jonquille, plante décorative aux fleurs jaunes parfumées.
Jonquelle, Jonquie, Jonquila, Jonquile, Jonquill, Jonquilla, Jonquille, Jonquyl, Jonquyla, Jonquylah, Jonquyle, Jonquyll, Jonquylla, Jonquyllah, Jonquylle

Jontel (américain) variante de Johna.
Jonta, Jontae, Jontaé, Jontai, Jontaia, Jontaya, Jontaye, Jontela, Jontele, Jontell, Jontella, Jontelle, Jontia, Jontiah, Jontila, Jontrice

Jora FG (hébreu) pluie d'automne.
Jorah, Jorai, Joria, Joriah

Jordain, Jordane (hébreu) variantes de Jordan.
Jordaine, Jordayn, Jordayne

Jordan GF (hébreu) descendant, en descente.
Voir aussi Jardena.
Jordea, Jordee, Jordi, Jordian, Jordie

Jordana, Jordanna (hébreu) variantes de Jordan.
Voir aussi Giordana, Yordana.
Jorda, Jordah, Jordaina, Jordannah, Jordayna, Jordena, Jordenna, Jordina, Jordinna, Jordona, Jordonna, Jordyna, Jordynna, Jourdana, Jourdanna

Jordann, Jordanne, Jordyne, Jordynn (hébreu) variantes de Jordan.
Jordene, Jordenn, Jordenne, Jordine, Jordinn, Jordinne, Jordone, Jordonne, Jordynne

Jorden GF (hébreu) variante de Jordan.

Jordin, Jordyn FG (hébreu) variantes de Jordan.

Jordon GF (hébreu) variante de Jordan.

Jorgelina (grec) celle qui travaille bien dans la campagne.

Jori, Jorie (hébreu) variantes populaires de Jordan.
Jorea, Joree, Jorée, Jorey, Jorin, Jorina, Jorine, Jorita, Jorre, Jorrey, Jorri, Jorrian, Jorrie, Jorry

Joriann (américain) combinaison de Jori et d'Ann.
Jori-Ann, Jori-Anna, Jori-Anne, Jorian, Joriana, Jorianah, Joriane, Jorianna, Joriannah, Jorianne, Jorriann, Jorrianna, Jorrianne, Jorryann, Jorryanna, Jorryanne, Joryana, Joryanah, Joryane, Joryann, Joryanna, Joryanne

Jorja (américain) variante de Georgia.
Jeorgi, Jeorgia, Jorga, Jorgah, Jorgan, Jorgana, Jorgane, Jorgi, Jorgia, Jorgiah, Jorgie, Jorgina, Jorgine, Jorjan, Jorjana, Jorjanah, Jorjane, Jorji, Jorjia, Jorjiah, Jorjina, Jorjiya, Jorjiyah

Jory GF (hébreu) variante populaire de Jordan.

Josafata (hébreu) Dieu jugera.

Josalyn, Jossalin (latin) variantes de Jocelyne.
Josalene, Josalin, Josalina, Josalinah, Josalind, Josaline, Josalynn, Joshalyne Jossalina, Jossalinah, Jossaline, Jossalyn, Jossalynn, Jossalynne

Joscelin, Joscelyn (latin) variantes de Jocelyne.
Josceline, Joscelyne, Joscelynn, Joscelynne

Josée (américain) variante populaire de Joséphine.
Joesee, Josee, Josse, Jossee, Jozee

Josefina (espagnol) variante de Joséphine.
Josaffina, Josaffine, Josefa, Josefena, Joseffa, Josefine, Jozafin, Jozafina, Jozafine, Jozefa, Jozefin, Jozefina, Jozefinah, Jozefine

Joselin, Joseline, Joselyn, Joselyne, Josselyn (latin) variantes de Jocelyne.
Joselina, Joselinah, Joselinne, Joselynn, Joselynne, Joshely, Josselen, Josselin, Josseline, Jossellen, Jossellin, Jossellyn, Josselyne, Josselynn, Josselynne

Joselle (américain) variante de Jizelle.
Joesell, Joesella, Joeselle, Josel, Josela, Josele, Josell, Josella, Jozelle

Josepha (allemand) variante de Joséphine.
Josephah, Jozepha

Josephina (français) variante de Joséphine.
Fina, Josaphina, Josephena, Josephyna

Joséphine (français) variante de Joseph; Dieu ajoutera, Dieu augmentera.
Voir aussi Fifi, Giuseppina, Pepita, Yosepha.
Josaphine, Josephene, Josephin, Josephiney, Josephyn, Josephyne, Jozephine, Sefa

Josette (français) variante populaire de Joséphine.
Joesetta, Joesette, Joset, Joseta, Josetah, Josete, Josett, Josetta, Josettah, Joshet, Josheta, Joshetah, Joshete, Joshett, Joshetta, Joshettah, Joshette, Josit, Josita, Jositah, Josite, Jositt, Jositta, Josittah, Jositte, Josyt, Josyta, Josytah, Josyte, Josytt, Josytta, Josyttah, Josytte, Jozet, Jozeta, Jozetah, Jozete, Jozett, Jozetta, Jozettah, Jozette

Josey FG (hébreu) variante populaire de Joséphine.
Joesey, Josia, Josiah, Josy, Josye

Joshann (américain) combinaison de Joshlyn et d'Ann.
Joshan, Joshana, Joshanah, Joshanna, Joshannah, Joshanne

Joshelle (américain) combinaison de Joshlyn
et d'Elle.
*Joshel, Joshela, Joshelah, Joshele, Joshell, Joshella,
Joshellah*

Joshlyn (latin) variante de Jocelyne; (hébreu)
variante de Joshua.
*Joshalin, Joshalina, Joshalinah, Joshaline, Joshalyn,
Joshalynn, Joshalynne, Joshlean, Joshleana, Joshleanah,
Joshleane, Joshleen, Joshleena, Joshleenah, Joshleene,
Joshlene, Joshlin, Joshlina, Joshlinah, Joshline, Joshlyna,
Joshlynah, Joshlyne, Joshlynn, Joshlynna, Joshlynnah,
Joshlynne*

Joshua ☰☰ (hébreu) Dieu est mon salut.
Bible: a mené les Israélites en Terre Promise.

Josi, Josie, Jossie (hébreu) variantes populaires
de Joséphine.

Josiane, Josiann, Josianne (américain)
combinaisons de Josie (voir Josi) et d'Ann.
*Josian, Josiana, Josianna, Josie-Ann, Josieann, Josina,
Josinah, Josine, Josinee, Josyn, Josyna, Josyne, Jozan, Jozana,
Jozane, Jozian, Joziana, Joziane, Joziann, Jozianna, Jozianne,
Jozyn, Jozyna, Jozyne*

Josilin, Josilyn (latin) variantes de Jocelyne.
*Josielin, Josielina, Josieline, Josiline, Josilyne, Josilynn,
Josilynne*

Joslin, Joslyn, Joslynn (latin) diminutifs
de Jocelyne.
*Joslina, Joslinah, Josline, Joslyne, Joslynne, Josslyn, Josslyne,
Josslynn, Josslynne*

Jossline (latin) variante de Jocelyne.
Josslin

Josune (espagnol) variante de Jésus.

Jourdan ☰☰ (hébreu) variante de Jordan.
*Jourdain, Jourdann, Jourdanne, Jourden, Jourdian, Jourdon,
Jourdyn*

Journey (anglais) voyage.

Jovana (latin) variante de Jovanna.
Jovanah, Jovane, Jovania, Jovaniah

Jovanna (latin) majestueuse; (italien) variante
de Giovanna. Mythologie: Jovis, aussi appelé
Jupiter, était le dieu romain suprême.
*Jeovana, Jeovanna, Jouvan, Jovado, Joval, Jovan, Jovann,
Jovannah, Jovannia, Jovanniah, Jovannie, Jovena, Jovenah,
Jovenia, Joveniah, Joviana, Jovin, Jovon, Jovona, Jovonah,
Jovonda, Jovone, Jovonia, Jovonn, Jovonna, Jovonnah,
Jovonne, Jowan, Jowana, Jowanna*

Jovannie (italien) variante populaire de Jovanna.
*Jovanee, Jovaney, Jovani, Jovanie, Jovanne, Jovannee,
Jovanni, Jovanny, Jovany, Jovonnie*

Jovi (latin) diminutif de Jovita.
Jovee, Jovey, Jovia, Joviah, Jovie, Jovy, Jovya, Jovyah

Joviana (latin) variante de Jovanna.
*Jovian, Jovianah, Joviane, Joviann, Jovianna, Joviannah,
Jovianne, Jovyan, Jovyana, Jovyanah, Jovyane, Jovyann,
Jovyanna, Jovyannah, Jovyanne*

Jovina (latin) variante de Jovanna.
Jovinah, Jovine, Jovyn, Jovyna, Jovynah, Jovyne

Jovita (latin) joviale.
*Joveda, Jovet, Joveta, Jovete, Jovett, Jovetta, Jovette, Jovi,
Jovida, Jovidah, Jovit, Jovitah, Jovite, Jovitt, Jovitta, Jovitte,
Jovyta, Jovytah, Jovyte, Jovytt, Jovytta, Jovyttah, Jovytte*

Joxepa (hébreu) variante de Josefina.

Joy (latin) joyeuse.
Joye, Joyeeta, Joyella, Joyous, Joyvina

Joya (latin) variante de Joy.
Joyah, Joyia

Joyann, Joyanne (américain) combinaisons
de Joy et d'Ann.
*Joian, Joiana, Joianah, Joiane, Joiann, Joianna, Joiannah,
Joianne, Joyan, Joyana, Joyanah, Joyane, Joyanna, Joyannah*

Joyce (latin) joyeuse. Diminutif de Joycelyn.
*Joice, Joise, Joycee, Joycey, Joycia, Joyciah, Joycie, Joyse,
Joysel*

Joycelyn (américain) variante de Jocelyne.
*Joycalin, Joycalina, Joycalinah, Joycaline, Joycalyn,
Joycalyna, Joycalynah, Joycalyne, Joycelin, Joycelina,
Joycelinah, Joyceline, Joycelyna, Joycelynah, Joycelyne,
Joycelynn, Joycelynne, Joysalin, Joysalina, Joysalinah,
Joysaline, Joysalyn*

Joyceta (espagnol) variante de Joyce.

Joylyn (américain) combinaison de Joy
et de Lynn.
*Joialin, Joialine, Joialyn, Joialyna, Joialyne, Joilin, Joilina,
Joilinah, Joiline, Joilyn, Joilyna, Joilynah, Joilyne, Joy-Lynn,
Joyleen, Joylene, Joylin, Joylina, Joylinah, Joyline, Joylyna,
Joylynah, Joylyne, Joylynn, Joylynne*

Jozephine (français) variante de Joséphine.
*Jozaphin, Jozaphina, Jozaphinah, Jozaphine, Jozaphyn,
Jozaphyna, Jozaphynah, Jozaphyne, Jozephin, Jozephina,
Jozephinah, Jozephyn, Jozephyna, Jozephynah, Jozephyne*

Jozie (hébreu) variante populaire de Joséphine.
*Joze, Jozee, Jozée, Jozey, Jozi, Jozy, Jozze, Jozzee, Jozzey,
Jozzi, Jozzie, Jozzy*

Juana (espagnol) diminutif de Juanita.
*Juanah, Juanell, Juaney, Juanika, Juanit, Juanna, Juannah,
Juannia*

Juana del Pilar (espagnol) variante de Juana.

Juandalyn (espagnol) variante de Juanita.
*Jualinn, Juandalin, Juandalina, Juandaline, Juandalyna,
Juandalyne, Juandalynn, Juandalynne*

Juaneta (espagnol) variante de Juana.

Juanita (espagnol) variante de Jane, de Joan.
Voir aussi Kwanita, Nita, Waneta, Wanika.
Juaneice, Juanequa, Juanesha, Juanice, Juanicia, Juaniqua, Juanisha, Juanishia

Jubilée (latin) festivités joyeuses.
Jubilea, Jubileah, Jubilei, Jubileigh, Jubili, Jubilia, Jubiliah, Jubilie, Jubily, Jubilya, Jubilyah, Jubylea, Jubyleah, Jubylee, Jubylei, Jubyleigh, Jubyley, Jubyli, Jubylia, Jubyliah, Jubylie, Jubyly

Juci (hongrois) variante de Judy.
Jucee, Jucey, Jucia, Juciah, Jucie, Jucika, Jucy, Jucya, Jucyah

Jucunda (latin) plaisante.

Judine (hébreu) variante de Judith.
Judeen, Judeena, Judeenah, Judena, Judene, Judin, Judina, Judinah, Judyn, Judyna, Judynah, Judyne

Judith (hébreu) louée. Mythologie: meurtrière d'Holopherne, selon une ancienne légende juive. Voir aussi Yehudit, Yudita.
Giuditta, Ioudith, Jude, Judett, Judetta, Judette, Judine, Judit, Judita, Judite, Juditha, Judithe, Juditt, Juditta, Juditte, Judyta, Judytt, Judytta, Judytte, Jutka

Judy (hébreu) variante populaire de Judith.
Judea, Judee, Judey, Judi, Judie, Judye

Judyann (américain) combinaison de Judy et d'Ann.
Judana, Judane, Judiana, Judiane, Judiann, Judianna, Judiannah, Judianne, Judyanna, Judyanne

Jula (polonais) variante de Julia.
Jewlah, Juela, Juelah, Julah, Julca, Julcia, Julea, Juleah, Juliska, Julka

Julee (anglais) variante de Julie.

Julene (basque) variante de Julia.
Voir aussi Yulene.
Julean, Juleana, Juleanah, Juleane, Juleen, Juleena, Juleenah, Juleene, Julena, Julenah, Julenia, Juleniah, Julina, Juline, Julinka, Juliska, Jullean, Julleana, Julleanah, Julleane, Julleen, Julleena, Julleenah, Julleene, Jullena, Jullene, Jullin, Jullina, Jullinah, Julline, Jullyna, Jullynah, Jullyne, Julyna, Julynah, Julyne

Julia ^{TOP} (latin) variante de Julie.
Voir aussi Giulia, Jill, Jillian, Sulia, Yulia.
Iulia, Jewelea, Jeweleah, Jewelia, Jeweliah, Jewelya, Jewlya, Jewlyah, Juelea, Jueleah, Jula, Julea, Juleah, Juliah, Julica, Juliea, Julija, Julita, Juliya, Julka, Julya

Julian GF (anglais) variante de Julia.
Voir aussi Julie Ann.
Jewelian, Jeweliane, Jeweliann, Jewelianne, Jewliane, Jewliann, Jewlianne, Julean, Juleann, Julijanne, Juline, Julyan, Julyane, Julyann, Julyanne

Juliana (tchèque, espagnol) variante de Julia.
Jeweliana, Jewelianah, Jewelianna, Jeweliannah, Jewliana, Jewlianah, Jewlianna, Jewliannah, Julianah, Juliannah, Julieana, Julieanah, Juliena, Julienna, Juliennah, Julijana, Julijanah, Julijanna, Julijannah, Julina, Julinah, Julliana, Jullianna, Julyana, Julyanah, Julyanna, Julyannah, Yuliana

Juliane, Juliann, Julianne (anglais) variantes de Julia.

Julianna (hongrois) variante de Julia.
Voir aussi Juliana.

Julie ^{TOP} (latin) de la famille de Iule.
Jewelee, Jewelei, Jeweleigh, Jeweli, Jewelie, Jewlie, Juel, Juelee, Juelei, Jueleigh, Jueli, Juelie, Juely, Jule, Julei, Juleigh, Julene, Juli, Julie-Lynn, Julie-Mae, Julle, Jullee, Julli, Jullie, Jully, July

Julie Ann, Julie Anne, Julieann (américain) combinaisons de Julie et d'Ann.
Voir aussi Julian.
Julie-Ann, Julie-Anne, Juliean, Julieane, Julieanne

Julieanna (américain) variante de Juliana.
Julie Anna, Julie-Anna

Julienne (anglais) variante de Julie.
Julien, Juliene, Julienn

Juliette ^{TOP} (français) variante de Julie.
Jewelett, Jeweletta, Jewelette, Juleliet, Juleliete, Juleliett, Juleliette, Jewelyet, Jewelyete, Jewelyett, Jewelyette, Jolet, Jolete, Juelet, Juelete, Juelett, Juelette, Juleate, Juliet, Juliete, Juliett, Jullet, Julliet, Julliete, Julliett, Julliette, Julyet, Julyete, Julyett, Julyette

Julieta (français) variante de Julie.
Guilietta, Jewelieta, Jewelietta, Jewelyeta, Jewelyetta, Juleata, Juleatah, Julietah, Julietta, Juliettah, Jullieta, Jullietah, Jullietta, Julyeta, Julyetah, Julyetta, Julyettah

Julisa, Julissa (latin) variantes de Julie.
Julis, Julisha, Julysa, Julyssa

Julita (espagnol) variante de Julie.
Joleta, Joletah, Jueleta, Jueletah, Jueletta, Juelettah, Juleet, Juleeta, Juleetah, Juleete, Julet, Juleta, Juletah, Julett, Juletta, Julette, Julit, Julitah, Julite, Julitt, Julitta, Julittah, Julitte, Julyta

Jullian U (anglais) variante de Julie.

Jumaris (américain) combinaison de Julie et de Maris.

Jun GF (chinois) qui dit la vérité.

June (latin) née le sixième mois.
Juin, Juine, Juna, Junel, Junell, Junella, Junelle, Junett, Junetta, Junette, Juney, Juniet, Junieta, Juniett, Junietta, Juniette, Junill, Junilla, Junille, Junina, Junine, Junita, Junn, Junula

Junee (latin) variante populaire de June.
Junea, Juney, Juni, Junia, Juniah, Junie, Juny

Juno (latin) reine. Mythologie : Junon, déesse romaine suprême.

Jupita (latin) Mythologie : Jupiter est le dieu romain suprême et le mari de Junon. Astronomie : Jupiter est la planète la plus large du système solaire et la cinquième planète à partir du Soleil.
Jupitah, Jupitor, Jupyta, Jupytah, Jupyter, Jupytor

Jurisa (slave) tempête.
Jurisah, Jurissa, Jurissah, Jurysa, Jurysah, Juryssa, Juryssah

Jurnee (américain) variante de Journey.

Justa (latin) diminutif de Justina, de Justine.
Justah, Juste, Justea, Justi, Justie, Justy

Justice F G (latin) variante de Justin.
Justys, Justyse

Justin G F (latin) variante de Justine.

Justina (italien) variante de Justine. Voir aussi Giustina.
Jestena, Justeana, Justeanah, Justeena, Justeenah, Justeina, Justeinah, Justeyna, Justeynah, Justinah, Justinna

Justine ^{TOP}.100. (latin) juste, droite.
Jestine, Justean, Justeane, Justeen, Justeene, Justein, Justeine, Justeyn, Justeyne

Justiniana (espagnol) variante de Justine.

Justis G F (latin) variante de Justice.
Justiss, Justisse

Justise, Justyce (latin) variantes de Justice.

Justus G F (latin) variante de Justice.

Justyna (italien) variante de Justine.
Justynah

Justyne (latin) variante de Justine.
Justyn, Justynn, Justynne

Juvencia (latin) variante de Juventina.

Juventa (grec) variante de Juventina.

Juventina (latin) jeune.

Jyllian (latin) variante de Jillian.
Jylian, Jyliana, Jylianah, Jyliane, Jyliann, Jylianna, Jyliannah, Jylianne, Jylliana, Jyllianah, Jylliane, Jylliann, Jyllianna, Jylliannah, Jyllianne, Jyllyan, Jyllyana, Jyllyanah, Jyllyane, Jyllyann, Jyllyanna, Jyllyannah, Jyllyanne

Ka'la (arabe) variante de Kala.

Kacee, Kaci, Kacie (irlandais, américain) variantes de Kacey.

Kacey F G (irlandais) courageux ; (américain) variante de Casey. Combinaison des lettres K et C.
Kace, Kaecee, Kaecey, Kaeci, Kaecie, Kaecy, Kaicee, Kaicey, Kaici, Kaicie, Kaicy, Kasci

Kachina (amérindien) danseuse sacrée.
Kachin, Kachinah, Kachine, Kachinee, Kachiney, Kachyn, Kachyna, Kachynah, Kachyne

Kacia (grec) diminutif d'Acacia.
Kacya, Kaecea, Kaecia, Kaeciah, Kaesea, Kaesia, Kaesiah, Kaicea, Kaicia, Kaiciah, Kaisea, Kaisia, Kaisiah, Kasea, Kasya, Kaycia, Kaysea, Kaysia

Kacy F G (irlandais) courageux ; (américain) variante de Casey. Combinaison des lettres K et C.

Kadedra (américain) combinaison de Kady et de Dedra.
Kadeadra, Kadedrah, Kadedria

Kadee, Kadi, Kadie (anglais) variantes de Kady.
Kaddia, Kaddiah, Kaddie, Kadia, Kadiah

Kadeejah (arabe) variante de Kadijah.
Kadeeja

Kadeesha (américain) variante de Kadesha.
Kadeeshia, Kadeesia, Kadeesiah, Kadeezia

Kadeidra (américain) variante de Kadedra.
Kadeedra, Kadeidre, Kadeidria

Kadeija (arabe) variante de Kadijah.
Kadeijah

Kadeisha (américain) variante de Kadesha.

Kadeja, Kadejah (arabe) variantes de Kadijah.
Kadejá, Kadejia

Kadelyn (américain) combinaison de Kady et de Lynn.

Kadesha (américain) combinaison de Kady et d'Aisha.
Kadesa, Kadessa, Kadiesha, Kadieshia, Kadysha, Kadyshia

Kadeshia (américain) variante de Kadesha.
Kadesheia

Kadesia (américain) variante de Kadesha.
Kadezia

Kadija (arabe) variante de Kadijah.

Kadijah (arabe) digne de confiance.
Kadajah

Kadisha (américain) variante de Kadesha.
Kadishia, Kadisia

Kady (anglais) variante de Katy. Combinaison des lettres K et D. Voir aussi Cadie.
K. D., Kaddy, Kade, Kadea, Kadey, Kadya, Kadyn, Kaidi, Kaidy

Kae (grec, teuton, latin) variante de Kay.

Kaedé (japonais) feuille d'érable.

Kaela (hébreu, arabe) chérie, bien-aimée. Diminutif de Kalila, de Kelila.
Kaelah, Kaelea, Kaeleah

Kaelee, Kaeleigh, Kaeley, Kaeli, Kaelie, Kaely (américain) variantes de Kaela.
Kaelei, Kaelia, Kaeliah, Kaelii, Kaelly, Kaelye

Kaelen GF (américain) variante de Kaelyn.
Kaelean, Kaeleana, Kaeleane, Kaeleen, Kaeleena, Kaeleene, Kaelein, Kaeleina, Kaeleine, Kaelene, Kaelina, Kaeline, Kaelinn, Kaelynne

Kaelin GF (américain) variante de Kaelyn.

Kaelyn (américain) combinaison de Kae et de Lynn. Voir aussi Caelin, Kaylyn.
Kaelan, Kaeleyn, Kaeleyna, Kaeleyne, Kaelyna, Kaelyne

Kaelynn (américain) variante de Kaelyn.

Kaetlyn (irlandais) variante de Kaitlin.
Kaetlin, Kaetlynn, Kaetlynne

Kaferine (grec) variante de Katherine.
Kaferin, Kaferina, Kaferinah, Kaferyn, Kaferyna, Kaferynah, Kaferyne, Kafferin, Kafferina, Kafferinah, Kafferine, Kafferyn, Kafferyna, Kafferynah, Kafferyne

Kafleen (irlandais) variante de Kathleen.
Kafflean, Kaffleana, Kaffleanah, Kaffleane, Kaffleen, Kaffleena, Kaffleenah, Kaffleene, Kafflein, Kaffleina, Kaffleinah, Kaffleine, Kafflin, Kafflina, Kafflinah, Kaffline, Kafflyn, Kafflyna, Kafflynah, Kafflyne, Kaflean, Kafleana, Kafleanah, Kafleane, Kafleena, Kafleenah, Kafleene, Kaflein, Kafleina, Kafleinah, Kafleine, Kaflin, Kaflina, Kaflinah, Kafline, Kaflyn, Kaflyna, Kaflynah, Kaflyne

Kagami (japonais) miroir.
Kagamee

Kahla (arabe) variante de Kala.
Kahlah, Kahlea, Kahleah

Kahli (américain) variante de Kalee.
Kahlee, Kahlei, Kahleigh, Kahley, Kahlie, Kahly

Kahsha (amérindien) robe de fourrure.
Kashae, Kashia

Kai GF (hawaïen) mer ; (hopi, navajo) saule.
Kae, Kaie

Kaia (grec) terre.
Kaiah

Kaija (grec) variante de Kaia.

Kaila (hébreu) laurier ; couronne.
Kailea, Kaileah, Kailia, Kailiah

Kailah (hébreu) variante de Kaila.

Kailani (hawaïen) ciel. Voir aussi Kalani.
Kaelana, Kaelanah, Kaelanea, Kaelanee, Kaelaney, Kaelani, Kaelania, Kaelaniah, Kaelanie, Kaelany, Kaelanya, Kailana, Kailanah, Kailanea, Kailanee, Kailaney, Kailania, Kailaniah, Kailanie, Kailany, Kailanya

Kaile, Kailee, Kaileigh, Kailey, Kailie, Kaily (américain) variantes populaires de Kaila. Variantes de Kaylee.
Kaileh, Kailei, Kailia, Kailiah, Kailli, Kaillie, Kailya

Kaileen (américain) variante de Kaitlin.
Kaileena, Kaileene

Kailen FG (américain) variante de Kaitlin.
Kailan, Kailean, Kaileana, Kaileane, Kailein, Kaileina, Kaileine, Kailena, Kailene, Kaileyne, Kailina, Kailine, Kailon, Kailyna, Kailyne, Kailynne

Kaili FG (américain) variante populaire de Kaila. Variante de Kaylee.

Kaimana (hawaïen) diamant.
Kaemana, Kaemanah, Kaemane, Kaiman, Kaimanah, Kaimane, Kayman, Kaymana, Kaymanah, Kaymane

Kaimi (hawaïen) chercheuse.

Kaira (grec) variante de Kairos ; (grec, danois) variante de Kara.
Kairra

Kairos (grec) opportunité.

Kaisa (suédois) pure.
Kaisah, Kaysa, Kaysah

Kaisha (américain) diminutif de Kaishawn.

Kaishawn (américain) combinaison de Kai et de Shawna.
Kaeshun, Kaishala, Kaishon

Kaitlan, Kaitlen, Kaitlinn, Kaitlyne, Kaitlynn, Kaitlynne (irlandais) variantes de Kaitlin.
Kaitlinne, Kaitlyna, Kaitlynah

Kaitland (irlandais) variante de Caitlin.
Kaitlind

Kaitlin (irlandais) pure. Voir aussi Caitlin, Katelin.
Kaitelynne, Kaitleen, Kaitlina, Kaitlinah, Kaitline, Kaitlon

Kaitlyn (irlandais) variante de Kaitlin.

Kaiya (japonais) pardon; (aborigène) type de lance.
Kaiyah, Kaiyia

Kala FG (arabe) diminutif de Kalila. Variante de Cala.

Kalah, Kalla (arabe) variantes de Kala.
Kallah

Kalama U (hawaïen) torche.

Kalan U (américain) variante de Kaelyn, Kaylyn; (hawaïen) diminutif de Kalani; (slave) variante de Kallan.

Kalani FG (hawaïen) chef; ciel. Voir aussi Kailani.
Kalana, Kalanah, Kalanea, Kalanee, Kalaney, Kalania, Kalaniah, Kalanie, Kalona, Kalonah, Kalonea, Kalonee, Kaloney, Kaloni, Kalonia, Kaloniah, Kalonie, Kalony

Kalare (latin, basque) brillant; clair.

Kalasia (tongan) gracieuse.
Kalasiah, Kalasya, Kalasyah

Kalauni (tongan) couronne.
Kalaunea, Kalaunee, Kalauney, Kalaunia, Kalauniah, Kalaunie, Kalauny, Kalaunya

Kalea FG (hawaïen) brillant; clair.
Kahlea, Kahleah, Kailea, Kaileah, Kaleah, Kaleeia, Kaleia, Kallea, Kalleah, Khalea, Khaleah

Kalee, Kalei, Kaleigh, Kaley, Kalie, Kalley, Kally, Kaly (américain) variantes de Calee, de Kaylee; (sanscrit, hawaïen) variantes de Kali; (grec) variantes de Kalli; (arabe) variantes populaires de Kalila.
Kallee, Kalleigh, Kallye

Kaleen, Kalene (hawaïen) diminutifs de Kalena.

Kaleena (hawaïen) variante de Kalena; (slave) variante de Kalina.

Kalei (hawaïen) guirlande de fleurs.
Kahlei, Kailei, Kallei, Kaylei, Khalei

Kalen GF (slave) variante de Kallan.
Kallen

Kalena (hawaïen) pure. Voir aussi Kalina.
Kalenea, Kalenna

Kalere (swahili) petite femme.
Kaleer

Kali FG (hindi) la personne noire; (hawaïen) hésitant. Religion: variante de la déesse hindoue Devi. Voir aussi Cali.

Kalia, Kaliah (hawaïen) variantes de Kalea.
Kaliea, Kalieya, Kalya

Kalid (arabe) variante de Khalida.

Kalida (espagnol) variante de Calida.
Kalidah, Kallida, Kallidah, Kallyda, Kallydah, Kalyda, Kalydah

Kalifa (somali) chaste; sainte.
Califa, Califah, Kalifah

Kalila (arabe) chérie, bien-aimée. Voir aussi Kaela.
Calila, Calilah, Kahlila, Kaleela, Kalilla, Kallila, Kaylil, Kaylila, Kylila, Kylilah, Kylillah

Kalin GF (slave, hawaïen) diminutif de Kalina; (américain) variante de Kaelyn, de Kaylyn.

Kalina (slave) fleur; (hawaïen) variante de Karen. Voir aussi Kalena.
Kalinah, Kaline, Kalinna, Kalyna, Kalynah, Kalynna

Kalinda (hindi) soleil. Voir aussi Calinda.
Kaleenda, Kalindah, Kalindi, Kalindie, Kalindy, Kalynd, Kalynda, Kalynde, Kalyndi

Kalisa (américain) combinaison de Kate et de Lisa.
Kalise, Kalysa, Kalyssa

Kalisha (américain) combinaison de Kate et de Aisha.
Kaleesha, Kaleisha, Kalishia

Kaliska (miwok) coyote chassant le cerf.
Kaliskah, Kalyska, Kalyskah

Kalissa (américain) variante de Kalisa.

Kalista, Kallista (grec) variantes de Calista.
Kalesta, Kalistah, Kallesta, Kallistar, Kallistara, Kallistarah, Kallistarr, Kallistarra, Kallistarrah, Kallysta, Kaysta

Kallan (slave) ruisseau, rivière.
Kalahn, Kalan, Kallin, Kallon, Kallyn, Kalon

Kalle U (finnois) variante de Carol.
Kaille, Kaylle

Kalli, Kallie (grec) variantes de Calie. Variantes populaires de Kalista, de Kalliope, de Kalliyan.
Kalle, Kallee, Kallita, Kally

Kalliopé (grec) variante de Calliopé.
Kalliopee, Kallyope

Kalliyan (cambodgien) meilleure.

Kallolee (hindi) heureuse.
Kallolea, Kalloleah, Kallolei, Kalloleigh, Kalloley, Kalloli, Kallolie, Kalloly

Kaloni (tongan) parfumée; parfum.
Kalona, Kalonah, Kalonee, Kaloney, Kalonia, Kaloniah, Kalonie, Kalony, Kalonya, Kalonyah

Kalonice (grec) victoire de la beauté.

Kaltha (anglais) le souci, une fleur jaune.

Kaluwa (swahili) l'oubliée.
Kalua

Kalyca (grec) bouton de rose. Voir aussi Calyca.
Kalica, Kalicah, Kalika, Kaly, Kalycah, Kalyka, Kalykah

Kalyn FG (américain) variante de Kaylyn.
Kalin, Kallen, Kallin, Kallon, Kallyn, Kalyne, Kalynne

Kalynn (américain) variante de Kaylyn.

Kama (sanscrit) aimée. Religion: dieu hindou de l'Amour.
Kamah, Kamma, Kammah

Kamala (hindi) lotus.
Kamalah, Kammala

Kamalei (hawaïen) enfant chérie.
Kamalea, Kamaleah, Kamaleigh

Kamali (rhodésien) guide spirituelle; protectrice.
Kamaley, Kamalie, Kamaly

Kamalynn, Kamalynne (américain) combinaisons de Kama et de Lynn.
Kamlean, Kamleana, Kamleanah, Kamleane, Kamleen, Kamleena, Kamleenah, Kamleene, Kamlin, Kamlina, Kamlinah, Kamline, Kamlyn, Kamlyna, Kamlynah, Kamlyne, Kammalean, Kammaleana, Kammaleanah, Kammaleane, Kammaleen, Kammaleena, Kammaleenah, Kammaleene, Kammalin, Kammalina, Kammalinah, Kammaline, Kammalyn, Kammalyna, Kammalynah, Kammalyne, Kammalynn

Kamara (swahili) diminutif de Kamaria.

Kamari U (swahili) diminutif de Kamaria.
Kamaree, Kamarie

Kamaria (swahili) clair de lune.
Kamar, Kamarae, Kamariah, Kamariya, Kamariyah, Kamarya, Kamaryah

Kamata (miwok) joueuse.

Kamballa (australien) jeune femme.
Kambala, Kambalah, Kamballah

Kambria (latin) variante de Cambria.
Kambra, Kambrie, Kambriea, Kambry

Kamea (hawaïen) seule et unique; précieuse.
Camea, Cameah, Kameah, Kamee, Kameo, Kammia, Kammiah, Kamya, Kamyah

Kameke (swahili) aveugle.

Kameko (japonais) enfant tortue. Mythologie: la tortue est un symbole de longévité.
Kameeko, Kamiko, Kamyko

Kameli (hawaïen) miel.
Kamely

Kamélia (italien) variante de Camélia.
Kameliah, Kamellia, Kamelya, Kamelyah, Kamilia, Kamillia, Kamilliah, Kamillya, Kamilya, Kamylia, Kamyliah

Kameron GF (américain) variante de Cameron.
Kameran, Kamerona, Kameronia

Kameryn (américain) variante de Cameron.

Kami FG (japonais) aura divine; (italien, africain du Nord) diminutif de Kamila, Kamilah. Voir aussi Cami.
Kamey, Kammi, Kammie, Kammy, Kammye, Kamy

Kamie (italien, africain du Nord, japonais) variante de Kami.

Kamila (slave) variante de Camila. Voir aussi Millie.
Kameela, Kamela, Kamella, Kamilka, Kamilla, Kamillah, Kamma, Kammilla, Kamyla, Kamylla, Kamylle

Kamilah (africain du Nord) parfaite.
Kameela, Kameelah, Kamillah, Kammilah, Kamylah, Kamyllah

Kamille (slave) diminutif de Kamila.
Kamil, Kamile, Kamyl, Kamyle, Kamyll

Kamiya (hawaïen) variante de Kamea.
Kamia, Kamiah, Kamiyah

Kamri (américain) diminutif de Kameron. Voir aussi Camri.
Kamree, Kamrey, Kamrie

Kamry (américain) variante de Kamri.
Kamrye

Kamryn FG (américain) diminutif de Kameron. Voir aussi Camryn.
Kamren, Kamrin, Kamron, Kamrynn

Kanani (hawaïen) belle.
Kana, Kanae, Kanan, Kanana, Kananah, Kananea, Kananee, Kanania, Kananiah, Kananie, Kanany, Kananya, Kananyah

Kanda (amérindien) pouvoir magique.

Kandace, Kandice (grec) blanc scintillant; éclatant; (américain) variantes de Candace, Candice.
Kandas, Kandess, Kandus

Kandi (américain) variante populaire de Kandace. Voir aussi Candi.
Kandea, Kandee, Kandey, Kandhi, Kandia, Kandiah, Kandie, Kandy, Kandya, Kandyah, Kendi, Kendie, Kendy, Kenndi, Kenndie, Kenndy

Kandis, Kandyce (grec, américain) variantes de Kandace.
Kandise, Kandiss, Kandys, Kandyse

Kandra (américain) variante de Kendra. Voir aussi Candra.
Kandrah, Kandrea, Kandree, Kandria, Kandriah, Kandrya, Kandryah

Kane GF (japonais) deux mains droites.

Kaneesha (américain) variante de Keneisha.

Kaneisha (américain) variante de Keneisha.
Kaneasha, Kanecia, Kaneysha, Kaniece

Kaneli (tongan) jaune canari.
Kanelea, Kaneleah, Kanelee, Kanelei, Kaneleigh, Kanelia, Kaneliah, Kanelie, Kanely, Kanelya

Kanene (swahili) petite chose importante.

Kanesha (américain) variante de Keneisha.
Kanesah, Kaneshea, Kaneshia, Kanessa

Kani (hawaïen) saine.
Canee, Caney, Cani, Canie, Cany, Kanee, Kanie, Kany

Kanika (mwera) chiffon noir.
Kanica, Kanicka

Kanisha (américain) variante de Keneisha.
Kanishia

Kaniva (tongan) Voie Lactée, univers, galaxie.
Kanivah, Kanyva, Kanyvah

Kaniya (hindi, thaïlandais) variante de Kanya.
Kanea, Kania, Kaniah

Kannitha (cambodgien) ange.

Kanoa **GF** (hawaïen) libre.

Kanya **FG** (hindi) vierge; (thaïlandais) jeune fille. Religion: variante de la déesse hindoue Devi.
Kanja, Kanjah, Kanyah, Kanyia

Kapri (américain) variante de Capri.
Kapre, Kapree, Kapria, Kaprice, Kapricia, Kaprisha, Kaprisia

Kapua (hawaïen) floraison.

Kapuki (swahili) première fille.

Kara (grec, danois) pure.

Karah (grec, danois) variante de Kara; (irlandais, italien) variante de Cara.

Karalana (anglais) combinaison de Kara et de Lana.
Karalain, Karalaina, Karalainah, Karalaine, Karalanah, Karalane, Karalayn, Karalayna, Karalaynah, Karalayne

Karalee (anglais) combinaison de Kara et de Lee.
Karalea, Karaleah, Karalei, Karaleigh, Karaley, Karali, Karalia, Karaliah, Karalie, Karaly, Karralea, Karraleah, Karralee, Karralei, Karraleigh, Karraley, Karrali, Karralie, Karraly

Karalyn (anglais) variante de Karalynn; (américain) variante de Karolyn.
Karalyna

Karalynn (anglais) combinaison de Kara et de Lynn.
Karalin, Karaline, Karalyne, Karalynne

Kareela (australien) vent du sud.
Kareala, Karealah, Karealla, Kareallah, Karela, Karelah, Karella, Karellah

Kareema (arabe) variante de Karimah.
Kareemah

Kareen (scandinave) diminutif de Karena. Variante de Karine.
Karean, Kareane, Kareene, Karene, Karrane, Karreen, Karrene

Kareena (scandinave) variante de Karena.
Kareenah, Karreena

Karel **U** (américain) variante de Carol.
Karell

Karelle (américain) variante de Carol.

Karely (américain) variante populaire de Karel.
Kareli

Karen (grec) pure. Voir aussi Carey, Carina, Caryn.
Kaaran, Kaaren, Kaarun, Karaina, Karan, Karna, Karon, Karran, Karren, Karrun

Karena (scandinave) variante de Karen.
Kareana, Kareina, Karenah, Karrana, Karranah, Karrena, Karrenah

Karenza (cornouaillais) aimante, affectueuse. Voir aussi Carenza.
Karansa, Karansah, Karansia, Karansiah, Karanza, Karanzah, Karanzia, Karanziah, Karanzya, Karanzyah, Karensa, Karensah, Karensia, Karensiah, Karenzah, Karenzia, Karenziah, Karenzya, Karenzyah, Kerensa

Karessa (français) variante de Caressa.

Karey **FG** (grec, danois) variante de Kari.

Kari (grec) pure; (danois) variante de Caroline, de Katherine. Voir aussi Carey, Cari, Carrie, Karri.
Karee

Karia (grec, danois) variante de Kari.
Kariah

Kariane, Kariann, Karianne (américain) combinaison de Kari et d'Ann.
Karian, Kariana, Karianna

Karida (arabe) intacte, pure.
Kareeda, Karidah, Karinda, Karita, Karyda, Karydah, Karynda, Karyndah

Karie, Kary (grec, danois) variantes de Kari.

Karilyn, Karilynn (américain) combinaisons de Kari et de Lynn.
Kareelin, Kareeline, Kareelinn, Kareelyn, Kareelyne, Kareelynn, Kareelynne, Karilin, Kariline, Karilinn, Karilyne, Karilynne, Karylin, Karyline, Karylinn, Karylyn, Karylyne, Karylynn, Karylynne

Karima (arabe) variante de Karimah.

Karimah (arabe) généreuse.
Karim, Karime, Karyma, Karymah

Karin (scandinave) variante de Karine.
Kaarin, Karinne, Karrin, Karrine

Karina (russe) variante de Karine.
Kaarina, Karinna, Karrina, Karrinah

Karine (latin) pure.
Karrine, Karryne, Karyne

Karis (grec) gracieuse.
Kares, Karese, Karess, Karesse, Karice, Karise, Kariss, Karisse, Karris, Karys, Karyse, Karyss, Karysse

Karisa, Karissa, Karrisa (grec) variantes de Carissa.
Karesa, Karesah, Karessa, Karessah, Karisah, Karisha, Karissah, Karissimia, Kariza, Karrissa, Kerisa

Karishma (américain) variante de Karisma.

Karisma (grec) favorisée par les dieux. Voir aussi Carisma.
Karismah, Karismara, Karysma, Karysmah, Karysmara

Karla (allemand) variante de Carla ; (slave) diminutif de Karoline.
Karila, Karilla, Karle, Karlea, Karleah, Karlicka, Karlinka, Karlisha, Karlisia, Karlitha, Karlla, Karlon

Karlee, Karleigh, Karli, Karlie (américain) variantes de Karley. Voir aussi Carli.
Karlia, Karliah

Karleen, Karlene (américain) variantes de Karla. Voir aussi Carleen.
Karlean, Karleane, Karleene, Karlein, Karleine, Karlen, Karleyn, Karleyne, Karlign, Karlin, Karline, Karlyan

Karlena (américain) variante de Karleen.
Karleana, Karleanah, Karleena, Karleenah, Karleina, Karleinah, Karlenah, Karleyna, Karleynah, Karlina, Karlinah, Karlinna, Karlyna, Karlynah

Karley, Karly (latin) petite et forte ; (américain) variantes de Carly.
Karlea, Karleah, Karlei, Karlya, Karlyah, Karlye

Karlotte (américain) variante de Charlotte.
Karletta, Karlette, Karlita, Karlotta

Karlyn (américain) variante de Karla.
Karlyne, Karlynn, Karlynne

Karma (hindi) destin, destinée ; action.
Carma, Carmah, Karmah, Karmana

Karmaine (français) variante de Charmaine.
Karmain, Karmaina, Karmane, Karmayn, Karmayna, Karmayne, Karmein, Karmeina, Karmeine, Karmeyn, Karmeyna, Karmeyne, Kharmain, Kharmaina, Kharmaine, Kharmayn, Kharmayna, Kharmayne, Kharmein, Kharmeina, Kharmeine, Kharmeyn, Kharmeyna, Kharmeyne

Karmel U (hébreu) variante de Carmela.
Karmeita, Karmela, Karmelah, Karmele, Karmelina, Karmell, Karmella, Karmellah, Karmelle, Karmellia, Karmelliah, Karmellya, Karmellyah, Karmiella, Karmielle, Karmyla

Karmen (latin) chanson.
Karman, Karmencita, Karmin, Karmita, Karmon, Karmyn, Karmyna, Karmynah

Karmiti (bantou) arbre.
Karmitee, Karmitey, Karmitie, Karmity, Karmytee, Karmytey, Karmyti, Karmytie, Karmyty

Karniela (grec) cornouiller ; (latin) couleur de corne. Voir aussi Carniela.
Karniel, Karnielah, Karniele, Karniella, Karnielle, Karnis, Karnyel, Karnyela, Karnyele, Karnyell, Karnyella, Karnyelle

Karol U (slave) variante de Carol.
Karilla, Karily, Karola, Karole, Karoly, Karrol, Karyl, Karyla, Karyle, Karyll, Karylle, Kerril

Karol Ann, Karolane, Karolann, Karolanne (américain) combinaisons de Karol et d'Ann.
Karol-Anne, Karolan

Karolina (slave) variante de Carolina.
Karalena, Karilena, Karilina, Karolainah, Karolayna, Karolaynah, Karoleena, Karolena, Karolinah, Karolinka, Karrolena

Karoline (slave) variante de Caroline.
Karaleen, Karalene, Karalin, Karaline, Karileen, Karilene, Karilin, Kariline, Karlen, Karling, Karolin, Karroleen, Karrolene, Karrolin, Karroline

Karoll (slave) variante de Carol.

Karolyn (américain) variante de Carolyn.
Karilyn, Karilyna, Karilynn, Karilynne, Karolyna, Karolynah, Karolyne, Karolynn, Karolynne, Karrolyn, Karrolyna, Karrolynn, Karrolynne

Karon GF (américain) variante de Karen.
Kaaron, Karona, Karonah, Karone, Karonia, Karoniah, Karonie, Karony, Karonya, Karonyah, Karron, Kerron

Karra (grec, danois) variante de Kara.

Karrah (grec, danois, irlandais, italien) variante de Karah.

Karri, Karrie (américain) variantes de Carrie. Voir aussi Kari.
Karree, Karrey, Karry

Karsen U (anglais) enfant de Kar. Variante de Carson.

Karson GF (anglais) enfant de Kar. Variante de Carson.

Karsyn (anglais) enfant de Kar.
Variante de Carson.

Karuna (hindi) miséricordieuse.

Karyn (américain) variante de Karen.
Kaaryn, Karryn, Karryne, Karyne, Karynn, Kerrynn, Kerrynne

Karyna (américain) variante de Karina.
Karryna, Karrynah, Karynah, Karynna

Karyssa (grec) variante de Carissa.
Karysa, Karysah, Karyssah

Kasa (hopi) robe de fourrure.

Kasandra, Kassandra, Kassandre (grec)
variantes de Cassandra.
Kasander, Kasandrah, Kasandre, Kasandria, Kasandrina, Kasandrine, Kasoundra, Kassandr, Kassandrah, Kassandré, Kassandria, Kassandriah, Kassundra, Kassundre, Kassundria, Kassundriah, Kazandra, Kazandrah, Kazandria, Kazandriah, Kazzandra, Kazzandrah, Kazzandre, Kazzandria, Kazzandriah, Kazzandrya, Kazzandryah

Kasaundra, Kassaundra (grec) variantes
de Kasandra.
Kasaundrah, Kassaundre, Kassaundria, Kassaundriah

Kasen 🄶🄵 (danois) variante de Katherine.
Kasena, Kasenah, Kasene, Kasin

Kasey 🄵🄶 (irlandais) courageux; (américain)
variante de Casey, de Kacey.
Kaesee, Kaesey, Kaesi, Kaesie, Kaesy, Kaisee, Kaisey, Kaisi, Kaisie, Kaisy, Kasci, Kascy, Kasee, Kassee, Kasy

Kasha (amérindien) variante de Kahsha;
(américain) variante de Kashawna.
Kashae

Kashawna (américain) combinaison de Kate
et de Shawna.
Kashana, Kashanna, Kashauna, Kashawn, Kasheana, Kasheanna, Kasheena, Kashena, Kashonda, Kashonna

Kashmere (sanscrit) variante de Kashmir.

Kashmir (sanscrit) Géographie: le Cachemire,
région située entre l'Inde et le Pakistan.
Cashmere, Kashmear, Kashmia, Kashmira, Kasmir, Kasmira, Kazmir, Kazmira

Kasi (hindi) de la ville sainte.

Kasia (polonais) variante de Katherine.
Voir aussi Cassia.
Kashia, Kasiah, Kasian, Kasienka, Kasja, Kaska, Kassa, Kassya, Kassyah, Kasya, Kasyah, Kazia, Kaziah, Kazya, Kazyah, Kazzia, Kazziah, Kazzya, Kazzyah

Kasidy (irlandais) variante de Kassidy.

Kasie (irlandais, américain) variante de Kasey;
(hindi) variante de Kasi.

Kasimira (slave) variante de Casimira.
Kasimera, Kasimerah, Kasimiera, Kasimirah, Kasmira, Kasmirah, Kasmiria, Kasmiriah, Kasmirya, Kasmiryah, Kasmyra, Kasmyrah, Kazmira, Kazmirah, Kazmiria, Kazmiriah, Kazmyra, Kazmyrah, Kazmyria, Kazmyriah, Kazmyrya, Kazmyryah, Kazzmira, Kazzmirah, Kazzmiria, Kazzmiriah, Kazzmirya, Kazzmiryah, Kazzmyra, Kazzmyrah, Kazzmyrya, Kazzmyryah

Kasinda (umbundu) notre dernier bébé.

Kasondra, Kassondra (grec) variantes
de Cassandra.
Kassondrah, Kassondria

Kassey (américain) variante de Kassi;
(irlandais, américain) variante de Kasey.

Kassi, Kassie, Kassy (américain) variantes
populaires de Kasandra, de Kassidy.
Voir aussi Cassey.
Kassee, Kasy, Kazi, Kazie, Kazy, Kazzi, Kazzie, Kazzy

Kassia (polonais) variante de Kasia; (américain)
variante de Kassi.
Kassiah

Kassidee, Kassidi (irlandais, américain)
variantes de Kassidy.
Kasidee

Kassidy 🄵🄶 (irlandais) intelligent; (américain)
variante de Cassidy.
Kasadee, Kasadey, Kasadi, Kasadia, Kasadie, Kasady, Kasidey, Kasidi, Kasidia, Kasidie, Kassadea, Kassadee, Kassadey, Kassadi, Kassadia, Kassadiah, Kassadie, Kassadina, Kassady, Kassadya, Kasseday, Kassedee, Kassiddy, Kassidea, Kassidey, Kassidia, Kassidiah, Kassidie, Kassity, Kassydee, Kassydi, Kassydia, Kassydie, Kassydy, Kasydee, Kasydey, Kasydi, Kasydie, Kasydy, Kazadea, Kazadee, Kazadey, Kazadi, Kazadia, Kazadiah, Kazadie, Kazady, Kazadya, Kazidy, Kazydy, Kazzadea, Kazzadee, Kazzadey, Kazzadi, Kazzadia, Kazzadiah, Kazzadie, Kazzady

Katalina (irlandais) variante de Caitlin.
Voir aussi Catalina.
Kataleen, Kataleena, Katalena, Katalin, Katalinah, Kataline, Katalyn, Katalynn

Katarina (tchèque) variante de Katherine.
Kata, Katarain, Kataraina, Katarainah, Kataraine, Katareena, Katarena, Katarin, Katarinah, Katarine, Katarinna, Katarinne, Katarrina, Kataryn, Kataryna, Katarynah, Kataryne, Katinka, Katrika, Katrinka

Katarzyna (tchèque) variante de Katherine.

Kate (grec) pure; (anglais) diminutif
de Katherine.
Kait, Kata, Katica, Katka, Kayt

Kate-Lynn (américain) combinaison de Kate
et de Lynn.
Kate Lyn, Kate Lynn, Kate Lynne, Kate-Lyn, Kate-Lynne

Katee, Katey (anglais) variantes populaires de Kate, de Katherine. Voir aussi Katie.

Kateland (irlandais) variante de Caitlin.
Katelind

Katelee (américain) combinaison de Kate et de Lee.
Katelea, Kateleah, Katelei, Kateleigh, Kateley, Kateli, Katelia, Kateliah, Katelie, Kately

Katelin (irlandais) variante de Caitlin. Voir aussi Kaitlin.
Kaetlin, Katalin, Katelan, Kateleen, Katelen, Katelene, Kateline, Katelinn, Katelun, Katelyna, Katelynah, Katewin, Katewina, Katewinah, Katewine, Katewyn, Katewyna, Katewynah, Katewyne

Katelyn (irlandais) variante de Katelin.
Katelyne, Katelynn, Katelynne

Katerina (slave) variante de Katherine.
Katenka, Katereana, Katereanah, Katereena, Katereenah, Katerinah, Katerini, Katerinia, Kateriniah, Katerinka, Kateriny

Katerine (slave) variante de Katherine.
Kateren

Katharina (grec) variante de Katharine.
Katharinah, Katharyna, Katharynah

Katharine, Katharyn (grec) variantes de Katherine.
Katharaine, Katharin, Katharyne

Katherin, Katheryn, Katheryne (grec) variantes de Katherine.

Katherina (grec) variante de Katherine.
Katherinah, Katheryna, Katherynah

Katherine (grec) pure. Voir aussi Carey, Catherine, Ekaterina, Kara, Karen, Kari, Kasia, Katerina, Yekaterina.
Ekaterina, Ekatrinna, Kasen, Kat, Katchen, Kathann, Kathanne, Kathereen, Katheren, Katherene, Katherenne, Kathyrine, Katlaina, Katoka, Katreeka, Katreen

Kathi, Kathy (anglais) variantes populaires de Katherine, de Kathleen. Voir aussi Cathi, Cathy.
Kaethe, Katha, Kathe, Kathee, Kathey, Kathie, Katka, Katla, Kató

Kathia, Kathya (anglais) variantes de Kathi.
Kathiah, Kathye

Kathleen (irlandais) variante de Katherine. Voir aussi Cathleen.
Katheleen, Kathelene, Kathileen, Kathlean, Kathleena, Kathleenah, Kathleene, Kathlein, Kathleina, Kathleinah, Kathleine, Kathlene, Kathlina, Kathlinah, Kathline, Katleen

Kathlyn (irlandais) variante de Kathleen.
Kathlin, Kathlyna, Kathlynah, Kathlyne, Kathlynn

Kathrin, Kathrine (grec) variantes de Katherine.
Kathran, Kathreen, Kathren, Kathrene, Kathron, Kathrun, Kathryn

Kathrina (danois) variante de Katherine.
Kathreena, Kathrinah, Kathryna, Kathrynah

Kathryn, Kathryne, Kathrynn (anglais) variantes de Katherine.
Kathren, Kathrynne

Kati (estonien) variante populaire de Kate.

Katia, Katya (russe) variantes de Katherine.
Cattiah, Kàtia, Katiah, Katinka, Katiya, Kattia, Kattiah, Katyah

Katie (anglais) variante populaire de Kate. Voir aussi Katy.
Kaaitea, Kaitee, Kaitey, Kaitie

Katie-Lynn (américain) combinaison de Katie et de Lynn.
Katie Lyn, Katie Lynn, Katie Lynne, Katie-Lyn, Katie-Lynne, Katy Lyn, Katy Lynn, Katy Lynne, Katy-Lyn, Katy-Lynn, Katy-Lynne

Katilyn (irlandais) variante de Katlyn.
Katilin, Katilynn

Katina (anglais, russe) variante de Katherine.
Kateana, Kateanah, Kateena, Kateenah, Kateina, Kateinah, Kateyna, Kateynah, Katinah, Katine, Katyn, Katyna, Katynah, Katyne

Katixa (basque) variante de Catalina.

Katja (estonien) variante de Kate.
Kaatje, Katye

Katlin, Katlyne, Katlynn (grec, irlandais) variantes de Katlyn.
Katlina, Katline, Katlyna, Katlynd, Katlynne

Katlyn (grec) pure; (irlandais) variante de Katelin.
Kaatlain, Katland

Katreen, Katrin, Katrine (anglais) variantes de Katherine.
Katreene, Katren, Katrene, Katrian, Katriane, Katriann, Katrianne, Katrien, Katrinne, Katryn, Katryne

Katrena (allemand) variante de Katrina.
Katrenah

Katrice (allemand) variante de Katrina.
Katricia

Katriel FG (hébreu) Dieu est ma couronne. Voir aussi Catriel.
Katrelle, Katri, Katrie, Katriela, Katrielah, Katriele, Katriell, Katriella, Katriellah, Katrielle, Katry, Katryel, Katryela, Katryelah, Katryele, Katryell, Katryella, Katryellah, Katryelle

Katrina (allemand) variante de Katherine.
Voir aussi Catrina, Trina.
*Kaetreana, Kaetreanah, Kaetreena, Kaetreenah, Kaetreina,
Kaetreinah, Kaetreyna, Kaetreynah, Kaetrina, Kaetrinah,
Kaetryna, Kaetrynah, Kaitreana, Kaitreanah, Kaitreena,
Kaitreenah, Kaitreina, Kaitreinah, Kaitreyna, Kaitreynah,
Kaitrina, Kaitrinah, Kaitryna, Kaitrynah, Katreana,
Katreanah, Katreena, Katreenah, Katreina, Katreinah,
Katreyna, Katreynah, Katri, Katriana, Katrianah,
Katrianna, Katriannah, Katrien, Katriena, Katrienah,
Katrinah, Katrinia, Katrinna, Katrinnah, Katriona,
Kattrina, Kattryna, Katus, Kaytreana, Kaytreanah,
Kaytreena, Kaytreenah, Kaytreina, Kaytreinah, Kaytreyna,
Kaytreynah, Kaytrina, Kaytrinah, Kaytryna, Kaytrynah*

Katrinelle (américain) combinaison de Katrina
et d'Elle.
*Katrinal, Katrinel, Katrinela, Katrinele, Katrinell, Katrinella,
Katrynel, Katrynela, Katrynele, Katrynell, Katrynella,
Katrynelle*

Katryna (allemand) variante de Katrina.
Katrynah

Kattie, Katty (anglais) variantes populaires
de Kate.
Katti

Katy (anglais) variante populaire de Kate.
Voir aussi Cadie, Katie.

Kaulana (hawaïen) célèbre.
Kahuna, Kaula, Kauna

Kaveri (hindi) Géographie : rivière sacrée
en Inde.

Kavindra (hindi) poète.

Kavita (indien) poème.

Kawena (hawaïen) éclat.
Kawana, Kawona

Kay 🅵🅶 (grec) qui se réjouit ; (teuton)
place forte ; (latin) joyeuse. Diminutif
de Katherine.
Caye, Kaye

Kaya (hopi) enfant sage, malin ; (japonais)
dernière demeure.
Kaea, Kaja, Kayah, Kayia

Kayanna (américain) combinaison de Kay
et d'Anna.
Kay Anna

Kayce, Kaycee, Kayci, Kaycie, Kaysie
(américain) combinaisons des lettres K et C.
*Kaycey, Kaycy, Kaysci, Kaysee, Kaysey, Kaysi, Kaysii,
Kaysy*

Kaydee (américain) combinaison des lettres K
et D. Voir aussi Katie.
Kayda, Kayde, Kaydey, Kaydi, Kaydie, Kaydy

Kayden 🅶🅵 (américain) variante de Kaydee.

Kayla (arabe, hébreu) laurier couronne.
Variante de Kaela, de Kaila. Voir aussi Cayla.
Kaelea, Kaylea

Kaylah (arabe, hébreu) variante de Kayla.

Kaylan 🅵🅶 (hébreu) variante de Kayleen.
Kayland, Kaylann, Kaylean, Kayleana, Kayleanna, Kayleen

Kaylani (hawaïen) variante de Kailani, Keilana.
*Kaylana, Kaylanah, Kaylanea, Kaylanee, Kaylaney,
Kaylania, Kaylaniah, Kaylanie, Kaylany, Kaylanya*

Kayle 🅵🅶 (américain) variante de Kaylee.

Kaylea (hawaïen) variante de Kalea ; (arabe,
hébreu) variante de Kayla.
Kayleah

Kaylee (américain) variante de Kayla.
Voir aussi Caeley, Kalee.
*Kaylei, Kayly, Kaylya, Keylea, Keyleah, Keylee, Keylei,
Keyleigh, Keyley, Keyli, Keylia, Keyliah, Keylie, Keyly*

Kayleen, Kaylene (hébreu) chérie, bien-aimée.
Variantes de Kayla.
Kaylean, Kayleane, Kayleene, Kaylein, Kayleine

Kayleigh, Kayley, Kayli, Kaylie (américain)
variantes de Kaylee.

Kaylen 🅵🅶 (hébreu) variante de Kayleen.

Kaylena (hébreu) variante de Kayleen.
Kayleana, Kayleena, Kayleina

Kaylia (arabe, hébreu) variante de Kayla ;
(américain) variante de Kaylee.
Kayliah

Kaylin 🅵🅶 (américain) variante de Kaylyn.
Kaylina, Kayline

Kaylon 🅶🅵 (américain) variante de Kaylyn.

Kaylyn, Kaylynn, Kaylynne (américain)
combinaisons de Kay et de Lynn.
Voir aussi Kaelyn.
Kaylyna, Kaylyne

Kayte, Kaytie (anglais) variantes de Katy.
Kaytee

Kaytlin, Kaytlyn (irlandais) variantes de Kaitlin.
Kaytlan, Kaytlann, Kaytlen, Kaytlyne, Kaytlynn, Kaytlynne

Kc 🅶🅵 (américain) combinaison des lettres K
et C.
K.C.

KC 🆄 (américain) combinaison des lettres K et C.

Keagan 🅶🅵 (irlandais) variante de Keegan.
Keagean, Keagen, Keaghan, Keagyn

Keaira, Keairra (irlandais) variantes de Keara.
Keair, Keairah, Keairre, Keairrea

Keala (hawaïen) chemin.
Kealah, Kealea, Kealeah, Kealee, Kealei, Kealeigh, Keali, Kealia, Kealiah, Kealie, Kealy, Kealya

Keana, Keanna (allemand) téméraire ; vive ; (irlandais) belle.
Keanah, Keanne, Keenan, Keeyana, Keeyanah, Keeyanna

Keandra (américain) variante de Kenda.
Keandrah, Keandre, Keandrea, Keandria, Kedeana, Kedia

Keanu CF (allemand, irlandais) variante de Keana.

Keara (irlandais) sombre ; noir.
Kearah, Kearia

Kearra (irlandais) variante de Keara.

Kearsten, Kearstin, Kearston (grec) variantes de Kirsten.
Kearstyn

Keasha (africain) variante de Keisha.
Keashia

Keaton CF (anglais) là où les faucons volent.
Keatan, Keaten, Keatin, Keatton, Keatun, Keatyn, Keetan, Keeten, Keetin, Keeton, Keetun, Keetyn, Keitan, Keiten, Keiton, Keitun, Keityn, Keytan, Keyten, Keytin, Keyton, Keytun, Keytyn

Kecia (américain) variante de Keshia.

Keegan CF (irlandais) petit ; fougueux.
Kaegan, Kagan, Keegen, Keeghan, Keegin, Keegon, Keegun, Kegan, Keigan

Keeley (irlandais) variante de Kelly.
Kealee, Kealey, Keali, Kealie, Keallie, Kealy, Keela, Keelah, Keelan, Keele, Keelea, Keeleah, Keelee, Keelei, Keeleigh, Keeli, Keelia, Keeliah, Keelie, Keellie, Keelya, Keelyah, Keelye, Kiela, Kiele, Kieley, Kielly, Kiely

Keelin, Keelyn (irlandais) variantes de Kellyn.
Kealyn, Keilan, Kielyn

Keely (irlandais) variante de Kelly.

Keena (irlandais) courageuse.
Keenah, Keenya, Keina, Keinah, Keyna, Keynah, Kina

Keera (irlandais) variante de Keara ; (persan, latin) variante de Kira ; (grec) variante de Kyra.
Keerra

Keesha (américain) variante de Keisha.
Keesa, Keeshae, Keeshana, Keeshanne, Keeshawna, Keeshia, Keeshiah, Keeshonna, Keeshy, Keeshya, Keeshyah

Kei (japonais) respectueuse.

Keiana, Keianna (irlandais) variantes de Keana ; (américain) variantes de Kiana.
Keiann, Keiannah

Keiara, Keiarra (irlandais) variantes de Keara.
Keiarah

Keiki (hawaïen) enfant.
Keikana, Keikann, Keikanna, Keikanne, Keyki, Kiki

Keiko (japonais) enfant heureuse.
Keyko

Keila, Keilah (arabe, hébreu) variante de Kayla.

Keilana (hawaïen) glorieusement calme.
Kealaina, Kealainah, Kealana, Kealanah, Kealanna, Kealannah, Keelaina, Keelainah, Keelana, Keelanah, Keelayna, Keelaynah, Keilaina, Keilainah, Keilanah, Keilanna, Keilannah, Keilayna, Keilaynah, Keylaina, Keylainah, Keylana, Keylanah, Keylayna, Keylaynah

Keilani (hawaïen) chef glorieuse.
Kealaine, Kealainee, Kealane, Kealanee, Kealanne, Kealannee, Keelane, Keelanee, Keelayn, Keelayne, Keelaynee, Keilaine, Keilainee, Keilan, Keilane, Keilanee, Keilanne, Keilannee, Keilany, Keilayn, Keilayne, Keilaynee, Kelana, Kelanah, Kelane, Kelani, Kelanie, Keylaine, Keylainee, Keylane, Keylanee, Keylayn, Keylayne, Keylaynee

Keily (irlandais) variante de Keeley, de Kiley.
Keighla, Keighlea, Keighlee, Keighlei, Keighleigh, Keighley, Keighli, Keighlia, Keighliah, Keighlie, Keighly, Keilea, Keileah, Keilee, Keilei, Keileigh, Keiley, Keili, Keilia, Keiliah, Keilie, Keilley, Keilly, Keilya

Keiona, Keionna (irlandais) variantes de Keana.

Keiosha (américain) variante de Keesha.

Keira, Keirra (irlandais) variantes de Keara.
Keirrah

Keirsten, Keirstin, Keirstyn (grec) variantes de Kirsten.
Keirstan, Keirstein, Keirston, Keirstynne

Keisha (africain) préférée.
Keishah, Keishaun, Keishauna, Keishawn, Keishia, Keishiah, Keishya, Keishyah, Keschia

Keita (écossais) bois ; endroit fermé.
Keiti

Kekona (hawaïen) cadette.

Kela (arabe, hébreu) variante de Kayla.
Kelah

Kelby CF (allemand) ferme à côté de la source.
Kelbea, Kelbee, Kelbey, Kelbi, Kelbie

Kelcee, Kelci, Kelcie, Kelcy (écossais) variantes de Kelsey.
Kelce, Kelcea, Kelcia, Kellcea, Kellcee, Kellcey, Kellci, Kellcia, Kellciah, Kellcie, Kellcy

Kelcey FC (écossais) variante de Kelsey.

Kele U (hopi) épervier.
Kelea, Keleah

Kelemon (gallois) enfant de Kei.

Keli FC (irlandais) variante de Kelly.
Kelee, Kelei, Keleigh, Keley, Kelie, Kellei, Kellisa

Kelia (irlandais) variante de Kelly.
Keliah, Kellea, Kelleah, Kellia, Kelliah

Kelila (hébreu) couronne, laurier.
Voir aussi Kaela, Kayla, Kalila.
Kelilah, Kelula, Kelulah

Kellan GF (irlandais) variante de Kellyn.
Kelleen, Kellene

Kellee, Kelleigh, Kelli, Kellie (irlandais) variantes de Kelly.

Kellen GF (irlandais) variante de Kellyn.

Kelley FG (irlandais) variante de Kelly.

Kellsey, Kellsie, Kelsea, Kelsee, Kelsei, Kelsi, Kelsie, Kelsy (scandinave, écossais, anglais) variantes de Kelsey.
Kellsea, Kellsee, Kellsei, Kellsia, Kellsiah, Kellsy, Kelsae, Kelsay, Kelsye

Kelly FG (irlandais) guerrière courageuse.
Voir aussi Caeley.
Kellye, Kely, Kelya

Kelly Ann, Kelly Anne, Kellyanne (irlandais) combinaisons de Kelly et d'Ann.
Kelliann, Kellianne, Kellyann

Kellyn, Kellynn (irlandais) combinaisons de Kelly et de Lynn.
Kellina, Kellinah, Kelline, Kellynne

Kelsa (scandinave, écossais, anglais) diminutif de Kelsey.
Kelse

Kelsey FG (scandinave, écossais) île bateau; (anglais) variante de Chelsea.
Kelda

Kemberly (anglais) variante de Kimberly.
Kemberlea, Kemberleah, Kemberlee, Kemberlei, Kemberleigh, Kemberli, Kemberlia, Kemberliah, Kemberlie, Kemberly

Kena, Kenna (irlandais) diminutifs de Kennice.
Kenah, Kennah

Kenadee, Kenadi, Kennadi, Kennady (irlandais) variantes de Kennedy.
Kennadee, Kennadie

Kenda (anglais) bébé d'eau; (dakota) pouvoir magique.
Kendah, Kennda

Kendahl (anglais) variante de Kendall.
Kendala, Kendalah, Kendale, Kendalie, Kendalla, Kendallah, Kendalle, Kendela, Kendelah, Kendele, Kendella, Kendellah, Kendelle

Kendal FG (anglais) variante de Kendall.

Kendall FG (anglais) chef de la vallée.
Kendera, Kendia, Kendil, Kinda, Kindal, Kindall, Kindi, Kindle, Kynda, Kyndel

Kendalyn (américain) variante de Kendellyn.
Kendalin, Kendalynn

Kendel U (anglais) variante de Kendall.

Kendell GF (anglais) variante de Kendall.

Kendellyn (américain) combinaison de Kendall et de Lynn.
Kendelan, Kendelana, Kendelanah, Kendelane, Kendelin, Kendelina, Kendelinah, Kendeline, Kendellan, Kendellana, Kendellanah, Kendellane, Kendellyna, Kendellynah, Kendellyne, Kendelyn, Kendelyna, Kendelynah, Kendelyne

Kendra (anglais) variante de Kenda.
Kendrah, Kendre, Kenndra, Kentra, Kentrae

Kendria (anglais) variante de Kenda.
Kendrea, Kendreah, Kendriah, Kendrya, Kendryah

Kendyl, Kendyll (anglais) variantes de Kendall.
Kendyle

Kenedi, Kennedi, Kennedie (irlandias) variantes de Kennedy.
Kenedee, Kenedey, Kenedie, Kenedy

Keneisha (américain) combinaison du préfixe Ken et d'Aisha.
Keneesha, Kenneisha, Kennysha, Kenysha, Kenyshah, Kineisha

Kenenza (anglais) variante de Kennice.
Kenza

Kenesha (américain) variante de Keneisha.
Keneshia, Kennesha, Kenneshia

Kenia, Kennia (hébreu) variantes de Kenya.
Keniah, Keniya, Kenja, Kenjah

Kenise (anglais) variante de Kennice.
Kenisa, Kenissa, Kenissah, Kennis, Kennisa, Kennisah, Kennise, Kenniss, Kennissa, Kennissah, Kennisse, Kenys, Kenysa, Kenysah, Kenyse, Kenyss, Kenyssa, Kenyssah, Kenysse

Kenisha, Kennisha (américain) variantes de Keneisha.
Kenishah, Kenishia

Kenley U (anglais) prairie royale.
Kenlea, Kenlee, Kenleigh, Kenli, Kenlie, Kenly, Kennlea, Kennlee, Kennleigh, Kennley, Kennli, Kennlie, Kennly

Kennedy FG (irlandais) chef portant un casque.
Histoire: John F. Kennedy fut le 35e président des États-Unis.
Kenidee, Kenidi, Kenidie, Kenidy, Kennedee, Kennedey, Kennidee, Kennidi, Kennidy, Kynnedi

Kenni (anglais) variante populaire de Kennice.
Kenee, Keni, Kenne, Kennee, Kenney, Kennie, Kenny, Kennye

Kennice (anglais) belle.
Kanice, Keneese, Kenenza, Kenese

Kenya FG (hébreu) corne d'animal. Géographie: pays d'Afrique.
Keenya, Kenyah, Kenyia

Kenyana (hébreu) variante de Kenya.

Kenyata (américain) variante de Kenya.
Kenyatah, Kenyatte, Kenyattia

Kenyatta FG (américain) variante de Kenyata.

Kenyetta (américain) variante de Kenya.
Kenyette

Kenzi (écossais, irlandais) variante de Kenzie.

Kenzie FG (écossais) à la peau claire; (irlandais) diminutif de Mackenzie.
Kenzea, Kenzee, Kenzey, Kenzia, Kenzy

Keona, Keonna (irlandais) variantes de Keana.
Keeyona, Keeyonna, Keoana, Keonnah

Keondra (américain) variante de Kenda.
Keonda, Keondre, Keondria

Keoni GF (irlandais) variante de Keana.
Keonia, Keonni, Keonnia

Keosha (américain) diminutif de Keneisha.
Keoshae, Keoshi, Keoshia, Keosia

Kera, Kerra (hindi) diminutifs de Kerani.
Kerah

Kerani (hindi) cloches sacrées. Voir aussi Rani.
Kerana, Keranee, Keraney, Kerania, Keraniah, Keranie, Kerany, Keranya, Keranyah

Keren (hébreu) corne d'animal.
Keran, Keron, Kerran, Kerre, Kerren, Kerron, Keryn, Kieren, Kierin, Kieron, Kieryn

Kerensa (cornouaillais) variante de Karenza.
Kerensah, Kerenza, Kerenzah

Keri, Kerri, Kerrie (irlandais) variantes de Kerry.

Keriann, Kerrianne (irlandais) combinaisons de Keri et d'Ann.
Kerian, Keriana, Kerianah, Keriane, Kerianna, Keriannah, Kerriane, Kerriann, Kerrianne, Kerryann, Kerryanna, Kerryannah, Kerryanne, Keryan, Keryana, Keryanah, Keryane, Keryann, Keryanna, Keryannah, Keryanne

Kerielle, Kerrielle (américain) combinaisons de Keri et d'Elle.
Keriel, Keriela, Kerielah, Keriele, Keriell, Keriella, Keriellah, Kerriel, Kerriela, Kerrielah, Kerriele, Kerriell, Kerriella, Kerriellah, Kerryell, Kerryella, Kerryellah, Kerryelle, Keryel, Keryela, Keryelah, Keryele, Keryell, Keryella, Keryellah, Keryelle

Kerrin (hébreu) variante de Keren.
Kerin

Kerry FG (irlandais) aux cheveux sombres. Géographie: comté d'Irlande.
Keary, Keiry, Keree, Kerey, Kery

Kersten, Kerstin, Kerstyn (scandinave) variantes de Kirsten.
Kerstain, Kerstaine, Kerstan, Kerstane, Kerste, Kerstean, Kersteane, Kersteen, Kersteene, Kerstein, Kerstene, Kerstie, Kerstien, Kerstine, Kerston, Kerstyne, Kerstynn

Kerstina (scandinave) variante de Kristina.
Kerstaina, Kerstainah, Kerstana, Kerstanah, Kersteana, Kersteanah, Kersteena, Kersteenah, Kerstena, Kerstenah, Kerstinah, Kerstyna, Kerstynah, Kurstaina, Kurstainah, Kursteana, Kursteanah, Kursteena, Kursteenah, Kurstina, Kurstinah, Kurstyna, Kurstynah

Kesare (latin) aux cheveux longs; (russe) variante de Caesar (voir les prénoms de garçons).

Kesha (américain) variante de Keisha.
Keshah, Keshal, Keshala

Keshara (américain) variante de Keisha.

Keshawna (américain) variante de Keisha.
Keshan, Keshana, Keshawn, Keshawnna

Keshet (hébreu) arc-en-ciel.
Kesetta, Kesettah, Kesette, Kesheta, Keshetah, Keshete, Keshett, Keshetta, Keshettah, Keshette

Keshia (américain) variante de Keisha. Diminutif de Keneisha.
Keshea

Kesi (swahili) née pendant une période difficile.
Kesee, Kesey, Kesie, Kesy

Kesia (africain) préférée.
Kesiah, Kessia, Kessiah, Kessya, Kessyah

Kesley (scandinave, écossais) variante de Kelsey.
Kesly

Kessie (ashanti) bébé potelé.
Kess, Kessa, Kesse, Kessey, Kessi

Ketifa (arabe) fleur.
Ketifah, Kettifa, Kettifah, Kettyfa, Kettyfah, Ketyfa, Ketyfah

Ketina (hébreu) fille.
Keteena, Keteenah, Ketinah, Ketyna, Ketynah

Kevina (irlandais) variante de Kevyn.
Kevinah

Kevyn GF (irlandais) belle.
Keva, Kevan, Keven, Kevern, Keverna, Kevernah, Kevia, Keviana, Kevine, Kevinna, Kevion, Kevionna, Kevirn, Kevirna, Kevirnah, Kevirne, Kevon, Kevona, Kevone, Kevonia, Kevonna, Kevonne, Kevonya, Kevynn, Kevyrn, Kevyrna, Kevyrnah, Kevyrne

Keyana, Keyanna (américain) variantes de Kiana.
Keya, Keyanah, Keyanda, Keyannah

Keyandra (américain) variante de Kiana.

Keyara, Keyarra (irlandais) variantes de Kiara.
Keyarah, Keyari

Keyera, Keyerra (irlandais) variantes de Kiara.
Keyeira, Keyerah

Keyla (arabe, hébreu) variante de Kayla.
Keylah

Keyona, Keyonna (américain) variantes de Kiana.
Keyonnie

Keyonda (américain) variante de Kiana.

Keyondra (américain) variante de Kiana.

Keyonia (américain) variante de Kiana.
Keyonnia

Keyosha (américain) variante de Keisha.
Keyoshia

Keysha (américain) variante de Keisha.
Keyshah, Keyshana, Keyshanna, Keyshawn, Keyshawna, Keyshia, Keyshiah, Keyshla, Keyshona, Keyshonna, Keyshya, Keyshyah

Kezia (hébreu) variante de Keziah.
Kezzia

Keziah (hébreu) épice similaire à la cannelle. Bible : Ketsia, l'une des filles de Job.
Kazia, Kaziah, Ketzi, Ketzia, Ketziah, Ketzya, Ketzyah, Kezi, Kezya, Kezyah, Kezziah, Kizia, Kiziah, Kizzia, Kizziah, Kyzia, Kyziah, Kyzzia, Kyzziah, Kyzzya, Kyzzyah

Khadeeja (arabe) variante de Khadijah.
Khadeejah

Khadeja, Khadejah (arabe) variantes de Khadijah.
Khadejha

Khadija (arabe) variante de Khadijah.

Khadijah (arabe) digne de confiance. Histoire : première femme de Mahomet.
Khadaja, Khadajah, Khadije, Khadijia, Khadijiah

Khalia, Khaliah (arabe) variantes de Khalida.

Khalida (arabe) immortelle, éternelle.
Khali, Khalidda, Khalita

Khalilah (arabe) variante de Kalila.
Khalila, Khalillah

Khaliyah (arabe) variante de Khalida.

Khayla (arabe, hébreu) variante de Kayla.

Khepri (égyptien) soleil levant.

Khiana (américain) variante de Kiana.
Khianah, Khianna

Khimberly (anglais) variante de Kimberly.
Khimberlea, Khimberleah, Khimberlee, Khimberlei, Khimberleigh, Khimberley, Khimberli, Khimberlia, Khimberliah, Khimberlie, Khymberlea, Khymberleah, Khymberlee, Khymberlei, Khymberleigh, Khymberley, Khymberli, Khymberlia, Khymberliah, Khymberlie, Khymberly

Khloé (grec) variante de Chloé.

Khrisha (américain, tchèque) variante de Khrissa.
Krisia, Krysha

Khrissa (américain) variante de Chrissa ; (tchèque) variante de Krista.
Khrishia, Khryssa, Kryssa

Khristina (russe, scandinave) variante de Kristina, Christina.
Khristeana, Khristeanah, Khristeena, Khristeenah, Khristeina, Khristeinah, Khristinah, Khristya, Khristyana, Khristyna, Khristynah, Khrystyna, Khrystynah

Khristine (scandinave) variante de Christine.
Khristean, Khristeane, Khristeen, Khristeene, Khristein, Khristeine, Khristeyn, Khristeyne, Khristyne, Khrystean, Khrysteane, Khrysteen, Khrysteene, Khrystein, Khrysteine, Khrysteyn, Khrysteyne, Khrystyne, Khrystynne

Ki GF (coréen) levé.

Kia (africain) début de saison ; (américain) diminutif de Kiana.

Kiah (africain, américain) variante de Kia.

Kiahna (américain) variante de Kiana.

Kiaira (irlandais) variante de Kiara.

Kiana (américain) combinaison du préfixe Ki et d'Ana.
Kianah, Kiandria, Kiane, Kianne

Kiandra (américain) variante de Kiana.

Kiani (américain) variante de Kiana.
Kiania, Kianni

Kianna (américain) variante de Kiana.
Kiannah

Kiara (irlandais) petite et sombre.

Kiaria (japonais) chanceuse.
Kichi

Kiarra (irlandais) variante de Kiara ; (japonais) variante de Kiaria.

Kiauna (américain) variante de Kiana.
Kiaundra

Kieanna (américain) variante de Kiana.

Kieara (irlandais) variante de Kiara.
Kiearah, Kiearra

Kiele FG (hawaïen) gardénia; fleur parfumée.
Kiela, Kielea, Kieleah, Kielee, Kielei, Kieleigh, Kieley, Kieli, Kielia, Kieliah, Kielie, Kielli, Kielly, Kiely

Kiera, Kierra (irlandais) variantes de Kerry.
Kierea

Kieran GF (irlandais) petit et sombre; petit Keir. Variante de Kerry; (hindi) variante de Kiran.
Kierana, Kieranah, Kierane, Kieranna, Kieren, Kieron

Kiersten, Kierstin, Kierston, Kierstyn (scandinave) variantes de Kirsten.
Kierstan, Kierstynn

Kiesha (américain) variante de Keisha.

Kigva (gallois) Mythologie: femme du fils de Partholon.

Kiki FG (espagnol) variante populaire des prénoms se terminant par «queta».
Kikee, Kikey, Kikie, Kiky

Kiku (japonais) chrysanthème.
Kiko

Kilee (irlandais) variante de Kiley.
Killee

Kiley FG (irlandais) séduisant; venant des détroits. Voir aussi Kylie.
Kielea, Kieleah, Kielee, Kielei, Kieleigh, Kieley, Kieli, Kielia, Kieliah, Kielie, Kiely, Kilea, Kileah, Kilei, Kileigh, Kili, Kilie, Killey, Killi, Killie, Killy, Kily

Kilia (hawaïen) ciel.
Kiliah, Killea, Killeah, Killia, Killiah, Kylia, Kyliah, Kylya, Kylyah

Kim FG (vietnamien) aiguille; (anglais) diminutif de Kimberly.
Kem, Khim, Khime, Khimm, Khym, Khyme, Khymm, Kima, Kimette, Kimm

Kimalina (américain) combinaison de Kim et Lina.
Kimalinah, Kimaline, Kimalyn, Kimalyna, Kimalynah, Kimalyne, Kymalyn, Kymalyna, Kymalynah, Kymalyne

Kimana (shoshone) papillon.
Kiman, Kimanah, Kimane, Kimann, Kimanna, Kimannah, Kimanne, Kymana, Kymanah, Kymane, Kymanna, Kymannah, Kymanne

Kimani GF (shoshone) variante de Kimana.

Kimbalee (anglais) variante de Kimberly.
Kimbalea, Kimbaleah, Kimbalei, Kimbaleigh, Kymbalea, Kymbaleah, Kymbalee, Kymbalei, Kymbaleigh, Kymbali, Kymbalia, Kymbaliah, Kymbalie, Kymballea, Kymballeah, Kymballee, Kymballei, Kymballeigh, Kymballie

Kimber (anglais) diminutif de Kimberly.
Kimbra

Kimberlee, Kimberley, Kimberli, Kimberlie (anglais) variantes de Kimberly.
Kimberlea, Kimberleah, Kimberlei, Kimberleigh, Kimberlia, Kimberliah, Kimbley

Kimberlin, Kimberlyn, Kimberlynn (anglais) variantes de Kimberly.
Kemberlin, Kemberlina, Kemberlinah, Kemberline, Kemberlyn, Kemberlyna, Kemberlynah, Kemberlyne, Khimberlin, Khimberlina, Khimberlinah, Khimberline, Khimberlyn, Khimberlyna, Khimberlynah, Khimberlyne, Kimbalina, Kimbalinah, Kimbaline, Kimbalyn, Kimbalyna, Kimbalynah, Kimbalyne, Kimberlina, Kimberlinah, Kimberline, Kimberlyna, Kimberlynah, Kimberlyne, Kymbalin, Kymbalina, Kymbalinah, Kymbaline

Kimberly (anglais) chef, dirigeante.
Cymberly, Cymbre, Kimba, Kimbalee, Kimbely, Kimberely, Kimbery, Kimbria, Kimbrie, Kimbry

Kimi (japonais) vertueuse.
Kimee, Kimey, Kimia, Kimie, Kimiyo, Kimmi, Kimy

Kimiko (japonais) enfant vertueuse.
Kimik, Kimika, Kimyko, Kymyko

Kimmie, Kimmy (anglais) variantes populaires de Kimberly.
Kimme, Kimmee, Kimmey, Kimmi

Kina (hawaïen) de Chine; (irlandais) sage.
Kinah, Kyna, Kynah

Kindra (anglais) variante de Kendra.

Kineisha (américain) variante de Keneisha.
Kineesha, Kinesha, Kineshia, Kinisha, Kinishia

Kineta (grec) énergique.
Kinet, Kinetah, Kinete, Kinett, Kinetta, Kinettah, Kinette, Kynet, Kyneta, Kynetah, Kynete, Kynett, Kynetta, Kynettah, Kynette

Kini FG (hawaïen) variante de Jean.
Kina

Kinsey FG (anglais) progéniture; parent.
Kinsee

Kinsley (américain) variante de Kinsey.
Kinslee, Kinslie, Kinslyn

Kinza (américain) variante de Kinsey.

Kinzie (écossais, irlandais) variante de Kenzie; (anglais) variante de Kinsey.
Kinze, Kinzee, Kinzey, Kinzi, Kinzie, Kinzy

Kioko (japonais) enfant heureuse.
Kioka, Kiyo, Kiyoko

Kiona (amérindien) collines brunes.
Kionah, Kioni, Kiowa, Kiowah, Kyona, Kyonah, Kyowa, Kyowah

Kionna (amérindien) variante de Kiona.

Kip GF (anglais) colline pointue.
Kipp, Kyp, Kypp

Kipa (indigène) petite fille.

Kira (persan) soleil; (latin) lumière.
Voir aussi Kyra.
Kirah, Kiria, Kiro, Kirra, Kirrah, Kirri, Kirrie

Kiran FG (hindi) rayon de lumière.
Kearan, Kearen, Kearin, Kearon, Keeran, Keerana, Keeranah, Keerane, Keeren, Keerin, Keeron, Keiran, Keiren, Keirin, Keiron, Keiryn, Kirana, Kiranah, Kirane, Kirran, Kirrana, Kirranah, Kirrane, Kyran, Kyrana, Kyranah, Kyrane, Kyren, Kyrin, Kyron, Kyryn

Kiranjit (hindi) variante de Kiran.

Kiranjot (hindi) variante de Kiran.

Kirby GF (scandinave) village avec une église; (anglais) cottage au bord de l'eau.
Kerbea, Kerbee, Kerbey, Kerbi, Kerbie, Kerby, Kirbea, Kirbee, Kirbey, Kirbi, Kirbie, Kyrbea, Kyrbee, Kyrbey, Kyrbi, Kyrbie, Kyrby

Kiri (cambodgien) montagne; (maori) écorce d'arbre.
Kirea, Kiree, Kirey, Kirie, Kiry

Kiriann, Kirianne (américain) combinaisons de Kiri et d'Ann.
Kirian, Kiriana, Kirianah, Kiriane, Kirianna, Kiriannah, Kyrian, Kyriana, Kyrianah, Kyriane, Kyriann, Kyrianna, Kyriannah, Kyrianne, Kyryan, Kyryana, Kyryanah, Kyryane, Kyryann, Kyryanna, Kyryannah, Kyryanne

Kirilina (américain) combinaison de Kiri et Lina.
Kirilin, Kirilinah, Kiriline, Kirilyn, Kirilyna, Kirilynah, Kirilyne, Kyrilin, Kyrilina, Kyrilinah, Kyriline, Kyrilyn, Kyrilyna, Kyrilynah, Kyrilyne, Kyrylin, Kyrylina, Kyrylinah, Kyryline, Kyrylyn, Kyrylyna, Kyrylynah, Kyrylyne

Kirima (esquimau) colline.

Kirsi (hindi) fleurs d'amarante.
Kirsie

Kirsta (scandinave) variante de Kirsten.
Kirstai, Kirste

Kirstan, Kirstin, Kirstyn (grec, scandinave) variantes de Kirsten.
Kirstine, Kirstyne, Kirstynn

Kirsten (grec) chrétienne; bénie par l'onction; (scandinave) variante de Christine.
Karsten, Karstin, Karstina, Karstinah, Karstine, Kirstain, Kirstaine, Kirstane, Kirsteen, Kirstene, Kirsteni, Kirstien, Kirston, Kirstone, Kjersten, Kurstain, Kurstaine, Kurstean, Kursteane, Kursteen, Kursteene, Kursten, Kurstin, Kurstine, Kurstyn, Kurstyne

Kirsti, Kirstie, Kirsty (grec, scandinave) variantes populaires de Kirsten.
Kerstea, Kerstee, Kerstey, Kersti, Kerstia, Kerstiah, Kerstie, Kersty, Kirstea, Kirstee, Kirstey, Kirstia, Kirstiah, Kirstya, Kirstye, Kjersti, Kurstea, Kurstee, Kurstey, Kursti, Kurstia, Kurstiah, Kurstie, Kursty, Kyrstea, Kyrstee, Kyrstey, Kyrsti, Kyrstie, Kyrsty

Kirstina (scandinave) variante de Kristina.
Kirstaina, Kirstainah, Kirstana, Kirstanah, Kirstinah, Kirstona, Kirstonah, Kirstyna, Kirstynah

Kisa (russe) chaton.
Kisah, Kiska, Kiza, Kysa, Kysah, Kyssa, Kyssah

Kisha (africain) variante de Keisha; (russe) variante de Kisa.
Kishanda

Kishi (japonais) vie longue et heureuse.
Kishee, Kishey, Kishie, Kishy

Kismet (arabe) sort, destin; fortune.
Kismeta, Kismetah, Kismete, Kismett, Kismetta, Kismettah, Kismette, Kissmet, Kissmeta, Kissmetah, Kissmete, Kissmett, Kissmetta, Kissmettah, Kissmette, Kysmet, Kysmeta, Kysmetah, Kysmete, Kysmett, Kysmetta, Kysmettah, Kysmette, Kyssmet, Kyssmeta, Kyssmetah, Kyssmete, Kyssmett, Kyssmetta, Kyssmettah, Kyssmette

Kissa (ougandais) née après des jumeaux.
Kissah, Kysa, Kysah, Kyssa, Kyssah

Kita (japonais) nord.

Kitra (hébreu) couronnée.
Kitrah

Kitty (grec) variante populaire de Katherine.
Ketter, Ketti, Ketty, Kit, Kittee, Kitteen, Kittey, Kitti, Kittie

Kiwa (japonais) ligne de démarcation.

Kiya, Kiyah (américain) diminutifs de Kiyana.

Kiyana, Kiyanna (américain) variantes de Kiana.
Kiyan, Kiyani, Kiyenna

Kizzy (américain) variante populaire de Keziah.
Kezi, Kezie, Kezy, Kezzee, Kezzey, Kezzi, Kezzie, Kezzy, Kissie, Kizee, Kizey, Kizi, Kizie, Kizy, Kizzee, Kizzey, Kizzi, Kizzie, Kyzee, Kyzey, Kyzi, Kyzie, Kyzy, Kyzzee, Kyzzey, Kyzzi, Kyzzie, Kyzzy

Klaire (français) variante de Claire.
Klair

Klara (hongrois) variante de Clara.
Klaara, Klaarah, Klaare, Klára, Klarah, Klari, Klarika

Klarise (allemand) variante de Klarissa.
Klarice, Kláris, Klarisse, Klaryce, Klaryse, Klaryss

Klarissa (allemand) claire, brillante; (italien) variante de Clarissa.
Klarisa, Klarisah, Klarissah, Klarisza, Klarrisa, Klarrissa, Klarrissia, Klarysa, Klarysah, Klaryssa, Klaryssah, Klarysse, Kleresa

Klarita (espagnol) variante de Clarita.
Klareata, Klareatah, Klareate, Klareeta, Klareetah, Klareete, Klaret, Klareta, Klaretah, Klarete, Klarett, Klaretta, Klarettah, Klarette, Klaritah, Klarite, Klaritta, Klarittah, Klaritte, Klaryta, Klarytah, Klaryte, Klarytta, Klaryttah, Klarytte

Klaudia (américain) variante de Claudia.
Klaudiah, Klaudija, Klaudja, Klaudya, Klaudyah

Klementine (latin) variante de Clémentine.
Klementina, Klementinah, Klementyn, Klementyna, Klementynah, Klementyne

Kloé (américain) variante de Chloé.
Khloe, Khloea, Khloee, Khloey, Khloi, Khloie, Khloy, Kloea, Kloee, Kloey, Klohe, Kloi, Kloie, Klowee, Klowey, Klowi, Klowie, Klowy

Kloris (grec) variante de Chloris.
Khloris, Khlorisa, Khlorise, Khlorys, Khlorysa, Khloryse, Klorisa, Klorise, Klorys, Klorysa, Kloryse

Kodi U (américain) variante de Codi.
Kodea, Kodee, Kodey, Kodye, Koedi

Kodie GF (américain) variante de Codi.

Kody GF (américain) variante de Codi.

Koemi (japonais) souriante.
Koemee, Koemey, Koemie, Koemy

Koffi (swahili) née un vendredi.
Kaffe, Kaffi, Koffe, Koffie

Koko (japonais) cigogne. Voir aussi Coco.

Kolbi (américain) variante de Colby.
Kobie, Koby, Kolbee, Kolbey, Kolbie

Kolby GF (américain) variante de Colby.

Kolette (grec, français) variante de Colette.
Kolet, Koleta, Koletah, Kolete, Kolett, Koletta, Kolettah, Kollette

Koleyn (australien) hiver.
Kolein, Koleina, Koleine, Koleyna, Koleynah, Koleyne

Kolfinnia (scandinave) blanche.
Kolfinia, Kolfiniah, Kolfinna, Kolfinnah, Kolfinniah

Kolina (suédois) variante de Katherine. Voir aussi Colleen.
Koleena, Kolena, Koli, Kolinah, Kollena, Kolyna, Kolynah

Kolleen (suédois) variante de Kolina; (irlandais) variante de Colleen.
Koleen, Kolene, Kollene, Kolyn, Kolyne

Kolora (australien) lac.
Kolorah, Kolori, Kolorie, Kolory

Komal (hindi, indien) délicate.
Komala

Kona GF (hawaïen) dame; (hindi) angulaire.
Koni, Konia

Konrada (allemand) conseillère courageuse.
Conrada

Konstance (latin) variante de Constance.
Konstancia, Konstancja, Konstancy, Konstancyna, Konstantina, Konstantine, Konstanza, Konstanze

Kontxexi (basque) variante de Conchita.

Kora (grec) variante de Cora.
Korah, Kore, Koressa, Korra

Koral (américain) variante de Coral.
Korel, Korele, Korella, Korilla, Korral, Korrel, Korrell, Korrelle

Kordélia (latin, gallois) variante de Cordélia.
Kordel, Kordellia, Kordellya, Kordellyah, Kordelya, Kordelyah, Kordula

Koren (grec) variante de Karen, de Kora, de Korin.

Koretta (grec) variante populaire de Kora. Voir aussi Coretta.
Koret, Koreta, Koretah, Korete, Korett, Korette, Korretta

Korey GF (américain) variante populaire de Korina. Voir aussi Corey, Cori.
Koree, Koria, Korrie, Korry

Kori, Korie FG (américain) variantes populaires de Korina.

Korin, Korine, Korinne, Korrin, Koryn (grec) diminutifs de Korina.
Korane, Koranne, Korean, Koreane, Koreen, Koreene, Koreine, Korene, Koreyne, Koriane, Korianne, Korinn, Korrine, Korrinne, Korryn, Korrynne, Koryne, Korynn, Korynne

Korina (grec) variante de Corina.
Korana, Koranah, Koranna, Korannah, Koreana, Koreanah, Koreena, Koreenah, Koreina, Koreinah, Korena, Korenah, Koreyna, Koreynah, Koriana, Korianna, Korinah, Korine, Korinna, Korinnah, Korreena, Korrina, Korrinna, Koryna, Korynah, Korynna, Korynnah

Kornélia (latin) variante de Cornélia.
Korneliah, Kornelija, Kornelis, Kornelya, Kornelyah, Korny

Korri (américain) variante populaire de Korina.

Kortina (américain) combinaison de Kora et de Tina. Voir aussi Cortina.
Kortinah, Kortine, Kortyn, Kortyna, Kortyne

Kortnee, Kortni, Kortnie (anglais) variantes de Courtney.
Kortnay, Kortny

Kortney FG (anglais) variante de Courtney.

Kory GF (américain) variante populaire de Korina.

Kosma (grec) ordre; univers.
Cosma

Kosta (latin) diminutif de Constance.
Kostia, Kostiah, Kostya, Kostyah

Koto (japonais) harpe.

Kourtnee, Kourtnei, Kourtney, Kourtni, Kourtnie (américain) variantes de Courtney.
Kourtnay, Kourtne, Kourtneigh, Kourtny, Kourtynie

Krin (indigène) étoile.

Kris ⒼⒻ (américain) diminutif de Kristine. Variante de Chris.
Khris, Khriss, Khrys, Khryss, Kriss, Krys, Kryss

Krisandra (grec) variante de Cassandra.
Khrisandra, Khrisandrah, Khrysandra, Khrysandrah, Krisanda, Krissandra, Krizandra, Krizandrah, Krysandra, Krysandrah, Kryzandra, Kryzandrah

Krishna Ⓤ (hindi) charmant, agréable. Religion: l'une des incarnations humaines du dieu hindou Vishnu.
Kistna, Kistnah, Krishnah, Kryshna, Kryshnah

Krissa (américain, tchèque) variante de Khrissa.
Kryssa

Krissy (américain) variante populaire de Kris.
Krissey, Krissi, Krissie

Krista (tchèque) variante de Christina. Voir aussi Christa.
Khrista, Khrysta, Krysta

Kristabel (latin, français) variante de Christabel.
Kristabela, Kristabelah, Kristabele, Kristabell, Kristabella, Kristabellah, Kristabelle, Krystabel, Krystabele, Krystabell, Krystabella, Krystabelle

Kristain (grec) variante de Kristen.
Khristein, Kristaina, Kristainah, Kristaine, Kristayn, Kristayna, Kristaynah, Kristayne, Kristein, Kristeine, Kristeyn, Kristeyne, Krystein, Krysteine

Kristal, Kristel, Kristelle (latin) variantes de Crystal. Voir aussi Krystal.
Kristale, Kristall, Kristalle, Kristele, Kristell, Kristella, Kristill, Kristl, Kristle

Kristalyn (américain) variante de Krystalyn.
Kristalina, Kristaline, Kristalyna, Kristalyne, Kristalynn

Kristan (grec) variante de Kristen.
Kristana, Kristanah, Kristane, Kristanna, Kristanne

Kristen (grec) chrétienne; bénie par l'onction; (scandinave) variante de Christine.
Christen, Khristen, Khristin, Khristyn, Khrystin, Kristene, Kristiin

Kristena (grec, scandinave) variante de Kristina.

Kristi, Kristie (scandinave) diminutifs de Kristine.
Christi, Khristee, Khristi, Khristie, Khrystee, Khrysti, Khrystie, Kristia, Krysti, Krystie

Kristiane (grec) chrétienne; bénie par l'onction. Variante de Christiane.
Khristian, Khristiane, Khristiann, Khristianne, Khristien, Krestian, Krestiane, Krestiann, Krestianne, Kristi-Ann, Kristi-Anne, Kristian, Kristiann, Kristianne, Kristien, Kristienne, Kristy-Ann, Kristy-Anne, Kristyan, Kristyane, Kristyann, Kristyanne

Kristiana, Kristianna (grec) variantes de Kristiane.
Khristeana, Khristeanah, Khristiana, Khristianah, Khristianna, Khristiannah, Krestiana, Krestianah, Krestianna, Krestiannah, Kristianah, Kristiannah, Kristyana, Kristyanah, Kristyanna, Kristyannah

Kristin (scandinave) variante de Kristen. Voir aussi Cristan.
Kristinn

Kristina (grec) chrétienne; bénie par l'onction; (scandinave) variante de Christine. Voir aussi Cristina.
Khristina, Kristeena, Kristeenah, Kristeina, Kristeinah, Kristinah

Kristine (scandinave) variante de Christine.
Khristean, Khristeane, Kristeen, Kristeene, Kristein, Kristeine, Kristene, Kristyne, Kristynn, Kristynne

Kriston Ⓤ (grec) variante de Kristen.

Kristy (américain) variante populaire de Kristine, de Krystal. Voir aussi Cristi, Kristi.
Khristey, Khristy, Khrystey, Khrysty, Kristey

Kristyn (grec) variante de Kristen.
Khristyn, Khrystyn, Kristyne, Kristynn, Kristynne

Kristyna (grec, scandinave) variante de Kristina.
Kristynah, Krystynna, Krystynnah

Krysta (polonais) variante de Krista.
Krystah, Krystka

Krystal (américain) verre clair et éclatant.
Krystalann, Krystalanne, Krystale, Krystall, Krystalle, Krystil, Krystol, Krystyl, Krystyle, Krystyll, Krystylle

Krystalee (américain) combinaison de Krystal et de Lee.
Kristalea, Kristaleah, Kristalee, Krystalea, Krystaleah, Krystlea, Krystleah, Krystlee, Krystlelea, Krystleleah, Krystlelee

Krystalyn, Krystalynn (américain) combinaisons de Krystal et de Lynn. Voir aussi Crystalin.
Khristalin, Khristalina, Khristaline, Khrystalin, Khrystalina, Khrystaline, Kristelina, Kristeline, Kristilyn, Kristilynn, Kristlyn, Krystaleen, Krystalene, Krystalin, Krystalina, Krystaline, Krystallyn, Krystalyna, Krystalyne, Krystalynne, Krystelina, Krysteline

Krystan, Krysten (grec) variantes de Kristen.
Krystana, Krystanah, Krystane, Krystena, Krystenah, Krystene, Krystenia, Kryston

Krystel, Krystelle (latin) variantes de Krystal.
Krystele, Krystell, Krystella

Krystiane (grec) variante de Christiane.
Krystiann, Krystianne, Krysty-Ann, Krysty-Anne, Krystyan, Krystyane, Krystyann, Krystyanne, Krystyen

Krystiana (grec) variante de Krystiane.
Krysteana, Krysteanah, Krystianah, Krystianna, Krystiannah, Krystyana, Krystyanah, Krystyanna, Krystyannah

Krystin, Krystyn (tchèque) variantes de Kristin.
Krystyne, Krystynn, Krystynne

Krystina (grec) variante de Kristina.
Krysteana, Krysteanah, Krysteena, Krysteenah, Krysteina, Krysteinah, Krystena, Krystinah

Krystine (scandinave) variante de Kristina ;
(tchèque) variante de Krystin.
Krystean, Krysteane, Krysteen, Krysteene, Krystein, Krysteine, Krysteyn, Krysteyne, Kryston

Krystle (américain) variante de Krystal.
Krystl, Krystyl, Krystyle, Krystyll, Krystylle

Krystyna (grec) variante de Kristina.
Krystynah, Krystynna, Krystynnah

Kudio (swahili) née un lundi.

Kuma (japonais) ours ; (tongan) souris.
Kumah

Kumari (sanscrit) femme.
Kumaree, Kumarey, Kumaria, Kumariah, Kumarie, Kumary, Kumarya, Kumaryah

Kumberlin (australien) douce.
Cumberlin, Cumberlina, Cumberline, Cumberlyn, Cumberlyne, Kumberlina, Kumberline, Kumberlyn, Kumberlyne

Kumi (japonais) tresse.
Kumee, Kumie, Kumy

Kumiko (japonais) petite fille avec des tresses.

Kumuda (sanscrit) fleur de lotus.

Kunani (hawaïen) belle.
Kunanee, Kunaney, Kunanie, Kunany

Kuniko (japonais) enfant de la campagne.

Kunto (twi) née en troisième.

Kuri (japonais) châtaigne.
Curee, Curey, Curi, Curie, Cury, Kuree, Kurey, Kurie, Kury

Kusa (hindi) herbe de Dieu.

Kuyen (mapuche) lune.

Kwanita (zuni) variante de Juanita.

Kwashi (swahili) née un dimanche.

Kwau (swahili) née un jeudi.

Kya (africain) diamant dans le ciel ; (américain) variante de Kia.

Kyah (africain, américain) variante de Kya.

Kyana, Kyanna (américain) variantes de Kiana.
Kyanah, Kyani, Kyann, Kyannah, Kyanne, Kyanni, Kyeana, Kyeanna

Kyara (irlandais) variante de Kiara.
Kiyara, Kiyera, Kiyerra, Kyarah, Kyaria, Kyarie, Kyarra

Kyera, Kyerra (irlandais) variantes de Kiara.

Kyla (irlandais) charmante ; (yiddish) couronne ; laurier.
Khyla, Kyela, Kyella, Kylia

Kylah (irlandais, yiddish) variante de Kyla.

Kyle GF (irlandais) séduisante.
Kial, Kiele, Kiell, Kielle, Kile, Kyel, Kyele, Kyell, Kyelle

Kylea, Kylee, Kyleigh, Kyley, Kyli (aborigène de l'Australie de l'ouest, irlandais) variantes de Kylie.
Kyleah, Kyllea, Kylleah, Kyllee, Kylleigh, Kylley, Kylli

Kyleen, Kylene (irlandais) variantes de Kyle.

Kyler GF (anglais) variante de Kyle.
Kylar, Kylor

Kylie (aborigène d'Australie de l'Ouest) bâton courbé ; boomerang ; (irlandais) variante populaire de Kyle. Voir aussi Kiley.
Kye, Kylei, Kylia, Kyliah, Kyliee, Kyliegh, Kyllei, Kyllia, Kylliah, Kyllie, Kylly, Kyly, Kylya, Kylyah

Kylynn (irlandais) variante de Kyle.
Kylenn, Kylynne

Kym (vietnamien, anglais) variante de Kim.
Kymm

Kymber (anglais) variante de Kimber.

Kymberlee, Kymberli, Kymberly (anglais) variantes de Kimberly.
Kymberlea, Kymberleah, Kymberlei, Kymberleigh, Kymberley, Kymberlia, Kymberliah, Kymberlie

Kymberlyn (anglais) variante de Kimberlin.
Kymberlynn, Kymberlynne

Kyndal (anglais) variante de Kendall.
Kyndahl, Kyndalle, Kyndel, Kyndell, Kyndelle, Kyndle, Kyndol

Kyndall FC (anglais) variante de Kendall.

Kyndra (anglais) variante de Kendra.

Kynthia (grec) variante de Cynthia.
Kyndi

Kyoko (japonais) miroir.
Kyoka, Kyokah

Kyra (grec) noble. Variante de Cyrilla.
Voir aussi Kira.
Kyrah, Kyria, Kyriah, Kyriann, Kyrra, Kyrrah

Kyrene (grec) noble.
Kirena, Kirenah, Kirene, Kyrena, Kyrenah

Kyrie (cambodgien, maori) variante de Kiri;
(grec) variante populaire de Kyra.
Kyrea, Kyree, Kyrey, Kyri, Kyry

Kyrsten, Kyrstin, Kyrstyn (grec, scandinave)
variantes de Kirsten.
Kyersten

L

La Cienega (espagnol) le marécage.

La Reina, La-Reina (espagnol) la reine.

Labreana (américain) combinaison du préfixe La
et de Breana.
*Labreanah, Labreann, Labreanna, Labreannah, Labreanne,
Labrenna, Labrennah*

Labrenda (américain) combinaison du préfixe
La et de Brenda.
Labrinda, Labrindah, Labrynda, Labryndah

Lace, Lacee, Laci, Lacie (grec, latin) variantes
de Lacey.

Lacey (latin) joyeuse; (grec) variante populaire
de Larissa.
*Lacea, Lacia, Laciah, Laciann, Lacianne, Lacye, Laicee,
Laicey, Laici, Laicia, Laiciah, Laicie, Laicy, Layce, Lece*

Lachandra (américain) combinaison du préfixe
La et de Chandra.
*Lachanda, Lachandah, Lachander, Lachandice, Lachandrah,
Lachandrica, Lachandrice, Lachandryce*

Lachlanina (écossais) pays des lacs.
*Lachianina, Lachianinah, Lachlanee, Lachlani, Lachlania,
Lachlanie, Lachlany, Lachyanina, Lachyaninah, Lochlanee,
Lochlaney, Lochlani, Lochlanie, Lochlany*

Lacole (italien) variante de Nicole.
Lacola, Lacollah, Lacolle, Lecola, Lecole, Lecolla, Lecolle

Lacrecia (latin) variante de Lucretia.
*Lacrasha, Lacreash, Lacreasha, Lacreashia, Lacreisha,
Lacresha, Lacreshah, Lacreshia, Lacreshiah, Lacresia,
Lacretia, Lacretiah, Lacretya, Lacretyah, Lacricia, Lacriciah,
Lacriesha, Lacrisah, Lacrisha, Lacrishia, Lacrishiah, Lacrissa,
Lacrycia, Lacryciah, Lacrycya, Lacrycyah*

Lacy FG (latin) joyeux; (grec) variante populaire
de Larissa.

Lada (russe) Mythologie: déesse slave
de la Beauté.
Ladah, Ladia, Ladiah, Ladya, Ladyah

Ladaisha (américain) variante de Ladasha.
Ladaisa, Ladaishea, Ladaishia

Ladan (américain) diminutif de Ladana.
Ladann, Ladanne

Ladana (américain) combinaison du préfixe La
et de Dana.
Ladanah, Ladanna, Ladannah

Ladanica (américain) combinaison du préfixe La
et de Danica.
*Ladanicah, Ladanicka, Ladanika, Ladanikah, Ladanyca,
Ladanycah, Ladanycka, Ladanyka, Ladanykah*

Ladasha (américain) combinaison du préfixe La
et de Dasha.
*Ladaesha, Ladaseha, Ladashah, Ladashia, Ladashiah,
Ladasia, Ladassa, Ladaysha, Ladesha, Ladisha,
Ladosha*

Ladawna (américain) combinaison du préfixe La
et de Dawna.
*Ladawn, Ladawnah, Ladawne, Ladawnee, Ladawni,
Ladawnia, Ladawniah, Ladawnie, Ladawny*

Ladeidra (américain) combinaison du préfixe La
et de Deidra.
Ladedra, Ladiedra

Ladivina (américain) combinaison du préfixe La
et de Divinia.
*Ladivinah, Ladivine, Ladivyna, Ladivynah, Ladivyne,
Ladyvyna, Ladyvynah, Ladyvyne*

Ladonna (américain) combinaison du préfixe La
et de Donna.
*Ladon, Ladona, Ladonah, Ladonia, Ladoniah, Ladonnah,
Ladonne, Ladonnia, Ladonniah, Ladonnya, Ladonnyah,
Ladonya, Ladonyah*

Laela (arabe, hébreu) variante de Leila.
*Lael, Laele, Laelea, Laeleah, Laelee, Laelei, Laeleigh, Laeley,
Laeli, Laelia, Laeliah, Laelie, Laell, Laella, Laellah, Laelle,
Laely, Laelya, Laelyah*

Laëticia, Laëtitia (latin) joie. Voir aussi Léticia.
Laeticha, Laetichah, Laetichya, Laetichyah, Laeticia, Laeticiah, Laeticya, Laeticyah, Laetita, Laetitia, Laetitiah, Laetizia, Laetiziah, Laetizya, Laetycia, Laetyciah, Laetycya, Laetycyah, Laetyta, Laetytah, Laetyte, Laetytia, Laetytiah, Laitichya, Laitichyah, Laiticia, Laiticiah, Laitita, Laititah, Laititia, Laititiah, Laytitia, Laytitiah, Laytytia, Laytytiah, Laytytya, Laytytyah

Laflora (américain) combinaison du préfixe La et de Flora.
Laflorah, Leflora, Leflorah

Lahela (hawaïen) variante de Rachel.
Lahelah

Laia (grec) variante de Lalia.

Laica (grec) pure; laïque.

Laila (arabe) variante de Leila.
Lailah, Laile, Lailea, Laileah, Lailee, Lailei, Laileigh, Lailey, Laili, Lailia, Lailiah, Lailie, Lailla, Laillah, Laille, Laily, Lailya, Lailyah

Lailaka (tongan) lilas.
Laelaka, Laelakah, Lailakah, Laylaka, Laylakah

Laina (français) variante de Laine; (anglais) variante de Lane.
Laena, Laenah, Lainah, Lainna, Layna, Laynah

Laine GF (français) diminutif d'Élaine. Voir aussi Lane.
Laen, Laene, Laenia, Laeniah, Lain, Lainia, Lainiah

Lainey (français) variante populaire d'Élaine.
Laenee, Laeney, Laeni, Laenie, Laeny, Laenya, Laenyah, Lainee, Laini, Lainie, Lainy, Lainya, Lainyah

Laione (tongan) lion.
Laeona, Laeonah, Laeone, Laiona, Laionah, Layona, Layonah, Layone

Lais (grec) personne amicale avec tout le monde.

Lajessica (américain) combinaison du préfixe La et de Jessica.
Lajesica, Lajesicah, Lajesika, Lajesikah, Lajessicah, Lajessika, Lajessikah, Lajessyca, Lajessycah, Lajessycka, Lajessyckah, Lajessyka, Lajessykah

Lajila (hindi) timide; faussement timide.
Lajilah, Lajilla, Lajillah

Lajuana (américain) combinaison du préfixe La et de Juana.
Lajuanah, Lajuanna, Lajuannah, Lajunna, Lajunnah, Lawana, Lawanah, Lawanna, Lawannah, Lawanne, Lawanza, Lawanze, Laweania

Lajuliet, Lajuliette (américain) combinaisons du préfixe La et de Juliet.
Lajulieta, Lajulietah, Lajuliete, Lajuliett, Lajulietta, Lajuliettah, Lajulyet, Lajulyeta, Lajulyetah, Lajulyete, Lajulyett, Lajulyetta, Lajulyettah, Lajulyette

Laka (hawaïen) attirante; séduisante; apprivoisée. Mythologie: déesse du Hula.
Lakah

Lakaya (américain) variante de Lakayla.

Lakayla (américain) combinaison du préfixe La et de Kayla.
Lakala, Lakeila, Lakela, Lakella

Lakeisha (américain) combinaison du préfixe La et de Keisha. Voir aussi Lekasha.
Lakaiesha, Lakaisha, Lakaysha, Lakaysia, Lakeasha, Lakeysha, Lakeyshah

Laken, Lakin, Lakyn (américain) diminutifs de Lakendra.
Lakena, Lakine, Lakyna, Lakynn

Lakendra (américain) combinaison du préfixe La et de Kendra.
Lakanda, Lakandah, Lakande, Lakandra, Lakedra, Laken, Lakenda, Lakendrah, Lakendrya, Lakendryah

Lakenya (américain) combinaison du préfixe La et de Kenya.
Lakeena, Lakeenna, Lakeenya, Lakena, Lakenah, Lakenia, Lakeniah, Lakenja, Lakenyah, Lakina, Lakinja, Lakinya, Lakinyah, Lakwanya, Lekenia, Lekeniah, Lekenya, Lekenyah

Lakesha (américain) variante de Lakeisha.
Lakasha, Lakeesh, Lakeesha, Lakesa

Lakeshia (américain) variante de Lakeisha.
Lakashia, Lakeashia, Lakeashiah, Lakeashya, Lakeashyah, Lakecia, Lakeciah, Lakeeshia, Lakeeshiah, Lakeeshya, Lakeeshyah, Lakeishia, Lakeishiah, Lakese, Lakeseia, Lakeshiah, Lakeshya, Lakeshyah, Lakesi, Lakesia, Lakesiah, Lakeyshia, Lakezia, Lakicia, Lakieshia

Laketa (américain) combinaison du préfixe La et de Keita.
Lakeet, Laketa, Lakeetah, Lakeita, Lakeitha, Lakeithia, Laketha, Laketia, Laketiah, Lakett, Laketta, Lakette, Lakieta, Lakietha, Lakyta, Lakytah, Lakyte, Lakytia, Lakytiah, Lakytta, Lakyttah, Lakytte, Lakytya, Lakytyah

Lakeya (hindi) variante de Lakya.
Lakeyah

Lakia (arabe) trésor trouvé.
Lakiah, Lakiea, Lakkia

Lakiesha (américain) variante de Lakeisha.

Lakisha (américain) variante de Lakeisha.

Lakita (américain) variante de Laketa.
Lakitia, Lakitiah, Lakitra, Lakitri, Lakitt, Lakitta, Lakitte

Lakiya (hindi) variante de Lakya.
Lakieya

Lakkari (australien) chèvrefeuille.
Lakaree, Lakarey, Lakari, Lakaria, Lakariah, Lakarie, Lakary, Lakkaree, Lakkarey, Lakkarie, Lakkary, Lakkarya, Lakkaryah

Lakmé (hindi) née dans le lait.

Lakota Ⓤ (dakota) nom de tribu.
Lakoda, Lakohta, Lakotah

Lakresha (américain) variante de Lucretia.
Lacresha, Lacreshia, Lacreshiah, Lacresia, Lacresiah, Lacretia, Lacretiah, Lacrisha, Lakreshia, Lakreshiah, Lakrisha, Lakrysha, Lakryshah, Lekresha, Lekreshia, Lekreshiah, Lekreshya, Lekreshyah, Lekresia

Lakya (hindi) née un jeudi.
Lakyah, Lakyia

Lala (slave) tulipe.
Lalah, Lalla, Lallah

Lalasa (hindi) amour.
Lalassa, Lallasa

Laleh (persan) tulipe.
Lalah

Lali (espagnol) variante de Lulani.
Lalea, Laleah, Lalee, Lalei, Laleigh, Laley, Lalia, Laliah, Lalie, Laly, Lalya, Lalyah

Lalirra (australien) bavarde.
Lalira, Lalirah, Lalirrah, Lalyra, Lalyrah, Lalyrra, Lalyrrah, Lira, Lirra, Lirrah, Lyra, Lyrah, Lyrra, Lyrrah

Lalita (grec) bavarde ; (sanscrit) charmante ; candide.
Laleata, Laleatah, Laleate, Laleeta, Laleetah, Laleete, Laleita, Laleitah, Laleite, Lalitah, Lalite, Lalitt, Lalitta, Lalitte, Lalyta, Lalytah, Lalyte, Lalytta, Lalyttah, Lalytte

Lallie (anglais) bavarde.
Lallea, Lalleah, Lallee, Lallei, Lalleigh, Lalley, Lalli, Lallia, Lalliah, Lally, Lallya, Lallyah

Lama (allemand) diminutif de Lamberta.
Lamah

Lamani Ⓤ (tongan) citron.
Lamanee, Lamaney, Lamania, Lamaniah, Lamanie, Lamany, Lamanya, Lamanyah

Lamberta (allemand) pays lumineux.
Lamberlina, Lamberline, Lamberlynn, Lamberlynne, Lambirta, Lambirtah, Lambirte, Lamburta, Lamburtah, Lamburte, Lambyrta, Lambyrtah, Lambyrte

Lamesha (américain) combinaison du préfixe La et de Mesha.
Lamees, Lameesa, Lameesha, Lameise, Lameisha, Lameshia, Lameshiah, Lamisha, Lamishia, Lamysha, Lemesha, Lemisha, Lemysha

Lamia (allemand) diminutif de Lamberta.
Lamiah, Lamya, Lamyah

Lamis (arabe) douce au toucher.
Lamese, Lamisa, Lamisah, Lamise, Lamiss, Lamissa, Lamissah, Lamisse, Lamys, Lamysa, Lamyss, Lamyssa

Lamonica (américain) combinaison du préfixe La et de Monica.
Lamoni, Lamonika

Lamya (arabe) aux lèvres sombres.
Lama

Lan (vietnamien) fleur.
Lann, Lanne

Lana **TOP .100.** (latin) en laine ; (irlandais) attirante ; paisible. Diminutif d'Alana, d'Elana ; (hawaïen) flottant ; flottable.
Lanah, Lanai, Lanaia, Lanata, Lanay, Lanaya, Lanayah, Laneah, Laneetra

Lanae (latin, irlandais, hawaïen) variante de Lana.

Lanca (latin) bénie.

Landa (espagnol) référence à la Vierge Marie.

Landeberta (latin) variante de Lamberta.

Landelina (allemand) patriote.

Landon Ⓖ🄵 (anglais) prairie herbeuse et ouverte.
Landan, Landen, Landin

Landra (allemand, espagnol) conseiller.
Landrah, Landrea, Landreah, Landria, Landriah, Landrya, Landryah

Landrada (espagnol) variante de Landra.

Landyn (anglais) variante de Landon, de London.
Landynne

Lane Ⓖ🄵 (anglais) route étroite. Voir aussi Laine, Layne.
Lanee

Laneisha (américain) combinaison du préfixe La et de Keneisha.
Laneasha, Lanecia, Laneciah, Laneesha, Laneise, Laneishia, Laneysha, Lanysha

Lanelle (français) combinaison de Lane et d'Elle.
Lanel, Lanela, Lanelah, Lanele, Lanell, Lanella, Lanellah

Lanesha (américain) variante de Laneisha.
Laneshe, Laneshea, Laneshia, Lanesia, Laness, Lanessa, Lanesse

Lanette (gallois, français) variante de Linette.

Laney (anglais) variante populaire de Lane.
Lannee, Lanni, Lannia, Lanniah, Lannie, Lanny, Lany

Langley 🄵Ⓖ (anglais) longue prairie.
Lainglea, Lainglee, Laingleigh, Laingley, Laingli, Lainglie, Laingly, Langlea, Langlee, Langleigh, Langli, Langlie, Langly

Lani 🄵Ⓖ (hawaïen) ciel ; paradis. Diminutif d'Aulani, d'Atlanta, de Laulani, de Leilani, de Lulani.
Lanee, Lanei, Lania, Lanita, Lanney, Lanni, Lannie, Lanny, Lany

Lanie (anglais) variante de Laney ; (hawaïen) variante de Lani.

Lanisha (américain) variante de Laneisha.
Lanishia

Lanna (latin, irlandais, hawaïen) variante de Lana.
Lannah, Lannaia, Lannaya

Lantha (grec) fleur de violette.
Lanthia, Lanthiah, Lanthya, Lanthyah

Laodamia (grec) celle qui dirige sa communauté.

Laodicea (grec) celle qui est juste avec sa communauté.

Laporsha (américain) combinaison du préfixe La et de Porsha.
Laporcha, Laporche, Laporscha, Laporsche, Laporschia, Laporshe, Laporshia, Laportia

Laqueena (américain) combinaison du préfixe La et de Queenie.
Laqueen, Laqueene, Laquena, Laquenah, Laquene, Laquenetta, Laquinna

Laquesha (américain) variante de Laquisha.

Laquinta (américain) combinaison du préfixe La et de Quintana.
Laquanta, Laqueinta, Laquenda, Laqueneta, Laquenete, Laquenett, Laquenetta, Laquenette, Laquenta, Laquinda, Laquintah, Laquynta, Laquyntah

Laquisha (américain) combinaison du préfixe La et de Queisha.
Laquasha, Laquaysha, Laqueisha, Laquiesha

Laquita (américain) combinaison du préfixe La et de Queta.
Laqeita, Laqueta, Laquetta, Laquia, Laquiata, Laquieta, Laquitta, Lequita

Lara (grec) joyeuse ; (latin) rayonnante ; célèbre. Mythologie : nom d'une nymphe romaine. Diminutif de Laraine, de Larissa, de Laura.
Larah, Laretta, Larette, Laria, Lariah, Larra, Larrah, Larrya, Larryah, Larya, Laryah

Larae (grec, latin) variante de Lara.

Laraina (latin) variante de Lorraine.
Laraena, Laraenah, Larainah, Larana, Laranah, Laranna, Larannah, Larayna, Laraynah, Laraynna, Lareina, Lareinah, Larena, Larenah, Lareyna, Lareynah, Larraina, Larrainah, Larrayna, Larraynah, Larreina, Larreinah, Larreyna, Larreynah, Lauraina, Laurainah, Laurayna, Lauraynah, Lawraina, Lawrainah, Lawrayna, Lawraynah

Laraine (latin) variante de Lorraine.
Laraen, Laraene, Larain, Larainee, Larane, Larann, Laranne, Larayn, Larayne, Larein, Lareine, Larene, Lareyn, Lareyne, Larrain, Larraine, Larrayn, Larrayne, Larrein, Larreine, Larreyn, Larreyne, Laurain, Lauraine, Laurainne, Laurayn, Laurayne, Laurraine, Lawrain, Lawraine, Lawrayn, Lawrayne

Laramie FG (français) larmes d'amour. Géographie : ville du Wyoming, aux États-Unis, sur la piste nommée « Overland Trail ».
Laramee, Laramey, Larami, Laramy, Laremy

Laren (latin) variante de Laraine ; (grec) diminutif de Larina.
Larenn, Larrine, Laryn, Laryne

Lari (latin) variante populaire de Lara. Diminutif de noms commençant par « Lari ».
Laree, Larey, Larie, Larilia, Larrie

Larianna (américain) combinaison de Lari et d'Anna.
Larian, Lariana, Larianah, Lariane, Lariann, Lariannah, Larianne, Larrian, Larriana, Larrianah, Larriane, Larriann, Larrianna, Larriannah, Larrianne, Larryan, Larryana, Larryanah, Larryane, Larryann, Larryanna, Larryannah, Larryanne

Laricia (latin) variante de Laura.
Lariciah, Laricya, Laricyah, Larikia, Larycia, Laryciah, Larycya, Larycyah, Larykia, Lauricia

Lariel (hébreu) lionne de Dieu.
Lariela, Larielah, Lariele, Lariell, Lariella, Lariellah, Larielle, Laryel, Laryela, Laryelah, Laryele, Laryell, Laryella, Laryellah, Laryelle

Larina (grec) mouette.
Larena, Larenah, Larenee, Larinah, Larine, Larrina, Larrinah, Laryna, Larynah

Larisa, Larrisa, Larrissa (grec) variantes de Larissa.
Lareesa, Lareese, Laresa, Laris, Larise, Larysa, Laurisa, Lorysa, Lorysah

Larisha (grec) variante de Larissa.

Larissa (grec) joyeuse. Voir aussi Lacey.
Laressa, Larissah, Larisse

Lark (anglais) alouette.
Larke, Larkee, Larkey

Larlene (irlandais) promesse.
Larlean, Larleana, Larleanah, Larleane, Larleen, Larleena, Larleenah, Larleene, Larlin, Larlina, Larlinah, Larline, Larlyn, Larlyna, Larlynah, Larlyne

Larmina (persan) ciel bleu.
Larminah, Larmine, Larmyn, Larmyna, Larmynah, Larmyne

Larnelle (latin) haut degré.
Larnel, Larnela, Larnelah, Larnele, Larnell, Larnella, Larnellah

Larunda, Laurinda, Laurita (espagnol) variantes de Laura.

Laryssa (grec) variante de Larissa.
Larryssa, Larysse, Laryssia

Lasha (américain) variante de Lashae.

Lashae, Lashai, Lashay, Lashea (américain) combinaisons du préfixe La et de Shay.
Lashaye

Lashana (américain) combinaison du préfixe La et de Shana.
Lashan, Lashanay, Lashane, Lashanee, Lashann, Lashanna, Lashanne, Lashannon, Lashona, Lashonna

Lashanda (américain) combinaison du préfixe La et de Shanda.
Lashandra, Lashanta, Lashante

Lashaun Ⓤ (américain) diminutif de Lashawna.
Lasean, Laseane, Lashaughn, Lashaughne, Lashaune, Lashaunne, Lashawne, Lesean, Leseane, Leshaun, Leshaune, Leshawn, Leshawne

Lashawn Ⓤ (américain) diminutif de Lashawna.

Lashawna (américain) combinaison du préfixe La et de Shawna.
Laseana, Laseanah, Lashaughna, Lashaughnah, Lashauna, Lashaunna, Lashaunnah, Lashaunta, Lashawni, Lashawnia, Lashawnie, Lashawny, Lashona, Lashonna, Leseana, Leseanah, Leshauna, Leshaunah, Leshawna, Leshawnah

Lashawnda (américain) variante de Lashonda.
Lashawnd, Lashawndra

Lashaya (américain) variante de Lasha.
Lashaia

Lashon ⒻⒸ (américain) diminutif de Lashawna.

Lashonda (américain) combinaison du préfixe La et de Shonda.
Lachonda, Lashaunda, Lashaundra, Lashond, Lashonde, Lashondia, Lashonta, Lashunda, Lashundra, Lashunta, Lashunte, Leshande, Leshandra, Leshondra, Leshundra

Lashondra (américain) variante de Lashonda.

Lassie (écossais) jeune fille.
Lasee, Lasey, Lasi, Lasie, Lass, Lasse, Lassee, Lassey, Lassi, Lassy, Lasy

Latanya (américain) combinaison du préfixe La et de Tanya.
Latana, Latanah, Latandra, Latania, Lataniah, Latanja, Latanna, Latanua, Latonshia

Latara (américain) combinaison du préfixe La et de Tara.
Latarah, Lataria, Latariah, Latarya, Lotara, Lotarah, Lotaria, Lotarya

Lataree (japonais) branche tordue.
Latarea, Latarey, Latari, Latarie, Latary

Latasha (américain) combinaison du préfixe La et de Tasha.
Latacha, Latai, Lataisha, Latashah, Lataysha, Letasha

Latashia (américain) variante de Latasha.
Latacia, Latasia

Latavia (américain) combinaison du préfixe La et de Tavia.

Lateasha (américain) variante de Léticia, de Latisha.
Lateashya, Lateashyah

Lateefah (arabe) plaisante; (hébreu) petite tape, caresse.
Lateefa, Lateifa, Lateyfa, Lateyfah, Letifa

Lateesha (américain) variante de Léticia, de Latisha.

Lateisha (américain) variante de Léticia, de Latisha.
Lateicia, Letashia, Letasiah

Latesha (américain) variante de Léticia.
Lataeasha, Latecia, Latesa, Latessa, Lateysha, Latisa, Latissa, Latytia, Latytiah, Latytya, Latytyah, Leteisha, Leteshia

Lateshia (américain) variante de Léticia.
Lateashia, Lateashiah

Latia (américain) combinaison du préfixe La et de Tia.
Latea, Lateia, Lateka, Latiah, Latja, Latya, Latyah

Laticia (latin) variante de Léticia.
Laticiah

Latifah (arabe, hébreu) variante de Lateefah.
Latifa, Latipha

Latika (hindi) élégante.
Lateeka, Lateka, Latik, Latikah, Latyka, Latykah

Latina (américain) combinaison du préfixe La et de Tina.
Latean, Lateana, Lateanah, Lateane, Lateen, Lateena, Lateenah, Lateene, Latinah, Latine, Latyna, Latynah, Latyne

Latisha (latin) joie; (américain) combinaison du préfixe La et de Tisha.
Laetisha, Laetysha, Latecia, Latice, Latiesha, Latishah, Latishia, Latishya, Latissha, Latitia, Latysha, Latyshia, Latyshiah, Latysya, Latysyah

Latona (latin) Mythologie : Léto, déesse puissante et mère d'Apollon et de Diane.
Latonah, Latonna, Latonnah, Latonne

Latonia (latin, américain) variante de Latonya.
Latoni, Latoniah, Latonie

Latonya (américain) combinaison du préfixe La et de Tonya; (latin) variante de Latona.
Latonee, Latonyah

Latoria (américain) combinaison du préfixe La et de Tori.
Latoira, Latorea, Latoreah, Latoree, Latorey, Latori, Latorio, Latorja, Latorray, Latorreia, Latory, Latorya, Latoyra, Latoyria, Latoyrya

Latosha (américain) combinaison du préfixe La et de Tosha.
Latoshia, Latoshya, Latosia

Latoya (américain) combinaison du préfixe La et de Toya.
Latoia, Latoiya, Latoiyah, LaToya, Latoye, Latoyia, Latoyita, Latoyo

Latrice (américain) combinaison du préfixe La et de Trice.
Latrece, Latreece, Latreese, Latresa, Latrese, Latressa, Letreece, Letrice

Latricia, Latrisha (américain) combinaisons du préfixe La et de Tricia.
Latrecia, Latreciah, Latresh, Latresha, Latreshia, Latreshiah, Latreshya, Latrica, Latricah, Latriciah, Latrishia, Latrishiah, Latrysha, Latryshia, Latryshiah, Latryshya

Laudelina (latin) qui mérite des louanges.

Laulani (hawaïen) branche d'arbre céleste.
Laulanea, Laulanee, Laulaney, Laulania, Laulaniah, Laulanie, Laulany, Laulanya, Laulanyah

Laumalie (tongan) vive, pleine d'esprit.
Laumalea, Laumaleah, Laumalee, Laumalei, Laumaleigh, Laumali, Laumalia, Laumaliah, Laumaly

Laura ᵀᴼᴾ.₁₀₀. (latin) variante de Laure.
Laurah, Laure, Laurella, Laurka, Lavra, Lawra, Lawrah, Lawrea, Loura

Lauralee (américain) combinaison de Laura et de Lee; (allemand) variante de Lorelei.
Lauralea, Lauraleah, Lauralei, Lauraleigh, Lauraley, Laurali, Lauralia, Lauraliah, Lauralie, Lauraly, Lauralya

Lauralyn (américain) combinaison de Laura et de Lynn.
Lauralin, Lauralina, Lauralinah, Lauraline, Lauralyna, Lauralyne, Lauralynn, Lauralynna, Lauralynne, Laurelen

Lauran, Laurin (anglais) variantes de Lauren.
Laurine

Laure (italien) couronnée de laurier.
Lauré, Lawre

Laureanne (anglais) diminutif de Laurianna; (américain) variante de Laurie Ann.

Laurel (latin) laurier.
Laural, Laurala, Lauralah, Laurale, Laurela, Laurelah, Laurele, Laurell, Laurella, Laurellah, Laurelle, Lawrel, Lawrela, Lawrelah, Lawrele, Lawrell, Lawrella, Lawrellah, Lawrelle, Lorel, Lorelle

Laurelei (allemand) variante de Lorelei; (américain) variante de Lauralee.
Laurelea, Laurelee, Laureleigh

Lauren (anglais) variante de Laura.
Laureen, Laureene, Laurena, Laurenah, Laurene, Laurenne, Laurien

Laurence FG (latin) couronnée de laurier.
Laurencia, Laurenciah, Laurens, Laurent, Laurentana, Laurentia, Laurentiah, Laurentina, Laurentya, Lawrencia

Lauretta (anglais) variante de Loretta.
Lauret, Laureta, Lauretah, Laurete, Laurett, Laurettah, Laurette

Lauriane, Laurianne (anglais) diminutifs de Laurianna; (américain) variantes de Laurie Ann.
Laurian

Laurianna (anglais) combinaison de Laurie et d'Anna.
Laurana, Lauranah, Laurane, Laurann, Lauranna, Laurannah, Lauranne, Laureana, Laureena, Laureenah, Laurenna, Laurennah, Lauriana, Laurina, Lauryna, Laurynah, Lawrana, Lawranah, Lawrena, Lawrenah, Lawrina, Lawrinah, Lawryna, Lawrynah

Laurie FG (anglais) variante populaire de Laura.
Lauree, Lauri, Lawree, Lawri, Lawria, Lawriah, Lawrie

Laurie Ann, Laurie Anne (américain) combinaisons de Laurie et d'Ann.
Laurie-Ann, Laurie-Anne

Laurissa (grec) variante de Larissa.
Laurissah

Laury (anglais) variante populaire de Laura.
Lawrey, Lawry, Lawrya, Lawryah

Lauryn (anglais) variante populaire de Laura.
Lauryna, Laurynah, Lauryne, Laurynn, Laurynna, Laurynnah, Laurynne

Lavani (tongan) collier.
Lavanea, Lavaneah, Lavanee, Lavaney, Lavania, Lavaniah, Lavany, Lavanya

Lave U (italien) lave; (anglais) dame; (tongan) toucher.
Lav

Laveda (latin) lavée, purifiée.
Lavare, Lavedah, Laveta, Lavetah, Lavete, Lavett, Lavetta, Lavette

Lavelle GF (latin) nettoyage.
Lavel, Lavela, Lavelah, Lavele, Lavell, Lavella, Lavellah

Lavena (irlandais, français) joie; (latin) variante de Lavina.
Lavana, Lavania, Lavenah, Lavenia, Laveniah, Lavenya, Lavenyah

Lavende (latin) violet, bleu-violet. Botanique: la lavande, plante avec des grappes de fleurs violet clair.
Lavenda, Lavender

Laveni (tongan) lavande; violet clair.
Lavenee, Laveney, Lavenie, Laveny

Lavenita (tongan) parfum de lavande.
Lavenit, Lavenitah, Lavenyt, Lavenyta, Lavenytah, Lavenyte

Laverne (latin) printemps; (français) bosquet d'aunes. Voir aussi Verna.
La Verne, Laverine, Lavern, Laverna, Lavernia, Laverniah, Lavernya, Lavernyah, Laveryne

Laviana (latin) variante de Lavina.

Lavina (latin) purifiée; femme de Rome. Voir aussi Vina.
Lavena, Lavinah, Lavyna, Lavynah, Lavyne

Lavinia (latin) variante de Lavina.
Laviniah, Lavinie, Laviniya, Laviniyah, Lavyni, Lavynia, Lavyniah, Lavyny, Lavynya, Lavynyah, Levenia, Leveniah, Levinia, Leviniah, Leviniya, Leviniyah, Levynia, Levyniah, Levynya, Levynyah, Livinia, Liviniah, Lovinia, Lyvinia, Lyviniah, Lyvinya, Lyvinyah

Lavonna (américain) combinaison du préfixe La et d'Yvonne.
Lavona, Lavonah, Lavonda, Lavonde, Lavonder, Lavondria, Lavonee, Lavoney, Lavonia, Lavoniah, Lavonica, Lavonie, Lavonnah, Lavonnee, Lavonney, Lavonni, Lavonnie, Lavonny, Lavonnya, Lavonya, Lovona, Lovonah, Lovoni, Lovonia, Lovoniah, Lovonie, Lovonna, Lovonnah, Lovony, Lovonya, Lovonyah

Lavonne (américain) diminutif de Lavonna.
Lavon, Lavone, Lavonn, Lovon, Lovone, Lovonne

Lawan (thaïlandais) jolie.
Lawana, Lawane, Lawanne

Lawanda (américain) combinaison du préfixe La et de Wanda.
Lawandah, Lawinda, Lawindah, Lawonda, Lawynda, Lawyndah

Lawren (américain) variante de Lauren.
Lawran, Lawrane, Lawrene, Lawrin, Lawrine, Lawryn, Lawryne

Layan (iranien) brillante; rayonnante.

Layce (américain) variante de Lacey.
Laycee, Laycey, Layci, Laycia, Laycie, Laycy, Laysa, Laysea, Laysie

Layla (hébreu, arabe) variante de Leila.
Laylah, Laylea, Layleah, Laylee, Laylei, Layleigh, Layli, Laylia, Layliah, Laylie, Laylla, Laylle, Layly, Laylya, Laylyah

Layne **GF** (français) diminutif de Laine. Voir aussi Laine.
Layn

Layney (français) variante populaire d'Élaine.
Laynee, Layni, Laynia, Layniah, Laynie, Layny

Lazalea (grec) dirigeante aigle.
Lazaleah, Lazalee, Lazalei, Lazaleigh, Lazaley, Lazali, Lazalia, Lazaliah, Lazalie, Lazaly, Lazalya

Le **U** (vietnamien) perle.

Léa **TOP** (hawaïen) Mythologie: déesse des Fabricants de canoës; (hébreu) variante de Leah.

Léa Marie (américain) combinaison de Léa et de Marie.
Lea-Marie, Leah Marie, Leah-Marie

Leah (hébreu) lasse. Bible: première femme de Jacob. Voir aussi Lia.
Léa

Léala (français) fidèle, loyale.
Leal, Lealia, Lealiah, Lealie, Leela, Leelah, Leial

Lean, Leann, Leanne (anglais) variantes de Leeann, de Lian.

Léana **TOP** (hébreu) variante de Leah.
Leanna, Leeana, Leeanna, Leiana, Leianah, Leianna, Leiannah, Leyana, Leyanah, Leyanna, Leyannah

Leandra (latin) comme une lionne.
Leanda, Leandrah, Leandre, Leandrea, Leandria, Leeanda, Leeandra, Leeandrah, Leianda, Leiandah, Leiandra, Leiandrah, Leighandra, Leighandrah, Leyandra, Leyandrah

Léane **TOP** (latin, hébreu) combinaison de Léa et de Anne.

Léanore (grec) variante d'Eléanor; (anglais) variante de Helen.
Lanore, Lanoree, Lanorey, Lanori, Lanoriah, Lanorie, Lanory, Lanorya, Lanoryah, Leanor, Leanora, Leanorah

Lece (latin) variante de Lacey.
Lecee, Lecey, Leci, Lecie, Lecy

Lecia (latin) diminutif de Felecia.
Leacia, Leaciah, Leacya, Leacyah, Leasia, Leasiah, Leasie, Leasy, Leasya, Leasyah, Leasye, Lesha, Leshia, Lesia, Lesiah, Lesya, Lesyah

Léda (grec) dame. Mythologie: Léda, reine de Sparte et mère de Hélène de Troie.
Leada, Leadah, Ledah, Leeda, Leedah, Leida, Leidah, Leighda, Leighdah, Leyda, Lyda, Lydah

Ledicia (latin) grande joie.

Lee **GF** (chinois) prune; (irlandais) poétique; (anglais) prairie. Diminutif d'Ashley, de Leah.
Ly

Leea (américain) variante de Leah.
Leeah

Leeann, Leeanne (anglais) combinaisons de Lee et d'Ann. Variantes de Lian.
Leane, Leean, Leian, Leiane, Leiann, Leianne, Leyan, Leyane, Leyann, Leyanne

Leeba (yiddish) chérie.
Leaba, Leabah, Leebah, Leiba, Leibah, Leighba, Leighbah, Leyba, Leybah, Liba, Libah, Lyba, Lybah

Leena (estonien) variante de Helen; (grec, latin, arabe) variante de Lina.
Leenah, Leina, Leinah

Leesa (hébreu, anglais) variante de Leeza, de Lisa.

Leesha (américain) variante de Lecia.
Leecia, Leeciah, Leecy, Leecya, Leecyah, Leesia, Leesiah

Leewan (australien) vent.
Leawan, Leawana, Leawanah, Leewana, Leewanah, Leighwan, Leighwana, Leighwanah, Leiwan, Leiwana, Leiwanah, Leywan, Leywana, Leywanah, Liwan, Liwana, Liwanah, Lywan, Lywana, Lywanah

Leeza (hébreu) diminutif d'Aleeza ; (anglais) variante de Lisa, de Liza.
Leaza, Leazah, Leezah, Leighza, Leighzah, Leiza, Leizah, Leyza, Leyzah

Lefitray (mapuche) vitesse du son.

Leflay (mapuche) femme léthargique.

Legarre (espagnol) référence à la Vierge Marie.

Lei U (hawaïen) variante populaire de Leilani.

Léia (hébreu) variante de Leah ; (espagnol, tamil) variante de Leya.
Leiah

Leif GF (scandinave) chérie.
Leaf, Leaff, Leiff, Leyf, Leyff

Leigh (anglais) variante de Lee.

Leigha (anglais) variante de Leah.

Leighann, Leighanne (anglais) variantes de Leeann.
Leigh Ann, Leigh Anne, Leigh-Ann, Leigh-Anne, Leighane

Leighanna (anglais) variante de Liana.
Leigh Anna, Leigh-Anna, Leighana, Leighanah

Leiko (japonais) arrogante.
Leako, Leeko, Leyko

Leila (hébreu) beauté sombre ; nuit ; (arabe) née la nuit. Voir aussi Laela, Layla, Lila.
Leela, Leelah, Leilia, Leland

Leilah (hébreu, arabe) variante de Leila.

Leilani (hawaïen) fleur du paradis ; enfant du paradis.
Lailani, Lailani, Lailanie, Lailany, Lailoni, Lealanea, Lealaneah, Lealanee, Lealaney, Lealani, Lealania, Lealaniah, Lealanie, Lealany, Leelanea, Leelaneah, Leelanee, Leelaney, Leelani, Leelania, Leelaniah, Leelanie, Leelany, Lei, Leighlanea, Leighlaneah, Leighlanee, Leighlaney, Leighlani, Leighlania, Leighlaniah, Leighlanie, Leighlany, Leilanea, Leilaneah, Leilanee, Leilaney, Leilania, Leilaniah, Leilanie, Leilany, Leiloni, Leilony, Lelanea, Lelaneah, Lelanee, Lelaney, Lelani, Lelania, Lelanie, Lelany, Leylanea, Leylaneah, Leylanee, Leylaney, Leylani, Leylania, Leylaniah, Leylanie, Leylany

Leira (basque) référence à la Vierge Marie.

Leisa (hébreu, anglais) variante de Lisa.
Leisah

Leisha (américain) variante de Léticia.

Lekasha (américain) variante de Lakeisha.
Lekeesha, Lekesha, Lekeshia, Lekeshiah, Lekeshya, Lekesia, Lekesiah, Lekesya, Lekicia, Lekiciah, Lekisha, Lekishah, Lekysha, Lekyshia, Lekysya

Lekeisha (américain) variante de Lakeisha.

Lela (français) variante de Leala ; (hébreu, arabe) variante de Leila.
Lelah

Leli (suisse) variante de Magdalen.
Lelee, Lelie, Lely

Lelia (grec) discours juste ; (hébreu, arabe) variante de Leila.
Leliah, Lelika, Lelita, Lellia, Lelliah

Lelica (latin) bavarde.

Lelya (russe) variante de Hélène.
Lellya, Lellyah, Lelyah

Lemana (australien) chêne.
Leaman, Leamana, Leamanah, Leemana, Leemanah, Leimana, Leimanah, Lemanah, Leymana, Leymanah

Lemuela (hébreu) dévouée à Dieu.

Léna TOP.100. (hébreu) demeure ou logement ; (latin) tentatrice ; (norvégien) illustre ; (grec) diminutif d'Eléanor. Musique : Lena Horne, célèbre chanteuse et actrice afro-américaine.
Lenah, Lenee, Lenka, Lenna, Lennah

Lenci (hongrois) variante de Hélène.
Lencea, Lencee, Lencey, Lencia, Lencie, Lency

Lene (allemand) variante de Hélène.
Leni, Line

Leneisha (américain) combinaison du préfixe Le et de Keneisha.
Lenease, Lenece, Leneece, Leneese, Lenesha, Leniesha, Lenieshia, Leniesia, Leniessia, Lenisa, Lenisah, Lenise, Lenisha, Leniss, Lenissa, Lenissah, Lenisse, Lennise, Lennisha, Lenysa, Lenysah, Lenyse, Lenysha, Lenyss, Lenyssa, Lenyssah, Lenysse, Lynesha

Lenia (allemand) variante de Leona.
Lenayah, Lenda, Lenea, Leneen, Leney, Lenie, Lenna, Lennah, Lennea, Lennee, Lenney, Lenni, Lennie, Lenny, Leny, Lenya, Lenyah

Lenis (latin) douce ; soyeuse.

Lenita (latin) douce, pleine de douceur.
Leneta, Lenett, Lenetta, Lenette, Lenitah, Lenite, Lennett, Lennetta, Lennette

Lénora (grec, russe) variante d'Eléanor.
Lenorah

Lénore (grec, russe) variante d'Eléanor.
Lenor, Lenoree

Leocadia, Leocadía (grec) éclatante; blanche.

Leocricia (grec) celle qui estime son village.

Leola (latin) lionne.
Leolah

Leolina (gallois) variante de Leola.
Leolinah, Leoline, Leolyn, Leolyna, Leolynah, Leolyne

Leoma (anglais) brillante.

Léona (allemand) courageuse comme une lionne. Voir aussi Lona.
Leoine, Leonae, Leonah, Leone, Leonel, Leonela, Leonelah, Leonella, Leonelle, Leonia, Leonice, Leonicia, Leonissa, Liona

Léonarde (allemand) courageuse comme une lionne.
Leonarda, Leonardina, Leonardine, Leonardyn, Leonardyna, Leonardyne

Léoncia (latin) variante de Léonarde.

Léondra (allemand) variante de Léonarde.
Leondrea, Leondria

Leónida (grec) variante de Léonarde.

Léonie **TOP** **.100.** (allemand) variante populaire de Léona.
Leonee, Leoney, Leoni, Léonie, Leonni, Leonnie, Leony

Léonila (latin) variante de Léonarde.

Léonilda (allemand) combattante.

Léonna (allemand) variante de Léona.
Leonne

Léonor, Léonore (grec) variantes d'Eléanor. Voir aussi Nora.
Leonora, Leonorah, Léonore

Léontine (latin) comme une lionne.
Leonina, Leonine, Leontina, Leontyn, Leontyna, Leontyne, Léontyne, Liontin, Liontina, Liontine, Liontyna, Liontyne, Lyontina, Lyontine, Lyontyna, Lyontyne

Léopolda (allemand) princesse du village.

Léora (hébreu) lumière; (grec) variante populaire d'Eléanor. Voir aussi Liora.
Leeora, Leorah, Leorit

Léotie (amérindien) fleur de plaine.
Leotee, Leoti, Leoty

Lepati (tongan) léopard.
Leapati, Leapatie, Leapaty, Leipati, Leipatie, Leipaty, Lepatie, Lepaty, Leypati, Leypatie, Leypaty

Lera (russe) diminutif de Valera.
Lerah, Leria, Leriah, Lerra, Lerrah

Lesbia (grec) originaire de l'île grecque de Lesbos.

Leslee, Lesleigh, Lesli, Lesly, Leslye (écossais) variantes de Lesley.
Lesslie, Lessly

Lesley (écossais) forteresse grise.
Leslea, Lesleah, Leslei, Lezlea, Lezleah, Lezlee, Lezlei, Lezleigh, Lezley, Lezli, Lezlie, Lezly

Leslie **F**C (écossais) variante de Lesley.

Leta (latin) contente; (swahili) qui apporte; (grec) diminutif d'Aleta.
Leata, Leatah, Leighta, Leightah, Leita, Leitah, Leyta, Leytah

Letha (grec) distraite; oubli.
Leitha, Leithia, Lethia, Leythia, Leythiah, Leythya, Leythyah

Léticia (latin) joie. Voir aussi Laëticia, Latisha, Tisha.
Lateacia, Lateaciah, Lateacya, Lateacyah, Latycia, Latyciah, Latycya, Latycyah, Let, Letesa, Letice, Letichia, Leticya, Letisia, Letisiah, Letissa, Letiza, Letizah, Letizia, Letiziah, Letizya, Letizyah, Letty, Letycia, Letyciah, Letycya, Letycyah, Letysya, Letyza, Letyzia, Letyziah, Letyzya, Letyzyah

Letifa (arabe) variante de Lateefah.
Leitifa, Leitifah, Leitipha, Leitiphah, Letifah, Letipha, Letiphah, Letyfa, Letyfah, Letypha, Letyphah

Letisha (latin) variante de Léticia.
Leshia, Letesha, Leteshia, Letish, Letishah, Letishia, Letishya, Letysha, Letyshya

Létitia (latin) variante de Léticia.
Letita, Letitah, Letiticia, Loutitia, Loutitiah, Loutitya, Loutytia, Loutytiah, Loutytya, Loutytyah

Letty (anglais) variante populaire de Léticia.
Letee, Letey, Leti, Letie, Letta, Lettah, Lettee, Lettey, Letti, Lettie, Lety

Levana (hébreu) lune; blanche; (latin) levée. Mythologie: déesse des Nouveaux-Nés.
Lévana, Levanah, Levanna, Levannah, Levenia, Lewana, Livana

Levani (fidjien) ointe d'huile.
Levanee, Levaney, Levanie, Levany

Levania (latin) soleil levant.
Leavania, Leevania, Leivania, Levannia, Levanya, Leyvania

Levia (hébreu) jointe, attachée.
Leevya, Levi, Leviah, Levie, Levya, Levyah

Levina (latin) éclair.
Levene, Levinah, Livina, Livinna, Lyvina, Lyvinah, Lyvyna, Lyvynah

Levita, Levyna (anglais) scintillement, étincelle.

Levona (hébreu) épice ; encens.
Leavona, Leavonah, Leavonia, Leavoniah, Leavonna,
Leavonnah, Leavonnia, Leavonniah, Leevona, Leevonah,
Leevonia, Leevoniah, Leevonna, Leevonnia, Leevonniah,
Leighvona, Leighvonah, Leighvonna, Leighvonnah,
Leighvonne, Leivona, Leivonia, Leivoniah, Leivonna,
Leivonnah, Leivonnia, Leivonnya, Levon, Levonah, Levonat,
Levone, Levonee, Levoni, Levonia, Levoniah, Levonna,
Levonnah, Levonne, Levony, Levonya, Levonyah, Leyvona,
Leyvonah, Leyvone, Leyvonn, Leyvonna, Leyvonnah,
Leyvonne, Livona

Lewana (hébreu) variante de Levana.
Leawana, Leawanah, Leawanna, Leawannah, Lebhanah,
Leewana, Leewanah, Leewanna, Leewannah, Leiwana,
Leiwanah, Leiwanna, Leiwannah, Lewanah, Lewanna,
Lewannah

Lexandra (grec) diminutif d'Alexandra.
Lexa, Lexah, Lexandrah, Lexandria, Lexandriah, Lexandrya,
Lexandryah, Lezandra, Lezandrah, Lezandria, Lezandriah,
Lixandra, Lixandrah, Lyxandra, Lyxandrah

Lexi, Lexie, Lexy (grec) variantes populaires
d'Alexandra.
Leksi, Lexey

Lexia (grec) variante populaire d'Alexandra.
Leska, Lesya, Lexane, Lexiah, Lexina, Lexine

Lexis, Lexxus (grec) diminutifs d'Alexius,
d'Alexis.
Laexis, Lexius, Lexsis, Lexuss, Lexxis, Lexyss

Lexus FG (grec) diminutif d'Alexius, d'Alexis.

Leya (espagnol) loyale ; (tamil) constellation
du Lion.

Leyla (hébreu, arabe) variante de Leila ;
(espagnol, tamil) variante de Leya.
Leylah

Leyna (estonien, grec, latin, arabe) variante
de Leena.
Leynah

Lia (grec) porteuse de bonnes nouvelles ; (hébreu,
néerlandais, italien) dépendante. Voir aussi
Leah.
Liah, Lya, Lyah

Lía (hébreu) variante de Leah.

Liama (anglais) guardienne résolue.
Liamah, Lyama, Lyamah

Lian FG (chinois) saule plein de grâce ; (latin)
diminutif de Gillian, de Lillian.
Lean, Liann, Lyan, Lyann

Liana, Lianna (latin) jeune ; (français) attachée,
enveloppée ; arbre couvert de vigne ; (anglais)
prairie ; (hébreu) diminutifs d'Éliana.
Lianah, Liannah, Lyana, Lyanah, Lyanna, Lyannah

Liane, Lianne (hébreu) diminutifs d'Éliane ;
(anglais) variantes de Lian.
Lyane, Lyanne

Libby (hébreu) variante populaire d'Elizabeth.
Ibby, Lib, Libbea, Libbee, Libbey, Libbi, Libbie, Libea, Libee,
Libey, Libi, Libie, Liby, Lyb, Lybbea, Lybbee, Lybbey, Lybbi,
Lybbie, Lybby, Lybea, Lybee, Lybey, Lybi, Lybie, Lyby

Libera, Líbera (latin) celle qui accorde
l'abondance.

Liberada, Liberata, Liberdade (latin) variantes
de Liberty.

Liberia, Liberta (espagnol) variantes de Liberty.

Libertad (latin) celle qui agit de bonne foi.

Liberty (latin) libre.
Libertee, Liberti, Libertie, Libirtee, Libirtey, Libirti, Libirtie,
Libirty, Librada, Liburtee, Liburtey, Liburti, Liburtie, Liburty,
Libyrtee, Libyrtey, Libyrti, Libyrtie, Libyrty, Lybertee,
Lybertey, Lyberti, Lybertia, Lyberty, Lybertya, Lybirtee,
Lybirtey, Lybirti, Lybirtie, Lybirty, Lyburtee, Lyburtey,
Lyburti, Lyburtie, Lyburty, Lybyrtee, Lybyrtey, Lybyrti,
Lybyrtie, Lybyrty

Libia (latin) qui vient du désert.

Libitina (latin) celle qui est voulue.

Libna (latin) blancheur.

Liboria (latin) libre.

Lican (mapuche) silex.

Licia (grec) diminutif d'Alicia.
Licha, Liciah, Licya, Licyah, Lishia, Lisia, Lycha, Lycia, Lycya,
Lycyah

Lida (grec) heureuse ; (slave) aimée par les gens ;
(latin) diminutif d'Alida, d'Elita.
Leeda, Lidah, Lidochka, Lyda, Lydah

Lide (latin, basque) vie.
Lidee, Lyde, Lydee

Lidia (grec) variante de Lydia.
Lidea, Lidi, Lidiah, Lidija, Lidiya, Lidka, Lidya

Lidía, Lídia, Lydía (grec) variantes de Lydia.

Liduvina (allemand) amie du village.

Lien (chinois) lotus.
Liena, Lienn, Lienna, Lienne, Lyen, Lyena, Lyenn, Lyenna,
Lyenne

Liesabet (allemand) diminutif d'Elizabeth.
Liesbeth, Lyesabet, Lyesabeth

Liese (allemand) variante populaire d'Élise,
d'Elizabeth.
Liesa, Liesah, Lieschen, Lise

Liesel (allemand) variante populaire d'Elizabeth.
Leasel, Leasela, Leaselah, Leasele, Leasle, Leesel, Leesela,
Leeselah, Leesele, Leesl, Leesle, Leezel, Leezl, Leisel, Leisela,
Leiselah, Leisele, Leisle, Leysel, Liesl, Liezel, Liezl, Lisel, Lisela,
Liselah, Lisele, Lysel, Lysela, Lyselah, Lysele

Liesha (arabe) variante d'Aisha.
Liasha, Liashah, Lieshah, Lyaisha, Lyaishah, Lyasha,
Lyashah, Lyeisha, Lyeishah, Lyesha, Lyeshah

Ligia (grec) à la voix claire; sifflement.

Lígia (portugais) variante de Ligia.

Lila **TOP .100.** (arabe) nuit; (hindi) libre arbitre
de Dieu; (persan) lilas. Diminutif de Dalila,
de Delilah, de Lillian.
Lilla, Lillah

Lilac (sanscrit) lilas; violet-bleu.
Lilack, Lilak, Lylac, Lylack, Lylak

Lilah (arabe, hindi, persan) variante de Lila.

Lili, Lillie (latin, arabe) variantes de Lilly.
Lilie, Lilli

Lilí (anglais) variante d'Alicia.

Lilia (persan) variante de Lila.
Lilea, Liliah, Lillea, Lilleah, Lilya, Lilyah, Lylea, Lyleah,
Lylia, Lyliah, Lyllea, Lylleah, Lylya, Lylyah

Liliane (latin) fleur de lys.
Lilian, Liliann, Lilianne, Lilion, Lilyan, Lylian, Lyliane,
Lyliann, Lylianne, Lylion, Lylyon

Lilián (espagnol) variante de Liliane.

Lílian (portugais) variante de Liliane.

Liliana, Lilliana, Lillianna (latin) variantes
de Liliane.
Lileana, Lilianah, Lilianna, Lilliana, Lillianah, Lilliannah,
Lyliana, Lylianah, Lylianna, Lyliannah

Lilibeth (anglais) combinaison de Lilly
et de Beth.
Lillibeth, Lillybeth, Lilybeth, Lylibeth, Lyllibeth, Lyllybeth,
Lylybeth

Lilis (hébreu) variante de Lilith.
Lilisa, Lilise, Liliss, Lilissa, Lilisse, Lillis, Lylis, Lylisa, Lylise,
Lyliss, Lylissa, Lylisse, Lylys, Lylysa, Lylyse, Lylyss, Lylyssa,
Lylysse

Lilit (hébreu) patriote.

Lilith (arabe) de la nuit; démon de la nuit.
Mythologie: première femme d'Adam,
selon d'anciennes légendes juives.
Lillith, Lilyth, Lyllyth, Lylyth

Lillian (latin) variante de Liliane.
Lil, Lilas, Lileane, Lilias, Liliha, Lilja, Lilla, Lilli, Lillia, Lilliane,
Lilliann, Lillianne, Liuka

Lilly (latin, arabe) variante populaire de Lilith,
de Lilliane, de Lillyann.
Lîle, Lilea, Lilee, Lilei, Lileigh, Liley, Lilijana, Lilika, Lilike,
Liliosa, Lilium, Lilka, Lille, Lillee, Lillei, Lilleigh, Lilley, Lylee,
Lylei, Lyleigh, Lyley, Lyli, Lylie, Lyllee, Lyllei, Lylleigh, Lylly,
Lyly

Lillyann (anglais) combinaison de Lilly et d'Ann;
(latin) variante de Lilliane.
Lillyan, Lillyanna, Lillyanne, Lilyan, Lilyana, Lilyann,
Lilyanna, Lilyanne

Lillybelle, Lilybelle (anglais) combinaisons
de Lilly et de Belle.
Lilibel, Lilibela, Lilibelah, Lilibele, Lilibell, Lilibella, Lilibellah,
Lillibel, Lillibela, Lillibelah, Lillibele, Lillibell, Lillibella,
Lillibellah, Lillibelle, Lilybel, Lilybela, Lilybelah, Lilybele,
Lilybell, Lilybella, Lilybellah, Lilybelle, Lylibel, Lylibela,
Lylibelah, Lylibele, Lylibell, Lylibella, Lylibellah, Lylibelle,
Lyllibel, Lyllibela, Lyllibelah, Lyllibele, Lyllibell, Lyllibella,
Lyllibellah, Lyllibelle, Lyllybel, Lyllybela, Lyllybelah, Lyllybele,
Lyllybell, Lyllybella, Lyllybellah, Lyllybelle, Lylybel, Lylybela,
Lylybelah, Lylybele, Lylybell, Lylybella, Lylybellah, Lylybelle

Lillybet, Lilybet (anglais) combinaisons de Lilly
et d'Elizabeth.
Lilibet, Lilibeta, Lilibetah, Lilibete, Lillibet, Lillibeta, Lillibete,
Lillybeta, Lillybete, Lillybett, Lillybetta, Lillybette, Lilybet,
Lilybeta, Lilybete, Lilybett, Lilybetta, Lilybette, Lylibet,
Lylibeta, Lylibetah, Lylibete, Lyllibet, Lyllibeta, Lyllibete,
Lyllibett, Lyllibetta, Lyllibette, Lyllybet, Lyllybeta, Lyllybete,
Lyllybett, Lyllybetta, Lyllybette, Lylybet, Lylybeta, Lylybete,
Lylybett, Lylybetta, Lylybette

Lilou (latin, arabe) variante de Lili.

Lilvina (latin, allemand) amie d'Iris.

Lily (latin, arabe) variante de Lilly.

Limber (tiv) joyeuse.
Limba, Limbah, Limbera, Lymba, Lymbah, Lymber, Lymbera

Lin **FG** (chinois) beau jade; (anglais) variante
de Lynn.
Linley, Linn, Linne

Lina (grec) lumière; (arabe) tendre; (latin)
variante de Lena.
Linah, Linna, Linnah

Linda (espagnol) jolie. Voir aussi Lynda.
Lind, Lindah, Linita

Linden **FG** (anglais) colline de tilleuls.
Lindan, Lindin, Lindon, Lyndan, Lynden, Lyndin, Lyndon,
Lyndyn

Lindsay **FG** (anglais) variante de Lindsey.
Lindze, Lindzee, Lindzey, Lindzy

Lindsee, Lindsi, Lindsie, Lindsy (anglais)
variantes de Lindsey.

Lindsey **FG** (anglais) île aux tilleuls; camp
près du ruisseau.
Lind, Lindsea, Lindsei, Lindsi

Lindy (espagnol) variante populaire de Linda.
Linde, Lindea, Lindee, Lindey, Lindi, Lindie

Linette (gallois) idole; (français) oiseau.
Linet, Lineta, Linetah, Linete, Linett, Linetta, Linettah, Linnet, Linneta, Linnetah, Linnete, Linnett, Linnetta, Linnettah, Linnette

Ling (chinoise) sensible, délicate.

Linh (chinois, anglais) variante de Lin.

Linley FG (anglais) champ de lin.
Linlea, Linleah, Linlee, Linlei, Linleigh, Linli, Linlia, Linliah, Linlie, Linly, Lynlea, Lynleah, Lynlee, Lynlei, Lynleigh, Lynley, Lynli, Lynlia, Lynliah, Lynlie, Lynly

Linnea (scandinave) limettier. Botanique: fleur nationale de la Suède.
Linae, Linea, Lineah, Linnae, Linnaea, Linneah

Linsey, Linzee, Linzy (anglais) variantes de Lindsey.
Linsay, Linsea, Linsee, Linsi, Linsie, Linsy, Linzey, Linzi, Linzie, Linzzi

Lioba (allemand) chérie, précieuse.

Liolya (russe) variante d'Hélène.
Liolia, Liolah, Liolyah, Lyolya, Lyolyah

Liona (allemand) variante de Léona.
Lionah, Lione, Lionee, Lioney, Lioni, Lionia, Lioniah, Lionie, Liony, Lyona, Lyonah, Lyone, Lyonee, Lyoney, Lyoni, Lyonia, Lyoniah, Lyonie, Lyony, Lyonya, Lyonyah

Lionetta (latin) petite lionne.
Lionet, Lioneta, Lionetah, Lionete, Lionett, Lionettah, Lionette, Lyonet, Lyoneta, Lyonetah, Lyonete, Lyonett, Lyonetta, Lyonettah, Lyonette

Liora (hébreu) lumière. Voir aussi Léora.
Liorah, Lyora, Lyorah

Lirit (hébreu) poétique; lyrique, musicale.
Lirita, Lirite, Lyrit, Lyrita, Lyrite

Liron U (hébreu) ma chanson.
Leron, Lerone, Lirona, Lironah, Lirone, Lyron, Lyrona, Lyronah, Lyrone

Lis (français) fleur de lys.
Lys

Lisa (hébreu) consacrée à Dieu; (anglais) diminutif d'Elizabeth.
Leasa, Leasah, Leassa, Leassah, Liisa, Lisah, Lisenka, Liszka, Litsa

Lisa Marie (américain) combinaison de Lisa et de Marie.
Lisa-Marie

Lisandra (grec) variante de Lysandra.
Lisandrah, Lisandria, Lisandriah, Lissandra, Lissandrah, Lissandria, Lissandriah

Lisann, Lisanne (américain) combinaisons de Lisa et d'Ann.
Lisanna, Lisannah, Lizanne

Lisavet (hébreu) variante d'Elizabeth.

Lisbet (anglais) diminutif d'Elizabeth.
Lisbeta, Lisbete, Lisbett, Lisbetta, Lisbette, Lysbet, Lysbeta, Lysbete, Lysbett, Lysbetta, Lysbette

Lisbeth (anglais) diminutif d'Elizabeth.
Lysbeth

Lis (allemand) variante de Lisa.

Lise (hébreu) consacrée à Dieu.

Lisette (français) variante de Lise; (anglais) variante populaire d'Élise, d'Elizabeth.
Liset, Liseta, Lisete, Lisett, Lisetta, Lisettina, Lisset, Lissete, Lissette, Lissett

Liseth (français, anglais) variante de Lisette.

Lisha (arabe) obscurité avant minuit; (hébreu) diminutif d'Alisha, d'Elisha, d'Ilisha.
Lishah, Lishe, Lysha, Lyshah, Lyshe

Lissa (grec) abeille à miel. Diminutif d'Elissa, d'Elizabeth, de Mélissa, de Milicent.
Lissah

Lissie (américain) variante populaire d'Alison, d'Élise, d'Elizabeth.
Lissee, Lissey, Lissi, Lissy, Lissye

Lita (latin) variante populaire des prénoms se terminant par « lita ».
Leata, Leatah, Leet, Leeta, Leetah, Litah, Litia, Litiah, Litta, Lyta, Lytah, Lytia, Lytya

Litonya (miwok) colibri qui s'élance.
Litania, Litaniah, Litanya, Litanyah, Litonia, Litoniah, Lytania, Lytaniah, Lytanya, Lytanyah, Lytonia, Lytoniah, Lytonya, Lytonyah

Liuba (russe) variante de Caridad.

Liv (latin) diminutif de Livia, d'Olivia.
Lyv

Livana (hébreu) variante de Levana.
Livanah, Livane, Livanna, Livannah, Livanne, Livna, Livnat, Lyvan, Lyvana, Lyvanah, Lyvane, Lyvanna, Lyvannah, Lyvanne

Livia (hébreu) couronne. Variante populaire d'Olivia; (latin) olive.
Levia, Livi, Liviah, Livie, Livy, Livye, Lyvi, Lyvia, Lyviah, Lyvie, Lyvy

Liviya (hébreu) lionne courageuse; couronne royale.
Leviya, Levya, Liviyah, Livya, Lyvya, Lyvyah

Livona (hébreu) variante de Levona.
Livonah, Livone, Livonna, Livonnah, Livonne, Lyvona, Lyvonah, Lyvone, Lyvonna, Lyvonnah, Lyvonne

Liyah (hébreu) variante de Leah.
Liya

Liz (anglais) diminutif d'Elizabeth.
Lizz, Lyz, Lyzz

Liza (américain) diminutif d'Elizabeth.
Lizah, Lizela, Lizka, Lizza, Lizzah, Lyza, Lyzah, Lyzza, Lyzzah

Lizabeta (russe) variante d'Elizabeth.
Lisabeta, Lisabetah, Lisabetta, Lisabettah, Lizabetah, Lizabetta, Lizaveta, Lizonka, Lysabetta, Lysabettah, Lyzabeta, Lyzabetah, Lyzabetta, Lyzabettah

Lizabeth (anglais) diminutif d'Elizabeth.
Voir aussi Lyzabeth.
Lisabet, Lisabete, Lisabeth, Lisabett, Lisabette, Lizabet, Lizabete, Lizabett, Lizabette

Lizbet (anglais) diminutif d'Elizabeth.
Lizbeta, Lizbete, Lizbett, Lizbetta, Lizbette, Lyzbet, Lyzbeta, Lyzbete

Lizbeth (anglais) diminutif d'Elizabeth.
Lyzbeth

Lizet, Lizett, Lizette, Lizzet, Lizzette (français) variantes de Lisette.
Lizete

Lizeth (français) variante de Lisette.
Lizzeth

Lizina (letton) variante populaire d'Elizabeth.
Lixena, Lixenah, Lixina, Lixinah, Lixyna, Lixynah, Lizinah, Lizine, Lizyna, Lizynah, Lizyne, Lyxina, Lyxinah, Lyxine, Lyxyna, Lyxynah, Lyxyne, Lyzina, Lyzinah, Lyzine, Lyzyna, Lyzynah, Lyzyne

Lizzie, Lizzy (américain) variantes populaires d'Elizabeth.
Lizy

Llanquipan (mapuche) branche morte ; lionne solitaire.

Llanquiray (mapuche) fleur fânée.

Lledó (catalan) micocoulier.

Llesenia (espagnol) Télévision : personnage féminin principal d'un feuilleton des années 1970.

Llian (gallois) lin.
Lliana, Llianah, Lliane, Lliann, Llianna, Lliannah, Llianne, Llyan, Llyana, Llyanah, Llyane, Llyann, Llyanna, Llyannah, Llyanne

Lluvia (espagnol) pluie.

Locaia (grec) roses blanches.

Lodema, Lodima, Lodyma (anglais) guide.

Logan 🇬🇧 (irlandais) prairie.
Logann, Loganne, Logen, Loghan, Logun, Logyn, Logynn

Loida, Loída (grec) exemple de foi et de piété.

Loila (australien) ciel.
Loilah, Loyla, Loylah

Lois (allemand) célèbre guerrière.
Loease, Loise, Loiss, Loissa, Loisse, Loyce, Loys, Loyss, Loyssa, Loysse

Lokalia (hawaïen) guirlande de roses.
Lokaliah, Lokalya, Lokalyah

Lola (espagnol) variante populaire de Carlotta, de Dolorès, de Louise.
Lolah

Lolita (espagnol) affligée. Variante populaire de Lola.
Loleata, Loleatah, Loleate, Loleeta, Loleetah, Loleete, Loleighta, Loleita, Loleitah, Loleta, Loletah, Lolit, Lolitah, Lolyta, Lolytah, Lolyte, Lulita

Lolly (anglais) bonbon ; friandise. Variante populaire de Laura.
Lolea, Loleah, Lolee, Lolei, Loleigh, Loli, Lolia, Loliah, Lolie, Lollea, Lolleah, Lollee, Lollei, Lolleigh, Lolley, Lolli, Lollie, Loly

Lolotea (zuni) variante de Dorothy.
Lolotee, Loloti, Lolotia, Lolotie, Loloty

Lomasi (amérindien) jolie fleur.
Lomasee, Lomasey, Lomasie, Lomasy

Lona (latin) lionne ; (anglais) solitaire ; (allemand) diminutif de Leona.

London 🇺 (anglais) forteresse de la Lune. Géographie : capitale du Royaume-Uni.
Londen, Londun, Londyn

Loni (américain) variante de Lona.
Lonea, Loneah, Lonee, Loney, Lonia, Loniah, Lonie, Lonnea, Lonnee, Lonney, Lonni, Lonnia, Lonniah, Lonnie, Lonny, Lonnya, Lony, Lonya, Lonyah

Lonlee (anglais) variante de Lona.
Lonlea, Lonleah, Lonlei, Lonleigh, Lonley, Lonli, Lonlia, Lonliah, Lonlie, Lonly

Lonna (latin, allemand, anglais) variante de Lona.

Lora (latin) couronnée de laurier ; (américain) variante de Laura.
Lorae, Lorah, Lorra, Lorrah

Loraine (latin) variante de Lorraine.
Loraena, Loraena, Loraenah, Loraene, Lorain, Loraina, Lorainah, Lorane, Lorann, Lorayn, Lorayna, Loraynah, Lorayne, Lorein, Loreina, Loreinah, Loreine, Loreyn, Loreyna, Loreynah, Loreyne

Lorda (espagnol) variante de Lourdes.

Lore (basque) fleur ; (latin) diminutif de Flora.
Lor, Lorre

Lorea (basque) bosquet ; lumière.

Loreal (allemand) variante de Loreleï.

Loreleï (allemand) séduisante. Mythologie: sirène du Rhin qui attirait les marins vers leur mort. Voir aussi Lurleen.
Loralea, Loraleah, Loralee, Loralei, Loraleigh, Loraley, Lorali, Loralie, Loralyn, Lorelea, Loreleah, Lorelee, Loreleigh, Loreli, Lorilea, Lorileah, Lorilee, Lorilei, Lorileigh, Loriley, Lorili, Lorilia, Loriliah, Lorilie, Lorily, Lorilyn, Lorylea, Loryleah, Lorylee, Lorylei, Loryleigh, Loryley, Loryli, Lorylie, Loryly

Loreley (allemand) variante de Loreleï.

Lorelle (américain) variante de Laurel.
Loral, Lorala, Lorel, Lorela, Lorelah, Lorele, Lorell, Lorella, Lorellah, Loriel, Loriela, Lorielah, Loriele, Loriell, Loriella, Loriellah, Lorielle, Lorrel, Lorrela, Lorrelah, Lorrele, Lorrell, Lorrella, Lorrelle, Loryal, Loryala, Loryalah, Loryale, Loryall, Loryalla, Loryallah, Loryalle, Loryel, Loryela, Loryelah, Loryele, Loryell, Loryella, Loryellah, Loryelle

Loren FG (américain) variante de Lauren.
Loran, Lorren, Lorrene, Lorrin, Lorrine, Lorryn, Lorryne, Loryne, Lorynn, Lorynne

Lorena (anglais) variante de Lauren.
Lorana, Loranah, Lorenah, Lorenea, Lorenia, Lorenna, Lorina, Lorinah, Lorrena, Lorrenah, Lorrina, Lorrinah, Lorryna, Lorrynah, Loryna, Lorynah, Lorynna, Lorynnah

Lorène (latin) couronnée de laurier.
Loreen, Lorene, Lorine

Lorenza GF (latin) variante de Laura.
Laurencia, Laurensa, Laurensah, Laurentia, Laurentina, Laurenza, Laurenzah, Lawrensa, Lawrensah, Lawrenza, Lawrenzah, Lorensa, Lorensah, Lorenzah, Lorinsa, Lorinsah, Lorinza, Lorinzah, Lorynsa, Lorynsah, Lorynza, Lorynzah

Loreto (espagnol) forêt.

Loretta (anglais) variante populaire de Laura.
Larretta, Lawret, Lawreta, Lawretah, Lawrete, Lawrett, Lawretta, Lawrettah, Lawrette, Loret, Loreta, Loretah, Lorete, Lorett, Lorettah, Lorette, Lorit, Lorita, Loritah, Lorite, Loritta, Lorittah, Loritte, Lorreta, Lorretah, Lorrete, Lorretta, Lorrette, Lorrit, Lorrita, Lorritah, Lorritta, Lorritte, Loryt, Loryta, Lorytah, Loryte, Lorytt, Lorytta, Loryttah, Lorytte

Lori (latin) couronnée de laurier; (français) diminutif de Lorraine; (américain) variante populaire de Laura.
Loree, Lorey, Loria, Loriah, Lorree, Lorrey, Lorri, Lorria, Lorriah, Lorrya, Lorrye, Lorya, Loryah

Loriann, Lorianne (américain) combinaisons de Lori et d'Ann.
Loreean, Loreeana, Loreeanah, Loreeane, Loreeann, Loreeanna, Loreeannah, Loreeanne, Lorian, Loriana, Lorianah, Loriane, Lorianna, Loriannah, Lorrian, Lorriana, Lorrianah, Lorriane, Lorriann, Lorrianna, Lorriannah, Lorrianne, Lorryan, Lorryana, Lorryanah, Lorryane, Lorryann, Lorryanna, Lorryannah, Lorryanne, Loryan, Loryana, Loryanah, Loryane, Loryann, Loryanna, Loryannah, Loryanne

Loric (latin) armure.
Lorick, Lorik, Loriq, Loriqua, Lorique, Loryc, Loryck, Loryk, Loryque

Lorie, Lorrie, Lory (latin, français, américain) variantes de Lori.
Lorry

Lorielle (américain) combinaison de Lori et d'Elle.
Loreel, Loriel, Loriela, Lorielah, Loriele, Loriell, Loriella, Loryel, Loryela, Loryelah, Loryele, Loryell, Loryella, Loryellah, Loryelle

Lorikeet (australien) oiseau beau et coloré.
Lorikeat, Lorikeata, Lorikeatah, Lorikeate, Lorikeeta, Lorikeetah, Lorikeete, Loriket, Loriketa, Loriketah, Lorikete, Lorikett, Loriketta, Lorikette, Lorykeet

Lorin FG (américain) variante de Lauren.

Lorinda (espagnol) variante de Laura.
Lorind, Lorindah, Lorinde, Lorynd, Lorynda, Loryndah, Lorynde

Loris GF (latin) lanière; (néerlandais) clown; (grec) diminutif de Chloris.
Laurice, Laurys, Loreace, Lorease, Loreece, Loreese, Lorice, Lorise, Loriss, Lorisse, Loryce, Lorys, Loryse, Loryss, Lorysse

Lorissa (grec, latin, néerlandais) variante de Loris. Variante de Larissa.
Lorisa, Lorisah, Lorissah, Lorysa, Lorysah, Loryssa, Loryssah

Lorna (latin) couronnée de laurier. Littérature: nom probablement inventé par Richard Blackmore dans son roman *Lorna Doone*.
Lornah, Lorne, Lornee, Lorney, Lorna

Lorraine (latin) affligée; (français) de Lorraine, région historique de la France. Voir aussi Rayna.
Loraine, Lorine, Lorraen, Lorraena, Lorraenah, Lorraene, Lorrain, Lorraina, Lorrainah, Lorrane, Lorrayn, Lorrayna, Lorraynah, Lorrayne, Lorrein, Lorreina, Lorreinah, Lorreine, Lorreyn, Lorreyna, Lorreynah, Lorreyne

Loryn (américain) variante de Lauren.

Lotte (allemand) diminutif de Charlotte.
Lota, Lotah, Lotta, Lottah, Lottchen

Lottie (allemand) variante populaire de Charlotte.
Lote, Lotea, Lotee, Lotey, Loti, Lotie, Lottea, Lottee, Lottey, Lotti, Lotty, Loty

Lotus (grec) lotus.
Lottus

Lou GF (américain) diminutif de Louise, de Luella.
Lu

Louam (éthiopien) dors bien.
Louama

Louane Ⓤ (celte) variante d'Élouan.

Louisa (anglais) variante populaire de Louise.
Littérature : Louisa May Alcott était une
romancière et réformatrice américaine, connue
surtout pour son roman *Les Quatre Filles
du docteur March*.
*Aloisa, Eloisa, Heloisa, Lawisa, Lawisah, Loeasa, Loeasah,
Loeaza, Loeazah, Loisa, Loisah, Looesa, Looesah, Louisah,
Louisetta, Louisian, Louisina, Louiza, Louizah, Louyza,
Louyzah, Lovisa*

Louise (allemand) célèbre guerrière.
Voir aussi Alison, Éloïse, Héloïse, Lois,
Lola, Ludovica, Luella, Lulu.
*Lawis, Lawise, Leweese, Leweez, Loeaze, Loise, Looise,
Louisane, Louisette, Louisiane, Louisine, Louiz, Louize, Louyz,
Louyze, Lowise, Loyce, Loyise, Luis, Luise, Luiz, Luize, Luys,
Luyse, Luyz, Luyze*

Louna (hawaïen) heureuse

Lourdes (français) de la ville de Lourdes.
Religion : endroit où la Vierge Marie serait
apparue.

Louvaine (anglais) variante de Louise.
*Louvain, Louvaina, Louvayn, Louvayna, Louvaynah,
Louvayne, Lovanne, Luvain, Luvaina, Luvainah, Luvaine,
Luvayn, Luvayna, Luvaynah, Luvayne*

Love (anglais) amour, bienveillance, charité.
*Lovee, Lovewell, Lovey, Lovi, Lovia, Loviah, Lovie, Lovy,
Lovya, Lovyah, Luv, Luvi, Luvia, Luviah, Luvvy, Luvya, Luvyah*

Lovely (anglais) charmante.

Lovinia (latin) variante de Lavina.
*Louvinia, Louviniah, Lovena, Lovenah, Lovenia, Loveniah,
Lovina, Lovinah, Loviniah, Lovinya, Lovinyah, Lovynia,
Lovyniah, Lovynya, Lovynyah*

Lovisa (allemand) variante de Louisa.
*Lovesah, Lovese, Lovessa, Lovessah, Lovesse, Lovisah,
Lovissa, Lovissah, Lovisse, Lovys, Lovysa, Lovysah, Lovyse,
Lovyss, Lovyssa, Lovyssah, Lovysse*

Lowri (gallois) variante de Laura.

Lúa (latin) lune.

Luann (hébreu, allemand) guerrière gracieuse ;
(hawaïen) heureuse ; détendue ; (américain)
combinaison de Louise et d'Ann.
*Louann, Louanne, Lu, Lua, Luan, Luane, Luanne, Luanni,
Luannie, Luanny*

Luanna (allemand) variante de Luann.
*Lewana, Lewanna, Louana, Louanah, Louanna, Louannah,
Luana, Luwana, Luwanna*

Lubiana (slave) variante de Luvena.

Lubov (russe) amour.
Luba, Lubna, Lubochka, Lyuba, Lyubov

Luca Ⓖ Ⓕ (italien) variante de Lucy.
Lucah, Lucka, Luckah, Luka, Lukah

Lucelia (espagnol) combinaison de Luz
et de Célia.

Lucena (espagnol) variante de Lucy.

Lucerne (latin) lampe ; cercle de lumière.
Géographie : le lac de Lucerne se trouve
en Suisse.
*Lucerina, Lucerinah, Lucerine, Lucerna, Luceryn, Luceryna,
Lucerynah, Luceryne*

Lucero (latin) variante de Lucerne.

Lucetta (anglais) variante populaire de Lucy.
Luceta, Lucetah, Lucettah

Lucette (français) variante de Lucie.
Lucet, Lucete, Lucett

Lucha (espagnol) variante de Luisa.

Lucia (italien, espagnol) variante de Lucie.
*Loucea, Loucia, Louciah, Lucea, Lucija, Luciya, Lucya,
Lucyah, Luzia, Luziah, Luzya, Luzyah*

Lucía (latin) variante de Lucie.

Lúcia (portugais) variante de Lucie.

Luciana (italien, espagnol) variante de Lucie.
Lucianah, Luciann, Lucianna, Luciannah, Lucianne

Lucie (latin) lumière, qui apporte la lumière.
Loucee, Louci, Loucie, Lucee, Luci

Lucienne (français) variante de Lucie.
*Lucien, Luciena, Lucienah, Luciene, Lucienna, Luciennah,
Lucyan, Lucyana, Lucyanah, Lucyane, Lucyann, Lucyanna,
Lucyannah, Lucyanne*

Lucila (anglais) variante de Lucille.
*Loucila, Loucilah, Loucilla, Loucillah, Lucilah, Lucilla,
Lucillah, Lucyla, Lucylah, Lucylla, Lucyllah, Lusila, Lusilah,
Lusilla, Lusillah, Lusyla, Lusylah, Lusylla, Lusyllah, Luzela,
Luzelah, Luzella, Luzellah*

Lucille (anglais) variante populaire de Lucie.
*Loucil, Loucile, Loucill, Loucille, Lucile, Lucill, Lucyl, Lucyle,
Lucyll, Lucylle, Lusil, Lusile, Lusill, Lusille, Lusyl, Lusyle,
Lusyll, Lusylle, Luzel, Luzele, Luzell, Luzelle*

Lucinda (latin) variante de Lucy.
Voir aussi Cindy.
*Loucind, Loucinda, Loucindah, Loucinde, Loucint, Loucinta,
Loucintah, Loucinte, Loucynd, Loucynda, Loucyndah,
Loucynde, Loucynta, Loucyntah, Loucynte, Lousind,
Lousinda, Lousindah, Lousinde, Lousynd, Lousynda,
Lousyndah, Lousynde, Lousynta, Lousyntah, Lousynte,
Lucida, Lucind, Lucindah, Lucinde, Lucindea, Lucinta,
Lucintah, Lucintea, Lucynd, Lucynda, Lucyndah, Lucynde,
Lucynta, Lucyntah, Lucynte, Lusind, Lusinda, Lusindah,
Lusinde, Lusinta, Lusintah, Lusinte, Lusintea, Lusynda,
Lusyndah, Lusynde, Luzinda, Luzindah, Luzinde, Luzinta,
Luzintah, Luzinte, Luzintea, Luzynda, Luzyndah, Luzynde,
Luzynta, Luzyntah, Luzynte, Luzyntea*

Lucindeee (latin) variante populaire de Lucinda.
*Lucindey, Lucindi, Lucindia, Lucindiah, Lucindie, Lucindy,
Lucintee, Lucinti, Lucintia, Lucintiah, Lucintie, Lucinty,
Lusintee, Lusintey, Lusinti, Lusintia, Lusintiah, Lusintie,
Lusinty, Luzintee, Luzintey, Luzinti, Luzintia, Luzintiah,
Luzintie, Luzyntee, Luzyntey, Luzynti, Luzyntia, Luzyntiah,
Luzyntie, Luzynty*

Lucine (arabe) lune; (basque) variante de Lucie.
*Lucin, Lucina, Lucinah, Lucyn, Lucyna, Lucynah, Lucyne,
Lukena, Lukene, Lusin, Lusina, Lusinah, Lusine, Lusyn,
Lusyna, Lusynah, Lusyne, Luzin, Luzina, Luzinah, Luzine,
Luzyn, Luzyna, Luzynah, Luzyne*

Lucita (espagnol) variante de Lucy.
*Luceata, Luceatah, Luceeta, Luceetah, Lucyta, Lucytah,
Lusita*

Lucky GF (américain) chanceuse.
*Luckee, Luckey, Lucki, Luckia, Luckiah, Luckie, Luckya, Lukee,
Lukey, Luki, Lukia, Lukiah, Lukie, Luky*

Lucrèce (latin) riche; récompensée. Histoire:
Lucrèce Borgia était la duchesse de Ferrara
et protectrice de l'apprentissage et des arts.
*Lacrecia, Lucrece, Lucréce, Lucrecia, Lucreciah, Lucreecia,
Lucreeciah, Lucresha, Lucreshia, Lucreshiah, Lucreshya,
Lucreshyah, Lucretia, Lucrezia, Lucrisha, Lucrishah,
Lucrishia, Lucrishiah*

Lucrezia (italien) variante de Lucrèce.
Lucreziah, Lucrezya, Lucrezyah

Lucy (anglais) variante de Lucie.
*Loucey, Loucy, Luca, Luce, Lucetta, Lucette, Lucika, Lucine,
Lucita, Lucye, Lucyee, Luzca, Luzi, Luzy*

Ludmilla (slave) aimée par le peuple.
Voir aussi Mila.
*Ludie, Ludka, Ludmila, Ludmilah, Ludmile, Ludmyla,
Ludmylah, Ludmylla, Ludmyllah, Ludmylle, Lyuda, Lyudmila*

Ludovica (allemand) variante de Louise.
Liudvika, Ludovika, Ludwiga

Luella (anglais) elfe; (allemand) variante
populaire de Louise.
*Loella, Loellah, Loelle, Looela, Looelah, Looele, Looella,
Looellah, Looelle, Louela, Louelah, Louele, Louella, Louellah,
Louelle, Ludel, Ludela, Ludelah, Ludele, Ludella, Ludellah,
Ludelle, Luela, Luelah, Luele, Luell, Luellah, Luelle*

Luisa (espagnol) variante de Louisa.
*Luisah, Luiza, Luizah, Lujza, Lujzika, Luysa, Luysah,
Luyza, Luyzah*

Luísa (germanique) variante de Luisa.

Luisina (teuton) variante de Luisa.

Luján (espagnol) Géographie: ville d'Argentine.

Lulani U (polynésien) point le plus élevé du ciel.
*Lali, Loulane, Loulaney, Loulani, Loulanie, Loulany,
Lulanea, Lulanee, Lulaney, Lulanie, Lulany, Lulanya,
Lulanyah*

Lulie (anglais) endormie.
*Lulea, Luleah, Lulee, Lulei, Luleigh, Luley, Luli, Lulia,
Luliah, Luly*

Lulu (arabe) perle; (anglais) apaisante,
réconfortante; (amérindien) lièvre; (allemand)
variante populaire de Louise, de Luella.
Lolo, Looloo, Loulou, Lula

Lulú (français) variante de Luisa.

Luminosa (latin) celle qui illumine.

Luna (latin) lune.
*Lunah, Lune, Lunet, Luneta, Lunetah, Lunete, Lunetta,
Lunettah, Lunette, Lunneta, Lunnete, Lunnett, Lunnetta,
Lunnettah, Lunnette*

Lundy FG (écossais) bosquet près de l'île.
Lundea, Lundee, Lundeyn, Lundi, Lundie

Lupa (latin) variante de Lupe.

Lupe (latin) loup; (espagnol) diminutif
de Guadalupe.
Lupee, Lupi, Luppi, Lupy

Lupine (latin) comme un loup.
Lupina, Lupinah, Lupyna, Lupynah, Lupyne

Lupita (latin) variante de Lupe.
*Lupeata, Lupeatah, Lupeeta, Lupeetah, Lupet, Lupeta,
Lupete, Lupett, Lupetta, Lupette, Lupyta, Lupytah, Lupyte*

Lur (espagnol) terre.

Lurdes (portugais, espagnol) variante de Lourdes.

Lurleen, Lurlene (scandinave) corne de guerre;
(allemand) variantes de Loreleï.
*Lura, Luralin, Luralina, Luralinah, Luralyn, Luralyna,
Luralynah, Luralyne, Lurana, Lurette, Lurlina, Lurlinah,
Lurline, Lurlyn, Lurlyna, Lurlynah, Lurlyne*

Lusa (finnois) variante d'Elizabeth.
Lusah, Lussa, Lussah

Lusela (miwok) comme un ours balançant
son pied quand il le lèche.
Luselah, Lusella, Lusellah, Luselle

Lutana (australien) lune.
*Lutanah, Lutane, Lutania, Lutaniah, Lutanna, Lutannah,
Lutanne, Lutannia, Lutannya, Lutanya*

Lutgarda (allemand) celle qui protège
son village.

Lutrudis (allemand) force du village.

Luvena (latin, anglais) petite; chérie.
*Louvena, Louvenah, Lovena, Lovina, Luvenah, Luvenia,
Luvenna, Luvennah, Luvina*

Luyu U (miwok) comme un oiseau qui picore.

Luz (espagnol) lumière. Religion : Nuestra Señora de Luz – Notre-Dame de Lumière – est l'un des noms de la Vierge Marie.
Luzee, Luzi, Luzie, Luzija, Luzy

Luzmaria (espagnol) combinaison de Luz et de Maria.

Luzmila (slave) aimée par le village.

Ly (français) diminutif de Lyla.

Lya (grec) variante de Lia.

Lycoris (grec) crépuscule.
Licoris

Lyda (grec) diminutif de Lydia.

Lydia (grec) de Lydie, un ancien pays d'Asie ; (arabe) conflit.
Lydie, Lydië, Lydya, Lydyah

Lyla (français) île ; (anglais) variante de Lyle (voir les prénoms de garçons) ; (arabe, hindi, persan) variante de Lila.
Lylah, Lylla, Lyllah

Lyna (grec, latin, arabe) variante de Lina.
Lynah, Lynna, Lynnah

Lynae, Lynnae (anglais) variantes de Lynn.

Lynda (espagnol) jolie ; (américain) variante de Linda.
Lyndah, Lynde, Lynnda, Lynndah

Lyndee, Lyndi, Lyndie (espagnol) variantes populaires de Lynda.
Lyndea, Lyndey, Lyndy, Lynndie, Lynndy

Lyndell (anglais) variante de Lynelle.
Lindal, Lindall, Lindel, Lindil, Lyndal, Lyndall, Lyndel, Lyndella, Lyndelle, Lyndil

Lyndsay, Lyndsee, Lyndsey, Lyndsie, Lyndsy (américain) variantes de Lindsey.
Lyndsaye, Lyndsea, Lyndsi, Lyndzee, Lyndzey, Lyndzi, Lyndzie, Lyndzy, Lynndsie

Lynelle (anglais) jolie.
Linel, Linell, Linnell, Lynel, Lynell, Lynella, Lynnell

Lynette (gallois) idole ; (anglais) variante de Linette.
Lynet, Lyneta, Lynetah, Lynete, Lynett, Lynetta, Lynettah

Lynlee (anglais) variante de Lynn.
Lynlea, Lynleah, Lynlei, Lynleigh, Lynley, Lynli, Lynlia, Lynliah, Lynlie, Lynly

Lynn **FG** (anglais) cascade ; bassin sous une cascade. Voir aussi Lin.
Lyn, Lynlee

Lynne (anglais) cascade ; bassin sous une cascade.

Lynnea (scandinave) variante de Linnea.
Lynea, Lyneah, Lynneah

Lynnell (anglais) variante de Lynelle.
Lynnella, Lynnelle

Lynnette (gallois, anglais) variante de Lynette.
Lyannette, Lynnet, Lynnett, Lynnetta, Lynnettah

Lynsey, Lynsie, Lynzee, Lynzie (américain) variantes de Lindsey.
Lynnsey, Lynnzey, Lynsy, Lynzey, Lynzi, Lynzy

Lyonella (français) lionceau.
Lionel, Lionela, Lionell, Lionella, Lyonela, Lyonele, Lyonelle

Lyra (grec) joueuse de lyre.
Lira, Lirah, Lirra, Lirrah, Lyrah, Lyre, Lyrie, Lyris, Lyrra, Lyrrah

Lyric (grec) comme une chanson ; paroles d'une chanson.
Liric, Lirick, Lirik, Lirique, Lyrica, Lyrick, Lyrik, Lyrique, Lyryk, Lyryque

Lyris (grec) joueuse de lyre.
Liris, Lirisa, Lirise, Liriss, Lirissa, Lirisse, Lyrisa, Lyrisah, Lyrise, Lyriss, Lyrissa, Lyrisse, Lyrysa, Lyrysah, Lyryssa, Lyryssah

Lysa (hébreu, anglais) variante de Lisa.
Lyesa, Lyesah, Lysah

Lysandra (grec) libératrice.
Lysandrah, Lyssandra, Lyssandrah, Lytle

Lysandre (grec) variante de Lysandra.

Lysann, Lysanne (américain) combinaisons de Lysandra et d'Ann.
Lysanna, Lysannah

Lysette (français, anglais) variante de Lisette.

Lyssa (grec) variante de Lissa.
Lyssah

Lyzabeth (anglais) diminutif d'Elizabeth. Voir aussi Lizabeth.
Lysabet, Lysabete, Lysabeth, Lysabett, Lysabette, Lyzabet, Lyzabete, Lyzabett, Lyzabette

Ma Kayla (américain) variante de Michaela.

Mab (irlandais) joyeuse ; (gallois) bébé.
Littérature : reine des fées.
Mabb, Mabry

Mabbina (irlandais) variante de Mabel.
Mabine

Mabel (latin) adorable. Diminutif d'Amabel.
Mabbina, Mabella, Mabelle, Mabil, Mabill, Mable, Mabyn, Maebell, Maibel, Maibele, Maibell, Maible, Maiebell, Maybeline, Maybell, Moibeal

Mabella (anglais) variante de Mabel.
Mabela, Mabilla, Maebella, Maibela, Maibella, Maiebella

Mabelle (français) variante de Mabel.
Mabele, Mabell, Mabille, Maibelle, Maiebelle

Mac Kenzie (irlandais) variante de Mackenzie.

Macaela (hébreu) variante de Michaela.

Macarena (espagnol) celle qui porte l'épée ;
un des noms de la Vierge Marie.

Macaria (grec) heureuse.
Macariah, Macarya, Macaryah

Macawi (dakota) généreuse ; maternelle.
Macawee, Macawia, Macawie, Macawy

Macayla (américain) variante de Michaëla.
Macaila, Macala, Macalah, Macaylah, Macayle, Macayli

Macee, Macey, Maci, Macie (polonais)
variantes populaires de Macia.
Macye

Machaela (hébreu) variante de Michaëla.
Machael, Machaelah, Machaelie, Machaila, Machala, Macheala

Machiko (japonais) enfant chanceuse.
Machi, Machika, Machikah, Machyka, Machyko

Macia (polonais) variante de Miriam.
Macelia, Machia, Maciah, Macya, Macyah, Masha, Mashia, Mashiah

Maciela (latin) très svelte.

Mackayla (américain) variante de Michaëla.

Mackenna (américain) variante de Mackenzie.
Mackena, Mackenah, Mykena, Mykenah, Mykenna, Mykennah

Mackensie, Mackenzi (américain) variantes
de Mackenzie.
Mackensi, Mackenze, Mackenzye

Mackenzie FG (irlandais) enfant du chef sage.
Voir aussi Kenzie.
Macenzie, Mackenzee, Mackenzey, Mackenzia, Mackinsey, Mackynze, Mykenzie

Mackenzy U (américain) variante de Mackenzie.

Mackinsey (irlandais) variante de Mackenzie.
Mackinsie, Mackinze, Mackinzee, Mackinzey, Mackinzi, Mackinzie

Macra (grec) celle qui grandit.

Macrina, Macronia (grec) variantes de Macra.

Macuilxóchitl (nahuatl) cinq fleurs.

Macy FG (polonais) variante populaire de Macia.

Mada (anglais) diminutif de Madaline,
de Magdalen.
Madah, Madda, Maddah, Mahda

Madalaine (anglais) variante de Madeline.
Madalain, Madalaina, Madalane, Madalayn, Madalayna, Madalayne, Madaleine

Madaline (anglais) variante de Madeline.
Madaleen, Madalene, Madalin

Madalyn, Madalynn (grec) variantes
de Madeline.
Madalyne, Madalynne

Maddie (anglais) variante populaire de Madeline.
Maddea, Maddee, Maddey, Maddi, Maddy, Madea, Madee, Madey, Madi, Madie, Mady, Maidie, Maydey

**Maddisen, Maddison, Madisen, Madisson,
Madisyn** (anglais) variantes de Madison.
Maddisson, Maddisyn, Madissen, Madissyn, Madisynn, Madisynne

Maddox U (gallois, anglais) enfant du bienfaiteur.
Madox

Madeira (espagnol) vin doux.

Madeleine (grec) haute tour.
Madelain, Madelaine, Madelane, Madelayne, Madelein, Madeleyn, Madeleyne, Madeliene

Madelena (anglais) variante de Madeline.
Madalana, Madalena, Madalina, Maddalena, Maddelena, Maddelina, Madelaina, Madeleina, Madeleyna, Madelina, Madelinah, Madelyna

Madelene, Madelin (grec, anglais) variantes
de Madeline.
Maddelene, Madelyne, Madelynn, Madelynne

Madeline (grec) haute tour. Voir aussi Lena,
Lina, Maud.
Madailéin, Maddeline, Madel, Madelia, Madella, Madelle, Madelon, Maighdlin

Madelón (espagnol) variante de Madeline.

Madelyn (grec, anglais) variante de Madeline.

Madena, Madina (grec) variantes de Madeline.

Madge (grec) variante populaire de Madeline, de Margaret.
Madgee, Madgey, Madgi, Madgie, Madgy, Mage

Madhubala (hindi) petite fille de miel.

Madia (grec) variante de Madeline.

Madilyn, Madilynn (grec) variantes de Madeline.
Madilen, Madiline, Madilyne

Madison (anglais) bon; enfant de Maud.
Maddisan, Maddisin, Maddisun, Maddyson, Maddysyn, Madisan, Madisin, Madissan, Madissin, Madisun

Madlaberta (allemand) travail formidable.

Madlyn (grec, anglais) variante de Madeline.
Madlen, Madlin, Madline

Madolyn (grec) variante de Madeline.
Madoline, Madolyne, Madolynn, Madolynne

Madonna (latin) ma dame.
Maddona, Maddonah, Madona, Madonnah

Madra (espagnol) variante de Madrona.

Madrona (espagnol) mère.
Madre, Madrena

Madysen, Madyson (anglais) variantes de Madison.
Madysan, Madysin, Madysun, Madysyn

Mae (anglais) variante de May. Histoire: Mae Jemison fut la première Afro-Américaine dans l'espace.
Maelea, Maeleah, Maelen, Maelle, Maeona

Maegan, Maegen, Maeghan (irlandais) variantes de Megan.
Maeghen, Maeghin, Maeghon, Maeghyn, Maegin, Maegon, Maegyn

Maeko (japonais) enfant honnête.
Maemi

Maeve (irlandais) joyeuse. Mythologie: reine celte légendaire. Voir aussi Mavis.
Maevi, Maevy, Maive, Mayve

Magali, Magalie, Magaly (hébreu) de la haute tour.
Magally

Magalí (espagnol) variante de Magali.

Magan, Maghan (grec) variantes de Megan.
Maggen, Maggin

Magda (tchèque, polonais, russe) variante de Magdalen.
Magdah, Mahda, Makda

Magdalen (anglais) variante de Magdalene.

Magdalén (espagnol) variante de Magdalene.

Magdalena (grec) variante de Magdalene.
Magdalana, Magdaleny, Magdalina, Magdalona, Magdalonia, Magdalyna, Magdelana, Magdelena, Magdelina, Magdelona, Magdelonia, Magdelyna, Magdolna

Magdalene (grec) haute tour. Bible: sainte Marie-Madeleine habitait à Magdala. Voir aussi Madeleine, Madeline, Malena, Marlene.
Magdala, Magdalane, Magdaleen, Magdalen, Magdaline, Magdalyn, Magdalyne, Magdalynn, Magdelan, Magdelane, Magdelen, Magdelene, Magdelin, Magdeline, Magdelon, Magdelone, Magdelyn, Magdelyne, Magdlen, Magola, Maighdlin, Mala, Malaine

Magen F G (grec) variante de Megan.

Magena (amérindien) lune prochaine.
Magenna

Maggi, Maggy (anglais) variantes de Maggie.
Magy

Maggie (grec) perle; (anglais) variante populaire de Magdalen, de Margaret.
Mag, Magee, Magey, Magge, Maggee, Maggey, Maggia, Maggiemae, Magi, Magie, Mags

Magina (latin) magicienne.

Magna (latin) grande.

Magnolia (latin) arbre qui fleurit. Voir aussi Nollie.
Magnolea, Magnoleah, Magnoliah, Magnolya, Nola

Maha (iranien) cristal; (arabe) vache sauvage; yeux de vache.

Mahal (philippin) amour.

Mahala (arabe) graisse; moelle; tendre; (amérindien) femme puissante.
Mahalah, Mahalar, Mahalla, Mahela, Mahila, Mahlah, Mahlaha, Mehala, Mehalah

Mahalia (américain) variante de Mahala.
Mahaley, Mahaliah, Mahalie, Mahaylia, Mahelea, Maheleah, Mahelia, Mahilia, Mehalia, Mehaliah, Mehalya, Mehalyah

Maharene (éthiopien) pardonne-nous.

Mahayla (américain) variante de Mahala.
Mahaylah

Mahesa U (hindi) grand seigneur. Religion: autre nom du dieu hindou Shiva.
Maheesa, Mahisa, Mahissa, Mahysa, Mahyssa

Mahila (sanscrit) femme.
Mahilah, Mahyla, Mahylah

Mahina (hawaïen) éclat de lune.
Mahinah, Mahyna, Mahynah

Mahira (hébreu) énergique.
Mahirah, Mahri, Mahyra, Mahyrah

Mahlí (hébreu) astucieuse.

Mahogany (espagnol) riche ; forte.
Mahoganee, Mahoganey, Mahogani, Mahogania, Mahoganie

Mahogony (espagnol) variante de Mahogany.
Mahagony, Mahogney, Mahogny, Mahogonee, Mahogoney, Mahogoni, Mahogonia, Mahogonie, Mahogonya, Mohogany, Mohogony

Mahuitzic (nahuatl) honorée, glorieuse.

Mahuizoh (nahuatl) personne glorieuse.

Mai (japonais) brillance ; (vietnamien) fleur ; (navajo) coyote.
Maie

Maia, Maïa (grec) mère ; nourrice ; (anglais) parente ; jeune fille. Mythologie : Maïa, la plus charmante des Pléiades, les sept filles d'Atlas, et la mère d'Hermès. Voir aussi Maya.
Maea

Maiah (grec, anglais) variante de Maia.

Maiara (tupi) sage.

Maida (anglais) jeune fille ; (grec) diminutif de Madeline.
Maeda, Maidah, Maidel, Maieda, Mayda, Maydah, Maydena, Mayeda

Maigan (américain) variante de Megan.

Maija (finnois) variante de Mary.
Maiji, Maikki

Maika (hébreu) variante populaire de Michaëla.
Maikala, Maikka, Maiko

Maili (polynésien) douce brise.

Maimi (japonais) vérité qui sourit. Voir aussi Mamie.
Maemee, Maimee, Maimey, Maimi, Maimie, Maimy

Maira (irlandais) variante de Mary.
Maairah, Maera, Maerah, Mairah, Mairia, Mairiah, Mairim, Mairin, Mairona, Mairwen, Mairwin, Mairwyn

Maire (irlandais) variante de Mary.
Mair, Mayr, Mayre

Mairghread (irlandais, écossais) variante de Margaret.
Maergrethe, Maigret, Mairgret

Mairi (irlandais) variante de Mary.
Mairee, Mairey, Mairie, Mairy

Maisey, Maisie (écossais) variantes populaires de Margaret.
Maesee, Maesey, Maesi, Maesie, Maesy, Maisa, Maise, Maisee, Maisi, Maizie, Mazey, Mazie, Mazy, Mazzy, Mysie, Myzie

Maisha (arabe) qui a une démarche fière et chaloupée.
Maisaha

Maison U (arabe) variante de Maysun.

Maita (espagnol) variante de Martha.
Maeta, Maetah, Maitia, Maitya, Maityah, Mayta, Maytya, Maytyah

Maitana, Maitea, Maiten, Maïtena (espagnol) variantes de Maïte.

Maitane (anglais) variante de Maïte.

Maïte (espagnol) adorable. Combinaison de Marie et de Thérèse. Variante de Maita.

Maitland FG (américain) variante de Maitlyn.

Maitlyn (américain) combinaison de Maita et de Lynn.
Maitlan, Maitlynn, Mattilyn

Maiya (grec) variante de Maia.
Maiyah

Maja (arabe) diminutif de Majidah.
Majah, Majal, Majalisa, Majalyn, Majalyna, Majalyne, Majalynn, Majalynne

Majalí (hébreu) astucieuse.

Majesta (latin) majestueuse.
Magestic, Magestica, Magesticah, Magestiqua, Magestique, Majestah, Majestic, Majestiqua, Majestique

Majidah (arabe) splendide.
Majid, Majida, Majÿd, Majyda, Majydah

Majorie (grec, écossais) variante de Marjorie.

Makaela (américain) variante de Michaëla.
Makaelah, Makaelee, Makaella, Makaely, Makealah

Makaila (américain) variante de Michaëla.
Makail, Makailah, Makailea, Makaileah, Makailee, Makailei, Makaileigh, Makailey, Makaili, Makailla, Makaillah, Makaily

Makala (hawaïen) myrte ; (hébreu) variante de Michaëla.
Makalae, Makalah, Makalai, Makalea, Makaleah, Makalee, Makalei, Makaleigh, Makaley, Makali, Makalia, Makaliah, Makalie, Makaly, Makalya

Makana (hawaïen) cadeau, présent.
Makanah, Makanna, Makannah

Makani GF (hawaïen) vent.
Makanee, Makania, Makaniah, Makanie, Makany, Makanya, Makanyah

Makara (hindi) Astrologie : l'un des noms
du signe du zodiaque Capricorne.
Makarah, Makarra, Makarrah

Makayla (américain) variante de Michaëla.
Makaylah, Makaylla

Makaylee (américain) variante de Michaëla.
*Makaylea, Makayleah, Makaylei, Makayleigh, Makayley,
Makayli, Makaylia, Makayliah, Makaylie, Makayly*

Makeda (éthiopien) belle.

Makell (américain) diminutif de Makaela,
de Makala, de Makayla.
Makela, Makelah, Makele, Makella, Makelle, Mekel

Makena, Makenna (américain) variantes
de Mackenna.
Makenah, Makennah

Makensie, Makenzee, Makenzi (américain)
variantes de Mackenzie.
*Makense, Makensey, Makenze, Makenzey, Makenzy,
Makenzye, Makinzey, Makynzey, Mykenzie*

Makenzie **F⒢** (américain) variante de Mackenzie.

Makia, Makiah (hopi) variantes de Makyah
(voir les prénoms de garçons).

Makyla (américain) variante de Michaëla.
Makylah

Mala (grec) diminutif de Magdalene.
Malee, Mali

Malachie (hébreu) ange de Dieu.
Malachee, Malachey, Malachi, Malachy

Malaika (africain) ange.

Malaina (français) variante de Malena.
Malainah

Malají (hébreu) mon messager.

Malak (hongrois) variante de Malika.

Malana (hawaïen) flottante, légère.
Malanah, Malanna, Malannah

Malanie (grec) variante de Mélanie.
Malanee, Malaney, Malani, Malania, Malaniah, Malany

Malaya (philippin) libre.
Malaia, Malaiah, Malayaa, Malayah, Malayna

Malea, Maleah (philippin) variantes de Malaya ;
(hawaïen, zuñi, espagnol) variantes de Malia.

Maleeka (hongrois) variante de Malika.

Maleena (hébreu, anglais, amérindien, russe)
variante de Malina.

Maleka (hongrois) variante de Malika.

Malena (suédois) variante populaire
de Magdalene.
Malayna, Malen, Malenna, Malin, Maline, Malini, Malinna

Malerie (français) variante de Mallory.
Mallerie

Malfreda (allemand) travailleuse paisible.
Malfredah, Malfredda, Malfrida, Malfryda, Malfrydda

Malha (hébreu) reine.

Mali (thaïlandais) fleur de jasmin ; (tongan)
douce ; (hongrois) diminutif de Malika.
*Malee, Malei, Maleigh, Maley, Malie, Mallee, Mallei,
Malleigh, Malley, Malli, Mallie, Mally, Maly*

Malia (hawaïen, zuñi) variante de Mary ;
(espagnol) variante de Maria.
*Maleeya, Maleeyah, Maleia, Maleiah, Maleigha, Maliaka,
Maliasha, Malie, Maliea, Mallea, Malleah, Malleia,
Malleiah, Malleigha, Malleya, Mallia, Malliah, Mallya,
Malya, Malyah*

Maliah (hawaïen, zuñi, espagnol) variante
de Malia.

Malika (hongrois) assidue ; (arabe) reine.
Malik, Malikee, Maliki, Malikia, Malky, Malyka, Malykah

Malikah (hongrois) variante de Malika.

Malina (hébreu) tour ; (amérindien) apaisante ;
(russe) framboise.
*Malin, Malinah, Maline, Malinna, Mallie, Malyn, Malyna,
Malynah, Malyne*

Malinalxochitl (nahuatl) graminée.

Malinda (grec) variante de Mélinda.
*Malindah, Malinde, Malindea, Malindee, Malindia,
Malinna, Malynda, Malyndah*

Malini (hindi) jardinière.
*Malinee, Malinia, Malinie, Maliny, Malyni, Malynia,
Malynie, Malyny, Malynya*

Malisa, Malissa (grec) variantes de Mélissa.
Malisah, Mallissa

Maliyah (hawaïen, zuñi, espagnol) variante
de Malia.
Maliya

Malka (hébreu) reine.
Malkah, Malki, Malkia, Malkiah, Malkya, Malkyah

Malki (hébreu) variante de Malka.
Malkee, Malkeh, Malkey, Malkie, Malkiya, Malkiyah

Mallalai (pachto) belle.

Malley (américain) variante populaire
de Mallory.
Mallee, Malli, Mallie, Mally, Maly

Mallori, Mallorie, Malori, Malorie, Malory
(français) variantes de Mallory.
Malloree, Malloreigh, Mallorree, Mallorri, Mallorrie,
Maloree, Malorey, Melorie, Melory

Mallory FG (allemand) conseiller de l'armée ;
(français) malchanceux.
Malarie, Maliri, Mallari, Mallary, Mallauri, Mallery,
Malley, Mallorey, Mallorrey, Mallorry, Malorym, Malree,
Malrie, Mellory

Malú (espagnol) combinaison de Maria
et de Luisa.

Maluhia (hawaïen) paisible.

Malulani (hawaïen) sous un ciel paisible.
Malulanea, Malulanee, Malulaney, Malulania, Malulanie,
Malulany

Malva (anglais) variante de Melba.
Malvah, Malvi, Malvy

Malvina (écossais) variante de Melvina.
Littérature : prénom créé par le poète
romantique du XVIIIᵉ siècle James Macpherson.
Malvane, Malveen, Malveena, Malveenah, Malvinah,
Malvine, Malvinia, Malviniah, Malvyna, Malvynah, Malvyne,
Malvynia, Malvyniah, Malvynya, Malvynyah

Malyssa (grec) variante de Mélissa.

Mamen (hébreu) variante de Carmen.

Mamie (américain) variante populaire
de Margaret. Voir aussi Maimi.
Maeme, Maemey, Maemi, Maemie, Maemy, Mame, Mamee,
Mami, Mammie, Mamy, Mamye, Maymee, Maymey, Maymi,
Maymie, Maymy

Mamo U (hawaïen) fleur de safran ; oiseau jaune.

Mana (hawaïen) psychique ; sensible.
Manah, Manna, Mannah

Manal (hawaïen) variante de Mana.
Manali, Manalia

Manar (arabe) lumière qui guide.
Manara, Manayra

Manauia (nahuatl) elle défend.

Manda (espagnol) femme guerrière ; (latin)
diminutif de Manda.
Mandah, Mandea

Mandara (hindi) calme.
Mandarah

Mandee, Mandi, Mandie (latin) variantes
de Mandy.

Mandeep U (pendjabi) illuminée.
Manddep

Mandisa (xhosa) douce.
Mandisa, Mandissa, Mandissah, Mandysa, Mandysah,
Mandyssa, Mandyssah

Mandy (latin) adorable. Variante populaire
d'Amanda, de Manda, de Mélinda.
Mandey

Manël (hébreu) variante d'Emmanuelle ; souhait.

Manela (catalan) variante de Manuela.

Manette (français) variante de Marie.
Manet, Maneta, Manete, Manett, Manetta

Mangena (hébreu) chanson, mélodie.
Mangina, Mangyna

Mani (chinois) un mantra répété dans une prière
bouddhiste tibétaine pour communiquer
à propos de la compréhension.
Manee, Maney, Manie, Many

Manilla (australien) rivière sinueuse et tortueuse.
Manila, Manilah, Manillah, Manille, Manyla, Manylah,
Manylla, Manyllah

Manisha (indien) intellect.
Mohisha

Manjot U (indien) lumière de l'esprit.
Manjyot

Manka (polonais, russe) variante de Mary.
Mankah

Manoela, Manoli (hébreu) variantes
de Manuela.

Manola (espagnol) variante de Manuela.

Manon (français) variante populaire de Marie.
Mannon, Manona, Manone, Manyn, Manyne

Manón (espagnol) variante de María.

Manpreet FG (pendjabi) esprit plein d'amour.
Manpret, Manprit

Manque (mapuche) condor ; femme au caractère
inflexible.

Mansi (hopi) fleur cueillie.
Mancee, Mancey, Manci, Mancie, Mancy, Mansee,
Mansey, Mansie, Mansy

Manuela (espagnol) variante d'Emmanuelle.
Manuala, Manuel, Manuele, Manuelita, Manuell,
Manuella, Manuelle

Manya (russe) variante de Mary.
Mania, Maniah, Manyah

Mar (espagnol) mer.

Mara (hébreu) mélodie ; (grec) diminutif
d'Amara ; (slave) variante de Mary.
Mahra, Marae, Maralina, Maraline, Marra, Marrah

Marabel (anglais) variante de Maribel.
Marabela, Marabelah, Marabele, Marabell, Marabella,
Marabellah, Marabelle

Marah (grec, hébreu, slave) variante de Mara.

Maranda (latin) variante de Miranda.
Marandah

Maravillas (latin) admiration.

Maraya (hébreu) variante de Mariah.
Marayah, Mareya

Marcedes (américain) variante de Mercedes.

Marcela (latin) variante de Marcella.
Marcele, Marcelia

Marcelen (anglais) variante de Marcella.
Marcelin, Marceline, Marcellin, Marcellina, Marcelline,
Marcelyn, Marcilen

Marceliana (latin) variante de Marcela.

Marcelina (anglais) variante de Marcella.

Marcella (latin) martiale, belliqueuse.
Mythologie: Mars était le dieu de la Guerre.
Mairsil, Marca, Marce, Marceil, Marcello, Marcena,
Marciella, Marcile, Marcilla, Marella, Marsella, Marshella,
Marsial, Marsiala, Marsiale, Marsiella

Marcelle (français) variante de Marcella.
Marcell, Marcile, Marcille, Marselle, Marsielle

Marcena (latin) variante de Marcella, de Marcia.
Maracena, Marceen, Marceena, Marceenah, Marceene,
Marcenah, Marcene, Marcenia, Marceyne, Marcina,
Marseena, Marseenah, Marseene

Marchelle (français) variante de Marcelle.
Marchella

Marci, Marcie, Marcy (anglais) variantes
populaires de Marcella, de Marcia.
Marca, Marcee, Marcey, Marcita, Marcye, Marsey,
Marsi, Marsie, Marsy

Marcia (latin) martiale, belliqueuse.
Voir aussi Marquita.
Marcea, Marcena, Marchia, Marchiah, Marciale, Marcsa,
Marcya, Marcyah, Marsia

Márcia (portugais) variante de Marcia.

Marciann (américain) combinaison de Marci
et d'Ann.
Marciana, Marciane, Marcianna, Marcianne, Marcyane,
Marcyanna, Marcyanne

Marcilynn (américain) combinaison de Marci
et de Lynn.
Marcelyn, Marcilin, Marciline, Marcilyn, Marcilyne,
Marcilynne, Marcylen, Marcylin, Marcyline, Marcylyn,
Marcylyne, Marcylynn, Marcylynne

Marcionila (latin) variante de de Marcia.

Mardella (anglais) prairie près d'un lac.
Mardela, Mardelah, Mardele, Mardell, Mardellah,
Mardelle

Marden Ⓤ (anglais) de la prairie avec un étang.
Mardana, Mardanah, Mardane, Mardena, Mardenah,
Mardene

Mardi (français) née un mardi; (araméen)
variante populaire de Martha.
Mardea, Mardee, Mardey, Mardie, Mardy

Mare (irlandais) variante de Mary.

Mareena (latin) variante de Marina.
Mareenah, Mareenia

Marelda (allemand) guerrière renommée.
Mareldah, Marella, Marilda, Marildah, Marylda, Maryldah

Maren ⒻⒸ (latin) mer; (araméen) variante
de Mary. Voir aussi Marina.
Mareane, Marene, Miren, Mirene, Myren, Myrene

Marena (latin) variante de de Marina.
Marenah, Marenka

Maresa, Maressa (latin) variantes de Marisa.
Maresha, Meresa

Maretta (anglais) variante populaire
de Margaret.
Maret, Mareta, Maretah, Marete, Marett, Marettah,
Marette

Margaret (grec) perle. Histoire: Margaret
Hilda Thatcher fut une Première Ministre
britannique. Voir aussi Gita, Greta, Gretchen,
Gretel, Marjorie, Markita, Meg, Megan,
Peggy, Reet, Rita.
Marga, Margalo, Marganit, Margara, Margarett,
Margarette, Margaro, Margarta, Margat, Margeret,
Margeretta, Margerette, Margetha, Margetta, Margiad,
Margisia

Margarete (allemand) variante de Margaret.
Margen, Marghet

Margaretha (allemand) variante de Margaret.
Margareth, Margarethe

Margarit (grec) variante de Margaret.
Margalide, Margalit, Margalith, Margarid, Margarite,
Margaritt, Margerit

Margarita (italien, espagnol) variante de
Margaret.
Malgerita, Malgherita, Margareta, Margaretta, Margarida,
Margaritis, Margaritta, Margeretta, Margharita,
Margherita, Margrieta, Margrita, Margurita, Marguryta,
Marjarita

Margaux (français) variante de Margaret.
Margeaux

Marge (anglais) diminutif de Margaret, de
Marjorie.

Margery (anglais) variante de Margaret. Voir
aussi Marjorie.
Margeree, Margerey, Margeri, Margerie, Margori, Margorie,
Margory

Margie (anglais) variante populaire de Marge, de Margaret.
Margey, Margi, Margy

Margit (hongrois) variante de Margaret.
Marget, Margette, Margita

Margot (français) variantes de Margaret.
Mago, Margaro, Margo, Margolis, Margote

Margret (allemand) variante de Margaret.
Margreta, Margrete, Margreth, Margrethe, Margrett, Margretta, Margrette, Margriet, Margrieta

Margryta (lituanien) variante de Margaret.
Margrita, Margruta, Marguta

Marguerite (grec, latin) perle ; pureté.
Margarete, Margarite, Margerite, Marguareta, Marguarete, Marguaretta, Marguarette, Marguarita, Marguarite, Marguaritta, Marguerette, Marguerita, Margueritta, Margueritte, Margurite, Marguritte, Marguryt, Marguryte

Mari (japonais) balle ; (espagnol) variante de Marie.
Maree, Marree, Marri

Maria (hébreu) amère ; mer d'amertume ; (italien, espagnol) variante de Marie.
Maie, Marea, Mareah, Mariabella, Mariae, Mariesa, Mariessa, Marrea, Marria

María (hébreu) variante de Maria.

María de la Concepción (espagnol) Marie de la Conception.

María de la Paz (espagnol) Marie de la Paix.

María de las Nieves (espagnol) Marie des Neiges.

María de las Victorias (espagnol) Marie des Victoires.

María de los Angeles (espagnol) Marie des Anges.

María de los Milagros (espagnol) Marie des Miracles.

María del Mar (espagnol) Marie de la Mer.

María Inmaculada (espagnol) Marie Immaculée.

María José (latin) combinaison de María et de José.

María Noel (latin) combinaison de María et de Noël.

Mariaelena (italien) combinaison de Maria et d'Elena.
Maria Elena

Mariah, Marriah (hébreu) variantes de Mary. Voir aussi Moriah.
Maraia, Marrya, Marryah

Mariam (hébreu) variante de Miriam.
Mariame, Mariem, Meriame, Meryam

Mariama (hébreu) variante de Mariam.

Marian FG (anglais) variante de Mary Ann.
Marien, Mariene, Marienn, Marienne, Marrian, Marriane, Marriann, Marrianne

Marián (espagnol) diminutif de Mariana.

Mariana, Marianna (espagnol) variantes de Marian.
Marianah, Mariena, Marienah, Marienna, Mariennah, Marriana, Marrianna, Maryana, Maryanna, Maryannah

Mariane, Mariann, Marianne (anglais) variantes de Mary Ann.

Marianela (espagnol) combinaison de Mariana et d'Estela.

Mariángeles (espagnol) combinaison de María et d'Ángeles.

Maribel (français) belle ; (anglais) combinaison de Maria et de Bel.
Marbelle, Mareabel, Mareabela, Mareabele, Mareabell, Mareabella, Mareabelle, Mareebel, Mareebela, Mareebelah, Mareebele, Mareebell, Mareebella, Mareebellah, Mareebelle, Mariabella, Maribela, Maribelah, Maribele, Maribell, Maribella, Maribellah, Maribelle, Maridel, Marybel, Marybela, Marybelah, Marybele, Marybell, Marybella, Marybellah, Marybelle

Maribeth (américain) variante de Mary Beth.
Maribette, Mariebeth

Marica (italien) variante de Marice ; (néerlandais, slave) variante de Marika.
Maricah

Maricarmen (américain) variante de Marycarmen.

Marice (italien) variante de Mary. Voir aussi Maris.
Maryce

Maricela (latin) variante de Marcella.
Maricel, Mariceli, Maricelia, Maricella, Maricely

Maricruz (espagnol) combinaison de María et de Cruz.

Maridel (anglais) variante de Maribel.

Marie (hébreu) goutte de mer. Bible : Marie, mère de Jésus.
Maree, Marrie

Marie-Andrée (français) combinaison de Marie et d'Andrée.

Marie Ann, Marie Anne (américain) combinaisons de Marie et d'Ann.
Marie-Ann, Marie-Anne

Marie-Chantal (français) combinaison de Marie et de Chantal.
Marie Chantal

Marie Christi (américain) combinaison de Marie et de Christi.
Marie Christie, Marie Christy, Marie-Christi, Marie-Christie, Marie-Christy

Marie Clair, Marie Claire (américain) combinaisons de Marie et de Clair.
Marie Clare, Marie-Clair, Marie-Claire, Marie-Clare

Marie-Claude (français) combinaison de Marie et de Claude.
Marie Claude

Marie Elaine (américain) combinaison de Marie et d'Elaine.
Marie-Elaine

Marie Eve, Marie-Eve (américain) combinaisons de Marie et d'Eve.

Marie-Frances (français) combinaison de Marie et de Frances.
Marie Frances

Marie Hélène (américain) combinaison de Marie et de Hélène.
Marie-Hélène

Marie Jeanne (américain) combinaison de Marie et de Jeanne.
Marie Jean, Marie-Jean, Marie-Jeanne

Marie Joëlle (français) combinaison de Marie et de Joëlle.
Marie-Joëlle

Marie-Josée (français) combinaison de Marie et de Josée.
Marie Josie, Marie Josée, Marie-Josie

Marie Kim (américain) combinaison de Marie et de Kim.
Marie-Kim

Marie-Laurence (français) combinaison de Marie et de Laurence.
Marie Laurence

Marie Lou (américain) combinaison de Marie et de Lou.
Marie-Lou

Marie Louise (américain) combinaison de Marie et de Louise.
Marie-Louise

Marie Maud, Marie Maude (américain) combinaisons de Marie et de Maud.
Marie-Maud, Marie-Maude

Marie Michele, Marie Michell (américain) combinaisons de Marie et de Michele.
Marie Michelle, Marie-Michele, Marie-Michell, Marie-Michelle

Marie Noëlle (américain) combinaison de Marie et de Noëlle.
Marie Noël, Marie Noële, Marie-Noël, Marie-Noële, Marie-Noëlle

Marie-Pascale (français) combinaison de Marie et de Pascale.
Marie Pascal, Marie-Pascal, Marie Pascale

Marie-Philippa (français) combinaison de Marie et de Philippa.
Marie Philipa, Marie-Philipa, Marie Philippa

Marie-Pierre (français) combinaisons de Marie et de Pierre.
Marie Pire, Marie-Pier, Marie Pierre

Marie-Soleil (français) combinaison de Marie et de Soleil (voir Solana).
Marie Soleil

Marie-Sophie (français) combinaison de Marie et de Sophie.
Marie Sophie

Mariel, Marielle (allemand, néerlandais) variantes de Mary.
Marial, Mariale, Mariall, Marialle, Marieke, Marielana, Mariele, Marieli, Marielie, Mariell, Marielsie, Mariely, Marielys, Maryal, Maryel, Maryil, Maryile, Maryille

Mariela, Mariella (allemand, néerlandais) variantes de Mary.
Mariala, Marialah, Marialla, Maryila, Maryilla

Marielena (allemand, néerlandais) variante de Mary.

Marietta (italien) variante populaire de Marie.
Maretta, Marette, Mariet, Marieta, Mariett, Mariette, Marriet, Marrieta, Marriete, Marrietta, Marriette

Marieve (américain) combinaison de Mary et d'Eve.

Marigold (anglais) l'or de Marie. Botanique : le souci, une plante aux fleurs jaunes ou orange.
Mareagold, Mareegold, Mariegold, Marygold

Mariha (hébreu, italien, espagnol) variante de Maria.

Marija (hébreu, italien, espagnol) variante de Maria.

Marika (néerlandais, slave) variante de Mary.
Mareeca, Mareecah, Mareeka, Maricka, Marieka, Marieke, Marijke, Marikah, Marike, Marikia, Marikka, Mariqua, Marique, Mariska, Mariske, Marrica, Marricah, Marrika, Marrike, Maryca, Marycah, Marycka, Maryk, Maryka, Maryke, Merica, Mericah, Merika, Merikah, Meriqua, Merique

Mariko (japonais) cercle.
Mareako, Mareecko, Mareeco, Mareeko, Maricko, Marico, Marycko, Maryco, Maryko

Marilee, Marilie, Marily (américain) combinaisons de Mary et de Lee. Voir aussi Merrilee.
Marilea, Marileah, Marilei, Marileigh, Mariley, Marili, Marilia, Marrilee, Marylea, Maryleah, Marylee, Marylei, Maryleigh, Maryley, Maryli, Marylie, Maryly

Marilín (espagnol) combinaison de Maria et de Linda.

Marilla (hébreu, allemand) variante de Mary.
Marella, Marelle, Marila, Marilah, Marillah, Maryla, Marylah, Marylla

Marilou, Marilu (américain) variantes de Marylou.
Mariluz

Marilú (espagnol) combinaison de María et de Luz.

Marilyn (hébreu) lignée ou descendants de Marie. Voir aussi Merilyn.
Maralin, Maralyn, Maralyne, Maralynn, Maralynne, Marelyn, Marielin, Marielina, Marieline, Marilena, Marilene, Marilin, Marilina, Mariline, Marillyn, Marolyn, Marralynn, Marrilin, Marrilyn, Merrilyn

Marilyne, Marilynn (hébreu) variantes de Marilyn.
Marilynne, Marrilynn, Marrilynne

Marin FC (latin, araméen) variante de Maren.
Marinn, Maryne

Marina (latin) mer. Voir aussi Maren.
Mareana, Mareanah, Marinae, Marinah, Marinka, Marrina, Marrinah, Marrinia, Maryna, Marynah, Marynna, Marynnah, Marynne, Mayne, Mirena, Myrena, Myrenah

Mariña (latin) variante de Marina.

Marinda (latin) variante de Marina.
Marindi

Marine (latin) variante de Marina.
Maryn

Marinés (espagnol) combinaison de María et d'Inés.

Marini (swahili) en bonne santé ; jolie.
Marinee, Mariney, Marinie, Marynee, Maryney, Maryni, Marynie, Maryny

Marinna (latin) variante de Marina.

Mariola (italien) variante de María.

Marion FC (français) variante de Marie.
Mariun, Marrian, Marrion, Maryon, Maryonn

Marión, Mariona (espagnol) variantes de Marion.

Mariposa (espagnol) papillon.

Maris (latin) mer ; (grec) diminutif d'Amaris, de Damaris. Voir aussi Marice.
Maries, Marise, Mariss, Marisse, Marris, Marys, Meris, Merris

Marisa (latin) mer.
Mariesa, Marisah

Marisabel (espagnol) combinaison de María et d'Isabel.

Marisabela (espagnol) combinaison de María et d'Isabela.

Marisel (espagnol) variante de Marisabel.

Marisela (latin) variante de Marisa.
Mariseli, Marisella, Marishelle, Marissela

Marisha (russe) variante populaire de Mary.
Mareshah, Marishah, Marishenka, Marishka, Mariska, Marrisha, Marrishah

Marisol (espagno) mer ensoleillée.
Marise, Marizol, Marysol, Marysola, Maryzol, Maryzola

Marissa (latin) variante de Maris, Marisa.
Mariessa, Marissah, Marisse, Marizza, Morissa

Marit (araméen) dame.
Marite, Maryt, Maryte

Marita (espagnol) variante de Marisa ; (araméen) variante de Marit.
Maritah, Marité, Maritha, Maryta

Maritsa (arabe) variante de Maritza.
Maritsah, Maritssa

Maritxu (basque) variante populaire de Maria.

Maritza (arabe) bénie.
Maritzah, Marytsa, Marytsah, Marytza, Marytzah

Mariya, Mariyah (hébreu, italien, espagnol) variantes de Maria ; (arabe) variantes de Mariyan.

Mariyan (arabe) pureté.
Mariyana, Mariyanna

Mariza (latin) variante de Marisa.

Marja (finnois) variante de Maria.
Marjae, Marjah, Marjatta, Marjatte, Marjie

Marjan (persan) corail; (polonais) variante de Mary.
Marjana, Marjanah, Marjane, Marjaneh, Marjanna

Marjie (écossais) variante populaire de Marjorie.
Marje, Marjey, Marji, Marjy

Marjolaine (français) la marjolaine, plante aromatique.
Marjolain, Marjolaina, Marjolayn, Marjolayna, Marjolayne

Marjorie (grec) variante populaire de Margaret; (écossais) variante populaire de Mary.
Voir aussi Margery.
Marjarie, Marjary, Marjerie, Marjery, Marjie, Marjoree, Marjorey, Marjori, Marjory

Markayla (américain) combinaison de Mary et de Kayla.
Marka, Markaiah, Markaya, Markayel, Markeela

Markeisha (anglais) combinaison de Mary et de Keisha.
Markasha, Markeesha, Markeisa, Markeisia, Markeysha, Markeyshia, Markeysia, Markiesha, Markieshia, Markiesia, Markysia, Markysiah, Markysya, Markysyah

Markell **GF** (latin) variante de Mark (voir les prénoms de garçons).
Markel

Markelle (latin) variante de Mark (voir les prénoms de garçons).

Markesha (anglais) variante de Markeisha.

Markeshia (anglais) variante de Markeisha.
Markesia, Markesiah

Marketa (tchèque) variante de Markita.
Markete, Marketta, Markette

Marki (latin) variante de Markie.

Markia (latin) variante de Markie.

Markie (latin) martiale, belliqueuse.
Marka, Marke, Markeah, Markee, Markey, Marky, Marquee, Marquey, Marqui, Marquie, Marquy

Markisha (anglais) variante de Markeisha.
Markishia, Markisia

Markita (tchèque) variante de Margaret.
Markeata, Markeatah, Markeda, Markeeda, Markeeta, Markieta, Markitah, Markitha, Markketta, Markkette, Markkyt, Markkyta, Markyttah, Merkate

Marla (anglais) diminutif de Marlena, Marlène.
Marlah

Marlaina (anglais) variante de Marlena.
Marlainna

Marlana (anglais) variante de Marlena.
Marlanah, Marlania, Marlanna

Marlayna (anglais) variante de Marlena.

Marlee, Marleigh, Marlie, Marly (anglais) variantes de Marlène.
Marlea, Marleah, Marli

Marleen (grec, slave) variante de Marlène.
Marleene

Marlen (grec, slave) variante de Marlène.
Voir aussi Marlyn.
Marlenne, Marline

Marlena (allemand) variante de Marlène.
Marlaena, Marleana, Marleanah, Marleena, Marleenah, Marleina, Marlyna, Marlynah

Marlène (grec) haute tour; (slave) variante de Magdalen.
Marlaine, Marlane, Marlayne, Marlean, Marlein, Marleine

Marleny (grec, slave) variante populaire de Marlène.
Marleni, Marlenie

Marley **FG** (anglais) variante de Marlène.

Marlin **GF** (grec, slave) variante de Marlène.

Marlina (grec, slave) variante de Marlena.
Marlinah, Marlinda

Marlis (anglais) diminutif de Marlisa.
Marles, Marlise, Marliss, Marlisse, Marlys, Marlyse, Marlyss, Marlysse

Marlisa (anglais) combinaison de Maria et de Lisa.
Marlissa, Marlysa, Marlyssa

Marlo **U** (anglais) variante de Mary.
Marlon, Marlona, Marlonah, Marlone, Marlow, Marlowe

Marlyn (hébreu) diminutif de Marilyn; (grec, slave) variante de Marlène.
Voir aussi Marlen.
Marlyne, Marlynn, Marlynne

Marmara (grec) étincelant, brillant.
Marmarah, Marmee

Marni, Marnie (hébreu) diminutifs de Marnina.
Marna, Marnah, Marnay, Marne, Marnea, Marnee, Marney, Marnia, Marniah, Marnique, Marnja, Marny, Marnya, Marnyah, Marnye

Marnina (hébreu) se réjouir.
Marneena, Marneenah, Marninah, Marnyna

Marnisha (hébreu) variante de Marnina.

Maroula (grec) variante de Mary.
Maroulah, Maroulla, Maroullah

Marquesa (espagnol) celle qui travaille avec un marteau.

Marquesha (américain) variante de Markeisha.

Marquetta (espagnol) variante de Marcia.
Marquet, Marqueta, Marquete, Marquette

Marquilla (espagnol) amer.

Maquis GF (français) variante de Marquise.

Marquise GF (français) titre de noblesse.
Makeese, Markese, Marquees, Marquese, Marquice, Marquies, Marquiese, Marquisa, Marquisee, Marquisse, Marquiste, Marquyse

Marquisha (américain) variante de Marquise.
Marquiesha, Marquisia

Marquita, Marquitta (espagnol) variantes de Marcia.
Marquatte, Marqueda, Marquedia, Marquee, Marqueeda, Marqueita, Marqueite, Marquia, Marquida, Marquietta, Marquiette, Marquite, Marquitia, Marquitra, Marquyta, Marquytah, Marquyte, Marquytta, Marquyttah, Marquytte

Marrisa, Marrissa (latin) variantes de Marisa.
Marrisah, Marrissia

Marsala (italien) de Marseille.
Marsal, Marsali, Marsalla, Marsallah, Marseilles, Marsela, Marselah, Marsella, Marsellah, Marselle

Marsha (anglais) variante de Marcia.
Marcha, Marchah, Marchia, Marchya, Marchyah, Marshah, Marshel, Marshele, Marshell, Marshelle, Marshia, Marshiah, Marshiela, Marshya, Marshyah

Marshae, Marshay (anglais) variantes de Marsha.

Marta (anglais) diminutif de Martha, de Martina.
Martá, Martä, Martah, Marte, Marttaha, Merta, Merte

Marthe (araméen) dame; affligée. Bible: Marthe, une amie de Jésus. Voir aussi Mardi.
Martaha, Marth, Martha, Marthan, Marthy, Marticka, Martita, Martus, Martuska, Masia

Marti FG (anglais) variante populaire de Marthe, de Martine.
Martie

Martia (latin) variante de de Marcia.
Martiah

Martina (latin) variante de Martine. Voir aussi Tina.
Martaina, Martainah, Martana, Martanah, Martanna, Martannah, Martayna, Martaynah, Marteana, Marteanah, Marteena, Marteenah, Martella, Marthena, Marthina, Martinah, Martinia, Martino, Martosia, Martoya, Martricia, Martrina, Martyna, Martynah

Martine (latin) martiale, belliqueuse.
Martain, Martaine, Martane, Martanne, Martayn, Martayne, Martean, Marteane, Marteen, Marteene, Martel, Martelle, Martene, Marthine, Martyn, Martyne, Martynne

Martiniana (latin) variante de Martina.

Martirio (espagnol) martyre.

Martisha (latin) variante de Martina.

Martiza (arabe) bénie.
Martisa, Martisah, Martizah, Martysa, Martysah, Martyza, Martyzah

Marty GF (anglais) variante populaire de Marthe, de Martine.

Maru (japonais) ronde.
Maroo

Maruca (espagnol) variante de Mary.
Mariucca, Maruja, Maruka

Maruska, Marusya (russe) acerbe.

Marva (hébreu) sauge douce.
Marvah

Marvella (français) merveilleuse.
Marvel, Marvela, Marvele, Marvell, Marvellah, Marvelle, Marvely, Marvetta, Marvette, Marvia, Marvil, Marvila, Marvile, Marvill, Marvilla, Marville, Marvyl, Marvyla, Marvyle, Marvyll, Marvylla, Marvylle

Marvina (anglais) qui aime la mer.
Marvinah, Marvinia, Marviniah, Marvyna, Marvynah, Marvynia, Marvyniah, Marvynya, Marvynyah

Mary (hébreu) amère; mer d'amertume. Bible: Marie, mère de Jésus. Voir aussi Maija, Malia, Maren, Mariah, Marjorie, Maura, Maureen, Miriam, Mitzi, Moira, Molly, Muriel.
Maeree, Maerey, Maeri, Maerie, Maery, Maree, Marella, Marelle, Maricara, Mariquilla, Mariquita, Marrey, Marry, Marye, Maryla, Marynia, Mavra, Meridel, Mirja, Morag, Moya

Mary Ann, Maryan, Maryann, Maryanne (anglais) combinaisons de Mary et d'Ann.
Marryann, Mary Anne, Mary-Ann, Mary-Anne, Maryane, Maryen, Maryena, Maryene, Maryenn, Maryenna, Maryenne, Meryen

Mary Beth, Marybeth (américain) combinaisons de Mary et de Beth.
Mareabeth, Mareebeth

Mary Kate, Mary-Kate, Marykate (américain) combinaisons de Mary et de Kate.

Mary Katherine (américain) combinaison de Mary et de Katherine.
Mary Catherine, Mary Kathryn, Mary-Catherine, Mary-Katherine, Mary-Kathryn

Mary Margaret, Mary-Margaret (américain) combinaisons de Mary et de Margaret.

Marya (arabe) pureté; blancheur éclatante.

Maryah (arabe) variante de Marya.

Maryam (hébreu) variante de Miriam.
Maryama

Marycarmen (américain) combinaison de Mary et de Carmen.

Maryellen (américain) combinaison de Mary et d'Ellen.
Marielen, Mariellen, Mary Ellen, Mary-Ellen, Maryelen

Maryjane (américain) combinaison de Mary et de Jane.
Mary Jane, Mary-Jane

Maryjo (américain) combinaison de Mary et de Jo.
Mareajo, Mareejo, Marijo, Marijoe, Marijoh, Mary Jo, Mary-Jo, Maryjoe, Maryjoh

Marylene (hébreu) variante de Marylin.
Marylina, Maryline

Marylin (hébreu) variante de Marilyn.
Marylinn, Marylyn, Marylyna, Marylyne, Marylynn, Marylynne

Marylou (américain) combinaison de Mary et de Lou.
Mareelou, Mareelu, Mary Lou, Marylu

Marysa, Maryse, Maryssa (latin) variantes de Marisa.
Marrysa, Marrysah, Marryssa, Marryssah, Marysia

Masada (hébreu) fondation solide, soutien.
Masadah, Massada, Massadah

Masago (japonais) sables du temps.
Massago

Masani (luganda) qui a un trou dans les dents.
Masanee, Masaney, Masania, Masaniah, Masanie, Masany, Masanya, Masanyah

Masha (russe) variante de Mary.
Mascha, Mashah, Mashenka, Mashka

Mashika (swahili) née pendant la saison des pluies.
Mashyka, Mashykah, Masika

Masiel (anglais) variante de Massiel.

Mason 🔠 (arabe) variante de Maysun.

Massiel (hébreu) celle qui arrive des étoiles.

Mastidia (grec) fouet.

Matahari (indonésien) lumière du jour.

Matana (hébreu) cadeau.
Matanah, Matania, Mataniah, Matanna, Matannah, Matannia, Matanniah, Matanya, Matanyah, Matat

Mathena (hébreu) cadeau de Dieu.
Mathenah

Mathilde (allemand) combattante puissante. Voir aussi Maud, Tilda, Tillie.
Mathild, Mathilda, Mathildis

Matilda (allemand) variante de Mathilde.
Máda, Mafalda, Mahaut, Maitilde, Malkin, Mat, Matelda, Matilde, Matilly, Mattilda, Mattylda, Matusha, Matyld, Matylda, Matyldah, Matylde, Metild, Metilda, Metildah, Metilde, Metyld, Metylda, Metyldah, Metylde

Matrika (hindi) mère. Religion : l'un des noms de la déesse hindoue Shakti sous forme des lettres de l'alphabet.
Matrica, Matricah, Matricka, Matrickah, Matryca, Matrycah, Matrycka, Matryckah, Matryka, Matrykah

Matrona (latin) mère.

Matsuko (japonais) pin.

Mattea (hébreu) cadeau de Dieu.
Matea, Mateah, Mathea, Matheah, Mathia, Mathiah, Matia, Matteah, Matthea, Matthia, Matthiah, Mattia, Mattya, Mattyah, Matya

Mattie (anglais) variante populaire de Martha, de Matilda.
Matte, Mattey, Matti, Mattye

Mattison 🆄 (anglais) variante de Madison.

Matty 🆄 (anglais) variante populaire de Martha, de Matilda.

Matusha (espagnol) variante de Matilda.
Matuja, Matuxa

Matxalen (basque) variante de Magdalena.

Maud, Maude (anglais) diminutifs de Madeline, de Mathilde. Voir aussi Madison.
Maudea, Maudee, Maudey, Maudi, Maudie, Maudine, Maudlin, Maudy

Mauli 🆄 (tongan) nom des Néo-Zélandais descendant d'une île du Pacifique, aussi connus comme Maoris.
Maulea, Mauleah, Maulee, Maulei, Mauleigh, Maulia, Mauliah, Maulie, Mauly

Maura (irlandais) sombre. Variante de Mary, de Maureen. Voir aussi Moira.
Maurah, Maure, Mauree, Maurette, Mauri, Mauricette, Maurie, Maurita, Mauritia, Maury, Maurya

Maureen (français) sombre ; (irlandais) variante de Mary. Voir aussi Morena.
Maireen, Maireena, Maireene, Mairin, Mairina, Mairine, Maurena, Maurene, Maurina, Maurine, Mauritzia, Moureen

Maurelle (français) sombre ; féerique.
Mauriel, Mauriell, Maurielle

Maurise (français) à la peau sombre ; lande ; marécage.
Maurisse, Maurita, Maurizia, Mauriziah, Maurizya, Maurizyah, Mauryza, Mauryzyah

Maurissa (français) variante de Maurise.
Maurisa, Maurisah, Maurisia, Maurisiah, Maurissah

Mausi (amérindien) fleur cueillie.
Mausee, Mausie, Mausy

Mauve (français) sorte de violet.
Mauv

Maverick GF (américain) indépendante.
Maveric, Maverik, Maveryc, Maveryck, Maveryk

Mavia (irlandais) heureuse.
Maviah, Mavie, Mavya, Mavyah

Mavis (français) grive, oiseau chanteur.
Voir aussi Maeve.
Mavas, Mavies, Mavin, Mavine, Maviss, Mavon, Mavos,
Mavra, Mavus, Mavys

Maxie (anglais) variante populaire de Maxine.
Maxi, Maxy

Máxima, Máximina (latin) variantes de Maxine.

Maxime GF (latin) variante de Maxine.
Maxima, Maximiliane

Maximiana (espagnol) variante de Máxima.

Maximiliana (latin) doyenne.

Maxine (latin) la plus grande.
Max, Maxa, Maxeen, Maxeena, Maxeene, Maxena,
Maxene, Maxina, Maxna, Maxyn, Maxyna, Maxyne,
Mazeen, Mazeena, Mazeene, Mazin, Mazina, Mazine,
Mazyn, Mazyna, Mazyne

May (latin) grande ; (arabe) clairvoyante ;
(anglais) aubépine ; mois de mai.
Voir aussi Mae, Maia.
Maj, Mayberry, Maybeth, Mayday, Maydee, Maydena,
Maye, Mayela, Mayella, Mayetta, Mayrene

Maya (hindi) pouvoir créateur de Dieu ; (grec)
mère ; grand-mère ; (latin) grande.
Variante de Maia.
Mayam, Mya

Mayah (hindi, grec, latin) variante de Maya.

Maybeline (latin) variante populaire de Mabel.
Maebelina, Maebeline, Maibelina, Maibeline, Maibelyna,
Maibelyne, Maybelina, Maybelyna, Maybelyne

Maybell (latin) variante de Mabel.
Maybel, Maybela, Maybele, Maybella, Maybelle, Maybull,
Mayebell, Mayebella, Mayebelle

Maycee (écossais) variante de Maisey.
Maysee, Maysey, Maysi, Maysie, Maysy, Mayzie

Maygan, Maygen (irlandais) variantes
de Megan.
Mayghan, Maygon

Maylyn (américain) combinaison de May
et de Lynn.
Mayelene, Mayleen, Maylen, Maylene, Maylin, Maylon,
Maylynn, Maylynne

Mayola (latin) variante de May.

Mayoree (tai) belle.
Mayaria, Mayariah, Mayariya, Mayarya, Mayaryah,
Mayree

Mayra (australien) vent de printemps ; (tai)
variante de Mayoree.
Mayrah

Maysa (arabe) qui a une foulée fière.

Maysun (arabe) belle.
Maesun, Maisun, Mayson

Mayte (espagnol) variante de Maïté.

Mazel (hébreu) chanceuse.
Mazal, Mazala, Mazalah, Mazela, Mazella, Mazelle

Mc Kenna, Mckena (américain)
variantes de Mackenna.
Mckennah, Mckinna, Mckinnah

Mc Kenzie, McKenzie U (irlandais)
variantes de Mackenzie.
Mckennzie, Mckensee, Mckensi, McKensi, Mckensy,
Mckenze, McKenzee, Mckenzey, McKenzey, McKenzi,
McKenzy, Mckenzye

Mckaela (américain) variante de Michaëla.

Mckaila (américain) variante de Michaëla.

Mckala (américain) variante de Michaëla.

Mckayla (américain) variante de Michaëla.
Mckaylah, Mckayle, Mckayleh

Mckaylee (américain) variante de Michaëla.
Mckayleigh, Mckayli, Mckaylia, Mckaylie

Mckell (américain) variante de Makell.
Mckelle

Mckenna FG (américain) variante de Mackenna.

Mckenzie FG (irlandais) variante de Mackenzie.

Mckinley GF (écossais) enfant du chef cultivé.
Mckinlee, Mckinleigh, Mckinlie, Mckinnley

Mckinzie (américain) variante de Mackenzie.
Mckinsey, Mckinze, Mckinzea, Mckinzee, Mckinzi, Mckinzy,
Mckynze, Mckynzie

Mead GF (grec) hydromel.
Meada, Meadah, Meed, Meede

Meade (grec) hydromel.

Meadow (anglais) prairie.

Meagan, Meagen (irlandais) variantes de Megan.
Meagain, Meagann, Meagin, Meagnah, Meagon

Meaghan (gallois) variante de Megan.
Meaghann, Meaghen, Meaghin, Meaghon, Meaghyn,
Meahgan

Meara (irlandais) joyeuse.
Mearah, Mearia, Meariah, Mearya, Mearyah

Mecatl (nahuatl) corde; lignée.

Mecha (latin) variante de Mercedes.

Mechelle (français) variante de Michelle.

Meda (amérindien) prophète; prêtresse.
Medah

Médée (grec) jugement; (latin) du milieu.
Mythologie: Médée, sorcière qui aida Jason
à obtenir la Toison d'or.
Medea, Medeah, Medeia, Media, Mediah, Medya, Medyah

Médine (arabe) Histoire: Médine, ville
où se trouve la tombe de Mahomet.
*Medeana, Medeanah, Medeena, Medeenah, Medina,
Medinah, Medyna, Medynah*

Medora (grec) cadeau de mère. Littérature:
personnage dans le poème de Lord Byron,
Le Corsaire.
Medorah

Meena (hindi) pierre semi-précieuse bleue;
oiseau; (grec, allemand, néerlandais)
variante de Mena.
Meenah

Meera (hébreu) variante de Meira.
Meerah

Meg (anglais) diminutif de Margaret, de Megan.
Megg

Megan (grec) perle; grande; (irlandais)
variante de Margaret.
*Magana, Meegen, Meeghan, Meeghen, Meeghin, Meeghon,
Meeghyn, Meegin, Meegon, Meegyn, Meganna, Megin,
Megon, Megyn, Meigan, Meigen, Meigin, Meigon, Meigyn,
Meygan, Meygen, Meygin, Meygon, Meygyn*

Megane, Megann, Meganne, Megen, Meggan
(irlandais) variantes de Megan.
Meggen

Mégane (latin) pureté. Variante de Marguerite.

Mégara (grec) première. Mythologie: Mégara,
première femme d'Héraclès.

Megean (américain) variante de Megan.

Meggie, Meggy (anglais) variantes populaires
de Margaret, de Megan.
Meggi

Megha (gallois) diminutif de Meghan.

Meghan, Meghann (gallois) variantes de Megan.
*Meehan, Meghana, Meghane, Meghanne, Meghean,
Meghen, Meghon, Meghyn, Mehgan, Mehgen*

Mehadi (hindi) fleur.
Mehadee, Mehadie, Mehady

Mehira (hébreu) rapide; énergique.
Mahira, Mahirah, Mehirah, Mehyra, Mehyrah

Mehitabel (hébreu) avantagée par sa confiance
en Dieu.
Hetty, Hitty, Mehetabel, Mehitabelle

Mehri (persan) bienveillante; adorable;
ensoleillée.
Mehree, Mehrie, Mehry

Mei (hawaïen) grande; (chinois) diminutif
de Meiying.
Meiko

Meira (hébreu) lumière.
Meirah, Mera, Meyra, Meyrah

Meit (birman) affectueuse.
Meita, Meyt, Meytah

Meiying (chinois) belle fleur.
Mei

Mejorana (espagnol) marjolaine.
Mejoranah, Mejoranna, Mejorannah

Meka **FG** (hébreu) variante populaire de Michaëla.
Mekah

Mekayla (américain) variante de Michaëla.
Mekaela, Mekaila, Mekala, Mekayela, Mekaylia

Mekenzie (américain) variante de Mackenzie.
Mekensie, Mekenzi

Mel **U** (portugais, espagnol) doux comme le miel.
Mell

Mela (hindi) service religieux; (polonais)
variante de Mélanie.
Melah, Mella, Mellah

Melaida (espagnol) variante de Mélissa.

Mélaine (latin, grec) variante de Mélina.
Mélaina, Melainah

Mélana (russe) variante de Mélanie.
Melanna, Melena, Melenah

Melaney, Melani, Melannie, Melany (grec)
variantes de Mélanie.
Melanney, Melanya

Mélanie (grec) à la peau sombre.
*Meila, Meilani, Meilin, Melaine, Melainie, Melane, Melanee,
Melania, Mélanie, Melanka, Melasya, Melayne, Melenee,
Meleney, Meleni, Melenia, Melenie, Meleny, Mellanee,
Mellaney, Mellani, Mellanie, Mellany, Mellenee, Melleney,
Melleni, Mellenie, Melleny, Melya, Milya*

Melantha (grec) fleur sombre.
Melanthe

Melba (grec) douce; svelte; (latin) la mauve,
une fleur.
Malba, Malbah, Melbah, Melva, Melvah

Mele (hawaïen) chanson; poème.
Melle

Melea, Meleah (allemand) variantes de Mélia.

Melecent (anglais) variante de Millicent.
Melacent, Melacenta, Melacente, Melacint, Melacinte, Melecenta, Melecente, Melecint, Melecinta, Melecinte

Melecia (grec) femme studieuse.

Meleni (tongan) melon.
Melenee, Meleney, Melenia, Meleniah, Meleny, Melenya, Melenyah

Melesse (éthiopien) éternelle.
Mellesse

Mélia (allemand) diminutif d'Amélia.
Melcia, Meleia, Meleisha, Meli, Meliah, Melida, Melika, Melya, Melyah, Mema, Mylia, Myliah, Mylya, Mylyah

Melibea (grec) celle qui prend soin des bœufs.

Melicent (anglais) variante de Millicent.
Meliscent, Melisent, Melissent, Mellicent, Mellisent, Melycent, Melycente, Melycint, Melycinta, Melycinte, Melycynt, Melycynta, Melycynte

Mélina (latin) jaune canari ; (grec) diminutif de Mélinda.
Meleana, Meleanah, Meleane, Meleena, Melena, Melenah, Meline, Melinia, Meliniah, Melinna, Melinnah, Melinne

Mélinda (grec) miel. Voir aussi Linda, Mélina, Mindi.
Maillie, Melindah, Melinde, Melindee, Melinder, Melindia, Melindiah, Mellinda, Milinda, Milynda, Mylenda, Mylinda, Mylynda

Meliora (latin) mieux.
Melior, Meliori, Melioria, Meliorie, Mellear, Mellor, Mellora, Mellorah, Melyor, Melyora, Melyorah

Melisa, Mellisa, Mellissa (grec) variantes de Mélissa.
Melisah, Mellissah

Mélisande (français) variante de Mélissa, de Millicent.
Lisandra, Malisande, Malissande, Malyssandre, Melesande, Melicend, Melisanda, Melisandra, Melisandre, Mélisandré, Melisenda, Melisende, Melissande, Melissandre, Mellisande, Melond, Melysanda, Melysande, Melyssandre

Mélissa (grec) abeille mellifère. Voir aussi Elissa, Lissa, Mélisande, Millicent.
Malessa, Melesa, Melessa, Melessah, Mélisa, Melise, Melisha, Melishia, Melisia, Mélissa, Melissah, Melisse, Melissia, Meliza, Melizah, Milissa, Molissia, Mollissa

Mélita (grec) variante de Mélissa ; (espagnol) diminutif de Carmelita.
Malita, Meleata, Meleatah, Meleatta, Meleattah, Meleeta, Meleetah, Meleetta, Meleettah, Meleta, Melitah, Melitta, Melittah, Melitza, Melletta, Melyta, Melytah, Melytta, Melyttah, Molita

Mélitina (latin) variante de Mélinda.

Melitona (grec) celle qui est née à Malte.

Melly (américain) variante populaire des noms commençant par « Mel ». Voir aussi Millie.
Meli, Melie, Melli, Mellie

Melodía (grec) variante de Melody.

Mélodie (grec) mélodie. Voir aussi Élodie.
Meladia, Meloda, Melodah, Melodea, Melodee, Melodey, Melodi, Melodia, Melodiah, Melodya, Melodyah, Melodyann, Melodye

Melody (grec) variante de Mélodie.

Mélonie (américain) variante de Mélanie.
Melloney, Mellonie, Mellony, Melona, Melonah, Melone, Melonee, Meloney, Meloni, Melonia, Meloniah, Melonnie, Melony, Melonya, Melonyah

Melosa (espagnol) douce ; tendre.
Malosa, Malosah, Malossa, Malossah, Mellosa, Mellosah, Melosah, Melossa, Melossah

Melosia (espagnol) douce.

Melrose (américain) combinaison de Mélanie et de Rose.
Melrosa, Melrosah

Mélusine (grec) variante de Mélissa.

Melvina (irlandais) chef en armure. Voir aussi Malvina.
Melevine, Melva, Melveen, Melveena, Melveenah, Melveene, Melveenia, Melvena, Melvene, Melvinda, Melvine, Melvinia, Melviniah, Melvonna, Melvyna, Melvynah, Melvyne, Melvynia, Melvyniah, Melvynya, Melvynyah

Mélyna (latin, grec) variante de Mélina.
Melynah, Melynna, Melynnah

Mélynda (grec) variante de Mélinda.
Melyndah, Melyne

Mélyne (grec) diminutif de Mélinda.
Melyn, Melynn, Melynne

Mélyssa (grec) variante de Mélissa.
Melysa, Melysah, Melyssah, Melysse

Mena (allemand, néerlandais) forte ; (grec) diminutif de Philomène. Histoire : Ménès est considéré comme le premier roi d'Égypte. Voir aussi Mina.
Meana, Meanah, Meina, Meinah, Menah, Meyna, Meynah

Mendi (basque) variante de Mary.
Menda, Mendy

Menodora (grec) cadeau de Mene, la déesse Lune.

Menora (hébreu) chandelier. Religion:
le menorah est un chandelier spécial à sept
branches des Hébreux.
Menorah, Minora, Minorah, Mynora, Mynorah

Meranda, Merranda (latin) variantes
de Miranda.
Merana, Merandah, Merandia, Merannda

Mérane (français) variante de Mary.
Meraine, Merrane

Mercades (latin, espagnol) variante de Mercedes.
Mercadez, Mercadie

Mercé (espagnol) diminutif de Mercedes.

Mercede (latin, espagnol) variante de Mercedes.
Merced, Merceda, Mersade

Mercedes (latin) récompense, paiement;
(espagnol) miséricordieuse.
*Meceades, Mercedeas, Mercedees, Mercedies, Mercedis,
Mersades*

Mercedez (latin, espagnol) variante de Mercedes.
Mercedeez

Merces (latin) clémences.

Mercia (anglais) variante de Marcia. Histoire:
la Mercie, ancien royaume britannique.

Mercilla (anglais) variante de Mercy.
Mercillah, Mercille, Mersilla, Mersillah, Mersille

Mercuria (grec) référence au dieu grec Mercure.

Mercy (anglais) compatissante, miséricordieuse.
Voir aussi Merry.
*Merce, Mercee, Mercey, Merci, Mercia, Merciah, Mercie,
Mercina, Mercinah, Mercya, Mercyah, Mersee, Mersey,
Mersi, Mersie, Mersina, Mersinah, Mersy*

Mérédith (gallois) protectrice de la mer.
*Meredeth, Meredif, Merediff, Meredithe, Meredy, Meredyth,
Meredythe, Merrydith, Merrydithe, Merrydyth*

Meri (finnois) mer; (irlandais) diminutif
de Meriel.
Meree, Merey, Merie, Mery

Meria (africain) rebelle.

Meriah (hébreu) variante de Mariah; (africain)
variante de Meria.

Meridith (gallois) variante de Mérédith.
*Meridath, Merideth, Meridie, Meridithe, Meridyth, Merridie,
Merridith, Merridithe, Merridyth*

Meriel (irlandais) mer scintillante.
*Merial, Meriele, Meriella, Merielle, Meriol, Merrial, Merriel,
Meryel, Meryela, Meryelah, Meryell, Meryella, Meryellah,
Meryelle*

Merilyn (anglais) combinaison de Merry
et de Lynn. Voir aussi Marilyn.
*Meralin, Meralina, Meraline, Meralyn, Meralyna, Meralyne,
Merelan, Merelen, Merelin, Merelina, Mereline, Merelyn,
Merelyna, Merelyne, Merilan, Merilen, Merilin, Merilina,
Meriline, Merilyna, Merilyne, Merlyn, Merralin, Merralyn,
Merrelina, Merreline, Merrelyn, Merrelynn, Merrillin,
Merrillina, Merrilline, Merrilyn, Merrilynn, Merrylyn,
Merrylyna, Merrylyne, Merylin, Merylina, Meryline, Merylyn,
Merylyna, Merylyne*

Merina (latin) variante de Marina; (australien)
variante de Merrina.
Merinah

Merinda (australien) belle.
Merindah, Merynda, Meryndah

Merisa, Merissa (latin) variantes de Marisa.
*Merisah, Merisha, Merissah, Merrisa, Merrisah, Merrissa,
Merrissah, Merrysa, Merrysah, Merryssa, Merryssah*

Mérite (latin) méritant.
*Merita, Meritah, Meritta, Merittah, Meritte, Merrita,
Meryta, Merytah, Merytta*

Merle **GF** (latin, français) l'oiseau merle.
*Mearl, Mearla, Mearle, Merl, Merla, Merlina, Merline,
Merola, Murle, Myrl, Myrle, Myrleen, Myrlene, Myrline*

Merpati (indonésien) colombe.
Merpatee, Merpatie, Merpaty

Merrilee (américain) combinaison de Merry
et de Lee. Voir aussi Marilee.
*Merrilei, Merrileigh, Merriley, Merrili, Merrily, Merrylea,
Merryleah, Merrylee, Merrylei, Merryleigh, Merryley, Merryli,
Merrylia, Merrylie, Merryly, Merylea, Meryleah, Merylee,
Merylei, Meryleigh, Meryley, Meryli, Merylie, Meryly*

Merrina (australien) graine d'herbe.
*Meriwa, Meriwah, Merrinah, Merriwa, Merriwah, Merryna,
Merrynah, Merrywa, Merrywah, Meryn, Meryna, Merynah*

Merritt **U** (latin) variante de Merite.
Merit, Meritt, Meryt, Meryte, Merytt, Merytte

Merry (anglais) enjouée, heureuse.
Variante populaire de Mercy, de Mérédith.
Merree, Merri, Merrie, Merrielle, Mery

Mertysa (anglais) célèbre.

Merudina (allemand) célèbre, éminente.

Meruvina (allemand) célèbre victoire.

Meryl (allemand) célèbre; (irlandais) mer
scintillante. Variante de Meriel, de Muriel.
*Maral, Marel, Meral, Merel, Merelle, Merill, Merrall,
Merrel, Merrell, Merrelle, Merril, Merrill, Merryl,
Meryle, Meryll, Mirel, Mirell, Mirelle, Mirle, Myral, Myrel,
Myrelle, Myril, Myrila, Myrile, Myryl, Myryla, Myryle*

Mesalina (italien) Histoire: Messaline était
une impératrice romaine.

Mesha (hindi) autre nom du signe du zodiaque
du Bélier.
Meshah, Meshai, Meshal

Mesi (égyptien) eau.

Meskhenet (égyptien) destinée.

Messalina (latin) qui a un appétit insatiable.

Messina (latin) enfant du milieu; (africain)
empêcheur.
*Mesina, Mesinah, Messinah, Messyna, Messynah, Mesyna,
Mesynah*

Meta (allemand) diminutif de Margaret.
Metah, Metta, Mettah, Mette, Metti

Metodia (grec) femme méthodique.

Metrodora (grec) cadeau de la ville.

Meztli (nahuatl) lune.

Mhairie (écossais) variante de Mary.
Mhaire, Mhairee, Mhairey, Mhairi, Mhairy, Mhari, Mhary

Mia (italien) la mienne. Variante populaire
de Michaëla, de Michelle.
Mea, Meah

Mía (espagnol) variante de Maria.

Miah (italien) variante de Mia.

Mica (hébreu) variante de Micah.

Micaela (hébreu) variante de Michaëla.
*Micaelah, Micaele, Micaella, Miceala, Mycael, Mycaela,
Mycaelah, Mycaele, Mycala, Mycalah, Mycale*

Micah GF (hébreu) variante de Michaël.
Bible: Michée, l'un des prophètes de l'Ancien
Testament.
Meecah

Micaiah U (hébreu) variante de Micah.

Micaila (hébreu) variante de Michaëla.

Micala (hébreu) variante de Michaëla.
Micalah

Micayla (hébreu) variante de Michaëla.
Micayle, Micaylee

Micha FG (hébreu) variante de Micah.

Michaële (hébreu) qui est comme Dieu?
Michaelann, Michaell, Michaelle, Michaelyn

Michaëla, Michaella (hébreu) variantes
de Michaële.

Michaila (hébreu) variante de Michaëla.

Michal GF (hébreu) variante de Michaële;
(italien) variante de Michèle.

Michala, Michalla (hébreu) variantes
de Michaëla.
*Michalah, Michalann, Michale, Michalene, Michalin,
Michalina, Michalisha, Michalle*

Michayla (hébreu) variante de Michaëla.
Michaylah, Michayle, Micheyla

Micheala (hébreu) variante de Michaëla.
Michealia

Michela (hébreu) variante de Michala; (italien)
variante de Michèle.
Michelia, Michely, Michelyn

Michèle FG (italien) variante de Michelle.

Michelina (italien) variante de Michaëla.
Michaelina, Michalina, Mychelina

Micheline (italien) variante de Michelina.
Michaeline, Michaline, Michellene, Mycheline

Michell (italien) variante de Michelle.

Michelle (français) qui est comme Dieu?
Voir aussi Shelley.
*Machealle, Machele, Machell, Machella, Machelle,
Meichelle, Meschell, Meshell, Meshelle, Michaelle, Michéle,
Michella, Michellah, Michellyn, Mischel, Mischelle, Mishael,
Mishaela, Mishayla, Mishel, Mishele, Mishell, Mishella,
Mishellah, Mishelle, Mitchele, Mitchelle, Mychel, Mychele,
Mychell, Mychella, Mychelle, Myshel, Myshele, Myshell,
Myshella, Myshellah, Myshelle*

Michi (japonais) droit chemin.
Miche, Michee, Michey, Michie, Michy

Michiko (japonais) enfant vertueuse.

Mickaela (hébreu) variante de Michaëla.
Mickael

Mickala (hébreu) variante de Michaëla.
Mickalla

Mickayla (hébreu) variante de Michaëla.
Mickeel, Mickell, Mickelle

Mickenzie FG (américain) variante
de Mackenzie.
Mickensie, Mickenzee, Mickenzi, Mickenzy

Micki (américain) variante populaire de Michaëla.
Mickee, Mickeeya, Mickia, Mickie, Micky, Mickya, Miquia

Micol, Milca, Milcal (hébreu) celle qui est reine.

Midori (japonais) verte.
*Madorea, Madoree, Madorey, Madori, Madorie, Madory,
Midorea, Midoree, Midorey, Midorie, Midory, Mydorea,
Mydoree, Mydorey, Mydori, Mydorie, Mydory*

Mieko (japonais) prospère.
Mieke, Myeko

Mielikki (finnois) agréable.

Miette (français) petite; douce.
Mieta, Mietah, Mietta, Miettah, Myeta, Myetah, Myett, Myetta, Myettah, Myette

Migdana (hébreu) cadeau.
Migdanna, Migdannah, Mygdana, Mygdanah

Migina (omaha-ponca) nouvelle lune.
Migeana, Migeanah, Migeena, Migeenah, Miginah, Migyna, Migynah, Mygeana, Mygeanah, Mygeena, Mygeenah, Mygina, Myginah, Mygyna, Mygynah

Mignon (français) délicate, menue; gracieuse.
Mignona, Mignone, Minyonne, Mygnona, Mygnonah, Mygnone

Mignonette (français) nom donné à plusieurs espèces de fleurs.
Mignonetta, Mignonettah, Minnionette, Minnonette, Minyonette, Mygnonetta, Mygnonette

Miguela (espagnol) variante de Michaëla.
Micquel, Miguelina, Miguelita

Mika **F** **G** (japonais) nouvelle lune; (russe) enfant de Dieu; (amérindien) raton laveur plein de sagesse; (hébreu) variante de Micah; (latin) variante de Dominica.

Mikaëla (hébreu) variante de Michaëla.
Mikael, Mikaelah, Mikail, Mikalene, Mikalovna, Mikalyn, Mikea, Mikeisha, Mikeita, Mikeya, Mikiala, Mikiela, Mikkel

Mikah **U** (hébreu, japonais, russe, amérindien) variante de Mika.

Mikaila (américain) variante de Michaëla.

Mikal **G** **F** (hébreu) diminutif de Michaële, de Michaëla.

Mikala, Mikalah (hébreu) variantes de Michaëla.
Mikale, Mikalea, Mikalee, Mikaleh

Mikayla (américain) variante de Michaëla.
Mikayle

Mikel **G** **F** (hébreu) diminutif de Michaële, de Michaëla.

Mikela (hébreu) variante de Michaëla.
Mikele, Mikell, Mikella

Mikelena (danois) variante de Michaëla.
Mykelena

Mikelle (hébreu) diminutif de Michael, de Michaëla.

Mikenna (américain) variante de Mackenna.
Mikena, Mikenah, Mikennah

Mikenzie (américain) variante de Mackenzie.
Mikenzee, Mikenzi, Mikenzy

Mikesha (américain) variante de Michaëla.

Mikhaela (américain) variante de Michaëla.
Mikhalea, Mikhelle

Mikhaila (américain) variante de Michaëla.
Mikhail

Mikhala (américain) variante de Michaëla.

Mikhayla (américain) variante de Michaëla.

Miki **F** **G** (japonais) tige de fleur.
Mikee, Mikey, Mikie, Mikita, Mikiyo, Mikko, Miko, Miky

Mikia (japonais) variante de Miki.
Mikkia, Mikkiya

Mikka **U** (hébreu, japonais, russe, amérindien) variante de Mika.

Mikki (japonais) variante de Miki.
Mikkie

Mikyla (américain) variante de Michaëla.

Mila (russe) personne chère; (italien, slave) diminutif de Camila, de Ludmilla.
Milah, Milla, Millah, Myla

Milada (tchèque) mon amour.
Miladah, Miladi, Miladie, Milady, Mylada, Myladah, Myladi, Myladie, Mylady

Milagres (latin) variante de Milagros.

Milagros (espagnol) miracle.
Milagritos, Milagro, Milagrosa, Milrari, Milrarie

Milan **U** (italien) de Milan, en Italie.
Milane, Milanne

Milana (italien) de Milan, en Italie; (russe) variante de Melana.
Milani, Milania, Milanie, Milanka, Milanna

Milba, Milva (allemand) protectrice bienveillante.

Milburga, Milburgues (allemand) ville agréable.

Mildereda, Mildreda (allemand) variantes de Mildred.

Mildred (anglais) douce conseillère.
Mil, Milda, Mildrene, Mildrid, Mylda, Myldred, Myldreda

Milena (grec, hébreu, russe) variante de Ludmilla, de Magdalen, de Mélanie.
Milenah, Milène, Milenia, Milenny, Milini, Millini, Mylena, Mylenah

Milenka (russe) ma petite.

Mileta (allemand) généreuse, miséricordieuse.
Miletah, Milett, Miletta, Milette, Milita, Militah, Myleta, Myletah, Mylita, Mylitah, Mylyta, Mylytah

Milgita (allemand) femme agréable.

Milia (allemand) travailleuse. Diminutif d'Amélia, d'Emily.
Milea, Mileah, Miliah, Millea, Milleah, Millia, Milliah, Millya, Milya, Milyah, Mylea, Myleah, Mylia, Myliah, Myllia, Mylliah, Myllya, Myllyah, Mylya, Mylyah

Miliani (hawaïen) caresse.
Milanni, Miliany, Milliani

Mililani U (hawaïen) caresse céleste.
Mililanee, Mililaney, Mililanie, Mililany, Millilani, Mylilanee, Mylilaney, Mylilani, Mylilania, Mylilaniah, Mylilanie, Mylilany, Mylylanee, Mylylaney, Mylylani, Mylylania, Mylylanie

Milissa (grec) variante de Mélissa.
Milessa, Milisa, Milisah, Milissah, Millisa, Millissa, Mylisa, Mylisah, Mylisia, Mylissa, Mylissah, Mylissia, Mylysa, Mylysah, Mylyssa, Mylyssah

Milka (tchèque) variante d'Amélia.
Milica, Milicah, Milika, Milikah, Milkah, Mylka, Mylkah

Millaray (mapuche) fleur dorée et parfumée.

Millicent (anglais) travailleuse ; (grec) variante de Mélissa. Voir aussi Lissa, Mélisande.
Milicent, Milicenta, Milisent, Milissent, Milliestone, Millisent, Millisenta, Milzie, Myllicent, Myllicenta, Myllicente, Myllycent, Myllycenta, Myllycente, Myllysent, Myllysenta, Myllysente, Mylycent, Mylycenta, Mylycente, Mylysent, Mylysenta, Mylysente

Millie, Milly (anglais) variantes populaires d'Amélia, de Camille, d'Émilie, de Kamila, de Mélissa, de Mildred, de Millicent.
Milee, Milei, Mileigh, Miley, Mili, Milie, Millee, Millei, Milleigh, Milley, Milli, Mylee, Mylei, Myleigh, Myli, Mylie, Myllee, Myllei, Mylleigh, Mylley, Mylli, Myllie, Mylly, Myly

Mima (birman) femme.
Mimah, Mimma, Mimmah, Myma, Mymah, Mymma, Mymmah

Mimi (français) variante populaire de Miriam.
Mimea, Mimee, Mimey, Mimie, Mimmea, Mimmee, Mimmey, Mimmi, Mimmie, Mimmy, Mimy, Mymea, Mymee, Mymey, Mymi, Mymie, Mymmea, Mymmee, Mymmey, Mymmi, Mymmie, Mymmy, Mymy

Mina (allemand) amour ; (persan) ciel bleu ; (arabe) port ; (japonais) sud. Diminutif des noms se terminant par « mina ».
Min, Minah, Myna, Mynah

Minal (amérindien) fruit.
Minala, Minalah, Mynala, Mynalah

Minda (hindi) connaissance.
Mindah, Mynda, Myndah

Mindi, Mindy (grec) variantes populaires de Mélinda.
Mindea, Mindee, Mindey, Mindie, Mindyanne, Mindylee, Myndea, Myndee, Myndey, Myndi, Myndie, Myndy

Mine (japonais) pic ; chaîne de montagnes.
Minee, Mineko, Miney, Mini, Myne, Mynee

Minerva (latin) sage. Mythologie : Minerve, déesse de la Sagesse.
Merva, Minervah, Minivera, Mynerva, Mynervah

Minette (français) protectrice fidèle.
Minetta, Minitta, Minitte, Minnette, Minnita, Mynetta, Mynette, Mynnetta, Mynnette

Minia (allemand) grande ; forte.

Minikin (néerlandais) chère, chérie.
Minikina, Minikinah, Minikine, Minikyna, Minikynah, Minikyne, Mynikin, Mynikina, Mynikinah, Mynikine

Minka (polonais) diminutif de Wilhelmina.
Minkah, Mynka, Mynkah

Minkie (australien) lumière du jour.
Minkee, Minkey, Minki, Minky, Mynkee, Mynkey, Mynki, Mynkie, Mynky

Minna (allemand) diminutif de Wilhelmina.
Minnah, Minta, Mynna, Mynnah

Minnehaha (amérindien) eau qui rit ; cascade.
Minehaha, Mynehaha, Mynnehaha

Minnie (américain) variante populaire de Mina, de Minerva, de Minna, de Wilhelmina.
Mini, Minie, Minne, Minnee, Minney, Minni, Minny, Myni, Mynie, Mynnee, Mynney, Mynni, Mynnie, Mynny, Myny

Minore (australien) fleur blanche.
Minora, Minoree, Mynora, Mynorah, Mynoree

Minowa (amérindien) chanteuse.
Minowah, Mynowa, Mynowah

Minta (latin) menthe, à la menthe.
Minnta, Minntah, Mintah, Minty, Mynnta, Mynntah, Mynta, Myntah

Minya (osage) sœur aînée.

Mio (japonais) trois fois plus forte.
Myo

Mío (espagnol) le mien.

Miquela (espagnol) variante de Michaëla.
Miquel, Miquelah, Miquella, Miquelle

Mira (latin) merveilleuse ; (espagnol) regard, regard fixe. Diminutif d'Almira, d'Amira, de Marabel, de Mirabel, de Miranda.
Mirae, Mirra

Mirabel (latin) belle.
Mirabela, Mirabele, Mirabell, Mirabella, Mirabellah, Mirabelle, Mirable, Myrabell, Myrabella, Myrabellah, Myrabelle

Miracle FC (latin) prodige, miracle.
Mirica, Miricah

Mirah (latin, espagnol) variante de Mira.
Mirrah

Mirana (espagnol) variante de Miranda.

Miranda (latin) étrange; merveilleuse;
admirable. Littérature: héroïne de *La Tempête*
de Shakespeare. Voir aussi Randee.
*Marenda, Miran, Miranada, Mirandah, Mirandia, Mirinda,
Mirindé, Mironda, Muranda*

Mirari (espagnol) miracle.

Mireia (espagnol) variante de Mireya.

Mireille (hébreu) Dieu a parlé; (latin)
merveilleuse.
*Mireil, Mirel, Mirela, Mirele, Mirelle, Mirelys, Miriell,
Miriella, Mirielle, Mirilla, Mirille, Myrella, Myrelle, Myrilla,
Myrille*

Mirella (allemand, irlandais) variante de Meryl;
(hébreu, latin) variante de Mireille.

Miren (hébreu) amère.

Mirena (hawaïen) chérie.
Mirenah, Myrena, Myrenah

Mireya (hébreu) variante de Mireille.
Mireea, Mireyda, Miryah

Miri (tsigane) diminutif de Miriam.
Myri, Myry

Miriah (hébreu) variante de Mireille; (tsigane)
variante de Miriam.
Miria

Miriam (hébreu) amère; mer d'amertume.
Bible: forme originale de Marie.
Voir aussi Macia, Mimi, Mitzi.
*Mairwen, Meriame, Miram, Mirham, Miriama, Miriame,
Mirit, Mirjam, Mirriam*

Míriam (hébreu) variante de Miriam.

Mirian (hébreu) variante de Miriam.
Miriain, Mirjana, Mirrian, Miryan

Mirna (irlandais) polie; (slave) paisible.
Merna, Mernah, Mirnah

Mirranda (latin) variante de Miranda.

Mirrin (australien) nuage.
*Mirrina, Mirrine, Mirryn, Mirryna, Myrrina, Myrrinah,
Myrrine, Myrryn, Myrryna, Myrrynah, Myrryne, Myryna,
Myrynah, Myryne*

Mirta, Mirtha (grec) couronne de myrte.

Mirya (français) variante de Mira.

Miryam (hébreu) variante de Miriam.

Misericordia (espagnol) miséricorde.

Misha **FG** (russe) variante de Michaëla.
Mischa, Mishae, Mishela

Missy (anglais) variante populaire de Mélissa,
de Millicent.
*Mise, Misey, Misi, Misie, Missee, Missey, Missi, Missie,
Mysea, Mysee, Mysey, Mysi, Mysie, Myssea, Myssee, Myssi,
Myssie, Myssy, Mysy*

Misti, Mistie (anglais) variantes de Misty.

Misty (anglais) enseveli sous la brume.
*Missty, Mistea, Mistee, Mistey, Mistin, Mistina, Mistral,
Mistylynn, Mystea, Mystee, Mystey, Mysti, Mystie, Mysty*

Mitra (hindi) Religion: dieu de la Lumière
du jour; (persan) ange.
Mita.

Mituna (miwok) comme un poisson enveloppé
de feuilles.

Mitzi, Mitzy (allemand) variantes de Mary,
de Miriam.
*Mieze, Mitzee, Mitzey, Mitzie, Mytzee, Mytzey, Mytzi,
Mytzie, Mytzy*

Miwa (japonais) yeux sages.
Miwah, Miwako, Mywa, Mywah, Mywako

Mixcóatl (nahuatl) serpent du ciel.

Miya (japonais) temple.
Miyana, Miyanna

Miyah (japonais) variante de Miya.

Miyaoaxochitl (nahuatl) fleur de maïs.

Miyo (japonais) belle génération.
Myo

Miyoko (japonais) enfant d'une belle génération.
Miyuko, Myyoko

Miyuki (japonais) neige.
Miyukee, Myyukee, Myyuki

Mizquixaual (nahuatl) peinture faciale
à base de prosopis.

Moana (hawaïen) océan; parfum.
Moanah, Moane, Moann, Moanna, Moannah, Moanne

Mocha (arabe) café parfumé au chocolat.
Mochah, Moka, Mokah

Modesta (italien, espagnol) variante de Modeste.
Modestah, Modestia

Modeste (latin) modeste.
*Modesta, Modestee, Modestey, Modestie, Modestine,
Modestus, Modesty*

Modestine (français) variante de Modeste.
*Modesteen, Modesteena, Modesteene, Modestina,
Modestyn, Modestyna, Modestyne*

Moema (tupi) douce.

Moesha (américain) diminutif de Monisha.
Moeisha, Moeysha

Mohala (hawaïen) fleurs en floraison.
Moala, Mohalah

Mohini (sanscrit) enchanteresse.
Mohinee, Mohiney, Mohinie, Mohiny, Mohynee, Mohyney, Mohyni, Mohynie, Mohyny

Moira (irlandais) grande. Variante de Mary. Voir aussi Maura.
Moirae, Moirah, Moire, Mouira, Moya, Moyra, Moyrah

Molara (basque) variante de Mary.
Molarah, Molarra, Molarrah

Moledina (australien) crique.
Moledin, Moledinah, Moledine, Moledyn, Moledyna, Moledynah, Moledyne

Moli (tongan) orange.
Molea, Molee, Molei, Moleigh, Moley, Molie, Moly

Molli, Mollie (irlandais) variantes de Molly.

Molly (irlandais) variante populaire de Mary.
Moll, Mollea, Mollee, Mollei, Molleigh, Molley

Momoztli (nahuatl) autel.

Mona FG (irlandais) noble ; (grec) diminutif de Monica, de Ramona, de Rimona.
Moina, Moinah, Monah, Mone, Monea, Monna, Monnah, Moyna, Moynah

Monae (américain) variante de Monet.

Monegunda (allemand) surprotectrice.

Moneisha (américain) diminutif de Monisha.

Monesa (allemand) protection.

Monet (français) Art : Claude Monet fut l'un des peintres fondateurs de l'impressionnisme, connu pour ses tableaux de nénuphars.
Monay, Monaye, Monee

Monica (grec) solitaire ; (latin) conseillère.
Monca, Moneeca, Moneecah, Monia, Monic, Monicah, Monice, Monicia, Monicka, Monise, Monn, Monnica, Monnicah, Monnicka, Monnie, Monnyca, Monya, Monyca, Monycah, Monycka

Mónica (grec) variante de Monica.

Monifa (yoruba) j'ai ma chance.
Monifah, Monyfa, Monyfah

Monika (allemand) variante de Monica.
Moneeka, Moneekah, Moneeke, Moneik, Moneka, Monieka, Monikah, Monike, Monnika, Monnikah, Monnyka, Monyka, Monykah

Moniqua (français) variante de Monica.
Moniquea, Monniqua

Monique (français) variante de Monica.
Moniquie, Monnique, Monyque, Munique

Monisha (américain) combinaison de Monica et d'Aisha.
Monesha, Monishia

Monita (espagnol) noble.

Monserrat (catalan) montagne dentelée.

Montana FG (espagnol) montagne. Géographie : nom de l'un des États des États-Unis.
Montanah, Montania, Montaniah, Montanna, Montannah, Monteen, Monteena, Monteenah, Montina, Montinah, Montyna, Montynah

Monteen (français) variante de Montana.
Monteene, Montine, Montyn, Montyne

Montgomery GF (anglais) montagne d'homme riche.
Montgomerie, Mountgomery

Monti (espagnol) variante populaire de Montana ; (anglais) diminutif de Montgomery.
Monte, Montea, Montey, Montia, Montie, Monty

Moona (anglais) lune ; (australien) abondance.
Moonah, Moone, Moonee, Mooney, Mooni, Moonia, Mooniah, Moonie, Moony, Moonya, Moonyah

Mora (espagnol) mûre.
Morae, Morah, Morea, Moreah, Moria, Morita, Morite, Moryta, Morytah, Moryte

Moraima (latin) celle qui est aussi belle que l'arbre à mûres.

Moree (australien) eau.
Morey, Mori, Morie, Mory

Morela (polonais) abricot.
Morelah, Morelia, Morell, Morella, Morellah, Morelle

Morena (irlandais) variante de Maureen.
Mo, Mooreen, Mooreena, Mooreenah, Mooreene, Morain, Moraina, Morainah, Moraine, Morayn, Morayna, Moraynah, Morayne, Moreen, Moreena, Moreenah, Moreene, Morein, Moreina, Moreinah, Moreine, Moren, Morenah, Morene, Morin, Morina, Morinah, Morine, Morreen, Moryn, Moryna, Morynah, Moryne

Morgan FG (gallois) variante de Morgane.

Morganda (espagnol) variante de Morgan.

Morgane (gallois) née de la mer. Littérature : la fée Morgane était la demi-sœur du roi Arthur.
Morgain, Morgaina, Morgainah, Morgana, Morganah, Morgance, Morganetta, Morganette, Morganica, Morgann, Morganna, Morganne, Morgayn, Morgayna, Morgaynah, Morgayne, Morghan, Morghen, Morghin, Morghyn, Morgin, Morgon, Morgyn, Morrigan

Morgen FG (gallois) variante de Morgan.

Moriah (hébreu) Dieu est mon professeur ; (français) à la peau sombre. Bible : le temple de Salomon a été construit sur le mont Moria. Voir aussi Mariah.
Moria, Moriel, Morria, Morriah, Morya, Moryah

Morie (japonais) baie.
Morea, Moree, Morey, Mori, Mory

Morina (irlandais) sirène.
Morinah, Morinna, Morinnah, Moryna, Morynah, Morynna, Morynnah

Morit (hébreu) enseignant.
Moritt, Moritta, Morittah, Morryt, Morryta, Morrytah, Morryte, Moryt, Moryta, Moryte, Morytt, Morytta, Moryttah, Morytte

Morowa (akan) reine.
Morowah

Morrin (irlandais) aux cheveux longs.
Morin, Morine, Moryn, Moryne

Morrisa (latin) à la peau sombre; marécage.
Morisa, Morisah, Moriset, Morisett, Morisetta, Morisette, Morissa, Morissah, Morrisah, Morrissa, Morrissah, Morysa, Morysah, Moryssa, Moryssah, Morysse

Moselle (hébreu) tirée de l'eau; (français) vin blanc.
Mosel, Mosela, Moselah, Mosele, Mosella, Mosellah, Mosina, Mozel, Mozela, Mozelah, Mozele, Mozella, Mozellah, Mozelle

Mosi GF (swahili) premier né.
Mosea, Mosee, Mosey, Mosie, Mosy

Mosina (hébreu) variante de Moselle.
Mosinah, Mosine, Mozina, Mozinah, Mozine, Mozyna, Mozynah, Mozyne

Moswen U (tswana) blanc.
Moswena, Moswenah, Moswin, Moswina, Moswinah, Moswine, Moswyn, Moswyna, Moswynah, Moswyne

Mouna (arabe) souhait, désir.
Mounah, Mounia

Moyolehuani (nahuatl) personne amoureuse.

Moztla (nahuatl) demain.

Mrena (slave) yeux blancs.
Mren, Mrenah

Mucamutara (égyptien) née pendant la guerre.

Mumtaz (arabe) distinguée.

Muna (grec, irlandais) variante de Mona; (arabe) variante de Mouna.
Munah, Munia

Munira (arabe) celle qui est la source de lumière.

Mura (japonais) village.
Murah

Muriel (arabe) myrrhe; (irlandais) mer scintillante. Variante de Mary. Voir aussi Merryl.
Muire, Murial, Muriell, Muriella, Murielle, Muryel, Muryela, Muryele, Muryell, Muryella, Muryelle

Murphy GF (irlandais) guerrier maritime.
Merffee, Merffey, Merffi, Merffie, Merffy, Murffee, Murffey, Murffi, Murffie, Murffy, Murphee, Murphey, Murphi, Murphie

Muse (grec) inspiration. Mythologie: les Muses étaient neuf déesses grecques de l'Art et des Sciences.

Musetta (français) petite cornemuse.
Muset, Museta, Musetah, Musete, Musettah, Musette

Mushira (arabe) conseillère.

Musidora (grec) belle muse.
Musidorah, Musidore, Musydor, Musydora, Musydorah, Musydore

Musika (tongan) musique.
Musica, Musicah, Musicka, Musyca, Musycah, Musycka, Musyckah, Musyka, Musykah

Muslimah (arabe) fervente croyante.

My (birman) diminutif de Mya.

Mya (birman) émeraude; (italien) variante de Mia.
Meia, Meiah

Myah (birman, italien) variante de Mya.

Mycah (hébreu) variante de Micah.
Myca

Mychaela (américain) variante de Michaëla.
Mychael, Mychal, Mychala, Mychall, Mychela, Mychelah, Myshela, Myshelah

Myeisha (américain) variante de Moesha.

Myesha (américain) variante de Moesha.

Myeshia (américain) variante de Moesha.

Myia (birman, italien) variante de Mya.
Myiah

Myiesha (américain) variante de Moesha.

Myisha (américain) variante de Moesha.

Myka (hébreu, japonais, russe, amérindien) variante de Mika.
Mykah

Mykaela (américain) variante de Michaëla.
Mykael, Mykaelah, Mykyla

Mykaila (américain) variante de Michaëla.
Mykailah

Mykala (américain) variante de Michaëla.
Mykal, Mykaleen

Mykayla (américain) variante de Michaëla.
Mykaylah

Mykel GF (américain) variante de Michaële.
Mykela, Mykelah

Myla (anglais) miséricordieuse.
Mylah, Mylla, Myllah

Mylene (grec) sombre.
Mylaine, Mylana, Mylee, Myleen

Myra (latin) onguent parfumé.
Myrah, Myrena, Myria, Myrra, Myrrah, Myrrha

Myranda (latin) variante de Miranda.
Myrandah, Myrandia, Myrannda

Myriah (hébreu, tsigane) variante de Miriah.
Myria, Myrya, Myryah

Myriam (américain) variante de Miriam.
Myriame, Myryam, Myryame

Myrissa (américain) variante de Marisa.
Myrisa, Myrisah, Myrissah

Myrna (irlandais) chérie.
Merna, Morna, Muirna, Murna, Murnah, Myrnah

Myrtle (grec) le myrte, arbuste à feuillage persistant.
Mertal, Mertel, Mertell, Mertella, Mertelle, Mertis, Mertle, Mirtal, Mirtel, Mirtil, Mirtle, Mirtyl, Murtal, Murtel, Murtella, Murtelle, Myrta, Myrtia, Myrtias, Myrtice, Myrtie, Myrtilla, Myrtis

Myune (australien) eau claire.
Miuna, Miunah, Myuna, Myunah

Nabila (arabe) née dans la noblesse.
Nabeela, Nabiha, Nabilah, Nabyla, Nabylah

Nacha (latin) diminutif d'Ignacia.

Nachine (espagnol) chaude, embrasée.
Nachina, Nachinah, Nachyna, Nachynah, Nachyne

Nada FG (arabe) variante de Nadda.
Nadah

Nadal (catalan) variante de Natividad.
Nadal

Nadda (arabe) généreuse ; couverte de rosée.
Naddah

Nadine (français, slave) variante de Nadia.
Nadean, Nadeana, Nadeanah, Nadeane, Nadeen, Nadeena, Nadeenah, Nadeene, Nadena, Nadene, Nadien, Nadin, Nadina, Nadyn, Nadyna, Nadynah, Nadyne, Naidene, Naidine

Nadette (français) diminutif de Bernadette.

Nadia (français, slave) pleine d'espoir.
Nadea, Nadenka, Nadezhda, Nadiah, Nadie, Nadija, Nadijah, Nadka, Nadusha

Nadía (égyptien) personne qui a reçu l'appel de Dieu.

Nadira (arabe) rare, précieuse.
Naadirah, Nadirah, Nadyra, Nadyrah

Nadiyah (français, slave) variante de Nadia.
Nadiya

Nadja, Nadya (français, slave) variantes de Nadia.
Nadjae, Nadjah, Nady, Nadyah

Nadyenka (russe) variante de Nadia.

Naeva (français) variante d'Ève.
Naeve, Nahvon

Nafisa (arabe) variante de Nafisah.

Nafisah (arabe) chose précieuse ; pierre précieuse.
Nafeesa

Nafuna (luganda) née les pieds en premier.
Nafunah

Nagida (hébreu) noble ; prospère.
Nagda, Nagdah, Nageeda, Nagyda

Nahama (hébreu) douceur.

Nahid (persan) Mythologie : autre nom de Vénus, déesse de l'Amour et de la Beauté.
Nahyd

Nahimana (dakota) mystique.

Nahir (arabe) claire ; brillante.

Nahuatl (nahuatl) quatre eaux ; la langue nahuatl.

Nahum (hébreu) consolation.

Naiara (espagnol) référence à la Vierge Marie.

Naida (grec) Naïade, nymphe aquatique.
Naiad, Nayad, Nyad

Naila (arabe) prospère.
Nayla, Naylah

Nailah FG (arabe) variante de Naila.

Naima (arabe) réconfort ; paix ; (indien) appartenant à quelqu'un.
Na'ima, Na'imah

Nairi (arménien) pays de rivières. Histoire : nom de l'ancienne Arménie.
Naira, Naire, Nairee, Nairey, Nairia, Nairiah, Nairie, Nairy, Nayra

Naís (espagnol) variante d'Inés.

Naiya (grec) variante de Naida.
Naia, Naiyana, Naya

Naja, Najah (grec) variantes de Naida; (arabe) diminutifs de Najam, de Najila.

Najam (arabe) étoile.

Najee GF (latin) variante de Naji (voir les prénoms de garçons).
Najae, Najée, Najei, Najiee

Najila (arabe) yeux brillants.
Najia, Najilah, Najja

Najla (arabe) diminutif de Najila.

Najma (arabe) variante de Najam.

Nakayla (américain) variante de Nicole.
Nakaylah

Nakea (arabe) variante de Nakia.
Nakeea, Nakeeah

Nakeia (arabe) variante de Nakia.

Nakeisha (américain) combinaison du préfixe Na et de Keisha.
Nakeasha, Nakeesha, Nakeysha, Nakysha, Nakyshah, Nekeisha

Nakeita (américain) variante de Nikita.
Nakeata, Nakeatah, Nakeeta, Nakeitah, Nakeitha, Nakeithia, Nakeithiah, Nakeithra, Nakeitra, Nakeitress, Nakeitta, Nakeitte, Nakeittia, Naketta, Nakette, Nakieta

Nakesha (américain) variante de Nakeisha.
Nakeshea, Nakeshia

Nakeya (arabe) variante de Nakia.
Nakeyah, Nakeyia

Nakia FG (arabe) pure.
Nakiaya, Nakiea

Nakiah (arabe) variante de Nakia.

Nakiesha (américain) variante de Nakeisha.

Nakisha (américain) variante de Nakeisha.
Nakishia, Nakishiah, Nakishya, Nakishyah

Nakita (américain) variante de Nikita.
Nakitha, Nakitia, Nakitta, Nakitte, Nakkita, Nakyta, Nakytta, Nakytte, Naquita

Nakiya (arabe) variante de Nakia.
Nakiyah

Nala (tanzanien) reine.

Nalani (hawaïen) calme comme les cieux.
Nalanea, Nalaneah, Nalanee, Nalaney, Nalania, Nalaniah, Nalanie, Nalany, Nalanya, Nalanyah

Nalda (espagnol) forte.

Nalleli (espagnol) variante de Najla.

Ñambi (guarani) plante médicinale.

Nami (japonais) vague.
Namee, Ñamey, Namie, Namika, Namiko, Namy

Nan (allemand) diminutif de Fernanda; (anglais) variante d'Ann.
Nanice, Nanine, Nann, Nanon

Nana U (hawaïen) source.
Nanah, Nanna, Nannah

Naná (grec) celle qui est très jeune.

Nanci (anglais) variante de Nancy.
Nancia, Nanciah, Nancie

Nancy (anglais) bienveillante. Variante populaire de Nan.
Nainsi, Nance, Nancea, Nancee, Nancey, Nancine, Nancsi, Nancya, Nancyah, Nancye, Nanice, Nanncey, Nanncy, Nanouk, Nansee, Nansey, Nansi, Nanuk

Nandalia (australien) feu.
Nandalea, Nandaleah, Nandalee, Nandalei, Nandaleigh, Nandaley, Nandali, Nandaliah, Nandaly, Nandalya, Nandalyah

Nanette (français) variante de Nancy.
Nanet, Naneta, Nanetah, Nanete, Nanett, Nanetta, Nanettah, Nannet, Nanneta, Nannetah, Nannete, Nannett, Nannetta, Nannettah, Nannette, Nineta, Ninete, Ninetta, Ninette, Nini, Ninita, Ninnetta, Ninnette, Nynette

Nani (grec) charmante; (hawaïen) belle.
Nanee, Naney, Nania, Naniah, Nanie, Nannee, Nanney, Nanni, Nannie, Nanny, Nany, Nanya, Nanyah

Nanon (français) variante d'Ann.
Nanona, Nanonah, Nanone, Nanonia, Nanoniah, Nanonya, Nanonyah

Nantilde (allemand) audacieuse au combat.

Naolin (espagnol) Mythologie: dieu aztèque du Soleil.

Naomi (hébreu) agréable, belle. Bible: belle-mère de Ruth.
Naoma, Naomah, Naome, Naomee, Naomey, Naomia, Naomiah, Neoma, Neomah, Neomee, Neomi, Neomie, Neomy

Naomí (hébreu) variante de Naomi.

Naomie, Naomy (hébreu) variantes de Naomi.

Napea (latin) venant des vallées.

Nara (grec) heureuse; (anglais) nord; (japonais) chêne.
Naara, Naarah, Narah, Narra, Narrah

Narcissa (grec) narcisse, une fleur. Mythologie: Narcisse était un jeune homme qui tomba amoureux de son propre reflet.
Narcessa, Narcisa, Narcissah, Narcisse, Narcissus, Narcyssa, Narkissa

Narda (latin) dévouée avec ferveur.

Narelle (australien) femme de la mer.
Narel, Narela, Narelah, Narele, Narell, Narella, Narellah

Nari (japonais) tonnerre.
Narea, Naree, Narey, Naria, Nariah, Narie, Nariko, Nary, Narya, Naryah

Narissa (grec) variante de Narcissa, de Nerissa.

Narmada (hindi) donneuse de plaisir.
Narmadah

Naroa (basque) tranquille, paisible.

Nashawna (américain) combinaison du préfixe Na et de Shawna.
Nashan, Nashana, Nashanda, Nashaun, Nashauna, Nashaunda, Nashawn, Nashawnda, Nasheena, Nashounda, Nashuana

Nashota (amérindien) double; jumelle née en second.

Nasrin (musulman, arabe) rose sauvage.

Nastasia (grec) variante d'Anastasia.
Nastasha, Nastashia, Nastasja, Nastassa, Nastassia, Nastassiya, Nastazia, Nastisija, Naztasia, Naztasiah

Nastassja (grec) variante de Nastasia.
Nastassya, Nastasya, Nastasyah, Nastya

Nasya (hébreu) miracle.
Nasia, Nasiah, Nasyah

Nata (sanscrit) danseuse; (latin) nageuse; (amérindien) oratrice; créatrice; (polonais, russe) variante de Natalie. Voir aussi Nadia.
Natah, Natia, Natiah, Natka, Natya, Natyah

Natacha (russe) variante de Natasha.
Natachia, Natacia, Naticha

Natalee, Natali, Nataly (latin) variantes de Natalie.
Natally, Natallye, Nattalee, Nattali, Nattaly

Natalí (espagnol) variante de Natalie.

Natalia (russe) variante de Natalie. Voir aussi Talia.
Nacia, Natala, Natalah, Natalea, Nataleah, Nataliah, Nataliia, Natalija, Nataliya, Nataliyah, Natalja, Natalka, Natalla, Natallah, Natallea, Natallia, Natalea, Nataleah, Natelia, Nateliah, Natilea, Natileah, Natilia, Natiliah, Natlea, Natleah, Natlia, Natliah, Nattalea, Nattaleah, Nattaleya, Nattaleyah, Nattalia, Nattaliah, Nattlea, Nattleah, Nattlia, Nattliah, Natylea, Natyleah, Natylia, Natyliah

Natália (hongrois, portugais) variante de Natalie.

Natalie (latin) née le jour de Noël. Voir aussi Nata, Natasha, Noël, Talia.
Nat, Nataleh, Natalei, Nataleigh, Nataley, Nataliee, Natallie, Natelee, Natelei, Nateleigh, Nateley, Nateli, Natelie, Nately, Natilee, Natilei, Natileigh, Natili, Natilie, Natily, Natlee, Natlei, Natleigh, Natley, Natli, Natlie, Natly, Nattalei, Nattaleigh, Nattaley, Nattalie, Nattilie, Nattlee, Nattlei, Nattleigh, Nattley, Nattli, Nattlie, Nattly, Natylee, Natylei, Natyleigh, Natyley, Natyli, Natylie, Natyly

Nataline (latin) variante de Natalie.
Natalean, Nataleana, Nataleanah, Nataleane, Nataleena, Nataleenah, Nataleene, Natalena, Natalenah, Natalene, Nataléne, Natalina, Natalinah, Natalyn, Natalyna, Natalynah, Natalyne

Natalle (français) variante de Nathalie.

Natalya (russe) variante de Natalia.
Natalyah, Natelya, Natelyah, Natilya, Natilyah, Nattalya, Nattalyah, Nattlya, Nattlyah, Natylya, Natylyah

Natane (arapaho) fille.
Natana, Natanah, Natanna, Natannah, Natanne

Natania (hébreu) cadeau de Dieu.
Nataniah, Nataniela, Nataniele, Nataniell, Nataniella, Natanielle, Natanja, Natanjah, Natanya, Natanyah, Natée, Nathania, Nathaniah, Nathanya, Nathanyah, Nathenia, Natonia, Natoniah, Natonya, Natonyah, Netania, Nethania

Natara (arabe) sacrifice.
Natarah, Nataria, Natariah, Natarya, Nataryah

Natascha (russe) variante de Natasha.

Natasha (russe) variante de Nathalie. Voir aussi Stacey, Tasha.
Nahtasha, Nastenka, Nastia, Nastja, Natasa, Natashah, Natashea, Natashenka, Natashy, Natasza, Natausha, Natawsha, Nathasha, Nathassha, Netasha

Natashia (russe) variante de Natasha.
Natashiea, Natashja, Natashya, Natashyah

Natasia, Natassia (grec) variantes de Nastasia.
Natasiah, Natasie

Natassja (grec) variante de Nastasia.
Natassija, Natasya

Natesa (hindi) danseuse cosmique. Religion: autre nom du Dieu hindou Shiva.
Natisa, Natissa

Natesha (russe) variante de Natasha.
Nateshia

Nathalia (latin) variante de Nathalie.
Nathalea, Nathaleah, Nathaliah, Nathalya, Nathalyah

Nathália (portugais) variante de Nathalie.

Nathalie (latin) née le jour de Noël.
Nathalee, Nathalei, Nathaleigh, Nathaley, Nathali,
Nathaly

Nathifa (égyptien) pure.

Natie (anglais) variante populaire de Natalie.
Nati, Natti, Nattie, Natty

Natisha (russe) variante de Natasha.
Natishia

Natividad (espagnol) variante de Natividade.

Natividade (latin) naissance, nativité.

Natori (arabe) variante de Natara.
Natoria

Natosha (russe) variante de Natasha.
Natoshia, Natoshya, Netosha, Notosha

Nature (latin) nature; essence; vie.
Natural, Naturee, Naturey, Naturia, Naturiah, Naturie,
Natury, Naturya, Naturyah

Naudia (français, slave) variante de Nadia.
Naudiah

Naunet (égyptien) Mythologie: Nounet,
déesse du Monde souterrain.

Nava (hébreu) belle; agréable. Voir aussi Naomi.
Navah, Naveh, Navit

Navdeep Ⓤ (sikh) nouvelle lumière.
Navdip

Naveen Ⓤ (hindi) variante de Navin
(voir les prénoms de garçons).

Naveena (indien) nouvelle.

Navit (hébreu) variante de Nava.
Navita, Navitah, Navyt, Navyta, Navytah

Nayara (basque) hirondelle.

Nayeli, Nayelly, Nayely (irlandais) variantes
de Neila.
Naeyli, Nayela, Nayelia, Nayelli, Nayla, Naylea, Naylia

Nayila (arabe) variante de Najla.

Nazarena (hébreu) variante de Nazareth.

Nazaret (espagnol) variante de Nazareth.

Nazareth (hébreu) Religion: lieu de naissance
de Jésus.

Nazaria (espagnol) dédiée à Dieu.

Neala (irlandais) variante de Neila.
Nealah, Nealee, Nealia, Nealie, Nealy

Nebthet (égyptien) variante de Nephthys.

Necahual (nahuatl) survivante; laissée en arrière.

Necana, Necane (espagnol) peines.

Necha (espagnol) variante d'Agnès.
Necho

Neci Ⓤ (hongrois) fougueux, intense.
Necee, Necey, Necia, Neciah, Necie, Necy

Necole (français) variante de Nicole.
Nechola, Necholah, Nechole, Necol, Necola, Necolah,
Necoll, Necolle

Neda (slave) née un dimanche.
Nedah, Nedi, Nedia, Nedya, Nedyah

Nedda (anglais) gardienne prospère.
Neddah, Neddi, Neddie, Neddy

Neelam (indien) saphir.

Neely (irlandais) variante populaire de Nelia.
Neela, Neelee, Neeley, Neeli, Neelia, Neelie, Neelya

Neema ⒼⒻ (swahili) née pendant une période
de prospérité.
Neemah

Neena (espagnol) variante de Nina.
Neana, Neanah, Neenah

Neera (grec) jeune fille.

Nefertari (égyptien) la plus belle. Histoire:
reine égyptienne.

Neftali, Neftalí (hébreu) celle qui est victorieuse
au combat.

Neha (indien) pluie.

Neida (slave) variante de Neda.

Neila (irlandais) championne. Voir aussi Neala,
Neely.
Neilah, Neile, Neili, Neilia, Neilie, Neilla, Neille

Neisha (scandinave, américain) variante
de Niesha.
Neishia, Neissia

Nekeisha (américain) variante de Nakeisha.
Nechesa, Neikeishia, Nekeasha, Nekeashia, Nekeashiah,
Nekeesha, Nekeeshia, Nekeeshiah, Nekesha, Nekeshia,
Nekeysha, Nekeyshah, Nekeyshia, Nekeyshya, Nekeyshyah,
Nekiesha, Nekisha, Nekysha

Nekia (arabe) variante de Nakia.
Nekeya, Nekiya, Nekiyah, Nekya, Nekyah

Nelia (espagnol) jaune; (latin) variante populaire
de Cornélia.
Nela, Nelah, Nelea, Neleah, Neliah, Nelka, Nella, Nellah,
Nellea, Nelleah, Nellia, Nelliah, Nellya, Nellyah, Nelya,
Nelyah

Nelida, Nélida (grec, hébreu, espagnol)
variantes d'Eléanor.

Nell (grec) variante de Nelle; (anglais) diminutif de Nellie.
Nel

Nelle (grec) pierre.
Nele

Nelli (nahuatl) vérité.

Nellie FG (anglais) variante populaire de Cornélia, d'Éléanor, de Helen, de Prunella.
Nelee, Nelei, Neleigh, Neley, Neli, Nellee, Nellei, Nelleigh, Nelley, Nelli, Nellianne, Nellice, Nellis, Nelma

Nellwyn (anglais) l'amie de Nellie.
Nellwin, Nellwina, Nellwinah, Nellwine, Nellwinn, Nellwinna, Nellwinnah, Nellwinne, Nellwyna, Nellwynah, Nellwyne, Nellwynn, Nellwynna, Nellwynnah, Nellwynne, Nelwin, Nelwina, Nelwinah, Nelwine, Nelwinn, Nelwinna, Nelwinnah, Nelwinne, Nelwyn, Nelwyna, Nelwynah, Nelwyne, Nelwynn, Nelwynna, Nelwynnah, Nelwynne

Nelly (anglais) variante populaire de Cornélia, d'Éléanor, de Helen, de Prunella.

Nemesia (grec) celle qui rend justice.

Nena (espagnol) variante de Nina.

Nenet (égyptien) née près de la mer.
Neneta, Nenetah, Nenete, Nennet, Nenneta, Nennetah, Nennete, Nennett, Nennetta, Nennettah, Nennette

Nenetl (nahuatl) poupée.

Neola (grec) jeune.
Neolah, Neolla

Neoma (grec) nouvelle lune.
Neomah

Neomisia (grec) début du mois.

Nephthys (égyptien) maîtresse de maison. Mythologie: Nephtys, déesse du Monde souterrain.

Nerea (espagnol) la mienne.

Nereida (grec) variante de Nerine.
Nerida, Neridah

Nereyda (grec) variante de Nerine.
Nereyida, Neryda, Nerydah

Nerine (grec) nymphe de la mer.
Nerina, Nerinah, Nerita, Nerline, Neryn, Neryna, Nerynah, Neryne

Nerissa (grec) nymphe de la mer. Voir aussi Rissa.
Nerisa, Nerrisa, Neryssa

Nerys (gallois) dame.
Narice, Nereace, Nerease, Nereece, Nereese, Nereice, Nereise, Nereyce, Nereyse, Nerice, Nerise, Nerisse, Neryce, Neryse

Nesha (grec) variante de Nessa.
Neshia

Nessa (scandinave) promontoire; (grec) diminutif d'Agnès. Voir aussi Nessie.
Neisa, Neisah, Nesa, Nesia, Nesiah, Nessah, Nessia, Nessiah, Nessya, Nessyah, Nesta, Nevsa

Nessie (grec) variante populaire d'Agnès, de Nessa, de Vanessa.
Nese, Nesee, Nesey, Neshie, Nesho, Nesi, Nesie, Ness, Nessee, Nessey, Nessi, Nessy, Nest, Nesy

Neta (hébreu) plante, arbuste. Voir aussi Nettie.
Netah, Netai, Netia, Netiah, Netta, Nettah, Nettia, Nettiah, Nettya, Nettyah, Netya, Netyah

Netanya (hébreu) variante de Nathaniel (voir les prénoms de garçons).

Netis (amérindien) digne de confiance.
Netisa, Netisah, Netise, Netissa, Netissah, Netisse, Nettys, Nettysa, Nettysah, Nettyse, Netys, Netysa, Netysah, Netyse, Netyssa, Netyssah, Netysse

Nettie (français) variante populaire d'Annette, d'Antoinette, de Nanette.
Netee, Netey, Neti, Netie, Nette, Nettee, Nettey, Netti, Netty, Nety

Neva (espagnol) neige; (anglais) nouvelle. Géographie: fleuve de Russie.
Neiva, Nevah, Neve, Nevia, Neyva, Nieve, Niva, Nivea, Nivia

Nevada FG (espagnol) neige. Géographie: l'un des États de l'ouest des États-Unis.
Nevadah

Neve (hébreu) vie.
Neiv, Neive, Nevee, Nevia, Neviah, Neyva, Neyve, Nieve, Nyev, Nyeva, Nyevah, Nyeve

Neves (portugais) variante de Nieves.

Nevina (irlandais) adoratrice du saint.
Neveen, Neveena, Neveenah, Neveene, Nevein, Nevena, Nevenah, Nevene, Neveyan, Nevin, Nevinah, Nevine, Nivena, Nivenah, Nivina, Nivinah, Nivine, Nyvina, Nyvinah, Nyvine, Nyvyn, Nyvyna, Nyvynah, Nyvyne

Neylan (turc) vœu exaucé.
Nealana, Nealanah, Nealanee, Nealaney, Nealani, Nealania, Nealaniah, Nealanya, Nealanyah, Neilana, Neilanah, Neilane, Neilanee, Neilaney, Neilani, Neilania, Neilaniah, Neilany, Neilanya, Neilanyah, Nelana, Nelanah, Nelane, Nelanee, Nelaney, Nelani, Nelania, Nelaniah, Nelanie, Nelany, Nelanya, Nelanyah, Neyla, Neylanah, Neylane, Neylanee, Neylaney

Neysa (grec, scandinave) variante de Nessa.
Neysah, Neysha, Neyshia

Neza (slave) variante d'Agnès.
Nezah, Nezza, Nezzah

Ngoc (vietnamien) jade.

Nguyen Ⓤ (vietnamien) variante de Ngu (voir les prénoms de garçons).

Nia (irlandais) variante populaire de Neila. Mythologie: Nia Ben Aur était une Galloise légendaire.
Neya, Neyah, Niah, Niajia

Niabi (osage) faon.
Niabia, Niabiah, Niabie, Niaby, Nyabya, Nyabyah

Niam (irlandais) brillante.
Niama, Niamah, Nyam, Nyama, Nyamah

Niamh (irlandais) variante de Niam.

Nicanora (espagnol) armée victorieuse.

Nicasia (grec) femme qui triomphe.

Nicerata (grec) digne de vaincre.

Niceta (espagnol) victorieuse.

Nichelle (américain) combinaison de Nicole et de Michelle. Culture: Nichelle Nichols fut la première femme afro-américaine à apparaître dans une série télévisée (*Star Trek*).
Nechel, Nechela, Nechelah, Nechele, Nechell, Nechella, Nechellah, Nechelle, Nichela, Nichelah, Nichele, Nichell, Nichella, Nichellah, Nishell, Nishella, Nishellah, Nishelle, Nychel, Nychela, Nychelah, Nychele, Nychell, Nychella, Nychellah, Nychelle

Nichol, Nichole, Nicholle (français) variantes de Nicole.

Nicholette (français) variante de Nicole.

Nicki, Nickie (français) variantes populaires de Nicole. Voir aussi Nikki.
Nicci, Nickee, Nickey, Nickeya, Nickia, Nickiya, Nyc, Nyck, Nyckee, Nyckey, Nycki, Nyckie, Nycky

Nickole (français) variante de Nicole.
Nickol

Nicky Ⓤ (français) variante populaire de Nicole.

Nicola ⒻⒼ (italien) variante de Nicole.
Nacola, Nacolah, Necola, Necolah, Necolla, Necollah, Nicala, Nicalah, Nichala, Nichalah, Nichola, Nicholah, Nickala, Nickalah, Nickola, Nickolah, Nicolah, Nicolea, Nicolla, Nikkola, Nikola, Nikolia, Nycala, Nycalah, Nychala, Nychalah, Nychola, Nycholah, Nyckala, Nyckalah, Nyckola, Nyckolah, Nycola, Nycolah, Nykola, Nykolah

Nicolasa (espagnol) variante de Nicole.

Nicole (français) variante de Nicolas. Voir aussi Colette, Cosette, Lacole, Nikita.
Nacole, Nica, Nicia, Nicol, Nicoli, Nicolia, Nicolie, Niquole, Nocole

Nicolette, Nicollette (français) variantes de Nicole.
Necholet, Necholeta, Necholetah, Necholete, Necholett, Necholetta, Necholettah, Necholette, Necolet, Necoleta, Necoletah, Necolete, Necolett, Necoletta, Necolettah, Necolette, Nickolet, Nickoleta, Nickoletah, Nickolete, Nickolett, Nickoletta, Nickolettah, Nickolette, Nicolet, Nicoleta, Nicoletah, Nicolete, Nicolett, Nicoletta, Nicolettah, Nicollete, Nicollett, Nickoleta, Nyckoleta, Nyckoletah, Nyckolet, Nyckolett, Nyckoletta, Nyckolettah, Nyckolette, Nycolet, Nycoleta, Nycoletah, Nycolete, Nycolett, Nycoletta, Nycolettah, Nycolette, Nykolet, Nykoleta, Nykoletah, Nykolete, Nykolett, Nykoletta, Nykolettah, Nykolette

Nicolina (français) variante de Nicoline.

Nicoline (français) variante populaire de Nicole.
Nicholine, Nicholyn, Nicoleen, Nicolene, Nicolyn, Nicolyne, Nicolynn, Nicolynne, Nikolene, Nikoline

Nicolle (français) variante de Nicole.

Nidia (latin) nid.
Nidi, Nidiah, Nidya

Nidía (grec) variante de Nidia.

Niesha (américain) pure; (scandinave) variante de Nissa.
Neesha, Nèsha, Neshia, Nesia, Nessia, Neysha, Niessia

Nieves (latin) fait référence à la Vierge Marie.

Nige (latin) nuit sombre.
Nigea, Nigela, Nigelah, Nigele, Nigell, Nigella, Nigellah, Nigelle, Nygel, Nygela, Nygelah, Nygele, Nygell, Nygella, Nygelle

Nija, Nijah (latin) variantes de Nige.
Nijae

Nika ⒻⒼ (russe) propriété de Dieu.
Nikah, Nikka, Nyka, Nykah

Nikayla (américain) variante de Nicole.
Nykala, Nykalah

Nike Ⓤ (grec) victoire. Mythologie: Niké, déesse de la Victoire.

Nikelle (américain) variante de Nicole.
Nikeille, Nikel, Nikela, Nikelie

Niki ⒻⒼ (russe) diminutif de Nikita; (américain) variante populaire de Nicole.
Nikee, Nikey, Nikie, Niky, Nykee, Nykey, Nyki, Nykie, Nyky

Nikia, Nikkia (arabe) variantes de Nakia; (russe, américain) variantes de Niki, de Nikki.
Nikiah, Nikkea, Nikkiah

Nikita ⒻⒼ (russe) peuple victorieux.
Nakeita, Nicheata, Nicheatah, Nicheeta, Nicheetah, Nickeata, Nickeatah, Nickeeta, Nickeetah, Nikeata, Nikeatah, Nikeeta, Nikeetah, Nikeita, Nikeitah, Nikitah, Nikitia, Nikitta, Nikitte, Niquita, Niquitah, Niquite, Niquitta, Nykeata, Nykeatah, Nykeeta, Nykeetah, Nykeita, Nykeitah, Nykeyta, Nykeytah, Nykita, Nykitah, Nykytah

Nikki FC (américain) variante populaire
de Nicole. Voir aussi Nicki.
*Nikkee, Nikkey, Nikkie, Nikko, Nikky, Niquee, Niquey,
Niqui, Niquie, Niquy, Nyk, Nykee, Nykey, Nyki, Nykie,
Nykkee, Nykkey, Nykki, Nykkie, Nykky, Nyky, Nyquee,
Nyquey, Nyqui, Nyquie, Nyqy*

Nikkita (russe) variante de Nikita.
Nikkitah

Nikkole, Nikole (français) variantes de Nicole.
Nikkolie, Nikola, Nikolah, Nikolle

Nikolaevna (russe) du côté de Dieu.

Nikolette (français) variante de Nicole.
*Nikkolette, Nikolet, Nikoleta, Nikoletah, Nikolete, Nikolett,
Nikoletta, Nikolettah*

Nikolina (français) variante de Nicole.
Nikolena

Nila FC (latin) Géographie : le Nil, fleuve
d'Afrique ; (irlandais) variante de Neila.
*Nilah, Nile, Nilea, Nileah, Nilesia, Nilla, Nillah, Nillea,
Nilleah*

Nilda (espagnol) diminutif de Brunhilda.

Nima CF (hébreu) fil ; (arabe) bénédiction.
*Neema, Nema, Nemah, Niama, Nimah, Nimali, Nimalie,
Nimaly, Nyma, Nymah*

Nimia (latin) celle qui est ambitieuse.

Nina (espagnol) fille ; (amérindien) puissante ;
(hébreu) variante populaire de Hannah.
*Ninacska, Ninah, Ninja, Ninna, Ninosca, Ninoshka, Nyna,
Nynah*

Ninette (français) petite.
*Ninet, Nineta, Ninetah, Ninete, Ninett, Ninetta, Ninettah,
Nynet, Nyneta, Nynetah, Nynete, Nynett, Nynetta,
Nynettah, Nynette*

Ninfa (grec) jeune épouse.

Ninfodora (grec) cadeau des nymphes.

Niní (français) variante de Virginia.

Niñita (russe) victoire de la communauté.

Ninon (français) variante de Nina.
Ninona, Ninonah, Ninone

Ninoska (russe) variante de Nina.

Niobe (grec) celle qui rajeunit.

Nirali (hébreu) variante de Nirel.

Niranjana (sanscrit) nuit de la pleine lune.

Nirel (hébreu) lumière de Dieu.
*Nirela, Nirelah, Nirele, Nirell, Nirella, Nirellah, Nirelle,
Nyrel, Nyrela, Nyrelah, Nyrele, Nyrell, Nyrella, Nyrellah,
Nyrelle*

Nirveli (hindi) enfant d'eau.
*Nirvelea, Nirveleah, Nirvelee, Nirvelei, Nirveleigh, Nirveley,
Nirvelie, Nirvely, Nyrvelea, Nyrveleah, Nyrvelee, Nyrvelei,
Nyrveleigh, Nyrveley, Nyrvelie, Nyrvely*

Nisa (arabe) femme.
Nisah, Nysa, Nysah

Nisha (américain) variante de Niesha, de Nissa.
Niasha, Nishay

Nishi (japonais) ouest.
Nishee, Nishey, Nishie, Nishy

Nissa (hébreu) signe, emblème ; (scandinave)
elfe amical ; farfadet. Voir aussi Nyssa.
Nissah, Nisse, Nissi, Nissie, Nissy

Nita (hébreu) planteuse ; (choctaw) ours ;
(espagnol) diminutif d'Anita, de Juanita.
Nitah, Nitai, Nitha, Nithai, Nitika, Nyta, Nytah

Nitara (hindi) profondément enracinée.
*Nitarah, Nitarra, Nitarrah, Nytara, Nytarah, Nytarra,
Nytarrah*

Nitasha (américain) variante de Natasha.
*Nitashah, Nitasia, Niteisha, Nitisha, Nitishah, Nitishia,
Nitishiah, Nytasha, Nytashia, Nytashiah, Nytashya,
Nytashyah*

Nitsa (grec) variante de Hélène.
Nitsah, Nytsa, Nytsah

Nituna (amérindien) fille.
Nitunah, Nytuna, Nytunah

Nitza (hébreu) bourgeon.
Nitzah, Nitzana, Niza, Nizah, Nytza, Nytzah

Nixie (allemand) lutin aquatique.
Nixee, Nixey, Nixi, Nixy, Nyxee, Nyxey, Nyxi, Nyxie, Nyxy

Niya, Niyah (irlandais) variantes de Nia.
Niyana, Niyia

Nizana (hébreu) variante de Nitza.
Nitzana, Nitzania, Nitzanit, Nitzanita, Zana

Noah CF (hébreu) paisible, tranquille. Bible :
Noé, patriarche qui construisit l'arche
pour survivre au Déluge.

Nochtli (nahuatl) poire épineuse.

Noée (hébreu) variantes de Noah.

Noël CF (latin) Noël. Voir aussi Nathalie,
Noëlle.
Noel, Noele, Novelenn, Novelia, Nowel, Nowele

Noelani (hawaïen) belle personne venant du ciel ;
(latin) variante de Noël.
*Noelanee, Noelaney, Noelania, Noelaniah, Noelanie,
Noelannee, Noelanney, Noelanni, Noelannie, Noelanny,
Noelany, Noelanya, Noelanyah*

Noëlia (latin) variante de Noël.

Noëline (latin) variante de Noël.
Noelean, Noeleana, Noeleanah, Noeleane, Noeleen,
Noeleena, Noeleenah, Noeleene, Noelene, Noelin, Noelina,
Noelinah, Noelleen, Noellin, Noellina, Noellinah, Noelline,
Noellyn, Noellyna, Noellynah, Noellyne, Noelyn, Noelynn,
Noleen, Nolein, Noleina, Noleinah, Noleine, Noleyn,
Noleyna, Noleynah, Noleyne, Noweleen

Noëlla (français) variante de Noëlle.
Noela, Noelah, Noellah, Nowela, Nowelah, Nowella,
Nowellah

Noëlle (français) Noël.
Noell, Nowell, Nowelle

Noëly (latin) variante de Noël.
Noeli, Noelie, Noelly

Noémi, Noémie, Noémy (hébreu) variantes
de Naomi.
Noam, Noami, Noamy, Nomee, Nomey, Nomi, Nomia,
Nomiah, Nomie

Noemí (hébreu) variante de Naomi.

Noga (hébreu) lumière matinale.
Nogah

Noheli, Nohely (latin) variantes de Noël.
Nohal

Nohémi (hébreu) variante de Naomi.

Nokomis (dakota) fille de la lune.
Nokoma, Nokomas, Nokomys

Nola (latin) petite cloche; (irlandais) célèbre;
noble. Diminutif de Fionnula.

Nolana (irlandais) variante de Nola.
Noelan, Noelana, Noelanah, Noelanna, Noelannah,
Noelannia, Noelanniah, Noelannya, Noelannyah, Nolanah,
Nolanee, Nolaney, Nolani, Nolania, Nolaniah, Nolanie,
Nolany, Nolanya, Nolanyah

Noleta (latin) non consentante.
Noleata, Noleatah, Noleeta, Noleetah, Nolita, Nolitah,
Nolyta, Nolytah

Nollie CF (anglais) variante populaire
de Magnolia.
Nolia, Nolle, Nolley, Nolli, Nolly

Noma (hawaïen) variante de Norma.
Nomah

Nominanda (latin) celle qui sera élue.

Nona (latin) la neuvième.
Nonah, Nonee, Noney, Noni, Nonia, Noniah, Nonie,
Nonna, Nonnah, Nony, Nonya, Nonyah

Noor FC (araméen) variante de Nura.
Noora, Noorah, Noorie, Nour, Nur

Nora (grec) lumière. Variante populaire
d'Eléanor, de Honora, de Leonor.
Norra

Norah (grec) variante de Nora.
Norrah

Norberta (scandinave) héros génial.
Norbertah, Norbirta, Norbirtah, Norburta, Norburtah,
Norbyrta, Norbyrtah

Nordica (scandinave) du Nord.
Nordic, Nordicah, Nordik, Nordika, Nordikah, Nordiqua,
Nordiquah, Nordyca, Nordycah, Nordycka, Nordyckah,
Nordyka, Nordykah, Nordyqua, Nordyquah

Noreen (irlandais) variante d'Eléanor, de Nora;
(latin) variante populaire de Norma.
Noorin, Noreena, Noreene, Noren, Norena, Norene,
Norina, Norine, Nureen

Norell (scandinave) du Nord.
Narel, Narell, Narelle, Norel, Norela, Norele, Norella,
Norellah, Norelle, Norely

Nori (japonais) loi, tradition.
Noree, Norey, Noria, Noriah, Norico, Norie, Noriko,
Norita, Nory, Norya, Noryah

Norleen (irlandais) honnête.
Norlan, Norlana, Norlanah, Norlane, Norlean, Norleana,
Norleanah, Norleane, Norleena, Norleenah, Norleene,
Norlein, Norleina, Norleinah, Norleine, Norleyn, Norleyna,
Norleynah, Norleyne, Norlin, Norlina, Norlinah, Norline,
Norlyn, Norlyna, Norlynah, Norlyne

Norma (latin) règle, précepte.
Noma, Normi, Normie

Notburga (allemand) beauté protégée.

Nour FC (araméen) variante de Nura.
Noura

Nova (latin) nouvelle. Diminutif de Novella,
de Novia; (hopi) chasseuse de papillon.
Astronomie: étoile qui libère d'éclatants jets
d'énergie.
Novah

Novella (latin) nouvelle venue.
Novel, Novela, Novelah, Novele, Novell, Novellah, Novelle

Novia (espagnol) bien-aimée.
Noviah, Novka, Novya, Novyah, Nuvia

Noxochicoztli (nahuatl) mon collier de fleurs.

Nu (birman) tendre; (vietnamien) fille.
Nue

Nuala (irlandais) diminutif de Fionnula.
Nualah, Nula

Nubia (égyptien) mère de la nation.

Nuela (espagnol) variante d'Amélia.

Numa, Numas (grec) celle qui établit les lois.

Numeria (latin) celle qui énumère.

Numilla (australien) éclaireuse, guetteuse.
Numil, Numila, Numilah, Numile, Numill, Numillah, Numille, Numyl, Numyla, Numylah, Numyle, Numyll, Numylla, Numyllah, Numylle

Nuna (amérindien) terre, pays.
Nunah

Nuncia (latin) celle qui annonce.

Nunciata (latin) messagère.
Nunzia, Nunziata, Nunziatah

Nunila (espagnol) neuvième fille.

Nunilona (latin) variante de Nunila.

Nur (araméen) variante de Nura.

Nura (araméen) lumière.
Nurah

Nuria (araméen) le Seigneur est lumière.
Nuri, Nuriah, Nuriel, Nurin, Nurya, Nuryah

Núria (basque) profondément ensevelie parmi les collines.

Nuru U (swahili) lumière du jour.

Nusi (hongrois) variante de Hannah.
Nusie, Nusy

Nuwa (chinois) déesse mère. Mythologie : autre nom de Nü-gua, créatrice de l'humanité.

Nya, Nyah (irlandais) variantes de Nia.
Nyaa, Nyia

Nyasia (grec) variante de Nyssa.

Nycole (français) variante de Nicole.
Nycol, Nycole, Nycolle

Nydia (latin) nid.
Nyda, Nydiah, Nydya, Nydyah

Nydía (grec) variante de Nidia.

Nyeisha (américain) variante de Niesha.

Nyesha (américain) variante de Niesha.
Nyeshia

Nyia (irlandais) variante de Nia.

Nykia (arabe) variante de Nakia.
Nykiah

Nyla (latin, irlandais) variante de Nila.
Nylah, Nyle, Nylea, Nyleah, Nylla, Nyllah, Nylle, Nyllea, Nylleah

Nyoko (japonais) pierre précieuse, trésor.
Nioko

Nyomi (hébreu) variante de Naomi.
Nyoma, Nyome, Nyomee, Nyomey, Nyomia, Nyomiah, Nyomie, Nyomy, Nyomya, Nyomyah

Nyree (maori) mer.
Niree, Nyra, Nyrie

Nyssa (grec) commencement. Voir aussi Nissa.
Nysa, Nysah, Nyssah

Nyusha (russe) variante d'Agnes.
Nyushenka, Nyushka

Nyx (grec) nuit.

O'shea GF (irlandais) variante d'O'Shea.

O'Shea U (irlandais) enfant de Shea.

Oba U (yoruba) chef, dirigeant.
Obah

Obdulia (latin) celle qui enlève la tristesse et la douleur.

Obelia (grec) aiguille.
Obeliah, Obelya, Obelyah

Océan U (grec) océan. Mythologie : Océanos était le dieu de l'Océan.
Oceanne, Oceon

Océana (grec) océan.
Océanah, Océananna, Océania, Océanna, Océaonna

Océane TOP.100. (grec) variante d'Océan.

Ocilia (grec) variante d'Othelia.

Octavie (latin) huitième. Voir aussi Tavia.
Actavia, Octabia, Octavia, Octaviah, Octaviais, Octavian, Octavice, Octavienne, Octavio, Octavious, Octavise, Octavya, Octawia, Octivia, Oktavia, Oktavija, Otavia

Octaviana (espagnol) variante d'Octavie.

Odanda (espagnol) terre célèbre.

Oda (scandinave) riche.
Odah, Odda, Oddah, Oddia, Oddiah

Ode U (nigérien) née pendant un voyage.
Odee, Odey, Odi, Ody, Odya, Odyah

Odeda (hébreu) forte ; courageuse.
Odeada, Odeadah, Odedah

Odèle (grec) mélodie, chanson.
Odel, Odell, Odelle

Odelette (français) variante d'Odèle.
Odelat, Odelatt, Odelatta, Odelattah, Odelatte, Odelet, Odeleta, Odeletah, Odelete, Odelett, Odeletta

Odélia (grec) ode; mélodique; (hébreu) je louerai Dieu; (français) riche. Voir aussi Odetta.
Odeelia, Odeleya, Odeliah, Odelina, Odelinah, Odelinda, Odeline, Odellah, Odelyn, Odila, Odilah, Odile, Odilia, Odille, Odyla, Odylah, Odyle, Odyll, Odylla, Odyllah, Odylle

Odella (anglais) colline au bois.
Odela, Odelah, Odelle, Odelyn

Odera (hébreu) charrue.

Odessa (grec) odyssée, long voyage.
Adesha, Adeshia, Adessa, Adessia, Odesa, Odesah, Odessah, Odessia, Odissa, Odissah, Odysa, Odysah, Odyssa, Odyssah

Odetta (allemand, français) variante d'Odélia.
Oddeta, Oddetta, Odeta, Odetah, Odettah

Odette (allemand, français) variante d'Oda.
Oddet, Oddete, Oddett, Odet, Odete, Odett

Odina (algonquin) montagne.
Odeana, Odeanah, Odeane, Odeen, Odeena, Odeenah, Odeene, Odinah, Odyn, Odyna, Odynah, Odyne

Ofelia (grec) variante d'Ophélie.
Ofeelia, Ofellia, Ofilia

Ofélia (portugais) variante d'Ophélie.

Ofira (hébreu) or.
Ofara, Ofarra, Ofarrah, Ophira, Ophirah, Ophyra, Ophyrah

Ofra (hébreu) variante d'Aphra.
Ofrah, Ofrat, Ophra, Ophrah

Ogin (amérindien) rose sauvage.
Ogina, Ogyn, Ogyna, Ogynah

Ohanna (hébreu) cadeau miséricordieux de Dieu.
Ohana, Ohanah, Ohannah

Ohtli (nahuatl) route.

Oihane (espagnol) de la forêt.

Okalani (hawaïen) ciel.
Okalana, Okalanah, Okalanea, Okalanee, Okalaney, Okalania, Okalaniah, Okalanie, Okalany, Okalanya, Okalanyah, Okiilanee, Okiilaney, Okiilani, Okiilanie, Okiilany, Okilani

Oki (japonais) milieu de l'océan.
Okie

Oksana (latin) variante d'Osanna.
Oksanna

Oksanochka (russe) louanges à Dieu.

Ola ᖴᑕ (scandinave) ancêtre; (grec) diminutif d'Olesia.
Olah

Olalla (grec) dit gentiment.
Olallah

Olathe (amérindien) belle.
Olanth, Olantha, Olanthah, Olanthye, Olathia

Olaya (grec) celle qui parle bien.

Oldina (australien) neige.
Oldeena, Oldeenah, Oldenia, Oldeniah, Oldinah, Oldine, Oldyn, Oldyna, Oldynah, Oldyne

Oleander (latin) Botanique: le laurier-rose, un arbuste vénéneux à feuilles persistantes aux fleurs parfumées blanches, roses ou violettes.
Oleanda, Oleandah, Oleeanda, Oleeandah, Oliannda, Olianndah, Oliannde

Olechka (russe) variante de Helga.

Oleda (espagnol) variante d'Alida. Voir aussi Leda.
Oleta, Olida, Olita

Olen Ꮹᖴ (russe) cerf.
Olian, Olien, Olienah, Oliene, Olyan, Olyen, Olyene

Olena (russe) variante de Hélène.
Alena, Alyona, Oleena, Olenah, Olenia, Oleniah, Olenka, Olenna, Olenya, Olya, Olyena, Olyenah, Olyona

Olesia (grec) variante d'Alexandra.
Cesya, Olecia, Oleesha, Oleishia, Olesha, Olesiah, Olesya, Olesyah, Olexa, Olice, Olicia, Olisha, Olishia, Ollicia

Oletha (scandinave) agile.
Oleta, Oletah, Yaletha

Olethea (latin) qui dit la vérité. Voir aussi Alethea.
Oleathea, Oleatheah, Oleathya, Oleathyah, Oleta

Olga (scandinave) sainte, sacrée. Voir aussi Helga, Olivia.
Olgah, Olgy, Olia, Olva

Olia (russe) variante d'Olga.
Olja, Ollya, Olya, Olyah

Oliana (polynésien) laurier-rose.
Olianah, Oliane, Oliann, Olianna, Oliannah, Olianne, Olyan, Olyana, Olyanah, Olyane, Olyann, Olyanna, Olyannah, Olyanne

Olimpe (français) variante d'Olympe.
Olympe

Olimpíades (grec) variante d'Olympe.

Olina (hawaïen) remplie de bonheur.
Olinah, Olyna, Olynah

Olinda (latin) parfumée; (espagnol) protectrice de la propriété; (grec) variante de Yolanda.
Olindah, Olynda, Olyndah

Olisa (igbo) Dieu.
Olisah, Olysa, Olysah, Olyssa, Olyssah

Olive (latin) olivier.
Oliff, Oliffe, Oliv, Olivet, Olivette, Olliv, Ollive,
Ollyv, Ollyve, Olyv, Olyve

Oliveria (latin) affectueuse.

Olivia ᵀᴼᴾ (latin) variante d'Olive ; (anglais)
variante d'Olga. Voir aussi Liv, Livia.
Alivia, Alyvia, Olevia, Oliva, Olivea, Oliveia, Olivetta,
Olivette, Olivi, Oliviah, Olivianne, Olivya, Olivyah, Oliwia,
Olva

Ollie Ⓤ (anglais) variante populaire d'Olivia.
Olla, Olly, Ollye

Olwen (gallois) empreinte de pas blanche.
Olwena, Olwenah, Olwene, Olwenn, Olwenna, Olwennah,
Olwenne, Olwin, Olwina, Olwinah, Olwine, Olwinn,
Olwinna, Olwinnah, Olwinne, Olwyn, Olwyna, Olwynah,
Olwyne, Olwynn, Olwynna, Olwynnah, Olwynne

Olympe (grec) montagne sacrée.

Olympia (grec) divine.
Olimpe, Olimpia, Olimpiah, Olimpias, Olympiah,
Olympias, Olympie, Olympya, Olympyah

Olympie (allemand) variante d'Olympe.
Olympy

Olyvia (latin) variante d'Olivia.
Olyviah, Olyvya, Olyvyah

Oma (hébreu) respectueuse, déférente ;
(allemand) grand-mère ; (arabe) la plus élevée.
Omah

Omaira (arabe) rouge.
Omar, Omara, Omarah, Omari, Omaria, Omariah,
Omarra, Omarya, Omaryah

Oméga (grec) dernière, finale, fin. Linguistique :
l'oméga est la dernière lettre de l'alphabet grec.
Omegah

Ona (latin, irlandais) variante d'Oona ; (anglais)
rivière.
Onah, Onna

Onatah (iroquois) fille de la terre et de l'esprit
du maïs.
Onata

Onawa (amérindien) bien réveillée.
Onaiwa, Onaiwah, Onaja, Onajah, Onawah, Onowa,
Onowah

Ondine (latin) variante d'Undine.
Ondene, Ondin, Ondina, Ondinah, Ondyn, Ondyna,
Ondynah, Ondyne

Ondrea (tchèque) variante d'Andréa.
Ohndrea, Ohndreea, Ohndreya, Ohndria, Ondra,
Ondrah, Ondraya, Ondreana, Ondreea, Ondreya,
Ondri, Ondria, Ondrianna, Ondrie, Ondriea, Ondry,
Ondrya, Ondryah

Oneida (amérindien) attendue avec impatience.
Oneidah, Oneyda, Oneydah, Onida, Onidah, Onyda,
Onydah

Oneisha (américain) variante de Onesha.

Onella (hongrois) variante de Hélène.
Onela, Onelah, Onellah

Onesha (américain) combinaison d'Ondrea
et d'Aisha.
Oneshia, Onesia, Onessa, Onessia, Onethia, Oniesha,
Onisha

Onésima (latin) celle qui est chargée.

Onfalia (égyptien) celle qui fait de bonnes
actions.

Oni (yoruba) née dans un lieu saint.
Onee, Oney, Onie, Onnie, Ony

Onike (tongan) onyx.
Onika, Onikah, Onikee

Onila (latin) variante de Petronella.

Onofledis (allemand) celle qui montre son épée.

Onora (latin) variante de Honora.
Onorah, Onoria, Onoriah, Onorina, Onorine, Onoryn,
Onoryna, Onorynah, Ornora

Ontario ⒼⒻ (amérindien) beau lac. Géographie :
nom d'une province et d'un lac au Canada.
Oniatario, Ontaryo

Onyx (grec) onyx.
Onix

Oona (latin, irlandais) variante d'Una.
Onnie, Oonagh, Oonie

Opa (choctaw) chouette ; (allemand) grand-père.
Opah

Opal (hindi) pierre précieuse.
Opala, Opalah, Opale, Opalia, Opalina, Opell, Opella,
Opelle

Opaline (hindi) variante d'Opal.
Opaleana, Opaleena, Opalin, Opalina, Opalinah,
Opalyn, Opalyna, Opalynah, Opalyne

Opeli (tongan) opal.
Opelea, Opeleah, Opelee, Opelei, Opeleigh, Opelia,
Opeliah, Opelie, Opely, Opelya, Opelyah

Ophelia (grec) variante d'Ophélie.
Filia, Opheliah, Ophélie, Ophellia, Ophellya, Ophilia,
Ophillia, Ophylla, Ophyllia, Ophylliah, Ophyllya,
Ophyllyah, Phelia, Pheliah, Phelya, Phelyah

Ophélie (grec) aide. Littérature : Ophélie,
objet de l'amour de Hamlet dans la pièce
éponyme de Shakespeare.
Ophellie, Ophelly, Ophely

Oportuna (latin) opportune.

Oprah (hébreu) variante d'Orpah.
Ophra, Ophrah, Opra

Ora (latin) prière; (espagnol) or; (anglais) côte maritime; (grec) variante d'Aura.
Ohra, Orah, Orlice, Orra

Orabella (latin) variante d'Arabella.
Orabel, Orabela, Orabele, Orabell, Orabelle, Oribel, Oribela, Oribele, Oribell, Oribella, Oribelle, Orybel, Orybela, Orybele, Orybell, Orybella, Orybelle

Oraida (arabe) éloquente.

Oralee (hébreu) le Seigneur est ma lumière. Voir aussi Yareli.
Areli, Oralea, Oraleah, Oralei, Oraleigh, Oraley, Orali, Oralie, Oralit, Oraly, Oralye, Orelee, Orelie

Oralia (français) variante d'Aurélia. Voir aussi Oriana.
Oraliah, Oralis, Oralya, Oralyah, Orelia, Oreliah, Oriel, Orielda, Orielle, Oriena, Orla, Orlah, Orlena, Orlene

Oran 🇨🇫 (irlandais) reine.

Orana (australien) bienvenue.
Oranah, Oranna, Orannah

Orane (français) levant.

Orazia (italien) gardienne du temps.
Orazya, Orazyah, Orzaiah, Orzaya, Orzayah

Orea (grec) montagnes.
Oreah, Oreal, Oria, Oriah

Orela (latin) annonce des dieux; oracle.
Oreal, Orel, Orelah, Orell, Orella, Orelle

Orenda (iroquois) pouvoir magique.
Orendah

Oretha (grec) variante d'Aretha.
Oreta, Oretah, Oretta, Orettah, Orette

Orfelina (italien) orpheline.

Orfilia (allemand) louve.

Oriane (latin) aube, lever du soleil; (irlandais) dorée.
Orane, Orania, Orelda, Ori, Oria, Orian, Oriana, Orianna, Oriannah, Orieana, Oryan, Oryana, Oryanah, Oryane, Oryann, Oryanna, Oryannah, Oryanne

Oriel (latin) feu; (français) dorée; ange du destin.
Orial, Oriale, Oriall, Orialle, Oriele, Oriell, Orielle, Oryal, Oryale, Oryall, Oryalle, Oryel, Oryell, Oryelle

Oriella (irlandais) blonde; à la peau blanche.
Oriala, Orialah, Orialla, Oriallah, Oriela, Orielah, Oriellah, Oryala, Oryalah, Oryalla, Oryallah, Oryela, Oryelah, Oryella, Oryellah

Orieta (espagnol) variante d'Oriane.

Orina (russe) variante d'Irène.
Orinah, Orya, Oryna, Orynah

Orinda (hébreu) pin; (irlandais) à la peau claire, blanche.
Orenda, Orendah, Orindah, Orynda, Oryndah

Orino (Japanese) champ du travailleur.
Oryno

Oriole (latin) dorée; oiseau noir et orange.
Auriel, Oriol, Oriola, Oriolah, Orioll, Oriolla, Oriollah, Oriolle, Oryel, Oryela, Oryelah, Oryele, Oryell, Oryella, Oryellah, Oryelle, Oryol, Oryola, Oryolah, Oryole, Oryoll, Oryolla, Oryollah, Oryolle

Orla (irlandais) femme dorée.
Orlagh, Orlah

Orlanda (allemand) célèbre dans tout le pays.
Orlandah, Orlandia, Orlantha, Orlinda

Orlena (latin) dorée.
Orlana, Orlanah, Orleana, Orleanah, Orleena, Orleenah, Orleene, Orlenah, Orlene, Orlina, Orlinah, Orline, Orlyn, Orlyna, Orlynah, Orlyne

Orlenda (russe) aigle.
Orlendah

Orli (hébreu) lumière.
Orelea, Oreleah, Orlee, Orlei, Orleigh, Orley, Orlia, Orliah, Orlie, Orly, Orlya, Orlyah

Ormanda (latin) noble; (allemand) marin.
Orma, Ormandah, Ormandia, Ormandiah, Ormandya, Ormandyah

Ornat (irlandais) verte.
Ornait, Ornaita, Ornaitah, Ornata, Ornatah, Ornate, Ornete, Ornetta, Ornette, Ornit, Ornita, Ornitah, Ornite, Ornitt, Ornitta, Ornittah, Ornitte, Ornyt, Ornyta, Ornytah, Ornyte, Ornytt, Ornytta, Ornyttah, Ornytte

Ornella (latin) celle qui est comme le frêne.

Ornice (hébreu) cèdre; (irlandais) pâle; couleur d'olive.
Orna, Ornah

Orofrigia (grec, espagnol) or phrygien. Géographie: la Phrygie est une ancienne région d'Asie Mineure.

Orosia (grec) variante d'Eurosia.

Orpah (hébreu) fugitive. Voir aussi Oprah.
Orpa, Orpha, Orphie

Orquidea (espagnol) orchidée.
Orquidia

Orquídea (italien) belle comme une fleur.

Orsa (latin) diminutif d'Orseline. Voir aussi Ursa.
Orsah, Orse

Orseline (latin) similaire à un ours; (grec) variante d'Ursula.
Orsalin, Orsalina, Orsalinah, Orsaline, Orsalyn, Orsalyna, Orsalynah, Orsalyne, Orsel, Orselina, Orselinah, Orselyn, Orselyna, Orselynah, Orselyne, Orsola, Orsolah

Ortensia (italien) variante de Hortense.

Orva (français) dorée; digne; (anglais) amie courageuse.
Orvah

Orwina (hébreu) amie du sanglier.
Orwin, Orwinah, Orwine, Orwyn, Orwyna, Orwynah, Orwyne

Osane (espagnol) santé.

Osanna (latin) que le Seigneur soit loué.
Osana, Osanah, Osannah

Osen (japonais) mille.
Osena, Osenah

Oseye (bénin) joyeuse.
Osey

Osita (espagnol) qui a la force d'un dieu.
Ositah, Osith, Ositha, Osithah, Osithe, Osyta, Osytah, Osyte, Osyth, Osytha, Osythah

Osma (anglais) protectrice divine.
Osmah, Ozma, Ozmah

Oswalda (anglais) pouvoir de Dieu; armoiries de Dieu.
Osvalda, Osvaldah, Oswaldah

Otavia (italien) variante d'Octavie.
Otaviah, Otavya, Otavyah, Ottavia, Ottaviah, Ottavya, Ottavyah

Othelia (espagnol) riche.
Othilia

Otilie (tchèque) héroïne chanceuse.
Otila, Otilah, Otka, Ottili, Ottyli, Otyla, Otylah

Otylia (polonais) riche.
Otilia, Ottylia, Ottyliah, Ottyllia, Ottylliah, Ottylya, Ottylyah, Otyliah, Otylya, Otylyah

Ovia (latin, danois) œuf.
Ova, Ovah, Oviah, Ovya, Ovyah

Ovidia, Ovidía (allemand) celle qui prend soin des moutons.

Owena (gallois) née dans la noblesse; jeune guerrière.
Owenah, Owina, Owinah, Owyna, Owynah

Oya GF (miwok) provoquée.
Oia, Oiah, Oyah

Oz U (hébreu) force.
Ozz

Ozara (hébreu) trésor, richesse.
Ozarah, Ozarra, Ozarrah

Ozera (hébreu) utile; (russe) lac.
Ozerah, Ozira, Ozirah, Ozyra, Ozyrah

P

Pabla (espagnol) variante de Paula.

Paca (espagnol) diminutif de Pancha. Voir aussi Paka.

Paciana (latin) femme pacifique.

Pacífica (espagnol) pacifique.

Pacomia (grec) femme large.

Padget U (français) variante de Page.
Padgett, Paget, Pagett

Padma (hindi) lotus.
Padmah, Padmar

Padmani (sri-lankais) floraison, fleur.
Padmanee, Padmaney, Padmania, Padmaniah, Padmanie, Padmany

Pagan FG (latin) de la campagne.
Pagen, Pagin, Pagon, Pagun, Pagyn

Page FG (français) jeune assistante.
Pagi

Paige (anglais) jeune enfant.

Paisley (écossais) tissu à motif fabriqué à l'origine à Paisley, en Écosse.
Paislay, Paislee, Paisleyann, Paisleyanne, Paizlei, Paizleigh, Paizley, Pasley, Pazley

Paiton (anglais) ville du guerrier.
Paitan, Paiten, Paitin, Paityn, Paityne, Paiyton, Paten, Patton, Peita, Peiten, Peitin, Peiton, Peityn, Petan

Paka (swahili) chaton. Voir aussi Paca.
Pakah

Pakuna (miwok) cerf bondissant lorsqu'il descend de la colline.

Pala (amérindien) eau.
Palah, Palla, Pallah

Palaciada, Palaciata (grec) château.

Paladia (espagnol) variante de Palas.

Palas (grec) variante de Pallas.

Palba (basque) blonde.

Palila (polynésien) oiseau.
Palilah, Palyla, Palylah

Palixena (grec) celle qui retourne du pays étranger.

Pallas (grec) sage. Mythologie : autre nom d'Athéna, la déesse de la Sagesse.
Palace, Pallass, Pallassa

Palma (latin) palmier.
Pallma, Pamar

Palmela (grec) variante de Pamela.
Palmelah, Palmelia, Palmeliah, Palmelina, Palmeline, Palmelyn, Palmelyna, Palmelyne

Palmer GF (espagnol) diminutif de Palmira.
Palmir

Palmera, Palmiera (espagnol) sorte de palmier.

Palmira (espagnol) variante de Palma.
Pallmirah, Pallmyra, Palmara, Palmarah, Palmaria, Palmariah, Palmarya, Palmaryah, Palmirah, Palmyra, Palmyrah

Paloma (espagnol) colombe. Voir aussi Aloma.
Palloma, Palomah, Palomar, Palomara, Palomarah, Palomaria, Palomariah, Palomarya, Palomaryah, Palometa, Palomita, Paluma, Peloma

Pamela (grec) miel.
Palmela, Pam, Pama, Pamala, Pamalah, Pamalia, Pamaliah, Pamalla, Pamalya, Pamalyah, Pamelia, Pameliah, Pamelina, Pamella, Pamelya, Pamelyah, Pami, Pamie, Pamila, Pamilla, Pamm, Pammela, Pammi, Pammie, Pammy, Pamula, Pamy

Pana (amérindien) perdrix.
Panah, Panna, Pannah

Panambi (guarani) papillon.

Pancha (espagnol) libre ; de France.
Paca, Panchah, Panchita

Panchali (sanscrit) princesse de Panchala, ancien pays qui se trouvait dans l'actuelle Inde.
Panchalea, Panchaleah, Panchalee, Panchalei, Panchaleigh, Panchaley, Panchalie, Panchaly

Pancracia (grec) toute-puissante.

Pandita (hindi) érudite.

Pandora (grec) qui a tous les talents. Mythologie : personnage féminin qui, poussé par la curiosité, ouvrit la boîte qui contenait tous les maux du monde, et leur permit ainsi de se répandre sur l'humanité.
Pandi, Pandorah, Pandorra, Pandorrah, Pandy, Panndora, Panndorah, Panndorra, Panndorrah

Pánfila (grec) amie de tous.

Pansofia (grec) sage, cultivée.
Pansofee, Pansofey, Pansoffee, Pansoffey, Pansoffi, Pansoffia, Pansofi, Pansofiah, Pansofie, Pansophee, Pansophey, Pansophi, Pansophia, Pansophiah, Pansophie, Pansophy, Pansophya, Pansophyah

Pansy (grec) la pensée, une fleur ; parfumée ; (français) pensive.
Pansea, Panseah, Pansee, Pansey, Pansi, Pansia, Pansiah, Pánsie, Pansya, Pansyah

Panthea (grec) tous les dieux.
Panfia, Panfiah, Pantheah, Pantheia, Pantheya, Panthia, Panthiah, Panthya, Panthyah

Panya (swahili) souris ; minuscule bébé ; (russe) variante populaire de Stéphanie.
Pania, Paniah, Panyah, Panyia

Panyin (fanti) aînée de jumeaux.

Paola (italien) variante de Paula.
Paoli, Paolina, Paoline

Papan (nahuatl) drapeau.

Papina (miwok) vigne poussant sur un chêne.
Papinah, Papyna, Papynah

Paquita (espagnol) variante de Frances.
Paqua

Paradise (persan) le paradis, le jardin d'Éden.

Paramita (sanscrit) vertueuse ; parfaite.
Paramitah, Paramyta, Paramytah

Parasha, Parashie (russe) née un vendredi Saint.

Pari (persan) aigle magique.

Paris FC (français) Géographie : capitale de la France. Mythologie : Pâris, le prince troyen qui déclencha la guerre de Troie en enlevant Hélène.
Parice, Paries, Parise, Parish, Pariss, Parisse, Parys, Paryse, Paryss, Parysse

Parisa (français) variante de Paris.
Parisha, Parissa, Parrisha, Parysa, Paryssa

Parker GF (anglais) gardien de parc.
Park, Parke

Parmenia (grec) constante, fidèle.

Parmenias (espagnol) variante de Parmenia.

Parnel (français) variante de Pernella.
Parnela, Parnelah, Parnele, Parnell, Parnella, Parnellah, Parnelle

Parris FC (français) variante de Paris.
Parrise, Parrish, Parrys, Parrysh

Partenia (grec) celle qui est aussi pure qu'une vierge.

Parthenia (grec) virginale.
Partheenia, Parthena, Parthene, Partheniah, Parthenie, Parthenya, Parthenyah, Parthinia, Pathina

Parvati (sanscrit) grimpeuse de montagne.
Parvatee, Parvatey, Parvatia, Parvatiah, Parvatie, Parvaty, Parvatya, Parvatyah

Parveen (indien) étoile.

Parveneh (persan) papillon.

Pascale (français) née le jour de Pâques ou de la Pâques juive.
Pascala, Pascalette, Pascalina, Pascaline, Pascalle, Pascalyn, Pascalyna, Pascalyne, Paschal, Paschale, Paskel, Pasqua, Pasquah

Pascasia (grec) Pâques.

Pascua, Pascualina (hébreu) variantes de Pascale.

Pascuala (espagnol) variante de Pascale.

Pascuas (hébreu) sacrifiée pour le bien du village.

Pasha U (grec) mer.
Palasha, Pascha, Paschah, Pasche, Pashae, Pashe, Pashel, Pashela, Pashelah, Pashele, Pashell, Pashelle, Pashka, Pasia, Passia

Pasifiki (tongan) océan Pacifique.
Pacific, Pacifica, Pacificah, Pacificka, Pacifiqua, Pacifiquah, Pacifique, Pacifyca, Pacifycah, Pacifyqua, Pacifyquah, Pacifyque, Pacyfica, Pacyficah, Pacyficka, Pacyfickah, Pacyfiqua, Pacyfiquah, Pacyfique, Pacyfyca, Pacyfycah, Pacyfycka, Pacyfyka, Pacyfyqua, Pacyfyquah, Pacyfyque

Passion (latin) passion.
Pashion, Pashonne, Pasion, Passionaé, Passionate, Passionette

Pastora (allemand) bergère.

Pasua (swahili) née par césarienne.

Pat U (latin) diminutif de Patricia, de Patsy.
Patt.

Patam (sanscrit) ville.
Patem, Patim, Patom, Pattam, Pattem, Pattim, Pattom, Pattym, Patym

Patamon U (amérindien) déchaînée.

Pati (miwok) panier à poissons fait de branches de saule.
Patee, Patey, Patie

Patia (tsigane, espagnol) feuille ; (latin, anglais) variante populaire de Patience, de Patricia.
Patiah, Patya, Patyah

Patience (anglais) patiente.
Paciencia, Patiance, Patient, Patince, Patishia

Patli (nahuatl) médecine.

Patra (grec, latin) variante de Petra.
Patria, Patriah

Patricia (latin) aristocrate. Voir aussi Payten, Peyton, Tricia, Trisha, Trissa.
Patresa, Patrica, Patricah, Patricea, Patriceia, Patrichea, Patriciah, Patriciana, Patricianna, Patricja, Patricka, Patrickia, Patrisia, Patrissa

Patrisha (latin) variante de Patricia.
Patrishah, Patrishia

Patrizia (italien) variante de Patricia.
Patreeza, Patriza, Patrizah, Patrizzia

Patrocinio (espagnol) patronage.

Patrycja (américain) variante de Patricia.
Patrycia, Patrycya, Patrycyah

Patsy (latin) variante populaire de Patricia.
Patsee, Patsey, Patsi, Patsie

Patty (anglais) variante populaire de Patricia.
Patte, Pattee, Pattey, Patti, Pattie, Paty

Paula (latin) petite. Voir aussi Pavla, Polly.
Paliki, Paulane, Paulann, Paulla, Pavia

Paule (latin) petite.

Paulette (latin) variante populaire de Paule.
Paoleta, Paulet, Pauleta, Pauletah, Paulete, Paulett, Pauletta, Paulettah, Paulita, Paullett, Paulletta, Paullette

Paulie (latin) variante populaire de Paule.
Paili, Pali, Pauli, Pauly

Paulina (slave) variante de Paula.
Paulena, Paulenia, Paulia, Pauliah, Pauliana, Paulianne, Paullena, Paulya, Paulyah, Paulyna, Paulynah, Pawlina, Polena, Polina, Polinia

Pauline TOP .100 (français) variante de Paule.
Paule, Pauleen, Paulene, Paulien, Paulin, Paulyn, Paulyne, Paulynn, Pouline

Paun (indigène) nuage.

Pavla (tchèque, russe) variante de Paula.
Pavlina, Pavlinka

Paxton U (latin) ville paisible.
Paxtin, Paxtynn

Payal (indien) bracelet de cheville, bijou de pied.

Payge (anglais) variante de Paige.
Payg

Payten (irlandais) variante de Patricia.
Paydon, Paytan, Paytin, Paytn, Paytton, Paytyn

Payton 🅵🅶 (irlandais) variante de Patricia.

Paz 🅵🅶 (espagnol) paix.
Pazz

Pazi (omaha-ponca) oiseau jaune.

Pazia (hébreu) dorée.
Paza, Pazice, Pazise, Pazit, Pazya, Pazyah, Pazyce, Pazyse

Peace (anglais) paisible.
Peece

Peata (maori) porteuse de joie.
Peatah, Peita, Peitah, Peyta, Peytah

Pedra (portugais) pierre.

Pedrina (espagnol) variante de Pedra.

Peggy (grec) variante populaire de Margaret.
Peg, Pegee, Pegeen, Pegey, Pegg, Peggee, Peggey, Peggi, Peggie, Pegi, Pegie, Pegy

Peighton (irlandais) variante de Patricia.

Peke (hawaïen) variante de Bertha.

Pela (polonais) diminutif de Pénélope.
Pele

Pelagia (grec) mer.
Pelage, Pelageia, Pelagiah, Pelagie, Pelagya, Pelagyah, Pelga, Pelgia, Pellagia

Pelipa (zuni) variante de Philippa.

Pemba (bambara) le pouvoir qui contrôle toute la vie.

Penda (swahili) aimée.
Pandah, Pendah, Pendana

Pénélope (grec) tisseuse. Mythologie : Pénélope, épouse intelligente et fidèle du héros grec Ulysse.
Pen, Peneli, Penelia, Peneliah, Penelie, Penelopa, Penelopea, Penelopee, Penelopey, Penelopi, Penelopia, Penelopiah, Penelopie, Penelopy, Penna, Pennelope, Pennelopea, Pennelopee, Pennelopey, Pennelopi, Pennelopia, Pennelopiah, Pennelopie, Pennelopy, Pinelopi

Pénélope (grec) variante de Pénélope.

Peñen (indigène) promesse.

Peni (carrier) esprit.

Peninah (hébreu) perle.
Paninah, Panine, Penina, Penine, Peninit, Peninnah, Penyna, Penynah, Penyne

Pennie, Penny (grec) variantes populaires de Pénélope, de Peninah.
Penee, Peney, Peni, Penie, Pennee, Penney, Penni, Pennia, Penniah, Peny

Penthea (grec) née en cinquième ; en deuil.
Pentheah, Penthia, Penthiah, Penthya, Penthyah

Peony (grec) la pivoine, une fleur.
Peonee, Peoney, Peoni, Peonie

Pepita (espagnol) variante populaire de Joséphine.
Pepa, Pepee, Pepi, Pepie, Pepitah, Pepite, Pepitta, Pepitte, Peppy, Pepy, Pepyta, Pepytah, Pepyte, Peta

Pepper (latin) poivre.

Perah (hébreu) fleur.

Perdita (latin) perdue. Littérature : personnage de la pièce Le Conte d'hiver de Shakespeare.
Perdida, Perditah, Perdy, Perdyta, Perdytah

Peregrina (latin) pèlerine, voyageuse.

Perfecta (espagnol) parfaite, sans défaut.
Perfect, Perfection

Peri (grec) habitant des montagnes ; (persan) fée ou elfe.
Perea, Peree, Perey, Peria, Periah, Perie, Perita, Pery

Peridot (français) le péridot, une pierre jaune-vert.
Peridota, Peridotah, Perydot, Perydota, Perydotah

Perilla (latin) Botanique : la pérille, plante décorative aux feuilles souvent utilisées en cuisine.
Perila, Perilah, Perillah, Peryla, Perylah, Peryll, Perylla, Peryllah

Perla (latin) variante de Perle.
Pearla, Pearlea, Pearleah, Perlah

Perle (latin) bijou.
Pearl, Pearle, Pearleen, Pearlena, Pearlene, Pearlette, Pearlina, Pearline, Pearlisha, Pearlyn, Perl, Perle, Perlette, Perlie, Perline, Perlline

Perlie (latin) variante populaire de Perle.
Pearlee, Pearlei, Pearleigh, Pearley, Pearli, Pearlie, Pearly, Perley, Perli, Perly, Purley, Purly

Perlita (italien) perle.
Perleta, Perletta, Perlitta, Perlyta, Perlytta

Pernella (grec, français) rocher ; (latin) diminutif de Pétronille.
Parnel, Pernel, Pernela, Pernelah, Pernele, Pernell, Pernellah, Pernelle

Perpetua (espagnol) perpétuelle.

Perri (grec, latin) petit rocher; voyageuse;
(français) poirier; (gallois) enfant de Harry;
(anglais) variante de Perry.
*Peree, Peri, Perie, Perre, Perree, Perriann, Perrie, Perrin,
Perrine, Perya, Peryah*

Perry GF (anglais) variante populaire
de Peregrine, de Peter (voir les prénoms
de garçons). Voir aussi Perri.
Parry, Perey, Perrey, Perrye, Pery

Perséphone (grec) Mythologie: déesse
du Monde souterrain.
Persephanie, Persephany, Persephonie

Perseveranda (latin) celle qui persévère.

Pérsida (latin) variante de Persis.

Persis (latin) de Perse.
Persia, Persiah, Perssis, Persy, Persys, Persysa, Persysah

Peta (blackfoot) aigle doré.

Petra (grec, latin) petit rocher. Diminutif
de Pétronille.
*Pet, Peta, Petraann, Petrah, Petrea, Petrova, Petrovna,
Peytra, Pietra*

Petrina (grec) variante de Pétronille.
*Perinna, Perinnah, Perrine, Petena, Peterina, Petrin,
Petrinah, Petrine, Petrona, Petroni, Petronia, Petronie,
Petronija, Petrony, Petryn, Petryna, Petryne*

Petrisse (allemand) variante de Pétronille.
Petrice, Petriss, Petrissa

Petronila (latin) variante de Pétronille.

Pétronille (grec) petit rocher; (latin) du clan
romain Petronius.
*Peronel, Peronella, Peronelle, Peternella, Petrenela, Petrina,
Petrisse, Petronela, Petronella, Petronelle, Petronilla*

Petula (latin) chercheuse.
Petulah

Petunia (amérindien) fleur.
Petuniah, Petunya, Petunyah

Peyeche (mapuche) femme inoubliable.

Peyton U (irlandais) variante de Patricia.
Peyden, Peydon, Peyten, Peytin, Peytyn

Phaedra (grec) brillante.
*Faydra, Phadra, Phadrah, Phae, Phaedrah, Phaidra,
Phe, Phedra, Phedre*

Phallon (irlandais) variante de Fallon.
Phalaine, Phalen, Phallan, Phallie, Phalon, Phalyn

Phebe (grec) variante de Phoebe.
Pheba, Pheby

Phelia (grec) immortelle et sage.
Felia, Feliah, Felya, Felyah, Pheliah, Phelya, Phelyah

Phemie (écossais) diminutif d'Euphemia.
*Phemea, Phemee, Phemey, Phemi, Phemia, Phemiah, Phemy,
Phemya, Phemyah*

Pheodora (grec, russe) variante de Feodora.
Phedora, Phedorah, Pheodorah, Pheydora, Pheydorah

Philana (grec) amoureuse de l'humanité.
*Filana, Phila, Philanna, Phileen, Phileene, Philene, Philiane,
Philina, Philine, Phillane, Phylana, Phylanah, Phylane,
Phyllan, Phyllana, Phyllanah, Phyllane*

Philantha (grec) amatrice de fleurs.
Philanthe, Phylantha, Phylanthe

Philberta (anglais) brillante.
*Filberta, Filbertah, Filberte, Philbertah, Philberte, Phylbert,
Phylberta, Phylbertah, Phylberte, Phyllberta, Phyllbertah,
Phyllberte*

Philicia (latin) variante de Phylicia.
Philecia, Philesha, Philica, Philicha, Philiciah, Philycia

Philippa (grec) amatrice de chevaux.
Voir aussi Filippa.
*Phil, Philipa, Philipine, Philippe, Philippina, Phillie, Phillipa,
Phillipe, Phillipina, Phillippine, Philly, Phylipa, Phylipah,
Phyllipa, Phyllipah, Phyllypa, Phyllypah*

Philomela (grec) amatrice de chansons.
Filomela, Filomelah, Philomelah, Phylomela, Phylomelah

Philomène (grec) chanson d'amour; personne
chère. Religion: sainte Philomène vécut au
1er siècle de notre ère. Voir aussi Filomena,
Mena.
*Philomena, Philoméne, Philomina, Philomine, Phylomina,
Phylomine, Phylomyna, Phylomyne*

Philyra (grec) amatrice de musique.
Philira, Philirah, Phylyra, Phylyrah

Phoebe (grec) éclatante. Voir aussi Febe.
*Phaebe, Phebea, Pheebea, Pheebee, Pheibee, Pheibey,
Pheobe, Pheybee, Pheybey, Phoebey*

Phoenix U (latin) le phénix, animal légendaire.
Phenix, Pheonix, Phynix

Photina (grec) variante de Fotina.
Photine, Photyna, Photyne

Phoung (vietnamien) phénix.

Phylicia (latin) chanceuse; heureuse; (grec)
variante de Félicia.
*Phylecia, Phylesha, Phylesia, Phylica, Phyliciah, Phylisha,
Phylisia, Phylissa, Phyllecia, Phyllicia, Phylliciah, Phyllisha,
Phyllisia, Phyllissa, Phyllyza*

Phyllida (grec) variante de Phyllis.
*Fillida, Philida, Philidah, Phillida, Phillidah, Phillyda,
Phillydah, Phylida, Phylidah, Phyllidah, Phyllyda, Phyllydah,
Phylyda, Phylydah*

Phyllis (grec) rameau vert.
*Filise, Fillis, Fillys, Fyllis, Philis, Phillis, Phillisia, Philliss,
Philys, Philyss, Phylis, Phylliss, Phyllys*

Pia (italien) pieuse.
Piah, Pya, Pyah

Pía (latin) variante de Pia.

Piedad (espagnol) dévouée; pieuse.
Piedada

Piedade (latin) pitié.

Piencia (latin) variante de Pía.

Pier Ann (américain) combinaison de Pier
et d'Ann.
Pier Anne, Pier-Ann, Pier-Anne

Pierce **CF** (anglais) variante de Petra.

Pierrette (grec) rocher.
*Peret, Peretta, Perette, Pieret, Pierett, Pieretta, Pierette,
Pierra, Pierre, Pierrette, Pieryn, Pieryna, Pieryne*

Pila (italien) variante de Pilar.

Pilar **FC** (espagnol) pilier, colonne.
Peelar, Peeler, Pilár, Pilla, Pillar, Pylar, Pyllar

Pili (espagnol) variante de Pilar.

Pililani (hawaïen) près du ciel.
Pililanee, Pililaney, Pililanie, Pililany

Pilmayquen (araucanien) hirondelle.

Pimpinela (latin) inconstante.

Ping (chinois) lentille d'eau; (vietnamien)
paisible.

Pinga (esquimau) Mythologie: déesse du gibier
et de la chasse.
Pingah

Pink (américain) couleur rose.

Pinterry (australien) étoile.
Pinterree, Pinterrey, Pinterri, Pinterrie

Piper (anglais) joueuse de pipeau.
Pipper, Pyper

Pipina (hébreu) variante de Josefina.

Pippa (anglais) diminutif de Philippa.
Pipa, Pipah, Pippah, Pypa, Pypah, Pyppa, Pyppah

Pippi (français) aux joues roses.
*Pipee, Pipey, Pipi, Pipie, Pippee, Pippen, Pippey, Pippie,
Pippin, Pippy, Pipy*

Piro (mapuche) neiges.

Piscina (italien) eau.
*Pischina, Pishina, Pishinah, Pychina, Pychinah, Pychyna,
Pychynah, Pycina, Pycinah, Pyshina, Pyshinah, Pyshyna,
Pyshynah*

Pita (africain) quatrième fille.
Peeta, Peetah, Pitah, Pyta, Pytah

Pitrel (mapuche) petite femme.

Piula (catalan) variante de Paula.

Piuque (araucanien) cœur.

Pixie (anglais) fée malicieuse.
Pixee, Pixey, Pixi, Pixy, Pyxee, Pyxey, Pyxi, Pyxie, Pyxy

Placencia (latin) femme agréable.

Plácida (latin) variante de Placida.

Placidia (latin) sereine.
Placida, Placide, Placinda, Placyda, Placydah, Placynda

Platona (grec) aux épaules larges.
Platonah, Platonia, Platoniah, Platonya, Platonyah

Pleasance (français) plaisante.
Pleasence

Plena (latin) abondante; complète.

Pocahontas (amérindien) espiègle, enjouée.
Pocohonta

Poeta (italien) poésie.
*Poetah, Poetree, Poetrey, Poetri, Poetrie, Poetry, Poett,
Poetta, Poette*

Polibia (grec) pleine de vie.

Policarpa (grec) fertile.

Polidora (grec) femme généreuse.

Polimnia (grec) plusieurs hymnes. Mythologie:
Polymnie est l'une des Muses.

Polixena (grec) variante de Polyxena.

Polla (arabe) pavot.
Pola, Polah, Pollah

Polly (latin) variante populaire de Paula,
de Pauline.
*Polea, Poleah, Polee, Polei, Poleigh, Poley, Poli, Polie, Poll,
Pollea, Polleah, Pollee, Polleigh, Polley, Polli, Pollie, Poly*

Pollyanna (anglais) combinaison de Polly
et d'Anna. Littérature: héroïne excessivement
optimiste créée par Eleanor Porter.
*Polian, Poliana, Polianah, Poliane, Poliann, Polianna,
Poliannah, Polianne, Polliann, Pollianna, Polliannah,
Pollianne, Pollyana, Pollyanah, Pollyane, Pollyann,
Pollyannah, Pollyanne, Polyan, Polyana, Polyanah,
Polyane, Polyann, Polyanna, Polyannah, Polyanne*

Poloma (choctaw) arc.
Polomah, Polome

Polyxena (grec) accueillante.
*Polyxeena, Polyxeenah, Polyxenah, Polyxina, Polyxinah,
Polyxyna, Polyxynah, Polyzeena, Polyzeenah, Polyzena,
Polyzenah, Polyzina, Polyzinah, Polyzyna, Polyzynah*

Pomona (latin) pomme. Mythologie: Pomone,
déesse des Fruits et des Arbres fruitiers.
Pomma, Pommah, Pomme, Pomonah

Pompeya (latin) prodigue.

Pompilia (latin) cinquième fille.

Pomposa (latin) prodigue, splendide.

Ponciana (grec) blouse.

Poni (africain) deuxième fille.
Ponee, Poney, Ponie, Pony

Pooja (indien) adoration, culte.

Poonam (indien) mérite ; pleine lune.
Punam

Poppy (latin) coquelicot.
Popea, Popeah, Popee, Popey, Popi, Popie, Poppea,
Poppee, Poppey, Poppi, Poppie

Pora, Poria (hébreu) fructueuse.
Porah, Poriah, Porya, Poryah

Porcha (latin) variante de Portia.
Porchae, Porchai

Porche (latin) variante de Portia.

Porchia (latin) variante de Portia.
Porcia

Porfiria (grec) pourpre.

Porscha (allemand) variante de Portia.
Porcsha, Porschah, Porsché, Porschea, Porschia

Porsche (allemand) variante de Portia.
Porcshe, Pourche

Porsha (latin) variante de Portia.
Porshai, Porshay, Porshe, Porshea, Porshia

Porter GF (latin) portier.
Port, Portie, Porty

Portia (latin) offrande. Littérature : héroïne de la pièce de Shakespeare *Le Marchand de Venise*.
Porta, Portah, Portiah, Portiea, Portya, Portyah

Posy (anglais) fleur, petit bouquet de fleurs.
Posee, Posey, Posi, Posia, Posiah, Posie, Posya, Posyah

Potamia, Potamiena (grec) celle qui habite sur la rivière.

Potenciana (latin) puissante.

Prairie (français) prairie.

Praxedes, Práxedes (grec) celle qui a des intentions fermes.

Preciosa (latin) variante de Precious.

Precious (anglais) précieuse ; chère.
Pracious, Preciouse, Precisha, Prescious, Preshious, Presious

Premilla (sanscrit) petite fille aimante.
Premila, Premilah, Premillah, Premyla, Premylah, Premylla, Premyllah

Prepedigna (grec) digne.

Presencia (espagnol) présence.

Presentación (latin) présentation.

Presley FG (anglais) prairie du prêtre.
Preslea, Preslee, Preslei, Presli, Preslie, Presly, Preslye,
Pressley, Presslie, Pressly

Presta (espagnol) en hâte, rapide.

Pricilla (latin) variante de Priscilla.
Pricila, Pricilia

Prima (latin) première, début ; premier enfant.
Prema, Primah, Primalia, Primara, Primaria, Primariah,
Primetta, Primina, Priminia, Pryma, Prymah, Prymaria,
Prymariah, Prymarya, Prymaryah

Primavera (italien, espagnol) printemps.
Primaverah, Prymavera, Prymaverah

Primitiva (latin) variante de Prima.

Primrose (anglais) primevère.
Primrosa, Primula, Prymrosa, Prymrose

Princesse (anglais) princesse, fille d'un membre de la famille royale.
Princcess, Princes, Princesa, Princessa, Princetta, Princie,
Princilla, Pryncess, Pryncessa, Pryncessah

Prisca (latin) diminutif de Priscilla.

Priscila (latin) variante de Priscilla.
Priscilia

Prisciliana (anglais) variante de Prisca.

Priscilla (latin) ancien.
Cilla, Piri, Precila, Precilla, Prescilla, Presilla, Pressilia,
Priscela, Priscella, Priscill, Priscille, Priscillia, Priscillie,
Prisella, Prisila, Prisilla, Prissila, Prissilla, Prycyla, Prycylah,
Pryscylla, Prysilla, Prysillah, Prysylla, Prysyllah

Prissy (latin) diminutif de Priscilla.
Pris, Prisi, Priss, Prissi, Prissie

Priya (hindi) chérie ; de nature douce.
Pria, Priyah

Priyanka (indien) être cher.
Priyasha

Procopia (latin) meneuse déclarée.

Promise (latin) promesse, serment.
Promis, Promisea, Promisee, Promisey, Promisi, Promisie,
Promiss, Promissa, Promisse, Promissee, Promissey,
Promissi, Promissie, Promissy, Promisy, Promys, Promyse

Proserpine (grec) Mythologie : Proserpine, reine du monde souterrain.

Prospera (latin) prospère.
Prosperitee, Prosperitey, Prosperiti, Prosperitie, Prosperity

Próspera (grec) variante de Prospera.

Providencia (espagnol) providence, destinée.

Pru (latin) diminutif de Prudence.
Prue

Prudence (latin) prudente; discrète.
Prudance, Prudencia, Prudens

Prudenciana (espagnol) variante de Prudence.

Prudy (latin) diminutif de Prudence.
Prudee, Prudi, Prudie

Prunella (latin) marron; petite prune. Voir aussi Nellie.
Prunel, Prunela, Prunelah, Prunele, Prunell, Prunellah, Prunelle

Psyché (grec) âme. Mythologie: Psyché, une belle mortelle aimée par Éros, dieu grec de l'Amour.
Psyke, Syche, Syke

Pua (hawaïen) fleur.
Puah

Puakea (hawaïen) fleur blanche.
Puakeah, Puakia, Puakiah, Puakya, Puakyah

Pualani (hawaïen) fleur céleste.
Pualanee, Pualaney, Pualania, Pualaniah, Pualanie, Pualany, Puni

Publia (latin) du village.

Pudenciana (latin) variante de Prudenciana.

Puebla (espagnol) Géographie: ville du Mexique.

Puja (indien) adoration, culte.

Pulqueria (latin) jolie.

Purificación (espagnol) purification.

Purísima (espagnol) pure.

Purity (anglais) pureté.
Pura, Purah, Pure, Pureza, Purisima, Puritee, Puritey, Puriti, Puritia, Puritiah, Puritie, Puritya

Pusina (latin) enfant.

Pyralis (grec) feu.
Piralis, Piralissa, Pyralissa

Pyrena (grec) embrasée.
Pirena, Pirenah, Pyrenah, Pyrene

Pythia (grec) pythie, prophète.
Pithea, Pitheah, Pithia, Pithiah, Pythea, Pytheah, Pythiah, Pythis, Pythya, Pythyah

Qadesh (égyptien) Mythologie: déesse égyptienne.
Qadesha, Qadeshah, Quedesh, Quedesha

Qadira (arabe) puissante.
Kadira, Kadirah, Qadirah, Qadyra

Qamra (arabe) lune.
Kamra, Qamrah

Qiana (américain) variante de Quiana.

Qitarah (arabe) parfumée.
Qitara, Qytara, Qytarah

Quaashie U (ewe) née un dimanche.
Quashi, Quashie, Quashy

Quadeisha (américain) combinaison de Qadira et d'Aisha.
Quadaishia, Quadajah, Quadasha, Quadasia, Quadayshia, Quadaza, Quadejah, Quadesha, Quadeshia, Quadiasha, Quaesha, Qudaisha

Quaneisha (américain) combinaison du préfixe Qu et de Niesha.
Quaneasa, Quanece, Quanecia, Quaneesha, Quaneice, Quansha, Quneasha, Quynecia, Qwanisha, Qynecia, Qynisha

Quanesha (américain) variante de Quaneisha.
Quamesha, Quaneshia, Quanesia, Quanessa, Quanessia, Quannesha, Quanneshia, Quannezia, Quayneshia, Quonesha, Quynesha, Quynesia

Quanika (américain) combinaison du préfixe Qu et de Nika.
Quanikka, Quanikki, Quaniqua, Quanique, Quantenique, Quanyka, Quanykka, Quanykki, Quanyque, Quawanica, Quawanyca, Queenika, Queenique

Quanisha (américain) variante de Quaneisha.
Quaniesha, Quanishia, Quarnisha, Quaynisha, Queenisha, Quynisha, Quynishia, Quynsha, Qynisha, Qynysha

Quarralia (australien) étoile.
Quaralia, Quaraliah, Quaralya, Quaralyah, Quarraliah, Quarralya, Quarralyah

Quartilla (latin) quatrième.
Quantilla, Quartila, Quartilah, Quartile, Quartillah, Quartille, Quartyla, Quartylah, Quartyle, Quartylla, Quartyllah, Quartylle, Quintila, Quintilah, Quintile, Quintilla, Quintillah, Quintille, Quintyla, Quintylah, Quintyle, Quintylla, Quintyllah, Quintylle, Quyntila, Quyntilah, Quyntile, Quyntilla, Quyntillah, Quyntille, Quyntyla, Quyntylah, Quyntyle, Quyntylla, Quyntyllah, Quyntylle

Qubilah (arabe) agréable.
Quabila, Quabilah, Quabyla, Quabylah, Qubila, Qubyla, Qubylah

Queen (anglais) reine. Voir aussi Quinn.
Quean, Queena, Queenah, Quenna

Queenie (anglais) variante de Queen.
Queanee, Queaney, Queani, Queania, Queaniah, Queanie, Queany, Queanya, Queanyah, Queenation, Queenee, Queeneste, Queenet, Queeneta, Queenete, Queenett, Queenetta, Queenette, Queeney, Queeni, Queenia, Queeniah, Queenika, Queenique, Queeny, Queenya, Queenyah

Queisha (américain) diminutif de Quaneisha.
Qeysha, Qeyshia, Qeyshiah, Queishah, Queshia, Queshiah, Queshya, Queshyah, Queysha

Quelidonia (grec) hirondelle.

Quelita (américain) combinaison de Queen et de Lita.
Queleata, Queleatah, Queleeta, Queleetah, Queleta, Queletah, Quelitah, Quelyta, Quelytah

Quella (anglais) tranquille, apaisant.
Quela, Quele, Quellah, Quelle

Quenby U (scandinave) féminine.
Queenbea, Queenbee, Queenbey, Queenbi, Queenbie, Quenbye

Quenisha (américain) combinaison de Queen et d'Aisha.
Queneesha, Quenesha, Quenishia, Quennisha, Quensha, Quonisha, Quonnisha

Quenna (anglais) variante de Queen.
Queana, Queanah, Quena, Quenell, Quenella, Quenelle, Quenessa, Quenesse, Queneta, Quenete, Quenetta, Quenette, Quennah

Queralt (celte) haut rocher.

Querida (espagnol) chère; chérie.
Queridah, Queryda, Querydah

Querima, Querina (arabe) la personne généreuse.

Quesara (latin) jeune.

Quesare (espagnol) aux cheveux longs.

Questa (français) chercheuse, en quête.
Quest, Questah, Queste

Queta (espagnol) diminutif des noms se terminant par «queta» ou «quetta».
Quetah, Quetta

Quetromán (mapuche) âme réprimée.

Quetzalxochitl (nahuatl) fleur précieuse; reine.

Quiana, Quianna (américain) combinaisons du préfixe Qu et d'Anna.
Quian, Quianah, Quianda, Quiane, Quiani, Quianita, Quiann, Quiannah, Quianne, Quionna, Quyana, Quyanah, Quyane, Quyann, Quyanna, Quyannah, Quyanne

Quíbele (turc) Mythologie: autre nom de Cybèle, la déesse mère.

Quieta (anglais) tranquille.
Quietah, Quiete, Quietta, Quiettah, Quiette, Quyeta, Quyetah, Quyete, Quyetta, Quyettah, Quyette

Quiliana (espagnol) considérable; productive.

Quilla (inca) Mythologie: Mama Quilla est la déesse inca de la Lune.
Quila, Quilah, Quill, Quillah, Quille, Quyla, Quylah, Quyle, Quylla, Quyllah, Quylle

Quillen (espagnol) femme des hauteurs.

Quillén (araucanien) larme.

Quimey (mapuche) belle.

Quinby (scandinave) domaine de la reine.
Quinbea, Quinbee, Quinbey, Quinbi, Quinbie, Quynbea, Quynbee, Quynbey, Quynbi, Quynbia, Quynbie, Quynby

Quincey U (irlandais) variante de Quincy.
Quincee, Quinncee, Quinncey

Quincy GF (irlandais) cinquième.
Quinci, Quincia, Quincie, Quinnci, Quinncia, Quinncie, Quinncy, Quyncee, Quyncey, Quynci, Quyncia, Quyncie, Quyncy, Quynncee, Quynncey, Quynnci, Quynncie, Quynncy

Quinella (latin) variante de Quintana.
Quinel, Quinela, Quinelah, Quinell, Quinellah, Quinelle, Quynel, Quynela, Quynelah, Quynele, Quynell, Quynella, Quynellah, Quynelle

Quinesburga (anglo-saxon) force royale.

Quinesha (américain) variante de Quenisha.
Quineshia, Quinessa, Quinessia, Quinnesha, Quinneshia

Quinetta (latin) variante de Quintana.
Quinette, Quinita, Quinnette

Quinisha (américain) variante de Quenisha.
Quinisa, Quinishia, Quinnisha

Quinn [GF] (allemand, anglais) reine.
Voir aussi Queen.
Quin, Quina, Quinah, Quinna, Quinnah, Quinne, Quiyn, Quyn, Quynn

Quinshawna (américain) combinaison de Quinn et de Shawna.
Quinshea

Quintana (latin) cinquième; (anglais) pelouse de la reine. Voir aussi Quinella, Quinetta.
Quinta, Quintah, Quintanah, Quintane, Quintann, Quintanna, Quintannah, Quintanne, Quintara, Quintarah, Quintina, Quintona, Quintonah, Quintonice, Quynta, Quyntah, Quyntana, Quyntanah, Quyntanna, Quyntannah, Quyntanne, Quyntara, Quyntarah

Quintessa (latin) essence. Voir aussi Tess.
Quintaysha, Quintesa, Quintesha, Quintessah, Quintesse, Quintessia, Quintice, Quinticia, Quintisha, Quintosha, Quyntessa, Quyntessah, Quyntesse

Quintilia (latin) celle qui est née le cinquième mois.

Quintiliana (espagnol) variante de Quintilia.

Quintina (latin) variante de Quintana.
Quinntina, Quinntinah, Quinntine, Quintia, Quintiah, Quintila, Quintilla, Quintinah, Quintine, Quintyn, Quintyna, Quintynah, Quintyne, Quyntia, Quyntiah, Quyntila, Quyntilah, Quyntilla, Quyntillah, Quyntin, Quyntina, Quyntinah, Quyntine, Quyntyn, Quyntyna, Quyntynah, Quyntyne

Quintrell (américain) combinaison de Quinn et de Trella.
Quintrela, Quintrella, Quintrelle

Quintruy (mapuche) investigatrice.

Quintuqueo (mapuche) celle qui cherche la sagesse.

Quinturay (mapuche) celle qui a une fleur.

Quionia (grec) celle qui est fertile.

Quirina (latin) celle qui porte une lance.

Quirita (latin) citoyenne.
Quiritah, Quirite, Quiritta, Quirittah, Quiritte, Quiryta, Quirytah, Quiryte, Quirytta, Quiryttah, Quirytte, Quyryta, Quyrytah, Quyryte, Quyrytta, Quyryttah, Quyrytte

Quisa (égyptien) sœur de jumeaux.

Quisilinda (scandinave) douce flèche.

Quitterie (latin, français) paisible.
Quita, Quitah, Quiteree, Quiteri, Quiteria, Quiteriah, Quiterie, Quitery, Quyteree, Quyteri, Quyteria, Quyteriah, Quyterie, Quytery

Qwanisha (américain) variante de Quaneisha.
Qwanechia, Qwanesha, Qwanessia, Qwantasha

Ráa (espagnol) variante de Ria.

Raanana (hébreu) fraîche; luxuriante.
Ranana, Rananah

Rabecca (hébreu) variante de Rébecca.
Rabbeca, Rabbecah, Rabbecca, Rabeca, Rabecka, Rabekah

Rabi [U] (arabe) brise.
Raby

Rabia (arabe) variante de Rabi.
Rabiah, Rabya, Rabyah

Rachael (hébreu) variante de Rachel.
Rachaele, Rachaell

Rachal (hébreu) variante de Rachel.
Rachall, Rachalle

Racheal (hébreu) variante de Rachel.

Rachel (hébreu) brebis. Bible: deuxième femme de Jacob. Voir aussi Lahela, Rae, Rochelle.
Rachail, Rachela, Rachelann, Rahel, Raiche, Raichel, Raichele, Raichell, Raichelle, Raishel, Raishele, Ruchel, Ruchelle

Rachele, Rachell, Rachelle (français) variantes de Rachel. Voir aussi Shelley.
Rachella

Racquel (français) variante de Rachel.
Rackel, Racquele, Racquell, Racquella, Racquelle

Radegonde (allemand) conseillère en bataille.

Radella (allemand) conseillère.
Radela, Radelah, Radelia, Radeliah, Radellah, Radelle, Radiliah, Radillia, Radilliah, Radyla, Radylah, Radyllya, Radyllyah

Radeyah (arabe) contente, satisfaite.
Radeeyah, Radhiya, Radhiyah, Radiah, Radiyah

Radhika (indien) chérie; (swahili) agréable.

Radiante (latin) rayonnante.

Radinka (slave) pleine de vie ; heureuse, contente.
Radinkah, Radynka, Radynkah

Radmilla (slave) travailleuse pour le peuple.
Radmila, Radmilah, Radmile, Radmill, Radmilla, Radmillah, Radmille, Radmyla, Radmylah, Radmyle, Radmyll, Radmylla, Radmyllah, Radmylle

Rae (anglais) biche ; (hébreu) diminutif de Rachel.
Raeh, Raeneice, Raeneisha, Raesha, Rai, Raii, Ray, Raycene, Raye, Rayetta, Rayette, Rayma, Rey

Raeann, Raeanne (américain) combinaisons de Rae et d'Ann. Voir aussi Rayan.
Raea, Raean, Raeane, Raiane, Raiann, Raianne

Raeanna (américain) combinaison de Rae et d'Anna.
Raeana, Raeanah, Raeannah, Raeona, Raiana, Raianah, Raianna, Raiannah

Raeca (espagnol) belle ; unique.

Raechel, Raechelle (hébreu) variantes de Rachel.
Raechael, Raechal, Raechele, Raechell, Raechyl

Raeden (japonais) Mythologie : Raiden était le dieu du Tonnerre et de l'Éclair.
Raeda, Raedeen

Raegan (irlandais) variante de Reagan.
Raegen, Raegene, Raegine, Raegyn

Raelene (américain) combinaison de Rae et de Lee.
Rael, Raela, Raelani, Raele, Raeleah, Raelean, Raeleana, Raeleanah, Raeleane, Raelee, Raeleen, Raeleena, Raeleenah, Raeleene, Raeleia, Raeleigh, Raeleigha, Raelein, Raelennia, Raelesha, Raelin, Raelina, Raelinah, Raeline, Raelle, Railean, Raileana, Raileanah, Raileane, Raileen, Raileena, Raileenah, Raileene, Ralean, Raleana, Raleanah, Raleane, Raleen, Raleena, Raleenah, Raleene, Ralin, Ralina, Ralinah, Raline

Raelyn, Raelynn (américain) variantes de Raelene.
Raelyna, Raelynah, Raelynda, Raelyne, Raelynne, Railyn, Railyna, Railynah, Railyne, Ralyn, Ralyna, Ralynah, Ralyne

Raena (allemand) variante de Raina.
Raeinna, Raen, Raenah, Raenee, Raeni, Raenia, Raenie, Raenna, Raeny, Raeonna, Raeyauna, Raeyn, Raeyonna

Raetruda (allemand) conseil puissant.
Raeven (anglais) variante de Raven.
Raevin, Raevion, Raevon, Raevonna, Raevyn, Raevynne, Raewyn, Raewynne

Rafa (arabe) heureuse ; prospère.
Rafah, Raffa, Raffah

Rafaela (hébreu) variante de Raphaela.
Rafaelah, Rafaelia, Rafaeliah, Rafaella, Rafaellah, Raffaela, Raffaelah, Raffaella, Raffaellah, Rafia, Rafiah, Rafya, Rafyah

Rafaelle FG (français) variante de Raphaëlle.
Rafael, Rafaele, Rafaell, Raffaele, Raffaell, Raffaelle

Ragan, Ragen (irlandais) variantes de Reagan.
Ragean, Rageane, Rageen, Ragene, Rageni, Ragenna, Raggan

Ragine (anglais) variante de Regina.
Ragin, Ragina, Raginee

Ragnild (scandinave) conseillère en bataille.
Ragna, Ragnah, Ragnel, Ragnela, Ragnele, Ragnell, Ragnella, Ragnelle, Ragnhild, Ragnilda, Ragnildah, Ragnyld, Ragnylda, Renilda, Renilde, Renyld, Renylda, Renylde

Raheem GF (pendjabi) Dieu compatissant.
Raheema, Rahima

Rahel (allemand) variante de Rachel.
Rahela, Rahil

Ráidah (arabe) chef.
Raeda, Raedah, Raida, Rayda, Raydah

Raimunda (espagnol) variante de Ramona.

Rain (latin) diminutif de Régina. Variante de Raina, Rane.
Raene, Reyne

Raina (allemand) puissante ; (anglais) diminutif de Régina. Voir aussi Rayna.
Raheena, Rainah, Rainai, Rainea, Rainia, Rainiah, Rainna, Rainnah, Rainnia, Rainniah

Rainbow (anglais) arc-en-ciel.
Raenbo, Raenbow, Rainbeau, Rainbeaux, Rainbo, Rainebo, Rainebow, Raynbow, Reinbow, Reynbow

Raine FG (latin) diminutif de Régina. Variante de Raina, de Rane.

Rainee, Rainy (latin) variantes populaires de Régina.
Rainie

Rainelle (anglais) combinaison de Raina et d'Elle.
Rainel, Rainela, Rainelah, Rainele, Rainell, Rainella, Raynel, Raynela, Raynell, Raynella, Raynelle

Rainey FG (latin) diminutif de Régina.

Raingarda (allemand) défenseuse prudente.

Raini FG (latin) diminutif de Régina.

Raisa (russe) variante de Rose.
Raisah, Raissa, Raissah, Raiza, Raysa, Raysah, Rayssa, Rayssah, Rayza, Razia

Raizel (yiddish) variante de Rose.
Raizela, Raizelah, Raizele, Rayzil, Rayzila, Rayzile, Rayzill, Rayzilla, Rayzille, Rayzyl, Rayzyla, Rayzylah, Rayzyle, Razil, Razila, Razile, Razill, Razilla, Razillah, Razille, Razyl, Razyla, Razylah, Razyle, Razyll, Razylla, Razyllah, Razylle, Reizel, Resel

Raja FG (arabe) plein d'espoir.
Raia, Rajaah, Rajae, Rajai

Rajah (arabe) variante de Raja.

Rajani (hindi) soir.
Rajanee, Rajaney, Rajanie, Rajany

Rajel (hébreu) abeille.

Raku (japonais) plaisir.

Raleigh GF (irlandais) variante de Riley.
Ralea, Raleiah

Raley (irlandais) variante de Riley.

Rama (hébreu) noble, exaltée; (hindi) divine.
Religion: incarnation du dieu hindou Vishnou.
Ramah

Raman (espagnol) variante de Ramoma.

Ramandeep FG (sikh) couvert par la lumière
de l'amour du Seigneur.

Ramira (espagnol) judicieuse.

Ramla (swahili) diseuse de bonne aventure.
Ramlah

Ramona (espagnol) puissante; sage protectrice
Voir aussi Mona.
Raemona, Raimona, Raimonah, Raimone, Ramonda,
Raymona, Raymonah, Romona, Romonda

Ramosa (latin) branche.
Ramosah, Ramose

Ramsey GF (anglais) île du Bélier.
Ramsha, Ramsi, Ramsie, Ramza

Ramya (hindi) belle, élégante.
Ramia, Ramiah, Ramyah

Ran (japonais) nénuphar; (scandinave)
destructrice. Mythologie: déesse nordique
de la Mer et de la Destruction.

Rana (sanscrit) royale; (arabe) regard,
regard perçant.
Rahna, Rahnah, Ranah, Ranna, Rannah

Ranait (irlandais) gracieuse; prospère.
Ranaita, Ranaitah, Ranaite, Ranayt, Ranayta, Ranaytah,
Ranayte

Randa (arabe) arbre.
Randah

Randall GF (anglais) protégé.
Randal, Randala, Randalah, Randale, Randalea,
Randaleah, Randalee, Randalei, Randaleigh, Randaley,
Randali, Randalie, Randaly, Randel, Randela, Randelah,
Randele, Randell, Randella, Randelle, Randilee, Randilynn,
Randlyn, Randyl

Randee, Randi, Randie (anglais) variantes
populaires de Miranda, de Randall.
Rande, Randea, Randean, Randeana, Randeane, Randeen,
Randena, Randene, Randey, Randii, Randin, Randina,
Randine, Randyn, Randyna, Randyne

Randy GF (anglais) variante populaire
de Miranda, de Randall.

Rane (scandinave) reine.
Raen, Raene

Raneisha (américain) combinaison de Rae
et d'Aisha.

Ranesha (américain) variante de Raneisha.

Rangi (maori) ciel.
Rangee, Rangia, Rangiah, Rangie, Rangy

Rani FG (sanscrit) reine; (hébreu) joyeuse.
Diminutif de Kerani.
Rahnee, Rahney, Rahni, Rahnie, Rahny, Ranee, Raney,
Ranice, Ranie, Ranique, Rannee, Ranney, Ranni, Rannie,
Ranny, Rany

Rania (sanscrit, hébreu) variante de Rani.
Raniah

Ranielle (américain) combinaison de Rani
et d'Elle.
Rannielle, Rannyelle, Ranyelle

Ranisha (américain) variante de Raneisha.

Ranita (hébreu) chanson; joyeuse.
Ranata, Raneata, Raneatah, Raneate, Raneatt, Raneatta,
Raneattah, Raneatte, Raneet, Raneeta, Raneetah, Raneete,
Ranit, Ranitah, Ranite, Ranitta, Ranittah, Ranitte, Ranyta,
Ranytah, Ranyte, Ranytta, Ranyttah, Ranytte, Ronita

Raniyah (arabe) qui regarde.
Raniya

Ranya (sanscrit, hébreu) variante de Rani;
(arabe) diminutif de Raniyah.
Ranyah

Rapa (hawaïen) rayon de lune.
Rapah

Raphaëla (hébreu) variante de Raphaëlle.
Raphaelah, Raphaella, Raphaellah

Raphaëlle (hébreu) guérie par Dieu.
Raphaël, Raphaèle, Raphaell

Raquel, Raquelle (français) variantes de Rachel.
Rakel, Rakhil, Rakhila, Raqueal, Raquela, Raquele, Raquell,
Raquella, Ricquel, Ricquelle, Rikell, Rikelle, Rockell

Raquilda (allemand) variante de Radegunda.

Raquildis (allemand) princesse combattante.

Rasha (arabe) jeune gazelle.
Rahshea, Rahshia, Rahshiah, Rashae, Rashai, Rashea,
Rashi, Rashia, Rashya, Rashyah

Rashanda (américain) variante de Rashawna.
Rashunda

Rashawn CF (américain) diminutif
de Rashawna.
Raseane, Rashane, Rashaun, Rashaune, Rashawne, Rashon

Rashawna (américain) combinaison du préfixe
Ra et de Shawna.
*Raseana, Raseanah, Rashana, Rashanae, Rashanah,
Rashani, Rashanna, Rashanta, Rashauna, Rashaunah,
Rashaunda, Rashaundra, Rashawnah, Rashawnna, Rashona*

Rashawnda (américain) variante de Rashawna.

Rasheda (swahili) variante de Rashida.
*Rasheada, Rasheadah, Rashedah, Rasheeda, Rasheedah,
Rasheeta, Rasheida*

Rashel, Rashell, Rashelle (américain) variantes
de Rachel.
*Raeshelle, Raishell, Raishelle, Rashele, Rashella, Rayshel,
Rayshele, Rayshell, Rayshelle*

Rashida FC (swahili, turque) vertueuse.
*Rahshea, Rahsheda, Rahsheita, Rashdah, Rashidah,
Rashidee, Rashidi, Rashidie, Rashyda, Rashydah*

Rashieka (arabe) descendante d'un membre
de la famille royale.
*Rasheeka, Rasheekah, Rasheika, Rasheka, Rashekah,
Rashika, Rashikah, Rasika, Rasike, Rasiqua, Rasiquah,
Rasyqua, Rasyquah, Rasyque*

Rashonda (américain) variante de Rashawna.

Rasia (grec) rose.
Rasiah, Rasya, Rasyah

Ratana (tai) cristal.
*Ratania, Rataniah, Ratanya, Ratna, Ratnah, Rattan,
Rattana, Rattane*

Rathtyen (gallois) enfant de Clememyl.

Ratri (hindi) nuit. Religion : déesse de la Nuit.
*Ratree, Ratrey, Ratria, Ratriah, Ratrie, Ratry, Ratrya,
Ratryah*

Ratrudis (allemand) conseillère fidèle.

Raula (français) conseillère-louve.
Raolah, Raole, Raoula, Raulla, Raullah, Raulle

Raveen (anglais) variante de Raven.
Raveene, Raveenn

Raveena (anglais) variante de Raven.
Raveenah

Raven FC (anglais) merle.
*Raivan, Raiven, Raivin, Raivyn, Ravan, Ravana, Ravanah,
Ravanna, Ravannah, Ravena, Ravenah, Ravene, Ravenn,
Ravenna, Ravennah, Ravenne, Raveon, Revena*

Ravin, Ravyn (anglais) variantes de Raven.
*Ravi, Ravina, Ravinah, Ravine, Ravinne, Ravion, Ravyna,
Ravynah, Ravyne, Ravynn*

Ravon U (anglais) variante de Raven.

Rawan (tsigane) variante de Rawnie.

Rawnie (tsigane) dame élégante.
*Rawna, Rawnah, Rawnee, Rawney, Rawni, Rawnia, Rawniah,
Rawnii, Rawny, Rawnya, Rawnyah, Rhawna, Rhawnah,
Rhawnee, Rhawney, Rhawni, Rhawnie, Rhawny, Rhawnya,
Rhawnyah*

Raya (hébreu) amie.
Raia, Raiah, Raiya, Rayah

Rayan U (américain) variante de Raeann.
Ray-Ann, Rayane, Reyan, Reyann, Reyanne

Rayann, Rayanne (américain) variantes
de Raeann.

Rayanna (américain) variante de Raeanna.
Rayana, Rayanah, Rayannah, Rayeanna, Reyana, Reyanna

Raychel, Raychelle (hébreu) variantes
de Rachel.
Raychael, Raychela, Raychele, Raychell, Raychil

Rayelle (américain) variante de Raylyn.
Rayel, Rayele

Rayén (araucanien, mapuche) fleur.

Raylee (américain) variante populaire de Raylyn.
Rayleigh

Rayleen, Raylene (américain) variantes
de Raylyn.
*Raylean, Rayleana, Rayleanah, Rayleane, Rayleena,
Rayleenah, Rayleene, Raylena, Rayline*

Raylyn, Raylynn (américain) combinaisons
de Rae et de Lyn.
*Raylin, Raylina, Raylinah, Raylinn, Raylona, Raylyna,
Raylynah, Raylyne, Raylynne*

Raymonde (allemand) sage protectrice.
*Raemond, Raemonda, Raemondah, Raemonde, Raimond,
Raimonda, Raimondah, Raimonde, Rayma, Raymae,
Raymay, Raymie, Raymond, Raymonda, Raymondah*

Rayna (scandinave) puissante ; (yiddish)
pure, propre ; (anglais) conseillère du roi ;
(français) variante populaire de Lorraine.
Voir aussi Raina.
*Raynah, Raynel, Raynell, Raynella, Raynelle, Raynette,
Rayney, Rayni, Raynia, Rayniah, Raynie, Rayny, Raynya,
Raynyah*

Rayne FC (scandinave, yiddish, français)
variante de Rane, de Rayna.
Rayn

Raynisha (américain) variante de Raneisha.

Rayonna (américain) variante de Raeanna.
Rayona

Rayven (anglais) variante de Raven.
Rayvan, Rayvana, Rayvein, Rayvenne, Rayveona, Rayvin, Rayvon, Rayvonia

Rayya (arabe) qui n'a plus soif.

Razi 🄶🄵 (araméen) cachottier.
Rayzil, Rayzilee, Raz, Razia, Raziah, Raziela, Razilea, Razileah, Razilee, Razilei, Razileigh, Raziley, Razili, Razilia, Raziliah, Razilie, Razilla, Razillah, Razille, Razyl, Razyla, Razylah, Razylea, Razyleah, Razylee, Razylei, Razyleigh, Razyley, Razyli, Razylia, Razyliah, Razylie, Razyly

Raziya (swahili) agréable.
Raziyah

Rea (grec) coquelicot.
Reah

Reagan 🄵🄶 (irlandais) petit dirigeant.
Raygan, Raygen, Raygene, Rayghan, Raygin, Reagen, Reaghan, Reagin, Reagine, Reagon, Reagyn, Reigan, Reigana, Reiganah, Reigane, Reygan, Reygana, Reyganah, Reygane

Real (espagnol) réel, vrai.

Reanna (allemand, anglais) variante de Raina; (américain) variante de Raeann.
Reana, Reanah, Reannah, Reeana Reiana, Reianah, Reianna, Reiannah, Reyana, Reyanah, Reyanna, Reyannah

Reanne (américain) variante de Raeann, de Raeanna.
Rean, Reane, Reann, Reannan, Reannen, Reannon, Reian, Reiane, Reiann, Reianne, Reyan, Reyane, Reyann, Reyanne

Reba (hébreu) enfant née en quatrième. Diminutif de Rebecca. Voir aussi Reva, Riva.
Rabah, Reaba, Reabah, Rebah, Reeba, Reebah, Reiba, Reibah, Reyba, Reybah, Rheba, Rhebah, Rheiba, Rheibah, Rheyba, Rheybah

Rebbecca, Rebeca, Rebeccah (hébreu) variantes de Rebecca.
Rebbeca, Rebbecah, Rebecah

Rébecca (hébreu) liée, attachée. Bible : femme d'Isaac. Voir aussi Becca, Becky.
Rebeccea, Rebecha, Rebecqua, Rebecquah, Rebequa, Rebequah, Rebeque

Rebecka, Rebeckah (hébreu) variantes de Rébecca.
Rebeccka, Rebecckah, Rebeckia, Rebecky

Rebekah, Rebekka, Rebekkah (hébreu) variantes de Rébecca.
Rebeka, Rebekha, Rebekke

Rebi (hébreu) variante populaire de Rébecca.
Rebbie, Rebe, Rebie, Reby, Ree, Reebie

Redempta (latin) rédemption.

Reed 🄶🄵 (anglais) variante de Reid.
Raeed, Rheed

Reem (arabe) diminutif de Rima.

Reema, Reemah (arabe) variantes de Rima.
Reama, Reamah, Rema, Remah

Reena (grec) paisible; (anglais) variante de Rina; (hébreu) variante de Rinah.
Reen, Reenah, Reene, Reenia, Reeniah, Reenie, Reeny, Reenya, Reenyah

Reet (estonien) variante de Margaret.
Reat, Reata, Reatah, Reate, Reatha, Reeta, Reetah, Reete, Reit, Reita, Reitah, Reite, Reta, Retha, Reyt, Reyta, Reytah, Reyte

Refugio (latin) refuge.

Regan 🄵🄶 (irlandais) variante de Reagan.
Regana, Reganah, Regane, Regann, Reganna, Regannah, Regen, Regin

Reganne (irlandais) variante de Reagan.

Regenfrida (allemand) conseil pacifique.

Reggie 🄶🄵 (anglais) variante populaire de Régina.
Reggi, Reggy, Regi, Regia, Regiah, Regie

Reghan (irlandais) variante de Reagan.

Régina (latin) reine; (anglais) conseillère du roi. Géographie : capitale de la Saskatchewan, au Canada. Voir aussi Gina.
Raegina, Rega, Regeana, Regeanah, Regeena, Regeenah, Regena, Regennia, Regiena, Reginah, Reginia, Regis, Regyna, Regynah, Reygina, Reyginah, Reygyna, Reygynah

Régine (latin) variante de Régina.
Regeane, Regeene, Regin, Regyne, Reygin, Reygine, Reygyn, Reygyne

Regla (espagnol) règle.

Régula (latin) petit roi.

Rei 🄵🄶 (japonais) polie, sage.

Reia, Reya, Reyes (espagnol) variantes de Reina.

Reid 🄶🄵 (anglais) roux.
Read, Reide, Reyd, Reyde, Ried

Reiko (japonais) reconnaissante.
Reyko

Reilly 🄶🄵 (irlandais) variante de Riley.
Reilee, Reileigh, Reiley, Reili, Reilley, Reily

Reine (espagnol) diminutif de Régina. Voir aussi Reyna.
Rein, Reina, Reinah, Reinie, Reinna, Reiny, Reiona, Renia

Rekha (hindi) ligne fine.
Reka, Rekah, Rekia, Rekiah, Rekiya, Rekiyah

Relinda (allemand) princesse au bon cœur.

Remedios (espagnol) remède.

Remei (catalan) variante de Remedios.

Rémi CF (français) de Reims, en France.
Raymi, Reims, Remee, Remey, Remia, Remiah, Remie, Remmee, Remmi, Remmia, Remmiah, Remmie

Remigia (latin) rameuse.

Remington CF (anglais) domaine du corbeau.
Remmington

Remy CF (français) variante de Rémi.
Remmey, Remmy

Ren (japonais) organisatrice ; nénuphar ; lotus.

Rena (hébreu) chanson ; joie. Variante populaire d'Irène, de Régina, de Rénata, de Sabrina, de Séréna.
Renah

Renae (français) variante de Renée.
Renai, Renaia, Renaiah, Renay, Renaya, Renaye, Rennae, Rennay, Rennaya, Rennaye, Wrenae, Wrenai, Wrenay, Wrennae, Wrennai, Wrennay

Rénata (français) variante de Renée.
Ranata, Reinet, Reineta, Reinete, Reinett, Reinetta, Reinette, Renada, Renatah, Renate, Renatta, Reneata, Reneatah, Rennie, Renyatta, Rinada, Rinata

René CF (grec) diminutif d'Irène, de Renée.
Reen, Reene, Renne

Renea (français) variante de Renée.
Reneah, Rennea, Renneah

Renee (français) variante de Renée.

Renée (français) née de nouveau.
Reenee, Reeney, Reneigh, Rennee, Rinee

Reneisha (américain) variante de Raneisha.

Renelle (français) variante de Renée.
Renell

Renesha (américain) variante de Raneisha.

Renisha (américain) variante de Raneisha.

Rénita (français) variante de Rénata.
Reneeta, Reneetae, Reneetah, Reneita, Reneitah, Renetta, Renitah, Renitta, Renittah, Renitte, Renitza, Renyta, Renytah, Renyte

Rennie (anglais) variante populaire de Rénata.
Reenie, Reney, Reni, Renie, Renney, Renni, Renny, Reny

Reparada (latin) renouvelée.

Reseda (espagnol) fleur de réséda parfumée.
Reseada, Reseadah, Resedah, Reseeda, Reseedah, Resida, Residah, Resyda, Resydah, Seda, Sedah

Reshawna (américain) combinaison du préfixe Re et de Shawna.
Resaunna, Reschauna, Reschaunah, Reschaune, Reschawna, Reschawnah, Reschawne, Rescheana, Rescheanah, Rescheane, Reseana, Reseanah, Reshana, Reshauna, Reshaunah, Reshaunda, Reshawnah, Reshawnda, Reshawnna, Reshonda, Reshonn, Reshonta

Resi (allemand) variante populaire de Thérèse.
Resee, Resey, Resia, Resie, Ressa, Resse, Ressee, Ressi, Ressie, Ressy, Resy, Reza, Rezee, Rezey, Rezi, Rezie, Rezka, Rezy, Rezzee, Rezzey, Rezzi, Rezzie, Rezzy

Restituta (latin) restitution.

Reta (africain) secouée.
Reata, Reatah, Reate, Reatee, Reatey, Reati, Reatie, Reatta, Reattah, Reaty, Reita, Reitah, Reitta, Reittah, Retah, Retee, Retey, Retta, Rettah, Reyta, Reytah, Reytta, Reyttah, Rheata, Rheatah, Rheta, Rhetah, Rhetta, Rhettah

Retha (grec) diminutif d'Aretha.
Reatha, Reitha, Rethah, Rethia, Rethiah, Rethya, Rethyah, Reti, Retie, Rety, Ritha

Reubena (hébreu) regarder un enfant.
Reubina, Reubinah, Reuvena, Reuvenah, Rubena

Reva (latin) ranimée ; (hébreu) pluie ; un quart. Variante de Reba, de Riva.
Reava, Reavah, Ree, Reeva, Reevah, Revah, Revia, Reviah, Revida, Revidah, Revya, Revyah, Revyda, Revydah

Reveca, Reveka (slave) variantes de Rébecca, de Rebekah.
Reve, Revecca, Reveccah, Revecka, Reveckah, Revekah, Revekka

Revocata (latin) rappeler.

Rewuri (australien) source.
Rewuree, Rewurey, Rewurie, Rewury

Rexanne (américain) reine.
Rexan, Rexana, Rexanah, Rexane, Rexann, Rexanna, Rexannah, Rexanne

Reyhan CF (turc) fleur au doux parfum.
Reihan, Reihana, Reihanah, Reihane, Reyhana, Reyhanah, Reyhane

Reyna (grec) paisible ; (anglais) variante de Reina.
Reyn, Reynah, Reyne, Reynee, Reyni, Reynie, Reynna, Reyny

Reynalda (allemand) conseillère du roi.
Reinald, Reinalda, Reinaldah, Reinalde, Reynaldah, Reynalde

Réz U (latin, hongrois) cheveux cuivrés.
Res, Rezz

Reza CF (tchèque) variante de Theresa.
Rezah, Rezi, Rezie, Rezka, Rezza, Rezzah

Rhea (grec) ruisseau, petite rivière. Mythologie : Rhéa, mère de Zeus.
Rhéa, Rhéa, Rheah, Rhealyn, Rhia

Rheanna (grec) variante de Rhea.
Rheana, Rheanah, Rheannah, Rheeanna, Rheeannah

Rheannon (gallois) variante de Rhiannon.
Rheanan, Rheannan, Rheannin, Rheanon

Rhedyn (gallois) fougère.
Readan, Readen, Readin, Readon, Readyn, Reedan, Reeden, Reedin, Reedon, Reedyn, Rheadan, Rheaden, Rheadin, Rheadon, Rheadyn, Rhedan, Rhedin, Rhedon, Rheedan, Rheeden, Rheedin, Rheedon, Rheedyn

Rhian (gallois) diminutif de Rhiannon.
Rheane, Rheann, Rheanne, Rheean, Rheeane, Rheeann, Rheeanne, Rhiane, Rhiann, Rhianne

Rhiana, Rhianna (grec) variantes de Rheanna; (gallois) variantes de Rhian; (arabe) variantes de Rihana.
Rhianah, Rhiannah, Rhiauna

Rhiannon (gallois) sorcière; nymphe; déesse.
Rhianen, Rhiannan, Rhiannen, Rhianon, Rhianwen, Rhianyn, Rhinnon, Rhyanan, Riannon, Rianon, Ryanan, Ryanen, Ryanin, Ryanyn

Rhoda (grec) de Rhodes, en Grèce.
Rhodah, Rhodeia, Rhodia, Rhodiah, Rhodya, Rhodyah, Roda, Rodina

Rhodelia (grec) rosée.
Rhodeliah, Rhodelya, Rhodelyah, Rodelia, Rodeliah, Rodelya, Rodelyah

Rhody (grec) rose.
Rhode, Rhodea, Rhodee, Rhodey, Rhodi, Rhodie, Rhody, Rodi, Rodie

Rhona (écossais) puissante, forte; (anglais) conseillère du roi.
Rhonae, Rhonnie

Rhonda (gallois) éminente.
Rhondah, Rhondene, Rhondia, Rhondiah, Rhondiesha, Rhondya, Rhondyah, Ronelle, Ronnette

Rhonwyn (irlandais) variante de Bronwyn.
Rhonwena, Rhonwenah, Rhonwin, Rhonwina, Rhonwinah, Rhonwine, Rhonwinn, Rhonwinna, Rhonwinnah, Rhonwinne, Rhonwyna, Rhonwynah, Rhonwyne, Rhonwynn, Rhonwynna, Rhonwynnah, Rhonwynne, Ronwen, Ronwena, Ronwenah, Ronwene, Ronwin, Ronwina, Ronwinah, Ronwine, Ronwyn, Ronwyna, Ronwynah, Ronwyne, Ronwynn, Ronwynna, Ronwynnah, Ronwynne

Rhyan Ⓤ (gallois) variante de Rhian.
Rhyane, Rhyann, Rhyanne

Rhyanna (grec) variante de Rheanna.
Rhyana, Rhyanah, Rhyannah

Ria (espagnol) rivière.
Rhia, Rhiah, Rhya, Rhyah, Riah, Rya, Ryah

Ría (espagnol) variante de Ria.

Rian ⒻⒼ (gallois) variante de Rhian.
Riann, Riayn, Rioann, Rioanne

Riana, Rianna (irlandais) diminutifs de Briana; (arabe) variantes de Rhiana.
Rianah, Riannah

Riane, Rianne (gallois) variantes de Rhian.

Rica (espagnol) diminutif d'Érica, de Frederica, de Ricarda. Voir aussi Enrica, Sandrica, Terica, Ulrica.
Rhica, Rhicah, Rhicca, Rhiccah, Rhyca, Rhycah, Ricah, Ricca, Riccah, Ricka, Rickah, Rieca, Riecka, Rieka, Riqua, Riquah, Ryca, Rycah, Rycca, Ryccah, Rycka, Ryckah, Ryqua, Ryquah

Ricadonna (italien) combinaison de Ricarda et de Donna.
Ricadona, Ricadonah, Ricadonnah, Riccadona, Riccadonah, Riccadonna, Riccadonnah, Rickadona, Rickadonah, Rickadonna, Rickadonnah, Rikadona, Rikadonah, Rikadonna, Rikadonnah, Rycadona, Rycadonah, Rycadonna, Rycadonnah, Ryccadona, Ryccadonah, Ryckadona, Ryckadonah, Ryckadonna, Ryckadonnah, Rykadona, Rykadonah, Rykadonna, Rykadonnah

Ricarda (espagnol) dirigeante riche et puissante.
Riccarda, Riccardah, Richanda, Richarda, Richardah, Richardena, Richardina, Richena, Richenza, Richi, Rickarda, Rickardah, Rikarda, Rikardah, Ritcarda, Ritcharda, Rycadra, Rycardah, Rycharda, Rychardah, Ryckarda, Ryckardah, Rykarda, Rykardah

Ricci (américain) variante populaire d'Érica, de Frederica, de Ricarda. Voir aussi Ricki, Riki.
Riccy, Rici, Ricquie, Rique, Ryckee, Ryckey, Rycki, Ryckie, Rykee, Rykey, Ryki, Rykie, Ryky

Richa (espagnol) variante de Rica.

Richael (irlandais) sainte.
Ricael, Rickael, Rikael, Rycael, Ryckael, Rykael

Richelle (allemand, français) variante de Ricarda.
Richel, Richela, Richelah, Richele, Richell, Richella, Richellah, Richia, Rishel, Rishela, Rishelah, Rishele, Rishell, Rishella, Rishellah, Rishelle, Rychel, Rychela, Rychelah, Rychele, Rychell, Rychella, Rychellah, Rychelle, Ryshel, Ryshela, Ryshelah, Ryshele, Ryshell, Ryshella, Ryshellah, Ryshelle

Rickelle (américain) variante de Raquel.
Rickel, Rickela, Rickell

Ricki ⒻⒼ (américain) variante populaire d'Érica, de Frederica, de Ricarda. Voir aussi Ricki, Riki.
Rickee, Rickey, Rickilee, Ricky

Rickia (américain) variante de Ricki.
Rickina, Rickita, Rikia, Rikita, Rikkia

Rickie ⒼⒻ (américain) variante populaire d'Érica, de Frederica, de Ricarda.

Rickma (hébreu) tissée.
Rickmah, Ricma, Ricmah, Ryckma, Ryckmah, Rycma, Rycmah, Rykma, Rykmah

Ricquel (américain) variante de Raquel.
Rickquel, Rickquell, Ricquelle, Rikell, Rikelle

Rictruda (allemand) force puissante.

Rida U (arabe) favorisée par Dieu.
Ridah, Ryda, Rydah

Rigel (espagnol) pied. Astronomie : l'une des étoiles de la constellation d'Orion.

Rigoberta (allemand) conseiller brillant.

Rihana (arabe) basilic doux. Voir aussi Rhiana, Riana.

Rika (suédois) dirigeante.
Rhika, Rhikah, Rhikka, Rhikkah, Rikah, Rikka, Rikkah, Ryka, Rykah, Rykka, Rykkah

Riki FG (américain) variante populaire d'Érica, de Frederica, de Ricarda. Voir aussi Ricci, Ricki.
Rikee, Rikey, Rikie, Rikka, Rikke, Rikkee, Rikkey, Rikkie, Rikky, Riko, Riky

Rikki FG (américain) variante populaire d'Érica, de Frederica, de Ricarda.

Rilee, Rileigh (irlandais) variantes de Riley.

Riley GF (irlandais) vaillant. Voir aussi Rylee.
Rielee, Rieley, Rielle, Rielly, Riely, Rilea, Rileah, Riléi, Rili, Rilie, Rily

Rilla (allemand) petit ruisseau.
Rhila, Rhilah, Rhilla, Rhillah, Rhyla, Rhylah, Rhylla, Rhyllah, Rila, Rilah, Rillah, Ryla, Rylah, Rylla, Ryllah

Rim (arabe) diminutif de Rima.

Rima (arabe) antilope blanche.
Rheama, Rheamah, Rheema, Rheemah, Rheyma, Rheymah, Rhima, Rhimah, Rhime, Rhyma, Rhymah, Rhymia, Rimah, Ryma, Rymah

Rimona (hébreu) grenade. Voir aussi Mona.
Reamona, Reamonah, Reamone, Reemona, Reemonah, Reemone, Remona, Remonah, Remone, Rheimona, Rheimonah, Rheimone, Rheymona, Rheymonah, Rheymone, Rhimona, Rhimonah, Rhimone, Rhymona, Rhymonah, Rhymone, Rimonah, Rimone, Rymona, Rymonah, Rymone

Rin (japonais) parc. Géographie : nom d'un village japonais.
Rini, Ryn, Rynn, Ryny

Rina (anglais) diminutif des noms se terminant par « rina » ; (hébreu) variante de Rena, de Rinah.
Rheena, Rheenah, Rinea, Riney, Rini, Rinie, Rinn, Rinna, Rinnah, Rinne, Rinnee, Rinney, Rinni, Rinnie, Rinny, Riny, Ryna, Ryne, Rynea, Rynee, Ryney, Ryni, Rynie, Ryny

Rinah (hébreu) joyeuse.
Rynah

Rio GF (espagnol) rivière. Géographie : Rio de Janeiro est un port maritime du Brésil.
Ryo

Río (espagnol) variante de Rio.

Riona (irlandais) sainte.
Reaona, Reaonah, Reeona, Reeonah, Reona, Reonah, Rheaona, Rheaonah, Rheeona, Rheeonah, Rheiona, Rheionah, Rheona, Rheonah, Rheyona, Rheyonah, Rhiona, Rhionah, Rhyona, Rhyonah, Rionah, Ryona, Ryonah

Risa (latin) rire.
Reasa, Reasah, Reesa, Reesah, Reisa, Reisah, Resa, Resah, Risah, Rysa, Rysah

Risha (hindi) Vrishabha est l'un des noms du signe du zodiaque Taureau.
Rishah, Rishay, Rysha, Ryshah

Rishona (hébreu) première.
Rishina, Rishon, Rishonah, Ryshona, Ryshonah

Rissa (grec) diminutif de Nerissa.
Rissah, Ryssa, Ryssah

Rita (sanscrit) courageuse ; honnête ; (grec) diminutif de Margarita.
Reda, Reeta, Reetah, Reetta, Reettah, Reida, Rheeta, Rheetah, Riet, Ritah, Ritamae, Ritamarie, Ritta, Rittah, Ryta, Rytah, Rytta, Ryttah

Ritsa (grec) variante populaire d'Alexandra.
Ritsah, Ritsi, Ritsie, Ritsy, Rytsa, Rytsah

Riva (français) berge ; (hébreu) diminutif de Rébecca. Voir aussi Reba, Reva.
Rivah, Rivalee, Rivi, Rivvy, Ryva, Ryvah

Rivalea (américain) combinaison de Riva et de Léa.
Rivaleah, Rivalee, Rivalei, Rivaleigh, Rivaley, Rivali, Rivalia, Rivaliah, Rivaly, Rivalya, Rivalyah, Riverlea, Riverleah, Ryvalea, Ryvaleah, Ryvalee, Ryvalei, Ryvaleigh, Ryvali, Ryvalia, Ryvaliah, Ryvalie, Ryvaly, Ryvalya, Ryvalyah

River GF (latin, français) rivière, eau.
Rivana, Rivanah, Rivane, Rivanna, Rivannah, Rivanne, Rivers, Riviane, Ryvana, Ryvanah, Ryvane, Ryvanna, Ryvannah, Ryvanne, Ryver

Rivka (hébreu) diminutif de Rébecca.
Rivca, Rivcah, Rivkah, Ryvka, Ryvkah

Riza (grec) variante de Theresa.
Riesa, Riesah, Rizah, Rizus, Rizza, Rizzah, Ryza, Ryzah, Ryzza, Ryzzah

Roanna (américain) variante de Rosana.
Ranna, Rhoanna, Rhoannah, Roan, Roana, Roanae, Roanah, Roanda, Roane, Roann, Roannae, Roannah, Roanne

Robbi (anglais) variante populaire de Roberta.
Robby, Robbye, Robey, Robi, Robia, Roby

Robbie GF (anglais) variante populaire de Roberta.

Roberta (anglais) célèbre intelligence.
Voir aussi Bobbette, Bobbi, Robin.
*Roba, Robertah, Robertena, Robertha, Robertina, Robette,
Robettia, Robettiah, Roburta, Roburtah, Ruperta, Ryberta,
Rybertah*

Robin **FC** (anglais) rouge-gorge. Variante
de Roberta.
*Rebin, Rebina, Rebinah, Rebine, Rebyn, Rebyna, Rebynah,
Rebyne, Robann, Robban, Robbana, Robbanah, Robbane,
Robben, Robbena, Robbenah, Robbene, Robbin, Robbina,
Robbinah, Robbine, Robbon, Robeen, Roben, Robena,
Robenah, Robenia, Robeniah, Robian, Robina, Robinah,
Robine, Robinia, Robiniah, Robinn, Robon*

Robinette (anglais) variante populaire de Robin.
*Robernetta, Robinatta, Robinet, Robinett, Robinetta,
Robinita, Robinta, Robynett, Robynetta, Robynette*

Robustiana (latin) femme robuste.

Robyn (anglais) variante de Robin.
*Robbyn, Robbyna, Robbynah, Robbyne, Robbynn, Robyna,
Robyne, Robynne*

Robynn (anglais) variante de Robin.

Rochel (hébreu, français) variante de Rochelle.

Rochelle (français) large pierre ; (hébreu)
variante de Rachel. Voir aussi Shelley.
*Reshelle, Roch, Rocheal, Rochealle, Rochele, Rochell,
Rochella, Rochette, Rockelle, Rohcell, Rohcelle, Roshel,
Roshele, Roshell, Roshelle*

Rochely (latin) variante de Rochelle.

Rocio (espagnol) gouttes de rosée.
Rocío, Rocyo

Roderica (allemand) dirigeante célèbre.
*Rodericka, Roderik, Roderika, Roderocah, Roderyc,
Roderyca, Roderycah, Roderyck, Roderycka, Roderyka,
Rodreicka, Rodricka, Rodrika*

Roderiga, Rodriga (espagnol) variantes
de Roderica.

Rodia (grec) rose.

Rodnae (anglais) clairière de l'île.
*Rodna, Rodnah, Rodnai, Rodnay, Rodneta, Rodnete,
Rodnett, Rodnetta, Rodnette, Rodnicka*

Rodneisha (américain) combinaison de Rodnae
et d'Aisha.
*Rodesha, Rodisha, Rodishah, Rodnecia, Rodneycia,
Rodneysha*

Rodnesha (américain) variante de Rodneisha.
Rodneshia

Rodnisha (américain) variante de Rodneisha.

Rogaciana (latin) femme qui pardonne.

Rogelia (teuton) belle personne.

Rohana (hindi) santal ; (américain) combinaison
de Rose et de Hannah.
*Rochana, Rochanah, Rohan, Rohanah, Rohane, Rohanna,
Rohannah, Rohanne, Rohena, Rohenah*

Rohini (hindi) femme.
*Rohine, Rohiney, Rohinie, Rohiny, Rohynee, Rohyney,
Rohyni, Rohynie, Rohyny*

Roisin (irlandais) diminutif de Roisina.
Roisine, Roisyn, Roisyne, Roysyn, Roysyne

Roisina (irlandais) rose.
Roisinah, Roisyna, Roisynah, Roysyna, Roysynah

Roja (espagnol) rouge.

Rolanda (allemand) célèbre dans tout le pays.
*Ralna, Rolandah, Rolande, Rolandia, Rolandiah, Rolando,
Rolandya, Rolandyah, Rolaunda, Roleesha, Rolinda,
Rollande*

Roldana (espagnol) variante de Rolanda.

Rolene (allemand) variante de Rolanda.
Rolaine, Rolena, Rolleen, Rollene

Rolonda (allemand) variante de Rolanda.

Roma (latin) de Rome.
*Romah, Romai, Rome, Romeise, Romeka, Romesha,
Rometta, Romini, Romma, Romola*

Romaine (français) de Rome.
*Romain, Romaina, Romainah, Romana, Romanah,
Romanda, Romanel, Romanela, Romanele, Romanella,
Romanelle, Romania, Romanique, Romany, Romayna,
Romaynah, Romayne, Romina, Rominah, Romine, Romona,
Romonia, Romyn, Romyna, Romynah, Romyne*

Romane **TOP** **.100.** (latin) originaire de Rome ;
habitant de Rome.
Romanne

Romelda (allemand) combattant romain.
*Romeld, Romeldah, Romelde, Romilda, Romildah, Romilde,
Romildia, Romildiah, Romylda, Romyldah, Romylde*

Romelia (hébreu) personne chère à Dieu.

Romero (espagnol) romarin.

Romia (hébreu) louée.
Romiah, Romya, Romyah

Romola (latin) variante de Roma.
*Romel, Romela, Romelah, Romele, Romell, Romella,
Romellah, Romelle, Romellia, Romelliah, Romila, Romilah,
Romile, Romilla, Romillah, Romille, Romillia, Romolah,
Romole, Romolla, Romollah, Romolle, Romyla, Romylah,
Romyle, Romylla, Romyllah, Romylle*

Romualda (allemand) gouvernante glorieuse.

Rómula (espagnol) qui possède une grande
force.

Romy TOP. FG (français) variante populaire
de Romaine ; (anglais) variante populaire
de Rosemary.
Romee, Romey, Romi, Romie

Rona, Ronna (scandinave) diminutifs
de Ronalda.
Ronah, Ronalee, Ronnae, Ronnah, Ronnay, Ronne, Ronsy

Ronaele (grec) nom Eléanor écrit à l'envers.

Ronalda (écossais) puissante, forte ; (anglais)
conseillère du roi.
*Rhonalda, Rhonaldah, Rhonaldia, Rhonaldiah, Ronaldah,
Ronaldia, Ronaldiah, Ronaldya, Ronaldyah*

Ronda (gallois) variante de Rhonda.
*Rondah, Rondai, Rondesia, Rondi, Rondie, Ronelle,
Ronnette*

Rondelle (français) poème court.
Rhondelle, Rondel, Ronndelle

Roneisha (américain) combinaison de Rhonda
et d'Aisha.
*Roneasha, Ronecia, Roneeka, Roneesha, Roneice, Ronese,
Ronessa, Ronesse, Roneysha, Roniesha, Ronneisha,
Ronnesa, Ronniesha, Ronnysha, Ronysha*

Ronelle (gallois) variante de Rhonda, de Ronda.
*Ranell, Ranelle, Ronel, Ronela, Ronelah, Ronele, Ronell,
Ronella, Ronielle, Ronnel, Ronnela, Ronnele, Ronnell,
Ronnella, Ronnelle*

Ronesha (américain) variante de Roneisha.
Ronnesha

Roneshia (américain) variante de Roneisha.
Ronesia, Ronessia, Ronneshia

Roni FG (américain) variante populaire
de Veronica et des noms commençant
par « Ron ».
*Rone, Ronea, Ronee, Roney, Ronia, Roniah, Ronie, Ronnee,
Ronney, Rony, Ronya, Ronyah, Ronye*

Ronica, Ronika, Ronique (latin) diminutifs
de Veronica, de Véronique.
*Ronicah, Ronikah, Roniqua, Ronnica, Ronnicah, Ronnika,
Ronnikah*

Ronisha, Ronnisha (américain) variantes
de Roneisha.
*Ronice, Ronichia, Ronicia, Ronise, Ronnisa, Ronnise,
Ronnishia*

Ronli (hébreu) joyeuse.
*Ronlea, Ronleah, Ronlee, Ronlei, Ronleigh, Ronley,
Ronlia, Ronliah, Ronlie, Ronly, Ronnlea, Ronnleah,
Ronnlee, Ronnlei, Ronnleigh, Ronnley, Ronnlia, Ronnliah,
Ronnlie, Ronnly*

Ronnette (gallois) variante populaire
de Rhonda, de Ronda.
*Ronet, Roneta, Ronetah, Ronete, Ronett, Ronetta,
Ronettah, Ronette, Ronit, Ronita, Ronnetta, Ronnit,
Ronny*

Ronni (américain) variante populaire de Veronica
et des noms commençant par « Ron ».

Ronnie, Ronny GF (américain) variantes
populaires de Veronica et des noms
commençant par « Ron ».

Roquelia (allemand) cri de guerre.

Roquelina (latin) variante de Rochelle.

Rori (irlandais) intelligence célèbre ; célèbre
dirigeante.
*Roarea, Roaree, Roarey, Roari, Roarie, Roary, Rorea,
Roree, Roria, Roriah, Rorie, Rorya, Roryah*

Rory GF (irlandais) intelligence célèbre ;
célèbre dirigeante.

Ros (anglais) diminutif de Rosalind, de Rosalyn.
Voir aussi Roz.

Rosa (italien, espagnol) variante de Rose.
Histoire : Rosa Parks inspira le mouvement
américain des droits civiques en refusant de
laisser son siège à un homme blanc dans un bus
à Montgomery, en Alabama, aux États-Unis.
Voir aussi Charo, Roza.
Rosae, Rosah

Rosa de Lima (espagnol) Rose de Lima,
la capitale du Pérou.

Rosabel (français) belle rose.
*Rosabela, Rosabelah, Rosabele, Rosabelia, Rosabell,
Rosabella, Rosabellah, Rosabelle, Rosabellia, Rosabelliah,
Rosebel, Rosebela, Rosebelah, Rosebele, Rosebell, Rosebella,
Rosebellah, Rosebelle, Rosebellia, Rosebelliah, Rozabel,
Rozabela, Rozabelah, Rozabele, Rozabell, Rozabella,
Rozabellah, Rozabelle, Rozebel, Rozebela, Rozebelah,
Rozebele, Rozebell, Rozebella, Rozebellah, Rozebelle*

Rosalba (latin) rose blanche.
Rosalbah, Rosalba

Rosalee, Rosalie (anglais) variantes de Rosalind.
*Rosalea, Rosaleen, Rosalei, Rosaleigh, Rosalene, Rosali,
Rosalle, Rosaly, Rosealee, Rosealie, Roselee, Roseli,
Roseleigh, Roseley, Roseli, Roselie, Rosely, Rosilee, Rosli,
Rozalee, Rozalei, Rozaleigh, Rozaley, Rozali, Rozalie,
Rozaly, Rozele, Rozlee, Rozlei, Rozleigh, Rozley, Rozli,
Rozlie, Rozly*

Rosalia (anglais) variante de Rosalind.
*Rosaleah, Rosaliah, Rosalla, Rosallah, Roselea, Roseleah,
Roselia, Roseliah, Rozalea, Rozaleah, Rozália, Rozaliah,
Rozlea, Rozleah, Rozlia, Rozliah*

Rosalía (espagnol) variante de Rosalia.

Rosalín, Roselín (espagnol) variantes
de Rosalyn.

Rosalina (espagnol) variante de Rosalind.
*Rosaleana, Rosaleanah, Rosaleena, Rosaleenah, Rosaleina,
Rosaleinah, Rosalinah, Rosalyna, Rosalynah, Rozalaina,
Rozalainah, Rozalana, Rozalanah, Rozalina, Rozalinah*

Rosalind (espagnol) belle rose.
Rosalinde, Rosalynd, Rosalynde, Roselind, Rozalind, Rozalinde, Rozelynd, Rozelynde, Rozland

Rosalinda (espagnol) variante de Rosalind.
Rosalindah, Rosalynda, Rosalyndah, Roslynda, Roslyndah, Rozalinda, Rozalindah, Rozelynda, Rozelyndah

Rosalva (latin) variante de Rosalba.

Rosalyn (espagnol) variante de Rosalind.
Rosalean, Rosaleane, Rosaleen, Rosaleene, Rosalein, Rosaleine, Rosalin, Rosaline, Rosalyne, Rosalynn, Rosalynne, Rosilyn, Rozalain, Rozalaine, Rozalan, Rozalane, Rozalin, Rozaline, Rozalyn

Rosamaria (anglais) variante de Rose-Marie.
Rosamarie

Rosamaría (espagnol) variante de Rosamaria.

Rosamond (allemand) celèbre gardienne.
Rosamonda, Rosamondah, Rosamonde, Rosiemond, Rozamond, Rozamonda, Rozmond, Rozmonda, Rozmondah

Rosamund (espagnol) variante de Rosamond.
Rosamunda, Rosamundah, Rosamunde, Rosemund, Rosemunda, Rosemundah, Rosiemund, Rosiemunda, Rozmund, Rozmunda, Rozmundah

Rosana, Rosanna, Roseanna (anglais)
combinaisons de Rose et d'Anna.
Rosanah, Rosania, Rosaniah, Rosannae, Rosannah, Rosannia, Rosanniah, Roseana, Roseanah, Roseania, Roseaniah, Roseannah, Roseannia, Roseanniah, Rosehanah, Rosehannah, Rosiana, Rosianah, Rosianna, Rosiannah, Rossana, Rossanna, Rosyana, Rosyanah, Rosyanna, Rosyannah, Rozana, Rozanah, Rozanna, Rozannah, Rozannia, Rozanniah, Rozannya, Rozeana, Rozeanah, Rozeanna, Rozeannah, Rozzanna, Rozzannah, Rozzannia, Rozzanniah, Rozzanya, Rozzanyah

Rosangelica (américain) combinaison de Rose
et d'Angelica.
Rosangelika, Roseangelica, Roseangelika

Rosanne, Roseann, Roseanne (anglais)
combinaisons de Rose et d'Ann.
Rosan, Rosane, Rosann, Rose Ann, Rose Anne, Rosean, Roseane, Rosian, Rosiane, Rosiann, Rosianne Rossann, Rossanne, Rosyan, Rosyane, Rosyann, Rosyanne, Rozan, Rozane, Rozann, Rozanne, Rozannie, Rozanny, Rozean, Rozeane, Rozeann, Rozeanne, Rozzann, Rozzanne

Rosario **FG** (philippin, espagnol) chapelet.
Rosaria, Rosariah, Rosarie, Rosary, Rosarya, Rosaryah, Rozaria, Rozariah, Rozarya, Rozaryah, Rozaryo

Rosaura (philippin, espagnol) variante
de Rosario.
Rosarah

Rose **TOP** (latin) rose. Voir aussi Chalina,
.100.
Raisa, Raizel, Roza.
Rada, Rasia, Rasine, Rois, Róise, Rosea, Roses, Rosina, Rosse, Roze, Rozelle

Rose-Marie, Rosemarie (anglais) combinaisons
de Rose et de Marie.
Rosemarea, Rosemaree, Rosemari, Rosemaria, Rosemariah, Rozmari, Rozmaria, Rozmariah, Rozmarie

Roselani (hawaïen) rose céleste.
Roselana, Roselanah, Roselanea, Roselanee, Roselaney, Roselania, Roselaniah, Roselanie, Roselany, Roselanya, Roslanea, Roslanee, Roslaney, Roslani, Roslania, Roslaniah, Roslanie, Roslany, Roslanya, Roslanyah

Roseline, Roselyn (espagnol) variantes
de Rosalind.
Roselean, Roseleana, Roseleanah, Roseleane, Roseleen, Roseleena, Roseleenah, Roseleene, Roselein, Roseleina, Roseleinah, Roseleine, Roselene, Roselin, Roselina, Roselinah, Roselyna, Roselynah, Roselyne, Roselynn, Roselynne, Rozelain, Rozelaina, Rozelainah, Rozelaine, Rozelan, Rozelana, Rozelanah, Rozelane, Rozelin, Rozelina, Rozelinah, Rozeline, Rozelyn, Rozelyna, Rozelynah, Rozelyne

Rosella (latin) variante de Rose.
Rosela, Roselah, Rosellah, Rozela, Rozelah, Rozella, Rozellah, Rozellia, Rozelliah

Rosemary (anglais) combinaison de Rose
et de Mary.
Rosemarey, Rosemarya, Rosemaryah, Rozmary, Rozmarya, Rozmaryah

Rosemonde (français) variante de Rosamond.
Rosemonda, Rosemondah, Rozmonde, Rozmunde

Rosenda (allemand) dame excellente.

Roser (catalan) variante de Rosario.

Rosetta (italien) variante de Rose.
Roset, Roseta, Rosetah, Rosete, Rosett, Rosettah, Rosette, Rozet, Rozeta, Rozetah, Rozete, Rozett, Rozetta, Rozettah, Rozette

Roshan **GF** (sanscrit) lumière éclatante.
Roshaina, Roshainah, Roshaine, Roshana, Roshanah, Roshane, Roshani, Roshania, Roshaniah, Roshanie, Roshany, Roshanya, Roshanyah

Roshawna (américain) combinaison de Rose
et de Shawna.
Roseana, Roseanah, Roseane, Roshanda, Roshann, Roshanna, Roshanta, Roshaun, Roshauna, Roshaunah, Roshaunda, Roshawn, Roshawnah, Roshawnda, Roshawnna, Rosheen, Rosheena, Rosheene, Roshona, Roshowna

Roshni (indien) éclaircissants.

Roshonda (américain) variante de Roshawna.

Roshunda (américain) variante de Roshawna.

Rosicler (français) combinaison de Rosa
et de Clara.

Rosie, Rosy (anglais) variantes populaires
de Rosalind, de Rosana, de Rose.
Rosea, Roseah, Rosee, Rosey, Rosi, Rosia, Rosiah, Rosse, Rosya, Rosyah, Rosye, Rozsi, Rozy

Rosilda (allemand) guerrière à cheval.

Rosina (anglais) variante populaire de Rose.
Roseena, Roseenah, Roseene, Rosena, Rosenah, Rosene, Rosinah, Rosine, Rosyna, Rosynah, Rosyne, Roxina, Roxinah, Roxine, Roxyna, Roxynah, Roxyne, Rozeana, Rozeanah, Rozeane, Rozeena, Rozeenah, Rozeene, Rozena, Rozenah, Rozene, Rozina, Rozinah, Rozine, Rozyna, Rozynah, Rozyne

Rosinda, Rosuinda (teuton) célèbre guerrière.

Rosio (espagnol) variante de Rosie.

Rosita (espagnol) variante populaire de Rose.
Roseat, Roseata, Roseatah, Roseate, Roseet, Roseeta, Roseetah, Roseete, Rosit, Rositah, Rosite, Rositt, Rositta, Rosittah, Rositte, Rosyt, Rosyta, Rosytah, Rosyte, Rozit, Rozita, Rozitah, Rozite, Rozyt, Rozyta, Rozytah, Rozyte, Rozytt, Rozytta, Rozyttah, Rozytte

Roslyn (écossais) variante de Rossalyn.
Roslain, Roslan, Roslana, Roslanah, Roslane, Roslin, Roslina, Roslinah, Rosline, Roslinia, Rosliniah, Roslyne, Roslynn, Rosslyn, Rosslynn, Rozlain, Rozlayn, Rozlayna, Rozlin, Rozlina, Rozlinah, Rozline, Rozlyn, Rozlyna, Rozlynah, Rozlyne, Rozlynn, Rozlynna, Rozlynnah, Rozlynne

Rosmarí (espagnol) variante de Rosamaría.

Rosmira (allemand) variante de Rosilda.

Rosó (catalan) variante de Rosario.

Rosoínda (latin) variante de Rosa.

Rossalyn (écossais) cape; promontoire.
Rosalin, Rosaline, Rosalyne, Rossalin, Rossaline, Rossalyne, Rosselyn, Rosylin, Roszaliyn

Rósula (latin) variante de Rosa.

Rosura (latin) rose dorée.

Roswinda (germanique) variante de Rosinda.

Rotrauda (germanique) conseillère célèbre.

Rowan GF (anglais) sorbier, arbuste aux baies rouges; (gallois) variante de Rowena.
Rhoan, Rhoane, Rhoann, Rhoanne, Rhoen, Rhoin, Rhoina, Rhoinah, Rhoine, Rhoinn, Rhoinna, Rhoinnah, Rhoinne, Rowana, Rowanah, Rowane, Rowon, Rowona, Rowonah, Rowone

Rowena (gallois) aux cheveux blonds; (anglais) amie célèbre. Littérature: objet de l'amour d'Ivanhoé dans le roman éponyme de Sir Walter Scott.
Ranna, Row, Rowe, Roweana, Roweanah, Roweena, Roweenah, Rowein, Roweina, Rowen, Rowenah, Rowene, Rowin, Rowina, Rowinah, Rowine, Rowyn, Rowyna, Rowynah, Rowyne, Rowynn, Rowynna, Rowynnah, Rowynne

Roxana, Roxanna (persan) variantes de Roxann.
Rexana, Rexanah, Rexanna, Rexannah, Rocsana, Roxanah, Roxannah, Roxannia, Roxanniah, Roxannie, Roxanny

Roxane ᵀᴼᴾ.₁₀₀. (persan) lever du soleil. Littérature: Roxane est l'héroïne de la pièce *Cyrano de Bergerac* d'Edmond Rostand.
Roxanne

Roxann (persan) variante de Roxane.
Rocxann, Roxan, Roxianne

Roxie, Roxy (persan) variantes populaires de Roxann.
Roxi

Roya (anglais) diminutif de Royanna.

Royale (anglais) royale.
Roial, Roiala, Roiale, Roiell, Roielle, Royal, Royala, Royalene, Royalle, Royel, Royela, Royele, Royell, Royella, Royelle, Roylee, Roylene, Ryal, Ryale

Royanna (anglais) au port de reine, royale.
Roiana, Roianah, Roiane, Roianna, Roiannah, Roianne, Royana, Royanah, Royane, Royannah, Royanne

Roz (anglais) diminutif de Rosalind, de Rosalyn. Voir aussi Ros.
Rozz, Rozzey, Rozzi, Rozzie, Rozzy

Roza (slave) variante de Rosa.
Rozah, Rozalia, Rozea, Rozeah, Rozelli, Rozia, Rozsa, Rozsi, Rozyte, Rozza, Rozzie

Rozelle (latin) variante de Rose.
Rosel, Rosele, Rosell, Roselle, Rozel, Rozele, Rozell

Rozene (amérindien) rose, une fleur.
Rozeana, Rozeanah, Rozeane, Rozeena, Rozeenah, Rozeene, Rozena, Rozenah, Rozin, Rozina, Rozinah, Rozine, Rozyn, Rozyna, Rozynah, Rozyne, Ruzena, Ruzenah, Ruzene

Ruana (espagnol) poncho.
Ruan, Ruanah, Ruane, Ruann, Ruanna, Ruannah, Ruanne, Ruon

Ruba (français) variante de Ruby.

Rubena (hébreu) variante de Reubena.
Rubenah, Rubenia, Rubeniah, Rubina, Rubinah, Rubine, Rubinia, Rubyn, Rubyna, Rubynah

Rubi (français) variante de Ruby.
Rubbie, Rubia, Rubiah, Rubiann, Rubie

Rubí (latin) variante de Ruby.

Ruby (français) le rubis, une pierre précieuse.
Rubby, Rube, Rubea, Rubee, Rubetta, Rubette, Rubey, Rubyann, Rubye

Ruchi (hindi) qui veut plaire.
Ruchee, Ruchey, Ruchie, Ruchy

Rudecinda (espagnol) variante de Rosenda.

Rudee (allemand) diminutif de Rudolfa.
Rudea, Rudeline, Rudey, Rudi, Rudia, Rudiah, Rudie, Rudina, Rudy, Rudya, Rudyah

Rudelle (américain) combinaison de Rudee et d'Elle.
Rudel, Rudela, Rudele, Rudell, Rudella, Rudellah

Rudolfa (allemand) loup célèbre.
Rudolfea, Rudolfee, Rudolfia, Rudolfiah, Rudolphee, Rudolphey, Rudolphia, Rudolphiah

Rudra (hindi) Religion: autre nom du dieu hindou Shiva.
Rudrah

Rue (allemand) célèbre; (français) rue; (anglais) pleine de regrets; la rue, une plante au parfum fort.
Roo, Ru, Ruey

Ruel (anglais) chemin.
Rual, Ruela, Ruelah, Ruele, Ruell, Ruella, Ruellah, Ruelle

Rufa (latin) variante de Ruffina.

Ruffina (italien) rousse.
Rufeana, Rufeanah, Rufeane, Rufeena, Rufeenah, Rufeene, Rufeine, Rufina, Rufinah, Rufinia, Rufiniah, Rufynia, Rufyniah, Rufynya, Rufynyah, Ruphina, Ruphinah, Ruphinia, Ruphiniah, Ruphyna, Ruphynia, Ruphyniah, Ruphynya, Ruphynyah

Rui (japonais) affectueuse.

Rukan (arabe) constante; confiante.
Rukana, Rukanah, Rukane, Rukann, Rukanna, Rukannah, Rukanne

Rula (latin, anglais) dirigeante.
Rulah, Rular, Rule, Ruler, Rulla, Rullah, Rulor

Rumer (anglais) tsigane.
Rouma, Roumah, Roumar, Ruma, Rumah, Rumar, Rumor

Runa (norvégien) secrète; fluide.
Runah, Rune, Runna, Runnah, Runne

Ruperta (espagnol) variante de Roberta.

Rupinder (sanscrit) belle.

Ruri (japonais) émeraude.
Ruriko.

Rusalka (tchèque) nymphe des bois; (russe) sirène.
Rusalkah

Russhell (français) rousse; couleur de renard.
Rushel, Rushela, Rushelah, Rushele, Rushell, Rushella, Rushellah, Rushelle, Russellynn, Russhel, Russhela, Russhelah, Russhele, Russhella, Russhellah, Russhelle

Rusti (anglais) rousse.
Russet, Ruste, Rustee, Rustey, Rustie, Rusty

Rústica (latin) campagnarde, rustique.

Rut (hébreu) variante de Ruth.

Rute (portugais) variante de Ruth.

Ruth (hébreu) amitié. Bible: belle-fille de Naomi.
Rooth, Routh, Rueth, Rute, Rutha, Ruthalma, Ruthe, Ruthella, Ruthetta, Ruthina, Ruthine, Ruthven

Ruthann (américain) combinaison de Ruth et d'Ann.
Ruthan, Ruthanna, Ruthannah, Ruthanne

Ruthie (hébreu) variante populaire de Ruth.
Ruthey, Ruthi, Ruthy

Rutilda (allemand) solide grâce à sa célébrité.

Rutilia (allemand) celle qui brille avec éclat.

Ruza (tchèque) rose.
Ruz, Ruze, Ruzena, Ruzenah, Ruzenka, Ruzha, Ruzsa

Ryan **GF** (irlandais) petit dirigeant.
Raiann, Raianne, Rye, Ryen, Ryenne

Ryane, Ryanne (irlandais) variantes de Ryan.

Ryann (irlandais) petite dirigeante.

Ryanna (irlandais) variante de Ryan.
Ryana, Ryanah, Ryannah

Ryba (tchèque) poisson.
Riba, Ribah, Rybah

Rylee (irlandais) vaillante. Voir aussi Riley.
Ryelee, Ryeley, Ryelie, Rylea, Ryleah, Rylei, Ryli, Rylina, Rylly, Ryly, Rylyn

Ryleigh (irlandais) variante de Rylee.
Rylleigh, Ryllie

Ryley **GF** (irlandais) variante de Rylee.

Rylie **FG** (irlandais) variante de Rylee.

Ryo **GF** (japonais) dragon.
Ryoko

S

Saarah (arabe) princesse.
Saara, Saarra, Saarrah

Saba (arabe) matin; (grec) variante de Sheba.
Sabaah, Sabah, Sabba, Sabbah

Sabana (latin) variante de Savannah.

Sabelia (espagnol) variante de Sabina.

Sabi (arabe) jeune fille.

Sabina (latin) variante de Sabine.
Voir aussi Bina.
Sabena, Sabenah, Sabiny, Saby, Sabyna, Savina, Sebina, Sebinah, Sebyna, Sebynah

Sabine (latin) Histoire : les Sabins étaient
une tribu dans l'Italie antique.
Sabeen, Sabene, Sabienne, Sabin, Sabyne, Sebine, Sebyn, Sebyne

Sabiniana (latin) variante de Sabina.

Sabiya (arabe) matin ; vent de l'Est.
Sabaya, Sabayah, Sabea, Sabia, Sabiah, Sabiyah, Sabya, Sabyah

Sable (anglais) martre ; soignée.
Sabel, Sabela, Sabelah, Sabele, Sabella, Sabelle

Sabra (hébreu) fruit épineux du cactus ; (arabe)
repos. Histoire : nom des Israéliens de souche,
dont on disait qu'ils étaient durs à l'extérieur
et doux à l'intérieur.
Sabara, Sabarah, Sabarra, Sabarrah, Sabera, Sabira, Sabrah, Sabre, Sebra

Sabreen (anglais) diminutif de Sabreena.
Sabreane, Sabreene, Sabrene

Sabreena (anglais) variante de Sabrina.
Sabreana, Sabreanah, Sabreenah

Sabrena (anglais) variante de Sabrina.

Sabria (hébreu, arabe) variante de Sabra.
Sabrea, Sabreah, Sabree, Sabreea, Sabri, Sabriah, Sabriya

Sabrina (latin) ligne frontière ; (anglais)
princesse ; (hébreu) variante populaire de Sabra.
Voir aussi Bree, Brina, Rena, Xabrina, Zabrina.
Sabrinah, Sabrinas, Sabrinia, Sabriniah, Sabrinna, Sebree, Subrina

Sabrine (latin, hébreu) diminutif de Sabrina.
Sabrin

Sabryna (anglais) variante de Sabrina.
Sabrynah, Sabryne, Sabrynna

Sacha U (russe) variante de Sasha.
Sachah, Sache, Sachia

Sachi (japonais) bénie ; chanceuse.
Saatchi, Sachie, Sachiko

Sacnite (maya) fleur blanche.

Sacramento (latin) sacrement. Géographie :
capitale de la Californie, aux États-Unis.

Sada (japonais) chaste ; (anglais) variante
de Sadie.
Sadá, Sadah, Sadako, Sadda, Saddah

Sadaf (indien) perle ; (iranien) coquillage.

Sade (hébreu) variante de Chadee, de Sarah,
de Shardae.
Sáde, Sadea, Saedea, Shadae, Shadai, Shaday

Sadé (hébreu) variante de Sade.

Sadee (hébreu) variante de Sade, de Sadie.

Sadella (américain) combinaison de Sade
et d'Ella.
Sadel, Sadela, Sadelah, Sadele, Sadell, Sadellah, Sadelle, Sydel, Sydell, Sydella, Sydelle

Sadhana (hindi) dévouée.
Sadhanah, Sadhanna, Sadhannah

Sadi (hébreu) variante de Sadie ; (arabe)
diminutif de Sadiya.

Sadia (arabe) variante de Sadiya.
Sadiah

Sadie (hébreu) variante populaire de Sarah.
Voir aussi Sada.
Saddie, Sadey, Sadiey, Sady, Sadye, Saedee, Saedi, Saedie, Saedy, Saide, Saidea, Saidee, Saidey, Saidi, Saidia, Saidie, Saidy, Seidy

Sadira (persan) lotos ; (arabe) étoile.
Sadirah, Sadire, Sadra, Sadrah, Sadyra, Sadyrah, Sadyre

Sadiya (arabe) chanceuse, fortunée.
Sadiyah, Sadiyyah, Sadya, Sadyah

Sadzi (carrier) naturel enjoué.
Sadzee, Sadzey, Sadzia, Sadziah, Sadzie, Sadzya, Sadzyah

Safa (arabe) pure.
Safah, Saffa, Saffah

Saffi (danois) sage.
Safee, Safey, Saffee, Saffey, Saffie, Saffy, Safi, Safie, Safy

Saffron (anglais) Botanique : le safran, plante aux
fleurs violettes ou blanches dont les stigmates
orange sont utilisés comme épice.
Saffrona, Saffronah, Saffrone, Safron, Safrona, Safronah, Safrone, Safronna, Safronnah, Safronne

Safia (arabe) variante de Safiya.
Safiah

Safiya (arabe) pure ; sereine ; meilleure amie.
Safeia, Safeya, Safiyah

Safo (grec) celle qui voit avec clarté.

Sagara (hindi) océan.
Sagarah

Sage U (anglais) sage. Botanique : la sauge,
plante aromatique.
Saeg, Saege, Sagia, Sayg, Sayge

Sagrario (espagnol) tabernacle.

Sahar, Saher (arabe) diminutifs de Sahara.
Saheer

Sahara (arabe) désert ; région sauvage.
Saharah, Sahari, Saharra, Saharrah, Sahira

Sahra (hébreu) variante de Sarah.
Sahrah

Sai (japonais) talentueuse.
Saiko, Say

Saida (arabe) heureuse ; chanceuse ; (hébreu)
variante de Sarah.
Saeda, Saedah, Said, Saidah, Saide, Saidea, Sayda, Saydah

Saída (arabe) variante de Saida.

Saige F C (anglais) variante de Sage.
Saig

Saira (hébreu) variante de Sara.
Sairah, Sairi

Sakaë (japonais) prospère.
Sakai, Sakaie, Sakay

Sakari (hindi) douce.
Sakara, Sakarah, Sakaree, Sakari, Sakaria, Sakariah, Sakarie, Sakary, Sakarya, Sakaryah, Sakkara, Sakkarah

Saki (japonais) cape ; vin de riz.
Sakee, Sakia, Sakiah, Sakie, Saky, Sakya, Sakyah

Sakina (indien) amie ; (musulman) tranquillité,
calme.
Sakinah

Sakti (hindi) énergie, puissance.
Saktea, Saktee, Saktey, Saktia, Saktiah, Saktie, Sakty, Saktya, Saktyah

Sakuna (amérindien) oiseau.
Sakunah

Sakura (japonais) fleur de cerisier ; riche ;
prospère.
Sakurah

Sala (hindi) saule. Religion : arbre sacré
sous lequel meurt Bouddha.
Salah, Salla, Sallah

Salaberga, Solaberga (allemand) celle
qui défend le sacrifice.

Salali (cherokee) écureuil.
Salalea, Salaleah, Salalee, Salalei, Salaleigh, Salalia, Salaliah, Salalie, Salaly, Salalya, Salalyah

Salama (arabe) pacifique. Voir aussi Zulima.
Salamah

Salbatora (espagnol) variante de Salvadora.

Saleena (français) variante de Salina.
Saleen, Saleenah, Saleene, Salleen, Salleena, Salleenah, Salleene

Salem F C (arabe) variante de Salím
(voir les prénoms de garçons).
Saleem

Salena (français) variante de Salina.
Salana, Salanah, Salane, Salean, Saleana, Saleanah, Saleane, Salen, Salenah, Salene, Salenna, Sallene

Salette (anglais) variante de Sally.
Salet, Saleta, Saletah, Salete, Salett, Saletta, Salettah, Sallet, Salletta, Sallettah, Sallette

Salima (arabe) saine et sauve ; en bonne santé.
Saleema, Salema, Salim, Salimah, Salyma, Salymah

Salina (français) solennel, digne.
Voir aussi Xalina, Zalina.
Salin, Salinah, Salinda, Saline, Salinee, Sallin, Sallina, Sallinah, Salline, Sallyn, Sallyna, Sallynah, Sallyne, Sallynee, Salyn, Salyna, Salynah, Salyne

Salinas (espagnol) mine de sel.

Salliann (anglais) combinaison de Sally
et d'Ann.
Saleann, Saleanna, Saleannah, Saleanne, Saleean, Saleeana, Saleeanah, Saleeane, Saleeann, Saleeanna, Saleeannah, Saleeanne, Salian, Saliana, Salianah, Saliane, Saliann, Salianna, Saliannah, Salianne, Salleeann, Salleeanna, Salleeannah, Salleeanne, Sallian, Salliana, Sallianah, Salliane, Sallianna, Salliannah, Sallianne, Sally-Ann, Sally-Anne, Sallyann, Sallyanna, Sallyannah, Sallyanne

Sallie (anglais) variante de Sally.
Sali, Salia, Saliah, Salie, Saliee, Salli, Sallia, Salliah

Sally (anglais) princesse. Histoire : Sally Ride,
astronaute, fut la première femme américaine
dans l'espace.
Sailee, Saileigh, Sailey, Saili, Sailia, Sailie, Saily, Sal, Salaid, Salea, Saleah, Salee, Salei, Saleigh, Salette, Saley, Sallea, Salleah, Sallee, Sallei, Salleigh, Salley, Sallya, Sallyah, Sallye, Saly, Salya, Salyah, Salye

Salma (arabe) variante de Salima.

Salomé **TOP** (hébreu) pacifique. Histoire :
.100.
Salomé Alexandra était une souveraine
de l'ancienne Judée. Bible : nièce du roi
Hérode.
Salaome, Saloma, Salomah, Salomé, Salomea, Salomee, Salomei, Salomey, Salomi, Salomia, Salomiah, Salomya, Salomyah

Salud (espagnol) variante de Salustiana.

Salustiana (latin) en bonne santé.

Salvadora (espagnol) sauveuse.
Salvadorah

Salvatora (espagnol) variante de Salvadora.

Salvia (espagnol) en bonne santé; sauvée; (latin) variante de Sage.
Sallvia, Sallviah, Salviah, Salviana, Salvianah, Salviane, Salvianna, Salviannah, Salvianne, Salvina, Salvinah, Salvine, Salvyna, Salvynah, Salvyne

Samah (hébreu, arabe) variante de Sami.
Sama

Samala (hébreu) demandée à Dieu.
Samalah, Samale, Sammala, Sammalah

Samanatha (araméen, hébreu) variante de Samantha.
Samanath

Samanfa (hébreu) variante de Samantha.
Samanffa, Samenffa, Sammanfa, Sammanffa, Semenfa, Semenfah, Semenffah

Samanta (hébreu) variante de Samantha.
Samantah, Smanta

Samantha (araméen) qui écoute; (hébreu) dit par Dieu. Voir aussi Xamantha, Zamantha.
Samana, Samanitha, Samanithia, Samanth, Samanthe, Samanthi, Samanthia, Samanthiah, Semantha, Sementha, Simantha, Smantha

Samara (latin) graine d'orme.
Saimara, Samaira, Samar, Samarie, Samarra, Samary, Samera, Sammar, Sammara, Samora

Samarah (latin) variante de Samara.

Samaria (latin) variante de Samara.
Samari, Samariah, Samarrea, Sameria

Samatha (hébreu) variante de Samantha.
Sammatha

Sameera (hindi) variante de Samira.

Sameh (hébreu) qui écoute; (arabe) indulgente.
Samaiya, Samaya

Sami [GF] (arabe) louée; (hébreu) diminutif de Samantha, de Samuela. Voir aussi Xami, Zami.
Samea, Samee, Samey, Samie, Samy, Samye

Samia (arabe) exaltée.
Samiha, Sammia, Sammiah, Sammya, Sammyah, Samya, Samyah

Samiah (arabe) variante de Samia.

Samina (hindi) bonheur; (anglais) variante de Sami.
Saminah, Samyna, Samynah

Samira (arabe) divertissante.
Samir, Samirah, Samire, Samiria, Samirra, Samyra, Samyrah, Samyre

Samiya (arabe) variante de Samia.

Sammantha (araméen, hébreu) variante de Samantha.
Sammanth, Sammanthia, Sammanthiah, Sammanthya, Sammanthyah

Sammi (hébreu) variante populaire de Samantha, de Samuel, de Samuela; (arabe) variante de Sami.
Samm, Samma, Sammah, Sammee, Sammey, Sammijo, Sammyjo

Sammie [U] (hébreu) variante populaire de Samantha, de Samuel, de Samuela; (arabe) variante de Sami.

Sammy [GF] (hébreu) variante populaire de Samantha, de Samuel, de Samuela; (arabe) variante de Sami.

Samone (hébreu) variante de Simone.
Samoan, Samoane, Samon, Samona, Samoné, Samonia

Samuel [GF] (hébreu) qui a entendu Dieu; demandé à Dieu. Bible: prophète et juge célèbre de l'Ancien Testament.

Samuela (hébreu) variante de Samuel. Voir aussi Xamuela, Zamuela.
Samelia, Sammila, Sammile

Samuelle (hébreu) variante de Samuel.
Samella, Samiella, Samielle, Samilla, Samille, Samuella

Sana (arabe) sommet de montagne; splendide; brillante.
Sanaa, Sanáa, Sanaah, Sanah, Sane

Sancia (espagnol) sainte, sacrée.
Sanceska, Sancha, Sancharia, Sanche, Sancheska, Sanchia, Sanchiah, Sanchie, Sanchya, Sanchyah, Sanciah, Sancie, Sanctia, Sancya, Sancyah, Santsia, Sanzia, Sanziah, Sanzya, Sanzyah

Sandeep [GF] (pendjabi) illuminée.
Sandip

Sandi (grec) variante populaire de Sandra. Voir aussi Xandi, Zandi.
Sandea, Sandee, Sandia, Sandiah, Sandie, Sandiey, Sandine, Sanndie

Sandía (espagnol) pastèque.

Sandra (grec) protectrice de l'humanité. Diminutif de Cassandra. Voir aussi Xandra, Zandra.
Sahndra, Sandira, Sandrea, Sandria, Sandrica, Sanndra

Sandrea (grec) variante de Sandra.
Sandreah, Sandreea, Sandreia, Sandreiah, Sandrell, Sandrella, Sandrellah, Sandrelle, Sandria, Sandriah, Sanndria

Sandrica (grec) variante de Sandra.
Voir aussi Rica.
Sandricah, Sandricka, Sandrickah, Sandrika,
Sandrikah, Sandryca, Sandrycah, Sandrycka,
Sandryckah, Sandryka, Sandrykah

Sandrine (grec) variante d'Alexandra.
Voir aussi Xandrine, Zandrine.
Sandreana, Sandreanah, Sandreane, Sandreen,
Sandreena, Sandreenah, Sandreene, Sandrene, Sandrenna,
Sandrennah, Sandrenne, Sandrianna, Sandrina, Sandrinah,
Sandryna, Sandrynah, Sandryne

Sandy **FG** (grec) variante populaire
de Cassandra, de Sandra.
Sandey, Sandya, Sandye

Sanne (hébreu, néerlandais) lys.
Sanea, Saneh, Sanna, Sanneen, Sanneena

Santana **FG** (espagnol) sainte.
Santa, Santah, Santania, Santaniah, Santaniata, Santena,
Santenah, Santenna, Shantana, Shantanna

Santanna (espagnol) variante de Santana.
Santanne

Santina (espagnol) petite sainte.
Voir aussi Xantina, Zantina.
Santin, Santinah, Santine, Santinia, Santyn, Santyna,
Santynah, Santyne

Sanura (swahili) chaton.
Sanora, Sanurah

Sanuye (miwok) nuages rouges au coucher
du soleil.

Sanya (sanscrit) née un samedi.
Saneiya, Sania, Sanyah, Sanyia

Sanyu **U** (luganda) bonheur.

Sapata (amérindien) ours dansant.
Sapatah

Saphir (grec) le saphir, pierre précieuse bleue.
Saffir, Saffire, Safir, Safire, Safyr, Sapphir, Saphire,
Sapphyr, Saphyre, Sapphyre

Sapphira (grec) variante de Saphir.
Saffira, Saffirah, Safira, Safirah, Safyra, Safyrah,
Sapheria, Saphira, Saphirah, Saphyra, Sapir, Sapira,
Sapphirah, Sapphyra, Sapphyrah, Sapyr, Sapyra,
Sapyrah, Sephira

Sapphire (grec) variante de Saphir.

Saqui (mapuche) élue; âme généreuse.

Sara **TOP .100.** (hébreu) variante de Sarah.
Saralee

Sara Ève, Sarah Ève (américain) combinaisons
de Sarah et d'Ève.
Sara-Ève, Sarah-Ève

Sara Jane, Sarah Jane (américain) combinaisons
de Sarah et de Jane.
Sara-Jane, Sarah-Jane

Sara Maude, Sarah Maud, Sarah Maude
(américain) combinaisons de Sarah
et de Maud.
Sara Maud, Sara-Maud, Sara-Maude, Sarah-Maud,
Sarah-Maude

Sarafina (hébreu) variante de Serafina.

Sarah **TOP .100.** (hébreu) princesse. Bible: femme
d'Abraham et mère d'Isaac. Voir aussi Sadie,
Saida, Sally, Saree, Sharai, Xara, Zara, Zarita.
Sarae, Saraha, Sorcha

Sarah Ann, Sarah Anne (américain)
combinaisons de Sarah et d'Ann.
Sara Ann, Sara Anne, Sara-Ann, Sara-Anne, Sarah-Ann,
Sarah-Anne, Sarahann, Sarahanne, Sarann

Sarah Jeanne (américain) combinaison de Sarah
et de Jeanne.
Sara Jeanne, Sara-Jeanne, Sarah-Jeanne, Sarahjeanne,
Sarajeanne

Sarah Marie (américain) combinaison de Sarah
et de Marie.
Sara Marie, Sara-Marie, Sarah-Marie, Sarahmarie,
Saramarie

Sarahi (hébreu) variante de Sarah.

Sarai, Saray (hébreu) variantes de Sarah.
Saraya

Saralyn (américain) combinaison de Sarah
et de Lynn.
Saralena, Saraly, Saralynn

Saree (arabe) noble; (hébreu) variante populaire
de Sarah.
Sarry, Sary, Sarye

Sarena (hébreu) variante de Sarina.
Saren, Sarenah, Sarene, Sarenna

Sarha (hébreu) variante de Sarah.

Sari (hébreu, arabe) variante de Saree.
Sarie, Sarri, Sarrie

Saria, Sariah (hébreu) variantes de Sarah.
Sahria, Sahriah, Sahrya, Sahryah, Sarea, Sareah, Sarria,
Sarriah, Sarya, Saryah, Sayria, Sayriah, Sayrya, Sayryah

Sarika (hébreu) variante populaire de Sarah.
Voir aussi Xarika, Zarika.
Sareaka, Sareakah, Sareeka, Sareekah, Sareka, Sarekah,
Sarica, Saricah, Saricka, Sarickah, Sarikah, Sarka, Saryca,
Sarycah, Sarycka, Saryckah, Saryka, Sarykah

Sarila (turc) cascade.
Sarilah, Sarill, Sarilla, Sarillah, Sarille, Saryl, Saryla,
Sarylah, Saryle, Saryll, Sarylla, Saryllah, Sarylle

Sarina (hébreu) variante populaire de Sarah.
Voir aussi Xarina, Zarina.
Sarana, Saranah, Sarane, Saranna, Sarannah, Saranne,
Sareana, Sareanah, Sareane, Sareen, Sareena, Sareenah,
Sareene, Sarin, Sarinah, Sarine, Sarinna, Sarinne, Saryna,
Sarynah, Saryne, Sarynna, Sarynnah, Sarynne

Sarita (hébreu) variante populaire de Sarah.
Sareata, Sareatah, Sareate, Sareatta, Sareattah, Sareatte,
Sareeta, Sareetah, Sareete, Saret, Sareta, Saretah, Sarete,
Sarett, Saretta, Sarettah, Sarette, Sarit, Saritah, Sarite,
Saritia, Saritt, Saritta, Sarittah, Saritte, Saryt, Saryta,
Sarytah, Saryte, Sarytt, Sarytta, Saryttah, Sarytte

Sarolta (hongrois) variante de Sarah.
Saroltah

Sarotte (français) variante de Sarah.
Sarot, Sarota, Sarotah, Sarote, Sarott, Sarotta, Sarottah

Sarra, Sarrah (hébreu) variantes de Sara.

Sasa (japonais) assistante ; (hongrois) variante
de Sarah, de Sasha.
Sasah

Sasha **FG** (russe) protectrice de l'humanité.
Voir aussi Zasha.
Sahsha, Sascha, Saschae, Sashae, Sashah, Sashai,
Sashana, Sashay, Sashea, Sashel, Sashenka, Sashey,
Sashi, Sashia, Sashiah, Sashira, Sashsha, Sashya,
Sashyah, Sasjara, Sauscha, Sausha, Shasha, Shashi,
Shashia

Saskia, Sasquia (teuton) qui porte un couteau.

Sass (irlandais) saxon.
Sas, Sasi, Sasie, Sassi, Sassie, Sassoon, Sassy, Sasy

Sata (espagnol) princesse.

Satara (américain) combinaison de Sarah
et de Tara.
Satarah, Sataria, Satariah, Satarra, Satarrah, Satarya,
Sataryah, Sateria, Sateriah, Saterra, Saterrah, Saterria,
Saterriah, Saterya, Sateryah

Satin (français) lisse, brillante.
Satean, Sateana, Sateane, Sateen, Sateena, Sateene,
Satina, Satinah, Satinder, Satine, Satyn, Satyna,
Satynah, Satyne

Satinka (amérindien) danseuse sacrée.
Satinkah

Sato (japonais) sucre.
Satu

Saturia (latin) celle qui a tout.

Saturniana (latin) en bonne santé.

Saturnina (espagnol) cadeau de Saturne.

Saula (grec) femme désirée.

Saundra (anglais) variante de Sandra, de Sondra.
Saundee, Saundi, Saundie, Saundrea, Saundree, Saundrey,
Saundri, Saundria, Saundriah, Saundrie, Saundry,
Saundrya, Saundryah

Saura (hindi) adoratrice du soleil.
Saurah

Savana, Savanah, Savanna (espagnol) variantes
de Savannah.

Savannah (espagnol) plaine sans arbre.
Voir aussi Zavannah.
Sahvana, Sahvanna, Sahvannah, Savan, Savanha, Savania,
Savann, Savannha, Savannia, Savanniah, Savauna,
Savona, Savonna, Savonnah, Savonne, Sevan, Sevana,
Sevanah, Sevanh, Sevann, Sevanna, Sevannah, Svannah

Saveria (teuton) de la nouvelle maison.

Savhanna (espagnol) variante de Savannah.
Savhana, Savhanah

Savina (latin) variante de Sabina.
Savean, Saveana, Saveanah, Saveane, Saveen, Saveena,
Saveenah, Saveene, Savinah, Savine, Savyna, Savynah,
Savyne

Sawa (japonais) marécage ; (miwok) pierre.
Sawah

Sawyer **GF** (anglais) menuisier.
Sawyar, Sawyor

Sayde, Saydee (hébreu) variantes de Sadie.
Saydea, Saydi, Saydia, Saydie, Saydy, Saydye

Sayén (mapuche) douce femme.

Sayo (japonais) née pendant la nuit.
Saio, Sao

Sayra (hébreu) variante de Sarah.
Sayrah, Sayre, Sayri

Scarlet (anglais) variante de Scarlett.
Scarleta, Scarlete

Scarlett (anglais) rouge vif. Littérature :
Scarlett O'Hara est l'héroïne du roman *Autant*
en emporte le vent de Margaret Mitchell.
Scarletta, Scarlette, Scarlit, Scarlitt, Scarlotte, Scarlyt,
Scarlyta, Scarlyte, Skarlette

Schyler **FG** (néerlandais) qui s'abrite.
Schiler, Schuyla, Schuyler, Schuylia, Schylar

Scotti (écossais) d'Écosse.
Scota, Scotea, Scoteah, Scotee, Scotey, Scoti, Scotia,
Scotiah, Scottea, Scotteah, Scottee, Scottey, Scottia,
Scottiah, Scottie, Scotty, Scoty, Scotya, Scotyah

Scout (français) éclaireuse. Littérature : Scout
est la protagoniste du célèbre roman *Ne tirez*
pas sur l'oiseau moqueur de Harper Lee.

Seaira, Seairra (irlandais, espagnol)
variantes de Sierra.

Sealtiel (hébreu) mon désir est Dieu.

Sean 🅶🅵 (hébreu, irlandais) Dieu est miséricordieux.
Seaghan, Seain, Seaine, Seán, Séan, Seane, Seann, Seayn, Seayne, Shaan, Shon, Siôn

Seana, Seanna (irlandais) variantes de Jane, de Sean. Voir aussi Shauna, Shawna.
Seaana, Seanah, Seannae, Seannah, Seannalisa, Seanté

Searra (irlandais, espagnol) variante de Sierra.
Seara, Searria

Sébastiane (grec) vénérable; (latin) vénérée; (français) variante de Sébastien (voir les prénoms de garçons).
Sebastene, Sebastia, Sebastiana, Sebastianah, Sebastiann, Sebastianna, Sebastiannah, Sebastianne, Sebastien, Sebastienne, Sebastyana, Sebastyann, Sebastyanna, Sebastyanne, Sevastyana

Seble (éthiopien) automne.

Sebrina (anglais) variante de Sabrina.
Sebrena, Sebrenna, Sebria, Sebriana, Sebrinah

Secilia (latin) variante de Cécilia.
Saselia, Saseliah, Sasilia, Sasiliah, Secylia, Secyliah, Secylya, Secylyah, Sesilia, Sesiliah, Sesilya, Sesilyah, Sesylia, Sesyliah, Sesylya, Sesylyah, Sileas, Siselea, Siseleah

Secret (latin) secret.

Secunda (latin) seconde.
Seconda, Secondah, Secondea, Secondee, Secondia, Secondiah, Secondya, Secondyah

Secundila (latin) variante de Secundina.

Secundina (latin) deuxième fille.

Seda (arménien) voix de la forêt.
Sedah

Sedna (esquimau) bien nourrie. Mythologie: déesse des Animaux marins.
Sednah

Sedofa (latin) soie.

Sedona (français) variante de Sidonie.

Seelia (anglais) variante de Sheila.

Seema (grec) pousse; (afghan) ciel; profil.
Seama, Seamah, Seemah, Sima, Simah, Syma, Symah

Sefa (suisse) variante populaire de Josefina.
Sefah, Seffa, Seffah

Séfora (hébreu) comme un petit oiseau.

Segene (allemand) victorieuse.

Segismunda (allemand) protectrice victorieuse.

Ségolène (scandinave) douce victoire.

Segunda (espagnol) variante de Secundina.

Seina (basque) innocente.

Seirra (irlandais) variante de Sierra.
Seiara, Seiarra, Seira, Seirria

Sejal (indien) eau de rivière.

Seki (japonais) merveilleuse.
Seka, Sekah, Sekee, Sekey, Sekia, Sekiah, Sekie, Seky, Sekya, Sekyah

Sela, Selah (anglais) diminutifs de Séléna.
Seeley, Sella, Sellah

Selam (éthiopien) paisible.
Selama, Selamah

Selda (allemand) diminutif de Griselda; (yiddish) variante de Zelda.
Seldah, Selde, Sellda, Selldah

Séléna (grec) variante de Sélène. Voir aussi Céléna, Zelena.
Saleena, Selana, Seleana, Seleanah, Seleena, Seleenah, Selen, Selenah, Séléné, Selenia, Selenna, Syleena, Sylena

Sélène (grec) lune. Mythologie: Séléné était la déesse de la Lune.
Selean, Seleane, Seleen, Seleene, Seleni, Selenie, Seleny

Séleste (latin) variante de Céleste.

Sélestina (latin) variante de Célestine.
Selesteana, Selesteanah, Selesteane, Selesteena, Selesteenah, Selesteene, Selestin, Selestina, Selestinah, Selestine, Selestyna, Selestynah, Selestyne

Selia (latin) diminutif de Cécilia.
Seel, Seelia, Seil, Seila, Selea, Seleah, Selee, Selei, Seleigh, Seley, Seli, Seliah, Selie, Sellia, Selliah, Sellya, Sellyah, Sely, Silia

Selima (hébreu) pacifique.
Selema, Selemah, Selimah, Selyma, Selymah

Selin (grec) diminutif de Selina.
Selyn, Selyne, Selynne, Sillyn, Sylin, Sylyn, Sylyne

Selina (grec) variante de Célina, de Séléna.
Selinah, Selinda, Seline, Selinia, Seliniah, Selinka, Sellina, Selyna, Selynah, Silina, Silinah, Siline, Sillina, Sillinah, Silline, Sillyna, Sillynah, Sillyne, Sylina, Sylinah, Syline, Sylyna, Sylynah

Selma (allemand) protectrice divine; (irlandais) équitable, juste; (scandinave) protégée par les dieux; (arabe) sûre. Voir aussi Zelma.
Sellma, Sellmah, Selmah

Selva (latin) variante de Silvana.

Sema (turque) ciel; bon augure.
Semah

Semaj 🅶🅵 (turc) variante de Sema.

Semele (latin) une fois.

Seminaris, Semíramis (assyrien) celle qui vit en harmonie avec les colombes.

Sempronia (espagnol) variante de Semproniana.

Semproniana (latin) éternelle.

Sena (grec) diminutif de Séléna ; (espagnol) diminutif de Senalda.
Senda

Senalda (espagnol) signe.

Seneca (iroquois) nom d'une tribu.
Senaka, Seneka, Senequa, Senequae, Senequai, Seneque

Senia (grec) variante de Xenia.
Seniah, Senya, Senyah

Senona (espagnol) pleine de vitalité.

Senorina (latin) âgée.

Séphora (anglais) variante de Séfora.

September (latin) née le neuvième mois.

Septima (latin) septième.
Septime, Septym, Septyma, Septyme, Sevann, Sevanna, Sevanne, Sevena, Sevenah

Séquoia (cherokee) séquoia géant.
Seqoiyia, Seqouyia, Seqoya, Sequoi, Sequoiah, Sequora, Sikoya

Sequoya, Sequoyah (chérokée) variantes de Séquoia.

Sera, Serah (américain) variantes de Sarah.
Serra

Serafia (espagnol) variante de Séraphine.

Serafín (hébreu) variante de Séraphine.

Séraphine (hébreu) brûlante ; ardente.
Bible : les séraphins sont un groupe d'anges.
Seafina, Seaphina, Serafeena, Seraphe, Serapheena, Seraphina, Seraphita, Seraphyna, Seraphynah, Seraphyne, Serapia, Serephyna, Serephynah, Serofina

Séraphyne (français) variante de Séraphine.
Serafeen, Serafeene, Serafin, Serafine, Serapheen, Serapheene, Seraphin, Seraphine, Serephyn

Serén (gallois) étoile.

Séréna (latin) paisible. Voir aussi Rena, Xerena, Zerena.
Sareana, Sareanah, Sareena, Sareenah, Saryna, Seraina, Serana, Sereana, Sereanah, Sereina, Serenah, Serenea, Serenia, Serenna, Serreana, Serrena, Serrenna

Sérène (français) variante de Séréna.
Serean, Sereane, Sereen, Seren

Serenela (espagnol) variante de Serén.

Serenity (latin) paisible.
Serenidy, Serenitee, Serenitey, Sereniti, Serenitie, Serenitiy, Serinity, Serrennity

Sergia (grec) domestique.

Serica (grec) soyeuse.
Sericah, Sericka, Serickah, Serika, Serikah, Seryca, Serycah, Serycka, Seryckah, Seryka, Serykah

Serilda (grec) guerrière armée.
Sarilda, Sarildah, Serildah, Serylda, Seryldah

Sérina (latin) variante de Séréna.
Sereena, Serin, Serinah, Serine, Serreena, Serrin, Serrina, Seryn, Seryna, Serynah, Seryne

Serita (hébreu) variante de Sarita.
Seritah, Serite, Seritt, Seritta, Serittah, Seritte, Seryt, Seryta, Serytah, Seryte, Serytt, Serytta, Seryttah, Serytte

Serotina (latin) crépuscule.

Servanda, Sevanda (latin) celle qui doit être sauvée et protégée.

Servia (latin) fille de ceux qui sont au service du Seigneur.

Severa (espagnol) sévère.

Severina (italien, portugais, croatien, allemand, romain antique) sévère.

Sevilla (espagnol) de Séville, en Espagne.
Sevil, Sevila, Sevilah, Sevile, Sevill, Sevillah, Seville, Sevyl, Sevyla, Sevylah, Sevyle, Sevyll, Sevylla, Sevyllah, Sevylle

Sexburgis (allemand) abri de la personne victorieuse.

Shaba (espagnol) rose.
Shabah, Shabana, Shabanah, Shabina, Shabinah, Shabine, Shabyna, Shabynah, Shabyne

Shada (amérindien) pélican.
Shadah, Shadee, Shadi, Shadie, Shaida, Shaidah, Shayda, Shaydah

Shaday (américain) variante de Sade.
Shadae, Shadai, Shadaia, Shadaya, Shadayna, Shadei, Shadeziah, Shaiday

Shade Ⓤ (anglais) ombre.
Shaed, Shaede, Shaid, Shaide, Shayd, Shayde

Shadia (amérindien) variante de Shada.
Shadea, Shadeana, Shadiah, Shadiya

Shadow Ⓤ (anglais) ombre.

Shadrika (américain) combinaison du préfixe Sha et de Rika.
Shadreeka, Shadreka, Shadrica, Shadricah, Shadricka, Shadrieka, Shadrikah, Shadriqua, Shadriquah, Shadrique, Shadryca, Shadrycah, Shadrycka, Shadryckah, Shadryka, Shadrykah, Shadryqua, Shadryquah, Shadryque

Shae F C (irlandais) variante de Shea.
Shaenel, Shaeya

Shae-Lynn, Shaelyn, Shaelynn (irlandais)
variantes de Shea. Voir aussi Shailyn.
*Shael, Shaelaine, Shaelan, Shaelanie, Shaelanna,
Shaelean, Shaeleana, Shaeleanah, Shaeleane, Shaeleen,
Shaeleena, Shaeleenah, Shaeleene, Shaelena, Shaelenah,
Shaelene, Shaelin, Shaelina, Shaelinah, Shaeline, Shaelyna,
Shaelynah, Shaelyne, Shaelynne*

Shaela (irlandais) variante de Sheila.
Shaeyla

Shaelee (irlandais) variante de Shea.
*Shaelea, Shaeleah, Shaelei, Shaeleigh, Shaeley, Shaeli,
Shaelia, Shaeliah, Shaelie, Shaely*

Shaena (irlandais) variante de Shaina.
Shaeina, Shaeine, Shaenah

Shafira (swahili) distinguée.
Shaffira, Shafirah, Shafyra, Shafyrah

Shahar (arabe) éclairée par la lune.
*Shahara, Shaharah, Shaharia, Shahariah, Shaharya,
Shaharyah*

Shahina (arabe) faucon.
*Shahean, Shaheana, Shaheanah, Shaheane, Shaheen,
Shaheena, Shaheenah, Shaheene, Shahi, Shahin, Shahinah,
Shahine, Shahyna, Shahynah, Shahyne*

Shahira (arabe) célèbre.
Shahirah, Shahyra, Shahyrah

Shahla (afghan) beaux yeux.
Shahlah

Shai U (irlandais) variante de Shea.
Shaia, Shaiah

Shaianne (chéyenne) variante de Cheyenne.
*Shaeen, Shaeine, Shaian, Shaiana, Shaiandra, Shaiane,
Shaiann, Shaianna*

Shaila (latin) variante de Sheila.
Shailah, Shailla

Shailee (irlandais) variante de Shea.
*Shailea, Shaileah, Shailei, Shaileigh, Shailey, Shaili,
Shailia, Shailiah, Shailie, Shaily*

Shailyn, Shailynn (irlandais) variantes de Shea.
Voir aussi Shae-Lynn.
*Shailean, Shaileana, Shaileanah, Shaileen, Shaileena,
Shaileenah, Shaileene, Shailin, Shailina, Shailinah, Shailine,
Shailyna, Shailynah, Shailyne*

Shaina (yiddish) belle.
*Schaina, Schainah, Schayna, Schaynah, Shainah, Shainna,
Shajna, Shayndel, Sheina, Sheinah, Sheindel, Sheyna,
Sheynah*

Shajuana (américain) combinaison du préfixe
Sha et de Juanita. Voir aussi Shawana.
*Shajana, Shajanah, Shajuan, Shajuanda, Shajuanita,
Shajuanna, Shajuanne, Shajuanza*

Shaka G F (hindi) variante de Shakti. Diminutif
des noms commençant par «Shak».
Voir aussi Chaka.
Shakah, Shakha

Shakala (arabe) variante de Shakila.

Shakara, Shakarah (américain) combinaisons
du préfixe Sha et de Kara.
*Shacara, Shacarah, Shaccara, Shaccarah, Shakarya,
Shakaryah, Shakkara, Shikara, Shykara, Shykarah*

Shakari (américain) variante de Shakara.
Shacari, Shacaria, Shakaria, Shakariah

Shakayla (arabe) variante de Shakila.
Shakaela, Shakail, Shakaila

Shakeena (américain) combinaison du préfixe
Sha et de Keena.
*Shakean, Shakeana, Shakeanah, Shakeane, Shakeen,
Shakeena, Shakeenah, Shakeene, Shakein, Shakeina,
Shakeinah, Shakeine, Shakeyn, Shakeyna, Shakeynah,
Shakeyne, Shakin, Shakina, Shakinah, Shakine, Shakyn,
Shakyna, Shakynah, Shakyne*

Shakeita (américain) combinaison du préfixe
Sha et de Keita. Voir aussi Shaqueita.
*Shakeata, Shakeatah, Shakeatia, Shakeatiah, Shakeeta,
Shakeetah, Shakeetia, Shakeetiah, Shakeitah, Shakeitha,
Shakeithia, Shaketa, Shaketah, Shaketha, Shakethia,
Shaketia, Shaketiah, Shakeyta, Shakeytah, Shakyta,
Shakytah, Shakytia, Shakytiah, Sheketa, Sheketah,
Sheketia, Shekita, Shekitah, Shikita, Shikitha, Shikyta,
Shikytah, Shykita, Shykitah, Shykitia, Shykyta, Shykytah,
Shykytia, Shykytiah, Shykytya, Shykytyah*

Shakela (arabe) variante de Shakila.
Shakelah

Shakera, Shakerra (arabe) variantes de Shakira.
Shakerah

Shakeria, Shakerria (arabe) variantes
de Shakira.
*Chakeria, Shakeriah, Shakeriay, Shakerri, Shakerya,
Shakeryia*

Shakeya (américain) variante de Shakia.

Shakia (américain) combinaison du préfixe Sha
et de Kia.
*Shakeeia, Shakeeiah, Shakeeya, Shakeeyah, Shakeia,
Shakeiah, Shakiah, Shakiya, Shakiyah, Shakya, Shakyah,
Shekeia, Shekia, Shekiah, Shekya, Shekyah, Shikia*

Shakiera (arabe) variante de Shakira.
Shakierra

Shakila (arabe) jolie.
*Chakila, Shakeala, Shakealah, Shakeela, Shakeelah,
Shakeena, Shakilah, Shakyla, Shakylah, Shekela, Shekila,
Shekilla, Shikeela, Shikila*

Shakima (africain) belle personne.

Shakira (arabe) reconnaissante.
Shaakira, Shacora, Shaka, Shakeera, Shakeerah, Shakeeria, Shakeira, Shakeirra, Shakeyra, Shakir, Shakirah, Shakirat, Shakirea, Shakora, Shakuria, Shekiera, Shekira, Shikira, Shikirah, Shikyra, Shikyrah, Shykira, Shykirah, Shykyra, Shykyrah

Shakirra (arabe) variante de Shakira.

Shakita (américain) variante de Shakeita.
Shakitah, Shakitra

Shakti (hindi) énergie, puissance. Religion : variante de la déesse hindoue Devi.
Sakti, Shaktea, Shaktee, Shaktey, Shaktia, Shaktiah, Shaktie, Shakty

Shakyra (arabe) variante de Shakira.
Shakyrah, Shakyria

Shalana (américain) combinaison du préfixe Sha et de Lana.
Shalaana, Shalain, Shalaina, Shalainah, Shalaine, Shalanah, Shalane, Shalann, Shalanna, Shalannah, Shalanne, Shalaun, Shalauna, Shalaunah, Shallan, Shallana, Shallanah, Shelan, Shelana, Shelanah, Shelanda, Shelane, Shelayna, Shelaynah, Shelayne, Sholaina, Sholainah, Sholaine, Sholana, Sholanah, Sholane, Sholayna, Sholaynah, Sholayne

Shalanda (américain) variante de Shalana.
Shaland

Shalayna (américain) variante de Shalana.
Shalayn, Shalaynah, Shalayne, Shalaynna

Shaleah (américain) combinaison du préfixe Sha et de Leah.
Shalea, Shalei, Shaleigh, Shaley, Shali, Shalia, Shaliah, Shalie, Shaly

Shalee (américain) variante de Shaleah.
Shaleea

Shaleen, Shalene (américain) diminutifs de Shalena.
Shalean, Shaleane, Shaleene, Shalen, Shalenne, Shaline

Shaleisha (américain) combinaison du préfixe Sha et d'Aisha.
Shalesha, Shaleshah, Shalesia, Shalesiah, Shalicia, Shaliciah, Shalisha, Shalishah, Shalysha, Shalyshah

Shalena (américain) combinaison du préfixe Sha et de Lena. Voir aussi Chalina.
Shaleana, Shaleanah, Shaleena, Shaleenah, Shálena, Shalenah, Shalené, Shalenna, Shalennah, Shalina, Shalinah, Shalinda, Shalinna, Shalyna, Shalynah, Shelena, Shelenah

Shalini (américain) variante de Shalena.

Shalisa (américain) combinaison du préfixe Sha et de Lisa.
Shalesa, Shalesah, Shalese, Shalessa, Shalice, Shalicia, Shaliece, Shalisah, Shalise, Shalisha, Shalishea, Shalisia, Shalisiah, Shalissa, Shalissah, Shalisse, Shalyce, Shalys, Shalysa, Shalysah, Shalyse, Shalyss, Shalyssa, Shalyssah, Shalysse

Shalita (américain) combinaison du préfixe Sha et de Lita.
Shaleata, Shaleatah, Shaleeta, Shaleetah, Shaleta, Shaletah, Shaletta, Shalettah, Shalida, Shalidah, Shalitta, Shalittah, Shalyta, Shalytah, Shalytta, Shalyttah

Shalon (américain) diminutif de Shalona.
Shalone, Shalonne

Shalona (américain) combinaison du préfixe Sha et de Lona.
Shalonah, Shálonna, Shalonnah

Shalonda (américain) combinaison du préfixe Sha et d'Ondine.
Shalondah, Shalonde, Shalondina, Shalondine, Shalondra, Shalondria, Shalondyna, Shalondyne

Shalyn, Shalynn, Shalynne (américain) combinaisons du préfixe Sha et de Lynn.
Shalin, Shalina, Shalinda, Shaline, Shalyna, Shalynda, Shalyne, Shalynna

Shamara (arabe) prête pour le combat.
Shamar, Shamarah, Shamare, Shamarra, Shammara, Shamora, Shamorah, Shamori, Shamoria, Shamoriah, Shamorra, Shamorrah, Shamorria, Shamorriah, Shamorya, Shamoryah

Shamari U (arabe) variante de Shamara.
Shamaree, Shamarri

Shamaria (arabe) variante de Shamara.
Shamarea, Shamariah, Shamarria, Shamarya, Shamaryah

Shameka (américain) combinaison du préfixe Sha et de Meka.
Shameca, Shamecca, Shamecha, Shamecia, Shameika, Shameke, Shamekia, Shamekya, Shamekyah

Shamia (américain) combinaison du préfixe Sha et de Mia.
Shamea, Shamiah, Shamyia, Shamyiah, Shamyne

Shamika (américain) combinaison du préfixe Sha et de Mika.
Shameaka, Shameakah, Shameeca, Shameeka, Shamica, Shamicah, Shamicia, Shamicka, Shamickah, Shamieka, Shamikah, Shamikia, Shamyca, Shamycah, Shamycka, Shamyckah, Shamyka, Shamykah

Shamira (hébreu) pierre précieuse.
Shamir, Shamirah, Shamiran, Shamiria

Shamiya (américain) variante de Shamia.
Shamiyah

Shamyra (hébreu) variante de Shamira.
Shamyrah, Shamyria, Shamyriah, Shamyrya, Shamyryah

Shana (hébreu) Dieu est miséricordieux; (irlandais) variante de Jane.
Shaana, Shaanah, Shan, Shanah

Shanae, Shanea (irlandais) variantes de Shana.
Shanay

Shanaya (américain) variante de Shania.
Shaneah

Shanda (américain) variante de Chanda, de Shana.
Shandae, Shandah, Shannda

Shandi (anglais) variante populaire de Shana.
Shandea, Shandee, Shandei, Shandeigh, Shandey, Shandice, Shandie

Shandra (américain) variante de Shanda. Voir aussi Chandra.
Shandrah

Shandria (américain) variante de Shandra.
Shandrea, Shandri, Shandriah, Shandrice, Shandrie, Shandry, Shandrya, Shandryah

Shandrika (américain) variante de Shandria.
Shandreka

Shane **GF** (irlandais) variante de Shana.
Schain, Schaine, Schayn, Schayne, Shaen, Shaene, Shain, Shaine, Shayn

Shanece (américain) variante de Shanice.

Shanee (irlandais) variante populaire de Shane; (swahili) variante de Shany. Voir aussi Shanie.
Shanée

Shaneice (américain) variante de Shanice.
Shanneice

Shaneika (américain) variante de Shanika.
Shaneikah

Shaneisha (américain) combinaison du préfixe Sha et d'Aisha.
Shanesha, Shaneshia, Shanessa, Shaneysha, Shaneyshah, Shanisha, Shanishia, Shanishiah, Shanissha, Shanysha, Shanyshah

Shaneka (américain) variante de Shanika.
Shaneaca, Shaneacah, Shaneacka, Shaneackah, Shaneaka, Shaneakah, Shaneca, Shanecka, Shaneeca, Shaneecah, Shaneecka, Shaneeckah, Shaneeka, Shaneekah, Shanekah, Shanekia, Shanekiah, Shaneyka, Shonneka

Shanel, Shanell, Shanelle, Shannel (américain) variantes de Chanel.
Schanel, Schanela, Schanelah, Schanele, Schanell, Schanelle, Shanela, Shanelah, Shanele, Shanella, Shanelly, Shannela, Shannelah, Shannele, Shannell, Shannella, Shannellah, Shannelle, Shinelle, Shonel, Shonela, Shonelah, Shonele, Shonell, Shonella, Shonelle, Shynelle

Shanequa (américain) variante de Shanika.
Shaneaqua, Shaneaquah, Shaneaque, Shaneequa, Shaneequah, Shaneeque, Shaneiqua, Shaneiquah, Shaneique, Shanequah, Shaneque

Shanese (américain) variante de Shanice.
Shanesse

Shaneta (américain) combinaison du préfixe Sha et de Neta.
Seanette, Shaneata, Shaneatah, Shaneate, Shaneeta, Shaneetah, Shanetah, Shanetha, Shanethia, Shanethis, Shanetta, Shanette, Shineta, Shonetta

Shani **FG** (swahili) variante de Shany.
Shaenee, Shaeni, Shaenie, Shainee, Shaini, Shainie

Shania, Shaniah, Shaniya (américain) variantes de Shana.
Shaenea, Shaenia, Shaeniah, Shaenya, Shaenyah, Shainia, Shainiah, Shainya, Shainyah, Shanasia, Shannea, Shannia, Shanya, Shanyah, Shenia

Shanice (américain) variante de Janice. Voir aussi Chanice.
Shaneace, Shaneease, Shaneece, Shaneese, Shaneise, Shanicea, Shannice, Sheneice, Shenyce

Shanida (américain) combinaison du préfixe Sha et d'Ida.
Shaneeda, Shaneedah, Shannida, Shannidah, Shanyda, Shanydah

Shanie (irlandais) variante de Shane; (swahili) variante de Shany. Voir aussi Shanee.
Shanni, Shannie

Shaniece (américain) variante de Shanice.

Shanika (américain) combinaison du préfixe Sha et de Nika.
Shanica, Shanicah, Shanicca, Shanicka, Shanickah, Shanieka, Shanikah, Shanike, Shanikia, Shanikka, Shanikqua, Shanikwa, Shanyca, Shanycah, Shanycka, Shanyckah, Shanyka, Shanykah, Shineeca, Shonnika

Shaniqua, Shanique (américain) variantes de Shanika.
Shaniqa, Shaniquah, Shaniquia, Shaniquwa, Shaniqwa, Shanyqua, Shanyquah, Shanyque, Shinequa, Shiniqua

Shanise (américain) variante de Shanice.
Shanisa, Shanisah, Shanisha, Shanisia, Shaniss, Shanissa, Shanissah, Shanisse, Shanysa, Shanysah, Shanyse, Shanyssa, Shanyssah, Shineese

Shanita (américain) combinaison du préfixe Sha et de Nita.
Shanitah, Shanitha, Shanitra, Shanitt, Shanitta, Shanittah, Shanitte, Shanyt, Shanyta, Shanytah, Shanyte, Shanytt, Shanytta, Shanyttah, Shanytte, Shinita

Shanley **FG** (irlandais) enfant de héros.
Shanlea, Shanleah, Shanlee, Shanlei, Shanleigh, Shanli, Shanlie, Shanly

Shanna, Shannah (irlandais) variantes de Shana, de Shannon.
Shannea

Shannen, Shanon (irlandais) variantes de Shannon.
Shanen, Shanena, Shanene

Shannon FG (irlandais) petite et sage.
Shanadoah, Shanan, Shann, Shannan, Shanneen, Shannie, Shannin, Shannyn, Shanyn, Sheannon

Shanny (swahili) variante de Shany.

Shanta (français) variante de Chantal.
Shantah

Shantae FG (français) variante de Chantal.
Shantai, Shantay, Shantaya, Shantaye, Shantée

Shantal (américain) variante de Shantel.
Shantale, Shantall, Shontal

Shantana (américain) variante de Santana.
Shantaina, Shantainah, Shantan, Shantanae, Shantanah, Shantanell, Shantania, Shantaniah, Shantanickia, Shantanika, Shantanna, Shantanne, Shantanya, Shantanyah, Shantayna, Shantaynah, Shantena, Shantenah, Shantenna, Shentana, Shentanna

Shantara (américain) combinaison du préfixe Sha et de Tara.
Shantarah, Shantaria, Shantariah, Shantarra, Shantarrah, Shantarria, Shantarriah, Shantarya, Shantaryah, Shantera, Shanterra, Shantira, Shantyra, Shantyrah, Shontara, Shuntara

Shante (français) variante de Chantal.
Shantea, Shantee, Shanteia

Shanté (français) variante de Chantal.

Shanteca (américain) combinaison du préfixe Sha et de Teca.
Shantecca, Shantecka, Shanteka, Shantika, Shantikia, Shantikiah, Shantyca, Shantycka, Shantyckah, Shantyka, Shantykah

Shantel, Shantell, Shantelle (américain) chanson. Voir aussi Shauntel.
Seantelle, Shanntell, Shanteal, Shanteil, Shantela, Shantelah, Shantele, Shantella, Shantellah, Shantyl, Shantyle, Shentel, Shentelle, Shontal, Shontalla, Shontalle

Shanteria, Shanterria (américain) variantes de Shantara.
Shanterica, Shanterrie, Shantieria, Shantirea, Shonteria

Shantesa (américain) combinaison du préfixe Sha et de Tess.
Shantesah, Shantese, Shantessa, Shantessah, Shantesse, Shantice, Shantise, Shantisha, Shontecia, Shontessia

Shanti (américain) diminutif de Shantia.
Shantey, Shantie, Shanty

Shantia (américain) combinaison du préfixe Sha et de Tia.
Shanteia, Shanteya, Shantiah, Shantida, Shantya, Shantyah, Shaunteya, Shauntia, Shauntya, Shauntyah

Shantille (américain) variante de Chantilly.
Shanteil, Shantil, Shantilea, Shantileah, Shantilee, Shantiley, Shantili, Shantilie, Shantillea, Shantilleah, Shantillee, Shantillei, Shantilleigh, Shantilli, Shantillie, Shantilly, Shantyl, Shantyle, Shantylea, Shantyleah, Shantylee, Shantylei, Shantyleigh, Shantyley, Shantylli, Shantyllie, Shantylly, Shantyly

Shantina (américain) combinaison du préfixe Sha et de Tina.
Shanteana, Shanteanah, Shanteena, Shanteenah, Shanteina, Shanteinah, Shanteyna, Shanteynah, Shantinah, Shantine, Shantyna, Shantynah, Shontina

Shantora (américain) combinaison du préfixe Sha et de Tory.
Shantorah, Shantoree, Shantorey, Shantori, Shantorie, Shantory, Shantoya

Shantoria (américain) variante de Shantora.
Shantorya, Shanttoria

Shantrell (américain) variante de Shantel.

Shantrice (américain) combinaison du préfixe Sha et de Trice. Voir aussi Chantrice.
Shanteace, Shantease, Shantrece, Shantrecia, Shantreece, Shantreese, Shantrese, Shantress, Shantrezia, Shantricia, Shantriece, Shantriese, Shantris, Shantrisa, Shantrisah, Shantrise, Shantrissa, Shantrisse, Shantryce, Shantryse, Shontrice

Shany (swahili) merveilleuse, fabuleuse. Voir aussi Shani.
Shaeney, Shaeny, Shaenye, Shainey, Shainy, Shaney, Shannai, Shanya

Shanyce (américain) variante de Shanice.
Shannyce

Shappa (amérindien) tonnerre rouge.
Shapa, Shapah, Shappah

Shaquan GF (américain) diminutif de Shaquanda.

Shaquana, Shaquanna (américain) variantes de Shaquanda.
Shaquanah, Shaquannah

Shaquanda (américain) combinaison du préfixe Sha et de Wanda.
Shaquand, Shaquandah, Shaquandra, Shaquandrah, Shaquandria, Shaquanera, Shaquani, Shaquania, Shaquanne, Shaquanta, Shaquantae, Shaquantay, Shaquante, Shaquantia, Shaquona, Shaquonda, Shaquondah, Shaquondra, Shaquondria

Shaquandey (américain) diminutif de Shaquanda.

Shaqueita (américain) variante de Shakeita.

Shaquetta (américain) variante de Shakeita.
Shaqueta, Shaquetah, Shaquettah, Shaquette

Shaquia (américain) diminutif de Shakila.

Shaquila, Shaquilla (américain) variantes
de Shakila.
*Shaquilah, Shaquillah, Shaquillia, Shequela, Shequele,
Shequila, Shquiyla*

Shaquille ▣ (américain) variante de Shakila.
Shaquail, Shaquil, Shaquile, Shaquill

Shaquira (américain) variante de Shakira.
*Shaquirah, Shaquire, Shaquirra, Shaqura, Shaqurah,
Shaquri*

Shaquita, Shaquitta (américain) variantes
de Shakeita.
*Shaquitah, Shequida, Shequidah, Shequita, Shequitah,
Shequittia, Shequitya, Shequityah, Shequytya*

Shara (hébreu) diminutif de Sharon.
*Shaara, Sharah, Sharal, Sharala, Sharalee, Sharlyn,
Sharlynn, Sharra, Sharrah*

Sharai (hébreu) princesse. Voir aussi Sharon.
*Sharae, Sharaé, Sharah, Sharaiah, Sharay, Sharaya,
Sharayah, Sharrai, Sharray*

Sharan (hindi) protectrice.
Sharaine, Sharanda, Sharanjeet

Sharda (pendjabi, yoruba, arabe) variante
de Shardae.

Shardae, Sharday (pendjabi) charité; (yoruba)
honorée par la royauté; (arabe) fugitive.
Variantes de Chardae.
*Shadae, Shar-Dae, Shar-Day, Shardah, Shardai, Sharde,
Shardea, Shardee, Shardée, Shardei, Shardeia, Shardey,
Shardi, Shardy*

Sharee (anglais) variante de Shari.
Share, Sharea, Shareah, Sharree

Sharen (anglais) variante de Sharon.
Sharene, Sharenn, Sharren, Sharrene, Sharrona

Shari (français) chérie, très chère; (hongrois)
variante de Sarah. Voir aussi Sharita, Sheree,
Sherry.
Sharie, Sharri, Sharrie, Sharry, Shary

Shariah (anglais, hongrois) variante de Shari.
*Sharia, Sharria, Sharriah, Sharrya, Sharryah, Sharya,
Sharyah*

Shariann, Sharianne (anglais) combinaisons
de Shari et d'Ann.
Sharian, Shariana, Sharianah, Sharianna, Shariannah

Sharice (français) variante de Cherice.
*Shareace, Sharease, Shareese, Sharese, Sharesse, Shariece,
Sharis, Sharise, Sharish, Shariss, Sharisse, Sharyce,
Sharyse, Shereece*

Sharik (africain) enfant de Dieu.
*Sharica, Sharicka, Sharicke, Sharika, Sharike, Shariqua,
Sharique, Sharyk, Sharyka, Sharyque*

Sharina (anglais) variante de Sharon.
*Shareana, Shareena, Sharena, Sharenah, Sharenna,
Sharennah, Sharrena, Sharrina*

Sharissa (américain) variante de Sharice.
*Sharesa, Sharessia, Sharisa, Sharisha, Shereeza, Shericia,
Sherisa, Sherissa*

Sharita (français) variante populaire de Shari;
(américain) variante populaire de Charity.
Voir aussi Sherita.
Shareeta, Sharrita

Sharla (français) diminutif de Sharlène,
de Sharlotte.
Sharlah

Sharleen (français) variante de Sharlène.
Sharlee, Sharleena, Sharleenah, Sharleene

Sharlène (français) petite et forte.
*Scharlane, Scharlene, Shar, Sharlaina, Sharlaine,
Sharlane, Sharlanna, Sharlean, Sharleana, Sharleanah,
Sharleane, Sharlein, Sharleina, Sharleine, Sharlena,
Sharleyn, Sharleyna, Sharleyne, Sharlin, Sharlina,
Sharlinah, Sharline, Sharlyn, Sharlyna, Sharlynah,
Sharlyne, Sharlynn, Sharlynne, Sherlean, Sherleen,
Sherlene, Sherline*

Sharlotte (américain) variante de Charlotte.
*Sharlet, Sharleta, Sharletah, Sharlete, Sharlett, Sharletta,
Sharlettah, Sharlette, Sharlot, Sharlota, Sharlotah,
Sharlote, Sharlott, Sharlotta, Sharlottah*

Sharma (américain) diminutif de Sharmaine.
Sharmae, Sharmah, Sharme

Sharmaine (américain) variante de Charmaine.
*Sharmain, Sharmaina, Sharman, Sharmane, Sharmanta,
Sharmayn, Sharmayna, Sharmayne, Sharmeen, Sharmeena,
Sharmena, Sharmene, Sharmese, Sharmin, Sharmina,
Sharmine, Sharmon, Sharmona, Sharmone, Sharmyn,
Sharmyna, Sharmyne*

Sharna (hébreu) variante de Sharon.
*Sharnae, Sharnah, Sharnai, Sharnay, Sharne, Sharnea,
Sharnee, Sharneta, Sharnete, Sharnett, Sharnetta,
Sharnette, Sharney, Sharnie*

Sharnell (américain) variante de Sharon.
Sharnelle

Sharnice (américain) variante de Sharon.
*Sharnease, Sharneesa, Sharneese, Sharnesa,
Sharnese, Sharnisa, Sharnise, Sharnissa, Sharnisse,
Sharnyc, Sharnyce, Sharnys, Sharnysa, Sharnysah,
Sharnyse*

Sharolyn (américain) combinaison de Sharon
et de Lynn.
*Sharolean, Sharoleana, Sharoleanah, Sharoleane,
Sharoleen, Sharoleena, Sharoleenah, Sharoleene, Sharolin,
Sharolina, Sharolinah, Sharoline, Sharolyna, Sharolynah,
Sharolyne, Sharolynn, Sharolynna, Sharolynnah,
Sharolynne*

Sharon (hébreu) plaine déserte.
Variante de Sharai.
*Shaaron, Sharan, Sharean, Shareane, Shareen, Shareene,
Sharin, Sharine, Sharone, Sharran, Sharrane, Sharrin,
Sharrinae, Sharrine, Sharryn, Sharryne, Sharyn, Sharyon,
Sheren, Sheron, Sherryn*

Sharonda (hébreu) variante de Sharon.
Sharronda, Sheronda, Sherrhonda

Sharron F G (anglais) variante de Sharon.

Sharrona (hébreu) variante de Sharon.
Sharona, Sharonah, Sharone, Sharonia, Sharonna, Sharony, Sharrana, Sharronne, Sharryna, Shirona

Shatara (hindi) parapluie ; (arabe) sage ; travailleuse ; (américain) combinaison de Sharon et de Tara.
Shatarah, Shatarea, Shatari, Shataria, Shatariah, Shatarra, Shatarrah, Shataura, Shateira, Shatherian, Shatierra, Shatiria, Shatyra, Shatyrah, Sheatara

Shateria (américain) variante de Shatara.
Shateriah, Shaterri, Shaterria

Shaterra (américain) variante de Shatara.
Shatera, Shaterah

Shatoria (américain) combinaison du préfixe Sha et de Tory.
Shatora, Shatorah, Shatorea, Shatori, Shatoriah, Shatorri, Shatorria, Shatory, Shatorya, Shatoryah

Shatoya (américain) variante de Shatoria.

Shaun G F (irlandais) variante de Sean.
Voir aussi Shawn.
Schaun, Schaune, Shaughan, Shaughn, Shaugn, Shaunahan, Shaune, Shaunn, Shaunne

Shauna (hébreu, irlandais) variante de Shana, de Shaun. Voir aussi Seana, Shawna, Shona.
Schauna, Schaunah, Schaunee, Shaunah, Shaunee, Shauneen, Shaunelle, Shaunette, Shauni, Shaunie, Shaunika, Shaunisha, Shaunnea, Shaunua, Sheann, Sheaon, Sheaunna

Shaunda (irlandais) variante de Shauna.
Voir aussi Shanda, Shawnda, Shonda.
Shaundal, Shaundala, Shaundra, Shaundrea, Shaundree, Shaundria, Shaundrice

Shaunice (irlandais) variante de Shauna.
Shaunicy

Shaunna (hébreu, irlandais) variante de Shauna.

Shaunta (irlandais) variante de Shauna.
Voir aussi Shawnta, Shonta.
Schaunta, Schauntah, Schaunte, Schauntea, Schauntee, Schunta, Shauntah, Shaunte, Shauntea, Shauntee, Shauntée, Shaunteena, Shauntia, Shauntier, Shauntrel, Shauntrell, Shauntrella, Sheanta

Shauntae (irlandais) variante de Shaunta.
Schauntae, Schauntay, Shauntay, Shauntei

Shauntel (américain) chanson.
Voir aussi Shantel.
Shauntela, Shauntele, Shauntell, Shauntella, Shauntelle, Shauntrel, Shauntrell, Shauntrella, Shauntrelle

Shaunya (hébreu, irlandais) variante de Shauna.

Shavon F G (américain) combinaison du préfixe Sha et d'Yvonne. Voir aussi Siobhan.
Schavon, Schevon, Shavan, Shavaun, Shavone, Shavonia, Shavonn, Shavonni, Shavonnia, Shavonnie, Shavontae, Shavonte, Shavonté, Shavoun, Sheavon, Shivaun, Shivawn, Shivon, Shivonne, Shyvon, Shyvonne

Shavonda (américain) variante de Shavon.
Shavondra

Shavonna (américain) variante de Shavon.
Shavana, Shavanna, Shavona, Shavonah

Shavonne (américain) combinaison du préfixe Sha et d'Yvonne.

Shawana, Shawanna (américain) combinaisons du préfixe Sha et de Wanda. Voir aussi Shajuana, Shawna.
Shawan, Shawanah, Shawanda, Shawannah, Shawanta, Shawante, Shiwani

Shawn G F (irlandais) variante de Sean.
Voir aussi Shaun.
Schawn, Schawne, Shawen, Shawne, Shawnee, Shawnn, Shawon

Shawna (hébreu, irlandais) variante de Shana, de Shawn. Voir aussi Seana, Shauna, Shona.
Sawna, Schawna, Schawnah, Shaw, Shawnae, Shawnah, Shawnai, Shawnell, Shawnette, Shawnra, Sheona

Shawnda (irlandais) variante de Shawna.
Voir aussi Shanda, Shaunda, Shonda.
Shawndan, Shawndra, Shawndrea, Shawndree, Shawndreel, Shawndrell, Shawndria

Shawndelle (irlandais) variante de Shawna.
Schaundel, Schaundela, Schaundele, Schaundell, Schaundella, Schaundelle, Schawndel, Schawndela, Schawndele, Schawndell, Schawndelle, Seandel, Seandela, Seandele, Seandell, Seandelle, Seandelle, Shaundel, Shaundela, Shaundele, Shaundell, Shaundella, Shaundelle, Shawndal, Shawndala, Shawndel, Shawndela, Shawndele, Shawndella

Shawnee (irlandais) variante de Shawna.
Schawne, Schawnea, Schawnee, Shawne, Shawneea, Shawneen, Shawneena, Shawney, Shawni, Shawnie

Shawnika (américain) combinaison de Shawna et de Nika.
Shawnaka, Shawneika, Shawnequa, Shawnicka

Shawnna (hébreu, irlandais) variante de Shawna.

Shawnta F G (irlandais) variante de Shawna.
Voir aussi Shaunta, Shonta.
Shawntae, Shawntah, Shawntay, Shawnte, Shawnté, Shawntee, Shawnteria, Shawntia, Shawntina, Shawntish, Shawntrese, Shawntriece

Shawntel (américain) chanson.
Voir aussi Shantel, Shauntel.
Shawntela, Shawntelah, Shawntele, Shawntell, Shawntella, Shawntellah, Shawntelle, Shawntil, Shawntile, Shawntill, Shawntille

Shay Ⓤ (irlandais) variante de Shea.
Shayda, Shayha, Shayia, Shey, Sheye

Shaya (irlandais) variante de Shay.
Shayah

Shayann, Shayanne (irlandais) combinaisons de Shay et d'Ann.
Shay Ann, Shay Anne, Shay-Ann, Shay-Anne

Shaye ⒻⒼ (irlandais) variante de Shea.

Shayla, Shaylah (irlandais) variantes de Shay.
Shaylagh, Shaylain, Shaylan, Shaylea, Shayleah, Shaylla, Sheyla

Shaylee, Shayli, Shaylie (irlandais) variantes de Shea.
Shaylei, Shayleigh, Shayley, Shaylia, Shayliah, Shayly

Shayleen, Shaylene (irlandais) variantes de Shea.
Shaylean, Shayleana, Shayleanah, Shayleane, Shayleena, Shayleenah, Shayleene

Shaylen, Shaylin, Shaylyn, Shaylynn (irlandais) variantes de Shealyn.
Shaylina, Shaylinah, Shayline, Shaylinn, Shaylyna, Shaylynah, Shaylyne, Shaylynne

Shayna (hébreu) belle.
Shaynae, Shaynah, Shaynee, Shayney, Shayni, Shaynia, Shaynie, Shaynna, Shaynne, Shayny

Shayne ⒼⒻ (hébreu) variante de Shayna; (irlandais) variante de Shane.

Shea ⒻⒼ (irlandais) palais féerique.
Shearra

Shealyn (irlandais) variante de Shea.
Voir aussi Shaylen.
Shealy, Sheylyn

Sheba (hébreu) diminutif de Bathsheba.
Géographie : ancien pays d'Arabie du Sud.
Sheaba, Sheabah, Shebah, Sheeba, Sheebah, Sheiba, Sheibah, Sheyba, Sheybah

Sheena (hébreu) Dieu est miséricordieux; (irlandais) variante de Jane.
Sheana, Sheanah, Sheanna, Sheenagh, Sheenah, Sheenan, Sheeneal, Sheenna, Sheina, Sheinah, Sheyna, Sheynah, Shiona

Sheila (latin) aveugle; (irlandais) variante de Cecelia. Voir aussi Cheyla, Zelizi.
Sheela, Sheelagh, Sheelah, Sheilagh, Sheilah, Sheileen, Sheiletta, Sheilia, Sheilla, Sheillah, Sheillia, Sheilliah, Sheillynn, Sheilya, Shela, Shelagh, Shelah, Shiela, Shielah

Shelbe, Shelbee, Shelbey, Shelbi, **Shelbie, Shellbie, Shellby** (anglais) variantes de Shelby.
Shelbbie, Shellbee, Shellbi

Shelby ⒻⒼ (anglais) domaine du rebord.
Chelby, Schelby, Shel, Shelbea, Shelbye, Shellbea, Shellbey

Sheldon ⒼⒻ (anglais) ferme sur le rebord.
Sheldina, Sheldine, Sheldrina, Sheldyn, Shelton

Shelee (anglais) variante de Shelley.
Shelea, Sheleah, Shelee, Sheleen, Shelei, Sheleigh, Shelena, Sheley, Sheli, Shelia, Shelie, Shelina, Shelinda, Shelita, Shely

Shelia (latin, irlandais) variante de Sheila.
Sheliah

Shelisa (américain) combinaison de Shelley et de Lisa.
Sheleza, Shelica, Shelicia, Shelise, Shelisse, Sheliza

Shelley ⒻⒼ (anglais) prairie sur le rebord; (français) variante populaire de Michelle.
Chelley, Rochelle. Shell, Shella, Shellaine, Shellana, Shellany, Shellea, Shelleah, Shellee, Shellei, Shelleigh, Shellene, Shelli, Shellian, Shelliann, Shellina

Shellie, Shelly (anglais) prairie sur le rebord; (français) variantes populaires de Michelle.

Shelsea (américain) variante de Chelsea.
Shellsea, Shellsey, Shelsey, Shelsie, Shelsy

Shena (irlandais) variante de Sheena.
Shenada, Shenah, Shenda, Shene, Sheneda, Shenee, Sheneena, Shenina, Shenita, Shenna, Shennah, Shenoa

Shenae (irlandais) variante de Sheena.
Shenay, Shenea, Shennae

Shenandoa (algonquin) belle étoile.
Shenandoah

Shenell, Shenelle (américain) variantes de Shanel.
Shenel, Shenela, Shenelah, Shenele, Shenella, Shenellah, Shenelly

Shenice, Shenise (américain) variantes de Shanice.
Shenece, Sheniece

Shenika, Sheniqua (américain) variantes de Shanika, de Shena.
Sheenika, Shenequa, Shenica

Shera (araméen) lumière.
Sheara, Shearah, Sheera, Sheerah, Sherae, Sherah, Sheralla, Sheralle, Sheray, Sheraya

Sheralee (américain) combinaison de Shera et de Lee.
Sheralea, Sheraleah, Sheraley

Sheree (français) chérie, très chère.
Scherea, Scheree, Scherey, Scherie, Sheerea, Sheeree, Shere, Sherea, Shereé, Sherey, Sherrea, Sherree, Sherrey

Shereen (français) variante de Sheree.
Shereena

Sherell, Sherelle, Sherrell (français) variantes de Cherelle, de Sheryl.
Sherel, Sherela, Sherelah, Sherele, Sherella, Sheriel, Sherrel, Sherrelle, Shirelle

Sheri, Sherie, Sherri, Sherrie (français) variantes de Sherry.
Sheria, Sheriah, Sherria, Sherriah

Sherian, Sheriann (américain) combinaisons de Sheri et d'Ann.
Sherianne, Sherrina

Sherica (pendjabi, arabe) variante de Sherika.
Shericah, Sherrica

Sherice (français) variante de Cherice.
Scherise, Sherece, Shereece, Sherees, Shereese, Sherese, Shericia, Sherise, Sherisse, Sherrish, Sherryse, Sheryce

Sheridan FG (irlandais) sauvage.
Cherida, Cheriden, Sherida, Sheridane, Sherideen, Sheriden, Sheridian, Sheridin, Sheridon, Sheridyn, Sherridan, Sherridana, Sherridane, Sherridanne, Sherridon, Sherrydan, Sherrydana, Sherrydane, Sherrydin, Sherrydon, Sherrydyn, Sherydan, Sherydana, Sherydane

Sherika (pendjabi) parente ; (arabe) qui vient de l'Est.
Shereka, Sherekah, Shericka, Sherikah, Sheriqua, Sheriquah, Sherricka, Sherrika, Sheryca, Sherycah, Sherycka, Sheryckah, Sheryka, Sheryqua, Sheryquah

Sherilyn (américain) variante de Sherylyn.
Sharilyn, Sherilin, Sherilina, Sherilinah, Sheriline, Sherilyna, Sherilynah, Sherilyne, Sherilynn, Sherilynna, Sherilynnah, Sherilynne

Sherissa (français) variante de Sherry, de Sheryl.
Shereesa, Shereese, Shereeza, Shereeze, Sheresa, Shericia, Sherisa, Sherisah, Sherise, Sheriss, Sherissah, Sherisse, Sheriza, Sherizah, Sherize, Sherizza, Sherizzah, Sherizze, Sherrish, Sherys, Sherysa, Sherysah, Sheryse, Sheryss, Sheryssa, Sheryssah, Sherysse

Sherita (français) variante de Sherry, de Sheryl. Voir aussi Sharita.
Shereata, Shereatah, Shereeta, Shereetah, Shereta, Sheretta, Sherette, Sheritah, Sherrita, Sheryta, Sherytah

Sherleen (français, anglais) variante de Sheryl, de Shirley.
Sherileen, Sherlene, Sherlin, Sherlina, Sherline, Sherlyn, Sherlyne, Sherlynne

Sherley (anglais) variante de Shirley.
Sherlee, Sherli, Sherlie

Shermaine (américain) variante de Sharmaine.

Sherron (hébreu) variante de Sharon.
Sheron, Sherona, Sheronna, Sherronna, Sherronne

Sherry (français) chérie, très chère. Variante populaire de Sheryl. Voir aussi Sheree.
Scheri, Scherie, Schery, Sheerey, Sheeri, Sheerie, Sheery, Sherey, Sherissa, Sherrey, Shery, Sherye, Sheryy

Sheryl (français) chérie. Variante populaire de Shirley. Voir aussi Sherry.
Sharel, Sharil, Sharyl, Sharyll, Sheral, Sheriel, Sheril, Sherile, Sherill, Sherille, Sherily, Sherral, Sherril, Sherrill, Sherryl, Sheryle, Sheryll, Sherylle, Sherylly

Sherylyn (américain) combinaison de Sheryl et de Lynn. Voir aussi Cherilyn.
Sharolin, Sharolyn, Sharyl-Lynn, Sheralin, Sheralina, Sheraline, Sheralyn, Sheralyna, Sheralyne, Sheralynn, Sheralynne, Sherralyn, Sherralynn, Sherrilyn, Sherrilynn, Sherrilynne, Sherrylyn, Sherylanne, Sherylin, Sherylina, Sherylinah, Sheryline, Sherylyna, Sherylynah, Sherylyne

Shevonne (américain) combinaison du préfixe She et d'Yvonne.
Shevaun, Shevon, Shevonda, Shevone

Sheyanne, Sheyenne (cheyenne) variantes de Cheyenne. Voir aussi Shyan.
Shayhan, Sheyan, Sheyane, Sheyann, Sheyanna, Sheyannah, Sheyen, Sheyene

Shi (japonais) diminutif de Shika.
She

Shian, Shiane, Shiann, Shianne (cheyenne) variantes de Cheyenne.
Shiante, Shiany, Shieann, Shieanne, Shiene, Shienn, Shienne

Shiana, Shianna (cheyenne) variantes de Cheyenne.
Shianah, Shianda, Shiannah, Shieana, Shiena, Shienna

Shifra (hébreu) belle.
Schifra, Shifrah, Shyfra, Shyfrah

Shika (japonais) cerf plein de douceur.
Shikah

Shikha (japonais) variante de Shika.

Shilah (latin, irlandais) variante de Sheila.
Shila, Shilea

Shilo U (hébreu) variante de Shiloh.

Shiloh FG (hébreu) cadeau de Dieu. Bible : le Silo est un sanctuaire des Israélites où se trouvait l'Arche d'Alliance.

Shilpa (indien) bien proportionnée.
Shilpta

Shina (japonais) vertueuse, sage ; riche ; (chinois) variante de China.
Shinae, Shinay, Shine, Shinna

Shino (japonais) tige de bambou.

Shinobu (japonais) soutenir.

Shiquita (américain) variante de Chiquita.
Shiquata, Shiquitta

Shira (hébreu) chanson.
Shirah, Shiray, Shire, Shiree, Shiri, Shirit

Shirin (persan) charmante, douce.

Shirlene (anglais) variante de Shirley.
Shirleen, Shirlena, Shirlina, Shirline, Shirlyn, Shirlynn

Shirley (anglais) prairie lumineuse.
Voir aussi Sheryl.
Shir, Shirl, Shirlee, Shirlie, Shirlly, Shirly, Shurlee, Shurley

Shivani (hindi) vie et mort.
Shiva, Shivana, Shivanie, Shivanna

Shizu (japonais) silencieuse.
Shizue, Shizuka, Shizuko, Shizuyo

Shona (irlandais) variante de Jane.
Variante de Shana, de Shauna, de Shawna.
Shiona, Shonagh, Shonah, Shonalee, Shone, Shonee,
Shonette, Shoni, Shonie

Shonda (irlandais) variante de Shona.
Voir aussi Shanda, Shaunda, Shawnda.
Shondalette, Shondalyn, Shondel, Shondelle, Shondi,
Shondia, Shondie, Shondra, Shondreka, Shounda

Shonna (irlandais) variante de Shona.
Shonnah

Shonta (irlandais) variante de Shona.
Voir aussi Shaunta, Shawnta.
Shontá, Shontai, Shontalea, Shontasia, Shontedra,
Shonteral, Shontol, Shontoy, Shontrail

Shontae (irlandais) variante de Shonta.
Shontay, Shontaya, Shonté, Shountáe

Shontavia (irlandais) variante de Shonta.
Shontaviea

Shonte (irlandais) variante de Shonta.
Shontee, Shonti

Shontel, Shontell (américain) variantes
de Shantel.
Shontela, Shontelah, Shontele, Shontella, Shontellah,
Shontelle

Shontia (américain) variante de Shantia.

Shoshana (hébreu) variante de Susanne.
Shosha, Shoshan, Shoshanah, Shoshane, Shoshanha,
Shoshann, Shoshanna, Shoshannah, Shoshauna,
Shoshaunah, Shoshawna, Shoshona, Shoshone, Shoshonee,
Shoshoney, Shoshoni, Shoushan, Shushana, Sosha,
Soshana

Shreya (indien) meilleure.

Shu (chinois) bienveillante, douce.

Shug (américain) diminutif de Sugar.

Shula (arabe) ardente, éclatante.
Shulah

Shulamith (hébreu) pacifique. Voir aussi Sula.
Shulamit, Sulamith

Shunta (irlandais) variante de Shonta.
Shuntae, Shunté, Shuntel, Shuntell, Shuntelle, Shuntia

Shura (russe) variante d'Alexandra.
Schura, Shurah, Shuree, Shureen, Shurelle, Shuritta,
Shurka, Shurlana

Shy, Shye (cheyenne) diminutifs de Shyan.

Shyan, Shyann, Shyanne, Shyenne (cheyenne)
variantes de Cheyenne. Voir aussi Sheyanne.
Shyane, Shyene, Shynee

Shyanna (cheyenne) variante de Cheyenne.
Shyana, Shyanah, Shyandra, Shyannah, Shyenna

Shyla (anglais) variante de Sheila.
Shya, Shyah, Shylah, Shylan, Shylana, Shylane,
Shylayah, Shyle, Shyleah, Shylee, Shyley, Shyli, Shylia,
Shylie, Shylyn

Shylo (hébreu) variante de Shilo.
Shyloe, Shyloh, Shylon

Shyra (hébreu) variante de Shira.
Shyrae, Shyrah, Shyrai, Shyrie, Shyro

Sianna (irlandais) variante de Seana.
Sian, Siana, Sianae, Sianai, Sianey, Siannah, Sianne,
Sianni, Sianny, Siany, Sina, Sion, Syon

Siara, Siarra (irlandais) variantes de Sierra.
Siarah, Siarrah

Sibeta (miwok) qui trouve un poisson
sous un rocher.

Sibila, Sibilia, Sibilina (grec) variantes
de Sibylle.

Sibylle (grec) prophète. Mythologie: les sibylles
étaient des oracles qui transmettaient les
messages des dieux. Voir aussi Cybèle, Sibley.
Sib, Sibbel, Sibbie, Sibbill, Sibby, Sibeal, Sibel, Sibell,
Sibelle, Sibyl, Sibylline, Sybel, Sybelle, Sybille, Syble

Sibley (anglais) membre de la fratrie; amicale;
(grec) variante de Sibylle.
Sybley

Sidnee, Sidnie (français) variantes de Sydney.
Sidne, Sidnei, Sidneya, Sidni, Sidny, Sidnye

Sidney 🅵🅶 (français) variante de Sydney.

Sidonia (hébreu) séduisante.
Sydania, Syndonia

Sidonie (français) de Saint-Denis, en France.
Voir aussi Sydney.
Sidaine, Sidanni, Sidelle, Sidoine, Sidona, Sidonae,
Sidonia, Sidony

Sidra (latin) enfant étoile.
Sidrah, Sidras

Siena, Sienna (américain) variantes de Ciana.
Seini

Siera, Sierrah (irlandais) variantes de Sierra.
Sierah

Sierra FG (irlandais) noir ; (espagnol)
en dents de scie. Géographie : toute chaîne
de montagnes aux contours déchiquetés qui,
vue de loin, a un profil en dents de scie.
Voir aussi Ciara.
Seera, Sieara, Siearra, Sieria, Sierre, Sierrea, Sierriah

Sigfreda (allemand) paix victorieuse.
Voir aussi Freda.
Sigfreida, Sigfrida, Sigfrieda, Sigfryda

Siglinda (germanique) victoire protectrice.

Sigmunda (allemand) protectrice victorieuse.
Sigmonda

Signe (latin) signe, signal ; (scandinave)
diminutif de Sigourney.
Sig, Signa, Signy, Singna, Singne

Sigolena (scandinave) douce victoire.

Sigourney (anglais) conquérante victorieuse.
Sigournee, Sigourny

Sigrada (allemand) célèbre grâce à la victoire.

Sigrid (scandinave) conseillère victorieuse.
Siegrid, Siegrida, Sigritt

Sihu (amérindien) fleur ; buisson.

Siko (africain) bébé qui pleure.

Silenia (latin) qui appartient aux dieux terrestres.

Silvana (latin) variante de Sylvana.
Silvaine, Silvanna, Silviane

Silver (anglais) l'argent, un métal précieux.

Silveria, Silvina (espagnol) variantes
de Selva.

Silvia (latin) variante de Sylvia.
Silivia, Silva, Silvya

Simcha GF (hébreu) joyeuse.

Simona (hébreu, français) variante de Simone.
Simmona, Simonetta, Simonia, Simonina

Simone (hébreu) elle a entendu ; (français)
variante de Simon (voir les prénoms
de garçons). Voir aussi Ximena, Zimena.
*Siminie, Simmi, Simmie, Simmone, Simoane, Simonette,
Simonne, Somone*

Simran FG (sikh) imprégné de Dieu.
Simren, Simrin, Simrun

Sina GF (irlandais) variante de Seana.
Seena, Sinai, Sinaia, Sinan, Sinay

Sinclair FG (français) variante de Sinclaire.

Sinclaire (français) prière.

Sinclética (grec) celle qui est invitée.

Sindy (américain) variante de Cindy.
*Sinda, Sindal, Sindea, Sindeah, Sindee, Sindey, Sindi,
Sindia, Sindie, Sinnedy, Synda, Syndal, Syndea, Syndeah,
Syndee, Syndey, Syndi, Syndia, Syndie, Syndy*

Sinead (irlandais) variante de Jane.
Seonaid, Sine, Sinéad

Sinforiana (grec) variante de Sinforosa.

Sinforosa (latin) pleine de malheurs.

Sinovia, Sinya (russe) étrangère.

Sintiques, Síntiques (grec) chanceuse.

Siobhan (irlandais) variante de Joan.
Voir aussi Shavon.
*Shibahn, Shibani, Shibhan, Shioban, Shobana, Shobha,
Shobhana, Siobahn, Siobhana, Siobhann, Siobhon,
Siovaun, Siovhan*

Sión (latin) variante d'Asunción.

Sira (latin) celle qui vient de Syrie.

Sirena (grec) enchanteresse Mythologie :
les sirènes étaient des nymphes maritimes
dont le chant enchantait les marins
et les incitait à faire s'écraser leurs bateaux
sur des rochers à proximité. Voir aussi Cyrena,
Xirena, Zirina.
Sireena, Siren, Sirenah, Sirene, Sirine

Siri (scandinave) diminutif de Sigrid.
Siree, Sirey, Siry

Sisika (amérindien) oiseau chanteur.

Sissy (américain) variante populaire de Cecelia.
Sisi, Sisie, Sissey, Sissi, Sissie

Sita (hindi) variante de Shakti.
Sitah, Sitha

Sitara (sanscrit) étoile du matin.
Sitarah, Sithara

Siti (swahili) femme respectée.

Sky U (arabe, néerlandais) variante de Skye.
Skky

Skye FG (arabe) donneur d'eau ; (néerlandais)
diminutif de Skyler. Géographie : une île
des Hébrides intérieures, en Écosse.
Ski, Skie, Skii

Skyla (néerlandais) variante de Skyler.
Skya, Skylah

Skylar Ⓤ (néerlandais) variante de Skyler.
Skyllar, Skyylar

Skyler ⒼⒻ (néerlandais) qui s'abrite.
Skila, Skilah, Skyela, Skyelar, Skyeler, Skyelur, Skylair, Skylee, Skylena, Skyli, Skylia, Skylie, Skylin, Skylor, Skylyn, Skylynn, Skylyr, Skyra

Skyy (arabe, néerlandais) variante de Skye.

Sloan Ⓤ (irlandais) variante de Sloane.

Sloane (irlandais) guerrière.
Sloanne

Socorro (espagnol) aide.

Sofia **TOP .100.** (grec) variante de Sophia.
Voir aussi Zofia, Zsofia.
Sofeea, Sofeeia, Soficita, Sofija, Sofiya, Sofka, Sofya

Sofía (grec) variante de Sofia.

Sofie (grec) variante de Sofia.
Soffi, Sofi

Sol (latin) soleil.

Solada (tai) qui écoute.

Solana (espagnol) lumière du soleil.
Solande, Solanna, Soleil, Solena, Soley, Solina, Solinda

Solange (français) digne.

Soledad (espagnol) solitaire.
Sole, Soleda

Soledada (espagnol) variante de Soledad.

Solenne (français) solennelle, digne.
Solaine, Solene, Soléne, Solenna, Solina, Soline, Solonez, Souline, Soulle

Soline **TOP .100.** (latin) solennelle. Voir aussi Solenne.

Solita (latin) seule.
Soleata, Soleatah, Soleeta, Soleetah, Soleete, Soleighta, Soleita, Soleitah, Solitah, Solite, Solitta, Solittah, Solitte, Solyta, Solytah, Solytta, Solyttah, Solytte

Solomon ⒼⒻ (hébreu) pacifique.

Soma (hindi) lunaire.

Somer (anglais, arabe) variante de Sommer.

Sommer (anglais) été; personne qui convoque;
(arabe) noir. Voir aussi Summer.
Somara, Sommar, Sommara, Sommers

Somoche (mapuche) femme distinguée.

Sondra (grec) protectrice de l'humanité.
Sondre, Sonndra, Sonndre

Sonia (russe, slave) variante de Sonya.
Sonica, Sonida, Sonita, Sonna, Sonni, Sonnia, Sonnie, Sonny

Sonja (scandinave) variante de Sonya.
Sonjae, Sonjia

Sonora (espagnol) son agréable.

Sonsoles (espagnol) ce sont des soleils.

Sonya (grec) sage; (russe, slave) variante
de Sophia.
Sonnya, Sonyae, Sunya

Sook (coréen) pure.

Sopatra (grec) sauveuse du père.

Sopheary (cambodgien) belle fille.

Sophia (grec) sage, pleine de sagesse.
Voir aussi Sofia, Sonya, Zofia.

Sophie (grec) variante populaire de Sophia.
Voir aussi Zocha.
Sophey, Sophi, Sophy

Sophronia (grec) sage; raisonnable.
Soffrona, Sofronia

Sora (amérindien) oiseau chanteur qui gazouille.

Soraya (persan) princesse.
Suraya

Sorne (basque) variante de Concepción.

Sorrel ⒻⒼ (français) marron roux. Botanique:
l'oseille, une plante dont les feuilles sont
utilisées en cuisine.

Sorya (espagnol) celle qui est éloquente.

Soso (amérindien) écureuil vivant dans les arbres
qui mange des pignons de pin; bébé aux joues
potelées.

Sotera (grec) sauveuse.

Soterraña (espagnol) qui enterre; cimetière.

Souzan (persan) feu brûlant.
Sousan, Souzanne

Spencer, Spenser ⒼⒻ (anglais) distributrice
de provisions.

Speranza (italien) variante d'Esperanza.
Speranca

Spica (latin) épi de blé. Astronomie: étoile
de la constellation de la Vierge.

Spring (anglais) printemps.
Spryng

Stacee, Staci, Stacie (grec) variantes de Stacey.

Stacey ⒻⒼ (grec) résurrection; (irlandais)
diminutif d'Anastasia, d'Eustacia, de Natasha.
Stacci, Stace, Staceyan, Staceyann, Staicy, Stasey, Stayce, Staycee, Stayci, Steacy

Stacia, Stasia (anglais) diminutifs d'Anastasia.
Staysha

Stacy FG (grec) résurrection ; (irlandais) diminutif d'Anastasia, d'Eustacia, de Natasha.

Star (anglais) étoile.
Staria, Starisha, Starleen, Starlet, Starlette, Starley, Starlight, Starre, Starri, Starria, Starrika, Starrsha, Starsha, Starshanna, Startish

Starla (anglais) variante de Star.
Starrla

Starleen (anglais) variante de Star.
Starleena, Starlena, Starlene

Starley (anglais) variante populaire de Star.
Starle, Starlee, Starly

Starling U (anglais) oiseau.

Starlyn (anglais) variante de Star.
Starlin, Starlynn, Starrlen

Starr FG (anglais) étoile.

Stasha (grec, russe) variante de Stasya.
Stashia

Stasya (grec) variante populaire d'Anastasia ; (russe) variante de Stacey.
Stasa, Stasja, Staska

Stefani, Stefanie, Stefany, Steffani, Steffanie, Steffany (grec) variantes de Stéphanie.
Stafani, Stafanie, Staffany, Stefane, Stefanee, Stefaney, Stefanié, Stefanni, Stefannie, Stefanny, Stefenie, Steffane, Steffanee, Steffaney, Stefini, Stefinie, Stefoni

Stefania (grec) variante de Stéphanie.
Stefanija, Stefanya

Stefanía (grec) variante de Stéphanie.

Steffi (grec) variante populaire de Stefani, de Stéphanie.
Stefa, Stefcia, Steffee, Steffie, Steffy, Stefi, Stefka, Stefy, Stepha, Stephi, Stephie, Stephy

Stella (latin) étoile ; (français) variante populaire d'Estelle.
Steile, Stellina

Stella Maris (hispanique) étoile de la mer.

Stepania (russe) variante de Stéphanie.
Stepa, Stepahny, Stepanida, Stepanie, Stepanyda, Stepfanie

Stephaine (grec) variante de Stéphanie.

Stephani, Stephannie, Stephany (grec) variantes de Stéphanie.
Stephanni, Stephanye

Stephania (grec) variante de Stéphanie.
Stephanida

Stéphanie (grec) couronnée. Voir aussi Estefani, Estephanie, Panya, Stevi, Zephania.
Stamatios, Stephaija, Stephana, Stephanas, Stephane, Stephanee, Stephaney, Stéphanie, Stephanine, Stephann, Stephianie, Stephinie, Stesha, Steshka, Stevanee

Stephene (grec) variante de Stéphanie.

Stephenie (grec) variante de Stéphanie.
Stephena, Stephenee, Stepheney, Stepheni, Stephenny, Stepheny

Stephine (grec) variante de Stéphanie.
Stephina, Stephyne

Stephney (grec) variante de Stéphanie.
Stephne, Stephni, Stephnie, Stephny

Sterling GF (anglais) précieuse ; pièce en argent.

Stevi (grec) variante populaire de Stéphanie.
Steva, Stevana, Stevanee, Stevee, Stevena, Stevey, Stevy, Stevye

Stevie FG (grec) variante populaire de Stéphanie.

Stina (allemand) diminutif de Christina.
Steena, Stena, Stine, Stinna

Stockard (anglais) parc à bestiaux.

Storm GF (anglais) tempête.
Storme, Stormm

Stormi, Stormie (anglais) variantes de Stormy.
Stormii

Stormy (anglais) impétueuse par nature.
Stormee, Stormey

Su (chinois) ranimer, ressusciter.

Suchin (tai) belle pensée.

Sue (hébreu) diminutif de Susanne, de Susana.

Sueann (américain) combinaison de Sue et d'Ann.
Suann, Suanne, Sueanne

Sueanna (américain) combinaison de Sue et d'Anna.
Suanna, Suannah

Suela (espagnol) consolation.
Suelita

Sugar (américain) douce comme du sucre.

Sugi (japonais) cèdre.

Suke (hawaïen) variante de Susanne.

Sukey (hawaïen) variante populaire de Susanne.
Suka, Sukee, Suky

Sukhdeep (sikh) lumière de paix et de joie.
Sukhdip

Suki (japonais) être cher; (miwok) aux yeux d'aigle.
Sukie

Sula (islandais) grand oiseau maritime; (grec, hébreu) diminutif de Shulamith, d'Ursula.

Sulamita (hébreu) femme pacifique.

Suleika (arabe) la plus belle femme.

Suletu (miwok) oiseau qui monte en flèche.

Sulia (latin) variante de Julia.
Suliana

Sullivan ⒼⒻ (irlandais) aux yeux noirs.
Sullavan, Sullevan, Sully, Syllyvan

Sulpicia (latin) Littérature: poétesse de la Rome antique.

Sulwen (gallois) aussi lumineuse que le soleil.

Suma (anglais) née pendant l'été.

Sumalee (thaïlandais) belle fleur.

Sumati (hindi) unité.

Sumaya (américain) combinaison de Sue et de Maya.
Sumayah, Sumayya, Sumayyah

Sumer (anglais) variante de Summer.

Sumi (japonais) élégante, raffinée.
Sumiko

Summer (anglais) été. Voir aussi Sommer.
Summar, Summerann, Summerbreeze, Summerhaze, Summerine, Summerlee, Summerlin, Summerlyn, Summerlynn, Summers, Summyr, Sumrah, Sumyr

Sun (coréen) obéissante.
Suncance, Sundee, Sundeep, Sundi, Sundip, Sundrenea, Sunta, Sunya

Sun-Hi (coréen) sage; joyeuse.

Sunday (latin) née le premier jour de la semaine.

Sunee (tai) sage.

Suni (zuni) du pays; membre de la tribu.
Sunita, Sunitha, Suniti, Sunne, Sunnilei

Suniva (latin) rayonnante; illuminée.

Sunki (hopi) rapide.
Sunkia

Sunny Ⓤ (anglais) rayonnante, enjouée.
Sunni, Sunnie

Sunshine (anglais) lumière du soleil.
Sunshyn, Sunshyne

Surata (pakistanais) joie bénie.

Suri (toda) nez pointu.
Suree, Surena, Surenia

Surya Ⓤ (sanscrit) Mythologie: un dieu du Soleil.
Suria, Suriya, Surra

Susammi (français) combinaison de Susanne et d'Aimée.
Suzami, Suzamie, Suzamy

Susan (hébreu) variante de Susanne.
Susann

Susana, Susanna, Susannah (hébreu) variantes de Susan. Voir aussi Xuxa, Zanna, Zsuzsanna.
Sonel, Sosana, Suesanna, Susanah, Susane, Susanka

Susanita (espagnol) variante populaire de Susana.

Susanne (hébreu) lys. Voir aussi Shoshana, Sukey, Zsa Zsa, Zusa.
Sawsan, Siusan, Sosan, Sosana, Suesan, Sueva, Suisan, Susen, Suson

Suse (hawaïen) variante de Susanne.

Susette (français) variante populaire de Susanne, de Susana.
Susetta

Susie (américain) variante populaire de Susanne, de Susana.
Susey, Susi, Sussi, Sussy, Susy

Susima (grec) élue.

Suyapa (espagnol) Géographie: village du Honduras.

Suzan (anglais) variante de Susan.

Suzana, Suzanna, Suzannah (hébreu) variantes de Susanne.
Suzenna, Suzzanna

Suzanne (hébreu) rose.
Suszanne, Suzane, Suzann, Suzzane, Suzzann, Suzzanne

Suzette (français) variante de Susan.
Suzetta, Suzzette

Suzie (américain) variante populaire de Susan, de Susana.
Suze, Suzi, Suzy, Suzzie

Suzu (japonais) petite cloche.
Suzue, Suzuko

Suzuki (japonais) arbre à cloches.

Svetlana (russe) lumière éclatante.
Sveta, Svetochka

SyÀ (chinois) été.

Sybella (anglais) variante de Sybil.
Sebila, Sibbella, Sibella, Sibilla, Sibylla, Sybila, Sybilla

Sybil (grec) prophète. Variante de Sibylle.

Sydne, Sydnee, Sydnei, Sydni, Sydnie
(français) variantes de Sydney.

Sydney (français) de Saint-Denis, en France.
Voir auss Sidnee, Sidonie.
*Cidney, Cydney, Sy, Syd, Sydel, Sydelle, Sydna, Sydnea,
Sydny, Sydnye, Syndona, Syndonah*

Syerra (irlandais, espagnol) variante de Sierra.
Syera

Sying U (chinois) étoile.

Sylvana (latin) forêt.
*Sylva, Sylvaine, Sylvanah, Sylvania, Sylvanna, Sylvina,
Sylvinnia, Sylvonah, Sylvonia, Sylvonna*

Sylvia (latin) forêt. Littérature : Sylvia Plath
était une célèbre poétesse américaine.
Voir aussi Silvia, Xylia.
Sylvette

Sylviann, Sylvianne (américain) combinaisons
de Sylvia et d'Ann.
Sylvian

Sylvie (latin) variante populaire de Sylvia.
Silvi, Silvie, Silvy, Sylvi

Sylwia (latin) variante de Sylvia.

Symantha (américain) variante de Samantha.

Symone (hébreu) variante de Simone.
Symmeon, Symmone, Symona, Symoné, Symonne

Symphony (grec) symphonie, son harmonieux.
*Symfoni, Symphanée, Symphanie, Symphany, Symphoni,
Symphonie*

Synthia (grec) variante de Cynthia.
*Sinthea, Sinthia, Sinthiah, Sinthya, Sinthyah, Synthea,
Synthiah, Synthya, Synthyah*

Syreeta (hindi) bonnes traditions ; (arabe)
compagne.
Syretta, Syrrita

Syrena (grec) variante de Sirena.
*Syreana, Syreanah, Syreane, Syreen, Syreena, Syreenah,
Syreene, Syren, Syrenah, Syrenia, Syreniah, Syrenna,
Syrenya, Syrenyah, Syrin, Syrina, Syrinah, Syrine, Syryn,
Syryna, Syrynah, Syryne*

T'keyah (américain) variante de Takia.

Tabatha, Tabbatha (grec, araméen) variantes
de Tabitha.
Tabathe, Tabathia

Tabbitha (grec, araméen) variante de Tabitha.

Tabby (anglais) variante populaire de Tabitha.
Tabbee, Tabbey, Tabbi, Tabbie

Tabea (swahili) variante de Tabia.

Tabetha (grec, araméen) variante de Tabitha.
Tabbetha

Tabia (swahili) talentueuse.
Tabya, Tabyah

Tabina (arabe) disciple de Mahomet.
Tabinah, Tabyna, Tabynah

Tabitha (grec, araméen) gazelle.
Tabiatha, Tabita, Tabithia, Tabotha, Tabtha

Tabora (arabe) qui joue sur un petit tambour.

Tabytha (grec, araméen) variante de Tabitha.
Tabbytha

Tacey (anglais) variante populaire de Tacita.
*Tace, Tacea, Tacee, Taci, Tacy, Tacye, Taicea, Taicee,
Taicey, Taici, Taicie, Taicy, Taycea, Taycee, Taycey, Tayci,
Taycie, Taycy*

Taci (zuni) bassine ; (anglais) variante
de Tacey.
Tacia, Taciana, Tacie

Tacita (latin) silencieuse.
*Taceta, Tacetah, Tasita, Tasitah, Taycita, Taycitah,
Taycyta, Taycytah*

Tácita (latin) variante de Tacita.

Taddea (grec) variante de Thaddea.
Taddeah, Tadea, Tadeah, Tadia, Tadiah, Tadya, Tadyah

Tadita (omaha-ponca) coureuse.
Tadeta, Tadetah, Taditah, Tadra, Tadyta, Tadytah

Taelar, Taeler, Taelor (anglais) variantes
de Taylor.
Taellor, Taelore, Taelyr

Taesha (latin) variante de Tisha ; (américain)
combinaison du préfixe Ta et d'Aisha.
*Tadasha, Taeshayla, Taeshia, Taheisha, Tahisha, Taiesha,
Tayesha*

Taffline (gallois) chérie.
Taflina, Taflinah, Tafline, Taflyn, Taflyna, Taflynah,
Taflyne

Taffy FG (gallois) variante populaire de Taffline.
Taafe, Taffea, Taffee, Taffey, Taffi, Taffia, Taffie, Taffine,
Taffye, Tafia, Tafisa, Tafoya, Tafy

Tafné (égyptien) Mythologie: Tafné, déesse
de la Lumière.
Taffnee, Taffney, Taffni, Taffnie, Taffny, Tafna, Tafnah,
Tafnee

Tahira (arabe) d'une pureté virginale, pure.
Taheera, Taheerah, Tahera, Tahere, Taheria, Taherri,
Tahiara, Tahirah, Tahire, Tahyra, Tahyrah

Tahiti (polynésien) soleil levant. Géographie:
île dans le sud de l'océan Pacifique.
Tahitea, Tahitee, Tahitey, Tahitia, Tahitie, Tahity

Tahlia (grec, hébreu) variante de Talia.
Tahleah, Tahleia

Tai GF (vietnamien) riche; prospère; talentueux.

Taija (hindi) variante de Taja.
Taiajára

Tailer, Tailor (anglais) variantes de Taylor.
Tailar, Tailara, Taillor, Tailora, Tailore, Tailyr

Taima FG (amérindien) coup de tonnerre.
Taimah, Taimi, Taimia, Taimy, Tayma, Taymah, Taymi,
Taymie, Taymmi, Taymmie, Taymmy, Taymy

Taimani (tongan) diamants.
Taimanee, Taimaney, Taimania, Taimaniah, Taimanie,
Taimany, Taimanya, Taimanyah

Taipa (miwok) caille qui vole.
Taipah, Taypa, Taypah

Taira (araméen, irlandais, arabe) variante
de Tara.
Tairra

Tais (grec) liée.
Taisa, Taisah, Tays, Taysa, Taysah

Taisha (américain) variante de Taesha.
Taishae

Taite (anglais) enjouée.
Tait, Taita, Taitah, Tayt, Tayta, Tayte, Tayten

Taja (hindi) couronne.
Tahai, Tajae, Teja, Tejah, Tejal

Tajah (hindi) variante de Taja.

Taka (japonais) honorée.
Takah

Takala (hopi) fleur de maïs.

Takara (japonais) trésor.
Takarah, Takaria, Takariah, Takarra, Takarrah, Takarya,
Takaryah, Takra

Takayla (américain) combinaison du préfixe Ta
et de Kayla.
Takayler, Takeyli

Takeia (arabe) variante de Takia.
Takeiah, Takeiya, Takeiyah

Takeisha (américain) combinaison du préfixe Ta
et de Keisha.
Takecia, Tekeesha, Tekeisha, Tekeshi, Tekeysia, Tekisha,
Tikesha, Tikisha, Tokesia

Takenya (hébreu) corne d'animal; (miwok)
faucon; (américain) combinaison du préfixe Ta
et de Kenya.
Takenia, Takeniah, Takenja, Takenjah, Takenyah

Takeria (américain) variante de Takira.
Takeara, Takearah, Takera, Takeri, Takerian, Takerra,
Takerria, Takierria, Takoria, Taquera, Taquerah, Tekeria,
Tekeriah

Takesha (américain) variante de Takeisha.
Takeshia, Takesia

Takeya (arabe) variante de Takia.
Takeyah

Taki (japonais) cascade.
Takee, Takey, Takie, Taky, Tiki

Takia (arabe) adoratrice.
Takhiya, Takiah, Takija, Takijah, Takkia, Takkiah, Takkya,
Takkyah, Takya, Takyah, Takyia, Taqiya, Taqiyah,
Taqiyya, Taquaia, Taquaya, Taquiia, Taquiiah, Tikia

Takila (américain) variante de Tequila.
Takeila, Takela, Takelia, Takella, Takeyla, Takiela, Takilah,
Takilla, Takilya, Takyla, Takylia, Tatakyla, Tehilla, Tekeila,
Tekela, Tekelia, Tekilaa, Tekilia, Tekilla, Tekilyah, Tekla

Takira (américain) combinaison du préfixe Ta
et de Kira.
Takeera, Takeira, Takeirah, Takera, Takiara, Takiera,
Takierah, Takierra, Takirah, Takiria, Takiriah, Takirra,
Takora, Takyra, Takyrah, Takyrra, Taquira, Taquirah,
Tekyra, Tekyria, Tekyriah, Tekyrya, Tikara, Tikarah, Tikira,
Tikirah, Tikiria, Tikiriah, Tikirya, Tikiryah

Takisha (américain) variante de Takeisha.
Takishea, Takishia

Takiya, Takiyah (arabe) variantes de Takia.

Tala (amérindien) loup qui traque.
Talah

Talasi (hopi) fleur de maïs.
Talasea, Talasee, Talasia, Talasiah, Talasy, Talasya,
Talasyah

Talaya (américain) variante de Talia.
Talayah, Talayia

Talea, Taleah (américain) variantes de Talia.
Taleana, Taleea, Taleéi, Taleia, Taleiya, Tylea, Tyleah

Taleebin (australien) jeune.
Taleabin, Taleabina, Taleabine, Taleabyn, Taleabyna, Taleabyne, Taleebina, Taleebine, Taleebyn, Taleebyna, Taleebyne

Taleisha (américain) combinaison de Talia et d'Aisha.
Taileisha, Taleasha, Taleashia, Taleashiah, Taleashya, Taleesha, Taleeshia, Taleeshiah, Taleeshya, Taleise, Taleysha, Taleyshia, Taleyshiah, Taleyshya, Taleyshyah, Talicia, Taliesha, Talysha, Tilisha, Tyleasha, Tyleisha, Tylicia, Tylisha, Tylishia

Talena (américain) combinaison du préfixe Ta et de Lena.
Talayna, Taleana, Taleanah, Taleane, Taleena, Taleenah, Taleene, Talenah, Talene, Talihna, Tallenia, Talná, Tilena, Tilene, Tylena

Talesha (américain) variante de Taleisha.
Taleesha, Talesa, Talese, Taleshia, Talesia, Tallese, Tallesia, Tylesha, Tyleshia, Tylesia

Talia (grec) en fleurs ; (hébreu) rosée du ciel ; (latin, français) anniversaire. Diminutif de Natalie. Voir aussi Thalia.
Taleya, Taleyah, Taliatha, Taliea, Talieya, Tallia, Tylia

Talía (grec) variante de Talia.

Taliah (grec, hébreu, latin, français) variante de Talia.
Talliah

Talina (américain) combinaison de Talia et de Lina.
Talin, Talinah, Talinda, Taline, Tallyn, Talyn, Talyna, Talynah, Talyne, Talynn, Tylina, Tyline

Talisa, Talissa (anglais) variantes de Tallis.
Talisah, Talisia, Talisiah, Talissah, Tallisa, Tallisah, Tallysa, Tallysah, Talysa, Talysah, Talysha, Talysia, Talysiah, Talyssa, Talyssah

Talisha (américain) variante de Taleisha ; (anglais) variante de Talisa.
Talishia

Talitha (arabe) jeune fille.
Taleetha, Taletha, Talethia, Taliatha, Talita, Talith, Talithah, Talithe, Talithia, Talyth, Talytha, Talythe, Telita, Tiletha

Taliyah (grec) variante de Talia.
Taliya, Talliyah

Talley (français) variante populaire de Talia.
Talee, Talei, Taleigh, Taley, Tali, Talie, Talle, Tallee, Tallei, Talleigh, Talli, Tallie, Tally, Taly, Talye, Tylee

Tallis U (français, anglais) forêt.
Taleace, Talease, Taleece, Taleese, Taleice, Taleise, Taleyce, Taleyse, Talice, Taliece, Taliese, Talise, Taliss, Talisse, Talliss, Tallisse, Tallys, Tallyse, Talyce, Talys, Talyse, Talyss, Talysse

Tallulah (choctaw) eau bondissante.
Tallou, Tallula, Talula

Talma (amérindien) tonnerre.
Talmah

Talman U (hébreu) blesser, opprimer.

Talon GF (français, anglais) griffe, ongle.
Taelon, Taelyn, Talen, Tallin, Tallon, Talyn

Talor FG (hébreu) rosée.
Talora, Talorah, Talore, Talorey, Talori, Taloria, Taloriah, Talorie, Talory, Talorya, Taloryah, Talorye

Talya (grec) variante de Talia.
Tallya, Talyah, Talyia

Tam GF (vietnamien) cœur.

Tama (japonais) bijou.
Tamaa, Tamah, Tamaiah, Tamala, Tema

Tamaira (américain) variante de Tamara.
Tamairah

Tamaka (japonais) bracelet.
Tamakah, Tamaki, Tamakia, Tamakiah, Tamako, Tamaky, Tamakya, Tamakyah, Timaka

Tamanna (hindi) désir.
Tamana, Tamanah, Tamannah

Tamar FG (russe) Histoire : reine géorgienne du xiie siècle ; (hébreu) diminutif de Tamara.
Tamer, Tamor, Tamour

Tamara (hébreu) palmier. Voir aussi Tammy.
Tamará, Tamarae, Tamaree, Tamarin, Tamarla, Tamarria, Tamarrian, Tamarsha, Tamary, Tamarya, Tamaryah, Tamma, Tammara, Tamora, Tamoya, Tamura, Temara, Temarian, Thamara, Tomara, Tymara

Tamarah, Tamarra (hébreu) variantes de Tamara.
Tamarrah

Tamaria (hébreu) variante de Tamara.
Tamari, Tamariah, Tamarie

Tamassa (hébreu) variante de Thomasina.
Tamas, Tamasa, Tamasah, Tamasin, Tamasine, Thamasa

Tamaya (quechua) au centre.

Tameisha (américain) variante de Tamesha.

Tameka (araméen) jumelle.
Tameca, Tamecah, Tamecka, Tameckah, Tameeca, Tameecah, Tameeka, Tameekah, Tamekah, Tamiecka, Tamieka, Temeka, Tomeka, Trameika, Tymeka, Tymmeeka, Tymmeka

Tamekia (araméen) variante de Tameka.
Tamecia, Tomekia

Tamela (américain) variante de Tamila.
Tamelia

Tamera (hébreu) variante de Tamara.
Tamer, Tamerai, Tameran, Tameria, Tamerra, Tammera, Thamer, Timera

Tamesha (américain) combinaison du préfixe Ta
et de Mesha.
*Tameesha, Tameshah, Tamnesha, Tamysha, Tamyshah,
Temisha, Tomesha, Tomiese, Tomise, Tomisha, Tramesha,
Tramisha, Tymesha*

Tameshia (américain) variante de Tamesha.
*Tameeshia, Tameeshiah, Tameeshya, Tameshkia, Tameshya,
Tamishia, Tamishiah, Tamyshia, Tamyshiah, Tamyshya,
Tamyshyah*

Tami, Tammi, Tammie (anglais) variantes
de Tammy.
Tamie

Tamia (hébreu, anglais) variante de Tammy.
Tameia, Tamiah

Tamika (japonais) variante de Tamiko.
*Tameika, Tamica, Tamicah, Tamicka, Tamickah, Tamieka,
Tamikah, Tamikia, Tamikka, Tammika, Tamyca, Tamycah,
Tamycka, Tamyckah, Tamyka, Tamykah, Timika, Timikia,
Tomika, Tomyka, Tymika, Tymmicka*

Tamiko (japonais) enfant du peuple.
*Tameeko, Tameko, Tamike, Tamiqua, Tamiyo, Tammiko,
Tamyko*

Tamila (américain) combinaison du préfixe Ta
et de Mila.
*Tamala, Tamilah, Tamilla, Tamillah, Tamille, Tamillia,
Tamilya, Tamyla, Tamylah, Tamylla, Tamyllah*

Tamira (hébreu) variante de Tamara.
Tamir, Tamirae, Tamirah, Tamiria, Tamirra

Tamisha (américain) variante de Tamesha.
Tamishah

Tamiya (hébreu, anglais) variante de Tammy.

Tammy (anglais) jumelle; (hébreu) variante
populaire de Tamara.
*Tamee, Tamey, Tamijo, Tamilyn, Tamlyn, Tammee,
Tammey, Tamy, Tamya*

Tamra (hébreu) diminutif de Tamara.
Tammra, Tammrah, Tamrah

Tamrika (américain) combinaison de Tammy
et d'Erika.
*Tamricka, Tamrickah, Tamrikah, Tamriqua, Tamriquah,
Tamrique, Tamryca, Tamrycah, Tamrycka, Tamryckah,
Tamryka, Tamrykah, Tamryqua, Tamryquah, Tamryque*

Tamsin (anglais) diminutif de Thomasina.
*Tamsen, Tamsina, Tamsinah, Tamsine, Tamsyn, Tamsyna,
Tamsynah, Tamsyne, Tamzen, Tamzin, Tamzina, Tamzinah,
Tamzine, Tamzyn, Tamzyna, Tamzynah, Tamzyne*

Tamyra (hébreu) variante de Tamara.
Tamyria, Tamyrra

Tana, Tanna (slave) diminutifs de Tanya.
*Taina, Tanae, Tanaeah, Tanah, Tanalia, Tanara, Tanavia,
Tanaz, Tannah*

Tanaya (russe, slave) variante de Tanya.

Tandra (anglais) variante de Tandy.
Tandrea, Tandria

Tandy (anglais) équipe.
*Tanda, Tandalaya, Tandea, Tandee, Tandey, Tandi,
Tandia, Tandiah, Tandie, Tandis, Tandya, Tandyah,
Tandye*

Tanea (russe, slave) variante de Tanya.
Taneah, Taneé, Taneeia, Taneia

Tanechka, Tanichka (russe) variantes de Tania.

Taneesha (américain) variante de Tanesha.
Taneeshah

Taneisha (américain) variante de Tanesha.
Tahniesha

Tanesha (américain) combinaison du préfixe Ta
et de Nesha.
*Taineshia, Tanasha, Tanashah, Tanashia, Tanaysia,
Taneasha, Taneshea, Taneshia, Taneshya, Tanesia,
Tanesian, Tanessa, Tanessia, Tannesha, Tanneshia,
Tanniecia, Tanniesha, Tantashea*

Taneya (russe, slave) variante de Tanya.
Taneeya, Taneeyah

Tangela (américain) combinaison du préfixe Ta
et d'Angela.
*Tangel, Tangelah, Tangele, Tangell, Tangella, Tangellah,
Tangelle, Tanjel, Tanjela, Tanjelah, Tanjele, Tanjell,
Tanjella, Tanjelle*

Tangi, Tangie (américain) diminutifs de Tangia.
Tanji, Tanjie, Tanjy

Tangia (américain) variante de Tangela.
Tangiah, Tangya, Tangyah

Tani ⨍⨦ (japonais) vallée; (slave) position
de gloire. Variante populaire de Tania.
*Tahnee, Tahney, Tahni, Tahnie, Tahny, Tanee, Taney,
Tanie, Tany*

Tania (russe, slave) reine des fées.
*Tahnia, Tahniah, Taneea, Taniah, Tanija, Tannia, Tanniah,
Tarnia*

Taniel ⨍⨦ (américain) combinaison de Tania
et de Danielle.
*Taniela, Tanielah, Taniele, Taniell, Taniella, Taniellah,
Tanielle, Tanyel, Tanyela, Tanyelah, Tanyele, Tanyell,
Tanyella, Tanyellah, Tanyelle*

Taniesha (américain) variante de Tanesha.

Tanika, Taniqua (américain) variantes de Tania.
*Taneek, Tanikka, Tanikqua, Tanique, Tannica, Tannika,
Tianeka, Tianika*

Tanis (slave) variante de Tania, de Tanya.
*Tanas, Tanese, Taniese, Tanise, Tanisia, Tanisse, Tannese,
Tanniece, Tanniese, Tannise, Tannisse, Tannus, Tannyce,
Tannys, Tanys, Tiannis, Tonise, Tranice, Tranise, Tynice,
Tyniece, Tyniese, Tynise*

Tanisha (américain) combinaison du préfixe Ta et de Nisha.
Tahniscia, Tahnisha, Tanasha, Tanashea, Tanicha, Tanish, Tanishah, Tanishia, Tanitia, Tannicia, Tannisha, Tanysha, Tanyshah

Tanissa (américain) combinaison du préfixe Tania et de Nissa.
Tanesa, Tanisa, Tanisah, Tanissah, Tannesa, Tannisa, Tannisah, Tannissa, Tannissah, Tannysa, Tannysah, Tannyssa, Tannyssah, Tennessa, Tranissa

Tanita (américain) combinaison du préfixe Ta et de Nita.
Taneeta, Taneetah, Taneta, Tanetta, Tanitah, Tanitra, Tanitta, Tanyta, Tanytah, Tanyte, Teneta, Tenetta, Tenita, Tenitta, Tyneta, Tynetta, Tynette, Tynita, Tynitra, Tynitta

Tanith (phénicien) Mythologie : Tanit est la déesse de l'Amour.
Tanitha, Tanithah, Tanithe, Tanyth, Tanytha, Tanythah, Tanythe

Taniya (russe, slave) variante de Tania, de Tanya.

Tanja (américain) diminutif de Tangela.
Tanjia

Tanner GF (anglais) tanneur.
Tannor

Tannis FG (slave) variante de Tania, de Tanya.

Tansy (grec) immortelle ; (latin) tenace, persévérante.
Tancy, Tansea, Tansee, Tansey, Tanshay, Tansi, Tansia, Tansiah, Tansie, Tansya, Tansyah, Tansye, Tanzey

Tanya (russe, slave) reine des fées. Voir aussi Tania.
Tahna, Tahnyah, Taniya, Tanniya, Tannya, Tannyah, Tanoya, Tany, Tanyah, Tanyia, Taunya, Thanya

Tao (chinois, vietnamien) pêche.

Tara (araméen) jeter ; porter ; (irlandais) colline rocheuse ; (arabe) mesure.
Taraea, Taráh, Tarai, Taralee, Tarali, Tarasa, Tarasha, Taraya, Tarha, Tayra, Tehra

Tarah, Tarra, Tarrah (irlandais) variantes de Tara.

Taralyn (américain) variante de Teralyn.

Taran GF (persan) diminutif de Taraneh ; (irlandais) variante de Tara.

Taraneh (persan) mélodie.
Tarana, Taranah, Tarane

Tararia (espagnol) variante de Teresa.

Tarati (maori) cadeau de Dieu.
Taratea, Taratee, Taratey, Taratia, Taratiah, Taratie, Taraty, Taratya, Taratyah

Tarbula (arabe) carré, bloc.

Tarcisia (grec) vaillante.

Taree FG (japonais) branche arquée.
Tarea, Tarey, Tareya, Tari

Tareixa (galicien) animal sauvage.

Tari (irlandais) variante populaire de Tara.
Taria, Tariah, Tarie, Tarila, Tarilyn, Tarita, Tary, Tarya, Tayah

Tarian (gallois) blason.

Tarika (hindi) étoile.
Tarikah, Taryka, Tarykah

Tarin, Tarryn (irlandais) variantes de Tara.
Tareen, Tareena, Taren, Tarene, Tarina, Tarinah, Tarine, Taron, Tarren, Tarrena, Tarrin, Tarrina, Tarrinah, Tarrine, Tarron, Tarryna, Tarrynah, Tarryne, Taryna, Tarynah, Taryne, Tarynn, Tarynna, Tarynnah, Tarynne

Tarissa (américain) combinaison de Tara et de Rissa.
Taris, Tarisa, Tarise, Tarisha

Tarne (scandinave) lac dans les montagnes ; (australien) eau salée.
Tarnea, Tarnee, Tarney, Tarni, Tarnia, Tarnie, Tarny, Tarnya, Tarnyah

Tarsicia (latin) celle qui est née à Tarso, ville turque où est né saint Paul.
Társila (grec) vaillante.

Tarsilia (grec) qui tisse des paniers.

Taryn FG (irlandais) variante de Tara.

Tasarla (tsigane) aube.
Tasarlea, Tasarleah, Tasarlee, Tasarleigh, Tasarley, Tasarli, Tasarlia, Tasarliah, Tasarlie, Tasarly, Tasarlya, Tasarlyah, Tasarlye

Taseem (indien) salut de louanges.

Tasha (grec) née le jour de Noël ; (russe) diminutif de Natasha. Voir aussi Tashi, Tosha.
Tacha, Tachiana, Tahsha, Tasenka, Tashe, Tasheka, Taska, Taysha, Thasha, Tiaisha, Tysha

Tashana (américain) combinaison du préfixe Ta et de Shana.
Tashan, Tashanah, Tashanda, Tashaney, Tashani, Tashania, Tashaniah, Tashanie, Tashanika, Tashanna, Tashany, Tashanya, Tashanyah, Tashina, Tishana, Tishani, Tishanna, Tishanne, Toshanna, Toshanti, Tyshana

Tashara (américain) combinaison du préfixe Ta et de Shara.
Tashar, Tasharah, Tasharia, Tasharna, Tasharra, Tashera, Tasherey, Tasheri, Tasherra, Tashira, Tashirah

Tashauna (américain) variante de Tashawna.
Tashaugna, Tashaugnah, Tashaunah, Tashauni, Tashaunia, Tashauniah, Tashaunie, Tashaunna, Tashaunya, Tashaunyah, Toshauna

Tashawna (américain) combinaison du préfixe Ta et de Shawna.
Taseana, Taseanah, Taseania, Taseanya, Tashawanna, Tashawn, Tashawnah, Tashawnda, Tashawnia, Tashawniah, Tashawnna, Tashawnnia, Tashawnya, Tashawnyah, Tashonda, Tashondra, Tiashauna, Tishawn, Tishunda, Tishunta, Toshawna, Tyshauna, Tyshawna

Tashay (grec, russe) variante de Tasha.
Tashae

Tasheena (américain) combinaison du préfixe Ta et de Sheena.
Tasheana, Tasheeana, Tasheeni, Tasheona, Tashina, Tisheena, Tosheena, Tysheana, Tysheena, Tyshyna

Tashelle (américain) combinaison du préfixe Ta et de Shelley.
Tachell, Tashel, Tashela, Tashelah, Tashele, Tashelia, Tasheliah, Tashelie, Tashell, Tashella, Tashellah, Tashellea, Tashelleah, Tashellee, Tashelleigh, Tashelley, Tashelli, Tashellia, Tashelliah, Tashellie, Tashelly, Tashellya, Tashellyah, Techell, Techelle, Teshell, Teshelle, Tochell, Tochelle, Toshelle, Tychell, Tychelle, Tyshell, Tyshelle

Tashena (américain) variante de Tasheena.
Tashenna, Tashennia

Tashi (haoussa) oiseau en vol; (slave) variante de Tasha.
Tashe, Tashea, Tashee, Tashey, Tashie, Tashika, Tashima, Tashy

Tashia (slave, haoussa) variante de Tashi.
Tashiah, Tashiya, Tashya, Tashyah

Tashiana (américain) variante de Tashana.
Tashianna

Tasia (slave) variante populaire de Tasha.
Tachia, Tasiah, Tasija, Tasiya, Tassia, Tassiah, Tassiana, Tasya, Tasyah

Tasmin (anglais) diminutif de Thomasina.
Tasma, Tasmyn, Tasmyna, Tasmynah, Tasmyne, Tasmynn, Tasmynna, Tasmynnah, Tasmynne, Tazmin, Tazmina, Tazminah, Tazmine, Tazmyn, Tazmyna, Tazmynah, Tazmyne

Tassie (anglais) variante populaire de Tasmin.
Tasee, Tasey, Tasi, Tasie, Tassee, Tassey, Tassi, Tassy, Tazee, Tazey, Tazi, Tazie, Tazy, Tazzee, Tazzey, Tazzi, Tazzie, Tazzy

Tassos (grec) variante de Thérèse.
Tasos

Tata (russe) variante populaire de Tatiana.
Tatah, Tatia, Tatiah, Tatya, Tatyah

Tate ⚥ (anglais) diminutif de Tatum. Variante de Taite, de Tata.

Tatiana (slave) reine des fées. Voir aussi Tania, Tanya, Tiana.
Taitiann, Taitianna, Tatania, Tataniah, Tatanya, Tatanyah, Tateana, Tateanna, Tateonna, Tateyana, Tati, Tatia, Tatianah, Tatiania, Tatianiah, Tatiayana, Tatie, Tatihana, Tationna, Tatiyona, Tatiyonna, Tiatiana

Tatianna (slave) variante de Tatiana.
Tatiann, Tatiannah

Tatiyana (slave) variante de Tatiana.
Tatiyanna

Tatjana (slave) variante de Tatiana.

Tatum ⚥ (anglais) enjouée.
Taitam, Taitem, Taitim, Taitom, Taitum, Taitym, Tatam, Tatem, Tatim, Tatom, Tatumn, Taytam, Taytem, Taytim, Taytom, Taytum, Taytym

Tatyana, Tatyanna (slave) variantes de Tatiana.
Tatyanah, Tatyani, Tatyannah, Tatyanne, Tatyona, Tatyonna

Taura (latin) taureau. Astrologie : Taureau est un des signes du zodiaque.
Taurae, Taurah, Tauria, Tauriah, Taurina, Taurya, Tauryah

Tauri (anglais) variante de Tory.
Taure, Taurie, Taury

Tavia (latin) diminutif d'Octavia. Voir aussi Tawia.
Taiva, Tauvia, Tava, Tavah, Taviah, Tavita, Tavya, Tavyah

Tavie (écossais) jumelle.
Tavee, Tavey, Tavi

Tawana, Tawanna (américain) combinaisons du préfixe Ta et de Wanda.
Taiwana, Taiwanna, Taquana, Taquanna, Tawan, Tawanda, Tawandah, Tawannah, Tawannda, Tawanndah, Tawanne, Tequana, Tequanna, Tequawna, Tewanna, Tewauna, Tiquana, Tiwanna, Tiwena, Towanda, Towanna, Tywania, Tywanna

Tawia (africain) née après des jumeaux; (polonais) variante de Tavia.
Tawiah, Tawya, Tawyah

Tawnee, Tawney, Tawni, Tawnie (anglais) variantes de Tawny.
Tawnnie

Tawny (tsigane) petite; (anglais) jaune-marron, bronzage.
Tahnee, Tany, Tauna, Tauné, Tauni, Taunisha, Tawnesha, Tawnye, Tawnyell, Tiawna, Tiawni

Tawnya (américain) combinaison du préfixe Tawny et de Tonya.
Taunia, Tawna, Tawnea, Tawnia, Tawniah, Tawnyah

Taya (anglais) diminutif de Taylor.
Taia, Taiah, Tayah, Tayiah, Tayna, Tayra, Taysha, Taysia, Tayva, Tayvonne, Tiaya, Tiya, Tiyah, Tye

Tayana (anglais) variante de Taya.

Tayanita (cherokee) castor.
Taianita, Taianitah, Tayanitah, Tayanyta, Tayanytah

Taye (anglais) diminutif de Taylor.
Tay

Tayla (anglais) diminutif de Taylor.
Taila, Tailah, Tailea, Taileah, Tailee, Tailei, Taileigh, Tailey, Taili, Tailia, Tailiah, Tailie, Taylah, Taylea, Tayleah, Taylee, Taylei, Tayleigh, Tayley, Tayli, Taylia, Tayliah, Taylie, Tayly

Taylar, Taylore, Taylour, Taylre (anglais) variantes de Taylor.
Taylara, Taylare, Tayllar, Tayller, Tayllore

Tayler FG (anglais) variante de Taylor.

Taylor FG (anglais) tailleur.
Taiylor, Talar, Tayllor, Tayloir, Taylora, Taylorann, Taylorr, Taylur

Tazu (japonais) cigogne ; longévité.
Taz, Tazi, Tazoo

Tea (espagnol) diminutif de Dorothée.

Teagan FG (gallois) belle, séduisante.
Taegan, Taegen, Taegin, Taegon, Taegun, Taegyn, Teage, Teagen, Teaghan, Teaghanne, Teaghen, Teaghin, Teaghon, Teaghun, Teaghyn, Teagin, Teagon, Teague, Teagun, Teagyn, Teegan, Teegen, Teeghan, Teegin, Teegon, Teegun, Teegyn, Teigan, Teigen, Teigin, Teigon, Teigun, Teigyn, Tejan, Teygan, Teygen, Teygin, Teygon, Teygun, Teygyn, Tiegan, Tigan, Tigen, Tigin, Tigon, Tigun, Tigyn, Tijan, Tijana, Tygan, Tygen, Tygin, Tygon, Tygun, Tygyn

Teah (grec, espagnol) variante de Tia.
Téa

Teaira, Teairra (latin) variantes de Tiara.
Teair, Teairre, Teairria

Teal (anglais) canard de rivière ; bleu-vert.
Teale, Teel, Teele, Teil

Teala (anglais) variante de Teal.
Tealah, Tealia, Tealisha, Teyla, Teylah

Teana, Teanna (américain) combinaisons du préfixe Te et d'Anna. Variantes de Tiana.
Tean, Teanah, Teane, Teann, Teannah, Teanne, Teaunna, Teiana, Teianah, Teiane, Teiann, Teianna, Teiannah, Teianne, Teuana

Teara, Tearra (latin) variantes de Tiara.
Tearah, Téare, Teareya, Teari, Tearia, Teariea, Tearria

Teasha (latin, américain) variante de Taesha.
Teashia, Teashiah, Teashya, Teashyah

Teca (hongrois) variante de Thérésa.
Tecah, Techa, Tecka, Teckah, Teka, Tekah, Tica, Ticah, Tika, Tikah, Tyca, Tycah, Tyka, Tykah

Tecla (grec) renommée de Dieu.
Tekla, Theckla

Tecusa (latin) couverte, cachée.

Teda (grec) variante de Téodora.

Teddi, Tedi (grec) variantes populaires de Théodora.
Tedde, Teddea, Teddee, Teddey, Teddia, Teddiah, Teddie, Teddy, Tediah, Tedie, Tedy

Tedra (grec) diminutif de Théodora.
Teddra, Teddrah, Teddreya, Tedera, Tedrah, Teedra, Teidra

Tedya (russe) variante de Téodora.

Teela (anglais) variante de Teala.

Teena (espagnol, américain) variante de Tina.
Teenah, Teenia, Teeniah, Teenya, Teenyah

Teesha (latin) variante de Tisha.
Teeshia, Teeshiah

Tegan FG (gallois) variante de Teagan.
Tega, Tegana, Tegane, Tegen, Teggan, Teghan, Tegin, Tegyn

Tehya (hindi) variante de Taja.

Teia (grec, espagnol) variante de Tia.
Teiah

Teicuih (nahuatl) sœur plus jeune.

Teila (anglais) variante de Teala.

Teira, Teirra (latin) variantes de Tiara.

Teisha (latin, américain) variante de Taesha.

Tejana (espagnol) texane.

Tekia (arabe) variante de Takia.
Tekeiya, Tekeiyah, Tekeyia, Tekiah, Tekiya, Tekiyah

Teleri (gallois) enfant de Paul.

Telisha (américain) variante de Taleisha.
Teleesha, Teleisia, Telesa, Telesha, Teleshia, Telesia, Telicia, Telisa, Telishia, Telisia, Telissa, Telisse, Tellisa, Tellisha, Telsa, Telysa

Telmao (grec) aimante avec ses compatriotes.

Temira (hébreu) grande.
Temora, Timora

Temis (grec) celle qui établit l'ordre et la justice.

Tempany (australien) variante de Tempest.
Tempanee, Tempaney, Tempani, Tempania, Tempaniah, Tempanie, Tempanya, Tempanyah

Tempest FG (français) orageux.
Tempesta, Tempestah, Tempeste, Tempist, Tempistt, Tempress, Tempteste

Tempestt (français) variante de Tempest.
Tempestta, Tempestte

Tenesha (américain) variante de Tenisha.
Tenecia, Teneesha, Teneisha, Teneshia, Tenesia, Tenessa, Teneusa

Tenestina (grec) bandage.

Tenille, Tennille (américain) combinaisons
du préfixe Te et de Nellie.
Teneal, Teneall, Tenealla, Tenealle, Teneil, Teneille, Teniel,
Teniele, Tenielle, Tenil, Tenila, Tenilah, Tenile, Tenill,
Tenilla, Tenillah, Tenneal, Tenneill, Tenneille, Tennia,
Tennie, Tennielle, Tennil, Tennila, Tennilah, Tennile, Tennill,
Tennilla, Tennillah, Tennyl, Tennyla, Tennylah, Tennyle,
Tennyll, Tennylla, Tennyllah, Tennylle, Tenyl, Tenyla,
Tenylah, Tenyle, Tenyll, Tenylla, Tenyllah, Tenylle, Tineal,
Tiniel, Tonielle, Tonille

Tenise (slave) variante de Tanis.
Tenice, Tenyse

Tenisha (américain) combinaison du préfixe Te
et de Nisha.
Teniesha, Tenishia, Tenishka

Teo (grec) diminutif de Téodora.

Teoctistes (grec) créée par Dieu.

Teodelina, Teodolinda (allemand) celle
qui aime son village.

Teodequilda (allemand) guerrière de son village.

Teodomira (espagnol) femme importante
dans le village.

Téodora (tchèque) variante de Théodora.
Teadora, Teodory

Teodota (grec) variante de Téodora.

Teofania, Teofanía (grec) variantes
de Théophanie.

Teófila (grec) variante de Théophilia.

Teolinda (allemand) diminutif de Teodelinda.

Teona, Teonna (grec) variantes de Tiana.
Teon, Teoni, Teonia, Teonie, Teonney, Teonnia, Teonnie

Teopista, Teopistes (grec) dignité de Dieu.

Teorítgida (grec) convertie à Dieu.

Teotista (grec) ivre de l'amour de Dieu.

Teoxihuitl (nahuatl) turquoise; précieuse et divine.

Tepin (nahuatl) petite.

Tequila (espagnol) sorte de liqueur.
Voir aussi Takila.
Taquela, Taquella, Taquila, Taquilla, Tequilia, Tiquila, Tiquilia

Tequilla (espagnol) variante de Tequila.

Tera, Terah, Terra, Terrah (latin) terre;
(japonais) flèche rapide; (américain) variantes
de Tara.
Terai, Terrae

Teralyn (américain) combinaison de Teri
et de Lynn.
Teralin, Teralina, Teralinah, Teraline, Teralyna, Teralynah,
Teralyne, Teralynn, Terralin, Terralina, Terralinah,
Terraline, Terralyn, Terralyna, Terralynah, Terralyne

Terceira, Tercera, Terciera (espagnol)
née en troisième.

Térésa (grec) variante de Thérésa.
Voir aussi Tressa.
Taresa, Taressa, Tarissa, Terasa, Tercza, Tereasa,
Tereasah, Tereatha, Tereesa, Tereesah, Teresah, Teresea,
Teresha, Teresia, Teresina, Tereson, Teretha, Tereza,
Terezia, Terezie, Terezijya, Terezon, Terezsa, Terisa,
Terisah, Terisha, Teriza, Terrasa, Terreasa, Terreasah,
Terresa, Terresha, Terresia, Terrisa, Terrisah, Terrysa,
Terrysah, Teruska, Teté, Tyresa, Tyresia

Terese (grec) variante de Térésa.
Tarese, Taress, Taris, Tarise, Terease, Tereece, Terees,
Tereese, Teress, Terez, Teris, Terise, Terreas, Terrease,
Terrise, Terrys, Terryse

Teresina (italien) variante de Térésa.
Terezinha, Terrosina, Theresina

Teresinha (portugais) variante de Térésa.

Teresita (espagnol) variante de Térésa.

Teressa (grec) variante de Térésa.
Terressa

Teri, Terri, Terrie (grec) variantes populaires
de Thérèse.
Tere, Teree, Tereey, Terie, Terree, Terrey, Terrye, Tery

Teria, Terria (irlandais) variantes de Tera;
(grec) variantes de Teri.
Teriah, Terriah, Terrya, Terryah

Terica, Terrica, Terricka (américain)
combinaisons de Teri et d'Érica.
Voir aussi Rica.
Tericka, Tyrica, Tyricka, Tyronica

Terika, Terrika (américain) variantes de Terica.
Tereka, Terreka, Tyrika, Tyrikka

Terpsícore (grec) celle qui aime danser.

Terrelle 🇬🇫 (allemand) chef du tonnerre.
Tarrell, Teral, Terall, Terel, Terela, Terele, Terell, Terella,
Teriel, Terral, Terrall, Terrel, Terrell, Terrella, Terriel,
Terriell, Terrielle, Terrill, Terryelle, Terryl, Terryll, Terrylle,
Teryl, Tyrell, Tyrelle

Terrene (latin) lisse.
Tareena, Tarena, Teran, Teranee, Terean, Tereana,
Tereane, Tereen, Tereena, Tereene, Terena, Terencia,
Terene, Terenia, Terentia, Terentya, Terentyah, Terran,
Terrean, Terreana, Terreane, Terreen, Terreena, Terreene,
Terren, Terrena, Terron, Terrosina, Terun, Tyreen, Tyrene

Terriana, Terrianna (américain) combinaisons
de Teri et d'Anna.
Teriana, Terianna, Terriauna, Terrina, Terriyana,
Terriyanna, Terryana, Terryauna, Tyrina

Terriann (américain) combinaison de Teri
et d'Ann.
Terian, Teriann, Terianne, Teriyan, Terrian, Terrianne,
Terryann

Terrin U (latin) variante de Terrene.
Terin, Terina, Terine, Terrina, Terrine, Terryna, Terryne,
Teryna, Terynn

Terriona (américain) variante de Terriana.
Terrionna

Terrwyn (gallois) vaillante.

Terry GF (grec) variante populaire de Thérèse.
Terr

Terry-Lynn (américain) combinaison de Teri
et de Lynn.
Terelyn, Terelynn, Terri-Lynn, Terrilynn, Terrylynn

Terryn, Teryn (latin) variantes de Terrene.

Tersea (grec) variante de Térésa.
Tersa, Terza

Tertia (latin) troisième.
Tercia, Tercina, Tercine, Terecena, Tersia, Tertiah,
Tertya, Tertyah, Terza

Tesa (grec) variante de Tessa.
Tesah

Tesha (latin, américain) variante de Taesha,
de Tisha.

Tesia, Tessia (grec) variantes de Tessa.

Tesira (grec) fondatrice.

Tesla (américain) unité de densité de flux
magnétique, du nom de son créateur, Nikola
Tesla, physicien d'origine croate.

Tess (grec) diminutif de Quintessa, de Thérèse.
Tes, Tese

Tessa (grec) moissonneuse.
Tessah, Tezia

Tessie (grec) variante populaire de Thérèse.
Tesi, Tessey, Tessi, Tessy, Tezi

Tessla (américain) variante de Tesla.

Tetis (grec) infirmière de la nouvelle mère.

Tetsu (japonais) forte comme le fer.
Tetsoo

Tetty (anglais) variante populaire d'Elizabeth.

Teuicui (nahuatl) sœur plus jeune.

Tevy (cambodgien) ange.
Teva, Tevee, Tevey, Tevi, Tevie

Teya (anglais) variante de Taya; (grec, espagnol)
variante de Tia.

Teyacapan (nahuatl) née en premier.

Teyana, Teyanna (américain) variantes
de Teana.
Teyan, Teyanah, Teyane, Teyann, Teyannah, Teyanne,
Teyuna

Teylor (anglais) variante de Taylor.
Teighlor, Teylar

Teyona (américain) variante de Teana.

Thaddea (grec) courageuse; (latin) qui loue.
Taddea, Thada, Thadda, Thadia, Thadiah, Thadie,
Thadina, Thadya, Thadyah, Thadyna, Thadyne

Thais (grec) variante de Tais.
Thays

Thaís (grec) lien.

Thalassa (grec) mer, océan.
Thalassah

Thalia (grec) variante de Talia. Mythologie:
Thalie, muse de la comédie.
Thaleia, Thaliah, Thalie, Thalya, Thalyah

Thamara (hébreu) variante de Tamara.
Thama, Thamar, Thamarah, Thamare, Thamaria,
Thamariah, Thamarra, Thamarya, Thamaryah

Thana (arabe) heureux événement.
Thaina, Thainah, Thayna, Thaynah

Thandie U (zoulou) chéri.
Thandee, Thandey, Thandi, Thandy

Thanh GF (vietnamien) bleu éclatant; (pendjabi)
bon endroit.

Thania (arabe) variante de Thana.
Thanie

Thao (vietnamien) respectueuse envers
les parents.

Théa (grec) déesse. Diminutif d'Althéa.
Theah, Theia, Theiah, Theo, Theya, Theyah

Theadora (grec) diminutif de Théodora.

Thelma (grec) volontaire, délibéré.
Telma, Telmah, Thelmai, Thelmalina

Thema (africain) reine.
Themah

Théodora (grec) cadeau de Dieu.
Voir aussi Dora, Dorothée, Feodora.
Taedra, Tedra, Teodora, Theda, Thedorsha, Thedrica,
Théo, Théodore, Theodoria, Theodorian, Theodosia,
Theodra

Theodosia (grec) variante de Théodora.
Teodosia, Teodosiah, Teodosya, Teodosyah, Thedosia, Thedosiah, Thedosya, Thedosyah, Theodosiah, Theodosya, Theodosyah

Theone (grec) cadeau de Dieu.
Theona, Theonah, Theondra, Theonee, Theoni, Theonie

Théophanie (grec) apparence de Dieu.
Voir aussi Épiphanie, Tiffany.
Theophania, Theophaniah, Theophano, Theophanya, Theophanyah

Theophila (grec) aimée par Dieu.
Teofila, Theofilia, Theofilie, Theophyla, Theophylah, Theophylla, Theophyllah

Theresa (grec) variante de Thérèse. Voir aussi
Resi, Reza, Riza, Tassos, Teca, Tracey, Zilya.
Thereasa, Theresah, Theresia, Theresie, Theresita, Theressa, Thereza, Therisa, Therisah, Therissie, Therrisa, Therrisah, Therrysa, Therrysah, Thersea, Therysa, Therysah

Thérèse (grec) moissoneuse.
Thérése, Theresse, Therise, Therra, Therressa, Therris, Therrise, Therrys, Therryse, Theryse

Theta (grec) Linguistique : lettre de l'alphabet
grec.

Thétis (grec) disposée. Mythologie : Thétis,
la mère d'Achille.
Thetisa, Thetisah, Thetise, Thetiss, Thetissa, Thetisse, Thetys, Thetysa, Thetyse, Thetyss, Thetyssa, Thetysse

Thi (vietnamien) poème.
Thia, Thy, Thya

Thirza (hébreu) agréable. Voir aussi Tirza.
Thersa, Therza, Thirsa, Thirzah, Thursa, Thurza, Thyrza, Thyrzah, Tirshka

Thomasina (hébreu) jumelle. Voir aussi
Tamassa, Tasmin.
Thamasin, Thamasina, Thamasine, Thomasa, Thomasah, Thomasia, Thomasin, Thomasinah, Thomasine, Thomason, Thomassine, Thomassyn, Thomassyna, Thomassynah, Thomassyne, Thomazine, Thomencia, Thomethia, Thomisha, Thomsina, Toma, Tomasa, Tomasin, Tomasina, Tomasinah, Tomasine, Tomasyn, Tomasyna, Tomasynah, Tomasyne, Tomina, Tommina

Thora (scandinave) tonnerre.
Thorah, Thorri

Thordis (scandinave) esprit de Thor.
Thordia, Thordisa, Thordisah, Thordise, Thordiss, Thordissa, Thordissah, Thordise, Thordys, Thordysa, Thordysah, Thordyse, Thordyss, Thordyssa, Thordyssah, Thordysse

Thrina (grec) variante de Trina.
Thrinah, Thrine, Thryn, Thryna, Thrynah, Thryne

Thu (vietnamien) automne ; poème.

Thuy (vietnamien) douce.

Tia (grec) princesse ; (espagnol) tante.
Teea, Teeah, Teeya, Ti, Tiah, Tialeigh, Tiamarie, Tianda, Tiandria, Tiante, Tiia, Tiye, Tya, Tyah, Tyja

Tía (espagnol, grec) variante de Tia.

Tiaira (latin) variante de Tiara.

Tiana, Tianna (grec) princesse ; (latin) diminutifs
de Tatiana. Voir aussi Tyana.
Tiahna, Tian, Tianah, Tiane, Tiann, Tiannah, Tianne, Tiannee, Tianni, Tiaon, Tiena

Tiani (grec, latin) variante de Tiana.
Tianea, Tianee

Tiara (latin) couronnée.
Teearia, Tiarah, Tiarea, Tiareah, Tiari, Tiaria, Tyara, Tyarah

Tiare (latin) variante de Tiara.

Tiarra (latin) variante de Tiara.
Tiairra, Tiarrah, Tyarra

Tiauna (grec) variante de Tiana.
Tiaunah, Tiaunia, Tiaunna

Tiberia (latin) Géographie : le Tibre
est un fleuve d'Italie.
Tib, Tibbie, Tibby, Tiberiah, Tyberia, Tyberiah, Tyberya, Tyberyah

Tiburcia (espagnol) née dans un lieu de plaisirs.

Tichina (américain) combinaison du préfixe Ti
et de China.
Tichian, Tichin, Tichinia

Ticiana (latin) vaillante défenseuse.

Tida (tai) fille.
Tidah, Tyda, Tydah

Tieara (latin) variante de Tiara.

Tiera, Tierra (latin) variantes de Tiara.
Tiéra, Tierah, Tierre, Tierrea, Tierria

Tierney **F** **G** (irlandais) noble.
Tieranae, Tierani, Tieranie, Tieranni, Tierany, Tiernan, Tiernee, Tierni, Tiernie, Tierny, Tyernee, Tyerney, Tyerni, Tyernie, Tyerny

Tiesha (latin) variante de Tisha.
Tieshia, Tieshiah

Tifani, Tiffaney, Tiffani, Tiffanie (latin)
variantes de Tiffany.

Tifara (hébreu) heureuse.
Tifarah, Tifarra, Tifarrah, Tyfara, Tyfarah, Tyfarra, Tyfarrah

Tiff (latin) diminutif de Tiffany.

Tiffany (latin) trinité ; (grec) diminutif
de Théophanie. Voir aussi Tyfany.
Taffanay, Taffany, Teffani, Tephanie, Tifanee, Tifaney,
Tifanie, Tifany, Tiffanee, Tiffanny, Tiffayne, Tiffeney,
Tiffeni, Tiffenie, Tiffennie, Tiffiani, Tiffianie, Tiffiany,
Tiffynie, Triffany

Tiffini (latin) variante de Tiffany.
Tiffine, Tiffiney, Tiffinie, Tiffiny

Tiffney (latin) variante de Tiffany.
Tiffnay, Tiffni, Tiffny, Tifni

Tiffy (latin) variante populaire de Tiffany.
Tiffey, Tiffi, Tiffie

Tigris (irlandais) tigre. Géographie : le Tigre,
rivière du sud-ouest de l'Asie qui prend
sa source en Turquie et passe par l'Irak
avant de se jeter dans l'Euphrate.
Tiger, Tigress, Tyger, Tygris, Tygriss, Tygrys, Tygryss

Tijuana (espagnol) Géographie : ville frontalière
du Mexique et des États-Unis.
Tajuana, Tajuanah, Tajuanna, Thejuana, Thejuanah,
Tiajuana, Tiajuanah, Tiajuanna, Tiawanna,
Tyawanna

Tikvah (hébreu) espoir.
Tikva

Tilda (allemand) diminutif de Matilda.
Tildah, Tilde, Tildea, Tildeah, Tildee, Tildey, Tildi,
Tildie, Tildy, Tylda, Tyldah, Tyldee, Tyldey, Tyldi,
Tyldie, Tyldy

Tillie (allemand) variante populaire de Matilda.
Tilia, Tillea, Tilleah, Tillee, Tillei, Tilleigh, Tilley, Tilli,
Tillia, Tilly, Tillye, Tily, Tylee, Tylei, Tyleigh, Tyley, Tyli,
Tylie, Tyllea, Tyllee, Tyllei, Tylleigh, Tylley, Tylli, Tyllie,
Tylly, Tyly

Timara (hébreu) variante de Tamara.

Timber (anglais) bois.

Timeka (araméen) variante de Tameka.
Timeeka

Timesha (américain) variante de Tamesha.
Timisha

Timi (anglais) variante populaire de Timothea.
Timee, Timey, Timie, Timmee, Timmey, Timmi, Timmie,
Timmy, Timy, Tymee, Tymey, Tymi, Tymie, Tymmee,
Tymmey, Tymmi, Tymmie, Tymmy, Tymy

Timia (anglais) variante de Timi.
Timea, Timmea, Tymea, Tymmea

Timotea (grec) variante de Timothea.

Timothea (anglais) qui honore Dieu.
Timathea, Timithea, Timythea, Tymathea, Tymithea,
Tymythea

Tina (espagnol, américain) diminutif
d'Augustine, de Martina, de Christina,
de Valentina.
Teina, Tena, Tenae, Tenah, Tiena, Tienah, Tienna, Tiennah,
Tinah, Tinai, Tine, Tinea, Tinia, Tiniah, Tinna, Tinnia

Tinble (anglais) son que font les cloches.
Tynbal, Tynble

Tíndara (grec) celle qui est prête à aimer.

Tinesha (américain) combinaison du préfixe Ti
et de Niesha.
Timnesha, Tinecia, Tineisha, Tinesa, Tineshia, Tinessa,
Tiniesha, Tinieshia, Tinsia

Tinisha (américain) variante de Tenisha.
Tinishia, Tinishya

Tiona, Tionna (américain) variantes de Tiana.
Tionda, Tiondra, Tiondre, Tioné, Tionette, Tioni, Tionia,
Tionie, Tionja, Tionnah, Tionne, Tionya

Tiphanie (latin) variante de Tiffany.
Tiphane, Tiphanee, Tiphaney, Tiphani, Tiphania, Tiphany

Tiponya (amérindien) grande chouette à cornes.
Tiponia, Tiponiah, Tiponyah, Typonia, Typoniah, Typonya,
Typonyah

Tipper (irlandais) qui verse l'eau ; (américain)
diminutif de Tiponya.

Tippi (grec) variante populaire de Xanthippe.

Tira (hindi) flèche.
Tirah, Tirea, Tirena

Tirranna (australien) ruisseau d'eau.
Tirran, Tirrann, Tirrannah, Tirranne, Tyran, Tyrana,
Tyranah, Tyrane, Tyrann, Tyranna, Tyrannah, Tyranne,
Tyrran, Tyrrana, Tyrranah, Tyrrane, Tyrrann, Tyrranna,
Tyrrannah, Tyrranne

Tirtha (hindi) gué.

Tirza (hébreu) agréable. Voir aussi Thirza.
Tierza, Tirsa, Tirzha, Tyrza, Tyrzah

Tirzah (hébreu) variante de Tirza.

Tisa (swahili) née la neuvième.
Tisah, Tysa, Tyssa

Tish (latin) diminutif de Tisha.

Tisha (latin) joie. Diminutif de Leticia.
Teisha, Tish, Tishah, Tishal, Tishia, Tishiah, Tysha,
Tyshah, Tyshia, Tyshiah

Tita (grec) géante ; (espagnol) diminutif des
prénoms se terminant par « tita ». Variante
de Titus (voir les prénoms de garçons).

Titania (grec) géante. Mythologie : les Titans
étaient une espèce de géants.
Teata, Titaniah, Titanna, Titanya, Titanyah, Tiziana,
Tytan, Tytania, Tytaniah, Tytanya, Tytanyah

Titiana (grec) variante de Titania.
*Titianay, Titiania, Titianna, Titiayana, Titionia, Titiyana,
Titiyanna, Tityana*

Tivona (hébreu) amoureuse de la nature.
*Tibona, Tivonah, Tivone, Tivoni, Tivonie, Tivony, Tyvona,
Tyvonah, Tyvone*

Tiwa (zuni) oignon.
Tiwah, Tywa, Tywah

Tiyana, Tiyanna (anglais) variantes de Tayana;
(grec) variantes de Tiana.
Tiyan, Tiyani, Tiyania, Tiyonna

Tj 🅖🅕 (américain) variante de TJ.

TJ 🅤 (américain) combinaison des lettres T et J.

Tkeyah (américain) variante de Takia.

Tlachinolli (nahuatl) feu.

Tlaco (nahuatl) diminutif de Tlacoehua.

Tlacoehua (nahuatl) celle du milieu.

Tlacotl (nahuatl) brindille d'osier.

Tlahutli (nahuatl) monsieur.

Tlalli (nahuatl) terre.

Tlanextli (nahuatl) rayonnement; majesté.

Tlazohtzin (nahuatl) personne qui est aimée.

Tlexictli (nahuatl) nombril de feu.

Tobi 🅕🅖 (hébreu) Dieu est bon.
*Toba, Tobe, Tobea, Tobee, Tobey, Tobia, Tobiah, Tobie,
Tobit, Toby, Tobya, Tobyah, Tobyas, Tobye, Tove, Tovi,
Tybi, Tybie, Tyby*

Tocarra (américain) combinaison du préfixe To
et de Cara.
Tocara, Tocarah, Tocarrah, Toccara

Toinette (français) diminutif d'Antoinette.
*Toinet, Toineta, Toinete, Toinett, Toinetta, Tonetta,
Tonette, Toniette, Toynet, Toyneta, Toynete, Toynett,
Toynetta, Toynette, Tuanetta, Tuanette, Twanette*

Toki (japonais) pleine d'espoir.
Tokee, Tokey, Toko, Tokoya, Tokyo

Tokoni 🅤 (tongan) utile.
*Tokonee, Tokoney, Tokonia, Tokoniah, Tokony, Tokonya,
Tokonyah*

Tola (polonais) variante de Toinette.
Tolah, Tolla, Tollah, Tolsia

Toltecatl, Toltecatli (nahuatl) artiste.

Tomi 🅕🅖 (japonais) riche.
Tomea, Tomee, Tomey, Tomie, Tomiju, Tomy

Tomiko (japonais) riche.

Tommi (hébreu) diminutif de Thomasina.
Tomme, Tommea, Tommee, Tommey, Tommia, Tommy

Tommie 🅖🅕 (hébreu) diminutif de Thomasina.

Tomo (japonais) intelligente.
Tomoko

Tonalnan (nahuatl) mère de la lumière.

Tonatzin (nahuatl) déesse de la Terre.

Toneisha (américain) combinaison du préfixe
To et de Niesha.
Toneisheia, Tonesia, Toniece, Toniesha, Tonneshia

Tonesha (américain) variante de Toneisha.

Toni 🅕🅖 (grec) florissant; (latin) digne d'éloges.
Tonee, Toney, Tonneli, Tonni, Tony, Tonye

Tonia (latin, slave) variante de Toni, de Tonya.
*Tonea, Toneea, Toniah, Toniea, Tonja, Tonje, Tonna,
Tonnia, Tonniah, Tonnja*

Tonie (grec, latin) variante de Toni.
Toniee, Tonnie

Tonisha (américain) variante de Toneisha.
Tonisa, Tonise, Tonisia, Tonnisha

Tonneli (suisse) variante de Toni.
*Tonelea, Toneleah, Tonelee, Tonelei, Toneleigh, Toneley,
Toneli, Tonelia, Toneliah, Tonelie, Tonely, Tonnelea,
Tonneleah, Tonnelee, Tonnelei, Tonneleigh, Tonneley,
Tonnelie, Tonnely*

Tonya (slave) reine des fées.
Tonnya, Tonnyah, Tonyah, Tonyea, Tonyetta, Tonyia

Topaz (latin) le topaze, pierre d'un jaune
doré.
*Topaza, Topazah, Topazia, Topaziah, Topazz, Topazza,
Topazzah, Topazzia, Topazziah*

Topsy (anglais) au-dessus. Littérature:
une esclave dans le roman *La Case de l'Oncle
Tom* de Harriet Beecher Stowe.
*Toppsy, Topsea, Topsee, Topsey, Topsi, Topsia,
Topsie*

Tora (japonais) tigre.
Torah, Torra, Torrah

Torcuata (latin) décorée.

Toree, Torie, Torri (anglais) variantes de Tori,
de Tory.
Tore, Torre, Torree

Toreth (gallois) abondante.

Torey 🅤 (anglais) variante de Tori, de Tory.

Tori 🅕🅖 (japonais) oiseau; (anglais) variante
de Tory.
Torei, Torrita

Toria (anglais) variante de Tori, de Tory.
Torea, Toriah, Torreya, Torria, Torya, Toryah

Toriana (anglais) variante de Tori.
Torian, Torianah, Toriane, Toriann, Torianna, Toriannah, Torianne, Toriauna, Torin, Torina, Torine, Torinne, Torion, Torionna, Torionne, Toriyanna, Torrina, Toryan, Toryana, Toryanah, Toryane, Toryann, Toryanna, Toryannah, Toryanne

Toribia (latin) variante de Tránsito.

Torilyn (anglais) combinaison de Tori
et de Lynn.
Torilynn, Torrilyn, Torrilynn

Torlan (gallois) qui vient de la rivière.

Torrey GF (anglais) variante de Tori, de Tory.

Torrie FG (anglais) variante de Tori, de Tory.

Tory U (anglais) victorieuse ; (latin) diminutif
de Victoria.
Tauri, Torry, Torrye, Torye

Tosca, Toscana (latin) originaire de Toscane,
une région d'Italie.

Tosha (pendjabi) forces de frappe ; (polonais)
variante populaire d'Antonia ; (russe)
variante de Tasha.
Toshea, Toshia, Toshiea, Toshke, Tosia, Toska

Toshi (japonais) image inversée.
Toshee, Toshey, Toshie, Toshiko, Toshikyo, Toshy

Toski (hopi) insecte écrasé.
Toskee, Toskey, Toskie, Tosky

Totsi (hopi) mocassins.
Totsee, Totsey, Totsia, Totsie, Totsy, Totsya

Tottie (anglais) variante populaire de Charlotte.
Tota, Totee, Totey, Toti, Totie, Tottee, Tottey, Totti, Totty, Toty

Tova (hébreu) variante de Tovah.

Tovah (hébreu) sage.
Tovia

Toya (espagnol) variante de Tory.
Toia, Toiah, Toyah, Toyanika, Toyanna, Toyea, Toylea, Toyleah, Toylenn, Toylin, Toylyn

Tracey FG (latin) guerrier ; (grec) variante
populaire de Thérèse.
Trace, Tracea, Tracee, Tracell, Traice, Traicee, Traicey, Traicy, Traisea, Traisee, Traisey, Traisy, Trasea, Trasee, Trasey, Trasy, Traycea, Traycee, Traycy, Traycya, Traysea, Traysee, Traysey, Traysy, Treacy, Treesy

Traci, Tracie (latin) variantes de Tracey.
Tracia, Traciah, Tracilee, Tracilyn, Tracilynn, Tracina, Traeci, Traici, Traicie, Traisi, Traisie, Trasi, Trasia, Trasie, Trayci, Traycia, Traycie, Traysi, Traysie

Tracy FG (latin) guerrier ; (grec) variante
populaire de Theresa.

Tralena (latin) combinaison de Tracey
et de Léna.
Traleen, Tralene, Tralin, Tralinda, Tralyn, Tralynn, Tralynne

Tranesha (américain) combinaison du préfixe
Tra et de Niesha.
Traneice, Traneis, Traneise, Traneisha, Tranese, Traneshia, Tranice, Traniece, Traniesha, Tranisha, Tranishia

Trang (vietnamien) intelligente, cultivée ; belle.

Tranquila, Tranquilla (espagnol) variantes
de Tranquilina.

Tranquilina (latin) sereine.

Tránsito (latin) celle qui passe à une autre vie.

Trashawn GF (américain) combinaison
du préfixe Tra et de Shawn.
Trashan, Trashana, Trashauna, Trashon, Trayshauna

Trava (tchèque) herbes du printemps.
Travah

Traviata (italien) errante.
Traviatah, Travyata, Travyatah

Treasure (latin) trésor, richesse ; précieuse.
Treasa, Treasur, Treasura, Treasurah, Treasuré, Treasury

Trella (espagnol) variante populaire d'Estelle.

Tresha (grec) variante de Theresa.
Trescha, Trescia, Treshana, Treshia

Tressa (grec) variante de Theresa.
Voir aussi Teresa.
Treaser, Tresa, Tresca, Trese, Treska, Tressia, Tressie, Trez, Treza, Trisa

Treva (irlandais, gallois) diminutif de Trevina.

Trevina (irlandais) prudente ; (gallois) propriété.
Trevanna, Treveana, Treveanah, Treveane, Treveena, Treveenah, Treveene, Trevena, Trevenia, Treveon, Trevia, Treviana, Trevien, Trevin, Trevinah, Trevine, Trevyn, Trevyna, Trevynah, Trevyne

Trevona (irlandais) variante de Trevina.
Trevion, Trevon, Trevonah, Trevone, Trevonia, Trevonna, Trevonne, Trevonye

Triana (latin) troisième ; (grec) variante de Trina.
Tria, Trianah, Triane, Triann, Trianna, Triannah, Trianne, Tryan, Tryana, Tryanah, Tryane, Tryann, Tryanna, Tryannah, Tryanne

Trice (grec) diminutif de Theresa.
Treece

Tricia (latin) variante de Trisha.
Trica, Tricha, Trichelle, Tricina, Trickia

Trifena (grec) délicate.
Trifenah, Trifene, Trifenna, Trifennah, Tryfena, Tryfenah,
Tryfenna, Tryfennah, Tryphena, Tryphenah

Trifina, Trifonia (grec) amusement.

Trifosa (grec) celle qui se réjouit de Dieu.

Trilby (anglais) chapeau souple.
Tribi, Trilbea, Trilbee, Trilbey, Trilbi, Trilbie, Trillby,
Trylbea, Trylbee, Trylbeey, Trylbi, Trylbie, Trylby

Trina (grec) pure.
Thrina, Treana, Treanah, Treena, Treenah, Treina, Trenna,
Trinah, Trind, Trinda, Trine, Trinette, Trinia, Triniah,
Trinica, Trinice, Triniece, Trinika, Trinique, Trinisa, Tryna,
Trynah, Trynya, Trynyah

Trindade, Trinidad (latin) variantes de Trinity.

Trini 🆓🆔 (grec) variante de Trina.
Treanee, Treaney, Treani, Treanie, Treany, Treenee,
Treeney, Treeni, Treenie, Trinia, Trinie, Triny

Trinity 🆓🆔 (latin) trinité. Religion : le Père,
le Fils et le Saint-Esprit.
Trinita, Trinite, Trinitee, Trinitey, Triniti, Trinitie, Trinnette,
Trinty, Trynitee, Tryniti, Trynitie, Trynity

Tripaileo (mapuche) femme passionnée.

Trish (latin) diminutif de Béatrice, de Trisha.
Trishell, Trishelle

Trisha (latin) aristocrate ; (hindi) qui a soif.
Voir aussi Tricia.
Treasha, Trishann, Trishanna, Trishanne, Trishara, Trishia,
Trishna, Trissha, Trysha, Tryshah

Trissa (latin) variante populaire de Patricia.
Trisa, Trisanne, Trisia, Trisina, Trissi, Trissie, Trissy, Tryssa

Trista (latin) diminutif de Tristane.
Tristah, Tristal, Tristess, Tristia, Trysta, Trystah, Trystia

Tristabelle (anglais) combinaison de Tristane
et de Belle.
Tristabel, Tristabela, Tristabelah, Tristabele, Tristabell,
Tristabella, Tristabellah, Trystabel, Trystabela,
Trystabelah, Trystabele, Trystabell, Trystabella,
Trystabellah, Trystabelle

Tristane (latin) audacieuse.
Tristana, Tristanah, Tristann, Tristanni, Tristany

Tristen 🆓🆔 (latin) variante de Tristane.
Tristene, Tristine, Tristinye, Tristn, Tristony

Tristian 🆓🆔 (irlandais) diminutif de Tristianna.
Tristiane, Tristiann, Tristianne, Trystiane, Trystiann,
Trystianne, Trystyane, Trystyann, Trystyanne

Tristianna (irlandais) combinaison de Tristane
et d'Anna.
Tristiana, Tristianah, Tristiannah, Tristina, Trystian,
Trystiana, Trystianah, Trystianna, Trystiannah, Trystyan,
Trystyana, Trystyanah, Trystyanna, Trystyannah

Tristin 🆓🆔 (latin) variante de Tristane.

Triston 🆓🆔 (latin) variante de Tristane.

Tristyn 🆄 (latin) variante de Tristane.

Trixie (américain) variante populaire de Béatrice.
Tris, Trissie, Trissina, Trix, Trixe, Trixee, Trixey, Trixi, Trixy,
Tryxee, Tryxey, Tryxi, Tryxie, Tryxy

Troy 🆓🆔 (irlandais) fantassin ; (français)
aux cheveux bouclés ; (anglais) eau.
Troi, Troye, Troyton

Troya (irlandais) variante de Troy.
Troia, Troiah, Troiana, Troianah, Troiane, Troiann,
Troianna, Troianne, Troiya, Troyan, Troyana, Troyanah,
Troyane, Troyann, Troyanna, Troyanne

Trudel (néerlandais) variante de Trudy.
Trudela, Trudelah, Trudele, Trudell, Trudella, Trudellah,
Trudelle

Trudy (allemand) variante populaire de Gertrude.
Truda, Trudah, Trude, Trudee, Trudessa, Trudey, Trudi,
Trudia, Trudiah, Trudie, Trudya

Trycia (latin) variante de Trisha.

Tryna (grec) variante de Trina.
Tryane, Tryanna, Trynee

Tryne (néerlandais) pure.
Trine

Trynel (bavarois) variante de Katherine.
Treinel, Treinela, Treinele, Treinell, Treinella, Treinelle,
Trynela, Trynelah, Trynele, Trynell, Trynella, Trynellah,
Trynelle

Trystan 🆓🆔 (latin) variante de Tristane.
Trystane, Trystann, Trystanne, Trysten, Trystin

Trystyn (latin) variante de Tristane.

Tsigana (hongrois) variante de Zigana.
Tsigane, Tzigana, Tzigane

Tu 🆓🆔 (chinois) jade.

Tuesday (latin) née le troisième jour
de la semaine en partant de dimanche.
Tuesdae, Tuesdai, Tuesdea, Tuesdee, Tuesdey, Tusdai

Tuhina (hindi) neige.
Tuhinah, Tuhyna, Tuhynah

Tula (teuton) variante de Gertrude.

Tulipe (français) tulipe.
Tullip, Tullop, Tullyp, Tulyp

Tullia (irlandais) paisible, tranquille.
Tulia, Tulliah, Tullya, Tullyah, Tulya, Tulyah

Tully 🆓🆔 (irlandais) en paix avec Dieu.
Tulea, Tuleah, Tulee, Tulei, Tuleigh, Tuley, Tuli, Tulie,
Tullea, Tulleah, Tullee, Tullei, Tulleigh, Tulley, Tulli,
Tullie, Tuly

Tulsi (hindi) le basilic, herbe hindoue sacrée.
Tulsia, Tulsiah, Tulsy, Tulsya, Tulsyah

Tura (catalan) bœuf.

Turquoise (français) la turquoise, une pierre semi-précieuse bleu-vert.
Turkois, Turkoise, Turkoys, Turkoyse, Turquois

Tusa (zuni) chien des plaines.
Tusah

Tusnelda (allemand) celle qui se bat contre des géants.

Tuyen (vietnamien) ange.

Tuyet (vietnamien) neige.

Twyla (anglais) tissée avec un double fil.
Twila, Twilla

Ty GF (anglais) diminutif de Tyler.
Ti, Tie, Tye

Tyana, Tyanna (grec) variantes de Tiana ; (américain) combinaisons de Ty et d'Anna.
Tyanah, Tyannah, Tyannia

Tyann (grec, américain) diminutif de Tyana.
Tyan, Tyane, Tyanne

Tyasia (américain) variante de Tyesha.
Tyasiah

Tyeesha (américain) variante de Tyesha.

Tyeisha (américain) variante de Tyesha.
Tyeishia

Tyesha (américain) combinaison de Ty et d'Aisha.
Tyasha, Tyashia, Tyeyshia, Tyieshia, Tyisha, Tyishea, Tyishia, Tyishya, Tyshia, Tyshya

Tyeshia (américain) variante de Tyesha.

Tyfany (américain) diminutif de Tiffany.
Tyfani, Tyfanny, Tyffanee, Tyffaney, Tyffani, Tyffanie, Tyffanni, Tyffany, Tyffini, Typhanie, Typhany

Tyiesha (américain) variante de Tyesha.
Tyieshia

Tykeisha (américain) variante de Takeisha.
Tykeesha, Tykeisa, Tykeishia, Tykesha, Tykeshia, Tykeysha, Tykeza, Tykisha

Tykera (américain) variante de Takira.
Tykeira, Tykeirah, Tykiera, Tykierra, Tykira, Tykirah, Tykirra, Tykyra, Tykyrah

Tykeria (américain) variante de Tykera.
Tykereiah, Tykeriah, Tykerria, Tykiria

Tykia (américain) variante de Takia.
Tykeia, Tykeiah, Tykiah, Tykya, Tykyah

Tylar U (anglais) variante de Tyler.

Tyler GF (anglais) tailleur.
Tyller

Tylor GF (anglais) variante de Tyler.

Tyna (tchèque) diminutif de Kristina.
Tynae, Tynea, Tynia

Tyne (anglais) rivière.
Tine, Tyna, Tynelle, Tynessa, Tynetta

Tyneisha (américain) variante de Tynesha.
Tyneicia, Tyneisia

Tynesha (américain) combinaison de Ty et de Niesha.
Tynaise, Tynece, Tynesa, Tynessia, Tyniesha

Tyneshia (américain) variante de Tynesha.

Tynisha (américain) variante de Tynesha.
Tynisa, Tynise, Tynishi

Tyonna (américain) variante de Tiana.
Tyona

Tyra (scandinave) bagarreuse. Mythologie : Týr était le dieu de la Guerre. Variante de Thora ; (hindi) variante de Tira.
Thyra, Tyraa, Tyran, Tyria

Tyrah (scandinave, hindi) variante de Tyra.

Tyree GF (scandinave, hindi) variante de Tyra.

Tyshanna (américain) combinaison de Ty et de Shawna.
Tyshana, Tyshanae, Tyshane, Tyshaun, Tyshaunda, Tyshawn, Tyshawna, Tyshawnah, Tyshawnda, Tyshawnna, Tysheann, Tysheanna, Tyshonia, Tyshonna, Tyshonya

Tytiana, Tytianna (grec) variantes de Titania.
Tytana, Tytanna, Tyteana, Tyteanna, Tytianni, Tytionna, Tytiyana, Tytiyanna, Tytyana, Tytyauna

U (coréen) douce.

Ualani (hawaïen) pluie du paradis.
Ualana, Ualanah, Ualanea, Ualanee, Ualaney, Ualania, Ualanie, Ualany

Ubaldina (teuton) audacieuse ; intelligente.

Udalrica (scandinave) pays riche.

Udele (anglais) prospère.
Uda, Udah, Udella, Udelle, Yudelle

Ugolina (allemand) esprit brillant; personnalité brillante.
Hugolina, Hugolinah, Hugoline, Hugolyna, Hugolynah, Hygolyne, Ugolin, Ugolinah, Ugoline, Ugolyna, Ugolynah, Ugolyne

Ujana (breton) noble; excellent; (africain) jeune femme.
Jana, Janah, Ujanah, Uyana, Uyanah

Ula (irlandais) bijou maritime; (scandinave) riche; (espagnol) diminutif d'Eulalia.
Eula, Oola, Uli, Ulia

Ulalia (grec) douce; à la voix douce.
Ulaliah, Ulalya, Ulalyah

Ulani (polynésien) enjouée.
Ulana, Ulanah, Ulane, Ulanee, Ulaney, Ulania, Ulanie, Ulany, Ulanya, Ulanyah

Ulima (arabe) astucieuse; sage.
Uleama, Uleamah, Uleema, Uleemah, Ulemah, Ulimah, Ullima, Ulyma, Ulymah

Ulla (allemand, suédois) volontaire, délibéré; (latin) diminutif d'Ursula.
Ula, Ulah, Ullah, Ulli

Ulrica (allemand) chef loup; qui dirige tout. Voir aussi Rica.
Ulka, Ullrica, Ullricka, Ullrika, Ulricah, Ulricka, Ulrickah, Ulrika, Ulrikah, Ulrike, Ulrique, Ulryca, Ulrycah, Ulrycka, Ulryckah, Ulryka, Ulrykah, Ulryqua

Ultima (latin) dernière, ultime, la plus loin.
Ultimah, Ultyma, Ultymah

Ululani (hawaïen) inspiration du ciel.
Ululanee, Ululaney, Ululania, Ululanie, Ululany, Ululanya

Ulva (allemand) loup.
Ulvah

Uma (hindi) mère. Religion: autre nom de la déesse hindoue Devi.
Umah

Umay (turc) pleine d'espoir.
Umai

Umbelina (latin) celle qui procure une ombre protectrice.
Umbelina

Umeko (japonais) enfant fleur de prune; patiente.
Ume, Umeyo

Umiko (japonais) enfant de la mer.

Una (latin) une; unie; (hopi) bonne mémoire; (irlandais) variante d'Agnès. Voir aussi Oona.
Unagh, Unah, Unna, Uny

Undine (latin) petite vague. Mythologie: les ondines étaient les esprits de l'eau. Voir aussi Ondine.
Undeen, Undene, Undina, Undinah, Undyn, Undyna, Undynah, Undyne

Unice (anglais) variante d'Eunice.

Unika F G (américain) variante d'Unique.
Unica, Unicka, Unik, Unikue

Uniqua (latin) variante d'Unique.
Unikqua

Unique F G (latin) le seul, la seule.
Uniqia, Uniquia

Unity F G (anglais) unité.
Uinita, Unita, Unite, Unitea, Unitee, Unitey, Unyta, Unytea, Unytee, Unytey, Unyti, Unytie, Unyty

Unn (norvégien) celle qui est aimée.

Unna (allemand) femme.
Unnah

Unnea (scandinave) tilleul.
Unea, Uneah, Unneah

Urania (grec) céleste. Mythologie: Uranie, la Muse de l'astronomie.
Uraina, Urainah, Urainia, Urainiah, Uranie, Uraniya, Uranya, Uranyah

Urbana (latin) habitante de la ville.
Urabannah, Urbanah, Urbanna

Uri G F (hébreu) ma lumière.
Uree, Urie, Ury

Uriana (grec) ciel; l'inconnu.
Urianna, Uriannah, Urianne, Uryan, Uryana, Uryanah, Uryane, Uryann, Uryanna, Uryanne

Uriel (hébreu) lumière de Dieu.

Urika (omaha-ponca) utile à tous.
Ureka, Urica, Uricah, Uricka, Urickah, Urikah, Uriqua, Uryca, Urycah, Uryka, Urykah, Uryqua

Urit (hébreu) brillante.
Urice, Urita, Uritah, Uryt, Uryta, Urytah

Urith (allemand) digne.
Uritha, Urithah, Urithe, Uryth, Urythah

Urola (russe) variante d'Ursula.

Urraca (allemand) pie.

Ursa (grec) diminutif d'Ursula; (latin) variante d'Orsa.
Ursah, Ursea, Ursey, Ursi, Ursie, Ursy

Ursicina (latin) viande d'ours.

Ursina (latin) variante d'Ursula.

Ursula (grec) petite ourse. Voir aussi Sula,
Ulla, Vorsila.
*Irsaline, Ursala, Ursel, Ursela, Ursella, Ursely, Ursilla,
Ursillane, Ursola, Ursule, Ursulina, Ursuline, Ursulyna,
Ursylyn, Urszula, Urszuli, Urzsulah, Urzula, Urzulah*

Usha (hindi) lever du Soleil.
Ushah

Ushi (chinois) bœuf. Astrologie: signe
du zodiaque chinois.
Ushee, Ushie, Ushy

Usoa (espagnol) colombe.

Uta (allemand) riche; (japonais) poème.
Utah, Utako

Utano (japonais) champ de chansons.
Utan, Utana, Utanah

Utina (amérindien) femme de mon pays.
*Utahna, Uteana, Uteanah, Uteena, Uteenah, Utinah,
Utona, Utonna, Utyna, Utynah*

Uxía (grec) née dans une bonne famille.

Uxue (basque) colombe.

Uzza (arabe) forte.
Uza, Uzah, Uzzah

Uzzia (hébreu) Dieu est ma force.
Uzia, Uziah, Uzya, Uzyah, Uzziah, Uzzya, Uzzyah

Vachya (hindi) qui parle.
Vachia, Vachiah, Vachyah

Vail GF (anglais) vallée.
Vaile, Vale, Valee, Valey, Vali, Valie, Valy, Vayl, Vayle

Vailea (polynésien) eau qui parle.
*Vaileah, Vailee, Vailei, Vaileigh, Vailey, Vaili, Vailie, Vaily,
Vailya, Vaylea, Vayleah, Vaylee, Vaylei, Vayleigh, Vayley,
Vayli, Vaylie, Vayly*

Val GF (latin) diminutif de Valentine, de Valérie.
Vall, Valle

Vala (allemand) choisie, distinguée.
Valah, Valla, Vallah

Valarie (latin) variante de Valérie.
Valarae, Valaree, Valarey, Valari, Valaria, Vallarie, Vallary

Valborga (suédois) montagne puissante.
Valborg, Valborgah

Valburga (allemand) celle qui défend sur le champ
de bataille.

Valda (allemand) dirigeante célèbre.
Valdah, Valida, Velda

Valdrada (allemand) celle qui donne des conseils.

Valencia (espagnol) forte. Géographie: région
de l'est de l'Espagne.
*Valanca, Valancia, Valecia, Valence, Valenciah, Valencya,
Valencyah, Valenica, Valenzia*

Valène (latin) diminutif de Valentine.
*Valaina, Valainah, Valaine, Valean, Valeana, Valeanah,
Valeane, Valeda, Valeen, Valeena, Valeenah, Valeene, Valen,
Valena, Valenah, Valeney, Valien, Valina, Valine, Vallan,
Vallana, Vallanah, Vallane, Vallen, Vallena, Vallenah,
Vallene, Vallina, Vallinah, Valline, Vallyna, Vallynah,
Vallyne, Valyn, Valynn*

Valentia (italien) variante de Valentine.
Valentiah, Valentya, Valentyah

Valentina (latin) variante de Valentine. Histoire:
Valentina Tereshkova, cosmonaute soviétique,
fut la première femme dans l'espace.
Voir aussi Tina.
*Valantina, Valenteana, Valenteena, Valentena, Valentia,
Valentyna, , Valtina*

Valentine TOP.100. (latin) forte. Voir aussi Tina,
Valene, Valli.
*Valenteane, Valenteen, Valenteene, Valentijn, Valentin,
Valentine, Valentyn, Valentyne*

Valera (russe) variante de Valérie.
Voir aussi Lera.

Valeria (latin) variante de Valérie.
Valaria, Valariah, Valeriah, Valeriana, Valériane, Veleria

Valéria (hongrois, portugais) variante
de Valérie.

Valérie (latin) forte.
*Vairy, Valaree, Vale, Valeree, Valeri, Valeria, Valérie,
Valerye, Valka, Valleree, Valleri, Vallerie, Vallirie, Valry,
Valya, Velerie, Waleria*

Valery (latin) variante de Valérie.
Valerye, Vallery

Valeska (slave) dirigeante glorieuse.
*Valesca, Valese, Valeshia, Valeshka, Valeskah, Valezka,
Valisha*

Valkiria (allemand) Mythologie: les Valkyries
étaient les servantes nordiques qui portaient
les âmes des guerriers au Walhalla.

Valli (latin) variante populaire de Valentine,
de Valérie. Botanique: plante originaire d'Inde.
*Valee, Valei, Valeigh, Valey, Vali, Valie, Vallee, Vallei,
Valleigh, Vallie, Vally, Valy*

Vallia (espagnol) protectrice forte.
Valea, Valeah, Valia, Valiah, Vallea, Valleah, Valliah, Vallya, Vallyah, Valya, Valyah

Valma (finnois) défenseuse loyale.
Valmah, Valmai

Valonia (latin) vallée de l'ombre.
Valione, Valioney, Valioni, Valionia, Valioniah, Valionie, Valiony, Valionya, Valionyah, Vallon, Vallonia, Valloniah, Vallonya, Vallonyah, Valona, Valoniah, Valonya, Valonyah, Valyona, Valyonah, Valyonia, Valyoniah, Valyony, Valyonya, Valyonyah

Valora (latin) variante de Valérie.
Valorah, Valore, Valoria, Valoriah, Valorya, Valoryah, Velora

Valorie (latin) variante de Valérie.
Vallori, Vallory, Valoree, Valorey, Valori, Valory, Valorye

Valtruda (allemand) solide dynastie.

Van 🇬🇫 (grec) diminutif de Vanessa.

Vanda 🇫🇨 (allemand) variante de Wanda.
Vandah, Vandana, Vandella, Vandetta, Vandi, Vannda

Vandani (hindi) digne, honorable.
Vandanee, Vandaney, Vandanie, Vandany

Vanesa, Vannesa, Vannessa (grec) variantes de Vanessa.
Vanesha, Vaneshah, Vaneshia, Vanesia, Vanisa, Vannesha, Vannesse, Vannessee

Vanessa (grec) papillon. Littérature : nom inventé par Jonathan Swift, qu'il donna à une amie, Esther Vanhomrigh. Voir aussi Nessie.
Vanassa, Vanesse, Vanessee, Vanessia, Vanessica, Vanetta, Vaneza, Vaniece, Vaniessa, Vanika, Vaniss, Vanissa, Vanisse, Vanissee, Vanneza, Vannysa, Vannysah, Vannyssa, Vanysa, Vanysah Vanyssa, Vanyssah, Varnessa

Vanetta (anglais) variante de Vanessa.
Vaneta, Vanetah, Vanete, Vanett, Vanettah, Vanette, Vanita, Vanitah, Vanneta, Vannetta, Vannita, Venetta

Vani (hindi) voix ; (italien) variante d'Ann.
Vanee, Vaney, Vanie, Vannee, Vanney, Vanni, Vannie, Vanny, Vany

Vania (russe) variante populaire d'Anna.
Vanea, Vaneah, Vaniah, Vanija, Vanijah, Vanina, Vaniya, Vanja, Vanka, Vannea, Vanneah, Vannia, Vanniah, Vannya, Vannyah, Vanyah

Vanity (anglais) vain.
Vanitee, Vanitey, Vaniti, Vanitie, Vanittee, Vanittey, Vanitti, Vanittie, Vanitty, Vanyti, Vanytie, Vanyty

Vanna (cambodgien) dorée ; (grec) diminutif de Vanessa.
Vana, Vanae, Vanah, Vanelly, Vannah, Vannalee, Vannaleigh, Vannie, Vanny

Vanora (gallois) vague blanche.
Vannora, Vanorah, Vanorea, Vanoree, Vanorey, Vanori, Vanoria, Vanoriah, Vanorie, Vanory, Vanorya, Vanoryah

Vantrice (américain) combinaison du préfixe Van et de Trice.
Vantrece, Vantricia, Vantriciah, Vantricya, Vantricyah, Vantrisa, Vantrise, Vantrisia, Vantrisiah, Vantrissa, Vantrisya, Vantrisyah, Vantrysia, Vantrysiah, Vantrysya, Vantrysyah

Vanya 🇺 (russe) variante populaire d'Anna.

Vara (scandinave) soigneuse.
Varah, Varia, Variah

Varana (hindi) rivière.
Varanah, Varanna, Varannah

Varda (hébreu) rose.
Vardia, Vardiah, Vardice, Vardina, Vardis, Vardissa, Vardisse, Vardit, Vardita, Vardyce, Vardys, Vardysa, Vardyse, Vardyta, Vardytah

Vardina (hébreu) variante de Varda.
Vardin, Vardinah, Vardine, Vardinia, Vardiniah, Vardyn, Vardyna, Vardynah, Vardyne

Varina (anglais) épine.
Varinah, Varyna, Varynah, Varyne

Varinia (romain, espagnol) versatile.

Varvara (slave) variante de Barbara.
Varenka, Varinka, Varya, Varyusha, Vava, Vavka

Vashti (persan) ravissante. Bible : femme d'Assuérus, roi de Perse.
Vashtee, Vashtie, Vashty

Vasilisa, Vasillisa (russe) royale.

Vassy (persan) belle.
Vasi, Vasie, Vassee, Vassey, Vassi, Vassie, Vasy

Vasya (russe) royale.

Veanna (américain) combinaison du préfixe Ve et d'Anna.
Veannah, Veeana, Veeanah, Veeann, Veeanna, Veeannah, Veeanne, Veena, Veenah, Veenaya, Veeona

Véda (sanscrit) traditions sacrées ; savoir. Religion : le Véda est le nom des textes sacrés de l'Hindouisme.
Vedad, Vedah, Veida, Veleda

Vedette (italien) sentinelle ; éclaireuse ; (français) star de film.
Vedet, Vedeta, Vedetah, Vedete, Vedett, Vedetta, Vedettah

Vedis (allemand) esprit de la forêt.
Vediss, Vedissa, Vedisse, Vedys, Vedyss, Vedyssa, Vedysse

Vega (arabe) étoile filante.
Vegah

Velda (allemand) variante de Valda.
Veldah

Velia (latin) dissimulée.

Velika (slave) géniale, merveilleuse.
Velikah, Velyka, Velykah

Velinda (américain) combinaison du préfixe Ve et de Linda.
Velindah, Velynda, Velyndah

Velma (allemand) variante populaire de Vilhelmina.
Valma, Valmah, Vellma, Vellmah, Vilma, Vilmah, Vilna, Vylma, Vylmah

Velvet (anglais) veloutée.
Velveta, Velvetah, Velvete, Velvett, Velvetta, Velvettah, Velvette, Velvit, Velvyt

Venancia (latin) chasseuse.

Venecia (italien) de Venise, en Italie.
Vanecia, Vaneciah, Vanetia, Veneece, Veneise, Venesha, Venesher, Venicia, Veniece, Veniesa, Venise, Venisha, Venishia, Vennice, Vennise, Venyce, Vonizia, Vonizya, Vonysia, Vonysiah, Vonysya, Vonysyah

Veneranda (latin) digne de vénération.

Venessa (latin) variante de Vanessa.
Veneese, Venesa, Venese, Veneshia, Venesia, Venessah, Venesse, Venessia, Venisa, Venissa, Vennesa, Vennessa, Vennisa

Venetia (italien) variante de Venecia.
Veneta, Venetiah, Venetta, Venette, Venetya, Venetyah, Venita, Venitia, Vinetia, Vinetiah, Vinita, Vinitah, Vonita, Vonitia, Vynita, Vynitah, Vynyta, Vynytah

Venezia (italien) variante de Venecia.
Veniza, Venize

Venice (italien) de Venise, en Italie.

Venidle (allemand) drapeau du guerrier.

Ventana (espagnol) fenêtre.

Ventura (espagnol) bonne fortune.

Vénus (latin) amour. Mythologie : Vénus, déesse de l'Amour et de la Beauté.
Venis, Venusa, Venusina, Venussa, Venys, Vinny, Vynys

Venustiana (latin) variante de Vénus.

Véra (latin) vraie ; (slave) foi. Diminutif d'Elvera, de Véronique. Voir aussi Verena, Wera.
Vara, Veera, Veira, Verah, Verasha, Vere, Verka, Verla, Verra, Verrah, Viera, Vira, Vjera, Vyra, Vyrah

Veradis (latin) qui dit la vérité.
Veradissa, Veradisse, Veradys, Veradysa, Veradyss, Veradyssa

Verbena (latin) plantes sacrées ; verveine.
Verbeen, Verbeena, Verbeene, Verben, Verbene, Verbin, Verbina, Verbine, Verbyn, Verbyna, Verbyne

Verda (latin) jeune, fraîche.
Verdah, Verdea, Verdee, Verdey, Verdi, Verdie, Verdy, Virida

Verdad (espagnol) qui dit la vérité.
Verdada

Verdianna (américain) combinaison de Verda et d'Anna.
Verdian, Verdiana, Verdiane, Verdiann, Verdianne, Verdyan, Verdyana, Verdyane, Verdyann, Verdyanna, Verdyanne, Virdian, Virdiana, Virdiane, Virdiann, Virdianna, Virdianne, Vyrdian, Vyrdiana, Vyrdiane, Vyrdiann, Vyrdianna, Vyrdianne, Vyrdyan, Vyrdyana, Vyrdyane, Vyrdyann, Vyrdyanna, Vyrdyanne

Veredigna (latin) celle qui a mérité de grands honneurs pour sa dignité.

Verena (latin) qui dit la vérité. Variante populaire de Véra, de Verna.
Varyn, Varyna, Varyne, Verean, Vereana, Vereane, Vereen, Vereena, Vereene, Verenah, Verene, Verin, Verina, Verine, Verinka, Veroshka, Verunka, Verusya, Veryn, Veryna, Veryne, Virna

Verenice (latin) variante de Véronique.
Verenis, Verenise, Vereniz

Veridiana (latin) qui dit la vérité.

Verity (latin) qui dit la vérité.
Verita, Veritah, Veritea, Veritee, Veritey, Veriti, Veritie, Veryta, Verytah, Verytea, Verytee, Verytey, Veryti, Verytie, Veryty

Verlène (latin) combinaison de Véronique et de Lena.
Verleen, Verlena, Verlin, Verlina, Verlinda, Verline, Verlyn

Verna (latin) printemps ; (français) variante populaire de Laverne. Voir aussi Verena, Wera.
Verasha, Verla, Vernah, Verne, Verneta, Vernetia, Vernetta, Vernette, Vernia, Vernita, Viera, Virida, Virna, Virnah, Virnell, Vyrna, Vyrnah

Vernice (latin) variante de Bernice, de Verna.
Vernese, Vernesha, Verneshia, Vernessa, Vernica, Vernicca, Verniccah, Verniece, Vernika, Vernique, Vernis, Vernise, Vernyca, Vernycah, Vernycca, Vernyccah, Vyrnessa, Vyrnessah, Vyrnesse

Vernisha (latin) variante de Vernice.
Vernisheia, Vernissia

Veronic (latin) diminutif de Véronique.

Véronica (latin) variante de Véronique. Voir aussi Ronica, Roni, Weronika.
Varonica, Varonicca, Varoniccah, Verhonica, Verinica, Verohnica, Veron, Verona, Verone, Véronic, Veronice, Veronne, Veronnica, Veruszhka, Vironica, Vironicah, Vironicca, Vironiccah, Vironiqua, Vron, Vronica, Vronicah, Vyronica, Vyronicah, Vyronicca, Vyroniccah

Verónica (espagnol) variante de Véronica.

Verônica (portugais) variante de Véronica.

Veronika (latin) variante de Véronica.
Varonika, Veronick, Véronick, Veronicka, Veronik, Veronike, Veronka, Veronkia, Veruka, Vironika, Vronika, Vyronika, Vyronikah

Véronique (français) vraie image.
Veranique, Veronique, Veroniqua, Vironique, Vroniqua, Vronique, Vyroniqua, Vyronique

Vespasiana (latin) guêpe.

Vespera (latin) étoile du berger.
Vesperah

Vesta (latin) gardienne de la maison.
Mythologie : déesse grecque de la Maison.
Vessy, Vest, Vestah, Vestea, Vestee, Vesteria, Vestey

Veta (slave) variante populaire d'Elizabeth.
Vetah

Vevila (irlandais) voix mélodieuse.
Vevilla, Vevillia, Vevilliah, Vevyla, Vevylah, Vevyle, Vevylla, Vevyllah, Vevylle

Vevina (irlandais) agréable, douce.
Vevinah, Vevine, Vevyna, Vevynah, Vevyne

Vi (latin, français) diminutif de Viola, de Violette.

Vianca (espagnol) variante de Bianca.
Vianeca, Vianica, Vianka, Vyaneca, Vyanica, Vyanka

Vianey, Vianney (américain) variantes populaires de Vianna.
Viany

Vianna (américain) combinaison de Vi et d'Anna.
Viana, Vianah, Viann, Viannah, Vianne, Vyan, Vyana, Vyanah, Vyane, Vyanna, Vyannah, Vyanne

Vica (hongrois) variante d'Ève.
Vicah, Vyca, Vycah

Vicka, Vika (latin) variantes populaires de Victoria.
Vickah, Vikah, Vikka, Vikkah, Vikkia, Vycka, Vyckah, Vyka, Vykah, Vykka, Vykkah

Vicki, Vickie, Vicky (latin) variantes populaires de Victoria. Voir aussi Vikki.
Vic, Viccey, Vicci, Viccy, Vicke, Vickee, Vickey, Vickia, Vickiana, Vickilyn, Vickkee, Vickkey, Vickki, Vickkie, Vickky, Vycke, Vyckee, Vyckey, Vycki, Vyckie, Vycky, Vykki, Vykkie, Vykky, Vyky

Victoire **TOP**.100. (latin) victoire.
Victorie, Victorine, Vitorie, Victory

Victoria **TOP**.100. (latin) victorieuse. Voir aussi Tory, Wicktoria, Wisia.
Victoriya, Victorria, Victorriah, Victorya, Vitoria, Vyctoria, Vyctoriah

Victorine (latin) variante de Victoire.
Victoreana, Victoreane, Victoreene, Victoriana, Victorianna, Victorina, Victorinah, Victoryn, Victoryna, Victoryne, Viktorina, Viktorine, Vyctorina, Vyctorine, Vyctoryn, Vyctoryna, Vyctorynah, Vyctoryne, Vyktorin, Vyktorina, Vyktorinah, Vyktorine, Vyktoryn, Vyktoryna, Vyktorynah, Vyktoryne

Vida (sanscrit) variante de Veda ; (hébreu) diminutif de Davida.
Veeda, Vidah, Vidamarie, Vyda, Vydah

Vidal **GF** (latin) vie.
Vital, Vydal, Vytal

Vidalina (espagnol) variante de Vidal.

Vidonia (portugais) branche de vigne.
Vedonia, Vidoniah, Vidonya, Vidonyah, Vydonia, Vydoniah, Vydonya, Vydonyah

Vienna (latin) Géographie : capitale de l'Autriche.
Vena, Venah, Venia, Venna, Vennah, Vennia, Vienetta, Vienette, Vienne

Vigilia (latin) éveillée, vigilante.
Vigiliah, Vijilia, Vijiliah, Vygilia, Vygiliah, Vygylia, Vyjilia

Vignette (français) petite vigne.
Vignet, Vigneta, Vignete, Vignett, Vignetta, Vygnet, Vygneta, Vygnete, Vygnett, Vygnetta, Vygnette

Vikki (latin) variante populaire de Victoire. Voir aussi Vicki.
Vika, Viki, Vikie, Vikkee, Vikkey, Vikkie, Vikky, Viky

Viktoria (latin) variante de Victoria.
Viktoriah, Viktorie, Viktorija, Viktorya, Viktoryah

Vila (latin) d'une maison de campagne.
Vilah, Villa, Villah, Vyla, Vylah, Vylla, Vyllah

Vilana (latin) habitante d'un petit village.

Vilhelmina (allemand) diminutif de Wilhelmina.
Vilhalmine, Vilhelmine, Vylhelmina, Vylhelmine

Villette (français) petite ville.
Vietta, Vilet, Vileta, Viletah, Vilete, Vilett, Viletta, Vilette, Villet, Villeta, Villetah, Villete, Villett, Villetta, Villettah, Vylet, Vyleta, Vyletah, Vylete, Vylett, Vyletta, Vylettah, Vylette, Vyllet, Vylleta, Vylletah, Vyllete, Vyllette

Vilma (allemand) variante populaire de Vilhelmina.
Vilmah, Vylma, Vylmah

Vina (hindi) Religion : la vīnā est un instrument de musique joué par la déesse hindoue de la Sagesse ; (espagnol) vignoble ; (hébreu) diminutif de Davina ; (anglais) diminutif d'Alvina. Voir aussi Lavina.
Veena, Veenah, Viña, Vinesha, Vinessa, Viniece, Vinique, Vinisha, Viñita, Vinna, Vinnah, Vinora, Vyna, Vynah, Vynna, Vynnah

Vincentia (latin) vainqueur, conquérante ;
variante de Vincent (voir les prénoms
de garçons).
*Vicenta, Vincensa, Vincensah, Vincensia, Vincensiah,
Vincenta, Vincentah, Vincentena, Vincentina, Vincentine,
Vincenza, Vincenzah, Vincenzia, Vincenziah, Vincy, Vinnie,
Vyncenzia, Vyncenziah, Vyncenzya, Vyncenzyah*

Vinia (latin) vin.
Viniah, Vynia, Vyniah, Vynya, Vynyah

Viñita (espagnol) variante de Vina.
*Viñeet, Viñeeta, Viñeete, Viñetta, Viñette, Viñitha, Viñta,
Viñti, Viñtia, Vyñetta, Vyñette, Vyñita, Vyñyta, Vyñytta,
Vyñytte*

Viola (latin) violette ; l'alto, un instrument
à cordes de la famille du violon. Littérature :
héroïne de la pièce de Shakespeare *La Nuit
des rois.*
*Violah, Violaina, Violaine, Violainee, Violainey, Violaini,
Violainia, Violanta, Violante, Viole, Violeine, Vyoila, Vyoilah,
Vyola, Vyolah, Vyolani, Vyolania, Vyolanie, Vyolany,
Vyolanya*

Violeta, Violetta (français) variantes de Violette.
Violatta, Violetah, Vyoleta, Vyoletah, Vyoletta

Violette (français) Botanique : la violette,
plante aux fleurs bleu-violet.
Violete, Violett, Vyolet, Vyolete, Vyolett, Vyolette

Virgilia (latin) qui porte une baguette, un bâton.
*Virgilea, Virgileah, Virgilee, Virgileigh, Virgili, Virgilie,
Virgillia, Virgily, Virgilya, Virjil, Virjilea, Virjileah, Virjilee,
Virjileigh, Virjiley, Virjili, Virjilie, Virjily, Vylgiliah, Vyrgilia,
Vyrgylya, Vyrgylyah*

Virginia (latin) variante de Virginie. Littérature :
Virginia Woolf était une célèbre écrivaine
britannique. Voir aussi Gina, Ginger, Ginny,
Jinny.
*Verginia, Verginya, Virge, Virgeen, Virgeena, Virgeenah,
Virgeenia, Virgeeniah, Virgen, Virgene, Virgenia, Virgenya,
Virgie, Virgine, Virginio, Virginnia, Virgy, Virjeana, Virjinea,
Virjineah, Virjinia, Virjiniah, Vyrginia, Vyrginiah, Vyrgynia,
Vyrgyniah, Vyrgynya, Vyrgynyah*

Virginie (français) pure, virginale.
Virgeenee, Virginië, Virjinee

Viridiana (latin) variante de Viridis.

Viridis (latin) verte.
*Virdis, Virida, Viridia, Viridiss, Viridissa, Viridys, Viridyss,
Viridyssa, Vyridis, Vyridiss, Vyridissa, Vyridys, Vyridyss,
Vyridyssa*

Virtudes (latin) esprit béni.

Virtue (latin) vertueuse.
Vertue, Virtu, Vyrtu, Vyrtue

Virxinia (latin) pure.

Visia (latin) force, vigueur.

Visitación (latin) référence à la visite de la Vierge
Marie à sainte Élisabeth.

Vita (latin) vie.
*Veeta, Vitah, Vitaliana, Vitalina, Vitel, Vitella, Vitia, Vitka,
Vitke, Vitta, Vyta, Vytah, Vytta, Vyttah*

Vitalia (latin) variante de Vita.

Vitoria, Vittoria (espagnol, italien) variantes
de Victoria.
*Vitoriah, Vittoriah, Vittorya, Vittoryah, Vytoria, Vytoriah,
Vyttoria, Vyttoriah*

Vitória (portugais) variante de Victoria.

Viv (latin) diminutif de Vivian.
Vive, Vyv

Viva (latin) diminutif d'Aviva, de Vivian.
Vica, Vivah, Vivan, Vivva, Vyva, Vyvah

Vivalda (latin) vivante ; courageuse au combat.

Viveca (scandinave) variante de Vivian.
Vivecah, Vivecca, Vivecka, Viveka, Vivica, Vivieca, Vyveca

Vivian (latin) variente de Vaviane.
*Vevay, Vevey, Viv, Viva, Viveca, Vivi, Vivia, Viviann, Vivina,
Vivion, Vivyan, Vivyann, Vivyanne, Vyvian, Vyvyan, Vyvyann,
Vyvyanne*

Viviana, Vivianna (latin) variantes de Viviane.
Viviannah, Vivyana, Vyvyana, Vyvyanna

Viviane (latin) pleine de vie.
Vivee, Vivianne, Vivie, Vivien, Vivienne

Voleta (grec) voilée.
*Volet, Voletah, Volett, Voletta, Volette, Volita, Volitt,
Volitta, Volitte, Volyta, Volytah, Volyte, Volytt, Volytta,
Volyttah, Volytte*

Volupia (grec) femme voluptueuse.

Vondra (tchèque) femme aimante.
Vonda, Vondrah, Vondrea

Voneisha (américain) combinaison d'Yvonne
et d'Aisha.
Voneishia, Vonesha, Voneshia

Vonna (français) variante d'Yvonne.
*Vona, Vonah, Vonia, Voniah, Vonnah, Vonnia, Vonnya,
Vonya*

Vonny (français) variante populaire d'Yvonne.
Vonney, Vonni, Vonnie, Vony

Vontricia (américain) combinaison d'Yvonne
et de Tricia.
*Vontrece, Vontrese, Vontrice, Vontriece, Vontrisha,
Vontrishia, Vontrycia, Vontryciah, Vontrycya, Vontrycyah*

Vorsila (grec) variante d'Ursula.
Vorsilla, Vorsula, Vorsulah, Vorsulla, Vorsyla

Vulpine (anglais) comme un renard.
Vulpina, Vulpinah, Vulpyna, Vulpynah, Vulpyne

Vy (latin, français) variante de Vi.
Vye

Vyoma (hindi) ciel.
Vioma, Viomah, Vyomah

Wadd (arabe) chérie.
Wad

Wahalla (scandinave) immortelle.
Valhalla, Walhalla

Waheeda (arabe) seule et unique.

Wainani (hawaïen) belle eau.
Wainanee, Wainanie, Wainany

Wakana (japonais) plante.
Wakanah

Wakanda (dakota) pouvoir magique.
Wakandah, Wakenda

Wakeisha (américain) combinaison du préfixe Wa et de Keisha.
Wakeishah, Wakeishia, Wakesha, Wakeshia, Wakesia, Wakesiah, Wakeysha, Wakeyshah, Wakeyshia, Wakeyshiah, Wakeyshya, Wakeyshyah

Walad (arabe) nouveau-né.
Waladah, Walida, Walidah, Walyda, Walydah

Walda (allemand) puissante; célèbre.
Waldah, Waldina, Waldine, Waldyna, Waldyne, Walida, Wallda, Walldah, Welda, Weldah, Wellda, Welldah

Waleria (polonais) variante de Valérie.
Wala, Waleriah, Walerya, Waleryah, Walleria, Walleriah, Wallerya, Walleryah

Walker **GF** (anglais) étoffe; marcheur.
Wallker

Wallis **FG** (anglais) du pays de Galles.
Walice, Walise, Wallie, Wallisa, Wallise, Walliss, Wally, Wallys, Wallysa, Wallyse

Wanda (allemand) vagabonde. Voir aussi Wendy.
Vanda, Wahnda, Wandah, Wandely, Wandie, Wandis, Wandja, Wandzia, Wannda, Wanndah, Wonda, Wondah, Wonnda, Wonndah

Wandie (allemand) variante populaire de Wanda.
Wandea, Wandee, Wandey, Wandi, Wandy

Waneta (amérindien) cheval de combat. Voir aussi Juanita.
Waneata, Waneatah, Waneeta, Waneetah, Waneita, Waneitah, Wanetah, Wanete, Wanita, Wanitah, Wanite, Wanneata, Wanneatah, Wanneeta, Wanneetah, Wanneita, Wanneitah, Wanneta, Wannetah, Wannete, Waunita, Wonita, Wonnita, Wonnitah, Wonyta, Wonytah, Wonyte, Wynita

Wanetta (anglais) visage pâle.
Wanette, Wannetta, Wannette, Wonnitta, Wonnitte, Wonytta, Wonyttah, Wonytte

Wanika (hawaïen) variante de Juanita.
Waneeka, Wanicka, Wanikah, Wanyka, Wanykah

Warda (allemand) gardienne.
Wardah, Wardeh, Wardena, Wardenia, Wardia, Wardine

Washi (japonais) aigle.
Washee, Washie, Washy

Wasila (anglais) en bonne santé.
Wasilah, Wasilla, Wasillah, Wasyla, Wasylah, Wasylla, Wasyllah

Wattan (japonais) patrie.
Watan

Wauna (miwok) oies des neiges qui cacardent.
Waunah, Waunakee

Wava (slave) variante de Barbara.
Wavah, Wavia, Waviah, Wavya, Wavyah

Waverly **FG** (anglais) prairie qui tremble comme une feuille.
Waverley, Waverli, Wavierlee

Wayca (aborigène) sauce.

Wayna (quechua) jeune.

Waynesha (américain) combinaison de Waynette et de Niesha.
Wayneesha, Wayneisha, Waynie, Waynisha

Waynette (anglais) fabricant de chariot.
Wainet, Waineta, Wainetah, Wainete, Wainetta, Wainettah, Wainette, Waynel, Waynelle, Waynet, Wayneta, Waynete, Waynetta, Waynlyn

Wednesday (latin, anglais) née le quatrième jour de la semaine, en partant de dimanche.

Weeko (dakota) jolie fille.
Weiko, Weyko

Wehilani (hawaïen) ornement céleste.

Wenda (gallois) variante de Wendy.
Wendah, Wendaine, Wendayne

Wendelle (anglais) vagabonde.
Wendalina, Wendalinah, Wendaline, Wendall, Wendalla,
Wendallah, Wendalle, Wendalyn, Wendalyna, Wendalynah,
Wendalyne, Wendelin, Wendelina, Wendelinah, Wendeline,
Wendella, Wendelline, Wendelly, Wendelyn, Wendelyna,
Wendelynah, Wendelyne

Wendi (gallois) variante de Wendy.
Wendia, Wendie

Wendy (gallois) blanche ; à la peau blanche.
Variante populaire de Gwendolyn, de Wanda.
Wende, Wendea, Wendee, Wendey, Wendya, Wendye,
Wuendy

Wera (polonais) variante de Véra.
Voir aussi Verna.
Werah, Wiera, Wiercia, Wierka

Wereburga (germanique) protectrice
de l'armée.

Weronika (polonais) variante de Véronica.
Weronica, Weronicah, Weronicka, Weronickah, Weronikah,
Weronike, Weronikra, Weroniqua, Weronique, Weronyca,
Weronycah, Weronycka, Weronyckah, Weronyka,
Weronykah, Weronyqua, Weronyque

Wesisa (soga) ridicule.
Wesisah, Wesysa, Wesysah

Weslee (anglais) variante de Wesley.

Wesley GF (anglais) prairie de l'ouest.
Wesla, Weslah, Weslea, Wesleah, Weslei, Wesleigh,
Weslene, Wesli, Weslia, Weslie, Wesly, Weslya, Weslyah,
Weslyn

Whaley (anglais) prairie de la baleine.
Whalea, Whaleah, Whalee, Whalei, Whaleigh, Whali,
Whalia, Whaliah, Whalie, Whaly, Whalya

Whisper (anglais, allemand) qui chuchote.

Whitley FG (anglais) champ blanc.
Whitely, Whitlea, Whitleah, Whitlee, Whitlei, Whitleigh,
Whitli, Whitlia, Whitlie, Whitly, Whitlya, Whittley, Whytlea,
Whytleah, Whytlee, Whytlei, Whytleigh, Whytley, Whytli,
Whytlia, Whytlie, Whytly, Whytlya

Whitnee, Whitni, Whitnie, Whittney (anglais)
variantes de Whitney.
Whittnee, Whittni, Whittnie

Whitney FG (anglais) île blanche.
Whitani, Whiteney, Whitne, Whitné, Whitnei, Whitneigh,
Whitny, Whitnye, Whittaney, Whittanie, Whittany,
Whitteny, Whittnay, Whytne, Whytnee, Whytney, Whytni,
Whytnie, Whytny, Witney

Whoopi (anglais) heureuse ; excitée.
Whoopee, Whoopey, Whoopie, Whoopy

Wicktoria (polonais) variante de Victoria.
Wicktoriah, Wicktorja, Wiktoria, Wiktoriah, Wiktorja,
Wycktoria, Wycktoriah, Wycktorja, Wyktoria, Wyktoriah,
Wyktorja

Wila (hawaïen) loyale, fidèle.
Wilah, Wyla, Wylah

Wilda (allemand) farouche ; (anglais) saule.
Wildah, Willda, Wylda, Wyldah, Wylder

Wileen (anglais) diminutif de Wilhelmina.
Wilean, Wileana, Wileane, Wileena, Wileenah, Wileene,
Wilene, Wilin, Wilina, Wilinah, Wiline, Willeen, Willene,
Wilyn, Wilyna, Wilynah, Wilyne, Wylean, Wyleana,
Wyleanah, Wyleane, Wyleen, Wyleena, Wyleenah, Wyleene,
Wylin, Wylina, Wylinah, Wyline, Wylyn, Wylyna, Wylynah,
Wylyne

Wilhelmina (allemand) variante de Wilhelm
(voir les prénoms de garçons). Voir aussi Billie,
Guillerma, Helma, Minka, Minna, Minnie.
Vilhelmina, Wilhelmine, Willamina, Willaminah, Willamine,
Willemina, Willeminah, Willemine, Williamina, Williamine,
Willmina, Willmine, Wimina, Wimine, Wylhelmin,
Wylhelmina, Wylhelminah, Wylhelmine, Wylhelmyn,
Wylhelmyna, Wylhelmynah, Wylhelmyne, Wyllhelmin,
Wyllhelmina, Wyllhelminah, Wyllhelmine, Wyllhelmyn,
Wyllhelmyna, Wyllhelmynah, Wyllhelmyne

Wilikinia (hawaïen) variante de Virginia.
Wilikiniah

Willa (allemand) diminutif de Wilhelmina,
de William (voir les prénoms de garçons).
Wylla, Wyllah

Willabelle (américain) combinaison de Willa
et de Belle.
Wilabel, Wilabela, Wilabele, Willabel, Willabela,
Willabele, Willabell, Willabella, Williabelle, Wylabel,
Wylabela, Wylabele, Wylabell, Wylabella, Wylabelle,
Wyllabel, Wyllabela, Wyllabele, Wyllabell, Wyllabella,
Wyllabelle

Willette (anglais) variante populaire
de Wilhelmina, de Willa.
Wiletta, Wilette, Willetta, Williette

Willie GF (anglais) variante populaire
de Wilhelmina de William (voir les prénoms
de garçons).
Wilea, Wileah, Wilee, Wilei, Wileigh, Wiley, Wili, Wilie,
Willea, Willeah, Willee, Willei, Willeigh, Willi, Willina,
Willisha, Willishia, Willy

Willow (anglais) saule.
Willo, Willough, Wyllo, Wyllow, Wylo, Wylow

Wilma (allemand) diminutif de Wilhelmina.
Williemae, Wilmah, Wilmanie, Wilmayra, Wilmetta,
Wilmette, Wilmina, Wilmyne, Wylma, Wylmah

Wilona (anglais) désirée.
Willona, Willone, Wilonah, Wilone, Wylona, Wylonah,
Wylone

Win GF (allemand) diminutif de Winifred.
Voir aussi Edwina, Wynne.
Winn, Winne

Winda (swahili) chasseuse.

Windy (anglais) venteux.
Windea, Windee, Windey, Windi, Windie, Wyndea, Wyndee, Wyndey, Wyndi, Wyndie, Wyndy

Winefrida, Winifreda (germanique) variantes de Winifred.

Winema (miwok) femme chef.
Winemah, Wynema, Wynemah

Wing F C (chinois) gloire.
Wing-Chiu, Wing-Kit

Winifred (allemand) amie paisible ; (gallois) variante de Guenièvre. Voir aussi Freddi, Una, Winnie.
Winafred, Winefred, Winefrid, Winefride, Winfreda, Winfrieda, Winiefrida, Winifrid, Winifryd, Winifryda, Winnafred, Winnafreda, Winnefred, Winniefred, Winnifred, Winnifreda, Winnifrid, Winnifrida, Wynafred, Wynafreda, Wynafrid, Wynafrida, Wynefred, Wynefreda, Wynefryd, Wynifred, Wynnifred

Winna (africain) amie.
Wina, Winnah, Wyna, Wynah, Wynna, Wynnah

Winnie (anglais) variante populaire d'Edwina, de Gwyneth, de Winifred, de Winona, de Wynne. Histoire : Winnie Mandela maintint le mouvement anti-Apartheid actif en Afrique du Sud lorsque son mari, Nelson Mandela, était en prison. Littérature : Winnie l'Ourson, héros des histoires pour enfants de A. A. Milne.
Winee, Winey, Wini, Winie, Winnee, Winney, Winni, Winny, Winy, Wynee, Wyney, Wyni, Wynie, Wynnee, Wynney, Wynni, Wynnie, Wynny, Wyny

Winola (allemand) charmante amie.
Winolah, Wynola, Wynolah

Winona (lakota) fille aînée.
Wanona, Wanonah, Wenona, Wenonah, Winonah

Winter F C (anglais) hiver.
Wintr

Wira (polonais) variante d'Elvira.
Wirah, Wiria, Wirke, Wyra, Wyrah

Wisia (polonais) variante de Victoria.
Wicia, Wiciah, Wikta, Wisiah, Wysia, Wysiah, Wysya, Wysyah

Wren U (anglais) roitelet, oiseau chanteur.
Wrena, Wrenah, Wrene, Wrenee, Wrenie, Wrenn, Wrenna, Wrennah, Wrenny

Wulfilde (germanique) qui se bat avec les loups.

Wyanet (amérindien) beauté légendaire.
Wianet, Wianeta, Wianete, Wianett, Wianetta, Wianette, Wianita, Wyaneta, Wyanete, Wyanett, Wyanetta, Wyanette, Wyanita, Wynette

Wynne (gallois) blanche, à la peau blanche. Diminutif de Blodwyn, de Guenièvre, de Gwyneth. Voir aussi Win.
Wyn, Wyne, Wynn

Wynonna (lakota) variante de Winona.
Wynnona, Wynona, Wynonah

Wynter (anglais) variante de Winter.
Wynteria

Wyoming (amérindien) Géographie : un des États de l'ouest des États-Unis.
Wy, Wye, Wyoh, Wyomia, Wyomya

Xabrina (latin) variante de Sabrina.
Xabrinah, Xabrine, Xabryna, Xabrynah, Xabryne

Xalbadora, Xalvadora (espagnol) variantes de Salvadora.

Xalina (français) variante de Salina.
Xalean, Xaleana, Xaleanah, Xaleane, Xaleen, Xaleena, Xaleenah, Xaleene, Xalena, Xalenah, Xalinah, Xaline, Xalyna, Xalynah, Xalyne

Xamantha (hébreu) variante de Samantha.
Xamanfa, Xamanfah, Xamanffa, Xamanffah, Xamanthah, Xamanthia, Xamanthiah, Xammantha, Xammanthia, Xammanthya

Xami (hébreu) variante de Sami.
Xama, Xamah, Xamee, Xamey, Xamia, Xamiah, Xamie, Xamm, Xamma, Xammah, Xammi, Xammia, Xammiah, Xammie, Xammy, Xammya, Xammyah, Xamy, Xamya, Xamyah

Xamuela (hébreu) variante de Samuela.
Xamuelah, Xamuele, Xamuell, Xamuella, Xamuellah, Xamuelle

Xana (grec) variante de Xanthe.
Xanna, Xanne

Xandi (grec) variante de Sandi.
Xandea, Xandee, Xandey, Xandia, Xandiah, Xandie, Xandy

Xandra (grec) variante de Sandra ; (espagnol) diminutif d'Alexandra.
Xander, Xandrah

Xandria (grec, espagnol) variante de Xandra.
Xandrea, Xandreah, Xandreia, Xandreiah, Xandriah,
Xandrya, Xandryah

Xàndria (catalan) variante d'Alexandria.

Xandrine (grec) variante de Sandrine.
Xandrean, Xandreana, Xandreanah, Xandreane, Xandreen,
Xandreena, Xandreenah, Xandreene, Xandrina, Xandrinah,
Xandryna, Xandrynah

Xanthe (grec) jaune, blonde. Voir aussi Zanthe.
Xantha, Xanthia, Xanthiah

Xanthippe (grec) variante de Xanthe.
Histoire : femme de Socrate.
Xantippie, Zanthippe, Zantippie

Xantina (espagnol) variante de Santina.
Xantinah, Xantine, Xantyna, Xantynah, Xantyne

Xara (hébreu) variante de Sarah.
Xarah, Xari, Xaria, Xariah, Xarie, Xarra, Xarrah, Xarri,
Xarria, Xarriah, Xarrie, Xarry, Xary, Xarya, Xaryah

Xarika (hébreu) variante de Sarika.
Xareaka, Xareakah, Xareeka, Xareekah, Xareka, Xarekah,
Xarikah, Xarka, Xarkah

Xarina (hébreu) variante de Sarina.
Xareana, Xareanah, Xareane, Xareena, Xareenah, Xareene,
Xarena, Xarenah, Xarene, Xarinah, Xarine, Xarinna,
Xarinnah, Xarinne, Xaryna, Xarynah, Xaryne, Xarynna,
Xarynnah

Xavière (arabe) éclatante ; (basque) propriétaire
de la nouvelle maison. Variante de Xavier
(voir les prénoms de garçons).

Xaviera (basque, arabe) variante de Xavière.
Voir aussi Javiera, Zaviera.
Xavia, Xavierah, Xaviére, Xavyera, Xavyerah, Xavyere,
Xiveria

Xela (quiché) ma maison de montagne.
Xelah, Xella, Xellah, Zela, Zelah, Zella, Zellah

Xema (latin) précieuse.

Xena (grec) variante de Xenia.
Xeena, Xenah, Xene, Xina, Xinah, Xyna, Xynah

Xenia (grec) accueillante. Voir aussi Senia,
Zena, Zina.
Xeenia, Xeeniah, Xenea, Xeniah, Xenya, Xenyah, Xinia

Xenobie (grec) variante de Cenobie.

Xenosa (grec) inconnue, étrangère.
Xenosah, Zenosa, Zenosah

Xerena (latin) variante de Séréna.
Xeren, Xerenah, Xerene

Xesca (catalan) variante de Francesca.

Xevera, Xeveria (espagnol) variantes
de Xavière.

Xiang (chinois) parfumée. Voir aussi Ziang.
Xeang, Xeeang, Xyang

Xihuitl (nahuatl) année ; comète.

Xilda (celte) tribut.

Xiloxoch (nahuatl) fleur de calliandra.

Xima (catalan) variante de Joaquina.

Ximena (espagnol) variante de Simone.
Ximenah, Ximona, Ximonah, Ximone, Xymena, Xymenah,
Xymona, Xymonah

Xiomara (teuton) forêt glorieuse.
Xiomaris, Xiomayra

Xipil (nahuatl) noble du feu.

Xirena (grec) variante de Sirena.
Xireena, Xireenah, Xirenah, Xirene, Xirina, Xirinah,
Xyren, Xyrena, Xyrenah, Xyrene, Xyrina, Xyrinah, Xyrine,
Xyryna, Xyrynah

Xita (catalan) variante de Conchita.

Xitlali (nahuatl) variante de Citlali.

Xiu Mei (chinois) belle prune.

Xiuhcoatl (nahuatl) serpent de feu.

Xiuhtonal (nahuatl) précieuse lumière.

Xoana (hébreu) Dieu est plein de compassion
et de miséricorde.

Xochicotzin (nahuatl) petit collier de fleurs.

Xochilt (aztèque) variante de Xochitl.

Xochiquetzal (nahuatl) la plus belle fleur.

Xochitl (aztèque) lieu où se trouvent
de nombreuses fleurs.
Xochil, Xochilth, Xochiti

Xochiyotl (nahuatl) cœur de fleur douce.

Xoco (nahuatl) sœur la plus jeune.

Xocotzin (nahuatl) fille la plus jeune.

Xocoyotl (nahuatl) enfant le plus jeune.

Xosefa (hébreu) placée par Dieu.

Xuan (vietnamien) source.
Xuana, Zuan

Xuxa (portugais) variante populaire de Susanna.
Xuxah

Xyleena (grec) habitante de la forêt.
Voir aussi Zylina.
Xilean, Xileana, Xileanah, Xileane, Xileen, Xileena,
Xileenah, Xileene, Xilin, Xilina, Xilinah, Xiline, Xilyn, Xilyna,
Xilynah, Xilyne, Xylean, Xyleana, Xyleanah, Xyleane,
Xyleen, Xyleenah, Xyleene, Xylin, Xylina, Xylinah, Xyline,
Xylona, Xylyn, Xylyna, Xylynah, Xylyne

Xylia (grec) variante de Sylvia.
Xilia, Xiliah, Xylya, Xylyah

Xylona (grec) variante de Xyleena.
Xilon, Xilona, Xilonah, Xilone, Xilonia, Xiloniah, Xylon, Xylonah, Xylone, Xylonia, Xyloniah, Xylonya, Xylonyah

Xylophia (grec) amoureuse de la forêt.
Xilophia, Xilophiah, Xylophiah, Xylophila, Xylophilah, Zilophia, Zylophia

Yachne (hébreu) accueillante.
Yachnee

Yadira (hébreu) amie.
Yadirah, Yadirha, Yadyra

Yadra (espagnol) mère.

Yaël **FC** (hébreu) force de Dieu. Voir aussi Jaël.
Yaela, Yaele, Yaeli, Yaell, Yaella, Yaelle, Yeala

Yaffa (hébreu) belle. Voir aussi Jaffa.
Yafeal, Yaffah, Yaffit, Yafit

Yahaira (hébreu) variante de Yakira.
Yahara, Yahayra, Yahira

Yaíza (guancho) arc-en-ciel.

Yajaira (hébreu) variante de Yakira.
Yajara, Yajayra, Yajhaira

Yakira (hébreu) précieuse ; chère.
Yakirah, Yakyra, Yakyrah

Yalanda (grec) variante de Yolanda.
Yalandah, Yalando, Yalonda, Ylana, Ylanda

Yalena (grec, russe) variante de Hélène. Voir aussi Léna, Yelena.
Yalana, Yalanah, Yalane, Yaleana, Yaleanah, Yaleane, Yaleena, Yaleenah, Yaleene, Yalina, Yalinah, Yaline, Yalyna, Yalynah, Yalyne

Yaletha (américain) variante d'Oletha.
Yelitsa

Yamary (américain) combinaison du préfixe Ya et de Mary.
Yamairee, Yamairey, Yamairi, Yamairie, Yamairy, Yamaree, Yamarey, Yamari, Yamaria, Yamarie, Yamaris, Yamarya, Yamaryah, Yamayra

Yamelia (américain) variante d'Amélia.
Yameily, Yameliah, Yamelya, Yamelyah, Yamelys, Yamilya, Yamilyah

Yamila (arabe) variante de Jamila.
Yamela, Yamely, Yamil, Yamile, Yamiley, Yamill, Yamilla, Yamille, Yamyl, Yamyla, Yamyle, Yamyll, Yamylla, Yamylle

Yamilet (arabe) variante de Jamila.

Yamileta (germanique) variante de Yamilet.

Yaminah (arabe) exacte, appropriée.
Yamina, Yamini, Yamyna, Yamynah, Yemina, Yeminah, Yemini

Yaminta (amérindien) menthe, à la menthe.
Yamintah, Yamynta, Yamyntah, Yiminta

Yamka (hopi) fleur.

Yamuna (hindi) rivière sacrée.
Yamunah

Yana **U** (slave) variante de Jana.
Yanae, Yanah, Yanay, Yanaye, Yanesi, Yaney, Yania, Yaniah, Yanina, Yanis, Yanisha, Yanitza, Yanna, Yannah, Yannia, Yanniah, Yannica, Yannina, Yannya, Yannyah, Yannyna

Yanaba (navajo) courageuse.
Yanabah

Yanamaría (slave) grâce amère.

Yaneli, Yanely (américain) combinaisons du préfixe Ya et de Nellie.
Yanela, Yanelis, Yaneliz, Yanelle, Yanelli, Yanelys

Yanet (américain) variante de Janet.
Yanete, Yanette, Yannet, Yannette

Yaneta (russe) variante de Jeannette.

Yaneth (américain) variante de Janet.
Yanethe, Yanneth

Yáng (chinois) soleil.

Yani (australien) paisible ; (hébreu) diminutif de Yannis.
Yanee, Yaney, Yanie, Yannee, Yanney, Yanni, Yannie, Yanny, Yany

Yannis (hébreu) cadeau de Dieu.
Yanis, Yannys, Yanys

Yaotl (nahuatl) guerre ; guerrière.

Yara (iranien) courage.

Yareli, Yarely (américain) variantes d'Oralee.
Yaresly

Yarina (slave) variante d'Irene.
Yarinah, Yarine, Yaryna, Yarynah, Yaryne

Yaritza (américain) combinaison de Yana et de Ritsa.
Yaritsa, Yaritsah

Yarkona (hébreu) vert.
Yarkonah

Yarmilla (slave) commerçante.
Voir aussi Jarmilla.
Yarmila, Yarmilah, Yarmillah, Yarmille, Yarmyla, Yarmylah, Yarmylla, Yarmyllah, Yarmylle

Yasemin (persan) variante de Yasmin.
Yasemeen

Yashira (afghan) humble ; qui a la vie facile ; (arabe) riche.

Yasmeen, Yasmen (persan) variantes de Yasmin.
Yasmeene, Yasmene, Yasmenne, Yassmeen, Yassmen

Yasmín, Yazmín (persan) variantes de Yasmine.

Yasmina (persan) variante de Yasmine.
Yasmeena, Yasmeenah, Yasminah, Yasminda, Yasmyna, Yasmynah, Yesmina

Yasmine ^{TOP} (persan) fleur de jasmin.
Yashmine, Yasiman, Yasimine, Yasma, Yasmain, Yasmaine, Yasmeni, Yasmin, Yasmon, Yasmyn, Yasmyne, Yesmean, Yesmeen, Yesmin, Yesmine, Yesmyn

Yasu (japonais) reposante, calme.
Yasuko, Yasuyo, Yazoo

Yasú (japonais) calme.

Yayauhqui (nahuatl) miroir noir fumant.

Yayoi (japonais) source.

Yazmin, Yazmine (persan) variantes de Yasmine.
Yazmeen, Yazmen, Yazmene, Yazmina, Yazminah, Yazmyn, Yazmyna, Yazmynah, Yazmyne, Yazzmien, Yazzmine, Yazzmyn, Yazzmyne

Yecenia (arabe) variante de Yesenia.

Yedida (hébreu) chère amie.
Yedidah, Yedyda, Yedydah

Yegane (persan) beauté incomparable.

Yehudit (hébreu) variante de Judith.
Yuta

Yei (japonais) florissante.

Yeira (hébreu) lumière.
Yeirah, Yeyra, Yeyrah

Yekaterina (russe) variante de Katherine.

Yelena (russe) variante de Hélène, de Jelena.
Voir ausi Léna, Yalena.
Yelain, Yelaina, Yelainah, Yelaine, Yelana, Yelanah, Yelane, Yeleana, Yeleanah, Yeleane, Yeleena, Yeleenah, Yeleene, Yelen, Yelenah, Yelenna, Yelenne, Yelina, Yelinah, Yeline, Yellaina, Yellaine, Yellayna, Yellaynah, Yellena, Yellenah, Yellene, Yelyna, Yelynah, Yelyne, Yileana, Yileanah, Yileane, Yileena, Yileenah, Yileene, Yilina, Yilinah, Yiline, Yilyna, Yilynah, Yilyne, Ylena, Ylenia, Ylenna

Yelisabeta (russe) variante d'Elizabeth.
Yelizaveta

Yéména (arabe) du Yémen.
Yemina, Yeminah, Yemyna, Yemynah

Yen (chinois) languissante ; désireuse.
Yeni, Yenih, Yenny

Yenay (chinois) celle qui aime.

Yenene (amérindien) shaman.
Yenena, Yenenah, Yenina, Yeninah, Yenyna, Yenynah, Yenyne

Yenifer (gallois) variante de Jennifer.
Yenefer, Yennifer

Yeo (coréen) légère, douce.
Yee

Yepa (amérindien) fille de la neige.
Yepah, Yeppa, Yeppah

Yeruti (guarani) tourterelle.

Yesenia (arabe) fleur.
Yasenya, Yeseniah, Yesenya, Yesenyah, Yesinia, Yesnia

Yesica, Yessica (hébreu) variantes de Jessica.
Yesicah, Yesicka, Yesickah, Yesika, Yesikah, Yesiko, Yessicah, Yessicka, Yessickah, Yessika, Yessikah, Yesyka

Yésica (hébreu) variante de Jessica.

Yesim (turc) jade.

Yessenia (arabe) variante de Yesenia.
Yessena, Yessenah, Yesseniah, Yessenya, Yessenyah, Yissenia

Yetta (anglais) diminutif de Henrietta.
Yeta, Yette, Yitta, Yitty

Yeva (ukrainien) variante d'Ève.
Yevah

Yevgenia (russe) variante d'Eugenia.
Yevgena, Yevgeniah, Yevgenya, Yevgenyah, Yevgina, Yevginah, Yevgyna

Yexalén (indigène) étoile.

Yiesha (arabe, swahili) variante d'Aisha.
Yiasha, Yieshah

Yildiz (turc) étoile.

Yín (chinois) argent.

Ynés, Ynéz (espagnol) variantes d'Inès, d'Inez.

Ynez (espagnol) variante d'Agnes.
Voir aussi Inès.
Ynes, Ynesita

Yoana, Yoanna (hébreu) variantes de Joana.

Yocasta (grec) variante de Yolanda.

Yocceline (latin) variante de Jocelyn.

Yocelin, Yocelyn (latin) variantes de Jocelyn.
Yoceline, Yocelyne, Yuceli

Yoconda (italien) heureuse et joviale.

Yohana (hébreu) variante de Joana.
Yohanka, Yohanna, Yohannah

Yoi (japonais) née le soir.

Yoki (hopi) oiseau bleu.
Yokee, Yokie, Yoky

Yoko (japonais) jeune fille sage.
Yo

Yolanda (grec) violette. Voir aussi Iolanthe,
Jolanda, Olinda.
*Yolaine, Yolana, Yoland, Yolande, Yolane, Yolanna,
Yolantha, Yolanthe, Yolette, Yorlanda, Youlanda, Yulanda,
Yulonda*

Yole (grec) variante de Yolanda.

Yolencia (grec) variante de Yolie.

Yolie (grec) variante populaire de Yolanda.
Yola, Yolah, Yolee, Yoley, Yoli, Yoly

Yolihuani (nahuatl) source de vie.

Yolonda (grec) variante de Yolanda.

Yolotli (nahuatl) cœur.

Yoloxochitl, Yoloxóhitl (nahuatl) fleur du cœur.

Yoltzin (nahuatl) petit cœur.

Yoluta (amérindien) fleur estivale.
Yolutah

Yolyamanitzin (nahuatl) juste ; personne tendre
et attentionnée.

Yomara (américain) combinaison de Yolanda
et de Tamara.
Yomaira, Yomarie, Yomira

Yomaris (espagnol) je suis le soleil.

Yon (birman) lapin ; (coréen) fleur de lotus.
Yona, Yonna

Yone (grec) variante de Yolanda.

Yoné (japonais) riche ; riz.

Yonie (hébreu) variante populaire de Yonina.
Yonee, Yoney, Yoni, Yony

Yonina (hébreu) variante de Jonina.
*Yona, Yonah, Yoneena, Yoneene, Yoninah, Yonine, Yonyna,
Yonynah*

Yonita (hébreu) variante de Jonita.
Yonat, Yonati, Yonit, Yonitah, Yonyta, Yonytah

Yoomee (coos) étoile.
Yoome

Yordana (basque) descendante. Voir aussi
Jordana.
Yordanah, Yordanna, Yordannah

Yori (japonais) digne de confiance.
Yoriko, Yoriyo

Yoselin, Yoseline, Yoselyn (latin) variantes
de Jocelyn.
Yosselin, Yosseline, Yosselyn

Yosepha (hébreu) variante de Joséphine.
Yosefa, Yosifa, Yosyfa, Yuseffa

Yoshi (japonais) sage ; respectueuse.
Yoshee, Yoshey, Yoshie, Yoshiko, Yoshiyo, Yoshy

Yovela (hébreu) cœur plein de joie ;
qui se réjouit.
Yovelah, Yovella, Yovelle

Yoyotli (nahuatl) cloche de l'arbre.

Yris (grec) variante d'Iris.

Ysabel (espagnol) variante d'Isabel.
*Ysabela, Ysabelah, Ysabele, Ysabell, Ysabella, Ysabellah,
Ysabelle, Ysbel, Ysbella, Ysibel, Ysibela, Ysibelah, Ysibele,
Ysibell, Ysibella, Ysibellah, Ysibelle, Ysobel, Ysobela,
Ysobele, Ysobell, Ysobella, Ysobelle, Ysybel, Ysybela,
Ysybelah, Ysybele, Ysybell, Ysybella, Ysybellah, Ysybelle*

Ysann, Ysanne (américain) combinaisons
de Ysabel et d'Ann.
Ysande, Ysanna, Ysannah

Ysbail (gallois) trébucher.

Ysbaíl (gallois) gâtée.

Yseult (allemand) empire de glace ; (irlandais)
blonde ; à la peau claire ; (gallois) variante
d'Iseult.
Yseulte, Ysolde, Ysolt

Yu Ⓤ (chinois) univers.
Yue

Yuana (espagnol) variante de Juana.
Yuan, Yuanah, Yuanna, Yuannah

Yudelle (anglais) variante d'Udèle.
*Yudela, Yudelah, Yudele, Yudelia, Yudeliah, Yudell, Yudella,
Yudellah, Yudelya, Yudelyah*

Yudita (russe) variante de Judith.
*Yudit, Yuditah, Yudith, Yuditt, Yuditta, Yudyta, Yudytah,
Yudytta, Yudyttah*

Yuki Ⓤ (japonais) neige.
Yukee, Yukey, Yukie, Yukiko, Yukiyo, Yuky

Yulene (basque) variante de Julia.
*Yulean, Yuleana, Yuleanah, Yuleane, Yuleen, Yuleena,
Yuleenah, Yuleene, Yulena, Yulenah*

Yulia (russe) variante de Julia.
Yula, Yulah, Yulenka, Yulinka, Yulka, Yulya, Yulyah

Yuliana (espagnol) variante de Juliana.
Yulenia, Yuliani

Yuliya (russe) variante de Julia.

Yuri FG (japonais) lys.
Yuree, Yuriko, Yuriyo, Yury

Yvanna (slave) variante d'Ivana.
Yvan, Yvana, Yvanah, Yvania, Yvaniah, Yvannah, Yvannia, Yvannya, Yvannyah

Yvette (français) variante populaire d'Yvonne. Voir aussi Évette, Ivette.
Yavette, Yevett, Yevetta, Yevette, Yvet, Yveta, Yvett, Yvetta

Yvonne (français) jeune archère; (scandinave) if; bois d'arc. Voir aussi Evonne, Ivonne, Vonna, Vonny, Yvette.
Yavanda, Yavanna, Yavanne, Yavonda, Yavonna, Yavonne, Yveline, Yvon, Yvone, Yvonna, Yvonnah, Yvonnia, Yvonnie, Yvonny

Z

Zaba (hébreu) celle qui offre un sacrifice à Dieu.

Zabrina (américain) variante de Sabrina.
Zabreana, Zabreanah, Zabreane, Zabreena, Zabreenah, Zabreenia, Zabreeniah, Zabrinah, Zabrine, Zabrinia, Zabriniah, Zabrinna, Zabrinnah, Zabrinnia, Zabrinniah, Zabryna, Zabrynah, Zabryne, Zabrynia, Zabryniah, Zabrynya, Zabrynyah

Zacharie GF (hébreu) Dieu s'est rappelé.
Zacara, Zacarah, Zacaree, Zacari, Zacaria, Zacariah, Zaccaree, Zaccari, Zacceaus, Zacchaea, Zachoia, Zackaria, Zackeisha, Zackeria, Zakaria, Zakariah, Zakelina, Zakeshia, Zakira, Zechari, Zecharie

Zachary GF (hébreu) variante de Zacharie.
Zacarey, Zaccarey, Zackery, Zakary, Zakarya, Zakaryah, Zechary

Zada (arabe) chanceuse, prospère.
Zayda, Zayeda

Zafina (arabe) victorieuse.
Zafinah, Zafyna, Zafynah

Zafirah (arabe) prospère; victorieuse.
Zafira, Zafire, Zafyra, Zafyrah, Zafyre

Zahar (hébreu) point du jour; aube.
Zaher, Zahir, Zahyr

Zahara (swahili) variante de Zahra.
Zaharra, Zahera, Zaherah, Zahira, Zahirah, Zahyra, Zahyrah, Zeeherah

Zahavah (hébreu) dorée.
Zachava, Zachavah, Zahavya, Zahavyah, Zechava, Zechavah, Zehava, Zehavah, Zehavi, Zehavia, Zehaviah, Zehavit, Zeheva, Zehuva

Zahra (swahili) fleur; (arabe) blanche.
Sahra, Zahraa, Zahrah, Zahreh, Zahria, Zahriah

Zaida (arabe) variante de Zada.

Zaída (arabe) variante de Zada.

Zaidee (arabe) riche.
Zaidea, Zaidey, Zaidi, Zaidie, Zaidy, Zaydea, Zaydee, Zaydi, Zaydie, Zaydy

Zaina (espagnol, anglais) variante de Zanna.
Zainah, Zainna

Zainab (iranien) enfant d'Ali.

Zainabu (swahili) belle.

Zaira (hébreu) variante de Zara.
Zairah, Zairea, Zirrea

Zaire U (hébreu) diminutif de Zara.
Zair

Zakelina (russe) variante de Zacharie.
Zacelina, Zacelinah, Zaceline, Zacelyn, Zacelyna, Zacelynah, Zacelyne, Zackelin, Zackelina, Zackelinah, Zackeline, Zackelyn, Zackelyna, Zackelynah, Zackelyne, Zakeleana, Zakeleanah, Zakeleane, Zakeleen, Zakeleena, Zakeleene, Zakelin, Zakelinah, Zakeline, Zakelyn, Zakelyna, Zakelynah, Zakelyne

Zakia FG (swahili) intelligent; (arabe) chaste.
Zakea, Zakeia, Zakiah

Zakira (hébreu) variante de Zacharie.
Zaakira, Zakiera, Zakierra, Zakir, Zakirah, Zakiria, Zakiriya, Zykarah, Zykera, Zykeria, Zykerria, Zykira, Zykuria

Zakiya (arabe) variante de Zakia.
Zakaya, Zakeya, Zakeyia, Zakiyaa, Zakiyah, Zakiyya, Zakiyyah, Zakkiyya, Zakkiyyah, Zakkyyah, Zakya, Zakyah, Zakyya, Zakyyah

Zali (polonais) variante de Sara.
Zalea, Zaleah, Zalee, Zalei, Zaleigh, Zaley, Zalia, Zaliah, Zalie, Zaly, Zalya, Zalyah

Zalika (swahili) née dans la royauté.
Salika, Zalik, Zalikah, Zalyka, Zalykah, Zuleika

Zalina (français) variante de Salina.
Zalean, Zaleana, Zaleanah, Zaleane, Zaleen, Zaleena, Zaleenah, Zaleene, Zalena, Zalenah, Zalene, Zalinah, Zaline, Zalyna, Zalynah, Zalyne

Zaltana (amérindien) haute montagne.
Zaltanah

Zamantha (hébreu) variante de Samantha.
Zamanthia, Zamanthiah, Zammantha, Zammanthah,
Zammanthia, Zammanthiah, Zammanthya, Zammanthyah

Zami (hébreu) variante de Sami.
Zama, Zamah, Zamee, Zamey, Zamia, Zamiah, Zamie,
Zamm, Zamma, Zammah, Zammi, Zammia, Zammiah,
Zammie, Zammy, Zammya, Zammyah, Zamy, Zamya,
Zamyah

Zamuela (hébreu) variante de Samuela.
Zamuelah, Zamuele, Zamuell, Zamuella, Zamuellah,
Zamuelle

Zana (espagnol, anglais) variante de Zanna.

Zandi (grec) variante de Sandi.
Zandea, Zandee, Zandey, Zandia, Zandiah, Zandie, Zandy

Zandra (grec) variante de Sandra.
Zahndra, Zandrah, Zandrie, Zandry, Zanndra, Zondra

Zandria (grec) variante de Zandra.
Zandrea, Zandreah, Zandriah, Zandrya, Zandryah

Zandrine (grec) variante de Sandrine.
Zandreen, Zandreena, Zandreenah, Zandreene, Zandreina,
Zandreinah, Zandreine, Zandrina, Zandrinah, Zandryn,
Zandryna, Zandrynah, Zandryne

Zaneta (espagnol) variante de Jane.
Saneta, Sanete, Sanetta, Zaneata, Zaneatah, Zaneeta,
Zaneetah, Zanetah, Zanete, Zanett, Zanetta, Zanettah,
Zanette, Zanita, Zanitah, Zanitra, Zanyta, Zanytah

Zanna (espagnol) variante de Jane ; (anglais)
diminutif de Susanna.
Zanae, Zanah, Zanella, Zanette, Zannah, Zannette,
Zannia, Zannie, Zannya, Zannyah

Zanthe (grec) variante de Xanthe.
Zanth, Zantha, Zanthia, Zanthiah

Zantina (espagnol) variante de Santina.
Zantinah, Zantine, Zantyna, Zantynah, Zantyne

Zara, Zarah (hébreu) variantes de Sarah,
de Zora.
Zareh, Zarra, Zarrah

Zari (hébreu) variante de Zara.
Zaree, Zareen, Zarie, Zarri, Zarrie, Zarry, Zary

Zaria (hébreu) variante de Zara.
Zarea, Zareea, Zareena, Zareya, Zariah, Zariya, Zarria,
Zarriah, Zarya, Zaryah

Zarifa (arabe) prospère.
Zarifah, Zaryfa, Zaryfah

Zarika (hébreu) variante de Sarika.
Zareaka, Zareakah, Zareeka, Zareekah, Zareka, Zarekah,
Zarikah, Zarka, Zarkah

Zarina (hébreu) variante de Sarina.
Zareana, Zareanah, Zareane, Zareena, Zareenah, Zareene,
Zarena, Zarenah, Zarene, Zarinah, Zarine, Zarinna,
Zarinnah, Zarinne, Zaryna, Zarynah, Zaryne, Zarynna,
Zarynnah

Zarita (espagnol) variante de Sarah.
Zareata, Zareatah, Zareate, Zareeta, Zareetah, Zareete,
Zaritah, Zarite, Zaritta, Zarittah, Zaritte, Zaryt, Zaryta,
Zarytah, Zaryte

Zasha (russe) variante de Sasha.
Zascha, Zashenka, Zashka, Zasho

Zavannah (espagnol) variante de Savannah.
Zavana, Zavanah, Zavanna, Zevana, Zevanah, Zevanna,
Zevannah

Zaviera (espagnol) variante de Xavière.
Zavera, Zaverah, Zavierah, Zaviere, Zavira, Zavirah,
Zavyera, Zavyerah

Zavrina (anglais) variante de Sabrina.

Zawati (swahili) cadeau.
Zawatia, Zawatiah, Zawaty, Zawatya, Zawatyah

Zayit Ⓤ (hébreu) olive.
Zayita

Zayna (arabe) variante de Zaynah.

Zaynab (iranien) variante de Zainab.

Zaynah (arabe) belle.
Zayn

Zayra (hébreu) variante de Zara.

Zaza (hébreu) dorée.
Zazah, Zazu

Zéa (latin) blé. Voir aussi Zia.
Sea, Zeah

Zebina (grec) flèche du chasseur.

Zecharia ⒼⒻ (anglais) variante de Zachariah
(voir les prénoms de garçons).

Zedislava (allemand) gloire, honneur.

Zefiryn (polonais) variante de Zéphyr.
Zafirin, Zafirina, Zafirinah, Zefiryna, Zefirynah, Zefyrin,
Zefyrina, Zefyrinah, Zefyryn, Zefyryna, Zefyrynah

Zeina (grec, éthiopien, persan) variante de Zéna.
Zein

Zeinab (somalien) sage.

Zelda (yiddish) aux cheveux gris ; (allemand)
diminutif de Griselda. Voir aussi Selda
Zeldah, Zelde, Zella, Zellda

Zéléna (grec) variante de Séléna.
Zeleana, Zeleanah, Zeleena, Zeleenah, Zelenah, Zelina,
Zelinah, Zelyna, Zelynah

Zélène (anglais) lumière du soleil.
Zelean, Zeleane, Zeleen, Zeleene, Zelen, Zeline, Zelyn,
Zelyne

Zélia (espagnol) lumière du soleil.
Zele, Zeliah, Zelie, Zélie, Zelya, Zelyah

Zelizi (basque) variante de Sheila.
Zelizia, Zeliziah, Zelzya, Zelzyah

Zelma (allemand) variante de Selma.
Zalmah

Zelmira (arabe) personne brillante.

Zeltzin (nahuatl) délicate.

Zemirah (hébreu) chant de joie.
*Senira, Senyra, Zemir, Zemira, Zemyr, Zemyra,
Zemyrah, Zimira, Zimirah, Zymira, Zymirah, Zymyra,
Zymyrah*

Zena (éthiopien) nouvelles ; (persan) femme ;
(grec) variante de Xenia. Voir aussi Zina.
*Zanae, Zanah, Zeena, Zeenat, Zeenet, Zenah, Zenana,
Zenna, Zennah*

Zenadia (grec) celle qui est dévouée à Dieu.

Zenaida (grec) colombe aux ailes blanches.
Zenaidah, Zenayda, Zenochka

Zenaide (grec) variante de Zenaida.
Zenaïde, Zenayde

Zenda FG (persan) sacrée ; féminine.
Senda, Zendah

Zénia (grec, éthiopien, persan) variante
de Zéna.
Zeenia, Zeenya, Zenea, Zeniah, Zennia, Zenya, Zenyah

Zénobie (grec) signe, symbole. Histoire :
Zénobie, reine qui dirigea la ville de Palmyre,
en Syrie, dans l'Antiquité.
*Senobe, Senobia, Senovia, Zeba, Zeeba, Zenobia,
Zenobiah, Zenobya, Zenobyah, Zenovia*

Zeonchka (russe) qui vient de Zeus.

Zéphania (grec) variante de Stéphanie.
Zepania, Zephanas, Zephaniah, Zephanya, Zephanyah

Zéphanie (grec) variante de Stéphanie.
Zephanee, Zephaney, Zephani, Zephany

Zephrine (anglais) brise.
*Sephrine, Zephrean, Zephreana, Zephreanah, Zephreane,
Zephreen, Zephreena, Zephreenah, Zephreene, Zephrin,
Zephrina, Zephrinah, Zephryn, Zephryna, Zephrynah,
Zephryne, Zephyrine*

Zéphyr U (grec) vent d'ouest.
Zephra, Zephria, Zephyer

Zéra (hébreu) graines.
Zerah, Zeriah

Zerdali (turc) abricot sauvage.
Zerdalia, Zerdaly, Zerdalya

Zéréna (latin) variante de Séréna.
Zerenah, Zirena, Zirenah, Zyrena, Zyrenah

Zerlina (latin, espagnol) aurore magnifique.
Musique : personnage de l'opéra *Don Giovanni*
de Mozart.
*Serlina, Serlyna, Serlyne, Zerla, Zerlean, Zerleana,
Zerleanah, Zerleane, Zerlee, Zerleen, Zerleena, Zerleenah,
Zerleene, Zerlinah, Zerlinda, Zerline, Zerlyn, Zerlyna,
Zerlynah, Zerlyne*

Zerrin (turc) dorée.
Zerran, Zerren, Zerron, Zerryn

Zeta (anglais) rose. Linguistique : lettre
de l'alphabet grec.
Zetana

Zetta (portugais) rose.

Zhana (slave) variante de Jane.
*Zhanae, Zhanay, Zhanaya, Zhanea, Zhanee, Zhaney,
Zhani, Zhaniah, Zhanna*

Zhane (slave) variante de Jane.

Zhané (slave) variante de Jane.

Zhen (chinois) chaste.
Zen, Zenn, Zhena

Zi (chinois) belle ; avec grâce.

Zia FG (latin) blé ; (arabe) lumière.
Voir aussi Zéa.
Sia, Ziah, Zya, Zyah

Ziang (chinois) variante de Xiang.
Zeang, Zeeang, Zyang

Zidanelia (grec) celle qui est le juge de Dieu.

Zigana (hongrois) tsigane. Voir aussi Tsigana.
Ziganah, Zigane, Zygana, Zyganah

Zihna (hopi) personne qui fait tourner
des toupies
Zihnah, Zyhna, Zyhnah

Zilia (grec) variante de Sylvia.
Ziliah, Zylia, Zyliah, Zylina, Zylyna

Zilla (hébreu) ombre.
Sila, Zila, Zilah, Zillah, Zyla, Zylah, Zylla, Zyllah

Zilpah (hébreu) digne. Bible : Zilpa, femme
de Jacob.
Silpah, Zilpha, Zylpa, Zylpah, Zylpha

Zilya (russe) variante de Theresa.
Zilyah, Zylya, Zylyah

Zimena (espagnol) variante de Simone.
*Zimenah, Zimene, Zimona, Zimonah, Zimone, Zymena,
Zymenah, Zymona, Zymonah*

Zimra GF (hébreu) chant de louanges.
*Zamira, Zamora, Zamyra, Zemira, Zemora, Zemyra,
Zimria, Zimrria, Zymria, Zymriah, Zymrya, Zymryah*

Zina (africain) esprit secret; (anglais) accueillante; (grec) variante de Zéna.
Zeena, Zinah, Zine, Zyhna, Zyna, Zynah

Zinerva (italien) blonde, aux cheveux clairs.
Zinervah, Zynerva, Zynervah

Zinnia (latin) Botanique: plante aux belles fleurs colorées.
Zeenia, Zinia, Ziniah, Zinniah, Zinny, Zinnya, Zinya, Zynia, Zyniah, Zynyah

Zipporah (hébreu) oiseau. Bible: Séphora, femme de Moïse.
Cipora, Sipora, Sippora, Zipora, Ziporah, Zipporia, Ziproh, Zypora, Zyporah, Zyppora, Zypporah

Zirina (grec) variante de Sirena.
Zireena, Zireenah, Zirinah, Ziryna, Zirynah, Zyreena, Zyreenah, Zyrina, Zyrinah, Zyryna, Zyrynah

Zita (espagnol) rose; (arabe) maîtresse. Diminutif des prénoms se terminant par «sita» ou «zita».
Zeeta, Zitah, Zyta, Zytah, Zytka

Ziva (hébreu) brillante; rayonnante.
Zeeva, Ziv, Zivanka, Zivi, Zivit, Zyva, Zyvah

Zizi (hongrois) variante populaire d'Elizabeth.
Zsi Zsi, ZyZy

Zoa (grec) variante de Zoé.

Zobeida (arabe) bonne comme la crème.

Zocha (polonais) variante de Sophie.
Zochah

Zoé **TOP** **.100.** (grec) vie.
Zoe, Zoë, Zoee, Zoelie, Zoeline, Zoelle, Zowe, Zowey, Zowie

Zoey (grec) variante de Zoé.
Zooey

Zofia (slave) variante de Sophia. Voir aussi Sofia.
Zofee, Zofey, Zofi, Zofiah, Zofie, Zofka, Zofy, Zophee, Zophey, Zophi, Zophia, Zophiah, Zophie, Zophya, Zophyah

Zohar **GF** (hébreu) rayonnant, brillant.
Zohara, Zoharah, Zohera, Zoheret

Zohra (hébreu) fleur.
Zohrah

Zohreh (persan) heureuse.
Zahreh, Zohrah

Zoie (grec) variante de Zoé.
Zoi, Zoye

Zoila (italien) variante de Zola.

Zola **FG** (italien) bout de terre.
Zoela, Zolah

Zona (latin) ceinture, large ceinture à porter sur une robe.
Zonah, Zonia

Zondra (grec) variante de Zandra.
Zohndra, Zohndria, Zohndriah, Zohndrya, Zohndryah, Zondrah, Zondria, Zondriah, Zondrya, Zondryah

Zora (slave) aurore; aube. Voir aussi Zara.
Sora, Zorah, Zorane, Zorna, Zorra, Zorrah, Zory, Zorya

Zoraida (arabe) celle qui est éloquente.

Zorina (slave) dorée.
Sorina, Zorana, Zoranah, Zorean, Zoreana, Zoreanah, Zoreane, Zoreen, Zoreena, Zoreenah, Zoreene, Zori, Zorie, Zorin, Zorinah, Zorine, Zoryna, Zorynah, Zoryne

Zósima (grec) vitale, vigoureuse.

Zoya (slave) variante de Zoé.
Zoia, Zoiah, Zoy, Zoyah, Zoyara, Zoyechka, Zoyenka, Zoyya, Zoyyah

Zsa Zsa (hongrois) variante populaire de Susan.
Zhazha

Zsofia (hongrois) variante de Sofia.
Zsofi, Zsofiah, Zsofie, Zsofika, Zsofy, Zsophee, Zsophey, Zsophi, Zsophia, Zsophiah, Zsophie, Zsophy

Zsuzsanna (hongrois) variante de Susanna.
Zsuska, Zsuzsa, Zsuzsi, Zsuzsika, Zsuzska

Zubaida (arabe) excellente.

Zubaidah (arabe) excellente.

Zudora (sanscrit) ouvrière, travailleuse.
Zudorah

Zulecia, Zuleica, Zuleyca (arabe) grassouillette, potelée.

Zuleika (arabe) brillante.
Zeleeka, Zul, Zulay, Zulekha, Zuleyka

Zuleima (arabe) variante de Zulima.

Zulema (arabe) variante de Zulima.
Zulemah

Zuleyma (arabe) variante de Zulima.
Zuleymah

Zulima (arabe) variante de Salama.
Zalama, Zalamah, Zulimah, Zulyma, Zulymah

Zulma (arabe) femme vigoureuse et en bonne santé.

Zulmara (espagnol) variante de Zulma.

Zuly (arabe) diminutif de Zulma.

Zurafa (arabe) ravissante.
Ziraf, Zirafa, Zuruf, Zurufa

Zuri (basque) blanche ; à la peau claire ;
(swahili) belle.
Zuree, Zurey, Zuria, Zuriah, Zurie, Zurisha, Zury,
Zurya, Zuryah

Zurina, Zurine (basque) blanche.

Zurisaday (arabe) sur la terre.

Zusa (tchèque, polonais) variante de Susan.
Zusah, Zuza, Zuzah, Zuzana, Zuzanka, Zuzia, Zuzka, Zuzu

Zuwena (swahili) sage.
Zwena

Zyanya (zapotèque) toujours.

Zylina (grec) variante de Xyleena.
Zilin, Zilina, Zilinah, Ziline, Zilyna, Zilynah, Zylin, Zylinah,
Zyline, Zylyn, Zylyna, Zylynah

Zytka (polonais) rose.

Garçons

'**Aziz** (arabe) fort.
Azizz

Aabha (indien) lumière.

Aabharan (indien) bijou.

Aabheer, Aabher, Abheer (indien) vacher.

Aacharya, Acharya (indien) professeur.

Aadarsh (indien) qui a des principes.

Aadesh (indien) ordre; message.

Aadhishankar (indien) autre nom de Sri Aadhi Shankaracharya, fondateur de la philosophie Advaita.

Aadhunik (indien) moderne; nouveau.

Aadi (indien) premier; le plus important.

Aadinath (indien) Dieu, souverain suprême de l'univers, le premier dieu.

Aaditey (indien) fils d'Aditi.

Aafreen (indien) encouragement.

Aagney (indien) fils du dieu du Feu.

Aahlaad (indien) délice.

Aahlaadith (indien) personne joyeuse.

Aahwaanith (indien) qui a été invité; voulu.

Aakaash, Aakash, Akaash, Akash (indien) le ciel; aussi vaste que le ciel.

Aakanksh (indien) désir.

Aakar (indien) forme.

Aakash (hindi) variante d'Akash.

Aalam (indien) dirigeant, roi.

Aalap (indien) prélude musical.

Aalok (inden) cri de victoire.

Aamir (hébreu, pendjabi, arabe) variante d'Amir.
Aamir, Aamer

Aamod (indien) agréable.

Aandaleeb (indien) bulbul.

Aaran (hébreu) variante d'Aaron; (écossais) variante d'Arran.

Aaron **TOP** **GF** (hébreu) éclairé; (arabe) messager. Bible: frère de Moïse et premier grand prêtre. Voir aussi Ron.
Aahron, Aaren, Aareon, Aarin, Aaronn, Aeron, Arek, Arren, Arrin, Arryn

Aarón (hébreu) variante d'Aaron.

Aaronjames (américain) combinaison d'Aaron et de James.
Aaron James, Aaron-James

Aarron, Aaryn (hébreu, arabe) variantes d'Aaron.
Aarronn, Aarynn

Aashish (indien) bénédictions.

Abaco (hébreu) abaque.

Âbân (persan) Mythologie: figure associée à l'eau et aux arts.

Abasi (swahili) sévère.
Abasee, Abasey, Abasie, Abasy

Abban (latin) blanc.
Abben, Abbin, Abbine, Abbon

Abbas (arabe) lion.

Abbey **FG** (hébreu) variante populaire d'Abe.
Abbee, Abbi, Abbie, Abby, Abee, Abey, Abi, Aby

Abbón (hébreu) variante d'Abbott.

Abbott (hébreu) père; abbé.
Ab, Abad, Abba, Abbah, Abbán, Abbé, Abboid, Abbot, Abot, Abott

Abbud (arabe) dévoué.

Abd-El-Kader (arabe) serviteur du Puissant.

Abda (hébreu) serviteur de Dieu.

Abdalongo (hébreu) serviteur d'Élon.

Abdecalas (hébreu) servant d'un chien.

Abdénago (hébreu) Abednego est le nom babylonien d'Azarias, l'un des trois compagnons du prophète Daniel.

Abderico (hébreu) serviteur riche et puissant.

Abdi (africain) mon serviteur.
Abdi

Abdías (hébreu) serviteur de Dieu.

Abdiel (hébreu) je sers Dieu.

Abdikarim (somalien) esclave de Dieu.

Abdirahman (arabe) variante d'Abdulrahman.
Abdirehman

Abdiraxman (somalien) serviteur de la grâce divine.
Abdiraxman

Abdón (hébreu) serviteur de Dieu ; l'homme très serviable.

Abdul (arabe) serviteur.
Abdal, Abdeel, Abdel, Abdoul, Abdual, Abdull, Abul

Abdulaziz (arabe) serviteur du Puissant.
Abdelazim, Abdelaziz, Abdulazaz, Abdulazeez

Abdullah (arabe) serviteur d'Allah.
Abdala, Abdalah, Abdalla, Abdallah, Abdela, Abduala, Abdualla, Abduallah, Abdula, Abdulah, Abdulahi, Abdulha, Abdulla

Abdullahi (arabe) variante d'Adullah.

Abdulmalik (arabe) serviteur du Maître.

Abdulrahman (arabe) serviteur du Miséricordieux.
Abdelrahim, Abdelrahman, Abdolrahem, Abdularahman, Abdurrahman, Abdurram

Abe (hébreu) diminutif d'Abel, d'Abraham ; (allemand) diminutif d'Abelard.
Ab, Abb, Abbe

Abebe (amharique) qui s'est épanoui, développé.

Abel (hébreu) respiration ; (assyrien) prairie ; (allemand) diminutif d'Abelard. Bible : second fils d'Adam et Ève.
Abele, Abell, Able, Adal, Avel

Abelard (allemand) noble ; déterminé.
Abalard, Abelarde, Abelhard, Abilard

Abelardo (espagnol) variante d'Abelard.

Abercio (grec) premier fils.

Abernethy (écossais) début de la rivière.
Abernathie, Abernethi

Abi (turc) frère aîné.
Abi, Abbi, Abee

Abiah (hébreu) Dieu est mon père.
Abia, Abiel, Abija, Abijah, Aviya, Aviyah, Avyya, Avyyah

Abibo (hébreu) chéri.

Abibón (hébreu) variante d'Abibo.

Abidan (hébreu) père du jugement.
Abiden, Abidin, Abidon, Abydan, Abyden, Abydin, Abydon, Abydyn

Abie (hébreu) variante populaire d'Abraham.
Abbie

Abiel (hébreu) variante d'Abiah.

Abihú (hébreu) il est mon père.

Abilio (latin) expert ; habile.

Abimael (hébreu) mon père est Dieu.

Abir (hébreu) fort.
Abyr

Abiram (hébreu) mon père est grand.

Abisha (hébreu) cadeau de Dieu.
Abijah, Abishai, Abishal, Abysha, Abyshah

Ableberto (germanique) force brillante.

Abner (hébreu) père de la lumière. Bible : commandant de l'armée de Saul.
Ab, Avner, Ebner

Abo (hébreu) père.

Abraam (hébreu) variante d'Abraham.

Abrafo (ghanéen) guerrier

Abraham (hébreu) père de nombreuses nations. Bible : le premier patriarche hébreu. Voir aussi Avram, Bram, Ibrahim.
Abarran, Aberham, Abey, Abhiram, Abie, Abrahaim, Abrahame, Abrahamo, Abraheem, Abrahem, Abrahim, Abrahm, Abrao, Arram, Avram

Abrahan (espagnol) variante d'Abraham.
Abrahán, Abrahin, Abrahon, Abrán

Abram (hébreu) diminutif d'Abraham. Voir aussi Bram.
Abrama, Abramo, Abrams, Avram

Abrúnculo (latin) détruit ; dévasté.

Absalom (hébreu) père de la paix. Bible : fils rebelle du roi David. Voir aussi Avshalom, Axel.
Absalaam, Absalon, Abselon, Absolam, Absolom, Absolum

Absalón (hébreu) variante d'Absalom.

Abubakar (égyptien) noble.

Abudemio (latin) qui parle de manière douce et raffinée.

Abundancio (latin) riche, prospère.

Abundio (latin) celui qui a de nombreuses propriétés.
Abundio

Acab (hébreu) oncle.

Acacio (grec) honorable.

Acañir (mapuche) renard libéré.

Acapana (quechua) éclair; bourrasque de vent, petit ouragan.

Acar (turc) brillant.

Acario (grec) sans grâce.

Ácatl (nahuatl) roseau géant.

Acayo (grec) décalé; inopportun.

Accas (hébreu) sinueux.

Ace (latin) unité.
Acer, Acey, Acie

Acel (français) noblesse.

Acesto (grec) qui peut réparer; utile.

Achachic (aymara) ancêtre; grand-père.

Achcauhtli (nahuatl) dirigeant.

Achic (quechua) lumineux, resplendissant.

Achille (grec) Mythologie: Achille est le héros de la guerre de Troie. Littérature: Achille est le héros de l'épopée d'Homère *L'Iliade*.
Achil, Achill, Achillea, Achilles, Achilleus, Achillios, Achyl, Achyll, Achylle, Achylleus, Akilles

Acilino (espagnol) affûté.

Acindino (grec) hors de danger, sauf.

Acisclo (latin) un pic utilisé pour travailler les rochers.

Ackerley (anglais) prairie aux chênes.
Accerlee, Accerleigh, Accerley, Ackerlea, Ackerlee, Ackerleigh, Ackerli, Ackerlie, Ackersley, Ackley, Akerlea, Akerlee, Akerleigh, Akerley, Akerli, Akerlie, Akerly

Ackley (anglais) variante d'Ackerley.
Acklea, Acklee, Ackleigh, Ackli, Acklie, Ackly, Aklea, Aklee, Akleigh, Akley, Akli, Aklie, Akly

Aconcauac (quechua) sentinelle de pierre.

Acton (anglais) ferme aux chênes.
Actan, Acten, Actin, Actun, Actyn

Acucio (latin) affûté; perspicace.

Acursio (latin) celui qui se dirige vers Dieu.

Adabaldo (allemand) noble et audacieux.

Adacio (latin) déterminé; actif.

Adael (hébreu) éternité de Dieu.

Adahy (cherokee) dans les bois.
Adahi

Adair FG (écossais) gué aux chênes.
Adaire, Adare, Adayr, Adayre, Adair, Addaire, Addar, Addare, Addayr, Addyre

Adalbaro (grec) le combattant de la noblesse.

Adalbergo (allemand) village.

Adalberón (espagnol) variante d'Adalbergo.

Adalberto (italien, espagnol, portugais) variante d'Alberto.

Adalgiso, Adalvino (grec) le lancier de la noblesse.
Adalgiso, Adalvino

Adalhardo (scandinave) noble et fort.

Adalrico (grec) noble chef de sa famille.

Adam **TOP .100.** (phénicien) homme; humanité; (hébreu) terre; homme de la terre rouge. Bible: le premier homme créé par Dieu. Voir aussi Adamson, Addison, Damek, Keddy, Macadam.
Ad, Adama, Adamec, Adamo, Adão, Adas, Adem, Adham, Adhamh, Adim, Adné, Adok, Adom, Adomas, Adym, Edam, Edem, Edim, Edym

Adám (hébreu) variante d'Adam.

Adamec (tchèque) variante d'Adam.
Adamek, Adamik, Adamka, Adamko, Adamok

Adamnán (hébreu) variante d'Adan.

Adamson (hébreu) fils d'Adam.
Adams, Adamsson, Addams, Addamson

Adan (irlandais) variante d'Aidan.
Adian, Adun

Adar FG (syrien) souverain; prince; (hébreu) noble; exalté.
Addar, Addare

Adarius (américain) combinaison d'Adam et de Darius.
Adareus, Adarias, Adarrius, Adarro, Adarruis, Adaruis, Adauris

Adaucto (latin) accroissement.

Adauto (romain) accru.

Addam (phénicien, hébreu) variante d'Adam.

Addison U (anglais) enfant d'Adam.
Addis, Addisen, Addisun, Addoson, Addyson

Addo (ghanéen) roi du sentier.

Addy FG (hébreu) variante populaire d'Adam, d'Adlai; (allemand) variante populaire d'Adelard.
Addey, Addi, Addie, Ade, Adi

Ade (yoruba) royal.

Adeel (arabe) variante d'Adil.
Adeele

Adel (allemand) diminutif d'Adelard.
Adal, Addel, Adél, Adell

Adelard (allemand) noble; courageux.
Adalar, Adalard, Adalarde, Adelar, Adelarde, Adelhard

Adelardo (grec) le prince audacieux.

Adelelmo, Adelmo (allemand) noble protecteur.

Adelfo (grec) ami.

Adelgario (allemand) noble lancier.

Adelino (grec) le prince audacieux.

Adelio (espagnol) père du noble prince.

Adelmaro (grec) qui se distingue par son ascendance.

Adelric (allemand) noble dirigeant.
Adalric, Adelrich, Adelrick, Adelrik, Adelryc, Adelryck, Adelryk

Adem TOP .100. (allemand) variante d'Adémar.

Adémar, Ademaro, Adhemar, Adimar (allemand) celui qui s'est distingué par ses combats; combattant célèbre et réputé.

Aden (arabe) Géographie: région du Sud du Yémen; (irlandais) variante d'Aidan.

Aderito (allemand) fort et puissant.

Adham (arabe) noir.

Adhelmar (grec) ennobli par ses batailles.

Adiel (hébreu) il fut décoré par Dieu.

Adif (hébreu) le préféré.

Adil (arabe) juste; sage.
Adill, Adyl, Adyll

Adilón (espagnol) noble.

Adin (hébreu) agréable.
Addin, Addyn, Adyn

Adín (hébreu) variante d'Adin.

Adino (hébreu) décoré.

Adiosdado (latin) donné par Dieu.

Adir (hébreu) majestueux; noble.
Adeer

Adirán (latin) de la mer Adriatique.

Adisa (ghanéen) personne qui nous apprend.

Adison U (anglais) variante d'Addison.
Adisson, Adyson

Aditya (hindi) soleil.

Adiv (hébreu) agréable; doux.
Adeev, Adev

Adjatay (camerounais) prince.

Adjutor (latin) personne qui aide.

Adlai (hébreu) mon ornement.
Ad, Addlai, Addlay, Adlay

Adler (allemand) aigle.
Ad, Addlar, Addler, Adlar

Adli (turc) juste; sage.
Adlea, Adlee, Adleigh, Adley, Adlie, Adly

Admiel (hébreu) terre de Dieu.

Admon (hébreu) pivoine.

Adnan (arabe) agréable.
Adnaan, Adnane

Adney (anglais) île du noble.
Adnee, Adni, Adnie, Adny

Ado (hébreu) beauté.

Adofo (ghanéen) personne qui nous aime.

Adolf (allemand) noble loup. Histoire: l'armée nazie d'Adolf Hitler fut vaincue lors de la Seconde Guerre mondiale. Voir aussi Dolf.
Ad, Addof, Addoff, Adof

Adolfo (espagnol) variante d'Adolf.
Addofo, Adolffo, Adolpho, Andolffo, Andolfo, Andolpho

Adolphe (allemand) variante d'Adolf.
Adolph

Adolphus (français) variante d'Adolf.
Adolfius, Adolfus, Adolphius, Adulphus

Adom (akan) aide de Dieu.

Adon (hébreu) Seigneur; (grec) diminutif d'Adonis.

Adón (hébreu) variante d'Adon.

Adonai (hébreu) Mon Seigneur.

Adonías (hébreu) Dieu est mon Seigneur.

Adonis (grec) extrêmement séduisant. Mythologie : jeune homme séduisant aimé par Aphrodite.
Adonise, Adonnis, Adonys, Adonyse

Adri (indo-pakistanais) rocher.
Adree, Adrey, Adrie, Adry

Adrian F🄶 (grec) riche ; (latin) sombre ; (suédois) diminutif de Hadrian.
Adarian, Ade, Adorjan, Adrain, Adreian, Adreyan, Adriaan, Adriane, Adriann, Adrianne, Adrianus, Adriean, Adrin, Adrion, Adrionn, Adrionne, Adron, Adryan, Adryn, Adryon

Adrián (latin) variante d'Adrian.

Adriano (Italien) variante d'Adrian.
Adrianno

Adriel (hébreu) l'un des fidèles de Dieu.
Adrial, Adriall, Adriell, Adryel, Adryell

Adrien **TOP .100.** (latin) sombre.
Adriene, Adrienne, Adryen

Adrik (russe) variante d'Adrian.
Adric

Adrodato (germanique) père audacieux.

Adulfo (germanique) de noble lignée.

Adwin (ghanéen) créatif.
Adwyn

Adyuto, Adyutor (latin) personne qui aide.

Aeneas (grec) loué ; (écossais) variante d'Angus. Littérature : Énée, héros troyen de l'épopée de Virgile *L'Énéide*. Voir aussi Énée.
Oneas

Afework (éthiopien) celui qui parle de choses agréables.

Afonso (allemand) préparé au combat.

Afram (africain) Géographie : rivière du Ghana, en Afrique.

Áfrico (grec) laissé au soleil.

Afrodisio (grec) amoureux.

Afton F🄶 (anglais) du village anglais Afton.
Affton, Aftan, Aften, Aftin, Aftyn

Aftonio (grec) qui n'est pas jaloux.

Agabio (grec) plein de vie, de vigueur.

Ágabos (grec) magnifique.

Agacio (grec) bon.

Agamemnon (grec) déterminé. Mythologie : roi de Mycènes qui commanda les Grecs lors de la guerre de Troie.

Agamenón (grec) variante d'Agamemnon.

Ágape (latin) amour.

Agapito (hébreu) l'être cher.

Agar (hébreu) celui qui s'est échappé.

Agatángel (grec) bon ange.

Agatodoro (grec) digne d'admiration.

Agatón (grec) le vainqueur.

Agatónico (grec) bonne victoire.

Agatopo (grec) joli paysage.

Agatópode, Agatópodis (grec) bons pieds.

Agberto (allemand) renommé pour l'épée.

Agenor (grec) l'homme fort.

Agento (latin) efficace ; actif.

Ageo (hébreu) qui a un caractère festif, qui rend les gens heureux.

Agerico (latin) puissante épée.

Agesislao (grec) chef des villages.

Agila (teuton) celui qui a du soutien lors du combat.

Agilberto (allemand) célèbre épée du combat.

Agileo (allemand) lame du combattant.

Agilulfo (allemand) lance du guerrier.

Agliberto (allemand) variante d'Agilberto.

Agnelo (latin) référence à l'agneau de Dieu.

Agni (hindi) Religion : dieu hindou du Feu.

Agoardo (allemand) puissante épée.

Agobardo (allemand) lance puissante.

Agofredo (allemand) lance qui apporte la paix.

Agomar (allemand) épée distinguée.

Agostino (italien) variante d'Augustin.

Agostine, Agosto, Agoston, Agostyne

Agresto (latin) rude, rustique.

Agrícola (latin) fermier.

Agrippa (latin) né les pieds en premier. Histoire : commandant de la flotte romaine qui vainquit Marc-Antoine et Cléopâtre à Actium.
Agripa, Agripah, Agrippah, Agrypa, Agrypah, Agryppa, Agryppah

Agu (igbo) léopard.

Aguinaldo (germanique) qui dirige par l'épée.

Agur (hébreu) accumulation.

Agús (espagnol) variante d'Agustín.

Agustin (latin) variante d'Augustin.
Aguistin, Agustein, Agusteyne, Agustis, Agusto, Agustus, Agustyn

Agustín (latin) variante d'Agustin.

Agustine (latin) variante d'Augustin.
Agusteen, Agustyne

Ahab (hébreu) frère du père. Littétature : Achab, capitaine du Pequod dans le roman *Moby Dick* de Herman Melville.

Ahanu (amérindien) rire.

Aharon (hébreu, arabe) variante d'Aaron.
Ahren

Ahdik (amérindien) caribou ; renne.
Ahdic, Ahdick, Ahdyc, Ahdyck, Ahdyk

Ahearn (écossais) seigneur des chevaux ; (anglais) héron.
Ahearne, Aherin, Ahern, Aherne, Aheron, Aheryn, Hearn, Hearne

Ahir (turc) dernier.

Ahkeem (hébreu) variante d'Akeem.
Ahkiem, Ahkieme, Ahkyem, Ahkyeme

Ahmad (arabe) très hautement loué. Voir aussi Muhammad.
Achmad, Ahamad, Ahamada, Ahmaad, Ahmaud, Amad, Amahd

Ahmed (swahili) digne de louanges.
Achmed, Ahamed, Amed

Ahsan (arabe) charitable.

Ahuatzi (nahuatl) petit chêne.

Ahuiliztli (nahuatl) joie.

Ahuv (hébreu) aimé.

Ahuviá (hébreu) aimé par Dieu.

Aicardo (allemand) puissante épée.

Aidan GF (irlandais) féroce.
Aidun, Aydan, Aydin

Aidano (teuton) celui qui se distingue.

Aiden GF (irlandais) variante d'Aidan.
Aidon, Aidwin, Aidwyn, Aidyn

Aiken (anglais) fait en chêne.
Aicken, Aikin, Ayken, Aykin

Aimario (allemand) puissante famille.

Aimery (français) variante d'Emery.
Aime, Aimeree, Aimeree, Aimeri, Aimeric, Aimerie, Ameree, Amerey, Ameri, Americ, Amerie, Aymeree, Aymerey, Aymeri, Aymeric, Aymerie, Aymery

Aimon (français) maison ; (irlandais) variante d'Eamon.

Aindrea (irlandais) variante d'Andrew.
Aindreas, Ayndrea, Ayndreas

Aingeru (basque) ange.

Ainsley FG (écossais) ma propre prairie.
Ainslea, Ainslee, Ainslei, Ainsleigh, Ainsli, Ainslie, Ainsly, Ansley, Aynslea, Aynslee, Aynsley, Aynsli, Aynslie, Aynsly

Aitalas (grec) éternellement jeune.

Aitor (basque) père.

Aizik (russe) variante d'Isaac.
Ayzik

Aj (pendjabi, américain) variante d'Ajay.

Ajab (hébreu) oncle.

Ajala (yoruba) potier.
Ajalah

Aján (hébreu) problème.

Ajay (pendjabi) victorieux ; invincible ; (américain) combinaison des lettres A et J.
Aja, Ajae, Ajai, Ajaye, Ajaz, Ajé, Ajee, Ajit

Ajidan (hébreu) mon frère juge.

Ajiel (hébreu) mon frère est Dieu.

Ajiezer (hébreu) mon frère est une aide.

Ajimán (hébreu) mon frère est providentiel.

Ajiram (hébreu) mon frère exalté.

Ajishar (hébreu) mon frère chante.

Ajit (sanscrit) imprenable.
Ajeet, Ajith

Ajitov (hébreu) mon frère est bon.

Ajshalom (hébreu) frère de paix.

Akar (turc) ruisseau qui coule.
Akara, Akare

Akash (hindi) ciel.
Akasha

Akbar (arabe) grand.
Akbara, Akbare

Akecheta (sioux) guerrier.
Akechetah

Akeem (hébreu) diminutif de Joachim.
Ackeem, Akeam, Akee, Akiem, Arkeem

Akemi (japonais) aube.
Akemee, Akemie, Akemy

Akhil (arabe) variante d'Akil.
Ahkeel

Akia (africain) premier né.

Akiiki (égyptien) amical.

Akil (arabe) intelligent; (grec) variante d'Achille.
Akeel, Akeil, Akeyla, Akiel, Akila, Akilah, Akile, Akyl, Akyle

Akili **GF** (grec) variante d'Achille; (arabe) variante d'Akil.

Akim (hébreu) diminutif de Joachim.
Achim, Achym, Ackim, Ackime, Ackym, Ackyme, Akima, Akym

Akins (yoruba) courageux.
Akin, Akyn, Akyns, Atkins, Atkyns

Akinsanya (nigérien) courage pour le second combat.

Akintunde (nigérien) retour courageux.

Akinyemi (nigérien) destiné à être un guerrier.

Akio (japonais) brillant.
Akiyo, Akyo

Akira **FG** (japonais) intelligent.
Akihito, Akirah, Akyra, Akyrah

Akiva (hébreu) variante de Jacob.
Akiba

Akmal (arabe) parfait.
Akmal, Ackmal

Akram (arabe) très généreux.

Aksel (norvégien) père de la paix.
Aksell

Akshat (sanscrit) incapable d'être blessé.

Akshay (américain) variante d'Akash.
Akshaj, Akshaya

Akule (amérindien) il regarde vers le haut.
Akul

Al (irlandais) diminutif d'Alan, d'Albert, d'Alexandre.

Alaa **FG** (arabe) diminutif d'Aladdin.
Ala

Alacrino (latin) vivant; extraverti.

Aladdin (arabe) sommet de la foi. Littérature: héros d'une histoire des *Mille et une nuits*.
Alaaddin, Aladan, Aladdan, Aladden, Aladdyn, Aladean, Aladen, Aladin, Aladino, Aladyn

Alain (indo-européen) beau; harmonieux; (celte) calme.
Alaen, Alaine, Alainn, Alayn, Alein, Aleine, Aleyn, Aleyne, Allain, Allayn, Allayne

Alaire (français) joyeux.
Alair, Alayr, Alayre

Alam (arabe) univers.
Alame

Alan (irlandais) beau; paisible.
Ailan, Ailin, Alaan, Aland, Alande, Alando, Alane, Alani, Alann, Alano, Alanson, Alao, Alon, Alun, Alune, Alyn, Alyne

Alán (celte) variante d'Alan.

Alante, Allante, Allanté (espagnol) variantes d'Alan.

Alardo (grec) le prince courageux.

Alaric (allemand) souverain de tous. Voir aussi Ulrich.
Alarich, Alarick, Alarico, Alarik, Alaryc, Alaryck, Alaryk, Aleric, Allaric, Allarick, Alric, Alrick, Alrik

Alastair (écossais) variante d'Alexander.
Alaisdair, Alaistair, Alaister, Alasdair, Alasteir, Alaster, Alastor, Aleister, Alester, Allaistar, Allastair, Allaster, Allastir, Allysdair, Alystair

Alba (latin) ville sur la colline blanche.

Alban (latin) de la ville d'Alba, en Italie.
Albain, Albany, Albean, Albein, Alby, Auban, Auben

Albano (germanique) variante d'Alban.

Alberic (allemand) intelligent; dirigeant sage.
Alberich, Alberick, Alberyc, Alberyck, Alberyk

Alberico (allemand) variante d'Albéric.

Albern (allemand) noble; courageux.
Alberne, Alburn, Alburne

Alberón (allemand) noble ours.

Albert (allemand, français) noble et rayonnant. Voir aussi Elbert, Ulbrecht.
Adelbert, Ailbert, Albertik, Albertus, Albrecht, Albret, Albyrt, Albyrte, Alvertos, Aubert

Alberte (allemand) variante d'Albert.

Alberto (italien) variante d'Albert.
Albertino, Berto

Albie, Alby (allemand, français) variantes populaires d'Albert.
Albee, Albey, Albi

Albin (latin) variante d'Alvin.
Alben, Albeno, Albinek, Albino, Albins, Albinson, Albun, Alby, Albyn, Auben

Albion (latin) falaises blanches. Géographie: référence aux falaises blanches de Douvres, en Angleterre.
Albon, Albyon, Allbion, Allbyon

Albón (allemand, espagnol) dirigeant courageux.

Albuino (allemand) puissant; maison noble.

Alcandor (grec) viril; fort.

Alceo (grec) homme de grande force et vigueur.

Alcibiades (grec) généreux et violent.

Alcibíades (grec) homme fort et vaillant.

Alcide (grec) fort et vigoureux.

Alcott (anglais) vieux cottage.
Alcot, Alkot, Alkott, Allcot, Allcott, Allkot, Allkott

Alcuino (teuton) ami des lieux sacrés, ami du temple.

Aldair (allemand, anglais) variante d'Alder.
Aldahir, Aldayr

Aldano (celte) noble; homme plein d'expérience.

Aldeberto (allemand) dirigeant célèbre.

Aldebrando (allemand) qui gouverne avec l'épée.

Aldelmo (allemand) vieux casque.

Aldemar (allemand) renommé pour sa noblesse.

Alden GF (anglais) âgé; protecteur sage.
Aldan, Aldean, Aldin, Aldon, Aldyn

Alder (allemand, anglais) aulne.
Aldar, Aldare, Aldyr

Alderidge (anglais) faîte de l'aulne.
Alderige, Aldridge, Aldrige, Aldrydge, Aldryge, Alldridge

Aldetrudis (germanique) chef puissant.

Aldino (celte) noble, homme plein d'expérience.

Aldis (anglais) vieille maison; (allemand) variante d'Aldous.
Aldise, Aldiss, Aldys

Aldo (italien) âgé; aîné; (allemand) diminutif d'Aldous.
Alda

Aldobrando (germanique) épée ancienne.

Aldous (allemand) variante d'Alden.
Aldis, Aldon, Aldos, Aldus, Elden

Aldred (anglais) âgé; sage conseiller.
Alldred, Eldred

Aldrich (anglais) sage conseiller. Voir aussi Uldric.
Aldric, Aldrick, Aldritch, Aldryc, Aldryck, Aldryk, Alldric, Alldrich, Alldrick, Eldridge

Aldwin (anglais) vieil ami.
Aldwan, Aldwen, Aldwon, Aldwyn, Eldwin, Eldwyn

Alec, Aleck, Alek (grec) diminutifs d'Alexandre.
Aleik, Alekko, Aleko, Elek, Ellec, Elleck

Aleczander (grec) variante d'Alexander.
Alecander, Aleckxander, Alecsandar, Alecsander, Alecxander

Alefrido (germanique) paix totale.

Aleixo (grec) défendeur.

Alejandrino (espagnol) variante d'Alexandre.
Aleja

Alejandro (espagnol) variante d'Alexandre.
Alejandra, Aléjo, Alexjandro

Alejándro (espagnol) variante d'Alejandro.

Alejo (grec) celui qui protège et défend.

Aleksandar, Aleksander, Aleksandr (grec) variantes d'Alexander.
Aleksandor, Aleksandras, Aleksandur

Aleksei (russe) diminutif d'Alexandre.
Aleks, Aleksey, Aleksi, Aleksis, Aleksy

Alekzander (grec) variante d'Alexander.
Alekxander, Alekxzander

Alem (arabe) sage.
Alym

Alen, Allan, Allen (irlandais) variantes d'Alan.
Allane, Allayne, Allene, Alley, Alleyn, Alleyne, Allie, Allin, Alline, Allon, Allyn, Allyne

Aleo (allemand) gouverneur.

Aleric (allemand) variante d'Alaric.
Alerick, Alerik, Alleric, Allerick, Alleryc, Alleryck, Alleryk

Aleron (latin) ailé.
Aleronn

Alerón (français) variante d'Aleron.

Alesio (italien) variante d'Alejo.

Alessandro (italien) variante d'Alexandre.
Alessand, Alessander, Alessandre, Allessandro

Alex 🅖🅕 (grec) diminutif d'Alexandre.
Alax, Alexx, Alixx, Allax, Allex, Allix, Allixx, Allyx, Allyxx, Alyx, Elek

Alexandar, Alexandr (grec) variantes d'Alexander.
Alexander

Alexander 🅖🅕 (grec) variante d'Alexandre.
Alekos, Alexandor, Alexxander

Alexandre $\overset{\text{TOP}}{\text{.100.}}$ (français) défenseur de l'humanité. Histoire : Alexandre le Grand fut le conquérant du monde civilisé. Voir aussi Alastair, Alistair, Iskander, Jando, Leks, Lex, Lexus, Macallister, Oleksandr, Olés, Sander, Sándor, Sandro, Sandy, Sasha, Xan, Xander, Zander, Zindel.

Alexandro (grec) variante d'Alexandre.
Alexandru

Alexandros (grec) variante d'Alexandre.
Alexandras

Alexei (russe) variante d'Aleksei ; (grec) diminutif d'Alexandre.
Alexey

Alexi 🅕🅖 (grec) diminutif d'Alexandre.
Alexe, Alexee, Alexie, Alexio, Alezio

Alexis $\overset{\text{TOP}}{\text{.100.}}$ 🅕🅖 (grec) diminutif d'Alexandre.
Alexes, Alexey, Alexios, Alexius, Alexiz, Alexsis, Alexsus, Alexus, Alexys

Alexsander (grec) variante d'Alexander.

Alexy (grec) diminutif d'Alexandre.

Alexzander (grec) variante d'Alexander.
Alexkzandr, Alexzandr, Alexzandyr

Aleydis (teuton) né dans une famille noble.

Alfa (africain) chef.

Alferio (grec) saint qui tomba très malade et promit de devenir un moine s'il guérissait.

Alfie 🅖🅕 (anglais) variante familière d'Alfred.
Alfy

Alfio (grec) celui qui a un teint blanc.

Alfonso, Alfonzo (italien, espagnol) variantes d'Alphonse.
Affonso, Alfons, Alfonse, Alfonsus, Alfonza, Alfonzus

Alford (anglais) vieux gué sur une rivière.
Allford

Alfred (anglais) conseiller d'elfe ; sage conseiller. Voir aussi Fred.
Ailfrid, Ailfryd, Alf, Alfeo, Alfredus, Alfrid, Alfried, Alfryd, Alured, Elfrid

Alfredo (italien, espagnol) variante d'Alfred.
Alfrido

Alger (allemand) noble hastaire ; (anglais) diminutif d'Algernon. Voir aussi Elger.
Aelfar, Algar, Algor, Allgar

Algerico (allemand) variante d'Algerio.

Algerio (allemand) noble gouverneur prêt au combat.

Algernon (anglais) qui porte une barbe, une moustache.
Algernon, Aelgernon, Algenon, Algin, Algon

Algie (anglais) variante populaire d'Algernon.
Algee, Algia, Algy

Algis (allemand) lance.
Algiss

Agiso (grec) le lancier de la noblesse.

Algrenon (français) barbe.

Ali 🅖🅕 (arabe) le plus grand ; (swahili) exalté.
Aly

Alí (arabe) variante d'Ali.

Alic (grec) diminutif d'Alexandre.
Alick, Aliek, Alik, Aliko, Alyc, Alyck, Alyk, Alyko, Ellic, Ellick

Alicio (grec) vérité.

Alijah (hébreu) variante d'Elijah.

Alim (arabe) érudit. Variante d'Alem.
Alym

Alīm (arabe) sage.

Alinando (allemand) dirigeant audacieux.

Alipio (grec) celui qui n'est pas affecté par la souffrance.

Alisander (grec) variante d'Alexander.
Alisandre, Alisaunder, Alissander, Alissandre, Alsandair, Alsandare, Alsander

Alistair (anglais) variante de Alexander.
Alisdair, Alistaire, Alistar, Allistair, Allistar, Alstair, Alystair, Alystayr, Alystyre

Alix FG (grec) diminutif d'Alixander.

Alixander (grec) variante d'Alexander.
Alixandre, Alixandru, Alixsander, Alixxander, Alixxzander,
Alixzander, Alyxxander, Alyxxsander, Alyxxzander,
Alyxzander

Aliz (hébreu) heureuse.

Alladin (arabe) noblesse de la foi.

Allambee (australien) lieu calme.
Alambee, Alambey, Alambi, Alambie, Alamby, Allambey,
Allambi, Allambie, Allamby

Allard (anglais) noble, courageux.
Alard, Ellard

Allison FG (anglais) fils d'Alice.
Allisan, Allisen, Allisun, Allisyn, Allysan, Allysen, Allysin,
Allyson, Allysun, Allysyn

Allister (anglais) variante d'Alistair.
Alister, Allistir

Almagor (hébreu) indestructible.

Almano (allemand) renommé pour sa noblesse.

Almanzor (arabe) triomphant.

Almaquio (grec) combattant étranger.

Almárico (allemand) famille riche ; puissant.

Almeric (allemand) dirigeant puissant.
Almauric, Amaurick, Amaurik, Amauryc, Amauryck,
Amauryk, Americk, Amerik, Ameryc, Ameryck, Ameryk

Almodis (germanique) complètement fougueux.

Almon (hébreu) veuf.
Alman, Almen, Almin, Almyn

Aloín (français) noble ami.

Alois (allemand) diminutif d'Aloysius.
Alaois, Aloys

Aloisio (espagnol) variante de Louis.

Alok (sanscrit) cri de victoire.

Alon (hébreu) chêne.
Allon, Alonn

Alón (hébreu) variante d'Alon.

Alonso, Alonzo (espagnol) variantes d'Alphonse.
Alano, Alanzo, Allonzo, Alonz, Alonze

Alonza GF (espagnol) variante d'Alphonse.
Allonza

Aloyoshenka, Aloysha (russe) défenseur
de l'humanité.

Aloysius (allemand) variante de Louis.
Aloisius

Alpha (africain) chef.

Alphonse (allemand) noble et ardent.
Alf, Alfons, Alphons, Alphonsa, Alphonsus, Alphonza,
Alphonzus

Alphonso (italien) variante d'Alphonse.
Alphanso, Alphonzo, Fonso

Alpin (irlandais) séduisant.
Alpine, Alpyn, Alpyne

Alpiniano (suisse) appartenant aux montagnes
alpines.

Alquimio (grec) fort.

Alredo (allemand) conseils du gouverneur.

Alroy (espagnol) roi.
Alroi

Alston (anglais) habitation du noble.
Allston, Alstan, Alsten, Alstin, Alstun, Alstyn

Altair GF (grec) étoile ; (arabe) aigle volant.
Altayr, Altayre

Alterio (grec) comme une nuit étoilée.

Altman (allemand) vieil homme.
Altmann, Altmen, Atman

Alton (anglais) vieille ville.
Alten

Alucio (latin) il est lucide et illustre.

Aluín (français) noble ami.

Alula (latin) ailé, rapide.

Alva U (hébreu) sublime.
Alvah

Alvan (allemand) variante d'Alvin.
Alvand, Alvun

Alvar (anglais) armée d'elfes.
Alvara

Àlvar, Álvaro (espagnol) variantes d'Alvaro.
Àlvar, Álvaro

Alvaro (espagnol) juste ; sage.

Alvern (latin) source.
Alverne, Elvern

Alvero (germanique) complètement prudent.

Alví (allemand) ami.

Alvin (latin) blanc; à la peau claire; (allemand) ami de tous; noble ami; ami des elfes. Voir aussi Albin, Elvin.
Aloin, Aluin, Alvan, Alven, Alvie, Alvon, Alvy, Alvyn, Alwin, Elwin

Alvino (espagnol) variante d'Alvin.
Aluino

Alvis (scandinave) omniscient.

Alwin (allemand) variante d'Alvin.
Ailwyn, Alwan, Alwen, Alwon, Alwun, Alwyn, Alwynn, Aylwin

Amable (latin) qui aime; aimable, gentil.

Amadeo (italien) variante d'Amadeus.

Amadeus (latin) qui aime Dieu. Musique: Wolfgang Amadeus Mozart est un célèbre compositeur autrichien du XVIIIe siècle.
Amad, Amadeaus, Amadée, Amadei, Amadis, Amadou, Amando, Amedeo, Amodaos

Amado (espagnol) variante d'Amadeus.
Amadio

Amador (espagnol) variante d'Amadeus.

Amal F G (hébreu) travailleur; (arabe) plein d'espoir.
Amahl

Amalio (grec) un homme insouciant.

Aman G F (arabe) diminutif d'Amani.

Amancio (latin) celui qui aime Dieu.

Amanda F G (latin) adorable.

Amandeep U (pendjabi) lumière de la paix.
Amandip, Amanjit, Amanjot

Amando (français) variante d'Amadeus.
Amand, Amandio, Amaniel, Amato

Amani F G (arabe) croyant; (yoruba) force; constructeur.
Amanee

Amanpreet U (pendjabi) variante d'Amandeep.

Amar (pendjabi) immortel; (arabe) constructeur.
Amare, Amario, Amaris, Amarjit, Amaro, Amarpreet

Amaranto (grec) celui qui ne ralentit pas.

Amari U (pendjabi, grec) variante d'Amar.
Amaree, Amarri

Amaru (quechua) serpent sacré.

Amaruquispe (quechua) libre, comme l'Amaru, le serpent sacré.

Amarutopac (quechua) Amaru glorieux et majestueux.

Amaruyupanqui (quechua) celui qui honore Amaru.

Amato (italien) aimé.
Amat, Amatto

Amauri, Amaury (français) nom d'un comte.

Amazu (nigérien) personne ne sait tout.

Ambar F G (sanscrit) ciel.

Amber F G (français) ambre; (sanscrit) variante d'Ambar.

Amberto (allemand) travail formidable.

Ambico (latin) qui est ambitieux.

Ambroise (grec) immortel.
Ambrois

Ambrose (grec) variante d'Ambroise.
Ambie, Ambrogio, Ambroisius, Ambros, Ambrosi, Ambrosio, Ambrosios, Ambrosius, Ambrossye, Ambrosye, Ambrotos, Ambroz, Ambrus, Amby

Ameen (hébreu, arabe, hindi) variante d'Amin.

Ameer (hébreu) variante d'Amir.
Ameir, Amere

Amelio (teuton) travailleur très impliqué, énergique.

Amenhotep (égyptien) nom d'un comte.

Amenophis (égyptien) nom d'un pharaon.

Amenra (égyptien) personnification du pouvoir de l'univers.

Amer (hébreu) variante d'Amir.

Américo (germanique) le prince en action.

Amerigo (teuton) assidu. Histoire: Amerigo Vespucci était un explorateur italien qui a donné son nom à l'Amérique.
Americo, Americus, Amerygo

Ames (français) ami.
Amess

Amfiloquio (grec) épée distinguée.

Amfión (grec) raisonneur.

Ami (hébreu) le constructeur.

Amiano (hébreu) variante d'Amon.

Amicus (anglais, latin) ami très cher.
Amic, Amick, Amicko, Amico, Amik, Amiko, Amyc, Amyck, Amycko, Amyk, Amyko

Amiel (hébreu) Dieu de mon peuple.
Amiell, Ammiel, Amyel, Amyell

Amiezer (hébreu) ma communauté est aidée.

Amijai (hébreu) ma communauté est vivante.
Amijai

Amílcar (punique) celui qui gouverne la ville.

Amin (hébreu, arabe) digne de confiance ;
honnête ; (hindi) fidèle.
Amen, Ammen, Ammin, Ammyn, Amyn, Amynn

Amín (arabe) variante d'Amin.

Amine .¹⁰⁰ᵀᴼᴾ. (hébreu, arabe, hindi) variante
d'Amin.

Amintor (grec) le protecteur.

Amior (hébreu) ma communauté est lumière.

Amir .¹⁰⁰ᵀᴼᴾ. (hébreu) proclamé ; (pendjabi) riche ;
ministre du roi ; (arabe) prince.
Amire, Amiri, Amyr

Amiram (hébreu) ma communauté est très élevée.

Amish (sanscrit) honnête.

Amishalom (hébreu) ma communauté est paix.

Amishar (hébreu) ma communauté chante.

Amistad (espagnol) amitié.

Amit (pendjabi) inamical ; (arabe) vivement loué.
Amita, Amitan

Amitai (hébreu) ma vérité.
Amitai

Ammar (pendjabi, grec) variante d'Amar.
Ammer

Ammâr (arabe) constructeur.

Ammon (égyptien) caché. Mythologie :
dieu antique associé à la reproduction.
Amman

Amnas (grec, latin) jeune agneau.

Amnicado (latin) qui vit près de la rivière.

Amol (hindi) inestimable, précieux.
Amul

Amoldo (espagnol) pouvoir d'un aigle.

Amon (hébreu) digne de confiance ; fidèle.
Amun

Amón (hébreu) variante d'Amon.

Amory (allemand) variante d'Emory.
Ameree, Amerey, Ameri, Amerie, Amery, Ammeree, Ammerey, Ammeri, Ammerie, Ammery, Ammoree, Ammorey, Ammori, Ammorie, Ammory, Amor, Amoree, Amorey, Amori, Amorie

Amos (hébreu) accablé, troublé. Bible : prophète
de l'Ancien Testament.
Amose, Amous

Amós (hébreu) variante d'Amos.

Amoxtli (nahuatl) livre.

Amparo (latin) se préparer.

Ampelio (grec) celui qui fait du vin
avec son propre raisin.

Ampelos (grec) satyre et grand ami de Dionysos.

Ampliato (latin) illustre.

Ampodio (grec) obéissant.

Amram (hébreu) nation puissante.
Amarien, Amran, Amren, Amryn

Amrit U (sanscrit) nectar ; (pendjabi, arabe)
variante d'Amit.
Amreet, Amryt

Amritpal (sikh) protecteur du nectar du Seigneur.

Amsi (égyptien) incarnation du pouvoir
de l'univers.

Amsu (égyptien) incarnation de la reproduction.

Amuillan (mapuche) celui qui sert les autres
chaleureusement.

An GF (chinois, vietnamien) paisible.
Ana

Anacario (grec) pas sans grâce.

Anacleto (grec) celui à qui on a demandé
quelque chose.

Anaías (hébreu) le Seigneur répond.

Anan, Anán (hébreu) nuageux.

Anand (hindi) bienheureux.
Ananda, Anant, Ananth

Ananías (hébreu) celui qui a la grâce de Dieu.

Anantas (hindi) infini.

Anas (grec) diminutif d'Anastasius.

Anastario, Anastasón (grec) variantes
d'Anastasios.

Anastasios (grec) variante d'Anastasius.
Anastasio

Anastasius (grec) résurrection.
Anastacio, Anastacios, Anastagio, Anastas, Anastase, Anastasi, Anastatius, Anastice, Anastisis, Anaztáz, Athanasius

Anasvindo (allemand) éclat de Dieu.

Anatalón (grec) qui grandit et s'épanouit.

Anatole (grec) l'est.
Anatol, Anatoley, Anatoli, Anatolie, Anatolijus, Anatolio, Anatolis, Anatoliy, Anatoly, Anitoly, Antoly

Anatolii (russe) ce qui vient de l'est.

Anayantzin (basque) petit.

Anbesa, Anbessa (espagnol) gouverneur d'Espagne.

Anca (quechua) aigle noir.

Ancasmayu (quechua) bleu comme la rivière.

Ancaspoma, Ancaspuma (quechua) puma tirant sur le bleu.

Ancavil (mapuche) être mythologique identique.

Ancavilo (mapuche) corps de serpent.

Anchali (taos) peintre.
Anchalee, Anchaley, Anchalie, Anchaly

Ancil (français) de la noblesse.

Ancuguiyca (quechua) qui a une résistance sacrée.

Anders (suédois) variante d'Andrew.
Andar, Ander

Anderson (suédois) fils d'Andrew.
Andersen

Andomarro (allemand) Dieu éminent.

Andoni (grec) variante d'Anthony.
Andonny

Andonios (grec) variante d'Anthony.
Andonis

Andoquino (grec) sans comparaison.

Andor (hongrois) variante d'Andrew, d'Anthony.

Andra 🅵🅶 (français) variante d'Andrew.

Andrae (français) variante d'André.

András (hongrois) variante d'André.
Andraes, Andri, Andris, Andrius, Andriy, Aundras, Aundreas

André (grec) homme. Bible : l'un des Douze Apôtres.
Andre, Andrecito, Andree, Andrie, Aundré

Andrea 🅵🅶 (grec) variante d'André.
Andrean, Andreani

Andreas (grec) variante d'André.
Andries

Andrei, Andrey (bulgare, roumain, russe) variantes d'André.
Andreian, Andrej, Andreyan, Andrie, Aundrei

Andreo (grec) viril.

Andres, Andrez (espagnol) variantes d'Andrew.
Andras, Andrés

Andrew (grec) fort ; viril ; courageux. Voir aussi Bandi, Drew, Endre, Evangelos, Kendrew, Ondro.
Aindrea, Andery, Andonis, Andrews, Anker, Anndra, Antal, Audrew

Andrian (grec) variante d'André.

Androcles (grec) homme couvert de gloire.

Andrónico (allemand) homme victorieux.

Andros (polonais) mer. Mythologie : dieu de la Mer.
Andris, Andrius, Andrus

Andru, Andrue (grec) variantes d'Andrew.
Andrus

Andrzej (polonais) variante d'André.

Andy (grec) diminutif d'Andrew.
Ande, Andee, Andey, Andi, Andie, Andino, Andis, Andje

Anecto (grec) tolérable.

Anesio (grec) variante d'Anisio.

Aneurin (gallois) honorable ; or. Voir aussi Nye.
Aneirin

Anfernee (grec) variante d'Anthony.
Anferney, Anfernie, Anferny, Anfonee, Anfoney, Anfoni, Anfonie, Anfony, Anfranee, Anfrene, Anfrenee, Anpherne

Anfión (grec) Mythologie : Amphion est le fils d'Antiope et de Jupiter.

Anfos (catalan) variante d'Alfonso.

Ange 🅶🅵 (grec) ange ; (latin) messager. Voir aussi Gotzon.
Ange, Angell, Angie, Angy, Anjel, Anjell

Ángel (grec) variante d'Ange.

Angelino (latin) messager.

Angelo (italien) variante d'Ange.
Angeleo, Angelito, Angello, Angelos, Angelous, Angiolo, Anglo, Anjello, Anjelo

Ángelo (espagnol) variante d'Angelo.

Angilberto (teuton) combinaison d'Ángel et d'Alberto.

Angulo (allemand) lancier.

Angus (écossais) exceptionnel; remarquable. Mythologie: Oengus était le dieu celte de la Jeunesse, de l'Amour et de la Beauté. Voir aussi Ennis, Gus.
Aonghas

Anh [FG] (vietnamien) paix; sécurité.

Aniano (grec) celui qui est triste et bouleversé.

Anías (hébreu) Dieu répond.

Anibal (phénicien) variante de Hannibal.

Aníbal (punique) variante d'Anibal.

Anicet, Aniceto (grec) homme invincible d'une grande force.

Anil (hindi) dieu du Vent.
Aneal, Aneel, Anel, Aniel, Aniello, Anielo, Anyl, Anyll

Aniol (catalan) variante d'Aniano.

Anîs (arabe) ami intime.

Anish (grec) variante d'Annas.

Anisio (grec) digne de confiance.

Anka [FG] (turc) phénix.

Anker (danois) variante d'Andrew.
Ankor, Ankur

Annan (écossais) ruisseau; (swahili) fils né en quatrième.
Annen, Annin, Annon, Annun, Annyn

Annas (grec) cadeau de Dieu.
Anis, Anna, Annais

Anno (allemand) variante populaire de Johann.
Ano

Anoki (amérindien) acteur.
Anokee, Anokey, Anokie, Anoky

Anón (latin) annuel.

Anoop (sikh) beauté.

Anpu (égyptien) Anubis, Dieu de la Mort.

Ansaldo (allemand) celui qui représente Dieu.

Ansano (latin) oreille.

Ansbaldo (germanique) Dieu pacifique.

Ansberto (allemand) Dieu remarquable.

Ansejiso (allemand) lancier.

Ansel (français) compagnon d'un noble.
Ancell, Ansa, Anselino, Ansell, Ansellus, Anselyno, Ansyl

Anselm (allemand) protecteur divin. Voir aussi Elmo.
Anse, Anselme, Anselmi

Anselmo (italien) variante d'Anselm.

Anserico (allemand) riche en Dieu.

Ansfrido (allemand) Dieu pacifique.

Ansis (letton) variante de Janis.

Ansley [FG] (écossais) variante d'Ainsley.
Anslea, Anslee, Ansleigh, Ansli, Anslie, Ansly, Ansy

Anson (allemand) divin; (anglais) fils d'Anne.
Ansan, Ansen, Ansin, Ansun, Ansyn

Ansovino (allemand) ami de Dieu.

Anta (quechua) comme le cuivre.

Antal (hongrois) variante d'Anthony.
Antek, Anti, Antos

Antarès (grec) géant, étoile rouge. Astronomie: Antarès, étoile la plus brillante de la constellation du Scorpion.
Antar, Antario, Antarious, Antarius, Antarr, Antarus

Antauaya (quechua) prairie couleur de cuivre.

Antavas (lituanien) variante d'Anthony.
Antaeus

Antavious (lituanien) variante d'Antavas.
Antavius

Antay (quechua) couleur de cuivre.

Ante (lituanien) diminutif d'Antavas.
Antae, Anteo

Antelmo (germanique) protecteur de la patrie.

Antem (germanique) géant qui porte un casque.

Antenor (grec) celui qui est un combattant.

Anteros (grec) dieu de l'Amour mutuel.

Anthany (latin, grec) variante d'Anthony.
Antanas, Antanee, Antanie, Antenee, Anthan, Antheny, Anthine, Anthney

Anthoney, Anthonie (latin, grec) variantes d'Anthony.
Anthone, Anthonee, Anthoni, Anthonia

Anthony **CF** (latin) digne de louanges; (grec) florissant. Voir aussi Tony.
Anathony, Anothony, Anthawn, Anthey, Anthian, Anthino, Anthonio, Anthonu, Anthonysha, Anthoy, Anthyoine, Anthyonny, Antony

Antico (latin) antique; vénérable.

Antidio (grec) qui rayonne comme Dieu dans ses actions.

Antígono (grec) celui qui se distingue parmi tous ses compagnons.

Antilaf (mapuche) jour heureux.

Antimo (grec) florissant.

Antininan (quechua) couleur de cuivre, comme le feu.

Antinko (russe) inestimable.

Antinógenes (grec) Antinogène, un saint.

Antioco (grec) celui qui commande le char lors du combat contre l'ennemi.

Antíoco (grec) ferme; libérateur.

Antione (français) variante d'Anthony.
Antion, Antionio, Antionne, Antiono

Antipan (mapuche) branche brun clair exposée au soleil.

Antipas (grec) il est l'ennemi de tous, en opposition à tous.

Antivil (mapuche) serpent exposé au soleil.

Antjuan (espagnol) variante d'Anthony.
Antajuan, Anthjuan, Antuan, Antuane

Antoan (vietnamien) sauf, sûr.

Antoine **TOP .100.** (latin) inestimable.
Anntoin, Anthoine, Antoiné, Antoinne, Atoine

Antolín (grec) florissant, beau comme une fleur.

Anton (slave) variante d'Anthony.
Anthon, Antonn, Antons, Antos

Antón (espagnol) variante d'Antonio.

Antone (slave) variante d'Anthony.
Antonne

Antoni (latin) variante d'Anthony.
Antini

Antonin **TOP .100.** (latin) inestimable.

Antonino (italien) variante d'Anthony.

Antonio (italien) variante d'Anthony. Voir aussi Tino, Tonio.
Anthonio, Antinio, Antoinio, Antoino, Antonello, Antoneo, Antonin, Antonín, Antonnio, Antonyia, Antonyio

Antonios (italien) variante d'Anthony.

Antonius (italien) variante d'Anthony.

Antony (latin) variante d'Anthony.
Antin, Antius, Antonee, Antoney, Antonie, Antonin, Antonyia, Antonyio

Antonyo (italien) variante d'Antonio.

Antosha (russe) inestimable.

Antoshika (catalan) variante d'Antonio.

Antti (finnois) viril.
Anthey, Anthi, Anthie, Anthy, Anti, Antty, Anty

Anbtu (indigène) sel.

Antwain, Antwane (arabe) variantes d'Antwan.
Antwaina, Antwaine, Antwainn, Antwaion, Antwanne

Antwan, Antwaun, Antwoine, Antwon, Antwone (arabe) variantes d'Antoine.
Antaw, Antawan, Antawn, Anthawn, Antowan, Antowaun, Antowine, Antown, Antowne, Antowyn, Antuwan, Antuwon, Antwann, Antwarn, Antwen, Antwian, Antwine, Antwion, Antwione, Antwoan, Antwonn, Antwonne, Antwoun, Antwuan, Antwun, Antwyné, Antwyon, Antwyone, Antyon, Antyonne, Antywon

Anubis (égyptien) dieu de la Mort.

Anum (égyptien) cinquième naissance.

Anwar (arabe) lumineux.
Anouar, Anour, Anwi

Anxo (grec) messager.

Anyaypoma, Anyaypuma (quechua) celui qui rugit et devient furieux comme le puma.

Aparicio (latin) celui qui réfère à l'apparence de la Vierge en différentes étapes.

Apeles (grec) celui qui est dans un lieu sacré.

Apelio (grec) à la peau claire.

Aperio (grec) cochon sauvage.

Apfiano (grec) variante d'Apfías.

Apfbías (grec) terme de jeunes gens pour «père».

Apiatan (kiowa) lance en bois.

Apo, Apu (quechua) chef; celui qui avance.

Apodemio (grec) celui qui voyage loin de son pays.

Apolinar (grec) variante d'Apollon.
Apolinario

Apólito (latin) dédié au dieu Apollon.

Apollon (grec) viril. Mythologie : Apollon, dieu de la Prophétie, de la Guérison, de la Musique, de la Poésie et de la Lumière. Voir aussi Polo.
Apollos, Apolo, Apolonio, Appollo, Appolo, Appolonio

Apolodoro (grec) le talent d'Apollon.

Aprión (grec) convaincant.

Apro (grec) variante d'Aperio.

Aprbonio (grec) variante d'Aperio.

Apucachi (quechua) salé.

Apucatequil, Apucatiquil (quechua) dieu de l'Éclair.

Apumaita (quechua) où es-tu, maître ?

Apurimac (quechua) maître éloquent.

Apuyurac (quechua) chef blanc.

Aquías (hébreu) frère de Dieu.

Aquila FG (latin, espagnol) aigle.
Acquilla, Aquil, Aquilas, Aquileo, Aquiles, Aquilino, Aquill, Aquilla, Aquille, Aquillino, Aquyl, Aquyla, Aquyll, Aquylla

Ara GF (syrien) variante d'Aram.
Arra

Arador (latin) fermier ; ouvrier agricole.

Arafat (arabe) montagne de reconnaissance.

Araldo (espagnol) variante de Harold.
Aralodo, Aralt, Aroldo, Arry

Aram (syrien) élevé, exalté.
Aramia, Arem, Arim, Arram, Arum, Arym

Aramis (français) Littérature : l'un des personnages principaux du roman *Les Trois Mousquetaires* d'Alexandre Dumas.
Airamis, Aramith, Aramys

Aran (tai) forêt ; (danois) variante d'Aren ; (hébreu, écossais) variante d'Arran.
Arane

Arapey (indigène) plante aquatique qui forme des îles flottantes.

Arbel (hébreu) nuit divine.

Arbogastro (français) invité qui hérite.

Arcadio (espagnol) variante d'Archibald.

Arcángel (grec) le prince de tous les anges.

Archard (français) puissant.

Archenbaud (français) courageux.

Archer (anglais) archer.
Archar, Archor

Archibald (allemand) audacieux. Voir aussi Arkady.
Arch, Archaimbaud, Archambault, Archibaldes, Archibaldo, Archibold, Archybald, Archybalde, Archybaldes, Archybauld, Archybaulde

Archie (allemand, anglais) variante populaire d'Archer, d'Archibald.
Arche, Archee, Archey, Archi, Archy

Arconcio (grec) celui qui gouverne.

Ardal (irlandais) variante d'Arnold.
Ardal, Ardale, Adall

Ardalión (grec) Ardalion était un martyr qui prétendait être le Christ sur scène.

Ardell (latin) passionné ; travailleur.
Ardel

Arden FG (latin) ardent ; féroce.
Ard, Ardan, Ardene, Ardent, Ardian, Ardie, Ardin, Ardint, Ardn, Arduino, Ardyn, Ardynt

Ardley (anglais) prairie ardente.
Ardlea, Ardlee, Ardleigh, Ardli, Ardlie, Ardly

Ardon (hébreu) bronzé.
Ardun

Arecio (latin) dieu de la Guerre.

Arelí (hébreu) lion de Dieu.

Aren (danois) aigle ; dirigeant ; (hébreu, arabe) variante d'Aaron.
Aaren

Aretas (arabe) forgeur de métal.

Aretino (grec, italien) victorieux.
Aretin, Aretine, Artyn, Artyno

Argar (grec) brillant ; étincelant.

Argénides (grec) blanc.

Argenis (grec) celui qui a une grande blancheur.

Argentino, Argento (latin) étincelant comme l'argent.

Argimiro (grec) prudent, vigilant.

Argimundo (allemand) armée de défense.

Argus (danois) attentif, vigilant.
Agos, Arguss

Argyle (irlandais) d'Irlande.
Argile, Argiles, Argyles

Ari 🆖 (hébreu) diminutif d'Ariel; (grec) diminutif d'Aristote.
Aree, Arey, Arieh, Arih, Arij, Ario, Arri, Ary, Arye

Arian 🆖 (grec) variante d'Arion.
Ariana, Ariane, Ariann, Arianne, Arrian

Ariano (grec) variante d'Arian.

Aric, Arick, Arik (scandinave) variantes d'Éric; (allemand) variantes de Richard.
Aaric, Aarick, Aarik, Arec, Areck, Arich, Ariek, Arrek, Arric, Arrick, Arrik, Aryc, Aryck, Aryk

Arie 🆄 (grec, hébreu) variante d'Ari; (grec, latin) variante d'Ariès.

Ariel 🆖🅲 (hébreu) lion de Dieu. Bible: l'un des noms de Jérusalem. Littérature: nom d'un lutin dans la pièce *La Tempête* de Shakespeare.
Airal, Airel, Arel, Areli, Ariele, Ariell, Arielle, Ariya, Ariyel, Arrial, Arriel, Aryel, Aryell, Aryl, Aryll, Arylle

Ariès 🅵🅲 (latin) bélier. Astrologie: premier signe du zodiaque.
Arees, Ares, Ariez, Aryes

Arif (arabe) cultivé.
Areef, Aryf

Arin 🆄 (hébreu, arabe) variante d'Aaron; (danois) variante d'Aren.

Arion (grec) enchanté; (hébreu) mélodieux.
Arien, Ario, Arione, Aryon

Aristarco (grec) le meilleur des princes.

Aristeo (grec) la personne remarquable, la plus significative.

Aristide (grec) fils du meilleur.
Aris, Aristede, Aristedes, Aristeed, Aristides, Aristidis, Arystides, Arystydes

Arístides (grec) variante d'Aristide.

Aristión (grec) personne sélective.

Aristóbulo (grec) le meilleur et le plus grand conseiller, celui qui donne de très bons conseils.

Aristofane (grec) le meilleur, l'optimal.

Aristónico (grec) victoire parfaite.

Aristote (grec) meilleur; sage. Histoire: Aristote, philosophe du IIIᵉ siècle av. J.-C. qui enseigna à Alexandre le Grand.
Aris, Aristito, Aristo, Aristokles, Aristotal, Aristotel, Aristotelis, Aristotol, Aristott, Aristotyl, Arystotle

Aristóteles (grec) le meilleur; le plus optimiste.

Arjun (hindi) blanc; couleur de lait.
Arjen, Arjin, Arju, Arjuna, Arjune

Arkady (russe) variante d'Archibald.
Arkadee, Arkadey, Arkadi, Arkadie, Arkadij, Arkadiy

Arkin (norvégien) fils du roi éternel.
Aricin, Arkeen, Arkyn

Arledge (anglais) lac avec les lièvres.
Arlege, Arlidge, Arlledge, Arllege

Arlen (irlandais) pacte.
Arlan, Arland, Arlend, Arlin, Arlinn, Arlon, Arlyn, Arlynn

Arley (anglais) diminutif de Harley.
Arleigh, Arlie, Arly

Arlo (espagnol) épine-vinette; (anglais) colline fortifiée. Variante de Harlow; (allemand) variante de Charles.
Arlow

Armaan (persan) variante d'Arman.

Arman (persan) désir, but.
Armahn, Armaine, Armann

Armand (latin, allemand) variante de Hermand. Voir aussi Mandek.
Armad, Armanda, Armands, Armanno, Armaude, Armenta

Armando (espagnol) variante d'Armand.
Armondo

Armani 🆖 (hongrois) astucieux; (hébreu) variante d'Armon.
Armanee, Armaney, Armanie, Armany, Armoni, Armonie, Armonio, Armonni, Armony

Armelio (grec) union.

Armen, Armin (hébreu) variantes d'Armon.
Armino

Armengol (allemand) prêt au combat.

Armentario (grec) gardien de troupeaux.

Armentaro (latin) gagnant.

Armogastes (allemand) invité de l'aigle.

Armon (hébreu) haute forteresse, fort.
Armonn, Armons, Armyn

Armond (latin, allemand) variante d'Armand.

Armstrong (anglais) bras fort. Histoire:
l'astronaute Neil Armstrong était
le commandant d'*Apollo 11* et la première
personne à marcher sur la lune.
Armstron, Armstronge

Arnaldo (espagnol) variante d'Arnold.

Arnau (catalan) variante d'Arnaldo.

Arnaud (germanique) le gouverneur de l'aigle.
Arnaude, Arnauld, Arnault, Arnoll

Arne (allemand) variante d'Arnold.
Arna, Arnay, Arnel, Arnele, Arnell, Arnelle

Arnette U (anglais) petit aigle.
Arnat, Arnatt, Arnet, Arnett, Arnetta, Arnot, Arnott

Arniano (latin) agneau.

Arnie (allemand) variante populaire d'Arnold.
Arnee, Arney, Arni, Arnny, Arny

Arno (allemand) diminutif d'Arnold; (tchèque)
diminutif d'Ernest.
Arnou, Arnoux

Arnold (allemand) le gouverneur de l'aigle.
*Ardal, Arnald, Arndt, Arne, Arnhold, Arnol, Arnoldas,
Arnolde, Arnoll, Arnolt, Arnot, Arnott, Arnoud, Arnyld*

Arnoldo (espagnol) variante d'Arnold.

Arnon (hébreu) rivière rapide.
Arnan, Arnen, Arnin, Arnyn

Arnulfo (allemand) variante d'Arnold.

Aron, Arron (hébreu) variantes d'Aaron;
(danois) variantes d'Aren.
Aronek, Aronne, Aronos, Arrion

Aroon (tai) aube.
Aroone

Arquelao (grec) gouverneur de son village.

Arquimedes (grec) celui qui a des pensées
profondes.

Arquímedes (grec) penseur profond.

Arquipo (grec) dresseur de chevaux.

Arran (écossais) habitant d'une île. Géographie:
île au large de la côte ouest de l'Écosse;
(hébreu) variante d'Aaron.
Aeran, Ahran, Aranne

Arrigo (italien) variante de Harry.
Alrigo, Arrighetto

Arrio (espagnol) belliqueux.
Ario, Arrow, Arryo, Aryo

Arsalan (pakistanais) lion de la montagne.

Arsène (grec) masculin; viril. Histoire: saint
Arsène était un enseignant dans l'Empire
romain.
*Arsen, Arseneo, Arsenio, Arsenius, Arseny, Arsenyo, Arsinio,
Arsinyo, Arsynio, Arsynyo*

Asha (persan) vénérable.
Arshah

Art (anglais) diminutif d'Arthur.
Arte

Artemio (espagnol) variante d'Artemus.

Artemón (grec) consacré par la déesse Artémis.

Artemus (grec) cadeau d'Artémis. Mythologie:
Artémis était la déesse de la Chasse
et de la Lune.
Artemas, Artemis, Artimas, Artimis, Artimus

Arthur TOP.100. (irlandais) noble; haute colline;
(écossais) ours; (anglais) rocher; (islandais)
disciple de Thor. Voir aussi Turi.
*Artair, Artek, Arth, Arther, Arthor, Arthyr, Artor, Artus,
Aurthar, Aurther, Aurthur*

Artie (anglais) variante populaire d'Arthur.
Artee, Artian, Arty, Atty

Artis GF (anglais) variante d'Artie.

Artur (italien) variante d'Arthur.

Arturo (italien) variante d'Arthur.
Arthuro

Artzi (hébreu) ma terre.

Arun (cambodgien, hindi) soleil.
Aruns

Arundel (anglais) vallée de l'aigle.

Arve (norvégien) héritier.

Arvel (gallois) personne qu'on pleure.
Arval, Arvell, Arvelle, Arvil, Arvol, Arvyl

Arvid (hébreu) vagabond; (norvégien)
arbre de l'aigle. Voir aussi Ravid.
Arv, Arvad, Arve, Arvie, Arvyd, Arvydas

Arvin (allemand) ami du peuple; ami de l'armée.
*Arv, Arvan, Arven, Arvie, Arvon, Arvy, Arvyn, Arwan, Arwen,
Arwin, Arwon, Arwyn*

Arvind (hébreu, norvégien) variante d'Arvid;
(allemand) variante d'Arvin.
Arvinder

Arya (hébreu) variante d'Aria.

Aryan (grec) variante d'Arion.
Ary

Aryeh (hébreu) lion.
Arye

Aryn 🄵🄶 (hébreu, arabe) variante d'Aaron;
(danois) variante d'Aren.

Asa 🄲🄵 (hébreu) médecin, guérisseur; (yoruba)
faucon.
Asaa, Asah, Ase

Asad (arabe) variante d'Asád; (turc) variante
d'Azad.

Asád (arabe) lion.
Asaad, Asid, Assad

Asadel (arabe) prospère.
Asadour, Asadul, Asadyl, Asael

Asaf (hébreu) l'élu choisi par Dieu.

Asafo (espagnol) Yahvé a choisi.

Asaiá (hébreu) Dieu l'a fait.

Asante (africain) merci.

Ascensión (espagnol) référence à l'ascension
de Jésus-Christ au paradis.

Ascot (anglais) cottage à l'est; sorte de cravate.
Géographie: village près de Londres, site
des courses de chevaux du Royal Ascot.
Ascott

Asdrúbal (punique) celui qui est protégé
par Dieu.

Asedio (latin) stable.

Asgard (scandinave) cour des dieux.

Ash (hébreu) frêne.

Ashanti 🄵🄶 (swahili) venant d'une tribu
d'Afrique de l'Ouest.
Ashan, Ashani, Ashante, Ashantee, Ashaunte

Ashburn (anglais) provenant du ruisseau
aux frênes.
Ashbern, Ashberne, Ashbirn, Ashbirne, Ashborn, Ashborne,
Ashbourn, Ashbourne, Ashburne, Ashbyrn, Ashbyrne

Ashby (scandinave) ferme au frêne; (hébreu)
variante d'Ash.
Ashbee, Ashbey, Ashbi, Ashbie

Asher (hébreu) heureux; béni.
Ashar, Ashir, Ashor, Ashyr

Ashford (anglais) gué au frêne.
Ashforde

Ashley 🄵🄶 (anglais) champ de frênes.
Asheley, Ashelie, Ashely, Ashlan, Ashlea, Ashlee, Ashleigh,
Ashlen, Ashli, Ashlie, Ashlin, Ashling, Ashlinn, Ashlone,
Ashly, Ashlyn, Ashlynn, Aslan

Ashon (swahili) fils né en septième.

Ashraf (arabe) très honorable.

Ashten 🄵🄶 (anglais) variante d'Ashton.

Ashtin 🄵🄶 (anglais) variante d'Ashton.

Ashton 🅄 (anglais) plantation de frênes.
Ashtan, Ashtian, Ashtion, Ashtonn, Ashtown, Ashtun,
Ashtyn

Ashur (swahili) Mythologie: principale déité
assyrienne.

Ashwani (hindi) premier. Religion: première des
vingt-sept galaxies tournant autour de la Lune.
Ashwan

Ashwin (hindi) étoile.
Ashwan, Ashwen, Ashwon, Ashwyn

Asiel (hébreu) créé par Dieu.
Asyel

Asif (arabe) pardon.

Asker (turc) soldat.

Aspacio, Aspasio (grec) bienvenu.

Aspen 🄵🄶 (anglais) tremble.

Asprén, Asprenio (latin) dur; rude.

Aster (grec) variante d'Asterio.

Asterio (grec) figure mythologique qui fut jetée
dans la mer car il fuit Zeus.

Astío (latin) qui est à sa place.

Astley (grec) champ étoilé.
Asterlea, Asterlee, Asterleigh, Asterley, Asterli, Asterlie,
Asterly, Astlea, Astlee, Astleigh, Astli, Astlie, Astly

Asto, Astu (quechua) oiseau des Andes.

Astolfo (grec) celui qui aide avec sa lance.

Aston (anglais) ville à l'est.
Astan, Asten, Astin, Astown, Astyn

Astuguaraca (quechua) celui qui chasse
des Astus avec une fronde.

Aswad (arabe) à la peau sombre, noir.
Aswald

Aswaldo (germanique) lance du dirigeant.

Ata (fanti) jumeau.
Atah

Atahualpa (quechua) oiseau de fortune.

Atalas, Ataleno, Atalo (grec) jeune ; énergique.

Atanasio, Atansasio (grec) immortel.

Atau (quechua) fortuné.

Atauaipa (quechua) oiseau de fortune.

Atauanca (quechua) aigle chanceux.

Atauchi (quechua) celui qui nous porte chance.

Ataulfo (germanique) noble guerrier.

Âtef (arabe) gentil.

Atek (polonais) variante de Tanek.

Atenodoro (grec) talent de sagesse.

Atenógenes (grec) descendant d'Atenas.

Athan (grec) immortel.
Athen, Athens, Athin, Athon, Athons, Athyn, Athyns

Atherton (anglais) ville près d'une source.
Atharton, Atherten, Athorton

Athold (écossais) d'Irlande.
Affol, Athal, Athel, Athil, Atholton, Athyl

Ático (grec) dernier étage ; grenier.

Atid (tai) soleil.
Atyd

Atif (arabe) bienveillant.
Ateef, Atef, Atyf

Atkins (anglais) de la maison de parents.
Akin, Akins, Akyn, Akyns, Atkin, Atkyn, Atkyns

Atl (nahuatl) eau.

Atlas (grec) soulevé ; porté. Mythologie : Atlas fut forcé par Zeus à porter les cieux sur ses épaules comme punition pour sa participation à la guerre des Titans.

Atley (anglais) prairie.
Atlea, Atlee, Atleigh, Atli, Atlie, Atly, Attlea, Attlee, Attleigh, Attley, Attli, Attlie, Attly

Atoc, Atuc (quechua) rusé comme un renard.

Atocuaman (quechua) celui qui possède la force d'un faucon et la ruse d'un renard.

Atón (égyptien) cadran solaire.

Atonatihu (nahuatl) soleil de l'eau.

Atsu (égyptien) jumeaux.

Atticus (latin) d'Attique, région proche d'Athènes.

Attila (goth) petit père. Histoire : chef des Huns qui envahit l'Empire romain.
Atalik, Atila, Atilio, Atilla, Atiya, Attal, Attilah, Attilio, Attyla, Attylah

Atu (ghanéen) né un dimanche.

Atur (hébreu) couronné.

Atwater (anglais) au bord de l'eau.
Attwater

Atwell (anglais) au puits.
Attwel, Atwel

Atwood (anglais) dans la forêt.
Attwood

Atworth (anglais) à la ferme.
Attworth

Atzel (hébreu) noble, généreux.

Auberon (allemand) variante d'Oberon.
Auberron, Aubrey

Aubrey FG (allemand) noble ; comme un ours ; (français) variante populaire d'Auberon. Voir aussi Avery.
Aubary, Aube, Aubery, Aubie, Aubré, Aubree, Aubreii, Aubri, Aubrie, Aubry, Aubury

Auburn FG (latin) marron roux.
Abern, Aberne, Abirn, Abirne, Aburn, Aburne, Abyrn, Abyrne, Aubern, Auberne, Aubin, Aubirn, Aubirne, Aubun, Auburne, Aubyrn, Aubyrne

Audacto (latin) audacieux.

Audas (latin) vaillant, audacieux.

Auden (anglais) vieil ami.
Audan, Audin, Audyn

Audie (allemand) noble ; fort ; (anglais) variante populaire d'Edward.
Audee, Audey, Audi, Audiel, Audley, Audy

Audífaz (latin) haine et actes.

Audomaro (grec) renommé pour ses richesses.

Audon (français) vieux ; riche.
Audelon

Audric (anglais) sage dirigeant.
Audrick, Audrik, Audryc, Audryck, Audryk

Audun (scandinave) déserté, désolé.

Augie (latin) variante populaire d'Auguste.
Auggie, Augy

Augurio (latin) les augures, prêtres spécialisés dans la compréhension du divin grâce au vol et aux sons des oiseaux.

Auguste **GF** (latin) diminutif d'Augustin, d'Augustus.
Augie, August, Augusto

Augustin **TOP.100.** (latin) majestueux. Religion : saint Augustin fut le premier archevêque de Canterbury. Voir aussi Austin, Gus, Tino.
Augusteen, Augustein, Augusteyn, Augusteyne, Augustinas, Augustino, Augusto, Augustyn, Augustyne

Augustus (latin) majestueux; vénérable. Histoire : Auguste, titre honorifique donné au premier empereur romain, Octave César.
Agustas, Agustus, Agustys, Auguste

Aukai (hawaïen) marin.
Aukay

Aundre (grec) variante d'André.
Aundrae, Aundray, Aundrea, Aundrey, Aundry

Auqui (quechua) maître, prince.

Auquipuma (quechua) prince qui est aussi fort qu'un puma.

Auquitupac (quechua) prince glorieux.

Auquiyupanqui (quechua) celui qui honore ses maîtres.

Aurek (polonais) cheveux dorés.
Aurec

Aurèle (latin) doré. Histoire : Marc Aurèle était un philosophe et empereur de Rome au IIᵉ siècle de notre ère.
Arelian, Areliano, Aurèle, Aurelien, Aurelius, Aurelyus, Aurey, Auriel, Aury

Aurelia (latin) doré.

Aurélien (latin) variante d'Aurèle.

Aurélio (latin) diminutif d'Aurèle.
Aurel, Aurele, Aureli, Aurellio

Auremundo (germanique) vieille armée.

Áureo (latin) doré.

Aurick (allemand) dirigeant qui protège.
Auric, Aurik, Auryc, Auryck, Auryk

Auriville (français) qui vient de la ville d'or.

Auspicio (latin) protecteur.

Austen **GF** (latin) diminutif d'Augustin.
Austan, Austun, Austyne

Austin **GF** (latin) diminutif d'Augustin.
Astin, Austine, Oistin, Ostin

Austín (latin) variante d'Austin.

Auston (latin) diminutif d'Augustin.

Austyn **GF** (latin) diminutif d'Augustin.

Autónomo (grec) quelqu'un qui s'apprécie lui-même.

Auxano (grec) qui grandit.

Auxencio (grec) variante d'Auxano.

Auxibio (grec) puissant; vivant.

Auxilio (latin) celui qui sauve, qui apporte de l'aide.

Avdel (hébreu) serviteur de Dieu.

Avel (grec) souffle.
Avell

Avelin (latin) celui qui est né à Avella, en Italie.

Avenall, Aveneil, Avenelle (français) qui vit près du champ d'avoine.

Avent (français) né pendant l'Avent.
Advent, Aventin, Aventino, Aventyno

Averill (français) né en avril.
Ave, Averal, Averall, Averel, Averell, Averiel, Averil, Averyl, Averyll, Avrel, Avrell, Avrill, Avryll

Avertano (latin) qui s'éloigne.

Avery **GF** (anglais) variante d'Aubrey.
Avary, Aveary, Avere, Averee, Averey, Averi, Averie, Avrey, Avry

Avi (hébreu) Dieu est mon père.
Avian, Avidan, Avidor, Avie, Aviel, Avion, Avy

Aviezri (hébreu) mon père est mon aide.

Avimael (hébreu) mon père est d'origine divine.

Avimelej (hébreu) mon père est roi.

Avinatán (hébreu) mon père a subvenu à mes besoins.

Aviramv (hébreu) mon père est élevé.

Aviraz (hébreu) père du secret.

Avishajar (hébreu) père du matin.

Avitio, Avito (latin) du grand-père.

Avitzedek (hébreu) père de la justice.

Aviv (hébreu) jeune homme ; printemps.
Avyv

Avner (hébreu) variante d'Abner.
Avneet, Avniel

Avraham (hébreu) variante d'Abraham.

Avram (hébreu) variante d'Abraham, d'Abram.
Arram, Avraam, Avrahom, Avrohom, Avrom, Avrum

Avshalom (hébreu) père de la paix.
Voir aussi Absalom.
Avsalom

Awan (amérindien) quelqu'un.
Awen, Awin, Awon, Awun, Awyn

Awar (libanais) le plus brillant.

Axel ^{TOP}.100. (latin) hache ; (allemand) petit chêne ;
source de vie ; (scandinave) variante d'Absalom.
Aksel, Ax, Axe, Axell, Axil, Axill, Axle, Axyl, Axyle

Axl (latin, allemand, scandinave) variante d'Axel.

Ayar (quechua) quinoa sauvage.

Ayden (irlandais) variante d'Aidan ; (turc)
variante d'Aydin.
Aydean, Aydon, Aydyn

Aydin (turc) intelligent.
Aydan, Aydon, Aydyn

Ayers (anglais) héritier d'une fortune.

Ayinde (yoruba) nous avons loué et il est venu.

Aylmer (anglais) variante d'Elmer.
Aillmer, Ailmer, Allmer, Ayllmer

Aylwin (anglais) nobles amis.
Ailwan, Ailwen, Ailwin, Ailwyn, Alwan, Alwen, Aylwan, Aylwen, Aylwon, Aylwyn

Ayman, Aymon (français) variantes
de Raymond.
Aiman, Aimen, Aimin, Aimon, Aimyn, Aymen, Aymin, Aymyn

Aymán (libanais) adroit.

Aymil (grec) variante d'Émile.
Aimil, Aimyl, Aymyl

Ayo (yoruba) bonheur.

Ayoub ^{TOP}.100. (arabe) pénitent.

Ayraldo (germanique) noble, honorable.

Ayub (arabe) variante d'Ayoub.

Ayyûb (arabe) variante de Job.

Azad (turc) libre.
Azzad

Azadanes (hébreu) fort.

Azades (hébreu) variante d'Azadanes.

Azael (hébreu) fait à partir de Dieu.

Azahar (arabe) référence à la fleur d'oranger.

Azái (hébreu) fort.

Azanías (hébreu) Dieu l'entend.

Azare (hébreu) Dieu a aidé.

Azarias, Azarías (hébreu) le Seigneur
me soutient.

Azariel (hébreu) celui qui contrôle les eaux.

Azas (hébreu) fort.

Azazael (hébreu) nom d'un esprit malin.

Azazel (hébreu) esprit malin.

Azeca (hébreu) fort.

Azeem (arabe) variante d'Azim.
Aseem, Azzeem

Azekel (angolais) louanges de la part de Dieu.

Azhar (arabe) lumineux.

Azi (nigérien) jeune homme.
Azee, Azie, Azy

Azikiwe (africain) plein de vigueur.

Azim (arabe) défenseur.
Asim, Azeem, Azym

Azîm (arabe) variante d'Azim.

Azizi (swahili) précieux.

Azriel (hébreu) Dieu est mon aide.

Azul (arabe) couleur du ciel sans nuages.

Azuriah (hébreu) aidé par Dieu.
Azaria, Azariah, Azuria, Azuruah, Azurya

Azzâm (arabe) résolu, décidé.

B

Baal (chaldéen) celui qui domine un territoire.

Babatunde (nigérien) père est revenu.

Bábilas (hébreu) bouche de Dieu.

Babu (africain) grand-père.

Baco (grec) celui qui crée des troubles.

Badal (indien) nuage ; rouge.

Baden (allemand) baigneur.
Badan, Bade, Badin, Badon, Badyn, Baedan, Baede,
Baeden, Baedin, Baedon, Baedyn, Bayden, Baydon

Badilón (espagnol) audacieux, courageux.

Badri, Badrinath (indien) noms du dieu hindou
Vishnou.

Badrick (anglais) dirigeant à la hache.
Badric, Badrik, Badryc, Badryck, Badryk

Badriprasad, Bhadriprasad (indien) cadeau
de Bhadri.

Badru (swahili) né d'une pleine lune.

Badu (ghanéen) né en dixième.

Baez (gallois) sanglier.

Bahir (anglais) brillant, éblouissant.
Bahur

Bahram (persan) ancien roi.
Bairam

Bahubali (indien) fils du premier Tîrthankara,
un maître jaïn.

Bahuleya (indien) autre nom du dieu hindou
Kârttikeya.

Bail (anglais) variante de Vail.
Bale, Balle, Bayl, Bayle

Bailey **FC** (français) intendant, régisseur.
Bailea, Bailee, Baileigh, Baili, Bailie, Bailio, Baillea, Baillee,
Bailleigh, Bailley, Bailli, Baillie, Bailly, Baily, Bailye, Baley

Bain (irlandais) diminutif de Bainbridge.
Baine, Bayn, Bayne, Baynn

Bainbridge (irlandais) beau pont.
Baenbridge, Baenebridge, Bainebridge, Baynbridge,
Baynebridge

Baird (irlandais) ménestrel, barde itinérant ;
poète.
Bairde, Bard, Bayrd, Bayrde

Bajrang (indien) autre nom du dieu-singe
hindou Hanumān.

Bakari **CF** (swahili) promesse noble.
Bacari, Baccari, Bakarie, Bakary

Baker (anglais) boulanger. Voir aussi Baxter.
Bakir, Bakker, Bakory, Bakr

Bal (sanscrit) enfant né avec beaucoup
de cheveux.

Balaaditya (indien) jeune soleil.

Balachandra (indien) jeune lune.

Balagopal, Balagovind, Balakrishna, Balgopal
(indien) nom du dieu hindou Krishna
lorsqu'il est enfant.

Balaji (indien) autre nom du dieu hindou
Vishnou.

Balamani (indien) jeune bijou.

Balamohan (indien) qui est séduisant ;
nom du dieu hindou Krishna jeune.

Balaraj, Balbir, Baldev, Balvinder, Balvindra,
Balwant (indien) fort.

Balaram (indien) frère du dieu hindou Krishna.

Balasi (basque) aux pieds plats.

Balbino (latin) celui qui marmonne.

Balbo (latin) bègue.
Bailby, Balbi, Balbie, Balby, Ballbo

Baldemar (allemand) audacieux ; célèbre.
Baldemer, Baldmar, Baldmare, Baumar, Baumer

Balder (scandinave) chauve. Mythologie : dieu
nordique de la Lumière, de l'Été, de la Pureté
et de l'Innocence.
Baldier, Baldur, Baudier, Baulder

Balderico (allemand) variante de Baldemar.

Baldomero (allemand) variante de Baldemar.

Baldomiano (allemand) gouverneur.

Baldovín (espagnol) variante de Balduino.

Baldric (allemand) dirigeant courageux.
Baldrick, Baldrik, Baldryc, Baldryck, Baldryk, Baudric

Balduino (germanique) l'ami vaillant.

Baldwin (allemand) ami courageux.
Bald, Baldewin, Baldewyn, Baldovino, Balduin, Baldwinn, Baldwyn, Baldwynn, Balldwin, Baudoin, Baudoiun, Bealdwine

Balfour (écossais) pâturage.
Balfor, Balfore

Balin (hindi) soldat puissant.
Bali, Baline, Balyn, Balyne, Baylen, Baylin, Baylon, Valin

Ballard (allemand) courageux ; fort.
Balard, Balerd, Ballerd

Balraj (hindi) le plus fort.

Balsemio (latin) baume.

Baltazar (grec) variante de Balthazar.
Baltasar

Balthazar (grec) que Dieu sauve le roi. Bible : l'un des trois Rois Mages qui apportèrent des cadeaux à l'enfant Jésus.
Badassare, Baldassare, Balthasaar, Balthasar, Balthazzar, Baltsaros, Belshazar, Belshazzar, Boldizsár

Banan (irlandais) blanc.
Banen, Banin, Banon, Banun, Banyn

Banbihari (indien) l'un des noms du dieu hindou Krishna.

Bancroft (anglais) champ de haricots.
Ban, Bancrofft, Bank, Bankroft, Banky

Bandarido (latin) drapeau.

Bandhu (indien) ami.

Bandhul (indien) agréable.

Bandi ⓤ (hongrois) variante d'Andrew.
Bandee, Bandey, Bandie, Bandy

Bandit (allemand) hors-la-loi, voleur.
Badyt, Banditt, Bandytt

Bane (hawaïen) variante de Bartholomé.
Baen, Baene, Ban

Banner (écossais, anglais) porte-drapeau.
Banna, Bannar, Bannor, Banny

Banning (irlandais) petit et blond.
Baning, Bannie, Banny

Bao 🄵🄶 (chinois) trésor.

Baptiste ᵀᴼᴾ.₁₀₀ (grec) baptisé.
Baptist, Baptista, Baptysta, Battista

Baradine (australien) petit kangourou.
Baradin, Baradyn, Baradyne

Barak (hébreu) éclair. Bible : guerrier vaillant qui a aidé Déborah.
Barrack, Barrak, Baruch

Baram (hébreu) fils du peuple.
Barem, Barim, Barom, Barym

Baran (russe) bélier.
Baren, Barran, Barren

Barasa (kikuyu) lieu de rencontre.
Barasah

Barbaciano (latin) plein de cheveux.

Barclay (écossais, anglais) prairie de bouleaux.
Bar, Barcklae, Barcklaey, Barcklai, Barcklaie, Barclae, Barclaey, Barclai, Barclaie, Barcley, Barkclay, Barklay, Barklea, Barklee, Barkleigh, Barkley, Barkli, Barklie, Barkly, Barrclay, Berkeley

Bard (irlandais) variante de Baird.
Bar, Barde, Bardia, Bardiya, Barr

Barden (anglais) vallée de l'orge.
Bairdan, Bairden, Bairdin, Bairdon, Bairdyn, Bardan, Bardon, Bardyn, Bayrdan, Bayrden, Bayrdin, Bayrdon, Bayrdyn

Bardolf (allemand) loup brillant.
Bardo, Bardolfe, Bardolph, Bardolphe, Bardou, Bardoul, Bardulf, Bardulph

Bardrick (teuton) dirigeant à la hache.
Bardric, Bardrik, Bardryck, Bardryk

Bareh (libanais) capable.

Baris (turc) paisible.
Barris, Barrys, Barys

Barker (anglais) bûcheron ; bonimenteur.
Barkker

Barlaán (hébreu) fils de la communauté.

Barlow (anglais) coteau dépouillé.
Barloe, Barlowe, Barrlow, Barrlowe

Barnabas (grec, hébreu, araméen, latin) variante de Barnabé.
Bane, Barna, Barnaba, Barnabe, Barnabus, Barnaby, Barnebas, Barnebus, Barney, Barnibas, Barnibus, Barnybas, Barnybus, Burnabas

Barnabás (hébreu) variante de Barnabas.

Barnabé (grec, hébreu, araméen, latin) fils du missionnaire. Bible : Barnabé, apôtre chrétien et compagnon de Paul lors de son premier voyage missionnaire.
Barnabe

Barnaby (anglais) variante de Barnabé.
Barnabee, Barnabey, Barnabi, Barnabie, Bernabé,
Bernabee, Bernabey, Bernabi, Bernabie, Bernaby, Birnabee,
Birnabey, Birnabi, Birnabie, Birnaby, Burnabee, Burnabey,
Burnabi, Burnabie, Burnaby, Byrnabee, Byrnabey, Byrnabi,
Byrnabie, Byrnaby

Barnard (français) variante de Bernard.
Barn, Barnard, Barnhard, Barnhardo, Barnhart

Barnes (anglais) ours; fils de Barnett.

Barnett (anglais) aristocrate; dirigeant.
Barn, Barnet, Barnete, Barnette, Barney, Baronet,
Baronett

Barney (anglais) variante populaire de Barnabas,
de Barnett.
Barnee, Barni, Barnie, Barny

Barnum (allemand) grange; entrepôt; (anglais)
demeure de baron.
Barnham

Baron (allemand, anglais) noble, baron.
Baaron, Barin, Barion, Baronie, Baryn, Beron

Baroncio (latin) maladroit.

Barret (allemand) variante de Barrett.
Barrat, Barrhet, Barrit, Berrit

Barrett 🅶🅵 (allemand) fort comme un ours.
Bar, Baret, Barett, Barit, Baritt, Barretta, Barrette,
Barrhett, Barritt, Baryt, Barytt, Berrett

Barric (anglais) ferme de céréales.
Barrick, Barrik, Baryc, Baryck, Baryk, Beric, Berric,
Berrick, Berrik, Beryc, Beryck, Beryk

Barrington (anglais) ville entourée de remparts.
Géographie: nom d'une ville anglaise.
Barington

Barron (allemand, anglais) variante de Baron.
Barrin, Barrion, Barryn, Berron

Barry (gallois) fils de Harry; (irlandais) lance;
tireur d'élite; (français) portail, barrière.
Baree, Barey, Bari, Barie, Barree, Barrey, Barri, Barrie,
Bary

Barsabás, Bársabas (hébreu) fils du temps
passé loin.

Bart (hébreu) diminutif de Bartholomewe,
de Barton.
Barrt, Barte, Bartel, Bartie, Barty

Bartel (allemand) variante de Barthélemy.
Barthel, Barthol, Bartholdy

Bartélémy (français) variante de Barthélemy.

Barthélemy (hébreu) fils de Talmaí. Bible:
Barthélemy, l'un des Douze apôtres.
Barholomee, Barthelemi, Barthélemy, Barthélmy,
Bartholome, Bartholomy, Bartolome, Bartolomé

Bartholomew (hébreu) variante de Bathélemy.
Voir aussi Jerney, Parlan, Parthalán.
Balta, Bartek, Barteleus, Bartelmes, Barteo, Barth,
Barthelemy, Bartho, Bartholo, Bartholomaus,
Bartholomeo, Bartholomeus, Bartholomieu, Bartholomu,
Bartimous, Bartolomeo, Bartolomeô, Bartolommeo,
Bartome, Bartz

Bartlet (anglais) variante de Bartholomew.
Bartlett

Bartley (anglais) champ d'orge.
Bartlea, Bartlee, Bartleigh, Bartli, Bartlie, Bartly

Barto (espagnol) variante de Barthélemy.
Bardo, Bardol, Bartol, Bartoli, Bartolo, Bartos

Barton (anglais) ville de l'orge; ville de Bart.
Barrton, Bartan, Barten, Bartin, Bartyn

Bartram (anglais) variante de Bertram.
Barthram

Baruc, Baruj (hébreu) celui qui est béni
par Dieu.

Baruch (hébreu) béni.
Boruch

Baruti (égyptien) enseignant.

Basam (arabe) souriant.
Basem, Basim, Bassam, Bassem, Bassim

Basiano (latin) petit et corpulent.

Basil (anglais) variante de Basile.

Basile (grec, latin) royal, de roi. Religion: Basile,
saint et fondateur de monastères. Botanique:
le basilic, plante souvent utilisée en cuisine.
Voir aussi Vasilis, Wasili.
Bas, Basal, Base, Baseal, Basel, Basile, Basilius, Basino,
Basle, Bassel, Bazek, Bazel, Bazil, Bazyli

Basílides (grec) fils du roi.

Basilio (grec, latin) variante de Basile.
Basilios

Basir (turc) intelligent, clairvoyant.
Bashar, Basheer, Bashir, Bashiyr, Basyr, Bechir, Bhasheer

Bassett (anglais) petite personne.
Baset, Basett, Basit, Basset, Bassit

Bastet (égyptien) chat.

Bastien .TOP.·100· (allemand) diminutif de Sébastien.
Baste, Bastiaan, Bastian, Bastiane, Bastion, Bastyan, Bastyane

Basudha (indien) terre.

Bat (anglais) diminutif de Bartholomew.
Bato

Batildis (germanique) révolutionnaire intrépide.

Baudilio (teuton) celui qui est courageux et vaillant.

Baul (tsigane) escargot.

Bauterio (germanique) armée héroïque.

Bautista (grec) celui qui baptise.

Bavol (tsigane) vent ; air.
Baval, Bavel, Bavil, Bavyl, Beval, Bevel, Bevil, Bevol, Bevyl

Baxter (anglais) variante de Baker.
Bax, Baxie, Baxty, Baxy

Bay (vietnamien) septième fils ; (français) couleur châtain ; arbre à feuilles persistantes ; (anglais) bourde.
Bae, Bai, Baye

Bayard (anglais) cheveux brun-roux.
Baeyard, Baiardo, Baiyard, Bay, Bayardo, Bayerd, Bayrd

Baylee FG (français) variante de Bailey.
Baylea, Bayleigh, Bayli, Baylie, Bayly, Beylea, Beylee, Beyleigh, Beyley, Beyli, Beylie, Beyly

Bayle FG (français) variante de Bailey.

Bayron (allemand, anglais) variante de Baron.

Beacan (irlandais) petit.
Beacán, Beacen, Becan, Becen, Becin, Becon, Becyn

Beacher (anglais) hêtre.
Beach, Beachy, Beech, Beecher, Beechy

Beagan (irlandais) petit.
Beagen, Beagin, Beegan

Beale (français) variante de Beau.
Beal, Beall, Bealle, Beals, Beil, Beill, Beille, Beyl, Beyll, Beylle

Beaman (anglais) apiculteur.
Beamann, Beamen, Beeman, Beemen, Beman

Beamer (anglais) trompettiste.
Beemer

Beasley (anglais) champ de pois.
Beaslea, Beaslee, Beasleigh, Beasli, Beaslie, Beasly, Peaslee, Peasley

Beato (latin) heureux ; béni.

Beattie (latin) béni ; heureux ; porteur de joie.
Beatie, Beatti, Beatty, Beaty, Beeti, Beetie, Beety

Beau (français) beau.
Beale, Beaux, Bo

Beaufort (français) beau fort.
Bofort

Beaumont (français) belle montagne.
Bomont

Beauregard (français) beau ; séduisant ; bien vu, considéré.
Beaureguard, Boregard, Boreguard

Beaver (anglais) castor.
Beav, Beavo, Beever, Beve, Bevo

Bebe U (espagnol) bébé.

Beck (anglais, scandinave) ruisseau.
Beckett

Beda (teuton) celui qui commande et subvient aux besoins.

Bede (anglais) prière. Religion : saint Bède, patron des lecteurs de l'Université.

Bedir (turc) pleine lune.
Bedire, Bedyr, Bedyre

Bee GF (américain) la lettre B.

Beethoven (allemand) Musique : Ludwig van Beethoven était un musicien allemand de génie.

Beinvenido (espagnol) bienvenu.

Bejay (américain) combinaison de Beau et de Jay.
Beajae, Beajai, Beajay, Beejae, Beejai, Beejay, Beejaye

Bekele (éthiopien) il a grandi.

Bela U (tchèque) blanc ; (hongrois) éclatant.
Béla, Belah, Belay

Belal (tchèque, hongrois) variante de Bela.
Belaal, Belall, Bellal

Belarmino (germanique) qui a une belle armure.

Belden (français, anglais) jolie vallée.
Baliden, Balidin, Balidon, Balidyn, Beldan, Beldin, Beldon, Beldyn, Belidan, Belldan, Bellden, Belldin, Belldon, Belldyn

Belen FG (grec) flèche.

Belén (hébreu) maison du pain.

Beli (gallois) blanc.
Belee, Beley, Belie, Bely

Belino (latin) homme de guerre.

Belisario (grec) celui qui lance des flèches
avec adresse.

Bell (français) beau; (anglais) porteur de cloche.
Bel

Bellamy (français) bel ami.
Belami, Belamie, Belamy, Bellamey, Bellamie

Bello (africain) aide ou promoteur de l'islam.
Belo

Belmiro (portugais) beau; séduisant.
Belmirow, Belmyro, Belmyrow

Beltane (français) nom classique.

Belveder (italien) beau.
Belvedear, Belvedere, Belvidere, Belvydear, Belvydere

Bem (tiv) paix.
Behm

Bemabé (espagnol) fils réconfortant.

Bembé (espagnol) prophète.

Ben (hébreu) diminutif de Benjamin.
Behn, Benio, Benn

Ben Zion (hébreu) fils de Zion.
Benzi

Ben-ami (hébreu) fils du peuple.
Baram, Barami

Benaiá (hébreu) Dieu a construit.

Benedict (latin) béni. Voir aussi Venedictos,
Venya.
*Benci, Bendict, Bendix, Bendrick, Benedictas, Benedictus,
Benediktas, Benedit, Benedyct*

Benedicto (espagnol) variante de Benedict.

Benedikt (allemand, slave) variante de Benedict.
*Bendek, Bendic, Bendick, Bendik, Benedek, Benedic,
Benedick, Benedik, Benedix, Benedyc, Benedyck, Benedyk*

Benedito (latin) variante de Benedict.

Benevento (latin) bienvenu.

Bengt (scandinave) variante de Benedict.
Beng, Benke, Bent

Beniam (éthiopien) variante de Benjamin.
Beneyam, Beniamin, Beniamino

Benicio (latin) ami qui monte à cheval.

Benigno (latin) le fils prodigue; celui qui fait
de bonnes actions.

Benildo (teuton) qui se bat contre les ours.

Benincasa (arabe) fils de Qasim.

Benito (italien) variante de Benedict. Histoire:
Benito Mussolini, dirigeant fasciste de l'Italie
pendant la Seconde Guerre mondiale.
*Banyto, Bendetto, Bendino, Benedetto, Benedo, Benino,
Bennito, Benno, Beno, Beto, Betto*

Benjamen (hébreu) diminutif de Benjamin.
*Banjamen, Benejamen, Bengamen, Benjermen, Benjjmen,
Bennjamen*

Benjamin **TOP .100.** (hébreu) fils de ma main droite.
Voir aussi Peniamina, Veniamin.
*Banjamin, Banjamyn, Behnjamin, Bejamin, Benejaminas,
Bengamin, Bengamon, Bengamyn, Beniam, Beniamino,
Benja, Benjahmin, Benjaim, Benjam, Benjamain, Benjamine,
Benjaminn, Benjamino, Benjamon, Benjamyn, Benjamynn,
Benjemin, Benjermain, Benjermin, Benkamin, Bennjamin,
Bennjamon, Bennjamyn, Benyamin, Benyamino, Binyamin,
Mincho*

Benjamín (hébreu) variante de Benjamin.

Benjiman (hébreu) variante de Benjamin.
*Banjaman, Bemjiman, Bengaman, Benjaman, Benjimen,
Benjimin, Benjimon, Benjmain, Bennjaman*

Benjiro (japonais) qui apprécie la paix.

Benjy (hébreu) variante populaire de Benjamin.
*Bengee, Bengey, Bengi, Bengie, Bengy, Benjee, Benjey, Benji,
Benjie, Bennjee, Bennjey, Bennji, Bennjie, Bennjy*

Bennett **GF** (latin) enfant béni.
*Benet, Benett, Benette, Benit, Benitt, Bennet, Bennete,
Bennette, Benyt, Benytt*

Bennie, Benny (hébreu) variantes populaires
de Benjamin.
*Bene, Benee, Beney, Beni, Benie, Benne, Bennee, Benney,
Benni, Beny*

Beno (hébreu) fils; (mwera) membre
d'une troupe.
Benno

Benoît (latin) protégé de Dieu; béni.
Benoitt, Benott, Benoyt, Benoytt

Benoni (hébreu) fils de ma peine. Bible: Bénoni
est l'un des noms d'un fils de Jacob et Rachel.
Ben-Oni, Benonee, Benoney, Benonie, Benony

Benson (hébreu) fils de Ben. Diminutif
de Ben Zion.
*Bennsan, Bennsen, Bennsin, Bennson, Bennsyn, Bensan,
Bensen, Bensin, Benssen, Bensson, Bensyn*

Bentivolio (latin) je t'aime; je te désire.

Bentley (anglais) lande ; prairie à l'herbe rugueuse.
Bent, Bentlea, Bentlee, Bentleigh, Bentli, Bentlie, Bently, Lee

Bento (latin) bien nommé.

Benton (anglais) ville de Ben ; ville dans la lande.
Bent

Benxamín (hébreu) variante de Benjamin.

Benzi (hébreu) variante populaire de Ben Zion.
Benzee, Benzey, Benzie, Benzy

Beppe (italien) variante de Joseph.
Bepe, Beppy

Ber (anglais) limite, frontière ; (yiddish) ours.

Beraco (celte) ours.

Berardo (germanique) variante de Bernard.

Bercario (allemand) prince de l'armée.

Beredei (russe) variante de Hubert.
Berdry, Berdy, Beredej, Beredy

Beregiso (germanique) lame de l'ours.

Berengario (germanique) lame du guerrier.

Berenger (français) courageux comme un ours.
Berengir, Berynger

Berenguer (teuton) variante de Bérenger.

Berg (allemand) montagne.
Berdj, Berge, Bergh, Berje

Bergen (allemand, scandinave) habitant des collines.
Bergan, Bergin, Bergon, Bergyn, Birgin

Berger (français) berger.

Bergren (scandinave) torrent.
Berggren, Bergrin

Berhanu (éthiopien) ta lumière.

Berk (turc) solide ; rude.
Berc, Berck, Berke

Berkeley (anglais) variante de Barclay.
Berkelea, Berkelee, Berkeleigh, Berkeli, Berkelie, Berkely, Berkie, Berklea, Berklee, Berkleigh, Berkli, Berklie, Berkly, Berky, Burkley

Berkley U (anglais) variante de Barclay.

Berl (allemand) variante de Burl.
Bearl, Bearle, Berle, Berlea, Berlee, Berli, Berlie, Birl, Birle

Berlyn (allemand) ligne frontière.
Voir aussi Burl.
Berlin, Burlin, Burlyn

Bermo (grec) de Thessalie, région de Grèce.

Bermudo (allemand) vaillant ours ; guerrier.

Bern (allemand) diminutif de Bernard.
Berne

Bernabé (français) variante de Barnabé.

Bernal (allemand) fort comme un ours.
Bernald, Bernall, Bernalle, Bernhald, Bernhold, Bernold, Burnal

Bernaldino (allemand) ours fort.

Bernard (allemand) courageux comme un ours.
Voir aussi Bjorn.
Barnard, Bear, Bearnard, Benek, Ber, Berend, Bern, Bernad, Bernadas, Bernal, Bernardel, Bernardin, Bernardus, Bernardyn, Bernarr, Bernat, Bernek, Bernel, Bernerd, Berngards, Bernhard, Bernhards, Bernhardt, Bernhart, Burnard

Bernardino (espagnol) variante de Bernard.
Barnardino

Bernardo (espagnol) variante de Bernard.
Barnardo, Barnhardo, Benardo, Bernaldo, Bernhardo, Berno, Burnardo, Nardo

Bernbe (espagnol) variante de Barnaby.

Bernd (allemand) variante de Bernardo.

Bernie (allemand) variante populaire de Bernard.
Bernie, Bernee, Berney, Berni, Berny, Birnee, Birney, Birni, Birnie, Birny

Bernón (allemand, espagnol) ours.

Bernstein (allemand) pierre d'ambre.
Bernsteen, Bernsteyn, Bernsteyne

Berry GF (anglais) baie ; raisin.
Berri, Berrie

Bersh (tsigane) un an.
Besh

Bert (allemand, anglais) brillant, rayonnant. Diminutif de Berthold, de Berton, de Bertram, de Bertrand, d'Egbert, de Filbert.
Bertus, Birt, Byrt

Bertadio (allemand) variante de Burton.

Bertario (germanique) armée brillante.

Berthold (allemand) brillant ; illustre ; dirigeant remarquable.
Berthoud, Bertoide, Bertold, Bertoldi, Bertolt, Burthold, Burtholde

Bertie (anglais) variante populaire de Bert, d'Egbert.
Berty, Birt, Birtie, Birty

Bertil (scandinave) brillant; héros.
Bertyl, Birtil, Birtyl, Burtil, Burtyl, Byrtil, Byrtyl

Bertín (espagnol) ami distingué.
Bertyn, Burtin, Burtyn

Bertino (allemand) brillant; célèbre.

Berto (espagnol) diminutif d'Alberto.
Burto

Bertoldi (italien) variante de Berthold.
Bertolde, Bertuccio

Bertoldo (germanique) le patron splendide.

Berton (anglais) belle habitation; ville fortifiée.
Bertan, Berten, Burtan, Burten

Bertram (allemand) brillant; illustre; (anglais) corbeau de couleur vive. Voir aussi Bartram.
Beltran, Beltrán, Beltrano, Bertrae, Bertraim, Bertramus, Bertraum, Bertrem, Bertron

Bertrán (espagnol) variante de Bertram.

Bertrand (allemand) bouclier étincelant.
Bertran, Bertrando, Bertranno, Burtrand

Bertualdo (allemand) communauté; dirigeant illustre.

Bertuino (allemand) brillant.

Bertulfo (teuton) le guerrier qui brille.

Berwick (anglais) ferme d'orge.
Berwic, Berwik, Berwyc, Berwyck, Berwyk

Berwyn Ⓤ (gallois) tête blanche.
Berwin, Berwynn, Berwynne

Besa (grec) homme de la vallée.

Besarión (grec) le marcheur.

Besín (grec) parent de Bessa.

Betel, Betue (hébreu) maison de Dieu.

Betsabé (hébreu) serment de Dieu.

Beval (anglais) comme le vent.
Bevel, Bevil, Bevyl

Bevan (gallois) fils d'Evan.
Beavan, Beaven, Beavin, Bev, Beve, Beven, Bevin, Bevo, Bevon, Bevyn

Beverly ⒻⒼ (anglais) champ de castors.
Beverlea, Beverlee, Beverleigh, Beverley, Beverli, Beverlie

Bevis (français) de Beauvais, en France; bœuf.
Beauvais, Beavis, Beavys, Beuves, Bevys

Bhagwandas (hindi) serviteur de Dieu.

Bibiano (espagnol) petit homme.

Bickford (anglais) gué de l'homme à la hache.
Bickforde, Bikford, Bycford, Byckford, Bykford

Bieito, Bieto (latin) bien nommé.

Bienvenido (philippin) bienvenu.

Bijan (persan) ancien héros.
Bihjan, Bijann, Bijhan, Bijhon, Bijon, Byjan

Bilal (arabe) choisi.
Bila, Bilaal, Bilale, Bile, Bilel, Billaal, Billal

Bill (allemand) diminutif de William.
Bil, Billee, Billijo, Billye, Byll, Will

Billie ⒻⒼ (allemand) variante populaire de Bill, de William.
Bilea, Bilee, Bileigh, Biley, Bili, Bilie, Bille, Billea, Billee, Billey, Billi, Bily, Willie

Billy ⒼⒻ (allemand) variante populaire de Bill, de William.

Binah (hébreu) compréhensif; sage.
Bina, Byna, Bynah

Bing (allemand) cavité en forme de bouilloire.
Byng

Binh (vietnamien) paisible.
Bin

Bienkentios (grec) variante de Vincent.

Binky (anglais) variante populaire de Bancroft, de Vincent.
Bink, Binki, Binkie

Birch (anglais) blanc; éclatant; bouleau.
Berch, Berche, Birche, Birk, Burch, Byrch, Byrche

Birger (norvégien) secouru.
Berger

Birin (australien) falaise.
Biryn, Byrin, Byryn

Birino (latin) rougeâtre.

Birkey (anglais) île aux bouleaux.
Berkee, Berkey, Berki, Berkie, Berky, Birk, Birkee, Birki, Birkie, Birky

Birkitt (anglais) côte aux bouleaux.
Berket, Berkett, Berkette, Birk, Birket, Birkett, Birkit, Burket, Burkett, Burkette, Burkitt, Byrket, Byrkett

Birley (anglais) prairie avec une grange aux vaches.
Berlea, Berlee, Berleigh, Berley, Berli, Berlie, Berly, Birlea, Birlee, Birleigh, Birlie, Birly

Birney (anglais) île au ruisseau.
Birne, Birnee, Birni, Birnie, Birny, Burnee, Burney, Burni, Burnie, Burny

Birtle (anglais) colline aux oiseaux.

Bishop (grec) surveillant ; (anglais) évêque.
Bish, Bishup

Bjorn (scandinave) variante de Bernard.
Bjarne, Bjorne

Blackburn (écossais) ruisseau noir.
Blackbern, Blackberne, Blackburne

Blade (anglais) couteau, épée.
Bladen, Bladon, Bladyn, Blae, Blaed, Blaid, Blaide, Blayd, Blayde

Bladimir (russe) variante de Vladimir.
Bladimer

Bladimiro (slave) prince de la paix.

Blain (irlandais, anglais) variante de Blaine.

Blaine GF (irlandais) mince, svelte ; (anglais) source d'une rivière.
Blayne

Blair U (irlandais) plaine, champ ; (gallois) lieu.
Blaire, Blare, Blayr, Blayre

Blaise GF (français) variante de Blaze.
Ballas, Balyse, Blais, Blaisot, Blase, Blasi, Blasien, Blasius

Blaize (français) variante de Blaze.

Blake GF (anglais) séduisant ; sombre.
Blaec, Blaek, Blaik, Blaike, Blakeman, Blakey

Blakely U (anglais) prairie sombre.
Blakelea, Blakelee, Blakeleigh, Blakeley, Blakeli, Blakelie, Blakelin, Blakelyn, Blakeny, Blakley, Blakney

Blanco (espagnol) à la peau claire ; blanc ; blond.
Blanko

Blandino (latin) celui qui est flatté.

Blane (irlandais) variante de Blaine.
Blaney, Blanne

Blas (français) variante de Blaze.
Blass, Blaz

Blasco (latin) de couleur pâle.

Blayke (anglais) variante de Blake.
Blayk

Blayne GF (irlandais) variante de Blaine.
Blayn, Blayney

Blayze (français) variante de Blaze.
Blayse, Blayz, Blayze, Blayzz

Blaze (latin) bègue ; (anglais) flamme ; marque faite sur un arbre.
Balázs, Biaggio, Biagio, Blazen, Blazer

Bliss FG (anglais) bienheureux ; joyeux.
Blis, Blys, Blyss

Blondel (français) blond.
Blondell, Blundel, Blundell, Blundelle

Bly (amérindien) haut.
Bli, Bligh

Bo GF (anglais) variante de Beau, de Beauregard ; (allemand) variante de Bogart.
Boe

Boaz (hébreu) rapide ; fort.
Boas, Booz, Bos, Boz

Bob (anglais) diminutif de Robert.
Bobb, Rob

Bobbie FG (anglais) variante populaire de Bob, de Robert.
Bobbee, Bobbey, Bobbi, Bobbye, Bobee, Bobey, Bobi, Bobie, Boby

Bobby (anglais) variante populaire de Bob, de Robert.

Bobek (tchèque) variante de Bob, de Robert.

Bobo (ghanéen) né un mardi.

Boden (scandinave) abrité ; (français) messager, héraut.
Bodene, Bodin, Bodine, Bodyn, Bodyne, Boe

Bodhi (américain) variante de Bodie.

Bodie (scandinave) variante populaire de Boden.
Boddie, Bode, Bodee, Bodey, Bodi, Boedee, Boedi, Boedy

Bodil U (norvégien) dirigeant puissant.
Bodyl

Bodua (akan) queue d'animal.
Boduah

Boecio (grec) celui qui aide ; le défenseur, qui va au combat préparé.

Bogart (allemand) fort comme un arc ; (irlandais, gallois) marais, marécage.
Bogar, Bogey, Bogie, Bogy

Bohdan (ukrainien) variante de Donald.
Bogdan, Bogdashka, Bogden, Bogdin, Bogdon, Bogdyn, Bohden, Bohdon

Boleslao (slave) le plus glorieux des glorieux.
Boleslao

Bolívar (basque) moulin du littoral.

Bolodenka (russe) calme.

Bolton (anglais) de la ferme du manoir.
Boltan, Bolten, Boltin, Boltyn

Bomani (égyptien) guerrier.

Bonaro (italien, espagnol) ami.
Bona, Bonar, Bonnar

Bonaventure (italien) bonne chance.
Bonaventura

Bond (anglais) laboureur de la terre.
Bondie, Bondon, Bonds, Bondy

Bonfilio, Bonfilo (latin) bon fils.

Boni (latin) homme décent.

Boniface (latin) bonne âme.
Bonifacio, Bonifacius, Bonifacy

Bonifaci (français) variante de Boniface.

Bonito (latin) digne.

Bono, Bonoso (latin) homme décent.

Booker (anglais) concepteur de livres;
amoureux de livres; amoureux de la Bible.
Bookie, Bookker, Books, Booky

Boone (latin, français) bon. Histoire: Daniel
Boone était un pionnier américain.
Bon, Bone, Bonne, Boon, Boonie, Boony

Booth (anglais) hutte; (scandinave) demeure
temporaire.
Boot, Boote, Boothe, Bothe

Borak (arabe) éclair. Mythologie: le cheval
qui emporte Mahomet au septième ciel.
Borac, Borack

Borden (français) chaumière; (anglais)
vallée du sanglier; tanière du sanglier.
Bord, Bordan, Bordie, Bordin, Bordon, Bordy,
Bordyn

Boreas (grec) le vent du nord.

Bord (scandinave) château.
Borge

Boris (slave) combattant, guerrier. Religion:
saint Boris, patron de Moscou, des princes
et de la Russie.
Boriss, Borja, Borris, Borya, Boryenka, Borys

Borís (russe) variante de Boris.

Borka (russe) combattant.

Boseda (tiv) né un samedi.
Bosedah

Bosley (anglais) bosquet d'arbres.
Boslea, Boslee, Bosleigh, Bosli, Boslie, Bosly

Boswell (anglais) enclos de sangliers
près du ruisseau.
Boswel, Bozwel, Bozwell

Botan (japonais) fleur, bourgeon.
Boten, Botin, Boton, Botyn

Boulus (arabe) variante de Pablo.

Bourey (cambodgien) pays.
Bouree

Bourne (latin, français) frontière; (anglais)
ruisseau, rivière.
Born, Borne, Bourn

Boutros (arabe) variante de Pierre.
Boutro

Bowen (gallois) fils d'Owen.
Bow, Bowan, Bowe, Bowie, Bowin, Bowon, Bowyn, Bowynn

Bowie (irlandais) aux cheveux jaunes. Histoire:
James Bowie était un américain originaire
du Mexique qui mourut en défendant Alamo.
Bow, Bowee, Bowey, Bowi, Bowy

Boy (français) diminutif de Boyce.
Boy

Boyce (français) bois, forêt.
Boice, Boise, Boycey, Boycie, Boyse

Boyd (écossais) aux cheveux jaunes.
Boid, Boydan, Boyde, Boyden, Boydin, Boydon, Boydyn

Brad (anglais) diminutif de Bradford,
de Bradley.
Bradd, Brade

Bradburn (anglais) large ruisseau.
Bradbern, Bradberne, Bradborn, Bradborne, Bradbourn,
Bradbourne, Braddbourn, Braddbourne

Braden (anglais) large vallée.
Bradan, Bradden, Bradeon, Bradin, Bradine, Bradun,
Bredan, Bredon

Bradey (irlandais, anglais) variante de Brady.

Bradford (anglais) large gué.
Braddford, Bradforde, Ford

Bradlee, Bradly (anglais) variantes de Bradley.
Braddlea, Braddlee, Braddleigh, Braddli, Braddlie, Braddly,
Bradlea, Bradleigh, Bradlie

Bradley **GF** (anglais) vaste prairie.
Braddley, Bradlay, Bradlyn, Bradney

Bradon (anglais) large colline.

Bradshaw (anglais) vaste forêt.
Braddshaw

Brady GF (irlandais) plein d'entrain ; (anglais) île large.
Bradi, Bradie, Bradye, Braedee, Braedey, Braedi, Braedie, Braedy, Braidy

Bradyn (anglais) variante de Braden.
Bradynne, Braidyn, Braydyn, Breidyn

Braedan, Braedyn (anglais) variante de Braden.
Braedin

Braeden GF (anglais) variante de Braden.

Braedon (anglais) variante de Bradon.
Breadon

Bragi (scandinave) poète. Mythologie : dieu de la Poésie, de l'Éloquence et du Chant.
Brage

Braham (hindi) créateur.
Braheem, Braheim, Brahiem, Brahima, Brahm

Braiden (anglais) variante de Braden.
Braidan, Braidin

Braidon (anglais) variante de Bradon.

Brainard (anglais) corbeau courageux ; prince.
Brainerd, Braynard

Bram (écossais) ronces, broussailles ; (hébreu) diminutif d'Abraham, d'Abram.
Bramdon, Brame, Bramm

Bramwell (anglais) source aux ronces.
Brammel, Brammell, Bramwel, Bramwele, Bramwyll

Branch (latin) patte ; griffe ; branche d'arbre.

Brand (anglais) brandon ; épée. Diminutif de Brandon.
Brandall, Brande, Brandel, Brandell, Brander, Brandley, Brann

Brandan (anglais) variante de Brandon.

Brandán (celte) variante de Brandan.

Brandeis (tchèque) habitant d'une clairière brûlée.
Brandis

Branden GF (anglais) vallée lumineuse.
Brandden, Brandene, Breandan

Brandin (anglais) variante de Branden.
Brandine

Brando (anglais) variante de Brand.
Brandol

Brandon GF (anglais) colline lumineuse.
Bran, Branddon, Brandone, Brandonn, Brandyn, Branndan, Branndon, Breandon, Brendon

Brandt (anglais) variante de Brant.

Brandyn (anglais) variante de Branden, de Brandon.
Brandynn

Brannen, Brannon (irlandais) variantes de Brandon.
Branen, Brannan, Brannin, Branon

Bransen (anglais) variante de Branson.

Branson (anglais) fils de Brandon, de Brant. Variante de Bronson.
Bransan, Bransin, Bransyn, Brantson

Brant (anglais) fier.
Brannt, Brante, Branton

Brantley, Brantly (anglais) variantes de Brant.
Brantlee, Brantleigh, Brantlie, Brentlee, Brentley, Brently

Branton (anglais) ville de Brant.

Brasil (irlandais) courageux ; fort dans le conflit.
Brasill, Brasyl, Brasyll, Brazil, Brazill, Brazyl, Brazyll, Brazylle

Braulio (italien) variante de Brawley.
Brauli, Brauliuo

Brawley (anglais) prairie sur le coteau.
Brawlea, Brawlee, Brawleigh, Brawli, Brawlie, Brawly

Braxton GF (anglais) ville de Brock.
Brax, Braxdon, Braxston, Braxtan, Braxten, Braxtin, Braxtyn, Braxxton

Brayan (irlandais, écossais) variante de Brian.
Brayn, Brayon

Brayden (anglais) variante de Braden.
Braydan, Braydin, Braydn, Breydan, Breyden

Braydon (anglais) variante de Bradon.
Braydoon, Breydon

Braylon (américain) combinaison de Braydon et de Lynn.

Brayton (anglais) variante de Brighton ; (écossais) variante de Bret.
Braten, Braton

Breck U (irlandais) qui a des taches de rousseur.
Brec, Breckan, Brecken, Breckie, Breckin, Breckke, Breckyn, Breik, Brek, Brexton

Brede (scandinave) iceberg, glacier.
Bred

Brencis (letton) variante de Lawrence.
Brence, Brencys

Brendan (irlandais) petit corbeau ; (anglais) épée.
Breandan, Breendan, Bren, Brenden, Brendis, Brendon, Brenn, Brenndan, Bryn

Brenden, Brendin (irlandais) variantes
de Brendan.
Bren, Brendene, Brendine, Brennden, Brenndin

Brendon (anglais) variante de Brandon;
(irlandais, anglais) variante de Brendan.
Brenndon

Brendyn (irlandais, anglais) variante de Brendan.
Brenndyn, Brenyan

Brenen, Brennen, Brennon (anglais, irlandais)
variantes de Brendan.
*Bren, Brenan, Brenin, Brenn, Brenna, Brennann, Brennin,
Brennun, Brennyn, Brenon*

Brennan ⚑ (anglais, irlandais) variante
de Brendan.

Brenner (anglais, irlandais) variante de Brendan.
Brennor

Brent (anglais) diminutif de Brenton.
Brendt, Brente, Brentson, Brentt

Brenten (anglais) variante de Brenton.
Brentten

Brentley (anglais) variante de Brantley.
Brentlee, Brently

Brenton (anglais) côte raide.
Brentan, Brentin, Brentton, Brentun, Brentyn

Breogán (espagnol) indique une famille
ou une origine.

Breon, Breyon (irlandais, écossais) variantes
de Brian.
Breyan

Bret ⚑ (écossais) de Grande-Bretagne.
Voir aussi Britton.
Bhrett, Bretley, Bretlin, Brette

Breton, Bretton (écossais) variantes de Bret.
*Bretan, Breten, Bretin, Brettan, Bretten, Brettun, Brettyn,
Bretyn*

Brett ⚑ (écossais) de Grande-Bretagne.

Brewster (anglais) brasseur.
*Brew, Brewer, Brewstar, Brewstarr, Brewstir, Brewstor,
Bruwster*

Brian (irlandais, écossais) fort; vertueux;
honorable. Histoire: Brian Boru était un
roi irlandais et héros national au xie siècle.
Voir aussi Palaina.
*Braiano, Briana, Briann, Brianna, Brianne, Briano, Briant,
Briante, Briaun, Briayan, Brin, Briny*

Briar ⚑ (français) bruyère.
Brier, Brierly

Briccio, Bricio (celte) force.

Brice ⚑ (gallois) vigilant; ambitieux;
(anglais) fils de Rice.
Bricen, Briceton, Brise, Brisen, Bryce

Brick (anglais) pont.
Bric, Bricker, Bricklen, Brickman, Brik, Bryc, Bryck, Bryk

Bridgely (anglais) prairie près du pont.
*Bridgelea, Bridgelee, Bridgelei, Bridgeleigh, Bridgeley,
Bridgeli, Bridgelie*

Bridger (anglais) constructeur de pont.
Bridd, Bridgar, Bridge, Bridgir, Bridgor

Brien (irlandais, écossais) variante de Brian.
Brience, Brient

Brigham (anglais) pont couvert; (français)
troupes, brigade.
Brig, Brigg, Briggs, Bringham

Brighton (anglais) ville lumineuse.
Breighton, Bright, Brightin, Bryton

Brigliadoro (italien) nom classique.

Brinley (anglais) de couleur fauve.
*Brinlea, Brinlee, Brinlei, Brinleigh, Brinli, Brinlie, Brinly,
Brynlea, Brynlee, Brynlei, Brynleigh, Brynley, Brynli,
Brynlie, Brynly*

Brion (irlandais, écossais) variante de Brian.
Brieon, Brione, Brionn, Brionne

Brishan (tsigane) né pendant une averse.
*Brishen, Brishin, Brishon, Bryshan, Bryshen, Bryshin,
Bryshon, Bryshyn*

Brit (écossais) variante de Bret.
Voir aussi Britton.
Brityce

Britanic (catalan) variante de Bruno.

Briton ⚑ (écossais) variante de Britton.
Britain, Briten, Britian, Brittain, Brittian

Britt Ⓤ (écossais) variante de Bret.

Brittan Ⓤ (écossais) variante de Britton.

Britten Ⓤ (écossais) variante de Britton.

Britton ⚑ (écossais) de Grande-Bretagne.
Voir aussi Bret, Brit.
Britin, Brittin, Brittun, Brittyn

Britvaldo (germanique) chef des Britanniques.

Broc (anglais) variante de Brock.

Brocardo (breton) guerrier armé.

Brock (anglais) blaireau.
Brocke, Brockett, Brockie, Brockley, Brocky, Brok, Broque

Brockton (anglais) variante de Brock.

Brod (anglais) diminutif de Broderick.
Brode

Broden (irlandais) variante de Brody ;
(anglais) variante de Brod.

Broderick (gallois) fils du dirigeant célèbre ;
(anglais) large corniche. Voir aussi Roderick.
Brodaric, Brodarick, Brodarik, Brodderick, Brodderrick,
Broderic, Broderik, Broderrick, Broderyc, Broderyck,
Broderyk, Brodrick

Brodie CF (irlandais) variante de Brody.
Broddie, Brodee, Brodi, Broedi

Brodrick (gallois, anglais) variante de Broderick.
Broddrick, Brodric, Brodryck

Brody (irlandais) fossé ; constructeur de canal.
Broddy, Brodey, Broedy

Brogan CF (irlandais) chaussure pour
des travaux difficiles.
Brogen, Broghan, Broghen

Bromley (anglais) prairie couverte
de broussailles.
Bromlea, Bromlee, Bromleigh, Bromli, Bromlie, Bromly

Bron (afrikaans) source, origine.
Brone

Bronislaw (polonais) arme de gloire.
Bronislav, Bronyslav, Bronyslaw

Bronson (anglais) fils de Brown.
Bransin, Bron, Bronnie, Bronnson, Bronny, Bronsan,
Bronsen, Bronsin, Bronsonn, Bronsson, Bronsun, Bronsyn,
Brunson

Brooks CF (anglais) fils de Brook.
Brookes, Broox

Brown (anglais) brun ; ours.
Browne

Bru (catalan) variante de Bruno.

Bruce (français) brousse ; bois.
Brooce, Broose, Brucey, Brucy, Brue, Bruis, Bruse

Brunelle (français) cheveux noirs.

Bruno (allemand, italien) aux cheveux bruns ;
à la peau brune.
Brunon, Bruns

Brutus (latin) grossier, stupide. Histoire :
général romain qui conspira à l'assassinat
de Jules César.
Brootus, Brutas, Brutis, Brutiss, Brutos, Brutoss, Brutuss

Bryan (irlandais) variante de Brian.
Brayan, Bryann, Bryen

Bryant (irlandais) variante de Bryan.
Bryent

Bryar, Bryer (français) variantes de Briar.
Bryor

Bryce CF (gallois) variante de Brice.
Brycen, Bryceton, Bryse, Bryston

Bryden, Brydon (anglais) variante de Braden.
Brydan

Bryn FC (gallois) montagne ; (allemand, anglais)
variante de Bryon.
Brin, Brinn, Bryne, Brynn, Brynne

Brynmor (gallois) grande montagne.
Brinmor, Brinmore, Brynmore

Bryon (allemand) chaumière ; (anglais) ours.
Bryeon, Bryone

Brys (français) vient de Brys.

Brysen (gallois) variante de Bryson.

Bryson (gallois) fils de Brice.
Brysan, Brysun, Brysyn

Bryton (anglais) variante de Brighton.
Brayten, Breyton, Bryeton, Brytan, Bryten, Brytin,
Brytten, Brytton

Bubba (allemand) un garçon.
Babba, Babe, Bebba

Buck (allemand, anglais) daim.
Buc, Buckie, Buckley, Buckner, Bucko, Bucky, Buk

Buckley (anglais) prairie au cerf.
Bucklea, Bucklee, Buckleigh, Buckli, Bucklie, Buckly, Buclea,
Buclee, Bucleigh, Bucley, Bucli, Buclie, Bucly, Buklee,
Bukleigh, Bukley, Bukli, Buklie, Bukly

Buckminster (anglais) prédicateur.

Bucolo (grec) voyeur.

Bud (anglais) hérault, messager.
Budd

Buddy (américain) variante populaire de Bud.
Budde, Buddee, Buddey, Buddi, Buddie, Budi, Budie, Budy

Buell (allemand) habitant des collines ;
(anglais) taureau.
Buel

Buenaventura (latin) celui qui prédit le bonheur.

Buford (anglais) gué près du château.
Burford

Buinton, Buintón (espagnol) né en cinquième.

Bundy (anglais) libre.
Bundee, Bundey, Bundi, Bundie

Bunyan (australien) maison des pigeons.
Bunyen, Bunyin, Bunyon, Bunyyn

Burbank (anglais) du château sur la pente.
Berbanc, Berbanck, Berbank, Burbanc, Burbanck

Burcardo (germanique) protecteur audacieux;
le défenseur de la forteresse.

Burcet (français) qui vient du fort.

Burdan (anglais) vallée aux bouleaux.
*Berdan, Berden, Berdin, Berdon, Berdyn, Birdan, Birden,
Birdon, Birdyn, Burden, Burdin, Burdon, Burdun, Burdyn*

Burdett (français) petit bouclier.
Berdet, Berdett, Berdette, Burdet, Burdette

Burford (anglais) gué aux bouleaux.
*Berford, Berforde, Birford, Birforde, Burforde, Byrford,
Byrforde*

Burgess (anglais) bourgeois, habitant d'une ville;
commerçant.
Bergess, Birgess, Burg, Burges, Burgh, Burgiss, Burr, Byrgess

Burian (ukrainien) qui vit près des mauvaises
herbes.
*Berian, Beriane, Beryan, Beryane, Birian, Biriane, Biryan,
Biryane, Buriane, Byrian, Byriane, Byryan, Byryane*

Burke (allemand, français) forteresse, château.

Buzz (écossais) diminutif de Busby.
Birk, Birke, Bourke, Burk, Byrk, Byrke Buzzy

Burl (anglais) porteur de gobelet; serveur de vin;
nœud dans un arbre; (allemand) diminutif
de Berlyn.
Berl, Burle, Byrl, Byrle

Burleigh (anglais) prairie plantée d'arbres
aux troncs noués.
*Berleigh, Berley, Birlea, Birlee, Birleigh, Birley, Birli, Birlie, Birly,
Burlea, Burlee, Burley, Burli, Burlie, Burly, Byrlee, Byrleigh*

Burne (anglais) ruisseau.
Beirne, Burn, Byrne

Burnell (français) petit; aux cheveux bruns.
*Bernel, Bernell, Bernelle, Birnel, Birnell, Birnelle, Burnel,
Burnele, Burnelle, Byrnel, Byrnell, Byrnelle*

Burnett (anglais) ortie brûlée.
Bernet, Bernett, Birnet, Birnett, Burnet

Burney (anglais) île au ruisseau. Variante
populaire de Rayburn.
*Burnee, Burni, Burnie, Burny, Byrnee, Byrney, Byrni, Byrnie,
Byrny*

Burr (suédois) jeunesse; (anglais) plante
épineuse.
Bur

Burrell (français) peau pourpre.

Burril (australien) wallaby.
*Bural, Burel, Buril, Burol, Burral, Burrel, Burril, Burrol,
Burryl, Buryl*

Burris (anglais) habitant d'une ville.
Buris, Buriss, Buryss, Byris

Burt (anglais) variante de Bert. Diminutif
de Burton.
Burrt, Burtt, Burty

Burton (anglais) ville fortifiée.
*Bertan, Berten, Bertin, Bertyn, Birtan, Birten, Birtin, Birton,
Birtyn, Burtan, Burten, Burtin, Burtyn, Byrtan, Byrten,
Byrtin, Byrton, Byrtyn*

Busby (écossais) village dans le fourré;
haut chapeau militaire en fourrure.
Busbee, Busbey, Busbi, Busbie, Buzbi, Buzbie, Buzby, Buzz

Buster (américain) qui frappe, donne des coups
de poing.
Bustar

Butch (américain) diminutif de Butcher.

Butcher (anglais) boucher.
Butch

Butrus (arabe) variante de Peter.

Buz (hébreu) rébellion; dédain.

Bwana (swahili) gentleman.

Byford (anglais) près du gué.
Biford, Biforde, Byforde

Byram (anglais) enclos pour le bétail.
Biram

Byran (français, anglais) variante de Byron.
Biran, Byrann

Byrd (anglais) comme un oiseau.
Bird, Birdie, Byrdie

Byrne (anglais) variante de Burne.
Byrn, Byrnes

Byron (français) chaumière; (anglais) grange.
*Beyren, Beyron, Biren, Birin, Biron, Buiron, Byren, Byrom,
Byrone*

Cable (français, anglais) cordelier.
Cabell

Cachayauri (quechua) dur comme un éclat de cuivre.
Cachayauri

Cadao (vietnamien) chant folklorique.

Cadby (anglais) habitation du guerrier.
Cadbee, Cadbey, Cadbi, Cadbie

Caddock (gallois) qui désire la guerre.
Cadock, Cadok

Cade (gallois) diminutif de Cadell.
Cady, Caid, Cayd

Cadell (gallois) bagarreur.
Cadel, Caidel, Caidell, Caydel, Cedell

Caden (américain) variante de Kadin.
Cadan, Caddon, Cadian, Cadien, Cadin, Cadon, Cadyn, Caeden, Caedon

Cadman (irlandais) guerrier.
Cadmen, Caedman, Caidman, Caydman

Cadmar (irlandais) guerrier courageux.
Cadmer, Cadmir, Caedmar, Caidmar, Caydmar

Cadmus (grec) venant de l'Est. Mythologie : prince phénicien qui fonda Thèbes et introduisit l'écriture parmi les Grecs.

Caelan (écossais) variante de Nicholas.
Cael, Caelen, Caelin, Caellin, Caelon, Caelyn, Cailan, Cailean, Cailen, Cailin, Caillan, Cailon, Cailun, Cailyn, Callin, Caylen, Cayley, Caylin, Caylon, Caylyn

Caesar (latin) aux cheveux longs. Histoire : César, titre donné aux Empereurs romains. Voir aussi Kaiser, Kesar, Sarito.
Caesarae, Caesare, Caesario, Caesarius, Caeser, Caezar, Casar, Casare, Caseare, Czar, Saecer, Saeser, Seasar

Caesear (latin) variante de Caesar.

Cagnoaldo (allemand) illustre.

Cahil (turc) jeune, naïf. Voir aussi Kahil.
Cahill

Cai GF (gallois) variante de Gaius.
Cae, Caio, Caius, Caw, Cay

Caiden (américain) variante de Kadin.
Caid

Caifas (assyrien) homme à l'énergie faible.

Caïn (hébreu) lance ; cueilleur. Bible : Caïn, fils aîné d'Adam et Ève. Voir aussi Kabil, Kane, Kayne.
Caen, Caene, Cayn, Cayne

Caín (hébreu) variante de Caïn.

Cainán (hébreu) forgeron.

Caine (hébreu) variante de Caïn.
Cainaen, Cainan, Cainen, Caineth

Cairn (gallois) paysage fait d'un monticule de pierres.
Cairne, Carn, Carne, Cayrn, Cayrne, Cayrnes

Cairo (arabe) Géographie : Le Caire, capitale de l'Égypte.
Cayro, Kairo

Caitan (latin) variante de Caïn.

Caitán (galicien) variante de Cayetano.

Caiya (quechua) proche, à proximité.

Cal (latin) diminutif de Calvert, de Calvin.

Calan (écossais) variante de Caelan ; (australien) variante de Callan.
Caleon, Calon, Calyn

Calánico (grec) association de « crier » et de « victoire ».

Caldeolo (latin) chaud.

Calder (gallois, anglais) ruisseau, rivière.

Caldwell (anglais) puits froid.
Caldwel, Kaldwel, Kaldwell

Cale (hébreu) diminutif de Caleb.
Cael, Caell, Cail, Caill, Calle, Cayl, Cayll

Caleb (hébreu) chien ; fidèle ; (arabe) audacieux, courageux. Bible : l'un des douze espions envoyés par Moïse. Voir aussi Kaleb, Kayleb.
Caelab, Caeleb, Cailab, Calab, Calabe, Callob, Cálob, Calyb, Caylab, Cayleb, Caylebb, Caylob

Calen, Calin (écossais) variantes de Caelan.
Calean

Calepodio (grec) celui qui a de beaux pieds.

Caley FG (irlandais) variante populaire de Calan, de Caleb.
Calea, Calee, Caleigh, Cali, Calie, Callea, Callee, Calleigh, Calley, Calli, Callie, Cally, Caly

Calfumil (mapuche) carreau de céramique vernie, d'un bleu brillant.

Calhoun (irlandais) bois étroits ; (écossais) guerrier.
Calhoon, Colhoun, Colhoune, Colquhoun, Kalhoon, Kalhoun

Calib (hébreu, arabe) variante de Caleb.
Calieb, Caylib

Calícrates (grec) excellent gouvernement.

Calígula (latin) celui qui porte des sandales.

Calimaco, Calímaco (grec) excellent combattant.

Calimerino (grec) variante de Calimero.

Calimerio (grec) celui qui annonce les beaux jours.

Calimero (grec) beau corps.

Calinico, Calínico (grec) celui qui assure une belle victoire.

Calistenes (grec) beau et fort.

Calisto, Calixto (grec) le meilleur et le plus beau.

Calistrato, Calístrato (grec) celui qui commande une grande armée.

Calistro (galicien) variante de Calisto.

Calixtrato (grec) variante de Calisto.

Callahan (irlandais) descendant de Ceallachen.
Calaghan, Calahan, Callaghan, Kallaghan, Kallahan

Callan F**G** (australien) épervier ; (écossais) variante de Caelan.
Callin, Callon, Callyn

Callen (écossais) variante de Caelan ; (australien, écossais) variante de Callan.

Callis (latin) calice, coupe.
Calliss, Callys, Calyss, Kallis, Kalliss, Kallys, Kallyss

Callum (irlandais) colombe.
Callam, Callem, Callim, Callym, Kallum

Calminio (latin) calmé.

Calócero (grec) qui a bien voyagé.

Calogero (grec) le sage.

Calros (allemand) homme libre.

Calum (irlandais) variante de Callum.
Calam, Calem, Calim, Calym, Colum, Kalum

Calvert (anglais) gardien de veaux.
Calbert, Calburt, Calvirt, Kalbert, Kalvert

Calvin (latin) chauve. Voir aussi Kalvin, Vinny.
Calv, Calvan, Calven, Calvien, Calvino, Calvon, Calvun, Calvyn

Calvucura (mapuche) pierre bleue.

Cam **G F** (tsigane) chéri ; (écossais) diminutif de Cameron ; (latin, français, écossais) diminutif de Campbell.
Camm, Cammie, Cammy, Camy, Kam

Camara (ouest-africain) enseignant.

Camaron (écossais) variante de Cameron.
Camar, Camaran, Camaren, Camari

Camden **G F** (écossais) vallée sinueuse.
Camdan, Camdin, Camdon, Camdyn, Kamden

Camaren (écossais) variante de Cameron.

Cameron **G F** (écossais) nez crochu. Voir aussi Kameron.
Cameran, Camerin, Cameroun, Camerron, Camerson, Camerun, Cameryn, Camiren, Camiron, Cammeron

Camille .**TOP**.100. F**G** (français) jeune servant de cérémonie.
Camile

Camilo (latin) enfant né libre ; noble.
Camiel, Camillo, Camillus, Camilow, Kamilo

Campbell **G F** (latin, français) beau champ ; (écossais) bouche tordue.
Cambel, Cambell, Camp, Campy, Kampbell

Camren, Camrin, Camron (écossais) diminutifs de Cameron.
Cammrin, Cammron, Camran, Camreon, Camrynn

Camryn F**G** (écossais) diminutif de Cameron.

Canaan (français) variante de Cannon. Histoire : ancienne région entre le fleuve Jourdan et la Méditerranée.
Canan, Cannan, Caynan

Cancio (latin) fondateur de la ville d'Anzio.

Candide (latin) pure ; sincère.
Candid, Candida, Kandide

Candido (latin) variante de Candide.
Candonino

Cándido (latin) variante de Candido.

Canión (latin) chien.

Cannon (français) chanoine ; canon. Voir aussi Kannon.
Cannen, Cannin, Canning, Cannyn

Canon (français) variante de Cannon.
Canen, Canin, Canyn

Cantidio (latin) chanson.

Canute (latin) aux cheveux blancs ; (scandinave) nœud. Histoire : Knut, roi danois qui devint roi d'Angleterre après 1016. Voir aussi Knute.
Cnut, Cnute

Canuto (latin) variante de Canute.

Canyon (latin) canyon.
Cannyon, Cañon, Canyan, Canyen, Canyin, Kanyon

Capac, Capah (quechua) riche en gentillesse.

Capacuari (quechua) maître au bon cœur et indomptable comme la vigogne.

Capaquiupanqui (quechua) celui qui honore son maître.

Capitón (latin) grosse tête.

Cappi (tsigane) bonne chance.
Cappee, Cappey, Cappie, Cappy, Kappi

Caprasio (latin) relatif à la chèvre.

Caquia (quechua) tonnerre.

Car (irlandais) diminutif de Carney.
Kar

Caralampio (grec) rayonner de bonheur.

Caralipo (grec) cœur attristé.

Carden (français) qui peigne la laine ; (irlandais) de la forteresse noire.
Cardan, Cardin, Cardon, Cardyn

Carey U (grec) pur ; (gallois) château ; île rocheuse. Voir aussi Karey.
Care, Caree, Cari, Carre, Carree, Carrey, Carrie, Cary

Carilao (grec) grâce de la communauté.

Carim (arabe) généreux.

Carino (grec) souriant ; amical.

Carión (grec) beau ; gracieux.

Carísimo (latin) aimé ; apprécié.

Caritón (grec) personne qui aime.

Carl (allemand, anglais) diminutif de Carlton. Variante de Charles. Voir aussi Carroll, Kale, Kalle, Karl, Karlen, Karol.
Carle, Carles, Carless, Carlis, Carll, Carlson

Carleton (anglais) variante de Carlton.
Karleton

Carlin U (irlandais) petit champion.
Carlan, Carlen, Carley, Carlie, Carling, Carlino, Carlon, Carly

Carlisle (anglais) île de Carl.
Karlisle

Carlito (espagnol) variante populaire de Carlos.
Carlitos

Carlo (italien) variante de Carl, de Charles.
Carolo, Charlo, Karlo

Carlomagno (espagnol) Charlemagne.

Carlomán (germanique) qui vit.

Carlos (espagnol) variante de Carl, de Charles.
Carlus, Carolos, Charlos, Karlos

Carlton (anglais) ville de Carl.
Carllton, Carlston, Carltonn, Carltton, Karlton

Carlyle GF (anglais) variante de Carlisle.
Carlysle, Karlyle

Carmel FG (hébreu) vignoble, jardin. Voir aussi Carmine.
Carmeli, Carmiel, Karmel

Carmelo (hébreu) variante de Carmel.
Carmello

Carmen FG (latin, italien) variante de Carmine.
Carman, Carmon, Carmyn

Carmichaël (écossais) disciple de Michaël.
Karmichael

Carmine GF (latin) chanson ; carmin ; (italien) variante de Carmel.
Carmain, Carmaine, Carmyne, Karmine

Carnelius (grec, latin) variante de Cornelius.
Carnealius, Carneilius, Carnellius, Carnilious

Carnell (anglais) défenseur du château ; (français) variante de Cornell.
Carnel, Karnel, Karnell

Carney (irlandais) victorieux ; (écossais) combattant. Voir aussi Kearney.
Car, Carnee, Carnie, Carny, Karney

Carolas (français) fort.

Carpo (grec) fruit précieux.

Carpóforo (grec) celui qui porte des noix et des fruits secs.

Carponio (grec) variante de Carpo.

Carr (scandinave) marais. Voir aussi Kerr.
Karr

Carrick (irlandais) rocher.
Carooq, Carric, Carricko, Carrik, Karric, Karrick

Carrington GF (gallois) ville rocheuse.

Carroll (irlandais) champion; (allemand) variante de Carl.
Carel, Carell, Cariel, Cariell, Carol, Carole, Carollan, Carolo, Carols, Carolus, Carrol, Caryl

Carsen (anglais) variante de Carson.

Carson GF (anglais) fils de Carr.
Carrson, Carsan, Carsin, Carsino, Karson

Carsten (grec) variante de Karsten.
Carston

Carter GF (anglais) conducteur de char.
Cart, Cartar, Cartor, Kartar, Karter, Kartor

Carterio (grec) sérieux, raisonnable.

Cartland (anglais) île du charron.
Cartlan, Kartlan, Kartland

Cartwright (anglais) charron.
Cartright

Caruamayu (quechua) rivière jaune.

Carvell (français, anglais) village sur le marécage.
Carvel, Carvelle, Carvellius, Karvel, Karvell, Karvelle

Carver (anglais) sculpteur sur bois; sculpteur.
Carvar, Carvir, Carvor, Karvar, Karver, Karvir, Karvor

Cary GF (gallois) variante de Carey; (allemand, irlandais) variante de Carroll.
Carray, Carry

Casandro (grec) le frère du héros.

Case (irlandais) diminutif de Casey; (anglais) diminutif de Casimir.

Caseareo (italien) variante de Caesar.

Casey U (irlandais) courageux.
Casee, Casi, Casie, Cassee, Cassey, Cassi, Cassie, Casy, Casye, Cayse, Caysey, Cazzee, Cazzey, Cazzi, Cazzie, Cazzy

Cash (latin) vain; (slave) diminutif de Casimir.
Cashe

Cashlin (irlandais) petit château.
Cashlind, Cashlyn, Cashlynd, Kashlin, Kashlyn

Casiano (latin) celui qui est équipé d'un casque.

Casildo (arabe) le jeune qui porte la lance.

Casimir (slave) pacificateur.
Cachi, Cas, Cashemere, Cashi, Cashmeire, Cashmere, Casimere, Casimire, Casimiro, Castimer, Cazimier, Cazimir, Kasimir, Kazio

Casiodoro (grec) cadeau d'un ami.

Casper (persan) trésorier; (allemand) impérial. Voir aussi Gaspar, Jasper, Kasper.
Caspar, Caspir

Cass GF (irlandais, persan) diminutif de Casper, de Cassidy.

Cassidy FG (irlandais) intelligent; aux cheveux bouclés. Voir aussi Kazio.
Casidy, Cassady, Cassidee, Cassidey, Cassidi, Cassidie, Kassidy

Cassius (latin, français) boîte; enveloppe protectrice.
Casius, Cassia, Cassio, Cazzie, Cazzius, Kasius, Kassio, Kassius, Kazzius

Casta (espagnol) pur.

Castle (latin) château.
Cassle, Castal, Castel

Casto (grec) pur, propre; honnête.

Castor (grec) castor. Astrologie: l'un des jumeaux qui donne son nom à une étoile de la constellation des Gémeaux. Mythologie: l'un des saints patrons des marins.
Castar, Caster, Castir, Caston, Kastar, Kaster, Kastor, Kastyr

Cástor (grec) variante de Castor.

Castrense (latin) château.

Cataldo (grec) remarquable pendant la guerre.

Catari (aymara) serpent.

Catequil, Catiquil (quechua) rayon de lumière.

Cater (anglais) fournisseur.

Cathal (irlandais) fort; sage.
Cathel, Cathol, Kathal, Kathel, Kathol

Cathmor (irlandais) grand combattant.
Cathmoor, Cathmoore, Cathmore, Kathmoor, Kathmoore, Kathmor, Kathmore

Catlin FG (irlandais) variante de Caitlin (voir les prénoms de filles).

Cato (latin) cultivé, sage.
Caton, Catón, Kato

Catricura (mapuche) pierre taillée.

Catuilla (quechua) rayon de lumière.

Catulino, Catulo (latin) petit chien.

Cauad (quechua) sentinelle, celui qui garde.

Cauachi (quechua) celui qui nous rend attentif, vigilant.

Cauana (quechua) celui qui est dans un lieu où tout peut être vu.

Cautaro (araucanien) audacieux et entreprenant.

Cavan (irlandais) beau. Voir aussi Kavan, Kévin.
Caven, Cavon, Cawoun

Cavell (français) petit et actif.
Cavel, Kavel, Kavell

Cavin (irlandais) variante de Cavan.

Cawley (écossais) ancien ; (anglais) champ de vaches.
Cawlea, Cawleah, Cawlee, Cawleigh, Cawli, Cawlie, Cawly, Kawlee, Kawleigh, Kawley, Kawli, Kawlie, Kawly

Cayden (américain) variante de Caden.
Cayde, Caydin

Cayetano (latin) celui qui est de Gaeta, une ancienne ville italienne du Lazio.

Caylan (écossais) variante de Caelan.
Caylans, Caylen, Caylon

Cayo (latin) heureux et amusant.

Cayua (quechua) celui qui suit.

Cazzie (américain) variante populaire de Cassius.
Caz, Cazz, Cazzy

Ceadas (anglo-saxon) bataille.

Ceasar (latin) variante de Caesar.
Ceaser

Ceasario (italien) variante de Caesar.

Cecil (latin) aveugle.
Cacelius, Cece, Cecile, Cecilius, Cecill, Cecilus, Cecyl, Siseal

Cecilio (latin) variante de Cecil.
Celio, Cesilio

Cedar Ⓤ (latin) le cèdre, une espèce de conifère à feuilles persistantes.

Céderic (anglais) variante de Cédric.
Cederick, Cederrick, Cedirick

Cédric (anglais) chef de combat. Voir aussi Kedric, Rick.
Cad, Caddaric, Ced, Cedrec, Cédric, Cedryche, Sedric

Cédrick, Cédrik (anglais) variantes de Cédric.
Ceddrick

Cedro (espagnol) cadeau fort.

Ceejay (américain) combinaison des lettres C et J.
C.J., Cejay

Cefas (hébreu) rocher.

Ceferino (grec) celui qui caresse comme le vent.

Celedonio, Celonio (latin) celui qui est comme l'hirondelle.

Celerino (latin) rapide.

Célestin (latin) variante de Célestine (voir les prénoms de filles).
Celestino, Selestino

Celso (italien, espagnol, portugais) grand en taille.

Cemal (arabe) séduisant.

Cencio (italien) variante de Vicente.

Cenerico (allemand) audacieux ; riche et puissant.
Cenerico

Cenobio (latin) celui qui rejette les étrangers.

Censurio (latin) détracteur.

Cephas (latin) petit rocher. Bible : terme utilisé par Jésus pour décrire Pierre.
Cepheus, Cephus

Cepos (égyptien) pharaon.

Cerano (grec) tonnerre.

Cerdic (gallois) chéri.
Caradoc, Caradog, Ceredig, Ceretic

Cerek (polonais) arrogant ; (grec) variante de Cyril.
Cerik

Cerni (catalan) variante de Saturno.

César (latin) aux cheveux longs. Histoire : César, titre donné aux empereurs romains ; (espagnol) variante de Caesar.
Casar, Cesar, Cesare, Cesareo, Cesario, Cesaro, Ceseare, Ceser, Cesit, Cesor, Cessar

Cesáreo (latin) relatif à César.

Cesarión (latin) partisan de César.

Cesidio (latin) bleu.

Ceslao (grec) qui est avec la communauté.

Cestmir (tchèque) forteresse.

Cezar (slave) variante de César.
Cézar, Cezary, Cezek, Chezrae, Sezar

Chace (français) variante de Chase.
Chaice

Chad (anglais) guerrier. Diminutif de Chadwick.
Ceadd, Chaad, Chaddi, Chaddie, Chaddy, Chade, Chadleigh, Chadler, Chadley, Chadlin, Chadlyn, Chadmen, Chado, Chadron, Chady

Chadd (anglais) variante de Chad.

Chadrick (allemand) puissant guerrier.
Chaddrick, Chaderic, Chaderick, Chaderik, Chadrack, Chadric, Chadrik, Chadryc, Chadryck, Chadryk

Chadwick (anglais) ville du guerrier.
Chaddwick, Chadvic, Chadwic, Chadwik, Chadwyc, Chadwyck, Chadwyk

Chafulumisa (égyptien) rapidement.

Chago (espagnol) variante de Jacob.
Chango, Chanti

Chaicu (aymara) celui qui a une grande force pour lancer des pierres.

Chaim (hébreu) vie. Voir aussi Hyman.
Chai, Chaimek, Chaym, Chayme, Haim, Khaim

Chaise (français) variante de Chase.
Chais, Chaisen, Chaison

Chaitanya (indien) conscience.

Chakir (arabe) l'élu.

Chakor (indien) oiseau amoureux de la Lune.

Chakrapani (indien) autre nom du dieu hindou Vishnou.

Chakshu (indien) œil.

Chal (tsigane) garçon ; fils.
Chalie, Chalin

Chale (espagnol) jeune et fort.

Chalmers (écossais) fils du seigneur.
Chalmer, Chalmr, Chamar, Chamarr

Chalten (tehuelche) bleuâtre.

Cham (vietnamien) qui travaille dur.
Chams

Chaman, Chamanlal (indien) jardin.

Chambi (aymara) celui qui apporte de bonnes nouvelles.
Chambi

Chambigüiyca, Champigüiyca (aymara) éclat du soleil.

Champak (indien) fleur.

Champi (aymara) celui qui apporte de bonnes nouvelles.

Chan FG (sanscrit) brillant ; (anglais) variante de Chauncey ; (espagnol) variante de Juan.
Chann, Chano, Chayo

Chanan (hébreu) nuage.
Chanen, Chanin, Channan, Channen, Channin, Channon, Channyn, Chanon, Chanyn

Chance GF (anglais) diminutif de Chancellor, Chauncey.
Chanc, Chants, Chaynce

Chancellor (anglais) chancelier, celui qui tient les registres.
Chancellar, Chancellen, Chancelleor, Chanceller, Chansellor

Chancelor (anglais) variante de Chancellor.
Chancelar, Chancelen, Chanceleor, Chanceler, Chanselor, Chanslor

Chancey U (anglais) variante populaire de Chancellor, de Chauncey.
Chancee, Chancie, Chancy

Chanchal (indien) agité.

Chandak, Chandra, Chandrabhan, Chandrakanta, Chandrakishore, Chandrakumar, Chandran, Chandranath (indien) lune.

Chander (hindi) lune.
Chand, Chandan, Chandany, Chandara, Chandon

Chandler GF (anglais) cirier.
Chandelar, Chandlan, Chandlar, Chandlier, Chandlor, Chandlyr

Chandrachur (indien) autre nom du dieu hindou Shiva.

Chandrahas (indien) arc du dieu hindou Shiva.

Chandrak (indien) plume de paon.

Chandramohan (indien) séduisant comme la lune.

Chandraraj (indien) rayon de lune.

Chandrashekhar (indien) qui garde la lune dans son nœud de cheveux ; l'un des noms du dieu hindou Shiva.

Chandresh (indien) seigneur de la Lune.

Chane (swahili) fiable.
Chaen, Chaene, Chain, Chaine, Chayn, Chayne, Cheyn

Chaney U (français) chêne.
Chaynee, Cheaney, Cheney

Chankrisna (cambodgien) arbre à l'odeur douce.

Chanler (français) variante de Chandler.

Channing U (anglais) sage ; (français) chanoine ;
représentant de l'Église.
Chane, Chanin, Chaning, Chann, Channin, Channyn,
Chanyn

Chanse (anglais) variante de Chance.
Chans, Chansey, Chansy

Chante U (français) chanteur.
Chant, Chantha, Chanthar, Chantra, Chantry, Shantae

Chanten (galicien) coloré de bleu.

Chantz (anglais) variante de Chance.
Chanz, Chanze

Chapal (indien) rapide.

Chapin (français) érudit.

Chapman (anglais) marchand.
Chap, Chapmann, Chapmen, Chapmin, Chapmyn,
Chappie, Chappy

Chappel, Chappell (français) qui vient
de la chapelle.

Charan (indien) pieds.

Charanjeet, Charanjit (indien) qui a convaincu
le Seigneur.

Charanjiv (hindi) qui a vécu longtemps.

Charif (libanais) honnête.

Charles ᵀᴼᴾ.₁₀₀. (allemand) fermier ; (anglais) fort
et viril. Voir aussi Carl, Searlas, Tearlach,
Xarles.
Arlo, Chareles, Charels, Charl, Charle, Charlen, Charlese,
Charlot, Charlz, Charlzell

Charleston (anglais) variante de Carlton.
Charlesten

Charley U (allemand, anglais) variante populaire
de Charles.
Charle, Charlea, Charlee, Charleigh, Charli

Charlie GF (allemand, anglais) variante
populaire de Charles.

Charlton (anglais) variante de Carlton.
Charleton, Charlotin

Charly U (allemand, anglais) variante populaire
de Charles.

Charro (espagnol) cow-boy.
Charo

Chas (anglais) variante populaire de Charles.

Chase GF (français) chasseur.
Chass, Chasse, Chastan, Chasten, Chastin, Chastinn,
Chaston, Chasyn, Chayse

Chasen, Chason (français) variantes de Chase.

Chaska (sioux) fils aîné.
Chaskah

Chatha (africain) fin.

Chatham (anglais) maison du guerrier.
Chathem, Chathim, Chathom, Chathym

Chatuluka (égyptien) détourner.

Chaturbhuj (indien) fort ; aux épaules larges.

Chauar (quechua) fibre, corde.

Chauki (libanais) mes souhaits, désirs.

Chauncey (anglais) chancelier ; représentant
de l'Église.
Chaunce, Chauncee, Chauncei, Chaunci, Chauncie,
Chauncy, Chaunesy, Chaunszi

Chauncy (anglais) variante de Chauncey.

Chaupi (quechua) celui qui est au milieu de tout.

Chavez (hispanique) patronyme utilisé
comme prénom.
Chavaz, Chaves, Chaveze, Chavies, Chavius, Chevez,
Cheveze, Cheviez, Chevious, Chevis, Chivez

Chávez (espagnol) variante de Chavez.

Chavis (hispanique) variante de Chavez.
Chivass

Chayanne (cheyenne) variante de Cheyenne.
Chayann, Shayan

Chayce, Chayse (français) variantes de Chase.
Chaysea, Chaysen, Chayson, Chaysten

Chayton (lakota) faucon.
Chaiton

Chaz, Chazz (anglais) variantes populaires
de Charles.
Chasz, Chaze, Chazwick, Chazy, Chez

Che, Ché (espagnol) variantes populaires
de José. Histoire : Che Guevara était
un révolutionnaire qui se battit aux côtés
de Fidel Castro à Cuba.
Chay

Checha (espagnol) variante populaire de Jacob.

Cheche (espagnol) variante populaire de Joseph.

Chee (chinois, nigérien) variante de Chi.

Cheikh (africain) apprendre.

Chen (chinois) grand, énorme.

Chenche (espagnol) conquérir.

Chencho (espagnol) variante populaire
de Lawrence.

Cheney (français) de la forêt de chênes.
Chenee, Cheni, Chenie, Cheny

Chenzira (égyptien) né pendant un voyage.

Chepe (espagnol) variante populaire de Joseph.
Cepito

Cherokee F C (cherokee) peuple de langue
différente.
Cherokey, Cheroki, Cherokie, Cheroky, Cherrakee

Chesmu (amérindien) grumeleux.
Chesmue

Chester (anglais) diminutif de Rochester.
Ches, Cheslav

Chester (anglais) variante de Chester.

Chet (anglais) diminutif de Chester.
Chett, Chette

Chetan (indien) conscience ; vie.

Chetana (indien) conscience.

Cheung (chinois) bonne chance.

Chevalier (français) cavalier, chevalier.
Chev, Chevalyer

Chevy (français) variante populaire de Chevalier.
Géographie : Chevy Chase est une ville
du Maryland, aux États-Unis. Culture :
diminutif de Chevrolet, une marque américaine
de voitures.
Chev, Chevee, Chevey, Chevi, Chevie, Chevvy, Chewy

Cheyenne F C (cheyenne) nom de tribu.
Cheienne, Cheyeenne, Cheyene, Chyenne

Cheyne (français) variante de Chaney.
Cheyney

Chhandak (indien) conducteur du char
de Bouddha.

Chi U (chinois) jeune génération ; (nigérien)
ange gardien personnel.

Chicahua (nahuatl) fort.

Chican (quechua) unique.

Chicho (espagnol) variante de Chico.

Chick (anglais) variante populaire de Charles.
Chic, Chickie, Chicky

Chico (espagnol) garçon.

Chidambar (indien) dont le cœur est aussi grand
que le ciel.

Chidananda (indien) dieu hindou Shiva.

Chik (tsigane) terre.
Chic, Chyc, Chyk

Chike (igbo) pouvoir de Dieu.

Chiko (japonais) flèche ; pacte.
Chyko

Chilo (espagnol) variante populaire de Francisco.
Chylo

Chilton (anglais) fermier près de la source.
Chil, Chill, Chillton, Chilt, Chiltown, Chylt, Chylton

Chim (vietnamien) oiseau.
Chym

Chimalli (nahuatl) bouclier.

Chincolef (mapuche) escouade rapide ; rapide.

Chinmay, Chinmayananda (indien)
bienheureux.

Chintamani (indien) pierre de philosophie.

Chinua (igbo) bénédiction de Dieu.
Chino, Chinou, Chinuah, Chynua, Chynuah

Chioke (igbo) cadeau de Dieu.
Chyoke

Chip (anglais) variante populaire de Charles.
Chipman, Chipp, Chyp, Chypp

Chipahua (nahuatl) propre.

Chipper (anglais) variante de Chip.

Chippia (australien) canard.
Chipia, Chipiah, Chippiah, Chippya, Chipya, Chipyah,
Chypia, Chypiah, Chyppia, Chyppiah, Chyppya, Chyppyah,
Chypya, Chypyah

Chirag (indien) lampe.

Chiram (hébreu) exalté ; noble.
Chyram

Chiranjeev, Chirantan, Chirayu (indien)
immortel.

Chisisi (égyptien) secret.

Chitrabhanu (indien) feu.

Chitraksh (indien) aux beaux yeux.

Chitral (indien) moucheté.

Chitrarath (indien) le Soleil.

Chitrasen (indien) roi des Gandharvas, les esprits hindous de l'Air, des Forêts et des Montagnes.

Chitta (indien) esprit.

Chittaranjan (indien) joie de l'esprit intérieur.

Chittaswarup (indien) l'esprit suprême.

Chittesh (indien) seigneur de l'âme.

Choque, Chuqui (quechua) lance.

Chorche (aragonais) variante de George.

Chris GF (grec) diminutif de Christian, de Christophe. Voir aussi Kris.
Chriss, Christ, Chrys, Chryss, Cris, Criss, Crist

Christain GF (grec) variante de Christian.
Christai, Christane, Christaun, Christein

Christan U (grec) variante de Christian.
Christensen

Christapher (grec) variante de Christopher.

Christen, Christin FG (grec) diminutifs de Christian.

Christian GF (grec) disciple du Christ ; béni par l'onction. Voir aussi Cristian, Jaan, Kerstan, Khristian, Kit, Krister, Kristian, Krystian.
Chretien, Christa, Christé, Christiaan, Christiana, Christiane, Christiann, Christianna, Christianno, Christiano, Christianos, Christino, Christion, Christon, Christyan, Christyon, Chritian, Chrystian, Crystek

Christien (grec) variante de Christian.
Christienne, Christinne, Chrystien

Christofer, Christoffer (grec) variantes de Christopher.
Christafer, Christaffer, Christaffur, Christafur, Christeffor, Christefor, Christerfer, Christifer, Christofher, Christoforo, Christofper, Chrystofer

Christoff (russe) variante de Christophe.
Chrisof, Chrisstof, Chrisstoff, Christif, Christof, Cristofe

Christoper (grec) variante de Christopher.
Christopehr

Christoph (français) variante de Christophe.
Chrisstoph, Chrisstophe

Christophe GF (grec) qui porte le Christ. Religion : saint Christophe, patron des voyageurs.
Christ, Christop

Christopher GF (anglais) variante de Christophe. Voir aussi Cristopher, Kester, Kit, Kristopher, Risto, Stoffel, Tobal, Topher.
Chrisopherson, Christepher, Christerpher, Christhoper, Christipher, Christobal, Christoher, Christopherr, Christophor, Christophr, Christophre, Christophyer, Christophyr, Christorpher, Christovao, Christpher, Christphere, Christphor, Christpor, Christrpher, Chrystopher

Christophoros (grec) variante de Christophe.
Christoforos, Christophor, Christophorus, Christphor

Christos (grec) variante de Christophe. Voir aussi Khristos.
Cristos

Chrysander (grec) doré.
Chrisander, Chrisandor, Chrisandre, Chrysandor, Chrysandre

Chucho (hébreu) variante populaire de Jésus.

Chuck (américain) variante populaire de Charles.
Chuckee, Chuckey, Chucki, Chuckie, Chucky, Chuk, Chuki, Chukie, Chuky

Chucri (libanais) ma grâce.

Chudamani (indien) bijou orné par les dieux.

Chui (swahili) léopard.

Chul (coréen) ferme.

Chuma (igbo) qui a de nombreuses perles, riche ; (swahili) fer.

Chuminga (espagnol) variante populaire de Dominic.
Chumin, Chumingah

Chumo (espagnol) variante populaire de Thomas.

Chun GF (chinois) source.

Chung (chinois) intelligent.
Chungo, Chuong

Chuquigüaman (quechua) faucon dansant ; faucon doré.

Chuquigüiyca (quechua) danse sacrée.

Chuquilla (quechua) rayon de lumière, lumière dorée.

Churchill (anglais) église sur la colline. Histoire : Sir Winston Churchill fut un Premier ministre britannique et lauréat d'un prix Nobel de littérature.
Churchil, Churchyl, Churchyll

Chuscu (quechua) quatrième fils.

Chuya (quechua) clair comme l'eau, pur.

Cian ☐ (irlandais) ancien.
Céin, Cianán, Cyan, Kian

Ciaran (irlandais) noir ; petit.

Cibardo (allemand) offrande forte.

Cibrán, Cibrao (latin) habitant de Chypre.

Cicero (latin) pois chiche. Histoire : célèbre
orateur, philosophe et homme d'État romain.
Cicerón, Cicerone, Ciceroni, Cyro

Cid (espagnol) seigneur. Histoire : titre
de Rodrigo Díaz de Vivar, soldat et héros
espagnol du XIᵉ siècle.
Cidd, Cyd, Cydd

Cidro (espagnol) cadeau fort.

Cilistro (galicien) variante de Célestin.

Cindeo (grec) qui échappe au danger.

Cipactli (nahuatl) crocodile.

Cipactonal (nahuatl) production du jour.

Ciqala (dakota) petit.

Cireneo, Cirineo (grec) originaire de Cyrène.

Ciriaco, Ciríaco (grec) Seigneur.

Cirilo, Cirrillo (italien) variantes de Cyril.
Cirilio Cirillo, Cyrilo, Cyryllo, Cyrylo

Ciro (italien) variante de Cyril ; (persan)
variante de Cyrus ; (latin) variante de Cicero.

Cisco (espagnol) variante populaire de Francisco.
Cisca, Cysco

Citino (latin) prompt à agir.

Citlali (nahuatl) étoile.

Clancey (irlandais) variante de Clancy.

Clancy ☐ (irlandais) combattant roux.
*Clance, Clancee, Clanci, Clancie, Claney, Clanse, Clansee,
Clansey, Clansi, Clansie, Clansy*

Clare ☐☐ (latin) diminutif de Clarence.
Clair, Clarey, Clary

Clarence (latin) clair ; victorieux.
*Clarance, Clare, Clarin, Clarince, Claronce, Clarrance,
Clarrence, Clarynce, Clearence*

Clarencio (latin) variante de Clarence.

Clark (français) clérical ; érudit.
Clarke, Clerc, Clerk

Claro (latin) celui qui est propre et transparent.

Clateo (grec) honoré.

Claude ☐☐ (latin, français) boiteux.
*Claud, Claudan, Claudanus, Claudel, Claudell, Claudey,
Claudi, Claudian, Claudianus, Claudie, Claudien, Claudin,
Claudis, Claudy*

Claudino (italien) variante de Claudio.

Claudio (italien) variante de Claude.

Claudius (allemand, néerlandais) variante
de Claude.
Claudios, Klaudius

Claus (allemand) diminutif de Nicholas.
Voir aussi Klaus.
Claas, Claes, Clause

Clay (anglais) glaisière. Diminutif de Clayborne,
de Clayton.
Clae, Clai, Klay

Clayborne (anglais) ruisseau près de la glaisière.
*Claeborn, Claeborne, Claebourn, Claebourne, Claeburn,
Claeburne, Claibern, Claiborn, Claiborne, Claibrone,
Claiburn, Claiburne, Claybon, Clayborn, Claybourn,
Claybourne, Clayburn, Clayburne, Clebourn*

Clayton (anglais) ville construite sur la glaise.
*Claeton, Claiton, Clayten, Cleighton, Cleyton, Clyton,
Klayton*

Cleandro (grec) homme glorieux.

Cleary (irlandais) cultivé.
Clearey, Cleari, Clearie

Cleavon (anglais) falaise.
*Clavin, Clavion, Clavon, Clavone, Clayvon, Claywon,
Cleavan, Cleaven, Cleavin, Cleavon, Cleavyn, Clevan,
Cleven, Clevin, Clévon, Clevonn, Clevyn, Clyvon*

Clem (latin) diminutif de Clément.
Cleme, Clemmy, Clim

Clemencio (italien) variante de Clément.

Clément **.100.** (latin) miséricordieux. Bible :
compagnon de Paul. Voir aussi Klement,
Menz.
Clement, Clementius, Clemmons

Clemente (italien, espagnol) variante
de Clément.
Clemento, Clemenza

Cléo ☐ (grec) variante de Clio (voir les prénoms
de filles).

Cleóbulo (grec) glorieux conseiller.

Cleofas (grec) il est la gloire de son père.

Cleómaco (grec) celui qui se bat avec gloire.

Cleómenes (grec) glorieux courage.

Cléon (grec) célèbre.
Kleon

Cleónico (grec) variante de Cléon.

Clet (grec) illustre. Histoire : Anaclet, pape et martyr romain.
Cleatus, Cledis, Cleotis, Clete, Cletis, Cletus, Cleytus

Cleto (grec) il a été choisi pour se battre.

Cleve (anglais) diminutif de Cleveland. Variante de Clive.
Cleave, Cleeve, Clevey, Clevie

Cleveland (anglais) pays des falaises.
Cleaveland, Cleavland, Cleveland, Clevelynn

Clicerio (grec) doux.

Cliff (anglais) diminutif de Clifford, de Clifton.
Clif, Cliffe, Clift, Clyf, Clyfe, Clyff, Clyffe, Clyph, Kliff

Clifford (anglais) falaise à l'endroit du gué.
Cliford, Clyfford, Clyford, Klifford

Clifton (anglais) ville de la falaise.
Cliffton, Clift, Cliften, Clyffton, Clyfton

Climaco, Clímaco (grec) celui qui monte à l'échelle.

Clímene (grec) célèbre, fameux.

Clint (anglais) diminutif de Clinton.
Clynt, Klint

Clinton (anglais) ville de la colline.
Clenten, Clindon, Clintan, Clinten, Clintin, Clintion, Clintton, Clyndon, Clynten, Clyntin, Clynton, Clynttan, Klinton

Clio (grec) qui célèbre.

Clitarco (grec) aile de l'armée.

Clive (anglais) variante de Cliff.
Cleiv, Cleive, Cliv, Clivans, Clivens, Clyv, Clyve, Klyve

Clodio (allemand) glorieux.

Clodoalde (teuton) capitaine illustre.

Clodomir (germanique) homme à l'illustre réputation.

Clodoveo (espagnol) guerrier célèbre.

Clodulfo (germanique) gloire.

Clorindo (grec) celui qui est comme l'herbe.

Clotaire (goth) variante de Lotario.

Clove (espagnol) un clou.

Clovis (allemand) soldat célèbre. Voir aussi Louis.
Clovys

Cluny (irlandais) prairie.
Clunee, Cluney, Cluni, Clunie

Clyde (gallois) chaleureux ; (écossais) Géographie : fleuve d'Écosse.
Clide, Cly, Clyd, Clywd, Klyde

Coady (anglais) variante de Cody.

Coatl (nahuatl) serpent.

Cobi, Coby (hébreu) variantes populaires de Jacob.
Cob, Cobby, Cobe, Cobee, Cobey, Cobia, Cobie

Coburn (anglais) rencontre de ruisseaux.
Cobern, Coberne, Cobirn, Cobirne, Cobourn, Cobourne, Coburne, Cobyrn, Cobyrne

Cochise (apache) feuillu. Histoire : chef apache chiricahua célèbre.
Cochyse

Coco FG (français) variante populaire de Jacques.
Coko, Koko

Codey (anglais) variante de Cody.
Coadi, Coday, Code, Codea, Codee

Codi U (anglais) variante de Cody.

Codie GF (anglais) variante de Cody.

Cody GF (anglais) coussin. Histoire : William Cody, alias Buffalo Bill, était éclaireur dans le Far West ; il fit un tour d'Amérique et d'Europe avec son Wild West Show. Voir aussi Kodey.
Coddy, Codell, Codíak, Coedy

Coffie (ewe) né un vendredi.
Cofi, Cofie

Coique, Cuiycui (quechua) argent.

Coiquiyoc (quechua) celui qui est riche d'argent.

Cola (italien) variante populaire de Nicholas, de Nicolas.
Colah, Colas, Kola

Colar (français) variante de Nicolas.

Colbert (anglais) célèbre marin.
Calbert, Calburt, Colburt, Colvert, Culbert, Culvert

Colbey (anglais) variante de Colby.

Colby ☐☐ (anglais) sombre; aux cheveux
sombres.
Colbee, Colbi, Colbie, Colbin, Colebee, Coleby, Collby

Cole (latin) producteur de chou; (anglais)
diminutif de Colbert, de Coleman; (grec)
diminutif de Nicolas.
Coal, Coale, Col, Colet, Colie, Kole

Coleman (latin) producteur de chou;
(anglais) minier.
Colemann, Colm, Koleman

Colen, Colyn (grec, irlandais) variantes
de Colin.

Coley (grec, latin, anglais) variante populaire
de Cole; (anglais) variante de Colley.

Colin (irlandais) jeune louveteau; (grec)
diminutif de Nicolas.
Cailean, Colan, Coleon, Colinn, Kolin

Colla, Culla (quechua) éminent, excellent.

**Collacapac, Collatupac, Cullacapac,
Cullatupac** (quechua) seigneur éminent
et au bon cœur.

Collana, Cullana (quechua) le meilleur.

Collen (écossais) variante de Collin.

Colley (anglais) aux cheveux noirs;
au teint basané.
*Colea, Colee, Coleigh, Coley, Coli, Colie, Collea, Collee,
Colleigh, Colli, Collie, Collis, Colly, Coly*

Coller (anglais) minier.
Colier, Collayer, Collie, Collyer, Colyer

Collin (écossais) variante de Colin, de Collins.
Collan, Collian, Collon, Collyn

Collins (grec) fils de Colin; (irlandais) houx.
Colins, Collis, Collyns, Colyns

Colman (latin, anglais) variante de Coleman.
Colmann

Colombino (latin) colombe.

Colon (latin) il a la beauté de la colombe.

Colón (espagnol) variante de Colon.

Colson (grec, anglais) fils de Nicolas.
Colsan, Colsen, Colsin, Colsyn, Coulson

Colt (anglais) jeune cheval; sémillant.
Diminutif de Colbert, de Colter, de Colton.
Colte, Kolt

Coltan, Colten, Coltin, Coltyn (anglais)
variantes de Colton.
Coltinn, Colttan, Coltyne

Colter (anglais) troupeau de poulains.
Kolter

Colton (anglais) ville de charbon.
Coltn, Coltrane, Coltton, Coltun, Kolton

Columba ☐ (latin) colombe.
*Coim, Colum, Columb, Columbah, Columbas, Columbia,
Columbias, Columbus*

Columbo (latin) variante de Columba.

Colwyn (gallois) Géographie: fleuve du pays
de Galles.
Colwin, Colwinn, Colwyne, Colwynn, Colwynne

Coman (arabe) noble; (irlandais) tordu.
Comán, Comin, Comyn

Côme (grec) l'ordre; l'univers.

Coñalef (mapuche) rapide; agile.

Conall (irlandais) élevé, puissant.
Conal, Conel, Conell, Conelle, Connal, Connall, Connolly

Conan (irlandais) loué; exalté; (écossais) sage.
Conant, Conary, Connen, Connon, Conon, Konan

Conary (irlandais) variante de Conan.
Conaire

Concordio (latin) harmonie; union.

Condel (celte) intrépide.

Congal (celte) grand en taille.

Coni (quechua) chaleureux.

Coniraya, Cuñiraya (quechua) chaleur du soleil.

Conlan (irlandais) héros.
Conlen, Conlin, Conlon, Conlyn

Conley (irlandais) variante de Conlan.

Connar (irlandais) variante de Connor.
Connary, Conneer, Connery, Konner

Connell (irlandais) variante de Conall.
Connel, Connelle, Connelly

Conner ☐☐ (irlandais) variante de Connor.

Connie ☐☐ (anglais, irlandais) variante populaire
de Conan, de Conrad, de Constantine,
de Conway.
Con, Conn, Conney, Conny

Connor ☐☐ (écossais) sage; (irlandais) variante
de Conan.
Connoer, Connory, Connyr, Konner, Konnor

Cono (mapuche) ramier.

Conón (grec) poussière.

Conor (irlandais) variante de Connor.
Conar, Coner, Conour, Konner

Conrad (allemand) conseiller courageux.
Coenraad, Conrade, Konrad

Conrado (espagnol) variante de Conrad.
Corrado, Currado

Conroy (irlandais) sage.
Conroi, Conry, Roy

Constable (latin) établi.

Constancio (latin) persévérant.

Constant (latin) diminutif de Constantin.
Constante

Constantin (latin) ferme, constant. Histoire :
Constantin le Grand, empereur romain
qui se convertit à la religion chrétienne.
Voir aussi Dinos, Konstantin, Stancio.
*Considine, Constadine, Constandine, Constandios,
Constanstine, Constant, Constantin, Constantinos,
Constantinus, Constantios, Costa, Costandinos,
Costantinos*

Constantino (latin) variante de Constantin.

Consuelo (espagnol) consolation.

Contardo (teuton) celui qui est audacieux
et vaillant.

Conun-Huenu (mapuche) porte du ciel ;
colline élevée.

Conway (irlandais) chien de la plaine.
Conwai, Conwy

Cook (anglais) cuisinier.
Cooke, Cooki, Cookie, Cooky

Cooper GF (anglais) fabricant de tonneaux.
Voir aussi Keifer.
Coop, Couper, Kooper, Kuepper

Copres (grec) gentil d'Athènes.

Corban, Corben (latin) variantes de Corbin.

Corbett (latin) corbeau.
*Corbbitt, Corbet, Corbette, Corbit, Corbitt, Korbet,
Korbett*

Corbin GF (latin) corbeau.
Corbon, Corbyn, Korbin

Corbiniano (latin) corbeau, corneille.

Corby (latin) variante populaire de Corbett,
de Corbin.
Corbey, Corbie

Corcoran (irlandais) rougeoyant.

Cord (français) diminutif de Cordell,
de Cordero.

Cordarius (espagnol) variante de Cordero.
Cordarious, Cordarrius, Cordarus

Cordaro (espagnol) variante de Cordero.
*Coradaro, Cordairo, Cordara, Cordarel, Cordarell,
Cordarelle, Cordareo, Cordarin, Cordario, Cordarion,
Cordarrel, Cordarrell, Cordarris, Cordarro, Cordarrol,
Cordarryl, Cordaryal, Corddarro, Corrdarl*

Cordel (français) variante de Cordell.
Cordele

Cordell (français) cordelier.
*Cordae, Cordale, Corday, Cordeal, Cordeil, Cordelle,
Cordie, Cordy, Kordell*

Cordero (espagnol) petit agneau.
*Cordaro, Cordeal, Cordeara, Cordearo, Cordeiro, Cordelro,
Corder, Cordera, Corderall, Corderias, Corderious,
Corderral, Corderro, Corderryn, Corderun, Corderus,
Cordiaro, Cordierre, Cordy, Corrderio, Corrderyo*

Córdulo (latin) cœur.

Corentino (latin) celui qui aide.

Corey GF (irlandais) vallée. Voir aussi Korey,
Kory.
Core, Corea, Coree, Corian, Corio, Cory

Cori FG (irlandais) variante de Corey.

Corie FG (irlandais) variante de Corey.

Coriguaman (quechua) faucon doré.

Corin U (irlandais) variante de Corrin.
Coren, Corion, Coryn, Korin, Koryn

Coriñaui, Curiñaui (quechua) celui qui des yeux
de la couleur de l'or.

Coripoma (quechua) puma doré.

Corliss GF (anglais) enjoué ; au bon cœur.

Cormac (irlandais) fils du corbeau. Histoire :
roi d'Irlande du iiie siècle de notre ère qui fut
un bon législateur.
Cormack, Cormick

Cornelius (grec) cornouiller ; (latin) couleur
de corne. Voir aussi Kornel, Kornelius, Nelek.
*Carnelius, Conny, Cornealous, Corneili, Corneilius,
Corneille, Corneilus, Cornelias, Corneliaus, Cornelious,
Cornelis, Corneliu, Cornellious, Cornellis, Cornellius,
Cornelus, Cornelous, Corneluis, Cornelus, Corney, Cornie,
Cornielius, Corniellus, Corny, Cournelius, Cournelyous,
Nelius, Nellie*

Cornell (français) variante de Cornelius.
*Cornall, Corneil, Cornel, Cornelio, Corney, Cornie, Corny,
Nellie*

Cornwallis (anglais) de Cornouailles.
Cornwalis

Corona (latin) couronne.

Corpus (latin) corps.

Corradeo (italien) audacieux.

Corrado (italien) variante de Conrad.
Carrado

Corrigan (irlandais) hastaire.
Carrigan, Carrigen, Corigan, Corogan, Corrigon, Corrigun, Corrogun, Korrigan

Corrin FC (irlandais) porteur de lance.
Corren, Corrion, Corryn, Korrin, Korryn

Corry (latin) variante de Corey.
Corree, Correy, Corria, Corrie, Corrye

Cort (allemand) audacieux; (scandinave) court; (anglais) diminutif de Courtney.
Corte, Cortie, Corty, Court, Kort

Cortez (espagnol) conquérant. Histoire: Hernando Cortés était un conquistador espagnol qui conquit le Mexique aztèque.
Cartez, Cortes, Cortis, Cortize, Courtes, Courtez, Curtez, Kortez

Cortland (anglais) variante de Courtland.

Cortney FC (anglais) variante de Courtney.
Cortnay, Cortne, Kortney

Corwin (anglais) compagnon du cœur; joie du cœur.
Corwinn, Corwyn, Corwyne, Corwynn, Corwynne, Korwin, Korwyn, Korwynn

Cory CF (latin) variante de Corey; (français) variante populaire de Cornell; (grec) diminutif de Madeline.
Corye

Corydon (grec) casque, cimier.
Coridan, Coriden, Coridon, Coridyn, Corradino, Coryden, Corydin, Corydyn, Coryell, Korydon

Cosgrove (irlandais) vainqueur, champion.

Cósima (grec) talentueux; orné.

Cosimus (italien) variante de Cosme.

Cosino (grec) nom d'une famille grecque.

Cosme (grec) variante de Cosmo.
Cosmé

Cosmo (grec) ordonné; harmonieux; univers.
Cos, Cosimo, Cosma, Cosmas, Cosmos, Cozmo, Kosmo

Cosnoaldo (allemand) dirigeant audacieux.

Costa (grec) diminutif de Constantin.
Costah, Costas, Costes

Cótido (latin) tous les jours.

Coty (français) côte, coteau.
Cote, Cotee, Cotey, Coti, Cotie, Cottee, Cottey, Cotti, Cottie, Cotty, Cotye

Coulter (anglais) variante de Colter.

Courtland (anglais) pays de la cour.
Court, Courtlan, Courtlana, Courtlandt, Courtlin, Courtlind, Courtlon, Courtlyn, Kourtland

Courtney FC (anglais) cour.
Court, Courten, Courtenay, Courteney, Courtnay, Courtnee

Cowan (irlandais) creux dans le coteau.
Coe, Coven, Covin, Cowen, Cowey, Cowie, Cowin, Cowyn

Coy (anglais) bois.
Coi, Coye, Coyie, Coyt

Coyahue (mapuche) lieu de rencontre pour parler et débattre.

Coyle (irlandais) chef dans la bataille.
Coil, Coile

Coyne (français) modeste.
Coine, Coyan, Coyn

Coyotl (nahuatl) coyote.

Craddock (gallois) amour.
Caradoc, Caradog, Craddoc, Craddoch, Cradoc, Cradoch, Cradock

Craig (irlandais, écossais) rocher escarpé.
Craeg, Craege, Craegg, Crag, Craige, Craigen, Craigery, Craigg, Craigh, Craigon, Crayg, Crayge, Craygg, Creag, Creage, Creg, Cregan, Cregg, Creig, Creigh, Creyg, Creyge, Creygg, Criag, Crieg, Criege, Criegg, Kraig

Cramer (anglais) plein.
Crammer, Kramer, Krammer

Crandall (anglais) vallée de la grue.
Cran, Crandal, Crandel, Crandell, Crendal

Crane (anglais) grue.
Crain, Craine, Crayn, Crayne

Cranston (anglais) ville de la grue.
Crainston, Craynston

Cratón (grec) celui qui dirige.

Crawford (anglais) gué où les corneilles volent.
Craw, Crow, Crowford, Ford

Creed (latin) croyance.
Creeden, Creedin, Creedon, Creedyn

Creighton (anglais) ville près des rochers;
(gallois) variante de Crichton.
*Craighton, Cray, Crayton, Creigh, Creight, Creighto,
Creightown, Crichtyn*

Crepin (français) variante de Crispin.
Crepyn

Crescencio (latin) celui qui développe toujours
sa vertu.

Crescente (latin) croissant.

Crétien (français) chrétien.

Crevan (irlandais) renard.
Creven, Crevin, Crevon, Crevyn

Crichton (gallois) de la ville sur la colline.
Crighton, Cryghton

Cripín, Cripo (latin) variantes de Crispin.

Crisantemo (latin) la plante aux fleurs dorées.

Crisanto (grec) fleur dorée.

Crisiant (gallois) cristal.
Crisient, Crisyant, Crysiant, Crysyant, Krisiant

Crisipo (grec) cheval doré.

Crisoforo (grec) celui qui porte de l'or.

Crisóforo (grec) celui qui donne des conseils
précieux.

Crisógono (grec) aux racines dorées;
créateur de richesse.

Crisol (latin) croix; lumière.

Crisologo (grec) celui qui dit les mots
qui sont comme de l'or.

Crisólogo (grec) variante de Crisologo.

Crisostomo, Crisóstomo (grec) bouche d'or.

Crisóteles (grec) qui a des buts dorés.

Crispin (latin) aux cheveux bouclés.
*Crepin, Cris, Crispian, Crispien, Crispino, Crispo, Crispyn,
Cryspyn, Krispin*

Crispín (latin) variante de Crispin.

Cristian CF (grec) variante de Christian.
*Crétien, Cristean, Cristhian, Cristiano, Cristien, Cristino,
Cristle, Criston, Cristos, Cristy, Cristyan, Crystek, Crystian*

Cristián (latin) le chrétien, celui qui suit
le Christ.

Cristo (grec) variante de Cristophe.

Cristobal (grec) variante de Christophe.
Cristóbal, Cristoval, Cristovao

Cristódulo (grec) esclave du Christ.

Cristofer (grec) variante de Christopher.

Cristoforo (italien) variante de Christophe.
Christoforo, Christophoro, Cristofor

Cristopher (grec) variante de Christopher.
*Cristaph, Cristhofer, Cristifer, Cristoph, Cristophe,
Crystapher, Crysteffer, Crysteffor, Crystifer*

Cristovo (grec) serviteur du Christ.

Crofton (irlandais) ville de chaumières.
Krofton

Cromacio (grec) coloré; orné.

Cromwell (anglais) ressort tordu, enroulé.
Cromwel, Cromwill, Cromwyl, Cromwyll

Crónidas (grec) temps.

Crosby (scandinave) autel de la croix.
Crosbee, Crosbey, Crosbi, Crosbie, Cross

Crosley (anglais) prairie de la croix.
Croslea, Croslee, Crosleigh, Crosli, Croslie, Crosly, Cross

Crowther (anglais) joueur de violon.

Cruz (portugais, espagnol) croix.
Cruze, Cruzz, Kruz

Crystek (polonais) variante de Christian.
Cry

Crystian (polonais) variante de Christian.

Cuadrado (latin) complet; carré.

Cuadrato (latin) carré; de taille moyenne.

Cuahutémoc (nahuatl) aigle qui tombe.

Cualli (natuatl) bon.

Cuartio, Cuarto (espagnol) né en quatrième.

Cuasimodo (latin) celui qui est enfantin.

Cuauhtemoc (nahuatl) aigle qui descend.

Cuba (espagnol) cuve. Géographie: le plus grand
pays insulaire des Caraïbes.

Cuetlachtli (nahuatl) loup.

Cuetzpalli (nahuatl) lézard.

Cuirpuma (quechua) puma doré.

Cuixtli (nahuatl) cerf-volant.

Cullan (irlandais) variante de Cullen.

Cullen (irlandais) beau.
Culen, Cull, Cullin, Culyn

Culley (irlandais) bois.
Culea, Culee, Culey, Culi, Culie, Cullea, Cullee, Culleigh, Culli, Cullie, Cully, Culy

Culmacio (latin) élevé; important.

Culver (anglais) colombe.
Colvar, Colver, Cull, Culvar

Cuminao (mapuche) éclat rougeoyant.

Cumya (quechua) tonnerre.

Cunac (quechua) conseiller.

Cuñi (quechua) chaleureux.

Cunibaldo (grec) de noble naissance.

Cuniberto (teuton) celui qui se distingue des autres nobles.

Cunningham (irlandais) village au seau de lait.

Cuntur (quechua) condor.

Cunturcanqui, Cunturchaua (quechua) celui qui a toutes les vertus d'un condor.

Cunturi (aymara) représentant des dieux.

Cunturpoma, Cunturpuma (quechua) aussi puissant que le puma et le condor.

Cunturuari (quechua) indomptable et sauvage comme le vicuna et le condor.

Cunturumi (quechua) aussi fort que la pierre et le condor.

Curamil (mapuche) pierre brillante d'or et d'argent.

Curi (quechua) doré.

Curiguaman (quechua) faucon doré.

Curileo (mapuche) rivière noire.

Curiman (mapuche) condor noir.

Curipan (mapuche) ortie.

Curran **GF** (irlandais) héros.
Curan, Curon, Curr, Curren, Currin, Curron

Currito (espagnol) variante de Curtis.
Curcio

Curro (espagnol) variante de Curtis.

Curry (irlandais) variante populaire de Curran.
Currey, Curri, Currie

Curt (latin) diminutif de Courtney, de Curtis. Voir aussi Kurt.
Court

Curtis (latin) enclos; (français) courtois. Voir aussi Kurtis.
Courtis, Courtys, Curio, Currito, Curtice, Curtus, Curtys

Curtiss (latin, français) variante de Curtis.
Curtyss

Cusi (quechua) homme prospère.

Cusiguaman (quechua) heureux faucon.

Cusiguaypa (quechua) coq heureux.

Cusiñaui (quechua) souriant, aux yeux heureux.

Cusipoma, Cusipuma (quechua) puma heureux.

Cusirimachi (quechua) celui qui nous remplit d'heureuses paroles.

Cusiyupanqui (quechua) honoré et chanceux.

Custodio (latin) esprit-gardien.

Cutberto (allemand) renommé pour sa connaissance.

Cuthbert (anglais) brillant.
Cuthberte, Cuthburt

Cutler (anglais) coutelier.
Cut, Cutlir, Cutlor, Cuttie, Cutty, Kutler

Cutmano (anglo-saxon) l'homme qui est célèbre.

Cutter (anglais) tailleur.

Cuycusi (quechua) celui qui bouge avec bonheur.

Cuyquiyuc (quechua) celui qui est riche d'argent.

Cuyuc (quechua) celui qui est agité.

Cuyuchi (quechua) celui qui nous fait bouger.

Cy (persan) diminutif de Cyrus.
Ci

Cyle (irlandais) variante de Kyle.

Cynan (gallois) chef.
Cinan, Cinen, Cinin, Cinon, Cinyn, Cynin, Cynon, Cynyn

Cyprien (latin) de l'île de Chypre.
Ciprian, Cipriano, Ciprien, Cyprian, Cyprianus, Cyprryan

Cyrano (grec) de Cyrène, une ancienne ville d'Afrique du Nord. Littérature: *Cyrano de Bergerac* est une pièce d'Edmond Rostand à propos d'un soldat de la garde et poète dont le grand nez l'empêche de conquérir la femme qu'il aime.
Cirano

Cyril (grec) seigneurial. Voir aussi Kiril.
Cerek, Cerel, Ceril, Ciril, Cirill, Cirille, Cirrillo, Cyra, Cyrel, Cyrell, Cyrelle, Cyrill, Cyrille, Cyrillus, Cyryl, Syrell, Syril

Cyrus (persan) soleil. Histoire : Cyrus le Grand était un roi de la Perse antique. Voir aussi Kir.
Cyress, Cyris, Cyriss, Cyruss, Syris, Syrus

D

D Andre (américain) variante de Deandre.

D'andre (américain) variante de Dandre, de Deandre.
D'Andre, D'andré, D'andrea

D'angelo (américain) variante de Dangelo, de Deangelo.
D'Angleo

D'ante (américain) variante de Dante.
D'Ante, D'anté

D'anthony (américain) variante de Deanthony.
D'Anthony

D'arcy (américain, français) variante de Darcy.
D'Aray, D'Arcy

D'juan, Djuan (américain) variantes de Dajuan, de Dejuan.
D'Juan

D'marco (américain) variante de Damarco, de Demarco.
D'Marco

D'marcus (américain) variante de Damarcus, de Demarcus.
D'Marcus

D'quan (américain) variante de Daquan, de Dequan.
D'Quan

D'vonte (américain) variante de Davonte, de Devonte.
D'Vonte, D'vonté

Da Quan, Da'quan (américain) variantes de Daquan.

Da'shawn (américain) variante de Dashawn.
Da'shaun, Da'shon

Da'ûd (arabe) variante de David.

Da'von (américain) variante de Davon.

Dabeet (indien) guerrier.

Dabi (basque) variante de David.
Dabee, Dabey, Dabie, Daby

Dabir (arabe) tuteur.
Dabar, Daber, Dabor, Dabyr

Dacey FG (latin) de Dacia, une région actuellement en Roumanie ; (irlandais) personne du Sud.
Dace, Dacee, Dache, Daci, Dacian, Dacias, Dacie, Dacio, Dacy, Daice, Daicey, Daici, Daicie, Daicy, Dayce, Daycee, Daycey, Dayci, Daycie, Daycy

Dacoda (dakota) variante de Dakota.
Dacodah

Dacota, Dacotah (dakota) variantes de Dakota.
Dac, Dack, Dackota, DaCota

Dada (yoruba) aux cheveux bouclés.
Dadah, Dadi

Dadas (grec) torche.

Dadio (grec) variante de Dada.

Daegan (irlandais) aux cheveux noirs.
Daegen, Daegin, Daegon, Daegyn, Daigan, Daigen, Daigin, Daigon, Daigyn, Daygan, Daygen, Daygin, Daygon, Daygyn

Daegel (anglais) de Daegel, en Angleterre.
Daigel, Daygel

Daelen (anglais) variante de Dale.
Daelan, Daelen, Daelin, Daelon, Daelyn, Daelyne

Daemon (grec) variante de Damian ; (grec, latin) variante de Damon.
Daemen, Daemeon, Daemien, Daemin, Daemion, Daemiyn, Daemond, Daemyen

Daequan (américain) variante de Daquan.
Daekwaun, Daekwon, Daequane, Daequon, Daequone, Daeqwan

Daeshawn (américain) combinaison du préfixe Da et de Shawn.
Daesean, Daeshaun, Daeshon, Daeshun, Daisean, Daishaun, Daishawn, Daishon, Daishoun

Daevon (américain) variante de Davon.
Daevion, Daevohn, Daevonne, Daevonte, Daevontey

Dafydd (gallois) variante de David.
Dafid, Dafidd, Dafyd

Dag (scandinave) jour ; brillant.
Daeg, Dagen, Dagny, Deegan

Dagan (hébreu) maïs ; céréale.
Dagen, Dageon, Dagin, Dagon, Dagyn

Dagoberto (germanique) celui qui brille comme le soleil.

Dagwood (anglais) forêt brillante.

Dai **FG** (japonais) grand.
Dae, Dai, Daie, Daye

Daimian (grec) variante de Damian.
Daemean, Daemian, Daiman, Daimean, Daimen, Daimien, Daimin, Daimiyn, Daimyan

Daimon (grec, latin) variante de Damon.
Daimeon, Daimeyon, Daimion, Daimone

Dain (scandinave) variante de Dana; (anglais) variante de Dane.
Daine

Daiquan (américain) variante de Daquan.
Daiqone, Daiqua, Daiquane, Daiquawn, Daiquon, Daiqwan, Daiqwon

Daivon (américain) variante de Davon.
Daivain, Daivion, Daivonn, Daivonte, Daiwan

Dajon (américain) variante de Dajuan.
Dajean, Dajiawn, Dajin, Dajion, Dajn, Dajohn, Dajonae

Dajuan (américain) combinaison du préfixe Da et de Juan.
Da Jon, Da-Juan, Daejon, Daejuan, Dajwan, Dajwoun, Dakuan, Dakwan, Dawaun, Dawawn, Dawon, Dawoyan, Dijuan, Diuan, Dwaun

Dakarai (shona) heureux.
Dakairi, Dakar, Dakara, Dakaraia

Dakari (shona) variante de Dakarai.
Dakarri

Dakoda **GF** (dakota) variante de Dakota.
Dakodah, Dakodas

Dakota **GF** (dakota) les alliés; nom de tribu.
Dak, Dakcota, Dakkota, Dakoata, Dakotha, Dakotta, Dekota

Dakotah **GF** (dakota) variante de Dakota.
Dakottah

Daksh (hindi) efficace.
Dakshi

Dalal (sanscrit) courtier.

Dalan, Dalen, Dalon, Dalyn (anglais) variantes de Dale.
Dailan, Dailen, Dalaan, Dalain, Dalane, Daleon, Dalian, Dalibor, Dalione

Dalbert (anglais) brillant, rayonnant.
Voir aussi Delbert.
Dalbirt, Dalburt, Dalbyrt

Dale **GF** (anglais) vallon, vallée.
Dael, Dail, Daile, Dal, Daley, Dalibor, Daly, Dayl, Dayle

Daley (irlandais) assemblée; (anglais) variante populaire de Dale.
Daily, Daly, Dawley

Dalin (anglais) variante de Dallin.

Dallan, Dallen (anglais) variantes de Dalan, de Dallin.

Dallas **GF** (écossais) vallée de l'eau; dernière demeure. Géographie: ville d'Écosse; ville du Texas, aux États-Unis.
Dal, Dalieass, Dall, Dalles, Dallus, Dallys, Dalys, Dellis

Dallin, Dallyn (anglais) fierté du peuple.
Daelin, Dailin, Dalyn

Dallis **U** (irlandais) variante de Dallas.

Dallon (anglais) variante de Dallan, de Dalston.

Dalmacio (latin) de Dalmatie.

Dalman (australien) lieu d'abondance.
Dallman, Dallmen, Dallmin, Dallmon, Dallmyn, Dalmen, Dalmin, Dalmon, Dalmyn

Dalmazio (italien) variante de Dalmacio.

Dalmiro (germanique) l'illustre.

Dalphin (français) dauphin.
Dalphine, Dalphyn, Dalphyne, Delphin, Delphine, Delphyn, Delphyne, Dolphine, Dolphyn

Dalston (anglais) place de Daegel.
Dalis, Dallston

Dalton **GF** (anglais) ville dans la vallée.
Dal, Dalaton, Dalltan, Dallten, Dalltin, Dalllton, Dalltyn, Dalt, Daltan, Dalten, Daltin, Daltyn, Delton

Dalvin (anglais) variante de Delvin.
Dalven, Dalvon, Dalvyn

Dalziel (écossais) petit champ.
Dalzil, Dalzyel, Dalzyl

Damain (grec) variante de Damian.
Damaian, Damaine, Damaion

Daman, Damen, Damin (grec, latin) variantes de Damon.

Damani (grec) variante de Damian.
Damanni

Damar (américain) diminutif de Damarcus, de Damario.
Damare, Damari, Damarre, Damauri

Damarco (américain) variante de Damarcus; (italien) variante de Demarco.
Damarkco, Damarko, Damarrco

Damarcus (américain) combinaison du préfixe Da et de Marcus. Variante de Demarcus.
Damacus, Damarcius, Damarcue, Damarques, Damarquez, Damarquis

Damario (grec) doux ; (américain) combinaison du préfixe Da et de Mario.
Damarea, Damareus, Damaria, Damarie, Damarino, Damarion, Damarrea, Damarrion, Damaryo

Damarius (grec, américain) variante de Damario.
Damarious, Damaris, Damarrious, Damarrius, Dameris, Damerius

Damarkus (américain) variante de Damarcus.
Damarick, Damark, Damarkis

Damaso, Dámaso (grec) éleveur de chevaux talentueux.

Damein (grec) variante de Damian.

Dameion, Dameon (grec) variantes de Damian.
Dameone

Damek (slave) variante d'Adam.
Damick, Damicke, Damik, Damyk

Dametri (grec) variante de Dametrius, de Démétrius.
Damitré, Damitri, Damitrie

Dametrius (grec) variante de Démétrius.
Dametries, Dametrious, Damitric, Damitrious, Damitrius

Damian (grec) qui dompte ; apaisant.
Damaiaon, Damaien, Damaun, Damayon, Dame, Damean, Damián, Damiane, Damiann, Damiano, Damianos, Damiyan, Damján, Damyan, Damyen, Damyin, Damyyn, Daymian, Dema, Demyan

Damien (grec) qui dompte. Religion : Père Damien régit la colonie de lépreux de l'île hawaïenne de Molokai.
Daemien, Damie, Damienne, Damieon, Damiion, Damine, Damionne, Damiyon, Dammion, Damyen, Damyon

Damocles, Damócles (grec) qui apporte la gloire à son village.

Damodar (indien) un des noms du dieu hindou Ganapati.

Damon (grec) constant, loyal ; (latin) esprit, démon.
Damoni, Damonn, Damonni, Damyn

Damond, Damone, Damonta (grec, latin) variantes de Damon.
Damontis

Damonte (grec, latin) variante de Damon.
Damontae, Damontez

Dan (vietnamien) oui ; (hébreu) diminutif de Daniel.
Dahn, Danh, Dann, Danne

Dana FG (scandinave) du Danemark.
Daina, Danah, Dayna

Dandin (hindi) homme sacré.
Dandan, Danden, Dandon, Dandyn

Dandre (français) combinaison du préfixe De et d'Andre.
Dandrae, Dandras, Dandray, Dandrea, Dondrea

Dandré (français) variante de Dandre.

Dane (anglais) du Danemark. Voir aussi Halden.
Daen, Daene, Danie, Dhane

Danek (polonais) variante de Daniel.

Danforth (anglais) variante de Daniel.

Dang (italien) diminutif de Deangelo.

Dangelo (italien) variante de Deangelo.

Daniachew (éthiopien) tu seras jugé.

Danial (hébreu) variante de Daniel.
Danal, Daneal, Danieal, Daniyal, Dannal, Dannial

Danick, Danik, Dannick (slave) variantes populaires de Daniel.
Danek, Danieko, Danika, Danyck

Daniel GF (hébreu) Dieu est mon juge. Bible : prophète hébreu. Voir aussi Danno, Kanaiela, Taniel.
Dacso, Dainel, Dan'l, Daneel, Daneil, Danel, Daniël, Dániel, Danielius, Daniell, Daniels, Danielson, Danukas, Dasco, Deniel, Doneal, Doniel, Donois, Nelo

Danilo (slave) variante de Daniel.
Danielo, Danil, Danila, Danilka, Danylo

Danior (tsigane) né avec des dents.
Danyor

Danish (anglais) du Danemark.

Danladi (haoussa) né un dimanche.
Danladee, Danladey, Danladie, Danlady

Dannie, Danny, Dany (hébreu) variantes populaires de Daniel.
Danee, Daney, Dani, Danie, Dannee, Danney, Danni, Dannye

Danniel (hébreu) variante de Daniel.
Dannel, Dannil

Danno (japonais) rassemblement dans la prairie ; (hébreu) variante populaire de Daniel.
Dano

Dannon (américain) variante de Danno.
Daenan, Daenen, Dainon, Danaan, Danen, Dannan, Dannen, Dannin, Dannyn, Danon, Danyn

Dano (tchèque) variante de Daniel.
Danko

Danso (ghanéen) digne de confiance; fiable.

Dantae (latin) variante de Dante.

Dante, Danté (latin) durable, persistant.
Danatay, Danaté, Dant, Dantay, Dantee, Dauntay, Dauntaye, Daunté, Dauntrae

Dantel (latin) variante de Dante.

Danton (américain) variante de Deanthony.

Dantrell (américain) combinaison de Dante et de Darell.
Dantrel, Dantrey, Dantril, Dantyrell

Danyel **FG** (hébreu) variante de Daniel.
Daniyel, Danya, Danyal, Danyale, Danyele, Danyell, Danyiel, Danyil, Danyill, Danyl, Danyle, Danylets, Danyll, Danylo, Donyell

Danzel (cornique) variante de Denzell.
Danzell

Daoud (arabe) variante de Daniel, de David.
Daudi, Daudy, Dauod, Dawud

Daquan (américain) combinaison du préfixe Da et de Quan.
Daquandre, Daquandrey, Daquann, Daquantae, Daquante, Daquaun, Daquawn, Daquin, Daquwon, Daqwain, Daqwan, Daqwann, Daqwone

Daquane (américain) variante de Daquan.
Daquain, Daquaine, Daqwane

Daquarius (américain) variante de Daquan.

Daquon (américain) variante de Daquan.
Daqon, Daquone, Daqwon

Dar (hébreu) perle.
Darr

Dara **FG** (cambodgien) étoiles.
Darah

Daran, Darin, Darrin, Darron, Darryn (irlandais, anglais) variantes de Darren.
Daaron, Daeron, Dairon, Darann, Darawn, Darone, Daronn, Darran, Darroun, Darynn, Dayran, Dayrin, Dayron, Dearin, Dearon, Deran, Dharin, Dharon, Diron

Darby **FG** (irlandais) libre; (anglais) parc du cerf.
Dar, Darb, Darbe, Darbee, Darbey, Darbi, Darbie, Derbe, Derbee, Derbey, Derbi, Derbie, Derby

Darcy **FG** (irlandais) sombre; (français) d'Arcy, en France.
Dar, Daray, Darce, Darcee, Darcel, Darcey, Darci, Darcie, Darcio, Darse, Darsee, Darsey, Darsi, Darsie, Darsy

Dardo (grec) astucieux et habile.

Dareh (persan) riche.
Dare

Darek, Darick, Darik, Darrick (allemand) variantes de Derek.
Darec, Dareck, Daric, Darico, Darieck, Dariek, Darrec, Darrek, Darric, Darrik, Darryc, Darryck, Darryk, Daryk

Darell, Darrel (anglais) variantes de Darrell.
Daral, Darall, Daralle, Dareal, Darel, Darelle, Darol

Daren (haoussa) né pendant la nuit; (irlandais, anglais) variante de Darren.
Daran, Dare, Dayren, Dheren

Dareon (irlandais, anglais) variante de Darren.
Daryeon, Daryon

Darian **U** (irlandais, anglais) variante de Darren.
Dairean, Dairion, Darrione, Darriun, Darriyun, Daryan, Derrion

Dariel **U** (français) variante de Darrell.

Darien **GF** (irlandais) variante de Darren.

Dario (espagnol) abondant.
Daryo

Darío (espagnol) variante de Dario.

Darion **GF** (irlandais, anglais) variante de Darren.

Darious, Darrious, Darrius (grec) variantes de Darius.
Darreus, Darrias, Darriuss, Darryus, Derrious, Derrius

Daris, Darris (grec) diminutifs de Darius.
Darrus, Derris

Darius (grec) riche.
Dairus, Darieus, Darioush, Dariuse, Dariush, Dariuss, Dariusz, Darrias, Darrios, Darrus, Darus, Daryos, Daryus

Darkon (anglais) sombre.
Darkan, Darken, Darkin, Darkun, Darkyn

Darnel (anglais) variante de Darnell.
Darnele

Darnell (anglais) lieu caché.
Dar, Darn, Darnall, Darneal, Darneil, Darnyell, Darnyll

Darnelle **GF** (anglais) variante de Darnell.

Daron **GF** (irlandais, anglais) variante de Darren.

Darpan (indien) miroir.

Darrell (français) chéri, cher ; bosquet de chênes.
Dare, Darral, Darrall, Darril, Darrill, Darrol

Darren (irlandais) grand ; (anglais) petit ;
colline rocheuse.
Dare, Darran, Darrience, Darun, Dearron

Darrian U (irlandais, anglais) variante de Darren.

Darrien CF (irlandais, anglais) variante
de Darren.

Darrion CF (irlandais, anglais) variante
de Darren.

Darryl, Daryle (français) variantes de Darrell.
Dahrll, Daril, Darl, Darly, Daroyl, Darryle, Darryll, Daryell, Daryll, Darylle, Derryl

Darshan (sanscrit) philosophie ; qui voit
clairement.
Darshaun, Darshen, Darshin, Darshon, Darshyn

Darton (anglais) ville du cerf.
Dartan, Dartel, Darten, Dartin, Dartrel, Dartyn

Darvell (anglais) ville de l'aigle.
Darvel, Darvele, Darvelle, Darvil, Darvile, Darvill, Darville, Darvyl, Darvyle, Darvyll

Darvin (anglais) variante de Darwin.
Darvan, Darven, Darvon, Darvyn

Darwin (anglais) cher ami. Histoire : Charles
Darwin fut le naturaliste britannique qui établit
la Théorie de l'évolution.
Darwen, Darwyn

Darwishi (égyptien) saint.

Daryl CF (français) variante de Darrell.

Daryn U (irlandais, anglais) variante de Darren.

Dasan (pomo) chef du clan de l'oiseau.
Dasen, Dasin, Dason, Dassan, Dasyn

Dasean, Dashaun, Dashon (américain)
variantes de Dashawn, de Deshawn.

Dasharath (indien) père du dieu hindou Rāma.

Dasharathi (indien) autre nom du dieu hindou
Rāma.

Dashawn CF (américain) combinaison du préfixe
Da et de Shawn.
Dashan, Dashane, Dashante, Dashaunte, Dashean, Dashonnie, Dashonte, Dashuan, Dashun, Dashwan

Dasio (latin) baron.

Dat (vietnamien) accompli.

Dativo (latin) datif, terme du droit romain.

Dato (latin) variante de Donato.

Dauid (swahili) variante de David.
Dawud

Daulton (anglais) variante de Dalton.

Daunte (espagnol) variante de Dante.

Davante, Davanté (américain) variantes
de Davonte.
Davanta, Davantay, Davinte

Davaris (américain) combinaison de Dave
et de Darius.
Davario, Davarious, Davarius, Davarrius, Davarus

Davaughn (américain) combinaison du préfixe
Da et de Vaughn.

Dave (hébreu) diminutif de David, de Davis.

Daven (hébreu) variante de David ; (scandinave)
variante de Davin.

Daveon (américain) variante de Davin.
Deaveon

Davet (français) aimé.

Davey, Davy (hébreu) variantes populaires
de David.
Davee, Davi, Davie

Davian, Davion (américain) variante de Davin.
Davione, Davionne, Daviyon, Davyon

David TOP .100. CF (hébreu) chéri. Bible : deuxième
roi d'Israël. Voir aussi Dov, Havika, Kawika,
Taaveti, Taffy, Taved, Tevel.
Dabi, Daevid, Daevyd, Dafydd, Dai, Daived, Daivid, Daivyd, Dauid, Dav, Daved, Daveed, Davidd, Davidde, Davide, Davidek, Davido, Davood, Davoud, Davyd, Davydas, Davydd, Davyde, Dayvid, Deved, Devid, Devidd, Devidde, Devod, Devodd, Devyd, Devydd, Devydde, Dodya

David Alexander (américain) combinaison
de David et d'Alexander.
David-Alexander, Davidalexander

Davidia (hébreu) variante de David.

Davidson (gallois) variante de Davis.
Davison, Davyson

Davin (scandinave) brillant Finn.
Daevin, Davan, Davyn, Deavan, Deaven

Davis (gallois) fils de David.
Davies, Davys

Davon CF (américain) variante de Davin.
Davone, Davonn, Davonne, Deavon, Deavone

Davonta (américain) variante de Davonte.
Davontah

Davontae, Davontay, Davonté (américain)
variantes de Davonte.
Davontai, Davontaye

Davonte (américain) combinaison de Davon
et du suffixe « te ».
Davonnte, Davontea, Davontee, Davonti

Dawan (américain) variante de Dajuan,
de Davin.
Dawann, Dawante, Dawaun, Dawin, Dawine, Dawon,
Dawone, Dawoon, Dawyne, Dawyun

Dawid (polonais) variante de David.
Dawed, Dawud

Dawit (éthiopien) variante de David.
Dawyt

Dawson (anglais) fils de David.
Dawsan, Dawsen, Dawsin, Dawsyn, Dayson

Dawûd (arabe) variante de David.

Dax (français, anglais) eau.

Day (anglais) variante de Daniel.

Daylan 🄲🄵 (américain) variante de Dalan,
de Dillon.
Daelon, Dailon, Daylun, Daylyn

Daylen, Daylon (américain) variantes de Dalan,
de Dillon.

Daylin 🅄 (américain) variante de Dalan,
de Dillon.

Daymian (grec) variante de Damian.
Daymayne, Daymeon, Daymiane, Daymien, Dayminn,
Daymion, Daymn

Daymon (grec, latin) variante de Damon.
Dayman, Daymen, Daymin

Daymond (grec, latin) variante de Damon.

Dayne (scandinave) variante de Dane.
Dayn

Dayquan (américain) variante de Daquan.
Dayquain, Dayquawane, Dayquin, Dayqwan

Dayshawn (américain) variante de Dashawn.
Daysean, Daysen, Dayshaun, Dayshon, Dayson

Dayton 🄲🄵 (anglais) ville du jour ; ville
ensoleillée, lumineuse.
Daeton, Daiton, Daythan, Daython, Daytonn, Deyton

Daytona 🅄 (anglais) variante de Dayton.
Daytonah

Dayvon (américain) variante de Davin.
Dayven, Dayveon, Dayvin, Dayvion, Dayvonn

De (chinois) vertueux.

De Andre, Deandré, Déandre (américain)
variantes de Deandre.
De André, De Andrea, De Aundre, Déandrea

De Marcus, Démarcus (américain) variantes
de Demarcus.

De Vante, Devanté, Dévante (américain)
variantes de Devante.
De Vantae, De Vanté, Dévanté

Deacon (grec) qui sert.
Deakin, Deicon, Deke, Deycon

Dean (français) chef ; (anglais) vallée.
Voir aussi Dino.
Deane, Deen, Deene, Dene, Deyn, Deyne, Dyn, Dyne

Deandra 🄵🄲 (français) variante de Deandre.
Deaundera, Deaundra

Deandre (français) combinaison du préfixe De
et d'Andre.
Deandrae, Deandres, Deandrey, Deeandre, Deiandre,
Deyandre, Dondre

Deangelo (italien) combinaison du préfixe De
et d'Angelo.
Danglo, De Angelo, Deaengelo, Deangelio, Deangello,
Deangilio, Deangleo, Deanglo, Deangulo, Di'angelo,
Diangello, Diangelo, Dyangello, Dyangelo

Déangelo (américain) variante de Deangelo.

Deante, Deanté (latin) variantes de Dante,
de Deonte.
De Anté, Deanta, Deantai, Deantay, Deanteé, Deaunta

Deanthony (italien) combinaison du préfixe
De et d'Anthony.
Dianthony

Déanthony (américain) variante de Deanthony.

Dearborn (anglais) ruisseau du cerf.
Dearborne, Dearbourn, Dearbourne, Dearburne,
Deaurburn, Deerborn, Deerborne, Deerbourn, Deerbourne

Deaundre (français) variante de Deandre.
Deaundray, Deaundrey, Deaundry

Deaven (hindi, irlandais) variante de Deven.

Debashis (indien) bénédiction de Dieu.

Decarlos (espagnol) combinaison du préfixe
De et de Carlos.
Dacarlo, Dacarlos, Decarlo, Di'carlos, Dicarlo

Decha (tai) fort.
Dechah

Decimus (latin) dixième.
Decymus

Decio (latin) dixième.

Declan (irlandais) homme de prière.
Religion : saint Declan est un évêque
irlandais du ve siècle.
Daclan, Deklan, Diclan, Dyclan

Decoroso (latin) il est pragmatique.

Dédalo (grec) artisan travailleur et habile.

Dedric (allemand) variante de Dedrick.
Dederic, Dedryc, Detric

Dedrick (allemand) chef du peuple. Voir aussi
Derek, Theodoric.
Deadric, Deadrick, Deadrik, Deddrick, Dederick, Dederik,
Dedrek, Dedreko, Dedrix, Dedrrick, Dedryck, Dedryk,
Deedrick, Detrik, Diedrich

Deems (anglais) enfant du juge.
Deam, Deim, Deym, Deyms

Deenabandhu (indien) ami du pauvre.

Deep (indien) lampe.

Deepak (hindi) variante de Dipak.

Deepan (indien) qui s'éclaire.

Deepankar, Deepesh (indien) seigneur
de la lumière.

Deependu, Deeptendu (indien) lune brillante.

Deepit (indien) éclairé.

Deeptanshu (indien) soleil.

Deeptiman, Deeptimoy (indien) lustré.

Deicola, Deícola (latin) celui qui cultive
une relation avec Dieu.

Deion (grec) variante de Deon, de Dion.
Deione, Deionta, Deionte

Deiondre (américain) variante de Deandre.
Deiondray, Deiondré

Deionte (américain) variante de Deontae.
Deiontae, Deionté

Dejon CF (américain) variante de Dejuan.

Déjon (américain) variante de Dejuan.

Dejuan (américain) combinaison du préfixe De
et de Juan.
D'Won, Dejan, Dejuane, Dejun, Dijuan

Dekel (hébreu, arabe) palmier dattier.
Dekal, Dekil, Dekyl

Dekota (dakota) variante de Dakota.
Decoda, Dekoda, Dekodda, Dekotes

Del (anglais) diminutif de Delbert, de Delvin,
de Delwin.

Delaiá (hébreu) Dieu m'a libéré.

Delaney FC (irlandais) descendant
de l'adversaire.
Delaine, Delainey, Delaini, Delainie, Delainy, Delan,
Delane, Delanny, Delany

Delano (français) noisetier ; (irlandais) sombre.
Delanio, Delayno, Dellano

Delbert (anglais) clair comme le jour.
Voir aussi Dalbert.
Bert, Delbirt, Delburt, Delbyrt, Dilbert

Delfín (grec) l'espiègle qui a une belle forme
pleine de grâce.

Delfino (latin) dauphin.
Delfin, Delfine, Delfyn, Delfyne, Delfyno, Delphino,
Delphyno

Délì (chinois) vertueux.

Dell (anglais) petite vallée. Diminutif d'Udell.

Delling (scandinave) scintillant.

Delmar CF (latin) mer.
Dalmar, Dalmer, Delmare, Delmario, Delmarr, Delmer,
Delmor, Delmore

Delmon (français) montagne.
Delman, Delmen, Delmin, Delmyn

Delon (américain) variante de Dillon.
Deloin, Delone, Deloni, Delonne

Delroy (français) appartenant au roi.
Voir aussi Élroy, Leroy.
Dalroi, Dalroy, Delray, Delree, Delroi

Delshawn (américain) combinaison du préfixe
Del et de Shawn.
Delsean, Delshon, Delsin, Delson

Delsin (amérindien) il est tel.
Delsan, Delsen, Delson, Delsyn

Delton (anglais) variante de Dalton.
Deltan, Delten, Deltin, Deltyn

Delvin (anglais) ami fier ; ami de la vallée.
Dalvyn, Delavan, Delvian, Delvyn

Delvon (anglais) variante de Delvin.

Delvonte (américain) variante de Delvon.

Delwin (anglais) variante de Delvin.
Dalwin, Dalwyn, Dellwin, Dellwyn, Delwyn, Delwynn

Deman (néerlandais) homme.
Demann

Demarco (italien) combinaison du préfixe De et de Marco.
Demarcco, Demarceo, Demarcio, Demarquo

Demarcus (américain) combinaison du préfixe De et de Marcus.
Demarces, Demarcis, Demarcius, Demarcos, Demarcuse, Demarqus

Demarea (italien) variante de Demario.
Demaree, Demareo, Demaria, Demariea

Demario (italien) combinaison du préfixe De et de Mario.
Demari, Demariez, Demaris, Demarreio, Demarrio, Demaryo, Demerio, Demerrio

Demarion (italien) variante de Demario.

Demarious (italien) variante de Demario.
Demariuz

Demarius (américain) combinaison du préfixe De et de Marius.

Demarko (italien) variante de Demarco.
Demarkco, Demarkeo, Demarkes, Demarkis, Demarkos

Demarkus (italien, américain) variante de Demarco, de Demarcus.

Demarquis (américain) combinaison du préfixe De et de Marquis.
Demarques, Demarquez, Demarqui

Dembe (Luganda) paisible.
Damba

Demetre, Demetri (grec) diminutifs de Démétrius.
Demeter, Demetrea, Demetriel, Domotor

Demetric, Demetrick (grec) variantes de Démétrius.
Demeatric, Demetrics, Demetrik

Demetrice (grec) variante de Démétrius.
Demeatrice

Demetrio (grec) variante de Démétrius.

Demetrios (grec) variante de Démétrius.

Demetrious (grec) variante de Démétrius.

Demetris (grec) diminutif de Démétrius.
Demeatris, Demetres, Demetress, Demetricus, Demitrez, Demitries, Demitris

Démétrius (grec) amoureux de la terre.
Mythologie: disciple de Déméter, déesse de la Moisson. Voir aussi Dimitri, Mimis, Mitsos.
Demeitrius, Demeterious, Demetreus, Demetrias, Demetriu, Demetrium, Demetrois, Demetrus, Demetryus, Demtrius, Demtrus, Dmetrius, Dymek, Dymetrias, Dymetrius, Dymetriys, Dymetryas, Dymetryus

Demetruis (grec) variante de Démétrius.

Demian (grec) celui qui a émergé du village.

Demián (espagnol) variante de Damian.

Demichael (américain) combinaison du préfixe De et de Michael.
Dumichael

Demissie (éthiopien) destructeur.

Demitri (grec) diminutif de Démétrius.
Demitre, Demitrie

Demitrius (grec) variante de Démétrius.
Demitirus, Demitrias, Demitriu, Demitrus

Demócrito (grec) médiateur du village.

Demófilo (grec) ami de la communauté.

Demon (grec) démon.

Demond (irlandais) diminutif de Desmond.
Demonde, Demonds, Demone, Dumonde

Demondre (américain) variante de Demond.

Demont (français) montagne.
Démont, Demontaz, Demontez

Demonta (américain) variante de Demont.

Demontae, Demonte, Demonté (américain) variantes de Demont.
Demontay

Demontre (américain) variante de Demont.

Demorris (américain) combinaison du préfixe De et de Morris.
Demoris, DeMorris, Demorus

Demos (grec) peuple.
Demas, Demous

Demóstenes (grec) la force du village.

Demothi (amérindien) qui parle en marchant.
Demoth

Dempsey (irlandais) fier.
Demp, Demps, Dempsi, Dempsie, Dempsy

Dempster (anglais) qui juge.
Dempstar, Demster

Denham (anglais) village dans la vallée.
Denhem

Denholm (écossais) Géographie: ville d'Écosse.

Denis GF (grec) fils de Dieu. Mythologie:
disciple de Dionysos, dieu du Vin.
Denas, Denes, Dénes, Denies, Denise, Denys, Dinis, Diniss,
Dynis, Dyniss, Dynys, Dynyss

Denís (grec) variante de Denis.

Deniz, Dennys (grec) variantes de Dennis.

Denley (anglais) prairie; vallée.
Denlea, Denlee, Denli, Denlie, Denly

Denman (anglais) homme de la vallée.
Denmen

Dennis (amércain) variante de Denis.
Voir aussi Dion, Nicho.
Dannis, Dannys, Dennas, Dennes, Dennet, Dennez,
Denya

Dennison (anglais) fils de Dennis.
Voir aussi Dyson, Tennyson.
Denison, Denisson, Dennyson, Denyson

Denny (grec) variante populaire de Dennis.
Den, Deni, Denie, Denney, Denni, Dennie, Deny

Denton (anglais) foyer heureux.
Dent, Denten, Dentin, Dentown

Denver GF (anglais) vallée verte. Géographie:
capitale du Colorado, aux États-Unis.
Denvor

Denzel, Denzil (cornique) variantes de Denzell.
Dennzil, Dennzyl, Denzial, Denziel, Denzill, Denzille,
Denzyel, Denzyl, Denzyll, Denzylle

Denzell (cornique) Géographie: nom d'un lieu
en Cornouailles, en Angleterre.
Dennzel, Denzal, Denzale, Denzall, Denzalle, Denzelle,
Denzle, Denzsel

Deocaro (latin) aimé par Dieu.

Deodato (latin) celui qui sert Dieu.

Deon GF (grec) variante de Dennis.
Voir aussi Dion.
Deone, Deonn, Deonno

Deondra FG (français) variante de Deandre.

Deondre, Deondré (français) variantes
de Deandre.
Deondrae, Deondray, Deondrea, Deondree, Deondrei,
Deondrey

Deonta, Deontá (américain) variantes
de Deontae.

Deontae (américain) combinaison du préfixe
De et de Dontae.
Deontai, Deontea, Deonteya, Deonteye, Deontia

Deontay, Deonte, Deonté, Déonte
(américain) variantes de Deontae.
Deontaye, Deontée, Deontie

Deontrae, Deontray, Deontre (américain)
variantes de Deontae.
Deontrais, Deontrea, Deontrey, Deontrez, Deontreze,
Deontrus

Dequan (américain) combinaison du préfixe De
et de Quan.
Dequain, Dequane, Dequann, Dequaun, Dequawn,
Dequian, Dequin, Dequine, Dequinn, Dequion, Dequoin,
Dequon, Deqwan, Deqwon, Deqwone

Déquan (américain) variante de Dequan.

Dequante (américain) variante de Dequan.
Dequantez, Dequantis

Dequavius (américain) variante de Dequan.

Dereck, Deric, Derick, Derik, Derreck,
Derrek, Derric, Derrick, Derrik, Deryck,
Deryk (allemand) variantes de Derek.
Derec, Derekk, Dericka, Derico, Deriek, Derikk, Derique,
Derrec, Derreck, Derric, Derryc, Derryck, Derryk, Deryc,
Deryke, Detrek, Dyrryc, Dyrryck, Dyrryk, Dyryc, Dyryck

Derek (allemand) diminutif de Theodoric.
Voir aussi Dedrick, Dirk.
Derak, Derecke, Derele, Derk, Derke, Deryek

Derian U (irlandais, anglais) variante de Darren.

Derion, Derrian, Derrion (irlandais, anglais)
variantes de Darren.
Dereon, Derreon, Derrien, Deryan, Deryon

Derius, Derrius (grec) variantes de Darius.
Deriues, Derrious, Derryus, Deryus

Dermot (irlandais) qui ne connaît pas la jalousie;
(anglais) libre; (hébreu) diminutif de Jeremiah.
Voir aussi Kermit.
Der, Dermod, Dermont, Dermott, Diarmid, Diarmuid

Deron (hébreu) oiseau; liberté; (américain)
combinaison du préfixe De et de Ron.
Dereon, Deronn, Deronne, Derrin, Derronn, Derronne,
Derryn, Deryn, Diron, Dyron

Deror (hébreu) amoureux de la liberté.
Derori, Derorie

Derrell (français) variante de Darrell.
Derel, Derele, Derell, Derelle, Derrel, Dérrell, Derriel, Derril,
Derrill

Derren (irlandais, anglais) variante de Darren.
Deren, Derran, Derraun, Derrin, Derryn, Deryn

Derron (irlandais, anglais) variante de Darren ; (hébreu, américain) variante de Deron.

Derry U (irlandais) roux. Géographie : ville d'Irlande du Nord.
Darrie, Darry, Deri, Derie, Derri, Derrie, Derrye, Dery

Derryl (français) variante de Darryl.
Deryl, Deryle, Deryll, Derylle

Derward (anglais) gardien des cerfs.
Derwood, Dirward, Durward, Dyrward

Derwin (anglais) variante de Darwin.
Dervin, Dervon, Dervyn, Dervyne, Derwen, Derwyn, Derwyne, Derwynn, Durwin, Durwyn, Durwyne

Deseado (espagnol) variante de Desiderio.

Desean (américain) combinaison du préfixe De et de Sean.
D'Sean, Dusean, Dysean

Désean (américain) variante de Desean.

Deshane (américain) combinaison du préfixe De et de Shane.
Deshan, Deshayne

Deshaun (américain) combinaison du préfixe De et de Shaun.
D'shaun, D'Shaun, Deshan, Deshane, Deshann, Deshaon, Deshaune, Dushaun, Dyshaun

Déshaun (américain) variante de Deshaun.

Deshawn CF (américain) combinaison du préfixe De et de Shawn.
D'shawn, D'Shawn, Deshauwn, Deshawan, Deshawon, Dyshawn

Déshawn (américain) variante de Deshawn.

Deshea (américain) combinaison du préfixe De et de Shea.
Deshay

Déshi (chinois) vertueux.

Deshon (américain) variante de Deshawn.
Deshondre, Deshone, Deshonn, Deshonte, Dyshon, Dyshone, Dyshyn, Dyshyne

Deshun (américain) variante de Deshon.
Deshunn

Desi CF (latin) désirant ; (irlandais) diminutif de Desmond.
Dezi

Desiderato (espagnol) variante de Desiderio.

Desiderio (espagnol) désiré.
Desideryo

Desierto (latin) sauvage.

Desire (français) souhait.

Desmon (irlandais) variante de Desmond.
Desimon, Desman, Desmane, Desmen, Desmine, Desmyn

Desmond (irlandais) du sud de Munster.
Des, Desmand, Desmound, Desmund

Desta (éthiopien) bonheur.

Destin CF (français) destin, destinée.
Destan, Desten, Destine, Deston, Destun, Destyn

Destry (américain) variante de Destin.
Destrey, Destrie

Detrick (allemand) variante de Dedrick.
Detrek, Detric, Detrich, Detrik, Detrix

Deuce (latin) deux ; diable.

Deusdedit (latin) Dieu lui a donné.

Dev Kumar (indien) fils des dieux.

Devabrata (indien) autre nom de Bîshma, héros indien du poème épique *Le Mahabharata*.

Devadas (indien) disciple de Dieu.

Devajyoti (indien) brillance du Seigneur.

Devak (indien) divin.

Devan CF (irlandais) variante de Devin.
Deavan, Deavyn, Devaan, Devain, Devane, Devann, Devean, Devun, Devyin, Devynn, Devynne, Diwan

Devanta (américain) variante de Devante.

Devante (américain) combinaison de Devan et du suffixe Te.
Devantae, Devantay, Devantée, Devantez, Devanty, Devaunte, Deventae, Deventay, Devente, Divante

Devaughn (américain) variante de Devin.
Devaugh, Devaughntae, Devaughnte

Devaun (américain) variante de Devaughn.

Devayne (américain) variante de Dewayne.
Devain, Devaine, Devane, Devayn, Devein, Deveion

Devdutta (indien) roi.

Deven (hindi) pour Dieu ; (irlandais) variante de Devin.
Deiven, Devein, Devenn, Devven, Diven, Dyven

Devendra (indien) l'un des noms du dieu hindou Indra.

Deveon (américain) variante de Devon.
Deveone

Deverell (anglais) berge de la rivière.

Devesh, Deveshwar (indien) l'un des noms du dieu hindou Shiva.

Devin CF (irlandais) poète.
Deavin, Deivin, Dev, Devinn, Devvin, Devy, Dyvon

Devine (latin) divin ; (irlandais) bœuf.
Devyne, Dewine

Devion (américain) variante de Devon.

Devlin (irlandais) courageux, féroce.
Dev, Devlan, Devland, Devlen, Devlon

Devlyn (irlandais) variante de Devlin.

Devon CF (américain) variante de Davon ; (irlandais) variante de Devin.
Deavon, Deivon, Devoen, Devohn, Devonae, Devoni, Devonio, Devonn, Devontaine, Devun, Devvon, Devvonne, Dewon, Dewone, Divon, Diwon

Dévon, Devonne (américain) variantes de Davon ; (irlandais) variantes de Devin.

Devone (irlandais, américain) variante de Devon.
Deivone, Deivonne

Devonta (américain) combinaison de Devon et du suffixe Ta.
Deveonta, Devonnta, Devonntae, Devontai, Devontay, Devontaye

Devontá, Dévonta (américain) variantes de Devonta.

Devontae, Devontay, Devonté (américain) variantes de Devonte.

Devonte (américain) combinaison de Devon et du suffixe Te.
Deveonte, Devionte, Devontea, Devontee, Devonti, Devontia, Devontre

Devoto (latin) dévoué.

Devyn U (irlandais) variante de Devin.

Dewan (américain) variante de Dejuan, de Dewayne.
Dewaun, Dewaune, Dewon

Dewayne (américain) combinaison du préfixe De et de Wayne ; (irlandais) variante de Dwayne.
Deuwayne, Devayne, Dewain, Dewaine, Dewane, Dewayen, Dewean, Dewune

Dewei (chinois) hautement vertueux.

Dewey (gallois) primé.
Dew, Dewi, Dewie, Dewy

DeWitt (flamand) blond.
Dewit, Dewitt, Dewyt, Dewytt, Wit

Dexter (latin) adroit, agile ; (anglais) teinturier.
Daxter, Decca, Deck, Decka, Dekka, Dex, Dextar, Dextor, Dextrel, Dextron, Dextur

Deyonte (américain) variante de Deontae.

Dezmon (irlandais) variante de Desmond.
Dezman, Dezmen, Dezmin

Dezmond (irlandais) variante de Desmond.
Dezmand, Dezmund

Día (ouest-africain) champion.

Diadelfo (grec) frère de Zeus.

Diamante, Diamonte (espagnol) variantes de Diamond.
Diamanta, Diamont, Diamonta, Dimonta, Dimontae, Dimonte

Diamond FC (anglais) pierre brillante ; gardien remarquable.
Diaman, Diamend, Diamenn, Diamund, Dimond, Dymond

Diandre (français) variante de Deandre.

Diante, Dianté (américain) variantes de Deontae.
Diantae, Diantey

Dick (allemand) diminutif de Frederick, de Richard.
Dic, Dicken, Dickens, Dickie, Dickon, Dicky, Dik

Dickran (arménien) Histoire : nom d'un ancien roi d'Arménie.
Dicran, Dikran

Dickson (anglais) fils de Dick.
Dickenson, Dickerson, Dikerson, Diksan

Dictino (grec) déesse de l'Océan.

Dídac (catalan) variante de Diego.

Diderot (espagnol) variante de Desiderio.

Didi (hébreu) variante populaire de Jedidiah, de Yedidya.

Didier (français) désiré, attendu.

Didimo, Dídimo (grec) frère jumeau.

Dietrich (allemand) variante de Dedrick, de Dietrich.
Didrich, Didrick, Didrik, Didyer, Diederick

Diego TOP .100. (espagnol) variante de Jacob, de James.
Diaz

Dietbald (allemand) variante de Theobald.
Dietbalt, Dietbolt

Dieter (allemand) armée du peuple.
Deiter, Deyter

Dietrich (allemand) variante de Dedrick.
Deitrich, Deitrick, Deke, Didric, Didrick, Diedrich, Diedrick, Diedrik, Dierck, Dieter, Dieterich, Dieterick, Dietric, Dietrick, Dietz, Ditrik

Digby (irlandais) ville du fossé ; ville de la digue.
Digbe, Digbee, Digbey, Digbi, Digbie

Digno (latin) qui mérite le meilleur.

Diji (nigérien) fermier.

Dijon (français) Géographie : ville française ; (américain) variante de Dejon.

Dilan, Dillen, Dillyn (irlandais) variantes de Dillon.
Dilun, Dilyan

Dillan ⚑ (irlandais) variante de Dillon.

Dillian ⚑ (irlandais) variante de Dillon.

Dillion (irlandais) variante de Dillon.

Dillon (irlandais) loyal, fidèle. Voir aussi Dylan.
Dil, Dill, Dillie, Dilly, Dillyn, Dilon, Dilyn, Dilynn

Dilwyn (gallois) lieu ombragé.
Dillwin, Dillwyn, Dilwin

Dima (russe) variante populaire de Vladimir.
Dimah, Dimka, Dyma, Dymah

Dimano (latin) perdre.

Dimas (grec) camarade loyal.

Dimitri (russe) diminutif de Démétrius.
Dimetra, Dimetri, Dimetric, Dimetrie, Dimitr, Dimitric, Dimitrie, Dimitrij, Dimitrik, Dimitris, Dimitry, Dimmy, Dymetree, Dymetrey, Dymetri, Dymetrie, Dymitr, Dymitry

Dimitrios (grec) variante de Démétrius.
Dhimitrios, Dimos, Dmitrios

Dimitrius (grec) variante de Démétrius.
Dimetrius, Dimetrus, Dimitricus, Dmitrius

Dingbang (chinois) protecteur du pays.

Dinh (vietnamien) calme, paisible.
Din, Dyn, Dynh

Dinís (grec) dévoué à Dionysos.

Dino (allemand) petite épée ; (italien) variante de Dean.
Deano, Dyno

Dinos (grec) variante populaire de Constantin, de Konstantin.
Dynos

Dinsmore (irlandais) colline fortifiée.
Dinmoar, Dinmoor, Dinmoore, Dinmor, Dinmore, Dinnie, Dinny, Dinse, Dinsmoor, Dinsmoore, Dynmoar, Dynmoor, Dynmoore, Dynmor, Dynmore

Dioclecio (grec) variante de Diocles.

Diocles (grec) gloire de Dieu.

Diogène (grec) honnête. Histoire : Diogène, philosophe de l'Antiquité, cherchait un homme honnête avec une lanterne en plein jour.
Diogenese

Diógenes (grec) variante de Diogène.

Diogo (galicien) variante de Diego.

Diomède (grec) pensées de Dieu.

Diómedes (grec) celui qui a confiance dans la protection de Dieu.

Dion (grec) variante populaire de Dennis, de Dionysos.
Dio, Dionigi, Dionis, Dionn, Dyon, Dyone

Dión (grec) variante de Dion.

Diondre (français) variante de Deandre.
Diondra, Diondrae, Diondrey

Dione (américain) variante de Dion.

Dionicio (espagnol) variante de Dionysos.

Dionne ⚑ (américain) variante de Dion.

Dionta (américain) variante de Deontae.

Diontae, Diontay, Dionte, Dionté (américain) variantes de Deontae.
Diontaye, Diontea

Dionysos (grec) festivités. Mythologie : dieu du Vin.
Dionesios, Dionisio, Dionisios, Dionusios, Dionysios, Dionysius, Dionysus, Dyonisios, Dyonisus

Dioscórides (grec) parent de Dioscoro.

Dioscoro, Dióscoro (latin) celui qui est le Seigneur.

Dipak (hindi) petite lampe. Religion : autre nom du dieu hindou Kâma.

Diquan (américain) combinaison du préfixe Di et de Quan.
Diqawan, Diqawn, Diquane

Dirk (allemand) diminutif de Derek, de Theodoric.
Derc, Derk, Dirc, Dirck, Dirke, Durc, Durk, Dyrc, Dyrck, Dyrk, Dyrrc, Dyrrck, Dyrrk

Disibodo (allemand) sage audacieux.

Dixon (anglais) fils de Dick.
Dix, Dixan, Dixen, Dixin, Dixyn, Dyxan, Dyxen, Dyxin, Dyxon, Dyxyn

Dmitri, Dmitry (russe) variantes de Dimitri.
Dmetriy, Dmitiri, Dmitrik, Dmitriy

Doane (anglais) collines basses et onduleuses.
Doan

Dob (anglais) variante populaire de Robert.
Dobie

Dobry (polonais) bon.
Dobri, Dobrie

Doherty (irlandais) nocif.
Docherty, Dougherty, Douherty

Dolan (irlandais) aux cheveux sombres.
Dolin, Dollan, Dolyn

Dolf, Dolph (allemand) diminutifs d'Adolf, d'Adolphe, de Rudolf, de Rudolph.
Dolfe, Dolff, Dolffe, Dolfi, Dolphe, Dolphus, Dulph, Dulphe

Dom (latin) diminutif de Dominique.
Dome, Domm, Domó

Domanic (latin) variante de Dominique.
Domanick

Doménech (catalan) variante de Domingo.

Domenic, Domenick (latin) variantes de Dominique.
Domenik, Domenyc, Domenyck, Domenyk

Domenico (italien) variante de Dominique.
Demenico, Domicio, Dominico, Dominiko, Menico

Dominador (latin) vouloir être aimé.

Domingo (espagnol) né un dimanche.
Voir aussi Mingo.
Demingo, Domingos, Domyngo

Dominic (latin) variante de Dominique.
Voir aussi Chuminga.
Deco, Dom, Domeka, Domini, Dominie, Dominitric, Dominy, Dommic, Domnenique, Domokos, Nick

Dominick, Dominik (latin) variantes de Dominique.
Domiku, Domineck, Dominicke, Dominiek, Dominnick, Dominyck, Dominyk, Domminick, Dommonick, Domnick, Donek, Dumin

Dominique $\boxed{\text{FG}}$ (latin) qui appartient au Seigneur.
Domeniq, Domeniqu, Domenique, Domenque, Dominiqu, Dominiqueia, Domnenique, Domnique, Domoniqu, Domonique, Domunique

Dominque $\boxed{\text{U}}$ (français) variante de Dominique.

Domokos (hongrois) variante de Dominique.
Dedo, Dome, Domek, Domok, Domonkos

Domonic, Domonick (latin) variantes de Dominique.
Domonik

Don (écossais) diminutif de Donald.
Voir aussi Kona.
Donn

Donahue (irlandais) guerrier sombre.
Donahu, Donahugh, Donehue, Donohoe, Donohu, Donohue, Donohugh

Donal (irlandais) variante de Donald.
Dónal, Donall, Donil

Donald (écossais) dirigeant du monde; fier chef.
Voir aussi Bohdan, Tauno.
Donalt, Donát, Donaugh, Doneld, Donild, Donyld

Donaldo (espagnol) variante de Donald.

Donardo (celte) variante de Donald.

Donatien (français) cadeau.
Donathan, Donathon, Donatyen

Donato (italien) cadeau.
Dodek, Donatello, Donati, Donatien, Donatus, Doneto

Donavan, Donavin, Donavon (irlandais) variantes de Donovan.
Donaven, Donavyn

Dondre, Dondré (américain) variantes de Deandre.
Dondra, Dondrae, Dondray, Dondrea

Donell (irlandais) variante de Donnell.
Doneal, Donel, Donele, Donelle, Doniel, Donielle, Donyl

Dong (vietnamien) personne de l'Est.
Duong

Donivan (irlandais) variante de Donovan.
Donnivan

Donkor (akan) humble.

Donnell (irlandais) courageux; sombre.
Donnel, Donnele, Donnelle, Donniel, Donnyl

Donnelly (irlandais) variante de Donnell.
Donelly, Donlee, Donley

Donnie, Donny (irlandais) variantes populaires de Donald.
Donee, Doney, Doni, Donie, Donnee, Donney, Donni, Dony

Donovan (irlandais) guerrier sombre.
Dohnovan, Donevan, Donevin, Donevon, Donnovan, Donnoven, Donoven, Donovin, Donvan, Donyvon

Donovon (irlandais) variante de Donovan.

Donta (américain) variante de Dante.

Dontae, Dontay, Donte, Donté (latin) variantes de Dante.
Dontai, Dontao, Dontate, Dontaye, Dontea, Dontee

Dontarious, Dontarius (américain) variantes de Dontae.

Dontavious, Dontavius (américain) variantes de Dontae.

Dontavis (américain) variante de Dontae.

Dontez (américain) variante de Dontae.

Dontray, Dontre (américain) variantes de Dontrell.

Dontrell (américain) variante de Dantrell.
Dontral, Dontrall, Dontreal, Dontrel, Dontrelle, Dontriel, Dontriell

Donyell (irlandais) variante de Donnell.
Donyel

Donzell (cornique) variante de Denzell.
Donzeil, Donzel, Donzelle, Donzello

Dooley (irlandais) sombre héros.
Doolea, Doolee, Dooleigh, Dooli, Doolie, Dooly

Dor (hébreu) génération.

Doran (grec, hébreu) cadeau; (irlandais) étranger; exilé.
Dore, Doren, Dorin, Doron, Dorran, Dorren, Dorrin, Dorron, Dorryn, Doryn

Dorcas (grec) gazelle.

Dorian 🅶🅵 (grec) de Doride, en Grèce.
Voir aussi Isidore.
Dore, Dorey, Dorie, Dorján, Dorrion, Dorryen, Dorryn, Dory

Dorien, Dorion, Dorrian (grec) variantes de Dorian.
Dorrien

Doroteo (grec) cadeau de Dieu.

Dorrell (écossais) concierge du roi.
Voir aussi Durell.
Dorrel, Dorrelle

Dosio (latin) riche.

Dositeo (grec) possession de Dieu.

Dotan (hébreu) loi.
Dothan

Doug (écossais) diminutif de Dougal, de Douglas.
Douge, Dougee, Dougey, Dougi, Dougie, Dougy, Dug, Dugee, Dugey, Dugi, Dugie, Dugy

Dougal (écossais) sombre étranger.
Voir aussi Doyle.
Doogal, Doogall, Dougall, Dugal, Dugald, Dugall, Dughall

Douglas (écossais) sombre rivière, ruisseau.
Voir aussi Koukalaka.
Dougles, Dugaid, Dughlas

Douglass (écossais) variante de Douglas.
Duglass

Dov (yiddish) ours; (hébreu) variante populaire de David.
Dove, Dovi, Dovidas, Dowid

Dovev (hébreu) murmure.

Dovid (hébreu, yiddish) variante de Dov.

Dow (irlandais) aux cheveux sombres.

Doyle (irlandais) variante de Dougal.
Doial, Doiale, Doiall, Doil, Doile, Doy, Doyal, Doyel, Doyele, Doyell, Doyelle

Drago (italien) variante de Drake.

Drake (anglais) dragon; propriétaire de l'auberge avec la marque du dragon.
Draek, Draik, Draike, Drayk, Drayke

Draper (anglais) drapier.
Draeper, Draiper, Dray, Drayper, Draypr

Draven (américain) combinaison de la lettre D et de Raven.
Dravian, Dravin, Dravion, Dravon, Dravone, Dravyn, Drayven

Dre (américain) diminutif d'Andre, de Deandre.
Drae, Dray, Dré

Dreng (norvégien) ouvrier; courageux.

Drequan (américain) combinaison du préfixe Drew et de Quan.

Dréquan (américain) variante de Drequan.

Dreshawn (américain) combinaison du préfixe Drew et de Shawn.
Dreshaun, Dreshon, Dreshown

Drevon (américain) variante de Draven.
Drevan, Drevaun, Dreven, Drevin, Drevion, Drevone

Drew GF (gallois) sage ; (anglais) diminutif d'Andrew.
Drewe

Drey (américain) variante de Dre.

Driscoll (irlandais) interprète.
Driscol, Driscole, Dryscol, Dryscoll, Dryscolle

Dru (anglais) variante de Drew.
Druan, Drud, Drugi, Drui

Drue U (anglais) variante de Drew.

Drummond (écossais) montagne du druide.
Drummund, Drumond, Drumund

Drury (français) aimant. Géographie : Drury Lane est une rue du quartier des théâtres de Londres.
Druree, Drurey, Druri, Drurie

Dryden (anglais) vallée sèche.
Dridan, Driden, Dridin, Dridyn, Dry, Drydan, Drydin, Drydon, Drydyn

Duane (irlandais) variante de Dwayne.
Deune, Duain, Duaine, Duana

Duardo (espagnol) gardien prospère.

Duardos (galicien) variante d'Eduardo.

Duarte (portugais) garde riche. Voir aussi Edward.
Duart

Dubham (irlandais) noir.
Dubhem, Dubhim, Dubhom, Dubhym

Dubric (anglais) sombre chef.
Dubrick, Dubrik, Dubryc, Dubryck, Dubryk

Duc (vietnamien) moral.
Duoc

Duce (latin) chef, commandant.

Dudd (anglais) diminutif de Dudley.
Dud, Dudde, Duddy

Dudley (anglais) champ commun.
Dudlea, Dudlee, Dudleigh, Dudli, Dudlie, Dudly

Duer (écossais) héroïque.

Duff (écossais) sombre.
Duf, Duffey, Duffie, Duffy

Dugan (irlandais) sombre.
Doogan, Doogen, Dougan, Dougen, Douggan, Douggen, Dugen, Duggan

Duilio (latin) prêt à se battre.

Dujuan (américain) variante de Dajuan, de Dejuan.
Dujuane

Duke (français) chef ; duc.
Duk, Dukey, Dukie, Duky

Dukker (tsigane) diseur de bonne aventure.
Duker

Dulani (nguni) coupant.
Dulanee, Dulaney, Dulanie, Dulany

Dulcidio (latin) doux.

Dumaka (igbo) aide.

Duman (turc) brumeux, enfumé.
Dumen, Dumin, Dumon, Dumyn

Duncan (écossais) guerrier brun. Littérature : le roi Duncan est la victime de Macbeth dans la pièce éponyme de Shakespeare.
Doncan, Dunc, Dunkan

Dunham (écossais) brun.
Dunhem

Dunixi (basque) variante de Dionysos.

Dunley (anglais) prairie vallonnée.
Dunlea, Dunlee, Dunleigh, Dunli, Dunlie, Dunly

Dunlop (écossais) colline boueuse.
Dunlope

Dunmore (écossais) forteresse sur la colline.
Dunmoar, Dunmoor, Dunmoore, Dunmor

Dunn (écossais) diminutif de Duncan.
Dun, Dune, Dunne

Dunstan (anglais) forteresse de grès brun.
Dun, Dunsten, Dunstin, Dunston, Dunstyn

Dunstano (anglais) variante de Dunstan.

Dunton (anglais) ville de la colline.
Duntan, Dunten, Duntin, Duntyn

Dur (hébreu) empilé ; (anglais) diminutif de Durwin.

Duran (latin) variante de Durant.

Durand (latin) variante de Durant.

Durando (latin) variante de Durand.

Durant (latin) tenace.
Durance, Durand, Durante, Durontae, Durrant

Durell (écossais, anglais) concierge du roi. Voir aussi Dorrell.
Durel, Durelle, Durial

Durko (tchèque) variante de Georges.

Duron (hébreu, américain) variante de Deron.
Durron

Durrell (écossais, anglais) variante de Durell.
Durreil, Durrelle

Durriken (tsigane) diseur de bonne aventure.

Durril (tsigane) groseille.
Duril, Durryl, Durryll, Duryl

Durward (anglais) gardien.
Derward, Durwood, Ward

Durwin (anglais) variante de Darwin.

Dusan (tchèque) animé, plein d'entrain;
(slave) variante de Daniel.
Dusen, Dusin, Duson, Dusyn

Dushawn (américain) combinaison du préfixe
Du et de Shawn.
Dusean, Dushan, Dushane, Dushaun, Dushon, Dushun

Dustan, Dusten, Duston, Dustyn (allemand,
anglais) variantes de Dustin.

Dustin 🔲 (allemand) vaillant combattant;
(anglais) carrière de rochers bruns.
Dust, Dustain, Dustine, Dustion, Dustynn

Dusty 🔲 (anglais) variante populaire de Dustin.
Dustee, Dustey, Dusti, Dustie

Dutch (néerlandais) des Pays-Bas; d'Allemagne.

Duval (français) combinaison du préfixe Du
et de Val.
Duvall, Duveuil, Duvyl

Duy (vietnamien) variante de Duc.

Dwan (américain) variante de Dajuan; (irlandais)
variante de Dwayne.

Dwaun (américain) variante de Dajuan.
Dwaunn, Dwawn, Dwon, Dwuann

Dwayne (irlandais) sombre. Voir aussi Dewayne.
Dawayne, Dawyne, Duwain, Duwan, Duwane, Duwayn,
Duwayne, Dwain, Dwaine, Dwane, Dwayn, Dwyane, Dywan,
Dywane, Dywayne, Dywone

Dwight (anglais) variante de DeWitt.
Dwhite, Dwite, Dwyte

Dyami (amérindien) aigle qui monte en flèche.
Dyani

Dyer (anglais) teinturier.

Dyke (anglais) digue; fossé.
Dike

Dylan 🔲 (gallois) mer. Voir aussi Dillon.
Dylane, Dylann, Dylen, Dylian, Dyllen, Dyllian, Dyllyn,
Dylyn

Dylin, Dyllan, Dyllon, Dylon (gallois)
variantes de Dylan.
Dyllin, Dyllion

Dyonis (grec) variante de Dionicio.

Dyre (norvégien) cœur précieux.
Dire

Dyson (anglais) diminutif de Dennison.
Dysen, Dysonn

Dzigbode (ghanéen) patience.

Ea (irlandais) variante de Hugh.
Eah

Eabrizio (italien) artisan.

Eabroni (italien) forgeron.

Eachan (irlandais) cavalier.
Eachen, Eachin, Eachon, Eachyn

Eadberto (teuton) remarquable par ses richesses.

Eagan (irlandais) très puissant.

Eamon, Eamonn (irlandais) variantes
d'Edmond, d'Edmund.
Aimon, Eaman, Eamen, Eamin, Eamman, Eammen,
Eammin, Eammon, Eammun, Eammyn, Eamun, Eamyn,
Eiman, Eimen, Eimin, Eimon, Eimyn, Eyman, Eymen, Eymin,
Eymon, Eymyn

Ean (anglais) variante d'Ian.
Eaen, Eann, Eayon, Eon, Eonn, Eyan, Eyen, Eyon, Eyyn

Earl (irlandais) pacte; (anglais) aristocrate.
Airle, Earld, Earle, Earli, Earlie, Earlson, Early, Eorl,
Erl, Erle

Earnest (anglais) variante d'Ernest.
Earn, Earneste, Earnesto, Earnie, Eirnest, Eranest,
Eyrnest

Easton (anglais) ville de l'Est.
Eason, Eastan, Easten, Eastin, Eastton, Eastyn

Eaton (anglais) propriété sur la rivière.
Eatton, Eton, Eyton

Eb (hébreu) diminutif d'Ebenezer.
Ebb, Ebbie, Ebby

Eben (hébreu) rocher.
Eban, Ebenn, Ebin, Ebyn

Ebenezer (hébreu) la première pierre.
Littérature: Ebenezer Scrooge est un
personnage avare dans le conte Un chant
de Noël de Charles Dickens.
*Ebbaneza, Ebeneezer, Ebeneser, Ebenezar, Evanezer,
Eveneser, Ibenezer*

Eber (allemand) diminutif d'Eberhard.
Ebere

Eberhard (allemand) courageux comme
un sanglier. Voir aussi Everett.
Eberardo, Eberhardt, Evard, Everard, Everhardt, Everhart

Ebner (anglais) variante d'Abner.
Ebnar, Ebnir, Ebnor, Ebnyr

Ebo (fanti) né un mardi.

Ebon (hébreu) variante d'Eben.

Ecio (latin) qui possède une grande force.

Eco (grec) son, résonnance, écho.

Ed (anglais) diminutif d'Edgar, d'Edsel,
d'Edward.
Edd

Edan (écossais) feu.
Eadan, Eadon, Edain, Edon, Edun

Edbert (anglais) riche; brillant.
Ediberto

Edberto (germanique) celui que sa lame
fait briller.

Edco (grec) celui qui souffle avec force.

Eddie (anglais) variante populaire d'Edgar,
d'Edsel, d'Edward.
Eddee, Eddi, Eddye, Edi, Edie, Edy

Eddy GF (anglais) variante populaire d'Edgar,
d'Edsel, d'Edward.

Edel (allemand) noble.
Adel, Edell, Edelmar, Edelweiss

Edelberto (allemand) variante d'Edelbert.

Edelio (grec) personne qui reste toujours jeune.

Edelmiro (germanique) célèbre pour la noblesse
qu'il représente.

Eden TOP .100. FG (hébreu) charmant. Bible: jardin
qui fut la première maison d'Adam et Ève.
Eaden, Eadin, Eadyn, Edenson, Edyn, Eiden

Eder (hébreu) troupeau.
Edar, Ederick, Edir, Edor, Edyr

Edgar (anglais) hastaire prospère.
Voir aussi Garek, Gerik, Medgar.
Edek, Edgars, Edger, Edgir, Edgor

Edgard (anglais) variante d'Edgar.

Edgardo (espagnol) variante d'Edgar.

Edgerrin (américain) variante d'Edgar.

Edik (slave) variante populaire d'Édouard.
Edic, Edick

Edilio (grec) celui qui est comme une statue.

Edin (hébreu) variante d'Eden.

Edipo (grec) celui qui a les pieds gonflés.

Edison (anglais) fils d'Edward.
Eddisen, Eddison, Eddisyn, Eddyson, Edisen, Edysen

Edmond (germanique) variante d'Edmund.
Edmen, Edmon, Edmonde, Edmondson, Edmynd, Esmond

Edmund (anglais) protecteur prospère.
Eadmund, Edman, Edmand, Edmaund, Edmun, Edmunds

Edmundo (espagnol) variante d'Edmund.
Edmando, Edmondo, Mundo

Edo (tchèque) variante d'Édouard.

Edoardo (italien) variante d'Édouard.

Edorta (basque) variante d'Édouard.

Édouard (français) le gardien du trésor;
variante d'Edward.
Édoard, Édouard

Edric (anglais) dirigeant prospère.
*Eddric, Eddrick, Eddrik, Eddryc, Eddryck, Eddryk, Ederic,
Ederick, Ederik, Ederyc, Ederyck, Ederyk, Edrek, Edrice,
Edrick, Edrico, Edrik, Edryc, Edryck, Edryk*

Edsel (anglais) maison de l'homme riche.
Edsell

Edson (anglais) diminutif d'Edison.
Eddson, Edsen

Eduard (espagnol) variante d'Édouard.

Eduardo (espagnol) variante d'Édouard.

Edur (basque) neige.
Edure

Edvar (tchèque) variante d'Eduardo.

Edward (anglais) gardien prospère. Voir aussi Audie, Duarte, Ekewaka, Ned, Ted, Teddy.
Edik, Edko, Edo, Edorta, Edus, Edvard, Edvardo, Edwards, Edwy, Edzio, Etzio, Ewart

Edwardo (italien) variante d'Edward.

Edwin (anglais) ami prospère. Voir aussi Ned, Ted.
Eadwin, Eadwinn, Edlin, Eduino, Edwan, Edwen, Edwinn, Edwon, Edwyn, Edwynn

Effiom (africain) crocodile.

Efrain (hébreu) fructueux.
Efraine, Efran, Efrane, Efrayin, Efrayn, Efrayne, Efrian, Efrin, Efryn, Eifraine

Efraín (hébreu) variante d'Efrain.

Efrat (hébreu) honoré.

Efreín, Efrén (espagnol) variantes d'Efraín.

Efrem (hébreu) diminutif d'Ephraim.
Efe, Efraim, Efrayim, Efrim, Efrum

Efren (hébreu) variante d'Efrain, d'Ephraim

Egan (irlandais) ardent, féroce.
Egann, Egen, Egin, Egyn

Egbert (anglais) épée étincelante. Voir aussi Bert, Bertie.
Egbirt, Egburt, Egbyrt

Egecatl (nahuatl) serpent du vent.

Egerton (anglais) ville d'Edgar.
Edgarton, Edgartown, Edgerton, Egeton

Egidio (grec) celui qui emporte l'épée en peau de chèvre au combat.

Egil (norvégien) qui inspire le respect.
Egyl, Eigil, Eygel

Eginhard (allemand) pouvoir de l'épée.
Eginhardt, Egynhard, Egynhardt, Einhard, Einhardt, Enno

Egisto (grec) élevé au lait de chèvre.

Egon (allemand) redoutable.
Egun

Egor (russe) variante de Georges. Voir aussi Igor, Yegor.

Ehren (allemand) honorable.
Eren

Eian, Eion (irlandais) variantes d'Ean, d'Ian.
Ein, Eine, Einn

Eikki (finnois) toujours puissant.
Eiki

Einar (scandinave) individualiste.
Ejnar, Inar

Eitan (hébreu) variante d'Ethan.
Eita, Eithan, Eiton

Ejau (teso) nous avons reçu.

Ekalavya (indien) renommé pour sa dévotion à son gourou.

Ekambar (indien) ciel.

Ekanath (indien) roi.

Ekewaka (hawaïen) variante d'Edward.

Ekon (nigérien) fort.

Ekram (indien) honneur.

Eladio (grec) celui qui est venu de Grèce.

Elam (hébreu) région montagneuse.
Elame

Elan (hébreu) arbre ; (amérindien) amical.
Elann

Elbert (anglais) variante d'Albert.
Elberto, Elbirt, Elburt, Elbyrt

Elbio (celte) celui qui vient de la montagne.

Elchanan (hébreu) variante de John.
Elchan, Elchonon, Elhanan, Elhannan

Elden (anglais) variante d'Alden, d'Aldous.
Eldan, Eldin, Eldun, Eldyn

Elder (anglais) qui habite près des sureaux.
Eldar, Eldir, Eldor, Eldyr

Eldon (anglais) colline sacrée. Variante d'Elton.

Eldred (anglais) variante d'Aldred.
Eldrid, Eldryd

Eldridge (anglais) variante d'Aldrich.
El, Elderydg, Elderydge, Eldredge, Eldrege, Eldrige, Elric, Elrick, Elrik

Eldwin (anglais) variante d'Aldwin.
Eldwen, Eldwinn, Eldwyn, Eldwynn

Eleazar (hébreu) Dieu a aidé. Voir aussi Lazarus.
Elasar, Elasaro, Elazar, Elazaro, Eleasar, Eléazar

Eleazaro (hébreu) variante d'Eleazar.

Elek (hongrois) variante d'Alec, d'Alex.
Elec, Eleck, Elic, Elick, Elik, Elyc, Elyck, Elyk

Elenio (grec) celui qui brille comme le soleil.

Eleodoro (grec) celui qui vient du soleil.

Eleuia (nahuatl) souhait.

Eleuterio (grec) celui qui jouit de la liberté parce qu'il est honnête.

Elfego (germanique) esprit de l'air.

Elger (allemand) variante d'Alger.
Elfar, Elgir, Elgor, Elgyr, Ellgar, Ellger

Elgin (anglais) noble; blanc.
Elgan, Elgen, Elgon, Elgyn

Eli CF (hébreu) variante d'Élie. Diminutif d'Elijah, d'Elisha.
Elay, Elier, Ellie

Elia FC (zuni) diminutif d'Elijah.
Eliah, Eliya, Elya, Elyah

Eliahu (hébreu) variante d'Elijah.

Elian (anglais) variante d'Elijah.
Voir aussi Trevelyan.
Elien, Elion, Elyan, Elyen, Elyin, Elyn, Elyon

Elián (grec) lumière du soleil.

Elias (grec) variante de Elijah.
Elia, Eliasz, Elice, Eliyas, Ellias, Ellice, Ellis, Elyas, Elyes

Elías (grec) variante d'Elias.

Eliazar (hébreu) variante d'Eleazar.
Eliasar, Eliaser, Eliazer, Elizar, Elizardo

Elido (grec) originaire d'Elida.

Élie (hébreu) élevé spirituellement. Bible: le grand prêtre qui forma le prophète Samuel. Voir aussi Elliot.

Eliecer (hébreu) Dieu est son aide constante.

Eliezer (hébreu) variante d'Eleazar.
Elieser

Elifelet (hébreu) Dieu est ma libération.

Eligio (latin) celui qui a été élu par Dieu.

Elihu (hébreu) diminutif d'Eliyahu.
Elih, Eliu, Ellihu

Elihú (hébreu) variante d'Elihu.

Elijah CF (hébreu) variante d'Eliyahu. Bible: Élie, un prophète hébreu. Voir aussi Eli, Elisha, Elliot, Ilias, Ilya.
El, Elija, Elijiah, Elijio, Elijuah, Elijuo, Eliya, Eliyah, Ellija, Ellijah, Ellyjah

Elijha (hébreu) variante d'Elijah.
Elisjsha

Elika (hawaïen) variante d'Éric.
Elyka

Elimu (africain) savoir.

Elio (zuni) variante d'Elia; (anglais) variante d'Elliot.

Eliot (anglais) variante d'Elliot.
Eliott, Eliud, Eliut, Elyot, Elyott

Elisandro (grec) libérateur des hommes.

Eliseo (hébreu) variante d'Elisha.
Elisee, Elisée, Elisei, Elisiah, Elisio

Elisha U (hébreu) Dieu est mon salut. Bible: Élisée, prophète hébreu et successeur d'Élie. Voir aussi Élie, Elijah.
Elijsha, Elish, Elishah, Elisher, Elishia, Elishua, Elysha, Lisha

Eliyahu (hébreu) le Seigneur est mon Dieu.
Elihu, Eliyahou

Elkan (hébreu) Dieu est jaloux.
Elkana, Elkanah, Elkin, Elkins, Elkyn, Elkyns

Elki (miwok) qui flotte au-dessus du sommet.
Elkie, Elky

Ellard (allemand) sacré; courageux.
Allard, Elard, Ellerd

Ellery U (anglais) d'un patronyme dérivant du prénom Hilary.
Elari, Elarie, Elery, Ellari, Ellarie, Ellary, Ellerey, Elleri, Ellerie

Eliott TOP (hébreu) variantes d'Élie, d'Elijah.
Elliot, Elliott, Elliotte, Ellyot, Ellyott

Ellis CF (anglais) variante d'Elias.
Elis, Ellys, Elys

Ellison FC (anglais) fils d'Ellis.
Elison, Ellson, Ellyson, Elson, Elyson

Ellsworth (anglais) propriété du noble.
Ellswerth, Elsworth

Elman (allemand) comme un orme.
Elmen

Elmer (anglais) noble; célèbre.
Aylmer, Elemér, Ellmer, Elmar, Elmir, Ulmer

Elmo (grec) aimable, amical; (italien) gardien; (latin) variante populaire d'Anselme; (anglais) variante d'Elmer.

Elmore (anglais) lande où poussent les ormes.
Ellmoar, Ellmoor, Ellmoore, Ellmor, Ellmore, Elmoar, Elmoor, Elmoore

Eloi (hébreu) variante d'Élie.

Elon (espagnol) diminutif d'Elonzo.

Elonzo (espagnol) variante d'Alonso.
Elonso

Eloy (latin) choisi; (hébreu) variante d'Élie.
Eloi

Elpidio (grec) celui qui a des espérances.

Elrad (hébreu) Dieu commande.
Ellrad, Elradd, Rad, Radd

Elroy (français) variante de Delroy, de Leroy.
Elroi, Elroye

Elsdon (anglais) colline du noble.
Elsden, Elsdin, Elsdyn

Elston (anglais) ville du noble.
Ellston

Elsu (amérindien) faucon qui descend en piqué, qui monte en flèche.

Elsworth (anglais) propriété du noble.
Ellsworth

Elton (anglais) vieille ville.
Alton, Ellton, Eltan, Elten, Elthon, Eltin, Eltonia, Eltyn

Eluney (mapuche) cadeau.

Elvern (latin) variante d'Alvern.
Elver, Elverne, Elvirn, Elvirne

Elvin (anglais) variante d'Alvin.
El, Elvyn, Elwen, Elwin, Elwyn, Elwynn

Elvio (espagnol) à la peau claire; blond.
Elvyo

Elvío (espagnol) variante d'Elvio.

Elvis (scandinave) sage.
El, Elviss, Elviz, Elvys, Elvyss

Elvy (anglais) guerrier elfique.
Elvi, Elvie

Elwell (anglais) vieux puits.
Elwel

Elwood (anglais) vieille forêt. Voir aussi Wood, Woody.
Ellwood

Ely (hébreu) variante d'Éli. Géographie : ville d'Angleterre construite dans une région de tourbières asséchées.
Elya, Elyie

Elzeario (hébreu) Dieu a aidé.

Eman Ⓤ (arabe) diminutif d'Emmanuel.
Emaney, Emani

Emanuel (hébreu) variante d'Emmanuel.
Emaniel, Emannual, Emannuel, Emanual, Emanueal, Emanuele, Emanuell, Emanuelle

Emerenciano (latin) méritant.

Emerson (allemand, anglais) fils d'Emery.
Emmerson, Emreson

Emery ⒼⒻ (allemand) chef assidu.
Aimery, Emari, Emarri, Emeree, Emeri, Emerich, Emerie, Emerio, Emmeree, Emmeri, Emmerich, Emmerie, Emmery, Emrick, Imrich, Inre

Emesto (espagnol) sérieux.

Emeterio (grec) celui qui mérite de l'affection.

Emigdio (grec) celui qui a la peau brune.

Emil (américain) variante d'Émile; (allemand) travailleur. Voir aussi Milko, Milo.
Aymil, Emiel, Emilek, Emill, Emils, Emilyan, Emyl, Emyll

Emila (grec) variante d'Emilio.

Émile (latin) rival; séduisant.
Emiel, Emille, Emylle

Emiliano (italien) variante d'Émile.
Emilian, Emilion

Émilien (latin) amical; assidu.

Emilio (italien, espagnol) variante d'Émile.
Emielio, Emileo, Emilios, Emillio, Emilo

Emillen (latin) variante d'Émilien.

Émir (arabe) chef, commandant.

Emlyn (gallois) cascade.
Emelen, Emlen, Emlin

Emmanuel (hébreu) Dieu est avec nous. Voir aussi Immanuel, Maco, Mango, Manuel.
Emek, Emmahnuel, Emmanel, Emmaneuol, Emmanle, Emmanual, Emmaneual, Emmanuele, Emmanuell, Emmanuelle, Emmanuil

Emmet, Emmitt (allemand, anglais) variantes d'Emmett.
Emmit, Emmyt, Emmytt, Emyt, Emytt

Emmett (allemand) travailleur; fort; (anglais) fourmi. Histoire : Robert Emmett était un patriote irlandais.
Em, Emet, Emett, Emitt, Emmette, Emmot, Emmott, Emmy

Emory ⒼⒻ (allemand) variante d'Emery.
Emmo, Emmori, Emmorie, Emmory, Emorye

Emre (turc) frère.
Emra, Emrah, Emreson

Emrick (allemand) variante d'Emery.
Emeric, Emerick, Emric, Emrik, Emrique, Emryc, Emryck, Emryk

Emry (gallois) honorable.
Emree, Emrey, Emri, Emrie

Enan (gallois) marteau.
Enen, Enin, Enon, Enyn

Enapay (sioux) apparition courageuse ;
il apparaît.
Enapai

Endre (hongrois) variante d'Andrew.
Ender, Endres

Enea (italien) né en neuvième.

Énée (grec) variante d'Aeneas.
Eneas, Eneias, Enné

Engelbert (allemand) rayonnant comme
un ange. Voir aussi Ingelbert.
Bert, Engelburt, Englebert, Englebirt, Engleburt, Englebyrt

Engelberto (germanique) variante d'Engelbert.

Enio (espagnol) la deuxième divinité
de la Guerre.

Enli (dené) le chien là-bas.
Enly

Enmanuel (hébreu) variante d'Emmanuel.

Ennis (grec) le mien ; (écossais) variante d'Angus.
Eni, Enis, Enni, Ennys, Enys

Enoc (hébreu) variante d'Enoch.

Enoch (hébreu) dédié, consacré. Bible : le père
de Mathusalem.
Enock, Enok

Enol (asturien) référence au lac Enol.

Enos (hébreu) homme.
Enosh

Enric, Enrick (roumain) variantes de Henry.
Enrica, Enrik, Enryc, Enryck, Enryk

Enrico (italien) variante de Henry.
Enzio, Rico

Enright (irlandais) fils de l'attaquant.
Enrit, Enrite, Enryght, Enryte

Enrikos (grec) variante de Henry.

Enrique, Enrrique (espagnol) variantes
de Henry. Voir aussi Quiqui.
Enrigué, Enriq, Enriqué, Enriquez

Enver (turc) brillant ; séduisant.

Enyeto (amérindien) qui marche comme
un ours.
Enieto

Enzi (swahili) puissant.
Enzie, Enzy

Enzo ᴛᴏᴾ.₁₀₀. (italien) variante d'Enrico.

Eoin (gallois) variante d'Evan.

Ephraim (hébreu) fructueux. Bible : le deuxième
fils de Joseph.
Ephraen, Ephrain, Ephram, Ephrem, Ephriam

Epicuro (grec) celui qui aide.

Epifanio (grec) celui qui dégage de la lumière.

Epimaco (grec) facile à attaquer.

Epulef (mapuche) deux voyages courts.

Eraclio (grec) variante de Hercule.

Erán (hébreu) vigilant.

Erasme (grec) adorable.
Érasmus, Rasmus

Erasmo (grec) variante d'Erasme.

Erasto (est-africain) homme de paix.

Erastus (grec) chéri.
Éraste, Erastious, Ras, Rastus

Erato (grec) gentil, plaisant.

Erbert (allemand) diminutif de Herbert.
*Ebert, Erberto, Erbirt, Erbirto, Erburt, Erburto, Erbyrt,
Erbyrto*

Ercole (italien) cadeau splendide.
Ercoal, Ercol

Erek, Erik (scandinave) variantes d'Éric.
Erike, Erri

Erhard (allemand) fort ; résolu.
Erhardt, Erhart

Eri (teuton) vigilant.

Eriberto (italien) variante d'Herbert.
Erberto, Heriberto

Éric (scandinave) chef de tous ; (anglais) dirigeant
courageux ; (allemand) diminutif de Frederick.
Histoire : Erik le Rouge est l'explorateur
norvégien qui fonda la première colonie
du Groenland.
Aric, Ehric, Eric, Erica, Ericc, Erico, Erric, Rick

Erich (tchèque, allemand) variante d'Éric.
Ehrich

Erick, Errick (anglais) variantes d'Éric.
Eryck

Erickson (anglais) fils d'Eric.
*Erickzon, Erics, Ericson, Ericsson, Eriks, Erikson,
Erikzzon, Eriqson*

Erikur (islandais) variante d'Erek, d'Éric.

Eriq (américain) variante d'Éric.

Erland (anglais) terre du noble.
Earlan, Earland, Erlan, Erlen, Erlend

Erling (anglais) fils du noble.

Ermanno (italien) variante de Herman.
Erman, Erminio

Ermano (espagnol) variante de Herman.
Ermin, Ermine, Ermon

Ermelindo (teuton) qui offre des sacrifices à Dieu.

Ermenegildo (allemand) fort guerrier.

Ermengaldo (germanique) demeure de force.

Ermengol (catalan) variante d'Armengol.

Ermino (espagnol) variante d'Erminoldo.

Erminoldo (germanique) gouvernement de la force.

Ernest (anglais) sérieux, sincère.
Voir aussi Arno.
Erneste, Ernestino, Ernestus, Ernist, Ernyst

Ernesto (espagnol) variante d'Ernest.
Ernester, Ernestino, Neto

Ernie (anglais) variante populaire d'Ernest.
Earnee, Earni, Earnie, Earny, Ernee, Erney, Erni, Erny

Erno (hongrois) variante d'Ernest.
Ernö

Ernst (allemand) variante d'Ernest.
Erns

Erol (turc) fort, courageux.
Eroll

Eron, Erron (irlandais) variantes d'Erin.
Erran, Erren, Errion

Erón (espagnol) variante d'Aaron.

Éros (grec) amour, désir. Mythologie : Éros est le dieu de l'Amour.

Errando (basque) audacieux.

Errol (latin) vagabond; (anglais) variante d'Earl.
Erol, Erold, Erral, Errel, Erril, Erroll, Erryl, Erryll, Eryl, Eryll

Erroman (basque) de Rome.
Eroman

Erskine (écossais) haute falaise; (anglais) d'Irlande.
Ersin, Erskin, Erskyn, Erskyne, Kinny

Ervin, Erwin (anglais) ami maritime. Variantes d'Irving, Irwin.
Earvan, Earven, Earvin, Earvon, Earvyn, Erv, Ervan, Erven, Ervon, Ervyn, Erwan, Erwinek, Erwinn, Erwyn, Erwynn

Ervine (anglais) variante d'Irving.
Erv, Ervince, Erving, Ervins, Ervyne, Ervyng

Ervino (germanique) celui qui est en accord avec les honneurs.

Eryk (scandinave) variante d'Éric.
Eryc

Ésaü (hébreu) rude; poilu. Bible : Ésaü, jumeau de Jacob.
Esaw

Esaú, Esav (hébreu) variantes d'Ésaü.

Esben (scandinave) dieu.

Esbern (danois) ours sacré.
Esberne, Esbirn, Esbirne, Esburn, Esburne, Esbyrn, Esbyrne

Escipion, Escipión (latin) homme qui utilise une canne.

Escolástico (latin) l'homme qui enseigne tout ce qu'il sait.

Escubillón (latin) qui est dans le siège principal.

Esculapio (grec) le docteur.

Esdras, Esdrás (hébreu) variantes d'Ezra.

Esequiel (hébreu) variante d'Ezéchiel.

Eshkol (hébreu) grappe.

Eshwar (indien) un des noms du dieu hindou Shiva.

Esidore (grec) variante d'Isidore.
Easidor, Esidor, Ezador, Ezadore, Ezidor, Ezidore

Eskil (norvégien) navire des dieux.
Eskyl

Esleban (hébreu) qui porte des enfants.

Esmond (anglais) riche protecteur.

Esope (grec) celui qui porte chance.

Espartaco (grec) celui qui plante.

Espen (danois) ours des dieux.
Espan, Espin, Espon, Espyn

Espiridión (grec) panier de pain.

Essâm (arabe) abri.

Essien (africain) fils né en sixième.
Esien

Estanislao (slave) la gloire de son village.

Estanislau (slave) gloire.

Este (italien) est.
Estes

Esteban ^{TOP}.¹⁰⁰. (espagnol) variante de Stéphane.
Estabon, Estéban, Esteben, Estefan, Estefano, Estefen, Estephan, Estephen

Estebe (basque) variante de Stéphane.

Estéfan, Estévan, Estévon (espagnol) variantes d'Estevan.

Estevan, Esteven (espagnol) variantes de Stéphane.
Estevon, Estiven, Estyvan, Estyven, Estyvin, Estyvon, Estyyyn

Estevao (espagnol) variante de Stéphane.
Estevez

Esteve (catalan) variante d'Estevan.

Estevo (grec) variante d'Estevan.

Estraton (grec) homme de l'armée.

Estuardo (espagnol) variante d'Édouard.
Estvardo

Etalpalli (nahuatl) aile.

Etel (germanique) noble.

Etelberto (espagnol) variante d'Adalberto.

Eterio (grec) aussi propre et pur que le ciel.

Ethan ^{TOP}.¹⁰⁰. (hébreu) fort ; ferme.
Eathan, Eathen, Eathin, Eathon, Eathyn, Eeathen, Efan, Efen, Effan, Effen, Effin, Effon, Effyn, Efin, Efon, Efyn, Eithan, Eithen, Eithin, Eithon, Eithyn, Etan, Ethaen, Ethe, Ethian, Ethin, Ethon, Ethyn, Eythan, Eythen, Eythin, Eython, Eythyn

Ethán (hébreu) variante d'Ethan.

Ethen (hébreu) variante d'Ethan.

Étienne 🄶🄵 (français) variante de Stéphane.
Etian, Etien, Étienn, Ettien

Ettore (italien) inébranlable.
Etor, Etore

Etu (amérindien) ensoleillé.
Eetu

Eubulo (grec) bon conseiller.

Eucario (grec) gracieux, généreux.

Eucarpo (grec) celui qui porte de bons fruits.

Euclide (grec) intelligent. Histoire : inventeur de la géométrie euclidienne.
Euclyd

Euclides (grec) variante d'Euclide.

Eudaldo (allemand) dirigeant célèbre.

Eudoro (grec) beau cadeau.

Eudoxio (grec) celui qui est célèbre.

Eufemio (grec) celui qui a bonne réputation.

Eufrasio (grec) celui qui utilise bien les mots.

Eufronio (grec) qui a un bon esprit.

Eugen (allemand) variante d'Eugène.

Eugène (grec) né dans la noblesse. Voir aussi Ewan, Gene, Gino, Iukini, Jenö, Yevgenyi, Zenda.
Eoghan, Eugeen, Eugeene, Eugen, Eugéne, Eugeni, Eugenius, Eujean, Eujeane, Eujeen, Eujein, Eujeyn

Eugenio (espagnol) variante d'Eugène.
Eugenios

Euladio (grec) qui est pieux.

Eulalio (grec) bon orateur.

Eulises (latin) variante d'Ulysse.

Eulogio (grec) celui qui parle bien.

Eumenio (grec) opportun, favorable.

Euniciano (espagnol) victoire heureuse.

Euno (grec) intellect.

Eupilo (grec) accueilli chaleureusement.

Euprepio (grec) décent ; confortable.

Eupsiquio (grec) qui a une bonne âme.

Euquerio (grec) à la main sûre.

Eurico (germanique) le prince à qui tous rendent hommage.

Eusebio (grec) avec de bons sentiments.

Eusiquio (grec) variante d'Eupsiquio.

Eustace (grec) productif ; (latin) stable, calme. Voir aussi Stacey.
Eustacee, Eustache, Eustachio, Eustachius, Eustachy, Eustashe, Eustasius, Eustatius, Eustazio, Eustis, Eustiss

Eustacio (grec) fort et en bonne santé.

Eustaquio (grec) celui qui a de nombreux épis de blé.

Eustasio (grec) fort et en bonne santé.

Eustoquio (grec) bon tireur.

Eustorgio (grec) bien aimé.

Eustrato (grec) bon soldat.

Eustiquio (grec) chanceux.

Eutrapio (grec) qui change, qui se transforme.

Euxenio (grec) né dans la noblesse.

Evan **TOP**.100. **CF** (irlandais) jeune guerrier; (anglais)
variante de John. Voir aussi Bevan, Owen.
Eavan, Ev, Evaine, Evann, Even, Evun, Ewen

Evander (grec) dirigeant bienveillant;
prédicateur.
Evandar

Evando (grec) considéré comme un homme bon.

Evangelino (grec) celui qui apporte de bonnes
nouvelles.

Evangelos (grec) variante d'Andrew.
Evagelos, Evaggelos, Evangelo

Evans (irlandais, anglais) variante d'Evan.
Evens

Evarado (espagnol) hardi, courageux.

Evaristo (grec) l'excellent.

Evelio (hébreu) celui qui donne la vie.

Evelyn **FC** (anglais) noisette.
Evelin

Evencio (latin) prospère.

Ever (anglais) sanglier. Diminutif d'Everett,
d'Everley, d'Everton; (allemand) diminutif
d'Everardo.

Everardo (allemand) fort comme un sanglier.
Variante d'Eberhard.
Everado, Everard, Everhard, Everhardt, Everhart

Everett **CF** (anglais) variante d'Eberhard.
*Ev, Evered, Everet, Everhet, Everhett, Everit, Everitt,
Everrett, Evert, Everyt, Everyte, Everytt, Evrett, Evryt,
Evryte, Evrytt, Evrytte*

Everette (anglais) variante d'Eberhard.

Everley (anglais) prairie du sanglier.
Everlea, Everlee, Everleigh, Everli, Everlie, Everly

Everton (anglais) ville du sanglier.

Evgenii (russe) variante d'Evgeny.

Evgeny (russe) variante d'Eugène.
Voir aussi Zhek.
Evgeni, Evgenij, Evgenyi

Evin, Evon, Evyn (irlandais) variantes d'Evan.
Evian, Evinn, Evins

Evodio (grec) celui qui suit une bonne route.

Ewald (allemand) toujours puissant; (anglais)
puissant législateur.

Ewan (écossais) variante d'Eugène, d'Evan.
Voir aussi Keon.
Euan, Euann, Euen, Ewen, Ewhen, Ewin, Ewon, Ewyn

Ewert (anglais) berger, gardien de brebis.
Ewart, Ewirt

Ewing (anglais) ami de la loi.
Ewin, Ewyng, Ewynn

Exavier (basque) variante de Xavier.
Exaviar, Exavior, Ezavier

Exequiel (hébreu) Dieu est ma force.

Expedito (latin) non encombré.

Expósito (latin) abandonné.

Exuperancio (latin) celui qui est remarquable.

Exuperio (latin) celui qui dépassé les attentes.

Eyén (araucanien) Dieu.

Eynstein (norrois) île de pierre.
Einstein, Einsteyn, Eynsteyn

Eyota **U** (amérindien) grand.
Eiota, Eyotah

Ezéchiel (hébreu) force de Dieu. Bible: Ezéchiel,
un prophète hébreu. Voir aussi Haskel, Zeke.
*Ezakeil, Ezeck, Ezeckiel, Ezeeckel, Ezekeial, Ezekeil,
Ezekeyial, Ezekial, Ezékiel, Ezekielle, Ezell, Eziakah,
Eziechiele*

Ezequias (hébreu) Yahwé est ma force.

Ezequías (hébreu) qui a le pouvoir divin.

Ezéquiel (hébreu) variante d'Ezéchiel.
Eziequel

Ezer (hébreu) variante d'Ezra.
Ezera, Ezerah

Ezio (latin) celui qui a un nez d'aigle.

Ezra (hébreu) aide; fort. Bible: prêtre juif
qui a ramené les Juifs à Jérusalem.
Esra, Esrah, Ezer, Ezrah, Ezri, Ezry

Eztli (nahuatl) sang.

Ezven (tchèque) variante d'Eugène.
Esven, Esvin, Ezavin, Ezavine

Faas (scandinave) sage conseiller.
Fas

Faber (allemand) variante de Fabian.
Fabar, Fabir, Fabor, Fabyr

Fabian (latin) cultivateur de haricots.
Fabain, Fabayan, Fabe, Fabean, Fabein, Fabek, Fabeon, Faber, Fabert, Fabi, Fabijan, Fabin, Fabion, Fabius, Fabiyan, Fabiyus, Fabyan, Fabyen, Fabyous, Faybian, Faybien

Fabián (espagnol) variante de Fabian.

Fabiano (italien) variante de Fabian.
Fabianno

Fabien (latin) cultivateur de haricots.

Fabio (latin) variante de Fabian ; (italien) diminutif de Fabiano.
Fabbio

Fabrice (latin) ouvrier, artisan.

Fabrizio (italien) artisan.
Fabricio, Fabrizius

Fabron (français) petit forgeron ; apprenti.
Fabra, Fabre, Fabriano, Fabroni, Fabryn

Facundo (latin) celui qui donne des arguments convaincants.

Fâdel (arabe) généreux.

Fadey (ukrainien) variante de Thaddeus.
Faday, Faddei, Faddey, Faddi, Faddie, Faddy, Fade, Fadeyka, Fadie, Fady

Fadi (arabe) rédempteur.
Fadee, Fadhi

Fadil (arabe) généreux.
Fadal, Fadeel, Fadel, Fayl

Fadrique (espagnol) variante de Federico.

Fagan (irlandais) enfant féroce.
Faegan, Faegen, Faegin, Faegon, Faegyn, Fagen, Fagin, Fagon, Fagyn, Faigan, Faigen, Faigin, Faigon, Faigyn, Faygan, Faygen, Faygin, Faygon, Faygyn

Fahd (arabe) lynx.
Fahaad, Fahad

Fai (chinois) début.

Fairfax (anglais) blond.
Fair, Fax, Fayrfax

Faisal (arabe) décisif.
Faisel, Faisil, Faisl, Faiyaz, Faiz, Faizal, Faize, Faizel, Faizi, Fasel, Fasil, Faysal, Fayzal, Fayzel

Fakhir (arabe) excellent.
Fahkry, Fakher

Fakih (arabe) penseur ; lecteur du Coran.

Falak (indien) ciel.

Falco (latin) fauconnier.
Falcko, Falckon, Falcon, Falconn, Falk, Falke, Falken, Faulco

Falguni (indien) né pendant le mois hindou de Falgun.

Falito (italien) variante populaire de Rafael, de Raphaël.

Falkner (anglais) dresseur de faucons. Voir aussi Falco.
Falconer, Falconner, Falconnor, Faulconer, Faulconner, Faulconnor, Faulkner

Fane (anglais) joyeux, content.
Fain, Faine, Faines, Fanes, Faniel, Fayn, Fayne

Fanibhusan (indien) autre nom du dieu hindou Shiva.

Fanindra, Fanish (indien) autres noms du dieu-serpent hindou Shesha.

Fanishwar (indien) seigneur des serpents.

Fantino (latin) innocent.

Fanuco (espagnol) libre.

Fanuel (hébreu) vision de Dieu.

Faraji (swahili) consolation.
Farajy

Faraón (égyptien) pharaon.

Faraz (arabe) variante de Faris.
Farhaz, Fariez

Farhad, Farhat (indien) bonheur.

Farid (arabe) unique.
Farad, Fared, Farod, Faryd

Faris (arabe) cavalier; (irlandais) variante
de Ferris.
*Fares, Faress, Farice, Fariss, Fariz, Farris, Farrish,
Farrys, Farys*

Fâris (arabe) variante de Faris.

Farlane (anglais) chemin lointain.
Farlaen, Farlaene, Farlain, Farlaine, Farlayn, Farlayne

Farley (anglais) prairie du taureau; prairie
du mouton. Voir aussi Lee.
*Fairlay, Fairlea, Fairlee, Fairleigh, Fairley, Fairlie, Far,
Farlay, Farlea, Farlee, Farleigh, Farli, Farlie, Farly,
Farrleigh, Farrley*

Farnell (anglais) colline couverte de fougères.
*Farnal, Farnall, Farnalle, Farnel, Farnelle, Fernal, Fernald,
Fernall, Fernalle, Furnal, Furnald, Furnall, Furnalle, Furnel,
Furnell, Furnelle, Fyrnel, Fyrnele, Fyrnell, Fyrnelle*

Farnham (anglais) champ de fougères.
Farnam, Farnem, Farnhem, Farnum, Fernham

Farnley (anglais) prairie des fougères.
*Farnlea, Farnlee, Farnleigh, Farnli, Farnlie, Farnly,
Fernlea, Fernlee, Fernleigh, Fernley, Fernli, Fernlie, Fernly*

Faroh (latin) variante de Pharaoh.
Faro, Farro, Farrow

Farokh, Farukh (indien) pouvoir
de discrimination.

Farold (anglais) puissant voyageur.

Faron (anglais) variante de Faren
(voir les prénoms de filles).

Farón (espagnol) pharaon.

Farquhar (écossais) cher.
*Fark, Farq, Farquar, Farquarson, Farque, Farquharson,
Farquy, Farqy*

Farr (anglais) voyageur.
*Faer, Far, Farran, Farren, Farrin, Farrington, Farron,
Farrun, Farryn*

Farrar (anglais) forgeron.
Farar, Farer, Farrer

Farrell (irlandais) héroïque; courageux.
*Faral, Farel, Faril, Farol, Farral, Farrel, Farrill, Farryl,
Farryll, Faryl, Ferol, Ferrel, Ferrell, Ferril, Ferryl*

Farrow (anglais) porcelet.
Farow

Farruco (espagnol) variante de Francis,
de Francisco.
*Farruca, Farrucah, Farruka, Farruko, Faruca,
Farucah, Faruco, Frascuelo*

Faruq (arabe) honnête.
Farook, Farooq, Faroque, Farouk, Faruqh

Faste (norvégien) ferme.

Fateh (indien) victoire.

Fath (arabe) vainqueur.

Fatik (indien) cristal.

Fatin (arabe) intelligent.
Fatine, Fatyn, Fatyne

Fâtin (arabe) variante de Fatin.

Fauac (quechua) celui qui vole.

Fauacuaipa (quechua) coq en vol.

Faust (latin) heureux, fortuné. Histoire :
nécromancier allemand du XVIᵉ siècle
qui inspira de nombreuses légendes.
*Fauste, Faustis, Faustise, Faustos, Faustus,
Faustyce, Faustys*

Faustino (italien) variante de Faust.
Faustin, Faustine, Faustyn

Fausto (italien) variante de Faust.

Favian (latin) compréhensif.
Favain, Favien, Favio, Favion, Favyen, Favyon

Fawwâz, Fawzî (arabe) prospère.

Faxon Ⓤ (allemand) aux cheveux longs.
Faxan, Faxen, Faxin, Faxyn

Fazio (italien) bon travailleur.
Fazyo

Febe, Febo (latin) celui qui brille.

Federico (italien, espagnol) variante de Frédéric.
Federic, Federigo, Federoquito

Fedro (grec) l'homme splendide.

Fedyenka (russe) cadeau de Dieu.

Feivel (yiddish) aides de Dieu.
Feyvel

Feliciano (italien) variante de Félix.
Felicio

Feliks (russe) variante de Félix.

Felipe (espagnol) variante de Philippe.
Feeleep, Felep, Felip, Felo

Felippo (italien) variante de Philippe.
Felipino, Lipp, Lippo, Pip, Pippo

Felisardo (latin) homme vaillant et talentueux.

Félix (latin) chanceux ; heureux. Voir aussi Phélix, Pitin.
Fee, Felic, Félice, Felike, Feliks, Félix, Felizio, Felo, Filix, Filyx, Fylix, Fylyx

Felíx (latin) variante de Félix.

Félix Antoine (latin, français) combinaison de Félix et d'Antoine.
Felix-Antoine

Félix Olivier (latin, français) combinaison de Félix et d'Olivier.
Felix-Olivier

Felton (anglais) ville du champ.
Feltan, Felten, Feltin, Feltun, Feltyn

Fenton (anglais) ferme du marais.
Fen, Fennie, Fenny, Fentan, Fenten, Fentin, Fentun, Fentyn, Fintan, Finton

Fenuku (égyptien) né en retard.

Fenyang (égyptien) conquérant.

Feo (espagnol) laid.

Feodor (slave) variante de Théodore.
Dorek, Feador, Feaodor, Feaodore, Fedar, Fedinka, Fedor, Fedore, Fedya, Feedor, Feeodor, Feeodore, Fidor, Fidore, Fiodor, Fiodore

Feoras (grec) rocher lisse.
Feora

Ferd (allemand) cheval.
Ferda, Ferde, Ferdi, Ferdie, Ferdy

Ferdinand (allemand) audacieux, aventurier. Voir aussi Hernando.
Ferdinan, Ferdinánd, Ferdinandus, Ferdynand, Ferynand

Ferdinando (italien) variante de Ferdinand.
Feranado, Ferdnando, Ferdynando, Ferrando, Nando

Ferenc (hongrois) variante de Francis.
Feri, Ferke, Ferko

Fergus (irlandais) fort ; viril.
Fearghas, Fearghus, Feargus, Ferghas, Ferghus, Fergie, Ferguson, Fergusson, Firgus, Firgusen, Firguson, Furgus, Furgusen, Furguson, Fyrgus, Fyrgusen, Fyrgusun

Fermin (français, espagnol) ferme, fort. Voir aussi Firman.
Ferman, Firmin, Furmin, Furmyn, Fyrmen, Fyrmin, Fyrmyn

Fermín (espagnol) variante de Fermin.

Fernán (espagnol) variante de Fernando.

Fernando (espagnol) variante de Ferdinand.
Ferando, Ferdo, Fernand, Fernandez, Fernendo, Ferynando

Feroz (persan) chanceux.
Firoz, Fyroz

Ferran (arabe) boulanger.
Farran, Feran, Feren, Ferin, Feron, Ferren, Ferrin, Ferron, Ferryn, Feryn

Ferrand (français) cheveux gris couleur du fer.
Farand, Farrand, Farrando, Farrant, Ferand, Ferrant

Ferrell (irlandais) variante de Farrell.
Ferel, Ferell, Ferrel, Ferrill, Ferryl

Ferreolo (latin) relatif au fer.

Ferris (irlandais) variante de Peter.
Feris, Ferrice, Ferrise, Ferriss, Ferryce, Ferryse, Ferryss

Festus (latin) heureux.
Festys

Feta-plom (mapuche) plaine haute et large.

Fhakîr (arabe) fier ; excellent.

Fiacro (latin) le soldat.

Fico (espagnol) variante populaire de Frédéric.
Ficko, Fiko, Fycko, Fyco, Fyko

Fidel (latin) fidèle. Histoire : Fidel Castro, révolutionnaire cubain, renversa la dictature à Cuba en 1959 et y établit un régime communiste.
Fidele, Fidèle, Fidelio, Fidelis, Fidell, Fido, Fydal, Fydel, Fydil, Fydyl

Fidencio (latin) confiant ; sans peur.

Fidias (grec) paisible, calme.

Field (anglais) diminutif de Fielding.
Fields

Fielding (anglais) champ ; ouvrier agricole.
Field

Fife (écossais) de Fife, en Écosse.
Fif, Fyf, Fyfe

Fil (polonais) variante de Phil.
Filipek

Filadelfo, Filademo (grec) homme qui aime ses frères.

Filbert (anglais) brillant. Voir aussi Bert, Philbert.
Filberte, Filberti, Filberto, Filbirt, Filburt, Filibert, Filiburt, Fillbert, Fillbirt, Fylbert, Fylbirt, Fylburt, Fylibert, Fylibirt, Fyliburt, Fyllbert, Fyllbirt, Fyllbyrt

Filberte (français) variante de Filbert.
Filbirte, Filburte, Filiberte, Filibirte, Filiburte, Fillberte, Fillbirte, Fylberte, Fylbirte, Fylburte, Fyliberte, Fylibirte, Fyliburte, Fyllberte, Fyllbirte, Fyllbyrte

Fileas (grec) celui qui aime profondément.

Filebert (catalan) variante de Filiberto.

Filelio (latin) celui qui est digne de confiance.

Filemón (grec) amoureux des chevaux.

Filiberto (espagnol) variante de Filbert.

Filip (grec) variante de Philippe.
Filippo

Fillipp (russe) variante de Philippe.
Filipe, Filipek, Filips, Fill, Fillip

Filmore (anglais) célèbre.
Fillmore, Filmer, Fyllmer, Fyllmore, Fylmer, Fylmore,
Philmore

Filón (grec) ami philosophe.

Filya (russe) variante de Philippe.
Filyah, Fylya, Fylyah

Findlay (irlandais) variante de Finlay.
Findlea, Findlee, Findleigh, Findley, Fyndlay, Fyndlea,
Fyndlee, Fyndleigh, Fyndley, Fynndlay, Fynndlea, Fynndlee,
Fynndleigh, Fynndley

Fineas (irlandais) variante de Phinéas.
Finneas, Fyneas

Finian (irlandais) à la peau claire ; blanc.
Voir aussi Phinean.
Finan, Fineen, Finien, Finnen, Finnian, Finyan, Fionan,
Fionn, Fynia, Fynyan

Finlay (irlandais) soldat aux cheveux blonds.
Findlay, Finlea, Finlee, Finleigh, Finley, Finnlea, Finnlee,
Finnleigh, Finnley, Fynlay, Fynlea, Fynlee, Fynleigh, Fynley,
Fynnlay, Fynnlea, Fynnlee, Fynnleigh, Fynnley

Finn (allemand) de Finlande ; (irlandais)
aux cheveux blonds ; à la peau claire.
Diminutif de Finlay ; (norvégien) de la
Laponie. Voir aussi Fynn.
Fin, Finnie, Finnis, Finny

Finnegan (irlandais) à la peau claire ; blanc.
Finegan, Fineghan, Finneghan, Fynegan, Fyneghan,
Fynnegan, Fynneghan

Fintan (irlandais) de la ville de Finn.
Finten, Fintin, Finton, Fintyn, Fyntan, Fynten, Fyntin,
Fynton, Fyntyn

Fiorello (italien) petite fleur.
Fiore, Fiorelleigh, Fiorelley, Fiorelli, Fiorellie, Fiorelly,
Fyorellee, Fyorelleigh, Fyorelley, Fyorelli, Fyorellie,
Fyorello, Fyorelly

Firas (arabe) persistant.
Fira, Fyra, Fyras

Firdaus (indien) paradis.

Firman (français) ferme ; fort. Voir aussi Fermin.
Firmyn, Furman, Fyrman

Firmin (latin) ferme, sûr.

Firmo (latin) ferme moralement
et physiquement.

Firth (anglais) région boisée.
Fyrth

Fischel (yiddish) variante de Philippe.
Fyschel

Fischer (anglais) variante de Fisher.

Fisher (anglais) pêcheur.

Fiske (anglais) pêcheur.
Fisk, Fysk, Fyske

Fitch (anglais) belette, hermine.
Fitche, Fytch

Fito (espagnol) variante d'Adolfo.

Fitz (anglais) fils.
Filz, Fits, Fyts, Fytz

Fitzgerald (anglais) fils de Gérald.
Fitsgerald, Fitzgeraldo, Fytsgerald, Fytsgeraldo,
Fytzgerald, Fytzgeraldo

Fitzhugh (anglais) fils de Hugh.
Fitshu, Fitshue, Fitshugh, Fitzhu, Fitzhue, Fytshu,
Fytzhue, Fytzhugh

Fitzpatrick (anglais) fils de Patrick.
Fitspatric, Fitspatrik, Fitzpatric, Fitzpatrik, Fytspatric,
Fytspatrick, Fytspatrik, Fytzpatric, Fytzpatrick, Fytzpatrik

Fitzroy (irlandais) fils de Roy.
Fitsroi, Fitsroy, Fitzroi, Fytsroi, Fytsroy, Fytzroi, Fytzroy

Fiz (latin) heureux ; fertile.

Flaminio (espagnol) Religion : Marcantonio
Flaminio a coécrit l'un des textes les plus
importants de la Réforme en Italie.

Flann (irlandais) roux.
Flainn, Flan, Flanan, Flanin, Flannan, Flannen, Flannery,
Flannin, Flannon, Flanon, Flanyn

Flavien (latin) blond, aux cheveux jaunes.
Flavel, Flavelle, Flavian, Flavyan, Flawian, Flawiusz, Flawyan

Flaviano (latin) variante de Flavien.

Flavio (italien) variante de Flavien.
Flabio, Flavias, Flavious, Flavius, Flavyo

Fleming (anglais) du Danemark ; des Flandres.
Flemming, Flemmyng, Flemyng

Fletcher (anglais) fabricant de flèches, qui empenne les flèches.
Flecher, Fletch

Flint (anglais) ruisseau ; silex.
Flinte, Flynt, Flynte

Flip (espagnol) diminutif de Felipe ; (américain) diminutif de Philip.
Flipp, Flyp, Flypp

Floreal (latin) allusion au huitième mois de l'ancien calendrier républicain français.

Florencio (italien) variante de Florent.
Florenci, Florenzo, Florinio, Florino, Floryno

Florent (français) fleurissant.
Florentin, Florentine, Florentyn, Florentyne, Florentz, Florynt, Florynte

Florente (latin) variante de Florent.

Florentino (italien) variante de Florent.
Florentyno

Florian GF (latin) fleurissant, fleuri.
Florien, Florion, Florrian, Flory, Floryan, Floryant, Floryante

Florián (latin) variante de Florian.

Floriano (espagnol) variante de Florian.

Floriberto (germanique) maître brillant.

Florio (espagnol) variante de Florián.

Floro (espagnol) fleur.

Florus (français) fleurs.

Flósculo (latin) fleur sauvage.

Floyd (anglais) variante de Lloyd.
Floid, Floyde

Flurry (anglais) florissant, fleurissant.
Fluri, Flurie, Flurri, Flurrie, Flury

Flynn (irlandais) fils de l'homme roux.
Flin, Flinn, Flyn

Focas (grec) habitant de Focida.

Focio (latin) illuminé, brillant.

Fodjour (ghanéen) né en quatrième.

Folco (catalan) homme qui a sa place dans la communauté.

Folke (allemand) variante de Volker.
Folker

Foluke GF (yoruba) donné à Dieu.

Foma (bulgare, russe) variante de Thomas.
Fomah, Fomka

Fonso (allemand, italien) diminutif d'Alphonso.
Fonzo

Fontaine (français) fontaine.
Fontain, Fontayn, Fontayne, Fountain, Fountaine, Fountayn, Fountayne

Fonzie (allemand) variante populaire d'Alphonse.
Fons, Fonsee, Fonsey, Fonsi, Fonsie, Fonsy, Fonz, Fonzee, Fonzey, Fonzi, Fonzy

Forbes (irlandais) prospère.
Forbe, Forbs

Ford (anglais) diminutif des prénoms se terminant par « ford ».
Forde

Fordel (tsigane) indulgent.
Fordal, Fordele, Fordell, Fordelle, Fordil, Fordile

Fordon (allemand) destructeur.
Fordan, Forden, Fordin, Fordyn

Forest (français) variante de Forrest.
Forestt, Foryst

Forester (anglais) gardien de la forêt.
Forrestar, Forrester, Forrie, Forry, Foss

Formerio (latin) beauté.

Forrest GF (français) forêt ; forestier.
Forreste, Forrestt, Forrie

Fortino (italien) chanceux, fortuné.
Fortin, Fortine, Fortyn, Fortyne

Fortune (français) chanceux, fortuné.
Fortun, Fortunato, Fortuné, Fortunio

Foster (latin) diminutif de Forester.
Forster

Fouad (libanais) cœur.

Fowler (anglais) chasseur d'oiseaux sauvages.

Fraco (espagnol) faible.

Fran FG (latin) diminutif de François.
Franh

Francesco (italien) variante de François.

Franchot (français) variante de François.

Francis (latin) libre ; de France. Voir aussi Farruco, Ferenc.
France, Frances, Franciskus, Francys, Frannie, Franny, Franscis, Fransis, Franus, Frencis

Francisco (portugais, espagnol) variante
de François. Voir aussi Chilo, Cisco, Farruco,
Paco, Pancho.
Fransysco, Frasco

Franco (latin) diminutif de François.
Franko

François (latin) homme libre. Religion :
saint François d'Assise a fondé l'ordre
des Franciscains.
Francois

Frank (anglais) diminutif de Francis, Franklin.
Voir aussi Palani, Pancho.
Franc, Franck, Franek, Frang, Franio, Franke, Franko

Frankie 🇬🇧 (anglais) variante populaire
de Frank.
Francky, Franke, Frankey, Franki, Franqui

Franklin (anglais) propriétaire terrien libre.
*Francklen, Francklin, Francklyn, Francylen, Frankin,
Franklen, Franklinn, Franquelin*

Franklyn (anglais) variante de Franklin.
Franklynn

Franky (anglais) variante populaire de Frank.

Frans (suédois) variante de François.
Frants

Frantisek (tchèque) variante de François.
Franta, Frantik, Frantyc, Frantyck, Frantyk

Frantz, Franz (allemand) variantes de François.
Fransz, Franzen, Franzie, Franzin, Franzl, Franzy

Fraser (français) fraise ; (anglais) aux cheveux
bouclés.
Frasier

Fraterno (latin) relatif au frère.

Frayne (français) habitant du frêne ; (anglais)
inconnu, étranger.
*Frain, Fraine, Frayn, Frean, Freane, Freen, Freene,
Frein, Freine, Freyn, Freyne*

Frazer, Frazier (français, anglais) variantes
de Fraser.
Fraizer, Fraze, Frazyer

Fred (allemand) diminutif d'Alfred, de Frédéric,
de Manfred.
Fredd, Fredson

Freddie 🇬🇧 (allemand) variante populaire
de Frédéric.
Fredde, Freddi, Fredie

Freddrick, Fredrick (allemand) variantes
de Frederick.
Fedrik, Fredric, Fredrich, Fredricka, Fredricks, Fredrik

Freddy, Fredi, Fredy (allemand) variantes
populaires de Frédéric.

Frédéric (germanique) pourvoir de la paix.
Frederich, Frederik, Frédérik, Frederric, Frederrik

Frederick (allemand) variante de Frédéric.
Voir aussi Dick, Éric, Fico, Peleke, Rick.
*Fredderick, Fredek, Fréderick, Frédérick, Frederrick,
Fredwick, Fredwyck*

Frederico (espagnol) variante de Frédéric.
Frederigo, Fredrico

Fredo (espagnol) variante de Fred.
Freddo

Freeborn (anglais) enfant de la liberté.
Freborn, Free

Freeman (anglais) libre.
Free, Freedman, Freemin, Freemon, Friedman, Friedmann

Fremont (allemand) libre ; noble protecteur.
Fremonte

Frenchc (catalan) variante de Francisco.

Fresco (espagnol) frais.

Frewin (anglais) libre ; noble ami.
Freewan, Freewen, Frewan, Frewen, Frewon, Frewyn

Frey (anglais) seigneur ; (scandinave)
Mythologie : dieu nordique qui apporte paix
et prospérité.
Frai, Fray, Frei

Frick (anglais) audacieux.
Fric, Frik, Friq, Frique, Fryc, Fryck, Fryk, Fryq

Fridmund (allemand) gardien pacifique.
Frimond, Frymond, Frymund

Fridolf (anglais) loup pacifique.
*Freydolf, Freydolph, Freydolphe, Freydulf, Freydulph,
Freydulphe, Fridolph, Fridolphe, Fridulf, Frydolph,
Frydolphe, Frydulf*

Fridolino (teuton) celui qui aime la paix.

Friedrich (allemand) variante de Frederick.
*Frideric, Friderik, Fridrich, Fridrick, Friedel, Friederick,
Friedrick, Friedrike, Friedryk, Fryderic, Fryderick, Fryderyk,
Frydric, Frydrich, Frydrick, Frydrik*

Frisco (espagnol) variante populaire
de Francisco.

Fritz (allemand) variante populaire de Frederick.
Fritson, Fritts, Fritzchen, Fritzl

Froberto (espagnol) variante de Roberto.

Frode (norvégien) sage.
Frod

Froilan, Froilán (teuton) jeune maître riche et apprécié.

Fronton (latin) celui qui pense.

Fructuoso (latin) celui qui porte de bons fruits.

Frumencio (latin) celui qui fournit du blé.

Frutos (latin) fertile.

Fu'ad (arabe) cœur.

Fuad (libanais) cœur.

Fulberto (germanique) celui qui brille.

Fulbright (allemand) très brillant.
Fulbert, Fulbirt, Fulburt, Fulbyrt

Fulco (espagnol) village.

Fulgencio (latin) celui qui brille et se distingue.

Fuller (anglais) épaississant de tissu.
Fuler

Fulton (anglais) champ près de la ville.
Faulton, Folton

Fulvio (latin) celui qui a des cheveux roux.

Funsani (égyptien) requête.

Funsoni (nguni) requis.
Funsony

Fyfe (écossais) variante de Fife.
Fyffe

Fynn (ghanéen) Géographie : autre nom de la rivière Ofin au Ghana. Voir aussi Finn.
Fyn

Fyodor (russe) variante de Théodore.
Fydor, Fydore, Fyodore

G

Gabby (américain) variante populaire de Gabriel.
Gabbi, Gabbie, Gabi, Gabie, Gaby

Gabe (hébreu) diminutif de Gabriel.
Gab

Gabela (suisse) variante de Gabriel.
Gabel, Gabelah, Gabell

Gabin TOP.100. (latin) personne originaire de Gabii, ville du Latium.

Gabino (américain) variante de Gabriel.
Gabin, Gabrino

Gábor (hongrois) Dieu est ma force.
Gabbo, Gabko, Gabo

Gabrial (hébreu) variante de Gabriel.
Gaberial, Gabrail, Gabreal, Gabriael, Gabrieal

Gabriel TOP.100. GF (hébreu) dévoué à Dieu. Bible : l'ange de l'Annonciation.
Gabis, Gabrael, Gabraiel, Gabreil, Gabrel, Gabrell, Gabriël, Gabrielius, Gabrile, Gabris, Gebereal, Ghabriel, Riel

Gabriele FG (hébreu) variante de Gabriel.

Gabriell FG (hébreu) variante de Gabriel.

Gabrielle FG (hébreu) variante de Gabriel.

Gabrielli (italien) variante de Gabriel.
Gabriello

Gabrio (espagnol) variante de Gabriel.

Gabryel (hébreu) variante de Gabriel.
Gabryalle, Gabryele, Gabryell, Gabryelle, Gabys

Gadi (arabe) Dieu est ma fortune.
Gad, Gaddy, Gadie, Gadiel, Gady

Gaël (irlandais) Celte parlant gaélique ; (grec) variante de Gale.

Gaëtan (italien) de Gaète, une ville du Sud de l'Italie.
Gaetano, Gaetono

Gagan (sikh) ciel.

Gagandeep GF (sikh) lumière céleste.

Gage GF (français) promesse.
Gager, Gayg, Gayge

Gahiji (égyptien) chasseur.

Gaige (français) variante de Gage.
Gaig

Gair (irlandais) petit.
Gaer, Gayr, Gearr, Geir, Geirr

Gaius (latin) qui se réjouit. Voir aussi Cai.

Gajanand, Ganapati (indien) l'un des noms du dieu hindou Ganesh.

Gaje (français) variante de Gage.

Gajendra (indien) roi des éléphants.

Gálatas (grec) blanc comme le lait.

Galbraith (irlandais) Écossais en Irlande.
Galbrait, Galbrayth, Galbreath

Gale (grec) diminutif de Galen.
Gail, Gaile, Gayl, Gayle

Galeaso (latin) celui qui est protégé
par le casque.

Galen (grec) guérisseur; calme; (irlandais)
petit et animé.
Gaelan, Gaelen, Gaelin, Gaelyn, Gailen, Galan, Galin,
Galon, Galyn

Galeno (espagol) enfant illuminé;
(grec, irlandais) variante de Galen.

Galileo (hébreu) celui qui vient de Galilée.

Gallagher (irlandais) aide enthousiaste.

Galloway (irlandais) Écossais en Irlande.
Gallowai, Gallwai, Gallway, Galwai, Galway

Galo (latin) originaire de Galilée.

Galt (norvégien) hauteur.

Galton (anglais) propriétaire d'un domaine loué.
Galton, Galtan, Galten, Galtin, Galtyn

Galvin (irlandais) hirondelle.
Gal, Gall, Gallven, Gallvin, Galvan, Galven, Galvon, Galvyn

Gamal (arabe) chameau. Voir aussi Jamal.
Gamall, Gamel, Gamil

Gamaliel (hébreu) Dieu est ta récompense.

Gamble (scandinave) vieux.
Gambal, Gambel, Gambil, Gambol, Gambyl

Gamelberto (germanique) qui se distingue
par son âge.

Gamlyn (scandinave) petit sureau.
Gamlin

Gan (chinois) audacieux, aventureux;
(vietnamien) proche.

Gangharva (indien) musicien céleste.

Gandhik (indien) parfumé.

Gandolfo (germanique) vaillant guerrier.

Ganesh (indien) dieu hindou à la tête
d'éléphant, fils du dieu Shiva et de la déesse
Parvati.

Gangesh, Gaurinath (indien) l'un des noms
du dieu hindou Shiva.

Gangeya (indien) du fleuve Gange.

Gangol (indien) précieux.

Ganimedes (espagnol) le plus beau des mortels.

Gannon (irlandais) à la peau claire, blanc.
Ganan, Ganen, Ganin, Gannan, Gannen, Gannie, Ganny,
Gannyn, Ganon, Ganyn

Ganya Ⓤ (zoulou) intelligent.
Gania, Ganiah, Ganyah

Gar (anglais) diminutif de Gareth, de Garnett,
de Garrett, de Garvin.
Garr

Garai (égyptien) stable.

Garcia (espagnol) puissant avec une lance.
Garcias, Garcya, Garcyah, Garcyas, Garsias, Garsya,
Garsyah, Garsyas

García (espagnol) variante de Garcia.

Garcilaso (espagnol) variante de Garcia.

Gardner (anglais) jardinier.
Gard, Gardener, Gardie, Gardiner, Gardnar, Gardnor,
Gardnyr, Gardy

Garek (polonais) variante d'Edgar.
Garak, Garok

Garen, Garin, Garren, Garrin (anglais)
variantes de Garry.
Garan, Garon, Garran, Garron, Garryn, Garyn, Gerren,
Gerron, Gerryn

Garet, Garett, Garret (irlandais) variantes
de Garrett.
Garhett, Garit, Garitt, Garrit, Garryt, Garyt, Garytt,
Gerret, Gerrot

Gareth (gallois) doux; (irlandais) variante
de Garrett.
Garef, Gareff, Garif, Gariff, Garith, Garreth, Garrith,
Garyf, Garyff, Garyth

Garfield (anglais) champ de pointes; champ
de bataille.
Garfyeld

Garibaldo (germanique) celui qui est audacieux
avec la lance.

Garion (anglais) variante de Garry.
Garrion, Garyon

Garland ⒼⒻ (français) guirlande de fleurs.
Garlan, Garlande, Garlen, Garllan, Garlund, Garlyn

Garman (anglais) lancier.
Garmann, Garmen, Garrman

Garner (français) soldat de l'armée, sentinelle.
Garnar, Garnier, Garnit, Garnor, Garnyr

Garnet GF (latin, anglais) variante de Garnett.

Garnett (latin) graine de grenadine; grenat; (anglais) armé d'une lance.
Garnie

Garnock (gallois) habitant de la rivière de l'aulne.
Garnoc, Garnok

Garoa (basque) fougère.

Garrad (anglais) variante de Garrett, de Gerard. Voir aussi Jared.
Gared, Garrard, Garred, Garrid, Garrod, Garrode, Garryd

Garrett (irlandais) lancier courageux. Voir aussi Jarrett.
Garrette, Garritt, Garrytt, Gerrett, Gerritt, Gerrott

Garrick (anglais) lance en chêne.
Gaerick, Garic, Garick, Garik, Garreck, Garrek, Garric, Garrik, Garryc, Garryck, Garryk, Garyc, Garyck, Garyk, Gerreck, Gerrick

Garrison (anglais) fils de Garry; (français) troupes postées dans un fort; garnison.
Garison, Garisson, Garris, Garryson, Garyson

Garroway (anglais) combattant à la lance.
Garraway

Garry (anglais) variante de Gary.
Garree, Garrey, Garri, Garrie

Garson (anglais) fils de Gar.

Garth (scandinave) jardin, jardinier; (gallois) diminutif de Gareth.
Garthe

Garvey (irlandais) paix rude; (français) variante de Gervaise.
Garbhán, Garrvey, Garrvie, Garv, Garvan, Garvi, Garvie, Garvy, Gervee

Garvin (anglais) camarade au combat.
Garvan, Garven, Garvyn, Garwan, Garwen, Garwin, Garwon, Garwyn, Garwynn, Gervon

Garwood (anglais) forêt à feuilles persistantes. Voir aussi Wood, Woody.
Garrwood

Gary (allemand) puissant lancier; (anglais) variante populaire de Gérald. Voir aussi Kali.
Gare, Garey, Gari, Garie

Gaspard TOP .100. (iranien) gardien du trésor; (indien) le voyant.
Gaspar, Gáspár, Gasparas, Gaspare, Gaspari, Gasparo, Gasper, Gazsi

Gaston (français) de Gascogne, en France.
Gascon, Gastan, Gastaun, Gasten, Gastin, Gastyn

Gastón (français) variante de Gaston.

Gaudencio, Gaudioso (latin) celui qui est heureux et satisfait.

Gauge (français) variante de Gage.

Gausberto (gemanique) la brillance des Goths.

Gautam (indien) autre nom de Bouddha.

Gaute (norvégien) grand.
Gaut, Gauta

Gautier (français) variante de Walter.
Galtero, Gatier, Gatyer, Gaulterio, Gaultier, Gaultiero, Gauthier

Gaven, Gavyn (gallois) variantes de Gavin.
Gavynn

Gavin (gallois) faucon blanc.
Gav, Gavan, Gavinn, Gavn, Gavohn, Gavon, Gavun

Gavino (italien) variante de Gavin.

Gavriel (hébreu) homme de Dieu.
Gav, Gavi, Gavrel, Gavryel, Gavryele, Gavryell, Gavryelle, Gavy

Gavril (russe) variante de Gavriel; (hébreu) variante de Gabriel.
Ganya, Gavrilla, Gavrilo, Gavryl, Gavryle, Gavryll, Gavrylle

Gavrilovich (russe) variante de Gavril.

Gawain (gallois) variante de Gavin.
Gauvain, Gawaine, Gawayn, Gawayne, Gawen, Gwayne

Gaylen, Gaylon (grec) variantes de Galen.
Gaylin, Gaylinn, Gaylyn

Gaylord (français) joyeux seigneur; geôlier.
Gaelor, Gaelord, Gailard, Gaillard, Gailor, Gailord, Gallard, Gay, Gayelord, Gayler, Gaylor

Gaynor (irlandais) fils de l'homme à la peau claire.
Gaenor, Gainer, Gainor, Gay, Gayner, Gaynnor

Geary (anglais) variable, changeant.
Gearee, Gearey, Geari, Gearie, Gery

Geb (égyptien) terre de Dieu.

Gédéon (hébreu) coupeur d'arbres. Bible: Gédéon, le juge qui vainquit les Madianites.
Gedeon

Geet (indien) chant.

Geffrey (anglais) variante de Geoffrey. Voir aussi Jeffrey.
Gefaree, Gefarey, Gefari, Gefarie, Gefary, Geferi, Geferie, Gefery, Geffaree, Geffarey, Geffari, Geffarie, Geffary, Gefferee, Gefferey, Gefferi, Gefferie, Geffery, Geffree, Geffri, Geffrie, Geffry

Gelasio (grec) enjoué et heureux.

Gellert (hongrois) variante de Gérald.

Gemelo (latin) jumeau fraternel.

Geminiano (latin) jumeaux identiques.

Genadio (grec) famille.

Genardo (allemand) d'une puissante famille.

Genaro (latin) consacré à Dieu.
Genereo, Genero, Gennaro

Genciano (latin) famille.

Gencio (latin) celui qui aime la famille.

Gene (grec) diminutif d'Eugène.

Genek (polonais) variante de Gene.

Gener (catalan) janvier.

Generos, Generoso (espagnol) généreux.

Genesis F G (grec) commencement, origine.

Geno (italien) variante de John. Diminutif de Genovese.
Genio, Jeno

Genovese (italien) de Gênes, en Italie.
Genovis

Gent (anglais) gentleman.
Cental, Gentel, Gentil, Gentle, Gentyl, Gentyle

Gentry U (anglais) variante de Gent.

Genty (irlandais, anglais) neige.
Genti, Gentie

Geoff (anglais) diminutif de Geoffrey.
Gef, Geff, Geof

Geoffery (anglais) variante de Geoffrey.
Geofery

Geoffrey (anglais) variante de Jeffrey.
Voir aussi Giotto, Godfrey, Gottfried, Jeff.
Geoffre, Geoffri, Geoffrie, Geoffroi, Geoffroy, Geoffry, Geofrey, Geofri, Gofery

Geordan (écossais) variante de Gordon.
Geordann, Geordian, Geordin, Geordon

Geordie (écossais) variante de George.
Geordi, Geordy

Georg (scandinave) variante de Georges.

George (anglais) variante de Georges.
Georgas, Georget, Gheorghe, Giorgos, Goerge, Gordios, Gorje, Gorya, Grzegorz

Georges (grec) les agriculteurs; les travailleurs de la terre. Voir aussi Durko, Egor, Iorgos, Jerzy, Jiri, Joji, Jörg, Jorge, Jorgen, Joris, Jorrín, Jur, Jurgis, Keoki, Semer, Yegor, Yorgos, Yorick, Yoyi, Yrjo, Yuri, Zhora.
Geórges

Georgio (italien) variante de Georges.

Georgios (grec) variante de Georges.
Georgious, Georgius

Georgy (grec) variante populaire de Georges.
Georgi, Georgie, Georgii, Georgij, Georgiy

Geovani, Geovanni, Geovanny, Geovany (italien) variantes de Giovanni.
Geovan, Geovanne, Geovannee, Geovannhi

Geraint (anglais) vieux.
Geraynt

Gérald (allemand) puissant lancier.
Voir aussi Fitzgerald, Jarel, Jarrell, Jerald, Jerry, Kharald.
Garald, Garold, Garolds, Gearalt, Gellert, Gérald, Geralde, Gerale, Gerold, Gerrald, Gerrell, Gerrild, Gerrin, Gerrold, Geryld, Giraldo, Giraud, Girauld

Geraldo (italien, espagnol) variante de Gérald.

Gérard (anglais) lancier courageux.
Voir aussi Jerard, Jerry.
Garrat, Garratt, Gearard, Gerad, Gerar, Gérard, Geraro, Gerd, Gerrard, Girard

Gerardo (espagnol) variante de Gérard.
Gherardo

Gerasimo (grec) prix, récompense.

Géraud (français) variante de Gérard.
Geraud, Gerrad, Gerraud

Gerbrando (germanique) épée.

Gerek (polonais) variante de Gérald, de Gérard.

Geremia (hébreu) exalté par Dieu; (italien) variante de Jeremiah.
Geremya

Geremiah (italien) variante de Jeremiah.
Gerimiah, Geromiah

Geremy (anglais) variante de Jérémy.

Gerhard (allemand) variante de Gérard.
Garhard, Gerhardi, Gerhardt, Gerhart, Gerhort

Gerik (polonais) variante d'Edgar.
Gerek, Geric, Gerick, Gérrick

Gerino (allemand) lance.

Germain (français) d'Allemagne ; (anglais) germe, bourgeon. Voir aussi Jermaine.
Germane, Germano, Germayn, Germayne, Germin, Germon, Germyn

Germaine GF (français, anglais) variante de Germain.

German (français, anglais) variante de Germain.

Germán (français) variante de German.

Germana (latin) prêt pour l'action.

Germinal (latin) celui qui germe.

Geroldo (germanique) le commandant à la lance.

Gérôme (anglais) variante de Jérôme.

Geroncio (grec) petit vieil homme.

Geronimo (grec, italien) variante de Jérôme. Histoire : Geronimo, célèbre chef apache.
Geronemo, Geronymo

Gerónimo (grec) variante de Geronimo.

Gerrit (irlandais) variante de Garrett ; (néerlandais) variante de Gérald ; (anglais) variante de Gérard.

Gerrod (anglais) variante de Garrad.
Gerred, Gerrid

Gerry (anglais) variante populaire de Gérald, de Gérard. Voir aussi Jerry.
Geri, Gerre, Gerri, Gerrie, Gerryson

Gershom (hébreu) exilé ; (yiddish) étranger en exil.
Gersham, Gersho, Gershon, Geurson, Gursham, Gurshan

Gershón (hébreu) variante de Gershom.

Gerson (anglais) fils de Gar ; (hébreu, yiddish) variante de Gershom.
Gersan, Gershawn

Gert (allemand, danois) combattant.

Gervaise U (français) honorable. Voir aussi Jervis.
Garvais, Garvaise, Garvas, Garvase, Gerivas, Gervais, Gervas, Gervase, Gervasio, Gervaso, Gervasy, Gervayse, Gervis, Gerwazy

Gerwin (gallois) amour juste.
Gerwen, Gerwyn

Gesualdo (germanique) le prisonnier du roi.

Getachew (africain) ton professeur.

Geteye (africain) son professeur.

Gethin (gallois) au teint basané.
Geth, Gethyn

Getulio (latin) celui qui est venu de Gétules.

Gevork (américain) variante de Georges.

Ghalib (indien) excellent.

Ghâlib (arabe) variante de Victor.

Ghanashyam, Giridari, Giridhar (indien) autres noms du dieu hindou Krishna.

Ghazi (arabe) conquérant.

Ghedi (somali) voyageur.

Ghilchrist (irlandais) serviteur du Christ. Voir aussi Gil.
Ghylchrist

Ghislain (français) pacte.

Gi (coréen) courageux.

Gia FG (vietnamien) famille.
Giah, Gya, Gyah

Giacinto (portugais, espagnol) variante de Jacinto.
Giacintho, Gyacinto, Gyacynto

Giacomo (italien) variante de Jacob.
Gaimo, Giacamo, Giaco, Giacobbe, Giacobo, Giacopo, Gyacomo

Gian (italien) variante de Giovanni, de John.
Ghian, Ghyan, Gianetto, Giann, Gianne, Giannes, Giannis, Giannos, Gyan

Giancarlo (italien) combinaison de Gian et de Carlo.
Giancarlos, Gianncarlo, Gyancarlo

Gianfranco (italien) combinaison de Gian et de Franco.

Gianluca (italien) combinaison de Gian et de Luca.

Gianmarco (italien) combinaison de Gian et de Marco.

Gianni (italien) variante de Johnie.
Giani, Gionni

Gianpaolo (italien) combinaison de Gian et de Paolo.
Gianpaulo

Gib (anglais) diminutif de Gilbert.
Gibb, Gibbie, Gibby

Gibert (catalan) variante de Gilberto.

Gibor (hébreu) puissant.
Gibbor

Gibson (anglais) fils de Gilbert.
Gibbon, Gibbons, Gibbs, Gibbson, Gilson

Gidéon (hébreu) variante de Gédéon.
Gedeon, Gideone, Gydeon, Hedeon

Gidon (hébreu) variante de Gidéon.

Gifford (anglais) donateur courageux.
Giff, Giffard, Gifferd, Giffie, Giffy, Gyfford, Gyford

Gig (anglais) équipage tiré par des chevaux.

Gil (grec) porteur de bouclier; (hébreu) heureux;
(anglais) diminutif de Ghilchrist, de Gilbert.
Gili, Gilie, Gill, Gilley, Gilli, Gillie, Gillis, Gilly, Gyl, Gyll

Gilad (arabe) bosse du chameau; de Giladi,
en Arabie saoudite.
Giladi, Giladie, Gilead, Gylad, Gylead

Gilamu (basque) variante de William.
Gillen, Gylamu

Gilbert (anglais) promesse brillante;
digne de confiance. Voir aussi Gil, Gillett.
*Gib, Gilburt, Gilibeirt, Gillbert, Gillburt, Gilleabert,
Giselbert, Giselberto, Giselbertus, Guilbert, Gylbert,
Gylbirt, Gylburt, Gylbyrt*

Gilberto (espagnol) variante de Gilbert.
Gilburto

Gilby (scandinave) domaine de l'otage;
(irlandais) garçon blond.
*Gilbee, Gilbey, Gilbi, Gilbie, Gillbee, Gillbey, Gillbi, Gillbie,
Gillby, Gylbee, Gylbey, Gylbi, Gylbie, Gylby, Gyllbee,
Gyllbey, Gyllbi, Gyllbie, Gyllby*

Gilchrist (irlandais) variante de Ghilchrist.
Gilcrist

Gildardo (allemand) bon.

Gildo (espagnol) variante de Hermenegildo.

Gilen (basque, allemand) promesse illustre.
Gilenn, Gylen

Giles (français) variante de Gilles.

Gillean (irlandais) Bible: serviteur de saint Jean.
Gillan, Gillen, Gillian, Gillyan

Gillermo (espagnol) protecteur résolu.

Gilles (latin) bouclier en peau de chèvre.
Gide, Gyles, Gylles

Gillespie (irlandais) fils du serviteur de l'évêque.
Gillis, Gyllespie, Gyllespy

Gillett (français) jeune Gilbert.
*Gelett, Gelette, Gilet, Gilett, Gilette, Gillette, Gillit, Gylet,
Gylett, Gylit, Gylitt, Gylyt, Gylytt*

Gilmer (anglais) célèbre otage.
Gilmar, Gylmar, Gylmer

Gilmore (irlandais) dévoué à la Vierge Marie.
*Gillmoor, Gillmoore, Gillmor, Gillmore, Gillmour, Gilmoor,
Gilmoore, Gilmor, Gilmour, Gylmoor, Gylmoore, Gylmor, Gylmore*

Gilon (hébreu) cercle.
Gylon

Gilroy (irlandais) dévoué au roi.
*Gilderoi, Gilderoy, Gildray, Gildroi, Gildroy, Gillroi,
Gillroy, Gyllroi, Gyllroy, Gylroi, Gylroy, Roy*

Gines (grec) celui qui crée la vie.

Ginés (grec) variante de Genesis.

Gino (grec) variante populaire d'Eugène;
(italien) diminutif des prénoms se terminant
par «gene», «gino».
Ghino, Gyno

Giona (italien) variante de Jonah.
Gionah, Gyona, Gyonah

Giordano (italien) variante Jordan.
Giordan, Giordana, Giordin, Guordan

Giorgio (italien) variante de Georges.

Giorgos (grec) variante de Georges.
Georgos, Giorgios

Giosia (italien) variante de Joshua.
Giosiah, Giosya, Gyosia, Gyosya, Gyosyah

Giotto (italien) variante de Geoffrey.

Giovani, Giovanny, Giovany (italien)
variantes de Giovanni.
*Giavani, Giovan, Giovane, Giovanie, Giovonny,
Gyovani, Gyovanie, Gyovany*

Giovanni **GE** (italien) variante de John.
Voir aussi Jeovanni, Jiovanni.
*Giannino, Giovann, Giovannie, Giovanno, Giovon,
Giovonathon, Giovonni, Giovonnia, Giovonnie, Givonni*

Gipsy (anglais) vagabond.
Gipson, Gypsy

Giri (indien) montagne.

Girik, Girilal, Girindra, Girish (indien)
autres noms du dieu hindou Shiva.

Giriraj (indien) seigneur des montagnes.

Girvin (irlandais) petit; coriace.
Girvan, Girven, Girvon, Girvyn, Gyrvyn

Gisberto (germanique) celui qui brille au combat avec son épée.

Gitano (espagnol) gitan.
Gytano

Giuliano (italien) variante de Julius.
Giulano, Giulino, Giulliano

Giulio (italien) variante de Julius.
Gyulio, Gyulyo

Giuseppe (italien) variante de Joseph.
Giuseppi, Giuseppino, Giusseppe, Guiseppe, Guiseppi, Guiseppie, Guisseppe

Giustino (italien) variante de Justin.
Giusto, Giustyno, Gyustino, Gyusto, Gyustyno

Givon (hébreu) colline ; hauteurs.
Givan, Givawn, Given, Givyn

Gladwin (anglais) enjoué. Voir aussi Win.
Glad, Gladdie, Gladdy, Gladwen, Gladwenn, Gladwinn, Gladwyn, Gladwynn, Gladwynne

Glanville (anglais) village aux chênes.
Glannville, Glanvil, Glanvill, Glanvyl, Glanvyll, Glanvylle

Glasson (écossais) de Glasgow, en Écosse.
Glason, Glassan, Glassen, Glassin, Glassyn

Glen, Glenn (irlandais) diminutifs de Glendon.
Glean, Gleann, Glennie, Glennis, Glennon, Glenny

Glendon (écossais) forteresse dans le vallon.
Glandan, Glandun, Glenden, Glendin, Glendyn, Glenndan, Glennden, Glenndin, Glenndon, Glenndyn, Glennton, Glyndan, Glynden, Glyndin, Glyndon, Glyndyn, Glynndan, Glynnden, Glynndin, Glynndon, Glynndun, Glynndyn

Glendower (gallois) de Glyndwr, au pays de Galles.

Glenrowan (irlandais) vallée aux sorbiers.
Glennrowan, Glenrowen, Glenrowin, Glenrowyn, Glynnrowan, Glynnrowen, Glynnrowin, Glynnrowon, Glynnrowyn, Glynrowan, Glynrowen, Glynrowin, Glynrowon, Glynrowyn

Glenton (écossais) ville de la vallée.
Glennton, Glynnton, Glynton

Glenville (irlandais) village dans le vallon.
Glenvyl, Glenvyle, Glenvyll, Glenvylle, Glynnville, Glynville

Glyn, Glynn (gallois) variantes de Glen.
Glin, Glinn

Godardo (allemand) variante de Goddard.

Goddard (allemand) divinement ferme.
Godard, Godart, Goddart, Godhardt, Godhart, Gothart, Gotthard, Gotthardt, Gotthart

Godeardo (allemand) variante de Gotardo.

Godfredo (espagnol) ami de Dieu.

Godfrey (irlandais) paix de Dieu ; (allemand) variante de Jeffrey. Voir aussi Geoffrey, Gottfried.
Goddfree, Goddfrey, Godefroi, Godfree, Godfry, Godofredo, Godoired, Godrey, Goffredo, Gofraidh, Gofredo, Gorry

Godwin (anglais) ami de Dieu. Voir aussi Win.
Godewyn, Godwen, Godwinn, Godwyn, Godwynn, Goodwin, Goodwyn, Goodwynn, Goodwynne

Goel (hébreu) rédempteur.

Gogo (africain) comme un grand-père.

Gokul (indien) lieu où le dieu hindou Krishna fut élevé.

Golden (anglais) variante de Goldwin.

Goldwin (anglais) ami doré. Voir aussi Win.
Goldewin, Goldewinn, Goldewyn, Goldwinn, Goldwinne, Goldwyn, Goldwyne, Goldwynn, Goldwynne

Goliard (espagnol) le rebelle.

Goliat (hébreu) celui qui vit sa vie en faisant des pèlerinages.

Goliath (hébreu) exilé. Bible : le géant philistin tué par David grâce à un lance-pierre.
Golliath, Golyath

Gomda (kiowa) vent.
Gomdah

Gomer (hébreu) complété, fini ; (anglais) bataille célèbre.

Gomez (espagnol) homme.
Gomaz

Gontrán (allemand, espagnol) guerrier célèbre.

Gonza (toro) amour.
Gonzah

Gonzalo (espagnol) loup.
Goncalve, Gonsalo, Gonsalve, Gonsalvo, Gonzales, Gonzalos, Gonzalous, Gonzelee, Gonzolo

Gopal (indien) protecteur des vaches ; autre nom du dieu hindou Krishna.

Gopesh (indien) l'un des noms du dieu hindou Krishna.

Gopichand (indien) nom d'un roi.

Gorakh (inden) vacher.

Goran (grec) variante de Georges.

Gordon (anglais) colline triangulaire.
Gord, Gordain, Gordan, Gorden, Gordin, Gordonn, Gordun, Gordyn

Gordy (anglais) variante populaire de Gordon.
Gordie

Gore (anglais) terre triangulaire; terre en forme de coin.

Gorge (latin) gorge; (grec) variante de Georges.

Gorgonio (grec) la personne violente.

Gorman (irlandais) petit; aux yeux bleus.
Gormen

Goro (japonais) cinquième.

Gosheven (amérindien) grand sauteur.

Gosvino (teuton) ami de Dieu.

Gotardo (germanique) celui qui est vaillant grâce à la force que Dieu lui donne.

Gottfried (allemand) variante de Geoffrey, de Godfrey.
Gotfrid, Gotfrids, Gottfrid

Gotzon (allemand) variante d'Angel.

Govert (néerlandais) paix céleste.

Gower (gallois) pur.

Gowon (tiv) faiseur de pluie.
Gowan, Gowen, Gowin, Gowyn

Goyo (espagnol) variante de Gerardo.

Gozol (hébreu) oiseau qui monte en flèche.
Gozal

Gracia (latin) gentil; bienvenu.

Gracián (latin) qui possède la grâce.

Graciano (latin) la personne reconnue par Dieu.

Grady (irlandais) noble; illustre.
Gradea, Gradee, Gradey, Gradi, Gradie, Gradleigh, Graidee, Graidey, Graidi, Graidie, Graidy, Graydee, Graydey, Graydi, Graydie, Graydy

Graeme (écossais) variante de Graham.
Graem, Graiam, Gram, Grame, Gramm, Grayeme

Graham (anglais) maison grandiose.
Graeham, Graehame, Graehme, Grahame, Grahamme, Grahem, Graheme, Grahim, Grahime, Grahm, Grahme, Grahym, Graiham, Graihame, Grayham, Grayhame, Grayhim, Grayhym, Greyham, Greyhame, Greyhem, Greyheme

Granger (français) fermier.
Grainger, Grange, Graynger

Grant CF (anglais) diminutif de Grantland.
Grand, Grandt, Grantham, Granthem

Grantland (anglais) grandes plaines.
Granlan, Granland, Grantlan

Grantley (anglais) grande prairie.
Grantlea, Grantlee, Grantleigh, Grantli, Grantlie, Grantly

Granville (français) grand village.
Gran, Granvel, Granvil, Granvile, Granvill, Granvyl, Granvyll, Granvylle, Grenville, Greville

Grato (latin) la personne reconnue par Dieu.

Grau (espagnol) variante de Gerardo.

Gray (anglais) aux cheveux gris.
Grae, Grai, Graye, Greye

Grayden (anglais) aux cheveux gris.
Graden, Graedan, Graeden, Graedin, Graedyn, Graidan, Graiden, Graidin, Graidyn, Graydan, Graydin, Graydyn, Greyden, Greydin, Greydyn

Graydon (anglais) colline grise.
Gradon, Graedon, Graidon, Grayton, Greydon

Grayson CF (anglais) fils de l'intendant. Voir aussi Sonny.
Graeson, Graison, Graysen

Greeley (anglais) prairie grise.
Greelea, Greeleigh, Greeli, Greelie, Greely

Greenwood (anglais) forêt verte.
Green, Greener, Greenerwood, Greenewood

Greg, Gregg (latin) diminutifs de Grégory.
Graig, Gregson, Greig, Greigg

Greggory (latin) variante de Grégory.
Greggery, Greggori, Greggorie

Gregor (écossais) variante de Grégory.
Gregoor, Grégor, Gregore

Gregorio (italien, portugais) variante de Grégory.
Gregorios

Grégory (grec) gardien vigilant. Voir aussi Jörn, Krikor.
Gergely, Gergo, Greagoir, Greagory, Greer, Gregary, Greger, Gregery, Grégoire, Gregorey, Gregori, Grégorie, Gregorius, Gregors, Gregos, Gregrey, Gregroy, Gregry, Greigoor, Greigor, Greigore, Greigry, Gries, Grisha, Grzegorz

Gresham (anglais) village dans le pâturage.

Grey (anglais) variante de Gray.

Greyson (anglais) variante de Grayson.
Greysen, Greysten, Greyston

Griffen (latin) variante de Griffin.
Grifen

Griffin (latin) nez crochu.
Griff, Griffie, Griffon, Griffy, Griffyn, Griffynn, Gryffin, Gryffyn, Gryphon

Griffith (gallois) chef féroce ; rougeaud.
Griff, Griffeth, Griffie, Griffy, Gryffith

Grigor (bulgare) variante de Grégory.

Grigori (bulgare) variante de Grégory.
Grigoi, Grigore, Grigorij, Grigorios, Grigorov, Grigory

Grigorii (russe) variante de Grégory.

Grimoaldo (espagnol) confesseur.

Grimshaw (anglais) bois sombres.
Grymshaw

Grisha (russe) variante de Grégory.
Grysha

Griswold (allemand, français) forêt grise.
Gris, Griswald, Griswaldo, Griswoldo, Griz, Grizwald, Gryswald, Gryswaldo

Grosvener (français) gros chasseur.

Grosvenor (français) grand chasseur.

Grover (anglais) bosquet.
Grove

Guacraya (quechua) fort et courageux comme un taureau.

Guadalberto (germanique) il est tout-puissant.

Guaina (quechua) jeune.

Guala (allemand) gouverneur.

Gualberto (espagnol) variante de Walter.

Gualtiero (italien) variante de Walter.
Gualterio

Guaman (quechua) faucon.

Guamanachachi (quechua) celui qui a de valeureux ancêtres comme le faucon.

Guamancapac (quechua) seigneur faucon.

Guamancaranca (quechua) celui qui se bat comme mille faucons.

Guamanchaua (quechua) cruel comme un faucon.

Guamanchuri (quechua) fils du faucon.

Guamanpuma (quechua) fort et puissant comme un puma et un faucon.

Guamantiupac (quechua) glorieux faucon.

Guamanyana (quechua) faucon noir.

Guamanyurac (quechua) faucon blanc.

Guamay (quechua) jeune, frais.

Guanca, Guancar (quechua) rocher ; sommet.

Guanpú (aymara) né pendant une période de festivités.

Guari (quechua) sauvage, indomptable.

Guarino (teuton) celui qui défend bien.

Guariruna (quechua) homme sauvage et indompté.

Guarititu, Guartito (quechua) indompté et difficile à gérer.

Guascar (quechua) celui qui est à la chaîne, à la corde ou au liseron.

Guaual (quechua) myrte.

Guayasamin (quechua) heureux oiseau blanc en vol.

Guayau (quechua) saule royal.

Guaynacapac (quechua) jeune maître.

Guaynarimac (quechua) jeune orateur.

Guaynay (quechua) mon enfant.

Guaypa, Guaypaya (quechua) coq ; créateur.

Guayra (quechua) rapide comme le vent.

Guayua (aymara) agité ; malicieux.

Guglielmo (italien) variante de Wilhelm.

Guido (italien) variante de Guy.

Guifford (français) joues rebondies.

Guifré (catalan) variante de Wilfredo.

Guilford (anglais) gué aux fleurs jaunes.
Guildford

Guilherme (portugais) variante de Wilhelm.

Güillac (quechua) celui qui avertit.

Guillaume (germanique) gardien déterminé ; variante de Wilhelm.
Guilem, Guillaums, Guilleaume, Guyllaume

Guillerme (allemand) variante de Wilhelm.

Guillermo (espagnol) variante de Wilhelm.
Guillerrmo

Guir (irlandais) beige.

Güiracocha, Güiracucha (quechua) écume de la mer.

Güisa (quechua) prophète.

Güiuyac (quechua) brillant, lumineux.

Güiyca (quechua) sacré.

Güiycauaman (quechua) faucon sacré.

Gumaro (germanique) armée d'hommes; homme discipliné.

Gumersindo (germanique) l'homme excellent.

Gundelberto (teuton) celui qui brille lors de la bataille.

Gundislavo (allemand) joie; force.

Gunnar (scandinave) variante de Gunther.

Gunner (anglais) soldat avec un fusil; (scandinave) variante de Gunther.
Guner

Gunter (scandinave) variante de Gunther.
Guenter, Guntar, Guntero

Gunther (scandinave) armée de bataille; guerrier.
Guenther, Gun, Gunthar, Günther

Guotin (chinois) poli; dirigeant fort.

Gurdeep (sikh) lampe du gourou.

Gurion (hébreu) jeune lion.
Gur, Guri, Guriel, Guryon

Gurjot (sikh) lumière du gourou.

Gurpreet Ⓤ (sikh) dévoué au gourou; dévoué au prophète.
Gurjeet, Gurmeet, Guruprit

Gurveer (sikh) guerrier du gourou.

Gurvir (sikh) variante de Gurveer.

Gus (scandinave) diminutif d'Angus, d'Augustin, de Gustave.
Guss, Gussie, Gussy, Gusti, Gustry, Gusty

Gustaf (suédois) variante de Gustave.
Gustaf, Gustaaf, Gustaff

Gustave (scandinave) domestique des Goths. Gustave Adolphe fut roi de Suède. Voir aussi Kosti, Tabo, Tavo.
Gustaof, Gustav, Gustáv, Gustava, Gustaves, Gustavius, Gustavs, Gustavus, Gustik, Gustus, Gusztav

Gustavo (italien, espagnol) variante de Gustave.
Gustabo

Guthrie (allemand) héros de guerre; (irlandais) lieu venteux.
Guthre, Guthree, Guthrey, Guthri, Guthry

Gutierre (espagnol) variante de Walter.

Guy (hébreu) vallée; (allemand) guerrier; (français) guide. Voir aussi Guido.
Guie, Guyon

Guyapi (amérindien) candide.

Guyllaume (français) variante de Guillaume.

Guzman, Guzmán (goth) homme bon; homme de Dieu.

Gwayne (gallois) variante de Gawain.
Gwaine, Gwayn

Gwidon (polonais) vie.
Gwydon

Gwilym (gallois) variante de William.
Gwillym

Gwym Ⓕ Ⓖ (gallois) beau; béni.
Gwinn, Gwinne, Gwynn, Gwynne

Gyasi (akan) merveilleux bébé.

Gyorgy (russe) variante de Georges.
Gyoergy, György, Gyuri, Gyurka

Gyula (hongrois) jeunesse.
Gyala, Gyuszi

H

Habacuc (hébreu) étreinte.

Habib (arabe) chéri.
Habyb

Habîb (hébreu) variante de Habib.

Habid (arabe) la personne appréciée.

Hacan (quechua) brillant, grandiose.

Hacanpoma, Hacanpuma (quechua) puma brillant.

Hackett (allemand, français) petit bûcheron.
Hacket, Hackit, Hackitt, Hackyt, Hackytt

Hackman (allemand, français) bûcheron.
Hackmen

Hadar (hébreu) gloire.

Haddad (arabe) forgeron.
Hadad

Haddâd (arabe) variante de Haddad.

Hadden (anglais) colline couverte de bruyère.
Haddan, Haddin, Haddon, Haddyn

Haden (anglais) variante de Hadden.
Hadan, Hadin, Hadon, Hadun, Hadyn, Haeden

Hadi (arabe) guidant vers la droite.
Haddi, Hadee, Hady

Hadley FG (anglais) prairie couverte de bruyère.
Had, Hadlea, Hadlee, Hadleigh, Hadly, Leigh

Hadrien (latin) Histoire : empereur romain pendant l'Antiquité.
Adrian, Hadrian, Hadrion, Hadryan, Hadryen, Hadryin, Hadryn, Hadryon

Hadrián (latin) variante de Hadrien.

Hadulfo (germanique) le loup de combat.

Hadwin (anglais) ami en temps de guerre.
Hadwen, Hadwinn, Hadwyn, Hadwynn, Hadwynne

Hafiz (indien) protégé.

Hagan (allemand) défense solide.
Haggan

Hagar FG (hébreu) abandonné ; inconnu.
Hager, Hagir, Hagor, Hagyr

Hagen (irlandais) jeune, juvénile.
Hagin, Hagon, Hagun, Hagyn

Hagley (anglais) prairie clôturée.
Haglea, Haglee, Hagleigh, Hagli, Haglie, Hagly

Hagop (arménien) variante de James.

Hagos (éthiopien) heureux.

Hahnee (amérindien) mendiant.

Hai (vietnamien) mer.

Haidar (arabe) lion.

Haiden GF (anglais) variante de Hayden.
Haidan, Haidin, Haidn, Haidon, Haidun, Haidyn

Haider (arabe) variante de Haidar.

Haig (anglais) enclos avec des haies.
Hayg

Hailama (hawaïen) frère célèbre.
Hailamah, Hailaman, Hairama, Hilama, Hilamah

Haines (anglais) de la chaumière couverte de vigne.
Hanes, Haynes

Haji (swahili) né pendant le pèlerinage de La Mecque.

Hajjâj (arabe) voyageur.

Hakan (amérindien) fougueux.
Haken, Hakin, Hakon, Hakyn

Hakeem (arabe) variante de Hakim.
Hakam, Hakem

Hakim (arabe) sage ; (éthiopien) docteur.
Hackeem, Hackim, Hakiem, Hakym

Hakîm (arabe) variante de Hakim.

Hakizimana (égyptien) salut de Dieu.

Hakon (scandinave) d'ascendance nordique.
Haaken, Haakin, Haakon, Haeo, Hak, Hakan, Hakin, Hako, Hakyn

Hal (anglais) diminutif de Halden, de Hall, de Harold.

Halbert (anglais) brillant héros.
Bert, Halbirt, Halburt, Halbyrt

Halcyon (grec) serein, paisible ; martin-pêcheur. Mythologie : le martin-pêcheur était censé avoir le pouvoir de calmer le vent et les vagues lorsqu'il faisait son nid près de la mer.
Halcion

Halden (scandinave) à moitié danois. Voir aussi Dane.
Hal, Haldan, Haldane, Haldin, Haldon, Haldyn, Halfdan, Halvdan

Hale (anglais) diminutif de Haley ; (hawaïen) variante de Harry.
Hael, Haele, Hail, Hayl, Hayle, Heall

Halen (suédois) château.
Hailen, Hailin, Hailon, Hailyn, Hallen, Hallene, Haylen

Haley FG (irlandais) ingénieux.
Haleigh, Halley, Hayleigh, Hayley, Hayli

Halford (anglais) gué de la vallée.
Haleford

Hali FG (grec) mer.
Halea, Halee, Halie

Halian (zuni) jeune.
Halyan

Halifax (anglais) champ sacré.
Halyfax

Halil (turc) cher ami.
Halill, Halyl

Halim (arabe) doux, gentil.
Haleem, Halym

Hall (anglais) manoir, château.

Hallam (anglais) vallée.
Halam

Hallan (anglais) habitant du château;
habitant du manoir.
Hailan, Halan, Halin, Hallin, Hallon, Hallyn, Halon, Halyn, Haylan

Halley FG (anglais) prairie près du château;
sacré.
Hallee, Halleigh, Halli, Hallie, Hally

Halliwell (anglais) puits sacré.
Haliwel, Haliwell, Hallewell, Halliwel, Hallywel, Hallywell, Halywel, Halywell, Hellewell, Helliwell

Hallward (anglais) garde du château.
Halward

Halsey FG (anglais) île de Hal.
Hallsea, Hallsey, Hallsy, Halsea, Halsy

Halstead (anglais) terres du manoir.
Halsted

Halton (anglais) propriété sur la colline.
Haltan, Halten, Haltin, Haltyn

Halvor (norvégien) rocher; protecteur.
Hallvar, Hallvard, Halvar, Halvard

Ham (hébreu) chaud. Bible: Cham, l'un des fils
de Noé.

Hamal (arabe) agneau. Astronomie: étoile
brillante de la constellation du Bélier.
Hamel, Hamol

Hamar (scandinave) marteau.
Hamer, Hammar, Hammer

Hamdân (arabe) loué.

Hamed (arabe) variante de Hamid.
Hamedo, Hameed, Hammed

Hamid (arabe) loué. Voir aussi Muhammad.
Haamid, Hamaad, Hamadi, Hamd, Hamdrem, Hammad, Hammyd, Hammydd, Humayd

Hamîd (arabe) variante de Hamid.

Hamidi (kenyan) admiré.
Hamidie, Hamidy

Hamill (anglais) qui a des cicatrices.
Hamel, Hamell, Hamil, Hammil, Hammill, Hamyl, Hamyll

Hamilton (anglais) fier domaine.
Hamelton, Hamiltan, Hamilten, Hamiltun, Hamiltyn, Hamylton, Tony

Hamir (indien) un raga, ancienne forme
de musique pieuse hindoue.

Hamish (écossais) variante de Jacob, de James.
Hamysh

Hamisi (swahili) né un jeudi.
Hamisie, Hamisy

Hamlet (allemand, français) petit village;
maison. Littérature: l'un des héros tragiques
de Shakespeare.
Hamlit, Hamlot

Hamlin (allemand, français) qui aime sa maison.
Hamblin, Hamelen, Hamelin, Hamlan, Hamlen, Hamlon, Hamlyn, Lin

Hammet (anglais, scandinave) village.
Hammett, Hamnet, Hamnett

Hammond (anglais) village.
Hammon, Hammund, Hamond, Hamund

Hampton (anglais) Géographie: ville
d'Angleterre.
Hamp, Hampden, Hamptan, Hampten, Hamptin, Hamptyn

Hamza (arabe) puissant.
Hamze, Hamzia

Hamzah (arabe) variante de Hamza.
Hamzeh

Hanale (hawaïen) variante de Henry.
Haneke

Hanan FG (hébreu) grâce.
Hananel, Hananiah, Johanan

Hanbal (arabe) pur. Histoire: Ahmad Ibn
Hanbal fonda une école de pensée islamique.
Hanbel, Hanbil, Hanbyn

Handel (allemand, anglais) variante de John.
Musique: Georg Friedrich Haendel était
un compositeur allemand dont les œuvres
incluent *Le Messie* et *Water Music*.
Handal, Handil, Handol, Handyl

Hanford (anglais) gué en hauteur.

Hani (libanais) heureux.

Hâni (arabe) heureux, satisfait.

Hanif (arabe) vrai croyant.
Haneef, Hanef, Hanyf

Hanisi (swahili) né un jeudi.

Hank (américain) variante populaire de Henry.

Hanley (anglais) prairie en hauteur.
Handlea, Handlee, Handleigh, Handley, Handli, Handlie, Handly, Hanlea, Hanlee, Hanleigh, Hanly

Hannes (finnois) variante de John.
Hanes, Hannus

Hannibal (phénicien) grâce de Dieu. Histoire : célèbre général carthaginois qui se battit contre les Romains.
Anibal, Hanibal, Hannybal, Hanybal

Hanno (allemand) diminutif de Johann.
Hannon, Hannu, Hano, Hanon

Hans (scandinave) variante de John.
Hants, Hanz

Hansel (scandinave) variante de Hans.
Haensel, Hannsel, Hansal, Hansell, Hansil, Hansl, Hansol, Hansyl, Hanzel

Hansen (scandinave) fils de Hans.
Hansan, Hansin, Hanssen, Hansun, Hansyn

Hansh (hindi) dieu ; divin.

Hanson (scandinave) variante de Hansen.
Hansson

Hanuman, Hanumant (indien) le dieu-singe hindou.

Hanus (tchèque) variante de John.

Haoa (hawaïen) variante de Howard.

Hapi (égyptien) dieu du Nil.

Hapu (égyptien) pharaon.

Hara FG (hindi) qui saisit. Religion : autre nom du dieu hindou Shiva.

Harald (scandinave) variante de Harold.
Haraldas, Haralds, Haralpos

Harb (arabe) guerrier.

Harbin (allemand, français) petit guerrier brillant.
Harban, Harben, Harbon, Harbyn

Harcourt (français) demeure fortifiée.
Court, Harcort

Hardeep (pendjabi) variante de Harpreet.

Harden (anglais) vallée des lièvres.
Hardan, Hardian, Hardin, Hardon, Hardun, Hardyn

Hardik (indien) qui vient du fond du cœur.

Harding (anglais) courageux ; hardi.
Hardyng

Hardwin (anglais) ami courageux.
Hardinn, Hardwen, Hardwenn, Hardwyn, Hardwynn

Hardy (allemand) audacieux, courageux.
Harde, Hardee, Hardey, Hardi, Hardie

Harekrishna, Haresh, Harigopal, Harkrishna (indien) autres noms du dieu hindou Krishna.

Harel (hébreu) montagne de Dieu.
Haral, Harell, Hariel, Harrel, Harrell, Haryel, Haryell

Harendra, Harishankar (indien) autres noms du dieu hindou Shiva.

Harford (anglais) gué des lièvres.
Hareford

Hargrove (anglais) bosquet des lièvres.
Haregrove, Hargreave, Hargreaves

Hari (hindi) fauve.
Harin

Haridas (indien) serviteur du dieu hindou Krishna.

Harihar, Harinarayan, Hariom (indien) autres noms du dieu hindou Vishnou.

Harprasad (indien) béni par le dieu hindou Krishna.

Hariram (indien) autre nom du dieu hindou Rāma

Haris (anglais) variante de Harris.
Hariss, Harys, Heris, Herys

Harishchandra (indien) charitable ; Harish-Chandra, roi de la dynastie Surya, de 1435 à 1523.

Haritbaran (indien) vert.

Harith (arabe) cultivateur.
Haryth

Harjot GF (sikh) lumière de Dieu.
Harjeet, Harjit, Harjodh

Harkin (irlandais) rouge foncé.
Harkan, Harken, Harkon, Harkyn

Harlan (anglais) terre du lièvre ; terre de l'armée.
Harlen, Harlenn, Harlin, Harlon, Harlyn, Harlynn

Harland (anglais) variante de Harlan.
Harlend

Harley Ⓤ (anglais) prairie du lièvre ;
prairie de l'armée.
Arley, Harle, Harlea, Harlee, Harleigh, Harly

Harlow (anglais) colline du lièvre ;
colline de l'armée. Voir aussi Arlo.
Harlo

Harman, Harmon (anglais) variantes
de Herman.
Harm, Harmann, Harmen, Harmin, Harmond, Harms,
Harmyn

Harmendra (indien) lune.

Harmodio (grec) commode.

Harold (scandinave) commandant de l'armée.
Voir aussi Jindra.
Araldo, Garald, Garold, Harald, Hareld, Harild, Haryld,
Herald, Hereld, Herold, Heronim, Heryld

Haroon (arabe) variante de Haroun.

Haroun (arabe) élevé ; exalté.
Haaroun, Haarun, Harin, Haron, Harron, Harrun, Harun

Harper ꜰꞬ (anglais) joueur de harpe.
Harp, Harpo

Harpreet ꜰꞬ (pendjabi) qui aime Dieu,
dévoué à Dieu.

Harrington (anglais) ville de Harry.
Harringtown

Harris (anglais) diminutif de Harrison.
Harrys, Herris, Herrys

Harrison (anglais) fils de Harry.
Harison, Harreson, Harrisen, Harrisson, Harryson, Haryson

Harrod (hébreu) héros ; conquérant.
Harod

Harry (anglais) variante populaire de Harold,
de Henry. Voir aussi Arrigo, Hale, Parry.
Harray, Harrey, Harri, Harrie, Hary

Harsh (indien) bonheur.

Harshad (indien) donneur de joie.

Harshavardhan (indien) créateur de joie.

Harshil, Harshit, Harshita (indien) joyeux.

Hart (anglais) diminutif de Hartley.
Harte, Heart

Hartley (anglais) prairie au cerf.
Hartlea, Hartlee, Hartleigh, Hartly, Heartlea, Heartlee,
Heartleigh, Heartley, Heartli, Heartlie, Heartly

Hartman (allemand) dur ; fort.
Hartmen

Hartwell (anglais) puits du cerf.
Hartwel, Hartwil, Hartwill, Hartwyl, Hartwyll, Harwel,
Harwell, Harwil, Harwill

Hartwig (allemand) fort conseiller.
Hartwyg

Hartwood (anglais) forêt du cerf.
Harwood

Hârûn (arabe) variante d'Aaron.

Harvey (allemand) guerrier de l'armée.
Harv, Harvee, Harvi, Harvie, Harvy, Herve

Harvir (sikh) guerrier de Dieu.
Harvier

Hasaan, Hasan (arabe) variantes de Hassan.
Hasain, Hasaun, Hashaan, Hason

Hasad (turc) moissonneur.
Hassad

Hasani (swahili) beau.
Hasanni, Hassani, Hassian, Heseny, Husani

Hashim (arabe) destructeur du Mal.
Haashim, Hasham, Hasheem, Hashem, Hashym

Hashîm (arabe) variante de Hashim.

Hasin (hindi) qui rit.
Haseen, Hasen, Hassin, Hassyn, Hasyn, Hesen

Haskel (hébreu) variante d'Ezéchiel.
Haskell

Haslett (anglais) terre des noisetiers.
Haslet, Haze, Hazel, Hazlet, Hazlett, Hazlitt

Hassan (arabe) beau.
Hassen, Hasson

Hassân (arabe) variante de Hassan.

Hassel (allemand, anglais) coin des sorcières.
Hasel, Hasell, Hassal, Hassall, Hassell, Hazael, Hazell

Hastin (hindi) éléphant.
Hastan, Hasten, Haston, Hastyn

Hastings (latin) lance ; (anglais) conseil
de la maison.
Hastie, Hasting, Hasty

Hastu (quechua) oiseau des Andes.

Hatim (arabe) juge.
Hateem, Hatem

Hatuntupac (quechua) magnifique, grand et majestueux.

Hauk (norvégien) faucon.
Haukeye

Havelock (norvégien) combattant maritime.
Haveloc, Haveloch, Havloche, Havlocke

Haven FG (néerlandais, anglais) port ; lieu sûr.
Haeven, Havan, Havin, Havon, Havyn, Hevin, Hevon, Hovan

Havgan (irlandais) blanc.
Havgen, Havgin, Havgon, Havgun, Havgyn

Havika (hawaïen) variante de David.
Havyka

Hawk (anglais) faucon.
Hawke, Hawkin, Hawkins

Hawley (anglais) prairie entourée d'une haie.
Hawlea, Hawlee, Hawleigh, Hawli, Hawlie, Hawly

Hawthorne (anglais) aubépine.
Hawthorn

Hayden GF (anglais) vallée entourée d'une haie.
Haydan, Haydenn, Haydin, Haydun, Haydyn, Heydan, Heyden, Heydin, Heydn, Heydon, Heydun, Heydyn

Haydn, Haydon (anglais) variantes de Hayden.

Hayes (anglais) vallée entourée d'une haie.
Hais, Haise, Haiz, Haize, Hays, Hayse, Hayz

Hayward (anglais) gardien de l'aire entourée d'une haie.
Haiward, Haward, Heiward, Heyvard, Heyward

Haywood (anglais) forêt entourée d'une haie.
Heiwood, Heywood, Woody

Hazen (hindi) variante de Hasin.

Haziel (hébreu) vision de Dieu.

Hearn (écossais, anglais) diminutif d'Ahearn.
Hearne, Herin, Hern, Herne

Heath (anglais) bruyère.
Heaf, Heaff, Heathe, Heith

Heathcliff (anglais) falaise près de la lande. Littérature : héros du roman d'Emily Brontë *Les Hauts de Hurlevent*.
Heafclif, Heafcliff, Heaffclif, Heaffcliff, Heaffcliffe, Heaffclyffe, Heathclif, Heathcliffe, Heathclyffe

Heaton (anglais) lieu en hauteur.
Heatan, Heaten, Heatin, Heatyn

Heber (hébreu) allié, partenaire.
Hebar

Hector (grec) inébranlable. Mythologie : héros le plus important de la guerre de Troie dans l'épopée d'Homère, *L'Iliade*.
Ector, Heckter, Hecktir, Hecktore, Hecktur, Hectar, Hektar, Hekter, Hektir, Hektor, Hektore, Hektur

Héctor (grec) variante de Hector.

Hedley (anglais) prairie couverte de bruyère.
Headley, Headly, Heddlea, Heddlee, Heddleigh, Heddley, Heddli, Heddlie, Heddly, Hedlea, Hedlee, Hedleigh, Hedli, Hedlie, Hedly

Hedwig U (allemand) combattant.
Heddwig, Heddwyg, Hedwyg

Hedwyn (gallois) ami de la paix et des bénédictions ; (anglais) variante de Hadwin.
Heddwin, Heddwyn, Hedwen, Hedwin

Hegesipo (grec) cavalier.

Heh (égyptien) dieu de l'Incommensurable.

Heinrich (allemand) variante de Henry.
Heiner, Heinreich, Heinric, Heinriche, Heinrick, Heinrik, Heynric, Heynrich, Heynrick, Heynrik, Hinric, Hinrich, Hinrick, Hynric, Hynrich, Hynrick, Hynrik

Heinz (allemand) variante populaire de Henry.

Héitor (espagnol) variante de Hector.

Helaku U (amérindien) jour ensoleillé.

Heldrado (germanique) conseiller des guerriers.

Helge (russe) sacré.
Helg

Heli (hébreu) celui qui s'offre à Dieu.

Heliodoro (grec) cadeau du dieu Soleil.

Heliogabalo (syrien) celui qui adore le Soleil.

Hélios (grec) Mythologie : Hélios était le dieu du Soleil.

Helki U (miwok) touchant.

Helmer (allemand) fureur du guerrier.

Helmut (allemand) courageux.
Hellmut, Helmuth

Helué (arabe) doux.

Heman (hébreu) fidèle.
Hemen

Henderson (écossais, anglais) fils de Henry.
Hendrie, Hendries, Hendron, Henryson

Hendrick (néerlandais) variante de Henry.
Hedric, Hedrick, Heindric, Heindrick, Hendric, Hendricks, Hendrickson, Hendrik, Hendriks, Hendrikus, Hendrix, Hendryc, Hendryck, Hendrycks, Hendryx

Heniek (polonais) variante de Henry.
Henier

Henley (anglais) prairie en hauteur.
Henlea, Henlee, Henleigh, Henli, Henlie, Henly

Henning (allemand) variante de Hendrick, de Henry.
Hennings

Henoch (yiddish) initiateur.
Enoch, Henock, Henok

Henri (germanique) chef de la maisonnée. Voir aussi Arrigo, Enric, Enrico, Enrikos, Enrique, Hanale, Honok, Kiki.
Henrico, Henrri

Henrick (néerlandais) variante de Henry.
Heinrick, Henerik, Henric, Henrich, Henrik, Henryc, Henryck, Henryk

Henrique (portugais) variante de Henry.

Henry (allemand) variante de Henri.
Harro, Heike, Henery, Henraoi, Henrim, Henrry, Heromin

Heracleos, Heraclio (grec) appartenant à Hercule.

Heracles, Hércules (grec) variantes de Hercule.

Heraclito, Heráclito (grec) celui qui est attiré par le sacré.

Heraldo (espagnol) variante de Harold.
Haraldo, Haroldo, Haryldo, Heryldo, Hiraldo, Hyraldo

Herb (allemand) diminutif de Herbert.
Herbe, Herbee, Herbi, Herbie, Herby

Herbert (allemand) soldat glorieux.
Bert, Erbert, Eriberto, Harbert, Hebert, Hébert, Heberto, Herberte, Herbirt, Herburt, Herbyrt, Hirbert, Hirbirt, Hirburt, Hirbyrt, Hurbert, Hyrbert, Hyrbirt, Hyrburt, Hyrbyrt

Herculano (latin) qui appartient à Hercule.

Hercule (latin) cadeau glorieux. Mythologie : Hercule, héros grec à la force fabuleuse, renommé pour l'exécution de ses douze travaux.
Herakles, Herc, Hercule, Herculie

Heriberto (espagnol) variante de Herbert.
Heribert

Hermagoras (grec) disciple de Hermès.

Hermalindo, Hermelindo (allemand) celui qui est un bouclier de force.

Herman (latin) noble ; (allemand) soldat. Voir aussi Armand, Ermanno, Ermano, Mandek.
Hermaan, Hermann, Hermano, Hermie, Herminio, Hermino, Hermon, Hermy, Hermyn, Heromin

Hermán (germanique) variante de Herman.

Hermenegildo (germanique) celui qui fait des sacrifices à Dieu.

Hermès (grec) messager. Mythologie : Hermès, héros divin de la mythologie grecque.

Hermilo (grec) petit Hermès.

Hermócrates (grec) puissant comme Hermès.

Hermógenes (grec) envoyé par Hermès.

Hermolao (grec) messager de Dieu.

Hermoso (latin) avec forme.

Hernan (allemand) pacificateur.

Hernán (espagnol) variante de Hernan.

Hernández (espagnol) variante de Ferdinand.

Hernando (espagnol) variante de Ferdinand.
Hernandes, Hernandez

Herodes (grec) le dragon de feu.

Herodías (grec) dirigeant.

Herodote (grec) le talent sacré.

Heródoto (grec) le talent divin.

Herón, Heros (latin) héros.

Herrick (allemand) dirigeant de guerre.
Herick, Herik, Herrik, Herryc, Herryck, Herryk

Herschel (hébreu) variante de Hershel.
Herchel, Herschell, Hirschel, Hyrschel

Hersh (hébreu) diminutif de Hershel.
Hersch, Hirsch

Hershel (hébreu) cerf.
Hershal, Hershall, Hershell, Herzl, Hirshel, Hyrshel

Hertz (yiddish) mon conflit.
Herts, Herzel

Heru (égyptien) dieu du Soleil.

Hervé (français) variante de Harvey.
Herv, Hervee, Hervey, Hervi, Hervie, Hervy

Hesiquio (grec) serein.

Hesperia (grec) qui suit l'étoile du spectacle du premier soir.

Hesperos (grec) étoile du Berger.
Hespero

Hesutu (miwok) qui ramasse un nid de guêpe.

Hew (gallois) variante de Hugh.
Hewe, Huw

Hewitt (allemand, français) enfant intelligent.
Hewet, Hewett, Hewie, Hewit, Hewlett, Hewlitt, Hughet, Hughett, Hughit, Hughitt, Hughyt, Hughytt

Hewson (anglais) fils de Hugh.
Hueson, Hughson

Hezekiah (hébreu) Dieu donne de la force.
Hazikiah, Hezekia, Hezekyah, Hezikyah

Hiamovi (cheyenne) grand chef.
Hyamovi

Hiawatha GF (iroquois) faiseur de rivière. Histoire: le leader onondaga considéré comme l'organisateur de la Confédération iroquoise.

Hibah FG (arabe) cadeau.
Hibah, Hyba, Hybah

Hidalgo (espagnol) noble personne.

Hideaki (japonais) intelligent.
Hideo, Hydeaki.

Hieremias (grec) Dieu inspirera.

Hieronymos (grec) variante de Jérôme. Art: Jérôme Bosch est un peintre néerlandais du xve siècle.
Hierome, Hieronim, Hieronimo, Hieronimos, Hieronymo, Hieronymus

Hieu (vietnamien) respectueux.
Hyew

Higinio (grec) celui qui jouit d'une bonne santé.

Hilal (arabe) nouvelle lune.
Hylal

Hilâl (arabe) variante de Hilal.

Hilaria, Hilarión (latin) heureux, content.

Hilario (espagnol) variante de Hilary.

Hilary FG (latin) joyeux. Voir aussi Ilari.
Hi, Hil, Hilair, Hilaire, Hilare, Hilarie, Hilarion, Hilarius, Hilery, Hill, Hillary, Hillery, Hilliary, Hillie, Hilly, Hylarie, Hylary

Hildebrand (allemand) épée de combat.
Hildebrando, Hildo

Hildemaro (germanique) célèbre au combat.

Hilderic (allemand) guerrier; forteresse.
Hilderich, Hilderiche, Hylderic, Hylderych, Hylderyche

Hillel (hébreu) grandement loué. Religion: le rabbin Hillel est à l'origine du Talmud.
Hilel, Hylel, Hyllel

Hilliard (allemand) guerrier courageux.
Hiliard, Hillard, Hiller, Hillier, Hillierd, Hillyard, Hillyer, Hillyerd, Hyliard, Hylliar

Hilmar (suédois) noble célèbre.
Hillmar, Hilmer, Hylmar, Hylmer

Hilton (anglais) ville sur la colline.
Hillton, Hylton

Hinto (dakota) bleu.
Hynto

Hinun (amérindien) esprit de la tempête.
Hynun

Hipacio (espagnol) confesseur.

Hipócrates (grec) puissant grâce à sa cavalerie.

Hipolito (espagnol) variante de Hippolyte.

Hipólito (grec) variante de Hipolito.

Hippolyte (grec) cavalier.
Hippolit, Hippolitos, Hippolytus, Ippolito

Hiram (hébreu) le plus noble; exalté.
Hi, Hirom, Huram

Hiromasa (japonais) équitable, juste.

Hiroshi (japonais) généreux.
Hyroshi

Hishâm (arabe) générosité.

Hisoka (japonais) secret, réservé.
Hysoka

Hiu (hawaïen) variante de Hugh.
Hyu

Hixinio (grec) vigoureux.

Ho (chinois) bon.

Hoang (vietnamien) fini.

Hobart (allemand) colline de Bart. Variante de Hubert.
Hobard, Hobarte, Hoebard, Hoebart

Hobert (allemand) colline de Bert.
Hobirt, Hoburt, Hobyrt

Hobie (allemand) diminutif de Hobart, de Hobert.
Hobbie, Hobby, Hobey

Hobson (anglais) fils de Robert.
Hobbs, Hobs, Hobsan, Hobsen, Hobsin, Hobsyn

Hoc (vietnamien) studieux.
Hock, Hok

Hod (hébreu) diminutif de Hodgson.

Hodgson (anglais) fils de Roger.

Hoffman (allemand) influent.
Hoffmen, Hofman, Hofmen

Hogan (irlandais) jeune homme.
Hogen, Hogin, Hogun, Hogyn

Holbrook (anglais) ruisseau dans la cavité.
Brook, Holbrooke

Holden (anglais) cavité dans la vallée.
Holdan, Holdin, Holdon, Holdun, Holdyn

Holic (tchèque) barbier.
Holick, Holik, Holyc, Holyck, Holyk

Holland 🅵🅲 (français) Géographie : la Hollande, ancienne province des Pays-Bas.
Holand, Hollan

Holleb (polonais) colombe.
Hollub, Holub

Hollis 🆄 (anglais) bosquet de houx.
Hollie, Holliss, Holly, Hollys, Hollyss

Holmes (anglais) îles de rivière.

Holt (anglais) forêt.
Holtan, Holten, Holtin, Holton, Holtyn

Homar (grec) variante de Homer.

Homère (grec) otage ; promesse ; sécurité. Littérature : Homère, célèbre poète grec épique.
Homer, Homere, Homeros, Homerus, Omero

Homero (espagnol) variante de Homère.

Hondo (shona) guerrier.

Honesto (philippin) honnête.

Honi (hébreu) bienveillant.
Choni, Honie, Hony

Honok (polonais) variante de Henry.

Honon (miwok) ours.

Honorato (espagnol) honorable.

Honoré (latin) honoré.
Honor, Honoratus, Honoray, Honorio, Honorius

Honovi 🆄 (amérindien) forte.

Honza (tchèque) variante de John.

Hop (chinois) agréable.

Horace (latin) gardien des heures. Littérature : célèbre poète lyrique et satiriste romain.
Horaz

Horacio (latin) variante de Horace.
Horazio, Orazio

Horado (espagnol) chronomètre.

Horangel (grec) messager de la montagne.

Horatio (latin) nom de clan. Voir aussi Orris.
Horatius, Oratio

Hormisdas (persan) le grand sage.

Horst (allemand) bosquet dense, fourré.

Hortencio, Hortensio (latin) celui qui a un jardin et l'apprécie.

Horton (anglais) parc.
Hort, Hortan, Horten, Hortin, Hortun, Hortyn, Orton

Horus (égyptien) dieu du Ciel.

Hosa (arapaho) jeune corneille.
Hosah

Hosea (hébreu) salut. Bible : Osée, prophète hébreu.
Hose, Hoseia, Hoshea, Hosheah

Hospicio (espagnol) celui qui est conciliant.

Hotah (lakota) blanc.
Hota

Hototo (amérindien) siffleur.
Hoto

Houghton (anglais) ferme sur le promontoire.
Houghtan, Houghten, Houghtin, Huetan, Hueten, Huetin, Hueton, Hughtan, Hughten, Hughtin, Hughton

Houston (anglais) ville sur la colline. Géographie : ville du Texas, aux États-Unis.
Houstan, Housten, Houstin, Houstun, Houstyn

Howard (anglais) gardien. Voir aussi Haoa.
Howerd, Ward

Howe (allemand) haut.

Howell (gallois) remarquable.
Hoell, Howal, Howall, Howel, Huell, Hywel, Hywell

Howi 🆄 (miwok) tourterelle.

Howie (anglais) variante populaire de Howard, de Howland.
Howee, Howey, Howy

Howin (chinois) hirondelle loyale.
Howyn

Howland (anglais) terre vallonnée.
Howie, Howlan, Howlande, Howlen

Hoyt (irlandais) esprit.
Hoit, Hoyts

Hu (chinois) tigre.

Huaiquilaf (mapuche) lance bonne et droite.
Huaiquilaf

Huapi (mapuche) île.

Hubbard (allemand) variante de Hubert.

Hubert (allemand) esprit brillant; personnalité brillante. Voir aussi Beredei, Uberto.
Bert, Hubbert, Huber, Hubertek, Hubertson, Hubirt, Huburt, Hubyrt, Hugibert, Huibert

Huberto (espagnol) variante de Hubert.

Hubie (anglais) variante populaire de Hubert.
Hube, Hubi

Hucsuncu (quechua) celui qui a un seul amour.

Hud (arabe) Religion: Houd, un prophète musulman.

Hudson (anglais) fils de Hud.
Hudsan, Hudsen, Hudsin, Hudsyn

Huechacura (mapuche) rocher pointu; pic.

Huemac (nahuatl) nom d'un roi toltèque.

Huenchulaf (mapuche) homme en bonne santé.

Huenchuleo (mapuche) rivière courageuse et belle.

Huenchuman (mapuche) condor mâle et fier.

Huenchumilla (mapuche) lumière ascendante.

Huenchuñir (mapuche) renard mâle.

Huentemil (mapuche) lumière qui vient d'en haut.

Huenu (araucanien) ciel.

Huenuhueque (mapuche) agneau du ciel.

Huenullan (mapuche) autel céleste.

Huenuman (mapuche) condor du ciel.

Huenupan (mapuche) branche du ciel.

Huey (anglais) variante populaire de Hugh.
Hughee, Hughey, Hughi, Hughie, Hughy, Hui

Hueypín (mapuche) terre accidentée et étrange.

Hugh (anglais) diminutif de Hubert.
Voir aussi Ea, Hewitt, Huxley, Maccoy, Ugo.
Fitzhugh, Hew, Hiu, Hue, Hughe, Hughes, Huw, Huwe

Hugo $^{TOP}_{.100.}$ (latin) variante de Hugues.
Huego, Ugo

Hugolino (germanique) celui qui a de l'esprit et de l'intelligence.

Hugues (germanique) esprit, pensée.

Huichacura (mapuche) rocher avec une seule strie.

Huichahue (mapuche) champ de bataille.

Huichalef (mapuche) celui qui court d'un seul côté.

Huichañir (mapuche) renard d'une autre région.

Huidaleo (mapuche) branche dans la rivière.

Huinculche (mapuche) gens qui vivent sur la colline.

Huircalaf (mapuche) cri de joie.

Huircaleo (mapuche) murmure de la rivière.

Huitzilli (nahuatl) colibri.

Hulbert (allemand) grâce brillante.
Bert, Holbard, Holbert, Holberte, Holbirt, Holbyrt, Hulbard, Hulberte, Hulbirt, Hulburd, Hulburt, Hulbyrt, Hull

Huldá (hébreu) vaillant.

Hullen (mapuche) source.

Humam (arabe) courageux; généreux.

Humbaldo (germanique) audacieux comme un lionceau.

Humbert (allemand) force brillante.
Voir aussi Umberto.
Hum, Humbirt, Humburt, Humbyrt

Humberto (portugais) variante de Humbert.

Humphrey (allemand) force tranquille.
Voir aussi Onofrio, Onufry.
Homfree, Homfrey, Homphree, Homphrey, Homphry, Hum, Humfredo, Humfree, Humfrey, Humfri, Humfrid, Humfrie, Humfried, Humfry, Hump, Humph, Humphery, Humphree, Humphry, Humphrys, Hunfredo

Hung (vietnamien) courageux.

Hunt (anglais) diminutif des prénoms se terminant par «hunt».
Hunta

Hunter GF (anglais) chasseur.
Huntar, Huntur

Huntington (anglais) domaine de chasse.
Huntingdon

Huntley (anglais) prairie du chasseur.
Huntlea, Huntlee, Huntleigh, Huntli, Huntlie, Huntly

Hurley (irlandais) marée.
Hurlea, Hurlee, Hurleigh, Hurli, Hurlie, Hurly

Hurst (anglais) variante de Horst.
Hearst, Hirst, Hyrst

Husai (hébreu) la personne pressée.

Husam (arabe) épée.

Husamettin (turc) épée coupante.

Huslu (amérindien) ours poilu.

Hussain, Hussien (arabe) variantes de Hussein.
Hossain, Husain, Husani, Husayn, Husian, Hussan, Hussayn, Hussin

Hussein (arabe) petit; beau.
Hossein, Houssein, Houssin, Huissien, Huossein, Husein, Husien

Huston (anglais) variante de Houston.
Hustin

Hutchinson (anglais) fils de l'habitant de la cage.
Hutcheson

Hute (amérindien) étoile.

Hutton (anglais) maison sur la saillie
qui surplombe.
Hut, Hutan, Huten, Hutin, Huton, Hutt, Huttan, Hutten, Huttin, Huttun, Huttyn, Hutun, Hutyn

Huxley (anglais) prairie de Hugh.
Hux, Huxlea, Huxlee, Huxleigh, Huxli, Huxlie, Huxly, Lee

Huy (vietnamien) glorieux.

Hy (vietnamien) plein d'espoir; (anglais)
diminutif de Hyman.

Hyacinthe (français) jacinthe.

Hyatt (anglais) haut portail.
Hiat, Hiatt, Hiatte, Hyat, Hyatte

Hyde (anglais) cachette; hide, unité de mesure
de la terre égale à 120 acres environ;
peau d'animal.

Hyder (anglais) tanneur, préparateur de peaux
d'animaux pour le tannage.

Hyman (anglais) variante de Chaim.
Haim, Hayim, Hayvim, Hayyim, Hy, Hyam, Hymie

Hyrum (hébreu) variante de Hiram.
Hyram

Hyun-Ki (coréen) sage.

Hyun-Shik (coréen) intelligent.

I

'Imâd, 'Imad Al-Dîn (arabe) soutien; pilier.

'Isà-Eisà (arabe) variante de Jésus.

'Issâm (arabe) abri.

Iadón (hébreu) reconnaissant.

Iago (espagnol, gallois) variante de Jacob,
de James. Littérature: le méchant dans *Othello*
de Shakespeare.
Jago

Iain (écossais) variante d'Ian.

Iajín (hébreu) Dieu établit.

Iakobos (grec) variante de Jacob.
Iakov, Iakovos, Iakovs

Iakona (hawaïen) guérisseur.
Iakonah

Ialeel (hébreu) qui attend Dieu.

Iamín (hébreu) main droite.

Ian GF (écossais) variante de John.
Voir aussi Ean, Eian.
Iane, Iann, Iin, Ion

Ianos (tchèque) variante de John.
Iannis

Iazeel (hébreu) contributions de Dieu.

Ib (phénicien, danois) serment de Baal.

Iban (basque) variante de John.

Ibán (allemand) glorieux.

Iber, Ibérico, Iberio, Ibero, Ibi (latin)
originaire d'Ibérie.

Ibon (basque) variante d'Ivor.

Ibrahim TOP .100. (haoussa) mon père est exalté ;
(arabe) variante d'Abraham.
*Ibrahaim, Ibraham, Ibraheem, Ibrahem, Ibrahiem,
Ibrahiim, Ibrahmim*

Ibrahîm (arabe) variante d'Ibrahim.

Ibsen (allemand) fils de l'archer. Littérature :
Henrik Ibsen est un poète et dramaturge
norvégien du XIXe siècle dont les œuvres
ont influencé le développement du théâtre
moderne.
Ibsan, Ibsin, Ibson, Ibsyn

Icabod (hébreu) sans gloire.

Ícaro (grec) image.

Iccauhtli (nahuatl) frère plus jeune.

Ichabod (hébreu) la gloire a disparu. Littérature :
Ichabod Crane est le personnage principal
de la nouvelle de Washington Irving intitulée
La Légende de Sleepy Hollow.

Ichiro (japonais) né en premier.

Ichtaca (nahuatl) secret.

Icnoyotl (nahuatl) amitié.

Iden (anglais) pâturage dans les bois.
Idan, Idin, Idon, Idun, Idyn

Idi (swahili) né pendant la fête de l'Aïd.

Idogbe (égyptien) frère de jumeaux.

Idris (gallois) seigneur ardent ; (arabe) Religion :
prophète musulman.
*Idrease, Idrees, Idres, Idress, Idreus, Idriece, Idriss, Idrissa,
Idriys, Idrys, Idryss*

Idrîs (arabe) variante d'Idris.

Idumeo (latin) rouge.

Iedidiá (hébreu) aimé par Dieu.

Iejiel (hébreu) Dieu vit.

Iestyn (gallois) variante de Justin.

Igashu (amérindien) vagabond ; chercheur.
Igasho

Iggy (latin) variante populaire d'Ignace.
Iggie

Ignace (latin) flamboyant, ardent. Religion :
saint Ignace de Loyola a fondé l'ordre
des Jésuites. Voir aussi Inigo, Neci.
*Ignaas, Ignac, Ignác, Ignace, Ignacey, Ignacius, Ignas,
Ignatas, Ignatios, Ignatious, Ignatus, Ignatys, Ignatz, Ignaz*

Ignacio (italien) variante d'Ignace.
Ignazio

Ignado (espagnol) flamboyant ou ardent.

Igor (russe) variante d'Inger, d'Ingvar.
Voir aussi Egor, Yegor.
Igoryok

Iham (indien) attendu.

Ihit (indien) prix ; honneur.

Ihsan (turc) compatissant.

Ihsân (turc) variante d'Ihsan.

Ihuicatl (nahuatl) ciel.

Ike (hébreu) variante populaire d'Isaac.
Histoire : surnom de Dwight D. Eisenhower,
34e président des États-Unis.
Ikee, Ikey, Ikke

Iker (basque) visite.

Ilan (hébreu) arbre ; (basque) jeune homme.

Ilari (basque) variante de Hilary.
Ilario, Ilaryo

Ilbert (allemand) combattant qui se distingue.
Ilbirt, Ilburt, Ilbyrt

Ildefonso (allemand) complètement préparé
au combat.

Ilhicamina (nahuatl) il lance des flèches
vers le ciel.

Ilhuitl (nahuatl) jour.

Ilias (grec) variante d'Elijah.
Illias

Ilidio (latin) troupe.

Illan (basque, latin) jeune homme.

Illayuc (quechua) lumineux.

Ilom (igbo) mes ennemis sont nombreux.

Iluminado (latin) celui qui reçoit l'inspiration
de Dieu.

Ilya (russe) variante d'Elijah.
Ilia, Ilie, Ilija, Iliya, Ilja, Illia, Illya, Ilyah

Ilyès TOP .100. (grec) variante d'Elijah.
Illyas, Ilyas, Ilyes

Imad (arabe) qui soutient ; point d'appui.

Iman FG (hébreu) diminutif d'Immanuel.

Imani FC (hébreu) diminutif d'Immanuel.
Imanni

Imaran (indien) fort.

Imbert (allemand) poète.
Imbirt, Imburt, Imbyrt

Immanuel (hébreu) variante d'Emmanuel.
Imanol, Imanual, Imanuel, Imanuele, Immanual, Immanuele, Immuneal

Imrân **TOP** **.100.** (arabe) hôte.
Imraan, Imren, Imrin, Imryn

Imre (hongrois) variante d'Emery.
Imri

Imrich (tchèque) variante d'Emery.
Imric, Imrick, Imrie, Imrus

Imtiaz (indien) pouvoir de discrimination.

Inalef (mapuche) le renfort rapide.

Inay (hindi) dieu; divin.

Inca (quechua) prince.

Incaurco, Incaurcu (quechua) colline; dieu inca.

Ince (hongrois) innocent.

Incencio (espagnol) blanc.

Incendio (espagnol) feu.

Indalecio (arabe) pareil au maître.

Inder (hindi) dieu; divin.
Inderbir, Inderdeep, Inderjeet, Inderjit, Inderpal, Inderpreet, Inderveer, Indervir, Indra, Indrajit

Indiana GF (hindi) d'Inde.
Indi, Indy

Indíbil (espagnol) celui qui est très noir.

Indivar (indien) lotus bleu.

Indrajeet (indien) conquérant.

Indrakanta (indien) autre nom du dieu hindou Indra.

Indraneel (indien) saphir.

Indro (espagnol) le vainqueur.

Indubhushan (indien) la lune.

Induhasan, Indukanta, Indushekhar (indien) comme une lune.

Indulal (indien) éclat de lune.

Inek (gallois) variante d'Irvin.

Inés (grec) pur.

Ing (scandinave) diminutif d'Ingmar.
Inge

Ingelbert (allemand) variante d'Engelbert.
Ingelberte, Ingelbirt, Ingelburt, Ingelburte, Ingelbyrt, Inglebert, Ingleberte

Inger (scandinave) armée du fils.
Ingar

Inglis (écossais) Anglais.
Ingliss, Inglys, Inglyss

Ingmar (scandinave) fils célèbre.
Ingamar, Ingamur, Ingemar

Ingram (anglais) ange.
Ingra, Ingraham, Ingrem, Ingrim, Ingrym

Ingvar (scandinave) soldat d'Ing.
Ingevar

Ini-Herit (égyptien) celui qui revient de loin.

Inigo (basque) variante d'Ignace.
Iñaki, Iniego, Iñigo

Iñigo (basque) variante d'Inigo.

Iniko (igbo) né pendant une période difficile.

Inir (gallois) honorable.
Inyr

Innis (irlandais) île.
Inis, Iniss, Innes, Inness, Inniss, Innys, Innyss

Innocenzio (italien) innocent.
Innocenty, Innocentz, Innocenz, Innocenzyo, Inocenci, Inocencio, Inocente, Inocenzio, Inocenzyo, Inosente

Intekhab (indien) choisi.

Inteus (amérindien) fier; sans honte.

Inti (aymara) celui qui est audacieux.

Intiauqui (quechua) prince Soleil.

Intichurin (quechua) enfant du Soleil.

Intiguaman (quechua) faucon du Soleil.

Intiyafa (quechua) rayon de soleil.

Ioakim (russe) variante de Joachim.
Ioachime, Ioakimo, Iov

Ioan (grec, bulgare, roumain) variante de John.
Ioane, Ioann, Ioannikios, Ionel

Ioannis (grec, bulgare, roumain) variante de Ioan.
Ioannes

Iojanán (hébreu) Dieu est miséricordieux.

Iokepa (hawaïen) variante de Joseph.
Keo

Iokia (hawaïen) guéri par Dieu.
Iokiah, Iokya, Iokyah

Iolo (gallois) le Seigneur est digne.
Iorwerth

Ionakana (hawaïen) variante de Jonathan.

Iorgos (grec) variante de Georges.

Iosef (hébreu) variante d'Iosif.

Iosif (grec, russe) variante de Joseph.

Iosua (roumain) variante de Joshua.

Ipyana (nyakyusa) gracieux.
Ipyanah

Iqbal (indien) désir.

Ira GF (hébreu) vigilant.
Irah

Iram (anglais) brillant.

Ireneo, Irineo (grec) l'amoureux de la paix.

Irfan (arabe) gratitude.

Irmin (allemand) fort.
Irman, Irmen, Irmun, Irmyn

Irshaad (indien) signal.

Irumba (toro) né après des jumeaux.

Irv (irlandais, gallois, anglais) diminutif d'Irvin, d'Irving.

Irvin (irlandais, gallois, anglais) diminutif d'Irving. Voir aussi Ervine.
Irven, Irvine, Irvinn, Irvon, Irvyn, Irvyne

Irving (irlandais) beau ; (gallois) rivière blanche ; (anglais) ami maritime. Voir aussi Ervin, Ervine.
Irvington, Irvyng

Irwin (anglais) variante d'Irving. Voir aussi Ervin.
Irwing, Irwinn, Irwyn

Isa U (hébreu) variante d'Isaiah ; (arabe) variante de Jésus.
Isaah, Isah

Isaac TOP 100. (hébreu) il rira. Bible : fils d'Abraham et de Sarah. Voir aussi Itzak, Izak, Yitzchak.
Aizik, Icek, Ikey, Ikie, Isaack, Isaakios, Isacco, Isaic, Ishaq, Isiac, Isiacc, Issca

Isaak (hébreu) variante d'Isaac.
Isack, Isak, Isik, Issak

Isac, Isacc, Issac (hébreu) variantes d'Isaac.
Issacc, Issaic, Issiac

Isacar (hébreu) on l'a donné comme une faveur.

Isacio (grec) égalité.

Isadoro (espagnol) cadeau d'Isis.

Isai, Isaih (hébreu) variantes d'Isaiah.

Isaïe (hébreu) Dieu est mon salut. Bible : Isaïe, un prophète hébreu.
Essaiah, Isaia, Isaiah, Isaid, Isaish, Isaya, Isayah, Isia, Isiash, Issia, Izaiah, Izaiha, Izaya, Izayah, Izayaih, Izayiah, Izeyah, Izeyha

Isaias (hébreu) variante d'Isaïe.
Isaiahs, Isais, Izayus

Isaías (hébreu) variante d'Isaias.

Isam (arabe) sauvegarde.

Isamu (japonais) courageux.

Isar (indien) éminent ; autre nom du dieu hindou Shiva.

Isarno (germanique) aigle de fer.

Isas (japonais) méritant.

Iscay (quechua) deuxième enfant.

Iscaycuari (quechua) doublement sauvage et indomptable.

Isekemu (amérindien) ruisseau qui coule lentement.

Isham (anglais) maison de celui en fer.

Ishan (hindi) direction.
Ishaan, Ishaun

Ishaq (arabe) variante d'Isaac.
Ishaac, Ishak

Ishâq (arabe) variante d'Ishaq.

Ishboshet (hébreu) homme honteux.

Ishmael (hébreu) variante d'Ismaël.
Isamael, Isamail, Ishma, Ishmail, Ishmale, Ishmeal, Ishmeil, Ishmel, Ishmil

Ishmerai (hébreu) Dieu prend soin.
Ishmerai

Ishrat (indien) affection.

Ishwar (indien) Dieu.

Isiah, Issiah (hébreu) variantes d'Isaïe.
Issaiah, Issia

Isidore (grec) cadeau d'Isis. Voir aussi Dorian, Esidore, Ysidro.
Isador, Isadore, Isadorios, Isidor, Issy, Ixidor, Izador, Izadore, Izidor, Izidore, Izydor

Isidoro (grec) variante d'Isidore.
Isidoros

Isidro (grec) variante d'Isidore.

Iskander (afghan) variante d'Alexander.

Iskinder (éthiopien) variante d'Alexander.

Islam (arabe) soumission; religion de Mahomet.

Isma'îl (arabe) variante d'Ismaël.

Ismaël (hébreu) Dieu entendra. Littérature: nom du narrateur du roman *Moby Dick* de Herman Melville.
Ismael, Ismail, Ismal, Ismale, Ismeil, Ismiel

Isocrates (grec) celui qui peut faire autant que les autres.

Isócrates (grec) qui partage le pouvoir avec la même autorité juridique.

Isod (hébreu) Dieu se bat et l'emporte.

Isra'îl (arabe) variante d'Israel.

Israël (hébreu) prince de Dieu; qui a lutté avec Dieu. Histoire: la nation d'Israël tire son nom du nom donné à Jacob après son combat avec l'ange du Seigneur. Voir aussi Yisrael.
Iser, Israele, Israhel, Isrell, Isrrael, Isser, Izrael

Isreal (hébreu) variante d'Israël.
Isrieal

Issa (swahili) Dieu est notre salut.
Issah

Issmat (libanais) infaillible.

Istu (amérindien) pin à sucre.

István (hongrois) variante de Stéphane.
Isti, Istvan, Pista

Itaete (guarani) lame.

Italo (latin) il est venu de la terre qui est entre les mers.

Ithamat (hébreu) variante d'Ittamar.

Ithel (gallois) seigneur généreux.
Ithell

Itotia (nahuatl) danse.

Ittamar (hébreu) îles des palmiers.
Itamar

Ittmar (hébreu) variante d'Ittamar.

Itzak (hébreu) variante d'Isaac, de Yitzchak.
Itzik

Itzjac (hébreu) raison de se réjouir.

Itztli (nahuatl) couteau d'obsidienne.

Iuitl (nahuatl) plume.

Iukini (hawaïen) variante d'Eugène.
Kini

Iustin (bulgare, russe) variante de Justin.

Ivan, Ivann (russe) variantes de John. Voir aussi Vanya.
Iván, Ivano, Ivas, Iven, Ivin, Ivon, Ivun, Ivyn, Yvan, Yvann

Ivana (catalan) variante d'Ivo.

Ivanhoé (hébreu) laboureur de Dieu. Littérature: *Ivanhoé* est un roman historique de Sir Walter Scott.
Ivanho, Ivanhow

Ivar (scandinave) variante d'Ivor. Voir aussi d'Yves, d'Yvon.
Iv, Iva, Iver

Ives (anglais) jeune archer.
Ive, Iven, Ivey, Yves

Ivo (allemand) bois d'if; bois d'arc.
Ivon, Ivonnie, Yvo

Ivor (scandinave) variante d'Ivo.
Ibon, Ifor, Ivar, Ivry, Yvor

Ivory **F C** (latin) fait d'ivoire.
Ivoree, Ivorey, Ivori, Ivorie

Iwan (polonais) variante de John.

Ixtli (nahuatl) visage.

Iyafa, Iyapa (quechua) éclair.

Iyapo (yoruba) épreuves nombreuses; obstacles nombreux.

Iyapoma, Iyapuma, Iyaticsi (quechua) puma de lumière.

Iyapu (quechua) éclair.

Iyatecsi (quechua) lumière éternelle.

Iye (amérindien) fumée.

Izaac (tchèque) variante d'Izak.
Izaack, Izaak

Izak (tchèque) variante d'Isaac.
Itzhak, Ixaka, Izac, Izaic, Izec, Izeke, Izick, Izik, Izsak, Izsák, Izzak

Izar (basque) étoile.

Izhar (indien) soumission.

Izod (irlandais) aux cheveux clairs.
Izad, Ized, Izid, Izud, Izyd

Izzy (hébreu) variante populaire d'Isaac,
d'Isidore, d'Israël.
Isi, Isie, Issi, Issie, Issy, Izi, Izie, Izy, Izzi, Izzie

J (américain) lettre utilisée comme prénom.

J. (américain) variante de J.

J'quan (américain) variante de Jaquan.

Ja GF (coréen) séduisant, magnétique.

Ja'far (sanscrit) petit ruisseau.
Jafari, Jaffar, Jaffer, Jafur

Ja'juan (américain) variante de Jajuan.

Ja'marcus (américain) variante de Jamarcus.

Ja'quan (américain) variante de Jaquan.

Ja'von (américain) variante de Javan.

Jaali (swahili) puissant.
Jali

Jaan (estonien) variante de Christian ;
(néerlandais, slave) variante de Jan.

Jaap (néerlandais) variante de Jim.
Jape

Jabari (swahili) intrépide, courageux.
*Jabahri, Jabarae, Jabare, Jabaree, Jabarei, Jabarie,
Jabarri, Jabarrie, Jabary, Jabbaree, Jabbari, Jabiari,
Jabier, Jabori, Jaborie*

Jabbar (arabe) réparateur.
Jabaar, Jabar, Jaber

Jabel (hébreu) comme une flèche qui vole.

Jâber (arabe) consolateur.

Jabez (hébreu) né dans la douleur.
Jabe, Jabes, Jabesh

Jabin (hébreu) Dieu a créé.
Jabain, Jabien, Jabon, Jabyn

Jabín (hébreu) variante de Jabin.

Jabir (arabe) consolateur.
Jabiri, Jabori, Jabyr

Jabril (arabe) variante de Jibril.
*Jabrail, Jabree, Jabreel, Jabrel, Jabrell, Jabrelle, Jabri,
Jabrial, Jabrie, Jabriel, Jabrielle, Jabrille*

Jabulani (shona) heureux.

Jacan (hébreu) ennuis.
Jachin

Jacari (américain) variante de Jacorey.
*Jacarey, Jacaris, Jacarius, Jacarre, Jacarri, Jacarrus,
Jacarus, Jacary, Jacaure, Jacauri, Jaccar, Jaccari*

Jaccob (hébreu) variante de Jacob.

Jace (américain) combinaison des lettres J et C.
Voir aussi Jayce.
*J.C., Jacee, Jaci, Jacie, Jaece, Jaecee, Jaecey, Jaeci, Jaice,
Jaicee, Jaicey, Jaici, Jaicie, Jaicy, JC*

Jacek (américain) variante de Jace.

Jacen (grec) variante de Jason.
Jaceon, Jacin, Jacon, Jacyn

Jacey FG (américain) variante de Jace.

Jacinto (portugais, espagnol) jacinthe.
Voir aussi Giacinto.
Jacindo, Jacint, Jacinta, Jacynto

Jack (américain) variante populaire de Jacob,
de John. Voir aussi Keaka.
Jaac, Jaack, Jaak, Jac, Jacke, Jacko, Jackub, Jak, Jakk, Jax

Jackie U (américain) variante populaire de Jack.
Jackey, Jacki

Jackson GF (anglais) fils de Jack.
Jacksen, Jacksin, Jacson, Jakson

Jacky (américain) variante populaire de Jack.

Jaco (portugais) variante de Jacob.

Jacob GF (hébreu) qui évince, qui remplace.
Bible : fils d'Isaac, frère d'Ésaü. Voir aussi
Akiva, Chago, Checha, Cobi, Diego,
Giacomo, Hamish, Iago, Iakobos, Kiva,
Kobi, Kuba, Tiago, Yakov, Yasha, Yoakim.

**Jachob, Jaco, Jacobb, Jacub, Jaecob, Jaicob,
Jalu, Jecis, Jeks, Jeska, Jocek, Jock, Jocob,
Jocobb, Jokubas**

Jacobe, Jacoby (hébreu) variantes de Jacob.
Jachobi, Jacobbe, Jacobee, Jacobey, Jacobie, Jacobii, Jacobis, Jocoby

Jacoberto (germanique) célèbre.

Jacobi GF (hébreu) variante de Jacob.

Jacobo (hébreu) variante de Jacob.
Jacobos

Jacobson (anglais) fils de Jacob.
Jacobs, Jacobsen, Jacobsin, Jacobus

Jacolby (hébreu) variante de Jacob.
Jacolbi, Jocolby

Jacorey (américain) combinaison de Jacob et de Corey.
Jacori, Jacoria, Jacorie, Jacoris, Jacorius, Jacorrey, Jacorrien, Jacorry, Jacouri, Jacourie

Jacory (américain) variante de Jacorey.

Jacquan (français) variante de Jacques.

Jacque (français) variante de Jacob.
Jackque, Jacquay, Jacqui

Jacquel (français) variante de Jacques.

Jacques (hébreu) supplanter. Bible : Jacques le Majeur et Jacques le Mineur sont deux des douze apôtres. Voir aussi Coco, Diego, Hamish, Iago, Kimo, Santiago, Seamus, Seumas, Yago, Yasha.
Jackques, Jackquise, Jacot, Jacquees, Jacquese, Jacquess, Jacquet, Jacquett, Jacquis, Jacquise, Jarques, Jarquis

Jacquez, Jaquez (français) variantes de Jacques.
Jaques, Jaquese, Jaqueus, Jaqueze, Jaquis, Jaquise, Jaquze

Jacy FG (tupi-guarani) lune ; (américain) variante de Jace.
Jaicy, Jaycee

Jad (hébreu) diminutif de Jadon ; (américain) diminutif de Jadrien.
Jada, Jadd

Jadarius (américain) combinaison du préfixe Ja et de Darius.

Jaden GF (hébreu) variante de Jadon.
Jadee, Jadeen, Jadenn, Jadeon, Jadyne

Jadon (hébreu) Dieu a entendu.
Jadan, Jadin, Jaiden

Jadrien (américain) combinaison de Jay et d'Adrien.
Jader, Jadrian, Jadryen, Jaedrian, Jaedrien, Jaidrian, Jaidrien, Jaidrion, Jaidryon, Jaydrian, Jaydrien, Jaydrion, Jaydryan

Jadyn FG (hébreu) variante de Jadon.

Jae GF (français, anglais) variante de Jay.

Jae-Hwa (coréen) riche, prospère.

Jaeden, Jaedon (hébreu) variantes de Jadon.
Jaedan, Jaedin, Jaedyn

Jaegar (allemand) chasseur.
Jaager, Jaeger, Jagur, Jaigar, Jaygar

Jaël FG (hébreu) chèvre de montagne.
Jayl, Yaël

Jaelen, Jaelin, Jaelon (américain) variantes de Jalen.
Jaelan, Jaelaun, Jaelyn

Jafar (sanscrit) variante de Ja'far.

Jafet (hébreu) élargissement.

Jag, Jagat (indien) l'univers.

Jagadbandu (indien) autre nom du dieu hindou Krishna.

Jagadish (indien) seigneur de l'univers.

Jaganmay (indien) prolifération dans l'univers.
Jaga

Jagannath (indien) autre nom du dieu hindou Vishnou.

Jagdeep (sikh) la lampe du monde.

Jagger (anglais) charretier.
Gagger, Jagar, Jager, Jaggar

Jagjeevan (indien) vie matérielle.

Jagmeet (sikh) ami du monde.

Jago (anglais) variante de Jacob, de James.
Jaego, Jaigo, Jaygo

Jaguar (espagnol) jaguar.
Jagguar

Jahan (indien) le monde.

Jahi (swahili) digne.

Jahleel (hindi) variante de Jalil.
Jahlal, Jahlee, Jahliel

Jahlil (hindi) variante de Jalil.

Jahmal (arabe) variante de Jamal.
Jahmall, Jahmalle, Jahmeal, Jahmeel, Jahmeil, Jahmel, Jahmelle, Jahmil, Jahmile, Jahmill, Jahmille

Jahmar (américain) variante de Jamar.
Jahmare, Jahmari, Jahmarr, Jahmer

Jahvon (hébreu) variante de Javan.
Jahvan, Jahvaughn, Jahvine, Jahwaan, Jahwon

Jai GF (thailandais) cœur.
Jaie, Jaii

Jaichand (indien) victoire de la lune.

Jaidayal (indien) victoire de la bienveillance.

Jaiden GF (hébreu) variante de Jadon.
Jaidan, Jaidin, Jaidon, Jaidyn

Jaidev (indien) victoire de Dieu.

Jaigopal, Jaikrishna (indien) victoire du dieu hindou Krishna.

Jailen (américain) variante de Jalen.
Jailan, Jailani, Jaileen, Jailen, Jailon, Jailyn, Jailynn

Jaime GF (espagnol) variante de Jacob, de James.
Jaimee, Jaimey, Jaimie, Jaimito, Jaimy

Jaimini (indien) ancien philosophe hindou.

Jainarayan, Jaiwant (indien) victoire.

Jaipal (indien) autre nom du dieu hindou Brahmā.

Jaiquan (américain) variante de Jaquan.
Jaiqaun

Jair (espagnol) variante de Jairo.

Jaír (espagnol) variante de Jair.

Jairaj (indien) seigneur de la victoire.

Jairo (espagnol) Dieu illumine.
Jairay, Jaire, Jayrus

Jairus (américain) variante de Jairo.

Jaisal (indien) peuple célèbre.

Jaison (grec) variante de Jason.
Jaisan, Jaisen, Jaishon, Jaishun, Jaisin, Jaisun, Jaisyn

Jaisukh (indien) joie de vaincre.

Jaivon (hébreu) variante de Javan.
Jaiven, Jaivion, Jaiwon

Jaja (igbo) honoré.
Jajah

Jajuan (américain) combinaison du préfixe Ja et de Juan.
Ja Juan, Jaejuan, Jaijuan, Jauan, Jayjuan, Jejuan

Jakari (américain) variante de Jacorey.
Jakaire, Jakar, Jakaray, Jakarie, Jakarious, Jakarius, Jakarre, Jakarri, Jakarus

Jake (hébreu) diminutif de Jacob.
Jaik, Jakie, Jayck, Jayk, Jayke

Jakeb, Jakeob, Jakob, Jakub (hébreu) variantes de Jacob.
Jaekob, Jaikab, Jaikob, Jakab, Jakeub, Jakib, Jakiv, Jakobe, Jakobi, Jakobus, Jakoby, Jakov, Jakovian, Jakubek, Jekebs

Jakeem (arabe) élevé spirituellement.
Jakeam, Jakim, Jakym

Jakome (basque) variante de James.
Jakom

Jal (tsigane) vagabond.
Jall

Jalâl (arabe) glorieux.

Jalan, Jalin, Jalon (américain) variantes de Jalen.
Jalaan, Jalaen, Jalain, Jaland, Jalane, Jalani, Jalanie, Jalann, Jalaun, Jalean, Jalian, Jaline, Jallan, Jalone, Jaloni, Jalun, Jalynn, Jalynne

Jaleel (hindi) variante de Jalil.
Jaleell, Jaleil, Jalel

Jaleen (américain) variante de Jalen.

Jalen GF (américain) combinaison du préfixe Ja et de Len.
Jalend, Jallen

Jalendu (indien) lune dans l'eau.

Jalene U (américain) variante de Jalen.

Jalil (hindi) révéré.
Jalaal, Jalal

Jalisat (arabe) celui qui reçoit peu, donne plus.

Jalyn FG (américain) variante de Jalen.

Jam (américain) diminutif de Jamal, de Jamar.
Jama

Jamaal, Jamahl, Jamall, Jamaul (arabe) variantes de Jamal.
Jammaal

Jamaine (arabe) variante de Germain.
Jamain, Jamayn, Jamayne

Jamal (arabe) beau. Voir aussi Gamal.
Jaimal, Jamael, Jamail, Jamaile, Jamala, Jamarl, Jammal, Jamual, Jaumal, Jomal, Jomall

Jamâl (arabe) variante de Jamal.

Jamale (arabe) variante de Jamal.
Jamalle

Jamar (américain) variante de Jamal.
Jamaar, Jamaari, Jamaarie, Jamahrae, Jamair, Jamara, Jamaras, Jamaraus, Jamarr, Jamarre, Jamarrea, Jamarree, Jamarri, Jamarvis, Jamaur, Jammar, Jarmar, Jarmarr, Jaumar, Jemaar, Jemar, Jimar

Jamarcus (américain) combinaison du préfixe Ja et de Marcus.
Jamarco, Jemarcus, Jimarcus, Jymarcus

Jamare (américain) variante de Jamario.
Jamareh

Jamaree, Jamari (américain) variantes de Jamario.
Jamarea, Jamaria, Jamarie

Jamario (américain) combinaison du préfixe Ja et de Mario.
Jamareo, Jamariel, Jamariya, Jamaryo, Jemario

Jamarious, Jamarius (américain) variantes de Jamario.

Jamaris (américain) variante de Jamario.
Jemarus

Jamarkus (américain) combinaison du préfixe Ja et de Markus.
Jamark

Jamarquis (américain) combinaison du préfixe Ja et de Marquis.
Jamarkees, Jamarkeus, Jamarkis, Jamarqese, Jamarqueis, Jamarques, Jamarquez, Jamarquios, Jamarqus

Jameel (arabe) variante de Jamal.
Jameal, Jamele, Jamyl, Jamyle, Jarmil

Jamel, Jamell (arabe) variantes de Jamal.
Jamelle, Jammel, Jamuel, Jamul, Jarmel, Jaumell, Je-Mell, Jimell

Jamen, Jamon (hébreu) variantes de Jamin.
Jaemon, Jaimon, Jamohn, Jamone, Jamoni

James 🄶🄵 (anglais) variante de Jacob, de Jacques.
Jaemes, Jaimes, Jamesie, Jamesy, Jamies, Jamse, Jamyes, Jemes

Jameson (anglais) fils de James.
Jaemeson, Jaimeson, Jamerson, Jamesian, Jamesyn, Jaymeson

Jamey 🄵🄶 (anglais) variante populaire de James.
Jaeme, Jaemee, Jaemey, Jaemi, Jaemie, Jaemy, Jaimee, Jaimey, Jaimie, Jame, Jamee, Jameyel, Jami, Jamia, Jamiah, Jamian, Jamiee, Jamme, Jammey, Jammie, Jammy, Jamy, Jamye

Jamez (hébreu) variante de James.
Jameze, Jamze

Jamie 🄵🄶 (anglais) variante populaire de James.

Jamieson (anglais) variante de Jamison.
Jamiesen

Jamil (arabe) variante de Jamal.
Jamiel, Jamiell, Jamielle, Jamile, Jamill, Jamille

Jamin (hébreu) favorisé.
Jaman, Jamian, Jamien, Jamion, Jamionn, Jamun, Jamyn, Jarmin, Jarmon, Jaymin, Jaymon

Jamir (américain) variante de Jamar.
Jamire, Jamiree

Jamison 🄶🄵 (anglais) fils de James.
Jaemison, Jaemyson, Jaimison, Jaimyson, Jamis, Jamisen, Jamyson, Jaymison, Jaymyson

Jamond (américan) combinaison de James et de Raymond.
Jaemond, Jaemund, Jaimond, Jaimund, Jamod, Jamont, Jamonta, Jamontae, Jamontay, Jamonte, Jamund, Jarmond, Jarmund, Jaymond, Jaymund

Jamor (américain) variante de Jamal.
Jamoree, Jamori, Jamorie, Jamorius, Jamorrio, Jamorris, Jamory, Jamour

Jamshee (persan) de Perse.
Jamshaid, Jamshead, Jamshed

Jan 🄶🄵 (néerlandais, slave) variante de John.
Jahn, Jana, Janae, Jann, Jano, Jenda, Jhan, Yan

Janco (tchèque) variante de John.
Jancsi, Janke, Janko

Jando (espagnol) variante d'Alexandre.
Jandino

Janeil (américain) combinaison du préfixe Ja et de Neil.
Janal, Janel, Janell, Janelle, Janiel, Janielle, Janile, Janille, Jarnail, Jarneil, Jarnell

Janek (polonais) variante de John.
Janak, Janik, Janika, Janka, Jankiel, Janko, Jhanick

Janina (hébreu) grâce.

Janis 🄵🄶 (letton) variante de John.
Voir aussi Zanis.
Ansis, Jancis, Janyc, Janyce, Janys

Janne (finnois) variante de John.
Jann, Jannes

János (hongrois) variante de John.
Jancsi, Jani, Jankia, Jano

Jansen (scandinave) variante de Janson.
Janssen

Janson (scandinave) fils de Jan.
Jansan, Janse, Jansin, Janssan, Janssin, Jansson, Jansun, Jansyn

Jantzen (scandinave) variante de Janson.
Janten, Jantsen, Jantson, Janzen

Janus (latin) portail, passage; né en janvier. Mythologie: dieu romain du Début et de la Fin.
Jannese, Jannus, Januario, Janusz

Janvier (français) variante de Jenaro.

Japa (français) qui psalmodie.

Japendra, Japesh (indien) seigneur des psalmodies; autres noms du dieu hindou Shiva.

Japheth (hébreu) beau; (arabe) abondant. Bible: l'un des fils de Noé. Voir aussi Yaphet.
Japeth, Japhet

Jaquan (américain) combinaison du préfixe Ja et de Quan.
Jacquin, Jacquyn, Jaequan, Jaqaun, Jaquaan, Jaquain, Jaquane, Jaquann, Jaquanne, Jaquin, Jaquyn

Jaquarius (américain) combinaison de Jaquan et de Darius.
Jaquari, Jaquarious, Jaquaris

Jaquavious, Jaquavius (américain) variantes de Jaquavis.
Jaquaveis, Jaquaveius, Jaquaveon, Jaquaveous, Jaquavias

Jaquavis (américain) variante de Jaquan.
Jaquavas, Jaquavus

Jaquawn, Jaquon (américain) variantes de Jaquan.
Jaequon, Jaqawan, Jaqoun, Jaquinn, Jaqune, Jaquoin, Jaquone, Jaqwan, Jaqwon

Jarad, Jarid, Jarod, Jarrad, Jarred, Jarrid, Jarrod, Jarryd, Jaryd (hébreu) variantes de Jared.
Jaraad, Jarodd, Jaroid, Jarrayd

Jarah (hébreu) doux comme le miel.
Jara, Jarra, Jarrah, Jera, Jerah, Jerra, Jerrah

Jaran, Jaren, Jarin, Jarren, Jarron, Jaryn (hébreu) variantes de Jaron.
Jarian, Jarien, Jarion, Jarrain, Jarran, Jarrian, Jarrin, Jarryn, Jarynn, Jaryon

Jardan (français) jardin; (hébreu) variante de Jordan.
Jarden, Jardin, Jardon, Jardyn, Jardyne

Jareb (hébreu) ennemi.
Jarib, Jaryb

Jared (hébreu) variante de Jordan.
Ja'red, Jahred, Jaired, Jaraed, Jaredd, Jareid, Jerred

Jarek (slave) né en janvier.
Januarius, Januisz, Jarec, Jareck, Jaric, Jarick, Jarik, Jarrek, Jarric, Jarrick, Jaryc, Jaryck, Jaryk

Jarel, Jarell (scandinave) variantes de Gérald.
Jaerel, Jaerell, Jaeril, Jaerill, Jaeryl, Jaeryll, Jairel, Jairell, Jarael, Jareil, Jarelle, Jariel, Jarryl, Jarryll, Jayryl, Jayryll, Jharell

Jaret, Jarett, Jarret (anglais) variantes de Jarrett.

Jareth (américain) combinaison de Jared et de Gareth.
Jaref, Jareff, Jarif, Jariff, Jarith, Jaryf, Jaryff, Jaryth, Jereth

Jarius, Jarrrius (américain) variantes de Jairo.

Jarl (scandinave) comte, noble.
Jarlee, Jarleigh, Jarley, Jarli, Jarlie, Jarly

Jarlath (latin) maître de la situation.
Jarlaf, Jarlen

Jarmal (arabe) variante de Jamal.

Jarman (allemand) d'Allemagne.
Jarmen, Jarmin, Jarmon, Jarmyn, Jerman, Jermen, Jermin, Jermon, Jermyn

Jarmarcus (américain) variante de Jamarcus.

Jarom (latin) variante de Jerome.
Jarome, Jarrom, Jarrome

Jaron (hébreu) il chantera; il s'écriera.
J'ron, Jaaron, Jaeron, Jairon, Jarone, Jayron, Jayrone, Jayronn, Je Ronn

Jaroslav (tchèque) gloire du printemps.

Jarrell (anglais) variante de Gérald.
Jarrel, Jerall, Jerrell

Jarreth (américain) variante de Jareth.
Jarref, Jarreff, Jarrif, Jarriff, Jarrith, Jarryf, Jarryff, Jarryth

Jarrett (anglais) variante de Garrett, de Jared.
Jairet, Jairett, Jarat, Jarette, Jarhett, Jarit, Jarrat, Jarratt, Jarrette, Jarrit, Jarritt, Jarrot, Jarrote, Jarrott, Jarrotte, Jaryt, Jarytt

Jarvis (allemand) habile dans le maniement de la lance.
Jaravis, Jarv, Jarvaris, Jarvas, Jarvaska, Jarvey, Jarvez, Jarvice, Jarvie, Jarvios, Jarvious, Jarvise, Jarvius, Jarvorice, Jarvoris, Jarvous, Jarvus, Jarvyc, Jarvyce, Jarvys, Jarvyse, Jervey

Jas U (anglais) variante populaire de James; (polonais) variante populaire de John.
Jasio

Jasbeer (indien) héros victorieux.

Jasdeep (sikh) la lampe qui rayonne des gloires de Dieu.

Jase (grec) diminutif de Jason.

Jasen, Jasson (grec) variantes de Jason.
Jassen, Jassin, Jassyn

Jasha (russe) variante populaire de Jacob, de James.
Jascha

Jashawn (américain) combinaison du préfixe Ja et de Shawn.
Jasean, Jashan, Jashaun, Jashion, Jashon

Jashua (hébreu) variante de Joshua.

Jaskaran (sikh) qui chante des louanges au Seigneur.
Jaskaren, Jaskiran

Jaskarn (sikh) variante de Jaskaran.

Jasmeet Ⓤ (sikh) ami du Seigneur; (persan) variante de Jasmin.

Jason (grec) guérisseur. Mythologie: héros qui conduisit les Argonautes à la recherche de la Toison d'or.
Jaasan, Jaasen, Jaasin, Jaason, Jaasun, Jaasyn, Jaesan, Jaesen, Jaesin, Jaeson, Jaesun, Jaesyn, Jahsan, Jahsen, Jahson, Jasan, Jasaun, Jasin, Jasten, Jasun, Jasyn

Jasón (grec) variante de Jason.

Jaspal (pendjabi) qui mène une vie vertueuse.
Jaspel

Jasper ⒼⒻ (français) le jaspe, une pierre ornementale rouge, jaune ou marron; (anglais) variante de Casper. Voir aussi Kasper.
Jaspar, Jazper, Jespar, Jesper

Jaspreet Ⓤ (pendjabi) vertueux.

Jaswant (indien) célèbre.

Jathan (grec) variante de Jason.
Jathon

Jatinra (hindi) grand sage brahmane.
Jatinrah

Jaume (catalan) variante de Jaime.

Javan (hébreu) Bible: Yavane, fils de Japhet.
Jaavan, Jaewan, Javyn, Jayvin, Jayvine

Javante (américain) variante de Javan.
Javantae, Javantai, Javantée, Javanti

Javar (américain) variante de Jarvis.

Javari (américain) variante de Jarvis.
Javarri

Javarious, Javarius (américain) variantes de Javar.
Javarias, Javarreis, Javarrious, Javorious, Javorius, Javouris

Javaris (anglais) variante de Javar.
Javaor, Javaras, Javare, Javares, Javaries, Javario, Javarios, Javaro, Javaron, Javarous, Javarre, Javarris, Javarro, Javarros, Javarte, Javarus, Javarys, Javoris

Javas (sanscrit) rapide, prompt.
Jayvas, Jayvis

Javaughn (américain) variante de Javan.
Jahvaughan, JaVaughn

Javen, Javin (hébreu) variantes de Javan.
Jaevin, Javine

Javeon (américain) variante de Javan.

Javian, Javion (américain) variantes de Javan.
Javien, Javionne

Javier (espagnol) propriétaire d'une nouvelle maison. Voir aussi Xavier.
Jabier, Javer, Javere, Javiar, Javyer

Javiero (espagnol) variante de Javier.

Javilá (hébreu) bande de sable.

Javon ⒼⒻ (hébreu) variante de Javan.
Jaavon, Jaevon, Jaewon, Jahvon, Javaon, Javohn, Javoni, Javonn, Javonni, Javonnie, Javoun

Javone (hébreu) variante de Javan.
Javoney, Javonne

Javonta (américain) variante de Javan.
Javona, Javonteh

Javontae, Javontay, Javonte, Javonté (américain) variantes de Javan.
Javonnte, Javontai, Javontaye, Javontee, Javontey

Jawad (arabe) généreux, qui a la main sur le cœur.

Jawan, Jawaun, Jawon, Jawuan (américain) variantes de Jajuan.
Jawaan, Jawann, Jawn

Jawara (africain) paix et amour.

Jawhar (arabe) bijou; essence.

Jaxon (anglais) variante de Jackson.
Jaxen, Jaxsen, Jaxsun, Jaxun

Jaxson (anglais) variante de Jackson.

Jay (français) geai bleu; (anglais) diminutif de James, de Jason.
Jai, Jave, Jeays, Jeyes

Jayanti (hindi) commémoration sacrée.

Jayce (américain) combinaison des lettres J et de C. Voir aussi Jace.
J.C., Jay Cee, Jayc, Jaycee, Jaycey, Jayci, Jaycie, Jaycy, JC, Jecie

Jaycob (hébreu) variante de Jacob.
Jaycobb, Jaycub, Jaykob, Jaykobb

Jayde ⒻⒼ (américain) combinaison des lettres J et D.
J.D., Jayd, Jaydee, JD

Jayden ⒼⒻ (hébreu) variante de Jadon; (américain) variante de Jayde.

Jaydon ⒼⒻ (hébreu) variante de Jadon.
Jaydan, Jaydin, Jaydn, Jaydyn

Jaye GF (français, anglais) variante de Jay.

Jaylan, Jayln, Jaylon (américain) variantes de Jaylen.
Jaylaan, Jayleon, Jaylian, Jayline, Jaylynn, Jaylynne

Jayland (américain) variante de Jaylen.
Jaylend, Jaylund, Jaylynd

Jaylee FG (américain) combinaison de Jay et de Lee.
Jaelea, Jaelee, Jaeleigh, Jaeley, Jaeli, Jaelie, Jaely, Jailea, Jailee, Jaileigh, Jailey, Jaili, Jailie, Jaily, Jayla, Jayle, Jaylea, Jayleigh, Jayley, Jayli, Jaylie, Jayly

Jaylen GF (américain) combinaison de Jay et de Len. Variante de Jaylee.
Jayleen, Jaylun

Jaylin GF (américain) variante de Jaylen.

Jaylyn U (américain) variante de Jaylen.

Jayme FG (anglais) variante de Jamey.
Jaymee, Jaymey, Jaymi, Jaymie, Jaymy

Jaymes, Jaymz (anglais) variantes de James.
Jaymis, Jayms

Jayquan (américain) combinaison de Jay et de Quan.
Jaykwan, Jaykwon, Jayqon, Jayquawn, Jayqunn

Jayro (espagnol) variante de Jairo.

Jaysen, Jayson (grec) variantes de Jason.
Jaycent, Jaysan, Jaysin, Jaysn, Jayssen, Jaysson, Jaysun, Jaysyn

Jayshawn (américain) combinaison de Jay et de Shawn. Variante de Jaysen.
Jaysean, Jayshaun, Jayshon, Jayshun

Jayvon (américain) variante de Javon.
Jayvion, Jayvohn, Jayvone, Jayvonn, Jayvontay, Jayvonte, Jaywan, Jaywaun, Jaywin

Jaz (américain) variante de Jazz.

Jazael (hébreu) qui perçoit Dieu.

Jazz U (américain) jazz.
Jaze, Jazze, Jazzlee, Jazzman, Jazzmen, Jazzmin, Jazzmon, Jazztin, Jazzton, Jazzy

Jean TOP .100. GF (hébreu) Dieu a fait grâce. Bible : Jean, nom en l'honneur de Jean-Baptiste et saint Jean apôtre, l'évangéliste. Voir aussi Elchanan, Evan, Geno, Gian, Giovanni, Handel, Hannes, Hans, Hanus, Honza, Ian, Ianos, Iban, Ioan, Ivan, Iwan, Keoni, Kwam, Ohannes, Sean, Ugutz, Yan, Yanka, Yanni, Yochanan, Yohance, Zane.
Jéan, Jeane, Jeannah, Jeannie, Jeannot, Jeano, Jeanot, Jeanty, Jeen, Jene

Jean-Benoît (français) combinaison de Jean et de Benoît.

Jean-Christophe (français) combinaison de Jean et Christophe.

Jean-Claude (français) combinaison de Jean et de Claude.

Jean-Daniel (français) combinaison de Jean et Daniel.

Jean-David (français) combinaison de Jean et David.

Jean-Denis (français) combinaison de Jean et Denis.

Jean-Félix (français) combinaison de Jean et Félix.

Jean-François (français) combinaison de Jean et de François.

Jean-Gabriel (français) combinaison de Jean et de Gabriel.

Jean-Luc (français) combinaison de Jean et de Luc.

Jean-Marc (français) combinaison de Jean et de Marc.

Jean-Michel (français) combinaison de Jean et Michel.

Jean-Nicolas (français) combinaison de Jean et Nicolas.

Jean-Pascal (français) combinaison de Jean et de Pascal.

Jean-Paul (français) combinaison de Jean et de Paul.

Jean-Philippe (français) combinaison de Jean et de Philippe.

Jean-Pierre (français) combinaison de Jean et de Pierre.

Jean-Samuel (français) combinaison de Jean et Samuel.

Jean-Sébastien (français) combinaison de Jean et Sébastien.

Jean-Simon (français) combinaison de Jean et de Simon.

Jeb (hébreu) diminutif de Jebediah.
Jebb, Jebi, Jeby

Jebediah (hébreu) variante de Jedidiah.
Jebadia, Jebadiah, Jebadieh, Jebidia, Jebidiah, Jebidya, Jebydia, Jebydiah, Jebydyah

Jed (hébreu) diminutif de Jedidiah; (arabe) main.
Jedd, Jeddy, Jedi

Jediah (hébreu) main de Dieu.
Jadaya, Jedaia, Jedaiah, Jedayah, Jedeiah, Jedi, Yedaya

Jedidiah (hébreu) ami de Dieu, aimé de Dieu.
Voir aussi Didi.
Jedadiah, Jeddediah, Jededia, Jedidia, Jedidiyah, Yedidya

Jedrek (polonais) fort viril.
Jedrec, Jedreck, Jedric, Jedrick, Jedrik, Jedryc, Jedryck, Jedryk

Jeff (français) diminutif de Jean-François; (anglais) diminutif de Jefferson, de Jeffrey. Variante populaire de Geoffrey.
Jef, Jefe, Jeffe, Jeffey, Jeffie, Jeffy, Jeph, Jhef

Jefferey, Jeffery (anglais) variantes de Jeffrey.
Jefaree, Jefarey, Jefari, Jefarie, Jefary, Jeferee, Jeferey, Jeferi, Jeferie, Jefery, Jeffaree, Jeffarey, Jeffari, Jeffarie, Jeffary, Jeffeory, Jefferay, Jefferee, Jeffereoy, Jefferi, Jefferie, Jefferies, Jeffory

Jefferson (anglais) fils de Jeff. Histoire: Thomas Jefferson fut le 3ᵉ président des États-Unis.
Gefferson, Jeferson, Jeffers

Jefford (anglais) gué de Jeff.
Jeford

Jeffrey (anglais) divinement paisible.
Voir aussi Geffrey, Geoffrey, Godfrey.
Jeffre, Jeffree, Jeffri, Jeffrie, Jeffries, Jefre, Jefri, Jeoffroi, Joffre, Joffrey

Jeffry (anglais) variante de Jeffrey.
Jefry

Jehan (français) variante de John.
Jehann

Jehová (hébreu) je suis ce que je suis.

Jehu (hébreu) Dieu vit. Bible: Jéhu, commandant dans l'armée et roi d'Israël.
Yehu

Jela (swahili) père qui a souffert pendant la naissance.

Jelani [GF] (swahili) puissant.
Jel, Jelan, Jelanee, Jelaney, Jelanie, Jelany, Jelaun

Jem [FG] (anglais) diminutif de James, de Jeremiah.
Jemi, Jemie, Jemmi, Jemmie, Jemmy, Jemy

Jemal (arabe) variante de Jamal.
Jemaal, Jemael, Jemale

Jemel (arabe) variante de Jamal.
Jemeal, Jemehl, Jemehyl, Jemell, Jemelle, Jemello, Jemeyle, Jemile

Jemond (français) matériel.
Jemon, Jémond, Jemonde, Jemone, Jemun, Jemund

Jenaro (slave) né en janvier.

Jenkin (flamand) petit John.
Jenkins, Jenkyn, Jenkyns, Jennings

Jenö (hongrois) variante d'Eugène.
Jenoe

Jenofonte (grec) celui qui est éloquent et vient d'un autre pays.

Jens (danois) variante de John.
Jense, Jentz

Jensen [FG] (scandinave) variante de Janson.
Jensan, Jensin, Jenson, Jenssen, Jensyn

Jensi (hongrois) né dans la noblesse; (danois) variante populaire de Jens.
Jenci, Jency, Jensee, Jensie, Jensy

Jeovanni (italien) variante de Giovanni.
Jeovahny, Jeovan, Jeovani, Jeovanie, Jeovanny, Jeovany

Jequan (américain) combinaison du préfixe Je et de Quan.
Jeqaun, Jequann, Jequon

Jerad, Jered, Jerid, Jerod, Jerrad, Jerred, Jerrid, Jerrod (hébreu) variantes de Jared.
Jeread, Jeredd, Jereed, Jerode, Jeroid, Jerryd, Jeryd

Jerahmy (hébreu) variante de Jérémy.
Jerahmeel, Jerahmeil, Jerahmey

Jerald, Jerold, Jerrold (anglais) variantes de Gérald.
Jeraldo, Jeroldo, Jerrald, Jerraldo, Jerroldo, Jerryld, Jeryld

Jerall (anglais) variante de Gérald.
Jerael, Jerai, Jerail, Jeraile, Jeral, Jerale, Jerall, Jerrail, Jerral, Jerrall

Jeramey, Jeramie, Jeramy (hébreu) variantes de Jérémie, de Jérémy.
Jerame, Jeramee, Jerami, Jerammie

Jeramiah (hébreu) variante de Jeremiah.

Jerard (français) variante de Gérard.
Jarard, Jarrard, Jeraude, Jerrard

Jerardo (espagnol) variante de Gérard.

Jere (hébreu) diminutif de Jérémie, de Jérémy.
Jeré, Jeree

Jerel, Jerell, Jerrell (anglais) variantes de Gérald.
Jerelle, Jeriel, Jeril, Jerrail, Jerrel, Jerrelle, Jerrill, Jerrol, Jerroll, Jerryl, Jerryll, Jeryl, Jeryle

Jérémie (hébreu) élevé par Dieu. Bible : Jérémie, un prophète d'Israël.
Jarame, Jaremi, Jereme, Jeremee, Jeremey, Jeremi, Jeremie, Jérémie, Jeremii

Jeremiah (hébreu) Dieu inspirera.
Voir aussi Dermot, Yeremey, Yirmaya.
Geremiah, Jaramia, Jemeriah, Jemiah, Jeramiha, Jereias, Jeremaya, Jeremia, Jeremial, Jeremija, Jeremya, Jeremyah

Jeremias (hébreu) variante de Jeremiah.
Jeremyas

Jeremías (hébreu) variante de Jeremias.

Jeremiel (hébreu) Dieu m'élève.

Jérémy (hébreu) élevé par Dieu.
Variante de Jérémie.
Jaremay, Jaremy, Jere, Jereamy, Jeremry, Jérémy, Jeremye, Jereomy, Jeriemy, Jerime, Jerimy, Jerremy

Jeriah (hébreu) Jehovah a vu.
Jeria, Jerya, Jeryah

Jeric, Jerick (arabe) diminutifs de Jéricho ;
(américain) variantes de Jerrick.
Jerric

Jéricho (arabe) ville de la lune. Bible : ville conquise par Joshua.
Jericko, Jeriko, Jerricko, Jerricoh, Jerriko, Jerrycko, Jerryko

Jerico (arabe) diminutif de Jéricho.
Jerrico, Jerryco

Jérico (espagnol) variante de Jéricho.

Jerimiah (hébreu) variante de Jeremiah.
Jerimiha, Jerimya

Jermain (français, anglais) variante de Jermaine.

Jermaine GF (français) variante de Germain ;
(anglais) germe, bourgeon.
Jarman, Jer-Mon, Jeremaine, Jeremane, Jerimane, Jerman, Jermane, Jermanie, Jermanne, Jermany, Jermayn, Jermayne, Jermiane, Jermine, Jermoney, Jhirmaine

Jermal (arabe) variante de Jamal.
Jermaal, Jermael, Jermail, Jermall, Jermaul, Jermil, Jermol, Jermyll

Jérme (français) variante de Jérôme.

Jermel, Jermell (arabe) variantes de Jamal.

Jermey (anglais) variante de Jérémy.
Jerme, Jermee, Jermere, Jermery, Jermie, Jermy, Jhermie

Jermiah (hébreu) variante de Jeremiah.
Jermiha, Jermija, Jermiya

Jerney (slave) variante de Barthélemy.

Jerolin (basque, latin) sacré.
Jerolyn

Jérôme (latin) sacré. Voir aussi Géronimo, Hieronymos.
Gerome, Jere, Jeroen, Jerom, Jerome, Jérome, Jeromo, Jerrome

Jeromy (latin) variante de Jérôme.
Jeromee, Jeromey, Jeromie, Jerromy

Jeron, Jerrin, Jerron (anglais) variantes de Jérôme.
J'ron, Jéron, Jerone, Jerrion, Jerrone

Jeronimo (grec, italien) variante de Jérôme.

Jerónimo (espagnol) variante de Jeronimo.

Jerret, Jerrett (hébreu) variantes de Jarrett.
Jeret, Jerett, Jeritt, Jerrete, Jerrette, Jerriot, Jerritt, Jerrot, Jerrott

Jerrick (américain) combinaison de Jerry et de Derric.
Jaric, Jarrick, Jerik, Jerrik, Jerryc, Jerryck, Jerryk

Jerry (allemand) puissant lancier ; (anglais) variante populaire de Gérald, de Gérard.
Voir aussi Gerry, Kele.
Jehri, Jere, Jeree, Jeri, Jerie, Jeris, Jerison, Jerree, Jerri, Jerrie, Jery

Jerusalén (hébreu) lieu paisible.

Jervis (anglais) variante de Gervaise, de Jarvis.
Jervice, Jervise, Jervys

Jerzy (polonais) variante de Georges.
Jersey, Jerzey, Jerzi, Jurek

Jesabel (hébreu) serment de Dieu.

Jesé (hébreu) richesses.

Jeshua (hébreu) variante de Joshua.
Jeshuah

Jess (hébreu) diminutif de Jesse.

Jesse GF (hébreu) riche. Bible : Jessé, père de David. Voir aussi Yishai.
Jescee, Jese, Jesee, Jesi, Jessé, Jezze, Jezzee

Jessee, Jessey (hébreu) variantes de Jesse.
Jescey, Jesie, Jessye, Jessyie, Jesy, Jezzey, Jezzi, Jezzie, Jezzy

Jessi FG (hébreu) variante de Jesse.

Jessie U (hébreu) variante de Jesse.

Jessy GF (hébreu) variante de Jesse.

Jestin (gallois) variante de Justin.
Jessten, Jesstin, Jesston, Jesten, Jeston

Jesualdo (germanique) celui qui prend la tête.

Jésus ⒼⒻ (hébreu) variante de Joshua. Bible : Jésus, fils de Marie et Joseph, considéré par les chrétiens comme le fils de Dieu. Voir aussi Chucho, Isa, Yosu.
Jecho, Jessus, Jesu, Jezus, Josu

Jesús (hispanique) variante de Jésus.

Jethro (hébreu) abondant. Bible : beau-père de Moïse. Voir aussi Yitro.
Jeth, Jethroe, Jetro, Jetrow, Jettro

Jethró (hébreu) variante de Jethro.

Jett (anglais) le jais, minéral dur et noir ; (hébreu) diminutif de Jethro.
Jet, Jetson, Jette, Jetter, Jetty

Jevan (hébreu) variante de Javan.
Jevaun, Jeven, Jevyn, Jevynn

Jevin (hébreu) variante de Javan.

Jevon (hébreu) variante de Javan.
Jevion, Jevohn, Jevone, Jevonn, Jevonne, Jevonnie

Jevonte (américain) variante de Jevon.
Jevonta, Jevontae, Jevontaye, Jevonté

Jezabel (hébreu) serment de Dieu.

Jhon (hébreu) variante de John.

Jhonathan (hébreu) variante de Jonathan.

Jhonny (hébreu) variante de Johnie.

Jiang (chinois) feu.

Jibade (yoruba) né proche de la royauté.
Jibad, Jybad, Jybade

Jibben (tsigane) vie.
Jibin

Jibril (arabe) archange d'Allah.
Jibreel, Jibriel

Jibríl (arabe) variante de Jibril.

Jihad (arabe) lutte ; guerre sainte.

Jilt (néerlandais) argent.
Jylt

Jim (hébreu, anglais) diminutif de James. Voir aussi Jaap.
Jimbo, Jimm, Jym, Jymm

Jimbo (américain) variante populaire de Jim.
Jimboo

Jimell (arabe) variante de Jamel.
Jimel, Jimelle, Jimill, Jimmell, Jimmelle, Jimmiel, Jimmil, Jimmill, Jimmyl, Jimmyll, Jymel, Jymell, Jymil, Jymill, Jymmel, Jymmell, Jymmil, Jymmill, Jymmyl, Jymmyll, Jymyl, Jymyll

Jimeno (espagnol) variante de Simeón.

Jimi ⒼⒻ (anglais) variante de Jimmy.
Jimie, Jimmi

Jimiyu (luyia) né pendant la période de sécheresse.

Jimmie (anglais) variante de Jimmy.

Jimmy (anglais) variante populaire de Jim.
Jimee, Jimey, Jimme, Jimmee, Jimmey, Jimmye, Jimmyjo, Jimy, Jyme, Jymee, Jymey, Jymi, Jymie, Jymme, Jymmee, Jymmey, Jymmi, Jymmie, Jymy

Jimmy Lee (américain) combinaison de Jimmy et de Lee.

Jimoh (swahili) né un vendredi.
Jimo, Jymo, Jymoh

Jin ⒼⒻ (chinois) or.
Jinn, Jyn, Jynn

Jina ⒻⒼ (swahili) nom.

Jinan (arabe) jardin.
Jinen, Jinon, Jinyn

Jindra (tchèque) variante de Harold.
Jindrah

Jing-Quo (chinois) dirigeant du pays.

Jiovanni (italien) variante de Giovanni.
Jio, Jiovani, Jiovanie, Jiovann, Jiovannie, Jiovanny, Jiovany, Jiovoni, Jivan, Jyovani, Jyovanie, Jyovany

Jirair (arménien) fort ; travailleur.
Jyrair

Jiri (tchèque) variante de Georges.
Jirka

Jiro (japonais) deuxième fils.

Jivin (hindi) qui donne la vie.
Jivan, Jivanta, Jiven, Jivon, Jivyn, Jyvan, Jyven, Jyvin, Jyvon, Jyvyn

Jjiri (zimbabwe) fruits sauvages de la jungle.

Jo ⒻⒼ (hébreu, japonais) variante de Joe.

Joab (hébreu) Dieu est père. Voir aussi Yoav.
Joabe, Joaby

Joachim (hébreu) Dieu établira. Voir aussi Akeem, Ioakim, Yehoyakem.
Joacheim, Joakim, Joaquim, Jokim, Jov

Joan ⒻⒼ (allemand) variante de Johann.

Joao, João (portugais) variantes de John.
Joáo

Joaquim (portugais) variante de Joachim.

Joaquin, Joaquín (espagnol) variantes
de Joachim.
Jehoichin, Joaquyn, Joaquynn, Joquin, Juaquyn

Job (hébreu) affligé. Bible : homme
vertueux dont la foi en Dieu a passé le test
de nombreuses afflictions.
Jobe, Jobert

Joben (japonais) qui aime la propreté.
Joban, Jobin, Jobon, Jobyn

Jobo (espagnol) variante populaire de Joseph.

Joby GF (hébreu) variante populaire de Job.
Jobee, Jobey, Jobi, Jobie

Jock (américain) variante populaire de Jacob.
Variante de Jack.
Jocko, Joco, Jocoby, Jocolby

Jocquez (français) variante de Jacquez.
Jocques, Jocquis, Jocquise

Jocqui (français) variante de Jacques.
Jocque

Jocundo (latin) plaisant, festif.

Jodan (hébreu) combinaison de Jo et de Dan.
Jodahn, Joden, Jodhan, Jodian, Jodin, Jodon, Jodonnis, Jodyn

Jody U (hébreu) variante populaire de Joseph.
Jodee, Jodey, Jodi, Jodie, Jodiha, Joedee, Joedey, Joedi, Joedie, Joedy

Joe (hébreu) diminutif de Joseph.
Jow

Joël (hébreu) il plaît à Dieu. Bible : Joël, grand
prophète hébreu de l'Ancien Testament.
Joel, Jôel, Joell, Joelle, Joely, Jole, Yoel

Joeseph, Joesph (hébreu) variantes de Joseph.

Joey GF (hébreu) variante populaire de Joe,
de Joseph.

Johan (allemand) variante de Johann.

Johann (allemand) variante de John.
Voir aussi Anno, Hanno, Yoan, Yohan.
Joahan, Johahn, Johanan, Johane, Johannan, Johaun, Johon

Johannes (allemand) variante de Johann.
Joannes, Johanes, Johannas, Johannus, Johansen, Johanson, Johonson

Johathan (hébreu) variante de Jonathan.
Johanthan, Johatan, Johathe, Johathon

John (anglais) variante de Jean.
Jaenda, Janco, Jantje, Jen, Jian, Joen, Johne, Jone

John Paul, John-Paul, Johnpaul (américain)
combinaisons de John et de Paul.

John-Michael, Johnmichael (américain)
combinaisons de John et de Michael.

John-Robert (américain) combinaison de John
et de Robert.

Johnathan, Johnathen, Johnathon (hébreu)
variantes de Jonathan. Voir aussi Yanton.
Johnatan, Johnathann, Johnathaon, Johnathyne, Johnaton, Johnatten, Johniathin, Johnothan

Johnie, Johnny, Johny (hébreu) variantes
populaires de John. Voir aussi Gianni.
Johnee, Johney, Johni, Johnier, Johnney, Johnni

Johnnie GF (hébreu) variante populaire de John.

Johnpatrick (américain) combinaison de John
et de Patrick.

Johnson (anglais) fils de John.
Johnston, Jonson

Johntavius (américain) variante de John.

Johnthan (hébreu) variante de Jonathan.

Joji (japonais) variante de Georges.

Jojo (fanti) né un lundi.

Jokim (basque) variante de Joachim.
Jokeam, Jokeem, Jokin, Jokym

Jolon (amérindien) vallée des chênes morts.
Jolyon

Jomar (américain) variante de Jamar.
Jomari, Jomarie, Jomarri

Jomei (japonais) qui répand la lumière.
Jomey

Jomo (africain) fermier.

Jon (hébreu) variante de John. Diminutif
de Jonathan.
J'on, Jonn

Jon-Michael (américain) combinaison de Jon
et de Michael.

Jon-Pierre (américain) combinaison de Jon
et de Pierre.

Jonah (hébreu) colombe.
Giona, Jona, Yonah, Yunus

Jonas (hébreu) il accomplit. Bible : Jonas,
prophète de l'Ancien Testament qui fut avalé
par un grand poisson ; (lituanien) variante
de John.
Jonahs, Jonass, Jonaus, Jonelis, Jonukas, Jonus, Jonutis, Jonys, Joonas

Jonás (hébreu) variante de Jonas.

Jonatan (hébreu) variante de Jonathan.
Jonatane, Jonate, Jonattan, Jonnattan.

Jonathan **GF** (hébreu) cadeau de Dieu.
Bible: fils du roi Saül qui devint un ami
fidèle de David. Voir aussi Ionakana, Yanton,
Yonatan.
*Janathan, Jonatha, Jonathin, Jonathun, Jonathyn, Jonethen,
Jonnatha, Jonnathun*

Jonathen, Jonathon, Jonnathan (hébreu)
variantes de Jonathan.
*Joanathon, Jonaton, Jonnathon, Jonthon, Jounathon,
Yanaton*

Jones (gallois) fils de John.
Joenes, Joennes, Joenns, Johnsie, Joness, Jonesy

Jonny (hébreu) variante populaire de John.
Jonhy, Joni, Jonnee, Jonni, Jonnie, Jony

Jonothan (hébreu) variante de Jonathan.
Jonothon

Jontae (français) combinaison de Jon
et du suffixe Tae.
Johntae, Jontea, Jonteau

Jontavious (américain) variante de Jon.

Jontay, Jonte (américain) variantes de Jontae.
Johntay, Johnte, Johntez, Jontai, Jonté, Jontez

Jonthan (hébreu) variante de Jonathan.

Joop (néerlandais) variante populaire de Joseph.
Jopie

Joost (néerlandais) juste.

Joquin (espagnol) variante de Joaquin.
*Jocquin, Jocquinn, Jocquyn, Jocquynn, Joquan, Joquawn,
Joqunn, Joquon*

Jora **FG** (hébreu) enseignant.
Jorah, Yora, Yorah

Joram (hébreu) Yahvé est exalté.
Joran, Jorim

Jordan **GF** (hébreu) descendant.
Voir aussi Giordani, Yarden.
*Jardan, Jordaan, Jordae, Jordain, Jordaine, Jordane, Jordani,
Jordanio, Jordann, Jordanny, Jordano, Jordany, Jordáo,
Jordayne, Jordian, Jordun, Jorrdan*

Jordán (hébreu) variante de Jordan.

Jorden **GF** (hébreu) variante de Jordan.
Jeordon, Johordan, Jordenn

Jordi, Jordie, Jordy (hébreu) variantes
populaires de Jordan.

Jordin, Jordyn **FG** (hébreu) variantes de Jordan.

Jordon **GF** (hébreu) variante de Jordan.

Jorell (américain) il sauve. Littérature: prénom
inspiré par le personnage de fiction Jor-El,
le père de Superman.
Jor-El, Jorel, Jorelle, Jorl, Jorrel, Jorrell, Jorrelle

Jorey (hébreu) variante populaire de Jordan.
Joar, Joary, Jori, Jorie, Jorrie

Jörg (allemand) variante de Georges.
Jeorg, Juergen, Jungen, Jürgen

Jorge, Jorje (espagnol) variantes de Georges.

Jorgeluis (espagnol) combinaison de Jorge
et de Luis.

Jorgen (danois) variante de Georges.
Joergen, Jorgan, Jörgen

Joris (néerlandais) variante de Georges.

Jörn (allemand) variante populaire de Grégory.

Jorrín (espagnol) variante de Georges.
Jorian

Jory **GF** (hébreu) variante populaire de Jordan.

Josafat (hébreu) jugement de Dieu.

José **GF** (espagnol) variante de Joseph.
Voir aussi Che, Pepe.
Jose, Josean, Josecito, Josee, Joseito, Joselito

Josealfredo (espagnol) combinaison de José
et d'Alfredo.

Joseantonio (espagnol) combinaison de José
et d'Antonio.

Josef (allemand, portugais, tchèque, scandinave)
variante de Joseph.
Joosef, Joseff, Josif, Jossif, Juzef, Juzuf

Joseguadalup (espagnol) combinaison de José
et de Guadalupe.

Joseluis (espagnol) combinaison de José
et de Luis.

Josemanuel (espagnol) combinaison de José
et de Manuel.

Joseph **TOP .100.** **GF** (hébreu) Dieu ajoutera, Dieu
augmentera. Bible: dans l'Ancien Testament,
fils de Jacob venu gouverner l'Égypte; dans
le Nouveau Testament, mari de Marie.
Voir aussi Beppe, Cheche, Chepe, Giuseppe,
Iokepa, Iosif, Osip, Pepa, Peppe, Pino, Sepp,
Yeska, Yosef, Yousef, Youssel, Yusef, Yusif,
Zeusef.
*Jazeps, Jooseppi, Joseba, Josep, Josephat, Josephe, Josephie,
Josephus, Josheph, Josip, Jóska, Joza, Joze, Jozeph, Jozhe,
Jozio, Jozka, Jozsi, Jozzepi, Jupp, Jusepe, Juziu*

Josey FG (espagnol) variante de Joseph.

Josh (hébreu) diminutif de Joshua.
Joshe

Josha (hindi) satisfait.
Joshah

Joshawa (hébreu) variante de Joshua.

Joshi (swahili) au galop.
Joshee, Joshey, Joshie, Joshy

Joshua GF (hébreu) Dieu est mon salut.
Bible: Josué a conduit les Israëlites jusqu'à
la Terre promise. Voir aussi Giosia, Iosua,
Jésus, Yehoshua.
*Johsua, Johusa, Joshau, Joshaua, Joshauh, Joshawah,
Joshia, Joshuaa, Joshuea, Joshuia, Joshula, Joshus, Joshusa,
Joshuwa, Joshwa, Jousha, Jozshua, Jozsua, Jozua, Jushua*

Joshuah (hébreu) variante de Joshua.

Joshue (hébreu) variante de Joshua.

Josiah (hébreu) feu du Seigneur.
Voir aussi Yoshiyahu.
Joshiah, Josia, Josiahs, Josian, Josie, Josya, Josyah

Josias (hébreu) variante de Josiah.

Josías (espagnol) variante de Josias.

Joss (chinois) chance; destin.
Jos, Josse, Jossy

Josué (hébreu, espagnol) variante de Joshua.
Joshu, Jossue, Josu, Josua, Josuha, Jozus

Jotham (hébreu) Dieu puisse-t-il achever.
Bible: roi de Judée.
Jothem, Jothim, Jothom, Jothym

Jourdan FG (hébreu) variante de Jordan.
Jourdain, Jourden, Jourdin, Jourdon, Jourdyn

Jovan (latin) comme Jupiter, majestueux; (slave)
variante de John. Mythologie: Jovis, aussi
appelé Jupiter, était le dieu romain suprême.
*Johvan, Johvon, Jovaan, Jovaann, Jovane, Jovanic, Jovann,
Jovannis, Jovaughn, Jovaun, Joven, Jovenal, Jovenel, Jovi,
Jovian, Jovin, Jovito, Jowan, Jowaun, Yovan, Yovani*

Jovani, Jovanni, Jovanny, Jovany (latin)
variantes de Jovan.
Jovanie, Jovannie, Jovoni, Jovonie, Jovonni, Jovony

Jovante (américain) combinaison de Jovan
et du suffixe Te.

Jovon (latin) variante de Jovan.
Jovoan, Jovone, Jovonn, Jovonne

Jovonté (américain) combinaison de Jovon
et du suffixe Te.

Jozef (allemand, portugais, tchèque, scandinave)
variante de Josef.
Jozeff, József

Jr (latin) diminutif de Junior.
Jr.

Juan (espagnol) variante de John.
Voir aussi Chan.
Juanch, Juanchito, Juane, Juann, Juaun

Juan Carlos, Juancarlos (espagnol)
combinaisons de Juan et de Carlos.

Juanantonio (espagnol) combinaison de Juan
et d'Antonio.

Juandaniel (espagnol) combinaison de Juan
et de Daniel.

Juanelo (espagnol) variante de Juan.

Juanito (espagnol) variante de Juan.

Juanjo (espagnol) combinaison de Juan et de José.

Juanjose (espagnol) combinaison de Juan
et de José.

Juanma (espagnol) combinaison de Juan
et de Manuel.

Juanmanuel (espagnol) combinaison de Juan
et de Manuel.

Juaquin (espagnol) variante de Joaquin.
Juaqin, Juaqine, Juaquine

Jubal (hébreu) corne de bélier. Bible: musicien
et descendant de Caïn.

Jucundo (latin) heureux, joyeux.

Judah (hébreu) loué. Bible: Juda, quatrième fils
de Jacob. Voir aussi Yehudi.
Juda, Judda, Juddah

Judas (latin) variante de Judah. Bible: Judas
Iscariote est le disciple qui trahit Jésus.
Juddas

Judás (hébreu) variante de Judas.

Judd (hébreu) diminutif de Judah.
Jud

Jude (latin) diminutif de Judah, de Judas.
Bible: Jude, l'un des douze apôtres; auteur
de «l'Épître de Jude».

Judson (anglais) fils de Judd.
Juddson

Juhana (finnois) variante de John.
Juha, Juhanah, Juhanna, Juhannah, Juho

Jujuan (américain) variante de Jajuan.

Juku (estonien) variante de Richard.
Jukka

Jules ᵀᴼᴾ (latin) variante de Julius. Histoire : Jules César, grand dictateur romain.
Joles, Julas, Jule

Julian ᴳᶠ (grec, latin) variante de Julius.
Jolyon, Julean, Juliaan, Julianne, Julion, Julyan, Julyin, Julyon

Julián (espagnol) variante de Julian.

Juliano (espagnol) variante de Julian.

Julien (latin) variante de Julius.
Julen, Juliene, Julienn, Julienne, Jullien, Jullin, Julyen

Julio (hispanique) variante de Julius.
Juleo, Julïyo, Julyo

Juliocesar (hispanique) combinaison de Julio et de César.

Julis (espagnol) variante de Julius.

Julius (grec, latin) jeune homme barbu, couvert de duvet. Voir aussi Giuliano.
Julias, Julious, Juliusz, Jullius, Juluis

Jullian Ⓤ (grec, latin) variante de Julius.

Jumaane (swahili) né un mardi.
Jumane

Jumah (arabe, swahili) né un vendredi, jour de congé dans l'Islam.
Jimoh, Juma

Jumoke (yoruba) aimé de tous.
Jumok

Jun ᴳᶠ (chinois) qui dit la vérité ; (japonais) obéissant ; pur.
Joon, Junnie

Junior (latin) jeune.
Junious, Junius, Junor, Junyor

Jupiter (latin) origine de la lumière.

Jupp (allemand) variante de Joseph.
Jup

Juquan (espagnol) variante de Juaquin.

Jur (tchèque) variante de Georges.
Juraz, Jurek, Jurik, Jurko

Jurgis (lituanien) variante de Georges.
Jurgi, Juri

Juro (japonais) meilleurs vœux ; longue vie.

Jurrien (néerlandais) Dieu inspirera.
Jore, Jurian, Jurion, Jurre, Juryan, Juryen, Juryin, Juryon

Justan, Justen, Juston, Justyn (latin) variantes de Justin.
Jasten, Jaston, Justyne, Justynn

Justice Ⓕᴳ (latin) variante de Justis.
Justic, Justiz, Justyc, Justyce

Justin ᴳᶠ (latin) juste, droit. Voir aussi Giustino, Iestyn, Iustin, Tutu, Ustin, Yustyn.
Jastin, Jobst, Jost, Jusa, Just, Justain, Justek, Justian, Justinas, Justinian, Justinius, Justinn, Justins, Justinus, Justn, Justo, Justton, Justukas, Justun

Justiniano (espagnol) variante de Justino.

Justino (espagnol) variante de Justin.

Justis ᴳᶠ (français) juste.
Justas, Justise, Justs, Justyse

Justus ᴳᶠ (français) variante de Justis.

Jutta (germanique) juste.

Juven, Juvencio, Juventino (latin) personne qui représente la jeunesse.

Juvénal (latin) jeune. Littérature : Juvénal, poète satirique romain.
Juventin, Juventyn, Juvon, Juvone

Juwan, Juwon (américain) variantes de Jajuan.
Juvaun, Juvon, Juvone, Juwaan, Juwain, Juwane, Juwann, Juwaun, Juwonn, Juwuan, Juwuane, Juwvan, Jwan, Jwon

K

Ka'eo (hawaïen) victorieux.

Kabiito (toro) né pendant la visite d'étrangers.
Kabito, Kabyto

Kabil (turc) variante de Cain.
Kabel, Kabyl

Kabir (hindi) Histoire : poète indien mystique.
Kabar, Kabeer, Kabier, Kabyr, Khabir

Kabonero (nkore) signe.

Kabonesa (toro) naissance difficile.
Kabonesah

Kacey ⒻＣ (irlandais) variante de Casey ;
(américain) combinaison des lettres K et C.
Voir aussi Kasey, KC.
Kace, Kacee, Kaci, Kaecee, Kaecey, Kaeci, Kaecie, Kaecy, Kaicee, Kaicey, Kaici, Kaicie, Kaicy, Kaycee

Kacy ⒻＣ (irlandais, américain) variante
de Kacey.

Kadar (arabe) puissant.
Kader, Kador

Kadarius (américain) combinaison de Kade et de
Darius.
Kadairious, Kadarious, Kadaris, Kadarrius, Kadarus, Kaddarrius, Kaderious, Kaderius

Kade (écossais) zones humides ; (américain)
combinaisons des lettres K et D.
Kadee, Kady, Kaed, Kayde, Kaydee

Kadeem (arabe) serviteur.
Kadim, Kadym, Khadeem

Kaden (arabe) variante de Kadin.
Caden, Kadeen, Kadein

Kadin (arabe) ami, compagnon.
Kadan, Kadon, Kadyn

Kadîn (arabe) variante de Kadin.

Kadir (arabe) source qui verdit.
Kadeer, Kadyr

Kado (japonais) entrée.

Kaeden (arabe) variante de Kadin.
Kaedin, Kaedon, Kaedyn

Kaelan, Kaelon (irlandais) variantes de Kellen.
Kael, Kaelyn

Kaeleb (hébreu) variante de Kaleb.
Kaelib, Kaelob, Kaelyb, Kailab, Kaileb

Kaelen ⒼＦ (irlandais) variante de Kellen.

Kaelin ⒼＦ (irlandais) variante de Kellen.

Kaemon (japonais) joyeux ; droitier.
Kaeman, Kaemen, Kaemin, Kaimon, Kaymon

Kaenan (irlandais) variante de Keenan.
Kaenen, Kaenin, Kaenyn

Kafele (nguni) qui vaut la peine de mourir.

Kaga (amérindien) écrivain.
Kagah

Kagan (irlandais) variante de Keegan.
Kage, Kagen, Kaghen, Kaigan

Kahale (hawaïen) maison.
Kahail, Kahayl

Kahana (hawaïen) prêtre.
Kahanah, Kahanna, Kahannah

Kahil (turc) jeune ; sans expérience ; naïf.
Voir aussi Cahil.
Kaheel, Kaheil, Kahill, Kahyl, Kahyll

Kahlil (arabe) variante de Khalíl.
Kahleal, Kahlee, Kahleel, Kahleil, Kahli, Kahliel, Kahlill

Kaholo (hawaïen) coureur.

Kahraman (turc) héros.

Kai (gallois) gardien des clés ; (hawaïen) mer ;
(allemand) variante de Kay ; (danois) variante
de Kaj.
Kae, Kaie, Kaii

Kaid (écossais, américain) variante de Kade.
Kaide

Kaiden (arabe) variante de Kadin.
Kaidan

Kailas (indien) demeure du dieu hindou Shiva.

Kailashchandra, Kailashnath (indien) autres
noms du dieu hindou Shiva.

Kailen ⒻＣ (irlandais) variante de Kellen.
Kail, Kailan, Kailey, Kailin, Kaillan, Kailon, Kailyn

Kaili ⒻＣ (hawaïen) Religion : dieu hawaïen.
Kaelea, Kaelee, Kaeleigh, Kaeley, Kaeli, Kaelie, Kaely, Kailea, Kailee, Kaileigh, Kailey, Kailie, Kailli, Kaily, Kaylea, Kaylee, Kayleigh, Kayley, Kayli, Kaylie, Kayly

Kain, Kaine (gallois, irlandais) variantes
de Kane.
Kainan, Kainen, Kainin, Kainon

Kainoa (hawaïen) nom.

Kaipo (hawaïen) bien-aimé.
Kaypo

Kairo (arabe) variante de Cairo.
Kaire, Kairee, Kairi, Kayro

Kaiser (allemand) variante de Caesar.
Kaesar, Kaisar, Kaizer, Kayser

Kaiven (américain) variante de Kevin.
Kaivan, Kaivon, Kaiwan

Kaj (danois) terre.
Kaje

Kajuan (américain) combinaison du préfixe Ka
et de Juan.

Kakar (hindi) herbe.

Kala 🄵🄶 (hindi) noir; phase; (hawaïen) soleil.
Kalah

Kalama 🅄 (hawaïen) torche.
Kalam, Kalamah

Kalameli (tongan) caramel.
Kalamelie, Kalamely

Kalan 🅄 (hawaïen) variante de Kalani; (irlandais)
variante de Kalen.
Kalane, Kallan

Kalani 🄵🄶 (hawaïen) ciel; chef.
Kalanee, Kalaney, Kalanie, Kalany

Kalash (indien) pot sacré.

Kale (arabe) diminutif de Kahlil; (hawaïen)
variante populaire de Carl.
Kael, Kaell, Kail, Kaill, Kaleu, Kayl

Kalea 🄵🄶 (hawaïen) heureux; joie.
Kaleah, Kalei, Kaleigh, Kaley

Kaleb, Kalib, Kalob (hébreu) variantes
de Caleb.
*Kaelab, Kailab, Kal, Kalab, Kalabe, Kalb, Kaleob, Kalev,
Kalieb, Kallb, Kalleb, Kaloeb, Kalub, Kalyb, Kaylab, Kilab,
Kylab*

Kaled, Kalid (arabe) immortel.

Kaleel (arabe) variante de Khalil.
Kalel, Kalell

Kalen 🄶🄵 (arabe, hawaïen) variante de Kale;
(irlandais) variante de Kellen.
Kallin

Kalevi (finnois) héros.
Kalevee, Kalevey, Kalevie, Kalevy

Kali 🄵🄶 (arabe) diminutif de Kalil; (hawaïen)
variante de Gary.
Kalee, Kalie, Kaly

**Kalicharan, Kalidas, Kalimohan, Kalipada,
Kaliranjan** (indien) dévoué à la déesse hindoue
Kali.

Kalil (arabe) variante de Khalíl.
Kaliel, Kaliil

Kalin 🄶🄵 (arabe, hawaïen) variante de Kale;
(irlandais) variante de Kellen.

Kaliq (arabe) variante de Khaliq.
Kalic, Kaliqu, Kalique

Kalkin (hindi) dixième. Religion: Kalki est
l'incarnation finale du dieu hindou Vishnou.
Kalki, Kalkyn

Kalle 🅄 (scandinave) variante de Carl;
(arabe, hawaïen) variante de Kale.

Kallen, Kalon (irlandais) variantes de Kellen.
*Kallan, Kallin, Kallion, Kallon, Kallun, Kallyn, Kalone,
Kalonn, Kalun, Kalyen, Kalyne, Kalynn*

Kalmin (scandinave) viril, fort.
Kalman, Kalmen, Kalmon, Kalmyn

Kaloosh (arménien) événement béni.

Kalvin (latin) variante de Calvin.
Kal, Kalv, Kalvan, Kalven, Kalvon, Kalvun, Kalvyn, Vinny

Kalyan (indien) bien-être.

Kalyn 🄵🄶 (irlandais) variante de Kellen.

Kamaka (hawaïen) visage.
Kamakah

Kamakani (hawaïen) vent.
Kamakanee, Kamakaney, Kamakanie, Kamakany

Kamal (hindi) lotus; (arabe) parfait, perfection.
Kamaal, Kamyl

Kamâl, Kamîl (arabe) variantes de Kamal.

Kamalakar, Kamalapati (indien) autres noms
du dieu hindou Vishnou.

Kamalesh (indien) qui a les yeux comme
un lotus; autre nom du dieu hindou Vishnou.

Kamalnayan (indien) qui a les yeux comme
un lotus.

Kamari 🅄 (swahili) diminutif de Kamaria
(voir les prénoms de filles).

Kamau (kikuyu) guerrier silencieux.

Kambod, Kambodi, Kamod (indien) un raga,
ancienne forme de musique pieuse hindou.

Kamden (écossais) variante de Camden.
Kamdan, Kamdin, Kamdon, Kamdyn

Kamel (hindi, arabe) variante de Kamal.
Kameel

Kameron 🄶🄵 (écossais) variante de Cameron.
*Kam, Kamaren, Kamaron, Kameran, Kameren, Kamerin,
Kamerion, Kamerron, Kamerun, Kameryn, Kamey,
Kammeren, Kammeron, Kammy, Kamoryn*

Kamesh, Kameshwar, Kamraj, Kandarpa
(indien) dieu hindou de l'Amour.

Kami 🄵🄶 (hindi) aimant.
Kamee, Kamey, Kamie, Kamy

Kamil (arabe) variante de Kamal.
Kameel

Kamilo (latin) variante de Camilo.
Kamillo, Kamillow, Kamyllo, Kamylo

Kampbell (écossais) variante de Campbell.
Kambel, Kambell, Kamp

Kamran, Kamren, Kamron (écossais) variantes de Kameron.
Kammron, Kamrein, Kamrin, Kamrun

Kamryn $\boxed{FG}$ (écossais) variante de Kameron.

Kamuela (hawaïen) variante de Samuel.
Kamuelah, Kamuele

Kamuhanda (nkore) né sur la route vers l'hôpital.

Kamukama (nkore) protégé par Dieu.

Kamuzu (nguni) médecine.

Kamya (luganda) né après des jumeaux.

Kana (japonais) puissant ; capable ; (hawaïen) Mythologie : nom d'un demi-dieu.
Kanah

Kanaan (hindi) variante de Kannan.

Kanad (indien) nom d'un ancien sage indien.

Kanaiela (hawaïen) variante de Daniel.
Kana, Kaneii

Kanchan (indien) or.

Kane $\boxed{GF}$ (gallois) beau ; (irlandais) hommage ; (japonais) doré ; (hawaïen) ciel de l'est ; (anglais) variante de Keene. Voir aussi Cain.
Kaen, Kahan, Kaney

Kanen (hindi) variante de Kannan.

Kange (lakota) corbeau.
Kang, Kanga, Kangee, Kangi, Kangie, Kangy

Kanhaiya, Kanhaiyalal (indien) autres noms du dieu hindou Krishna.

Kaniel (hébreu) tige, roseau.
Kan, Kani, Kaniell, Kannie, Kanny, Kannyel, Kanyel

Kanishka (indien) nom d'un roi.

Kannan (hindi) Religion : autre nom du dieu hindou Krishna.
Kanan, Kanin, Kanine, Kannen

Kannon (polynésien) libre ; (français) variante de Cannon.
Kanon

Kanoa $\boxed{GF}$ (hawaïen) libre.
Kanoah

Kantu (hindi) heureux.

Kanu (swahili) personne féroce.

Kanya $\boxed{FG}$ (australien) rocher ; (hindi) vierge.
Kania, Kaniah, Kanyah

Kanyon (latin) variante de Canyon.

Kaori (japonais) fort.
Kaoru

Kapali (hawaïen) falaise.
Kapalee, Kapalie, Kapaly

Kapeni (malawien) couteau.
Kapenee, Kapenie, Kapeny

Kaphiri (égyptien) colline.

Kapila (hindi) ancien prophète.
Kapil, Kapill, Kapilla, Kapyla, Kapylla

Kapono (hawaïen) vertueux.
Kapena

Kappi (tsigane) variante de Cappi.
Kappee, Kappey, Kappie, Kappy

Karan (grec) variante de Karen (voir les prénoms de filles).

Kardal (arabe) graine de moutarde.
Karandal, Kardel, Kardell

Kare (norvégien) énorme.

Kareb (danois) pur ; immaculé.

Kareem (arabe) noble ; distingué.
Karem, Kareme, Karreem, Karriem, Karrym, Karym

Karel $\boxed{U}$ (tchèque) variante de Carl.
Karell, Karil, Karrell

Karey $\boxed{FG}$ (grec) variante de Carey.
Karee, Kari, Karie, Karree, Karrey, Karri, Karrie, Karry, Kary

Karif (arabe) né en automne.
Kareef, Kariff

Kariisa (nkore) berger.

Karim (arabe) variante de Kareem.

Karl (allemand) variante de Carl.
Kaarle, Kaarlo, Karcsi, Karlitis, Karlo, Kjell

Karlen (letton, russe) variante de Carl.
Karlan, Karlens, Karlik, Karlin, Karlis, Karlon, Karlyn

Karlos (espagnol) variante de Carlos.
Karlus

Karlton (anglais) variante de Carlton.

Karmel $\boxed{U}$ (hébreu) variante de Carmel.
Karmeli, Karmelo, Karmiel, Karmilo

Karney (irlandais) variante de Carney.
Karnee, Karni, Karnie, Karny

Karol Ⓤ (tchèque, polonais) variante de Carl.
Karal, Karalos, Karolek, Karolis, Károly, Karrel, Karrol,
Karroll

Karoly (français) fort et masculin.

Karon ⒼⒻ (grec) variante de Karen.

Karr (scandinave) variante de Carr.

Karsen Ⓤ (anglais) variante de Carson.
Karrson, Karsan, Karsin, Karsyn

Karson ⒼⒻ (anglais) variante de Carson.

Karsten (grec) béni par l'onction.
Carsten, Karstan, Karstein, Karstin, Karston, Karstyn

Karu (hindi) cousin.
Karun

Karutunda (nkore) petit.

Karwana (toro) né pendant la guerre.

Kaseem (arabe) divisé.
Kasceem, Kaseam, Kaseym, Kazeem

Kaseko (rhodésien) moqué, ridiculisé.

Kasem (tai) bonheur.
Kaseme

Kasen ⒼⒻ (basque) protégé par un casque.
Kasan, Kasean, Kasene, Kaseon, Kasin, Kassen, Kasyn

Kasey ⒻⒼ (irlandais) variante de Casey.
Kaese, Kaesee, Kaesey, Kaesi, Kaesie, Kaesy, Kasay,
Kase, Kasee, Kasi, Kasie, Kassee, Kassey, Kassi, Kassie,
Kassy, Kasy, Kazee, Kazey, Kazy, Kazzee, Kazzey, Kazzi,
Kazzie, Kazzy

Kashawn (américain) combinaison du préfixe Ka
et de Shawn.
Kashain, Kashan, Kashaun, Kashen, Kashon

Kasib (arabe) fertile.
Kasyb

Kasîb (arabe) variante de Kasib.

Kasim (arabe) variante de Kaseem.
Kassim, Kasym

Kasimir (arabe) paix; (slave) variante de Casimir.
Kashmir, Kasimyr, Kasymyr, Kazimier, Kazimir, Kazmer,
Kazmér, Kázmér

Kasiya (nguni) séparé.
Kasiyah

Kason (basque) variante de Kasen.

Kasper (persan) trésorier; (allemand) variante
de Casper.
Jasper, Kaspar, Kaspero, Kaspir, Kaspor, Kaspyr

Kass (allemand) merle.
Kaese, Kasch, Kase

Kasseem (arabe) variante de Kaseem.
Kassem

Kassidy ⒻⒼ (irlandais) variante de Cassidy.
Kassadee, Kassadey, Kassadi, Kassadie, Kassady,
Kassedee, Kassedey, Kassedi, Kassedie, Kassedy, Kassidee,
Kassidey, Kassidi, Kassidie, Kassie, Kassy, Kassydee,
Kassydey, Kassydi, Kassydie, Kassydy

Kateb (arabe) écrivain.

Kato (nkore) second jumeau.

Katriel ⒻⒼ (hébreu) couronné par la gloire
de Dieu; (arabe) paix.
Katryel

Katungi (nkore) riche.
Katungie, Katungy

Kaufman (allemand) marchand.
Kaufmann

Kauri (polynésien) arbre.
Kaeree, Kaurie, Kaury

Kavan (irlandais) variante de Kevin.
Voir aussi Cavan.
Kavaugn, Kavyn

Kavanagh (irlandais) disciple de Kavan.
Cavanagh, Kavenagh, Kavenaugh

Kaveh (persan) ancien héros.
Kavah

Kaven, Kavin, Kavon (irlandais) variantes
de Kavan.
Kaveon, Kavion, Kavone, Kaywon

Kavi (hindi) poète.
Kavee, Kavey, Kavie, Kavy

Kawika (hawaïen) variante de David.
Kawyka

Kay ⒻⒼ (grec) qui se réjouit; (allemand) lieu
fortifié. Littérature: Keu, l'un des chevaliers
de la Table ronde du roi Arthur.
Kaye, Kayson

Kayden ⒼⒻ (arabe) variante de Kadin.
Kaydin, Kaydn, Kaydon

Kayin (nigérien) célèbre; (yoruba) enfant attendu
depuis longtemps.
Kaiyan, Kaiyen, Kaiyin, Kaiyon, Kayan, Kayen, Kayin,
Kayon

Kaylan ⒻⒼ (irlandais) variante de Kellen.
Kaylyn, Kaylynn

Kayle FG (hébreu) chien fidèle ; (arabe)
diminutif de Kahlil ; (arabe, hawaïen) variante
de Kale.
Kaile, Kayl, Kayla

Kayleb (hébreu) variante de Caleb.
Kaylib, Kaylob, Kaylub

Kaylen FG (irlandais) variante de Kellen.

Kaylin FG (irlandais) variante de Kellen.

Kaylon GF (irlandais) variante de Kellen.

Kayne (hébreu) variante de Cain.
Kaynan, Kaynen, Kaynon

Kayode (yoruba) il a apporté la joie.

Kayonga (nkore) cendre.

Kayvan, Kayvon (irlandais) variantes de Kavan.

Kazemde (égyptien) ambassadeur.

Kazio (polonais) variante de Casimir,
de Kasimir. Voir aussi Cassidy.

Kazuo (japonais) homme de paix.

Kc GF (américain) variante de KC.

KC U (américain) combinaison des lettres K
et C. Voir aussi Kacey.
K.C., Kcee, Kcey

Keagan GF (irlandais) variante de Keegan.
Keagean, Keagen, Keaghan, Keagyn

Keahi (hawaïen) flammes.

Keaka (hawaïen) variante de Jack.

Kealoha (hawaïen) parfumé.
Ke'ala, Kealohah

Kean (allemand, irlandais, anglais) variante
de Keane.

Keanan (irlandais) variante de Keenan.
Keanen, Keanna, Keannan, Keannen, Keanon

Keandre (américain) combinaison du préfixe Ke
et d'Andre.
Keandra, Keandray, Keandré, Keandree, Keandrell

Kéandre (américain) variante de Keandre.

Keane (allemand) téméraire ; vif ; (irlandais)
beau ; (anglais) variante de Keene.

Keano (irlandais) variante de Keanu.
Keanno, Keeno

Keanu GF (hawaïen) brise fraîche au-dessus
des montagnes ; (irlandais) variante de Keenan.
Keaneu, Keani, Keanie, Keanue, Keany, Keenu, Kianu

Kearn (irlandais) diminutif de Kearney.
Kearne

Kearney (irlandais) variante de Carney.
Kearny

Keary (irlandais) variante de Kerry.
Kearie

Keaton GF (anglais) là où les faucons volent.
Keatan, Keaten, Keatin, Keatton, Keatun, Keatyn, Keetan, Keeten, Keetin, Keeton, Keetun, Keetyn, Keitan, Keiten, Keiton, Keitun, Keityn

Keavan (irlandais) variante de Kevin.
Keavan, Keavin, Keavon, Keavun, Keavyn

Keawe (hawaïen) grève, rive.

Keb (égyptien) terre. Mythologie : ancien dieu
de la Terre, aussi appelé Geb.
Kebb

Kedar (hindi) seigneur de la montagne ;
(arabe) puissant. Religion : autre nom du dieu
hindou Shiva.
Kadar, Kedaar, Keder

Keddy (écossais) variante d'Adam.
Keddi, Keddie

Kedem (hébreu) ancien.
Kedeam, Kedeem, Kedim, Kedym

Kedric, Kedrick (anglais) variantes de Cédric.
Keddric, Keddrick, Keddrik, Keddryc, Keddryck, Keddryk, Kederick, Kedrek, Kedrik, Kedryc, Kedryck, Kedryk, Kiedric, Kiedrick

Keefe (irlandais) beau ; aimé.
Keaf, Keafe, Keaff, Keaffe, Keef, Keeff, Keif, Keife, Keiff, Keiffe, Keyf, Keyfe, Keyff, Keyffe

Keegan GF (irlandais) petit ; fougueux.
Kaegan, Keagen, Keegen, Keeghan, Keegin, Keegon, Keegun

Keelan (irlandais) petit ; svelte.
Variante de Kellen.
Kealan, Kealen, Kealin, Kealon, Kealyn, Keelen, Keelin, Keelon, Keelun, Keelyn

Keeley FG (irlandais) beau.
Kealee, Kealeigh, Kealey, Keali, Kealie, Kealy, Keelea, Keelee, Keeleigh, Keeli, Keelian, Keelie, Keelli, Keellie, Keelly, Keely

Keenan (irlandais) petit Keene.
Kaenan, Keennan

Keene (allemand) téméraire ; vif ; (anglais)
intelligent. Voir aussi Kane.
Kaene, Keen, Kein, Keine, Keyn, Keyne

Keenen, Keenon (irlandais) variantes
de Keenan.
Keenin, Keynen, Kienen

Kees (néerlandais) variante de Kornelius.
Keas, Kease, Keese, Keesee, Keis, Keyes, Keys

Keevon (irlandais) variante de Kevin.
Keevan, Keeven, Keevin, Keevun, Keevyn, Keewan, Keewin

Kegan (irlandais) variante de Keegan.
Kegen, Keghan, Keghen, Kegin, Kegon, Kegun, Kegyn

Kehind (yoruba) jumeau né le second.
Kehinde, Kehynd

Keifer, Keiffer (allemand) variantes de Cooper.
Keefer, Keyfer, Keyffer

Keigan (irlandais) variante de Keegan.
Keigen, Keighan, Keighen, Keigin, Keigon, Keigun, Keigyn, Keygan, Keygen, Keygin, Keygon, Keygyn

Keiji (japonais) dirigeant prudent.
Keyjiy

Keilan (irlandais) variante de Keelan.
Keilen, Keilin, Keillene, Keillyn, Keilon, Keilyn, Keilynn, Keylan, Keylen, Keylin, Keylon, Keylyn

Keily (irlandais) variante de Keeley.
Keilea, Keilee, Keileigh, Keili, Keilie, Keily, Keylea, Keylee, Keyleigh, Keyley, Keyli, Keylie, Keyly

Keion (irlandais) variante de Keon.
Keionne

Keir (irlandais) diminutif de Kieran.
Keyr

Keiran (irlandais) variante de Kieran.
Keiren, Keirin, Keiron

Keitaro (japonais) béni.
Keataro, Keita, Keytaro

Keith (gallois) forêt; (écossais) lieu de bataille. Voir aussi Kika.
Keath, Keeth, Keithe, Keyth

Keithen (gallois, écossais) variante de Keith.
Keithan, Keitheon, Keithon

Keivan (irlandais) variante de Kevin.
Keiven, Keivin, Keivn, Keivon, Keivone, Keivyn

Kejuan (américain) combinaison du préfixe Ke et de Juan.

Kek (égyptien) dieu de l'Obscurité.

Kekapa (hawaïen) étoffe de tapa.
Kekapah

Kekipi (hawaïen) rebelle.
Kekipi

Kekoa (hawaïen) audacieux, courageux.
Kekoah

Kelan (irlandais) variante de Keelan.

Kelby ⒼⒻ (allemand) ferme près de la source; (anglais) variante de Kolby.
Keelby, Kelbee, Kelbey, Kelbi, Kelbie, Kellbee, Kellbey, Kellbi, Kellbie, Kellby

Kelcey ⒻⒼ (scandinave) variante de Kelsey.
Kelci, Kelcie, Kelcy, Kellci, Kellcie, Kellcy

Keldon (anglais) variante de Kelton.
Keldan, Kelden, Keldin

Kele Ⓤ (hopi) épervier; (hawaïen) variante de Jerry.
Kelle

Kelemen (hongrois) doux; gentil.
Kelleman, Kellemen, Kellieman, Kelliemen, Kelliman, Kellimen, Kellyman, Kellymen, Kelyman, Kelymen

Kelevi (finnois) héros.
Kelevee, Kelevey, Kelevie, Kelevy

Keli ⒻⒼ (hawaïen) variante de Terry.
Kelee, Keleigh, Kelie, Kely

Keli'i (hawaïen) chef.

Kelile (éthiopien) protégé.
Kelyle

Kell (scandinave) source.
Kel

Kellan ⒼⒻ (irlandais) variante de Kellen.
Keillan

Kellen ⒼⒻ (irlandais) guerrier puissant. Variante de Kelly.
Kelden, Kelin, Kelle, Kellin, Kellyn, Kelyn, Kelynn

Keller (irlandais) petit compagnon.
Keler

Kelley ⒻⒼ (irlandais) variante de Kelly.

Kelly ⒻⒼ (irlandais) guerrier.
Keallea, Keallee, Kealleigh, Kealley, Kealli, Keallie, Keally, Keilee, Keileigh, Keiley, Keili, Keilie, Keillea, Keillee, Keilleigh, Keilley, Keilli, Keillie, Keilly, Keily, Kelle, Kellee, Kelli, Kellie, Kely, Keylee, Keyleigh, Keyley, Keyli, Keylie, Keyllee, Keylleigh, Keylley, Keyly

Kelmen (basque) miséricordieux.
Kellman, Kellmen, Kelman, Kelmin

Kelsey ⒻⒼ (scandinave) île des bateaux.
Kelse, Kelsea, Kelsi, Kelsie, Kelso, Kelsy, Kesley, Kesly

Kelson (anglais) variante de Kelton.
Kelston

Kelton (anglais) ville de la quille de bateau; port.
Keltan, Kelten, Keltin, Keltonn, Keltyn

Kelvin (irlandais, anglais) rivière étroite. Géographie: rivière d'Écosse.
Kelvan, Kelven, Kelvon, Kelvyn

Kelwin (anglais) ami venant de la corniche.
Kelwen, Kelwinn, Kelwyn, Kelwynn, Kelwynne

Kemal (turc) le plus grand des honneurs.
Kemel

Kemen (basque) fort.
Keaman, Keamen, Keeman, Keemen, Keiman, Keimen, Keman, Keyman, Keymen

Kemp (anglais) combattant ; champion.
Kempe

Kempton (anglais) ville militaire.
Kemptan, Kempten, Kemptin, Kemptyn

Ken (japonais) sa propre espèce ; (écossais) diminutif de Kendall, de Kendrick, de Kenneth.
Kena, Kenn, Keno

Kenan (irlandais) variante de Keenan.
Kenen, Kenin, Kenon, Kenyn

Kenán (hébreu) acquérir.

Kenaniá (hébreu) Dieu stabilise.

Kenard (irlandais) variante de Kennard.
Kenerd

Kenaz (hébreu) brillant.

Kendal FG (anglais) variante de Kendall.
Kendali, Kendelle, Kendul, Kendyl

Kendale (anglais) variante de Kendall.

Kendall (anglais) vallée de la rivière Kent.
Kendell, Kendyll, Kyndall

Kendarius (américain) combinaison de Ken et de Darius.
Kendarious, Kendarrious, Kendarrius, Kenderious, Kenderius, Kenderyious

Kendel U (anglais) variante de Kendall.

Kendell GF (anglais) variante de Kendall.

Kendrell (anglais) variante de Kendall.
Kendrall, Kendrel, Kendryll

Kendrew (écossais) variante d'Andrew.
Kandrew

Kendric (irlandais, écossais) variante de Kendrick.
Kendryc

Kendrick (irlandais) fils de Henry ; (écossais) chef appartenant à la royauté.
Kenderrick, Kendrich, Kendricks, Kendrik, Kendrix, Kendryck, Kendryk, Kenedrick, Kenndrick, Keondric, Keondrick, Keondryc, Keondryck, Keondryk

Kenji (japonais) deuxième fils intelligent.

Kenley U (anglais) prairie royale.
Kenlea, Kenlee, Kenleigh, Kenli, Kenlie, Kenly, Kennlea, Kennlee, Kennleigh, Kennley, Kennli, Kennlie, Kennly

Kenn (écossais) variante de Ken.

Kennan (écossais) petit Ken.
Kenna, Kennen, Kennin, Kennyn

Kennard (irlandais) chef courageux.
Kenner, Kennerd

Kennedy FG (irlandais) chef portant un casque. Histoire : John F. Kennedy, 35ᵉ président des États-Unis.
Kenedy, Kenidy, Kennadie, Kennady, Kennedey, Kennedi, Kennedie

Kenneth (irlandais) beau ; (anglais) serment royal.
Keneth, Kenneith, Kennet, Kennethen, Kennett, Kennieth, Kennth, Kennyth, Kenyth

Kennith (irlandais, anglais) variante de Kenneth.

Kennon (écossais) variante de Kennan.

Kenny (écossais) variante populaire de Kenneth.
Keni, Kenney, Kenni, Kennie, Kinnie

Kenric (anglais) variante de Kenrick.

Kenrick (anglais) dirigeant audacieux ; dirigeant royal.
Kennric, Kennrick, Kennrik, Kennryc, Kennryck, Kennryk, Kenricks, Kenrik, Kenryc, Kenryck, Kenryk, Kenryks

Kent (gallois) blanc ; brillant ; (anglais) diminutif de Kenton. Géographie : région d'Angleterre.

Kentaro (japonais) grand garçon.

Kenton (anglais) du Kent, en Angleterre.
Kentan, Kenten, Kentin, Kentonn, Kentyn

Kentrell (anglais) domaine du roi.
Kenreal, Kentrel, Kentrelle

Kenward (anglais) courageux ; garde royal.

Kenya FG (hébreu) corne d'animal ; (russe) variante de Kenneth. Géographie : pays à l'est de l'Afrique centrale.
Kenia, Keniah, Kenja

Kenyan (irlandais) variante de Kenyon.
Keny

Kenyatta FG (américain) variante de Kenya.
Kenyat, Kenyata, Kenyatae, Kenyatee, Kenyatt, Kenyatter, Kenyatti, Kenyotta

Kenyon (irlandais) aux cheveux blancs, blonds.
Kenyen, Kenyin, Kenynn, Keonyon

Kenzie FG (écossais) chef sage. Voir aussi Mackenzie.
Kensi, Kensie, Kensy, Kenzi, Kenzy

Kenzo .TOP.100. (arabe) trésor; merveille; (japonais) troisième fils.

Keoki (hawaïen) variante de Georges.

Keola (hawaïen) vie.

Keon (irlandais) variante d'Ewan.
Keaon, Keeon, Keone, Keonne, Kyon

Keondre (américain) variante de Keandre.

Keoni GF (hawaïen) variante de John.
Keonee, Keonie, Keony

Keonta (américain) variante de Keon.

Keontae, Keonte, Keonté (américain) variantes de Keon.
Keonntay, Keontay, Keontaye, Keontez, Keontia, Keontis, Keontrae, Keontre, Keontrey, Keontrye

Kerbasi (basque) guerrier.

Kerel (afrikaans) jeune.
Kerell

Kerem (turc) noble; bienveillant.
Kereem

Kerey (tsigane) sur le chemin du retour.
Ker, Keree, Keri, Kerie, Kery

Kerman (basque) d'Allemagne.
Kermen, Kerrman, Kerrmen

Kermit (irlandais) variante de Dermot.
Kermey, Kermie, Kermitt, Kermy, Kermyt, Kermytt

Kern (irlandais) diminutif de Kieran.
Keirn, Keirne, Kerne, Kerrn, Kerrne, Keyrn, Keyrne

Keron (hébreu) variante de Keren (voir les prénoms de filles).

Kerr (scandinave) variante de Carr.
Karr

Kerrick (anglais) autorité du roi.
Keric, Kerick, Kerik, Kerric, Kerrik, Kerryc, Kerryck, Kerryk, Keryc, Keryck, Keryk

Kerry FG (irlandais) sombre; aux cheveux sombres.
Kerree, Kerrey, Kerri, Kerrie, Kery

Kers (toda) Botanique; plante indienne.

Kersen (indonésien) cerise.
Kersan, Kersin, Kerson, Kersyn

Kerstan (néerlandais) variante de Christian.
Kersten, Kerstin, Kerston, Kerstyn

Kervin (irlandais, anglais) variante de Kerwin.
Kervyn

Kerwin (irlandais) petit; sombre; (anglais) ami des marécages.
Kerwain, Kerwaine, Kerwan, Kerwane, Kerwinn, Kerwon, Kerwyn, Kerwynn, Kerwynne, Kirwin, Kirwyn

Kesar (russe) variante de Caesar.
Kesare

Keshaun, Késhawn, Keshon (américain) variantes de Keshawn.

Keshawn (américain) combinaison du préfixe Ke et de Shawn.
Keeshaun, Keeshawn, Keeshon, Kesean, Keshan, Keshane, Keshayne, Keshion, Keshone

Keshun (américain) variante de Keshawn.

Kesin (hindi) mendiant aux cheveux longs.
Kesyn

Kesse (ashanti, fanti) bébé potelé.
Kesse, Kessi, Kessie, Kessy, Kezi, Kezie, Kezy, Kezzi, Kezzie, Kezzy

Kester (anglais) variante de Christopher.

Kestrel (anglais) faucon.
Kes, Kestrell

Keung (chinois) univers.

Kevan, Keven, Kevon (irlandais) variantes de Kevin.
Keve, Keveen, Kevone, Kevonne, Kevoyn, Kevron, Keyvan, Keyven, Keyvon, Keyvyn, Kiven, Kivon

Kevin (irlandais) beau. Voir aussi Cavan.
Kaiven, Keaven, Keivan, Kev, Keverne, Kevian, Kevien, Kévin, Kevinn, Kevins, Kevis, Kevn, Kevun, Kevvy, Keyvin

Kevion (irlandais) variante de Kevin.
Keveon

Kevontae, Kevonte (américain) variantes de Kevin.

Kevyn GF (irlandais) variante de Kevin.

Kewan, Kewon (américain) variantes de Kevin.
Kewane, Kewaun, Kewone, Kiwan, Kiwane

Key (anglais) clé; protégé.
Kei, Keye

Keyan, Keyon (irlandais) variantes de Keon.
Keyen, Keyin, Keyion

Keynan (irlandais) variante de Keenan.
Keynin, Keynon, Keynyn

Keyonta (américain) variante de Keon.

Keyshawn (américain) combinaison de Key et de Shawn.
Keyshan, Keyshaun, Keyshon, Keyshun

Keyton (anglais) variante de Keaton.
Keytan, Keyten, Keytin, Keytun, Keytyn

Khachig (arménien) petite croix.

Khachik (arménien) variante de Khachig.

Khaim (russe) variante de Chaim.

Khaldun (arabe) pour toujours.
Khaldoon, Khaldoun

Khaldûn (arabe) variante de Khaldun.

Khaled, Khalid, Khallid (arabe) variantes de Khälid.

Khaleel (arabe) variante de Khalíl.

Khalfani (swahili) né pour mener, montrer le chemin.
Khalfan

Khalîd (arabe) variante de Khälid.

Khälid (arabe) éternel.
Khalyd

Khalil (arabe) variante de Khalíl.

Khalíl (arabe) ami.
Khahlil, Khailil, Khailyl, Khalee, Khaleil, Khali, Khalial, Khaliel, Khalihl, Khalill, Khaliyl

Khalîl (arabe) variante de Khalíl.

Khaliq (arabe) créatif.
Khaliqu, Khalique, Khalyq, Khalyqu, Khalyque

Khâliq (arabe) variante de Khaliq.

Khamisi (swahili) né un jeudi.
Kham, Khamisy, Khamysi, Khamysy

Khan (turc) prince.
Chan, Kahn, Khanh

Kharald (russe) variante de Gérald.

Khayrî (arabe) charitable.

Khayru (arabe) bienveillant.

Khentimentiu (égyptien) dieu de la Mort.

Khiry (arabe) variante de Khayru.
Khiri, Kiry

Khnum (égyptien) soleil levant.

Khons (égyptien) dieu de la Lune.

Khoury (arabe) prêtre.
Khori, Khorie, Khory, Khouri, Khourie

Khrisna (indien) la personne noire.

Khristian (grec) variante de Christian, de Kristian.
Khris, Khristan, Khristin, Khriston, Khrystian, Khrystiyan

Khristopher (grec) variante de Kristopher.
Khristofer, Khristoffer, Khristoph, Khristophar, Khristophe, Khrystopher

Khristos (grec) variante de Christos.
Khrystos, Krystous

Khûrî (arabe) prêtre.

Ki GF (coréen) levé.

Kian, Kion (irlandais) variantes de Keon.
Kione, Kionie, Kionne

Kibuuka (luganda) guerrier courageux. Mythologie : déité ganda de la Guerre.
Kybuuka

Kidd (anglais) enfant ; chevreau.
Kid, Kyd

Kiefer, Kieffer (allemand) variantes de Keifer.
Kief, Kiefor, Kiffer, Kiiefer

Kiel (irlandais) variante de Kyle.
Kiell

Kiele FG (hawaïen) gardénia.
Kyele

Kienan (irlandais) variante de Keenan.
Kienon

Kier (irlandais) diminutif de Kieran.
Kierr, Kierre

Kieran GF (irlandais) petit et sombre ; petit Keir.
Keeran, Keeren, Keerin, Keeron, Kiaron, Kiarron, Kierian, Kierien, Kierin

Kieren, Kieron (irlandais) variantes de Kieran.
Kierron

Kiernan (irlandais) variante de Kieran.
Kern, Kernan, Kiernen

Kiet (tai) honneur.
Kyet

Kifeda (luo) seul garçon parmi des filles.
Kyfeda

Kiho (toro) né un jour de brouillard.
Kyho

Kijika (amérindien) marcheur silencieux.
Kijyka, Kyjika, Kyjyka

Kika (hawaïen) variante de Keith.
Kikah, Kyka, Kykah

Kiki FG (espagnol) variante de Henry.

Kile (irlandais) variante de Kyle.
Kilee, Kilei, Kileigh, Kilen, Kili, Kilié, Kily, Kiyl, Kiyle

Kiley **FG** (irlandais) variante de Kyle.
Kylee, Kyley, Kylie

Killian (irlandais) petit Kelly.
Kilean, Kilian, Kiliane, Kilien, Killie, Killiean, Killien, Killienn, Killion, Killy, Kylia, Kylien, Kyllian, Kyllien

Kim **FG** (anglais) diminutif de Kimball.
Kimie, Kimmy, Kym

Kimani **GF** (shoshone) variante de Kimana
(voir les prénoms de filles).

Kimbal (grec) navire creux; (anglais) chef
guerrier.
Kimbal, Kimbel, Kimbele, Kimbell, Kimble, Kymbal, Kymbel, Kymbele, Kymbell

Kimo (hawaïen) variante de James.

Kimokeo (hawaïen) variante de Timothy.

Kin (japonais) doré.
Kyn

Kincaid (écossais) chef de combat.
Kincade, Kincaide, Kincayd, Kincayde, Kinkaid, Kyncaid, Kyncayd, Kyncayde

Kindin (basque) cinquième.
Kindyn, Kyndin, Kyndyn

King (anglais) roi. Diminutif des prénoms
commençant par «King».
Kyng

Kingsley (anglais) prairie du roi.
Kings, Kingslea, Kingslee, Kingsleigh, Kingsli, Kingslie, Kingsly, Kingzlee, Kinslea, Kinslee, Kinsleigh, Kinsley, Kinsli, Kinslie, Kinsly, Kyngs, Kyngslea, Kyngslee, Kyngsleigh, Kyngsley, Kyngsli, Kyngslie, Kyngsly

Kingston (anglais) domaine du roi.
Kinston, Kyngston, Kynston

Kingswell (anglais) puits du roi.
Kingswel, Kyngswel, Kyngswell

Kini **FG** (hawaïen) diminutif de Iukini.

Kinnard (irlandais) grande côte.
Kinard, Kynard, Kynnard

Kinsey **FG** (anglais) membre victorieux
de la royauté.
Kinsee, Kinsi, Kinsie, Kinze, Kinzie, Kynsee, Kynsey, Kynsi, Kynsie, Kynsy

Kinton (hindi) couronné.
Kynton

Kioshi (japonais) silencieux.

Kip **GF** (anglais) variante de Kipp.
Kyp

Kipp (anglais) colline pointue.
Kippar, Kipper, Kippie, Kippy, Kypp

Kir (bulgare) variante populaire de Cyrus.

Kiral (turc) roi; dirigeant suprême.
Kiral, Kyral

Kiran **FG** (sanscrit) rayon de lumière.
Kiren, Kirin, Kiron, Kirun, Kiryn

Kirby **GF** (scandinave) village avec une église;
(anglais) cottage au bord de l'eau.
Kerbbee, Kerbbey, Kerbbi, Kerbbie, Kerbby, Kerbee, Kerbey, Kerbi, Kerbie, Kerby, Kirbee, Kirbey, Kirbie, Kirkby, Kyrbbee, Kyrbbey, Kyrbbi, Kyrbbie, Kyrbby, Kyrbee, Kyrbey, Kyrbi, Kyrbie, Kyrby

Kiri (cambodgien) montagne.
Kiry, Kyri, Kyry

Kirian (irlandais) celui qui est né dans un lieu
sombre.

Kiril (slave) variante de Cyril.
Kirill, Kiryl, Kiryll, Kyril, Kyrill, Kyrillos, Kyryl, Kyryll

Kirios (grec) l'être suprême.

Kiritan (hindi) qui porte une couronne.
Kiriten, Kiritin, Kiriton, Kirityn

Kirk (scandinave) église.
Kerc, Kerck, Kerk, Kirc, Kirck, Kurc, Kurck, Kurk, Kyrc, Kyrck, Kyrk

Kirland (anglais) pays de l'église.
Kerkland, Kirklind, Kirklynd, Kurkland, Kyrkland

Kirkley (anglais) prairie de l'église.
Kerklea, Kerklee, Kerkleigh, Kerkley, Kerkli, Kerklie, Kerkly, Kirklea, Kirklee, Kirkleigh, Kirkli, Kirklie, Kirkly, Kurklea, Kurklee, Kurkleigh, Kurkley, Kurkli, Kurklie, Kurkly, Kyrklea, Kyrklee, Kyrkleigh, Kyrkley, Kyrkli, Kyrklie, Kyrkly

Kirklin (anglais) variante de Kirkland.
Kerklan, Kirklan, Kirklen, Kirkline, Kirkloun, Kirklun, Kirklyn, Kirklynn, Kurklan, Kyrklan

Kirkwell (anglais) puits de l'église;
source de l'église.
Kerkwel, Kerkwell, Kirkwel, Kurkwel, Kurkwell, Kyrkwel, Kyrkwell

Kirkwood (anglais) forêt de l'église.
Kerkwood, Kurkwood, Kyrkwood

Kirt (latin, allemand, français) variante de Kurt.

Kirton (anglais) ville de l'église.
Kerston, Kirston, Kurston, Kyrston

Kishan (américain) variante de Keshawn.
Kishaun, Kishawn, Kishen, Kishon, Kyshon, Kyshun

Kistna (hindi) sacré, saint. Géographie : fleuve sacré d'Inde.
Kisstna, Kysstna, Kystna

Kistur (tsigane) cavalier agile.

Kit (grec) variante populaire de Christian, de Christophe, de Kristophe.
Kitt, Kitts

Kito (swahili) bijou ; enfant précieux.
Kitto, Kyto, Kytto

Kitwana (swahili) qui a promis de vivre.
Kitwanah

Kiva (hébreu) variante d'Akiva, de Jacob.
Kiba, Kivah, Kivi, Kiwa, Kyva, Kyvah

Kiyoshi (japonais) silencieux ; paisible.

Kizza (luganda) né après des jumeaux.
Kiza, Kizah, Kizzi, Kizzie, Kizzy, Kyza, Kyzah, Kyzza, Kyzzah, Kyzzi, Kyzzie, Kyzzy

Kjell (suédois) variante de Karl.
Kjel

Klaus (allemand) diminutif de Nicholas. Variante de Claus.
Klaas, Klaes, Klas, Klause

Klay (anglais) variante de Clay.

Klayton (anglais) variante de Clayton.

Kleef (néerlandais) falaise.

Klement (tchèque) variante de Clément.
Klema, Klemenis, Klemens, Klemet, Klemo, Klim, Klimek, Kliment, Klimka

Kleng (norvégien) griffe.

Knight (anglais) chevalier en armure.
Knightleigh, Knightly, Knyght

Knoton (amérindien) variante de Nodin.

Knowles (anglais) pente recouverte d'herbe.
Knolls, Nowles

Knox (anglais) colline.

Knute (scandinave) variante de Canute.
Kanut, Kanute, Knud, Knut

Kobi, Koby (polonais) variantes populaires de Jacob.
Kobby, Kobe, Kobee, Kobey, Kobia, Kobie

Kodey (anglais) variante de Cody.
Kode, Kodee, Kodi, Kodye

Kodi U (anglais) variante de Cody.

Kodie GF (anglais) variante de Cody.

Kody GF (anglais) variante de Cody.

Kofi (twi) né un vendredi.

Kohana (lakota) rapide.
Kohanah

Kohl (anglais) variante de Cole.
Kohle

Koi (choctaw) panthère ; (hawaïen) variante de Troy.

Kojo (akan) né un lundi.

Koka (hawaïen) écossais.
Kokah

Kokayi (shona) rassemblé.

Kolby GF (anglais) variante de Colby.
Koalby, Koelby, Kohlbe, Kohlby, Kolbe, Kolbey, Kolbi, Kolbie, Kolebe, Koleby, Kollby

Kole (anglais) variante de Cole.

Koleman (anglais) variante de Coleman.
Kolemann, Kolemen

Kolin, Kollin (anglais) variantes de Colin.
Kolen, Kollen, Kollyn, Kolyn

Kolt (anglais) diminutif de Koltan. Variante de Colt.
Kolte

Koltan, Kolten, Koltin, Kolton, Koltyn (anglais) variantes de Colton.
Koltn

Kolya (russe) variante populaire de Nikolai, de Nikolos.
Kola, Kolenka, Kolia, Koliah, Kolja

Kona GF (hawaïen) variante de Don.
Konah, Konala

Konane (hawaïen) clair de lune éclatant.
Konan

Kondo (swahili) guerre.

Kong (chinois) glorieux ; ciel.

Konner, Konnor (irlandais) variantes de Connar, de Connor.
Kohner, Kohnor, Konar, Koner, Konor

Kono (miwok) écureuil qui mange un pignon de pin.

Konrad (allemand) variante de Conrad.
Khonrad, Koen, Koenraad, Kon, Konn, Konney, Konni, Konnie, Konny, Konrád, Konrade, Konrado, Kord, Kunz

Konstantin (allemand, russe) variante
de Constantin. Voir aussi Dinos.
Konstadine, Konstadino, Konstancji, Konstandinos,
Konstantinas, Konstantine, Konstantio, Konstanty,
Konstantyn, Konstantyne, Konstanz, Konstatino,
Kostadino, Kostadinos, Kostandino, Kostandinos,
Kostantin, Kostantino, Kostenka, Kostya, Kotsos

Konstantinos (grec) variante de Constantin.

Kontar (akan) enfant unique.

Korb (allemand) panier.

Korbin (anglais) variante de Corbin.
Korban, Korben, Korbyn

Kordell (anglais) variante de Cordell.
Kordel

Korey GF (irlandais) variante de Corey, de Kory.
Korrey, Korri, Korrie

Kori, Korie FG (irlandais) variantes de Corey,
de Kory.

Kornel (latin) variante de Cornelius,
de Kornelius.
Korneil, Kornél, Korneli, Kornelisz, Kornell, Krelis, Soma

Kornelius (latin) variante de Cornelius.
Voir aussi Kees, Kornel.
Karnelius, Korneilius, Korneliaus, Kornelious, Kornellius

Korrigan (irlandais) variante de Corrigan.
Korigan, Korrigon, Korrigun

Kort (allemand, néerlandais) variante de Cort,
de Kurt; (allemand) variante de Konrad.
Kourt

Kortney FG (anglais) variante de Courtney.
Kortni, Kourtney

Korudon (grec) qui porte un casque.

Kory GF (irlandais) variante de Corey.
Kore, Koree, Korei, Korio, Korre, Korree, Korria,
Korry, Korrye

Korydon (grec) variante de Corydon.
Koridan, Koriden, Koridin, Koridon, Koridyn, Korydan,
Koryden, Korydin, Korydyn

Kosey (africain) lion.
Kosse, Kossee, Kossey

Kosmo (grec) variante de Cosmo.
Kosmas, Kosmos, Kosmy, Kozmo

Kostas (grec) diminutif de Konstantin.

Kosti (finnois) variante de Gustave.

Kosumi (miwok) pêcheur au harpon.

Koty (anglais) variante de Cody.

Koukalaka (hawaïen) variante de Douglas.

Kourtland (anglais) variante de Courtland.
Kortlan, Kortland, Kortlend, Kortlon, Kourtlin

Kovit (tai) expert.
Kovyt

Kraig (irlandais, écossais) variante de Craig.
Kraggie, Kraggy, Krayg, Kreg, Kreig, Kreigh

Kramer (anglais) variante de Cramer.
Krammer

Krikor (arménien) variante de Grégory.

Kris GF (grec) variante de Chris. Diminutif
de Kristian, de Kristofer, de Kristopher.
Kriss, Krys

Krischan, Krishan (allemand) variantes
de Christian.
Krishaun, Krishawn, Krishon, Krishun

Krishna U (hindi) charmant, agréable.
Religion: la huitième et principale
incarnation du dieu hindou Vishnou.
Kistna, Kistnah, Krisha, Krishnah, Kryshanh, Kryshna

Krisiant (gallois) variante de Crisiant.
Krisient, Krysient, Krysyent

Krispin (latin) variante de Crispin.
Krispian, Krispino, Krispo, Kryspyn

Krister (suédois) variante de Christian.
Krist, Kristar

Kristian GF (grec) variante de Christian,
de Khristian.
Kristek, Kristien, Kristine, Kristion

Kristjan (estonien) variante de Christian,
de Khristian.

Kristo (grec) diminutif de Khristopher.
Khristo, Khrysto

Kristofer, Kristoffer (suédois) variantes
de Kristopher.
Kristafer, Kristef, Kristfer, Kristfor, Kristifer, Kristofo,
Kristofor, Kristoforo, Kristofyr, Kristufer, Kristus

Kristoff (grec) diminutif de Kristofer,
de Kristopher.
Khristof, Khristoff, Khrystof, Khrystoff, Kristof, Kristóf,
Krystof, Krystoff

Kriston U (grec) variante de Kristian.

Kristophe (français) variante de Kristopher.
Khristoph, Khrystoph, Kristoph, Krystoph

Kristopher (grec) variante de Christopher. Voir aussi Topher.
Krisstopher, Kristapher, Kristepher, Kristophor, Krisus, Krystupas

Kruz (espagnol) variante de Cruz.
Kruise, Kruize, Kruse, Kruze, Kruzz

Krystian U (polonais) variante de Christian.
Krys, Krystek, Krystien, Krystin

Krystopher (grec) variante de Christopher.
Krystofer

Krzysztof (polonais) variante de Kristoff.

Kuba (tchèque) variante de Jacob.
Kubo, Kubus

Kueng (chinois) univers.

Kugonza (toro) amour.

Kuiril (basque) seigneur.

Kullen (irlandais) variante de Cullen.

Kumar (sanscrit) prince.

Kunle (yoruba) maison remplie d'honneurs.

Kuper (yiddish) cuivre.
Kopper, Kupor, Kupper

Kurt (latin, allemand, français) diminutif de Kurtis. Variante de Curt.
Kuno, Kurtt

Kurtis (latin, français) variante de Curtis.
Kirtis, Kirtus, Kurtes, Kurtez, Kurtice, Kurties, Kurtiss, Kurtus, Kurtys, Kurtyss

Kuruk (pawnee) ours.

Kuzih (carrier) bon orateur.

Kwabena (akan) né un mardi.

Kwacha (nguni) matin.

Kwako (akan) né un mercredi.
Kwaka, Kwakou, Kwaku

Kwam (zuni) variante de John.

Kwame (akan) né un samedi.
Kwamen, Kwami, Kwamin

Kwamé (akan) variante de Kwame.

Kwan (coréen) fort.
Kwane

Kwasi (akan) né un dimanche; (swahili) riche.
Kwasie, Kwazzi, Kwesi

Kwayera (nguni) aube.

Kwende (nguni) allons-y.

Ky, Kye (irlandais, yiddish) diminutifs de Kyle.

Kyele (irlandais) variante de Kyle.

Kylan, Kylen (irlandais) variantes de Kyle.
Kyelen, Kyleen, Kylin, Kyline, Kylon, Kylun

Kylar, Kylor (anglais) variante de Kyle.

Kyle GF (irlandais) terre étroite; lieu où paît le bétail; (yiddish) couronné de laurier.
Cyle, Kilan, Kilen, Kyel, Kyll, Kyrell

Kyler GF (anglais) variante de Kyle.

Kylian ᴛᴼᴾ.₁₀₀. (gaélique) assaut du guerrier.

Kylle (irlandais) variante de Kyle.

Kynan (gallois) chef.
Kinan

Kyndall FG (anglais) variante de Kendall.
Kyndal, Kyndel, Kyndell, Kyndle

Kyne (anglais) royal.

Kyran, Kyren, Kyron (irlandais) variantes de Kieran; (sanscrit) variantes de Kiran.
Kyrin, Kyrone, Kyrun, Kyryn

Kyree (cambodgien, maori, grec) variante de Kyrie (voir les prénoms de filles).

Kyrios (grec) monsieur.

Kyros (grec) maître.
Kiros

Kyven (américain) variante de Kevin.
Kyvan, Kyvaun, Kyvon, Kywon, Kywynn

L

La'darius, Ladarrius (américain) variantes de Ladarius.
Ladarrias, Ladarries, Ladarrious

Laban (hawaïen) blanc.
Laben, Labin, Labon, Labyn, Lebaan, Leban

Labán (hébreu) variante de Laban.

Labaron (américain) combinaison du préfixe La et de Baron.
Labaren, Labarren, Labarron, Labearon, Labron

Labib (arabe) raisonnable ; intelligent.
Labyb

Labîb (arabe) variante de Labib.

Labrentsis (russe) variante de Lawrence.
Labhras, Labhruinn, Labrencis

Lachlan (écossais) pays des lacs.
Lache, Lachlann, Lachlun, Lachlunn, Lachunn, Lakelan, Lakeland

Lacy F G (grec, latin) joyeux.

Ladarian (américain) combinaison du préfixe La et de Darian.
Ladarien, Ladarin, Ladarion, Ladarren, Ladarrian, Ladarrien, Ladarrin, Ladarrion, Laderion, Laderrian, Laderrion

Ladarius (américain) combinaison du préfixe La et de Darius.
Ladarious, Ladaris, Ladauris, Laderius, Laderrious, Laderris, Ladirus

Ladd (anglais) domestique.
Lad, Laddey, Laddie, Laddy

Laderrick (américain) combinaison du préfixe La et de Derric.
Ladarrick, Ladereck, Laderic, Laderricks

Ladio (slave) celui qui gouverne avec gloire.

Ladislav (tchèque) variante de Walter.
Laco, Lada, Ladislao, Ladislas, Ladislaus, Ladyslas, Ladyslaus, Ladyslav

Lado (fanti) fils né en deuxième.

Ladolfo, Landolf, Landolfo (germanique) agile comme un loup en ville.

Laertes (grec) le ramasseur de pierres.

Lafayette (français) Histoire : le marquis de La Fayette était un soldat et homme politique français qui apporta sa contribution à la Révolution américaine.
Lafaiete, Lafayett, Lafette, Laffyette

Lagan (indien) horaire approprié.

Lahual (araucanien) mélèze.

Laidley (anglais) chemin le long de la prairie marécageuse.
Laedlea, Laedlee, Laedleigh, Laedley, Laedli, Laedlie, Laedly, Laidlea, Laidlee, Laidleigh, Laidli, Laidlie, Laidly, Laydlea, Laydlee, Laydleigh, Laydley, Laydli, Laydlie, Laydly

Lain (anglais) variante de Lane.

Laine G F (anglais) variante de Lane.

Laird (écossais) riche propriétaire.
Layrd

Lais (arabe) lion.
Lays

Laith (scandinave, anglais) variante de Latham.
Lathe

Lajos (hongrois) célèbre ; sacré.
Lajcsi, Laji, Lali

Lajuan (américain) combinaison du préfixe La et de Juan.

Lake (anglais) lac.
Laek, Laik, Lakan, Lakane, Lakee, Laken, Lakin, Layk

Lakeith (américain) combinaison du préfixe La et de Keith.

Lakota U (dakota) nom de tribu.
Lakoda

Lakshman (indien) jeune frère du dieu hindou Rāma.

Lakshmibanta (indien) chanceux.

Lakshmidhar, Lakshmigopal, Lakshmikanta, Lohitaksha, Loknath, Lokranjan (indien) autres noms du dieu hindou Vishnou.

Lal (hindi) chéri.

Lalit, Lalitkishore, Lalitkumar, Lalitmohan (indien) beau.

Lalla (espagnol) qui parle bien.

Lamani U (tongan) citron.
Lamanee, Lamaney, Lamanie, Lamany

Lamar (allemand) célèbre dans tout le pays ; (français) mer, océan.
Lamair, Lamaris, Lamarre, Larmar, Lemar

Lamarcus (américain) combinaison du préfixe La et de Marcus.

Lamario (américain) variante de Lamar.

Lamarr (allemand, français) variante de Lamar.

Lambert (allemand) pays lumineux.
Bert, Lambard, Lamberto, Lamberts, Lambirt, Lambirto, Lamburt, Lamburto, Lambyrt, Lambyrto, Lampard, Landbert, Landberto, Landbirt, Landbirto, Landburt, Landburto, Landbyrt, Landbyrto, Landebirt, Landeburt, Landebyrt

Lambodar (indien) autre nom du dieu hindou Ganesh.

Lami (tongan) caché.
Lamee, Lamey, Lamie, Lamy

Lamon (français) variante de Lamond.

Lamond (français) monde.
Lammond, Lamonde, Lamondo, Lamondre, Lamund, Lemond, Lemund

Lamont (scandinave) notaire.
Lamaunt, Lamonta, Lamontie, Lamonto, Lamount, Lemmont, Lemont, Lemonte

Lamonte (scandinave) variante de Lamont.

Lance (allemand) diminutif de Lancelot.
Lancey, Lancy, Lanse, Lantz, Lanz, Launce

Lancelin (français) domestique.

Lancelot (français) serviteur. Littérature : nom du chevalier qui aimait la femme du roi Arthur, la reine Guenièvre.
Lancelott, Lancilot, Lancilott, Lancilotte, Lancilotto, Lancylot, Lancylott, Lancylotte, Launcelet, Launcelot, Launcelott, Launcelotte

Landan, Landen, Landin (anglais) variantes de Landon.
Landenn

Landelion (teuton) celui qui est un ami de la terre.

Lander (basque) homme-lion ; (anglais) propriétaire.
Landar, Landers, Landor, Landors, Launder, Launders

Landerico (teuton) puissant dans la région.

Landis (français) qui vient de la plaine.

Lando (portugais, espagnol) diminutif d'Orlando, de Rolando.
London

Landon GF (anglais) prairie ouverte et recouverte d'herbe. Variante de Langdon.
Landun, Landyn

Landrada (teuton) conseiller dans son village.

Landric (allemand) dirigeant du pays.
Landrick, Landrik, Landryc, Landryck, Landryk

Landry (français, anglais) dirigeant.
Landre, Landré, Landri, Landrie, Landrue

Lane GF (anglais) route étroite.
Laney, Lani, Lanie, Layne

Lang (scandinave) homme grand.
Laing, Lange

Langdon (anglais) longue colline.
Langdan, Langden, Langdin, Langdun, Langdyn

Langford (anglais) long gué.
Laingford, Lanford, Lankford

Langi (tongan) ciel.
Langee, Langey, Langie, Langy

Langley FG (anglais) longue prairie.
Lainglea, Lainglee, Laingleigh, Laingley, Laingli, Lainglie, Laingly, Langlea, Langlee, Langleigh, Langli, Langlie, Langly

Langston (anglais) ville longue et étroite.
Laingston, Langsden, Langsdon, Langstone

Langundo (amérindien) paisible.
Langund

Lani FG (hawaïen) ciel.
Lanee, Laney, Lanie, Lany

Lankesh (indien) autre nom du roi-démon hindou Ravana.

Lanny (américain) variante populaire de Laurence, de Lawrence.
Lannee, Lanney, Lanni, Lannie

Lanu (miwok) qui court autour du poteau.

Lanz (italien) variante de Lance.
Lanzo, Lonzo

Lao (espagnol) diminutif de Stanislas.

Lap (vietnamien) indépendant.

Lapidos (hébreu) flambeaux.
Lapidoth

Laquan (américain) combinaison du préfixe La et de Quan.
Laquain, Laquann, Laquanta, Laquantae, Laquante, Laquawn, Laquawne, Laquin, Laquinn, Laqun, Laquon, Laquone, Laqwan, Laqwon

Laquintin (américain) combinaison du préfixe La et de Quinten.
Laquentin, Laquenton, Laquintas, Laquinten, Laquintiss, Laquinton, Laquyntan, Laquynten, Laquyntin, Laquynton, Laquyntun, Laquyntyn

Laramie FG (français) larmes d'amour. Géographie : ville du Wyoming sur la piste nommée « Overland Trail », aux États-Unis.
Laramee, Laramey, Larami, Laramy, Laremy

Larenz (italien, espagnol) diminutif de Larenzo.

Larenzo (italien, espagnol) variante de Lorenzo.
Larenza, Larinzo, Laurenzo

Larkin (irlandais) dur ; féroce.
Larkan, Larken, Larklin, Larklyn, Larkyn

Larnell (américain) combinaison de Larry et de Darnell.
Larnel

Laron (français) voleur.
La Ron, La Ruan, La'ron, Laran, Laraun, Laren, Larin, Larone, Laronn, Larron, Larun, Laryn

Larrimore (français) armurier.
Larimore, Larmer, Larmor

Larry (italien) variante populaire de Lawrence.
Lari, Larie, Larri, Larrie, Lary

Lars (scandinave) variante de Lawrence.
Laris, Larris, Larse, Larz, Laurans, Laurits, Lavrans, Lorens

Larson (scandinave) fils de Lars.
Larsen, Larsson, Larzon

LaSalle (français) salle.
Lasal, Lasale, Lasalle, Lascell, Lascelles

Lash (tsigane) variante de Louis.
Lashi, Lasho

Lashaun Ⓤ (américain) variante de Lashawn.

Lashawn Ⓤ (américain) combinaison du préfixe La et de Shawn.
Lasaun, Lasean, Lashajaun, Lashan, Lashane, Lashun

Lashon ⒻⒸ (américain) variante de Lashawn.

Lashone (américain) variante de Lashawn.
Lashonne

Lasse (finnois) variante de Nicholas.
Lase

László (hongrois) célèbre dirigeant.
Laci, Lacko, Laslo, Lazlo

Latafat (indien) élégance.

Lateef (arabe) doux; plaisant.
Latif, Latyf, Letif, Letyf

Latham (scandinave) grange; (anglais) région.
Lathe, Lay

Lathan (américain) combinaison du préfixe La et de Nathan.
Lathaniel, Lathen, Lathin, Lathyn, Leathan

Lathrop (anglais) grange, ferme.
Lathe, Lathrope, Lay

Latif (arabe) amical; agréable.

Latimer (anglais) interprète.
Lat, Latimor, Lattie, Latty, Latymer

Latravis (américain) combinaison du préfixe La et de Travis.
Latavious, Latavius, Lataveus, Latraviaus, Latravious, Latravius, Latravys, Latrayvious, Latrayvous, Latrivis

Latrell (américain) combinaison du préfixe La et de Kentrell.
Latreal, Latreil, Latrel, Latrelle, Letreal, Letrel, Letrell, Letrelle

Laudalino (portugais) loué.
Laudalin, Laudalyn, Laudalyno

Laughlin (irlandais) serviteur de saint Secundinus.
Lanty, Lauchlin, Laughlyn, Leachlain, Leachlainn

Laurelino, Laurelito, Laurentino (latin) gagnant.

Laurencio (espagnol) variante de Laurent.
Lorencio

Laurens (néerlandais) variante de Laurent.
Laurenz

Laurent (latin) celui qui porte le laurier.
Laurente

Laurie ⒻⒸ (anglais) variante populaire de Laurent.
Lauree, Laurey, Lauri, Laurri, Laurrie, Laurry, Laury, Lorry

Lauris (suédois) variante de Laurent.

Lauro (philippin) variante de Laurent.

Lautaro (araucanien) audacieux et entreprenant.

Lav, Luv (indien) fils du dieu hindou Rāma.

LaValle (français) vallée.
Lavail, Laval, Lavalei, Lavall, Lavalle

Lavan (hébreu) blanc.
Lavane, Lavaughan, Laven, Lavin, Lavyn, Levan, Leven

Lavaughan (américain) variante de Lavan.
Lavaughn, Levaughan, Levaughn

Lave Ⓤ (italien) lave; (anglais) seigneur.
Laev, Laeve, Laiv, Laive, Layv, Layve

Lavell (français) variante de LaValle.
Lavel, Lavele, Levele, Levell, Levelle

Lavelle ⒼⒻ (français) variante de LaValle.

Lavi (hébreu) lion.
Lavee, Lavey, Lavie, Lavy

Lavon (américain) variante de Lavan.
Lavion, Lavone, Lavonn, Lavonne, Lavont

Lavonte, Lavonté (américain) variantes de Lavon.

Lavrenti (russe) variante de Laurent.
Laiurenty, Larenti, Lavrentij, Lavrenty, Lavrik, Lavro, Lavrusha

Lawerence (latin) variante de Lawrence.
Lawerance

Lawford (anglais) gué sur la colline.

Lawler (irlandais) à la voix douce.
Lawlor, Lollar, Loller

Lawley (anglais) prairie sur la partie inférieure d'une colline.
Lawlea, Lawlee, Lawleigh, Lawli, Lawlie, Lawly

Lawrance (latin) variante de Lawrence.

Lawrence (latin) couronné de laurier.
Voir aussi Brencis, Chencho, Rance, Raulas, Raulo, Renzo.
Lanty, Larian, Larien, Larka, Larance, Larrance, Larrence, Larya, Laurance, Laurans, Laureano, Laurencho, Laurentij, Laurentios, Laurentiu, Laurentius, Laurentz, Laurentzi, Laurenz, Laurin, Laurits, Lauritz, Laurnet, Laurus, Law, Lawren, Lawron, Loreca, Lorenis, Lourenco, Lowrance, Lowrence, Lurance

Lawry (anglais) variante populaire de Lawrence.
Lawree, Lawrey, Lawri, Lawrie, Lowree, Lowrey, Lowri, Lowrie, Lowry

Lawson (anglais) fils de Lawrence.
Lawsen, Layson

Lawton (anglais) ville sur la colline.
Laughton, Law

Layne CF (anglais) variante de Lane.
Layn, Laynee, Layni, Laynie, Layny

Layton (anglais) variante de Leighton.
Laydon, Layten, Layth, Laythan, Laython

Lazare (grec) diminutif de Lazarus.
Bible: Lazare a été ressuscité par Jésus.
Lazar, Lázár

Lazaro (italien) variante de Lazarus.
Lazarillo, Lazarito, Lazzaro

Lázaro (italien) variante de Lazaro.

Lazarus (grec) variante d'Eleazar.
Lazarius, Lazaros, Lazorus

Le U (vietnamien) perle.

Leal (espagnol) travailleur loyal et fidèle.

Leander (anglais) variante de Léandre.
Ander

Léandre (grec) homme-lion; courageux comme un lion.
Leandre

Leandro (espagnol) variante de Léandre.
Leandra, Leandrew, Leandros

Learco (grec) juge de son village.

Leben (yiddish) vie.
Laben, Lebon

Lebna (éthiopien) esprit; cœur.

Ledarius (américain) combinaison du préfixe Le et de Darius.
Ledarrious, Ledarrius, Lederious, Lederris

Lee CF (anglais) diminutif de Farley, de Léonard et des noms contenant «lee».
Leigh

Legget (français) variante de Leggett.

Leggett (français) qui est envoyé; délégué.
Legat, Legate, Legette, Leggitt, Liggett, Lyggett

Lei U (chinois) tonnerre; (hawaïen) variante de Ray.
Ley

Leib (yiddish) lion rugissant.
Leibel

Leif CF (scandinave) chéri.
Laif, Leaf, Leef, Leife, Leiff, Leyf, Lief

Leighton (anglais) ferme de la prairie.
Laeton, Laiton, Lay, Leeton, Leiton, Leyton

Leith (écossais) rivière large.

Leixandre (galicien) variante d'Alejandro.

Lek (tai) petit.

Lekeke (hawaïen) dirigeant puissant.

Leks (estonien) variante populaire d'Alexander.
Leksik, Lekso

Lel (tsigane) qui prend.

Leland (anglais) prairie; terre protégée.
Layland, Lealan, Lealand, Leelan, Leeland, Leighlan, Leighland, Lelan, Lelann, Lelend, Lelund, Leylan, Leyland

Lelio (latin) celui qui est bavard.

Lemar (français) variante de Lamar.
Lemario, Lemarr, Limar, Limarr, Lymar, Lymarr

Lemuel (hébreu) dévoué à Dieu.
Lem, Lemmie, Lemmy

Len (hopi) flûte; (allemand) diminutif de Léonard.
Lenn

Lenard (allemand) variante de Léonard.
Lennard

Lencho (espagnol) variante de Laurent.
Lenci, Lenzy

Lenin (russe) qui appartient à la rivière Lena.

Lennart (suédois) variante de Léonard.
Lennerd

Lenno (amérindien) homme.
Leno

Lennon (irlandais) petite cape; cape.
Lennan, Lennen, Lennin, Lennyn, Lenon

Lennor (tsigane) printemps; été.
Lenor

Lennox (écossais) avec beaucoup d'ormes.
Lennix, Lenox

Lenny **TOP** **.100.** (allemand) variantes populaires
de Léonard; (américain) variantes de Lanny.
Lenee, Leney, Leni, Lenie, Lennee, Lenney, Lenni, Lennie, Leny

Lenya (russe) lion.

Léo **TOP** **.100.** (latin) lion; (allemand) diminutif
de Léon, de Léonard, de Léopold.
Lavi, Leão, Leeo, Leio, Léo, Léocadie, Leos, Leosko, Leosoko,
Nardek

Leobardo (italien) variante de Léonard.

Léocadie (français) lion.

Leocadio (grec) celui qui brille par sa blancheur.

Leodegrance (français) lion.

Leodoualdo, Leodovaldo (teuton) celui
qui gouverne son village.

Leofrido (teuton) celui qui apporte la paix
à son village.

Léon **TOP** **.100.** (latin) lion; (grec, allemand) diminutif
de Léonard, de Napoléon.
Leahon, Leaon, Léon, Leonas, Léonce, Leoncio, Leondris,
Leone, Leonek, Leonetti, Leoni, Leonirez, Leonizio, Leonon,
Leons, Leontes, Leontios, Leontrae, Leyon, Lion, Liutas, Lyon

León (grec) variante de Léon.

Léonard (allemand) courageux comme un lion.
Leanard, Leanardas, Leanardus, Lena, Lennart, Leonard,
Leonardis, Leonart, Leonerd, Leonhard, Leonidas, Leonnard,
Leontes, Lernard, Lienard, Linek, Lionard, Lnard, Londard,
Lonnard, Lonya, Lynnard, Lyonard

Leonardo (italien) variante de Léonard.
Leonaldo, Lionardo, Lonnardo

Léonce (français) lion.

Leondre (américain) variante de Léon.

Leonel (anglais) petit lion. Voir aussi Lionel.
Leaonal, Leaonall, Leaonel, Leaonell, Leional, Leionall,
Leionel, Leionell, Leonell

Leonelo (espagnol) variante de Leonel.

Leonhard (allemand) variante de Léonard.
Leanhard, Leonhards, Lienhardt

Leonid (russe) variante de Léonard.
Leonide, Lyonya

Leonidas (grec) variante de Léonard.
Leonida, Leonides

Leónidas (espagnol) variante de León.

Leontino (allemand) fort comme un lion.

Léopold (allemand) peuple courageux.
Leorad, Lipót, Lopolda, Luepold, Luitpold, Poldi

Leopoldo (italien) variante de Léopold.

Leor (hébreu) ma lumière.
Leory, Lior

Leovixildo (allemand) guerrier armé.

Lequinton (américain) combinaison du préfixe
Le et de Quinten.
Lequentin, Lequenton, Lequinn

Lerenzo (italien, espagnol) variante de Lorenzo.
Leranzo, Lerinzo, Leronzo, Lerynzo

Leron (français) rond, cercle; (américain)
combinaison du préfixe Le et de Ron.
Le Ron, Leeron, Lerin, Lerone, Lerrin, Leryn, Liron, Lyron

Leroy (français) roi. Voir aussi Delroy, Elroy.
Learoi, Learoy, Leeroy, LeeRoy, Leighroi, Leighroy, Leiroi,
Leiroy, Lerai, Leroi, LeRoi, LeRoy, Leyroi, Leyroy, Roy

Les (écossais, anglais) diminutif de Leslie,
de Lester.
Less, Lessie

Lesharo (pawnee) chef.

Leshawn (américain) combinaison du préfixe Le
et de Shawn.
Lashan, Lesean, Leshaun, Leshon, Leshonne, Leshun

Leslie **F** **G** (écossais) forteresse grise.
Leslea, Leslee, Leslei, Lesleigh, Lesley, Lesli, Lesly, Lezlea,
Lezlee, Lezlei, Lezleigh, Lezley, Lezli, Lezlie, Lezly

Lesmes (teuton) celui qui est protégé par
sa noblesse.

Lester (latin) camp choisi; (anglais) de Leicester,
en Angleterre.
Leicester

Let (catalan) variante de Leto.

Leto (latin) celui qui est toujours heureux.

Leuco (grec) le lumineux.

Leuter (galicien) variante d'Eleuterio.

Lev (hébreu) cœur ; (russe) variante de Leo.
Diminutif de Leverett, de Levi.
Leb, Leva, Levko

Levant (latin) levant.
Lavant, Lavante, Levante

Leveni (tongan) corbeau.
Levenee, Leveney, Levenie, Leveny

Leverett (français) jeune lièvre.
Leveret, Leverette, Leverit, Leveritt, Leveryt, Leverytt

Lévi (hébreu) uni dans l'harmonie. Bible : Lévi,
le troisième fils de Jacob ; les Lévites sont
la tribu religieuse des Israëlites.
Leavi, Leevi, Leevie, Levey, Levie, Levitis, Levy, Lewi, Leyvi

Levin (hébreu) variante de Lévi.
Levine, Levion, Levyn, Levynn

Levina (hébreu) qui unit.

Levka, Levushka (russe) lion.

Levon (américain) variante de Lavon.
Leevon, Levone, Levonn, Levonne, Lyvon, Lyvonn, Lyvonne

Levonte (américain) variante de Levon.

Lew (anglais) diminutif de Lewis.

Lewin (anglais) ami très cher.
Lewan, Lewen, Lewon, Lewyn

Lewis (gallois) variante de Llewellyn ; (anglais)
variante de Louis.
Lew, Lewes, Lewie, Lewy, Lewys

Lex (anglais) diminutif d'Alexander.
Lexi, Lexie, Lexin

Lexus FG (grec) diminutif d'Alexandre.
Lexis, Lexius, Lexxus

Leyati (miwok) forme de l'haliotide.
Leyatie, Leyaty

Lí (chinois) fort.

Lía (espagnol) diminutif des prénoms
se terminant par le suffixe Lia.

Liam TOP.100 (irlandais) variante de William.
Lliam, Lyam

Lian FG (irlandais) gardien ; (chinois)
saule gracieux.
Lyan

Liang (chinois) bon, excellent.
Lyang

Liban (hawaïen) variante de Laban.
Libaan, Lieban

Libanio (latin) arbre à encens.

Líbano (latin) blanc.

Liber (latin) celui qui distribue avec abondance.

Liberal (latin) l'amoureux de la liberté.

Liberato (latin) la personne libérée.

Liberio (portugais) libération.
Liberaratore, Libero, Liborio, Lyberio, Lyberyo

Libiac, Llipiac (quechua) rayon de lumière.

Libio, Livio (latin) né dans un lieu sec.

Licas (grec) loup.

Licerio (grec) relatif à la lumière.

Licurgo (grec) celui qui effraie les loups.

Lidia (grec) qui vient de Lydie.

Lidio (grec, portugais) ancien.

Liem (irlandais) variante de Liam.

Ligongo (yao) qui est-ce ?
Lygongo

Lihue, Lihuel (araucanien) vie ; existence.

Likeke (hawaïen) variante de Richard.

Liko (chinois) protégé par Bouddha ; (hawaïen)
bourgeon.
Like, Lyko

Lin FG (birman) brillant ; (anglais) diminutif
de Lyndon.
Linh, Linn, Linny

Linc (anglais) diminutif de Lincoln.
Link, Lynk

Lincoln (anglais) habitation près de l'étang.
Histoire : Abraham Lincoln
était le 16e président des États-Unis.
Lincon, Lincoyn, Lyncoln

Lindberg (allemand) montagne où pousse
le tilleul.
Lindbergh, Lindbert, Lindburg, Lindy, Lyndberg, Lyndbergh, Lyndburg

Lindbert (allemand) variante de Lindberg.
Linbert, Linbirt, Linburt, Linbyrt, Lindbirt, Lindburt, Lynbert, Lynbirt, Lynburt, Lynbyrt, Lyndbert, Lyndbirt, Lyndburt, Lyndbyrt

Lindell (anglais) vallée du tilleul.
Voir aussi Lyndal.
Lendall, Lendel, Lendell, Lindal, Lindall, Lindel

Linden GF (anglais) variante de Lyndon.
Lindan, Lindin, Lindyn

Lindley (anglais) champ de tilleul.
Lindlea, Lindlee, Lindleigh, Lindli, Lindlie, Lindly, Lyndlea, Lyndlee, Lyndleigh, Lyndley, Lyndli, Lyndlie, Lyndly

Lindon (anglais) variante de Lyndon.

Lindor (latin) celui qui séduit.

Lindsay 🖫🄖 (anglais) variante de Lindsey.
Linsay, Lyndsay

Lindsey 🖫🄖 (anglais) île du tilleul.
Lind, Lindsee, Lindsie, Lindsy, Lindzy, Linsey, Linzie, Linzy, Lyndsey, Lyndsie, Lynzie

Linford (anglais) gué du tilleul.
Lynford

Linfred (allemand) paisible, calme.
Linfrid, Linfryd, Lynfrid, Lynfryd

Linley 🖫🄖 (anglais) prairie du lin.
Linlea, Linlee, Linleigh, Linli, Linlie, Linly, Lynlea, Lynlee, Lynleigh, Lynley, Lynli, Lynlie, Lynly

Lino (portugais) diminutif de Laudalino.

Linton (anglais) ville du lin.
Lintonn, Lynton, Lyntonn

Linu (hindi) lys.
Lynu

Linus (grec) cheveu de lin.
Linas, Linis, Liniss, Linous, Linux, Lynis, Lyniss, Lynus

Linwood (anglais) bois de lin.

Lio (hawaïen) variante de Léo.
Lyo

Lionel (français) lionceau. Voir aussi Leonel.
Lional, Lionall, Lionell, Lionello, Lynel, Lynell, Lyonal, Lyonall, Lyonel, Lyonell, Lyonello

Liron 🅤 (hébreu) ma chanson.
Lyron

Lisandro (espagnol) libérateur.

Lisardo (hébreu) défenseur de la foi.

Lisias, Lisístrato (grec) libérateur.

Lisimba (yao) lion.
Lasimba, Lasimbah, Lisimbah, Lysimba, Lysymba, Simba

Lister (anglais) teinturier.
Lyster

Litton (anglais) ville sur la colline.
Liton, Lyton, Lytten, Lytton

Liu (africain) voix.

Liuz (polonais) lumière.
Lius, Lyus

Livingston (anglais) ville de Leif.
Livingstone, Livinston, Livinstone

Liwanu (miwok) ours qui grogne.
Lywanu

Llacsa (quechua) celui qui est de la couleur du bronze.

Llallaua (aymara) magnifique.

Llancamil (mapuche) pierre qui brille.

Llancañir (mapuche) renard qui est couleur de perle.
Llancañir

Llanqui (quechua) glaise du potier.

Llarico, Llaricu (aymara) indomptable.

Llashapoma, Llashapuma (quechua) puma lourd; lent.

Llewellyn (gallois) comme un lion.
Lewelan, Lewelen, Llewelin, Llewellen, Llewelleyn, Llewellin, Llewelyn, Llywellyn, Llywellynn, Llywelyn

Lleyton (anglais) variante de Leighton.

Llipiac, Lloque, Lluqui (quechua) gaucher, du côté gauche.

Lloqueyupanqui, Lluquiyupanqui (quechua) gaucher; mémorable.

Lloyd (gallois) aux cheveux gris; sacré. Voir aussi Floyd.
Loy, Loyd, Loyde, Loydie

Lobo (espagnol) loup.

Lochan (indien) œil.

Lochlain (irlandais, écossais) pays des lacs.
Loche, Lochee, Lochlan, Lochlann, Lochlen, Lochlin, Lochlon, Lochlyn, Locklynn

Locke (anglais) forêt.
Loc, Lock, Lockwood

Loe (hawaïen) variante de Roy.

Logan 🄒🄖 (irlandais) prairie.
Llogan, Loagan, Loagen, Loagon, Logann, Loggan, Loghan, Login, Logn, Logon, Logun, Logunn, Logyn

Logen (irlandais) variante de Logan.

Lois (allemand) célèbre au combat.

Lok (chinois) heureux.

Lokela (hawaïen) variante de Roger.
Lokelah

Lokesh (indien) autre nom du dieu hindou Brahmā.

Lokni (miwok) qui pleut à travers le toit.

Lokmán (irlandais) dénudé ; (slave) sensible.
Lomen

Lombard (latin) à la longue barbe.
Bard, Barr, Lombarda, Lombardi, Lombardo

Lon (irlandais) féroce ; (espagnol) diminutif d'Alonso, de Léonard, de Lonnie.
Lonn

Lonan (zuni) nuage.
Lonen, Lonin, Lonon, Lonyn

Lonato (amérindien) silex.

Loncopan (mapuche) tête de puma.

London U (anglais) forteresse de la Lune. Géographie : capitale du Royaume-Uni.
Londen, Londyn, Lunden, Lundon

Long (chinois) dragon ; (vietnamien) cheveux.

Longinos (latin) long.

Lonnie, Lonny (allemand, espagnol) variantes populaires d'Alonso.
Loni, Lonie, Lonnell, Lonney, Lonni, Lonniel, Lony

Lono (hawaïen) Mythologie : dieu de l'Apprentissage et de l'Intellect.

Lonzo (allemand, espagnol) diminutif d'Alonso.
Lonso

Lootah (lakota) rouge.
Loota

Lopaka (hawaïen) variante de Robert.

Lope (latin) loup.

Loran (américain) variante de Lauren.

Loránd (hongrois) variante de Roland.

Lóránt (hongrois) variante de Laurent.
Lorant

Lorcan (irlandais) petit ; féroce.
Lorcen, Lorcin, Lorcon, Lorcyn

Lord (anglais) titre de noblesse.

Loren FC (américain) diminutif de Lawrence.
Lorren, Lorrin, Loryn

Lorenza GF (italien, espagnol) variante de Lorenzo.
Larinza

Lorenzo TOP.100. (italien, espagnol) variante de Laurent.
Laurenzo, Laurinzo, Laurynzo, Lewrenzo, Lorantzo, Lorenc, Lorence, Lorenco, Lorencz, Lorenczo, Lorens, Lorenso, Lorentz, Lorentzo, Lorenz, Loretto, Lorinc, Lörinc, Lorinzo, Loritz, Lorrenzo, Lorrynzo, Lorynzo, Lourenza, Lourenzo, Lowrenzo, Zo

Loretto (italien) variante de Laurent.
Loreto

Lorién (aragonais) variante de Lorenzo.

Lorimer (latin) fabricant de harnais.
Lorrimer, Lorrymer, Lorymer

Lorin FC (latin) diminutif de Laurent.

Loring (allemand) fils de guerrier célèbre.
Lorring, Lorryng, Loryng

Loris GF (néerlandais) clown.
Lorys

Loritz (latin, danois) laurier.
Lauritz, Laurytz, Lorytz

Lorne (latin) diminutif de Laurent.
Lorn, Lornie, Lorny

Lorry (anglais) variante de Laurie ; (latin) variante de Lorimer.
Lori, Lorie, Lorri, Lorrie, Lory

Lotario (germanique) le guerrier distingué.

Loth (hébreu) caché, couvert. Bible : Loth fuit Sodome, mais sa femme se retourna pour regarder sa destruction et fut transformée en colonne de sel.
Lot, Lott

Lothar (allemand) variante de Luther.
Lotair, Lotaire, Lotarrio, Lothair, Lothaire, Lothario, Lotharrio, Lottario

Lou GF (allemand) diminutif de Louis.

Loudon (allemand) vallée basse.
Lewdan, Lewden, Lewdin, Lewdon, Lewdyn, Loudan, Louden, Loudin, Loudyn, Lowdan, Lowden, Lowdin, Lowdon, Lowdyn

Louie (allemand) variante populaire de Louis.

Louis TOP.100. (germanique) célèbre guerrier. Voir aussi Aloisio, Aloysius, Clovis, Luigi.
Loudovicus, Louies, Louise, Lucho, Lude, Ludek, Ludirk, Ludis, Ludko, Lughaidh, Lutek

Louis-Alexandre (français) combinaison de Louis et d'Alexander.

Louis-Charles (français) combinaison de Louis et de Charles.

Louis-David (français) combinaison de Louis et de David.

Louis-Mathieu (français) combinaison de Louis et de Mathieu.

Louis-Philippe (français) combinaison de Louis et Philippe.

Louis-Xavier (français) combinaison de Louis et Xavier.

Louka **TOP** (russe) variante de Luc.

Louvain (anglais) vanité de Lou. Géographie : ville de Belgique.
Louvayn, Louvin

Lovell (anglais) variante de Lowell.
Louvell, Lovel, Lovelle, Lovey

Lowell (français) jeune loup ; (anglais) chéri.
Lowe, Lowel, Lowelle

Loyal (anglais) fidèle, loyal.
Loial, Loy, Loyall, Loye, Lyall, Lyell

Loyola (latin) qui a un loup sur son bouclier.

Luano (latin) fontaine.

Lubomir (polonais) amoureux de la paix.
Lubomyr

Luboslaw (polonais) amoureux de la gloire.
Lubs, Lubz

Luc (grec) blanc, brillant ; (latin) lumière ; porteur de lumière. Bible : compagnon de saint Paul et auteur du troisième évangile du Nouveau Testament.
Luce

Luca **GF** (italien) variante de Luc.
Lucah, Lucca, Luka

Lucas **TOP** (allemand, irlandais, danois, néerlandais) variante de Luc.
Lucais, Lucassie, Lucaus, Luccas, Luccus, Luckas, Lucys

Lucero, Lucío (espagnol) porteur de lumière.

Lucian (latin) variante de Luc.
Liuz, Lucan, Lucanus, Lucianus, Lucias, Lucjan, Lucyan, Lukianos, Lukyan, Luzian

Luciano (italien) variante de Lucian.
Lucino

Lucien (français) variante de Lucius.
Lucyen, Luzien

Lucífero, Lucila (latin) celui qui donne de la lumière.

Lucio (italien) variante de Lucius.
Luzio

Lucius (latin) lumière ; porteur de lumière.
Lucanus, Luce, Lucious, Lucis, Lucyas, Lucyus, Lusio, Luzius

Lucky **GF** (américain) chanceux ; (latin) variante populaire de Luke.
Luckee, Lucki, Luckie, Luckson, Lucson, Luki, Lukie, Luky

Lucrecio (latin) aube.

Lucus (allemand, irlandais, danois, néerlandais) variante de Lucas.

Ludlow (anglais) colline du prince.

Ludovic, Ludovick (allemand) variantes de Ludwig.
Ludovico

Ludwig (allemand) variante de Louis. Musique : Ludwig van Beethoven est un célèbre compositeur allemand du XIXe siècle.
Ludvig, Ludvik, Ludwik, Lutz

Luftî (arabe) amical.

Lui (hawaïen) variante de Louis.

Luigi (italien) variante de Louis.
Lui, Luiggi, Luigino, Luigy

Luis (espagnol) variante de Louis.
Luise

Luís, Luiz (espagnol) variantes de Louis.

Luisalberto (espagnol) combinaison de Luis et d'Alberto.

Luisangel (espagnol) combinaison de Luis et d'Angel.

Luisantonio (espagnol) combinaison de Luis et d'Antonio.

Luisenrique (espagnol) combinaison de Luis et d'Enrique.

Luka (italien) variante de Luke.

Lukas, Lukasz, Lukus (grec, tchèque, suédois) variantes de Luke.
Loukas, Lukais, Lukash, Lukasha, Lukass, Lukaus, Lukkas, Lukys

Luke (anglais) variante de Lucius.
Luchok, Luck, Luk, Lúkács, Luken, Lukes, Lukyan, Lusio

Lukela (hawaïen) variante de Russell.

Luken (basque) porteur de lumière.
Lucan, Lucane, Lucano, Luk

Luki (basque) célèbre guerrier.

Lukman (arabe) prophète.
Luqman

Lulani U (hawaïen) point le plus élevé du ciel.
Lulanee, Lulaney, Lulanie, Lulany

Lumo (ewe) né le visage vers le bas.

Lundy FG (écossais) bosquet près de l'île.
Lundee, Lundey, Lundi, Lundie

Lunn (irlandais) belliqueux.
Lonn, Lunni, Lunnie, Lunny

Lunt (suédois) bosquet.
Lont

Lupercio (latin) nom donné au peuple de Luperque.

Luperco (latin) celui qui effraie les loups.

Luqmân (arabe) prophète.

Lusila (hindi) chef.
Lusyla

Lusio (zuni) variante de Lucius.
Lusyo

Lusorio (latin) il aime les jeux.

Lutalo (luganda) guerrier.

Lutardo (teuton) celui qui est vaillant dans son village.

Lutfi (arabe) bienveillant, amical.

Luther (allemand) célèbre guerrier. Histoire : Martin Luther est l'une des figures centrales de la Réforme.
Lothar, Lother, Lothur, Lutero, Luthor

Lutherum (tsigane) sommeil.

Luyu U (miwok) qui hoche la tête.

Luzige (égyptien) homard.

Lyall, Lyell (écossais) loyal.
Lyal, Lyel

Lyle (français) île.
Lisle, Ly, Lysle

Lyman (anglais) prairie.
Leaman, Leamen, Leeman, Leemen, Leiman, Leimen, Leyman, Liman, Limen, Limin, Limon, Limyn, Lymen, Lymin, Lymon, Lymyn

Lynch (irlandais) marin.
Linch

Lyndal (anglais) vallée des limettiers. Voir aussi Lindell.
Lyndale, Lyndall, Lyndel, Lyndell

Lynden (anglais) variante de Lyndon.

Lyndon (anglais) colline du tilleul. Histoire : Lyndon B. Johnson était le 36e président des États-Unis.
Lyden, Lydon, Lyndan, Lyndin, Lyndyn

Lynn FG (anglais) cascade ; ruisseau. Diminutif de Lyndon ; (birman, anglais) variante de Lin.
Lyn, Lynell, Lynette, Lynnard, Lynoll

Lyonechka (russe) lion.

Lyron (hébreu) variante de Leron, de Liron.

Lysander (grec) libérateur.
Lyzander, Sander

M

Ma'an (arabe) bénéfice.

Ma'mûn (arabe) digne de confiance.

Maalik (pendjabi) variante de Málik.
Maalek, Maaliek

Mac (écossais) fils.
Macs, Mak

Macabee (hébreu) marteau.
Maccabee, Mackabee, Makabee

Macadam (écossais) fils d'Adam.
MacAdam, Mackadam, Makadam, McAdam

Macaire (français) variante de Macario.

Macalla (australien) pleine lune.
Macala, Macalah, Macallah

Macallister (irlandais) fils d'Alistair.
Macalaster, MacAlistair, Macalister, MacAlister, Mackalistair, Mackalister, Makalistair, Makalister, McAlister, McAllister

Macario (espagnol) variante de Makarios.
Macarios, Macaryo, Maccario, Maccarios

Macarthur (irlandais) fils d'Arthur.
MacArthur, Mackarthur, Makarthur, McArthur

Macaulay (écossais) fils de la droiture.
Macaulea, Macaulee, Macaulei, Macauleigh, Macauley,
Macauli, Macaulie, Macaully, Macauly, Maccauley,
Mackaulea, Mackaulee, Mackaulei, Mackauleigh,
Mackauley, Mackauli, Mackaulie, Mackauly, Macualay,
McCaulea, McCaulee, McCaulei, McCauleigh, McCauley,
McCauli, McCaulie, McCauly

Macbride (irlandais) fils d'un disciple de sainte
Brigide.
Macbryde, Mackbride, Mackbryde, Makbride, Makbryde,
Mcbride, McBride, McBryde

Maccoy (irlandais) fils de Coy.
MacCoi, MacCoy, Mackoi, Mackoy, Makoi, Makoy

Maccrea (irlandais) fils de grâce.
MacCrae, MacCrai, MacCray, MacCrea, Mackrea, Macrae,
Macray, Makcrea, Makray, Makrea, Mccrea, McCrea

Macdonald (écossais) fils de Donald.
MacDonald, Mackdonald, MackDonald, Makdonald,
MakDonald, Mcdonald, McDonald, Mcdonna, Mcdonnell,
McDonnell

Macdougal (écossais) fils de Dougal.
MacDougal, MacDougall, Mackdougal, Makdougal,
MakDougal, Makdougall, MakDougall, Mcdougal,
McDougal, McDougall

Mace (français) massue; (anglais) diminutif
de Macy, de Mason.
Macean, Macer, Macey, Macie

Macedonio (grec) celui qui triomphe et grandit
en taille.

Maceo (espagnol) variante de Mace.

Macèo (italien) cadeau de Dieu.

Macerio (espagnol) béni.

Macfarlane (anglais) fils de Farlane.
Macfarlan, Mackfarlan, Mackfarlane, Macpharlan,
Macpharlane, Makfarlan, Makfarlane, Makpharlan,
Makpharlane, Mcfarlan, Mcfarlane, Mcpharlan,
Mcpharlane

Macgregor (écossais) fils de Gregor.
Macgreggor

Macharios (grec) béni.
Macarius, Macharyos, Makarius

Machas (polonais) variante de Michaël.

Macián, Macías (hébreu) variantes de Matias.

Maciel (latin) très svelte.

Mack (écossais) diminutif de prénoms
commençant par «Mac» ou «Mc».
Macke, Mackey, Mackie, Macks, Macky, Mak

Mackenzie FG (irlandais) fils de Kenzie.
Mackensy, Mackenze, Mackenzee, Mackenzey, Mackenzi,
MacKenzie, Mackenzly, Mackienzie, Mackinsey,
Mackinzie, Mickenzie

Mackenzy U (irlandais) variante de Mackenzie.

Mackinley (irlandais) variante de Mackinnley.

Mackinnley (irlandais) fils du dirigeant cultivé.
Mackinlea, Mackinlee, Mackinlei, Mackinleigh, Mackinli,
Mackinlie, Mackinly, MacKinnley, Mackinnly, Mackynlea,
Mackynlee, Mackynlei, Mackynleigh, Mackynley, Mackynli,
Mackynlie, Mackynly, Makinlea, Makinlee, Makinlei,
Makinleigh, Makinley, Makinli, Makinlie, Makinly,
Makynlea, Makynlee, Makynlei, Makynleigh, Makynley,
Makynli, Makynlie, Makynly

Macklain (irlandais) variante de Maclean.
Macklaine, Macklane

Macklin (écossais) variante de Mack.

Maclean (irlandais) fils de Leander.
Machlin, Macklain, Macklean, MacKlean, MacLain,
MacLean, Maclin, Maclyn, Maklean, Makleen, McClean,
McLaine, McLean

Machamon (irlandais) fils de Mahon.
Mackmahon, MacMahon, Makmahon, McMahon

Macmurray (irlandais) fils de Murray.
Mackmuray, Mackmurray, Macmuray, Macmurry,
Makmuray, Makmurray, McMurray, Mcmurry

Macnair (écossais) fils de l'héritier.
Macknair, Macknayr, Maknair, Maknayr, McMayr, McNair

Maco (hongrois) variante d'Emmanuel.
Macko, Mako

Macon (allemand, anglais) fabricant.
Macan, Macen, Macin, Macun, Macyn

Macrobio (grec) celui qui profite d'une
longue vie.

Macy FG (français) propriété de Matthieu.
Macey, Maci, Macie

Madangopal, Madhav, Madhusudan (indien)
autres noms du dieu hindou Krishna.

Maddock (gallois) généreux.
Maddoc, Maddoch, Maddok, Madoc, Madoch, Madock,
Madog

Maddox (gallois, anglais) fils du bienfaiteur.
Maddux, Madox

Madhar (hindi) plein d'ivresse; relatif
au printemps.

Madhavdas (indien) serviteur du dieu hindou
Krishna.

Madhu (indien) miel.

Madhuk, Madhukar, Madhup (indien) abeille mellifère.

Madhukanta (indien) lune.

Madhur (indien) doux.

Madon (irlandais) charitable.
Madan, Maddan, Madden, Maddin, Maddon, Maddyn, Maden, Madin, Madyn

Madongo (luganda) non circoncis.

Madu (igbo) peuple.

Mael (celte) prince.

Magan (indien) absorbé.

Magar (arménien) valet du domestique.
Magarious

Magee (irlandais) fils de Hugh.
MacGee, MacGhee, McGee

Magen FC (hébreu) protecteur.

Magín (latin) celui qui a de l'imagination.

Magina (latin) sage ; charmeur.

Magnar (norvégien) fort ; guerrier.
Magne

Magno (latin) grand.

Magnus (latin) grand.
Maghnus, Magnes, Magnuss, Manius

Magomu (luganda) jumeau le plus jeune.

Maguire (irlandais) fils de la personne beige.
MacGuire, Macguyre, McGuire, McGwire

Mahabahu (indien) autre nom d'Arjuna, prince guerrier d'une épopée indienne.

Mahadev, Mahesh, Maheshwar (indien) autres noms du dieu hindou Shiva.

Mahammed (arabe) variante de Muhammad.
Mahamad, Mahamed, Mahammad

Mahaniya (indien) digne d'honneur.

Mahavir (indien) vingt-quatrième et dernier Tîrthankara, un maître jaïn ; très courageux.

Mahdi (arabe) guidé vers le droit chemin.
Mahde, Mahdee, Mahdy

Mahendra (indien) autre nom du dieu hindou Vishnou.

Maher (arabe, hébreu) variante de Mahir.

Mâher (arabe) variante de Maher.

Mahesa U (hindi) grand seigneur. Religion : autre nom du dieu hindou Shiva.

Mahi'ai (hawaïen) variante de George.

Mahieu (français) cadeau de Dieu.

Mahin (indien) la terre.

Mahindra, Mahipal, Mahish (indien) roi.

Mahir (arabe, hébreu) excellent ; travailleur.
Mair

Mahkah (lakota) terre.
Maka, Makah

Mahlí (hébreu) astucieux ; perspicace.

Mahmoud, Mahmúd (arabe) variantes de Muhammad.
Mahamoud, Mahmed, Mahmmoud, Mahmood, Mahmuod, Mahmut

Mahmud (indien) autre nom de Mahomet, fondateur de l'Islam.

Mahmûd (arabe) variante de Mahmoud.

Mahoma (arabe) digne d'être loué.

Mahomet (arabe) variante de Muhammad.

Mahon (irlandais) ours.

Mahpee (lakota) ciel.

Mahtab (indien) lune.

Mahuizoh (nahuatl) personne glorieuse.

Maicu (quechua) aigle.

Maidoc (gallois) chanceux.
Maedoc, Maedock, Maedok, Maidoc, Maidock, Maidok, Maydoc, Maydock, Maydok

Mailhairer (français) malchanceux.

Maimun (arabe) chanceux.
Maimon, Maymon

Mainak (indien) nom d'une montagne de l'Himalaya.

Mainque (mapuche) condor.

Maiqui (quechua) arbre.

Mairtin (irlandais) variante de Martin.

Maison U (français) maison. Variante de Mason.
Maisan, Maisen, Maisin, Maisun, Maisyn

Maitias (irlandais) variante de Mathias.
Maithias

Maitiú (irlandais) variante de Matthew.

Maitland FG (anglais) prairie.
Maitlan, Maytlan, Maytland

Majed (arabe) variante de Majid.

Majencio (latin) celui qui devient plus célèbre.

Majid (arabe) grand, glorieux.
Majd, Majde, Majdi, Majdy, Majeed, Majyd

Mâjid (arabe) variante de Majid.

Major (latin) plus grand; rang militaire.
Majar, Maje, Majer

Makaio (hawaïen) variante de Matthew.
Makayo

Makalani (mwera) écrivain.
Makalanee, Makalaney, Makalanie, Makalany

Makani GF (hawaïen) vent.
Makanie, Makany

Makarios (grec) heureux; béni.
Makari, Makarie, Makaryos

Makenzie FG (irlandais) variante de Mackenzie.
Makensie, Makenzee, Makenzey, Makenzi, Makenzy

Makin (arabe) fort.
Makeen, Makyn

Makis (grec) variante de Michaël.
Makys

Makoto (japonais) sincère.

Maks (hongrois) variante de Max.
Makszi

Maksim (russe) variante de Maxime.

Maksym (polonais) variante de Maxime.
Makimus, Maksymilian

Makyah (hopi) chasseur d'aigle.
Makia, Makiah, Makyah

Mal (irlandais) diminutif des prénoms commençant par «Mal».

Malachi (hébreu) ange de Dieu. Bible: dernier prophète hébreu canonique.
Maeleachlainn, Malachai, Malachia, Malachie, Malchija

Malachy (irlandais) variante de Malachi.
Malechy

Malají (hébreu) mon messager.

Malajitm (sanscrit) guirlande de la victoire.

Malakai (hébreu) variante de Malachi.
Malake, Malaki

Malaquias, Malaquías (hébreu) messager de Dieu.
Malaquias, Malaquías

Malco, Malcon (hébreu) celui qui est comme un roi.

Malcolm (écossais) disciple de saint Colomba, qui christianisa le nord de l'Écosse; (arabe) colombe.
Malcalm, Malcohm, Malcolum, Malkolm

Malcom (écossais) variante de Malcolm.
Malcome, Malcum, Malkom, Malkum

Malden (anglais) point de rendez-vous dans un pré.
Mal, Maldan, Maldin, Maldon, Maldun, Maldyn

Maleek, Maliek, Malique (arabe) variantes de Málik.

Malek, Malik (arabe) variantes de Málik.
Maleak, Maleik, Maleka, Maleke, Mallek

Maleko (hawaïen) variante de Mark.

Málik (pendjabi) seigneur, maître; (arabe) variante de Malachi.
Mailik, Malak, Malic, Malick, Malicke, Maliik, Malike, Malikh, Maliq, Mallik, Malyc, Malyck, Malyk, Malyq

Mâlik (arabe) variante de Malik.

Malin (anglais) petit guerrier fort.
Malen, Mallen, Mallin, Mallon, Mallyn, Malon, Malyn

Malleville (français) qui vient de Malleville.

Mallory FG (allemand) conseiller de l'armée; (français) canard colvert, un canard sauvage.
Lory, Mallery, Mallorey, Mallori, Mallorie, Malorey, Malori, Malorie, Malory

Malo $\stackrel{\text{TOP}}{\text{.100.}}$ (celtique) otage lumineux.

Maloney (irlandais) pratiquant.
Malone, Malonee, Maloni, Malonie, Malony

Malvern (gallois) colline dépouillée.
Malverne, Malvirn, Malvirne, Malvyrn, Malvyrne

Malvin (irlandais, anglais) variante de Melvin.
Malvan, Malven, Malvinn, Malvon, Malvyn, Malvynn

Mamani (aymara) faucon.

Mamés (grec) mère.

Mamo U (hawaïen) fleur jaune; oiseau jaune.

Mampu (araucanien) caresse.

Man-Shik (coréen) profondément enraciné.

Man-Young (coréen) dix mille ans de prospérité.

Manases, Manasés (hébreu) celui qui oublie tout.

Manauia (nahuatl) il défend.

Manchu (chinois) pur.

Mancio (latin) celui qui prédit l'avenir.

Manco (péruvien) chef suprême. Histoire : roi inca du XVIᵉ siècle.

Mandala (yao) fleurs.
Manda, Mandela, Mandelah

Mandeep U (pendjabi) esprit plein de lumière.
Mandieep

Mandek (polonais) variante de Herman.
Mandie

Mandel (allemand) amande.
Mandell

Mander (tsigane) de ma part.
Mandar, Mandir, Mandor, Mandyr

Manés (grec) folie.

Manesio (grec) variante de Manés.

Manford (anglais) petit gué.
Manforde, Menford, Menforde

Manfred (anglais) homme de paix. Voir aussi Fred.
Manfredo, Manfret, Manfrid, Manfried, Manfryd, Maniferd, Manifrid, Manifryd, Mannfred, Mannfryd, Manyfred, Manyfrid, Manyfryd

Manger (français) étable.
Mangar, Mangor

Mango (espagnol) variante populaire d'Emmanuel, de Manuel.

Manheim (allemand) maison du serviteur.

Manipi (amérindien) merveille vivante.

Manius (écossais) variante de Magnus.
Manus, Manyus

Manjot U (indien) lumière de l'esprit.

Manley (anglais) prairie du héros.
Manlea, Manlee, Manleigh, Manli, Manlie, Manly

Manlio (latin) celui qui est né le matin.

Mann (allemand) homme.
Man, Manin

Manneville (français) qui vient du grand État.

Manning (anglais) fils du héros.
Maning

Mannix (irlandais) moine.
Mainchin, Mannox, Mannyx, Manox, Manyx

Manny (allemand, espagnol) variante populaire de Manuel.
Mani, Manni, Mannie, Many

Mano (hawaïen) requin ; (espagnol) diminutif de Manuel.
Manno, Manolo

Manoj (sanscrit) cupidon.

Manolito (espagnol) Dieu est avec nous.

Manpreet FG (pendjabi) esprit plein d'amour.

Manque (mapuche) condor.

Manquecura (mapuche) abri pour se protéger du condor ; rocher bicolore.

Manquepan (mapuche) la branche du condor.

Manric (catalan) variante de Manrique.

Manrico (américain) combinaison de Mann et d'Enrico.
Manricko, Manriko, Manrycko, Manryco, Manryko

Manrique (germanique) chef puissant.

Mansa (swahili) roi. Histoire : roi du Mali du XIVᵉ siècle.
Mansah

Mansel (anglais) presbytère ; maison habitée par un ecclésiastique.
Mansell

Mansfield (anglais) champ à côté de la rivière ; champ du héros.
Mansfyld

Manso (latin) la personne à la hauteur, à qui on fait confiance.

Mansueto (latin) celui qui est paisible, docile.

Mansûr (arabe) variante de Mansur.

Mansür (arabe) aidé par le divin.
Mansoor, Mansour

Mantel (français) concepteur.

Manton (anglais) ville de l'homme ; ville du héros.
Mannton, Mantan, Manten, Mantin, Mantyn

Manu (hindi) législateur. Histoire : Manu serait l'auteur du traité hindou de lois sacrées et de coutumes ; (hawaïen) oiseau ; (ghanéen) fils né en deuxième.

Manuel (hébreu) diminutif d'Emmanuel.
Mannuel, Mano, Manolón, Manual, Manuale, Manue, Manuell, Manuelli, Manuelo, Manuil, Manyuil, Minel

Manville (français) village du travailleur; (anglais) village du héros.
Mandeville, Manvel, Manvil, Manvill, Manvyl, Manvyle, Manvyll, Manvylle

Manzo (japonais) troisième fils.

Manzur (arabe) le vainqueur.

Maona (winnebago) créateur, créateur de la Terre.

Mapira (yao) millet.
Mapirah

Marat (indien) cycle de la vie, de la mort et de la naissance.

Marc (latin) martial, belliqueux; diminutif de Marcus. Bible: Marc, auteur du deuxième évangile du Nouveau Testament.

Marc-Alexandre (français) combinaison de Marc et d'Alexandre.

Marc-André (français) combinaison de Marc et d'André.

Marc-Antoine (français) combinaison de Marc et d'Antoine.

Marc-Étienne (français) combinaison de Marc et d'Étienne.

Marc-Olivier (français) combinaison de Marc et d'Olivier.

Marcanthony (américain) combinaison de Marc et d'Anthony.

Marceau **TOP .100.** (latin) variante de Marcel.

Marcel, Marcell (français) variantes de Marcellus.
Marcele, Marcelle, Marsale, Marsel, Marzel, Marzell

Marceliano (espagnol) variante de Marcello.

Marcelino (italien) variante de Marcellus.
Marceleno, Marcelin, Marcellin, Marcellino

Marcellis, Marcellous (latin) variantes de Marcellus.
Marcelis

Marcello, Marcelo (italien) variantes de Marcellus.
Marchello, Marsello, Marselo

Marcellus (latin) variante populaire de Marcus.
Marceau, Marceles, Marcelias, Marcelius, Marcellas, Marcelleous, Marcelluas, Marcelus, Marcely, Marciano, Marcilka, Marcsseau, Marzellos, Marzellous, Marzellus

March (anglais) habitant près de la frontière.

Marciano (italien) variante de Martin.
Marci, Marcio

Marcilka (hongrois) variante de Marcellus.
Marci, Marcilki

Marcin (polonais) variante de Martin.

Marco (italien) variante de Marcus. Histoire: Marco Polo est un voyageur vénitien du XIIIe siècle qui explora l'Asie.
Marcko, Marko

Marcoantonio (italien) combinaison de Marco et d'Antonio.

Marcos (espagnol) variante de Marcus.
Marckos, Marcous, Markose

Marcus (latin) martial, belliqueux.
Marcas, Marcio, Marckus, Marcuss, Marcuus, Marcux, Markov

Marden Ⓤ (anglais) vallée avec un étang.
Madrin, Mardan, Mardon, Mardun, Mardyn

Mardonio (persan) le guerrier mâle.

Mardoqueo (hébreu) celui qui adore le dieu de la Guerre.

Mâred (arabe) rebelle.

Marek (slave) variante de Marcus.

Maren 🇫🇬 (basque) mer.
Maran, Maron

Mareo (japonais) rare.

Margarito (latin) perle.

Marian 🇫🇬 (polonais) variante de Marc.
Maryan

Mariano (italien) variante de Marc. Variante de Marion.
Maryano

Marid (arabe) rebelle.
Maryd

Marin 🇫🇬 (français) marin.
Marine, Mariner, Marriner, Marryner, Maryn, Maryner

Marino (italien) variante de Marin.
Marinos, Marinus, Mariono, Marynos, Marynus

Mario (italien) variante de Marino.
Mareo, Marios, Marrio, Maryon

Marion FG (hébreu) variante de Miryam
(voir les prénoms de filles).
Mareon, Maryon

Marius TOP,100. (latin) variante de Marin.
Marious

Mark (latin) variante de Marcus.
Voir aussi Maleko.
Marck, Marian, Marke, Markee, Markey, Markk,
Markusha, Marx

Mark Anthony, Markanthony (italien)
combinaisons de Mark et d'Anthony.

Marke (polonais) variante de Mark.

Markel (latin) variante de Mark.
Markelle, Markelo

Markell GF (latin) variante de Mark.

Markes (portugais) variante de Marques.
Markess, Markest

Markese (français) variante de Marquis.
Markease, Markeece, Markees, Markeese, Markei,
Markeice, Markeis, Markeise, Markes, Markice

Markez (français) variante de Marquis.
Markeze

Markham (anglais) propriété sur la frontière.

Markis (français) variante de Marquis.
Markies, Markiese, Markise, Markiss, Markist

Marko (latin) variante de Marco, de Mark.
Markco

Markos (espagnol) variante de Marcos; (latin)
variante de Mark, de Markus.

Markus (latin) variante de Marcus.
Markas, Markcus, Markcuss, Markous, Márkus, Markys

Marland (anglais) terre du lac.
Mahland, Mahlend, Mahlind, Marlend, Marlind, Marlond,
Marlynd

Marley FG (anglais) prairie du lac.
Marlea, Marlee, Marleigh, Marli, Marlie, Marly, Marrley

Marlin GF (anglais) poisson d'eau profonde.
Marlen, Marlion, Marlyn

Marlo U (anglais) variante de Marlow.

Marlon (français) variante de Merlin.
Marlan

Marlow (anglais) colline près du lac.
Mar, Marlowe

Marmion (français) petit.
Marmien, Marmyon

Marnin (hébreu) chanteur; porteur de joie.
Marnyn

Maro (japonais) moi-même.
Marow

Marón (arabe) le saint.

Marquan (américain) combinaison de Mark
et de Quan.
Marquane, Marquante

Marque (américain) variante de Mark.

Marquel, Marquell (américain) variantes
de Marcellus.
Marqueal, Marquelis, Marquelle, Marquellis, Marquiel,
Marquil, Marquiles, Marquill, Marquille, Marquillus,
Marqwel, Marqwell

Marques (portugais) noble.
Markes, Markqes, Markques, Markqueus, Marquees,
Marquess, Marquest

Marqués (portugais) variante de Marques.

Marquese (portugais) variante de Marques.
Markquese, Marqese, Marqesse, Marquesse

Marquez (portugais) variante de Marques.
Marqez, Marqeze, Marqueze, Marquiez

Marquice (américain) variante de Marquis.
Marquaice, Marquece

Marquies (américain) variante de Marquis.

Marquis GF (français) noble.
Marcquis, Marcuis, Markquis, Markquise, Markuis,
Marqise, Marquee, Marqui, Marquie, Marquiss,
Marquist, Marquiz, Marquize

Marquise GF (français) noble.

Marquon (américain) combinaison
de Mark et de Quon.
Marquin, Marquinn, Marqwan, Marqwon,
Marqwyn

Marqus (américain) variante de Markus;
(portugais) variante de Marques.

Marr (espagnol) divin; (arabe) interdit.

Mars (latin) guerrier audacieux. Mythologie:
dieu romain de la Guerre.

Marsalis (italien) variante de Marcellus.
Marsalius, Marsallis, Marsellis, Marsellius, Marsellus

Marsden (anglais) vallée du marécage.
Marsdan, Marsdin, Marsdon, Marsdyn

Marsh (anglais) marais; (français) diminutif
de Marshall.

Marshal (français) variante de Marshall.
Marschal, Marshel

Marshall (français) gardien des chevaux;
maréchal, titre militaire.
Marshell

Marshaun, Marshon (américain) variantes
de Marshawn.

Marshawn (américain) combinaison
de Mark et de Shawn.
Marshaine, Marshauwn, Marshean, Marshun

Marston (anglais) ville près du marais.
Marstan, Marsten, Marstin, Marstyn

Martel (anglais) variante de Martell.
Martal, Martele

Martell (anglais) marteleur.
Martall, Martellis

Marten (néerlandais) variante de Martin.
Maarten, Martein, Merten

Martese (espagnol) variante de Martez.

Martez (espagnol) variante de Martin.
Martaz, Martaze, Martes, Marteze, Marties, Martiese,
Martiez, Martis, Martise, Martize

Marti F⊡ (espagnol) variante de Martin.
Marte, Martee, Martie

Martial (français) variante de Mark.

Martice (espagnol) variante de Martez.
Martiece

Martin **TOP** (latin, français) martial, belliqueux;
.100.
variante de Martinus. Histoire: Martin Luther
King, leader du mouvement des droits civils
et lauréat du prix Nobel de la paix. Voir aussi
Tynek.
Maartan, Maartin, Maarton, Maartyn, Mart, Martain,
Martainn, Martan, Martijn, Martine, Martinien, Marto,
Marton, Márton, Marts, Mattin, Mertin, Mertyn

Martín (latin) variante de Martin.

Martinez (espagnol) variante de Martin.
Martines

Martínez (espagnol) variante de Martinez.

Martinho (portugais) variante de Martin.

Martino (italien) variante de Martin.
Martiniano

Martiño (espagnol) variante de Martino.

Martins (letton) variante de Martin.

Martinus (latin) martial, belliqueux.
Martinas, Martinos, Martinous, Martynas, Martynis,
Martynos, Martynus, Martynys

Martir (grec) celui qui donne une preuve
de sa foi.

Martirio (latin) témoignage.

Marty G⊡ (Latins) variante populaire de Martin.
Martey

Martyn (latin, français) variante de Martin.
Martyne

Marut (hindi) Religion: dieu hindou du Vent.

Marv (anglais) diminutif de Marvin.
Marve, Marvi, Marvis

Marvel (latin) merveille.

Marvell (latin) variante de Marvel.

Marvin (anglais) amoureux de la mer.
Marvein, Marven, Marvion, Marvn, Marvon, Marvyn,
Marvyne, Murvan, Murven, Murvin, Murvine, Murvon,
Murvyn, Murvyne, Murwin, Murwyn

Marwan (arabe) personnage historique.
Marwen, Marwin, Marwon, Marwyn, Marwynn,
Marwynne

Marwood (anglais) mare de la forêt.

Marzûq (arabe) béni par Dieu.

Mas'ûd (arabe) variante de Masud.

Masaccio (italien) jumeau.
Masaki

Masahiro (japonais) à l'esprit ouvert.
Masahyro

Masamba (yao) feuilles.
Masambah

Masao (japonais) vertueux.

Masato (japonais) juste.

Mashama (shona) surprenant.
Mashamah

Maska (amérindien) puissant; (russe) masque.
Maskah

Maskini (égyptien) pauvre.

Maslin (français) petit Thomas.
Maslan, Maslen, Masling, Maslon, Maslyn

Mason G⊡ (français) maçon.
Masan, Masen, Masin, Masson, Masun, Masyn, Sonny

Masou (amérindien) dieu du Feu.

Massey (anglais) jumeau.
Massi, Massie, Masy

Massimo (italien) le plus grand.
Massymo

Masud (arabe, swahili) chanceux.
Masood, Masoud, Mhasood

Matai (basque, bulgare) variante de Mathieu.
Máté, Matei

Matalino (philippin) brillant.

Matán (hébreu) cadeau.

Matatías (hébreu) cadeau de Dieu.

Matéo, Matteo (espagnol) variantes
de Mathieu.

Mateos (hébreu) donné en offrande à Dieu.

Mateusz (polonais) variante de Mathieu.
Matejs, Mateus

Mathe (allemand) diminutif de Mathieu.

Mathéo TOP.100. (hébreu) don de Dieu ; variante
de Mathieu.

Mather (anglais) armée puissante.

Matheu (allemand) variante de Mathieu.
Matheau, Matheus, Mathu

Mathew (hébreu) variante de Matthew.

Mathias TOP.100. (hébreu) don de Dieu.
Mathi, Mathia, Matthia, Matthias, Matthieus, Matus

Mathías (allemand) variante de Mathias.

Mathieu GF (hébreu) don de Dieu. Bible :
Mathieu, auteur du premier évangile
du Nouveau Testament.
Mathie, Mathieux, Mathiew, Matthiew, Mattieu, Mattieux

Mathis TOP.100. (allemand, suédois) variante
de Mathias.

Mathys TOP.100. (hébreu) variante de Mathias.

Matias, Matías, Mattias (espagnol) variantes
de Mathias.
Mattia

Matitiahu (hébreu) donné par Dieu.

Matlal (nahuatl) vert foncé ; filet.

Matlalihuitl (nahuatl) plume bleu-vert.

Mato (amérindien) courageux.

Matope (rhodésien) notre dernier enfant.
Matop

Matoskah (lakota) ours blanc.

Mats (suédois) variante populaire de Mathieu.
Matts, Matz

Matsimela (égyptien) racines.

Matson (hébreu) fils de Matt.
Matsen, Mattson

Matt (hébreu) diminutif de Matthieu.
Mat

Matteen (afghan) discipliné ; poli.
Mateen, Matin, Matyn

Matteus (scandinave) variante de Matthieu.
Matthaeus, Matthaios, Matthews

Mattew (hébreu) variante de Matthew.

Mattheus (scandinave) variante de Matthew.

Matthew GF (hébreu) don de Dieu.
*Maitiú, Makaio, Mata, Matai, Matek, Matfei, Mathe,
Mathian, Mathieson, Matro, Matthaus, Matthäus,
Mattmias, Maztheson*

Matthieu (français) variante de Mathieu.

Mattison U (hébreu) variante de Matson.
Matison

Matty U (hébreu) variante populaire de Mathieu.
Mattie

Matus (tchèque) variante de Mathias.

Matusalén (hébreu) symbole de longévité.

Matvey (russe) variante de Mathieu.
Matviy, Matviyko, Matyash, Motka, Motya

Matyas (polonais) variante de Mathieu.
Mátyás

Mauli U (hawaïen) variante de Maurice.

Maurice (latin) à la peau sombre ; lande ; marais.
Voir aussi Seymour.
*Maur, Maurance, Maureo, Mauri, Maurids, Mauriece,
Maurikas, Maurin, Maurino, Maurise, Mauritius, Maurius,
Maurrel, Maurtel, Mauryc, Mauryce, Maurycy, Maurys,
Mauryse, Meurig, Meurisse, Morice, Moritz, Morrice*

Mauricio (espagnol) variante de Maurice.
Mauriccio, Mauriceo, Maurico, Maurisio

Mauritz (allemand) variante de Maurice.
Maurits

Maurizio (italien) variante de Maurice.

Mauro (latin) diminutif de Maurice.
Maur, Maurio

Maury (latin) variante populaire de Maurice.
Maurey, Maurie

Maverick 🄶🄵 (américain) indépendant.
Maveric, Maverik, Maveryc, Maveryck, Maveryk, Maveryke, Mavric, Mavrick, Mavrik, Mavryc, Mavryck, Mavryk

Mavilo (latin) ne pas vouloir.

Mawuli (ewe) il y a un Dieu.

Max (latin) diminutif de Maxime, de Maximilien, de Maxwell.
Maks, Maxe

Maxence **TOP** **.100.** (latin) variante de Maxime.

Maxfield (anglais) champ de Mack.
Macfield, Mackfield, Mackfyld, Makfield, Makfyld

Maxi (tchèque, hongrois, espagnol) variante populaire de Maximilien, de Maxime.
Makszi, Maxie, Maxis

Maxim (russe) variante de Maxime.
Maixim, Maxem

Maxime **TOP** **.100.** 🄶🄵 (français) très excellent.

Maximilian (anglais) variante de Maximilien.
Maksimilian, Maksimillian, Maksymilian, Maxamilian, Maxamillion, Maxemilian, Maxemilion, Maximalian, Maximili, Maximilia, Maximilianos, Maximilianus, Maximillion, Maxmilian, Maxmillion, Maxon, Maxximillion, Maxymilian

Maximiliano (italien) variante de Maximilian.
Massimiliano, Maximiano

Maximilien (latin) très grand; variante de Maxime.
Maximilian, Maximillan, Maximillano, Maximillien, Maxmillian, Maxximillian, Maxymillian

Maximino (italien) variante de Maximilien.

Maximo, Máximo (espagnol) variantes de Maxime.

Maximos (grec) variante de Maxime.
Maxymos, Maxymus

Maxwell (anglais) grande source.
Maxwel, Maxwill, Maxxwell

Maxx (latin) variante de Max.

Maxy (anglais) variante populaire de Max, de Maxwell.
Maxey

Maxyme (français) variante de Maxime.

Mayer (latin) variante de Magnus, de Major; (hébreu) variante de Meir.
Mahyar, Maier, Mayar, Mayeer, Mayir, Mayor, Mayur

Mayes (anglais) champ.
Maies, Mays

Mayhew (anglais) variante de Matthew; (latin) variante de Maximilien.
Maehew, Maihew

Maymûm (arabe) chanceux.

Maynard (anglais) puissant; courageux. Voir aussi Meinhard.
Mainard, May, Mayne, Maynhard, Ménard

Maynor (anglais) variante de Maynard.

Mayo (irlandais) plaine aux ifs; (anglais) variante de Mayes. Géographie: comté d'Irlande.
Maio

Mayon (indien) personne au teint noir. Religion: autre nom du dieu indien Mal.
Maion

Mayonga (luganda) marin sur un lac.

Mayson (français) variante de Mason.

Mayta (quechua) où es-tu ?

Maytacuapac (quechua) Ô, Seigneur, où es-tu ?

Mayua (quechua) violet, pourpre.

Mazatl (nahuatl) cerf.

Mazi (igbo) monsieur.
Mazzi

Mazin (arabe) convenable.
Mazan, Mazen, Mazinn, Mazon, Mazyn, Mazzin

Mbita (swahili) né une nuit froide.

Mbizi (égyptien) eau.

Mbwana (swahili) maître.

Mc Kenzie, McKenzie Ⓤ (irlandais) variantes de Mackenzie.

Mccoy (irlandais) variante de Maccoy.
McCoi, McCoy

McGeorge (écossais) fils de George.
MacGeorge

Mckade (écossais) fils de Kade.
Mccade

Mckay (écossais) fils de Kay.
Macai, Macay, Mackai, Mackay, MacKay, Mackaye, Makkai, Makkay, Makkaye, Mckae, Mckai, McKay

Mckenna 🄵🄶 (américain) variante de Mackenzie.

Mckenzie 🄵🄶 (irlandais) variante de Mackenzie.
Mccenzie, Mckennzie, Mckensey, Mckensie, Mckenson, Mckensson, Mckenzee, Mckenzi, Mckenzy, Mckinzie

Mckinley GF (irlandais) variante de Mackinnley.
Mckinely, Mckinnely, Mckinnlee, Mckinnley, McKinnley

Mead GF (anglais) prairie.
Meade, Meed

Mecatl (nahuatl) corde ; lignée.

Medardo (germanique) puissant avec audace.

Medarno (saxon) celui qui mérite d'être honoré.

Medgar (allemand) variante d'Edgar.
Medger

Medín (grec) qui repousse, qui défend.

Medir (grec) variante de Medín.

Medric (anglais) prairie en fleurs.
Medrick, Medrik, Medryc, Medryck, Medryk

Medwin (allemand) ami fidèle.
Medwyn

Meginardo (teuton) celui qui est un chef puissant.

Mehetabel (hébreu) à qui Dieu profite.

Mehmet (arabe) variante de Mahomet, de Mohamet.
Mehemet

Mehrdad (persan) cadeau du soleil.

Mehtar (sanscrit) prince.
Mehta

Meinhard (allemand) fort, ferme. Voir aussi Maynard.
Meinhardt, Meinke, Meino, Mendar, Meynhard

Meinrad (allemand) conseiller fort.
Meynrad

Meir (hébreu) qui s'égaye, qui brille ; révélateur. Histoire : Golda Meir fut Premier ministre d'Israël.
Mayer, Meyer, Meyr, Muki, Myer

Meka FG (hawaïen) yeux.
Mekah

Mel U (anglais, irlandais) variante populaire de Melvin.
Mell

Melanio (grec) qui a la peau noire.

Melbourne (anglais) courant du bief.
Melborn, Melborne, Melburn, Melburne, Melby

Melchior (hébreu) roi.
Meilseoir, Melker, Melkior

Melchor (hébreu) variante de Melchior.

Meldon (anglais) colline au moulin.
Meldan, Melden, Meldin, Meldyn

Meldrick (anglais) fort moulin.
Meldric, Meldrik, Meldryc, Meldryck, Meldryk

Melecio (grec) consciencieux et attentif.

Melibeo (grec) celui qui prend soin des handicapés mentaux.

Melino (tongan) paix.
Melin, Melinos, Melyn, Melyno, Melynos

Meliso (grec) abeille.

Melito (grec) sucré ; agréable.

Meliton, Melitón (grec) de l'île de Malte.

Melivilu (mapuche) quatre serpents.

Melquiades, Melquíades (hébreu) Yahvé est mon Dieu.

Melrone (irlandais) serviteur de saint Ruadhan.

Melvern (amérindien) grand chef.
Melverne, Melvirn, Melvirne, Melvyrn, Melvyrne

Melville (français) ville du moulin. Littérature : Herman Melville est un auteur américain renommé du XIXe siècle.
Malvil, Malvill, Malville, Melvil, Melvill, Milville

Melvin (irlandais) chef en armure ; (anglais) ami du moulin ; ami du conseil. Voir aussi Vinny.
Melvan, Melven, Melvine, Melvino, Melvon, Melvyn, Melwin, Melwyn, Melwynn

Memphis (égyptien) qui vient de Memphis.

Menachem (hébreu) qui rassure.
Menahem, Nachman

Menajem (hébreu) qui rassure.

Menandro (grec) celui qui reste un homme.

Menas (grec) relatif aux mois.

Menassah (hébreu) raison pour oublier.
Manasseh, Menashe, Menashi, Menashia, Menashiah, Menashya

Mendel (anglais) dépanneur.
Mendal, Mendeley, Mendell, Mendie, Mendil, Mendy, Mendyl

Mendo (espagnol) variante de Hermenegildo.

Menelao (grec) celui qui va au village pour combattre.

Menes (égyptien) nom du roi.

Mengesha (éthiopien) royaume.

Menico (espagnol) diminutif de Domenico.

Mensah (ewe) troisième fils.
Mensa

Mentor (grec) le professeur.

Menz (allemand) diminutif de Clément.

Mercer (anglais) commerçant.
Merce

Mercurio (latin) celui qui prête attention aux affaires.

Mered (hébreu) qui se révolte.

Merion (gallois) de Merion, au pays de Galles.
Merrion

Merivale (anglais) vallée agréable.
Merival, Meryval, Meryvale

Merle **GF** (français) diminutif de Merlin, de Merrill.
Merl, Meryl, Murl, Murle

Merlin (anglais) faucon. Littérature: magicien conseiller à la cour de roi Arthur.
Merlen, Merlinn, Merlyn, Merlynn

Merlín (français) variante de Merlin.

Merlino (espagnol) variante de Merlín.

Merrick (anglais) souverain de la mer.
Merek, Meric, Merick, Merik, Merric, Merrik, Merryc, Merryck, Merryk, Meryk, Meyrick, Myrucj

Merrill (irlandais) mer brillante; (français) célèbre.
Meril, Merill, Merrel, Merrell, Merril, Meryl, Meryll

Merritt **U** (latin, irlandais) précieux; méritant.
Merit, Meritt, Merrett, Merrit, Merryt

Merton (anglais) ville maritime.
Mertan, Merten, Mertin, Mertyn, Murton

Merulo (latin) celui qui est aussi fin qu'un merle.

Merv (irlandais) diminutif de Mervin.
Merve

Merville (français) village maritime.

Mervin (irlandais) variante de Marvin.
Merv, Mervan, Merven, Mervine, Mervon, Mervyn, Mervyne, Mervynn, Merwin, Merwinn, Merwyn, Murvin, Murvyn, Myrvyn, Myrvynn, Myrwyn

Meshach (hébreu) artiste. Bible: l'un des trois amis de Daniel qui émergent sains et saufs de la fournaise ardente de Babylone.

Meshulam (hébreu) payé.

Mesut (turc) heureux.

Metikla (miwok) qui tend une main sous l'eau pour attraper un poisson.

Metrenco (mapuche) eau plate.

Metrofanes (grec) celui qui ressemble à sa mère.

Mette (grec, danois) perle.
Almeta, Mete

Meulén (mapuche) tornade.

Meurig (gallois) variante de Maurice.

Meyer (alleman) fermier; (hébreu) variante de Meir.
Mayeer, Mayer, Meier, Myer

Meztli (nahuatl) lune.

Mhina (swahili) charmant.
Mhinah

Micael (hébreu) variante de Michaël.

Micah **GF** (hébreu) variante de Michaël. Bible: Michée, un prophète hébreu.
Mic, Mica, Myca, Mycah

Micaiah **U** (hébreu) variante de Micah.
Michiah

Micha **FG** (hébreu) diminutif de Michaël.
Micha, Michah

Michaël **GF** (hébreu) qui est comme Dieu. Voir aussi Micah, Miguel, Mika, Miles.
Machael, Machas, Maikal, Makael, Makal, Makel, Makell, Makis, Meikil, Meikyl, Mekil, Mekyl, Mhichael, Micahel, Mical, Michaele, Michaell, Michalel, Michau, Michelet, Michiel, Micho, Michoel, Miekil, Miekyl, Mihail, Mihalje, Mihkel, Mikáele

Michaelangel (américain) variante de Michaël et d'Angel.

Michail (russe) variante de Michaël.
Mihas, Mikale

Michal **GF** (polonais) variante de Michaël.
Michak, Michalek, Michall

Michale (polonais) variante de Michaël.

Micheal (irlandais) variante de Michaël.

Michel **GF** (français) variante de Michaël.
Michaud, Miche, Michee, Micheil, Michell, Michelle, Michon

Michelangelo (italien) combinaison de Michaël et d'Angelo. Art : Michel-Ange Buonarroti est l'un des plus grands peintres de la Renaissance.
Michelange

Michele FG (italien) variante de Michaël.

Michio (japonais) homme qui a la force de trois mille.

Mick (anglais) diminutif de Michaël, de Mickey.
Myc, Myck

Mickael, Mickel (anglais) variantes de Michaël.
Mickaele, Mickal, Mickale, Mickeal, Mickell, Mickelle, Mickle, Myckael, Myckaele, Myckaell

Mickenzie FG (irlandais) variante de Mackenzie.
Mickenze, Mickenzy, Mikenzie

Mickey (irlandais) variante populaire de Michaël.
Mickee, Micki, Mickie, Micky, Miki, Mikie, Miky, Mycke, Myckee, Myckey, Mycki, Myckie, Mycky, Mykee, Mykey, Myki, Mykie, Myky

Micu (hongrois) variante de Nick.

Midas (grec) occupation fugace et admirable.

Migel (portugais, espagnol) variante de Miguel.

Miguel (portugais, espagnol) variante de Michaël.
Migeal, Migeel, Miguelly, Miguil, Myguel, Myguele, Myguell, Myguelle

Miguelangel (espagnol) combinaison de Miguel et d'Angel.
Miguelangelo

Mihail (grec, bulgare, roumain) variante de Mikhail.
Mahail, Maichail, Mekhail, Micheil, Mihailo, Mihal, Mihalis

Mijael, Mijaiá (hébreu) qui à part Dieu ?

Mijaíl (russe) variante de Miguel.

Mika FG (ponca) raton-laveur ; (hébreu) variante de Micah ; (russe) variante populaire de Michaël.
Miika, Myka, Mykah

Mikael (suédois) variante de Michaël.
Mikaeel, Mikaele, Mykael, Mykaele, Mykaell

Mikáele (hawaïen) variante de Michaël.
Mikele

Mikah U (hébreu) variante de Micah ; (hébreu, russe, ponca) variante de Mika.

Mikail (grec, russe) variante de Mikhail.

Mikal GF (hébreu) variante de Michaël.
Meikal, Mekal, Miekal, Mikahl, Mikale

Mikasi (omaha) coyote.
Mykasi

Mike (hébreu) diminutif de Michaël.
Myk, Myke

Mikeal (irlandais) variante de Michaël.

Mikel GF (basque) variante de Michaël.
Meikel, Mekel, Mekell, Miekel, Mikele, Mikelle

Mikelis (letton) variante de Michaël.
Mikus, Milkins

Mikell (basque) variante de Michaël.

Mikey (hébreu) diminutif de Michaël.

Mikhael (grec, russe) variante de Mikhail.

Mikhail (grec, russe) variante de Michaël.
Mekhail, Mihály, Mikhale, Mikhalis, Mikhalka, Mikhall, Mikhel, Mikhial, Mikhos

Miki FG (japonais) arbre.
Mikio

Mikizli (nahuatl) repos après un dur labeur.

Mikkel (norvégien) variante de Michaël.
Mikkael, Mikle

Mikko (finnois) variante de Michaël.
Mikk, Mikka, Mikkohl, Mikkol, Miko, Mikol

Mikolaj (polonais) variante de Nicolas.
Mikolai

Mikolas (grec) variante de Nicolas.
Miklós

Miksa (hongrois) variante de Max.
Miks, Myksa

Milagro (espagnol) miracle.

Milan TOP.1000. U (italien) personne du Nord. Géographie : ville du Nord de l'Italie.
Milaan, Milano, Milen, Millan, Millen

Milap (amérindien) qui donne.

Milborough (anglais) arrondissement du milieu.
Milbrough, Mylborough, Mylbrough

Milburn (anglais) ruisseau près du moulin. Variante de Melbourne.
Milborn, Milborne, Milbourn, Milbourne, Milburne, Millborn, Millborne, Millbourn, Millbourne, Millburn, Millburne

Milcíades (grec) celui qui a un teint rougeaud.

Milek (polonais) variante populaire de Nicolas.
Mylek

Miles (grec) meule; (latin) soldat; (allemand) miséricordieux; (anglais) diminutif de Michaël.
Milas, Milles, Milson

Milford (anglais) moulin près du gué.
Millford, Mylford, Myllford

Mililani Ⓤ (hawaïen) caresse céleste.
Mililanee, Mililaney, Mililanie, Mililany

Milintica (nahuatl) il fait signe de la main; feu.

Milko (allemand) variante populaire d'Emil; (tchèque) variante de Michaël.
Milkins

Millán (latin) qui appartient à la famille Emilia.

Millañir (mapuche) renard couleur argent.

Millard (latin) gardien du moulin.
Mill, Millward, Milward, Mylard, Myllard

Miller (anglais) meunier; meule à grains.
Mellar, Meller, Mellor, Milar, Miler, Millar, Millen, Milor, Mylar, Myler, Myllar, Myller, Mylor

Mills (anglais) moulins.
Mils, Mylls, Myls

Milo **TOP.100.** (allemand) variante de Miles. Variante populaire d'Emil.
Millo, Mylo

Milos (grec, slave) agréable.
Mylos

Miloslav (tchèque) amoureux de la gloire.
Myloslav

Milt (anglais) diminutif de Milton.

Milton (anglais) ville du moulin.
Millton, Miltie, Milty, Myllton, Mylton

Mimis (grec) variante populaire de Démétrius.

Min (birman) roi.
Mina, Myn

Mincho (espagnol) variante de Benjamin.

Minel (espagnol) variante de Manuel.

Miner (anglais) minier.

Myner Minervino (grec) variante de Minervo.

Minervo (grec) pouvoir; jeune.

Mingan (amérindien) loup gris.
Myngan

Mingo (espagnol) diminutif de Domingo.

Minh (vietnamien) brillant.
Minhao, Minhduc, Minhkhan, Minhtong, Minhy, Mynh

Minkah (akan) juste, équitable.
Minka, Mynka, Mynkah

Minor (latin) jeune; plus jeune.

Minoru (japonais) fructueux.

Mío (espagnol) le mien.

Mique (espagnol) variante de Mickey.

Miquel (espagnol) variante de Mique.
Mequel, Mequelin

Miracle Ⓕ Ⓖ (latin) miracle.

Mirco (espagnol) celui qui garantit la paix.

Mirko (slave) renommé pour avoir assuré la paix.

Miron (polonais) paix.

Miroslav (tchèque) paix; gloire.
Mirek, Miroslaw, Miroslawy, Myroslav

Miroslavo (slave) variante de Miroslav.

Mirwais (afghan) noble dirigeant.

Mirza (persan) monsieur.

Misael, Missael (hébreu) variantes de Michaël.
Mischael, Mishael

Misha Ⓕ Ⓖ (russe) diminutif de Michail.
Misa, Mischa, Mishael, Mishal, Mishe, Mishenka, Mishka

Miska (hongrois) variante de Michaël.
Misi, Misik, Misko, Miso

Mister (anglais) monsieur.
Mistar, Mistur, Mystar, Myster, Mystur

Misu (miwok) eau qui ondule.
Mysu

Mitch (anglais) diminutif de Mitchell.
Mytch

Mitchel (anglais) diminutif de Mitchell.
Mitchael, Mitchal, Mitcheal, Mitchele, Mitchil, Mytchel

Mitchell (anglais) variante de Michaël.
Mitchall, Mitchelle, Mitchem, Mytchell

Mitsos (grec) variante populaire de Démétrius.

Mixel (catalan) variante de Miguel.

Moctezuma (nahuatl) prince au geste austère.

Modesto (latin) modeste.
Modesti, Modestie, Modesty

Moe (anglais) diminutif de Moses.
Mo

Mogens (néerlandais) puissant.
Mogen

Mohamed TOP.100. (arabe) variante de Muhammad.
Mohamad, Mohamd, Mohameed, Mohamid, Mohammad, Mohammadi, Mohammd, Mohammed, Mohammid, Mohanad, Mohaned, Mohmad

Mohamet (arabe) variante de Muhammad.

Mohamud (arabe) variante de Muhammad.
Mohammud, Mohamoud

Mohan (hindi) charmant.

Moïse (hébreu) sorti de l'eau. Bible : législateur hébreu qui apporta les Dix Commandements du mont Sinaï.

Moises (portugais, espagnol) variante de Moïse.
Moices, Moisei, Moisés, Moisey, Moisis

Moishe (yiddish) variante de Moïse.

Mojag (amérindien) bébé qui pleure.

Moki (australien) nuageux.
Mokee, Mokey, Mokie, Moky

Molimo (miwok) ours qui se met sous des arbres ombrageux.

Momoztli (nahuatl) autel.

Momuso (miwok) guêpes entassées dans leurs nids pour l'hiver.

Mona FG (miwok) qui ramasse les graines de datura.
Monah

Monahan (irlandais) moine.
Monaghan, Monoghan

Mongo (yoruba) célèbre.

Mónico (latin) solitaire.

Monitor (latin) celui qui conseille.

Monolo (espagnol) variante populaire de Manuel.

Monroe (irlandais) du mont sur la rivière Roe.
Monro, Monrow, Munro, Munroe, Munrow

Montague (français) montagne pointue.
Montagne, Montagu

Montaigu (français) qui vient de la colline.

Montana FG (espagnol) montagne. Géographie : nom de l'un des États des États-Unis.
Montaine, Montanah, Montanna

Montaro (japonais) grand garçon.
Montero

Monte (français) variante de Montague ; (espagnol) diminutif de Montgomery.
Montae, Montaé, Montay, Montea, Montee, Monti, Montie, Montoya

Montego (espagnol) montagneux.

Montel, Montell (américain) variantes de Montréal.
Montele, Montelle

Montenegro (espagnol) montagne noire.

Monterio (japonais) variante de Montaro.
Montario

Montes, Móntez (espagnol) variantes de Montez.

Montez (espagnol) habitant des montagnes.
Monteiz, Monteze, Montezz, Montise, Montisze, Montiz, Montize, Montyz, Montyze

Montgomery GF (anglais) montagne d'homme riche.
Montgomerie, Mountgomery

Month (égyptien) dieu de Thèbes.

Montre (français) montrer.
Montra, Montrae, Montrai, Montray, Montrey

Montréal (français) montagne royale. Géographie : ville du Québec.
Montel, Monterial, Monterrell, Montrail, Montreall, Montrial

Montrel, Montrell (français) variantes de Montréal.
Montral, Montrale, Montrall, Montrele, Montrelle

Montrez (français) variante de Montre.
Montraz, Montres, Montreze

Montserrat (catalan) sur la chaîne de montagnes.

Montsho (tswana) noir.

Monty (anglais) variante populaire de Montgomery.
Montey

Moore (français) sombre ; lande ; marécage.
Moar, Moare, Moor, Mooro, More, Morre

Mordecai (hébreu) martial, belliqueux. Bible : sage conseiller de la reine Esther.
Mord, Mordie, Mordy

Mordechai (hébreu) variante de Mordecai.
Mordachai

Mordred (latin) douloureux. Littérature : fils naturel du roi Arthur.
Modred, Mordryd

Morel (français) la morille, champignon comestible.
Morell, Morrel

Moreland (anglais) lande; marécage.
Moarlan, Moarland, Moorelan, Mooreland, Moorlan, Moorland, Morelan, Morlan, Morland

Morell (français) sombre; du Maroc.
Morelle, Morelli, Morill, Morrell, Morrill, Murrel, Murrell

Morey (grec) variante populaire de Moris; (latin) variante de Morrie.
Moree, Morree, Morrey, Morry, Mory, Morye

Morfeo (grec) celui qui te fait voir de belles figures.

Morgan F G (écossais) guerrier maritime.
Morghan, Morgin, Morgon, Morgun, Morgunn, Morgwn, Morgyn, Morrgan

Morgen F G (écossais) variante de Morgan.

Morio (japonais) forêt.
Moryo

Moris (grec) fils de la personne sombre; (anglais) variante de Morris.
Morey, Morisz, Moriz, Morys

Moritz (allemand) variante de Maurice, de Morris.
Morisz

Morley (anglais) prairie près de la lande.
Moorley, Moorly, Morlea, Morlee, Morleigh, Morli, Morlie, Morlon, Morly, Morlyn, Morrley

Morrie (latin) variante populaire de Maurice, de Morse.
Morey, Mori, Morie, Morri

Morris (latin) à la peau sombre; lande; marécage; (anglais) variante de Maurice.
Moris, Moriss, Moritz, Morrese, Morrise, Morriss, Morrys, Moss

Morse (anglais) fils de Maurice.
Morresse, Morrison, Morrisson

Mort (français, anglais) diminutif de Mordecai, de Morten, de Mortimer, de Morton.
Morte, Mortey, Mortie, Mortty, Morty

Morten (norvégien) variante de Martin.
Mortan, Mortin, Mortyn

Mortimer (français) eau plate.
Mortymer

Morton (anglais) ville près de la lande.

Morven (écossais) marin.
Morvan, Morvien, Morvin

Mose (hébreu) diminutif de Moses.
Moyse

Mosegi (égyptien) tailleur.

Moses (anglais) variante de Moïse; (égyptien) fils, enfant.
Mosese, Mosiah, Mosie, Mosses, Mosya, Mosze, Moszek, Moyses, Moze, Mozes

Moshe (hébreu, polonais) variante de Moïse.
Mosheh

Moshé (hébreu) variante de Moshe.

Mosi G F (swahili) premier-né.
Mosee, Mosey, Mosie, Mosy

Moss (irlandais) diminutif de Maurice, de Morris; (anglais) diminutif de Moses.
Mos

Moswen U (africain) lumière en couleur.
Moswin, Moswyn

Motega (amérindien) nouvelle flèche.
Motegah

Mouhamed (arabe) variante de Muhammad.
Mouhamad, Mouhamadou, Mouhammed, Mouhamoin

Mousa (arabe) variante de Moïse.
Moussa

Moyolehuani (nahuatl) personne amoureuse.

Mozart (italien) à bout de souffle. Musique: Wolfgang Amadeus Mozart est un célèbre compositeur autrichien du XVIIIe siècle.
Mozar

Moze (lituanien) variante de Moïse.
Mózes

Mpasa (nguni) tapis.
Mpasah

Mposi (nyakyusa) forgeron.

Mpoza (luganda) collecteur d'impôts.

Msamaki (égyptien) poisson.

Msrah (akan) né en sixième.

Mtima (nguni) cœur.

Mu'âdh (arabe) protégé.

Mû'awîyya (arabe) jeune renard.

Mu'tassim (arabe) qui a obéi à la foi.

Mu'tazz (arabe) fier.

Muata (miwok) guêpes dans leur nid.
Mutah

Mubârak (arabe) béni.

Mucio (latin) celui qui tolère le silence.

Mufîd (arabe) utile.

Mugamba (runyoro) qui parle trop.

Mugisa (toro) chanceux.
Mugisha, Mukisa

Muhammad (arabe) loué. Histoire:
Mahomet, fondateur de la religion islamique.
Voir aussi Ahmad, Hamid, Yasin.
Mahmúd, Muhamad, Muhamed, Muhamet, Muhammadali

Muhammed (arabe) variante de Muhammad.

Muhannad (arabe) épée.
Muhanad

Muhsin (arabe) bienfaisant; charitable.

Muhtadi (arabe) guidé avec raison.
Muhtadi

Muir (écossais) lande; marécage.
Muire, Muyr, Muyre

Mujahid (arabe) combattant pour Allah.

Mujâhid (arabe) variante de Mujahid.

Mukasa (luganda) administrateur en chef
de Dieu.
Mukasah

Mukhtar (arabe) choisi.
Mukhtaar

Mukhwana (égyptien) jumeaux.

Mukul (sanscrit) bourgeon, fleur; âme.

Mullu (quechua) corail, bijou.

Mulogo (soga) sorcier.

Mun-Hee (coréen) instruit; brillant.

Mundan (rhodésien) jardin.

Mundo (espagnol) diminutif d'Edmundo.

Mundy (irlandais) de Reamonn.
Munde, Mundee, Mundey, Mundi, Mundie

Mungo (écossais) aimable.

Munir (arabe) brillant; éclatant.
Munyr

Munny (cambodgien) sage.
*Munee, Muney, Muni, Munie, Munnee, Munney, Munni,
Munnie, Muny*

Muntassir (arabe) victorieux.

Muraco (amérindien) lune blanche.
Muracco

Murali (hindi) flûte. Religion: instrument duquel
joue généralement le dieu hindou Krishna
dans les représentations.

Murat (turc) vœu exaucé.

Murdock (écossais) marin riche.
Murdo, Murdoc, Murdoch, Murtagh

Murphy GF (irlandais) guerrier maritime.
*Murffee, Murffey, Murffi, Murffie, Murffy, Murfy, Murphee,
Murphey, Murphi, Murphie*

Murray (écossais) marin.
*Moray, Murae, Murai, Muray, Murrae, Murrai, Murree,
Murrey, Murri, Murrie, Murry*

Murtadi (arabe) satisfait.

Murtagh (irlandais) variante de Murdock.
Murtaugh

Musa (swahili) enfant.

Mûsà (arabe) variante de Moïse.

Musád (arabe) chameau en liberté.

Mushin (arabe) charitable.

Muslim (égyptien) croyant.

Musoke (konjo) né quand il y avait
un arc-en-ciel.

Mustafa (arabe) choisi; royal.
*Mostafa, Mostafah, Mostaffa, Mostaffah, Moustafa,
Mustafaa, Mustafah, Mustafe, Mustaffa, Mustafo,
Mustoffa, Mustofo*

Mustafá, Mustafà (arabe) variantes de Mustafa.

Mustapha (arabe) variante de Mustafa.
Mostapha, Moustapha

Muti (arabe) obéissant.

Muwaffaq (arabe) prospère.

Mwaka (luganda) né le Jour de l'an.

Mwamba (nyakyusa) fort.

Mwanje (luganda) léopard.

Mwinyi (swahili) roi.

Mwita (swahili) personne qui convoque.

Mychael (américain) variante de Michaël.

Mychajlo (letton) variante de Michaël.
Mykhaltso, Mykhas

Mychal (américain) variante de Michaël.
Mychall, Mychalo, Mycheal

Myer (anglais) variante de Meir.
Myers, Myur

Mykal (américain) variante de Michaël.
Mykall, Mykell, Mykil, Mykill, Mykyl, Mykyle, Mykyll,
Mykylle

Mykel (américain) variante de Michaël.

Myles (latin) soldat; (allemand) variante
de Miles.
Myels, Mylez, Mylles, Mylz

Mylon (italien) variante de Milan.
Mylan, Mylen, Mylyn, Mylynn

Mynor (latin) variante de Minor.

Myo (birman) ville.

Myron (grec) onguent parfumé; (polonais)
variante de Miron.
Mehran, Mehrayan, My, Myran, Myrone, Ron

Myung-Dae (coréen) droit; grand.

Mzuzi (swahili) inventif.

N

N'namdi (igbo) le nom de son père survit.
N'namdi

Naaman (hébreu) agréable.
Naman

Nabarun (indien) soleil matinal.

Nabeel (arabe) variante de Nabil.

Nabendu (indien) nouvelle lune.

Nabhân, Nabîh (arabe) digne.

Nabhi (indien) foyer; le meilleur.

Nabiha (arabe) intelligent.
Nabihah

Nabil (arabe) noble.
Nabiel, Nabill, Nabyl, Nabyll

Nabor (hébreu) la lumière du prophète.

Nabucodonosor (chaldéen) Dieu protège
mon règne.

Nachiketa (indien) ancien Richi, ou sage
hindou; feu.

Nachman (hébreu) diminutif de Menachem.
Nachum

Nada (arabe) généreux.
Nadah

Nadav (hébreu) généreux; noble.
Nadiv

Nader (afghan, arabe) variante de Nadir.

Nadidah (arabe) égal à n'importe qui.

Nadim (arabe) ami.
Nadeem, Nadym

Nadîm (arabe) variante de Nadim.

Nadir (afghan, arabe) cher, rare.
Nadar, Nadyr

Nadisu (hindi) belle rivière.
Nadysu

Naeem (arabe) bienveillant.
Naem, Naim, Naiym, Naym, Nieem

Naftali (hébreu) guirlande.
Naftalie

Naftalí (hébreu) variante de Naftali.

Nagendra, Nagesh (indien) autres noms
du dieu-serpent hindou Shesha.

Nagid (hébreu) dirigeant; prince.
Nagyd

Nahele (hawaïen) forêt.

Nahma (amérindien) esturgeon.
Nahmah

Nahuatl (nahuatl) quatre eaux.

Nahuel (araucanien) tigre.

Nahum (hébreu) variante de Nachman.

Nahusha (indien) roi mythologique.

Naiara (espagnol) de la Vierge Marie.

Nailah (arabe) prospère.
Naila, Nayla, Naylah

Nairit (indien) sud-ouest.

Nairn (écossais) rivière avec des aulnes.
Nairne, Naym, Nayrne

Naishadh (indien) autre nom du roi Nala, héros du poème épique *Le Mahabharata*.

Najee GF (arabe) variante de Naji.
Najae, Najée, Najei, Najiee

Naji (arabe) sûr.
Najie, Najih, Najy

Nâji (arabe) variante de Naji.

Najíb (arabe) né dans la noblesse.
Najeeb, Najib, Najyb, Nejeeb, Nejib, Nejyb

Najjâr (arabe) charpentier.

Najm Al-Dîn (arabe) étoile de la foi.

Nakia FG (arabe) pur.
Nakai, Nakee, Nakeia, Naki, Nakiah, Nakii

Nakos (arapaho) sage.

Nakshatra (indien) étoile.

Nakul (indien) l'un des Pandava, descendants du roi Pandu dans le poème épique *Le Mahabharata*.

Naldo (espagnol) variante populaire de Réginald.

Nalin (indien) lotus.

Nalinaksha (indien) qui a les yeux comme un lotus.

Nalren (dené) dégelé.

Nam (vietnamien) racler.

Namacuix (nahuatl) roi.

Namaka (hawaïen) yeux.
Namakah

Namdev, Narahari (indien) autres noms du dieu hindou Vishnou.

Namid (ojibwé) danseur étoile.
Namyd

Namir (hébreu) léopard.
Namer, Namyr

Namuncura, Namuncurá (mapuche) pied de pierre, pied fort.

Nana U (hawaïen) source.

Nanak (indien) gourou sikh.

Ñancuvilu (mapuche) serpent de la couleur du plomb.

Nand (indien) joyeux.

Nandi (indien) autre nom du dieu hindou Shiva ; taureau de Shiva.

Nandin (hindi) Religion : serviteur du dieu hindou Shiva.
Nandan, Nandyn

Nando (allemand) variante populaire de Ferdinand.
Nandor

Nangila (luyia) né lors d'un voyage des parents.
Nangilah, Nangyla, Nangylah

Nangwaya (mwera) ne me prends pas pour un imbécile.

Nansen (suédois) fils de Nancy.
Nansan, Nansin, Nanson, Nansyn

Nantai (navajo) chef.
Nantay

Nantan (apache) porte-parole.
Nanten, Nantin, Nanton, Nantyn

Naoko (japonais) droit, honnête.

Naolin (espagnol) dieu Soleil du peuple mexicain.

Naotau (indien) nouveau.

Napayshni (lakota) il ne fuit pas ; courageux.

Napier (espagnol) nouvelle ville.
Napyer, Neper, Nepier, Nepyer

Napoléon (grec) lion des bois ; (italien) de Naples, en Italie. Histoire : Napoléon Bonaparte, empereur français du XIXᵉ siècle.
Leon, Nap, Napolean, Napoleon, Napoleone, Nappie, Nappy

Napoleón (grec) variante de Napoléon.

Naquan (américain) combinaison du préfixe Na et de Quan.
Naqawn, Naquain, Naquen, Naquon

Narain (hindi) protecteur. Religion : autre nom du dieu hindou Vishnou.
Narayan

Narasimha (indien) incarnation du dieu hindou Vishnou.

Narcisse (grec) le narcisse, une fleur. Mythologie : Narcisse, jeune homme qui tomba amoureux de son propre reflet.
Narcis, Narciso, Narcisso, Narcyso, Narcyss, Narcysse, Narkis

Narcissus (grec) le narcisse, une fleur.
Narcisse, Narcyssus, Narkissos

Nard (persan) joueur d'échecs.

Nardo (allemand) fort, ardi; (espagnol) diminutif de Bernardo.

Narendra (indien) roi.

Naresh (hindi) le roi.

Narmer (égyptien) nom du roi.

Narno (latin) celui qui est né dans la ville italienne de Narni.

Narrie (australien) feu de brousse.
Narree, Narrey, Narri, Narry

Narses (persan) ce que les deux martyrs ont rapporté de Perse.

Narve (néerlandais) fort, en bonne santé.
Narv

Nashashuk (fox, sauk) tonnerre fracassant.

Nâshe (arabe) conseiller.

Nashoba (choctaw) loup.

Nasim (persan) brise; air frais.
Naseem, Nassim, Nasym

Nasîm (persan) variante de Nasim.

Nasir (arabe) variante de Nasser.
Nassir

Nassar (arabe) protecteur.

Nasser (arabe) victorieux.
Naseer, Naser, Nasier, Nasr, Nassor, Nassyr

Nat (anglais) diminutif de Nathan, de Nathaniel.
Natt, Natty

Natal (espagnol) variante de Noël.
Natale, Natalie, Natalino, Natalio, Nataly

Natalicio (latin) jour de naissance.

Natan (hébreu, hongrois, polonais, russe, espagnol) Dieu a donné.
Natain, Nataine, Natayn, Natayne, Naten

Natán (hébreu) variante de Natan.

Natanaël (hébreu) variante de Nathanaël.
Nataneal, Natanel, Nataniel, Nataniello

Nate (hébreu) diminutif de Nathan, de Nathanaël.
Nait, Naite, Nayt, Nayte

Natesh (hindi) destructeur. Religion: autre nom du Dieu hindou Shiva.

Nathan **TOP** **.100.** (hébreu) diminutif de Nathanaël. Bible: prophète durant les règnes de David et Salomon.
Naethan, Naethin, Naethun, Naethyn, Naithan, Naithin, Naithon, Naithun, Naithyn, Nathann, Nathean, Nathian, Nathin, Nathun, Nathyn, Natthan, Naythan, Naythun, Naythyn, Nethan

Nathanaël (hébreu) cadeau de Dieu. Bible: l'un des douze apôtres, aussi appelé Barthélemy.
Naethanael, Naethanial, Nafanael, Nafanail, Nafanyl, Nafanyle, Naithanael, Naithanyael, Naithanyal, Nathanae, Nathanal, Nathaneil, Nathanel, Nathaneol, Nathanual, Nathanyal Natthanial, Natthanyal, Nayfanial, Naythaneal, Naythanial, Nithanial, Nithanyal, Nothanial, Nothanyal

Nathaneal, Nathanial (hébreu) variantes de Nathanaël.
Naithanyel, Nathanielle, Nathanil, Nathanile, Nathanuel, Nathanyel, Nathanyl, Natheal, Nathel, Nathinel, Natthaniel, Natthanielle, Natthaniuel, Natthanyel, Naythaniel, Naythanielle, Nethaniel, Nithaniel, Nithanyel, Nothaniel, Nothanielle, Nothanyel, Thaniel

Nathanie (hébreu) variante populaire de Nathaniel.
Nathania, Nathanni

Nathaniel (hébreu) variante de Nathanaël.

Nathen, Nathon (hébreu) variantes de Nathan.
Naethen, Naethon, Naithen, Naythen, Naython

Natividad (espagnol) nativité.

Natlalihuitl (nahuatl) plume bleu-vert ou violette.

Natwar (indien) autre nom du dieu hindou Krishna.

Ñaupac, Ñaupari (quechua) premier-né.

Ñauque, Ñauqui (quechua) avant tout le monde.

Nav (tsigane) nom.

Naval (latin) dieu des Vaisseaux qui prennent la mer.

Navaneet (indien) beurre.

Navarro (espagnol) plaines.
Navara, Navaro, Navarra, Navarre

Navdeep Ⓤ (sikh) nouvelle lumière.
Navdip

Naveen Ⓤ (hindi) variante de Navin.

Navin (hindi) nouveau, original.
Naven, Navyn

Navrang (indien) beau.

Navroz (indien) Navreh, fête parsi pour célébrer le Nouvel An.

Nawat (amérindien) gaucher.

Nawkaw (winnebago) bois.

Nayan (indien) œil.

Nayati (amérindien) lutteur.
Nayaty

Nayi (libanais) sauvé.

Nayland (anglais) habitant d'une île.
Nailan, Nailand, Naylan

Nazareno (hébreu) celui qui s'est séparé du reste.

Nazareth (hébreu) né à Nazareth, en Israël.
Nazaire, Nazaret, Nazarie, Nazario, Nazaryo, Nazerene, Nazerine

Nâzeh (arabe) chaste.

Nazih (arabe) pur, chaste.
Nazeeh, Nazeem, Nazeer, Nazieh, Nazim, Nazir, Nazyh, Nazz

Ndale (nguni) ruse.

Neal, Neel (irlandais) variantes de Neil.
Neale, Neall, Nealle, Nealon, Nealy, Nealye, Neele, Neell, Neelle

Neandro (grec) jeune et viril.

Neb-Er-Tcher (égyptien) dieu de l'Univers.

Nebrido (grec) gracieux comme un faon.

Necalli (nahuatl) bataille.

Neci U (latin) variante populaire d'Ignace.

Nectario (grec) celui qui adoucit la vie avec du nectar.

Nectarios (grec) Religion : Nectaire, saint de l'Église orthodoxe grecque.

Necuamatl (nahuatl) roi.

Neculman (mapuche) condor rapide.

Neculqueo (mapuche) orateur rapide.

Ned (anglais) variante populaire d'Edward, d'Edwin.
Nedd, Neddie, Neddym, Nedrick

Neeladri (indien) les Nilgiris, région montagneuse d'Inde.

Neelambar (indien) ciel bleu.

Neema GF (swahili) né pendant une période de prospérité.

Nefertum (égyptien) cultivé à Memphis.

Neftalí (hébreu) qui aide la lutte.

Neguib (arabe) célèbre.

Nehemiah (hébreu) compassion de Jehovah. Bible : Néhémie, un chef juif.
Nahemia, Nahemiah, Nechemia, Nechemya, Nehemia, Nehemias, Nehemie, Nehemyah, Nehimiah, Nehmia, Nehmiah, Nemo, Neyamia, Neyamiah, Neyamya, Neyamyah

Nehru (hindi) canal.

Nehuén (araucanien) fort.

Neil (irlandais) champion.
Neihl, Neile, Neill, Neille

Neka (amérindien) oie sauvage.
Nekah

Nekiron (japonais) incertain.

Nelek (polonais) variante de Cornelius.
Nelik

Nelius (latin) diminutif de Cornelius.

Nelli (nahuatl) vérité.

Nellie FG (anglais) variante populaire de Cornelius, de Cornell, de Nelson.
Nell, Nelly

Nelo (espagnol) variante de Daniel.
Nello, Nilo

Nels (scandinave) variante de Neil, de Nelson.
Nelse

Nelson (anglais) fils de Neil.
Nealsan, Nealsen, Nealson, Nealsun, Nealsyn, Neelsan, Neelsen, Neelsin, Neelsun, Neelsyn, Neilsan, Neilsen, Neilsin, Neilson, Neilsun, Neilsyn, Nellie, Nels, Nelsen, Nelsin, Nelsun, Nelsyn, Neylsan, Neylsen, Neylsin, Neylson, Neylsun, Neylsyn, Nilsan, Nilsen, Nilsin, Nilson, Nilsson, Nilsun, Nilsyn, Nylsan, Nylsen, Nylsin, Nylson, Nylsun, Nylsyn

Nemesia (latin) punition des dieux.

Nemesio (espagnol) juste.
Nemesyo, Nemi

Nemo (grec) vallée, clairière ; (hébreu) diminutif de Nehemiah.
Nimo, Nymo

Nemorio (latin) qui appartient à la forêt sacrée.

Nemuel (hébreu) mer de Dieu.
Nemuele, Nemuell, Nemuelle

Nen (égyptien) anciennes eaux.

Neo (grec) nouveau ; (africain) cadeau.

Neofito (grec) celui qui a commencé
récemment.

Neon (grec) celui qui est fort.

Neopolo (espagnol) variante de Napoléon.

Nepomuceno (slave) celui qui prête main-forte.

Neptune (latin) souverain de la mer.
Mythologie : dieu romain de la Mer.

Neptuno (latin) variante de Neptune.

Nereo (grec) celui qui est le capitaine en mer.

Nereu (catalan) variante de Nereo.

Neriá (hébreu) lumière de Dieu.

Nerio (grec) voyageur en mer.

Néron (latin, espagnol) sévère. Histoire : Néron,
cruel empereur romain.
Niro, Nyro

Neron (espagnol) fort.
Nerone, Nerron

Nerón (espagnol) variante de Néron.

Nerville (français, irlandais) village près
de la mer.
Nervil, Nervile, Nervill, Nervyl, Nervyle, Nervyll, Nervylle

Nery (hébreu, arabe) variante de Nuri.
Neri

Nesbit (anglais) courbe en forme de nez
dans une rivière.
*Naisbit, Naisbitt, Naisbyt, Naisbytt, Nesbitt, Nesbyt,
Nesbytt, Nisbet, Nisbett, Nysbet, Nysbett, Nysbit, Nysbitt,
Nysbyt, Nysbytt*

Nesto (espagnol) sérieux.

Nestor (grec) voyageur ; sage.
Nestar, Nester, Nestyr

Néstor (grec) variante de Nestor.

Nestorio (grec) variante de Nestor.

Nethaniel (hébreu) variante de Nathaniel.
*Netanel, Netania, Netaniah, Netaniel, Netanya, Nethanel,
Nethanial, Nethaniel, Nethanuel, Nethanyal, Nethanyel*

Netō (espagnol) diminutif d'Ernesto.

Netzahualcoyotl (nahuatl) coyote affamé.

Neuveville (français) qui vient de la nouvelle
ville.

Nevada 🅵🅶 (espagnol) couvert de neige.
Géographie : nom de l'un des États des États-
Unis.
Navada, Nevadah, Nevade, Nevadia, Nevadya

Nevan (irlandais) sacré.
*Nefan, Nefen, Nevean, Neven, Nevon, Nevun, Nivan,
Niven, Nivon, Nyvan, Nyven, Nyvon*

Neville (français) nouvelle ville.
*Nev, Neval, Nevall, Nevel, Nevele, Nevell, Nevil, Nevile,
Nevill, Nevyl, Nevyle, Nevyll, Nevylle*

Nevin (irlandais) adorateur du saint ; (anglais)
milieu ; plante.
Nefin, Nev, Nevins, Nevyn, Nivyn, Nyvin, Nyvyn

Newbold (anglais) nouvel arbre.

Newell (anglais) nouvelle salle.
Newall, Newel, Newyle

Newland (anglais) nouvelle terre.
Newlan

Newlin (gallois) nouveau lac.
Newlyn

Newman (anglais) nouveau venu.
*Neiman, Neimann, Neimon, Neuman, Neumann, Newmann,
Newmen, Numan, Numen*

Newton (anglais) nouvelle ville.
Nauton, Newt, Newtown

Neyén (araucanien) respiration régulière

Nezahualcoyotl (nahuatl) coyote à jeun.

Nezahualpilli (nahuatl) un prince qui jeûne.

Ngai (vietnamien) herbe.

Nghia (vietnamien) pour toujours.

Ngozi (igbo) bénédiction.

Ngu (vietnamien) sommeil.

Nguyen 🅄 (vietnamien) variante de Ngu.

Nhean (cambodgien) connaissance de soi.

Niall (irlandais) variante de Neil. Histoire : Niall
Noigiallach, roi irlandais célèbre.
*Nial, Niale, Nialle, Niel, Niele, Niell, Nielle, Nyal, Nyale,
Nyall, Nyalle, Nyeal, Nyeale, Nyeall, Nyealle*

Nibal (arabe) flèches.
Nibel, Nybal

Nibaw (amérindien) qui garde la tête haute.
Nybaw

Nicabar (tsigane) furtif.
Nycabar

Nicandro (grec) celui qui est victorieux parmi les hommes.

Nicasio (grec) le vainqueur.

Nicco, Nico (grec) diminutifs de Nicolas.

Niccolo, Nicolo (italien) variantes de Nicolas.
Niccolò, Nicholo, Nicol, Nicolao, Nicoll, Nicollo

Níceas (grec) celui qui a une grande victoire.

Nicéforo (grec) celui qui apporte la victoire.

Nicetas, Niceto (grec) victorieux.

Nicho (espagnol) variante de Dennis.
Nycho

Nicholai (norvégien, russe) variante de Nicholas.

Nicholas CF (grec) variante de Nicolas.
Niccolas, Nichalas, Nichelas, Nichele, Nichlas, Nichlos, Nichola, Nicholaas, Nicholaes, Nicholase, Nichole, Nicholias, Nicholl, Nichollas, Nicholus, Nioclás, Niocol, Nycholas

Nicholaus (grec) variante de Nicolas.
Nichalaus, Nichalous, Nichaolas, Nichlaus, Nichloas, Nichlous, Nicholaos, Nicholous, Nicolaus

Nicholes, Nichols (anglais) fils de Nicolas.
Nickoles, Nicolls

Nicholis (anglais) variante de Nicholes.

Nicholos (grec) variante de Nicolas.

Nicholson (anglais) fils de Nicolas.
Nickelson, Nickoleson, Nycholson, Nyckolson, Nykolson

Nick (anglais) diminutif de Dominique, de Nicolas. Voir aussi Micu.
Nic, Nicc, Nik, Nyck, Nyk

Nickalas, Nickalus (grec) variantes de Nicolas.
Nickalaus, Nickalis, Nickalos, Nickalous, Nickelas, Nickelous, Nickelus, Nickolau

Nicklaus, Nicklas (grec) variantes de Nicolas.
Nicklauss, Nicklos, Nicklous, Nicklus, Niclas, Niclasse, Niklaus

Nickolas, Nickolaus, Nickolis, Nickolus (grec) variantes de Nicolas.
Nickolaos, Nickolos, Nickolys, Nickoulas

Nicky U (grec) variante populaire de Nicolas.
Nickey, Nicki, Nickie

Nicodème (grec) conquérant du peuple.
Nicodem, Nicodemius, Nikodem, Nikodema, Nikodemious, Nikodim

Nicodemo (grec) variante de Nicodème.

Nicola FG (italien) variante de Nicolas. Voir aussi Cola.
Nickola, Nicolá, Nikolah

Nicolaas, Nicolaus (italien) variantes de Nicolas.
Nicolás, Nicoles, Nicolis, Nicolus

Nicolai (norvégien, russe) variante de Nicolas.
Nickolai, Nicolaj, Nicolau, Nicolay, Nicoly, Nikalai

Nicolas (grec) peuple victorieux. Religion : Nicolas de Myre est le saint patron des enfants. Voir aussi Caelan, Claus, Cola, Colar, Cole, Colin, Colson, Klaus, Lasse, Mikolaj, Mikolas, Milek.

Nicomedes (grec) celui qui prépare les victoires.

Nicón (grec) le vainqueur.

Nicostrato (grec) le général qui conduit à la victoire.

Ñielol (mapuche) œil de la grotte.

Niels (danois) variante de Neil.
Niel, Nielsen, Nielson

Nien (vietnamien) année.
Nyen

Nigan (amérindien) en avant.
Nigen

Nigel (latin) nuit sombre.
Niegal, Niegel, Nigal, Nigale, Nigele, Nigell, Nigiel, Nigil, Nigle, Nijel, Nygal, Nygel, Nyigel, Nyjil

Niguel (espagnol) champion.

Nika FG (yoruba) féroce.
Nica, Nicah, Nicka, Nickah, Nikah, Nikka, Nyca, Nycah, Nycka, Nyckah, Nyka, Nykah

Nike U (grec) victoire.
Nikee, Nikey, Nikie, Nykee, Nykei, Nykey, Nykie

Nikhil (indien) variante de Nicolas.

Niki FG (hongrois) variante populaire de Nicolas.
Nikia, Nikiah, Nikkie, Niky, Nyki, Nyky

Nikita FG (russe) variante de Nicolas.
Nakita, Nakitah, Nykita, Nykitah, Nykyta, Nykytah

Nikiti (amérindien) rond et lisse comme une haliotide.
Nikity, Nikyti, Nityty, Nykiti, Nykity, Nykyty

Nikki FG (hongrois) variante populaire de Nicolas.

Nikko, Niko (hongrois) variantes de Nicolas.
Nikoe, Nyko

Niklas (letton, suédois) variante de Nicolas.
Niklaas, Niklaus

Nikola (grec) diminutif de Nicolas.
Nikolao, Nikolay, Nykola

Nikolai (estonien, russe) variante de Nicolas.
Kolya, Nikolais, Nikolaj, Nikolajs, Nikolay, Nikoli, Nikolia, Nikula

Nikolaos (grec) variante de Nicolas.

Nikolas, Nikolaus (grec) variantes de Nicolas.
Nicanor, Nikalas, Nikalis, Nikalous, Nikalus, Nikholas, Nikolaas, Nikolis, Nikos, Nikulas, Nilos, Nykolas, Nykolus

Nikolos (grec) variante de Nicolas.
Voir aussi Kolya.
Niklos, Nikolaos, Nikolò, Nikolous, Nikolus

Nil (russe) variante de Neil.
Nill, Nille, Nilya

Nila 🅵🅶 (hindi) bleu.
Nilah, Nyla, Nylah

Nile (russe) variante de Nil.

Niles (anglais) fils de Neil.
Nilese, Nilesh, Nyles, Nylles

Nilo (finnois) variante de Neil.
Niilo

Nils (suédois) diminutif de Nicolas; (danois) variante de Niels.

Nima 🅶🅵 (hébreu) fil; (arabe) bénédiction.

Nimrod (hébreu) rebelle. Bible: arrière-petit-fils de Noé.
Nymrod

Ninacolla (quechua) flamme de feu.

Ninacuyuchi, Ninan (quechua) celui qui alimente le feu.

Ninauari (quechua) animal de feu semblable au lama.

Ninauíca (quechua) feu sacré.

Nino **TOP** **.100.** (espagnol) variante de Niño.

Niño (espagnol) petit enfant.
Neño, Nyño

Niran (tai) éternel.
Niren, Nirin, Niron, Niryn, Nyran, Nyren, Nyrin, Nyron, Nyryn

Nishan (arménien) croix, signe, marque.
Nishon, Nyshan

Nissan (hébreu) signe, augure; miracle.
Nisan, Nissim, Nissin, Nisson, Nyssan

Nitgardo (germanique) combattant qui entretient la flamme du combat.

Nitis (amérindien) ami.
Netis, Nytis, Nytys

Nixon (anglais) fils de Nick.
Nixan, Nixen, Nixin, Nixson, Nixun, Nixyn, Nyxen, Nyxin, Nyxon, Nyxyx

Nizam (arabe) chef.
Nyzam

Nkosi (égyptien) règle.

Nkrumah (égyptien) né en neuvième.

Nkunda (nkore) qui aime ceux qui le détestent.
Nkundah

Noa **TOP** **.100.** (hébreu) variante de Noah.

Noach (hébreu) variante de Noah.

Noah **TOP** **.100.** 🅶🅵 (hébreu) paisible, tranquille.
Noach, Noak

Noaj (hébreu) un repos.

Noam **TOP** **.100.** (hébreu) doux; ami.

Noble (latin) né dans la noblesse.
Nobe, Nobel, Nobie, Noby

Nochehuatl (nahuatl) cohérent.

Nochtli (nahuatl) poire épineuse.

Nodin (amérindien) vent.
Knoton, Nodyn, Noton

Noe (tchèque, français) variante de Noah.
Noé, Noi

Noé (hébreu, espagnol) tranquille, paisible.
Bible: Noé, patriarche qui construisit l'arche pour survivre au Déluge.

Noel 🅶🅵 (français) variante de Noël

Noël (français) jour de la naissance du Christ.
Voir aussi Natal.
Noël, Noell, Nole, Noli, Nowel, Nowele, Nowell

Noelino (espagnol) variante de Natal.

Noham **TOP** **.100.** (hébreu) variante de Noam.

Nohea (hawaïen) beau.
Noha, Nohe

Nokonyu (amérindien) nez de sauterelle d'Amérique.
Noko, Nokoni

Nolan ^{TOP} (irlandais) célèbre ; noble.
Noland, Nolande, Nolane, Nolin, Nollan, Nolon, Nolyn

Nolasco (hébreu) celui qui part et oublie ses promesses.

Nolberto (teuton) variante de Norberto.

Nolen (irlandais) variante de Nolan.

Nollie GF (latin, scandinave) variante populaire d'Oliver.
Noll, Nolly

Nono (latin) né en neuvième.

Noor FG (sikh) lumière divine ; (araméen) variante de Nura (voir les prénoms de filles).

Nopaltzin (nahuatl) cactus ; roi.

Norbert (scandinave) héros brillant.
Bert, Norbie, Norburt, Norby, Norbyrt, Northbert, Northburt, Northbyrt

Norberto (espagnol) variante de Norbert.
Norburto, Norbyrto, Northberto, Northburto, Northbyrto

Norman (français) normand. Histoire : nom des Scandinaves qui se sont installés dans le Nord de la France au Xe siècle et qui, plus tard, ont envahi l'Angleterre en 1066.
Norm, Normand, Normen, Normie, Normin, Normon, Normy, Normyn

Normando (espagnol) homme du Nord.

Norris (français) personne du Nord ; (anglais) cheval de Normandie.
Norice, Norie, Noris, Norreys, Norrie, Norry, Norrys

Northcliff (anglais) falaise du Nord.
Northclif, Northcliffe, Northclyf, Northclyfe, Northclyff, Northclyffe

Northrop (anglais) ferme du Nord.
North, Northup

Norton (anglais) ville du Nord.
Northton

Norville (français, anglais) ville du Nord.
Norval, Norvel, Norvell, Norvil, Norvile, Norvill, Norvylle

Norvin (anglais) ami du Nord.
Norvyn, Norwin, Norwinn, Norwyn, Norwynn

Norward (anglais) protecteur du Nord.
Norwerd

Norwood (anglais) bois du Nord.
Northwood

Nostriano (latin) celui qui est de notre patrie.

Notaku (miwok) ours qui grogne.

Notelmo (teuton) celui qui se protège avec un casque au combat.

Nouel (français) amande.

Nour FG (araméen) diminutif de Nura (voir les prénoms de filles).

Nowles (anglais) diminutif de Knowles.
Nowl, Nowle

Nsoah (akan) né en septième.
Nsoa

Numa (arabe) agréable.
Numah

Numair (arabe) panthère.
Numayr

Nun (égyptien) dieu de l'Océan.

Nuncio (italien) messager.
Nunzi, Nunzio

Nuno (basque) moine.

Nuri (hébreu, arabe) mon feu.
Noori, Nur, Nuris, Nurism, Nury

Nuriel (hébreu, arabe) feu du Seigneur.
Nuria, Nuriah, Nuriya, Nuryel

Nuru U (swahili) né à la lumière du jour.

Nusair (arabe) oiseau de proie.
Nusayr

Nwa (nigérien) fils.

Nwake (nigérien) né un jour de marché.

Nye (anglais) variante populaire d'Aneurin, de Nigel.

Nyle (anglais) île ; (irlandais) variante de Neil.
Nyal, Nyl, Nyll, Nylle

O'shea 🇬🇫 (irlandais) variante de O'Shea.

O'neil (irlandais) fils de Neil.
O'neal, O'neel, O'neele, O'neile, O'neill, O'niel, O'niele, O'nil, O'nile, O'nyel, O'nyele, O'nyl, O'nyle, Oneal, Oneil, Onel, Oniel, Onil

O'shay, Oshay, Oshea (irlandais) variantes de O'Shea.

O'Shea 🆄 (irlandais) fils de Shea.
O'Shane, Oshae, Oshai, Oshane, Oshaun, Oshaye, Oshe, Osheon

Oakes (anglais) chênes.
Oak, Oake, Oaks, Ochs

Oakley (anglais) champ de chênes.
Oak, Oakie, Oaklea, Oaklee, Oakleigh, Oakli, Oaklie, Oakly, Oaky

Oalo (espagnol) variante de Paul.

Oba 🆄 (yoruba) roi.
Obah

Obadele (yoruba) roi qui arrive à la maison.
Obadel

Obadiah (hébreu) serviteur de Dieu.
Obadia, Obadias, Obadya, Obadyah, Obadyas, Obediah, Obedias, Obedya, Obedyah, Obedyas, Ovadiach, Ovadiah, Ovadya

Obdulio (latin) celui qui apaise dans les moments de douleur.

Obed (anglais) diminutif d'Obadiah.
Obad

Obéron (allemand) noble; comme un ours. Littérature: Obéron, roi des fées dans la pièce *Le Songe d'une nuit d'été* de Shakespeare. Voir aussi Auberon, Aubrey.
Oberan, Oberen, Oberin, Oberron, Oberun, Oberyn, Oeberon

Obert (allemand) riche; brillant.
Obirt, Oburt, Obyrt

Oberto (germanique) variante d'Adalberto.

Obie (anglais) variante populaire d'Obadiah.
Obbie, Obe, Obee, Obey, Obi, Oby

Ocan (luo) période difficile.

Océan (grec) océan. Mythologie: Océan, un Titan qui règne sur la mer extérieure qui encercle la terre.

Oceanus (grec) variante d'Océan.
Oceanis, Oceanos, Oceanous, Oceanys

Ocotlán (nahuatl) pin.

Octave (latin) le huitième. Voir aussi Tavey, Tavian.
Octavee, Octavey, Octavia, Octavian, Octaviano, Octavien, Octavio, Octavo, Octavyo, Ottavio

Octavious, Octavius (latin) variantes d'Octave.
Octavaius, Octaveous, Octaveus, Octavias, Octaviaus, Octavous, Octavyos, Octavyous, Octavyus, Ottavios, Ottavious, Ottavius

Octavis (latin) variante d'Octave.
Octavus

Odakota (lakota) amical.
Oda, Odakotah

Odd (norvégien) pointe.
Oddvar

Ode 🆄 (bénin) né le long de la route; (irlandais, anglais) diminutif d'Odell.
Odee, Odey, Odi, Odie, Ody

Odeberto (teuton) celui qui brille grâce à ses possessions.

Oded (hébreu) encourageant.

Odell (grec) ode, mélodie; (irlandais) loutre; (anglais) colline boisée.
Dell, Odall, Odel, Odele

Oderico (germanique) puissant par ses richesses.

Odilón (teuton) en possession d'un héritage abondant.

Odin (scandinave) dirigeant. Mythologie: dieu nordique de la Sagesse et de la Guerre.
Oden, Odyn

Odín (scandinave) variante d'Odin.

Odion (bénin) premier des jumeaux.
Odyon

Odo (norvégien) variante d'Otto.
Audo, Oddo, Odoh

Odoacro (allemand) celui qui tient son héritage à l'œil.

Odolf (allemand) loup prospère.
Odolfe, Odolff, Odolph, Odolphe, Odulf

Odom (ghanéen) chêne.

Odon (hongrois) protecteur riche.

Odón (hongrois) variante d'Odon.

Odran (irlandais) vert pâle.
Odhrán, Odren, Odrin, Odron, Odryn

Odwin (allemand) noble ami.
Odwinn, Odwyn, Odwynn

Odysseus (grec) courroucé. Littérature :
Ulysse est le héros de l'épopée d'Homère
L'Odyssée.
Odeseus

Ofer (hébreu) jeune cerf.
Opher

Ofir (hébreu) féroce.

Og (araméen) roi. Bible : roi de Bashân.

Ogaleesha (lakota) chemise rouge.

Ogbay (éthiopien) ne me le vole pas.
Ogbae, Ogbai

Ogbonna (igbo) portrait de son père.
Ogbonnah, Ogbonnia

Ogden (anglais) vallée du chêne. Littérature :
Ogden Nash est un auteur américain
du xxᵉ siècle qui a composé des poésies
au ton léger.
Ogdan, Ogdin, Ogdon, Ogdyn

Ogilvie (gallois) haut.
Ogil, Ogyl, Ogylvie

Ogima (ojibwé) chef.
Ogimah, Ogyma, Ogymah

Ogun (nigérien) Mythologie : le dieu
de la Guerre.
Ogunkeye, Ogunsanwo, Ogunsheye

Ohanko (amérindien) agité.

Ohannes (turc) variante de John.
Ohan, Ohane, Ohanes, Ohann, Ohanne

Ohanzee (lakota) ombre réconfortante.
Ohanze

Ohin (africain) chef.
Ohan, Ohyn

Ohitekah (lakota) courageux.
Ohiteka

Ohtli (nahuatl) route.

Oisin (irlandais) petit cerf.
Oisyn, Oysin, Oysyn

Oistin (irlandais) variante d'Austin.
Oistan, Oisten, Oistyn

OJ (américai) combinaison des lettres O et J.
O.J., Ojay

Ojas (indien) lustre.

Ojo (yoruba) accouchement difficile.

Okapi (swahili) animal africain apparenté
à la girafe mais au cou plus court.
Okapie, Okapy

Oke (hawaïen) variante d'Oscar.

Okechuku (igbo) cadeau de Dieu.

Okeke (igbo) né un jour de marché.
Okorie

Okie (américain) d'Oklahoma.
Okee, Okey, Oki, Oky

Oko (ghanéen) aîné des jumeaux ; (yoruba)
dieu de la Guerre.

Okorie (igbo) variante d'Okeke.

Okpara (igbo) premier fils.
Okparah

Okuth (luo) né lors d'une averse.

Ola FG (yoruba) riche, fortuné.
Olah, Olla, Ollah

Olaf (scandinave) ancêtre. Histoire : saint patron
et roi de Norvège.
Olaff, Olafur, Olaph, Ole, Olef, Olof, Oluf

Olaguer (catalan) variante d'Olegario.

Olajuwon (yoruba) richesse et honneur sont
les cadeaux de Dieu.
*Olajawon, Olajawun, Olajowuan, Olajuan, Olajuanne,
Olajuawon, Olajuwa, Olajuwan, Olaujawon, Oljuwoun*

Olamina (yoruba) ceci est ma richesse.
Olaminah, Olamyna, Olamynah

Olatunji (yoruba) l'honneur se réveille
de nouveau.

Olav (scandinave) variante d'Olaf.
Ola, Olave, Olavus, Olov, Olyn

Ole (scandinave) variante populaire d'Olaf,
d'Olav.
Olay, Oleh, Olle

Oleg (letton, russe) saint.

Olegario (germanique) celui qui domine grâce
à sa force et à sa lance.

Oleguer (catalan) variante d'Olegario.

Oleksandr (russe) variante d'Alexandre.
Olek, Olesandr, Olesko

Olen GF (scandinave) variante d'Olaf; (scandinave, anglais) variante d'Olin.

Oleos (espagnol) huile bénite.

Olés (polonais) variante populaire d'Alexandre.

Olezka (russe) saint.

Olimpíades (grec) variante d'Olympia (voir les prénoms de filles).

Olimpio (grec) mont Olympe.

Olimpo (grec) ciel.

Olin (anglais) houx; (scandinave) variante d'Olaf.
Olney, Olyn

Olindo (italien) d'Olinthos, en Grèce.
Olind, Olynd, Olyndo

Oliver (anglais) variante d'Olivier.
Nollie, Oilibhéar, Olivar, Ollivar, Olliver, Ollivor, Ollyvar, Ollyver, Ollyvir, Ollyvyr, Olvan, Olven, Olvin, Olyvar

Olivero, Oliveros (italien, espagnol) variantes d'Olivier.
Oliveras, Oliverio, Oliverios, Oliviaras, Oliviero

Olivier (latin) olivier; (scandinave) bienveillant; affectueux.
Olier

Olivo (latin) branche d'olivier.

Oliwa (hawaïen) variante d'Olivier.
Olliva, Ollyva

Ollanta (aymara) le guerrier qui voit tout depuis sa tour de garde.

Ollantay (aymara) qui voit tout.

Ollie U (anglais) variante populaire d'Oliver.
Olea, Olee, Oleigh, Oley, Oli, Olie, Olle, Ollee, Olleigh, Olley, Olli, Olly, Oly

Ollin (nahuatl) mouvement.

Olo (espagnol) diminutif d'Orlando, de Rolando.

Olric (allemand) variante d'Ulric.
Oldrech, Oldrich, Olrick, Olrik, Olryc, Olryck, Olryk

Olubayo (yoruba) joie la plus haute.

Olufemi (yoruba) la richesse et l'honneur me favorisent.

Olujimi (yoruba) Dieu m'a donné ceci.

Olushola (yoruba) Dieu m'a béni.

Om (indien) la syllabe sacrée.

Omair (arabe) variante d'Omar.

Omar (arabe) le plus élevé; disciple du Prophète; (hébreu) respectueux. Voir aussi Umar.
Omir, Omyr

Omari (swahili) variante d'Omar.
Omare, Omaree, Omarey, Omarie, Omary

Omarr (arabe) variante d'Omar.

Omer (arabe) variante d'Omar.
Omeer, Omero

Omja (indien) né d'une unité cosmique.

Omkar (indien) le son de la syllabe sacrée.

Omolara (bénin) enfant né au bon moment.
Omolarah

Omprakash (indien) lumière de Dieu.

Omrao (indien) roi.

Omswaroop (indien) manifestation de divinité.

On (birman) noix de coco; (chinois) paix.

Onan (turc) prospère.
Onen, Onin, Onon, Onyn

Onani (africain) petit coup d'œil.
Onanee, Onanie, Onany

Onaona (hawaïen) parfum agréable.
Onaonah

Ondro (tchèque) variante d'Andrew.
Ondra, Ondre, Ondrea, Ondrey

Onesíforo (grec) celui qui porte de nombreux fruits.

Onésimo (grec) celui qui est utile et digne d'intérêt.

Onfroi (français) calme.

Onkar (hindi) Dieu dans son entièreté.

Onofrio (allemand) variante de Humphrey.
Oinfre, Onfre, Onfrio, Onofre, Onofredo

Onslow (anglais) colline de l'enthousiaste.
Ounslow

Ontario GF (amérindien) beau lac. Géographie: nom d'une province et d'un lac au Canada.

Onufry (polonais) variante de Humphrey.

Onur (turc) honneur.

Ophir (hébreu) fidèle. Bible: peuple et région de l'Ancien Testament.
Ophyr

Opio (teso) premier de deux jumeaux
garçons.
Opyo

Optato (latin) désiré.

Oral (latin) verbal ; orateur.

Oran [CF] (irlandais) vert.
Ora, Orane, Orran, Orron

Orangel (grec) le messager de la montagne.

Oratio (latin) variante de Horatio.
Oratyo, Orazio, Orazyo

Orbán (hongrois) né à la ville.
Orben, Orbin, Orbon, Orbyn

Ordell (latin) début.
Orde, Ordel, Ordele, Ordelle

Orel (latin) qui écoute ; (russe) aigle.
*Oreel, Orele, Orell, Oriel, Oriele, Oriell, Orrel, Orrele,
Orrell*

Oren (hébreu) pin ; (irlandais) à la peau claire,
blanc.
Orono, Orren

Orencio (grec) juge qui examine.

Oreste (grec) homme de la montagne.
Mythologie : Oreste, fils du chef grec
Agamemnon.
Aresty, Orest, Orestes

Orfeo (grec) celui qui a une belle voix.

Ori (hébreu) ma lumière.
Oree, Orey, Orie, Orri, Ory

Orien (latin) visiteur de l'Est.
Orian, Orie, Oris, Oron, Orono, Oryan, Oryen, Oryin

Orígenes (grec) né dans des bras aimants.

Orin (anglais) variante d'Orrin.

Oriol (latin) loriot d'Europe.

Orion (grec) fils du feu. Mythologie : chasseur
géant tué par Artémis. Voir aussi Zorion.
Orryon, Oryon

Orión (grec) variante d'Orion.

Orji (igbo) arbre puissant.

Orlán, Orlín (espagnol) renommé dans le pays.
Variantes de Roland.

Orlando (allemand) célèbre dans tout le pays ;
(espagnol) variante de Roland.
*Lando, Olando, Orlan, Orland, Orlanda, Orlandas,
Orlande, Orlandes, Orlandis, Orlandos, Orlandous,
Orlandus, Orlo, Orlondo, Orlondon*

Orléans (latin) doré.
Orlean, Orlin

Orman (allemand) marin ; (scandinave)
serpent, ver.
Ormand, Ormen

Ormond (anglais) montagne de l'ours ;
protecteur à la lance.
Ormande, Ormon, Ormonde, Ormondo

Oro (espagnol) or.

Oroncio (persan) coureur.

Orono (latin) variante d'Oren.
Oron, Orun

Orosco (grec) celui qui vit dans les montagnes.

Orphée (grec) Mythologie : Orphée,
un musicien fabuleux.
Orfeus

Orrick (anglais) vieux chêne.
*Oric, Orick, Orik, Orric, Orrik, Orryc, Orryck, Orryk, Oryc,
Oryck, Oryk*

Orrin (anglais) rivière.
Orryn, Oryn, Orynn

Orris (latin) variante de Horatio.
Oris, Orriss, Orrys, Orryss

Orry (latin) de l'Orient.
Oarri, Oarrie, Orrey, Orri, Orrie, Ory

Orsino (italien) variante d'Orson.
Orscino, Orsine, Orsyne, Orsyno

Orson (latin) comme un ours. Voir aussi Urson.
Orsen, Orsin, Orsini, Orsino, Orsyn, Son, Sonny

Orton (anglais) ville du littoral.
Ortan, Orten, Ortin, Ortyn

Ortzi (basque) ciel.
Ortzy

Orunjan (yoruba) né sous le soleil de midi.

Orval (anglais) variante d'Orville.
Orvel

Orville (français) village doré. Histoire : Orville
Wright et son frère Wilbur furent les premiers
hommes à piloter un avion.
*Orv, Orvell, Orvie, Orvil, Orvile, Orvill, Orvyl, Orvyle,
Orvyll*

Orvin (anglais) ami à la lance.
Orvan, Orven, Orvon, Orvyn, Orwin, Orwyn, Owynn

Osahar (béninois) Dieu entend.

Osayaba (béninois) Dieu pardonne.

Osaze (béninois) que Dieu aime.
Osaz

Osbaldo (espagnol) variante d'Oswald.
Osbalto

Osbert (anglais) divin; brillant.
Osbirt, Osbyrt

Osborn (scandinave) ours divin; (anglais) guerrier de Dieu.
Osbern, Osbon, Osborne, Osbourn, Osbourne, Osburn, Osburne, Ozborn, Ozborne, Ozbourn, Ozbourne

Oscar **TOP .100.** (scandinave) divin lancier.
Oszkar

Óscar (scandinave) variante d'Oscar.

Oseas, Osías (hébreu) le Seigneur me soutient.

Osei (fanti) noble.
Osee, Osey, Osi, Osie, Osy

Osgood (anglais) divinement bon.

Osip (russe, ukrainien) variante de Joseph, de Yosef. Voir aussi Osya.

Osiris (égyptien) celui qui a une vision puissante.

Oskar (scandinave) variante d'Oscar.
Osker, Ozker

Osman (turc) dirigeant; (anglais) serviteur de Dieu. Variante d'Osmond.
Osmanek, Osmen, Osmin, Osmon, Osmyn

Osmán (turc) variante d'Osman.

Osmar (anglais) divin; merveilleux.
Osmer, Osmir, Osmor, Osmyr

Osmara, Osmaro (germanique) celui qui brille comme la gloire de Dieu.

Osmond (anglais) protecteur divin.
Osmand, Osmonde, Osmondo, Osmont, Osmonte, Osmund, Osmunde, Osmundo, Osmunt, Osmunte

Osorio (slave) le tueur de loups.

Osric (anglais) dirigeant divin.
Osrick, Osrig, Osrik, Osryc, Osryck, Osryg, Osryk

Ostiano (espagnol) confesseur.

Ostin (latin) variante d'Austin.
Ostan, Osten, Oston, Ostun, Ostyn, Ostynn

Osvaldo (espagnol) variante d'Oswald.
Osvald, Osvalda

Oswald (anglais) pouvoir de Dieu; armoiries de Dieu. Voir aussi Waldo.
Oswal, Oswall, Oswel, Osweld, Oswell, Oswold

Oswaldo (espagnol) variante d'Oswald.
Osweldo

Oswin (anglais) ami divin.
Osvin, Oswinn, Oswyn, Oswynn

Osya (russe) variante populaire d'Osip.

Ota (tchèque) prospère.
Otah

Otadan (amérindien) abondant.

Otaktay (lakota) qui tue beaucoup; qui touche beaucoup.

Otek (polonais) variante d'Otto.
Otik

Otello (italien) variante d'Othello.

Otelo (espagnol) variante d'Otello.

Otem (luo) né loin de chez lui.

Othello (espagnol) variante d'Otto. Littérature: personnage éponyme de la tragédie *Othello* de Shakespeare.
Otello

Othman (allemand) riche.
Othmen, Ottoman

Othmân (arabe) nom de l'un des compagnons du Prophète.

Othniel (hébreu) force de Dieu.

Otilde (teuton) en possession d'un héritage abondant.

Otis (grec) qui a l'ouïe fine; (allemand) fils d'Otto.
Oates, Odis, Otes, Otess, Otez, Otise, Ottis, Ottys, Otys

Otniel, Otoniel (hébreu) Dieu est ma force.

Otoronco (quechua) jaguar.

Ottah (nigérien) bébé mince.
Otta

Ottar (norvégien) guerrier à la pointe; guerrier qui fait peur.
Otar

Ottmar (turc) variante d'Osman.
Otman, Otmen, Otomar, Otomars, Otthmor, Ottmar, Ottmen, Ottmer, Ottmor, Ottomar

Otto (allemand) riche.
Odo, Otek, Otello, Otfried, Otho, Othon, Otilio, Otman, Oto, Otoe, Otón, Otow, Otton, Ottone

Ottokar (allemand) guerrier heureux.
Otokar, Otokars, Ottocar

Otu (amérindien) qui ramasse des coquillages dans un panier.
Ottu

Oubastet (égyptien) chat.

Ouray (ute) flèche. Astrologie : né sous le signe du sagittaire.

Ourson (français) petit ours.

Oved (hébreu) adorateur, disciple.
Ovid, Ovyd

Overton (anglais) ville haute.
Overtan, Overten, Overtin, Overtyn

Ovidio (espagnol) berger.

Owen **TOP .100.** (irlandais) né dans la noblesse ; jeune guerrier ; (gallois) variante d'Evan. Voir aussi Uaine, Ywain.
Owain, Owaine, Owan, Owayn, Owayne, Owens, Owin, Owine, Owon, Owone, Owyn, Owyne

Owney (irlandais) âgé.
Onee, Oney, Oni, Onie, Ony, Ownee, Owni, Ownie, Owny

Oxford (anglais) lieu où les bœufs traversent la rivière.
Ford, Oxforde

Oxley (anglais) champ de bœufs.
Oxlea, Oxlee, Oxleigh, Oxli, Oxlie, Oxly

Oxton (anglais) ville du bœuf.
Oxtan, Oxten, Oxtin, Oxtyn

Oya CF (miwok) qui parle de la bécassine sourde.
Oyah

Oystein (norvégien) rocher du bonheur.
Ostein, Osten, Ostin, Øystein

Oz U (hébreu) diminutif d'Osborn, d'Oswald.
Ozz

Ozias (hébreu) force de Dieu.
Ozia, Oziah, Ozya, Ozyah, Ozyas

Oziel (hébreu) celui qui a la force divine.

Ozturk (turc) pur ; vrai Turc.

Ozuru (japonais) cigogne.
Ozuro, Ozuroo

Ozzie, Ozzy (anglais) variantes populaires d'Osborn, d'Oswald.
Osi, Osie, Ossi, Ossie, Ossy, Osy, Ozee, Ozi, Ozie, Ozy, Ozzi

P

Paavan (indien) épurateur.

Paavo (finnois) variante de Paul.
Paav, Paaveli

Pabel (russe) variante de Paul.

Pabla (espagnol) variante de Paul.

Pablo (espagnol) variante de Paul.
Pable, Paublo

Pace (anglais) variante de Pascal.
Paice, Payce

Pacey (anglais) variante de Pace.

Pachacutec, Pachacutic (quechua) celui qui change le monde.

Pacho (espagnol) libre.

Paciano (latin) celui qui appartient à la paix.

Paciente (latin) celui qui sait être patient.

Pacifico (philippin) pacifique.
Pacific, Pacifyc, Pacyfyc

Pacífico (philippin) variante de Pacifico.

Paco (italien) paquet ; (espagnol) variante populaire de Francisco ; (amérindien) aigle chauve. Voir aussi Quico.
Packo, Pacorro, Pako, Panchito, Paquito

Pacomio (grec) celui qui est robuste.

Paddy (irlandais) variante populaire de Padraic, de Patrick.
Paddee, Paddey, Paddi, Paddie, Padi, Padie, Pady

Paden (anglais) variante de Patton.

Padget U (anglais) variante de Page.
Padgett, Paget, Pagett, Paiget, Paigett, Payget, Paygett

Padman, Pankaj (indien) lotus.

Padmanabha, Padmapati (indien) autres noms du dieu hindou Vishnou.

Padraic (irlandais) variante de Patrick.
Paddrick, Padhraig, Padrai, Pádraig, Padraigh, Padreic, Padriac, Padric, Padron, Padruig

Pafnucio (grec) riche en mérites.

Pagan FG (latin) de la campagne.
Paegan, Paegen, Paegin, Paegon, Paegyn, Pagen, Pagin, Pagon, Pagun, Pagyn, Paigan, Paigen, Paigin, Paigon, Paigyn

Page FG (français) jeune assistant.
Paggio, Payg, Payge

Pagiel (hébreu) qui adore Dieu.
Paegel, Paegell, Pagiell, Paigel, Paigell, Paygel, Paygell

Paien (français) nom des nobles.

Paillalef (mapuche) reviens vite.

Painecura (mapuche) pierre irisée.

Painevilu (mapuche) serpent irisé.

Painter (latin) artiste, peintre.
Paintar, Paintor, Payntar, Paynter, Payntor

Paio (latin) qui appartient à la mer.
Pakelika (hawaïen) variante de Patrick.

Paki (africain) témoin.

Pakile (hawaïen) royal.
Pakil, Pakill, Pakyl, Pakyll

Pal (suédois) variante de Paul.
Paal, Pall

Pál (hongrois) variante de Paul.
Pali, Palika

Palaina (hawaïen) variante de Brian.
Palainah

Palak (indien) cil.

Palaki (polynésien) noir.
Palakee, Palakey, Palakie, Palaky

Palina (hawaïen) variante de Frank.
Palanee, Palaney, Palanie, Palany

Palash (hindi) arbre fleuri.

Palashkusum (indien) la fleur du Palash.

Palashranjan (indien) beau comme un Palash.

Palatino (latin) celui qui vient du mont Palatin.

Palban, Palbán, Palbén (basque) blond.

Palben (basque) blond.

Pallab (indien) nouvelles feuilles.

Palladin (amérindien) combattant.
Palladyn, Pallaton, Palleten

Palmacio (latin) orné de feuilles de palmier brodées.

Palmer GF (anglais) pèlerin qui porte le rameau.
Pallmer, Palmar

Palmiro (latin) né le jour des Rameaux.
Palmira, Palmirow, Palmyro

Palti (hébreu) Dieu libère.
Palti-el

Pampín (latin) celui qui a la vigueur d'une plante qui pousse.

Panas (russe) immortel.

Panayiotis (grec) variante de Pierre.
Panagiotis, Panajotis, Panayioti, Panayoti, Panayotis

Panchanan (indien) autre nom du dieu hindou Shiva.

Pancho (espagnol) variante populaire de Francisco, de Frank.
Panchito

Pancracio (grec) tout-puissant.

Pandhari, Panduranga (indien) autres noms de Vithobha, incarnation du dieu hindou Krishna.

Panfilo, Pánfilo (grec) ami de tous.

Panini (indien) grand grammairien et érudit sanscrit de l'Inde ancienne.

Pannalal (indien) émeraude.

Panos (grec) variante de Pierre.
Pano

Pantaleón (grec) miséricordieux.

Panteno (grec) celui qui est digne de toutes les louanges.

Panti (quechua) espèce de taillis.

Paolo (italien) variante de Paul.

Papias (grec) le père vénérable.

Paquito (espagnol) variante populaire de Paco.

Parag (indien) pollen.

Parakram (indien) force.

Param (indien) le meilleur.

Paramananda (indien) joie exceptionnelle.

Paramesh (hindi) le plus grand. Religion: autre nom du dieu hindou Shiva.

Paramhansa (indien) âme suprême.

Paranjay (indien) autre nom du dieu hindou Varuna, seigneur des Eaux.

Parantapa (indien) conquérant ; autre nom d'Arjuna, prince guerrier de l'épopée indienne *Le Mahabharata*.

Parashar (indien) nom d'un ancien sage indien.

Parashuram (indien) sixième incarnation du dieu hindou Vishnou.

Parasmani (indien) pierre de touche.

Paravasu (indien) nom d'un ancien sage indien.

Pardeep (sikh) lumière mystique.
Pardip

Pardulfo (germanique) guerrier courageux.

Paresh (indien) seigneur suprême.

Parfait (français) parfait.

Paris FG (grec) amant. Géographie : capitale de la France. Mythologie : Pâris, prince de Troie qui déclencha la guerre de Troie en enlevant Hélène.
Paras, Paree, Pares, Parese, Parie, Parys

París (grec) variante de Paris.

Parish (anglais) variante de Parrish.

Parisio (espagnol) variante de Paris.

Pariuana (quechua) flamand des Andes.

Park (chinois) cyprès ; (anglais) diminutif de Parker.
Parc, Parke, Parkes, Parkey, Parks

Parker GF (anglais) gardien de parc.
Park

Parkin (anglais) petit Peter.
Parkyn

Parlan (écossais) variante de Bartholomew. Voir aussi Parthalán.
Parlen, Parlin, Parlon, Parlyn

Parménides, Parmenio (grec) celui qui est une présence constante.

Parnell (français) petit Pierre. Histoire : Charles Stewart Parnell, célèbre homme politique irlandais.
Nell, Parle, Parnel, Parnele, Parnelle, Parnell

Parodio (grec) celui qui imite le chant.

Parr (anglais) enclos pour bétail, grange.

Parris FG (grec) variante de Paris.

Parrish (anglais) paroisse.
Parrie, Parrisch, Parrysh, Parysh

Parry (gallois) fils de Harry.
Paree, Parey, Pari, Parie, Parree, Parrey, Parri, Parrie, Pary

Partemio (grec) qui a une apparence pure et virginale.

Parth (irlandais) diminutif de Parthalán.
Partha, Parthey

Parthalán (irlandais) laboureur. Voir aussi Bartholomew.

Parthenios (grec) vierge. Religion : saint grec orthodoxe.

Pascal (français) né le jour de Pâques ou de la Pâques juive.
Pascale, Pascall, Pascalle, Paschal, Paschalis, Pascoe, Pascoli, Pascow

Pascua (hébreu) référence à Pâques.

Pascual (espagnol) variante de Pascal.
Pascul

Pasha U (russe) variante de Paul.
Pashah, Pashka

Pashenka (russe) petit.

Pasicrates (grec) celui qui domine tout le monde.

Pasquale (italien) variante de Pascal.
Pascuale, Pasqual, Pasquali, Pasquel

Pastor (latin) chef spirituel.
Pastar, Paster, Pastir, Pastyr

Pastora (latin) variante de Pastor.

Pat U (amérindien) poisson ; (anglais) diminutif de Patrick.
Pati, Patie, Patt, Patti, Pattie, Patty, Paty

Patakusu (miwok) fourmi qui mord une personne.

Patamon U (amérindien) déchaîné.
Pataman, Patamen, Patamin, Patamyn

Patek (polonais) variante de Patrick.
Patick

Paterio (grec) celui qui est né en Pateria.

Paterno (latin) qui appartient au père.

Patli (nahuatl) médecine.

Patric, Patrik, Patryk (latin) variantes de Patrick.
Patryc, Patryck

Patrice F G (français) variante de Patrick.

Patricio (espagnol) variante de Patrick.
Patricius, Patrizio

Patrick (latin) noble. Religion: saint patron de l'Irlande. Voir aussi Fitzpatrick, Ticho.
Pakelika, Patrickk, Patrique, Patrizius, Pats, Patsy, Pattrick

Patrido (latin) noble.

Patrin (tsigane) trace de feuille.

Patrocinio (latin) patronage.

Patterson (irlandais) fils de Pat.
Paterson, Patteson

Pattin (tsigane) feuille; (anglais) variante de Patton.
Patin, Pattyn, Patyn

Patton (anglais) ville du guerrier.
Patan, Paten, Paton, Pattan, Patten, Pattun, Patty, Peton

Patwin (amérindien) homme.
Patwyn

Patxi (basque, teuton) libre.

Paucar (quechua) très raffiné, excellent.

Paucartupac (quechua) majestueux et excellent.

Paul **TOP** **.100.** (latin) petit. Bible: Saul, ensuite renommé Paul, est le premier à apporter les enseignements du Christ aux Gentils.
Oalo, Pasko, Paulia, Paulis, Paull, Paulle, Paulot, Pauls, Paulus, Pavlos

Paúl (latin) variante de Paul.

Pauli (latin) variante populaire de Paul.
Pauley, Paulie, Pauly

Paulin (allemand, polonais) variante de Paul.

Paulino (espagnol) variante de Paul.

Pauliño (espagnol) variante de Paul.

Paulinus (lituanien) variante de Paul.
Paulinas

Paulo (portugais, suédois, hawaïen) variante de Paul.

Pausidio (grec) homme délibéré et calme.

Pauyu (aymara) celui qui finit.

Pavel (russe) variante de Paul.
Paavel, Paval, Pavil, Pavils, Pavlik, Pavlo, Pavol

Pavit (hindi) pieux, pur.
Pavitt, Pavyt, Pavytt

Pavla, Pavlov, Pavlusha, Pavlushka, Pavlushshenka, Pavlya (russe) petit.

Pawel (polonais) variante de Paul.
Pawelek, Pawell, Pawl

Pax (latin) pacifique.
Paxx

Paxton U (latin) ville paisible.
Packston, Paxon, Paxtan, Paxten, Paxtin, Paxtun, Paxtyn

Payat (amérindien) il est en route.
Pay, Payatt

Payden (anglais) variante de Payton.
Paydon

Payne (latin) du pays.
Paine, Pane, Payn, Paynn

Payo (galicien) diminutif de Pelayo.

Paytah (lakota) feu.
Pay, Payta

Payton F G (anglais) variante de Patton.
Paiton, Pate, Peaton

Paz F G (espagnol) variante de Pax.

Pearce (anglais) variante de Pierce.
Pears, Pearse

Pearson (anglais) fils de Peter. Voir aussi Pierson.
Pearsson, Pehrson, Peirson

Peder (scandinave) variante de Peter.
Peadair, Peadar, Peader, Pedey

Pedro (espagnol) variante de Pierre.
Pedrin, Pedrín, Petronio

Peerless (américain) incomparable, sans pareil.

Peers (anglais) variante de Peter.
Peerus

Peeter (estonien) variante de Peter.
Peet

Pegaso (grec) né à côté de la fontaine.

Pehuen (mapuche) noisette.

Peirce (anglais) variante de Peter.
Peirs

Pekelo (hawaïen) variante de Pierre.
Pekeio, Pekka

Pelagio, Pelayo (grec) excellent marin.

Peleke (hawaïen) variante de Frédéric.

Pelham (anglais) ville de la tannerie.
Pelhem, Pelhim, Pelhom, Pelhym

Pelí (latin, basque) heureux.
Pelie, Pely

Pell (anglais) parchemin.
Pall, Pel

Pello (grec, basque) pierre.
Peru, Piarres

Pelope (grec) qui a un teint brun.

Pelton (anglais) ville près d'un étang.
Peltan, Pelten, Peltin, Peltyn

Pembroke (gallois) promontoire; (français) marchand de vin; (anglais) clôture cassée.
Pembrock, Pembrok, Pembrook

Pendle (anglais) colline.
Pendal, Pendel, Penndal, Penndel, Penndle

Peniamina (hawaïen) variante de Benjamin.
Peni, Penmina, Penminah, Penmyna, Penmynah

Penley (anglais) prairie enclose.
Penlea, Penlee, Penleigh, Penli, Penlie, Penly

Penn (latin) stylo à plume, plume; (anglais) enclos; (allemand) diminutif de Penrod.
Pen, Penna

Penrod (allemand) commandant célèbre.
Penn, Pennrod, Rod

Pepa (tchèque) variante populaire de Joseph.
Pepek, Pepik

Pepe (espagnol) variante populaire de José.
Pepee, Pepey, Pepi, Pepie, Pepillo, Pepito, Pepy, Pequin, Pipo

Pépin (allemand) déterminé; demandeur. Histoire: Pépin le Bref, roi des Francs au VIIIe siècle.
Pepan, Pepen, Pepon, Peppie, Peppy, Pepyn

Peppe (italien) variante populaire de Joseph.
Peppee, Peppey, Peppi, Peppie, Peppo, Peppy

Péppin (français) variante de Pépin.

Per (suédois) variante de Pierre.

Perben (grec, danois) pierre.
Perban, Perbin, Perbon, Perbyn

Perceval (français) perce la vallée. Littérature: Perceval, chevalier de la Table Ronde qui apparaît en premier dans le poème de Chrétien de Troyes sur la quête du Saint-Graal.
Parsafal, Parsefal, Parsifal, Parzival, Perc, Perce, Percevall, Percival, Percivale, Percivall, Percyval, Peredur, Purcell

Percy (français) variante populaire de Perceval.
Pearcey, Pearcy, Percee, Percey, Perci, Percie, Piercey, Piercy

Pere (catalan) variante de Pedro.

Peregrine (latin) voyageur; pèlerin; faucon.
Pelgrim, Pellegrino, Peregrin, Peregryn, Peregryne, Perergrin, Perergryn

Peregrino (latin) variante de Peregrine.

Perfecto (latin) sans aucun défaut.

Periandro (grec) inquiétudes par rapport aux hommes.

Périclès (grec) chef juste. Histoire: Périclès, homme d'État athénien.
Perycles

Perico (espagnol) variante de Pierre.
Pequin, Perequin

Perine (latin) diminutif de Peregrine.
Perino, Perion

Perkin (anglais) petit Peter.
Perka, Perkins, Perkyn, Perkyns

Pernell (français) variante de Parnell.
Perren, Pernall

Perpetuo (latin) qui a un but immuable.

Perrin (latin) diminutif de Peregrine.
Perryn

Perryn GF (anglais) variante populaire de Peregrine, de Peter.
Peree, Perey, Peri, Perie, Perree, Perrey, Perri, Perrie, Perrye, Pery

Perseo (grec) le destructeur.

Perth (écossais) fourré de ronces. Géographie: ville d'Écosse; ville d'Australie.
Pirth, Pyrth

Pervis (latin) passage.
Pervez, Pervys

Pesach (hébreu) épargné. Religion: autre nom de la Pâque juive.
Pesac, Pessach

Petar (grec) variante de Pierre.

Pete (anglais) diminutif de Peter.
Peat, Peate, Peet, Peete, Peit, Peite, Petey, Peti, Petie, Peyt, Piet, Pit, Pyete

Petenka (russe) pierre.

Peter (anglais) variante de Pierre.
Peater, Peiter, Péter, Peterke, Peterus, Piaras, Piero,
Piter, Piti, Pjeter, Pyeter

Peterson (anglais) fils de Peter.
Peteris, Petersen

Petiri (shona) où nous sommes.
Petri, Petyri, Petyry

Peton (anglais) variante de Patton.
Peaten, Peatin, Peaton, Peatun, Peatyn, Peighton,
Peiton, Petan, Peten, Petin, Petun, Petyn

Petr (bulgare) variante de Pierre.
Pedr

Petras (lituanien) variante de Pierre.
Petra, Petrelis

Petros (grec) variante de Pierre.
Petro

Petru (roumain) variante de Pierre.
Petrukas, Petruno, Petrus, Petruso

Petruos (latin) solide comme un rocher.

Petter (norvégien) variante de Pierre.

Peverell (français) joueur de pipeau.
Peverall, Peverel, Peveril, Peveryl

Peyo (espagnol) variante de Pierre.

Peyton Ⓤ (anglais) variante de Patton,
de Payton.
Peyt, Peyten, Peython, Peytonn

Phalguni (indien) né pendant le mois hindou
de Falgun.

Pharaoh (latin) souverain. Histoire: titre
des anciens rois d'Égypte.
Faro, Faroh, Pharo, Pharoah, Pharoh

Phelan (irlandais) loup.
Felan, Pheland

Phelipe (espagnol) variante de Philippe.
Phelippe

Phelix (latin) variante de Félix.
Phelyx

Phelps (anglais) fils de Philip, de Phillip.
Felps, Phelp

Phil (grec) diminutif de Philip, de Phillip.
Fil, Phill

Philander (grec) qui aime l'humanité.
Filander, Fylander, Phylander

Philart (grec) qui aime la vertu.
Filart, Filarte, Fylart, Fylarte, Phylart, Phylarte

Philbert (anglais) variante de Filbert.
Philberte, Philberti, Philberto, Philbirt, Philbirte, Philburt,
Philburte, Philibert, Philiberte, Philibirt, Philibirte, Philiburt,
Philiburte, Phillbert, Phillberte, Phillbirt, Phillbirte, Phillburt,
Phillburte, Phillibert, Philliberte, Phillibirt, Phillibirte,
Philliburt, Philliburte, Phylbert, Phylberte, Phylbirt,
Phylbirte, Phylburt, Phylburte, Phylibert, Phyliberte,
Phylibirt, Phylibirte, Phyliburt, Phyliburte, Phyllbert,
Phyllberte, Phyllbirt, Phyllbirte, Phyllburt, Phyllburte,
Phyllibert, Philliberte, Phyllibirt, Phyllibirte, Phylliburt,
Phylliburte

Philemon (grec) baiser.
Phila, Philamin, Philamina, Philamine, Philamyn, Phileman,
Philémon, Philmon, Philmyn, Philmyne, Phylmin, Phylmine,
Phylmon, Phylmyn

Philip (anglais) variante de Philippe.
Voir aussi Filip, Fillipp, Flip.
Philippo, Phillp, Philp, Phyleap, Phyleep, Phylip, Phylyp,
Pilib, Pippo

Philippe (grec) amateur de chevaux. Bible:
l'un des douze apôtres. Voir aussi Felipe,
Felippo, Filip, Fillipp, Filya, Fischel, Flip.
Philipe, Phillepe, Phillipe, Phillippe, Phillippee, Phyllipe

Philipp (allemand) variante de Philippe.
Phillipp

Phillip (grec) variante de Philippe.
Phillipp, Phillips, Phylleap, Phylleep, Phyllip, Phyllyp

Phillipos (grec) variante de Phillip.
Philippos

Philly (américain) variante populaire de Philip,
de Phillip.
Phillie

Philo (grec) amour.
Filo, Fylo, Phylo

Phinean (irlandais) variante de Finian.
Phinian, Phinyan, Phynian, Phynyan

Phineas (anglais) variante de Pinchas.
Voir aussi Fineas.
Phinehas, Phinny, Phyneas

Phirun (cambodgien) pluie.

Phoenix Ⓤ (latin) le phénix, animal légendaire.
Phenix, Pheonix, Phynix

Phuok (vietnamien) bon.
Phuoc

Pias (tsigane) amusant.

Pichi (araucanien) petit.

Pichiu (quechua) oisillon.

Pichulman (mapuche) la plume du condor.

Pichunlaf (mapuche) plume porte-bonheur.

Pickford (anglais) gué sur le pic.

Pickworth (anglais) domaine du bûcheron.

Picton (anglais) ville sur le pic de la colline.
Picktown, Picktun, Picktyn, Pictan, Picten, Piktan, Pikten, Piktin, Pikton, Piktown, Piktun, Piktyn, Pyckton, Pyctin, Pycton, Pyctyn, Pyktin, Pykton, Pyktyn

Pier Alexander (français) combinaison de Pierre et d'Alexander.

Pierre-Luc (français) combinaison de Pierre et de Luc.
Pier Luc, Piere Luc, Pierre Luc

Pierre-Olivier (français) combinaison de Pierre et d'Olivier.
Pier Olivier

Pierce [GF] (anglais) variante de Peter.
Peerce, Peirce, Piercy

Piero (italien) variante de Pierre.
Pero, Pierro

Pierpont, Pierrepont (français) qui vit sous le pont de pierre.

Pierre [TOP 100.] (latin) rocher. Bible : premier des douze apôtres. Voir aussi Boutros, Ferris, Takis.
Peirre, Piere, Pierrot

Pierre-Alexandre (français) combinaison de Pierre et d'Alexandre.

Pierre-André (français) combinaison de Pierre et d'André.

Pierre-Antoine (français) combinaison de Pierre et d'Antoine.

Pierre-Étienne (français) combinaison de Pierre et d'Étienne.

Pierre-Marc (français) combinaison de Pierre et de Marc.

Pierre-Yves (français) combinaison de Pierre et d'Yves.

Piers (anglais) variante de Peter. Variante de Peers.

Pierson (anglais) fils de Peter. Voir aussi Pearson.
Pierrson, Piersen, Piersson, Piersun, Pyerson

Pieter (néerlandais) variante de Pierre.
Pietr, Pietrek

Pietro (italien) variante de Pierre.

Pigmalion (espagnol) sculpteur.

Pilar [FG] (espagnol) pilier.
Pillar, Pylar, Pyllar

Pilato (latin) soldat armé d'une lance.

Pilate (latin) celui qui est armé d'un pic.
Pilatos

Pili (swahili) né en deuxième.
Pyli, Pyly

Pilpo (hawaïen) variante de Philip.

Pillan (amérindien) essence suprême.
Pilan, Pylan, Pyllan

Pin (vietnamien) garçon fidèle.
Pyn

Pinchas (hébreu) oracle ; (égyptien) à la peau sombre.
Phineas, Pincas, Pinchos, Pincus, Pinkas, Pinkus, Pynchas

Pinito (grec) inspiré ; très sage.

Pinjás (hébreu) bouche du serpent.

Pinky (américain) variante populaire de Pinchas.
Pink

Pino (italien) variante de Joseph.

Piñon (tupi-guarani) Mythologie : Orion, chasseur qui se transforma en la constellation du même nom.

Pio (latin) pieux.
Pyo

Pío (latin) variante de Pio.

Piotr (bulgare) variante de Pierre.
Piotrek

Pipino (allemand) variante de Pippin.

Pippin (allemand) père.
Pippyn

Piquichaqui (quechua) au pas léger.

Piran (irlandais) prière. Religion : saint patron des mineurs.
Peran, Pieran, Pieren, Pieryn, Pyran

Pirrin (australien) grotte.
Pirryn, Pyrrin, Pyrryn

Pirro (grec, espagnol) chevelure enflammée.
Piro, Pyro, Pyrro

Pista (hongrois) variante populaire d'István.
Pisti

Pitágoras (grec) celui qui est comme un oracle divin.

Piti (espagnol) variante de Pierre.

Pitin (espagnol) variante de Félix.
Pito

Pitney (anglais) île de l'homme résolu.
Pitnee, Pitni, Pitnie, Pitny, Pittney, Pytnee, Pytney, Pytni, Pytnie, Pytny

Pitt (anglais) fosse, fossé.
Pit

Piuque (araucanien) cœur.

Piyco, Piycomayu, Piycu, Piycumayu (quechua) oiseau rouge.

Placido (espagnol) serein.
Placide, Placidio, Placidus, Placyd, Placydius, Placydo

Plácido (espagnol) variante de Placido.

Platon (grec) aux épaules larges. Histoire: Platon, philosophe grec célèbre.
Platan, Platen, Platin, Plato, Platun, Platyn

Platón (grec) variante de Platon.

Platt (français) plaines.
Platte

Plauto, Plotino (grec) celui qui a les pieds plats.

Plaxico (américain) variante de Placido.

Plinio (latin) celui qui a de nombreux talents.

Plubio (grec) homme de la mer.

Plutarco (grec) riche prince.

Plutón (grec) qui possède de nombreuses richesses.

Po Sin (chinois) grand-père éléphant.

Pol (suédois) variante de Paul.
Pól, Pola, Poll, Poul

Poldi (allemand) variante populaire de Léopold.
Poldo

Poliano (grec) celui qui souffre.

Policarpo (grec) celui qui produit des fruits abondants.

Policeto (grec) celui qui a causé de nombreuses peines.

Polidoro (grec) qui a des vertus.

Poliecto (grec) celui qui est très désiré.

Polifemo (grec) celui dont on parle beaucoup.

Polión (grec) le Seigneur puissant qui protège.

Pollard (allemand) cheveux coupés à ras.
Polard, Polerd, Pollerd, Pollyrd

Pollock (anglais) variante de Pollux. Art: l'artiste américain Jackson Pollock était le leader de l'expressionnisme abstrait.
Polick, Pollack, Pollick, Polloch, Pollok, Polock, Polok

Pollux (grec) couronne. Astronomie: l'une des étoiles la constellation des Gémeaux.
Pollock, Polux

Polo (tibétain) vagabond courageux; (grec) diminutif d'Apollo. Culture: sport qui se joue à dos de cheval. Histoire: Marco Polo, explorateur vénitien qui traversa l'Asie au XIIIe siècle.
Pollo

Poma, Pomacana, Puma, Pumacana (quechua) puma fort et puissant.

Pomacaua, Pumacaua (quechua) celui qui surveille avec la discrétion du puma.

Pomagüiyca, Pumagüiyca (quechua) sacré comme le puma.

Pomalloque, Pumalluqui (quechua) puma gaucher.

Pomauari, Pumauari (quechua) indomptable comme la vigogne et fort comme le puma.

Pomayauri, Pumayauri (quechua) puma couleur de cuivre.

Pomeroy (français) pommeraie.
Pomaroi, Pomaroy, Pomeroi, Pommeray, Pommeroy

Pommeraie (français) variante de Pomeroy.

Pompeo (grec) variante de Pompeyo.

Pompeyo (grec) celui qui est à la tête de la procession.

Pomponio (latin) amateur de grandeur et de plaines dégagées.

Ponce (espagnol) cinquième. Histoire: Juan Ponce de León d'Espagne chercha la fontaine de jouvence en Floride.

Poncio (grec) qui est venu de la mer.

Ponpey (anglais) variante de Pompeyo.

Pony (écossais) petit cheval, poney.
Poni

Porcio (latin) celui qui gagne sa vie en élevant des cochons.

Porfirio (grec, espagnol) porphyre, pierre pourpre.
Porfiryo, Porfryio, Porfryo, Porphirios, Prophyrios

Porfiro (grec) variante de Porfirio.

Porter GF (latin) portier.
Port, Portie, Porty

Poseidón (grec) celui qui possède les eaux.

Poshita (sanscrit) chéri.

Posidio (grec) celui qui est dévoué à Poséidon.

Potenciano (latin) celui qui domine grâce à son empire.

Poul (danois) variante de Paul.
Poulos, Poulus

Pov (tsigane) terre.

Powa (amérindien) riche.
Powah

Powell (anglais) vigilant.
Powal, Powall, Powel, Powil, Powill, Powyl, Powyll

Prabhjot (sikh) la lumière de Dieu.

Prácido (latin) serein, calme.

Pragnacio (grec) celui qui est habile et pragmatique en affaires.

Pramad (hindi) qui se réjouit.

Pravat (tai) histoire.

Pravin (hindi) capable.
Pravyn

Prem (hindi) amour.

Prentice (anglais) apprenti.
Prent, Prentis, Prentise, Prentiss, Prentyc, Prentyce, Prentys, Prentyse, Printes, Printiss

Prescott (anglais) maison du prêtre. Voir aussi Scott.
Prescot, Prestcot, Prestcott

Presidio (latin) celui qui abrite agréablement.

Presley FG (anglais) prairie du prêtre. Musique : Elvis Presley, célèbre chanteur de rock'n'roll américain.
Preslea, Preslee, Presleigh, Presli, Preslie, Presly, Presslee, Pressley, Prestley, Priestley, Priestly

Preston (anglais) domaine du prêtre.
Prestan, Presten, Prestin, Prestyn

Pretextato (latin) recouvert d'une toge.

Prewitt (français) enfant courageux.
Preuet, Prewet, Prewett, Prewit, Prewyt, Prewytt, Pruit, Pruitt, Pruyt, Pruytt

Priamo, Príamo (grec) qui a été secouru.

Price (gallois) fils de la personne ardente.
Pryce

Pricha (tai) intelligent.

Priest (anglais) prêtre. Diminutif de Preston

Prilidiano, Prilidíano (grec) celui qui se souvient des choses du passé.

Primael (latin) choisi en premier.

Primeiro (italien) né en premier.

Primitivo (latin) original.

Primo (italien) premier ; de première qualité.
Preemo, Premo, Prymo

Prince (latin) chef ; prince.
Prence, Prins, Prinse, Prinz, Prinze, Prynce, Pryns, Prynse

Princeton (anglais) ville princière.
Prenston, Princeston, Princton

Prisco (latin) vieux ; d'un autre temps.

Probo (latin) qui a une conduite morale.

Proceso (latin) celui qui avance.

Procopio (grec) celui qui progresse.

Procoro (grec) celui qui prospère.

Proctor (latin) fonctionnaire, administrateur.
Prockter, Proctar, Procter

Proculo (latin) celui qui est né loin de chez lui.

Prokopios (grec) chef déclaré.

Promaco (grec) celui qui se prépare au combat.

Prometeo (grec) celui qui ressemble à Dieu.

Prosper (latin) chanceux.
Prospero, Próspero

Protasio, Protólico (grec) personne préférée.

Proteo (grec) seigneur des vagues de la mer.

Proterio, Proto (grec) celui qui a la préséance sur tout le reste.

Prudenciano (espagnol) humble et honnête.

Prudencio (latin) celui qui travaille avec sensibilité et modestie.

Prudens (allemand) variante de Prudencio.

Pryor (latin) à la tête du monastère ; prieur.
Prior, Pry

Ptah (égyptien) cultivé par Dieu à Memphis.

Publio (latin) celui qui est populaire.

Puchac (quechua) chef.

Pueblo (espagnol) de la ville.

Pulqueria (latin) la belle personne.

Pulqui (araucanien) flèche.

Pumasonjo, Pumasuncu (quechua) cœur d'un puma.

Pumeet (sanscrit) pur.

Pupulo (latin) le petit garçon.

Purdy (hindi) reclus.

Puric (quechua) marcheur.

Purvis (français, anglais) qui fournit de la nourriture.
Pervis, Purves, Purvise, Purviss, Purvys, Purvyss

Pusaki (indigène) feu.

Putnam (anglais) habitant près de la mare.
Putnem, Putnum

Pyotr (russe) variante de Pierre.
Petya, Pyatr

Qabic (arabe) capable.
Quabic, Quabick, Quabik, Quabyc, Quabyck, Quabyk

Qabil (arabe) capable.
Qabill, Qabyl, Qabyll

Qadim (arabe) ancien.
Quadym

Qadir (arabe) puissant.
Qaadir, Qadeer, Quaadir, Quadeer, Quadir

Qamar (arabe) lune.
Quamar, Quamir

Qasim (arabe) qui divise.
Qasym, Quasim

Qatadah (indien) arbre feuillu.

Qays (indien) ferme.

Qeb (égyptien) père de la terre.

Qi (chinois) jade fin ; exceptionnel ; qui se distingue.

Qian (chinois) mille.

Qiang (chinois) puissant.

Qiao (chinois) joli, beau.

Qimat (hindi) précieux.
Qymat

Qin (chinois) travailleur.

Qing (chinois) sans tache.

Qing Yuan (chinois) source claire.

Qiong (chinois) jade fin.

Qiu (chinois) automne.

Qu (chinois) intérêt, plaisir.

Quaashie Ⓤ (ewe) né un dimanche.
Quaashi, Quashi, Quashie

Quadarius (américain) combinaison de Quan et de Darius.
Quadara, Quadarious, Quadaris, Quandarious, Quandarius, Quandarrius, Qudarius, Qudaruis

Quade (latin) quatrième.
Quadell, Quaden, Quadon, Quadre, Quadrie, Quadrine, Quadrion, Quaid, Quayd, Quayde, Qwade

Quain (français) intelligent.
Quayn

Quamaine (américain) combinaison de Quan et de Jermaine.
Quamain, Quaman, Quamane, Quamayne, Quarmaine

Quan (comanche) diminutif de Quanah.

Quanah (comanche) parfumé.

Quandre (américain) combinaison de Quan et d'André.
Quandrae, Quandré

Quang (vietnamien) clair ; brillant ; bonne réputation.

Quant (grec) combien ?
Quanta, Quantae, Quantah, Quantai, Quantas, Quantay, Quante, Quantea, Quantey, Quantu

Quantavious (américain) variante
de Quantavius.

Quantavius (américain) combinaison de Quan
et d'Octavius.
Quantavian, Quantavin, Quantavion, Quantavis,
Quantavous, Quatavious, Quatavius

Quantez (américain) variante de Quant.

Quashawn (américain) combinaison de Quan
et de Shawn.
Quasean, Quashaan, Quashan, Quashaun, Quashaunn,
Quashon, Quashone, Quashun, Queshan, Queshon,
Qweshawn, Qyshawn

Quauhtli (nahuatl) aigle.

Qudamah (arabe) courage.
Qudam, Qudama

Que (chinois) sérieux.

Quenán (hébreu) figé.

Quenby U (scandinave) variante de Quimby.
Quenbee, Quenbey, Quenbi, Quenbie, Quinbee, Quinby,
Quynbee, Quynbey, Quynbi, Quynbie, Quynby

Quennell (français) petit chêne.
Quenal, Quenall, Quenel, Quenell, Quennal, Quennall,
Quennel

Quenten, Quenton (latin) variantes
de Quentin.
Quienten, Quienton

Quenti, Quinti (quechua) colibri.

Quentin ᵀᴼᴾ.₁₀₀. (latin) cinquième ; (anglais) ville
de la reine.
Qeuntin, Quantin, Queintin, Quent, Quentan, Quentine,
Quentyn, Quentynn, Quientin, Quintan, Quyntan,
Quyntyn, Qwentan, Qwentin, Qwentyn, Qwyntan, Qwyntyn

Querubín (hébreu) jeune taureau rapide.

Quesnel (français) qui vient du chêne.

Quespi (quechua) bijou, brillant comme
un diamant.

Quest (latin) quête.

Queupulicán (mapuche) pierre blanche
avec une rayure noire.

Queupumil (mapuche) pierre qui brille.

Quichuasamin (quechua) celui qui apporte
fortune et bonheur au village quechua.

Quico (espagnol) variante populaire
de nombreux prénoms.

Quidequeo (mapuche) brillant.

Quigley (irlandais) côté maternel.
Quiglea, Quiglee, Quigleigh, Quigli, Quiglie, Quigly

Quillan (irlandais) club.
Quilan, Quilen, Quilin, Quill, Quille, Quillen, Quillin,
Quillyn, Quilyn

Quillén (araucanien) larme.

Quillinchu, Quilliyicu (quechua) épervier.

Quillon (latin) épée.
Quilon, Quyllon, Quylon

Quimby (scandinave) domaine de la femme.
Quembee, Quembey, Quemby, Quenby, Quymbee,
Quymbey, Quymbi, Quymbie, Quymby

Quimey (araucanien) joli ; beau.

Quin (irlandais) variante de Quinn.

Quincey U (américain) variante de Quincy.

Quincy GF (américain) propriété du cinquième
fils.
Quenci, Quency, Quince, Quincee, Quinci, Quinncy,
Quinnsey, Quinnsy, Quinsey, Quinzy, Quyncee, Quyncey,
Quynnsey, Quynnsy, Quynsy

Quindarius (américain) combinaison de Quinn
et de Darius.
Quindarious, Quindarrius, Quinderious, Quinderus,
Quindrius

Quiñelef (mapuche) course rapide.

Quinlan (irlandais) fort ; bien formé.
Quindlen, Quinlen, Quinlin, Quinnlan, Quinnlin, Quynlan,
Quynlen, Quynlin, Quynlon, Quynlyn

Quinn GF (irlandais) diminutif de Quincy,
de Quilan, de Quinten.
Quyn, Quynn

Quintavious (américain) variante de Quintavius.

Quintavis (américain) variante de Quintavius.

Quantavius (américain) combinaison de Quinn
et d'Octavius.
Quintavus, Quintayvious

Quinten, Quintin, Quinton (latin) variantes
de Quentin.
Quinneton, Quinnten, Quinntin, Quinnton, Quint, Quintan,
Quintann, Quintine, Quintion, Quintus, Quintyn, Quiton,
Qunton, Quynten, Quyntin, Quynton, Qwenten, Qwentin,
Qwenton, Qwinton, Qwynten, Qwyntin, Qwynton

Quintilian (français) variante de Quintiliano.

Quintiliano (espagnol) variante de Quintilio.

Quintilio (latin) celui qui est né le cinquième
mois.

Quintrilpe (mapuche) lieu d'organisation.

Quintuillan (mapuche) qui cherche l'autel.

Quiqui (espagnol) variante populaire d'Enrique.
Quinto, Quiquin, Quyquy

Quiríaco (grec) variante de Ciriaco.

Quirino (latin) celui qui porte une lance.

Quispe, Quispi (quechua) bijou.

Quispiyupanqui (quechua) celui qui honore sa liberté.

Quisu (aymara) celui qui apprécie la valeur des choses.

Quitin (latin) diminutif de Quinten.
Quiten, Quito, Quiton

Quito (espagnol) diminutif de Quinten.

Qun (chinois) les masses.

Quoc (vietnamien) nation.

Quon (chinois) brillant.

Qutaybah (indien) irritable, impatient.

Qutub (indien) grand.

Quy (vietnamien) précieux.

R

Ra (égyptien) lumière du soleil.

Ra`ld (arabe) chef.

Ra`ls (arabe) patron.

Ra'shawn, Rashaan, Rashaun, Rashon (américain) variantes de Rashawn.
Rasaun, Rashann, Rashion, Rashone, Rashonn, Rashuan, Rashun, Rhashaun

Raamah (hébreu) tonnerre.
Raama, Rama, Ramah

Raanan (hébreu) frais; luxuriant.
Ranan

Rabah (arabe) vainqueur.

Rabel (catalan) variante de Rafaël.

Rabi Ⓤ (arabe) brise; (écossais) célèbre.
Rabbi, Rabby, Rabee, Rabeeh, Rabey, Rabiah, Rabie, Rabih, Raby

Race (anglais) course.
Racee, Racel

Racham (hébreu) compatissant.
Rachaman, Rachamim, Rachamin, Rachamyn, Rachim, Rachman, Rachmiel, Rachmyel, Rachum, Raham, Rahamim, Rahamym

Rachid (libanais) prudent.

Rad (anglais) conseiller; (slave) heureux.
Raad, Radd, Raddie, Raddy, Rade, Radee, Radell, Radey, Radi

Radbert (anglais) conseiller brillant.
Radbirt, Radburt, Radbyrt, Raddbert, Raddbirt, Raddburt, Raddbyrt

Radburn (anglais) ruisseau rouge; ruisseau avec des roseaux.
Radbern, Radborn, Radborne, Radbourn, Radbourne, Radburne, Radbyrn, Radbyrne

Radcliff (anglais) falaise rouge; falaise avec des roseaux.
Radclif, Radcliffe, Radclith, Radclithe, Radclyffe, Radclyth, Redclif, Redcliff, Redcliffe, Redclyth

Radek (tchèque) dirigeant célèbre.
Radec, Radeque

Radford (anglais) gué rouge; gué avec des roseaux.

Radhakanta (indien) autre nom du dieu hindou Krishna.

Radhakrishna (indien) le dieu hindou Krishna et Radha, son amante.

Radhavallabh (indien) chéri de Radha; autre nom du dieu hindou Krishna.

Radheshyam (indien) autre nom du dieu hindou Krishna.

Radheya (indien) autre nom de Karna, héros indien du poème épique *Le Mahabharata*.

Radley (anglais) prairie rouge; champ de roseaux. Voir aussi Redley.
Radlea, Radlee, Radleigh, Radly

Radman (slave) joyeux.
Raddman, Radmen, Radmon, Reddman, Redman

Radnor (anglais) rive rouge ; rive avec des roseaux.
Radnore, Rednor, Rednore

Radomil (slave) paix heureuse.
Radomyl

Radoslaw (polonais) gloire heureuse.
Rado, Radoslav, Radzmir, Slawek

Radwan (arabe) agréable, charmant.
Radwen, Radwin, Radwon, Radwyn

Raekwon, Raequan (américain) variantes de Raquan.
Raekwan, Raequon, Raeqwon, Raikwan, Raiqoun, Raiquan, Raiquen, Rakwane, Rakwon

Raeshawn (américain) variante de Rashawn.
Raesean, Raeshaun, Raeshon, Raeshun

Rafa (hébreu) le géant.

Rafaël _{TOP 100} (espagnol) variante de Raphaël. Voir aussi Falito.
Rafael, Rafaell, Rafaello, Rafaelo, Rafeal, Rafeé, Rafello, Raffaell, Raffaello, Raffaelo, Raffeal, Raffel, Raffiel, Rafiel

Rafaele, Raffaele (italien) variantes de Raphaël.
Raffael

Rafaelle FG (français) variante de Raphaël.
Rafelle

Rafal (polonais) variante de Raphaël.
Rafel

Rafat (indien) élévation.

Rafe (anglais) diminutif de Rafferty, de Ralph.
Raff, Raffe

Rafer (irlandais) diminutif de Rafferty.
Raffer

Rafferty (irlandais) riche, prospère.
Rafe, Rafer, Rafertee, Rafertey, Raferti, Rafertie, Raferty, Raffarty

Raffi (hébreu, arabe) variante de Rafi.
Raffee, Raffey, Raffie, Raffy

Rafi (arabe) exalté ; (hébreu) variante populaire de Raphaël.
Rafee, Rafey, Rafie, Rafy

Rafiq (arabe) ami.
Raafiq, Rafeeq, Rafic, Rafique, Rafyq, Rafyque

Rafîq (arabe) variante de Rafiq.

Raghav, Raghavendra, Raghunandan, Raghunath, Raghupati, Raghuvir (indien) autres noms du dieu hindou Rāma.

Raghib (arabe) désireux.
Raghyb, Raquib, Raquyb

Raghîb (arabe) variante de Raghib.

Raghnall (irlandais) pouvoir sage.
Raghnal, Ragnal, Ragnall

Raghu (indien) famille du dieu hindou Rāma.

Ragnar (norvégien) armée puissante.
Ragner, Ragnir, Ragnor, Ragnyr, Ranieri

Rago (haoussa) bélier.

Raguel (hébreu) ami de tous.

Rahas (indien) secret.

Raheem GF (pendjabi) Dieu compatissant.

Raheim (pendjabi) variante de Raheem.

Rahim (arabe) miséricordieux.
Raaheim, Rahaeim, Raheam, Rahiem, Rahiim, Rahime, Rahium

Rahman (arabe) compatissant.
Rahmatt, Rahmen, Rahmet, Rahmin, Rahmon, Rahmyn

Rahsaan (américain) variante de Rashean.

Rahul (arabe) voyageur.

Raíd (arabe) chef.
Rayd

Raiden (japonais) Mythologie : dieu du Tonnerre.
Raedan, Raeden, Raedin, Raedon, Raedyn, Raidan, Raidin, Raidon, Raidyn, Reidan, Reiden, Reidin, Reidon, Reidyn

Railef (mapuche) fleur défaite à cause d'un vent fort.

Raimi (quechua) fête, célébration.

Raimondo (italien) variante de Raymond.
Raymondo, Reimundo

Raimund (allemand) variante de Raymond.
Rajmund

Raimundo (portugais, espagnol) variante de Raymond.
Mundo, Raimon, Raimond, Raimonds

Raine FG (anglais) seigneur ; sage.
Raen, Raene, Rain, Raines

Rainer (allemand) conseiller.
Rainar, Raineier, Rainey, Rainier, Rainieri, Rayner, Reinar

Rainerio, Rainero, Rainiero (allemand) variantes de Rainer.

Rainey FG (allemand) variante populaire de Rainer.
Rainee, Rainie, Rainney, Rainy, Raynee, Rayney, Rayni, Raynie, Rayny, Reiny

Raini FG (tupi-guarani) Religion: le dieu qui créa le monde.

Rainier (français) variante de Rainer.
Ranier, Raynier, Reignier, Reinier

Rainieri (italien) variante de Rainer.
Rainierie

Raishawn (américain) variante de Rashawn.
Raishon, Raishun

Raj (hindi) diminutif de Rajah.

Raja FG (hindi) variante de Rajah.

Rajabu (swahili) né le septième mois du calendrier islamique.

Rajah (hindi) prince; chef.
Rajaah, Rajae, Rajahe, Raje, Rajeh, Raji

Rajak (hindi) nettoyant.
Raja

Rajam (indien) autre nom de la déesse hindoue Lakshmi.

Rajan (hindi) variante de Rajah.
Rajaahn, Rajain, Rajen, Rajin

Rajarshi, Rajrishi (indien) sage du roi.

Rajas (indien) maîtrise; renommée; fierté.

Rajat (indien) argent.

Rajatshubhra (indien) blanc comme l'argent.

Rajdulari (indien) chère princesse.

Rajendra, Rajendrakumar, Rajendramohan, Rajesh (indien) roi.

Rajit (indien) décoré.

Rakeem (pendjabi) variante de Raheem.
Rakeeme, Rakeim, Rakem

Rakim (arabe) variante de Rahim.
Rakiim

Rakin (arabe) respectable.
Rakeen, Rakyn

Raktim (hindi) rouge vif.
Raktym

Raleigh GF (anglais) variante de Rawleigh.
Raelea, Raelee, Raeleigh, Raeley, Railea, Railee, Raileigh, Railey, Ralegh, Raylea, Raylee, Rayleigh, Rayley

Ralph (anglais) conseiller loup.
Radolphus, Radulf, Rafe, Ralf, Ralpheal, Ralphel

Ralphie (anglais) variante populaire de Ralph.
Ralphy

Ralston (anglais) habitation de Ralph.
Ralfston, Ralfstone, Ralfton, Ralftone, Ralphstone, Ralphton, Ralphtone, Ralstone, Ralstyn

Ram (hindi) dieu; divin. Religion: autre nom du dieu hindou Rāma; (anglais) bélier. Diminutif de Ramsey.
Ramie

Ramadan (arabe) neuvième mois du calendrier islamique.
Rama

Ramanan (hindi) dieu; divin.
Raman, Ramanjit, Ramanjot

Ramandeep FG (hindi) variante de Ramanan.

Rambert (allemand) fort; brillant.
Rambirt, Ramburt, Rambyrt

Rami (hindi, anglais) variante de Ram; (espagnol) diminutif de Ramiro.
Rame, Ramee, Ramey, Ramih

Ramírez (espagnol) judicieux.

Ramiro (portugais, espagnol) juge suprême.
Ramario, Rameer, Rameir, Ramere, Rameriz, Ramero, Ramires, Ramirez, Ramos, Ramyro

Ramlal (hindi) fils du dieu Ram.

Ramon, Ramón (espagnol) variantes de Raymond.
Raman, Ramin, Ramyn, Remon, Remone, Romon, Romone

Ramond (néerlandais) variante de Raymond.

Ramone (néerlandais) variante de Raymond.
Raemon, Raemonn, Ramonte, Remone

Ramsden (anglais) vallée des béliers.
Ramsdan, Ramsdin, Ramsdon, Ramsdyn

Ramsey GF (anglais) île du bélier.
Ramsay, Ramsee, Ramsi, Ramsie, Ramsy

Ramy (hindi, anglais) variante de Ram.

Ramzi (américain) variante de Ramsey.
Ramzee, Ramzey, Ramzy

Rance (américain) variante populaire de Lawrence; (anglais) diminutif de Ransom.
Rancel, Rancell, Rances, Rancey, Rancie, Rancy, Ransel, Ransell

Rancul (araucanien) plante des prairies dont les feuilles sont utilisées pour faire des toits pour les cabanes.

Rand (anglais) bouclier; guerrier.

Randal, Randell (anglais) variantes de Randall.
Randahl, Randale, Randel, Randl, Randle

Randall GF (anglais) variante de Randolph.
Randyll

Randeep (sikh) lampe de combat.

Randolph (anglais) loup bouclier.
*Randol, Randolf, Randolfe, Randolfo, Randolphe,
Randolpho, Randolphus, Randulf, Randulfe, Randulph,
Randulphe, Ranolph*

Randy GF (anglais) variante populaire de Rand,
de Randall, de Randolph.
Randdy, Randee, Randey, Randi, Randie, Ranndy

Ranen (hébreu) joyeux.
Ranan, Ranin, Ranon, Ranun, Ranyn

Ranger (français) gardien de la forêt.
Rainger, Range, Raynger, Reinger, Reynger

Rangle (américain) cow-boy. Voir aussi Wrangle.
Ranglar, Rangler

Rangsey (cambodgien) sept espèces de couleurs.
Rangsea, Rangsee, Rangseigh, Rangsi, Rangsie, Rangsy

Rangvald (scandinave) variante de Reynold.

Rani FG (hébreu) ma chanson ; ma joie.
Ranee, Raney, Ranie, Rany, Roni

Ranieri (italien) variante de Ragnar.
Raneir, Ranier, Rannier

Ranjan (hindi) ravi ; heureux.

Rankin (anglais) petit bouclier.
Randkin, Rankyn

Ransford (anglais) gué du corbeau.
Ransforde, Rensford, Rensforde

Ransley (anglais) prairie du corbeau.
*Ranslea, Ranslee, Ransleigh, Ransli, Ranslie, Ransly,
Renslee, Rensleigh, Rensley, Rensli, Renslie, Rensly*

Ransom (latin) rédempteur ; (anglais) fils
du bouclier.
Randsom, Randsome, Ransome, Ranson

Raoul (français) variante de Ralph, de Rudolph.
Raol, Reuel

Raphaël TOP .100. (hébreu) Dieu a guéri. Bible :
l'un des archanges. Art : peintre éminent
de la Renaissance. Voir aussi Falito, Rafi.
*Raphaél, Raphaello, Raphale, Raphel, Raphello, Raphiel,
Rephael*

Rapheal (hébreu) variante de Raphaël.
Rafel, Raphiel

Rapier (français) coupant comme une lame.
Rapyer

Rapiman (mapuche) le vomi du condor ;
indigestion.

Raquan (américain) combinaison du préfixe Ra
et de Quan.
*Raaquan, Rackwon, Racquan, Rahquan, Raquané, Raquon,
Raquwan, Raquwn, Raquwon, Raqwan, Raqwann*

Rashaad, Rashaud, Rashod (arabe) variantes
de Rashad.
*Rachaud, Rashaude, Rashoda, Rashodd, Rashoud,
Rayshod, Reyshaad, Reyshod, Rhashod*

Rashad (arabe) conseiller sage.
*Raashad, Rachad, Rachard, Raeshad, Raishard, Rashaad,
Rashadd, Rashade, Rashaud, Rasheed, Rashod, Reshad,
Rhashad*

Rashâd (arabe) variante de Rashad.

Rashan (américain) variante de Rashawn.

Rashard (américain) variante de Richard.
Rasharrd

Rashawn GF (américain) combinaison du préfixe
Ra et de Shawn.
*Raashawn, Raashen, Raeshawn, Rahshawn, Raishawn,
Rasaan, Rasawn, Rashaughn, Rashaw, Rashun, Rashunn,
Raushan, Raushawn, Rhashan, Rhashawn*

Rashean (américain) combinaison du préfixe Ra
et de Sean.
Rahsean, Rahseen, Rasean, Rashane, Rashien, Rashiena

Rasheed (arabe) variante de Rashad.
Rashead, Rashed, Rasheid, Rasheyd, Rhasheed

Rasheen (américain) variante de Rashean.

Rashid (arabe) variante de Rashad.
Rasheyd, Rashied, Rashyd, Raushaid

Rashîd (arabe) variante de Rashid.

Rashida FG (swahili) vertueux.
Rashidah, Rashieda

Rashidi (swahili) conseiller sage.

Rasmus (grec, danois) diminutif d'Erasmus.

Râteb (arabe) administrateur.

Rauel (hébreu) ami de Dieu.

Raul (français) variante de Ralph.
Raúl

Raulas (lituanien) variante de Lawrence.

Raulo (lituanien) variante de Lawrence.

Raurac (quechua) brûlant, ardent.

Raven FG (anglais) diminutif de Ravenel.
Ravan, Ravean, Raveen, Ravin, Ravine, Ravyn, Ravynn, Reven, Rhaven

Ravenel (anglais) corbeau.
Ravenell, Revenel

Ravi (hindi) soleil.
Ravee, Ravijot, Ravy

Ravid (hébreu) variante d'Arvid.
Ravyd

Raviv (hébreu) pluie, rosée.
Ravyv

Ravon U (anglais) variante de Raven.
Raveon, Ravion, Ravone, Ravonn, Ravonne, Revon

Rawdon (anglais) colline inculte.
Rawdan, Rawden, Rawdin, Rawdyn

Rawleigh (anglais) prairie au cerf.
Rawle, Rawlea, Rawlee, Rawley, Rawli, Rawlie, Rawly

Rawlins (français) variante de Roland.
Rawlin, Rawling, Rawlings, Rawlinson, Rawlyn, Rawlyng, Rawlyngs, Rawson

Ray (français) de roi, royal; (anglais) diminutif de Rayburn, de Raymond. Voir aussi Lei.
Rae, Rai, Raie, Raye

Rayan **TOP .100.** U (irlandais) variante de Ryan.
Rayaun

Rayburn (anglais) ruisseau du cerf.
Burney, Raeborn, Raeborne, Raebourn, Raebourne, Raeburn, Raeburne, Raibourn, Raibourne, Raiburn, Raiburne, Raybourn, Raybourne, Rayburne, Reibourn, Reibourne, Reiburn, Reiburne, Reybourn, Reybourne, Reyburn, Reyburne

Rayce (anglais) variante de Race.

Rayden (japonais) variante de Raiden.
Raydun, Rayedon, Reydan, Reyden, Reydin, Reydon, Reydyn

Rayfield (anglais) ruisseau dans le champ.
Raefield, Raifield, Reifield, Reyfield

Rayford (anglais) gué du ruisseau.
Raeford, Raeforde, Raiford, Raiforde, Reiford, Reiforde, Reyford, Reyforde

Rayhan (arabe) favorisé par Dieu.
Raehan, Raihan, Rayhaan

Rayi (hébreu) mon ami, mon compagnon.

Raymán (espagnol) variante de Raymond.

Raymon (anglais) variante de Raymond.
Raeman, Raemen, Raemin, Raemon, Raemyn, Raiman, Raimen, Raimin, Raimon, Raimyn, Rayman, Raymann, Raymen, Raymin, Raymone, Raymun, Raymyn, Reaman, Reamon, Reamonn, Reamyn, Reymon, Reymun

Raymón (espagnol) variante de Raymon.

Raymond (germanique) puissant; sage protecteur. Voir aussi Ayman.
Radmond, Raemond, Ramonde, Raymand, Rayment, Raymont, Raymund, Raymunde, Redmond, Reimond, Reimund

Raymundo (espagnol) variante de Raymond; (portugais, espagnol) variante de Raimundo.
Raemondo, Raimondo, Raymondo

Raynaldo (espagnol) variante de Reynold.
Raynal, Raynald, Raynold

Raynard (français) variante de Renard, de Reynard.
Raynarde

Rayne FG (anglais) variante de Raine.
Rayn, Rayno

Rayner (allemand) variante de Rainer.
Raynar, Reynar, Reyner, Reynir

Raynor (scandinave) variante de Ragnar.
Rainor, Reynor

Rayquan (américain) combinaison de Ray et de Quan.

Raysean, Rayshaun, Rayshon (américain) variantes de Rayshawn.
Rayshonn

Rayshawn (américain) combinaison de Ray et de Shawn.
Rayshaan, Rayshan, Raysheen, Rayshone, Rayshun, Rayshunn

Rayshod (américain) variante de Rashad.
Raeshod, Raishod, Raychard, Rayshad, Rayshard, Rayshaud

Rayvon (américain) variante de Ravon.
Rayvan, Rayvaun, Rayven, Rayvone, Reyven, Reyvon

Razi GF (arabe) conquérant.
Raz, Razee, Razey, Razie, Raziq, Razy

Raziel (araméen) variante de Razi.

Re (égyptien) demi-journée.

Read (anglais) variante de Reed, de Reid.
Raed, Raede, Raeed, Reaad, Reade

Reading (anglais) fils du vagabond rouge.
Redding, Reeding, Reiding

Reagan FG (irlandais) petit roi. Histoire: Ronald Wilson Reagan, 40e président des États-Unis.
Raegan, Raegin, Raegon, Raegyn, Raigan, Raigen, Raigin, Raigon, Raigyn, Raygan, Raygen, Raygin, Raygon, Raygyn, Reagen, Reaghan, Reegan, Reegen, Reegin, Reegon, Reegyn, Reigan, Reigen, Reighan, Reigin, Reign, Reigon, Reigyn, Reygan, Reygen, Reygin, Reygon, Reygyn, Rheagan

Real (latin) réel.

Rebel (américain) rebelle.
Reb, Rebell, Rebil, Rebill, Rebyl, Rebyll

Recaredo (teuton) qui conseille ses supérieurs.

Red (américain) rouge, roux.
Redd

Reda (arabe) satisfait.
Redah, Rida, Ridah, Ridha

Redempto, Redento (latin) qui s'est racheté.

Redford (anglais) gué sur la rivière rouge.
Ford, Radford, Reaford, Red, Redd

Redley (anglais) prairie rouge; prairie avec des roseaux. Voir aussi Radley.
Redlea, Redlee, Redleigh, Redli, Redlie, Redly

Redmond (allemand) conseiller qui protège; (anglais) variante de Raymond.
Radmond, Radmondo, Radmun, Radmund, Radmundo, Reddin, Redmon, Redmondo, Redmun, Redmund, Redmundo

Redpath (anglais) chemin rouge.
Raddpath, Radpath, Reddpath

Reece (gallois) variante de Rhys.
Reace, Rece, Reice, Reyce, Ryese

Reed CF (anglais) variante de Reid.
Raeed, Reyde, Rheed

Rees, Reese (gallois) variantes de Rhys.
Rease, Reis, Reise, Reiss, Reyse, Riese, Riess

Reeve (anglais) intendant.
Reav, Reave, Reaves, Reeves, Reive, Reyve, Rhyve

Reg (anglais) diminutif de Réginald.
Regg

Regan FC (irlandais) variante de Reagan.
Regen, Regin, Regon, Regyn

Reggie CF (anglais) variante populaire de Réginald.
Reggi, Reggy, Regi, Regie, Regy

Reginal (anglais) variante de Réginald.
Reginale, Reginel

Réginald (germanique) conseiller du roi. Variante de Reynold. Voir aussi Naldo.
Regginald, Reginaldo, Reginalt, Reginauld, Reginault, Reginold, Reginuld, Regnauld, Ryginald, Ryginaldo

Regil (latin) royal.
Reggis, Regiss, Regys, Regyss

Regulo, Régulo (latin) variantes de Rex.

Rehema (swahili) né en deuxième.
Rehemah

Rei FC (japonais) règle, loi.

Reid CF (anglais) roux.
Reide, Reyd, Reyde, Ried

Reidar (norvégien) guerrier du nid.
Reydar

Reilly CF (irlandais) variante de Riley.
Reilea, Reilee, Reileigh, Reiley, Reili, Reilie, Reillea, Reillee, Reilleigh, Reilley, Reilli, Reillie, Reily

Reimunde (allemand) conseiller et défenseur.

Reinaldo (espagnol) variante de Reynold.
Reinaldos

Reinardo (teuton) conseiller vaillant.

Reinhart (allemand) variante de Reynard; (anglais) variante de Reynold.
Rainart, Rainert, Rainhard, Rainhardt, Rainhart, Reinart, Reinhard, Reinhardt, Renke, Reynart, Reynhard, Reynhardt

Reinhold (suédois) variante de Ragnar; (anglais) variante de Reynold.
Reinold

Reku (finnois) variante de Richard.

Remedio (latin) remède.

Rémi CF (latin) rameur.
Remi, Remie, Remmi, Remmie

Remigio (latin) celui qui rame.

Remington CF (anglais) domaine du corbeau.
Rem, Reminton, Tony

Remo (grec) la personne forte.

Rémus (latin) rapide, prompt. Mythologie: Rémus et son frère jumeau Romulus ont fondé Rome.
Remas, Remos

Rémy CF (latin) rameur.
Ramey, Remee, Remey, Remmee, Remmey, Remmy

Renaldo (espagnol) variante de Reynold.
Rainaldo, Ranaldo, Raynaldo, Reynoldo, Rinaldo, Rynaldo

Renán (irlandais) seau.

Renard (français) variante de Reynard.
Ranard, Reinard, Rennard

Renardo (italien) variante de Reynard.

Renato (italien) rené.
Renat, Renatis, Renatus, Renatys

Renaud (français) variante de Reynard, de Reynold.
Renauld, Renauldo, Renault, Renould

Rendor (hongrois) policier.
Rendar, Render, Rendir, Rendyr

René (latin) né une seconde fois.
Renay, Renne

Renfred (anglais) paix durable.
Ranfred, Ranfrid, Ranfryd, Rinfred, Rinfryd, Ronfred, Ronfryd, Rynfred, Rynfryd

Renfrew (gallois) bois du corbeau.
Ranfrew

Renjiro (japonais) vertueux.
Renjyro

Renny (irlandais) petit mais fort; (français) variante populaire de René.
Ren, Reney, Reni, Renie, Renn, Rennee, Renney, Renni, Rennie, Reny

Reno (américain) joueur. Géographie : ville du Nevada connu pour le jeu.
Renos, Rino, Ryno

Renshaw (anglais) bois du corbeau.
Ranshaw, Renishaw, Renshore

Renton (anglais) village du chevreuil.
Rentown

Renzo (latin) variante populaire de Laurent; (italien) diminutif de Lorenzo.
Renz, Renzy, Renzzo

Repucura (mapuche) rocher déchiqueté; route difficile.

Reshad (américain) variante de Rashad.
Reshade, Reshard, Resharrd, Reshaud, Reshawd, Reshead, Reshod

Reshawn (américain) combinaison du préfixe Re et de Shawn.
Reshaun, Reshaw, Reshon, Reshun

Reshean (américain) combinaison du préfixe Re et de Sean.
Resean, Reshae, Reshane, Reshay, Reshayne, Reshea, Resheen, Reshey

Respicio (latin) je regarde en arrière.

Restituto (latin) celui qui retourne vers Dieu.

Reuben (hébreu) regarder un fils.
Reuban, Reubin, Rheuben, Rhuben

Reule (français) loup célèbre.

Reuquén (araucanien) orageux.

Reuven (hébreu) variante de Reuben.
Reuvin, Rouvin, Ruvim

Rex (latin) roi.
Rexx

Rexford (anglais) gué du roi.
Rexforde

Rexton (anglais) ville du roi.

Rey (espagnol) diminutif de Reynaldo, de Reynard, de Reynold; (français) variante de Roy.

Reyes (anglais) variante de Reece.
Reyce

Reyhan **GF** (arabe) favorisé par Dieu.
Reihan, Reyham

Reymond (anglais) variante de Raymond.
Reymon, Reymound, Reymund

Reymundo (espagnol) variante de Raymond.
Reimonde, Reimundo, Reymondo

Reynaldo (espagnol) variante de Reynold.
Reynaldos, Reynauldo

Reynard (français) sage; audacieux, courageux.
Raenard, Rainard, Reinhard, Reinhardt, Reinhart, Reiyard, Rennard, Reynardo, Reynaud

Reynold (anglais) conseiller du roi.
Voir aussi Réginald.
Raenold, Rainault, Rainhold, Rainold, Ranald, Raynaldo, Raynold, Reinald, Reinwald, Renald, Renaldi, Renauld, Rennold, Renold, Reynald, Reynol, Reynolds, Rinaldo

Réz **U** (hongrois) cuivre; roux.
Rezsö

Reza **GF** (allemand) variante de Resi (voir les prénoms de filles).

Rezin (hébreu) agréable, charmant.
Rezan, Rezen, Rezi, Rezie, Rezon, Rezy, Rezyn

Rhett (gallois) variante de Rhys. Littérature : Rhett Butler est le héros du roman *Autant en emporte le vent* de Margaret Mitchell.
Rhet

Rhodes (grec) où les roses poussent. Géographie : une île au sud-est de la Grèce.
Rhoads, Rhodas, Rodas

Rhyan **U** (irlandais) variante de Ryan.
Rhian

Rhys (gallois) enthousiaste; ruisseau.
Rhyce, Rhyse

Rian **FG** (irlandais) petit roi. Voir aussi Ryan.
Rhian, Rhien, Rhion, Rhiun, Rhiyn, Rien, Rion, Riun, Riyn

Riberto (allemand) brillant grâce à son pouvoir.

Ric (italien, espagnol) diminutif de Rico; (allemand, anglais) variante de Rick.
Ricca

Ricardo, Riccardo (portugais, espagnol) variantes de Richard.
Racardo, Recard, Recardo, Ricaldo, Ricard, Ricardoe, Ricardos, Riccard, Riccarrdo, Ricciardo, Richardo, Rickardo, Rikardo, Rychardo, Ryckardo, Rykardo

Ricco, Rico (italien) diminutifs d'Enrico; (espagnol) variantes populaires de Richard.
Rycco, Ryco

Rice (anglais) riche, noble; (gallois) variante de Reece.
Ryce

Rich (anglais) diminutif de Richard.
Ritch, Rych

Richard (germanique) dirigeant riche et puissant. Voir aussi Aric, Dick, Juku, Likeke.
Richar, Richards, Richardson, Richaud, Richer, Richerd, Richird, Richshard, Rickert, Rihardos, Rihards, Riocard, Riócard, Risa, Risardas, Rishard, Ristéard, Rostik, Rychard, Rychardt, Rychird, Rychyrd, Rysio, Ryszard

Richart (allemand) variante de Richard.

Richie (anglais) variante populaire de Richard.
Richee, Richey, Richi, Richy, Rychee, Rychey, Rychi, Rychie, Rychy

Richman (anglais) puissant.
Richmen, Richmun, Rychman, Rychmen, Rychmon, Rychmun

Richmond (allemand) protecteur puissant.
Richmand, Richmando, Richmon, Richmondo, Richmondt, Richmund, Richmund, Richmundo, Rychmand, Rychmond, Rychmondo, Rychmont, Rychmund, Rychmundo, Rychmunt

Rick (allemand, anglais) diminutif de Cédric, de Frédéric, de Richard.
Ricke, Ricks, Rik, Riki, Ryc, Ryck, Ryk, Rykk

Rickard (suédois) variante de Richard.
Ryckard

Ricker (anglais) armée puissante.
Rickar, Rikar, Ryckar, Rykar

Rickey, Ricky (anglais) variantes populaires de Richard, de Rick.
Ricci, Rickee, Riczi

Ricki FG (anglais) variante populaire de Richard, de Rick.

Rickie GF (anglais) variante populaire de Richard, de Rick.

Rickward (anglais) gardien puissant.
Rickwerd, Rickwood, Ricward, Ryckward, Rycward

Rida U (arabe) faveur.
Ridah, Ryda, Rydah

Riddock (irlandais) champ lisse.
Riddick, Riddoc, Riddok, Ridoc, Ridock, Ridok, Rydoc, Rydock, Rydok

Rider (anglais) cavalier.
Ridar, Ridder, Rydar

Ridge (anglais) faîte d'une falaise.
Ridgy, Rig, Rydge

Ridgeley (anglais) prairie près du faîte.
Ridgeleigh, Ridglea, Ridglee, Ridgleigh, Ridgley, Ridgli, Ridglie, Ridgly, Rydglea, Rydglee, Rydgleigh, Rydgley, Rydgli, Rydglie, Rydgly

Ridgeway (anglais) chemin le long du faîte.
Rydgeway

Ridley (anglais) prairie de roseaux.
Rhidley, Riddley, Ridlea, Ridlee, Ridleigh, Ridli, Ridlie, Ridly

Riel (espagnol) diminutif de Gabriel.
Reil, Reill, Riell, Rielle, Ryel, Ryell, Ryelle

Rigby (anglais) vallée du souverain.
Rigbee, Rigbey, Rigbi, Rigbie, Rygbee, Rygbey, Rygbi, Rygbie, Rygby

Rigel (arabe) pied. Astronomie: l'une des étoiles de la constellation d'Orion.
Rygel

Rigg (anglais) faîte.
Rig, Riggs, Ryg, Rygg, Ryggs, Rygs

Rigo (italien) variante de Rigg.

Rigoberto (allemand) splendide; riche.
Rigobert

Rikard (scandinave) variante de Richard.
Rikárd, Rykard

Riker (américain) variante de Ryker.

Riki FG (estonien) variante de Rick.
Rikkey, Rikky, Riks, Riky

Rikki FG (estonien) variante de Rick.

Riley GF (irlandais) vaillant.
Rhiley, Rhylee, Rhyley, Rieley, Rielly, Riely, Rilee, Rilley, Rily, Rilye

Rimac (quechua) orateur, éloquent.

Rimachi (quechua) celui qui nous fait parler.

Rinaldo (italien) variante de Reynold.
Rinald, Rinaldi

Ring (anglais) anneau.
Ryng

Ringo (japonais) pomme; (anglais) variante populaire de Ring.
Ryngo

Rio 🇬🇫 (espagnol) rivière. Géographie : Rio de Janeiro est une ville du Brésil.

Río (espagnol) variante de Rio.

Riordan (irlandais) barde, poète royal.
Rearden, Reardin, Reardon, Ryordan

Rip (néerlandais) mûr ; arrivé à maturité ; (anglais) diminutif de Ripley.
Ripp, Ryp, Rypp

Ripley (anglais) prairie près de la rivière.
Rip, Riplea, Riplee, Ripleigh, Ripli, Riplie, Riply, Ripplee, Rippleigh, Rippley, Rippli, Ripplie, Ripply, Ryplea, Ryplee, Rypleigh, Rypley, Rypli, Ryplie, Ryply, Rypplea, Rypplee, Ryppleigh, Ryppley, Ryppli, Rypplie, Rypply

Riqui (espagnol) variante de Rickey.

Rishad (américain) variante de Rashad.
Rishaad

Rishawn (américain) combinaison du préfixe Ri et de Shawn.
Rishan, Rishaun, Rishon, Rishone

Rishi (hindi) sage ; (anglais) variante de Richie.
Ryshi

Risley (anglais) prairie avec des arbustes. Voir aussi Wrisley.
Rislea, Rislee, Risleigh, Risli, Rislie, Risly, Ryslea, Ryslee, Rysleigh, Rysley, Rysli, Ryslie, Rysly

Risto (finnois) diminutif de Christopher.
Rysto

Riston (anglais) ferme près des arbustes. Voir aussi Wriston.
Ryston

Ritchard (anglais) variante de Richard.
Ritchardt, Ritcherd, Ritchyrd, Ritshard, Ritsherd

Ritchie (anglais) variante de Richie.
Ritchee, Ritchey, Ritchi, Ritchy

Rithisak (cambodgien) puissant.

Ritter (allemand) chevalier ; chevaleresque.
Rittar, Rittner, Ryttar, Rytter

River 🇬🇫 (anglais) rivière ; berge.
Rivar, Rive, Rivers, Riviera, Rivor, Ryv, Ryver

Riyad (arabe) jardins.
Riad, Riyaad, Riyadh, Riyaz, Riyod

Riyâd (arabe) variante de Riyad.

Rizieri (germanique) armée du chef.

Roald (norvégien) célèbre dirigeant.

Roan (anglais) diminutif de Rowan.
Rhoan, Roen

Roano (espagnol) peau rouge-brun.

Roar (norvégien) guerrier loué.
Roary

Roarke (irlandais) dirigeant célèbre.
Roark, Rork, Rorke, Rourk, Rourke, Ruark

Rob (anglais) diminutif de Robert.
Rab, Robb, Robe

Robbie 🇬🇫 (anglais) variante populaire de Robert.
Rabbie, Raby, Rhobbie, Robbee, Robbey, Robbi, Robee, Robey, Robhy, Robi, Robie, Roby

Robby (anglais) variante populaire de Robert.

Robert (germanique) intelligence célèbre. Voir aussi Bobek, Dob, Lopaka.
Bob, Bobby, Riobard, Riobart, Robars, Robart, Rober, Roberd, Robers, Roberte, Robirt, Robyrt, Roibeárd, Rosertas, Rudbert

Roberto (italien, portugais, espagnol) variante de Robert.
Robertino, Ruberto

Roberts, Robertson (anglais) fils de Robert.
Roberson, Robertas, Robirtson, Roburtson, Robyrtson

Robin **TOP .100.** 🇫🇬 (anglais) diminutif de Robert.
Roban, Robban, Robben, Robbin, Robbon, Roben, Robinet, Robinn, Robon, Roibín

Robinson (anglais) variante de Roberts.
Robbins, Robbinson, Robens, Robenson, Robeson, Robins, Robson, Robynson

Robustian (latin) fort comme le bois d'un chêne.

Roca, Ruca (aymara) principal ; chef.

Rocco (italien) rocher.
Rocca, Rocio, Rocko, Rokko, Roko

Roch (anglais) variante de Rock.

Rochester (anglais) forteresse rocheuse.
Chester, Chet

Rock (anglais) diminutif de Rockwell.
Roc, Rok

Rockford (anglais) gué rocheux.

Rockland (anglais) terre rocheuse.
Rocklan

Rockledge (anglais) rebord rocheux.

Rockley (anglais) champ rocheux.
Rockle, Rocklea, Rocklee, Rockleigh, Rockli, Rocklie, Rockly

Rockwell (anglais) source rocheuse. Art:
Norman Rockwell, illustrateur américain
renommé du xxᵉ siècle.
Rockwel, Rocwel, Rocwell, Rokwel, Rokwell

Rocky (américain) variante populaire de Rocco,
de Rock.
*Rockee, Rockey, Rocki, Rockie, Rokee, Rokey, Roki, Rokie,
Roky*

Rod (anglais) diminutif de Penrod, de Roderick,
de Rodney.
Rodd

Rodas (grec, espagnol) variante de Rhodes.

Robby (anglais) variante populaire de Roderick.
Roddie, Rody

Rode (grec) rose.

Roden (anglais) vallée rouge. Art: Auguste
Rodin, sculpteur français.
*Rodan, Rodden, Rodin, Rodon, Rodyn, Roedan, Roeddan,
Roedden, Roeddin, Roeddon, Roeddyn, Roeden, Roedin,
Roedon, Roedyn*

Roderich (allemand) variante de Roderick.

Roderick (allemand) dirigeant célèbre. Voir aussi
Broderick, Rodrik.
*Rhoderic, Rhoderick, Rhoderik, Rhoderyc, Rhoderyck,
Rhoderyk, Rodaric, Rodarick, Rodarik, Rodderick, Roderic,
Roderik, Roderikus, Roderrick, Roderyc, Roderyck, Roderyk,
Rodgrick, Rodrugue, Roodney, Rurik, Ruy*

Rodger (allemand) variante de Roger.
Rodge, Rodgir, Rodgy, Rodgyr

Rodman (allemand) homme célèbre, héros.
Rodmann, Rodmond

Rodney (anglais) clairière sur une île.
*Rhodney, Roddnee, Roddney, Roddni, Roddnie, Roddny,
Rodnee, Rodnei, Rodni, Rodnie, Rodnne, Rodny*

Rodolfo (espagnol) variante de Rudolph,
de Rudolpho.
Rodolpho, Rodulfo

Rodrick (allemand) variante de Rodrik.
Roddrick, Rodric, Rodrich, Rodrique, Rodryc, Rodryck

Rodrigo (italien, espagnol) variante de Roderick.
Roderigo, Rodrigue

Rodriguez (espagnol) fils de Rodrigo.
Roddrigues, Rodrigues

Rodrik (allemand) dirigeant célèbre.
Voir aussi Roderick.
Rodricki, Rodryk

Rodriquez (espagnol) variante de Rodriguez.
Rodrigquez, Rodriques, Rodriquiez

Roe (anglais) chevreuil.
Row, Rowe

Rogan (irlandais) roux.
Rogein, Rogen, Rogin, Rogon, Rogun, Rogyn

Rogelio (espagnol) guerrier célèbre.
Variante de Roger.
Rogelyo

Roger (allemand) lancier célèbre.
Voir aussi Lokela.
Rog, Rogerick, Rogers, Rogier, Rogir, Rogyer, Rüdiger

Rogerio (portugais, espagnol) variante de Roger.
Rogerios, Rogerius, Rogero, Rogiero

Rohan (hindi) santal.

Rohin (hindi) chemin vers le haut.
Rohyn

Rohit (hindi) gros et beau poisson.
Rohyt

Roi (français) variante de Roy.

Roja (espagnol) rouge.
Rojay

Rojelio (espagnol) variante de Rogelio.

Rolán (espagnol) variante de Rolando.

Roland (allemand) célèbre dans tout le pays.
Loránd, Roelan, Roeland, Rolan, Rolanda, Rolek, Rowe

Rolando (portugais, espagnol) variante
de Roland.
Lando, Olo, Roldan, Roldán, Rollando, Rolondo

Rolf (allemand) variante de Ralph. Diminutif
de Rudolph.
Rolfe, Rolph, Rolphe

Rolland (allemand) variante de Roland.

Rolle (suédois) variante populaire de Roland,
de Rolf.

Rollie (anglais) variante populaire de Roland.
Roley, Rolle, Rolli, Rolly

Rollin (anglais) variante de Roland.
Rolin, Rollins

Rollo (anglais) variante populaire de Roland.
Rolla, Rolo

Rolon (espagnol) loup célèbre.
Rollon

Romain ᵀᴼᴾ.₁₀₀. (latin) de Rome, en Italie.
*Romaine, Romane, Romanne, Romayn, Romayne, Romin,
Romyn*

Roman (latin) de Rome, en Italie ; (tsigane) tsigane ; vagabond.
Roma, Romann, Romman

Román (latin) variante de Roman.

Romanos (grec) variante de Roman.
Romano

Romany (tsigane) variante de Roman.
Romanee, Romaney, Romani, Romanie

Romario (italien) variante de Roméo, de Romero.
Romar, Romarius, Romaro, Romarrio

Romea (latin) pèlerin.

Romel, Romell, Rommel (latin) diminutifs de Romulus.
Romele

Romelio (hébreu) personne très chère à Dieu

Romelo, Romello (italien) variantes de Romel.
Rommello

Roméo (italien) pèlerin à Rome ; romain. Littérature : personnage-titre de la pièce *Roméo et Juliette* de Shakespeare.
Romeo, Romio, Romyo

Romero (latin) variante de Roméo.
Romeiro, Romer, Romere, Romerio, Romeris, Romeryo

Romildo (germanique) le héros glorieux.

Romney (gallois) rivière sinueuse.
Romni, Romnie, Romny, Romoney

Romochka (russe) de Rome.

Romualdo (germanique) le roi glorieux.

Rómulo (grec) celui qui est plein de force.

Romulus (latin) citoyen de Rome. Mythologie : Romulus et son frère jumeau, Rémus, ont fondé Rome.
Romolo, Romono, Romulo

Romy FG (italien) variante populaire de Roman.
Romee, Romey, Romi, Romie, Rommie, Rommy

Ron (hébreu) diminutif d'Aaron, de Ronald.
Ronn

Ronald (écossais) variante de Réginald ; (anglais) variante de Reynold.
Ranald, Ronal, Ronnald, Ronnold, Rynald

Ronaldo (portugais) variante de Ronald.
Ronoldo, Rynaldo

Ronan (irlandais) variante de Rónán.

Rónán (irlandais) seau.
Renan, Ronat

Rondel (français) poème court.
Rondal, Rondale, Rondeal, Rondey, Rondie, Rondy

Rondell (français) variante de Rondel.
Rondall, Rondrell

Ronel, Ronell, Ronnell (américain) variantes de Rondel.
Ronal, Ronelle, Ronil, Ronnel, Ronyell, Ronyl

Roni FG (hébreu) ma chanson ; ma joie ; (écossais) variante de Ronnie.
Rani, Roneet, Roney, Ronit, Ronli

Ronnie GF (écossais) variante populaire de Ronald.
Ronee, Roney, Ronie, Ronnee, Ronney, Ronni

Ronny GF (écossais) variante populaire de Ronald.

Ronson (écossais) fils de Ronald.
Ronaldson, Ronsen, Ronsin, Ronsun, Ronsyn

Ronté (américain) combinaison de Ron et du suffixe Te.
Rontae, Rontay, Ronte, Rontez

Rony (hébreu) variante de Roni ; (écossais) variante de Ronnie.

Rooney (irlandais) roux.
Roonee, Rooni, Roonie, Roony, Rowney

Roosevelt (néerlandais) champ de roses. Histoire : Theodore et Franklin D. Roosevelt furent respectivement les 26e et 32e présidents des États-Unis.
Roosvelt, Rosevelt

Roper (anglais) cordelier.

Roque (italien) variante de Rocco.

Rory GF (allemand) variante populaire de Roderick ; (irlandais) roi rouge.
Roree, Rorey, Rori, Rorie, Rorrie, Rorry

Rosalio (espagnol) rose.
Rosalino

Rosario FG (portugais) chapelet.
Rosaryo, Rozario, Rozaryo

Roscoe (scandinave) forêt du cerf.
Rosco, Roscow

Rosendo (germanique) le maître excellent.

Roshad (américain) variante de Rashad.
Roshard

Roshan GF (américain) variante de Roshean.

Roshean (américain) combinaison du préfixe Ro et de Sean.
Roshain, Roshane, Roshaun, Roshawn, Roshay, Rosheen, Roshene

Rosito (philippin) rose.
Rosyto

Ross (latin) rose; (écossais) péninsule; (français) rouge; (anglais) diminutif de Roswald.
Ros, Rosse, Rossell, Rossi, Rossie, Rossy

Rosswell (anglais) printemps de roses.
Rosswel, Rosvel, Roswel, Roswell

Rostislav (tchèque) gloire croissante.
Rosta, Rostya

Roswald (anglais) champ de roses.

Roth (allemand) roux.

Rothwell (scandinave) source rouge.
Rothwel

Rover (anglais) voyageur.
Rovar, Rovir, Rovor

Rowan GF (anglais) arbre avec des baies rouges.
Roan, Rowe, Rowen, Rowin, Rowney, Rowon, Rowyn

Rowdy (américain) chahuteur.

Rowell (anglais) puits du chevreuil.
Roewel, Roewell, Rowel

Rowland (anglais) terre inculte; (allemand) variante de Roland.
Rowlan, Rowlando, Rowlands, Rowlandson

Rowley (anglais) prairie inculte.
Rowlea, Rowlee, Rowleigh, Rowli, Rowlie, Rowly

Rowson (anglais) fils du roux.
Rawson

Roxbury (anglais) ville ou forteresse du freux.
Roxburg, Roxburge, Roxburghe

Roxelio (allemand) variante de Rogelio.

Roy (français) roi. Diminutif de Royal, de Royce. Voir aussi Conroy, Delroy, Fitzroy, Leroy, Loe.
Roye, Ruy

Royal (français) de roi, royal.
Roial, Royale, Royall, Royell

Royce (anglais) fils de Roy.
Roice, Roise, Royse, Royz

Royden (anglais) colline du seigle.
Roidan, Roiden, Roidin, Roidon, Roidyn, Royd, Roydan, Roydin, Roydon, Roydyn

Ruben TOP .100. (hébreu) variante de Reuben.
Ruban, Rube, Rubean, Rubens, Rubin, Rubon, Rubyn

Rubén (hébreu) variante de Ruben.

Rubert (tchèque) variante de Robert.

Rucahue (mapuche) lieu de construction.

Rucalaf (mapuche) maison de joie.

Ruda (tchèque) variante de Rudolph.
Rude, Rudek

Rudd (anglais) diminutif de Rudyard.

Rudecindo (espagnol) variante de Rosendo.

Rudesindo (teuton) excellent noble.

Rudi (espagnol) variante populaire de Rudolph; (anglais) variante de Rudy.
Ruedi

Rudiger (allemand) variante de Rogelio.

Rudo (shona) amour.

Rudolf (allemand) variante de Rudolph.
Rodolf, Rudolfe, Ruedolf

Rudolph (allemand) loup célèbre.
Voir aussi Dolf.
Rezsó, Rodolph, Rodolphe, Rudek, Rudolphus

Rudolpho (italien) variante de Rudolph.
Ridolfo, Rudolfo

Rudy (anglais) variante populaire de Rudolph.
Roody, Ruddey, Ruddi, Ruddie, Ruddy, Rudey, Rudie

Rudyard (anglais) enclos rouge.

Rueben (hébreu) variante de Reuben.
Rueban, Ruebin

Ruelle, Rule (français) loup célèbre.

Rufay (quechua) chaleureux.

Ruff (français) roux.
Ruf

Rufin (polonais) roux.
Ruffin, Ruffyn, Rufyn

Rufino (espagnol) variante de Rufin, de Rufus.

Rufio (latin) variante de Rufus.

Ruford (anglais) gué rouge; gué avec des roseaux.
Rufford

Rufus (latin) roux.
Rayfus, Ruefus, Rufe, Ruffis, Ruffus, Rufo, Rufous

Rugby (anglais) forteresse du freux. Histoire : ville britannique célèbre qui donne son nom au sport.
Rugbee, Rugbey, Rugbi, Rugbie

Ruggerio (italien) variante de Roger.
Rogero, Ruggero, Ruggiero

Ruhakana (rukiga) argumentatif.

Ruland (allemand) variante de Roland.
Rulan, Rulon, Rulondo

Rumford (anglais) large gué.

Rumi (quechua) pierre, rocher.

Rumimaqui, Rumiñaui (quechua) celui qui a des mains fortes.

Rumisonjo, Rumisuncu (quechua) insensible, au cœur dur.

Runacatu, Runacoto (quechua) petit homme.

Runako (shona) beau.

Rune (allemand, suédois) secret.

Runihura (égyptien) destructeur.

Runrot (tai) prospère.

Runto, Runtu (quechua) grêlon.

Rupert (allemand) variante de Robert.
Ruepert, Rueperth, Ruperth, Rupirt, Rupyrt

Ruperto (italien) variante de Rupert.
Ruberto

Ruprecht (allemand) variante de Rupert.
Rupprecht

Rush (français) roux ; (anglais) diminutif de Russell.
Rushi

Rushford (anglais) gué aux joncs.
Rushforde

Rusk (espagnol) pain torsadé.

Ruskin (français) roux.
Ruskyn

Russ (français) diminutif de Russell.

Russel (français) variante de Russell.
Rusal, Rusel, Russal, Russil, Russyl

Russell (français) roux ; couleur de renard. Voir aussi Lukela.
Roussell, Rusell, Russall, Russelle, Russill, Russyll

Rustin (français) variante de Rusty.
Ruston, Rustyn

Rusty (français) variante populaire de Russell.
Ruste, Rustee, Rusten, Rustey, Rusti, Rustie

Rutger (scandinave) variante de Roger.
Ruttger

Rutherford (anglais) gué du bétail.
Rutherfurd, Ruverford

Rutland (scandinave) terre rouge.
Rutlan

Rutledge (anglais) rebord rouge.

Rutley (anglais) prairie rouge.
Rutlea, Rutlee, Rutleigh, Rutli, Rutlie, Rutly

Ruy (espagnol) diminutif de Roderick.
Rui

Ruyan (espagnol) variante de Ryan.

Ryan ⒼⒻ (irlandais) petit roi. Voir aussi Rian.
Rhyne, Ryane, Ryian, Ryiann, Ryin, Ryuan, Ryun, Ryyan

Rycroft (anglais) champ de seigle.
Ricroft, Ryecroft

Ryder (anglais) variante de Rider.
Rydder

Rye (anglais) le seigle, une céréale notamment utilisée pour faire le whisky. Diminutif de Richard, de Ryder ; (tsigane) noble.

Ryen, Ryon (irlandais) variantes de Ryan.

Ryerson (anglais) fils de Rider, de Ryder.

Ryese (anglais) variante de Reece.
Reyse, Ryez, Ryse

Ryker (américain) patronyme utilisé comme prénom.
Ryk

Rylan (anglais) terre où l'on cultive le seigle.
Rilan, Rylean, Rylen, Rylin, Rylon, Rylyn, Rylynn

Ryland (anglais) variante de Rylan.
Riland, Ryeland, Rylund

Ryle (anglais) colline du seigle.
Riel, Riell, Ryal, Ryel, Ryele, Ryell, Ryelle

Ryley ⒼⒻ (irlandais) variante de Riley.

Rylie ⒻⒼ (irlandais) variante de Riley.

Ryman (anglais) vendeur de seigle.
Riman

Ryne (irlandais) variante de Ryan.
Rine, Rynn

Ryo ⒼⒻ (espagnol) variante de Rio.

S

Sa'id (arabe) heureux.
Sa'ad, Sa'eed, Sa'ied, Saaid, Saed, Saeed, Sahid, Saide, Saied, Saiyed, Saiyeed, Sajid, Sajjid, Sayed, Sayeed, Sayid, Sayyid, Seyed

Saa (égyptien) nature de Dieu.

Saad (arabe) chanceux, fortuné.
Sad, Sadd

Sabas (hébreu) conversion.

Sabastian (grec) variante de Sebastian.
Sabastain, Sabastiano, Sabastin, Sabastion, Sabaston, Sabbastiun, Sabestian

Sabastien (français) variante de Sébastien.

Sabatino (latin) jour de fête.

Sabelio (espagnol) variante de Sabino.

Saber (français) épée.
Sabar, Sabir, Sabor, Sabre, Sabyr

Sabin (basque) variante de Sabine
(voir les prénoms de filles).
Saban, Saben, Sabian, Sabien, Sabyn

Sabino (basque) variante de Sabin.

Sabiti (toro) né un dimanche.
Sabit, Sabyti

Sabola (nguni) poivre.
Sabol, Sabolah

Saburo (japonais) fils né en troisième.
Saburow

Sacchidananda (indien) joie complète.

Sacha TOP .100. U (russe) variante de Sasha.
Sascha

Sachar (russe) variante de Zachary.

Sachet, Sachit (indien) conscience.

Sachetan (indien) animé.

Sachin (indien) l'un des noms du dieu hindou Indra.

Sadashiva (indien) éternellement pur.

Saddam (arabe) dirigeant puissant.
Sadam

Sadeepan (indien) allumé.

Sadiki (swahili) fidèle.
Saadiq, Sadeek, Sadek, Sadik, Sadiq, Sadique, Sadyki, Sadyky

Sadler (anglais) sellier.
Saddler

Sadoc (hébreu) sacré.
Sadock, Sadok

Sadurní (catalan) variante de Satordi.

Sadurniño (espagnol) qui appartient au dieu Saturne.

Safari (swahili) né pendant un voyage.
Safa, Safarian

Safford (anglais) gué du saule.
Saford

Sagar (indien) océan.

Sage U (anglais) sage. Botanique: la sauge, une herbe aromatique.
Sagen, Sager, Saig, Saje, Sayg, Sayge

Sagun (indien) qui possède des qualités divines.

Sahaj (indien) naturel.

Sahale (amérindien) faucon.
Sael, Sahal, Sahel

Sahas (indien) bravoure.

Sahdev (indien) l'un des princes pandava, les descendants du roi Pandu dans le poème épique *Le Mahabharata*.

Sahen (hindi) au-dessus.
Sahan, Sahin, Sahon, Sahyn

Sahib (indien) seigneur.

Sahil (amérindien) variante de Sahale.
Saheel, Sahel, Sahyl

Sahir (hindi) ami.
Sahyr

Sahúl (hébreu) requis.

Said (arabe) variante de Sa'id.

Saîd (arabe) variante de Said.

Saige FG (anglais) variante de Sage.

Sainath (indien) autre nom de Sai Baba, un gourou hindou.

Saipraasad (indien) bénédiction.

Saipratap (indien) bénédiction de Sai Baba.

Sajag (hindi) vigilant.

Sajal (indien) humide.

Sajan (indien) chéri.

Saka (swahili) chasseur.
Sakah

Sakeri (danois) variante de Zachary.
Sakarai, Sakaree, Sakarey, Sakari, Sakaria, Sakarie, Sakary

Saket (indien) autre nom du dieu hindou Krishna.

Sakima (amérindien) roi.
Sakimah, Sakyma, Sakymah

Sakuruta (pawnee) soleil qui arrive.

Sal (italien) diminutif de Salvatore.

Saladin (arabe) bon; fidèle.
Saladine, Saladyn, Saladyne

Salah (arabe) droiture; (hindi) variante de Sala (voir les prénoms de filles).

Salâh (arabe) variante de Salah.

Salam (arabe) agneau.
Salaam

Salamon (espagnol) variante de Salomon.
Salaman, Salamen, Salamun, Saloman, Salomón

Salamón (espagnol) variante de Salamon.

Salarjung (indien) beau.

Salaun (français) variante de Salomon.

Saleem (arabe) variante de Salím.

Saleh (arabe) variante de Sálih.

Sâleh (arabe) variante de Saleh.

Salem F**G** (arabe) variante de Salím.

Salene (swahili) bon.
Salin, Saline, Salyn, Salyne

Salih (égyptien) respectable.

Sálih (arabe) juste, bon.
Saleeh, Salehe

Salil (indien) eau.

Salim (swahili) pacifique.

Salím (arabe) pacifique, sûr.
Saliym, Salom, Salym

Salîm (arabe) variante de Salim.

Salisbury (anglais) fort à l'étang du saule.
Salisberi, Salisberie, Salisberri, Salisberrie, Salisberry, Salisbery, Salisburi, Salisburie, Salisburri, Salisburrie, Salisburry, Salysberry, Salysbery, Salysburry, Salysbury

Salmalin (hindi) avec des griffes.

Salman (tchèque) variante de Salím, de Salomon.
Salmaan, Salmaine, Salmin, Salmon, Salmun, Salmyn

Salmân (tchèque) variante de Salman.

Salomé (hébreu) complet; parfait.

Salomon (hébreu) pacifique. Bible : roi d'Israël renommé pour sa sagesse. Voir aussi Zalman.
Saloman, Salomo, Salomone

Salton (anglais) ville du manoir; ville du saule.
Saltan, Salten, Saltin, Saltyn

Salustiano (allemand) celui qui jouit d'une bonne santé.

Salustio (latin) celui qui offre le salut.
Salvador (espagnol) sauveur.
Salvadore

Salvatore (italien) sauveur. Voir aussi Xavier.
Salbatore, Sallie, Sally, Salvator, Salvattore, Salvidor, Sauveur

Salviano (espagnol) variante de Salvo.

Salvino (espagnol) diminutif de Salvador.

Salvio, Salvo (latin) guéri, en bonne santé.
Salvio, Salvo

Sam (hébreu) diminutif de Samuel.
Samm, Sem, Shmuel

Samar (indien) guerre.

Samarendra, Samarendu, Samarjit (indien) autres noms du dieu hindou Vishnou.

Samarth (indien) puissant.

Sambo (américain) variante populaire de Samuel.
Sambou

Sameer (arabe) variante de Samír.

Sami **GF** (hébreu) variante de Sammie.
Saamy, Samee, Sameeh, Sameh, Samey, Samie, Samih, Sammi

Sâmî (arabe) grand.

Samín (quechua) chanceux, fortuné.

Samir (arabe) variante de Samír.

Samír (arabe) compagnon amusant.
Samyr

Samîr (arabe) variante de Samír.

Samman (arabe) épicier.
Saman, Samen, Samin, Sammen, Sammin, Sammon, Sammun, Sammyn, Samon, Samun, Samyn

Sammie U (hébreu) variante populaire de Samuel.
Sammee, Sammey

Sammy GF (hébreu) variante populaire de Samuel.

Samo (tchèque) variante de Samuel.
Samho, Samko, Samu

Sampson (hébreu) variante de Samson.
Sampsan, Sampsen, Sampsin, Sampsun, Sampsyn

Samson (hébreu) comme le soleil. Bible : juge et puissant guerrier trahi par Dalila.
Sansao, Sansim, Sansom, Sansome, Sansum, Shymson

Samual (hébreu) variante de Samuel.
Samuael, Samuail

Samuel TOP .100. GF (hébreu) qui a entendu Dieu ; demandé de Dieu. Bible : célèbre prophète et juge de l'Ancien Testament. Voir aussi Kamuela, Zamiel, Zanvil.
Samael, Samaru, Samauel, Samaul, Samel, Sameul, Samiel, Sammail, Sammel, Sammuel, Samouel, Samuelis, Samuell, Samuello, Samuil, Samuka, Samule, Samvel, Sanko, Saumel, Simuel, Somhairle, Zamuel

Samuele (italien) variante de Samuel.
Samulle

Samuru (japonais) variante de Samuel.

Samy (hébreu) variante de Sammie.

Sanat (hindi) ancien.

Sanborn (anglais) ruisseau sablonneux.
Sanborne, Sanbourn, Sanbourne, Sanburn, Sanburne, Sandborn, Sandborne, Sandbourn, Sandbourne

Sanchez (latin) variante de Sancho.
Sanchaz, Sancheze

Sancho (latin) sanctifié ; sincère. Littérature : Sancho Panza est l'écuyer de Don Quichotte.
Sauncho

Sandeep GF (pendjabi) éclairé.
Sandip

Sander (anglais) diminutif d'Alexander, de Lysander.
Sandir, Sandyr, Saunder

Sanders (anglais) fils de Sander.
Sanderson, Saunders, Saunderson

Sándor (hongrois) diminutif d'Alexandre.
Sandar, Sandor, Sandur, Sanyi

Sandro (grec, italien) diminutif d'Alexandre.
Sandero, Sándor, Sandre, Saundro, Shandro

Sandy FG (anglais) variante populaire d'Alexander, de Sanford.
Sande, Sandee, Sandey, Sandi, Sandie

Sanford (anglais) gué sablonneux.
Sandford, Sanforde

Sani (hindi) la planète Saturne ; (navajo) vieux.
Sanee, Saney, Sanie, Sany

Sanjay (américain) combinaison de Sanford et de Jay.
Sanjai, Sanjaya, Sanjaye, Sanje, Sanjey, Sanjo, Sanjy, Sanjye

Sanjiv (hindi) d'une grande longévité.
Sanjeev, Sanjyv

Sankar (hindi) autre nom du dieu hindou Shiva.

Sansón (espagnol) variante de Samson.
Sanson, Sansone, Sansun

Santana FG (espagnol) Histoire : Antonio López de Santa Anna était un général et leader politique mexicain.
Santanah, Santanio, Santanna, Santanyo

Santiago (espagnol) variante de James.
Santyago

Santino (espagnol) variante de Santonio.
Santion

Santo (italien, espagnol) saint.

Santon (anglais) ville sablonneuse.
Santan, Santen, Santin, Santun, Santyn

Santonio (espagnol) Géographie : diminutif de San Antonio, ville du Texas.
Santon, Santoni, Santonino, Santonyo

Santos (espagnol) saint.

Santosh (hindi) satisfait.

Sanya (russe) défenseur des hommes.

Sanyu U (luganda) heureux.

Sapay (quechua) unique.

Saqr (arabe) faucon.

Saquan (américain) combinaison du préfixe Sa et de Quan.
Saquané, Saquin, Saquon, Saqwan, Saqwone

Sarad (hindi) né en automne.
Saradd

Sargent (français) sergent.
Sargant, Sarge, Sarjant, Sergeant, Sergent, Serjeant

Sargon (persan) prince soleil.
Sargan, Sargen, Sargin, Sargyn

Sarik (hindi) oiseau.
Saarik

Sarito (espagnol) variante de César.
Sarit

Saritupac (quechua) prince glorieux.

Sariyah (arabe) nuages pendant la nuit.
Sariya

Sarngin (hindi) archer; protecteur.
Sarngyn

Sarojin (hindi) comme un lotus.
Sarojun, Sarojyn

Sasha TOP.100. FG (russe) diminutif d'Alexandre.
Sash, Sausha

Sasson (hébreu) joyeux.
Sason

Satchel (français) petit sac.
Satch

Satordi (français) Saturne.
Satordie, Satordy, Satori, Saturno

Saturio (latin) protecteur des champs semés.

Saturnín (espagnol) cadeau de Saturne.

Sáturno (italien) Saturne, dieu mythologique des Plantations et de la Moisson.

Saul (hébreu) demandé, emprunté. Bible: dans l'Ancien Testament, roi d'Israël et père de Jonathan; dans le Nouveau Testament, prénom original de saint Paul.
Saül, Shaul

Saúl (hébreu) variante de Saul.

Saulo (grec) celui qui est tendre et délicat.

Saverio (italien) variante de Xavier.

Saville (français) ville du saule.
Savelle, Savil, Savile, Savill, Savyl, Savyle, Savyll, Savylle, Seville, Siville

Savion (américain, espagnol) variante de Savon.

Savon (américain) variante de Savannah (voir les prénoms de filles).
Savan, Savaughn, Saveion, Saveon, Savhon, Saviahn, Savian, Savino, Savo, Savone, Sayvon, Sayvone

Saw (birman) tôt.

Sawyer GF (anglais) menuisier.
Sawer, Sawier, Sawyere, Soier

Sax (anglais) diminutif de Saxon.
Saxe

Saxby (scandinave) ferme saxonne.
Saxbee, Saxbey, Saxbi, Saxbie

Saxon (anglais) épéiste. Histoire: nom romain des attaquants teutons qui ont pillé les côtes britanniques romaines.
Sax, Saxan, Saxen, Saxin, Saxsin, Saxun, Saxxon, Saxyn

Saxton (anglais) ville saxonne.
Saxtan, Saxten, Saxtin, Saxtyn

Sayani (quechua) je reste debout.

Sayarumi (quechua) fort comme la pierre.

Sayer (gallois) menuiser.
Say, Saye, Sayers, Sayr, Sayre, Sayres

Sayri (quechua) prince.

Sayyid (arabe) maître.
Sayed, Sayid, Sayyad, Sayyed

Scanlon (irlandais) petit trappeur.
Scanlan, Scanlen, Scanlin, Scanlyn

Schafer (allemand) berger.
Schaefer, Schaffer, Schiffer, Shaffar, Shäffer

Schmidt (allemand) forgeron.
Schmid, Schmit, Schmitt, Schmydt, Schmyt, Schmytt

Schneider (allemand) tailleur.
Schnieder, Snider, Snyder

Schön (allemand) beau.
Schoen, Schönn

Schuman (allemand) cordonnier.
Schumann, Schumen, Schumenn, Shoeman, Shoemann, Shoemen, Shoemenn, Shooman, Shoomann, Shoomen, Shoomenn, Shueman, Shuemann, Shuemen, Shuemenn, Shuman, Shumann, Shumen, Shumenn, Shumyn, Shumynn, Shyman, Shymann

Schuyler (néerlandais) qui s'abrite.
Schuylar, Scoy, Scy

Schyler FG (néerlandais) variante de Schuyler.
Schylar, Schylor, Schylre, Schylur

Scipion (latin) bâton ; brindille.
Scipio, Scipione, Scipyo, Scypion, Scypyo

Scoey (français) diminutif de Scoville.
Scoee, Scoi, Scoie, Scowi, Scowie, Scowy, Scoy

Scorpio (latin) dangereux, mortel. Astronomie :
constellation du Scorpion, près des
constellations de la Balance et du Sagittaire.
Astrologie : le scorpion, huitième signe
du zodiaque.
Scorpeo, Scorpyo

Scot (anglais) variante de Scott.

Scott (anglais) d'Écosse. Variante populaire
de Prescott.
Scotto, Skot, Skott

Scottie, Scotty (anglais) variantes populaires
de Scott.
Scotie, Scottey, Scotti

Scoville (français) ville de Scott.
Scovil, Scovile, Scovill, Scovyl, Scovyle, Scovyll, Scovylle

Scribe (latin) compteur ; écrivain.
Scribner, Scryb, Scrybe

Scully (irlandais) crieur.
Scullea, Scullee, Sculleigh, Sculley, Sculli, Scullie

Seabert (anglais) mer scintillante.
*Seabirt, Seabright, Seaburt, Seabyrt, Sebert, Seebert,
Seebirt, Seeburt, Seebyrt, Seibert, Seibirt, Seiburt, Seibyrt,
Seybert, Seybirt, Seyburt, Seybyrt*

Seabrook (anglais) ruisseau près de la mer.
*Seabrooke, Seebrook, Seebrooke, Seibrook, Seibrooke,
Seybrook, Seybrooke*

Seamus (irlandais) variante de James.
Seamas, Seumas

Sean GF (irlandais) variante de John.
*Seaghan, Seain, Seaine, Seán, Séan, Seane, Seann, Seayn,
Seayne, Siôn*

Seanan (irlandais) sage.
*Seanán, Seanen, Seannan, Seannen, Seannon, Senan,
Sinan, Sinon*

Searlas (irlandais, français) variante de Charles.
Séarlas, Searles, Searlus

Searle (anglais) armure.
Searl, Serl, Serle

Seasar (latin) variante de Caesar.
Seasare, Seazar, Sesar, Sesear, Sezar

Seaton (anglais) ville près de la mer.
*Seatan, Seaten, Seatin, Seatun, Seatyn, Seeton, Setan,
Seten, Setin, Seton, Setun, Setyn*

Seb (égyptien) dieu de la Terre.

Sebastian (anglais) variante de Sébastien.
*Sebashtian, Sebastain, Sebastao, Sebastiane,
Sebastiao, Sebastin, Sebastine, Sebastyn, Sebbie,
Sebo, Sepasetiano*

Sebastián (grec) variante de Sebastian.

Sebastiano (italien) variante de Sébastien.

Sébastien (grec) vénérable ; (latin) révéré.
Voir aussi Bastien.
Sebaste, Sebasten, Sebastien, Sebastyen, Sebestyén

Sebastion (grec) variante de Sébastien.

Secundino (latin) second.

Secundus (latin) né en deuxième.
Secondas, Secondus, Secondys

Sedgely (anglais) prairie de l'épée.
*Sedgeley, Sedglea, Sedglee, Sedgleigh, Sedgley, Sedgli,
Sedglie, Sedgly*

Sedgwick (anglais) herbe à épée.
Sedgwic, Sedgwik, Sedgwyc, Sedgwyck, Sedgwyk

Sedric, Sedrick (irlandais) variantes de Cédric.
Seddrick, Sederick, Sedrik, Sedriq

Seeley (anglais) béni.
*Sealea, Sealee, Sealeigh, Sealey, Seali, Sealie, Sealy,
Seelea, Seelee, Seeleigh, Seeli, Seelie, Seely, Seilea, Seilee,
Seileigh, Seiley, Seili, Seilie, Seily, Seylea, Seylee, Seyleigh,
Seyley, Seyli, Seylie, Seyly*

Sef (égyptien) hier. Mythologie : l'un des
deux lions qui forment les Ákérou, gardiens
de la Porte du matin et de la nuit.
Seff

Sefonías (hébreu) Dieu protège.

Sefton (anglais) village des joncs.
Seftan, Seften, Seftin, Seftun, Seftyn

Sefu (swahili) épée.

Segada (gaélique) admirable.

Seger (anglais) lance de mer ; guerrier maritime.
Seagar, Seager, Seegar, Seeger, Segar

Segismundo (germanique) protecteur victorieux.

Segun (yoruba) conquérant.
Segan, Segen, Segin, Segon, Segyn

Segundino (latin) le deuxième fils de la famille.

Segundo (espagnol) second.

Seibert (anglais) mer étincelante.
Sebert

Seif (arabe) épée de la religion.
Seyf

Seifert (allemand) variante de Siegfried.
Seifried

Sein (basque) innocent.
Seyn

Sekani (égyptien) rire.

Sekaye (shona) le rire.
Sekai, Sekay

Sekou (guinéen) cultivé.

Selby (anglais) village près du manoir.
Selbee, Selbey, Selbi, Selbie

Seldon (anglais) vallée du saule.
Seldan, Selden, Seldin, Seldun, Seldyn, Sellden

Selemías (hébreu) Dieu récompense.

Selesio (latin) choisi.

Selig (allemand) variante de Seeley.
Voir aussi Zelig.
Seligg, Seligman, Seligmann, Selyg, Selygg

Selwyn (anglais) ami venant du palais.
Voir aussi Wyn.
Selvin, Selwin, Selwinn, Selwynn, Selwynne

Semaj 🅶🅵 (turc) variante de Sema
(voir les prénoms de filles).

Semanda (luganda) clan des vaches.
Semandah

Semarias (hébreu) Dieu l'a protégé.

Semer (éthiopien) variante de Georges.
Semere, Semier

Semi (polynésien) personnage.
Semee, Semey, Semie, Semy

Semon (grec) variante de Simon.
Semion

Sempala (luganda) né en temps de prospérité.
Sempalah

Sempronio (latin) nom d'une famille romaine basée sur une ascendance masculine.

Sen (japonais) fée des bois.
Senh

Seneca, Séneca (latin) honorable ancien.

Sener (turc) porteur de joie.

Senior (français) seigneur.
Senyor

Sennett (français) âgé.
Senet, Senett, Senit, Senitt, Sennet, Sennit, Sennyt, Senyt

Senon (espagnol) vivant.
Senan, Senen, Senin, Senyn

Senón (espagnol) variante de Senon.

Senwe (africain) sec comme une tige de céréale.

Sepp (allemand) variante de Joseph.
Sep, Sepee, Sepey, Sepi, Sepie, Seppee, Seppey, Seppi, Seppie, Seppy, Sepy

Septimio, Septimo, Séptimo (latin) le septième enfant.

Septimus (latin) septième.
Septimous

Serafin (hébreu) variante de Séraphin.
Seraphin

Serafín (hébreu) variante de Serafin.

Serafino (portugais) variante de Séraphin.
Seraphino

Séraphin (hébreu) embrasé, brûlant. Bible : les séraphins, l'ordre le plus élevé des anges, connus pour leur zèle et leur amour.
Saraf, Saraph, Serafim, Seraphim, Seraphimus

Serapión (grec) variante de Serapio.

Sereno (latin) serein, calme.
Sereen, Serene, Serino, Seryno

Serge (latin) domestique.
Seargeoh, Serg, Sergios, Sergius, Sergiusz, Serguel, Sirgio, Sirgios

Sergei, Sergey (russe) variantes de Serge.
Serghey, Sergi, Sergie, Sergo, Seryozha, Serzh

Sergio, Serjio (italien) variantes de Serge.
Serginio, Serigo

Serni (catalan) variante de Saturno.

Serug (hébreu) entrelacé.

Servacio (latin) celui qui respecte et protège la loi.

Servando (espagnol) servir.
Servan, Servio

Seth (hébreu) nommé. Bible : le troisième fils d'Adam.
Set, Sethan, Sethe, Shet

Sethos (égyptien) prince.

Setimba (luganda) habitant de la rivière.
Géographie : rivière d'Ouganda.
Setimbah

Seumas (écossais) variante de James.
Seaumus

Severiano (italien) variante de Séverin.

Séverin (français) sévère.
Seve, Sevé, Severan, Severen, Severian, Severo, Severyn, Sevien, Sevrin

Severino (espagnol) variante de Séverin.

Severn (anglais) frontière.
Sevearn, Sevirn, Sevren, Sevrnn, Sevyrn

Sevilen (turc) chéri.
Sevilan, Sevilin, Sevilon, Sevilyn

Seward (anglais) gardien de la mer.
Seaward, Seawrd, Seeward, Seiward, Sewerd, Seyward, Siward

Sewati (miwok) griffes d'ours courbées.
Sewatee, Sewatey

Sewell (anglais) digue.
Seawal, Seawall, Seawel, Seawell, Seewal, Seewall, Seewel, Seewell, Seiwal, Seiwall, Seiwel, Seiwell, Sewal, Sewall, Sewel, Seywal, Seywall, Seywel, Seywell

Sexton (anglais) sacristain, bedeau.
Sextan, Sexten, Sextin, Sextyn

Sextus (latin) sixième.
Sextis, Sextys, Sixtus

Seymour (français) prière. Religion : prénom en l'honneur de saint Maur. Voir aussi Maurice.
Seamoor, Seamoore, Seamor, Seamore, Seamour, Seamoure, See, Seemoor, Seemoore, Seemor, Seemore, Seemour, Seemoure, Seimoor, Seimoore, Seimor, Seimore, Seimour, Seymoor, Seymore, Seymoure

Shaan (hébreu, irlandais) variante de Sean.

Shabaka (égyptien) roi.

Shabouh (arménien) roi, noble. Histoire : roi persan du IVe siècle.

Shad (pendjabi) insouciant.
Shadd

Shade U (anglais) ombre.
Shaed, Shaede, Shaid, Shaide, Shayd, Shayde

Shadi (arabe) chanteur.
Shadde, Shaddi, Shaddy, Shadee, Shadeed, Shadey, Shadie, Shydee, Shydi

Shadow U (anglais) ombre.

Shadrach (babylonien) dieu ; divin. Bible : l'un des trois compagnons sortis sains et saufs de la fournaise ardente de Babylone.
Shadrac, Shadrack, Shadrak

Shadrick (babylonien) variante de Shadrach.
Shadriq

Shadwell (anglais) répandu par un puits.
Shadwal, Shadwall, Shadwel, Shedwal, Shedwall, Shedwel, Shedwell

Shady (arabe) variante de Shadi.

Shae FG (hébreu) variante de Shai ; (irlandais) variante de Shea.

Shafiq (arabe) compatissant.

Shah (persan) roi. Histoire : titre des souverains d'Iran.

Shaheed (arabe) variante de Sa'id.
Shahed, Shahyd

Shaheem (américain) combinaison de Shah et de Raheem.
Shaheim, Shahiem, Shahm

Shahid (arabe) variante de Sa'id.

Shai U (irlandais) variante de Shea ; (hébreu) diminutif de Yeshaya.
Shaie

Shaiming (chinois) vie ; lumière du soleil.
Shaimin, Shayming

Shain, Shaine (irlandais) variantes de Sean.

Shaka GF (zoulou) fondateur, premier. Histoire : Shaka Zulu est le fondateur de l'empire zoulou.
Shakah

Shakeel (arabe) variante de Shaquille.
Shakeil, Shakel, Shakell, Shakiel, Shakil, Shakille, Shakyle

Shakir (arabe) reconnaissant.
Shaakir, Shakeer, Shakier, Shakyr

Shakîr (arabe) variante de Shakir.

Shakur (arabe) variante de Shakir.
Shakuur

Shalom (hébreu) paix.
Shalum, Shlomo, Sholem, Sholom

Shalya (hindi) trône.

Shaman (sanscrit) homme saint, mystique, sorcier.
Shaiman, Shaimen, Shamaine, Shamaun, Shamen, Shamin, Shamine, Shammon, Shamon, Shamone, Shayman, Shaymen

Shamar (hébreu) variante de Shamir.
Shamaar, Shamare

Shamari U (hébreu) variante de Shamir.

Shamir (hébreu) pierre précieuse.
Shahmeer, Shahmir, Shameer, Shamyr

Shamus (américain) mot d'argot américain qui signifie « détective »; (irlandais) variante de Seamus.
Shaimis, Shaimus, Shamas, Shames, Shamis, Shamos, Shaymis, Shaymus, Shemus

Shan (irlandais) variante de Shane.
Shann, Shanne

Shanahan (irlandais) sage, intelligent.
Seanahan, Shaunahan, Shawnahan

Shandy (anglais) exubérant.
Shande, Shandea, Shandey, Shandi, Shandie

Shane **GF** (irlandais) variante de Sean.
Shaen, Shaene

Shangobunni (yoruba) cadeau de Shango.

Shani **FG** (hébreu) rouge; (swahili) merveilleux.
Shanee, Shaney, Shanie, Shany

Shanley **FG** (irlandais) petit; ancien.
Shaneley, Shanlea, Shanlee, Shanleigh, Shanli, Shanlie, Shanly, Shannley

Shannon **FG** (irlandais) petit et sage.
Shanan, Shanen, Shanin, Shannan, Shannen, Shannin, Shannone, Shannyn, Shanon, Shanyn

Shant (français) diminutif de Shantae.

Shantae **FG** (français) variante de Chante.
Shanta, Shantai, Shantay, Shante, Shantell, Shantelle, Shanti, Shantia, Shantie, Shanton, Shanty

Shap (anglais) variante de Shep.

Shaq (américain) diminutif de Shaquan, de Shaquille.

Shaquan **GF** (américain) combinaison du préfixe Sha et de Quan.
Shaqaun, Shaquand, Shaquane, Shaquann, Shaquaunn, Shaquawn, Shaquen, Shaquian, Shaquin, Shaqwan

Shaquell (américain) variante de Shaquille.
Shaqueal, Shaqueil, Shaquel, Shaquelle, Shaquiel, Shaquiell, Shaquielle

Shaquile (arabe) variante de Shaquille.

Shaquill (arabe) variante de Shaquille.

Shaquille **GF** (arabe) beau.
Shaquell, Shaquil, Shaqul, Shaquyl, Shaquyle, Shaquyll, Shaquylle

Shaquon (américain) combinaison du préfixe Sha et de Quon.
Shaikwon, Shaqon, Shaquoin, Shaquoné

Sharad (pakistan) automne.
Sharid, Sharyd

Shareef (arabe) variante de Sharíf.

Sharif (arabe) variante de Sharíf.

Sharíf (arabe) honnête; noble.
Sharef, Shareff, Shareif, Sharief, Sharife, Shariff, Shariyf, Sharrif, Sharyf, Sharyff, Sharyif

Sharíf (arabe) variante de Sharíf.

Sharod (pakistan) variante de Sharad.
Sharrod

Sharón (hébreu) variante de Sharron.

Sharron **FG** (hébreu) région plate, plaine.
Sharan, Sharen, Sharin, Sharon, Sharone, Sharonn, Sharonne, Sharran, Sharren, Sharrin, Sharryn, Sharyn

Shashenka (russe) défenseur de l'humanité.

Shattuck (anglais) petite alose.
Shatuck

Shaun **GF** (irlandais) variante de Sean.
Schaun, Schaune, Shaughan, Shaughn, Shaugn, Shauna, Shaunahan, Shaune, Shaunn, Shaunne

Shavar (hébreu) comète.
Shaver, Shavir, Shavyr

Shavon **FG** (américain) combinaison du préfixe Sha et d'Yvon.
Shauvan, Shauvon, Shavan, Shavaughn, Shaven, Shavin, Shavone, Shawan, Shawon, Shawun

Shaw (anglais) bosquet.
Shawe

Shawn **GF** (irlandais) variante de Sean.
Schawn, Schawne, Shawen, Shawne, Shawnee, Shawnn, Shawon

Shawnta **FG** (américain) combinaison de Shawn et du suffixe Ta.
Seanta, Seantah, Shaunta, Shawntae, Shawntah, Shawntel, Shawnti

Shay **U** (irlandais) variante de Shea.
Shaya, Shey

Shayan (cheyenne) variante de Cheyenne.
Shayaan, Shayann, Shayon

Shaye **FG** (irlandais) variante de Shea.

Shayn (hébreu) variante de Sean.
Shaynne, Shean

Shayne **GF** (hébreu) variante de Sean.

Shea **FG** (irlandais) courtois.
Sheah

Sheary (irlandais) pacifique.
Shearee, Shearey, Sheari, Shearie

Sheba (hébreu) promesse.

Shedrick (babylonien) variante de Shadrach.
Sheddrach, Shederick, Shedrach, Shedric, Shedrik,
Shedrique, Shedryc, Shedryck, Shedryk

Sheehan (irlandais) petit ; pacifique.
Shean, Sheehen

Sheffield (anglais) champ de travers.
Field, Shef, Sheff, Sheffie, Sheffy, Sheffyeld, Shefield,
Shefyeld

Shel (anglais) diminutif de Shelby, de Sheldon,
de Shelton.
Shell

Shelby FG (anglais) domaine du rebord.
Variante de Selby.
Shelbe, Shelbea, Shelbee, Shelbey, Shelbi, Shelbie, Shellby

Sheldon GF (anglais) ferme sur le rebord.
Sheldan, Shelden, Sheldin, Sheldun, Sheldyn

Shelley FG (anglais) variante populaire
de Shelby, de Sheldon, de Shelton. Littérature :
Percy Bysshe Shelley est un poète britannique
du XIXe siècle.
Shell, Shellea, Shellee, Shelleigh, Shelli, Shellie, Shelly

Shelomó (hébreu) de paix.

Shelton (anglais) ville sur le rebord.
Sheltan, Shelten, Sheltin, Sheltyn

Shem (hébreu) nom ; réputation ; variante
de Samson ; (anglais) diminutif de Samuel.
Bible : Sem, fils aîné de Noé.

Shen (égyptien) amulette sacrée ; (chinois)
méditation.

Shep (anglais) diminutif de Shepherd.
Shepp, Ship, Shipp

Shepherd (anglais) berger.
Shepard, Shephard, Sheppard, Shepperd

Shepley (anglais) prairie du mouton.
Sheplea, Sheplee, Shepleigh, Shepli, Sheplie, Sheply,
Shepply, Shipley

Sherborn (anglais) ruisseau clair.
Sherborne, Sherbourn, Sherburn, Sherburne

Sheridan FG (irlandais) sauvage.
Sheredan, Sheriden, Sheridon, Sheridyn, Sherridan,
Sherydan, Sheryden, Sherydin, Sherydon, Sherydyn

Sherill (anglais) cheval de trait sur une colline.
Sheril, Sherril, Sherrill, Sheryl, Sheryll

Sherlock (anglais) aux cheveux clairs.
Littérature : Sherlock Holmes, détective
britannique, célèbre personnage créé
par Sir Arthur Conan Doyle.
Sherloc, Sherloch, Sherloche, Sherlocke, Sherlok, Shurlock,
Shurlocke

Sherma (anglais) qui tond les moutons.

Sherman (anglais) tondeur de moutons ; résident
d'un comté.
Scherman, Schermann, Sherm, Shermain, Shermaine,
Shermann, Shermen, Shermie, Shermon, Shermy, Shirman,
Shirmann, Shyrman, Shyrmann

Sherrod (anglais) qui purifie le pays.
Sherod, Sherrad, Sherrard, Sherrodd

Sherwin (anglais) coureur rapide, qui traverse
le vent.
Sherveen, Shervin, Sherwan, Sherwind, Sherwinn, Sherwyn,
Sherwynd, Sherwynn, Sherwynne, Win

Sherwood (anglais) forêt étincelante.
Sharwood, Sherwoode, Shurwood, Woody

Shihab (arabe) incendie.
Shyhab

Shihâb (arabe) variante de Shihab.

Shilín (chinois) intellectuel.
Shilan, Shilyn, Shylin, Shylyn

Shilo U (hébreu) variante de Shiloh.

Shiloh FG (hébreu) cadeau de Dieu.
Shi, Shile, Shiley, Shiloe, Shy, Shyle, Shylo, Shyloh

Shimeón (hébreu) il a entendu.

Shimon (hébreu) variante de Simon.
Shymon

Shimshon (hébreu) variante de Samson.
Shimson

Shing (chinois) victoire.
Shingae, Shingo, Shyng

Shipley (anglais) prairie des moutons.
Shiplea, Shiplee, Shipleigh, Shipli, Shiplie, Shiply, Shyplea,
Shyplee, Shypleigh, Shypley, Shypli, Shyplie, Shyply

Shipton (anglais) village des moutons ; village
du bateau.
Shiptan, Shipten, Shiptin, Shiptun, Shiptyn, Shyptan,
Shypten, Shyptin, Shypton, Shyptun, Shyptyn

Shiquan (américain) combinaison du préfixe Shi
et de Quan.
Shiquane, Shiquann, Shiquawn, Shiquoin, Shiqwan

Shiro (japonais) fils né en quatrième.
Shirow, Shyro, Shyrow

Shiva (hindi) vie et mort. Religion : nom le plus
courant du dieu hindou de la Destruction
et de la Reproduction.
Shiv, Shivah, Shivan, Shyva, Shyvah, Siva

Shlomo (hébreu) variante de Salomon.
Shelmu, Shelomo, Shelomoh, Shlomi, Shlomot

Shmuel (hébreu) variante de Samuel.
Schmuel, Shemuel, Shmiel

Shneur (yiddish) aîné.
Shneiur

Shomer (hébreu) protecteur.
Shomar, Shomir, Shomor, Shomyr

Shon (allemand) variante de Schön; (américain) variante de Sean.
Shoan, Shoen, Shondae, Shondale, Shondel, Shone, Shonn, Shonntay, Shontae, Shontarious, Shouan, Shoun

Shoni (hébreu) changeant.
Shonee, Shoney, Shonie, Shony

Shu (égyptien) air.

Shunnar (arabe) faisan.
Shunar

Si (hébreu) diminutif de Silas, de Simon.

Siañu (quechua) brun comme la couleur du café.

Sid (français) diminutif de Sidney.
Sidd, Siddie, Siddy, Sidey, Syd, Sydd

Siddel (anglais) large vallée.
Siddell, Sidel, Sidell, Sydel, Sydell

Siddhartha (hindi) Histoire : Siddhartha Gautama est le nom original de Bouddha, fondateur du bouddhisme.
Sida, Siddartha, Siddhaarth, Siddhart, Siddharth, Sidh, Sidharth, Sidhartha, Sidhdharth, Sydartha, Syddhartha

Sidney 🇫🇨 (français) de Saint-Denis, en France.
Cydney, Sidnee, Sidni, Sidnie, Sidny

Sidonio (espagnol) variante de Sidney.
Sidon

Sidwell (anglais) large ruisseau.
Siddwal, Siddwall, Siddwel, Siddwell, Sidwal, Sidwall, Sidwel, Syddwal, Syddwall, Syddwel, Syddwell, Sydwal, Sydwall, Sydwel, Sydwell

Siegfried (allemand) paix victorieuse. Voir aussi Zigfrid, Ziggy.
Siegfred, Sigfrid, Sigfried, Sigfroi, Sigfryd, Sigvard, Singefrid, Sygfred, Sygfreid, Sygfreyd, Sygfrid, Sygfried, Sygfryd

Sierra 🇫🇨 (irlandais) noir; (espagnol) en dents de scie.
Siera, Sierah, Sierrah, Syera, Syerah, Syerra, Syerrah

Siervo (espagnol) un homme qui sert Dieu.

Siffre (français) variante de Siegfried.

Siffredo (italien) variante de Siegfried.
Sifredo, Syffredo

Sig (allemand) diminutif de Siegfried, de Sigmund.

Siggy (allemand) variante populaire de Siegfried, de Sigmund.

Sigifredo (allemand) variante de Siegfried.
Sigefredo, Sigefriedo, Sigfrido, Siguefredo

Sigismond (français) variante de Sigmund.
Sygismond, Sygismund, Sygysmon, Sygysmond, Sygysmun, Sygysmund

Sigismundo (italien, espagnol) variante de Sigmund.
Sigismondo, Sygismondo, Sygismundo, Sygysmondo, Sygysmundo

Sigmund (allemand) protecteur victorieux. Voir aussi Ziggy, Zsigmond, Zygmunt.
Saegmond, Saegmund, Siegmund, Sigismund, Sigismundus, Sigmond, Sigmundo, Sigsmond, Sygmond, Sygmondo, Sygmund, Sygmundo, Szygmond

Sigurd (allemand, scandinave) gardien victorieux.
Sigord, Sjure, Sygurd, Syver

Sigwald (allemand) chef victorieux.
Sigwaldo, Sygwald, Sygwaldo

Silas (latin) diminutif de Silvan.
Sias

Silburn (anglais) béni.
Silborn, Silborne, Silbourn, Silbourne, Silburn, Silburne, Sylborn, Sylborne, Sylbourn, Sylbourne, Sylburn, Sylburne

Silvan (latin) habitant de la forêt.
Silvaon, Silvie, Sylvanus

Silvano (italien) variante de Silvan.
Silvanos

Silverio (espagnol) dieu grec des arbres.

Silvester (latin) variante de Sylvester.
Silvestr, Silvy

Silvestre (espagnol) variante de Sylvester.

Silvestro (italien) variante de Sylvester.

Silvino (italien) variante de Silvan.

Silvio (italien) variante de Silvan.
Sylvio

Simão (portugais) variante de Samuel.
Simao

Simba (swahili) lion; (yao) diminutif de Lisimba.
Sim, Simbah, Symba, Symbah

Simcha 🇫🇨 (hébreu) joyeux.
Simmy

Simeon (français) variante de Simon.
Seameon, Seemeon, Simion, Simione, Simone, Symeon, Symyan

Simeón (espagnol) variante de Simón.

Simms (hébreu) fils de Simon.
Simm, Sims, Symms, Syms

Simmy (hébreu) variante populaire de Simcha, de Simon.
Simmey, Simmi, Simmie, Symmy

Simon TOP.100. (hébreu) il a entendu. Bible: l'un des douze apôtres. Voir aussi Symington, Ximenes, Zimon.
Saimon, Samien, Seimein, Semein, Seymeon, Seymon, Sim, Simen, Simmon, Simmonds, Simmons, Simonas, Simone, Simons, Simyon, Siomon, Síomón, Siomonn, Symonn, Symonns

Simón (hébreu) celui qui m'a écouté.

Simon Pierre (français) combinaison de Simon et de Pierre.

Simplicio (latin) simple.

Simpson (hébreu) fils de Simon.
Simonson, Simpsan, Simpsen, Simpsin, Simpsyn, Simson, Sympsan, Sympsen, Sympsin, Sympson, Sympsyn

Simran FG (sikh) absorbé par Dieu.

Sina GF (irlandais) variante de Seana (voir les prénoms de filles).

Sinbad (allemand) prince; étincelant.
Sinbald, Synbad, Synbald

Sinche, Sinchi (quechua) patron, chef; fort; valeureux; travailleur.

Sinchipuma (quechua) chef fort et d'aussi grande valeur qu'un puma.

Sinchiroca (quechua) prince le plus fort de tous les princes.

Sinclair FG (français) prière. Religion: nom en hommage à saint Clair.
Sinclaire, Sinclar, Sinclare, Synclair, Synclar, Synclare, Synclayr

Sinesio (grec) la personne intelligente.

Sinforiano (espagnol) variante de Sinforoso.

Sinforoso (grec) celui qui est frappé par les malheurs.

Singh (hindi) lion.
Sing

Sinjin (anglais) variante de Sinjon.

Sinjon (anglais) saint, homme sacré. Religion: nom en hommage à saint Jean.
Sinjun, Sjohn, Syngen, Synjen, Synjon

Sione (tongan) Dieu est miséricordieux.
Sionee, Sioney, Sioni, Sionie, Soane, Sone

Sipatu (miwok) retiré.
Sypatu

Sipho (zoulou) cadeau.
Sypho

Sir (anglais) monsieur, sire.

Siraj (arabe) lampe, lumière.
Syraj

Sirâj (arabe) variante de Siraj.
Sirâj

Sirio, Siro (latin) originaire de Syrie.

Sirviente (latin) serviteur de Dieu.

Siseal (irlandais) variante de Cecil.

Sisebuto (teuton) celui qui remplit son rôle de meneur de bon cœur.

Sisi (fanti) né un dimanche.
Sysi, Sysy

Sitric (scandinave) conquérant.
Sitrick, Sitrik, Sytric, Sytrick, Sytrik, Sytryc, Sytryck, Sytryk

Siuca (quechua) fils le plus jeune.

Siva (hindi) variante de Shiva.
Siv

Sivan (hébreu) neuvième mois de l'année juive.
Syvan

Siwatu (swahili) né pendant une période de conflit.
Siwazuri

Siwili (amérindien) longue queue de renard.
Siwilie, Siwily, Siwyli, Siwylie, Siwyly, Sywili, Sywilie, Sywily, Sywyly

Sixto (grec) la personne courtoise.

Skah (lakota) blanc.
Skai

Skee (scandinave) projectile.
Ski, Skie

Skeeter (anglais) rapide.
Skeat, Skeet, Skeets

Skelly (irlandais) conteur.
Shell, Skelea, Skelee, Skeleigh, Skeley, Skeli, Skelie, Skellea, Skellee, Skelleigh, Skelley, Skelli, Skellie, Skely

Skelton (néerlandais) ville du coquillage.

Skerry (scandinave) île pierreuse.
Skery

Skip (scandinave) diminutif de Skipper.
Skipp, Skyp, Skypp

Skipper (scandinave) capitaine de bateau.

Skippie (scandinave) variante populaire
de Skipper.
Skipi, Skipie, Skippi, Skippy, Skipy, Skypi, Skypie,
Skyppi, Skyppie, Skyppy, Skypy

Skipton (anglais) ville du bateau.
Skippton, Skyppton, Skypton

Skiriki (pawnee) coyote.

Skule (norvégien) caché.
Skul, Skull

Sky Ⓤ (néerlandais) diminutif de Skylar.

Skye ⒻⒼ (néerlandais) diminutif de Skylar.

Skylar Ⓤ (néerlandais) variante de Schuyler.
Skieler, Skilar, Skiler, Skkylar, Skuylar, Skuyler, Skyelar,
Skyeler, Skyelor, Skylaar, Skylare, Skylarr, Skylayr, Skylee,
Skyller, Skyloer, Skylore, Skylour, Skylur, Skylyr

Skyler ⒼⒻ (néerlandais) variante de Schuyler.

Skylor (néerlandais) variante de Schuyler.

Slade (anglais) diminutif de Sladen.
Slaid, Slaide, Slayd, Slayde

Sladen (anglais) enfant de la vallée.
Sladan, Sladein, Sladon, Sladyn, Slaidan, Slaiden, Slaidin,
Slaidon, Slaidyn, Slaydan, Slayden, Slaydin, Slaydon,
Slaydyn

Slane (tchèque) salé.
Slain, Slaine, Slan, Slayn, Slayne

Slater (anglais) couvreur de toit.
Slader, Slaiter, Slate, Slayter

Slava (russe) diminutif de Stanislas, de Vladislav,
de Vyacheslav.
Slavah, Slavik

Slawek (polonais) diminutif de Radoslaw.

Slevin (irlandais) alpiniste.
Slavan, Slaven, Slavin, Slavon, Slavyn, Slawin, Slevan,
Sleven, Slevon, Slevyn

Sloan Ⓤ (irlandais) guerrier.
Sloane, Slone

Smedley (anglais) prairie plate.
Smedlea, Smedlee, Smedleigh, Smedli, Smedlie, Smedly

Smith (anglais) forgeron.
Schmidt, Smid, Smidt, Smithe, Smithey, Smithi, Smithie,
Smithy, Smitt, Smitth, Smitty, Smyth, Smythe

Snowden (anglais) colline enneigée.
Snowdan, Snowdin, Snowdon, Snowdyn

Soan **TOP** **.100.** (arabe) étoile.

Sobhî (arabe) lever de soleil.

Socorro (espagnol) aide.

Socrate (grec) sage, cultivé. Histoire : célèbre
philosophe de la Grèce antique.
Socratis, Sokrates, Sokratis

Sócrates (grec) variante de Socrate.

Socso, Sucsu (quechua) merle.

Sofanor (grec) l'homme sage.

Sofian (arabe) dévoué.
Sofyan

Sofiân (arabe) variante de Sofian.

Sofoclés, Sófocles (grec) renommé pour
sa sagesse.

Sofronio (grec) prudent ; sain d'esprit.

Sohail (arabe) variante de Suhail.
Sohayl, Souhail

Sohan **TOP** **.100.** (arabe) variante de Soan.

Sohar (russe) fermier.

Sohrab (persan) ancien héros.

Soja (yoruba) soldat.
Sojah

Sol (hébreu) diminutif de Saul, de Salomon.
Soll

Solano (latin) comme le vent d'est.

Solly (hébreu) variante populaire de Saul,
de Salomon. Voir aussi Zollie.
Sollie

Solomon ⒼⒻ (anglais) variante de Salomon.
Salaun, Selim, Shelomah, Solaman, Solamh, Solmon,
Soloman, Solomo, Solomonas, Solomyn

Solon (grec) sage. Histoire : éminent législateur
d'Athènes dans l'Antiquité.
Solan, Solen, Solin, Solyn

Solón (grec) variante de Solon.

Somac (quechua) beau.

Somer (français) né en été.

Somerset (anglais) emplacement des colons
d'été. Littérature : William Somerset
Maugham, écrivain britannique.
Sommerset, Sumerset, Summerset

Somerton (anglais) ville d'été.
Summerton

Somerville (anglais) village d'été.
*Somervil, Somervill, Somervyl, Somervyll, Somervylle,
Sumervil, Sumervill, Sumerville, Sumervyl, Sumervyll,
Sumervylle, Summervil, Summervill, Summerville, Summervyl,
Summervyll, Summervylle*

Son (vietnamien) montagne ; (amérindien)
étoile ; (anglais) fils, garçon. Diminutif
de Madison, d'Orson.

Sonco, Soncoyoc, Sonjoc, Sonjoyoc
(quechua) celui qui a un bon et noble cœur.

Songan (amérindien) fort.
Song

Sonny (anglais) variante populaire de Grayson,
de Madison, d'Orson, de Son.
*Sonee, Soney, Soni, Sonie, Sonnee, Sonney, Sonni,
Sonnie, Sony*

Sono (akan) éléphant.

Sonu (hindi) beau.

Soren (danois) variante de Sören.

Sören (danois) tonnerre ; guerre.
Sorren

Sorley (scandinave) voyageur en été ;
viking.
Sorlea, Sorlee, Sorleigh, Sorli, Sorlie, Sorly

Soroush (persan) heureux.

Sorrel FG (français) marron-roux.
*Sorel, Sorell, Soril, Sorill, Sorrell, Sorril, Sorrill, Soryl,
Soryll*

Soterios (grec) sauveur.
Soteris, Sotero

Southwell (anglais) puits du Sud.
Southwal, Southwall, Southwel

Sovann (cambodgien) or.
Sovan

Sowande (yoruba) un sage guérisseur
m'a fait sortir.
Sowand

Spalding (anglais) champ divisé.
Spaulding

Spangler (allemand) ferblantier.
Spengler

Spark (anglais) heureux.
Sparke, Sparkee, Sparkey, Sparki, Sparkie, Sparky

Spear (anglais) porteur de lance.
Speare, Spears, Speer, Speers, Speir, Speyr, Spiers

Speedy (anglais) rapide ; prospère.
Speed, Speedee, Speedey, Speedi, Speedie

Spence (anglais) diminutif de Spencer.
Spense

Spencer GF (anglais) distributeur de provisions.
Spencre

Spenser GF (anglais) variante de Spencer.
Littérature : Edmund Spenser, poète
britannique qui a écrit La Reine des fées.
Spanser

Spike (anglais) épi de blé ; long clou.
Spyke

Spiridone (italien) variante de Spiro.
Spiridion, Spiridon, Spyridion, Spyridon, Spyridone

Spiro (grec) panier rond ; respiration.
Spyro, Spyros

Spoor (anglais) marché des éperons.
Spoors

Spreckley (anglais) brindilles.
*Sprecklea, Sprecklee, Spreckleigh, Spreckli, Sprecklie,
Spreckly*

Springsteen (anglais) ruisseau près des rochers.
*Springstein, Springsteyn, Spryngsteen, Spryngstein,
Spryngsteyn*

Sproule (anglais) énergique.
Sprowle

Spurgeon (anglais) arbuste.

Spyros (grec) variante de Spiro.
Spiros

Squire (anglais) assistant du chevalier ;
grand propriétaire terrien.
Squyre

Stacey FG (anglais) variante populaire d'Eustace.
Stace, Stacee, Staci, Stacie

Stacy FG (anglais) variante populaire d'Eustace.

Stafford (anglais) débarquement sur la berge.
Staffard, Stafforde, Staford

Stamford (anglais) variante de Stanford.
Stemford

Stamos (grec) variante de Stéphane.
Stamatis, Stamatos

Stan (latin, anglais) diminutif de Stanley.
Stann

Stanbury (anglais) fortification de pierre.
Stanberi, Stanberie, Stanberri, Stanberrie, Stanberry, Stanbery, Stanburghe, Stanburi, Stanburie, Stanburri, Stanburrie, Stanburry, Stanbury, Stansbury

Stancil (anglais) poutre.
Stancile, Stancyl, Stancyle

Stancio (espagnol) variante de Constantin.
Stancy

Stancliff (anglais) falaise rocheuse.
Stanclif, Stanclife, Stancliffe, Stanclyf, Stanclyff

Standish (anglais) parc rocheux. Histoire : Miles Standish, leader dans l'Amérique coloniale.
Standysh

Stane (slave) diminutif de Stanislas.

Stanfield (anglais) champ de pierres.
Stanfyld, Stansfield

Stanford (anglais) gué rocheux.
Stamford, Standforde

Stanislas (latin) tribune de la gloire. Voir aussi Lao, Tano.
Slavik, Stana, Standa, Stane, Stanislao, Stanislau, Stanislaus, Stanislus, Stannes, Stano, Stanyslaus

Stanislav (slave) diminutif de Stanislas. Voir aussi Slava.
Stanislaw

Stanislov (russe) variante de Stanislas.

Stanley (anglais) prairie pierreuse.
Stanely, Stanlea, Stanlee, Stanleigh, Stanli, Stanlie, Stanly

Stanmore (anglais) lake rocheux.
Stanmoar, Stanmoare, Stanmoor, Stanmoore, Stanmor

Stannard (anglais) dur comme la pierre.
Stanard

Stanton (anglais) ferme rocheuse.
Stanten, Staunton

Stanway (anglais) route rocheuse.
Stanwai, Stenwai, Stenway

Stanwick (anglais) village rocheux.
Stanwic, Stanwicke, Stanwik, Stanwyc, Stanwyck, Stanwyk

Stanwood (anglais) bois rocheux.
Stenwood

Starbuck (anglais) qui défie le destin. Littérature : personnage du roman *Moby Dick* de Herman Melville.
Starrbuck

Stark (allemand) fort, vigoureux.
Starke, Stärke, Starkie

Starling U (anglais) oiseau.
Starlin, Starlyn, Starlyng

Starr F C (anglais) étoile.
Star, Staret, Starlight, Starlon, Starwin

Stasik (russe) variante populaire de Stanislas.
Stas, Stash, Stashka, Stashko, Stasiek

Stasio (polonais) variante de Stanislas.
Stas, Stasiek, Stasiu, Staska, Stasko

Stavros (grec) variante de Stéphane.
Stavro

Steadman (anglais) propriétaire d'une ferme.
Steadmann, Steed

Stedman (anglais) variante de Steadman.
Stedmen

Steel (anglais) comme l'acier.

Steele (anglais) variante de Steel.
Steale

Steen (allemand, danois) pierre.
Stean, Steane, Steene, Steenn

Steenie (écossais) variante de Stephen.
Steeni, Steeny, Steinee, Steiney, Steini, Steinie, Steiny, Steynee, Steyney, Steyni, Steynie, Steyny

Steeve (grec) diminutif de Steeven.

Steeven (grec) diminutif de Steven.
Steaven, Steavin, Steavon, Steevan, Steevn

Stefan (allemand, polonais, suédois) variante de Stéphane.
Steafan, Steafeán, Stefaan, Stefanson, Stefaun, Stefawn

Stefano (italien) variante de Stéphane.
Steffano

Stefanos (grec) variante de Stéphane.
Stefans, Stefos, Stephano, Stephanos

Stefen, Steffen (norvégien) variantes de Stephen.
Steffin, Stefin

Steffan (suédois) variante de Stefan.
Staffan

Steffon, Stefon (polonais) variantes de Stephon.
Staffon, Steffone, Stefone, Stefonne

Stein (allemand) variante de Steen.
Steine, Steyn, Steyne

Steinar (norvégien) guerrier au rocher.
Steanar, Steaner, Steenar, Steener, Steiner, Steynar, Steyner

Stepan (russe) variante de Stéphane.
Stepa, Stepane, Stepanya, Stepka, Stipan

Steph (anglais) diminutif de Stephen.

Stephan (grec) variante de Stéphane.
Stepfan, Stephanas, Stephano, Stephanos, Stephanus

Stéphane (grec) couronné. Voir aussi Esteban,
Estebe, Estevan, Estevao, Etienne, István,
Szczepan, Tapani, Teb, Teppo, Tiennot.
Stefane, Stephane, Stépháne, Stephanne

Stephaun (grec) variante de Stéphane.

Stephen (anglais) variante de Stéphane.
*Stenya, Stepanos, Stephanas, Stephens, Stephfan,
Stephin, Stepven*

Stephenson (anglais) fils de Stephen.

Stephon (grec) variante de Stéphane.
*Stepfon, Stepfone, Stephfon, Stephion, Stephonn,
Stephonne*

Stephone (grec) variante de Stephon.

Sterlin (anglais) variante de Sterling.
Sterlen, Styrlin, Styrlyn

Sterling GF (anglais) précieux ; pièce en argent.
Variante de Starling.
Styrling, Styrlyng

Stern (allemand) étoile.
Sturn

Sterne (anglais) austère.
Stearn, Stearne, Stearns, Sturne

Stetson (danois) beau-fils.
Steston, Steton, Stetsen, Stetzon

Stevan (grec) variante de Steven.
Stevano, Stevanoe, Stevaughn, Stevean

Steve (grec) diminutif de Stéphane, de Stephen,
de Steven.
Steave, Stevy

Steven (grec) variante de Stephen.
Steiven, Stiven

Stevens (anglais) fils de Steven.
Stevenson, Stevinson

Stevie FG (anglais) variante populaire
de Stephen, de Steven.
Stevey, Stevy

Stevin, Stevon (grec) variantes de Steven.
Stevieon, Stevion, Stevyn

Stewart (anglais) variante de Stuart.
Steward, Stu

Stian (norvégien) rapide à pieds.

Stig (suédois) mont.

Stiggur (tsigane) porte.

Stillman (anglais) silencieux.
Stillmann, Stillmon, Stilman, Styllman, Stylman

Sting (anglais) épi de blé.
Styng

Stirling (anglais) variante de Sterling.
Stirlin

Stockley (anglais) prairie de la souche.
Stocklea, Stocklee, Stockleigh, Stockli, Stocklie, Stockly

Stockman (anglais) qui retire les souches.
Stockmen

Stockton (anglais) ville de la souche.

Stockwell (anglais) puits de la souche.
Stockwal, Stockwall, Stockwel

Stoddard (anglais) gardien de chevaux.
Stodard

Stoffel (allemand) diminutif de Christophe.

Stoker (anglais) qui entretient la fournaise.
Stoke, Stokes, Stroker

Stone (anglais) pierre.
Stoen, Stonee, Stoner

Stoney (anglais) variante de Stone.
Stoni, Stonie, Stoniy, Stony

Storm GF (anglais) tempête, orage.
Storme

Storr (norvégien) grand.
Story

Stover (anglais) qui entretient le fourneau.

Stowe (anglais) caché ; rangé.
Stow

Strahan (irlandais) ménestrel.
Strachan

Stratford (anglais) pont sur la rivière.
Littérature : Stratford-upon-Avon,
lieu de naissance de Shakespeare.
Stradford, Strattford

Stratton (écossais) ville dans la vallée de la rivière.
Straten, Straton

Strephon (grec) qui tourne.

Strom (grec) lit, matelas ; (allemand) ruisseau.

Strong (anglais) puissant.
Stronge

Stroud (anglais) bosquet.

Struthers (irlandais) ruisseau.

Stu (anglais) diminutif de Stewart, de Stuart.
Stew

Stuart (anglais) concierge, intendant. Histoire : nom d'une famille royale écossaise et anglaise.
Stuarrt

Studs (anglais) clou arrondi ; ornements vestimentaires ; chevaux mâles utilisés pour l'élevage. Histoire : Louis Terkel, surnommé « Studs », est un célèbre journaliste américain.
Stud, Studd

Styles (anglais) escalier sur un mur pour aider à passer par-dessus.
Stiles, Style, Stylz

Subhi (arabe) tôt le matin.

Subhî (arabe) variante de Subhi.

Suck Chin (coréen) rocher inébranlable.

Sudi (swahili) chanceux.
Su'ud

Sued (arabe) maître, chef.

Suede (arabe) variante de Sued.

Suelita (espagnol) petit lys.

Suffield (anglais) champ du Sud.
Sufield

Sufiân (arabe) consacré.

Sugden (anglais) vallée des truies.
Sugdan, Sugdin, Sugdon, Sugdyn

Suhail (arabe) doux.
Suhael, Sujal

Suhay (quechua) celui qui est comme le maïs jaune : fin et abondant.

Suhuba (swahili) ami.
Suhubah

Sukhpreet (sikh) qui accorde de l'importance à la paix et à la joie intérieures.

Sukru (turc) reconnaissant.
Sukroo

Sulaiman (arabe) variante de Salomon.
Sulaman, Sulay, Sulaymaan, Sulayman, Suleiman, Suleman, Suleyman, Sulieman, Sulman, Sulomon, Sulyman

Sullivan **GF** (irlandais) aux yeux noirs.
Sullavan, Sullevan, Syllyvan

Sully (français) tache, ternissure ; (anglais) prairie du Sud ; (irlandais) variante populaire de Sullivan.
Sullea, Sullee, Sulleigh, Sulley, Sulli, Sullie

Sultan (swahili) dirigeant.
Sultaan, Sulten, Sultin, Sulton, Sultyn

Sum (tai) approprié.

Sumainca (quechua) bel Inca.

Sumarville (français) qui vient de l'été.

Sumeet (anglais) variante de Summit.

Sumit (anglais) variante de Summit.

Summit (anglais) pic, sommet.
Sumet, Summet, Summitt, Summyt, Sumyt

Sumner (anglais) responsable religieux ; personne qui convoque.
Summner

Suncu, Suncuyuc (quechua) celui qui a un bon et noble cœur.

Sundeep (pendjabi) lumière ; éclairé.
Sundip

Sunny **U** (anglais) ensoleillé, lumière du soleil.
Sun, Suni, Sunie, Sunni, Sunnie, Suny

Sunreep (hindi) pur.
Sunrip

Suri (quechua) rapide comme une autruche.

Surya **U** (sanscrit) soleil.
Suria, Suriah, Suryah

Susumu (japonais) avancée.

Sutcliff (anglais) falaise du Sud.
Sutclif, Sutcliffe, Sutclyf, Sutclyff, Suttclif, Suttcliff

Sutherland (scandinave) terre du Sud.
Southerland, Sutherlan

Sutton (anglais) ville du Sud.
Suton

Suyai, Suyay (quechua) espoir.

Suycauaman (quechua) le plus jeune fils des faucons.

Sven (scandinave) jeune homme.
Svein, Svend, Svenn, Swen, Swenson

Swaggart (anglais) qui tangue et chancèle.
Swaggert

Swain (anglais) gardien de troupeau ; serviteur du chevalier.
Swaine, Swane, Swanson, Swayn, Swayne

Swaley (anglais) ruisseau sinueux.
Swail, Swailey, Swale, Swalea, Swalee, Swaleigh, Swales, Swali, Swalie, Swaly

Swannee (anglais) cygne.
Swanee, Swaney, Swani, Swanie, Swanney, Swanni, Swannie, Swanny, Swany

Sweeney (irlandais) petit héros.
Sweanee, Sweaney, Sweani, Sweanie, Sweany, Sweenee, Sweeni, Sweenie, Sweeny

Swinbourne (anglais) ruisseau utilisé par le porc.
Swinborn, Swinborne, Swinburn, Swinburne, Swinbyrn, Swynborn

Swindel (anglais) vallée du porc.
Swindell, Swyndel, Swyndell

Swinfen (anglais) boue du porc.
Swynfen

Swinford (anglais) carrefour du porc.
Swynford

Swinton (anglais) ville du porc.
Swynton

Swithbert (anglais) fort et brillant.
Swithbirt, Swithburt, Swithbyrt, Swythbert, Swythbirt, Swythburt, Swythbyrt

Swithin (allemand) fort.
Swithan, Swithen, Swithon, Swithun, Swithyn, Swythan, Swythen, Swythin, Swython, Swythun, Swythyn

Sy (latin) diminutif de Sylas, de Symon.

Syed (arabe) heureux.
Syeed, Syid

Sying U (chinois) étoile.

Sylas (latin) variante de Silas.
Syles, Sylus

Sylvain (latin) habitant de la forêt.
Silvain, Sylvian

Sylvan (latin) variante de Sylvain.
Silvanus

Sylvester (latin) habitant de la forêt.
Sly, Syl, Sylverster, Sylvestre

Symington (anglais) ville de Simon, domaine de Simon.
Simington

Symon (grec) variante de Simon.
Syman, Symeon, Symion, Symms, Symone, Symonn, Symonns

Szczepan (polonais) variante de Stéphane.

Szygfrid (hongrois) variante de Siegfried.
Szigfrid

Szymon (polonais) variante de Simon.
Szimon

Taaveti (finnois) variante de David.
Taavetie, Taavety, Taavi, Taavo, Taveti, Tavetie, Tavety

Tab (anglais) diminutif de Tabner.
Tabb, Tabbie, Tabby, Tabi, Tabie, Taby

Tabare (tupi) qui vit à l'écart des autres.

Tabaré (tupi) homme du village.

Tabari (arabe) il se rappelle.
Tabahri, Tabares, Tabarious, Tabarius, Tabarus, Tabary, Tabur

Tabib (turc) médecin.
Tabeeb, Tabyb

Tabner (allemand) scintillant, brillant ; source ; (anglais) batteur.
Tab, Tabbener, Tabener

Tabo (espagnol) diminutif de Gustave.

Tabor (persan) batteur ; (hongrois) campement.
Tabber, Taber, Taboras, Taibor, Taver, Tayber, Taybor

Taciano (espagnol) variante de Tacio.

Tacio (latin) celui qui est silencieux.

Tácito (espagnol) variante de Tacio.

Tad (gallois) père ; (grec, latin) diminutif de Thaddeus.
Tadd, Taddy, Tade, Tadek, Tadey

Tadan (amérindien) abondant.
Taden

Tadarius (américain) combinaison du préfixe Ta et de Darius.
Tadar, Tadarious, Tadaris, Tadarrius

Tadashi (japonais) serviteur fidèle.
Tadashee, Tadashie, Tadashy

Taddeo (italien) variante de Thaddeus.
Tadeo

Taddeus (grec, latin) variante de Thaddeus.
Taddeous, Taddius, Tadeas, Tades, Tadio, Tadious

Tadi (omaha) vent.
Tadee, Tadey, Tadie, Tady

Tadleigh (anglais) poète de la prairie.
Tadlea, Tadlee, Tadley, Tadli, Tadlie, Tadly

Tadzi (carrier) huard.
Tadzie, Tadzy

Tadzio (polonais, espagnol) variante
de Thaddeus.
Taddeusz, Tadeusz

Taffy FG (gallois) variante de David; (anglais)
variante populaire de Taft.
Taffee, Taffey, Taffi, Taffie, Tafy

Taft (anglais) rivière.
Tafte, Tafton

Tage (danois) jour.
Tag, Taig, Taige, Tayg, Tayge

Taggart (irlandais) fils du prêtre.
Tagart, Tagert, Taggert, Taggirt, Taggurt, Taggyrt, Tagirt,
Tagurt, Tagyrt

Tâher (arabe) pur; propre.

Tahir (indien) saint.

Tahír (arabe) innocent, pur.
Taheer, Taher, Tahyr

Tai GF (vietnamien) riche; prospère; talentueux.

Taillefer (français) qui taille le fer.

Taima FG (amérindien) né pendant un orage.
Taimah, Tayma, Taymah

Tain (irlandais) ruisseau; (amérindien) nouvelle
lune.
Taine, Tainn, Tayn, Tayne

Taishawn (américain) combinaison de Tai
et de Shawn.
Taisen, Taishaun, Taishon

Tait (scandinave) variante de Tate.
Taite, Taitt, Tayt, Tayte

Taiwan (chinois) île; habitant d'une île.
Géographie: pays au large de la Chine.
Taewon, Tahwan, Taivon, Taiwain, Tawain, Tawan,
Tawann, Tawaun, Tawon, Taywan

Taiwo (yoruba) premier-né de deux jumeaux.
Taywo

Taizeen (indien) encouragement.

Taj (ourdou) couronne.
Taje, Tajee, Tajeh, Tajh, Taji

Tajdar (indien) couronné.

Tajo (espagnol) jour.
Taio

Tajuan (américain) combinaison du préfixe Ta
et de Juan.
Taijuan, Taijun, Taijuon, Tájuan, Tajwan, Tayjuan

Takeo (japonais) fort comme le bambou.
Takeyo

Takeshi (japonais) fort.

Takis (grec) variante populaire de Peter.
Takias, Takius

Takoda (lakota) ami de tous.
Takodah, Takota, Takotah

Tal (hébreu) rosée; pluie; (tswana) variante
de Tale.
Talia, Tall, Talya

Talâl (arabe) agréable; admirable.

Talat (indien) prière.

Talbert (allemand) vallée lumineuse.
Talberte, Talbirt, Talburt, Talburte, Talbyrt

Talbot (français) fabricant de bottes.
Talbott, Talibot, Talibott, Tallbot, Tallbott, Tallie, Tally,
Talybot, Talybott

Talcott (anglais) petite maison près du lac.
Talcot

Tale (tswana) vert.
Tael, Tail, Tayl

Tâleb (arabe) variante de Talib.

Talen (anglais) variante de Talon.
Tallen

Talib (arabe) chercheur.
Taleb, Talyb

Taliesin (gallois) front radieux.
Taliesen, Talieson, Taliesyn, Talisan, Tallas, Talyersyn,
Talyesin, Tayliesin, Tayliesyn

Taliki (haoussa) compagnon.

Talleen (indien) absorbé.

Talli (delaware) héros légendaire.
Talee, Taley, Tali, Tallee Talley, Tallie, Tally, Taly

Tallis U (persan) sage.
Talis, Tallys, Talys

Tallon (anglais, français) variante de Talon.

Talmadge (anglais) lac entre deux villes.
Talmage

Talmai (araméen) monticule; sillon.
Talmay, Talmie, Telem

Talman U (araméen) blessé; oppressé.
Talmen, Talmin, Talmon, Talmyn

Talon GF (français, anglais) griffe, ongle.
Taelon, Taelyn, Talin, Tallin, Talyn

Talor FG (anglais) variante de Tal, de Taylor.
Taelor, Taelur

Tam GF (vietnamien) chiffre huit; (hébreu) honnête; (anglais) diminutif de Thomas.
Tamlane, Tamm

Tamal (indien) arbre à l'écoce très sombre.

Taman (slave) sombre, noir.
Tama, Tamann, Tamen, Tamin, Tammen, Tamon, Tamone, Tamyn

Tamar FG (hébreu) datte; palmier.
Tamarie, Tamario, Tamarr, Tamer, Tamor

Tamas (hongrois) variante de Thomas.
Tamás, Tameas, Tammas

Tambo (swahili) vigoureux.
Tambow

Tamir (arabe) haut comme un palmier.
Tameer, Tamirr, Tamyr, Tamyrr, Timir, Tymir, Tymyr

Tamkinat (indien) pompe.

Tammâm (arabe) généreux.

Tammany (delaware) amical.
Tamany

Tamonash (indien) destructeur de l'ignorance.

Tamson (scandinave) fils de Thomas.
Tamsan, Tamsen, Tamsin, Tamson, Tamsun, Tamsyn

Tan (birman) million; (vietnamien) nouveau.
Than

Tanay, Tanuj (indien) fils.

Tancrède (germanique) celui qui reçoit judicieusement les conseils.
Tancredo

Tandie (anglais) équipe.
Tandee, Tandey, Tandi, Tandy

Tane (maori) mari.
Tain, Taine, Tainn, Tayn, Tayne, Taynn

Tanek (grec) immortel. Voir aussi Atek.

Taneli (finnois) Dieu est mon juge.
Taneil, Tanel, Tanelie, Tanell, Tanella, Tanelle, Tanely

Taner (anglais) variante de Tanner.
Tanar, Tanery

Tanguy (français) guerrier.
Tangui

Tani FG (japonais) vallée.
Tanee, Taney, Tanie, Tany

Taniel FG (estonien) variante de Daniel.
Taniell, Tanyel, Tanyell

Tanmay (sanscrit) absorbé.

Tanner GF (anglais) tanneur.
Tann, Tannar, Tannery, Tannir, Tannor

Tannin (anglais) brun clair; sombre.
Tanin, Tannen, Tannon, Tanyen, Tanyon

Tannis FG (slave) variante de Tania, de Tanya (voir les prénoms de filles).

Tanny (anglais) variante populaire de Tanner.
Tana, Tannee, Tanney, Tanni, Tannie, Tany

Tano (espagnol) gloire du camp; (ghanéen) Géographie: rivière du Ghana; (russe) diminutif de Stanislas.
Tanno

Tanton (anglais) ville près de la rivière tranquille.
Tantan, Tantin, Tantun, Tantyn

Tanveer (indien) éclairé.

Tapan (sanscrit) soleil; été.

Tapani (finnois) variante de Stéphane.
Tapamn, Tapanee, Tapaney, Tapanie, Tapany

Tapas (indien) ascétique.

Tapasendra, Tarakeshwar, Taraknath (indien) autres noms du dieu hindou Shiva.

Tapasranjan (indien) autre nom du dieu hindou Vishnou.

Täpko (kiowa) antilope.

Tapomay (indien) plein de vertus morales.

Taquan (américain) combinaison du préfixe Ta et de Quan.
Taquann, Taquawn, Taquon, Taqwan

Taquiri (quechua) celui qui crée beaucoup de musique et de danse.

Tarachand, Taraprashad (indien) étoile.

Tarak (sanscrit) étoile; protecteur.

Taral (indien) abeille à miel.

Taran GF (sanscrit) ciel. Variante de Tarun.
Tarran

Taranga (indien) vague.

Taree F C (australien) figuier.
Tarey, Tari, Tarie, Tary

Tarek, Tarik, Tariq (arabe) variantes de Táriq.
Tareck, Tareek, Tareke, Taric, Tarick, Tariek, Tarikh, Tarreq, Tarrick, Tarrik, Taryc, Taryck, Taryk, Teryc, Teryck, Teryk

Tarell, Tarrell (allemand) variantes de Terrell.
Tarelle, Tarrel, Taryl

Taren, Tarren (américain) variantes de Taron.
Tarrin, Tarryn, Taryon

Târeq (arabe) nom d'une étoile.

Tareton (anglais) variante de Tarleton.
Taretan, Tareten, Taretin, Taretyn, Tartan, Tarten, Tartin, Tarton, Tartyn

Tarif (arabe) rare.
Tareef, Taryf

Táriq (arabe) conquérant. Histoire : Táriq ibn Ziyad, général musulman qui conquit l'Espagne.
Tareck, Tarique, Tarreq, Tereik

Tarit (indien) éclair.

Tarleton (anglais) habitation de Thor.
Tareton, Tarletan, Tarleten, Tarletin, Tarletyn, Tarlton

Taro (japonais) premier garçon né.

Taron (américain) combinaison de Tad et de Ron.
Taeron, Tahron, Tarone, Tarrion, Tarron, Tarrun

Tarquin (latin) celui qui est né à Tarquinia.

Tarrance (latin) variante de Terrence.
Tarance, Tarence, Tarince, Tarrence, Tarrince, Tarrynce, Tarynce

Tarrant (gallois) tonnerre.
Tarant, Tarent, Tarrent, Terrant, Torant, Torent, Torrant, Torrent

Tarsicio (latin) celui qui appartient à Tarso.

Tarun (sanscrit) jeune, jeune homme.

Taruntapan (indien) soleil du matin.

Tarver (anglais) tour; colline; chef.
Terver

Taryn F C (américain) variante de Taron.

Tas (tsigane) nid de l'oiseau.

Tashawn (américain) combinaison du préfixe Ta et de Shawn.
Tashaan, Tashan, Tashaun, Tashon, Tashun

Tass (hongrois) nom de la mythologie ancienne.

Tasunke (dakota) cheval.

Tate G F (scandinave, anglais) enjoué; (amérindien) bavard intarissable.

Tathagata (indien) Bouddha.

Tatiano (latin) celui qui est silencieux.

Tatius (latin) roi, dirigeant. Histoire : nom d'un roi sabin.
Tatianus, Tazio, Tytius, Tytyus

Tatum (anglais) enjoué.
Taitam, Taitem, Taitim, Taitom, Taitum, Taitym, Tatam, Tatem, Tatim, Tatom, Taytam, Taytem, Taytim, Taytom, Taytum, Taytym

Tau (tswana) lion.

Taua (quechua) le quatrième enfant.

Tauacapac (quechua) le quatrième seigneur.

Tauno (finnois) variante de Donald.

Taurean (latin) fort; vigoureux. Astrologie : né sous le signe du Taureau.
Tauraun, Taurein, Taurin, Taurino, Taurion, Taurone, Tauryan, Tauryen, Tauryon

Tauro (espagnol) variante de Toro.

Taurus (latin) Astrologie : Taureau, le deuxième signe du zodiaque.
Taurice, Tauris

Tausiq (indien) renforcement.

Tavares (araméen) variante de Tavor.
Tarvarres, Tavar, Tavaras, Taveress

Tavaris, Tavarus (araméen) variantes de Tavor.
Tarvaris, Tavari, Tavarian, Tavarous, Tavarri, Tavarris, Tavars, Tavarse, Tavarys, Tevaris, Tevarus, Tevarys, Teverus, Teverys

Tavarius (araméen) variante de Tavor.
Tavarious, Tevarius

Taved (estonien) variante de David.
Tavad, Tavid, Tavod, Tavyd

Tavey (latin) variante populaire d'Octavio.
Tavy

Tavi (araméen) bon.
Tavee, Tavie

Tavian (latin) variante d'Octave.
Taveon, Taviann, Tavien, Tavieon, Tavio, Tavionne

Tavin, Tavon (américain) variantes de Tavian.
Tavonn, Tavonne, Tavonni

Tavion (latin) variante de Tavian.

Tavis (écossais) variante de Tavish.
Taviss, Tavys, Tavyss

Tavish (écossais) variante de Thomas.
Tav, Tavysh

Tavo (slave) diminutif de Gustave.

Tavor (araméen) malchance.
Tarvoris, Tavores, Tavorious, Tavoris, Tavorise, Tavorres, Tavorris, Tavorrys, Tavorys, Tavuris, Tavurys

Tawfîq (arabe) succès.

Tawno (tsigane) petit.
Tawn

Tayib (hindi) bon; délicat.

Tayler FG (anglais) variante de Taylor.
Tailar, Tailer, Taylar, Tayller, Teyler

Taylor FG (anglais) tailleur.
Taelor, Tailor, Talor, Tayllor, Taylour, Taylr, Teylor

Taymullah (arabe) serviteur de Dieu.

Tayshawn (américain) combinaison de Taylor et de Shawn.
Taysean, Tayshan, Tayshun, Tayson

Tayvon (américain) variante de Tavian.
Tayvan, Tayvaughn, Tayven, Tayveon, Tayvin, Tayvohn, Taywon

Tayyeb (arabe) bon.

Taz (arabe) coupe ornementale peu profonde.
Tazz

Tazio (italien) variante de Tatius.

Teagan FG (irlandais) variante de Teague.
Teagen, Teagun, Teegan

Teague (irlandais) barde, poète.
Teag, Teage, Teak, Teeg, Teegue, Teig, Teige, Teigue, Tyg, Tygue

Teale (anglais) petit canard d'eau douce.
Teal, Teel, Teele, Teil, Teile, Teyl, Teyle

Tearence (latin) variante de Terrence.
Tearance, Tearnce, Tearrance

Tearlach (écossais) variante de Charles.
Tearlache, Tearloc, Tearloch, Tearloche, Tearlock, Tearlok

Tearle (anglais) sévère, grave.
Tearl

Teasdale (anglais) habitant de la rivière. Géographie: rivière d'Angleterre.
Tedale

Teb (espagnol) diminutif de Esteban.

Ted (anglais) diminutif d'Edward, d'Edwin, de Théodore.
Tedd, Tedek, Tedik, Tedson

Teddy (anglais) variante populaire d'Edward, de Théodore.
Teddee, Teddey, Teddi, Teddie, Tedee, Tedey, Tedi, Tedie, Tedy

Tedmund (anglais) protecteur du pays.
Tedman, Tedmand, Tedmon, Tedmond, Tedmondo, Tedmun

Tedorik (polonais) variante de Théodore.
Tedorek, Tedoric, Tedorick, Tedoryc, Tedoryck, Tedoryk, Teodoor, Teodor, Teodorek

Tedrick (américain) combinaison de Ted et de Rick.
Teddrick, Tederick, Tedric, Tedrik, Tedryc, Tedryck, Tedryk

Teerthankar (indien) variante de Tirthankar, un type de dieu jaïn.

Teetonka (lakota) grand pavillon.

Tefere (éthiopien) graine.
Tefer

Tegan FG (irlandais) variante de Teague.
Teghan, Teigan, Teigen, Tiegan

Tehuti (égyptien) dieu de la Terre, de l'Air et de la Mer.

Tej (sanscrit) lumière; lustré.

Tejano (espagnol) texan.

Tejas (sanscrit) coupant; (américain) variante de Tex.

Tekle (éthiopien) plante.

Telek (polonais) variante de Telford.

Telem (hébreu) monticule; sillon.
Talmai, Tel, Tellem

Telémaco (grec) celui qui se prépare au combat.

Telesforo (grec) homme de la campagne.

Telford (français) tailleur de fer.
Telfer, Telfor, Telforde, Telfour, Tellford, Tellforde

Teller (anglais) conteur.
Tell

Telly (grec) variante populaire de Teller, de Théodore
Telli, Tellie, Tely

Telmo (anglais) laboureur, cultivateur.

Telutci (miwok) ours qui soulève la poussière en courant.

Telvin (américain) combinaison du préfixe Te
et de Melvin.
Tellvin, Telvan

Tem (tsigane) pays.

Teman (hébreu) du bon côté ; au sud.
Temani, Temanie, Temany, Temen, Temin, Temon, Temyn

Temán (hébreu) variante de Teman.

Tembo (swahili) éléphant.
Tembeau

Temotzin (nahuatl) qui descend.

Tempest FG (français) tempête.
Tempes, Tempess

Temple (latin) temple, sanctuaire.

Templeton (anglais) ville près du temple.
Temp, Templeten, Templetown

Tennant (anglais) locataire.
Tenant, Tennent

Tenner (irlandais) Religion : petit chapelet.

Tennessee (cherokee) guerrier puissant.
Géographie : État du sud des États-Unis.
Tennesy, Tennysee

Tennyson (anglais) variante de Dennison.
Littérature : Lord Tennyson, poète britannique
du xixe siècle.
*Tenney, Tenneyson, Tennie, Tennis, Tennison, Tenny,
Tenson, Tenyson*

Tenyoa (nahuatl) issu d'une bonne famille.

Teo (vietnamien) variante de Tom.
Tio, Tyo

Teobaldo (italien, espagnol) variante
de Théobald.

Teócrito (grec) élu de Dieu.

Teodoro (italien, espagnol) variante
de Théodore.
Teodore, Teodorico

Teodosio (grec) variante de Théodore.

Teófano, Teófilo (grec) aimé par Dieu.

Teon (grec) variante de Teona (voir les prénoms
de filles).

Teotetl (nahuatl) pierre divine.

Teoxihuitl (nahuatl) turquoise ; précieux, divin.

Tepiltzin (nahuatl) fils privilégié.

Teppo (français) variante populaire de Stéphane ;
(finnois) variante de Tapani.

Tequan (américain) combinaison du préfixe Te
et de Quan.
Tequinn, Tequon

Teraj (hébreu) chèvre sauvage.

Teran, Terran, Terren (latin) diminutifs
de Térence.
*Teren, Terin, Terone, Terrien, Terrone, Terryn, Teryn,
Tiren*

Terciero (espagnol) né en troisième.

Tercio, Tertulio (grec) le troisième enfant.

Terel, Terell, Terelle (allemand) variantes
de Terrell.
Tereall

Teremun (tiv) acceptation du père.

Térence (grec) tendre ; gracieux ; (latin) lisse.
*Terance, Terince, Terrance, Terriance, Terrince, Terrynce,
Terynce*

Terencio (espagnol) variante de Térence.

Terez (grec) variante de Teresa (voir les prénoms
de filles).

Teron (latin) variante de Teran ; (américain)
variante de Tyrone.

Terrell (allemand) chef du tonnerre.
*Terrail, Terral, Terrale, Terrall, Terreal, Terryal, Terryel,
Turrell*

Terrelle GF (allemand) variante de Terrell.

Terrence (américain) variante de Térence.

Terrick (américain) combinaison du préfixe Te
et de Derric.
Teric, Terick, Terik, Teriq, Terric, Terrik, Tirek, Tirik

Terrill (allemand) variante de Terrell.
Teriel, Teriell, Terril, Terryl, Terryll, Teryl, Teryll, Tyrill

Terrin U (latin) diminutif de Térence.

Terrion (américain) variante de Terron.
Tereon, Terion, Terione, Terrione, Terriyon, Terryon

Terris (latin) fils de Terry.
Teris, Terrys, Terys

Terron (américain) variante de Tyrone.
Terone, Terrone, Terronn, Tiron

Terry GF (anglais) variante populaire
de Terrence. Voir aussi Keli.
*Tarry, Teree, Terey, Teri, Terie, Terree, Terrey, Terri,
Terrie, Tery*

Tertius (latin) troisième.

Teseo (grec) le fondateur.

Teshawn (américain) combinaison du préfixe Te et de Shawn.
Tesean, Teshaun, Teshon

Tetley (anglais) prairie de Tate.
Tatlea, Tatlee, Tatleigh, Tetli, Tetlie, Tetly

Tetsuya (japonais) intelligent.

Teva (hébreu) nature.
Tevah

Tevan, Tevon, Tevyn (américain) variantes de Tevin.
Tevion, Tevohn, Tevone, Tevonne, Tevoun, Tevvan, Teyvon

Tevel (yiddish) variante de David.
Tevell, Tevil, Tevill, Tevyl, Tevyll

Tevin (américain) combinaison du préfixe Te et de Kevin.
Teavin, Teivon, Tevaughan, Tevaughn, Teven, Tevien, Tevinn, Tevvin

Tevis (écossais) variante de Thomas.
Tevish, Teviss, Tevys, Tevyss

Tewdor (allemand) variante de Théodore.

Tex (américain) du Texas.
Texx

Teyo (espagnol) Dieu.

Tezcacoatl (nahuatl) serpent étincelant ; roi.

Thâbet (arabe) variante de Thabit.

Thabit (arabe) ferme, fort.
Thabyt

Thad (grec, latin) diminutif de Thaddeus.
Thadd, Thade

Thaddeus (grec) courageux ; (latin) prière.
Bible : Thaddée, l'un des douze apôtres.
Voir aussi Fadey.
Thaddaeus, Thaddäus, Thaddeau, Thaddeaus, Thaddeo, Thaddeos, Thaddeous, Thaddeys, Thaddiaus, Thaddis, Thaddius, Thadeaou, Thadeys, Thadia, Thadus

Thadeus (grec, latin) variante de Thaddeus.
Thadeas, Thadeaus, Thadeis, Thadeos, Thadeous, Thadieus, Thadios, Thadious, Thadius, Thadiys, Thadyas, Thadyos, Thadyus

Thady (irlandais) louange.
Thaddy, Thadee, Thady

Thai (vietnamien) nombreux, multiple.

Thalmus (grec) fleurissant.
Thalmas, Thalmis, Thalmos, Thalmous, Thalmys

Thaman (hindi) dieu ; divin.
Thamane, Thamen

Than (birman) million.
Tan

Thandie U (zoulou) chéri.
Thandee, Thandey, Thandi, Thandiwe, Thandy

Thane (anglais) guerrier serviteur.
Thain, Thaine, Thayn, Thayne

Thang (vietnamien) victorieux.

Thanh GF (vietnamien) fini.

Thaniel (hébreu) diminutif de Nathaniel.
Thaneal, Thaneel, Thaneil, Thaneyl, Thaniell, Thanielle, Thanyel, Thanyell, Thanyelle

Thanos (grec) noble ; homme ours.
Athanasios, Thanasis, Thanus

Thatcher (anglais) chaumier, réparateur de toits.
Thacher, Thatch, Thaxter

Thaw (anglais) dégel.

Thayer (français) armée de la nation.
Thay

Thebault (français) variante de Théobald.
Teobaud, Theòbault

Thel (anglais) dernier étage.

Thenga (yao) rapporte-le.
Thengah

Théo TOP -100- (grec) diminutif de Théodore.
Teo, Thio, Thyo

Théobald (allemand) prince du peuple.
Voir aussi Dietbald.
Tebaldo, Teobald, Teobaldo, Teobalt, Theballd, Theobaldo, Theobalt, Thibault, Thyobald, Thyobaldo, Thyobalt, Tibald, Tibalt, Tibold, Tiebold, Tiebout, Toiboid, Tybald, Tybalt

Théodore (grec) cadeau de Dieu.
Voir aussi Feodor, Fyodor.
Téadóir, Teodomiro, Teodus, Teos, Theodor, Theódor, Theodors, Theodorus, Theodosios, Theodrekr, Tivadar, Tolek

Theodoric (allemand) souverain du peuple.
Voir aussi Dedrick, Derek, Dirk.
Teodorico, Thedric, Thedrick, Thedrik, Theodorick, Theodorik, Theodrick, Theodryc, Theodryck, Theodryk

Théophile (grec) aimé par Dieu.
Teofil, Théophilus, Theophlous, Theopolis

Theron (grec) chasseur.
Theran, Theren, Thereon, Therin, Therion, Therrin, Therron, Theryn, Theryon

Theros (grec) été.
Theross

Thian (vietnamien) lisse.

Thibault $\overset{TOP}{.100.}$ (germanique) variante de Théobald.
Thibaud, Thibaut, Tybault

Thien (vietnamien) variante de Thian.

Thierry (germanique) gouverneur du peuple;
variante de Theodoric.
Theirry, Theory

Thiery (français) variante de Thierry.

Thom (anglais) diminutif de Thomas.
Thomy

Thoma (allemand) variante de Thomas.

Thomas $\overset{TOP}{.100.}$ (grec, araméen) jumeau.
Bible: Thomas, l'un des douze apôtres.
Voir aussi Chuma, Foma, Maslin.
Thomason, Thomaz, Thommas, Thumas, Tomcy

Thommy (hébreu) variante populaire
de Thomas.
*Thomee, Thomey, Thomi, Thomie, Thommee, Thommey,
Thommi, Thommie, Thomy*

Thompson (anglais) fils de Thomas.
*Thomasin, Thomason, Thomeson, Thomison, Thomsen,
Thomson, Tompson, Tomson*

Thor (scandinave) tonnerre. Mythologie:
dieu nordique du Tonnerre.
Thore, Thorin, Thorr, Tor

Thorald (scandinave) disciple de Thor.
Thorold, Torald

Thorbert (scandinave) éclat de Thor.
*Thorbirt, Thorburt, Thorbyrt, Torbert, Torbirt, Torburt,
Torbyrt*

Thorbjorn (scandinave) ours de Thor.
*Thorborn, Thorborne, Thorburn, Thorburne, Thorbyrn,
Thorbyrne, Thurborn, Thurborne, Thurburn, Thurburne*

Thorgood (anglais) Thor est bon.

Thorleif (scandinave) adoré de Thor.
Thorleyf, Thorlief

Thorley (anglais) prairie de Thor.
*Thorlea, Thorlee, Thorleigh, Thorli, Thorlie, Thorly, Torlee,
Torleigh, Torley, Torli, Torlie, Torly*

Thormond (anglais) protection de Thor.
Thormon, Thormondo, Thormun, Thormund, Thormundo

Thorndike (anglais) berge épineuse.
*Thordike, Thordyke, Thorndyck, Thorndyke, Thorne,
Thornedike, Thornedyke*

Thorne (anglais) diminutif des prénoms
commençant par « Thorn ».
Thorn, Thornie, Thorny

Thornley (anglais) prairie épineuse.
*Thorley, Thorne, Thornlea, Thornlee, Thornleigh, Thornli,
Thornlie, Thornly*

Thornton (anglais) ville épineuse.
*Thorne, Thornetan, Thorneten, Thornetin, Thorneton,
Thornetown, Thornetyn, Thortan, Thorten, Thortin,
Thorton, Thortyn*

Thorpe (anglais) village.
Thorp

Thorwald (scandinave) forêt de Thor.
Thorvald, Thorvaldo, Thorwaldo, Torvald

Thuc (vietnamien) conscient.

Thunder (anglais) tonnerre.

Thurlow (anglais) colline de Thor.
Thurlo

Thurman (anglais) serviteur de Thor.
*Thirman, Thirmen, Thorman, Thurmen, Thurmun,
Thurnman, Thurnmen*

Thurmond (anglais) défendu par Thor.
Thormond, Thurmondo, Thurmund, Thurmundo

Thurston (scandinave) pierre de Thor.
*Thirstan, Thirstein, Thirsten, Thirstin, Thirston, Thirstyn,
Thorstan, Thorsteen, Thorstein, Thorsten, Thorstin,
Thorstine, Thorston, Thorstyn, Thurstain, Thurstan,
Thursteen, Thurstein, Thursten, Thurstin, Thurstine,
Thurstyn, Torsten, Torston*

Tiago $\overset{TOP}{.100.}$ (espagnol) variante de Jacob.

Tiba (navajo) gris.
Tibah, Tibba, Tibbah, Tyba, Tybah, Tybba, Tybbah

Tibault (français) règles de l'humanité.

Tibbot (irlandais) audacieux.
Tibbott, Tibot, Tibott, Tibout, Tybbot, Tybot

Tiberio (italien) de la région du Tibre, en Italie.
*Tiberias, Tiberious, Tiberiu, Tiberius, Tibius, Tyberious,
Tyberius, Tyberrius*

Tibor (hongrois) lieu sacré.
Tiburcio, Tybor

Tiburón (espagnol) requin.

Tichawanna (shona) nous verrons.

Ticho (espagnol) diminutif de Patrick.
Ticcho, Ticco, Tycco, Tycho, Tyco

Ticiano (espagnol) variante de Tito.

Tico (grec) aventureux; chanceux.

Tieler (anglais) variante de Tyler.
Tielar, Tielor, Tielyr

Tien (chinois) ciel.
Tyen

Tiennan (français) variante de Stéphane.
Tyennan

Tiennot (français) variante de Stéphane.
Tien

Tiernan (irlandais) seigneur.
Tiarnach, Tiernan

Tierney FC (irlandais) seigneurial.
Tyrney

Tige (anglais) diminutif de Tiger.
Ti, Tig, Tyg, Tyge, Tygh

Tiger (américain) tigre ; puissant et énergique.
Tiga, Tige, Tigger, Tyger

Tighe (irlandais) variante de Teague ; (anglais) diminutif de Tiger.

Tigrio (latin) tigre.

Tiimu (miwok) chenille sortant du sol.
Timu, Tymu

Tiktu (miwok) oiseau qui déterre les pommes de terre.

Tilden (anglais) vallée labourée ; laboureur de la vallée.
Tildan, Tildin, Tildon, Tildyn

Tilford (anglais) gué prospère.
Tilforde, Tillford, Tillforde

Till (allemand) diminutif de Theodoric.
Thilo, Til, Tillman, Tillmann, Tilman, Tilson, Tyl, Tyll

Tilo (teuton) qui est habile et loue Dieu.

Tilton (anglais) ville prospère.
Tiltown, Tylton, Tyltown

Tim (grec) diminutif de Timothée.
Timm, Tym, Tymm

Timéo TOP.100. (grec) variante de Timothée.

Timin (arabe) né près de la mer.
Timyn, Tymin, Tymyn

Timmie, Timmy (grec) variantes populaires de Timothée.
Timee, Timey, Timi, Timie, Timmee, Timmey, Timmi, Tymee, Tymey, Tymi, Tymie, Tymmee, Tymmey, Tymmi, Tymmie, Tymmy, Tymy

Timmothy (grec) diminutif de Timothy.
Timmathy, Timmithy, Timmothee, Timmothey, Timmoty, Timmthy

Timo (finnois) variante de Timothée.
Timio, Timmo, Tymmo, Tymo

Timofey (russe) variante de Timothée.
Timofee, Timofei, Timofej, Timofeo

Timon (grec) honorable.
Timan, Timen, Timin, Timyn

Timoteo (italien, portugais, espagnol) variante de Timothée.
Timotao, Timotei

Timoteu (grec) variante de Timothée.

Timothée (grec) qui honore Dieu.
Voir aussi Kimokeo.
Timothé

Timothy (anglais) variante de Timothée.
Tadhg, Taidgh, Tiege, Tima, Timathee, Timathey, Timathy, Timithy, Timka, Timkin, Timok, Timontheo, Timonthy, Timót, Timote, Timoteus, Timotheo, Timotheos, Timotheus, Timothey, Timothie, Timthie, Tiomóid, Tomothy

Timur (russe) conquérant ; (hébreu) variante de Tamar.
Timar, Timarr, Timer, Timor, Timour, Tymar, Tymarr, Tymer, Tymur

Tin (vietnamien) penseur.
Tyn

Tincupuma, Tinquipoma (quechua) celui qui crée beaucoup de musique et de danse.

Tino (espagnol) vénérable, majestueux ; (italien) petit. Variante populaire d'Antonio ; (grec) diminutif d'Augustin.
Tion, Tyno

Tinsley (anglais) champ fortifié.
Tinslea, Tinslee, Tinsleigh, Tinsli, Tinslie, Tinsly, Tynslea, Tynslee, Tynsleigh, Tynsley, Tynsli, Tynslie, Tynsly

Tiquan (américain) combinaison du préfixe Ti et de Quan.
Tiquawn, Tiquine, Tiquon, Tiquwan, Tiqwan

Tíquico (grec) personne très chanceuse.

Tirrell (allemand) variante de Terrell.
Tirel, Tirrel

Tirso (grec) couronné de feuilles de figues.

Tishawn (américain) combinaison du préfixe Ti et de Shawn.
Tisean, Tishaan, Tishaun, Tishean, Tishon, Tishun

Tite (français) variante de Titus.
Tyte

Tito (italien) variante de Titus.
Titos, Tyto

Titoatauchi, Tituatauchi (quechua) celui qui porte chance dans une période éprouvante.

Titu (quechua) difficile, compliqué.

Titus (grec) géant; (latin) héros. Variante de Tatius. Histoire: nom d'un empereur romain.
Titan, Titas, Titek, Titis

Tivon (hébreu) amoureux de la nature.

Tiziano (latin) le géant.

Tj ⟨GF⟩ (américain) variante de TJ.

TJ ⟨U⟩ (américain) combinaison des lettres T et J.
T Jae, T.J., Teejay, Tjayda

Tlacaelel (nahuatl) personne appliquée.

Tlacelel (nahuatl) le plus grand de nos héros.

Tlachinolli (nahuatl) feu.

Tláloc (nahuatl) vin de la terre.

Tlanextic (nahuatl) la lumière de l'aube.

Tlanextli (nahuatl) rayonnement, brillance; majesté, splendeur.

Tlatecuhtli (nahuatl) aristocrate de la terre.

Tlazohtlaloni (nahuatl) personne qui est aimée.

Tlazopilli (nahuatl) précieux noble.

Tlexictli (nahuatl) nombril de feu.

Tlilpotonqui (nahuatl) couvert de plumes noires.

Toan (vietnamien) complet; mathématiques.

Tobal (espagnol) diminutif de Christophe.
Tabalito

Tobar (tsigane) route.
Tobbar

Tobi ⟨FG⟩ (yoruba) grand.
Tobbi

Tobias (hébreu) Dieu est bon.
Tebes, Tobia, Tobiah, Tobiás, Tobiasz, Tobiath, Tobies, Tobyas

Tobías (hébreu) variante de Tobias.

Tobin (hébreu) variante de Tobias.
Toben, Tobian, Tobyn, Tovin

Tobit (hébreu) fils de Tobias.
Tobyt

Toby (hébreu) variante populaire de Tobias.
Tobbee, Tobbey, Tobbie, Tobby, Tobe, Tobee, Tobey, Tobie, Tobye

Tochtli (nahuatl) lapin.

Tod (anglais) variante de Todd.

Todd (anglais) renard.
Todde, Toddie, Toddy

Todor (basque, russe) variante de Théodore.
Teador, Tedor, Teodor, Todar, Todas, Todos

Toft (anglais) petite ferme.

Togar (australien) fumée.
Tager, Togir, Togor, Togyr

Tohías (espagnol) Dieu est bon.

Tohon (amérindien) cougar.

Tokala (dakota) renard.
Tokalah

Tokoni ⟨U⟩ (tongan) utile.
Tokonee, Tokonie, Tokony

Toland (anglais) propriétaire de terre taxée.
Tolan, Tolen, Tolin, Tolland, Tolon, Tolun, Tolyn

Tolbert (anglais) collecteur d'impôts brillant.
Tolberte, Tolbirt, Tolburt, Tolburte, Tolbyrt

Tolenka, Tolya (russe) qui vient de l'Est.

Toli (espagnol) laboureur.

Toller (anglais) collecteur d'impôts.
Toler

Tolman (anglais) collecteur d'impôts.
Tollman, Tollmen, Tolmen

Tolomeo (grec) puissant au combat.

Toltecatl, Toltecatli (nahuatl) artiste.

Tom **TOP .100.** (anglais) diminutif de Thomas, de Tomas.
Teo, Teom, Tome, Tomm

Toma (roumain) variante de Thomas.
Tomah

Tomas (allemand) variante de Thomas.
Tomaisin, Tomaz, Tomcio, Tomek, Tomelis, Tomico, Tomik, Tomislaw, Tommas, Tomo

Tomás (irlandais, espagnol) variante de Thomas.
Tómas

Tomasso (italien) variante de Thomas.
Tomaso, Tommaso

Tomasz (polonais) variante de Thomas.

Tombe (kakwa) les gens du Nord.
Tomba

Tomé (hébreu) le frère jumeau identique.

Tomer (hébreu) grand.
Tomar, Tomir, Tomyr

Tomey, Tomy (irlandais) variantes populaires de Thomas.
Tome, Tomi, Tomie

Tomi FG (japonais) riche ; (hongrois) variante de Thomas.
Tomee

Tomkin (anglais) petit Tom.
Thomkin, Thomkyn, Tomkyn

Tomlin (anglais) petit Tom.
Thomllin, Thomlyn, Tomlinson, Tomlyn

Tommie GF (hébreu) variante populaire de Thomas.
Tommee, Tommey, Tommi

Tommy (hébreu) variante populaire de Thomas.

Tonatiuh (nahuatl) lumière du soleil.

Tonatiúh (nahuatl) le ciel le plus élevé et l'honneur le plus grand pour les révolutionnaires.

Tonauac (nahuatl) la personne qui possède la lumière.

Tonda (tchèque) variante de Tony.
Tondah, Toneek, Tonek, Tonik

Toney, Toni, Tonny (grec, latin, anglais) variantes de Tony.

Tong (vietnamien) parfumé.

Toni FG (grec, allemand, slave) variante de Tony.
Tonee, Tonie, Tonis, Tonnie

Tonio (italien) diminutif d'Antonio ; (portugais) variante de Tony.
Tono, Tonyo

Tony (grec) florissant ; (latin) digne de louanges ; (anglais) diminutif d'Anthony. Variante populaire de Remington.
Tonye

Tooantuh (cherokee) grenouille du printemps.

Toomas (estonien) variante de Thomas.
Toomis, Tuomas, Tuomo

Topa, Tupa (quechua) titre d'honneur.

Topher (grec) diminutif de Christopher, de Kristopher.
Tofer, Tophor

Topo (espagnol) spermophile.

Topper (anglais) colline.
Toper

Tor (norvégien) tonnerre ; (tiv) membre de la royauté, roi.
Tore, Torre

Torcuato (latin) orné d'un collier ou d'une guirlande.

Toren, Torren (irlandais) diminutifs de Torrence.
Torehn, Torreon, Torrin

Torey U (anglais) variante populaire de Torr, de Torrence.
Toree, Toreey, Torie, Torre, Torri

Tori FG (anglais) variante populaire de Torr, de Torrence.

Torian (irlandais) variante de Torin.
Toran, Torean, Toriano, Toriaun, Torien, Torion, Torrian, Torrien, Torryan

Toribio (grec) celui qui fait des arcs.

Torin (irlandais) chef ; (latin, irlandais) variante de Torrence.
Thorfin, Thorin, Thorstein, Thoryn, Torine, Torrine, Torryn, Torryne, Toryn

Torio (japonais) queue d'un oiseau.
Torrio, Torryo, Toryo

Torkel (suédois) chaudron de Thor.

Tormey (irlandais) esprit du tonnerre.
Tormé, Tormee, Tormi, Tormie, Tormy

Tormod (écossais) nord.
Tormed, Tormon, Tormond, Tormondo, Tormun, Tormund, Tormundo

Torn (irlandais) diminutif de Torrence.
Toran, Torne

Toro (espagnol) taureau.

Torquil (danois) poissonnière de Thor.
Torkel

Torr (anglais) tour.

Torrance (irlandais) variante de Torrence.
Torance, Turance

Torrence (irlandais) monticules ; (latin) variante de Térence.
Tawrence, Toreence, Torence, Torenze, Torynce, Tuarence

Torrey CF (anglais) variante populaire de Torr, de Torrence.

Torrie FC (anglais) variante populaire de Torr, de Torrence.

Torrin (irlandais, latin) variante de Torin.

Torry (anglais) variante populaire de Torr, de Torrence.

Torsten (scandinave) pierre de tonnerre.
Torstan, Torstin, Torston

Toru (japonais) mer.

Toruato (latin) orné d'un collier.

Tory U (anglais) variante populaire de Torr, de Torrence.

Toshi-Shita (japonais) cadet.

Tosya (russe) plus loin que prévu.

Tototl (nahuatl) oiseau.

Toufic (libanais) succès.

Toussaint (français) tous les saints.

Tovi (hébreu) bon.
Tov, Tovee, Tovie, Tovy

Townley (anglais) prairie de la ville.
Tonlea, Tonlee, Tonleigh, Tonley, Tonli, Tonlie, Tonly, Townlea, Townlee, Townleigh, Townli, Townlie, Townly

Townsend (anglais) fin de la ville.
Town, Townes, Towney, Townie, Townsen, Townshend, Towny

Tra'von (américain) variante de Travon.

Trabunco (mapuche) rencontre au marécage.

Trace (irlandais) variante de Tracy.
Trayce

Tracey FC (irlandais) variante de Tracy.
Traci, Tracie, Treacey, Treaci, Treacie

Tracy FC (grec) moissonneur; (latin) courageux; (irlandais) bagarreur.
Tracee, Tracie, Treacy

Trader (anglais) sentier battu; travailleur qualifié.
Trade

Trae (anglais) variante de Trey.
Traey, Traie

Traevon (américain) variante de Trevon.

Traful (araucanien) union.

Trahern (gallois) fort comme le fer.
Traherne, Trayhern, Trayherne

Trai (anglais) variante de Trey.

Tramaine (écossais) variante de Tremaine.
Tramain, Traman, Tramane, Tramayn, Tramayne, Traymain, Traymon

Tranamil (mapuche) lumière basse et diffuse.

Tranquilino (romain) serein, calme.

Tránsito (latin) qui continue dans une autre vie.

Traquan (américain) combinaison de Travis et de Quan.
Traequan, Traqon, Traquon, Traqwan, Traqwaun, Trayquan, Trayquane, Trayqwon

Trashawn CF (américain) combinaison de Travis et de Shawn.
Trasean, Trasen, Trashaun, Trashon, Trashone, Trashun, Trayshaun, Trayshawn

Trasíbulo (grec) conseiller audacieux.

Traugott (allemand) vérité de Dieu.
Traugot

Travaris (français) variante de Travers.
Travares, Travaress, Travarious, Travarius, Travarous, Travarus, Travauris, Traveress, Traverez, Traverus, Travoris, Travorus, Trevares, Trevarious, Trevaris, Trevarius, Trevaros, Trevarus, Trevores, Trevoris, Trevorus

Travell (anglais) voyageur.
Travail, Travale, Travel, Traveler, Travelis, Travelle, Travil, Travill, Traville, Travyl, Travyll, Travylle

Traven (américain) variante de Trevon.
Travan, Trayven

Traveon (américain) variante de Trevon.

Travers (français) croisement.
Traver

Travion (américain) variante de Trevon.
Travian, Travien, Travione, Travioun

Travis (anglais) variante de Travers.
Travais, Travees, Traves, Traveus, Travious, Traviss, Travius, Travous, Travus, Travys, Travyss, Trayvis

Travon (américain) variante de Trevon.
Traivon, Travone, Travonn, Travonne

Travonte (américain) combinaison de Travon et du suffixe Te.

Tray (anglais) variante de Trey.
Traye

Trayton (anglais) ville pleine d'arbres.
Traiton, Trayten

Trayvion (américain) variante de Trayvon.
Trayveon

Trayvon (américain) combinaison de Tray
et de Von.
Trayvin, Trayvone, Trayvonne, Trayvyon

Trayvond (américain) variante de Trayvon.

Tre, Tré (américain) variantes de Trevon ;
(anglais) variantes de Trey.

Tre Von (américain) variante de Trevon.

Trea (anglais) variante de Trey.

Treat (anglais) plaisir.
Treet, Treit, Treyt

Treavon (américain) variante de Trevon.
Treavan, Treavin, Treavion

Treavor (irlandais, gallois) variante de Trevor.

Trebor (irlandais, gallois) variante de Trevor.

Trecaman (mapuche) pas majestueux du condor.

Tredway (anglais) sentier battu.
Treadway

Tremaine, Tremayne (écossais) maison
de pierre.
Tremain, Tremane, Tremayn, Treymain, Treymaine,
Treymayn, Treymayne, Trimaine

Trent (latin) torrent, ruisseau rapide ; (français)
trente. Géographie : Trente, région du Nord
de l'Italie.
Trant, Trante, Trente, Trentino, Trento, Trentonio

Trenten (latin) variante de Trenton.

Trenton (latin) ville près du ruisseau rapide.
Géographie : capitale du New Jersey, aux États-
Unis.
Trendon, Trendun, Trentan, Trentin, Trentine, Trenttton,
Trentyn, Trinten, Trintin, Trinton

Trequan (américain) combinaison de Trey
et de Quan.
Trequanne, Trequaun, Trequian, Trequon, Treqwon,
Treyquane

Treshaun (américain) variante de Treshawn.

Treshawn (américain) combinaison de Trey
et de Shawn.
Treshon, Treshun, Treysean, Treyshawn, Treyshon

Treston (gallois) variante de Tristan.
Trestan, Trestin, Trestton, Trestyn

Trev (irlandais, gallois) diminutif de Trevor.

Trevar (irlandais, gallois) variante de Trevor.

Trevaughn (américain) combinaison de Trey
et de Vaughn.
Trevaughan, Trevaugn, Trevaun, Trevaune, Trevaunn,
Treyvaughn

Trevell (anglais) variante de Travell.
Trevel, Trevelle, Trevil, Trevill, Treville, Trevyl, Trevyll,
Trevylle

Trevelyan (anglais) propriété d'Elian.
Trevelian

Treven, Trevin (américain) variantes de Trevon.
Trevien, Trevine, Trevinne, Trevyn, Treyvin

Treveon (américain) variante de Trevon.
Treveyon, Treyveon

Trever (irlandais, gallois) variante de Trevor.

Trevion, Trévion (américain) variantes
de Trevon.
Trevion, Trévion, Trevian, Trevione, Trevionne, Trevyon,
Treyvion

Trevis (anglais) variante de Travis.
Trevais, Treves, Trevez, Treveze, Trevius, Trevus, Trevys,
Trevyss

Trevon (américain) combinaison de Trey
et de Von.
Trevohn, Trevoine, Trevone, Trevonn

Trévon, Trevonne (américain) variantes
de Trevon.
Trévan

Trevond (américain) variante de Trevon.

Trevonte (américain) combinaison de Trevon
et du suffixe Te.

Trevor (irlandais) prudent ; (gallois) propriété.
Travar, Traver, Travir, Travor, Trefor, Trevore, Trevour,
Trevyr, Treyvor

Trey (anglais) trois ; troisième.
Trei, Treye

Treyton (anglais) variante de Trayton.
Treiton

Treyvon (américain) variante de Trevon.
Treyvan, Treyven, Treyvenn, Treyvone, Treyvonn, Treyvun

Tri (anglais) variante de Trey.
Trie

Trifón (grec) qui a une vie somptueuse et libre.

Trigg (scandinave) fidèle.
Trig

Trini FG (latin) diminutif de Trinity.
Triny, Tryny

Trinidad (latin) variante de Trinity.

Trinity FG (latin) Sainte Trinité.
Trenedy, Trinidy, Trinitee, Trinitey, Triniti, Trinitie, Trynyty

Trip, Tripp (anglais) voyageur.
Tryp, Trypp

Tristan GF (gallois) audacieux. Littérature : chevalier des légendes arthuriennes qui tombe amoureux de la femme de son oncle, Iseult.
Tris, Trisan, Tristain, Tristann

Tristán (gallois) variante de Tristan.

Tristano (italien) variante de Tristan.

Tristen GF (gallois) variante de Tristan.
Trisden, Trissten, Tristinn

Tristian GF (gallois) variante de Tristan.

Tristin GF (gallois) variante de Tristan.

Triston GF (gallois) variante de Tristan.

Tristram (gallois) affligé. Littérature : personnage-titre du roman *Tristram Shandy* écrit par Laurence Sterne au XVIIIᵉ siècle.
Tristam, Trystram, Trystran

Tristyn U (gallois) variante de Tristan.

Trófimo (grec) nourri.

Troilo (égyptien) celui qui est né à Troie.

Trot (anglais) ruisseau qui s'écoule doucement.

Trowbridge (anglais) pont près de l'arbre.
Throwbridge

Troy GF (irlandais) fantassin ; (français) aux cheveux bouclés ; (anglais) eau. Voir aussi Koi.
Troi, Troye, Troyton

True (anglais) fidèle, loyal.
Tru

Truesdale (anglais) propriété de la personne fidèle.
Trudail, Trudale, Trudayl, Trudayle

Truitt (anglais) petit et honnête.
Truet, Truett, Truit, Truyt, Truytt

Truman (anglais) honnête. Histoire : Harry S. Truman, 33ᵉ président des États-Unis.
Trueman, Trumain, Trumaine, Trumann

Trumble (anglais) fort ; audacieux.
Trumbal, Trumball, Trumbel, Trumbell, Trumbul, Trumbull

Trung (vietnamien) central ; loyauté.

Trustin (anglais) digne de confiance.
Trustan, Trusten, Truston

Trygve (norvégien) vainqueur courageux.

Trystan GF (gallois) variante de Tristan.
Tristynne, Tryistan, Trystann, Trystian, Trystin, Trystion, Trystn, Trystyn

Trysten, Tryston (gallois) variantes de Tristan.

Tsalani (nguni) au revoir.

Tse (ewe) jumeau le plus jeune.

Tsekani (égyptien) fermé.

Tu GF (vietnamien) arbre.

Tuaco (ghanéen) né en onzième.

Tuan (vietnamien) qui se passe bien.
Tuane

Tuar (laguna) jeune aigle.
Tuarie, Tuary

Tubal (hébreu) celui qui laboure la terre.

Tubau (catalan) variante de Teobaldo.

Tucker (anglais) foulon.
Tuck, Tuckar, Tuckie, Tucky, Tuckyr

Tudor (gallois) variante de Théodore. Histoire : dynastie anglaise de dirigeants.
Todor, Tudore

Tufic (libanais) succès.

Tug (scandinave) tirer.
Tugg

Tuketu (miwok) ours qui soulève la poussière en courant.

Tukuli (miwok) chenille qui descend le long d'un arbre.

Tulio (italien, espagnol) animé.
Tullio

Tullis (latin) titre, rang.
Tullius, Tullos, Tully, Tullys

Tully GF (irlandais) en paix avec Dieu ; (latin) variante populaire de Tullis.
Tulea, Tulee, Tuley, Tuli, Tulie, Tull, Tullea, Tullee, Tulley, Tulli, Tullie, Tuly

Tumaini (mwera) espoir.

Tumu (miwok) cerf qui pense à manger des oignons sauvages.

Tung (vietnamien) majestueux, plein de dignité ; (chinois) tous.

Tungar (sanscrit) haut ; hautain.

Tupac (quechua) le Seigneur.

Tupacamaru (quechua) glorieux Amaru.

Tupacapac (quechua) seigneur glorieux et au bon cœur.

Tupacusi (quechua) heureux et majestueux.

Tupaquiupanqui, Tupayupanqui (quechua) seigneur mémorable et glorieux.

Tupi (miwok) soulevé.
Tupe, Tupee, Tupie, Tupy

Tupper (anglais) éleveur de béliers.

Turi (espagnol) diminutif d'Arthur.
Ture

Turk (anglais) de Turquie.

Turlough (irlandais) en forme d'éclair.

Thorlough, Torlough

Turner (latin) travailleur du tour à bois; travailleur du bois.
Terner

Turpin (scandinave) Finn qui prend le nom de Thor.
Thorpin, Torpin

Tusya (russe) qui dépasse les attentes.

Tut (arabe) fort et courageux. Histoire: diminutif de Toutânkhamon, souverain égyptien.
Tutt

Tutu (espagnol) variante populaire de Justin.

Tuvya (hébreu) variante de Tobias.
Tevya, Tuvia, Tuviah

Tuwile (mwera) la mort est inévitable.

Tuxford (scandinave) gué sur une rivière peu profonde.
Tuxforde

Tuyen FG (vietnamien) ange.

Twain (anglais) divisé en deux. Littérature: Mark Twain (dont le vrai nom était Samuel Langhorne Clemens) fut l'un des plus grands écrivains américains du XIXe siècle.
Tawine, Twaine, Twan, Twane, Tway, Twayn, Twayne

Twia (fanti) né après des jumeaux.
Twiah

Twitchell (anglais) passage étroit.
Twitchel, Twytchel, Twytchell

Twyford (anglais) double passage sur la rivière.
Twiford, Twiforde, Twyforde

Txomin (basque) comme le Seigneur.

Ty GF (anglais) diminutif de Tyler, de Tyrone, de Tyrus.
Ti, Tie

Tybalt (grec) prince du peuple.
Tibalt, Tybolt

Tyce (français) variante de Tyson.

Tye (anglais) variante de Ty.

Tyee (amérindien) chef.

Tyger (anglais) variante de Tiger.
Tige, Tyg, Tygar, Tygger

Tyjuan (américain) variante de Tajuan.

Tylar U (anglais) variante de Tyler.
Tilar, Tilor, Tyelar, Tylarr, Tylour

Tyler GF (anglais) fabricant de tuiles.
Tiler, Tyel, Tyeler, Tyelor, Tyhler, Tyle, Tylee, Tylere, Tyller, Tylyr

Tylor GF (anglais) variante de Tyler.

Tymon (polonais) variante de Timothée; (grec) variante de Timon.
Tymain, Tymaine, Tyman, Tymane, Tymeik, Tymek, Tymen, Tymin, Tymyn

Tymothy (anglais) variante de Timothy.
Tymithy, Tymmothee, Tymmothey, Tymmothi, Tymmothie, Tymmothy, Tymoteusz, Tymothee, Tymothi, Tymothie

Tynan (irlandais) sombre.
Tinan, Tinane, Tynane

Tynek (tchèque) variante de Martin.
Tynko

Tyquan (américain) combinaison de Ty et de Quan.
Tykwan, Tykwane, Tykwon, Tyquaan, Tyquane, Tyquann, Tyquine, Tyquinn, Tyquon, Tyquone, Tyquwon, Tyqwan

Tyran, Tyren, Tyrin, Tyron (américain) variantes de Tyrone.
Teiron, Tiron, Tirown, Tyraine, Tyrane, Tyrinn, Tyrion, Tyrohn, Tyronn, Tyronna, Tyroon, Tyroun, Tyrown, Tyrrin, Tyryn

Tyre (écossais) variante de Tyree.

Tyrece, Tyrese, Tyrice (américain) variantes de Tyreese.
Tyreas, Tyresse

Tyree GF (écossais) habitant d'une île. Géographie: Tiree est une île au large de la côte ouest de l'Écosse.
Tyra, Tyrae, Tyrai, Tyray, Tyrea, Tyrey, Tyry

Tyrée (écossais) variante de Tyree.

Tyreek (américain) variante de Tyrick.
Tyreik

Tyreese (américain) variante de Terrence.
Tyrease, Tyreece, Tyreice, Tyres, Tyriece, Tyriese

Tyrek, Tyrik, Tyriq (américain) variantes
de Tyrick.
Tyreck, Tyreke

Tyrel, Tyrell, Tyrelle (américain) variantes
de Terrell.
Tyrrel, Tyrrell

Tyrez (américain) variante de Tyreese.
Tyreze

Tyrick (américain) combinaison de Ty
et de Rick.
Tyric, Tyriek, Tyrique

Tyrone (grec) souverain ; (irlandais) terre
d'Owen.
*Tayron, Tayrone, Teirone, Tirone, Tirowne, Tyerone,
Tyhrone, Tyroney, Tyronne, Tyrowne*

Tyrus (anglais) variante de Thor.
Tirus, Tiruss, Tyruss, Tyryss

Tysen (français) variante de Tyson.

Tyshaun, Tyshon (américain) variantes
de Tyshawn.

Tyshawn (américain) combinaison de Ty
et de Shawn.
*Tysean, Tyshan, Tyshauwn, Tyshian, Tyshinn, Tyshion,
Tyshone, Tyshonne, Tyshun, Tyshunn, Tyshyn*

Tyson (français) fils de Ty.
*Tison, Tiszon, Tycen, Tyesn, Tyeson, Tysie, Tysin,
Tysne, Tysone*

Tytus (polonais) variante de Titus.
Tytan

Tyus (polonais) variante de Tytus.

Tyvon (américain) combinaison de Ty
et de Von ; (hébreu) variante de Tivon.
Tyvan, Tyvin, Tyvinn, Tyvone, Tyvonne

Tywan, Tywon (chinois) variantes de Taiwan.
*Tywain, Tywaine, Tywane, Tywann, Tywaun, Tywen, Tywone,
Tywonne*

Tzadok (hébreu) vertueux. Voir aussi Zadok.
Tzadik

Tzion (hébreu) signe de Dieu. Voir aussi Zion.

Tzuriel (hébreu) Dieu est mon rocher.
Tzuriya

Tzvi (hébreu) cerf. Voir aussi Zevi.
Tzevi

U

Uaine (irlandais) variante d'Owen.

Ualtar (irlandais) variante de Walter.
Uailtar, Ualteir, Ualter

Ualusi (tongan) morse.
Ualusee, Ualusey, Ualusie, Ualusy

Ubadah (arabe) qui sert Dieu.
Ubada

Ubaid (arabe) fidèle.

Ubalde (français) variante d'Ubaldus.
Ubald, Ubold

Ubaldo (italien) variante d'Ubaldus.
Uboldo

Ubaldus (teuton) tranquillité d'esprit.
Ubaldas, Uboldas, Uboldus

Ubayd (arabe) fidèle.

Ubayda (arabe) serviteur de Dieu.

Ubayy (arabe) garçon.

Uberto (italien) variante de Hubert.

Ucello (italien) oiseau.
Uccelo, Uccello, Ucelo

Uche (igbo) pensée.

Uchit (indien) correct.

Uchu (quechua) fort comme le piment.

Ucumari (quechua) celui qui a la force d'un ours.

Udant (hindi) message correct.

Udar (indien) généreux.

Udarsh (hindi) qui déborde.

Uday (sanscrit) se lever.
Udae, Udai

Udayachal (indien) horizon à l'est.

Udayan (indien) qui se lève ; roi de la ville
d'Avanti.

Udbal (hindi) puissant.

Udbhav (indien) création ; provenir de.

Uddhar (indien) libération.

Uddhav (indien) ami du dieu hindou Krishna.

Uddip (indien) qui donne de la lumière.

Uddiyan (indien) vitesse de vol.

Udell (anglais) vallée de l'if. Voir aussi Dell, Yudell.
Eudel, Udale, Udall, Udalle, Udel, Udele, Udelle

Udeep (indien) inondation.

Udit (sanscrit) adulte ; scintillant.

Udo (japonais) ginseng ; (allemand) diminutif d'Udolf.

Udolf (allemand) loup prospère.
Udolfe, Udolff, Udolfo, Udolph, Udolphe

Udu (hindi) eau.

Udyam (indien) effort.

Udyan (indien) jardin.

Ueli (suisse) dirigeant noble.
Uelie, Uely

Ueman (nahuatl) période vénérable.

Uetzcayotl (nahuatl) l'essence de la lumière.

Ufa (égyptien) fleur.

Uffo (allemand) ours sauvage.
Ufo

Ugo (italien) variante de Hugh, de Hugo.
Ugon

Ugutz (basque) variante de John.

Uhila (tongan) éclair.
Uhilah, Uhyla, Uhylah

Uilliam (irlandais) variante de William.
Uileog, Uilleam, Ulick

Uinseann (irlandais) variante de Vincent.

Uistean (irlandais) intelligent.
Uisdean

Uja (sanscrit) qui grandit.

Ujagar, Ujala, Ujjala, Ujwal (indien) brillant.

Ujas (indien) première lumière.

Ujendra (indien) conquérant.

Ujesh (indien) qui accorde la lumière.

Ujjay (indien) victorieux.

Ujjwal (indien) grandiose.

Uku (hawaïen) puce, insecte ; joueur de ukulélé habile.

Ulan (africain) premier-né de deux jumeaux.
Ulen, Ulin, Ulon, Ulyn

Ulbrecht (allemand) variante d'Albert.
Ulbright, Ulbryght

Uldric (letton) variante d'Aldrich.
Uldrick, Uldrics, Uldrik, Uldryc, Uldryck, Uldryk

Uleki (hawaïen) courroucé.
Ulekee, Ulekie, Uleky

Ulf (allemand) loup.
Ulph

Ulfer (allemand) guerrier féroce comme un loup.
Ulpher

Ulfred (allemand) loup pacifique.
Ulfrid, Ulfryd, Ulphrid, Ulphryd

Ulfrido (teuton) il impose la paix par la force.

Ulger (allemand) loup en guerre.
Ulga, Ulgar

Ulhas (indien) bonheur.

Ulices (latin) variante d'Ulysse.

Ulick (scandinave) esprit brillant et gratifiant.
Ulic, Ulik, Ulyc, Ulyck, Ulyk

Ulises, Ulisses (latin) variantes d'Ulysse.
Ulishes, Ulisse

Ullanta, Ullantay (aymara) le guerrier qui voit tout depuis sa tour de garde.

Ullas (indien) lumière.

Ullivieri (italien) olivier.
Ulivieri

Ullock (allemand) loup qui s'amuse.
Ulloc, Ulloch, Ulloche, Ullok, Ulloke, Uloc, Uloch, Uloche, Ulock, Ulok, Uloke

Ulmer (anglais) loup célèbre.
Ullmar, Ulmar, Ulmor, Ulmore

Umio (japonais) héros maritime.

Ulmo (allemand) d'Ulm, en Allemagne.

Ulpiano, Ulpio (latin) rusé comme un renard.

Ulric (allemand) variante d'Ulrich.
Ullric, Ullryc, Ulryc

Ulrich (allemand) chef loup; qui dirige tout. Voir aussi Alaric, Olric.
Uli, Ull, Ullrich, Ullrick, Ullrik, Ullrych, Ullryck, Ullryk, Ulrech, Ulrick, Ulrico, Ulrik, Ulrike, Ulrych, Ulryck, Ulryk, Ulu, Ulz, Uwe

Ultan (allemand) pierre noble.
Ulten, Ultin, Ulton, Ultyn

Ultman (hindi) dieu; divin.

Ulyses (latin) variante d'Ulysse.
Ulysee, Ulysees

Ulysse (latin) courroucé. Variante d'Odyssée.
Eulises, Ulyssees, Ulysses, Ulyssius

Umanant, Umakant, Umanand, Umashankar, Umesh (indien) autres noms du dieu hindou Shiva.

Umang (sanscrit) enthousiaste.
Umanga

Umaprasad (indien) bénédiction de la déesse hindoue Parvati.

Umar (arabe) variante d'Omar.
Umair, Umarr, Umayr, Umer

Umara (arabe) variante d'Umar.

Umberto (italien) variante de Humbert.
Umbirto, Umburto, Umbyrto

Umed (indien) espoir.

Umi (yao) vie.
Umee, Umie, Umy

Umit (turc) espoir.

Umrao (indien) noble; roi.

Unai (basque) berger.
Una

Unay (quechua) éloigné, profond.

Uner (turc) célèbre.

Unika FG (lomwe) égayer.
Unikah

Unique FG (latin) seul, unique.
Uneek, Unek, Unikque, Uniqué, Unyque

Unity FG (anglais) unité.
Unitee, Unitey, Uniti, Unitie

Unmesh (indien) révélation.

Unnabh (hindi) le plus haut.

Unnat, Urjita (indien) énergisé.

Uno (latin) un; premier-né.
Unno

Unwin (anglais) pas ami.
Unwinn, Unwyn

Upagupta (indien) moine bouddhiste.

Upamanyu (indien) élève dévoué.

Upanshu (indien) chant d'hymnes ou de mantras à voix basse.

Upendra (indien) autre nom du dieu hindou Vishnou.

Uppas (indien) gemme.

Upshaw (anglais) partie haute d'une région boisée.

Upton (anglais) partie haute d'une ville.
Uptown

Upwood (anglais) partie haute d'une forêt.

Uqbah (indien) la fin de tout.

Urav (indien) excitation.

Ur, Uratum (égyptien) grand.

Urania (grec) aveugle.

Urban (latin) habitant d'une ville; courtois.
Urbain, Urbaine, Urbanus, Urvan, Urvane

Urbane (anglais) variante d'Urban.

Urbano (italien) variante d'Urban.

Urcucolla (quechua) colline.

Uri GF (hébreu) diminutif d'Uriah.
Urie

Uriá (hébreu) variante d'Uriah.

Uriah (hébreu) ma lumière. Bible: soldat et mari de Bethsabée. Voir aussi Yuri.
Uria, Urias, Urijah

Urian (grec) ciel.
Urien, Urihaan, Uryan, Uryen

Urías (grec) lumière du Seigneur.

Uriel (hébreu) Dieu est ma lumière.
Yuriel, Yuryel

Urso (latin) variante d'Urson.

Urson (français) variante d'Orson.
Ursan, Ursen, Ursin, Ursine, Ursus, Ursyn

Urtzi (basque) ciel.

Urvang (indien) montagne.

Urvil (hindi) mer.
Ervil, Eryl, Urvyl

Usaamah (indien) description d'un lion.

Usaku (japonais) éclairé par la lune.

Usama (arabe) variante d'Usamah.

Usamah (arabe) comme un lion.

Usco, Uscouiyca, Uscu, Uscuiyca (quechua) chat sauvage.

Useni (yao) dis-moi.
Usene, Usenet, Usenie, Useny

Ushakanta (indien) soleil.

Ushapati (indien) mari de l'aube.

Usher (anglais) portier.
Usha

Ushi (chinois) bœuf.

Usi (yao) fumée.

Usman (arabe) variante d'Uthman.

Ustin (russe) variante de Justin.
Ustan, Usten, Uston, Ustyn

Usuy (quechua) celui qui apporte des choses en abondance.

Utanka (indien) disciple du sage Veda.

Utatci (miwok) ours qui se gratte.
Utatch

Utba (arabe) garçon.

Uthman (arabe) compagnon du Prophète.
Uthmaan, Uthmen

Utkarsh (hindi) haute qualité.

Utkarsha (indien) progrès.

Utpal (indien) éclater.

Utsav (indien) festival.

Uttam (sanscrit) meilleur.

Uttiya (indien) prénom dans les écrits bouddhistes.

Uturuncu (quechua) jaguar.

Uturuncu Achachi (quechua) celui qui a des ancêtres courageux.

Uwe (allemand) variante populaire d'Ulrich.

Uxio (grec) né dans la noblesse.

Uzair (arabe) utile.
Uzaire, Uzayr, Uzayre

Uzi (hébreu) ma force.
Uzee, Uzey, Uzie, Uzy

Uziel (hébreu) Dieu est ma force ; force puissante.
Uzia, Uzyel, Uzzia, Uzziah, Uzziel, Uzzyel

Uzoma (nigérien) né pendant un voyage.
Uzomah

Uzumati (miwok) grizzly.

Vachan (indien) discours.

Vachel (français) petite vache.
Vache, Vachell, Vachelle

Vaclav (tchèque) guirlande de la gloire.
Vasek

Vadin (hindi) orateur.
Vaden

Vaibhav (indien) richesses.

Vaijnath (indien) l'un des noms du dieu hindou Shiva.

Vail GF (anglais) vallée. Voir aussi Bail.
Vael, Vaiel, Vaile, Vaill, Vale, Valle, Vayel, Vayl, Vayle

Vaina (finnois) embouchure du fleuve.
Vainah, Vaino, Vayna, Vaynah, Vayno

Vajra (indien) arrière-petit-fils du dieu hindou Krishna ; diamant.

Vajradhar, Vajrapani (indien) autres noms du dieu hindou Indra.

Val GF (latin) diminutif de Valentin.
Vaal

Valarico (germanique) commandant de la bataille.

Valborg (suédois) montagne puissante.
Valbor

Valdemar (suédois) dirigeant célèbre.
Valdimar, Valdymar, Vlademar

Valdo (teuton) celui qui gouverne.

Valdus (allemand) puissant.
Valdis, Valdys

Valente (italien) variante de Valentin.
Valenté

Valentin **TOP** **.100.** (latin) fort; en bonne santé.
Valentijn, Valentine, Valenton, Valenty, Valentyn, Valentyne

Valentín (latin) variante de Valentin.

Valentino (italien) variante de Valentin.
Valencio, Valentyno, Velentino

Valere (français) variante de Valérian.

Valérian (latin) fort; en bonne santé.
Valeriano, Valerio, Valerius, Valerya, Valeryan, Valeryn

Valerii (russe) variante de Valérian.
Valera, Valerie, Valerij, Valerik, Valeriy, Valery

Valero (latin) vaillant.

Valfredo (germanique) le roi pacifique.

Valfrid (suédois) paix solide.

Valgard (scandinave) lance étrangère.
Valgarde, Valguard

Vali (tongan) peinture.
Valea, Valee, Valeigh, Valey, Valie, Valy

Valiant (français) vaillant.

Valin (hindi) variante de Balin.
Valan, Valen, Valon, Valyn

Vallabh (indien) chéri.

Vallis (français) du pays de Galles.
Valis, Vallys, Valys

Valmik, Valmiki (indien) auteur de Râmâyana, un poème épique indien.

Valter (lituanien, suédois) variante de Walter.
Valters, Valther, Valtr

Vaman (indien) cinquième incarnation du dieu hindou Vishnou.

Vamana (sanscrit) digne de louanges.
Vamanah

Vamsi (indien) nom d'un raga, ancienne forme de musique pieuse hindoue.

Van **GF** (néerlandais) diminutif de Vandyke.
Vane, Vanno

Vanajit (indien) seigneur de la forêt.

Vance (anglais) batteur.
Vanse

Vanda **FG** (lithuanien) variante de Walter.
Vandah, Venda

Vandan (hindi) sauvé.
Vanden, Vandin, Vandon, Vandyn

Vander (néerlandais) qui est à sa place.
Vandar, Vandir, Vandor, Vandyr, Vendar, Vender, Vendir, Vendor, Vendyr

Vandyke (néerlandais) fossé.
Vandike

Vann (néerlandais) diminutif de Vandyke.

Vanya **U** (russe) variante populaire d'Ivan.
Vanechka, Vanek, Vania, Vanja, Vanka, Vanusha, Vanyah, Wanya

Vanyusha (russe) cadeau de Dieu.

Varad (hongrois) de la forteresse.
Vared, Varid, Varod, Varyd

Vardhaman (indien) autre nom de Mahavir, le 24e et dernier Tîrthankara, un maître jaïn.

Vardon (français) monticule vert.
Vardaan, Vardan, Varden, Vardin, Vardon, Vardyn, Verdan, Verden, Verdin, Verdon, Verdun, Verdyn

Varen (hindi) meilleur.
Varan, Varin, Varon, Varyn

Varian (latin) variable.
Varien, Varion, Varyan

Varick (allemand) dirigeant protecteur.
Varak, Varek, Varic, Varik, Varyc, Varyck, Varyk, Warrick

Varij (indien) lotus.

Varil (hindi) eau.
Varal, Varel, Varol, Varyl

Varindra (indien) autre nom du dieu hindou Varun, seigneur des Eaux.

Vartan (arménien) producteur de roses; qui donne des roses.
Varten, Vartin, Varton, Vartyn

Varun (hindi) dieu de la Pluie.
Varan, Varen, Varin, Varon, Varron, Varyn

Vasant (sanscrit) source.
Vasan, Vasanth

Vashawn (américain) combinaison du préfixe Va
et de Shawn.
Vashae, Vashan, Vashann, Vashaun, Vashawnn, Vashun

Vashon (américain) variante de Vashawn.
Vishon

Vasilios (italien) variante de Vasilis.
Vasileios, Vasilos, Vassilios

Vasilis (grec) variante de Basile.
*Vas, Vasaya, Vaselios, Vasil, Vasile, Vasileior, Vasilius,
Vasilus, Vasily, Vasilys, Vasylis, Vasylko, Vasyltso,
Vasylys, Vazul*

Vasily (russe) variante de Vasilis.
*Vasilea, Vasilee, Vasileigh, Vasiley, Vasili, Vasilie, Vasilii,
Vasilije, Vasilik, Vasiliy, Vassilea, Vassilee, Vassileigh,
Vassiley, Vassili, Vassilie, Vassilij, Vassily, Vasya*

Vasin (hindi) souverain, seigneur.
Vasan, Vasen, Vason, Vasun, Vasyn

Vasishtha, Vasistha (indien) ancien sage indien.
Vasishtha, Vasi

Vasu (sanscrit) richesse.

Vasudev (indien) père du dieu hindou Krishna.

Vasudha (indien) terre.

Vasyl (allemand, slave) variante de William.
Vasos, Vassos

Vatsal (indien) affectueux.

Vaughan (gallois) variante de Vaughn.
Vaughen

Vaughn (gallois) petit.
Vaun, Vaune, Vawn, Vawne, Voughn

Veasna (cambodgien) chanceux.
Veasnah

Ved (sanscrit) savoir sacré.

Vedanga (indien) signification du Véda,
qui rassemble les textes hindous.

Vedavrata (indien) serment du Véda,
qui rassemble les textes hindous.

Vedie (latin) vue.
Vedi, Vedy

Vedmohan (indien) autre nom du dieu hindou
Krishna.

Vedprakash (indien) lumière du Véda,
qui rassemble les textes hindous.

Veer (sanscrit) courageux.
Vear, Veere

Veera (indien) courageux.

Vegard (norvégien) sanctuaire ; protection.

Veiko (finnois) frère.
Veyko

Veit (suédois) large.
Veyt

Velvel (yiddish) loup.

Venancio (latin) amateur de la chasse.

Vencel (hongrois) diminutif de Venceslas.
Vencal, Venci, Vencie, Vencil, Vencyl

Venceslas (slave) couronné de gloire.

Venedictos (grec) variante de Benedict.
Venedict, Venediktos, Venedyct

Veni (indien) autre nom du dieu hindou Krishna.

Veniamin (bulgare) variante de Benjamin.
Venyamin, Verniamin

Venkat (hindi) dieu ; divin. Religion : autre nom
du dieu hindou Vishnou.

Ventura (latin) celui qui sera heureux.

Venturo (espagnol) bonne fortune.

Venya (russe) variante populaire de Benedict.
Venka

Verdun (français) fort sur une colline.
Géographie : nom d'une ville en France
et d'une ville au Québec, au Canada.
Virdun, Vyrdun

Vere (latin, français) vrai.
Veir, Ver, Vir, Vyr

Vered (hébreu) rose.
Verad, Verid, Verod, Veryd

Vergil (latin) variante de Virgile. Littérature :
Virgile, poète romain connu pour l'Énéide,
poème épique.
Verge, Vergel, Vergill, Vergille

Verlin (latin) en fleur.
Verlain, Verlan, Verlinn, Verlion, Verlon, Verlyn, Verlynn

Vermundo (espagnol) ours protecteur.
Vermond, Vermondo, Vermund

Vern (latin) diminutif de Vernon.
*Verna, Vernal, Verne, Vernine, Vernis, Vernol, Virn,
Virne, Vyrn, Vyrne*

Vernados (allemand) courage de l'ours.

Vernell (latin) variante de Vernon.
Verneal, Vernel, Vernelle, Vernial

Verner (allemand) armée de défense.
Varner

Verney (français) bosquet d'aulnes.
Varney, Vernee, Verni, Vernie, Verny, Virnee, Virney, Virni, Virnie, Virny, Vurnee, Vurney, Vurni, Vurnie, Vurny, Vyrnee, Vyrney, Vyrni, Vyrnie, Vyrny

Vernon (latin) comme le printemps; plein de jeunesse.
Varnan, Vernen, Vernin, Vernun, Vernyn

Vero (latin) qui dit la vérité, crédible.

Verrill (allemand) masculin; (français) loyal.
Veral, Verall, Veril, Verill, Verral, Verrall, Verrell, Verroll, Veryl, Verill

Vespasiano (latin) Vespasien, un empereur romain.

Veston (anglais) ville de l'église.
Vestan, Vesten, Vestin, Vestun, Vestyn

Veto (espagnol) intelligent.

Vian (anglais) diminutif de Viviane (voir les prénoms de filles).

Vibert (américain) combinaison de Vic et de Bert.
Viberte, Vybert, Vyberte

Vic (latin) diminutif de Victor.
Vick, Vicken, Vickenson, Vik, Vyc, Vyck, Vyk, Vykk

Vicar (latin) prêtre, ecclésiastique.
Vickar, Vicker, Vickor, Vikar, Vycar, Vyckar, Vykar

Vicente (espagnol) variante de Vincent.
Vicent, Visente

Vicenzo (italien) variante de Vincent.

Victoir (français) variante de Victor.

Victor **TOP** **.100.** (latin) vainqueur, conquérant. Voir aussi Wikoli, Wiktor, Witek.
Victa, Victer, Victorien, Victorin, Vitin, Vyctor

Victoriano (espagnol) variante de Victor.

Victorio (espagnol) variante de Victor.
Victorino

Victormanuel (espagnol) combinaison de Victor et de Manuel.

Victoro (latin) variante de Victor.

Vidal **GF** (espagnol) variante de Vitas.
Vida, Vidale, Vidall, Videll, Vydal, Vydall

Vidar (norvégien) guerrier de l'arbre.

Videl (espagnol) variante de Vidal.

Vidor (hongrois) enjoué.
Vidoor, Vidore, Vydor

Vidur (hindi) sage.

Vidya (sanscrit) sage.
Vidyah, Vydya, Vydyah

Viet (vietnamien) vietnamien.

Vigberto (germanique) celui qui brille lors de la bataille.

Viho (cheyenne) chef.

Vijai (hindi) variante de Vijay.

Vijay (hindi) victorieux.

Vikas (hindi) qui grandit.
Vikash, Vikesh

Viking (scandinave) viking; scandinave.
Vikin, Vykin, Vyking, Vykyn, Vykyng

Vikram (hindi) valeureux.
Vikrum

Vikrant (hindi) puissant.
Vikran

Viktor (allemand, hongrois, russe) variante de Victor.
Viktoras, Viktors, Vyktor

Vilfredo (germanique) le roi pacifique.

Vilhelm (allemand) variante de William.
Vilhelms, Vilho, Vilis, Viljo, Villem

Vili (hongrois) diminutif de William.
Villy, Vilmos

Viliam (tchèque) variante de William.
Vila, Vilek, Vilém, Viliami, Viliamu, Vilko, Vilous

Viljo (finnois) variante de William.

Ville (suédois) diminutif de William.

Vimal (hindi) pur
Vylmal

Vin (latin) diminutif de Vincent.
Vinn

Vinay (hindi) poli.
Vynah

Vince (anglais) diminutif de Vincent.
Vence, Vinse, Vint, Vynce, Vynse

Vincens (allemand) variante de Vincent.
Vincents, Vincentz, Vincenz

Vincent GF (latin) vainqueur, conquérant.
Voir aussi Binkentios, Binky, Wincent.
Uinseann, Vencent, Vicenzo, Vikent, Vikenti, Vikesha,
Vincence, Vincentij, Vincentius, Vincenty, Vincien, Vincient,
Vincint, Vinicent, Vinsent, Vinsint, Vinsynt, Vyncent,
Vyncynt, Vyncynte, Vynsynt

Vincente (espagnol) variante de Vincent.
Vencente, Vinciente, Vinsynte, Vyncente

Vincenzo (italien) variante de Vincent.
Vincencio, Vincenza, Vincenzio, Vinchenzo, Vinezio, Vinzenz

Vinci (hongrois, italien) variante populaire
de Vincent.
Vinci, Vinco, Vincze

Vinny (anglais) variante populaire de Calvin,
de Melvin, de Vincent.
Vinnee, Vinney, Vinni, Vinnie, Vynni, Vynnie, Vynny, Vyny

Vinod (hindi) heureux, joyeux.
Vinodh, Vinood

Vinson (anglais) fils de Vincent.
Vinnis, Vinsan, Vinsen, Vinsin, Vinsun, Vinsyn, Vyncen,
Vyncyn, Vynsan, Vynsen, Vynsin, Vynson, Vynsun, Vynsyn

Vipul (hindi) abondant.

Viraj (hindi) resplendissant.

Virat (hindi) très gros.

Virgile (latin) qui porte une baguette, un bâton.
Virge, Virgial, Virgie, Virgil, Virgille, Virgilo, Vurgil, Vurgyl,
Vyrge, Vyrgil, Vyrgyl

Virgilio (espagnol) variante de Virgile.
Virjilio

Virginio (latin) il est pur et simple.

Virote (tai) fort, puissant.

Virxilio (latin) variante de Virgile.

Vishal (hindi) énorme ; grand.
Vishaal

Vishnu (hindi) protecteur.

Vitaliano, Vitalicio (latin) jeune et fort.

Vitalis (latin) vie ; vivant.
Vital, Vitale, Vitaliss, Vitalys, Vitalyss, Vytal, Vytalis, Vytalys

Vitas (latin) vivant, vital.
Vitis, Vitus, Vytas, Vytus

Vito (latin) diminutif de Vittorio.
Veit, Vitin, Vitto, Vyto, Vytto

Vitor (latin) variante de Victor.

Vitoriano (latin) le vainqueur.

Vittorio (italien) variante de Victor.
Vitor, Vitorio, Vittore, Vittorios

Vitya (russe) variante de Victor.
Vitia, Vitja

Vivek (hindi) sagesse.
Vivekinan

Viviano (espagnol) petit homme.

Vlad (russe) diminutif de Vladimir, de Vladislav.
Vladd, Vladik, Vladko

Vladimir (russe) célèbre prince. Voir aussi Dima,
Waldemar, Walter.
Bladimir, Vimka, Vladamar, Vladamir, Vladimar, Vladimeer,
Vladimer, Vladimere, Vladimire, Vladimyr, Vladjimir,
Vladlen, Vladmir, Vladymar, Vladymer, Vladymir, Vladymyr,
Volodimir, Volodya, Volya, Wladimir

Vladimiro (espagnol) variante de Vladimir.

Vladislav (slave) dirigeant glorieux.
Voir aussi Slava.
Vladya, Vladyslau, Vladyslav, Vlasislava, Wladislav

Vlas (russe) diminutif de Vladislav.

Vogel (allemand) oiseau.
Vogal, Vogil, Vogol, Vogyl

Volker (allemand) garde du peuple.
Folke

Volley (latin) qui vole.
Volea, Volee, Voleigh, Voley, Voli, Volie, Vollea, Vollee,
Volleigh, Volli, Vollie, Volly, Voly

Volney (allemand) esprit national.
Volnee, Volni, Volnie, Volny

Von (allemand) diminutif de nombreux prénoms
allemands ; (gallois) variante de Vaughn.
Vonn

Vova (russe) variante de Walter.
Vovah, Vovka

Vuai (swahili) sauveur.

Vulpiano (latin) rusé comme un renard.

Vyacheslav (russe) variante de Vladislav.
Voir aussi Slava.

Wa`El (arabe) qui va vers le salut.

Waban (ojibwé) blanc.
Waben, Wabin, Wabon, Wabyn

Wade (anglais) gué; passage sur la rivière.
Wad, Wadi, Wadie, Waed, Waede, Waid, Waide, Whaid

Wâdî (arabe) calme, paisible.

Wadih (libanais) seul.

Wadley (anglais) prairie du gué.
Wadlea, Wadlee, Wadlei, Wadleigh, Wadli, Wadlie, Wadly

Wadsworth (anglais) village près du gué.
Waddsworth, Wadesworth

Wael (anglais) variante de Wales.

Wafic (libanais) arbitre.

Wafiq (arabe) prospère.

Wagner (allemand) charretier, fabricant
de chariot. Musique: Richard Wagner,
célèbre compositeur allemand du XIXe siècle.
Waggoner, Wagnar, Wagnor, Wagoner

Wahab (indien) au grand cœur.

Wâhed (arabe) variante de Wahid.

Wahid (arabe) seul; absolument inégalable.
Waheed, Wahyd

Wahkan (lakota) sacré.

Wahkoowah (lakota) qui attaque.

Wain (anglais) diminutif de Wainwright;
variante de Wayne.
Waine, Wane

Wainwright (anglais) fabricant de chariot.
*Wainright, Wainryght, Wayneright, Waynewright,
Waynright, Waynryght*

Waite (anglais) gardien.
Wait, Waitman, Waiton, Waits, Wayt, Wayte

Wajidali (indien) obsédé.

Wake (anglais) vigilant, alerte.
Waik, Waike, Wayk, Wayke

Wakefield (anglais) champ mouillé.
Field, Waikfield, Waykfield

Wakely (anglais) prairie mouillée.
*Wakelea, Wakelee, Wakelei, Wakeleigh, Wakeli, Wakelie,
Wakely*

Wakeman (anglais) gardien.

Wakîl (arabe) notaire.

Wakiza (amérindien) guerrier déterminé.
Wakyza

Walberto (germanique) qui reste au pouvoir.

Walby (anglais) maison près d'un mur.
Walbee, Walbey, Walbi, Walbie

Walcott (anglais) petite maison près du mur.
Walcot, Wallcot, Wallcott, Wolcott

Waldemar (allemand) puissant; célèbre.
Voir aussi Valdemar, Vladimir.
Waldermar

Walden (anglais) vallée boisée. Littérature:
Henry David Thoreau a rendu Walden Pond
célèbre avec son livre Walden.
Waldan, Waldin, Waldon, Waldyn, Welti

Waldino (teuton) qui a un esprit ouvert
et audacieux.

Waldo (allemand) variante populaire d'Oswald,
de Waldemar, de Walden.
Wald, Waldy

Waldron (anglais) dirigeant.
Waldran, Waldren, Waldrin, Waldryn

Waleed (arabe) nouveau-né.
Walead, Waled, Waleyd, Walyd

Walerian (polonais) fort; courageux.
Waleryan

Wales (anglais) du pays de Galles.
Wail, Whales

Walford (anglais) gué du Gallois.

Walfred (allemand) dirigeant pacifique.
*Walfredd, Walfredo, Walfrid, Walfridd, Walfried, Walfryd,
Walfrydd*

Wali (arabe) qui dirige tout.

Walid (arabe) variante de Waleed.

Walîd (arabe) variante de Walid.

Walker **GF** (anglais) marcheur à l'étoffe;
nettoyeur d'étoffe.

Wallace (anglais) du pays de Galles.
Wallas

Wallach (allemand) variante de Wallace.
Wallache, Walloch, Waloch

Waller (allemand) puissant.

Waler (anglais) maçon.

Wallis FC (anglais) variante de Wallace.
Walice, Walise, Wallice, Wallise, Wallyce, Wallyse, Walyce, Walyse

Wally (anglais) variante populaire de Walter.
Walea, Walee, Waleigh, Waley, Wali, Walie, Wallea, Wallee, Walleigh, Walley, Walli, Wallie, Waly

Walmond (allemand) dirigeant puissant.

Walsh (anglais) variante de Wallace.
Walshi, Walshie, Walshy, Welch

Walt (anglais) diminutif de Walter, de Walton.
Waltey, Waltli, Walty

Walter (allemand) commandant d'armée, général ; (anglais) forestier. Voir aussi Gautier, Gualberto, Gualtiero, Gutierre, Ladislav, Ualtar, Vladimir.
Valter, Vanda, Vova, Walder, Waltir, Waltli, Waltor, Waltyr, Wat, Wualter

Walther (allemand) variante de Walter.

Waltier (français) variante de Walter.
Waltyer

Walton (anglais) ville entourée de murs.
Waltan, Walten, Waltin, Waltyn

Waltr (tchèque) variante de Walter.

Walworth (anglais) ferme clôturée.
Wallsworth, Wallworth, Walsworth

Walwyn (anglais) ami gallois.
Walwin, Walwinn, Walwynn, Walwynne, Welwyn

Wamblee (lakota) aigle.
Wamblea, Wambleigh, Wambley, Wambli, Wamblie, Wambly

Wanbi (australien) dingo sauvage.
Wanbee, Wanbey, Wanbie, Wanby

Wanda (germanique) chef des truands.

Wang (chinois) espoir ; souhait.

Wanikiya (lakota) sauveur.
Wanikiyah

Wanya (russe) variante de Vanya.
Wanyai

Wapi (amérindien) chanceux.
Wapie, Wapy

Warburton (anglais) ville fortifiée.

Ward (anglais) gardien, garde.
Warde

Wardell (anglais) colline du gardien.
Wardel

Warden (anglais) gardien de la vallée.
Wardan, Wardin, Wardon, Wardun, Wardyn, Worden

Wardley (anglais) prairie du gardien.
Wardlea, Wardlee, Wardleigh, Wardli, Wardlie, Wardly

Ware (anglais) prudent, circonspect ;
(allemand) variante de Warren.
Warey

Warfield (anglais) champ près du barrage ou du piège à poissons.
Warfyeld

Warford (anglais) gué près du barrage ou du piège à poissons.

Warick (anglais) héros de la ville.
Waric, Warik, Warric, Warrick, Warrik, Warryc, Warryck, Warryk, Waryc, Waryck, Waryk

Warley (anglais) prairie près du barrage ou du piège à poissons.
Warlea, Warlee, Warlei, Warleigh, Warli, Warlie, Warly

Warmond (anglais) vrai gardien.
Warmon, Warmondo, Warmun, Warmund, Warmundo

Warner (allemand) défenseur armé ; (français) gardien de parc.
Warnor

Warren (allemand) général ; responsable ; clapier.
Waran, Waren, Waring, Warran, Warrenson, Warrin, Warriner, Warron, Warrun, Warryn, Worrin

Warton (anglais) ville près du barrage ou du piège à poissons.
Wartan, Warten, Wartin, Wartyn

Warwick (anglais) bâtiments près du barrage ou du piège à poissons.
Warick, Warrick, Warwic, Warwik, Warwyc, Warwyck, Warwyk

Waseem (arabe) variante de Wassim.
Wasseem

Washburn (anglais) rivière qui déborde.
Washbern, Washberne, Washbirn, Washbirne, Washborn, Washborne, Washbourn, Washbourne, Washburne, Washbyrn, Washbyrne

Washington (anglais) ville près de l'eau. Histoire : George Washington, 1er président des États-Unis.
Wash, Washingtan, Washingten, Washingtin, Washingyn

Wasili (russe) variante de Basile.
Wasily, Wassily, Wassyly, Wasyl, Wasyly

Wâsim (arabe) variante de Wassim.

Wassim **TOP** **.100.** (arabe) gracieux; beau.
Wasim, Wasym

Watende (nyakyusa) il y aura une revanche.
Watend

Waterio (espagnol) variante de Walter.
Gualtiero

Watford (anglais) gué du barbillon; barrage fait de brindilles et de bâtons.
Wattford

Watkins (anglais) fils de Walter.
Watkin, Watkyn, Watkyns, Wattkin, Wattkins, Wattkyn, Wattkyns

Watson (anglais) fils de Walter.
Wathson, Wattson, Whatson

Waverly FG (anglais) prairie qui tremble comme une feuille.
Waverlea, Waverlee, Waverleigh, Waverley, Waverli, Waverlie

Wayde (anglais) variante de Wade.
Wayd, Waydell

Wayland (anglais) variante de Waylon.
Wailand, Waland, Weiland, Weyland

Waylon (anglais) terre près de la route.
Wailan, Wailon, Walan, Wallen, Walon, Way, Waylan, Waylen, Waylin, Waylyn, Whalan, Whalen, Whalin, Whalon, Whalyn

Wayman (anglais) homme de la route; voyageur.
Waymon

Wayne (anglais) fabricant de chariot. Diminutif de Wainwright.
Wanye, Wayn, Waynell, Waynne, Whayne

Wazir (arabe) ministre.
Wazyr

Wazïr (arabe) variante de Wazir.

Webb (anglais) tisserand.
Web, Weeb

Weber (allemand) tisserand.
Webber, Webner

Webley (anglais) prairie du tisserand.
Webblea, Webblee, Webbleigh, Webbley, Webbli, Webblie, Webbly, Weblea, Weblee, Webleigh, Webli, Weblie, Webly

Webster (anglais) tisserand.
Webstar

Weddel (anglais) village près du gué.
Weddell, Wedel, Wedell

Wei-Quo (chinois) dirigeant du pays.
Wei

Weiss (allemand) blanc.
Weis, Weise, Weisse, Weys, Weyse, Weyss, Weysse

Welborne (anglais) ruisseau nourri par une source.
Welbern, Welberne, Welbirn, Welbirne, Welborn, Welbourne, Welburn, Welburne, Welbyrn, Welbyrne, Wellbern, Wellberne, Wellbirn, Wellbirne, Wellborn, Wellborne, Wellbourn, Wellbourne, Wellburn, Wellbyrn, Wellbyrne

Welby (allemand) ferme près du puits.
Welbee, Welbey, Welbi, Welbie, Wellbey, Wellby

Weldon (anglais) colline près du puits.
Weldan, Welden, Weldin, Weldyn

Welfel (yiddish) variante de William.
Welvel

Welford (anglais) gué près du puits.
Wellford

Wellington (anglais) ville de l'homme riche. Histoire: le duc de Wellington était un général britannique qui battit Napoléon à Waterloo.

Wells (anglais) sources.
Welles, Wels

Welsh (anglais) variante de Wallace, de Walsh.
Welch

Welton (anglais) ville près du puits.
Welltan, Wellten, Welltin, Wellton, Welltyn, Weltan, Welten, Weltin, Weltyn

Wemilat (amérindien) tous lui donnent.

Wemilo (amérindien) tous lui parlent.

Wen (tsigane) né en hiver.

Wenceslaus (slave) guirlande d'honneur.
Vencel, Wenceslao, Wenceslas, Wiencyslaw

Wendel (allemand, anglais) variante de Wendell.

Wendell (allemand) vagabond; (anglais) bon vallon, bonne vallée.
Wandale, Wendall, Wendil, Wendill, Wendle, Wendyl, Wendyll

Wene (hawaïen) variante de Wayne.

Wenford (anglais) gué blanc.
Wynford

Wenlock (gallois) lac du monastère.
Wenloc, Wenloch, Wenlok

Wensley (anglais) clairière dans la prairie.
Wenslea, Wenslee, Wensleigh, Wensli, Wenslie, Wensly

Wentworth (anglais) habitation de l'homme pâle.

Wenutu (amérindien) ciel clair.

Wenzel (slave) qui sait. Variante de Wenceslaus.
Wensel, Wensyl, Wenzell, Wenzil

Werner (anglais) variante de Warner.
Wernhar, Wernher

Wes (anglais) diminutif de Wesley.
Wess

Wesh (tsigane) bois.

Wesley GF (anglais) prairie de l'Ouest.
Weseley, Wesle, Weslea, Weslee, Wesleigh, Wesleyan, Wesli, Weslie, Wessley, Wezley

Wesly (anglais) variante de Wesley.

West (anglais) ouest. Diminutif de Weston.

Westbrook (anglais) ruisseau de l'Ouest.
Brook, Wesbrook, Wesbrooke, Westbrooke

Westby (anglais) ferme de l'Ouest.
Wesbee, Wesbey, Wesbi, Wesbie, Westbee, Westbey, Westbi, Westbie

Westcott (anglais) petite maison de l'Ouest.
Wescot, Wescott, Westcot

Westin (anglais) variante de Weston.

Westley (anglais) variante de Wesley.
Westlee, Westleigh, Westly

Weston (anglais) ville de l'Ouest.
Westan, Westen, Westyn

Wetherby (anglais) ferme de moutons.
Weatherbey, Weatherbie, Weatherby, Wetherbey, Wetherbi, Wetherbie

Wetherell (anglais) coin des moutons.
Wetheral, Wetherall, Wetherel, Wetheril, Wetherill, Wetheryl, Wetheryll

Wetherly (anglais) prairie des moutons.
Wetherlea, Wetherlee, Wetherleigh, Wetherley, Wetherli, Wetherlie

Weylin (anglais) variante de Waylon.
Weilin, Weilyn, Weylan, Weylen, Weylon, Weylyn

Whalley (anglais) bois près d'une colline.
Whalea, Whalee, Whaleigh, Whaley, Whali, Whalie, Whallea, Whallee, Whalleigh, Whalli, Whallie, Whally, Whaly

Wharton (anglais) ville sur la rive d'un lac.
Warton

Wheatley (anglais) champ de blé.
Whatlea, Whatlee, Whatleigh, Whatley, Whatli, Whatlie, Whatly, Wheatlea, Wheatlee, Wheatleigh, Wheatli, Wheatlie, Wheatly

Wheaton (anglais) ville de blé.
Wheatan, Wheaten, Wheatin, Wheatyn

Wheeler (anglais) fabricant de roues ; conducteur de chariot.
Wheelar

Whistler (anglais) qui siffle, qui joue de la flûte.

Whit (anglais) diminutif de Whitman, de Whitney.
Whitt, Whyt, Whyte, Wit, Witt

Whitby (anglais) maison blanche.
Whitbea, Whitbee, Whitbey, Whitbi, Whitbie

Whitcomb (anglais) vallée blanche.
Whitcombe, Whitcumb, Whytcomb, Whytcombe

Whitelaw (anglais) petite colline.
Whitlaw, Whytlaw

Whitey (anglais) à la peau blanche ; aux cheveux blancs.
Whitee, Whiti, Whitie, Whity

Whitfield (anglais) champ blanc.
Whytfield

Whitford (anglais) gué blanc.
Whytford

Whitley FG (anglais) prairie blanche.
Whitlea, Whitlee, Whitleigh, Whitli, Whitlie, Whitly

Whitlock (anglais) mèche de cheveux blancs.
Whitloc, Whitloch, Whitlok, Whytloc, Whytloch, Whytlock, Whytlok

Whitman (anglais) homme aux cheveux blancs.
Whit, Whitmen, Whytman, Whytmen

Whitmore (anglais) lande blanche.
Whitmoor, Whitmoore, Whittemoor, Whittemoore, Whittemore, Whytmoor, Whytmoore, Whytmore, Whyttmoor, Whyttmoore, Witmoor, Witmoore, Witmore, Wittemoor, Wittemore, Wittmoor, Wittmore, Wytmoor, Wytmoore, Wytmore, Wyttmoor, Wyttmoore, Wyttmore

Whitney FG (anglais) île blanche ; eau blanche.
Whittney, Whytnew, Whyttney, Widney, Widny

Whittaker (anglais) champ blanc.
Whitacker, Whitaker, Whitmaker, Whytaker, Whyttaker

Wicasa (dakota) homme.
Wicasah

Wicent (polonais) variante de Vincent.
Wicek, Wicus

Wichado (amérindien) plein de bonne volonté.

Wickham (anglais) enclos d'un village.
Wick, Wikham, Wyckham, Wykham

Wickley (anglais) prairie du village.
Wicklea, Wicklee, Wickleigh, Wickli, Wicklie, Wickly, Wilcley, Wycklea, Wycklee, Wyckleigh, Wyckley, Wyckli, Wycklie, Wyckly, Wyklea, Wyklee, Wykleigh, Wykley, Wykli, Wyklie, Wykly

Wid (anglais) large.
Wido, Wyd, Wydo

Wies (allemand) guerrier renommé.
Wiess, Wyes, Wyess

Wikoli (hawaïen) variante de Victor.

Wiktor (polonais) variante de Victor.
Wyktor

Wil, Will (anglais) diminutifs de Wilfred, de William.
Wilm, Wim, Wyl, Wyll

Wilanu (miwok) qui verse de l'eau sur la farine.
Wylanu

Wilber (anglais) variante de Wilbur.

Wilbert (allemand) brillant ; résolu.
Wilberto, Wilbirt, Wilburt, Wilbyrt, Wylbert, Wylbirt, Wylburt, Wylbyrt

Wilbur (anglais) mur de fortification ; saules étincelants.
Wilburn, Wilburne, Willber, Willbur, Wilver, Wylber, Wylbir, Wylbur, Wylbyr, Wyllber, Wyllbir, Wyllbur

Wilder (anglais) région sauvage ; sauvage.
Wilde, Wylde, Wylder

Wildon (anglais) colline boisée.
Wildan, Wilden, Wildin, Wildyn, Willdan, Willden, Willdin, Willdon, Willdyn, Wyldan, Wylden, Wyldin, Wyldon, Wyldyn, Wylldan, Wyllden, Wylldin, Wylldon, Wylldyn

Wile (hawaïen) variante de Willie.

Wiley (anglais) prairie du saule ; prairie de Will. Voir aussi Wylie.
Whiley, Wildy, Wilea, Wilee, Wileigh, Wili, Wilie, Willey, Wily

Wilford (anglais) gué du saule.
Wilferd, Willford, Wylford, Wyllford

Wilfred (allemand) pacificateur déterminé.
Wilferd, Wilfrid, Wilfride, Wilfried, Wilfryd, Willfred, Willfrid, Willfried, Willfryd

Wilfredo, Wilfrido (espagnol) variantes de Wilfred.
Fredo, Wifredo, Willfredo

Wilhelm (allemand) gardien déterminé.
Wilhelmus, Wylhelm, Wyllhelm

Wiliama (hawaïen) variante de William.
Pila

Wilkie (anglais) variante populaire de Wilkins.
Wikie, Wilke

Wilkins (anglais) famille de William.
Wilken, Wilkens, Wilkes, Wilkin, Wilks, Willkes, Willkins, Wylkin, Wylkins, Wylkyn, Wylkyns

Wilkinson (anglais) fils du petit William.
Wilkenson, Willkinson, Wylkenson, Wylkinson, Wylkynson

Willard (allemand) déterminé et courageux.
Wilard, Williard, Wylard, Wyllard

Willem (allemand) variante de Wilhelm, de William.
Willim

William **TOP** **.100.** **GF** (anglais) variante de Wilhelm. Voir aussi Gilamu, Guglielmo, Guilherme, Guillaume, Guillermo, Gwilym, Liam, Uilliam.
Bill, Billy, Vasyl, Vilhelm, Vili, Viliam, Viljo, Ville, Villiam, Wilek, Wiliam, Wiliame, Willaim, Willam, Willeam, Willil, Willium, Williw, Willyam, Wyliam, Wylliam, Wyllyam, Wylyam

Williams (allemand) fils de William.
Wilams, Wiliamson, Willaims, Williamson, Wuliams, Wyliams, Wyliamson, Wylliams, Wylliamson, Wyllyams, Wylyams

Willie **GF** (allemand) variante populaire de William.
Wille, Willea, Willee, Willeigh, Willey, Willi, Willia, Wily, Wyllea, Wyllee, Wylleigh, Wylley, Wylli, Wyllie, Wylly

Willis (allemand) fils de Willie.
Wilis, Willice, Williss, Willus, Wylis, Wyliss, Wyllis, Wylys, Wylyss

Willoughby (anglais) ferme du saule.
Willobee, Willobey, Willoughbey, Willoughbie, Willowbee, Willowbey, Willowbie, Willowby, Wyllowbee, Wyllowbey, Wyllowbi, Wyllowbie, Wyllowby, Wylobee, Wylobey, Wylobi, Wylobie, Wyloby

Wills (anglais) fils de Will.

Willy (allemand) variante populaire de William.

Wilmer (allemand) déterminé et courageux.
Willimar, Willmer, Wilm, Wilmar, Wylmar, Wylmer

Wilmot (teuton) esprit résolu.
Willmont, Willmot, Wilm, Wilmont, Wilmott, Wylmot, Wylmott

Wilny (amérindien) aigle qui chante pendant qu'il vole.
Wilni, Wilnie, Wylni, Wylnie, Wylny

Wilson (anglais) fils de Will.
Willsan, Willsen, Willsin, Willson, Willsyn, Wilsan, Wilsen, Wilsin, Wilsyn, Wolson, Wyllsan, Wyllsen, Wyllsin, Wyllson, Wyllsyn, Wylsan, Wylsen, Wylsin, Wylson, Wylsyn

Wilstan (allemand) pierre de loup.
Wilsten, Wilstin, Wilstyn, Wylstan, Wylsten, Wylstin, Wylstyn

Wilt (anglais) diminutif de Wilton.

Wilton (anglais) ferme près de la source.
Willtan, Willten, Willtin, Willton, Willtyn, Wiltan, Wilten, Wiltin, Wiltyn, Wylltan, Wyllten, Wylltin, Wyllton, Wylltyn, Wyltan, Wylten, Wyltin, Wylton, Wyltyn

Wilu (miwok) buse qui pousse des cris.

Win GF (cambodgien) brillant; (anglais) diminutif de Winston et des prénoms commençant par «win».
Winn, Winnie, Winny

Wincent (polonais) variante de Vincent.
Wicek, Wicenty, Wicus, Wince, Wincenty

Winchell (anglais) virage sur la route; courbe sur la terre.
Winchel, Wynchel, Wynchell

Windell (anglais) vallée sinueuse.
Windel, Wyndel, Wyndell

Windsor (anglais) berge avec un treuil. Histoire: patronyme de la famille royale britannique actuelle.
Wincer, Windsar, Windser, Winsor, Wyndsar, Wyndser, Wyndsor

Winfield (anglais) champ accueillant.
Field, Winfrey, Winifield, Winnfield, Wynfield, Wynnfield

Winfred (anglais) variante de Winfield; (allemand) variante de Winfried.
Winfredd, Wynfred, Wynfredd

Winfried (allemand) ami de la paix.
Winfrid, Winfryd, Wynfrid, Wynfryd

Wing FG (chinois) gloire.
Wing-Chiu, Wing-Kit

Wingate (anglais) porte qui tourne.
Wyngate

Wingi (amérindien) plein de bonne volonté.
Wingee, Wingie, Wingy, Wyngi, Wyngie, Wyngy

Winslow (anglais) colline d'un ami.
Winslowe, Wynslow, Wynslowe

Winston (anglais) ville accueillante; ville de la victoire.
Winstan, Winsten, Winstin, Winstonn, Winstyn, Wynstan, Wynsten, Wynstin, Wynston, Wynstyn

Winter FG (anglais) né en hiver.
Winterford, Winters, Wynter, Wynters

Winthrop (anglais) victoire au carrefour.
Wynthrop

Winton (anglais) variante de Winston.

Winward (anglais) gardien d'un ami; forêt d'un ami.
Wynward

Wit (polonais) vie; (anglais) variante de Whit; (flamand) diminutif de DeWitt.
Witt, Wittie, Witty, Wyt, Wytt

Witek (polonais) variante de Victor.
Wytek

Witha (arabe) beau.
Wytha

Witter (anglais) guerrier sage.
Whiter, Whitter, Whyter, Whytter, Wytter

Witton (anglais) domaine de l'homme sage.
Whiton, Whyton, Wyton, Wytton

Wladislav (polonais) variante de Vladislav.
Wladislaw, Wladyslav, Wladyslaw

Wolcott (anglais) petite maison dans les bois.

Wolf (allemand, anglais) diminutif de Wolfe, de Wolfgang.
Wolff, Wolfie, Wolfy

Wolfe (anglais) loup.
Woolf

Wolfgang (allemand) querelle de loups. Musique: Wolfgang Amadeus Mozart, célèbre compositeur autrichien du XVIIIe siècle.
Wolfegang, Wolfgans

Wood (anglais) diminutif d'Elwood, de Garwood, de Woodrow.

Woodfield (anglais) prairie de la forêt.
Woodfyeld

Woodford (anglais) gué dans la forêt.
Woodforde

Woodley (anglais) prairie boisée.
Woodlea, Woodlee, Woodleigh, Woodli, Woodlie, Woodly

Woodrow (anglais) passage dans les bois. Histoire: Thomas Woodrow Wilson, 28e président des États-Unis.
Woodman, Woodroe

Woodruff (anglais) garde forestier.
Woodruf

Woodson (anglais) fils de Wood.
Woods, Woodsan, Woodsen, Woodsin, Woodsyn

Woodville (anglais) ville à l'orée des bois.
Woodvil, Woodvill, Woodvyl, Woodvyll, Woodvylle

Woodward (anglais) gardien de forêt.
Woodard

Woody (américain) variante populaire d'Elwood,
de Garwood, de Wood, de Woodrow.
Wooddy, Woodi, Woodie

Woolsey (anglais) loup victorieux.
Woolsee, Woolsi, Woolsie, Woolsy

Worcester (anglais) campement de l'armée
dans la forêt.

Wordsworth (anglais) ferme du gardien-loup.
Littérature : William Wordsworth, célèbre
poète britannique.
Wordworth

Worie (igbo) né un jour de marché.

Worrell (anglais) qui vit au manoir
de la personne loyale.
Worel, Worell, Woril, Worill, Worrel, Worril, Worryl

Worth (anglais) diminutif de Wordsworth.
Worthey, Worthi, Worthie, Worthington, Worthy

Worton (anglais) ville de la ferme.
Wortan, Worten, Wortin, Wortyn

Wouter (allemand) guerrier puissant.

Wrangle (américain) variante de Rangle.
Wrangla, Wrangler

Wray (scandinave) propriété de l'angle ;
(anglais) tordu.
Wrae, Wrai, Wreh

Wren Ⓤ (gallois) chef, dirigeant ; (anglais)
roitelet.
Ren

Wright (anglais) diminutif de Wainwright.
Right, Wryght

Wrisley (anglais) variante de Risley.
Wrisee, Wrislie, Wrisly

Wriston (anglais) variante de Riston.
Wryston

Wuliton (amérindien) qui fera bien.
Wulitan, Wuliten, Wulitin, Wulityn

Wunand (amérindien) Dieu est bon.
Wunan

Wuyi (miwok) urubu à tête rouge qui vole.

Wyatt (français) petit guerrier.
*Whiat, Whyatt, Wiat, Wiatt, Wyat, Wyatte, Wye, Wyeth,
Wyett, Wyitt, Wytt*

Wybert (anglais) éclat du combat.
Wibert, Wibirt, Wiburt, Wibyrt, Wybirt, Wyburt, Wybyrt

Wyborn (scandinave) ours de guerre.
Wibjorn, Wiborn, Wybjorn

Wyck (scandinave) village.
Wic, Wick, Wik, Wyc, Wyk

Wycliff (anglais) falaise blanche ; village près
de la falaise.
Wiclif, Wicliff, Wicliffe, Wyckliffe, Wycliffe

Wylie (anglais) charmant. Voir aussi Wiley.
Wye, Wylea, Wylee, Wyleigh, Wyley, Wyli, Wyllie, Wyly

Wyman (anglais) combattant, guerrier.
Waiman, Waimen, Wayman, Waymen, Wiman, Wimen

Wymer (anglais) célèbre au combat.
Wimer

Wyn (gallois) à la peau claire ; blanc ; (anglais)
ami. Diminutif de Selwyn.
Wyne, Wynn, Wynne

Wyndham (écossais) village près de la route
sinueuse.
Windham, Winham, Wynndham

Wynono (amérindien) fils né en premier.

Wynton (anglais) variante de Winston.
Wynten

Wythe (anglais) saule.
Withe, Wyth

X

Xabat (basque) sauveur.

Xacinto (grec) la fleur de jacinthe.

Xacob (galicien) variante de Jacob.

Xacobo, Xaime (hébreu) deuxième fils.

Xaiver (basque) variante de Xavier.
Xajavier, Xzaiver

Xalbador, Xalvador (espagnol) sauveur.

Xan (grec) diminutif d'Alexandre.
Xane

Xander (grec) diminutif d'Alexandre.
Xande, Xzander

Xanthippus (grec) cheval à la couleur pâle.
Voir aussi Zanthippus.
Xanthyppus

Xanthus (latin) aux cheveux dorés.
Voir aussi Zanthus.
Xanthius, Xanthos, Xanthyas

Xarles (basque) variante de Charles.

Xaver (espagnol) variante de Xavier.
Xever, Zever

Xavier GF (arabe) éclatant ; (basque) propriétaire
de la nouvelle maison. Voir aussi Exavier,
Javier, Salvatore, Saverio, Zavier.
Xabier, Xavaeir, Xaver, Xavery, Xavian, Xaviar, Xaviero,
Xavior, Xavon, Xavyer, Xizavier, Xxavier

Xenaro (latin) porteur.

Xeneroso (latin) généreux.

Xenophon (grec) voix étrange.
Xeno, Zennie, Zenophon

Xenos (grec) inconnu ; invité.
Zenos

Xenxo (grec) protecteur de la famille.

Xerardo (allemand) variante de Gerardo.

Xerman (galicien) variante de German.

Xerome, Xerónimo, Xes (grec) nom saint.

Xerxes (persan) dirigeant. Histoire : nom
d'un roi de Perse.
Xeres, Xerus, Zerk, Zerzes

Xesús (hébreu) sauveur.

Xeven (slave) vif.
Xyven

Xian (galicien) variante de Julian.

Xián, Xiao, Xillao, Xulio (latin) de la famille
Lulia.

Xicohtencatl (nahuatl) bourdon énervé.

Xicoténcatl (nahuatl) de l'emplacement du récif.

Xihuitl (nahuatl) année ; comète.

Xil (grec) jeune chèvre.

Xilberte, Xilberto (allemand) variantes
de Gilbert.

Xildas (allemand) impôts.

Ximén (espagnol) obéissant.

Ximenes (espagnol) variante de Simon.
Ximen, Ximene, Ximenez, Ximon, Ximun, Xymen, Xymenes,
Xymon, Zimenes, Zymenes

Xipil (nahuatl) noble du feu.

Xipilli (nahuatl) prince orné de bijoux.

Xiuhcoatl (nahuatl) serpent de feu ; arme
de destruction.

Xiutecuhtli (nahuatl) aristocrate du feu.

Xoan (hébreu) Dieu est bon.

Xoaquín (hébreu) variante de Joaquín.

Xob (hébreu) persécuté, affligé.

Xochiel, Xochitl, Xochtiel (nahuatl) fleur.

Xochipepe (nahuatl) cueilleur de fleurs.

Xólotl (nahuatl) jumeau précieux.

Xorxe, Xurxo (grec) laboureur de la terre.

Xose (galicien) variante de José.

Xosé (hébreu) assis à la droite de Dieu.

Xudas (hébreu) variante de Judas.

Xusto (latin) équitable, juste.

Xylon (grec) forêt.
Xilon, Zilon, Zylon

Xzavier (basque) variante de Xavier.
Xzavaier, Xzaver, Xzavion, Xzavior, Xzvaier

Y

Yaaseen (indien) autre nom de Mahomet, fondateur de l'Islam.

Yabarak (australien) mer.
Yabarac, Yabarack

Yacu (quechua) eau.

Yad (libanais) jade.

Yadav, Yadavendra, Yadunandan, Yadunath, Yaduraj, Yaduvir, Yajnarup (indien) autres noms du dieu hindou Krishna.

Yadid (hébreu) ami; chéri.
Yadyd, Yedid

Yadon (hébreu) il jugera.
Yadean, Yadin, Yadun

Yaël FG (hébreu) variante de Jaël.
Yaell

Yafeu (igbo) audacieux.

Yagil (hébreu) il se réjouira.
Yagel, Yagyl, Yogil, Yogyl

Yagna (indien) rituels cérémoniels en l'honneur de Dieu.

Yago (espagnol) variante de James.

Yaguati (guarani) léopard.

Yahto (lakota) bleu.

Yahya (arabe) vivant.

Yahyaa (indien) prophète.

Yahye (arabe) variante de Yahya.

Yair (hébreu) il éclairera.
Yahir, Yayr

Yaj (indien) nom d'un sage.

Yajat, Yamajit (indien) autres noms du dieu hindou Shiva.

Yajnadhar, Yajnesh, Yamahil (indien) autres noms du dieu hindou Vishnou.

Yakecen (dené) chant du ciel.

Yakez (carrier) ciel.

Yakir (hébreu) honoré.
Yakire, Yakyr, Yakyre

Yakov (russe) variante de Jacob.
Yaacob, Yaacov, Yaakov, Yachov, Yacoub, Yacov, Yakob, Yashko

Yale (allemand) productif; (anglais) vieux.
Yail, Yaill, Yayl, Yayll

Yaman (indien) autre nom de Yama, dieu hindou de la Mort.

Yamil (arabe) variante de Yamila (voir les prénoms de filles).

Yamir (indien) lune.

Yamqui (aymara) titre de noblesse.

Yan, Yann (russe) variantes de John.

Yana U (amérindien) ours.

Yanamayu (quechua) rivière noire.

Yancey (amérindien) variante de Yancy.
Yansey, Yantsey, Yauncey

Yancy (amérindien) Anglais, Yankee.
Yance, Yanci, Yansy, Yauncy, Yency

Yang (chinois) peuple de la langue de chèvre.

Yanick, Yanik, Yannick (russe) variantes populaires de Yan.
Yanic, Yannic, Yannik, Yonic, Yonnik

Yanis **TOP** (grec) variante de Jean; (hébreu) Dieu pardonne.
.100.

Yanka (russe) variante populaire de Jean.

Yanni (grec) variante de Jean.
Ioannis, Yani, Yannakis, Yannis, Yanny, Yiannis

Yanton (hébreu) variante de Johnathon, de Jonathan.

Yanuario (latin) voyage.

Yao (ewe) né un jeudi.

Yaotl (nahuatl) guerre; guerrier.

Yaphet (hébreu) variante de Japheth.
Yapheth, Yefat, Yephat

Yarb (tsigane) plante.

Yardan (arabe) roi.

Yarden (hébreu) variante de Jordan.

Yardley (anglais) prairie clôturée.
Lee, Yard, Yardlea, Yardlee, Yardleigh, Yardli, Yardlie, Yardly

Yarom (hébreu) il se lèvera.
Yarum

Yaron (hébreu) il chantera; il poussera un cri.
Jaron, Yairon

Yasaar (indien) aise; richesse.

Yasâr, Yassêr (arabe) variantes de Yasir.

Yasashiku (japonais) doux; poli.

Yash (hindi) victorieux; glorieux.

Yasha (russe) variante populaire de Jacob,
de James.
Yascha, Yashka, Yashko

Yashas (indien) renommée.

Yashodev (indien) seigneur de la renommée.

Yashodhan (indien) riche en renommée.

Yashodhara (indien) qui a obtenu la renommée.

Yashpal (indien) protecteur de la renommée.

Yashwant (hindi) glorieux.

Yasin (arabe) prophète.
Yasine, Yasseen, Yassin, Yassine, Yazen

Yasir (afghan) humble; qui se la coule douce;
(arabe) riche.
Yasar, Yaser, Yashar, Yasser

Yasuo (japonais) reposant.

Yates (anglais) portes.
Yaits, Yayts, Yeats

Yatin (hindi) ascétique.

Yatindra (indien) autre nom du dieu hindou
Indra.

Yatish (indien) seigneur des adeptes.

Yauar (quechua) sang.

Yauarguacac (quechua) il pleure des larmes
de sang.

Yauarpuma (quechua) sang de puma.

Yauri (quechua) lance, aiguille.

Yavin (hébreu) il comprendra.
Jabin

Yawo (akan) né un jeudi.

Yayauhqui (nahuatl) miroir noir fumant.

Yazid (arabe) son pouvoir augmentera.
Yazeed, Yazide, Yazyd

Yâzid (arabe) variante de Yazid.

Yechiel (hébreu) Dieu vit.

Yedidya (hébreu) variante de Jedidiah.
Voir aussi Didi.
Yadai, Yedidia, Yedidiah, Yido

Yegor (russe) variante de Georges.
Voir aussi Egor, Igor.
Ygor

Yehoshua (hébreu) variante de Joshua.
Y'shua, Yeshua, Yeshuah, Yoshua, Yushua

Yehoyakem (hébreu) variante de Joachim.
Yakim, Yehayakim, Yokim, Yoyakim

Yehuda, Yehudah (hébreu) variantes de Yehudi.

Yehudi (hébreu) variante de Judah.
Yechudi, Yechudit, Yehudie, Yehudit, Yehudy

Yelutci (miwok) ours qui marche en silence.

Yeoman (anglais) domestique; serviteur.
Yeomen, Yoeman, Yoman, Youman

Yeremey (russe) variante de Jérémie.
Yarema, Yaremka, Yeremy, Yerik

Yervant (arménien) roi, souverain. Histoire:
nom d'un roi arménien.

Yeshaya (hébreu) cadeau. Voir aussi Shai.

Yeshurun (hébreu) bon chemin.

Yeska (russe) variante de Joseph.
Yesya

Yestin (gallois) juste.
Yestan, Yesten, Yeston, Yestyn

Yeudiel (hébreu) je remercie Dieu.

Yevgeny (russe) variante de Yevgenyi.

Yevgenyi (russe) variante d'Eugène.
Gena, Yevgeni, Yevgenij, Yevgeniy, Yevgeny

Yigal (hébreu) il se rachètera.
Yagel, Yigael

Yihad (libanais) lutte.

Yirmaya (hébreu) variante de Jérémie.
Yirmayahu

Yishai (hébreu) variante de Jesse.

Yisrael (hébreu) variante d'Israël.
Yesarel, Ysrael

Yisroel (hébreu) variante d'Yisrael.

Yitro (hébreu) variante de Jethro.

Yitzchak (hébreu) variante d'Isaac. Voir aussi Itzak.
Yitzaac, Yitzaack, Yitzaak, Yitzac, Yitzack, Yitzak, Yitzchok, Yitzhak

Yngve (suédois) ancêtre; seigneur, maître.

Yo (cambodgien) honnête.

Yoakim (slave) variante de Jacob
Yoackim

Yoan, Yoann (allemand) variantes de Johann.

Yoav (hébreu) variante de Joab.

Yobanis (espagnol) percussionniste.

Yochanan (hébreu) variante de Jean.
Yohanan

Yoel (hébreu) variante de Joël.

Yogesh (hindi) ascétique. Religion: autre nom du Dieu hindou Shiva.

Yogi (sanscrit) union; personne qui pratique le yoga.
Yogee, Yogey, Yogie, Yogy

Yohan, Yohann (allemand) variantes de Johann.
Yohane, Yohanes, Yohanne, Yohannes, Yohans, Yohn

Yohance (haoussa) variante de Jean.

Yolotli (nahuatl) cœur.

Yoltic (nahuatl) celui qui est vivant.

Yolyamanitzin (nahuatl) juste; personne tendre et attentionnée.

Yonah (hébreu) variante de Jonah.
Yona, Yonas

Yonatan (hébreu) variante de Jonathan.
Yonathon, Yonaton, Yonattan

Yonathan (hébreu) variante de Yonatan.

Yong (chinois) courageux.
Yonge

Yong-Sun (coréen) dragon dans la première position; courageux.

Yoni (grec) variante de Yanni.
Yonny, Yony

Yonis (hébreu) variante de Yonus.

Yonus (hébreu) colombe.
Yonas, Yonnas, Yonos, Yonys

Yoofi (akan) né un vendredi.

Yooku (fanti) né un mercredi.

Yoram (hébreu) Dieu est élevé.
Joram

Yorgos (grec) variante de Georges.
Yiorgos, Yorgo

Yorick (anglais) fermier; (scandinave) variante de Georges.
Yoric, Yorik, Yorrick, Yoryc, Yoryck, Yoryk

York (anglais) domaine du sanglier; domaine de l'if.
Yorke, Yorker, Yorkie

Yorkoo (fanti) né un jeudi.

Yosef (hébreu) diminutif de Joseph. Voir aussi Osip.
Yoceph, Yoosuf, Yoseff, Yoseph, Yosief, Yosif, Yosuf, Yosyf

Yóshi (japonais) fils adoptif.
Yoshee, Yoshie, Yoshiki, Yoshiuki

Yoshiyahu (hébreu) variante de Josiah.
Yoshia, Yoshiah, Yoshiya, Yoshiyah, Yosiah

Yoskolo (miwok) qui casse les pommes de pin.

Yosu (hébreu) variante de Jésus.

Yotimo (miwok) guêpe qui porte de la nourriture dans sa ruche.

Yottoko (amérindien) boue au bord de l'eau.

Younes (libanais) prophète.

Young (anglais) jeune.

Young-Jae (coréen) édifice de prospérité.

Young-Soo (coréen) qui garde la prospérité.

Youri (russe) variante de Yuri.

Youssef **TOP** **.100.** (yiddish) variante de Joseph.
Yousfa, Youseef, Yousef, Youseph, Yousif, Yousseff, Yousuf

Youssel (yiddish) variante populaire de Joseph.
Yussel

Yov (russe) diminutif de Yoakim.

Yovani (slave) variante de Jovan.
Yovan, Yovanni, Yovanny, Yovany, Yovni

Yoyi (hébreu) variante de Georges.

Yrjo (finnois) variante de Georges.

Ysidro (grec) diminutif d'Isidore.

Yu Ⓤ (chinois) univers.
Yue

Yuçef (arabe) variante de José.

Yudan (hébreu) jugement.
Yuden, Yudin, Yudon, Yudyn

Yudell (anglais) variante d'Udell.
Yudale, Yudel

Yuhannà (arabe) variante de Juan.

Yuki U (japonais) neige.
Yukiko, Yukio

Yul (mongolien) au-delà de l'horizon.

Yule (anglais) né à Noël.
Yull

Yuli (basque) jeune.

Yuma (amérindien) fils d'un chef.
Yumah

Yunes (libanais) prophète.

Yunus (turc) variante de Jonah.
Younis, Younys, Yunis, Yunys

Yupanqui (quechua) celui qui honore
ses ancêtres.

Yurac (quechua) blanc.

Yurcel (turc) sublime.

Yuri FG (russe, ukrainien) variante de Georges ;
(hébreu) variante populaire d'Uriah.
*Yehor, Yura, Yure, Yuna, Yuric, Yurii, Yurij, Yurik, Yurko,
Yurri, Yury, Yurya, Yusha*

Yurochka (russe) fermier.

Yusef, Yusuf (arabe, swahili) variantes de Joseph.
Yussef, Yusuff

Yusif (russe) variante de Joseph.
Yuseph, Yusof, Yussof, Yusup, Yuzef, Yuzep

Yustyn (russe) variante de Justin.
Yusts

Yutu (miwok) coyote en chasse.

Yuuki (japonais) variante de Yuki.

Yuval (hébreu) qui se réjouit.

Yves (germanique) l'if.
Yvens, Yyves

Yvet (français) archer.

Yvon (français) variante d'Ivar, d'Yves.
Ivon, Yuvon, Yvan, Yven, Yvin, Yvonne, Yvyn

Ywain (irlandais) variante d'Owen.
Ywaine, Ywayn, Ywayne, Ywyn

Z

Zabdi (hébreu) diminutif de Zabdiel.
Zabad, Zabdy, Zabi, Zavdi, Zebdy

Zabdiel (hébreu) cadeau, présent.
Zabdil, Zabdyl, Zavdiel, Zebdiel

Zabulón (hébreu) maison pourpre.

Zac (hébreu) diminutif de Zachariah,
de Zacharie, de Zachary.
Zacc

Zacarias (portugais, espagnol) variante
de Zachariah.
*Zacaria, Zacariah, Zacarious, Zacarius, Zaccaria,
Zaccariah*

Zacarías (espagnol) variante de Zacarias.

Zacary, Zaccary (hébreu) variantes de Zachary.
*Zacaras, Zacari, Zacarie, Zaccari, Zaccary, Zaccea,
Zaccury, Zacery, Zacrye*

Zacchaeus (hébreu) variante de Zaccheus.

Zaccheus (hébreu) innocent, pur.
Zacceus, Zacchious, Zachaios

Zach (hébreu) diminutif de Zachariah,
de Zacharie, de Zachary.

Zacharey, Zachari (hébreu) variantes
de Zacharie, de Zachary.
Zaccharie, Zachare, Zacharee, Zacheri, Zachurie, Zecharie

Zacharia (hébreu) variante de Zachariah.
Zacharya

Zachariah (hébreu) Dieu s'est souvenu.
*Zacharyah, Zackeria, Zackoriah, Zaquero, Zeggery,
Zhachory*

Zacharias (allemand) variante de Zachariah.
*Zacharais, Zachariaus, Zacharius, Zackarias, Zakarias,
Zakarius, Zecharias, Zekarias*

Zacharie GF (hébreu) Dieu s'est souvenu.

Zachary GF (hébreu) variante populaire
de Zachariah. Histoire : Zachary Taylor,
20e président des États-Unis. Voir aussi
Sachar, Sakeri.
*Xachary, Zacchary, Zacha, Zachaery, Zacharay, Zacharry,
Zachaury, Zechary*

Zacheriah (hébreu) variante de Zachariah.
Zacheria, Zacherias, Zacherius, Zackeriah

Zachery (hébreu) variante de Zachary.
Zacchery, Zacheray, Zacherey, Zacherie, Zechery

Zachory (hébreu) variante de Zachary.
Zachuery, Zachury

Zachrey, Zachry (hébreu) variantes de Zachary.
Zachre, Zachri, Zackree, Zackrey, Zackry, Zakree, Zakri, Zakris, Zakry

Zack (hébreu) diminutif de Zachariah, de Zacharie, de Zachary.

Zackariah (hébreu) variante de Zachariah.

Zackary (hébreu) variante de Zachary.
Zackare, Zackaree, Zackari, Zackarie, Zackhary, Zackie

Zackery (hébreu) variante de Zachary.
Zackere, Zackeree, Zackerey, Zackeri, Zackerie, Zackerry

Zackory (hébreu) variante de Zachary.
Zackorie, Zacorey, Zacori, Zacory, Zacry, Zakory

Zadok (hébreu) diminutif de Tzadok.
Zadak, Zaddik, Zadik, Zadoc, Zadock, Zaydok

Zadornin (basque) Saturne.

Zafir (arabe) victorieux.
Zafar, Zafeer, Zafer, Zaffar

Zah (libanais) brillant, lumineux.

Zahid (arabe) qui fait preuve d'abnégation, ascétique.
Zaheed, Zahyd

Zâhid (arabe) variante de Zahid.

Zahir (arabe) étincelant, brillant.
Zahair, Zahar, Zaheer, Zahi, Zahyr, Zair, Zayyir

Zahîr (arabe) variante de Zahir.

Zahur (swahili) fleur.

Zaid (arabe) augmentation, croissance.
Zaied, Zaiid, Zayd

Zaide (hébreu) plus âgé.
Zayde

Zaim (arabe) général de brigade.
Zaym

Zain (anglais) variante de Zane.
Zaine

Zaire Ⓤ (arabe) variante de Zahir. Géographie : Zaïre, pays d'Afrique centrale.

Zak (hébreu) diminutif de Zachariah, de Zacharie, de Zachary.
Zaks

Zakari, Zakary, Zakkary (hébreu) variantes de Zacharie, de Zachary.
Zakarai, Zakare, Zakaree, Zakarie, Zakariye, Zake, Zakhar, Zakir, Zakkai, Zakkari, Zakkyre, Zakqary

Zakaria, Zakariya (hébreu) variantes de Zachariah.
Zakaraiya, Zakareeya, Zakareeyah, Zakariah, Zakeria, Zakeriah

Zakariyya (arabe) prophète. Religion : nom d'un prophète musulman.

Zakery (hébreu) variante de Zachary.
Zakeri, Zakerie, Zakiry, Zakkery

Zaki (arabe) brillant ; pur ; (haoussa) lion.
Zakee, Zakie, Zakiy, Zakki, Zaky

Zakia 🇫🇬 (swahili) intelligent.
Zakiyya

Zako (hongrois) variante de Zachariah.
Zacko, Zaco

Zale (grec) force de la mer.
Zail, Zaile, Zayl, Zayle

Zalmai (afghan) jeune.

Zalman (yiddish) variante de Salomon.
Zalmen, Zalmin, Zalmon, Zalmyn, Zaloman

Zalmir (hébreu) oiseau chanteur.
Zalmire, Zalmyr, Zelmir, Zelmire, Zelmyr, Zelmyre

Zamiel (allemand) variante de Samuel.
Zamal, Zamuel

Zamir (hébreu) chant ; oiseau.
Zameer, Zamer, Zamyr

Zan (italien) clown.
Zann, Zanni, Zannie, Zanny, Zhan

Zander (grec) diminutif d'Alexandre.
Zandar, Zandor, Zandore, Zandra, Zandrae, Zandy, Zandyr

Zane (anglais) variante de John.
Zhane

Zanis (letton) variante de Janis.
Zannis, Zanys

Zanthippus (grec) variante de Xanthippus.
Zanthyppus

Zanthus (latin) variante de Xanthus.
Zanthius, Zanthyus

Zanvil (hébreu) variante de Samuel.
Zanwill

Zaquan (américain) combinaison du préfixe Za et de Quan.
Zaquain, Zaquon, Zaqwan

Zaqueo (hébreu) pur, innocent.

Zareb (africain) protecteur.

Zared (hébreu) embuscade.
Zarad, Zarid, Zarod, Zaryd

Zarek (polonais) puisse Dieu protéger le roi.
Zarec, Zareck, Zaric, Zarick, Zarik, Zarrick, Zaryc, Zaryck, Zaryk, Zerek, Zerick, Zerric, Zerrick

Zavier (arabe) variante de Xavier.
Zavair, Zaverie, Zavery, Zavierre, Zavior, Zavyer, Zavyr, Zayvius, Zxavian

Zayed (arabe) croissance.

Zayit U (hébreu) olive.

Zayne (anglais) variante de Zane.
Zayan, Zayin, Zayn

Zdenek (tchèque) disciple de saint Denis.

Zeb (hébreu) diminutif de Zebediah, de Zébulon.
Zev

Zabadiá (hébreu) variante de Zebadiah.

Zebadiah (hébreu) variante de Zebediah.
Zebadia, Zebadya, Zebadyah

Zebedee (hébreu) variante populaire de Zebediah.
Zebadee, Zebede

Zebediah (hébreu) cadeau de Dieu.
Zebedia, Zebedya, Zebedyah, Zebidiah, Zebidya, Zebidyah

Zebedías (hébreu) donné par Yahvé.

Zébulon (hébreu) exalté, honoré ; maison haute de plafond.
Zabulan, Zebulan, Zebulen, Zebulin, Zebulun, Zebulyn, Zevulon, Zevulun, Zhebule

Zebulún (hébreu) variante de Zébulon.

Zecharia GF (hébreu) variante de Zachariah.
Zecharian, Zecharya, Zecheriah, Zechuriah, Zekariah, Zekarias, Zekeria, Zekeriah, Zekerya

Zechariah (hébreu) variante de Zachariah.

Zed (hébreu) diminutif de Zedekiah.

Zedekiah (hébreu) Dieu est puissant et juste.
Zedechiah, Zedekia, Zedekias, Zedekya, Zedekyah, Zedikiah

Zedequías (hébreu) variante de Zedekiah.

Zedidiah (hébreu) variante de Zebediah.

Zeeman (néerlandais) marin.
Zeaman, Zeman, Zemen, Ziman, Zimen, Zyman, Zymen, Zymin, Zymyn

Zeév (hébreu) loup.
Zeévi, Zeff, Zif

Zeheb (turc) or.

Zeke (hébreu) diminutif d'Ezéchiel, de Zachariah, de Zacharie, de Zachary, de Zechariah.
Zeak, Zeake, Zek

Zeki (turc) intelligent.
Zekee, Zekey, Zekie, Zeky

Zelgai (afghan) cœur.

Zelig (yiddish) variante de Selig.
Zeligman, Zelik, Zelyg

Zelimir (slave) vœux de paix.
Zelimyr, Zelymir, Zelymyr

Zemar (afghan) lion.

Zen (japonais) religieux. Religion : une forme de bouddhisme.

Zenda FG (tchèque) variante d'Eugène.
Zendah

Zeno (grec) charrette ; harnais. Histoire : Zénon, philosophe grec.
Zenan, Zenas, Zenon, Zenos, Zenus, Zenys, Zino, Zinon

Zenobio (grec) vie de Zeus.

Zenón (grec) celui qui vit.

Zenzo (italien) variante de Lorenzo.

Zephaniah (hébreu) chéri par Dieu.
Zaph, Zaphania, Zenphan, Zenphen, Zenphone, Zenphyn, Zeph, Zephan

Zephyr U (grec) vent d'ouest.
Zeferino, Zeffrey, Zephery, Zephire, Zephram, Zephran, Zephrin, Zephyrus

Zerach (hébreu) lumière.
Zerac, Zerack, Zerak

Zero (arabe) vide, nul.

Zeroun (arménien) sage et respecté.

Zeshan (américain) variante de Zeshawn.
Zishan

Zeshawn (américain) combinaison du préfixe Ze et de Shawn.
Zeshaun, Zeshon, Zishaan, Zshawn

Zesiro (luganda) aîné de deux jumeaux.

Zethan (hébreu) étincelant.
Zethen, Zethin, Zethon, Zethyn

Zeus (grec) vivant. Mythologie: dieu à la tête du panthéon grec.
Zous, Zus

Zeusef (portugais) variante de Joseph.

Zev (hébreu) diminutif de Zébulon.

Zevi (hébreu) variante de Tzvi.
Zhvie, Zhvy, Zvi

Zhek (russe) diminutif d'Evgeny.
Zhenechka, Zhenka, Zhenya

Zhixin (chinois) ambitieux.
Zhi, Zhi-yang, Zhihuán, Zhipeng, Zhiyuan

Zhora (russe) variante de Georges.
Zhorik, Zhorka, Zhorz, Zhurka

Zhuàng (chinois) fort.

Zia FC (hébreu) qui tremble; qui bouge; (arabe) lumière.
Ziah, Ziya, Ziyah, Zya, Zyah, Zyya, Zyyah

Zigfrid (letton, russe) variante de Siegfried.
Zegfrido, Ziegfried, Zigfrids, Zygfred, Zygfreid, Zygfrid, Zygfried, Zygfryd

Ziggy (américain) variante populaire de Siegfried, de Sigmund.
Zigee, Zigey, Ziggee, Ziggey, Ziggi, Ziggie, Zigi, Zigie, Zigy, Zygi

Zigor (basque) châtiment.

Zikomo (nguni) merci.
Zykomo

Zilaba (luganda) né pendant une maladie.
Zilabamuzale

Zimon (hébreu) variante de Simon.
Ziman, Zimen, Zimene, Zimin, Zimyn, Zyman, Zymen, Zymene, Zymin, Zymon, Zymyn

Zimra GF (hébreu) chant de louanges.
Zemora, Zimrat, Zimri, Zimria, Zimriah, Zimriya

Zimraan (arabe) louanges.
Zimran, Zymraan, Zymran

Zimri (hébreu) précieux.
Zimry, Zymri, Zymry

Zimrí (hébreu) variante de Zimri.

Zinan (japonais) deuxième fils.
Zynan

Zindel (yiddish) variante d'Alexandre.
Xindel, Xyndel, Zindil, Zunde, Zyndel

Zion (hébreu) signe, augure; excellent.
Bible: Sion, nom utilisé pour parler d'Israël et du peuple juif.
Tzion, Xion, Xyon, Zeeon, Zeon, Zione, Zyon

Zipactonal (nahuatl) lumière harmonique.

Ziskind (yiddish) enfant mignon.

Ziv (hébreu) qui brille de mille feux; (slave) diminutif de Ziven.
Zyv

Ziven (slave) vigoureux, animé.
Zev, Ziv, Zivan, Zivin, Zivka, Zivon, Zivyn, Zyvan, Zyven, Zyvin, Zyvon, Zyvyn

Ziyad (arabe) augmentation.
Zayd, Ziyaad

Ziyâd (arabe) variante de Ziyad.

Zlatan (tchèque) or.
Zlatek, Zlatko

Zoel (hébreu) fils de Babel.

Zohar GF (hébreu) lumière éclatante.
Zohair, Zohare

Zola FC (allemand) prince; (italien) boule de terre. Littérature: Émile Zola, auteur et critique français du XIXe siècle.
Zolah

Zolin (nahuatl) caille.

Zollie, Zolly (hébreu) variantes de Solly.
Zoilo

Zoltán (hongrois) vie.
Zolten, Zoltin, Zolton, Zoltun, Zoltyn, Zsoltan

Zonar (latin) son.
Zonair, Zonayr, Zoner

Zorba (grec) vis chaque jour.

Zorion (basque) variante d'Orion.
Zoran, Zoren, Zorian, Zoron, Zorrine, Zorrion

Zorya (slave) étoile; aube.
Zoria, Zoriah, Zoryah

Zosime (français) variante de Zosimus.
Zosyme

Zósimo (grec) celui qui se bat.

Zosimus (grec) plein de vie.
Zosime, Zosimos, Zosymos, Zosymus

Zótico (grec) à la longue vie.

Zotikos (grec) saint, sacré. Religion: nom d'un saint de l'Église orthodoxe orientale.

Zotom (kiowa) qui mord.

Zsigmond (hongrois) variante de Sigmund.
Zigimond, Zigimund, Zigmon, Zigmund, Zsiga

Zuberi (swahili) fort.

Zubin (hébreu) diminutif de Zébulon.
Zuban, Zubeen, Zuben, Zubon, Zubyn

Zuhayr (arabe) brillant, étincelant.
Zuheer, Zyhair

Zuka (shona) pièce de six pence.

Zuriel (hébreu) Dieu est mon rocher.
Zurial, Zuryal, Zuryel

Zygmunt (polonais) variante de Sigmund.
Zygismon, Zygismond, Zygismondo, Zygismun, Zygismund,
Zygismundo, Zygysmon, Zygysmond, Zygysmondo,
Zygysmun, Zygysmund, Zygysmundo

Imprimé en Italie par La Tipografica Varese Srl
pour le compte des éditions Hachette Livre (Marabout)
58, rue Jean-Bleuzen, 92170 Vanves

Achevé d'imprimer : novembre 2017
Dépôt légal : janvier 2018

ISBN : 978-2-501-12896-4
48-8992-0